U0547418

重庆市重要历史文献选编（1978—1987）

重庆市档案局（馆）
中共重庆市委党史研究室 编

下册

西南师范大学出版社
国家一级出版社 全国百佳图书出版单位

第三编

领导讲话

方毅副总理在重庆市科学大会上的讲话（记录稿）

（1978年5月27日）

同志们：

正当你们召开全市科学大会的时候，我和杨超书记从昆明来到重庆。我们这次到四川来，主要是研究攀枝花钒钛磁铁矿分离的问题。我们到了成都、西昌、乐山、渡口的许多研究单位，然后到昆明，从昆明我们又到这儿来。来后，我高兴地了解到一些你们会议的盛况，并且高兴地来出席今天的大会。你们这次全市科学大会的召开，是执行英明领袖华主席抓纲治国战略决策的胜利，是揭批"四人帮"的胜利，是揭批"四人帮"在重庆的帮派头头黄廉、周家喻及其帮派系统的胜利。我代表国家科委向参加大会的同志们，向在科学技术工作中做出贡献的科技人员，广大工农兵群众和广大干部表示衷心的感谢和敬意，向这次大会将要表彰和奖励的900多项科学成果、300多个先进集体、700多名先进个人，表示热烈的祝贺！

重庆是全国的十大城市之一，不仅是四川"天府之国"的重要经济中心和科学文化中心，也是全国的一个重要的经济和科学文化中心。你们过去已经为全国的社会主义革命和社会主义建设做出了重大贡献。毫无疑问，在伟大的新的长征中，你们必将为实现伟大领袖毛主席和敬爱的周总理遗愿，为把我国建设成为四个现代化的社会主义伟大强国做出更大的贡献。现在，同志们制订了一个重庆高速度发展科学事业的规划，决心动员和组织全市600万人民，向科学技术现代化大进军，向四个现代化大进军，把重庆建设成为祖国战略后方的先进工业基地和科学技术基地。令人向往的光明灿烂的前景，已经在我们祖国的这个著名的山城展现了。我怀着祝贺和兴奋的心情，我今天讲三点意见，也是向同志们提三点希望。（关于科学上的许多事情，在科学大会上已经作了报告，在政协以及全国人大常委会上也作过介绍，有的已经见报了，这里就不重复了）

第一，要坚持三大革命运动一起抓，不断提高对科学实验革命运动、对党的教育事业的意义的认识。我们知道，在马克思、列宁主义的发展史上，毛主席首次把科学实验看作一项伟大的革命运动，并把它列为建设社会主义强国三项伟大革命运动之一，这是毛主席对马克思、列宁主义的发展。毛主席这项指示极其重要。但是，由于林彪、特别是"四人帮"的严重干扰破坏，毛主席的关于三大革命运动的光辉指示，多年来根本无法全面贯彻执行。华主席领导我们全党全军和全国人民及时粉碎了"四人帮"，同时提出了三大革命一起抓。华主席强调四个现代化的关键是科学技术现代化，科学研究应当走在经济建设的前面。在全国科学大会上，华主席进一步深刻论述了社会主义和四个现代化不可分割的关系。邓副主席重新阐明了关于科学技术是生产力这个重大的理论问题。华主席和邓副主席的重要讲话，澄清了"四人帮"制造的种种混乱，给我们从根本上解决了阶级斗争、生产斗争和科学实验的关系问题，解决了在社会主义社会中科学技术的作用和技术工作这种脑力劳动的性质问题以及应当如何正确对待科学技术的问题，如何正确对待科学技术工作者和正确对待外国先进科学技术成就的问题。这就使我们大家的思想一通百通，豁然开朗。现在科学技术正在经历着一场伟大的革命，科学技术日益显出越来越大的力量。对于这种发展趋势，我们要有清醒的认识，不仅是从事科学技术工作的同志应当有这样的认识，搞生产的同志，搞经济工作的同志，各行各业的同志，都应该不断加深这种认识,时刻注意应用科学的力量,运用技术的力量,否则高速度发展国民经济、高水平进行现代化建设就会成为空话。举个例子来说,比如我们的钢铁,按照现有的技术、现在的水平,我们要建设20来个鞍钢,大约要1000多亿的投资,1000多万吨的设备,400多万个职工。不说别的,光是需要这么多的劳动力就成了极大的问题了,何况即使这样办成了,也谈不上四个现代化,谈不上什么赶超世界先进水平。400多万职工,你就搞1亿吨钢,这算什么现代化呢?我们最近从日本引进年产600万吨铁、600万吨钢的一个钢厂,连带着一系列的轧钢设备,要按我们鞍钢的标准,需要20多万职工,可是日本人设计的这个厂只有几千人;具体的多少人还没最后定,大约是4000人,最多不超过6000人。人家全部是电子计算机控制的,我们20来万和人家几千人比,说得上现代化吗?是算不上现代化的。比如说,电子计算机,我们现在全国最高的做出了每秒运算200万次,明后年可以做出到每秒运算2000万次。可是现在人家美国已经运算1.5亿次,美国还说1980年要拿出5亿次,1982年拿出10亿次,你看这个差距多大。拿空间技术来说,我们还靠在那里普查。森林资源全国普查一次要20年,等到20年,你查这边,那边的山林又遭破坏了,或者新的树又长起来了,根本不是那么回事了。〈……〉。可是人家利用资源卫星,一天就可以转几十次,一天就可以拍几十张照片。他那个资源卫星的监视是非常严格的,比如说他用红外多光谱,你这个人有温度的差别,他都能觉察出来,你在树下抽烟,卫星马上就可以发出警告,说在某一点上有人抽烟。他对海洋的污染也是用地球资源卫星来进行监视着,他不停地拍照片,一天转它几十转,老修在人家200海里内把油往海里倒,洗船就污染一大片,结果西欧国家就提出罚款。老修不认账,人家就把卫星上拍的照片亮出来,老修没有办法,只好认账。因为他用的红外多光谱,颜色不一样,他马上就可以说你污染的东西南北有多长,面积有多大,你不信他马上就端出来,把事实端出来,

你说我们和人家具体差在哪里?我们还没有上天哩!更谈不上监视。美国拍的全世界地图已经商品化了,我们现在还要到香港去买美国出的地图。青海高原上的好多湖在我们地图上都还没有,在人家的地图上找到了,包括我们长江三角洲这样重要的地区,我们测绘都有偏差,最后证明还是人家卫星拍的照片是最正确的。那更不用说利用卫星来进行教育啰!一颗电视卫星、教育卫星就可以代替千千万万的教员,而且收的图像特别清楚。现在人家一个人在下面讲,根本不是用电视台来播送的,而是用卫星直接播送的,只要用一个很小的接收机插在电视机的后面,电视机就看得很清楚。它不受高山阻碍,使你看得很清楚。你看在这些地方我们同人家差距有多大!〈……〉。比如原子能,人家在那里大量的研究关于热核控制,人类控制核聚变。同志们都知道核聚变的力量比裂变的力量要强大得多。他们已在研究核聚变的将来发电站的堆型问题,我们现在正在开始。至于说激光、高能加速,人家已建成4000亿电子伏特的高能加速器,从这里来打开原子核里头的结构,更深入一层在微观世界来了解微观世界内部的构造的情况。我们现在刚刚开始在搞加速器,正在首都全力来搞。所有这些说明什么呢?就是跟刚才讲的钢铁这个例子一样,不仅是要搞建设,而且要搞现代化的建设。比如说几百万吨的钢铁厂,只有几千人,它是完全靠电子计算机。那个武钢1.7米的冷轧、热轧,每秒的速度是25米轧过去,你靠人的眼睛来得及吗?所以不搞电子计算机就不行。这就提出了一个很严肃的问题,我们承认自己是落后,不像"四人帮"闭着眼睛乱吹,把什么都吹上天。所以,外国人对我们这一点还有好评论,说中国人确实是实事求是。承认落后并不丢脸,我承认落后,就是为了要消灭落后。为了赶超,我要超过你。我们不隐讳这个事实。所以,〈……〉。他看到我们现在这样蒸蒸日上的发展,他是很伤脑筋的。所以,我们承认落后不要紧,怕的是安于落后、保守、不前进。为了迅速发展科学技术,我们现在面临的重要困难是人才

不足,水平不高这个问题。例如今年元旦华主席视察唐山的时候,了解到由于我们技术水平的限制,我们本来要进口12个人操作的先进采煤设备,但由于我技术水平的落后,我们就只好进口那个40个人操作的采煤设备。因为我们技术跟不上,正是针对这一情况,华主席提出了要极大地提高整个中华民族的科学文化水平的伟大号召。邓副主席也非常强调人才的培养。邓副主席指出:人才的培养,基础在教育,强调要从小学、中学抓起,努力提高教育质量,使青少年从小就开始学习先进的科学技术知识。使我们的高等学校既成为教育的中心,又成为科研的中心,成为科学研究的一个重要的方面军。人才问题,确实是一个很严重的问题,很值得我们重视。我们现在有一支科技队伍很好,建国20多年来打下了这个很好的基础,但是我们应该承认人数是不多的,水平是不高的。当然,我们不是所有的水平都不高,有些还是世界第一流的。我们确实有世界第一流的东西,但是,我们应该看到人才不足是一个很严重的问题。所以培养人才就成为一个很重要的任务,要从小学抓起,从中学抓起。当然我们有勤奋学习的学生,但因为"四人帮"这些年来的破坏,我们竟然有这样的学生,到了高中连自己的名字也写不好的,几乎成了半文盲的状态,你看可怕不可怕。当然我们有很多勤奋好学的人,但我们也不能闭着眼睛乱吹,说我们的学生水平怎么很高,高不可攀。那不合事实。所以我们要狠抓培养人才的问题。不论是科学实验还是教育工作都对促进整个社会风气革命化具有十分重要的意义。我们的同志们都亲眼看到,由于招生制度的改变,对整个社会风气的革命化起了多么大的影响。择优录取,真正杜绝走后门,现在不管你官再多大,走后门就是不行了,你也走不了啦,择优录取,你又不优,就录取不了。而且,这样一转变,整个社会风气的革命化就产生了十分重要的影响,祸国殃民"四人帮",摧毁人们的革命理想,打击人们的进取精神,破坏人与人之间的革命关系,他们反对科学、反对文化、搞愚民政策、搞专制迷信、发展资产阶级的享乐颓废思想。"四人帮"的这些倒行逆施,极大地腐蚀了社会主义的社会风气,这是严重的内伤。我们要医治这种内伤,要振奋民气,要恢复和发扬我国人民的勤劳、勇敢、智慧的精神,要恢复和发扬我国人民勇于革命、勇于创新的传统,我们常说打仗要有好的士气,建成四个现代化强国要有很好的民气,好的社会风气。让我们大家都来努力树立这种好的民气,好的风气,造成一代的新风尚。

第二,要拨乱反正,坚定不移地贯彻华主席、党中央的方针政策,充分调动一切积极因素。粉碎了"四人帮"以来,华主席为首的党中央,高举毛泽东思想的伟大红旗,对科学和教育工作做出了一系列重大决策,采取了许多有力的措施,拨乱反正,成绩卓著。但是,我们应当看到,对"四人帮"假左真右的修正主义流毒和影响,切不能低估,对"四人帮"所造成的恶果,切不能低估。正是由于"四人帮"的流毒和影响的存在,使党的方针政策的贯彻遇到了一些障碍和阻力。"四人帮"诬蔑四个现代化是"资本主义化",把知识看成为是罪恶,把知识分子当作专政的对象,鼓吹科学无用论,知识无用论,反对研究科学理论、反对学习外国的先进科学技术,他们还用所谓"唯生产力论"的帽子,"脱离政治"的帽子,"白专道路"的帽子,反对广大工农群众、干部和科技人员抓生产,抓业务,学科学,抓技术。我们必须要从思想上、理论上把"四人帮"这套反革命理论批深批透,彻底肃清它的流毒。只有这样,才能使人们从心有余悸中解放出来,党的方针政策才能进一步落实,广大干部和群众的积极性才能充分调动起来。当然,阻力和反抗总会是有的,但是我们要在斗争中坚定不移地贯彻中央的方针和政策。总是有人,虽然是少数的,但总有人还在那里反抗,你要前进,他阻碍着你。我可以举这么个例子说说,最近在华主席、党中央的亲切关怀下,我们召开了一个全国教育工作会议,邓副主席在会上作了重要的讲话,对于怎样在新的历史条件下,进一步执行教育必须为无产阶级政治服务,必须同生产劳动相结合这个根本方针,作了非常透彻的阐述,明确了许多方针、政策的问题,提出了搞好教育工作,是教育事业同国民经济发展的需要相适应的一系列的要求。邓副主席的讲话,报上已登了,希望同志们认真的学习贯彻。但是,就在这次全国教育工作会议的同时,召开的一个全国招生工作会议,居然就有那么一、两个人,人数不多,只有一、两个人,你不要看他只有一、两个人,他的背后还有人,出来唱反调。对于高等学校招生制度的改革吹冷风,说什么"招了几十万,得罪了几千万",他还说"现在剥削阶级家庭出身的人,倒成了优越的条件了",我们什么时候说过这个话呢?这完全是胡说嘛!还说"你去年这样干还可以,你两、三年以后还是这样干,你看贫下中农反对不反对你",竟然敢在会上就这样散布。这两个人真是一派"四人帮"的腔调。他既然跳出来这样讲,我们怕什么呢?威胁不了我们。所以我们就决定,把这份招生简报第六期,印发全教会的代表讨论。各省、自治区的代表用了大量的事实驳斥了这种论调。这下好了,坏事就变成了好事,毒草也可以肥田啦,反面教员也可以教育大家。大家反驳他"招了几十万,得罪了几千万"的谬论,说招了几十万是调动了几千万的积极性,什么"得罪了几千万"呢?这不是胡言乱语吗!你看现在学生好学习,过去,出来了"小学生"全校玻璃就遭了殃了,学校玻璃打得光光的,当然,这个小学生不由他自己负责,罪过是"四人帮"的,这是黄帅事件啰。打老师打得够呛啦。"出了个张铁生,消灭了大学生",为什么?大家都交白卷了,还学什么呢?世界上最简单的事,就是交白卷。我看最好干的事,是交白卷。连不认得字的人都成了大学生了,不认得字的人也可以交白卷。什么"剥削阶级出身的成了优越条件",完全是胡言乱语吗,我们这次招生的结果,各个省的代表拿出大量事实,50%～60%都是工农兵子弟,百分之十几是知识分子和干部子弟,真正是剥削阶级出身的只有百分之几,很少。大量的事实驳斥了他们的胡言乱语和"四人帮"那一套腔调。什么"剥削阶级家庭出身成了优越条件",什么时候我们说过这个话呢?这次招了几十万,主要还是工农兵出身的,即使是剥削阶级家庭出身的,主要还是看本人的表现嘛。要有成分论,不能唯成分论,重在个人的表现嘛。他提这个是什么意思呢?就是说干部子弟、知识分子的子弟。他是仇视这一批人上大学的,这一批人无论如何只占百分之十几嘛。革命知识分子是我们依靠的对象嘛,为什么他要低人一等呢?这完全是没道理的事情嘛!那么他说两三年后贫下中农反不反对,全国教育会各个省的代表都说,贫下中农才大大拥护呢,不是反对而是大大的拥护,我们接到很多的信说,华主席这个决定,把整个社会风气都变了,学生都好学了。过去你叫他学,学不学都一样,反正都是上山下乡,四个一样嘛!学干什么!现在不一样了,学生学习很紧张,现在是要动员学生到时候要休息,图书馆人满之患。只要出版一本科技书籍、自然科学书籍,一出来就抢光、卖光了。我在北京就看见英语广播教科书,排队排了两里路长,这个书一出来,半个钟头就卖光了。我们要鼓励这样的风气。我们这次到渡口的时候,我和杨超书记就碰到一个六岁半的小孩子,姓杨,名叫建辉,我和杨书记专门考了他一下,他上小学不是从低年级开始,一上小学就上五年级,为什么呢?因为他三岁的时候,他父亲就教他认字;到了他上学的时候,他已经认识了三千多字,毛选上的字,除了少数以外,他都认得,毛选他都可以背下来。我们那天当场要他念一段报纸的社论,他念得很流利,除了个别字以外,念得很流利,我们说念到这里为止吧!他说我还念一段。我们出了几个数学题,比如有关圆周率的题等等,他很快就做出来了。过去把汉字骂得狗血淋头,一文不值说汉字害死人,好像有了汉字,中国科学技术就没有救了,这证明是不对的嘛!你看他这么小的孩子,六岁半就认得三千字。认得三千多字,差不多书报都能看了,他父亲也不是天天教,我问过他父亲。这孩子满脸孩子气,做一阵子题说我要睡觉了。他才跟我们不一样呢,看见副总理呀、杨书记呀,有点紧张。嘿,他很自然,这主要看你怎么样教。所以这次全国教育会议研究过,规定七周岁上学这个办法要改,七周岁,实际是八岁上学了。因为,春季招生、秋季招生,恰恰在那一个月生的,他总要后一点。我记得我们年轻的时候,四五岁就开始认字了,八九岁就能看《三国演义》《红楼梦》,看得呼呼叫了。现在你硬要规定人家七岁才认字,这不叫误人子弟嘛!这不耽误人家好几年吗,所以我是很反对的。当然这是我个人的意见。现在总算是六周岁,我看六周岁也晚了。六周岁以前实际上就可以教他认得些字了。所以我说,贯彻落实华主席、邓副主席指示不是没有阻力的,有那么少数的一个人跳出来,跳出来好嘛,反面教员不很好嘛,正找不到一个反面教员。本来全国教育会议开得不怎么样活跃,出了这么两位老兄,倒使全场活跃了,有了辩论的对象了嘛。吉林的代表团意见提得很好,他说你一个人不能代表你那个省的意见,我就知道,你们省的第一书记就坚决拥护招生制度改革的。当时有人就主张要处理这两个人,我们说不要紧嘛,我们不学"四人帮"那一套"帽子公司""棍子公司",我们不搞那一套,我们辩论嘛。这样的问题,他省里自然会解决的,开个会嘛,不是说要"百家争鸣"吗?他说个话你就组织处理,不好嘛,撤销人家开会资格,这不好嘛,所以我们不学那一套。举这么个例子,说明什么呢,说明阻力还是有的。我们要更加认识华主席、党中央改革高考制度的重大意义,更深刻的体会。前几天,报纸上发表了教育部负责人答新华社记者问,和新华社、《人民日报》记者写的《一个马克思主义的回答》就是驳斥这派胡言乱语的,同志们没参加这个会,不大清楚,所以这里我把他说一下。再举一个例子,说明贯彻中央的政策还是有阻力啰。比如贯彻落实党的知识分子政策问题,大家知道,在毛主席革命路线指引下,通过全党同志和广大科技人员二十多年来的共同努力,我国的科技人员的政治觉悟有了很大的提高,他们中间的绝大多数人,经过历次政治运动,特别是无产阶级"文化大革命"的锻炼和考验,是热爱党、热爱社会主义、热爱祖国的,自觉地为社会主义制度和工农兵群众服务的,为社会主义革命和社会主义建设做出了很大的贡献。当然,知识分子同我们干部、工人一样,也都会有这样或那样的缺点、弱点,需要给予帮助教育,哪个人没有缺点呢?我们这些老干部干了几十年,缺点还一大堆呢,人家就没缺点吗?求全责备是不对的,应该说绝大多数的科技人员,绝大多数的教师,已经成了我们工人阶级的一部分。他们在"四人帮"横行的时候,被打成了"臭老九",被诬蔑为挖社会主义墙脚,受到"四人帮"的严重迫害。正是从这样的实际情况出发,从对知识分子队伍的这种实事求是的估计出发,党中央发动了对"四人帮"两个黑估计的批判,再三强调落实知识分子政策的重要意义。但是,由于"四人帮"的余毒未肃清,有些同志至今仍然缩手缩脚,顾虑重重,不能坚决执行党的知识分子政策,甚至于认为现在"把知识分子的作用估计过分了","知识分子又翘尾巴了"。这种看法是不符合事实的。我们现在还只是作了些清除"四人帮"恶果的工作,对于知识分子的状况,做出合符实际的评价,对他们的劳动给予应有的尊重,用非所学的问题还刚刚开始解决,技术的职称还是刚刚开始恢复,也刚刚开始为他们解决一些工作条件和生活条件的困难。应该说我们现在的工作还做得远远不够,还需要我们作更多的工作,还要花大力气。我们刚刚开始做了那么一点工作就有人吹冷风,什么"估计过分""翘尾巴",这一套话又出来了。本来他们工作条件和生活条件的困难还很多哩,我们给他们说,国家困难,由于"四人帮"破坏,恢复还有个时期。他们也很谅解,表现得非常好。比如同志们都知道,全国有名的陈景润同志,只住了一间6平方米的房子。我们向他说,现在房子有困难,以后有了逐步给你解决。邓副主席也在全国科学大会上说,我愿意当你们的"后勤部长",这有很大的作用,很鼓励大家。邓副主席找我,问我有什么困难,可以提出来。我说现在要盖点房子,不盖房子不行,一个所,房子很紧,宿舍也没有。邓副主席就即刻批了,可以,同意你盖多少。我又向邓副主席报告,说施工力量不够。邓副主席很干脆,说"可以,我是总参谋长,我调工程兵来给你盖"。邓副主席当后勤部长,对大家起了很大的鼓舞作用,那确确实实帮助我们解决问题。我向他请示的事,几乎没有过夜他就批回来了。

第三,要努力学习,壮大工人阶级的专家队伍,提高整个中华民族的科学文化水平。华主席把学习、学习、再学习,作为我们在新时期的一个总口号提出来,最充分地说明了,学习对于我们实现新时期总任务的极端重要性。我们希望所有的同志都努力学习,学习马列主义、毛泽东思想,学习政治,学习文化,学习科学技术。但是,毕竟要看各人自己是否努力,是否勤奋学习,是否刻苦钻研。马克思说过:在科学上没有平坦的大道,只有不畏劳苦,沿着陡峭的山路攀登的人,才有希望达到光辉的顶点。世界上没有进过专门学校的专门家是很多的。我们许多工农革新家,就是这样的优秀人物。世界上有名的科学家法拉第,等于现在英国皇家科学院的院长,他就没有进过学校,但在发展电子学、电流感应有很大的贡献。富兰克林他就没有上过什么学,他是最先发现电的。马克思很称赞这个人,在《资本论》中专门引了富兰克林。我们现在一些工农革新家就是这样的优秀人物。但是不经过勤奋学习,刻苦钻研,而在科学技术方面取得成就的人一个也没有,而且一个也不会有,没有经过刻苦钻研就成为著名的科学家,一个也没有。没有进过学校,经过刻苦努力成了著名的科学家,那到是有的。可是,你老交白卷是不会成为科学家的,你怎么成科学家呢?那不变成白卷科学家了吗?我在渡口会议上介绍过陈景润这个例子。陈景润同志这个人,二十多年勤奋自学,从中学到大学勤奋学习,他每天晚上十一点睡觉,早上三点钟就起来运算,每天就睡那么四个钟头,起床就运算,中午休息一个钟头。不然他怎么取得这么大的成就?他的成就是世界公认的。英国的数学家把他论成"陈氏定律",作为一章专门写了"陈氏定律",这是外国人承认。现在有很多怪事,外国人承认,中国人不承认。那天邓副主席问我,怎么搞的呀,许多事中国人不先发现,外国人先发现?最有名的数学家陈省身,是美籍华人,也是全世界数学协会的负责人,是在全世界有最高成就的一个人。他见了陈景润,祝贺他,说你年纪这么轻,有这么大的成就,我非常佩服你。为什么?他很艰苦的努力,艰苦的劳动。华主席非常关心他的身体,批了一个条子给我,叫我去找他谈,说服他,你不能老是这样子三点钟起来,不行,你这样搞身体要搞垮,冬天还没到,秋天你和他握手,手都是冷的。徐迟写的《哥德巴赫猜想》,说这个人在批斗他的时候,身上各部分都死了,但脑子里数学非常活跃。这个同志不错,什么批邓、反击右倾翻案风,他就不发言,叫他发言,他不同意,坚决抵制,所以后来把他关在专政队伍里,专他的政,但你专你的政,他还在那里搞数学运算。开批斗他的会,上面在批斗,他在下面还在运算。我还举过杨乐、张广厚两个例子。这两位同志,才40岁左右,瑞士请他去讲学,苏黎世工业学院,这个讲台,就是当年世界上最有名的一个科学家爱因斯坦在那里讲学的。他在这个讲台上介绍,他的外语基础很好,直接用英文向全世界数学家作演讲,然后英国又请他到大学里去讲学,受到有名的七八十岁的老数学家上台祝贺,说,你这样年轻,竟然取得这样大的成就,我很祝贺你。杨乐、张广厚他是经过艰苦的劳动,不晓得运算几十万道题,也可能上百万道题,数学的公式在他脑子里已经是滚瓜烂熟,运用自如。再加上有毛泽东思想的唯物辩证法的指导,所以他就出现了重大的成果。我们还举出过美籍华人丁肇中,他去年到我们这里来访问时,邓副主席和他商量,说我们派几个人到他那里去。他说可以派十个人,到他那个高能加速器去实习,去作研究,去和全世界的科学家去作研究,我们就派了。他订了一条,说:你们到这儿来,早上九点钟上班,晚上十二点钟下班,中间休息一个钟头,吃饭。因为你们英语不过关,所以还得拿几十分钟出来学英语。我们的同志写信回来,没有叫苦的。他们反映,丁肇中开会没有晚上十二点以前开过会的,开会都是晚上十二点以后开。那真是保证了5/6了,还不止5/6啊!这个人是个山东人,他来中国访问的两个女儿,我问她们,她们说:我们决不学物理,学物理有啥意思呀,我的父亲常常半年都不见一面。因为他在美国有研究所,在瑞士有研究所,西德汉堡也有研究所,好多国家都请他。所以他一出去半年都不能见面。我们派出的十个人出去的时候,邓副主席对我说,你一定要找他们谈话,一定要准备挨骂,一定要硬着头皮学成回国。国家花这么多外汇叫他们出去学习,如果他回来没有学好,还真交代不了。我是一个一个地向他们谈话的。我说,你们要刻苦地学习,拼着老命也要学习好。也要准备挨丁肇中的骂。丁肇中这个人要求是很严格的,这一条很好。这个人虽然是美籍华人,但是他热爱祖国,中国强大了,他的头也抬得起来了。他帮助我们训练干部,这有什么不好呢?高能加速器这玩意儿我们没有干过呀,到底怎么样,里头深浅多大,我们没有干过,光是科学研究的课题就有上万个,都是我们没有干过的,我们不向人家学习对吗?这么好的机会。这次我来的时候还碰到邓昌黎,也是世界上有名的物理学家,搞高能加速器的,美国费理研究室的,也是世界上最有名的高能加速器。我们同他商量,也可以派十个人去学习。邓昌黎说:你们到那里一看,许多事情就明白了。再加上他们帮助我们,比如丁肇中,就把电子计算机运算的程序,所有我们国家不能制造的东西呀,样品呀,一箱子、一箱子的寄来,向国内寄。他先交给我们大使馆,后来知道我们大使馆三个月才寄一次,他很不满意,他说科学研究这玩意还能够等三个月吗?他说不行,下一次我就不经过使馆了,我直接寄。人家花多少外汇,花多少钱哪!无非到这儿来,我们招待一番就是了。人家对于我们,说到天边,他总还是一个中国血统嘛。他说得很有意思:在外国,波兰、匈牙利跑到法国去的法籍人,对波兰、匈牙利根本就不想念。他说世界上只有一种人,就是中国人,他走到哪里都想到他是中国人,他心里总是想的我们伟大的国家。我们伟大的中国总是有着向心力,很大的吸引力。如丁肇中39岁得诺贝尔奖金,这是很不简单的。得了诺贝尔奖金瑞典国王要请客,要讲话的,而且在奖金本子上要写字,他非用中文写不可,他不用英文写。美国大使出来干涉他,说:你要注意呀,你现在是美国人,你并不是中国人,你用汉文写是不行的哟。他说:哼,你管得着我吗?我用什么字写你管得着吗?因为他得诺贝尔奖金,世界名誉很高哇,美国大使馆也不敢得罪他。后来又给他出难题,说:这个地方不能排字呀,没有汉文排字机呀,不能印呀。他说,哼,我有办法,用手写,用复印机复印。他说瑞典国王请吃饭,我用汉文讲,我不用英文讲。其实他的英文比汉文不知好多少倍。当然他的汉语也说得很不错啦,还会说四川话,会说普通话。他和邓副主席讲话是讲的四川话。邓副主席觉得很奇怪,说:我们还是老乡呀!他真一口典型的四川话,他给邓副主席说:我是四川人啰。我们还可以举一位同志叫陈篪同志,是冶金部的,这位同志研究的精神也是很惊人的。他除了在研究室作研究之外,一面烧饭,一面还钻研。他为了怕把饭烧煳了,把闹钟试好,等闹钟一响就去搞饭,有时候钻入迷了,闹钟响了还不知道,把饭都烧煳了。这个同志在研究我们金属锻裂的问题上有很大的成就。他同我谈话时,讲过一句话,这句话对我印象很深。他说:我们有些人对科学家很好,但是我们也有一些同志对科学家、对科学之交"淡如水",没有什么感情。这句话很引起我的注意。对于他这样一心扑在科研上的人,有人还以为他是个人名誉,个人主义。这纯粹是诬蔑人家。"四人帮"给他戴上"白专道路""反动权威"一大堆帽子进行批斗,刚批斗完,他就上北京图书馆,去研究他的金属锻裂问题。因为这个问题,是七十年代新兴起来的一个学科,你不研究这个学科,许多问题就不能解决。比如大的30万千瓦的汽轮机的那根轴,最后鉴定能不能用,这就要他来鉴定。但是,这位同志很不幸哪,刚才不是讲过吗,有人说他是名利思想,个人主义。他才没有个人主义、名利思想呢。最近他患了癌症,甲状腺癌,仍然是分秒必争,他到了医院不是躺在床上,而是趴在桌子上,在那里作他的金属断裂研究的学术论文,他问医生说:我能不能再活一年,再活一年,我就可以把有关金属断裂论文写出来了。他说:你无论如何也得告诉我。他说,一个人死有什么关系呢,张思德还不是牺牲了,白求恩还不是牺牲了?我只是可惜,在年轻的时候就不能为祖国的科学作贡献了。所以他要求医生告诉他的时间。我几次见到了他,他连话都说不出来。但全国科学大会,他还从医院出来争取作了发言。这位同志有一天在医院看不见了,为什么呢,他从医院偷偷溜出来,跑到北京图书馆去找资料去了,所以我们说脑力劳动是很艰苦的劳动。过去认为体力劳动是很艰苦的,其实脑力劳动也是很艰苦的。我这个意思,就是说我们要造成支持鼓励人们学习钻研的气氛,支持鼓励人们刻苦努力,把自己锻炼成为各行各业的专家,而不要去责难他们。即使个人有这样那样的弱点和缺点,也不要把它和努力学习钻研扯在一起。给小孩洗澡不要泼了水把小孩一起泼掉了。科学上不付出艰苦的劳动,你是得不到成果的。我们的同志想想看,二十二年内,我们要赶超世界先进水平,这个时间有多紧张呀,过去一天就少一天哪,而且人家也还是在前进,人家并不是在那里停步不前的,停步不前就好办了。那总要赶上。但是他还是在前进,你的速度必须要超过人家的速度,不然就变成了等距离的赶超了,老是落在人家屁股后头一大截。没有自己的下苦功夫,没有自己的努力钻研,技术上不搞扎实,那是不行的。我们最近有个石油考察代表团到美国去,他们回来有这么个印象,给中央报告说:四个现代化是不能靠买来的,只能靠自己干出来。因为人家卖给你的设备,怎样运行,怎么运用,道理、原理他是不给你讲的。你买来的东西叫作专利,买这个设备,翻译起来,英文叫作( ),我们叫作其然,而你要知其所以然,英文叫作( )这就要靠我们花大力气了。不然,人家是不会告诉你的。比如说我们买的1.7米轧机,人家就有几十条规定,人家自己内部就有控制,哪些不能告诉中国人,哪些可以告诉。你问他,他就说,照这样做,按电钮就是了。什么道理呢?他说:这是我们日本研究所的事情,与我无关,鄙人只管运行就是了。所以买来一个东西,你不学它,你不消化它,那问题就大了,那说不定还用不了呢。(……)。光密封件就有橡胶的、塑料的,里头还有加钢丝的,有的还根本不能拆,他把那个机器密封在里头,那坏了怎么办呢?你不能老是向他磕头嘛。光是纸就好几十种,防潮的,各式各样的,这就交给我们轻工业部门一个任务,就是要把这个研究出来,你不把这些事情搞清楚,把这些道理搞清楚,那你只能永跟在人家屁股后头了。武钢的轧机是西德的。我们问:里头一些零配件坏了,怎么搞法,你是不是可以告诉我们一下?他说:没有啥,就是这样。备品配件呢?他说,没有,是九个月。九个月以后怎么呢?他说:那有办法,你请我们西德一个人长住在中国就行了。这怎么能行!这样我们怎么翻板呢?我们上海从日本来的600万吨钢的设备,同样会遇到这个问题。我们不只一套哇。我们要多少套哇。首先翻板一套就要翻到四川来呀,你不知其所以然,那你不成问题吗。就像我们买波音707,开得很好,飞到全世界好多地方,连美国也飞去了,送尼克松不是飞了吗,驾驶得很好。但波音707里头到底有些什么原理?我们现在还不清楚,这就需要知其然,而且还要知其所以然,才算是完成任务。所以我们一定要鼓励大家努力学习,要认识四个现代化是买不进来的,买一点先进的设备是可以的,但是得靠我们自己。为什么日本的电子工业这样大的发展,因为它下了功夫,搞了一、二十年,所以它才有今天这个基础。这个你也买不来,人家也不卖给你,也不会告诉你,告诉你,不就一锤子买卖吗?我们还希望科技人员,特别是从事生产、技术和应用研究的科技人员,要学习一些科学管理的知识,经济的知识,实际操作的知识。这样就更有助于选择正确的科研方向,组织科研工作,并且及时有效的把科研成果应用到生产上去。我们的现代化,需要有一大批的创业者,他们既有科学技术知识,又有很高的政治觉悟,既有坚忍不拔的献身精神,也有善于掌握崇高理想逐步变为现实的能力和作用。我们的许多地质工作者,他们在边沿地区建设,这样的同志是很值得赞扬的。我建议同志们去看看徐迟同志写的一本书,叫作《哥德巴赫猜想》,里头写了陈景润,写了常树红,还写了个蔡希陶。这次我们到昆明,和安平生书记商量了,一定要找到蔡老。这个人哪,报纸上登的叫《生命之树常绿》,他真是一生献身于边远地区建设的人。在国民党的时候,那样困难的条件下,为了他这个所,小小的一个所,生活、工资都没办法,他自己种花卖花,自己烤烟卖烟,甚至还养狗卖狗。这样出名的人,本来可以到北京,本来可以过得很舒服,但他说:"我就是要在西双版纳,我就是死也要死在西双版纳。"他得了脑血栓,不能动,所的党委书记去看他,他还拉着书记的手说:"我们无论如何要一块到西双版纳。"省委觉得他到西双版纳太危险了,说声死就死了。脑血栓这个病是个不简单的事情。这次我看了他,给他说:蔡老,你首先还是把病养好。你那个热带植物研究所的牌子还是在那里,你还可以经常请他们来嘛,一起研究嘛。他几十年献身于这个事情。徐迟同志这本书你们还可以看那篇常树红,这个人是法国留学回来的,一到敦煌,唉呀,看见世界最伟大的作品就在这个地方,他就呆〔待〕在那里。国民党反动派统治时期那样困难的条件下,吃的什么东西都没有,他仍旧一直在那里坚持着。敦煌是个了不起的地方,法国总统蓬皮杜访问中国时,别的地方他都不去看,专门要去看敦煌,周总理陪他去的。常树红这一生几十年就是在敦煌那儿,边上有大沙漠,吃饭时馒头都是沙,他就是很高兴,以这为家,啥地方也不去。解放以后,敦煌慢慢才修复。这样的献身精神,我们就要表扬。所以,徐迟同志写这个写得很好。"四人帮"横行的时候,把他批得一塌糊涂,靠边站不知靠了多少年,十多年都没动过笔。但这个同志,对科学非常热情。我找他们开了个座谈会,感谢这些作家为科学事业作宣传。他说,我就是爱上了科学这一门,我今后就是要专门写科学。我们大西南三线建设和四川边远地区和少数民族地区的建设,肯定是需要这样的人的,而且我们要鼓励这样的人,安心地工作,不要一想就想到大城市,什么北京、上海呀,你光把北京、上海建设起来也不行哪,我们战略大后方的四川、云南、贵州不建设起来,你能安心吗?这个地方我肯定老修他不敢来,他进得来就出不去,东洋鬼子都进不来他能进来?进来就把他消灭。他没有那么多的兵也没有那样大的本事。所以,我们要把战略大后方建设起来。

为了使广大青少年能够更好地学习,为了满足广大工农兵、在职干部学习的要求,我们还要办好各级各类学校,大力发展业余教育。现在世界的趋势,教育逐步走向社会化。将来我们放一颗教育卫星,那个卫星一天24小时都可讲课,所有的人上大学了,不上大学的也可上大学了。这个是有例子可学的嘛,英国有个开放大学,好多万人。这个大学不注重看课文,完全靠电化教学,电气化、电子化,毕业时候到学校考试,考合格了,他就承认你大学毕业。他资本主义国家可以这样干,我们社会主义国家就不能干吗?我看电子化教学我们应该大力的搞。我们应该有这个雄心壮志,将来使得我们所有的人都能够进入大学,而不应以在学校住宿的学生才算,你不住宿也可以嘛。将来我们电视机一定要发展的,现在我们已给外国谈了,买一套制造电视机设备的专利。如果我们放一颗卫星在赤道平面上,任何一个山区都可以收。国际分工,在法国开会,我们分了三个位置。赤道平面这个位置是要分的,你占哪几个,我占哪几个,不然大家就要碰着了。可是我们这个如果不赶快上去呀,它有年限的,过了这几年,人家就会占你的位子,你占着茅坑不拉屎是不行的。所以你不上也得上,也得想办法。那个时候哇,大家都能真正上大学,那报考就没有问题,也就很简单。现在有些人考大学没考上,没考上就觉得很遗憾。那时就没有什么遗憾的,教学天天教嘛,不用人都可以教嘛,而且是全省全国最有名的教授来教。我们在电视教学卫星没有上去之前，也还是可以用电视教学嘛。一盘录音带放两个钟头。磁带录音带插在电视机上，放出来与人像同步了，讲的形象都看得清楚。美国现在大学一个班有六台电视机，教师只是回答学生的一些不懂的问题，指导你，教师不在那里讲课了，他这个讲课已是标准化了，特别是数、理、化，或者是基础课。基础课大同小异嘛。我们科学院就有那么一台录像机，连带插在电视机上面，一放，出来了。比如说我们量子力学，最有名的唐敖庆教授，那就请唐教授来讲嘛，他讲多少小时，你就录起来嘛，这么小一盘就两个小时，10盘就20个钟头。这方面，我们也要大力发展，大力发展函授的、七二一大学、江西共产主义劳动大学，这些形式我们都要发展。特别是现代化的教学，要大力提倡。为了搞好这个教育，邓副主席讲了，学校能不能培养合格的人才，关键在教师。我们一定要尊重教师的劳动，要在整个社会形成尊重教师的风气。在全国教育会议结束的时候，邓副主席指示：请你们到会代表给我带一句话，希望各级党委都要像安徽、吉林、河北省委那样抓教育。毛主席说：第一书记要抓教育嘛。我们要尊重大学教授的劳动，也尊重中学教师的劳动，也要尊重小学教师的劳动。小学教师并不比大学教授劳动轻呵！这次在北京景山小学，邓副主席亲自树立了三个典型。我们原来向邓副主席汇报，打算树为一级教师，邓副主席说，这还不够，要列为特级教师，后来报上发表了这三个特级教师的事迹。命名特级教师以后，邓副主席问：这些人工资怎么样？工资低了要调整。小学教师是很辛苦的，特别教那些一年级的小孩子，那是相当的困难哩。过去我们在旧社会时有那么一句话："家有三斗糠，不当猴子王"——就是不当小学老师。当然，这个话是很不好啰，讽刺啰。就是说穷极无聊，最后才去当小学教师。但它反映出一个问题，小学教师的劳动非常辛苦。所以邓副主席看了景山小学三个老师的事迹，很高兴，说：我的孙子就送到景山小学。景山小学三个老师中，有个教英文的，教得很好，他有一套办法。语文老师在两三年之内，能使你学会3000多个汉字。进入中学以后就好办了。我们现在最困难的是进入中学底子差了，进到大学就更成问题了。最近《参考资料》登了日本高考的题，就是高中升大学。不知同志们看到没有？我就问过清华大学的同志，说这个题你（大学）一年级能回答吗？他给我泼了一瓢冷水。他说：我这儿四年级学生再给三个月准备还回答不了咧。这样怎么赶超世界先进水平哪。所以邓副主席说，要从科学、教育抓起。我们国家不这样搞是不行的。同志们，所有这些工作，归根有一条，就是党委的领导，党委的重视，离开了这一条，一事无成。党委如果不重视你教育工作，不重视你科学工作，你还有什么呢，排不上议程嘛，列不上你的题目嘛。所以关键在党委。全国开了科学大会之后，邓副主席给我说：现在我所关心的一个问题，就是各级党委是否认真地抓起来，关键在我们党委，我们党委要列入议程，你要管它，要领导它，要关心它。只要党委去领导，我们就有保证了，有把握了。我们各级党委都要像华主席那样，华主席是非常关心我们的科学和教育这项工作的。在中央的会议上，华主席就多次谈了科学和教育这个问题。我想这一条，我在这里提个意见，我们四川省委赵书记、杨书记以及其他的各位领导，你们重庆市的钱书记和各位书记，大家都关心。这个，我看也就是尽到我的责任了。我也代表到会的同志们向党委呼吁。我想一定是能办到的。

同志们：我们很快就要离开重庆了，这回因为时间关系，来不及了解重庆市更多的科学技术情况。以后，我们有机会再来啰，我也来不及参加你们的发奖大会了。在这里，我再一次预先向得奖的单位和个人表示热烈的祝贺！预祝你们大会圆满成功！等待着听到你们科学技术兴旺发达，人才辈出，成果累累的好消息！

完了。

丁长河同志在全市党员干部大会上的讲话（摘要）

（部署工作部分供参考）

（1978年9月23日）

根据省委的指示，下面将市里当前要抓紧的几项工作，在这里说一说。

一、在江北区江北农场和工农公社搞农工综合体的试点问题。这个地方，有一个国营农场是全民所有制；有一个人民公社是集体所有制，土地共有8000亩左右，人口近万人。收入分配有三种情况：农场工人是月工资，蔬菜队收益分配劳动日值是0.8元到1.2元，粮食队只有0.4元到0.5元，收入不一样。有的人听说要办农工综合体，说"这下可好了，咱们可完全实行工资制包下来了。"我们要学南斯拉夫的办法，不能包，还要各自核算。在统一筹划联合起来的情况下，在收入增加以后搞按劳分配。这是要讲清楚的。搞试点，要从实际出发，不要事事贪大求全、求洋。这个地方水利条件比较好，离城市也比较近，有两个有利条件：一是设备制造，市里可以帮忙；二是劳动力有出路，土地少，人口多，我们可以把它组织起来，搞为城市服务的工作这是第一点。第二，要很快组织一套试点的领导班子。由市革委副主任孙毓亭同志当召集人，农委、农业局、农场局、财贸系统、计委、工交部、江北区委各参加1人，江北农场、工农公社1至2人，共13人到15人组成。〈……〉，这次试点，凡牵涉到税收、供销、价格、劳动工资等问题，怎么好就怎么办。由市委定就行，做起来之后可能同劳动局、税务局、商业局规定发生矛盾，有了矛盾怎么办呢？是按老条条、老规定办，还是从实际出发，怎样对发展生产，实行按劳分配有利，就怎样办？应当从实际出发，怎样能发展生产，增加收益分配，就怎样办。条条、规定得不当的，可以改。第三，立刻做出一个规划。这个规划：（一）首先是要发展农副产品。例如：水果、牲畜、鱼类、菜、粮生产等。不发展生产，你拿什么加工呢？（二）要搞农副产品加工。主要应加工自己的东西，如果设备能力还有余，也可以帮附近社队加工农副产品。我们城市工厂今后扩散产品，首先要向它扩散，因为它劳动力多。也可以把它的劳动力组织成基建队伍，由建委统一安排到城建局或建工局来使用，不作为全民所有制的职工，实行按劳付酬，付酬办法，有些是计件，有些是计时加奖励，这个需要研究。（三）实行从生产到加工、运输、销售一条龙。产销直接见面，减少或取消中转环节。现在蔬菜经过菜站盖个章就收取百分之几。以后产销直接见面，就近卖给工厂，订个合同，到期结算。水果也是这样，也不再经过干果公司，直接设门市部销售。但价格不能随便自订，要遵守物价委员会的规定。减少了中转环节，就增加了利润，可以增加农民的收入。（四）应该有个几年的积累和分配水平提高的设想。（五）管理工作，要学习解放军的三大民主。政治思想工作，生产的安排，收益的分配，都要走群众路线，综合体内的规章制度也要经过群众真正通过。不能搞真主意、假商量，要实行民主集中制。

搞农工综合体试点钱从哪里来？不能由国家包，可以实行银行低息贷款。像旅游局对我们那样，先贷给你钱，你搞旅游，赚了钱3年或5年还完，利息很低，还完之后大楼就算你的了。试点要造舆论，要很快地进行宣传。南斯拉夫那部介绍农工综合体的电影，要拿到江北农场和工农公社去放。要鼓励人们努力去干。

二、大力发展和提高大学和中、小学教育，以适应四个现代化的任务，适应引进新设备、新技术的要求。省委负责同志讲，重庆在外国、外地都很有点影响，说得远一点，从五口通商算起，100多年了，很早就有点名气。一定要搞好旅游事业，要搞好外贸，咱们的外贸产品，有的在国际市场上也很有点名气的,例如猪鬃,但是太少了。只这一门还不行,还要多找门路,换取外汇,引进先进技术和成套设备。这就有个使用技术的问题,人才问题。采用新技术、使用新设备,有的只是按下电钮,这很方便,但弄得不好,不能把整个设备搞坏,所以教育工作要跟上,要把学校办好。在这里有两件事情说一说:一是大学的招生。今年省给了我们一个新任务,允许我们自招、自教、自己分配一部分大学生,包括工科、文科。我们初步设想搞800～1000人,办一个新大学。重庆市自己搞,经费省里可补贴一点。我们市没有教师,可以请各大学教师兼课,对他们补贴点工资,多劳就多补贴一点嘛！教室也要相应解决,方案已经确定了。学生就从重点大学、普通大学收不进的当中选,这是第一点。第二,城市民办教师的问题。我市城市民办教师5000人,按一个人教30个学生算,就是15万人。这些同志工作辛苦,待遇偏低,这是实际情况。因为全民所有制有40%多的人增了工资,集体所有制也加了工资,现在他们还没有增加补贴。原来省里安排说要晚一点搞,最近有的人就等不得了,就搞"集体上访"的办法,大嚷大叫到市委大院坐下不走,这是不对的。这件事的发生,可能有个别人煽动。我们要安定团结,他就弄你一家伙,特别是有外宾的情况下要注意。对个别人,我们是需要研究他的问题的。对一部分同志是要教育的。但是,从城镇民办教师整个来讲,对于绝大多数的同志还是应该列入增加补贴范围以内的,待市里收到省里文件后,就参照全民和集体的办法增加补贴。省里这样做,是为了教育好我们15万个小孩子。并不是谁喊得凶就给谁加钱。第三,要办好重点学校。我市有72所重点学校,一定要把它办好。成都一个重点学校,增加教具和实验仪器用了5万到7万,我们现在72个,如果增加到100个,每年就要增加开支500万到700万,这个钱从哪里来？其中有些要从市里想办法,尽可能节余点钱把学校办好。第四,关于"三占"问题。学校的教室、教师、经费是不准平调,不准挪用的,这次省里又重申了。过去有些把教师借调走了,教室占了,把经费挪用了,那样怎么发展教育？那只能办没有教师、没有教室、没有经费的"三无学校"。"三占"必须"三退",领导机关要带头。借调的教师,除当了教育局长、宣传部长、团委书记的可以不回以外,其余一律都得回去。市里要开一个教育工作会议,要提一些特级教师,前一段我们没有搞,掉了点队,要抓紧搞。还有一些非党同志,业务、思想都比较好,只因为他今天还不是党员,就不赋予重任,还有点不敢信任。所以,我们思想上,总要想到,要学会同非党同志共事。人家忠诚党的教育事业,德才也好,怎么不可以信任呢？

三、关于按劳分配、工资奖金问题。中央已经发了54号文件,全省准备试点,成都一个厂,渡口一个市,我们一个南桐矿区。其他原来安排在重庆试点的,继续试行。要在11月份调查完毕。发放工资有一个比较大的改革。这次调查有十个题目,我这里就不一一讲了。总的精神,就是一定要贯彻按劳分配这个原则,要批判"计时工资是社会主义的,计件工资是资本主义的"谬论。在《资本论》里明明写着在资本主义社会,资本家雇工人有计时工资也有计件工资,两种方法同时并存。但是前几年却有人说什么用计时工资就是社会主义的,说用计件就一定是资本主义的。这就是被"四人帮"搞乱了的思想。实行计时加奖励或计件工资,首先要确定劳动定额和质量标准,超出后才能得奖。有重大技术发明的也要给奖。有些生产的关键问题,给单项奖也是可以的。化工系统安全生产200天、300天,规定过定额,也可以给奖,你少检修设备,就少费成本、多增产品了嘛。炼钢炉龄也可以这样办。总之,要有定额管理,要有质量标准,要有时限的要求,绝不允许弄虚作假,真正提高了,是体力、脑力劳动创造的,就应该按劳付酬。通过自己体力劳动、脑力劳动创造的新纪录、新水平,它又是新产品、新工艺、新材料,不妨碍下一个工序,不损害别人,都应该给予保护,给予奖励。我们有的理发店,过去进去谁也不愿给你理发,现在进去主动热情地请坐。为什么？因为规定每人每天要理十二个标准头,超过了有奖励。所以有些要实行计件,有些要实行计时工资加奖励,这是按劳分配问题。可以搞,特别是奖金,不要怕人说你这个人干事还要钱呀!我不要钱,可以,但我吃饭谁开钱嘛,现在又不到废除货币各取所需的时候!

四、要狠批"四人帮",搞好"双打"。要打好第三战役,把这场政治斗争进行到底。但在处理人的时候,要慎重。要严格区分和正确处理两类不同性质的矛盾,划到敌人那边去要尽可能的少。有些人原来应是骨干,他现在检举得好,交代得好,有立功表现愿意悔改,也可以罪减一等。当然,对那些至今稳起顽固到底的,也可以罪加一等。我们重庆市有600万人,1974年、1976年闹得那么热闹,总要搞他几个,宽不是宽得一个没有,但总是要少一点才好,万分之一行不行?十万分之一行不行?不能宽大无边嘛。还有的不是骨干,犯了严重政治错误,性质是内部矛盾,也有些中毒不知毒、受害不知害的人,要不要帮助他们?要帮助教育他们,人民内部矛盾问题也要解决。不能一帮助一教育就说什么又整人了,又来迫害我了。这是不对的。我们重庆市闹得那么凶,周家喻、黄廉、杨茂林三个人就有那么大的能量?不能吧!当时就是有哪些今天看来是中毒、受害的人是跟着他们搞的。对这些人一定要帮助,要教育,要他们与"四人帮"划清界限。这就要搞"三大讲""路线对比",搞大批判、要大学大讲完整准确地领会马列主义、毛主席思想。

"双打",我们前一段是有成绩的。但是,党的基本路线告诉我们,阶级斗争不会熄灭。1952年搞"三反""五反",刘青山、张子善不是枪毙了吗?现在贪污几万、十几万斤粮食的仍然有,他不怕,还要搞。两个阶级、两条道路斗争还是存在的,新生资产阶级还会产生。因此我们一定不要麻痹,"双打"还要继续搞,要清除死角。现在有的地方,运动不冷不热,可能是死角,也可能有人在捂盖子。前几年"四人帮"闹得凶的时候,有的领导还亲自领导"闹革命",他本身就是个头头,这样的单位,运动就搞不好,因为群众一揭就揭到他头上了。这样的单位,上级领导要尽快派人去解决。

要继续搞好革命大批判。批判不要空空洞洞。比如你搞奖励,不把"四人帮"那些谬论批倒,谁敢去拿奖金?要边批边改,大治快上。特别是在"按劳分配"这个问题上,要很好的宣传。苏修近一时期,生产水平也有提高,他们大抓利润,整个社会生产、社会财富不断增加,问题就在于少数人占有,对多数人没有按劳分配,用社会主义的金招牌遮盖着社会化生产和少数人占有这一资本主义社会就存在着的基本矛盾。如果我们的生产发展了,分配又是按劳分配,分配结果人与人之间悬殊又不那么大,这样政策就对了嘛。

对打、砸、抢的问题。凡打人致残,打人致死,杀人放火的头头,或者混在"文化大革命"中搞坏事的四类分子,是要处理的。除此之外,要慎重、要从宽,现在有人讲,凡在"文化大革命"中动了别人一个指头的都要追查。不能这样搞,不然就搞乱了。例如武斗,在重庆当时有当战士的,有当指挥的,有当工程兵的,有搞宣传的,有搞后勤的,你一律追查,其结果就必然有百分之几十的人受到追查,人心不安,怎么能搞好安定团结?我们绝不能那样搞。"双打"中的贪污盗窃问题一定要退赔,对有的人一定要狠批,但人要尽可能少捉,特别不要随便采取开除出去的办法。开除后到处不收,流到社会上,是个问题。有的人实在不行,可送去劳教,也可采取开除公职、留用察看的办法,先看你两年,发给你生活费,改好了再恢复公职,改不好再延长你两年。用这个办法,免得他在社会上流浪,给你捣乱。这样的办法比较稳妥。如果你把他都捉起来关在监狱里,他不劳动,他还说我就吃八两。你给他白吃八两干啥?要叫他劳动,叫他生产才行。

五、关于支农和价格问题。工业支援农业,成绩很大,但是问题不少。主要问题是工业用地不适当和工业三废伤害农作物以及支农工业品质低、价高、手续烦,供应不及时又没有配件,就这么几个问题。这里只讲支农工业品特别是农机产品质量很低,价钱很高,手续烦琐,供应不及时,供应了还没有配件,这五个问题要研究。这样下去不改进,就害了农,农民就不欢迎。这次省里开会指出我们生产的手扶拖拉机质量不过硬,要求要一修、二换、三赔。我们生产的山城牌小汽车,有些是好的,也有些没有配件。生产的插秧机,表演时是好的,成批生产后,卖出去就换了材料,质量就不行了。生产的喷雾器,零件也很少。有些卖给农民的东西,如化肥、水泥,缺斤少两。要好好研究改进,这是第一个问题。第二,有些单位支农时,农民说有"四怕":第一家是电业,农用电价钱还较高,四级提灌一小时18元,农民说我不要,浇出红苕还要卖去包谷来倒赔电钱,不如不浇。有了电线要接"火",那也很困难,管电的办事人有的还勒索社队。小水电的并网分配也有些问题,要研究。第二家是清洁大队的汽车队。运渣肥要办招待,不办招待就不来,办了招待农民负担不起,据说现在卫生局正在抓,有改进。有改进就好,但还要进一步检查。第三家是食品公司和供销社的收购员。食品公司收购生猪,怕饱食大肚,早上送的猪,晚上才过秤,赶着猪满院转,说是等把屎尿拉尽了再收。农民一等就是一天,要误两个工。供销社收购野生五宝,零星的不要,有了潮气不要,办公时间不合适也不要。第四家是搞蔬菜的计划员,计划兼收购,群众意见也是比较多的。所以,支农的问题,财贸、工业各局、各公司都要研究一下。关于价格问题,最近据反映,菜有些提了价,这个有些是地区差价,远地运来的;有些是季节差价,比如:藕不该挖,现在提前把它挖了,芋头也有这个问题。原来提的时候就考虑,你叫农民早挖正在生长的菜蔬,早挖了就要因个头小不扎秤而少收入,怎么办呢?采取国家补贴一点,农民少吃亏一点,城市的消费者也稍增加一点,这个想法做法对不对?不对,咱们再改。总而言之,城里人不能不吃蔬菜,也不能太亏农民。一律由国家财政包干补贴行不行?总要适当解决。但是也有一些是乱改价格。质量没有提高,改了包装、改了商标、改了商品名称就加价,这是巧取利润的办法,是不允许的。有了这样的问题,就请大家检举、揭发,由物价委员会去处理。也有些是转嫁负担,比如说,蔬菜、水果运输经营管理不善,10斤水果烂了4斤,剩下6斤就卖10斤的钱;营业员干几个月的活,另几个月闲着没水果卖,工资照样摊进去。

这些都是不合理的,要改进经营管理。有些可以产销直接见面。减少中转人员,减少装卸损耗对产销两家有利,这就牵涉到我们有些收购站了,有些商品,通过他们盖一盖章,当一个经手人就收去很多的钱。有的机构也大了一些,增加了费用,效率不高,这些也要适当整改。

六、农业要上去,明年怎么办?一是要扩大小春面积,现在就抓紧放干田,挖排水沟,不要盲目地关冬水田。增加复种指数,扩大种植面积,明年大部分田土,要实行间种套种。要种三季:洋芋、玉米、稻子,或者麦子、玉米、红苕,或者麦子、玉米、稻子,大力增加复种指数,这是一个办法。二是要搞良种。种子的变化很大,有些水稻品种,一亩地只产两三百斤,高的可达800斤到1000斤。要因地制宜。比如杂交水稻,在我市有的还无法躲过伏旱高温季节,结果扬了花、不结实,有60%~70%的空壳率。三是肥料问题。土地翻的茬口多了,就不能种白水田,就要多搞肥料,农家肥、化肥都要跟上,这是明年农业的一个大问题。四是水利问题。我们搞喷灌有成绩,但原来估计偏高。现在要脚踏实地,再采取些措施,扎扎实实地搞。把喷灌设备特别是水源搞好搞牢靠。

七、关于贯彻中央37、42号文件问题。现在有些同志对这个问题还很不理解,很不认真。中央讲了37、42号文件是给农民一个武器,叫他来抵制那些非社会主义的东西。我们是社会主义,政治上人与人之间是同志关系。在经济上,应按等价交换原则办事,不能搞平调。现在各方面都向农村社队伸手,想吃社队这个唐僧肉。我的看法,农村的唐僧也太瘦了,没有多少肉可吃,劳动日值有的才二角上下,平均才五毛钱,并不富裕。贯彻中央这两个文件,首先要办干部、党员学习班,给干部、党员讲清楚,贯彻中央指示,就是为了要走社会主义道路,按社会主义原则办事,不是撤换干部的运动。〈……〉,既不允许照老办法继续下去,又不能让他躺倒,办法就是要进行教育,办学习班。从领导上讲,也要改变作风。为什么农村产生平调和打骂人这些现象,有些就和我们领导分不开。我们谈起工作来,许多要求下面大干快上,又不给他必要的资金和设备,或者给得很少一点,其他叫他自己想办法。他有啥办法?没有办法就用平调,无时间无办法说服就"扣饭"。计划生育中也有这样问题。计划生育是一定要搞的,生育一定要有计划。但是,应当采取说服教育的办法,告诉他们:多生了孩子,给国家、社队、个人都增加了负担。不是不生,要有计划地生。影响妇女身体健康的绝育避孕措施不要用,因引产、绝育的误工补贴要适当,虽无计划已经出生了的小孩,还是叫其父母一检讨,二采取措施避孕、绝育,三给小孩上户口,解决实际上这些人家无力解决的困难问题。又如办水利、修公路,办学校,用赤脚医生,都有这个问题,你指标下得过大,要求时间又急,他没得法,就平调,甚至工作中还骂人、打人,这些就要从上边改起。还要注意到在帮助干部的时候,不要把他们的这些问题和做的错事与"四人帮"的假"左"真右混为一谈。从形式上看,他们搞的某些事有点过头,这是思想方法、作风问题,有些效果不好,但他们的动机,还是想按照上级的要求很快搞好社会主义。所以,只要他们有所觉悟,有所检讨,就可以了,改了就好。要重在教育,不要乱撤干部,更不要轻易把干部"法办",贯彻文件也不要重在大退赔上,不要算的时间越久越好,数字越大越好,不要搞这种比赛,要实事求是。赔退多少不是标准,主要应看是否受了教育,改了没有。只是对那些搞个人狭隘报复发生严重后果,或搞阶级报复的人,才要惩处。

八、工业生产。本来要求三季超二季,现在看来可能超不过。因为今年的计划,有的在8月份就完成了,9月份无事干;或者是有设备、有人、没材料。但是总的估计,今年省里下达的年计划,总产值是可以提前完成的,我们还要努力超过。第四季度要很好地把生产抓起来。在工厂里,一是要抓好整顿。抓思想整顿,狠批"四人帮",拨乱反正。二是要抓质量整顿,9月份搞了"质量月"不能算完,四季度还要整顿,要一抓到底。希望我们的局、公司、厂的领导同志,要抓一些"点"。三是工业要按专业化,成立"一条龙"的公司。要搞协作配套,不要搞万事不求人。要以一厂为主,其他厂当配角,造零件,最后总装配。在工人中,要搞好按劳分配。有些可以用合同的办法,不要只认为全民所有制生产水平一定会比集体好。建筑业也要用一些组织起来的临时工,订一些合同。建筑业要考虑实行"大包干",现在的办法是四面八方,不协调,四面:国家计委投资设计,建筑用户、施工队伍,还有财政拨款建材等部门不协作;八方:一、先确定项目;二、核准投资;三、设计;四、原材料供应;五、划拨地皮、原住户搬迁;六、地基、开挖;七、施工;八、收尾、分配。每一环节都是分散去办的,没有统管,挨门拜求,手续繁杂,一个工程往往拖几年。所以要搞"大包干",要试验。

××同志在省委县委书记会议最后讲:我们正处在我国社会主义大发展的前夕,一定要认识到这一点,不要等待观望,要看得远一点,采取积极的态度,能早作的就早作,早作好了准备,到时间就大上快上。现在,训练工人,招收学生,组织社会青年就业,组织干部学习,提高干部适应四个现代化的水平等等,就应该抓紧搞。明年要:(一)按照已经摸到的客观规律办事。××同志讲的水路不通走旱路,因地制宜,使粮食增产。这就是唯物主义观点,从实际出发,按客观规律办事。(二)要按照按劳分配的原则,适当调整国家、集体、个人的分配关系。解决好了这个问题,才能更好地调动群众的社会主义积极性。(三)要加强经常性的政治思想工作,用政治思想工作去保证党的方针政策的贯彻执行,去保证经济工作任务的完成。(四)各局、各公司,四季度都要下去。要带任务下去,调查一两个单位,解决中央37、42号文件所提出的问题,特别是工业支援农业的问题。调查研究,写出报告,不要多,一个局写两份就可以了。一好一坏,一个是经验,一个是问题,不要写长篇大论。另外干部要参加劳动,到第一线去,以身作则,许多事情就好办了。随着干部的大下,揭批"四人帮"斗争的深入,我市各方面的工作必将出现新的面貌,取得更大的胜利。

1978年9月23日

丁长河同志在市委召开的部、委、局长会议结束时的讲话（记录稿）

（1978年10月17日）

同志们：

市委这次召开的部、委、局长会议开了八天，今天结束了。会议经过三个阶段。第一阶段，传达学习中央57号文件和华主席、邓副主席的重要指示，提高对加速实现四个现代化的认识；第二阶段，传达、学习××同志在省委召开的县委书记会议结束时的讲话和杨万选同志的发言，检查、研究了如何进一步贯彻中央37、42号文件，夺取明年农业更大丰收的问题；第三阶段，传达省委关于发展社队企业的指示，学习江苏省苏州地区的经验，讨论发展社队企业，走农、副、工综合发展道路的问题。在市委召开部、委、局长会议的同时，各区县也分别召开会议，传达省委召开的县委书记会议精神，在部、委、局长会议的第二阶段，区县委的领导同志来市参加了会议。我们这次会议，以整风的精神，边学、边揭、边改，整个会议开得很好，思想很活跃。会议所讨论的，不仅是农业问题，而且涉及各行各业、各个方面；不仅是当前的问题，也是长远的、带有方向性的问题。大家反映：通过学习、讨论，解放了思想，开阔了眼界，找到了差距，坚定了信心。

当前，我市革命、生产形势是好的。揭批"四人帮"的斗争正在深入，工农业生产有很大发展。今年农业粮食总产量，预计可达到26.5亿斤，比去年将增加13％左右。工业总产值，1至9月已完成41.7亿元，为年计划的80％，预计可以提前一个月完成52亿元国家计划，全年总产值可达到55亿元左右。其他各条战线也是一派大好形势。但是，我们决不能自满，要看到工作中的缺点和问题，要看到四个现代化对我们的要求，努力加快速度，把国民经济搞上去。只要我们认真贯彻这次会议精神，立足长远，狠抓当前，一步一个脚印，踏踏实实地干，我市的工作就一定会出现一个更新的局面，工农业生产一定会持续高涨地前进。

关于贯彻省委召开的县委书记会议精神问题，我于9月23日在人民礼堂结合我市情况讲了八点，市委办公厅9月30日已经印发给你们了。那些问题，那些办法，还是应当继续那样办的，今天就没有更多的新闻、新点子讲了。而是要求会后有个新的起色，新的水平，每个同志应该有新的功绩。这次我们又开了八天会，听了一些发言，特别是学习了中央〔1978〕57号文件，大家很受启发，很受鼓舞。下面，我根据大家讨论的情况，着重讲三个问题：

一、要加强学习，解放思想，适应四个现代化发展要求的问题

华主席在五届人大会上提出了新时期总任务，要求在本世纪内把我国建设成为农业、工业、国防和科学技术现代化的社会主义强国。这是一场根本改变我国经济和技术落后面貌，进一步巩固无产阶级专政的伟大革命。这场革命，要用现代化的科学技术改造国民经济的各部门，大幅度地提高生产力，这就必然要从各方面改变生产关系，改变上层建筑，改变工农业企业的管理方式和国家对工农业企业的管理方式，使之适应于现代化大经济的需要。这场革命，规模之巨大，变化之广泛、激烈、深刻，任务之繁重、紧迫，意义之深远，都不亚于我们党过去领导过的任何革命。为了适应这场革命的要求，华主席号召我们："学习、学习、再学习"。最近，华主席根据形势的发展，向全党提出了加速实现四个现代化的问题，在国庆祝酒词中又指出："我们要思想再解放一点，胆子再大一点，办法更多一点，步子再快一点"。华主席的指示，给我们的思想和工作提出了明确的要求，指出了明确的方向。我

们各级领导干部，都要响应华主席的号召，加强学习，解放思想，转变作风，努力工作，为加速实现四个现代化做出贡献。

为了加速四个现代化，我们要加强学习。要刻苦学习马列主义、毛泽东思想，深入揭批"四人帮"。这些年来，由于林彪、"四人帮"的干扰破坏，把马列主义、毛泽东思想早已解决了的很多根本理论问题搞乱了。对于理论和实践、政治和经济、革命和生产、生产关系和生产力、上层建筑和经济基础问题，客观经济规律问题，按劳分配问题，社会主义利润和劳动人民物质利益问题，企业中的规章制度和劳动纪律问题，等等，至今在我们许多同志中还存在着一些糊涂观念。如生产关系，社会主义公有制的两种形式，即全民和集体，我们有些同志对集体所有制，就不尊重人家的自主、经营权，任意去指挥。人与人的关系，除没有改造好的地富反坏之外，应该是同志关系。在领导与被领导之间应该讲平等，讲民主集中制，我们有些同志竟动不动就打人、骂人。分配关系，按社会主义原则只能讲等价交换、按劳分配，在工农业之间、企业之间都要这样办，而我们有的同志并不想实行按劳分配、等价交换、平等互利，这怎么能建设社会主义。关于上层建筑，包括政权、管理制度等，我们有些法律、规章制度也不完善，如像我们市法院就没有组织经济法庭，因此企业之间有的随便撕毁合同，就没有人来仲裁。上层建筑中意识形态也不适应。我们有些宣传内容，不是宣传的社会主义，而是撇开经济基础来讲玄虚的道德观念，它不是反映我们现实经济基础上的人与人之间的关系，而是讲的"超人"，八仙过海中的八仙关系，这些就要改革。再如企业管理体制，有时动不动就收厂，完全不讲经济原则，凡是自己有利可图的就收，至于对别人有无损益他就不管，完全不讲等价交换、平等互利；有的只考虑自己管理方便和顺手，而对生产发展、职工生活是不是好，是不是方便，从不考虑，无视经济发展的自然规律。〈……〉。这种管理方式，恐怕也要改革。要改革，就要好好学习，解放思想，打破旧框框。我们各级党委的领导同志，各个大学马列主义教研室、宣传部门、文教部门的同志，广大党员、干部同志，都要好好学习。如果我们不好好学习，我们就不能挣脱林彪、"四人帮"设置的精神囚笼，就不可能解放思想，工作中就甩不开膀子，迈不开大步。当前在揭批"四人帮"的第三战役中，一定要把揭批林彪、"四人帮"，同解放思想，适应四个现代化的需要结合起来，把批判搞深入。批判深入了，思想解放了，就能更好地破除一些框框，改革不适应现代化要求的上层建筑及生产关系的某些方面，促进各项工作的发展。

为了加速四个现代化，必须牢固树立国民经济以农业为基础的思想。农业是国民经济的基础，也是实现四个现代化的基础。马克思说过"超过于劳动者个人需要的农业劳动生产率，是一切社会的基础"。这就告诉我们，任何社会，工业和其他各项经济文化事业的发展，都将最终决定于农业能够提供多少粮食、原料、劳动力和市场。毛主席根据马克思主义的基本原理，针对我国情况，提出了按农、轻、重次序安排国民经济的基本方针。二十多年来，全国、全省和我市的实践都证明，这个方针是完全正确的。我们国家的经济能否持久地稳定地高速度发展，从根本上讲，要决定于农业能否高速度发展。会议当中，同志们以整风精神，热烈讨论了以农业为基础，加速实现四个现代化的问题。大家反映，通过学习讨论，思想上确实提高了一步。有的同志说：过去虽然也在嘴上讲以农业为基础，但在工作中往往忘了这个基础。搞农业的同志不爱农、亲农，搞工业的不支农、促农，搞财贸的不利农、帮农。这种状况不改变，必将妨碍农业生产的发展，影响四个现代化的进程。计划部门的同志说：过去对农业是国民经济的基础虽有一定认识，但对农业也是实现四个现代化的基础则很不理解。在计划安排上，往往是照顾工业、忽视农业，关心城市、薄了农村，抓了全民、丢了集体。认为只有工业上去了，农业才能上得去，现在看来，这是把位置搞糊涂了。工交部门的同志，检查过去对支农有"三怕"：一怕把全民工厂的设备、物资拿到人民公社去，即使合理作价，也会犯错误；二怕把产品扩散给人民公社去了，别人说是"倒退"；三怕农民"缠"住，借支农乱要物资、多要设备。因此，对支农不主动，不积极，怕吃亏，事事要见上级红头子文件才去干。基建部门的同志反映：我市解放以来基建征地达16万亩，相当于每年少了30多万人的口粮。其中虽然许多是必须的，但由于过去以农业为基础的思想没有很好树立，多征少用和本来可以上山而占用了平坝的不少，浪费了很多良田熟土。财贸部门的同志也检查了过去对农业重视、支持不够的思想，表示要认真改进工作。总之，大家通过会议的学习、讨论，对农业的认识有了提高，表示要把自己地区和部门的工作尽快转到以农业为基础的轨道上来，为农业现代化，为四个现代化贡献力量。

为了加速四个现代化，我们还必须坚持实践是检验真理的唯一标准这个马克思主义的根本原理。讨论中，有的同志对于当前加快四个现代化的一些办法、措施，觉得很好，认为这样可以很快把工农业生产搞上去，但又怕执行后犯错误，将来被批判为"修正主义""资本主义"，心有余悸，顾虑重重。究竟什么是修正主义？什么是马列主义？我们应当通过实践来检验。毛主席在《人的正确思想是从哪里来的？》一文中曾经指出：要确定理论、计划、办法是否正确，必须放到社会实践中去，看其是否能得到预期的成功，一般地说来，成功了的，就是正确的，失败了的，就是错误的。特别是人类对自然界的斗争是如此。还指出：在社会斗争中，代表先进阶级的势力，有时候有些失败，并不是因为思想不正确而是因为在斗争力量的对比上，先进势力这一方的力量暂时还不如反动势力的那一方，所以暂时失败了，但是革命总有一天会要成功的。从我们同"四人帮"的斗争来讲，在他们一伙把持的地方，好人受罪，坏人神气的例子是很多的。但从一个历史时期来看，凡是坚持马列主义原则，顺应人类社会发展的总潮流，所作所为又合乎广大人民的意志与愿望的，就是正确的。有时也会受到挫折，搞不出成绩，但这总是暂时的现象。我们搞社会主义建设已有二十九年了，在二十多年中，大家都经历过很大的胜利和这样那样的挫折。应当很好回顾一下，总结总结。一般地讲，凡是促进了社会生产力的发展，增加了社会财富，有利于社会主义经济基础的巩固，能按民主集中制办事，促进了革命人民的团结，出现了生动活泼的政治空气，采取按劳分配，人民的生活大有改善，制定出的政策、办法是受到广大人民群众欢迎的，就是正确的，就应该肯定下来，坚持下去。这绝不是"修正主义""资本主义"。相反，凡是阻碍生产力的发展，导致社会主义国民经济停滞不前，受到广大群众抵制的政策、办法，就决不是正确的，决不是马列主义的。我们一定要坚持实践是检验真理的唯一标准，这是关系到是否真正高举毛主席的伟大旗帜的问题，是关系到新时期总任务能否实现的问题，也可以说是真革命或是政治骗子的问题。只要我们对这个问题有了统一的认识，就能大大解放思想，适应四个现代化的要求，使我们的建设事业发展得更快。

二、贯彻中央37、42号文件揭发出的问题和整改意见

从这次会议和市、区县试点揭露的问题来看，中央37、42号文件中指出的问题，在我们这里都不同程度地存在着。〈……〉。

（一）占用农村土地问题。根据国家建设需要，征用农村一部分土地是必要的。〈……〉。

土地是农民最重要、最基本的生产资料，也是取得生活资料的基础。没有土地耕作的农民，只好改变成分，另找出路。像现在这样土地不断减少，对农民的生产、生活又不予妥善安置，城乡、工农关系紧张，工农联盟受到损害，后果将十分严重。我们一定要认识这个问题的严重性，十分珍惜农民的土地。从现在起，继续严格控制征地，更不许任意非法占用。第一，近郊六个区，包括市中区、大渡口区在内，原则上不能再征用土地（个别的如重钢、重庆电厂扩建，可征一点），凡是要建一个独立的车间，或者建一个小厂，都不能再征地。建委要严格把关。第二，急需少量征用蔬菜地和已经进行农田基本建设改造的地，一律要报经市革委批准。第三，因建设需要确需征一点地的，最好在远郊三区

和四县去征用，但也要尽量少占地、不占好地，并且经过协商，落实支农和治理"三废"措施，妥善安置好农民的生产、生活，才能施工。第四，过去征地时订了支农协议不执行的，要检查落实兑现。如市化工局供销处修建仓库征用了石桥公社土地8亩，协议规定支援大队办一个橡胶杂件加工组，提供设备和原料，结果土地到了手，协议却没执行，像这类问题必须解决，以取信于民。如果还不执行协议，那就应该追究责任。第五，多征少用、征而不用、早征迟用的土地，要进行清理，能交回的要交给生产队种植，今后需用时，再归还，或重新办理征地手续。第六，煤矿的煤矸石应积极利用起来，减少占地。所需投资要继续向省里汇报。也可采取贷款的办法，先把煤矸石砖厂建起来，以后从砖款中抵付。北碚歇马公社以煤矸石为原料生产的机砖，成本较高，硬度较大，销路不好，有关部门应当积极从技术上帮助他们，提高质量，降低成本，打开销路。煤矿地面水源被破坏了的，要积极解决农民吃水和农田用水问题，以保证农业生产的发展。这个问题，煤管局应承头找有关同志研究，把它解决好。

（二）"三废"污染危害农业的问题。我市厂矿每天大量排放出的废水、废气、废渣，污染空气、水源、农田，既有害于广大群众的健康，也给农业造成了损失。〈……〉。工厂除少数作了赔偿外，多数没有赔偿。这个公社还有80口井的水被污染，不能饮用。至于在化工厂、冶炼厂、印染厂、电镀厂、造纸厂、电厂、天然气井等附近的社队，受危害和损失还更为严重。我们工业部门的同志，必须有高度的政治责任感，重视治理"三废"的工作，把它抓紧抓好。第一，因"三废"危害而造成的农业损失，应根据损失程度，按当地当年亩产量计算赔偿，这么做的目的不是罚你，而是促你，促进工厂尽快采取改进措施。第二，"三废"污染严重的企业，国家拨了投资，目前在处理技术上国内又有了经验，已经解决了的，要限期解决，否则，应予停产整顿，待解决后再进行生产，并应对负责人给予严肃处理。对于能够解决而不努力解决"三废"污染的企业，不能评为大庆式企业。第三，新建、改建和扩建企业，必须坚决执行主体工程和"三废"治理工程同时设计、同时施工、同时投产的规定，否则，不准建设，不准投产。

（三）支农产品价高质低，包装数量不足的问题。支农工业产品特别是农机产品质量低，价钱高，手续烦琐，供应不及时，零配件缺乏。许多社队反映，我市生产的手扶拖拉机，毛病多，不配套，有的买去不能使用，只好搁起。前几年生产的三千台插秧机，样机表演时是好的，成批生产时就换了材料，质量就不行了。这说明，"卖了耕牛买铁牛，买了铁牛变死牛"的状况确实是存在的。有些产品短斤少两，分量不足。〈……〉。

这次会上大家还反映了中间环节太多，加重了农民负担的问题。〈……〉。

为了减轻农民的负担，加速农业的发展，对于目前存在的问题采取：第一，工业、农机部门和供销社，有责任大力帮助社队修理现有的农用机具，可合理收费，有的应少收费，并积极组织零配件的生产和供应。本市生产的手扶拖拉机，应坚决执行省里的指示，一修、二换、三赔。第二，对库存产品应认真进行检查清理，凡属质量有毛病、零配件不齐的，必须经过修理或加工、改制，合格后才能出售。第三，确属质量低劣，未经使用或短暂使用即行报废的，如插秧机，现在工厂、供销社未卖出去的，作报损处理；已卖给社队的，应退回工厂，工厂亏损部分经过批准由财政弥补。今后，农机产品必须经反复试验证明实用后，才能推广；成批生产时，必须严格按样机组织生产和使用材料，决不能偷工减料。第四，农机供应部门出售畅销配件，不能搭配滞销配件。个别地方卖柴油机要搭配粉碎机的做法是错误的，必须纠正。第五，1978年出售的农机产品，坚决按一机部、农林部关于农业机械实行"三包"的试行办法执行。支农产品分量不足的，工业部门、供销社应主动检查清理，补足差数或退还多收货款。第六，中间经营环节过多的问题，大家反映〔应〕很强烈，但也有一些不同的认识。这个问题，有的是比较明显的、简单的，有的比较复杂一些，涉及体制、省有关部门的规定等等。会后以市计委为主，召集工业、农业、财贸有关部门认真调查研究，提出改进办法，于11月20日前将方案报市委。但是，有一点可以肯定，现在的中间环节是多了，许多是按行政层次、行政方法办事，不是按经济规律办事，经销部门转一道手就收手续费百分之几，生产队怎么负担得起？农业生产成本怎么不提高？我们一定要从支援农业，减轻农民负担出发，冲破旧框框，研究出切实可行的措施，以促进农业的发展。

（四）收购农副产品验质偏严、压级压价的问题。大家反映：粮食、商业、供销部门，东西少时收购等级标准掌握好一些，东西多时就自行提高标准。〈……〉。究其原因，有的说过去是由感官检查，现在改成了用科学仪器检查，新标准怎样怎样。不管怎么说，责任不在基层验收员。怎么办呢？要结合我市情况，在现有条件下，使农民不要减少收入，把七万多元退给农民。不能使人民公社增产不增收，甚至增了产还减收。这一点，财贸部吉仰圣同志有个发言，精神是好的，市委准备讨论一下，发下去，按那个办法执行（前面讲到的征用土地、基本建设、厂社挂钩等问题，市计委刘隆华同志、市建委赵春明同志也有发言，准备整理出来，印发下去）。如果农民辛辛苦苦干了一年，增产不能增收，那就从根本上违背了等价交换和按劳分配的政策，挫伤农民的积极性，我们的农业就不可能高速度地发展。其他如收购生猪、鲜蛋、毛烟、海椒、茶叶、西瓜等等，也有一些问题，这里不一一讲了。只讲个蔬菜问题。蔬菜供应，要搞个产销直接见面的试点，农村社、队生产蔬菜直接同城市工厂挂钩，签订合同，保证供应，减少中转环节。运输费用，谁运谁收。农民送菜，运费归农民；厂矿派车拉菜，运费归厂。蔬菜公司、菜站的同志可积极做好产销见面的组织工作，搞平衡价格，进行余缺调剂。这样，蔬菜可以减少很多损失。

（五）国家有关部门兴办农村事业中把大量费用转嫁给生产队负担的问题。这几年，我市农业各项建设事业发展较快，国家有关主管部门财力不足，投资很少，把一些费用转嫁给了生产队。也就是说，有些事没有按照"大干快上，量力而行，统一考虑，细心安排"这个精神去办，认识有片面性，不研究集体经济现实条件，增加了农民的负担，也减少了社队的集体收入和储备。如民办教师、耕读教师、赤脚医生、计划生育宣传、有线广播、社队办企业、建知青点、畜牧兽医补助问题等等。这些事业都是应当办的，方向是对的，决不是办错了；社员适当负担一点也是可以的，但有些规定的过死、过多、过重。今后要逐步解决这个问题。第一，我们在规划各种事业的发展速度、规模时，不要主观主义的规定要求，速度过快、过大。如普及高中，到哪一年普及，要根据经费、教师、教室情况而定，条件不够，硬要普及，那就势必增加农民负担。有同志想减少耕读民办教师，你减多少？要讨论，要同社队商量。教师一律都由教育局负担也不行，它拿不出那样多钱，也包不下来，教育局只能对那些负担过重的地方增加补贴，对教师队伍的构成加以调剂。〈……〉。办知青农场，我们学习株洲经验是对的，现在是出现了新问题，户口在队，分配在队，劳动在场。高考期间，知青回城复习时间过长，没有做够基本工分。你考学校是需要的，增加社队负担、减少农民收入是不对的。这个矛盾怎么解决？请市知青办公室调查研究，提出处理意见。以上总的精神，就是不能让农民吃亏。其他如利用输电、送渣肥等吃农、坑农，以及无偿占用农村劳力等等，就不一一讲了。由于农民负担过重，不少社队的积累挖空，储备粮吃光，增产不增收，分配不兑现。农民说："我们生产队象（像）唐僧肉一样，你吃一点，他吃一点，剩个光架架了！"这话很值得我们深思。我们必须进一步提高对以农业为基础的认识，解决正确对待农民、正确对待农村集体所有制和解决干群关系问题，切实纠正那种认为"贯彻中央37号、42号文件是农业部门的事，与我们这个部门关系不大"的错误思想，把农民积极性充分调动起来。农业上去了，我们各部门、各行各业就有牢固的基础，实现四个现代化就有了保障。

三、关于今冬明春的工作

（一）以整风精神进一步贯彻中央37、42号文

件问题

要认真领会这两个文件的精神实质，提高贯彻执行的自觉性。这两个文件是华主席、党中央针对当前农村中的突出问题提出的重大战略措施。通过这两个文件的贯彻，是要进一步解决全党对以农业为基础的认识问题，解决正确对待农民、正确对待农村集体所有制和干群关系问题。这个问题解决得好不好，直接关系到广大农民群众的积极性能否充分发挥，关系到工农联盟能否进一步巩固和加强，关系到新时期的总任务能否加速实现。解决好了，农业的高速度发展就大有希望，新时期总任务的实现就有了更可靠的保证。因此，各个部门、各级领导都要把这两个文件的贯彻落实，作为一项重要工作抓紧抓好。

要从上到下以整风精神贯彻落实这两个文件。市级各部委局、区县机关、市属以上厂矿企业、大专院校，都要围绕贯彻落实两个文件，解放思想，加快实现四个现代化。要集中一段时间学习，使各部门的干部，对以农业为基础的认识有个大的提高，对待支农、支持社队企业的态度有个根本的转变。各区县农村社队，应在"三秋"大忙以后，集中一段时间，采取整风或办学习班的办法，解决干部的思想认识问题。农村基本路线教育工作团，要把贯彻这两个文件作为基本路线教育的重要内容。无论城市、农村，都要以整风精神贯彻这两个文件。在具体步骤和做法上，应采取我们这次会的"学、揭、改"的办法。中央37、42号文件，是给农民的一个武器，好让农民大胆地起来抵制违反中央规定的错误做法，抵制那些非社会主义的东西。因此，要原原本本地向群众传达，大张旗鼓地宣传贯彻，做到家喻户晓，人人明白。不把群众充分发动起来，存在的问题是揭不透的，整风也是搞不好的。当然事先要组织干部学习文件，交代政策，用文件去发动，使干部有思想准备。上一级的领导，要帮助下属单位贯彻好两个文件，搞好整风学习，不要放任自流。对于少数觉悟迟，行动慢，贯彻不力，甚至掩盖矛盾，思想抵触，态度不端正的干部，要批评教育，严重的要及时加以处理。

对揭露出来的问题，要认真进行整改。整改搞得好不好，是衡量整风学习、贯彻两个文件搞得好不好的标志。光揭发一些问题，检讨一通，老是不改正，不兑现，就不能取信于民，不能调动群众的积极性，也就不能教育干部，刹住歪风。要针对揭发出来的问题，认真调查研究，按照中央和省委的规定，进行整改。对一些比较明显、涉及面不大的问题，要边整边改，不要久拖不决。至于退赔问题，省委××同志和杨万选同志都讲了，我们就按照那些政策界限去办。贯彻37、42号文件，应该是以学习提高思想为主，不要以退赔多少来衡量彻底和不彻底。有些地方，社队干部不多占，不平调，不打人，你也要他作检讨，死定退赔数字搞比赛，那就不合适了。对这样的地方是进行表扬，进行奖励的问题，不是处分人、搞赔退的问题。可是也有那么一些干部，不赔退、不处分他，就受不到教育，不能得到群众谅解，就要贻误我们的工作，那怎么办呢？那就需要退赔，需要处分，有的甚至还要撤职。在这方面，属于我们市里能解决的，市农委王维训同志发言提出了一些整改意见，准备印发下去。总的精神是，应该退赔的，要坚决退、积极退；政策界限还不太清楚的，要持慎重态度，不要急于去处理。

对于少数干部在政策、作风、经济上存在的问题，既要坚决纠正，不能护短，又要着重教育，不能损伤干部的积极性。有些问题，要具体分析，区别对待。一是领导要承担责任，比如要"大干快上"，你又不给他足够的材料、人力、投资，笼而统之要他想办法。他没有办法，就只好平调、骂人、强迫命令。这个责任在我们，不在下边。修1公里公路只给3000元，又要求修得合符标准，他不平调又有什么办法？因此界限要划清楚，要把那些为了完成任务，方法简单，作风粗暴，强迫命令，甚至打骂了人的干部，同个别徇私报复，迫害群众，为了一己私利，骑在人民头上作威作福的坏人和蜕化变质分子严格区别开来；二是要把合理的规章制度，同违背党和国家的政策，而自行制定的那些侵犯群众利益的"土"政策区别开来；三是要把贯彻按劳分配、严格奖惩制度和合理的赔偿损失、同乱扣乱罚区别开来；四是要把推广行之有效的增产措施，同瞎指挥区别开来。

（二）坚持厂社挂钩，大办社队企业的问题

几年来，全市社队企业有了一定的发展，取得了一定的成绩，对加速我市农业生产的发展，起了积极的推动作用。但是和全省先进地区相比，我们社队企业发展的步子比较缓慢，在全省倒数第二；与苏州地区相比，差距就更大了，而且发展也不够平衡。1977年社队企业的总收入只占三级经济比重的20%。劳动生产率也不高。社队企业在产、供、销方面也存在着不少问题。这对于高速度发展我市农业生产，争取在1980年基本实现农业机械化，完成新时期总任务的要求很不适应。我们必须加强领导，加快步伐，使社队企业来一个大的发展。

伟大领袖和导师毛主席早在人民公社化初期就指出："目前公社直接所有的东西还不多，如社办企业、社办事业，由社支配的公积金、公益金等。虽然如此，我们伟大的、光明灿烂的希望也就在这里。"以华主席为首的党中央对发展社队企业也极为关怀，作了一系列重要指示。华主席最近对江苏无锡和苏州地区发展社队企业作了高度评价，指出江苏省无锡县和苏州地区城乡协作发展社队企业的经验，为加快农业机械化和现代化，实现农业高速度发展走出了一条道路。发展社队企业，实际上是一个城市大工业支援社会主义农村，或是大量农村劳动力涌进城市的问题。如果大量人口涌进城市，我们现在的城市将要大大膨胀，城乡差别和工农差别会越来越大，这将带来一系列严重问题。这个问题的重要性，至今还远没有被我们每个同志所认识。有些区县、社队的同志认为，社队主要任务是抓农业生产，办企业会影响农业，搞不好；有的强调客观条件差，没有精力抓，消极畏难，不愿搞。工业部门和厂矿企业有的同志，对发展社队企业不重视，不关心，不支持，认为"自己都在吃顿顿饭，怎么去帮别人？"有的总想把自己的工厂搞成"大而全""中而全"，人越多越好，不愿把一些可以扩散的产品交给社队企业去做；有的认为社队企业技术差，产品质量没有保证，不愿把产品扩散到社队企业去；有的怕吃亏，怕麻烦，怕"背"包袱，不积极支持社队企业的发展。因此，要发展社队企业，关键还在于解决好各级领导的思想认识问题。要教育干部，深刻理解发展社队企业对于巩固集体经济、增加社队积累、提高社员生活水平，支援国家建设，缩小三大差别的重大意义，从上到下做到思想上摆正位置、组织上有一套班子，工作有计划，管理有制度，使社队企业沿着社会主义方向迅速发展。

要制订规划，落实措施，加快发展社队企业的步伐。各区、县，各工业部门和厂矿企业，在大办和扶持社队企业中，要坚持社会主义方向，坚持围绕农业办工业，办好工业促农业，主要为农业生产服务，为人民生活服务，有条件时，也要为大工业、为外贸出口服务的原则，从实际出发，在调查研究的基础上，因地制宜地制订规划。规划既要有近期打算，又要有长远设想。总的要求是，全市社队企业的总产值，今年要力争完成1.5亿元，比去年增长60%以上；1979年要达到2.5亿～3亿元；1980年要达到4亿～5亿元（平均每个公社的社队企业产值达到100万～150万元左右）；1985年达到10亿元以上。各地区、各部门、各单位，要根据这个总的要求做出具体安排：首先，要着重考虑办好能够对本社队农副产品加工的工厂，就地生产。不是讲要发挥优势吗？你那个地方没有铁矿，硬要去办小铁厂，不就糟了嘛！要根据自己的资源来办社队企业。其次，要办好本社队或附近社队需要的农具、农机修理、制造厂，办好小化肥和大厂挂钩扩散产品的企业，这样才有生命力。如双桥区手工业打剪刀、打菜刀，很早就有名。南桐有的是山，种药材，发展柞蚕丝，就地加工，发挥自己的优势。社队企业还可搞一些为大城市生活、为外贸出口产品的加工，如手工艺品、土特产等。不要光想大厂无代价的来给你盖厂房、发原料和加工、包销。如果每个社队都这样想，社队企业的发展就没法快起来。

社队企业要立足于自力更生，发扬艰苦奋斗的革命精神。要把发展"放在自己力量的基础上"，放在"资金以自筹为主，设备以自造为主、技术力量以自己培养为主"的基础上。当然，我们大城市也要努力支援，大家都这样想，话就说到一块了。不然就相互埋怨，话说不到一块，社队企业也办不起来。要依靠群众去战胜困难，千方百计办好企业。要认真贯彻"工业三十条"。有自然资源的地方，要充分利用资源，就地取材加工生产；缺乏资源的地方，要积极创造条件，先搞种植、养殖，然后再搞加工企业。不要同大工业争原材料，同样的棉花，大工业加工可以搞60支纱、42支纱，你拿去搞20支纱，不合算。要择优供应。不能关了老厂办新厂。各工业部门、各行各业都要积极支持社队企业的发展，把支持社队企业的发展作为自己义不容辞的任务。要继续采取"城乡协作，厂社挂钩"的办法，对社队企业进行"四帮一让"（帮思想、帮设备、帮技术、帮材料，让产品）。要结合工业改组，把一些可以扩散的产品或零部件扩散给社队企业，采取产品脱壳、"母鸡下蛋"、工艺协作等形式，积极支持社队企业的发展。凡是区、县、社、队能办的事，就交给区、县、社、队去办。把城市工业中一部分与农业关系密切或者可以在农村生产的产品，放到区、县去，使大工业腾出手来搞好高、精、尖、缺产品的生产。这样彼此都不争原料。同时还规定一条，为了减少占用农民的土地，减少城市污染，减少劳动力涌进城市，市中区等六个区，今后都不再办独立的车间和工厂，你要办只能办母子厂，办到四个县去。招收劳动力问题，上次大东同志讲了，要限制所有企业，不能再往城市招人，要就地办社队企业。现在矛盾最大的是各个企业都想办大集体，以此来安排自己的子女。这个问题，于汉卿同志已经开会讲了，今后先安排城里符合政策留城的子女和三个在农村一个都未回来的职工子女，这些青年绝大部分只能安在商业服务、建筑、运输这些行业。近郊六个区也不再搞集体工厂和街道工厂，因为没有房子，不再征地了。有这样几条规定，扩散产品到社队企业去的机会就多了。

要加强计划指导。凡是社队工业的产、供、销，应该纳入计划的要逐步纳入各级计划，做到生产有安排，原料有来源，产品有销路。有的产品可采取加工订货，签订合同，带料加工，定点协作等形式，间接纳入计划；扩散产品可纳入工厂计划和社队企业计划；物资供应，主要由块块分配；有合同的就按合同的规定办事。

要加强企业管理，建立健全各项规章制度。要把岗位责任制、经济核算、奖惩等制度建立起来，努力降低成本，减少消耗，提高产品质量，生产出优质价廉的产品，适应社会的需要。所有社队都要实行民主办企业，定期向社员大会或代表大会报告企业的收支情况，接受群众的监督，使社队企业越办越好，不断发展壮大。

要认真贯彻执行中央和省市有关社队企业的政策规定，充分调动群众办企业的积极性。首先要正确处理好国家、集体和个人三者之间的关系。特别要注意坚持"三级所有，队为基础"的原则，做到社办社有，队办队有，不能搞无偿平调。有一些企业，上级为了加强领导，也可以实行社队联办，几家共有，利润分成，按劳分配。今后市、县、社都不能任意下命令，无代价收缴下边的工厂，不能随便改变所有制。要收，那就必须赔偿集体筹集的或由地方财政投资的资金、土地、劳力等折价的损失。不然就不是等价交换，就是平调。社队企业人员不能都脱产吃商品粮，不能增加商品粮的供应数量，要在社队分配。工资待遇，不能采用全民所有制按工资等级付酬的办法。要坚持农忙务农，农闲作工，"劳动在厂，分配在队，厂社结算，适当补贴"的制度。不这样办，社队企业又会成为安排干部亲戚朋友子女的场所，成为"亏大公，益单位"的企业，那样做群众是不欢迎的。

银行、商业部门应积极扶持社队企业，采取贷款和减免税收等办法，促进社队企业的发展。工业部门支援社队的物资、设备、材料，总的来讲，应实行等价交换的原则，对闲置和更新的设备，按残值论价处理，如一时付款有困难的，可分期付款。为了集中力量发展社队企业，我建议：包括市中区现有的某些街道工业，采取城镇户口和供应标准不变，迁到附近县区去生产怎么样？有些可能走了，这可以商量；有些稍微离开市中心一点，那多好。城市中有的街道小工厂，生产时散出有害气体，操作时敲打发出噪音,影响健康,影响睡眠,影响交通,搬出去后,工资不变,口粮还是吃商品粮,还是城市人口,这样行不行?街道工业不能再扩大数量了,有的街道工业占了学校,人家要收,还说我要吃饭,退不退还要"商量"。当前"老三占"没有解决,不能再搞新三占。中央已经三令五申了。你要吃饭似乎有点道理,但别人家孩子上学也可以说是个道理。房子是学校的,中央都说了要退,这是没有例外的。党政机关要带头退,街道工业不退行吆(吗)?当然,街道工业生产也还要研究,不能撒手不问。

要切实加强对社队企业的领导。社队企业牵涉面广,单靠那(哪)个部门去办是不行的,必须加强领导,从上到下层层抓紧抓好。各级党委要列入议事日程,要分工一名书记具体抓,要设立专门机构,市委确定由一位书记分管社队企业的工作。工交部设立社队企业办公室,社队企业局划归工交部领导,主要任务是抓社队企业的发展方向,抓方针、政策的贯彻落实,同时抓好产、供、销业务。长寿、綦江、江北、巴县四个县和南桐区的二轻局与社队企业局合并,一套机构,两块牌子,主要抓发展社队企业方面的工作。公社设工交办公室,由党委副书记负责,配备1至3人专管社队企业工作。江北区、沙坪坝、九龙坡、南岸和北碚区设立工业局和社队企业局,分别管理全民所有、集体所有、道街工业和社队企业。双桥区不设局,但要有人管社队企业的工作。市中区、大渡口区不设局。市级各工业部、委、局和各厂矿,都要设立专门的机构或人员,负责做好支援农业、发展社队企业的工作。县城以下的工业企业,一律交给社队去办。企业人员的工资和生活待遇,按原标准不变。

要加强对现有社队企业的整顿和巩固工作,充实和调整好社队企业的领导班子,保持社队企业的生产管理人员、工程技术人员和技术性较强工种的工人的相对稳定,及时解决社队企业中存在的问题。各级领导,要深入社队企业,调查研究,抓好典型,及时总结交流发展社队企业的经验,及时帮助解决社队企业发展中存在的问题。对那些搞得好的社队企业和帮助发展社队企业搞得好的单位,要给予表扬和鼓励。总之,我们要以积极热情的态度,积极办好社队企业。但又要从实际出发,注意先搞那些有把握的、看准了的项目,搞一项成一项,不要一哄而起,要脚踏实地,抓出成效,使社队企业不断巩固和发展壮大。

(三)立足抗灾夺丰收,争取明年亩产跨《纲要》

今年的农业生产,虽然遭到了各种自然灾害的袭击,夏天有暴洪,从7月开始,伏旱连秋旱,干旱延续时间长,受旱面积大,但是在生产上,由于贯彻了省委关于因地制宜,发挥自然优势的指示,采取了一系列趋利避害的措施,大大减轻了灾害造成的损失,仍然夺得了丰收。全市今年粮食总产量预计比去年增产一成多。特别可喜的是,在今年大旱情况下,有比去年更多的社队跨《纲要》、超千斤。去年只有一个县属区跨《纲要》,今年预计有8个区;去年只有34个公社跨《纲要》,今年约有90个公社跨《纲要》、超千斤,比去年增加近两倍,占公社总数的30%。7个郊区除南桐外,全部跨《纲要》,有的超千斤。今年抗灾夺丰收的经验,我们一定要认真总结,并用到明年生产上去,争取明年有一个更大幅度的增产。

第一,明年在农业上总的要求是:以揭批"四人帮"为纲,解放思想,落实政策,按照经济规律办事,狠抓管理,脚踏实地大干苦干,千方百计力争粮食亩产跨《纲要》,林、牧、副、渔全面大发展。粮食总产要求达到29.5亿斤到30.5亿斤,比今年增产3亿~4亿斤,增产一成以上,要求平均每亩粮食耕地净增100斤以上。今年跨《纲要》的公社,明年亩产要超千斤;今年亩产只有六七百斤的,明年要超《纲要》;生产水平低,亩产只有四五百斤的,明年要有一个大幅度增产;有些两三年以来一直吃返销粮的社、队,要争取做到自给有余。要实行奖惩制。建议:明年平均每亩增产100斤以上的,实行奖励的办法,由农委来议订。一个公社10个大队,平均每亩都增产100斤的,公社主任、党委书记就得奖。大队也一样。社员可以多分,多留成,收入就增加了。总之,生产队、大队和公社都可以实行奖励办法。生产队干部过去有的挣工分，报虚工分，这要取消。今后增产粮食计算数字要逗硬，不准弄虚作假。奖励要规定个最高标准，要有一个比例，每个人是否不超过年工资的一个月，或一个半月，不可太多，不能无限制的搞得过高。工厂也要奖，车间主任按规定是选举产生，也可以罢免。过去，17级以上的一律不得奖，今后可以研究。有人说，市委机关搞不搞奖？驾驶班没问题。干部搞不搞奖？要研究。因为，我们机关工作的质量标准、数量标准不好掌握，但可以按年度在处室评比先进，酌情表扬奖励。搞奖励要首先搞那些质量标准比较严格，数量标准容易计算的行业。有的人还提问，这么做会不会搞成物质刺激，会不会出修正主义？我们回答说：你按前面那几个标准去搞，只要社会生产力提高了，产品增加了，大锅里有，碗里添一点也是可以的。共产党是为人民谋幸福的，用不着怕人民富裕。多劳多得是马列主义，说不上是别的主义。但是也要有个最高额限制，如果一个人得了相当于100人的工资就不行了，那种分配办法就可能是产生修正主义的因素。凡社会生产的物质财富被少数人占有，它不是资本主义，就是修正主义了。关于增产的措施，我就不讲了，上次省里开会都讲了。

第二，关于我市农业投资是多是少的问题。农业的投资，按中央、省的规定，地、县的财政收入百分之七、八十用于农业。我们自己的农业投资要多大比例才合适呢？市委根据今年财政收入情况，已经做了安排，请农委具体研究落实。总之，我们每年对农村投资按亩平人平都应该比附近专区多，农用马力应该比专区高才行，不然，划交我们的郊区、县就显示不出多少优越性了。

第三，肥料问题。复种面积增加了，粮食能不能增产，还要看有没有肥料，不能种"卫生田"、白水田。我们搞工业的同志，要多搞点化肥。城市和厂矿企事业单位，要大搞卫生，为农村积肥，每季搞一次。现在的厕所管理，建委有个意见，我赞成那个办法，即把居民区的污水和粪便分流，搞化粪池，这是很大的肥源。这个办法，有些人不赞成，说是不卫生。其实化粪池离你很远，池又密封着，怕什么？我们为了吃菜、吃粮，不赞成也不行。农村也要积造肥料，搞沼气池等等。

第四，水利问题。今年两次大旱就把我们水利工作中的弱点、缺点暴露出来了。现在我们不少地方抗旱设施也有，就是水源不足，蓄水能力不足。水源不足，即使你有设备，抗旱也受了限制。下步要先搞水源，先蓄水，然后再搞喷头和管道。水利要搞好，特别是菜地的水利要搞好，坚决做到淡季不淡。我们从现在就抓起，赶快抓1979年菜地的水利。

第五，经营管理问题。要推行定额管理、定额记工法。有的同志提出，可否按生产组包产量评分评奖，这个搞法不行。要积极推广定额管理、定额记工的办法。按照劳动的数量质量记好工分，把社员的劳动和报酬直接联系起来，把个人利益、集体利益和国家利益统一起来，更好的调动社员的生产积极性。现在播种小麦的时间到了，但旱得很，我们要去抗旱。我们机关、工厂开完会就去抗旱。设备、电力、人力，要想法给，不然麦子种不下去。农村的同志也是一样，不要等下雨，要抓紧种。不要误了季节，否则明年就减产。今年放了很多冬水田，减产就影响我们的工作了。

第六，要认真抓好决算分配，妥善安排好社员生活。360斤那个保护线一定要扎住，不能够又购又销，决不能购过头粮。今年在丰收情况下，容易麻痹，丰收了的县也有困难社队，要注意，不能忽视。现在看，社会秩序还好，如果我们搞得不好，还会出问题。上次农委开会我说了，凡是口粮不到360斤的，干脆给他讲，这个队明年不征购了，多产算社员的，你再不好好种地，减了产后也不给返销，用这个办法去调动他们的积极性。

（四）关于工业生产问题

这次会议讨论工业企业的事不多，但有几个问题需要强调一下。

总的来讲，我市工业生产形势是好的。1至9月份超额完成了计划，通过开展"质量月"活动，一部分产品质量有很大提高。但是，我们应当看到，要提前一个月完成国家计划，任务还是很繁重的、艰巨的。特别是在目前电力和原材料供应紧张的情况下，更增加了完成任务的艰巨性。我们决不能掉以轻心，产生自满松劲情绪。必须加强领导，发动群众，千方百计战胜困难，力争提前一个月完成今年国家计划。这是市党代会、人代会做了决定的，全市人民都知道。只有千方百计实现这个决定，才能更好地动员全市人民，坚定信心，鼓舞斗志，夺取明年更大的胜利。

当前工业生产，要注意抓好以下工作：

第一，要继续大打产品质量进攻战，巩固和发展质量月的成果。我市开展"质量月"活动，虽然取得了很大成绩，但这仅是个开端。要把林彪、"四人帮"长期破坏造成的质量问题彻底扭转过来，是要花很大功夫的。我们要坚决把工业工作转到质量第一的轨道上，牢固树立质量第一、长期作战的思想，把产品质量抓到底。当前，在职工中，要防止自满松劲情绪，认真总结"质量月"活动的经验，继续采取大动员、大对比、大揭露、大整改、大表扬的做法，切实加强领导，保证质量第一方针的贯彻执行。

要进一步学习毛主席的教导和华主席、党中央的指示，批判林彪、"四人帮"破坏质量的反动谬论。要大对比，同本厂历史上最好水平比，与同行业的厂子比，与国内外的水平比。要大揭露，凡是有关抓好质量工作中的问题，不论思想问题，管理问题，原材料问题，加工工艺问题，验收仪器、检验手段、质量标准问题等等，都要揭露出来。要大表扬，凡是产品质量好的，消耗原材料少的，成本低的，可以优先供电，供原材料。这对那些不好的单位，没有说处罚，实际上也是处罚，你完不成计划就得不成奖嘛。

各级领导要亲自抓重点企业、重点产品，抓住不放，直到抓出一批名牌产品和信得过的设备、工艺、操作能手、验收人员来。我们市里有些名牌，如水瓶、搪瓷等，现在不出名了。各部门要制订产品质量升级规划，做到在今年内，所有产品质量恢复到本企业历史最好水平。在此基础上，赶超目前国内外的先进水平。要把科研和生产很好地结合起来，有计划地进行产品质量升级和产品更新换代，积极试制新产品，努力向高、精、尖的方向发展，充分发挥我市老工业基地的作用。对那些产品质量工作搞得好、影响大、贡献大的单位，进行大张旗鼓地表彰和奖励；对那些不重视质量，问题严重，而又屡教不改的单位，要采取果断措施，停产整顿质量，限期改进，否则就给予经济制裁。总之，要从各个方面实行鼓励提高产品质量的政策和办法，使工业生产真正从思想上和工作上走上质量第一的轨道，夺取提高产品质量的新胜利。

第二，整顿企业工作要抓薄弱环节，要保证提前全面完成全年国家计划。从生产上讲，当前突出的矛盾是电、气、交通运输和原材料供应不足。电不足怎么办？采取增产节约的办法。有发电设备的，凡可以烧煤的就用煤，现在我们煤很多。民用电可以减少一些。工厂、机关、照明用电浪费较大，也可减少一点。要从节约中去生产。材料要清仓查库。省委指示省、地、县委要有一位书记抓清仓，把多余的东西拿出来，不能积压归积压，缺材料还是缺材料，不利于生产。清出来的材料要调剂，物资局仓库也要考虑这个问题。仓库的管理要改进，应该向九龙坡车站学习，你货物放在那里不提走，我就收你的费。苏修的"伏尔加"汽车在香港为什么卖得那么便宜？因为他卖不出去装在仓库里赔得更多。资本主义都懂加速资金周转，我们资金不周转，仓库里的物资不流转，搁在那里，不增值，这怎么行？仓库的管理要改进，联想到我们的招待所，包括各区县办事处的招待所，管理办法都要改进，是否可以按实住客人的证明来供给猪肉、粮食，尽可能地鼓励他多接收客人，减少市里的压力。

第三，企业要学大庆，要贯彻《鞍钢宪法》，实行党委领导下的厂长负责制，建立强有力的指挥系统，实行总工程师，总会计师的责任制。这些制度要尽快地建立起来，上层建筑的改革要跟上去，不然讲增加生产，提高质量，那是空的。特别要提倡搞专业化协作，成立以产品为单位搞协作配套的公司。有地区性的、行业性的，开始都可以实行"五统一、两不变"的原则。要广泛实行合同制度，企业之间、同一系统、上下级之间都应签订合同，搞"五定"

"五包",提倡要明确责任,承担责任,不履行合同的,要承担政治上的责任,同时赔偿经济损失。要用这个办法来组织生产,不要搞"大而全""中而全"工厂。签订合同,要等价交换,平等互利,不能因为是上下级就可以签订不平等互利条约。领导和下级工作中要讲民主集中制,搞经济工作要讲平等互利,等价交换,按劳分配,不要搞平调。瞎指挥造成企业亏损的,要追查责任,必要时要赔偿。企业之间撕毁重大合同,有约不执行的,要交司法部门公断。这个我上次都讲了,王一同志也赞成,先调5个人试办一个经济法庭,对外不挂牌,内部先试行,这没有大的危险性。谁不执行合同,经济法庭就对他仲裁,要他赔款,或者拘留他几天。

第四,要抓紧做好明年生产的准备工作。明年是抓纲治国3年大见成效的第3年,要在今年的基础上有一个较大的发展。全市工业总产值,初步考虑达到60亿到67亿元,待省计划会后再定。各部门要在抓好今年四季度生产的同时,切实抓好明年一季度的生产准备工作,为明年生产跃进创造良好的条件。基本建设任务明年也很繁重,大桥工程将进入紧张的施工阶段,重钢、重庆电厂、旅游大楼、川维厂等等,工程量很大,要求也很急,基建部门要"精心设计,精心施工",认真贯彻"集中力量打歼灭战"的方针,把这几项大的工程搞上去。要抓好骨干工程,也要照顾那些配套的为人民生活服务的工程,如市房、住房、医院、学校等等。今年底,各工业部门、各厂矿企业,应按照大庆式企业的六条标准,进行一次大检查、大评比、大总结、大表扬,以推动"工业学大庆"运动的深入发展,迎接明年国民经济的全面跃进。

(五)要切实转变作风

为了适应加快实现四个现代化的要求,我们各级干部都要切实地转变作风。

要敢于实事求是,一切从实际出发,坚决克服脱离实际,瞎指挥、搞形式、务虚名、搞浮夸、讲空话、讲假话的坏作风。一切从实际出发、理论与实际相结合,这是我们党的优良传统和作风。但是,有的人想问题、办事情不是从实际出发,而只凭"长官意志""上级指示"办事,上面怎么说就怎么办。在农业生产上,有的不从实际出发,不因地制宜,没有水源的地方,也大修喷灌池,有的明明知道不对头,但认为是上级说的,仍然"句句照办"。还有的同志,对上了书、上了报、上了文件的,不是结合实际去研究执行,而是一概照搬照套。我们必须肃清林彪、"四人帮"的流毒,发扬实事求是的精神、敢字当头。自己错了,要敢于承担责任,敢于改正错误。对于错误的倾向,要敢于揭露,敢于开展原则性的斗争。对于林彪、"四人帮"设置的"禁区",要敢于冲破;对于搞乱了的思想、理论、路线是非,敢于拨乱反正,而不怕冒"风险"。这个风险是打引号的。以华主席为首的党中央,粉碎了"四人帮",各项政策都是非常明确的,你还怕冒什么风险?我们开会就讲了,实行"三不"主义,要敢于发表自己的见解。你如果讲错了,不坚持下去,做点自我批评就可以了。一开会就照读文件,照念报纸,不提出矛盾,解决问题,那就宁肯不开。对上面的一些规定,你也可以想一想,议一议,或者照办下去,或者改正某些地方,应该实事求是。改正某些地方,余悸不必要,流毒要消除。不然,你怎么胆子更大一点,步子更快一点?当然今后个别人也可能又碰到个"万一",又遭整一下,那你就为真理而斗争嘛!我们既然是共产党员,信仰的是马列主义,又宣过誓要为共产主义奋斗终身,无私就能无畏,就不要怕什么"风险"。

做工作要发扬民主,听取群众意见,坚决克服脱离群众,甚至压制群众批评的恶劣作风。认真发扬民主,广开言路,虚心听取群众意见,集中群众智慧,我们就能不断发现问题,改进工作,少犯错误,就能把广大群众的积极性调动起来,加快实现四个现代化。可是有的人只能听赞扬的话,不能听批评的话;听到赞扬的话,浑身有说不出的舒服,听到批评就一触即跳,火冒三丈。我们的各级领导同志,特别是一、二把手,要带头发扬民主。在领导班子内,注意搞"群言堂",不搞"一言堂";在群众中,时刻以普通一员的姿态出现,虚心听取来自各方面的意见。对于群众的正确意见,能改的就立即改;

暂时不能改的要定出计划,限期改正。对于事实有出入的批评意见,要做到有则改之,无则加勉。要学习解放军"三大民主",政治民主、军事民主、经济民主。工厂里要实行生产民主、政治民主,经济福利上也要民主。我们有些地方评了工资,名单不敢公布,三榜定案,你为什么不执行?有什么见不得群众的?这次选人民代表,有群众来信说,有个地方群众选举时要求用无记名投票,领导说,不行,非要举手表决不可。连无记名投票的意见都不能接受,多糟糕哇!谁少两票有啥要紧?许多人都不拥护你,你还硬是要去领导,说话都没人听,还有啥意思,另请高明该多好啊!

要脚踏实地,雷厉风行,坚决克服左顾右盼,当断不断,松松垮垮,拖拖拉拉的作风。有的单位机构臃肿,人浮于事,行政层次多,会议多,文件多,有的领导干部习惯于坐办公室,办事踢皮球,有些急需解决的问题,常常是议而不决,决而不行,衙门作风严重。我们市委、市革委机关作风,也要认真改进,特别是有些工作,有布置、无检查,说是说了,究竟下面做没做,做得怎么样,没有及时督促催办。举一个例子,今年8月20日,我在区县委书记会议上(也有各部委局负责同志参加)讲了:"市级各部、委、局都要根据华主席、党中央关于加强农业的一系列指示,认真检查一下,在你们那个部门的实际工作中,在你们制订的各行各业的具体方针、政策、办法和规章制度中,究竟对农业是促进还是促退?究竟对农民是办了好事,还是增加了他们的不合理负担?领导干部要到基层去,不是只坐在办公室看表报、听汇报,要发动群众,揭露矛盾,认真研究,制定出切实抓好农业、支援农业的具体措施,并在9月上旬报市委。"到现在,究竟有多少单位这样办了?有些没有办,也没有追究。再举抗旱一例,于书记专门开了会,号召各单位组织领导干部、一般干部、勤杂人员派出代表到下面去看一看,回来宣传一下,农民怎样在抗旱,旱到什么程度,有的也没有去。而这一次开会,四个县委书记可高兴啦,同工交的同志在一个组,工交的同志说,看你们要什么,我们尽力支援,话就说到一起了。你不下乡去看,光说菜价贵了,吃的菜少了,你去看一下就明白了,事情就好办了。市委的事务工作也太多,什么房子、车子(小汽车)、款子(经费)、儿子(知青)问题,动不动公文就直接送来了,今后怎么办呢?要归口管理。要房子,经房管局报建委,由建委每三个月送市委讨论一次,零星送来的一律不看,以后办公厅也不能随来随办这类问题。这样定,行不行?车子问题,建议由一个秘书长,找石油公司、公安局车辆监理所等几家开个会。我们一年只有这么多钱,只能进这么多车,也搞个规定和定额。县(团)级不一定要配小车。我们的机要通讯站,它虽不是县级,就要配一个小车,因为他们天天送信。儿子(知青)问题,招人指标各方有多大比例,可由劳动局和计委去决策。款子问题,由财政局去定。不然,市委常委会都来讨论这些问题,被蛇缠住,那(哪)能下得去?我看大家会赞成这样做的。还有文件问题,也不能完全按级别来分发,也要按需要分发。你是县级,有些文件同你的业务联系不那么紧,也可以暂时不送,等人家看完了再传给你,不必把文件当新闻,以早知为快。

今后,凡是决定了的事就要去办,不能马马虎虎。属于你权限范围的事,就大胆去干,不干就是失职。从现在到1979年元旦还有70多天,各项工作要抓紧。揭批"四人帮"第三个战役要深入,不要到了明年还说工作上不去都是"四人帮"的干扰破坏造成的,不能老这么说。过去我们没有条件工作,到办公室他们就来抓;你想讲话,他就上台来冲。现在条件好了,可以甩开膀子干了,工作上不去,能怨谁呢?今后用人也要以对四个现代化的态度和能力、精力大小来考虑使用,谁德才兼备,在社会主义四个现代化过程中立了新功的,就应该认定是好干部。要充分发挥干部的积极性、主动性,教育大家向前看,向前赶,要为人民再立新功,在实现四个现代化方面比贡献!今后要一年一评比,一年一鉴定,干部考绩制度要恢复。

我要讲的就是这些,完了。

徐庆如同志在市纪委全委扩大会议上的讲话

（1979年4月27日）

同志们：

我们这次市纪委全委扩大会议，主要是学习中央〔1979〕26号文件批转中央纪律检查委员会第一次全体会议的三个文件，以及人民日报发表的1月25、3月25日两篇重要社论。通过几天的学习讨论，进一步提高了我们对加强党的纪律和纪律检查工作的必要性和重要性的认识，深入批判了林彪、"四人帮"破坏党的纪律和党的纪律检查工作的严重罪行；回顾总结了过去开展党的纪律检查工作的经验教训；明确了纪律检查工作的基本任务和必须遵循的八项重要原则从而极大地增强了搞好党的纪律检查工作的信心。到会同志一致表示：坚决拥护中央纪委第一次全会精神，决心在实际工作中贯彻执行。我们这次会议开的是及时的，有成效的，由于会议时间较短，不可能把所有的问题都解决好。希望同志们回去后，要继续学好中央文件，联系自己的实际，做出加强党的纪律的措施和工作安排，把这一工作扎扎实实地开展起来，以保证党在新时期的总路线和总任务的胜利实现。

现在，我根据大家的学习讨论，讲以下四个方面的意见：

一、必须认真学好中央文件，充分认识加强党的纪律和纪律检查工作的重要意义

中央纪律检查委员会第一次全体会议，遵照党的十一届三中全会的精神和党中央的规定，提出了党的纪律检查委员会的基本任务："维护党规党法，保护党员的权利，发挥党员的革命热情和工作积极性，同一切违反党纪、破坏党的优良传统的不良倾向作斗争，协助各级党委切实搞好党风"。这项基本任务明确规定了纪律检查工作在党的建设中的地位和作用，深刻地阐明了在无产阶级专政下加强党的纪律和纪律检查工作的必要性和重要性。维护党规党法，严肃党纪，是我们党的建设的一个根本原则。我们党是按照民主集中制的原则建立起来的，党有着极其严格的组织纪律。革命导师对党的集中领导和组织纪律的重要性有过许多论述。列宁同志指出："无产阶级的无条件的集中制和极严格的纪律，是战胜资产阶级的基本条件之一"。毛泽东同志指出："纪律是执行路线的保证，没有纪律，党就无法率领群众与军队进行胜利的斗争"。我们党历来十分重视党的纪律检查工作，在长期革命斗争中，在马列主义、毛泽东思想指导下，规定了正确的纪律检查工作的路线和政策。新中国刚成立，党中央就决定建立中央和地方各级纪律检查委员会，并在这以后一再强调加强对党员的纪律教育，强调加强党的纪律检查工作，坚决同违犯党纪的各种不良倾向作斗争对许多重大事件进行了严肃处理，清除了少数混进党内的阶级敌对分子和蜕化变质分子。党内和人民内部的政治生活是正常的，广大党员和人民群众的革命积极性空前高涨，从而保证了党的路线、方针、政策的贯彻执行，使社会主义革命和建设蓬勃发展。

〈……〉。所以说，在当前，加强党的纪律和纪律检查工作，对于巩固和发展生动活泼、安定团结的政治局面，实现全党工作着重点的转移，充分发挥党组织战斗司令部的作用，充分发挥共产党员的先锋模范作用，保证四个现代化的顺利进行，都具有十分重大的意义。因此，各级党委要认真学习和贯彻中央纪律检查委员会第一次全体会议精神，提高对加强党的纪律和纪律检查工作的认识，认真解决对党的纪律检查工作重视不够和支持不够的问题。现在有一种思想，认为纪律检查工作，只是处分几个犯错误的党员，无关大局，是可有可无的事。

显然这种认识是片面的错误的。按照中共中央纪律检查委员会提出的任务，检查处理违纪党员，只是纪律检查机关的一项工作，他还有对党员进行纪律教育，保护党员的权利，发挥党员的革命热情和工作积极性搞好党风等等，这决不是无关大局，而是关系极大，不是可有可无的问题，而是非有不可的政治任务和严肃的工作。林彪、"四人帮"摧毁纪律检查机构的10年，已经给了我们极其深刻的教训，我们再不能忽视这项工作，一定要从思想上真正重视起来，在工作上切实加强起来。

二、必须认真总结历史的经验，坚决执行党的纪律检查工作的八项重要原则

中央纪律检查委员会在第一次全委会议的《通告》中提出的八项原则，是我们党半个多世纪以来，正确进行党内斗争的历史经验总结，是付出了极大的代价和沉痛的教训换来的，它充分体现了马列主义、毛泽东思想的基本原则。我们必须反复学习，坚决贯彻到工作中去。

只要我们坚决遵循这些重要原则，就能很好地维护党规党法，充分发挥纪律检查工作的作用。否则就会出现偏差或错误，甚至混淆两类不同性质的矛盾，冤枉好同志，挫伤党员的革命积极性，影响革命和建设。

我们在贯彻执行这八项重要原则时，要特别注意做到以下几点：

1. 要提高政策思想水平，严格按照党的政策办事。

党的纪律检查工作，是涉及对人的处理问题，在执行党的政策上，一定要持十分严肃的态度，绝不可马虎草率从事，首先要严格区分和正确处理两类不同性质的矛盾，这是党的总政策，回顾总结过去之所以出现一些冤假错案，主要原因就是由于混淆了两类不同性质的矛盾，如把思想认识问题当作政治立场问题，把工作中的一般性错误当作路线错误，把党内的是非问题当作反革命活动，把如实反映工作中的缺点、错误当作是攻击党的政策，反对社会主义，把对本单位领导人的批评意见当作恶毒攻击、反对党的领导，等等。这些问题的产生，从我们来讲，在认识上，主要是对阶级斗争的形势估计过了头，把阶级斗争看多了，看重了，在思想上，有宁"左"勿右的倾向。后来，林彪、"四人帮"出于篡党夺权的需要，推行极"左"路线，制造党内有一个资产阶级的谬论，更加混淆了两类不同性质的矛盾。要严格区分、正确处理两类不同性质的矛盾，当前，要特别注意肃清林彪"四人帮"的流毒，防止和克服"左"比右好、宁"左"勿右和一切违背八项原则的错误倾向。在执行纪律时对于违纪者的错误性质和轻重的判断要恰如其分，要防止随便说什么路线错误，随便说什么阶级斗争在党内的反映。对敌我矛盾和人民内部矛盾一时分不清的，先按人民内部矛盾处理，这样做留有余地，比较主动。

其次，对待犯错误同志一定要实行"惩前毖后，治病救人"的方针，好意对待犯错误的人，可以得人心，可以团结人。毛泽东同志说："对待犯错误的同志，究竟是采取帮助态度，还是采取敌视态度，这是区别一个人是好心还是坏心的一个标准"。在"文化大革命"中，林彪、"四人帮"完全破坏了这个方针，搞残酷斗争，无情打击，伤害了不少好同志，至今在同志关系和党内团结上还留下了一些疙瘩，实践证明，对犯错误的同志，实行"惩前""治病"，一定要以"毖后""救人"为目的，〈……〉。执行思想批判从严的原则，一定要摆事实，讲道理，以理服人，对错误的批判不能含糊，不能讲情面，但从严必须从事实出发，以事实为依据，决不可乱加分析，无限上纲。通过纠正冤假错案，这方面的问题，虽然引起了一定注意，还要继续解决。当前，要注意另一个方面的倾向，就是对错误不敢揭发批评，采取含糊敷衍的态度，这也是不对的。丢掉了"惩前""治病"，同样是达不到"毖后""救人"的目的。

再次，对犯错误同志的处理，只要不是屡教不改的，应取宽大方针。可处分可不处分的就不处分，可轻可重的就从轻处分，凡涉及定敌我矛盾，开除党籍，开除公职，逮捕法办的，更要慎之又慎。

2. 要从实际出发，坚持实事求是的优良作风，反对主观唯心主义。

实事求是是我们党的优良传统，也是我们纪律检查工作必须遵循的重要原则，林彪、"四人帮"横行之时，唯心主义盛行，形而上学猖獗，党的实事求是的优良传统遭到严重破坏。为了整人害人，他们道听途说，捕风捉影；添枝加叶，歪曲篡改；斩头去尾，断章取义；抓住一点，以偏概全；无中生有，栽赃陷害，等等。他们施行封建法西斯的手段，大搞逼供信，根本不顾客观事实，不顾党纪国法，任意采取先打倒，后审查，先定性质，后凑材料的违法行为。制造了大批的冤假错案，使党和人民付出了惨重的代价，使我们党的事业遭受了无法估量的损失。吸取这些历史经验教训，在今后的纪律检查工作中，必须坚持实事求是的原则，一定要走群众路线，全面听取各方面的意见；一定要重证据、重调查研究，不能轻信口供，不准搞逼供信；一定要按党规党法办事，认真听取本人的意见，尊重本人申诉权利。对其他同志的不同意见和本人的申辩，要进行实事求是的分析研究，真正做到事实清楚，定性准确，处理恰当。在处理过程中，有争论不要紧，无非是坚持真理，修正错误，不要一听到不同意见，就说人家态度不老实，扣上翻案的帽子，加重处分。一定要坚持有错必纠的方针，冤案、假案、错案一经发现，就要坚决纠正，一切不实之词，一切不正确的结论，一切错误的处理，不论是什么时候，什么情况下做出的，不论是哪一级组织、哪个领导人批准的，不论本人是否有申诉，都应纠正过来。这样做，是对党对同志高度负责，是共产党人光明磊落，大公无私，坚持真理，修正错误的具体表现。在党内干部中只有是非功过分明，共产党才是不可战胜的。

3．坚持集体审批制度，严格按照审批权限和手续办事。

在纪律检查工作中，一切重大问题都要由集体讨论决定，任何个人不能擅自决定，这是党内民主集中制的重要原则，也是集中集体智慧，避免工作中犯错误或少犯错误的方法。要坚持集体审批案件的制度，对疑难的案件，和一时意见分歧认识不一致的案件，要反复讨论，不要匆忙做出决定。要严格按照审批权限和手续办事，报批的材料必须齐备，处分决定要交本人看，要听取和研究本人意见，审批机关要认真审查，找本人谈话，不要认为，这是一个简单的手续问题，而是一个保证案件质量的重要环节。

4．党的纪律检查干部，要敢于斗争，刚直不阿。

以党和人民的利益为重，坚持原则，敢于斗争，刚直不阿，这是纪律检查干部必须遵循的重要原则，是纪律检查干部必须具备的优良品质，也是纪律检查部门加强自身建设一个十分重要的问题，我们的纪律检查干部绝大多数是好的比较好的，是能胜任这项工作的，但是，也要看到当前我们纪律检查部门的干部新手多，业务不熟，加之，林彪、"四人帮"的极"左"路线在我们思想上的某些影响还没有完全肃清，这种状况，迫切要求我们加强自身建设，除了在实际中不断提高政策业务水平以外，更重要的是在政治思想上，加强世界观的改造和思想品德的修养。要以身作则，严格要求自己，模范遵守党纪国法；要忠于党和人民的利益，忠于党的政策，忠于客观事实；要立场坚定，旗帜鲜明，不怕杀头，不怕坐牢，不怕开除党籍，不怕撤职，不怕离婚，还要不怕挨斗，不怕撕破脸皮，要做到既敢于斗争，又按政策办事，既要敢于保护好人好事，又要敢于反对坏人坏事；要刚直不阿，大公无私，坚持原则，不徇私情，不阿谀逢迎，不屈从于压力，敢讲真话，做到公道正派不信邪。

三、必须围绕搞好党风这个中心，认真做好以下四项工作

为了搞好党风，全面恢复和进一步发扬延安时期确立的党的优良传统，进一步增强党的团结，提高党的战斗力，中央纪委讨论并拟定了《关于党内政治生活的若干准则》。这个政治生活准则，总结了我们党多年来处理党内关系正反两个方面的经验，特别是同林彪、"四人帮"作斗争的经验。它把党章的有关规定具体化了，把"三要三不要"的基本原则具体化了，把民主集中制的组织和纪律的原则具体化了，使我们的党规党法更加完备，更加切合

实现新时期总任务的需要,同时也使党员明确在党内政治生活中什么是对的,什么是错的,什么允许做,什么不允许做,界限分明,便于遵循,它是我们拨乱反正,搞好党风的有力武器。过去,由于林彪、"四人帮"对党的优良传统和作风的破坏,使我们党面临着变质的危险。粉碎"四人帮"后,在华国锋同志为首的党中央领导下,党风开始有所转变。但是,要全面恢复和发扬我们党的优良传统和作风,不是轻而易举的,还要进行艰苦的斗争,要靠全党的努力,而党的纪律检查委员会在这方面负有特别重大的责任。因此,当前我们的各项工作,必须围绕搞好党风这个根本,这个中心来开展。

1. 协助党委,加强对党员进行党的纪律和党的传统作风的教育。

这次中央纪律检查委员会把维护党规党法,协助各级党委搞好党风,作为纪律检查工作的基本任务。这是完全正确和必要的。大家知道,由于我们党是执政的党,党的组织发展很快,党的新成分较多,就我市来看,在全市现有 26 万党员中,1/3 是"文化大革命"以来入党的新党员,一般来说,他们没有经过党内正常的政治生活的严格训练,没有受过系统的党的优良传统作风的教育,不大懂得党规党法和党的优良传统和作风,即使"文化大革命"前入党的有些同志,甚至一些领导干部,多年来对党的好传统、好作风放松了,对自己的要求不严格了,〈……〉。

怎样搞好教育,中央纪律检查委员会拟定的《关于党内政治生活的若干准则》,为我们提供了极好的教材。因此,各级党的纪律检查委员会应协助党委,认真组织党员学习讨论,一面征求意见,综合上报,一面要以《准则》的基本精神建立与健全党内的民主生活,加强对党员的纪律教育和党的优良传统作风的教育。从现在起到今年底以前,应列为党的组织生活主要的学习内容,以《准则》为镜子,对照检查自己,并且要充分运用党报党刊宣扬好人好事好典型,揭露坏人坏事坏典型,从正反两方面进行生动具体的教育。从而使《准则》不断深入人心,自觉遵守。我们目前,有些单位党的组织生活不是严了,而是松了。有的组织生活流于形式。有的党员负责干部不参加小组生活。当前在党的组织生活中,一个突出的问题是,没有认真开展批评与自我批评,对某些不良现象没有开展积极的思想斗争。这是林彪、"四人帮"破坏党内斗争的流毒没有肃清的一种反映,应当加以克服。开展批评与自我批评是我们党的优良传统作风之一,每一个共产党员都要自觉地拿起这个武器,开展积极的思想斗争。严格党的组织生活首先从党委做起,党委领导成员除以普通党员身份参加小组生活外,还应定期召开党委民主生活会,交流思想,认真开展批评与自我批评,增强党的团结,真正形成一个团结战斗的集体,各级党校和党员训练班以及业余党课等,都要把《关于党内政治生活的若干准则》作为重要的学习内容。通过教育,要使每个党员懂得:必须坚守"要搞马克思主义,不要搞修正主义;要团结,不要分裂;要光明正大,不要搞阴谋诡计"的基本原则;要发扬"理论联系实际,密切联系群众,批评和自我批评"的三大作风,发扬艰苦奋斗,谦虚谨慎的优良传统;要坚持民主集中制的原则;要遵守"个人服从组织,少数服从多数,下级服从上级,全党服从中央"的统一纪律;要全心全意为人民服务,决不能利用职权耍私情,谋私利。更加自觉地坚持社会主义道路,坚持无产阶级专政,坚持中国共产党的领导,坚持马列主义、毛泽东思想的指导这四项基本原则。在教育中要注意联系思想实际和工作实际,深入揭发批判林彪、"四人帮"破坏党的纪律和党的优良传统作风的罪行,彻底肃清其流毒和影响。对开展教育的情况、经验、问题,各级党的纪律检查委员会,应及时向上级纪委作报告。

2. 抓紧处理历史遗留问题,继续落实党的政策。

根据中央和省委的有关指示,我市纠正"文化大革命"中的冤假错案,改正反右斗争中被错划为右派的案件,落实农村基层干部的政策等,都做了大量的工作,特别是在今年 2 月市委第四次全委扩大会议以后,在党的十一届三中全会精神指引下,进一步提高了认识,解放了思想,加强了领导,改进了方法,进展较快,发展健康。"文化大革命"中,林彪、"四人帮"制造的大批冤假错案,基本上都做了平反纠正,〈……〉。以上情况说明,经过各级党组织的努力,纠正"文化大革命"中的冤假错案,改正错划右派和落实农村基层干部政策等,都取得了很大的成绩,受到广大群众的称赞。但是,这方面的工作,由于林彪、"四人帮"的长期破坏和干扰,遗留的问题较多,现在,我们应根据十一届三中全会精神和省、市委有关指示,继续抓紧,争取在上半年内,把纠正"文化大革命"中的冤假错案,改正错划右派和落实农村基层干部政策基本上搞完,然后再根据中央和省市委指示精神,着手逐步解决其他需要解决的遗留问题。

在解决历史遗留问题落实党的政策中,要注意多做思想政治工作,要坚持向前看,决不计较个人恩怨和得失。目前,绝大多数被落实政策的同志,对党和人民的关怀爱护,满怀感激的心情,更加坚定了将革命进行到底的决心。他们严格要求自己,把过去吃的苦头,当作对自己的考验和锻炼,把党和人民的利益,时刻放在心头,想"四化",朝前看,一切服从党安排,表现是好的,精神是可贵的。可是,也有少数同志,在组织结论、工作安排、生活照顾、善后工作等方面提出一些过高的不合理要求,甚至闹个人主义,对于这些同志,我们要坚持原则,不能有求必应。同时,要教育他们讲党性,顾大局,团结起来向前看,把心思和精力用到四个现代化上来。为了坚定不移把落实政策这件大事继续抓紧做好,建议各单位党委和抓落实政策的同志都要认真学习今年4月21日《人民日报》特约评论员的文章,题目是:当前落实政策要注意的三个问题,和4月24日市委落实政策领导小组扩大会议精神,结合本单位落实政策的情况认真进行一次检查,以保证这一工作更加健康地进行。

3. 及时检查处理违纪案件,坚决维护党的纪律。

通过揭批林彪、"四人帮"斗争后,党的纪律有所加强,党员、干部的精神面貌,主流是好的。但是,在极少数党员,干部中违法乱纪的行为,仍然时有发生。〈……〉。通过检查处理,对于拨乱反正,维护党的纪律,发展我市安定团结的大好局面起了一定的作用。现在,中央纪律检查委员会所拟定的《关于党内政治生活的若干准则》,为我们检查处理违纪案件提供了依据和准绳,我们一定要按照准则的基本精神,认真检查处理中纪委《通告》中提出的六个方面的违纪案件,这是我们检查违纪案件的重点,对重大的案件,党委负责同志要亲自过问。目前,我们对违纪案件的检查处理总的说来是认真的,严肃的。但也存在着值得注意的问题,这就是极少数单位资产阶级派性干扰还未彻底排除。有少数党组织怕字当头,回避矛盾,对违犯党纪国法的行为不敢开展斗争,害怕检查处理,认为过去处理的问题,都还脱不了手,现在又强调发扬党的民主,如果再去检查处理案件,会不会被说成是压制民主,以后又来"擦屁股"。我们认为,这种看法,实际上是把纠正冤假错案与检查处理违纪案件对立起来,把发扬民主与加强党的纪律对立起来,这是不对的。纠正冤假错案是纠正过去错误的东西,并没有否定我们工作中正确的一面,只要我们认真吸取经验教训,就能使我们今后的工作做得更好,只有认真检查处理违纪案件,向党内违纪倾向开展斗争,才能保护党员的民主权利不受侵犯,保证党内政治生活的正常开展,保证党的工作着重点的顺利转移和发展安定团结的大好形势,不断巩固党的团结和统一。因此,必须十分重视和认真开展检查违纪案件工作,把它作为巩固党、巩固无产阶级专政的一件大事来抓。

4. 认真负责地做好来信来访工作。

从党的纪律检查委员会恢复和开展工作以来,党员和群众对我们寄予很大希望,来信来访是逐月成倍增长,去年4月,市委纪委刚成立时,一个月只有60多件,当重庆日报发表市纪委成立的消息后,5月份就增到150多件,10月份突破300件,今年1月25日,《人民日报》发表中央纪律检查委员会第一次全体会议消息,2月份的信件就超过1000件,3月25日,报上公布了中央纪律检查委员会第一次全体会议通告,4月份每天的信件都达到五六十件,到 19 日为止,就达到 1000 件。据了解,各区、县纪委的人民来信来访也是这个情况。对这些信件,据市纪委初步分析的情况看,一是申诉多,约占来信的 2/3,这些申诉有不服党纪处分的,也有不服刑事和行政处分的,尤其是精简压缩和劳教方面的申诉较多;二是重复来信多,约占来信的 1/3,重复来信有两种情况,一种是一信多投,最后汇总到这里,形成了重复来信;另一种是长期未得到解决的问题,反复来信。这种情况,一方面说明林彪、"四人帮"破坏的严重,目前需要我们解决的问题成堆;另一方面,也反映我们工作还做得不够,对一些应该和可能解决的问题,没有抓紧解决。对于人民群众的来信来访处理得如何,直接影响到我们党和群众的关系,我们必须高度重视,一定要以对党对人民高度负责的精神,切实做好人民群众的来信来访工作,要处理好人民来信来访,还是要依靠各级党组织和有关部门,实行全党办信访。要按照市委信访会议所决定的分工原则,分级归口办理,层层负起责任来,认真研究处理。对于应该和可能解决的问题,尽可能就地解决,不要往外推;属于一时不能解决的问题,应及时向群众讲明党的政策,说明实际情况,认真做好思想政治工作;对于来信来访中一些带政策性的、带全局性的问题,在上级没有明确规定之前,要及时向上级党委反映,不要随意表态,不得随便开口子,对重要的来信来访,各级纪委的领导人要亲自过问。目前来信来访中,确有少数无理纠缠的人,对他们要坚持原则,进行批评教育,对于打击报复蓄意诬告好人的,要按党纪国法制裁。当前处理人民来信来访,还存在一个突出的问题,就是力量不足,因而积压信件甚多,处理时间很长,这种情况长期下去,就会脱离群众。要转变这种状况,除了改进工作方法,提高工作效率外,还必须增加一定力量,以适应信访工作的要求。总之希望大家都来动手,把问题及时解决在基层,把信访工作做得更好。

四、必须加强党对纪律检查工作的领导,建立和健全纪律检查部门的办事机构和工作秩序

加强党的领导,是搞好纪律检查工作的根本保证。各级党的纪律检查委员会是在各级党委领导下,搞好党风,严肃党纪的一个重要部门,必须在同级党委领导下,建立健全自己的工作制度和工作秩序,充分发挥自己的应有作用。当前,首先要把党的纪律检查机构建立与健全起来。目前我市 13 个区县,已有 11 个建立了党的纪律检查委员会。但据了解,全市县团以上企事业党委应建立纪律检查委员会的 204 个单位中,现已建立纪律检查委员会的,只有 34 个,占 17%。显然,这种状况与当前形势发展很不适应。为此,应当抓紧把我市各级党的纪律检查机构建立起来。已经召开党代表大会选举产生党委,没有同时选举纪律检查委员会的,应召开全委会选举产生;正在筹备改选党委的单位,要同时筹备选举产生纪律检查委员会;有些党委一时不准备改选的,就不要等待改选党委时再来建立,可先将党的纪律检查筹备小组建立起来,并配备一定干部,先开展工作。我们希望争取在今年"七一"以前,把应建立纪委机构的单位都能建立起来,对市级各局纪律检查机构如何设置的问题,应参照省纪委和省委组织部对省级局纪检机构设置和规定执行,凡是成立局党委的均应成立党的纪律检查委员会;凡是担负管理本系统党员、干部的局党组应设立局党组纪律检查组,各局党的纪委书记、局党组纪检组组长均由局党委、党组的副书记兼任。专职纪委会副书记,纪检组副组长应配备科级干部担任。各局纪检机构的设置不要再等了,先按这个精神,尽快把它建立起来。各级党委在建立和健全机构的同时,一定要把纪律检查委员会的干部和工作人员挑选配备好。要选派那些党性强,作风好,有一定工作经验的同志来担任这项工作。县团级以下的党组织,虽不成立纪律检查委员会,但应有书记或副委员分工负责此项工作,同时根据单位工作任务范围的大小,参照"文化大革命"前配备

监察干部的情况,也可配备专职的或兼职的干部。各级纪律检查部门的办事机构的人员编制,可以参照"文化大革命"前监委的编制进行配备。总之要注意把纪委机关建设成为精干,得力和作风好的单位。

各级党委要把加强党的纪律检查工作列入重要议事日程,对纪律检查部门的工作,要定期听取工作汇报,及时总结经验,提出任务和要求,对重大案件的检查处理,要给予有力支持,为部门工作建立正常的工作秩序创造条件。

各级纪律检查委员会,为了做好工作,完成党交给的任务,必须勤奋学习,不断提高思想觉悟和政策业务水平。要坚持定期向党委和上级纪律检查委员会请示汇报工作,反映工作情况,对重大问题要及时请示报告。把自己部门工作切实置于党委的领导下,充分发挥自己的应有作用,要根据中纪委第一次会议精神和各单位的实际情况,制定工作计划,定期检查总结。要养成习惯,形成制度。纪律检查部门要主动同党的组织,宣传和政法等部门密切配合,共同把工作搞好。

同志们!党的纪律检查部门担负着光荣而繁重的任务,我们一定要遵循党的十一届三中全会所规定的路线、方针,政策,积极响应中央纪律检查委员会就〔第〕一次全委会的号召,解放思想,开动机器,坚持原则,谦虚谨慎,不骄不躁,兢兢业业,艰苦奋斗,振奋革命精神,努力做好工作,为进一步巩固和加强我们的党,为建设四个现代化的社会主义伟大强国而奋斗。

蔡定金同志在市纪委全委扩大会议上的讲话

(1979年6月21日)

同志们:

我们这次全委扩大会议,已经开了三天半了,在会上大家采取"一学二揭三议"的办法,认真学习了中央纪委几位负责同志的重要讲话和纪委第一次全体会议的文件,集中地讨论了党风问题,同志们加班加点地学习文件,看了一遍又一遍。讨论时联系实际,畅所欲言,会议开得生动活泼。大家都感到收获大,触动深,很受教育。很多同志说:等于上了一堂党的优良传统的党课。

中央纪委几位领导同志的报告,从国际共产主义运动和我们党的历史经验的高度上讲了加强党的纪律和纪律检查工作的重要性和必要性,讲了列宁、毛泽东、周恩来等老一辈无产阶级革命家模范遵守党的纪律的动人事绩,讲了林彪、"四人帮"疯狂破坏党规党法,践踏党的纪律给党带来的严重危害性,学习这几个报告,进一步加深了我们对中央纪委第一次全会制定的三个文件的理解,提高了对加强党的纪律和纪检工作的认识。统一了思想,明确了方向,增强了搞好纪检工作的信心和决心。在提高认识的基础上,初步揭露了党内不正之风的种种表现,以及它对党的事业所造成的危害,大家都感到任务光荣,责任重大。有的同志说:宁愿生前少得几张选票,死后少得几个花圈,也要把党风整顿好。但是,由于这次会议学习的文件多,时间短,学习领会还不可能很深刻,对当前党风上存在的问题也还揭得不透,对整顿党风的重要性、必要性和党内不正之风的危害性的认识,还应进一步学习提高和在整顿党风的实践中来解决。

我们这次全委扩大会议,实际是4月25日至28日在北碚召开的市纪委全委扩大会议的继续。北碚会议我们传达学习中央纪委第一次全会制定的三个文件,这次会议我们传达学习中央纪委领导同志在同一次会议上的讲话和省纪委的贯彻意见。也就是一个会议的内容,分作两次传达。关于加强我市纪检工作的意见,在北碚会议进行了讨论,并经市委批准,以渝委〔1979〕41号文件下发市属各单位党组织。因此，这次会议，我们就没有去讨论全面工作的安排，今天我代表市纪委常委会，也主要讲一讲党风问题。

一、要充分认识搞好党风的重要意义

我们党在毛泽东同志为首的党中央领导下，经过长期的革命斗争，建立了一整套好传统好作风。这主要是：实事求是，理论联系实际的作风；密切联系群众的作风；批评与自我批评的作风；谦虚谨慎，艰苦奋斗的作风和党的民主集中制。前几年，"四人帮"肆意践踏党的章程，破坏党内政治生活的一切准则，败坏了党的优良传统和作风，使我们的党面临着变质的危险。粉碎"四人帮"后，经过两年多来抓纲治国，抓纲治党的斗争，主要是揭批林彪、"四人帮"的斗争，狠狠地打击了帮风帮气，分清了大是大非。我们的党风有了很大的转变。但是，由于"四人帮"的破坏很大，流毒影响很深，人们所受的内伤重于外伤，党风上存在的问题仍然很多。党的十一届三中全会提出把党的工作的着重点转移到社会主义现代化的建设上，整顿党风问题就是一个更加突出和必须认真搞好的问题，我们一定要充分认识搞好党风的重要性。

首先，要认识到中国共产党是全中国人民的领导核心，没有这样一个核心，社会主义事业就不能胜利。像过去国内革命战争，抗日战争，解放战争和解放后的社会主义革命和建设一样，如果没有一个以马列主义、毛泽东思想武装起来的，密切联系群众的中国共产党的领导，要取得胜利是不可能的。现在我们国家正处在一个新的历史时期，为了保证全党工作着重点的顺利转移，巩固发展生动活泼、安定团结的大好形势，同心同德搞"四化"，进行新的长征，同样没有这样一个党的坚强领导也不行。现在，我们党的路线走正确的，粉碎"四人帮"后两年多来的成绩是伟大的。党内存在的问题，主要就是党内的某些不正之风还比较严重。胡耀邦同志在中央纪委第三次常委会议上讲到：下半年就两件大事情都要有所作为，要有所突破。其中的第二件事就是要整顿好党风，只有党风整顿好了，我们党与群众的关系改善了，党的团结搞好了，才能加强党对社会主义现代化建设的领导，才能保证经济调整工作的实现。

第二，为了促进社会风气的进步，必须搞好党风。目前的社会风气与解放初期相比是不好的。这是"四人帮"连续10年对我国政治、经济、文化大破坏造成的恶果。但在我们社会主义国家，社会风气的好坏，在很大程度上取决于党风的好坏。我们是执政的党，党员干部在各项事业中担负着领导职务，如果我们的干部，依仗职权搞特殊化，搞违法乱纪，搞派性，大走后门，贪污腐化，那就会给下面树立了坏榜样，给社会风尚以坏的影响。为了促进社会风尚的进步，我们必须要整顿好党风。

第三，搞好党风是保证党不变质、国不变色的百年大计。有什么党风，就培育出什么样的党员。"四人帮"破坏党的优良传统，刮起的那股资产阶级的邪风腐蚀了我们党的肌体，腐蚀了党员的思想。这种风气使大公无私，廉洁奉公，全心全意为人民服务的优良品德，胸怀世界，以实现共产主义为己任的高尚志愿，艰苦奋斗，百折不挠的革命精神，在一些共产党员的身上减弱，衰退，严重者甚至走上反面。如不再继续整顿党风，我们党的老传统、老作风就会中断，新的一代学到的就将是那些资产阶级的腐朽没落的歪风邪气。毛主席、周总理，朱德委员长等老一辈无产阶级革命家创造的无产阶级革命事业就将有被丧失的危险。因此，整顿党风，是党的建设中的百年大计。三中全会把维护党规党法，搞好党风作为纪律检查委员会的基本任务，搞好党风是我们纪委工作的纲，我们作党的纪律检查工作的同志，要认清自己肩负的责任，一定要在党委领导下，协同党的组织、宣传部门，把党风搞好。

二、当前党风不正的种种表现

在当前有些地方和部门党内的不正之风很严重，在思想上、组织上、作风上都有表现，中央纪委几位负责同志在讲话中和省纪委第一次全体会议纪要中都列举了好多条。联系实际，根据我们初步掌握情况，谈一谈我们这里所存在的一些问题。

一是搞"一言堂"，独断专行，压制民主，打击报复。

〈中略〉

二是不顾全局，不要原则，任意违犯党的政策，违犯财经纪律，破坏国家的统一计划。

有的领导干部只图小集体的利益和方便，置党的政策于脑后，不顾中央的三令五申，任意违犯财经纪律，破坏国家的统一计划的情况非常严重，主要表现有：截留、占用国家资金，大搞计划外工程；在基建项目中扩大面积，提高标准，巧立名目，以修建职工宿舍为名，搞楼、堂、馆、所；假支援、协作之名，以物易物，拿国家产品和生产设备大量换取生活物资；大量挪借公款，长期拖欠不还。从全市来看，1976年以来到现在，属于乱搞计划外工程和不按政策办事造成超支的有1360余万元。对这方面的问题，我们市纪委配合有关部门，先后检查了綦江红花二库、重钢三厂、长航重庆分局等单位的问题，经市委批准，连续发了三个通报，大家已经看见了。与此相类似的问题也还不少。

三是坚持资产阶级派性，拉势力，搞宗派，争权争利，破坏党的团结。

资产阶级派性目前的情况是：公开的派性收敛了，隐蔽的伪装的派性还时常出现；今天解决了，明天遇着具体问题又出来了；多数单位、多数同志解决较好，少数单位少数领导还比较严重。〈……〉。中纪委领导同志在讲话中，把现在的资产阶级派性，叫作是有影无踪的力量，说这个力量，还在吸引一些人。他们窥方向、找靠山、垒山头、拉拉扯扯，使党的意志不能集中，不能形成一个拳头，严重影响党的战斗力。

四是一些领导干部特殊化。邓颖超同志在今年3月中央纪委第三次常委会上讲话中指出：关于党风问题，如何抓？我看抓特殊化。我们现在有些领导干部，利用特权搞特殊，要非法的享受。王鹤寿同志说："有的干部不仅要封建性的特权，还要资产阶级的享受"。特权思想造成一些领导干部政治上、生活上的特殊化，严重地脱离群众。

五是说假话，搞假材料，弄虚作假，骗取荣誉。

六是目无党纪国法，严重违法乱纪，任意关押、毒打群众，甚至逼死人命。

这种侵犯群众民主权利的行为，在中央〔1978〕37、42号文件未下达以前在农村有些基层干部和城市的一些单位是比较严重的，甚至有个别县级机关的领导干部也动手打人，骂人，违法乱纪。通过传达中央37、42号文件，对干部进行法制教育后，这种作风有了很大的好转，但并没有完全解决，特别是在思想上有些干部对尊重人民群众的民主权利的严肃性，对强迫命令、违法乱纪的危害性还认识不够。〈……〉。还需要对干部进行法制教育，群众观点的教育，三大纪律八项注意的教育。

七是个人利益第一，只要组织照顾，不要组织纪律，公开向党伸手要名要位。

我们有极少数的党员，特别是个别领导干部，在林彪、"四人帮"的毒害下，不是兢兢业业、勤勤恳恳地为人民服务，而是讲待遇，讲名位，不服从组织分配，甚至公开伸手向党要名要位，提出不安排那个领导职务，就不得干工作，经过组织多次谈话，仍然不干，反而说组织上对他没有落实政策。

八是贪污盗窃，投机倒把。

〈中略〉

九是腐化堕落，道德败坏。

〈中略〉

上述种种党风不正之风，给我们党造成了极大的危害。首先，破坏了党和群众的密切联系，降低了党在群众中的威信。党员作风不正，就直接影响人民群众的利益，使党脱离群众。党脱离了群众，革命事业就有失败的危险。第二，破坏了党的团结，削弱了党的战斗力。党的团结，就是党的生命，党内不团结，认识不一致，意志不集中，形不成拳头，就没有战斗力量。第三，破坏了党的方针、政策的贯彻执行，削弱了党对社会主义建设事业的领导。要发挥党在新时期的领导作用，必须要有高度的集中统一，严格执行国家统一计划，不然就一事无成。

造成党风不正的根源,最主要的是林彪、"四人帮"的破坏,把政治路线搞乱了,把思想理论搞乱了,把作风搞乱了,使正气受到压抑,歪风邪气上升,同时对把国民经济弄到了崩溃的边缘,造成物资供应紧张,大批待业人员不能安居乐业。林彪、"四人帮"对政治和经济的这种破坏,是造成不正之风滋长蔓延的根本原因。第二,是党内政治生活不正常,民主集中制没有得到认真地贯彻,党的纪律检查机构被摧毁,党规党法没有得到保证。第三,一些党员头脑中还有资产阶级、封建阶级的思想残余,放松了对马列、毛主席著作的学习,放松了世界观的改造,这是造成不能抵制资产阶级歪风邪气侵袭的内在原因。

三、我们要在整顿党风上有所作为,有所突破

全面恢复和发扬建党以来,特别是延安整风运动以来的好传统好作风,并不是轻而易举的,还要进行艰巨的斗争。正如胡耀邦同志讲的:党的好传统好作风,要恢复到延安时期、解放战争时期、解放初期,没有两三年是不行的。省委许梦侠同志说:争取在三五年内,把我省的党风切实整顿好。今年,我们一定要在整顿党风上有所作为,有所突破。这就是说要下决心整顿好党风,要解决好那种习以为常,见惯不惊,腰杆不硬,信心不足等思想认识问题。只要我们各级党委态度坚决,领导干部以身作则,模范带头,坚持原则,依靠群众,坚持不懈地同歪风邪气开展斗争,我们相信,党风可以端正,社会风气也会得到改造。党风问题,大量的是教育问题,给予纪律处分的是极少数,而执行党的纪律,也是为了教育。各级纪委都要认真进行调查研究,对党风中存在的问题,造成的危害,产生的原因要调查清楚,作为进行工作的依据。中央纪委负责同志讲:5、6月份造舆论,进行教育。8月份不听的,就要执行纪律。我们一定要抓紧进行工作。

在当前,我们认为,要整顿好党风:

第一,首先抓领导干部、领导机关。正人先正己,各级领导干部都要带头恢复和发扬党的优良传统和作风。要求县级以上党委,在"七一"以前,认真学习中央纪委几位负责同志的讲话,以讲话的精神,对照检查自己,过一次党委民主生活,认真开展批评与自我批评。各区、县委,市级各局党组、党委,大专院校、大型厂矿党委应将学习情况投送市委纪委和有关部门。

第二,有领导有组织有计划地学习《关于党内政治生活准则》,对党员进行党的基本知识、党的纪律和优良传统作风的教育。各级党的纪律检查委员会应主动配合党的组织、宣传部门,结合实际,制定出学习《准则》的具体计划,边学习、边批判、边整顿、边改进,把学习《准则》的过程,成为教育党员、整顿党风的过程。

第三,健全党的民主生活,认真实行民主集中制。民主集中制是我们党的组织原则,是《准则》的中心,不执行民主集中制,党的政治生活就不能正常。在学习贯彻《准则》时,各级党委要专门检查民主集中制的执行情况,凡是执行不好的要迅速改正,凡是破坏民主集中制的,必须进行坚决的斗争。

第四,严格党的组织生活,认真开展批评与自我批评。党风中的问题,大多数是教育问题,除了通过学习《准则》,学习党的基本知识,不断提高认识以外,那就是平常要严,组织生活要严,不能松松垮垮,一当发现党员中有不正之风的苗头,在小组生活内就及时开展批评与自我批评,迅速纠正过来。

第五,抓正反两方面的典型。在整顿党风中对那些违犯党的纪律,情节严重,经教育不改的,必须进行严肃处理,特别是对其中比较典型的,对全局有影响的,要进行公开处理。以严肃党的纪律,伸张正气,打击邪气,教育群众,维护党规党法。对保持和发扬党的优良传统,模范遵守党规党法以及敢于向违法乱纪作斗争的好典型,要大张旗鼓地进行宣传,希望大家向我们推荐这样的典型材料。我们的工作能不能有所作为,有所突破,纪律检查委员会有没有战斗力,抓好典型是一

个关系重大的问题。

关于下半年纪律检查工作如何抓的问题,市委批转纪委全委扩大会议学习贯彻中央纪委第一次全体会议文件的情况报告中已经讲了,即〔1979〕41号文件,这次会议又发了省纪委第一次全会纪要,精神是一致的,就按照这两个文件讲的办,我不准备多讲了,有几个具体事情还说几句:

关于处理积压案件,做好纠正冤假错案的工作问题,希望大家继续抓紧抓好。对于在反右斗争中受到波及,以反党分子、反党错误、严重右倾等性质而受各种党纪处分的,也应抓紧复查,做出结论,凡是搞错了的,应实事求是地改正过来。力量仍然由原来抓改正错划右派的那些同志,继续把它搞下去,这方面的工作量是不少的。对于在1959年"反右倾"运动中受处分的案件,凡是过去已经甄别平反了,又没有留尾巴的不再搞了;过去虽已甄别,但留有尾巴的,应由原批准机关出一书面通知,宣布去掉;在"反右倾"运动中因腐化堕落、丧失立场等其他严重错误而受处分的,过去甄别结论是正确的,就不再复查,若甄别结论不恰当,应进行复查,按规定审批权限报批;关于材料的处理,按省委组织部、省委办公厅通知执行。对于其他政治运动中和平常处理的党纪案件,除本人有申诉和组织上认为是错案的应复查外,不要逐个的去进行复查。

关于认真做好信访工作问题,多数单位党委是比较重视的,是比较认真负责的,有的单位基本上做到没有积压。但是,当前来信来访的数量大的情况没有改变,市纪委的压力仍然很大,积压信件很多,希望各级纪委继续努力,认真负责地进行工作,该解决的就要抓紧解决,该做思想工作就要认真做好思想教育工作,不要拖,不要推,尽可能把问题解决在基层。

关于建立健全各级纪委会的机构和配齐配好纪检干部的问题。从上次会议以后,有了较大的进展,从全市来看:县级以上单位党委应建立纪委会和纪检组的有281个单位,到目前为止,已建立187个单位,其中包括有83个单位待批的。全市已配备专职纪检干部241人,其中财贸系统抓得较紧,进展较快,一商局系统、供销社系统应建立纪委会都全部建立起来了,但按中央和省、市委的要求,还没有达到,特别是对专职纪检干部的配备更差,有的虽已建立了纪委会,按规定应配备专职干部,可是一个也未配起来,有的区、市属局、大型厂矿、大专院校应配备专职的副书记、副组长,也没有配起来,这就影响了纪检工作的正常开展。关于编制问题,中央纪委、中央组织部提出起码不低于"文化大革命"前监委的编制数,省里提出,应比监委时编制适当增加,并提出了各市、地、州、县的具体编制名额,我们在这里不再具体谈了,按这个原则精神去办。现在还没有建立纪委会、纪检组的,一定要在6月底以前建立起来,按规定应配备的专职干部应配齐配好。6月底我们要作一次专门检查。

关于建立正常的工作秩序问题。凡是成立纪委会、纪检组的,一般应建立三个制度。第一,坚持集体领导和分工负责相结合的制度,凡属重大问题,都必须集体讨论决定。市纪委全体会议,确定每一个季度召开一次,主要讨论一个时期的工作部署、总结和上报省纪委、市委的重要报告,重大案件;常委会一般半个月召开一次,主要讨论审批案件以及重要事项;办公会每周一次,讨论和处理日常工作中的重大问题。第二,请示报告制度,除重大问题及时请示报告外,市纪委每个季度向市委和省纪委写一次工作情况报告,各区、县、市级各局,大型厂矿,大专院校纪委会、纪检组每个季度应向市纪委写一次工作情况报告。第三,反映情况的制度,各级纪委要经常(1月或两月一次)向市纪委反映党员遵纪守法的情况,尤其是市管以上干部的情况。工作报告和情况反映,综合的或专题的都可以。重大的情况要及时反映。各级党委也要加强对纪委的领导,把纪律检查工作认真开展起来。

中央纪委对纪律检查工作提出了很高很严的要求,我们所担负的任务十分繁重和光荣,我们一定不要辜负党中央、省、市委和群众对我们的希望,目前我们的情况是,人员少、新手多,与当前的任务很不相适应，我们一定要加强学习，努力钻研业务，改进思想作风和工作方法，不断提高政治思想觉悟和政策业务水平，兢兢业业把党的纪律工作搞好。

关于会议精神的传达总题：

在传达中要抓住重点，抓住县、团级以上单位的党委，要他们认真学习中央纪委几位负责同志的讲话。首先是区、县委常委、局党组、大型厂矿、大专院校党委常委班子要学好，然后再组织县、团级单位党委学习，通过学习，对照本单位检查领导班子中在党风上存在的问题，要有所进步，并把学习情况报告我们。

以上讲话，有不妥的地方，请同志们批评指正。

1979年6月21日

丁长河同志在市组织、宣传工作会议上的讲话（记录稿）

（1980年3月）①

同志们：

市里召开的组织、宣传工作会议，今天结束了。会议期间，大家认真学习了邓小平同志关于《目前的形势和任务》的重要讲话和党的十一届五中全会公报，传达、学习了中央和省委的有关指示，对组织和宣传工作中的一些重要问题进行了讨论和研究，分析了形势，交流了经验，提出了贯彻意见，坚定了做好工作的信心。在会期中，广涵同志、明光同志、友凡同志和聚珍同志还分别在两个会议上发了言。今后市里一个时期的组织、宣传工作，就按他们讲的和大家研究的意见办就行了。现在，我就当前大家关心的几个问题，讲以下五点：

一、认清大好形势与坚定走社会主义道路的信心问题

关于形势问题，小平同志在报告中作了深刻地分析，完全符合我市的实际情况。当前，从我市来看，无论经济形势、政治形势都是大好，这是有目共睹的，是看得见、摸得着的。去年全市工业总产值完成63.58亿元，比粉碎"四人帮"前的1976年翻了一番。农业方面，粮食总产量去年达到31亿斤，比1976年增长45%，三年增长近10亿斤，平均亩产达到867斤，第一次跨过了"纲要"。生猪人平、亩平都超过了一头。社员人平分粮570斤，比1978年净增47斤，人平收入95元，比1978年增加24元。通过揭批查，通过真理标准问题的学习讨论，从思想、理论上分清了是非；通过落实政策，平反冤假错案，解除了一些人思想上的负担，调动了他们的社会主义积极性；通过安排知识青年就业、提升部分职工的工资和实行奖金等措施，初步改善了人民群众的生活。前几年过年，物资供应紧张，人们心存戒心，不敢串门，怕谈国事。今年春节，物资丰富，吃啥、穿啥、讲啥都自由了，串门的人多了，大家促膝谈心，心情舒畅。大家都感到，今年的春节，是十多年来过得最丰富、最愉快的一个春节。可以说，这些都是当前形势大好的一个生动反映。

当然，说形势大好，也不是说一切都好。应当看到，我们的国家还很穷，人民生活还不富裕。由于林彪、"四人帮"的十年大破坏，生产、消费、积累之间的比例严重失调，人民群众生活方面欠账很多，一时还难于完全解决。各方面的政策虽然逐步得到落实，但是要真正做到人尽其才，地尽其利，物尽其用，还差得很远。林彪、"四人帮"的干扰破坏达十年之久，其流毒和影响是远非在一个短时期内就能完全消除的。加之，我们刚把工作重点转移到"四化"建设上来，现在正在贯彻"八字"方针，各方

---

① 此讲话纪录稿由市委办公厅1980年3月6日印发，故讲话的时间应早于3月6日。

面的工作都还缺乏经验。因此,在前进过程中,遇到这样那样的问题和困难是难免的。

面对这些问题和困难,是不是就可以得出结论说,形势不好呢?不能这样看,也不能这样说。比如,生活上的欠账问题应该怎样看呢?冰冻三尺,非1日之寒。解放前,我国是一个半封建半殖民地国家,一穷二白;解放后,在"文化大革命"中,林彪、"四人帮"把我们的经济破坏到了崩溃的边缘;还有多年来,"左"的思想也造成了很大的后果。比如,过去很长一段时间,讲的是辩证法,搞的是片面性,什么先生产后生活,先治坡后治窝,先建厂后找矿等等。结果造成只有骨头没有肉,工程不配套,投资不生效,既影响生产,又影响生活,年深日久,严重失调。可见,问题并不是由现在的路线、方针、政策引起的,而是历史上遗留下来的。我们不能把这些遗留问题还没有解决完,就说现在的形势不好。应该看到,经过严重的挫折之后,我们已经总结了经验教训,并且开始卓有成效地正在解决这些问题。也就是说,我们不但正规划着过河,而且已经找到了过河的船。有些同志有急躁情绪,总希望把多年遗留下来成堆成山的问题,在一天之内通通解决。这种心情虽然可以理解,但事实上却办不到。正像一个人一样,大病初愈,体力不可能一下子就恢复到健康人的水平。现在并不是形势不好,而是还没有好到我们所要求和希望的那种程度。当然,我们决不是主张慢慢来,而是要清醒地认识到林彪、"四人帮"十年破坏所造成的内伤和外伤是多么的严重,光是经济一项,就损失了5000亿元,相当于一年的工农业总产值。这就需要我们付出极大的努力去把这些损失夺回来,光急是无济于事的。我们只有齐心协力,尽快地把生产搞上去,生活上的欠账等问题才能得到解决。

还有一些同志,特别是有的青年同志,总喜欢拿我们国家的生产和生活水平与外国比,一比就说我们这也不行,那也落后,悲观丧气,对实现社会主义"四化"失去信心。我们是得老老实实承认,在科学技术、经济管理、消费水平等方面,比起一些发达的国家,确实是比较低的,我们再也不能夜郎自大,闭关锁国,需要的倒是应该虚心地学习国外的一切有用的东西,以加快"四化"的步伐。但是,我们也决不能因此而妄自菲薄,说我们的一切都不如外国好,甚至胡说什么社会主义不如资本主义。有同志说,我们不仅不如美国、日本、西德,不如罗马尼亚和南斯拉夫,甚至不如南朝鲜和台湾省。在人平收入方面,我们是不如他们,这也是事实。但是,这只是看到了问题的一面,或者说只看到了问题的表面。上面说的那些国家和地区,情况是很复杂的。拿资本主义国家来说:其一,资本主义在这些国家的发展,有上百年甚至几百年的历史了,已经积累了相当的物质技术基础和丰富的经验。其二,近四五十年来,这些国家和地区统治集团的头头,虽然经常换马,但对整个经济结构都没有什么破坏性的影响。就是说,他们是在一个比较稳定的环境下组织生产的。其三,这些国家和地区,有的还是靠剥削、掠夺外国起家,有的是畸形的依附经济,有的靠发战争财。例如,日本自二次世界大战以来,不但军费开支很小,而且利用朝鲜、越南的战争大发横财。其四,归根结底,它们的社会制度,都是资本主义私有剥削制度,他们免不了对内镇压、剥削人民,对外进行掠夺侵吞。因而,资本主义的一切固有的矛盾和危机依然存在,而且靠它是自身是无法克服的。他们的收入,按人头平均算,比我们水平高,是事实。但他们并不是按人头平均分配物质财富的,这些地方是社会化生产,分配却是私人占有制,根本无法彻底解决工人的失业和挨冻受饿。所以像这类国家,革命迟早还是要爆发的。再说南斯拉夫、罗马尼亚这些国家,他们不但长期是在一个比较稳定的局面下重点抓经济建设,老早就没有再按照苏联的那一套模式搞生产,早已搞了一系列的探索和改革。而我们呢,过去,经济文化十分落后。解放30年来,虽然取得了一定的成绩,但是几经折腾,特别是林彪、"四人帮"的十年浩劫,国民经济被破坏到了崩溃的边缘。我们的社会主义制度虽然优越,但是由于上述原因,没有得到充分的发挥。

现在，值得高兴的是，我们已经觉悟了，最重要的是懂得了要搞四个现代化，不要"三化"（即思想上的僵化、工作上的官僚主义化、作风上的特殊化），要搞"四个坚持"，不能搞两个"凡是"，要实事求是，一切从实际出发。过去，我们在有些地方，被两个"凡是"箍得太死，思想僵化，分不清什么是社会主义和资本主义。在许多问题上，搞瞎指挥，到处割尾巴，违背了客观规律。现在我们有了一条正确的路线，认识到必须按客观规律办事，明确了搞社会主义只能反对私有制，不能反对责任制；只能反对人剥削人，不能反对按劳分配。只要我们认真总结经验教训，按党中央的路线办事，按客观规律办事，坚定不移地搞"四化"，社会主义制度的优越性就会逐步地充分地显示出来。不能把林彪、"四人帮"的破坏和我们工作上的失误与社会主义制度混为一谈。那种"社会主义不如资本主义"的说法是根本错误的。

这里，有个看问题的方法问题。我们看待任何问题，都要坚持唯物辩证法，用发展的观点，看本质，看主流，具体问题具体分析。同样，我们在分析当前形势的时候，也必须坚持这个科学的方法。小平同志要我们作个回顾，就是经过三年多的工作，我们党的状况是不是发生了根本的转变，领导班子是不是发生了根本的转变，思想路线是不是发生了根本的转变。我想，大家是决不会怀疑这种根本转变的。有的同志看到少数领导干部搞特殊化，就把特殊化和领导干部划上等号，甚至认为我们党风越来越坏了，对"四化"丧失信心。这种看法是片面的，是不符合实际的。应当肯定，我们绝大多数干部正带头恢复和发扬党的优良传统和作风，兢兢业业，想"四化"，干"四化"。如果不是这样，那里会有今天这样生动活泼的政治局面？各方面的工作那里会取得这样显著的成绩？当然，那种利用职权谋私利的领导干部，也是有的，但那只是极少数。粉碎"四人帮"以来，党中央已经采取了一系列措施来制止特殊化，并已收到了效果，怎么能说我们的党风越来越坏呢？！

同时，还有个精神状态问题。有的同志总感到眼前困难太多，也对实现"四化"信心不足。应当承认，在我们面前确实有许多困难。但是应当怎样来对待呢？有两种截然不同的态度，一是迎着困难前进，一是被困难吓倒。当年在延安的时候，我们曾遇到过特大的困难。怎么办呢？要么是向老百姓再多要一点，多征一点。当时，我们人多，老百姓人少，老百姓已经尽了很大的努力，穷得很，负担不起了；要么就是散伙，各自回老家，不干革命了；要么大家一齐坐下来，等着饿死。这三条，都不是革命者的主张。这时候，毛主席号召我们自己动手，丰衣足食。我们响应毛主席的号召，扛起锄头上山开荒，回机关纺线，最后战胜了困难。现在，党中央要求我们振奋革命精神，专心致志，聚精会神，一天也不要耽误地搞"四化"。我们应该发扬艰苦奋斗的优良传统，为加速实现"四化"而努力奋斗。

二、搞好定、包、奖和害怕发生两极分化、复辟资本主义的问题

党的工作重点转移后，政治工作必须落到"四化"的实处。我们做政治工作的同志，要加强经济宣传，首先必须了解经济工作，熟悉经济工作，学习经济管理，研究经济管理中的问题。

当前，实行的定、包、奖是基层经济活动的基本形式，是搞好科学管理经济，贯彻按劳分配原则，促进生产发展的有效措施，是克服平均主义、瞎指挥的一剂良药。过去管理上的问题很多，各方面统得过死，计划由上面下达，原材料由上面配给，产品统购包销，当领导是比较容易的。但由于职责不明，不讲经济效果，任务完不成的不负任何责任，完成特好的也得不到什么好处；下达任务指标时，不提供必要的条件，讲"白手起家""无铁也炼钢"。这些都是主观主义瞎指挥的搞法。不改变这套办法，不实行科学管理，不搞定、包、奖，我们干部、群众的积极性就不能很好调动起来，生产就不能向前发展。

什么叫定、包、奖呢？就是定条件，包任务，超产给奖。搞定、包、奖，最重要的是要严格的实行定额管理，建立经济责任制，在国家统一计划下，明确经济主管部门和企业双方的经济责任，以及企业和

职工之间的经济责任。

定，就是定生产、工作条件，就是主管部门对企业进行正常生产所必须具有的条件，如动力、工具、原材料、劳动定额、单位成本以及协作单位等等都要定下来，并给以保证。定任务，一定要从实际出发，计算基数要平均先进，留有余地，以充分发挥企业的积极性，激励干部的责任心。定，也就是上级主管部门对企业应尽的责任，应全心全意为企业的生产创造良好条件，不能只压任务，不给条件，只讲需要，不看可能。不能说空话，瞎指挥，否则企业受到的经济损失，主管部门和有关协作单位应负经济责任。过去，朱总司令讲过，打仗，要看有什么兵，有什么武器，在什么条件下，面对什么样的敌人，再决定打什么仗。我们现在搞生产，同样要有一定的条件。那种在条件不具备的情况下，硬要下面完成，甚至超额完成任务，是不公道、不合理、不负责任的。

包，就是对企业应完成的任务，要有一个合理的、严格的规定，工厂按设计能力，农村按土质好坏，包下产品数量、质量、成本、交货时间等等，要由企业作为任务包下来，并限期完成（在企业内部也应实行定、包、奖的办法）。包，是企业对国家、对上级应尽的义务，是上级主管部门指挥所属企业应有的权利。各企业要对领导机关认真负责，对用户负责，对人民的需要负责。在定、包的基础上，上下之间，左右之间都可以用签订合同的形式，明确各自的经济责任。

奖，就是根据生产流程周期的不同，按年、按季、按月进行考核，实行超产给奖。凡按计划任务完成增收节支的可分别给奖；凡是没有灾害等意外事故而造成减产减收的，要赔偿一部或全部损失。

去年，我们市郊农村普遍推行定、包、奖，采取包工到组，联系产量计算报酬，超产奖励的责任制度，完全符合当前农村的经济发展的要求和社员的觉悟水平。凡是实行了定、包、奖的生产队，增产幅度都很大。市的农垦联合企业，实行定、包、奖后，在一年内就实现了扭亏增盈。国家、集体和个人都增加了收入，做到了三满意。在工业生产上，重庆蓄电池厂等企业，推行定、包、奖后，实现了优质、高产、低消耗、多盈利。今年，我们要进一步推行和完善定、包、奖制度。在农村要在坚持统一核算，统一分配的前提下，按照不同的生产项目划分作业组，大田实行"三包一奖"，将每一个山头，每一块水面、耕地都利用起来，落实到组，落实到人。在多种经营和副业生产上，要实行"四专"（即专业队、专业组、专业户、专业人），联系产量或产值计算报酬，超产奖励，多超多奖。现在，我们有少数同志怕讲"包"字，怕再受到批判。现在，刘少奇同志都平反昭雪了嘛，你还怕什么？我们所讲的包，不是把土地分给私人，不能搞自由买卖，是为了加强责任制，调动积极性。有的同志怕包后形成"两极分化"。什么叫"两极分化"？就是一个向东，一个向西，方向不一致。我们现在实行的定、包、奖，是在不变更所有制的情况下实行的，是在统筹兼顾、计划调节为主的前提下进行的，是在生产工具比较落后、人们的觉悟程度还不十分高的情况下提出来的，是在方向一致的情况下推行的。生产资料不是私有制，劳动力不是商品，个人不能搞雇佣剥削，不能榨取剩余劳动，怎么会产生两极分化呢？在工业企业实行定、包、奖的问题上，目前，有的同志认为，我们的国民经济比例状况还没有根本的变过来，条件没完全具备，感到实行定、包、奖有许多问题不好解决。我们认为，应该采取积极的态度，创造条件，逐步解决这些问题。也可以从现实条件出发，能定、包几条就定、包几条，能定到什么程度就定到什么程度，有的数字指标还可以允许有一定的上下幅度的波动，不要搞成一个样，一刀切。商业、机关、学校等其他单位也要实行包干。行政单位包干后，经费开支就可能大大减少，收入就可能增加。市里的几个招待所，以往年年都亏（只有个别所保本），去年初步搞了一下，基本上都转盈了。所以，各行各业都不能等，要积极想办法，创造条件，把定、包、奖搞起来。

对奖金问题，我还要讲几句。去年以来，全市实行精神鼓励与物质奖励相结合的制度，对调动群众的积极性,促进生产的发展起了很好的作用,这是肯定的,效果也是明显的。但也出了一些毛病,其中一个很重要的原因,就是有的同志对发奖金的道理和条件没有弄清楚,没有把奖金和经济效果很好地结合起来,有的把奖金搞成活工资,有的弄虚作假,滥发奖金,搞平均主义的单位也不少。今后,我们一定要遵照上级的指示,严格执行按劳分配的原则,计发奖金,只能以提供的超额劳动和获得的利润多少为依据,多超多奖,少超少奖,不超不奖,不能自立其他标准;要坚决禁止乱发奖金,并要努力克服平均主义;要大力加强政治思想工作,认真宣传精神鼓励和物质奖励相结合以精神鼓励为主的方针;要对广大职工进行艰苦创业的传统教育,提高他们的社会主义主人翁责任感。那种"有了奖金,工作省心""千讲万讲,不如一奖"的片面认识,要坚决克服掉。今年第四期《红旗》杂志,发表了一篇有关奖金问题的文章,大家可以好好看一看。总之,奖金的发放,必须兼顾国家、集体和个人的利益,一定要首先保证国家增收,然后才能保证集体和个人增收。

在奖金问题上,当前有几个问题需要解决。一是有的同志认为,超额劳动所得的超额利润部分,应当全部归自己一个企业所有。这种看法是不全面的。社会主义大生产是一个有机联系的整体,任何企业是不可能离开整个社会而孤立存在的。一个企业能否超额完成任务,有多方面的因素,需要各个方面的配合与支持。比如一个企业生产之所以能大幅度增长,往往与使用科研成果分不开。赚钱只奖企业,把研究部门撇开,那是不合理的。今后,科研部门可以享受应有的专利权。但是究竟要提多大比例?如何提取法?都需要在今后具体研究。我只是在这里讲一讲,造个舆论。工人要生产,没有后勤部门的配合不行。生产要正常进行,还必须有安定的社会环境。"四人帮"横行的时候,企业的领导还是一样的人,为什么老是完不成任务呢?一个企业超额完成任务,有赖于各方面的努力,包括我们组织、宣传和政法等上层建筑部门。

所以,在计发奖金时,要有全局观点,要想到左邻右舍,企业里要提取一定的比例分给辅助部门、后勤部门和社会服务部门,否则就不能真正体现各尽所能,按劳分配的原则,而且会造成苦乐不均,出现新的矛盾。这个问题,我今天也只是从道理上讲一讲,至于,分配给这些部门多少,还有待于今后具体研究决定。二是有的同志认为,我这个企业利润多,应该把利润的大部分留给企业自己用。对这种看法也要作具体分析。一个企业利润的多少,情况是很复杂的。有的企业技术设备先进,管理先进,因此劳动生产率也是高的;有的企业赚钱多,是由于计划下达得偏低,或者是价格政策上的原因。比如我们定的原燃材料价格就是偏低的,使用这些价格偏低的单位生产出来的产品利润也就会多一些。其中一部分利润就不是加工企业职工劳动所创的,是国家定的价格形成的。再如商业上,同样是站柜台,卖录音机、电视机的和卖针线的,其营业额和利润就相差悬殊。如果单以利润量来发奖金,那就势必造成大家都争着去经营缺俏高档商品了。我们是社会主义国家,实行的是计划经济,这和资本主义不同,劳动力不能自由流动。因此,提取奖金的比分就不能完全一样,要根据各个企业的不同情况,合理掌握。三是计发奖金的数量问题,要有一个限度,一定要按照上级的规定执行。一个企业最多一年平均不得超过一个半月到两个月的工资总额。当然,具体落实到得奖者的身上就要按照贡献的大小而有所不同了。在企业基金的分配上,一定要把主要部分用于扩大再生产,用于挖潜、革新、改造上,余下的一部分才能用于集体福利和奖给个人。现在,有一些集体所有制单位,把当月的收入,用工资、奖金的形式,分光用光。一些老工人退休,一些工人生病,无钱开支,这是值得注意的。一定要有一定比例的积累,不能通通分光。当然,人平收入不足十五元的,就只好分完了。

奖金问题,是一个新的问题,也是当前企业管理工作中的一个大问题,要不断地摸索和总结经验。小平同志在形势和任务的报告中,对这个问题作了重要讲话。国务院、省人民政府也专门发了文件,我们要好好学习,认真贯彻执行。

三、关于计划调节与市场调节相结合,个人增加收入与加大支出的问题,也就是怎样看待当前的物价问题

作政治思想工作的同志,要关心群众的切身利益,要注意加强经济生活宣传。当前,物价问题已成为群众议论的一个中心,这个问题比较复杂,人们的思想认识不完全统一,各方面反映比较大。究竟应该怎样看待才好呢?

首先,对当前物价问题要有一个基本的分析和正确的估计。去年国家调整主要农副产品价格和对小宗农副土特产品、小商品实行议购议销的政策,是一项调整国民经济比例关系,缩小工农产品价格剪刀差的一项重大措施。去年对一些主要农副产品的价格调整之后,粮食、食油、盐巴、食糖和市场用煤等人民基本生活必需品的价格,总的看来,是稳定的;房租、水电、交通、影剧票等的收费,也没有提高;日用工业品,如针棉纺织、搪瓷、玻璃、日用化工、塑料、金属制品也没有提价。同时,国家还给每个职工5元副食品价格补贴。就是说,加上工资区域类别的调整、40%的职工晋级、实行合理的奖金,城市职工的收入是有所增加的,人民的基本生活得到了保证,没有因少数农副产品价格的提高受到多大影响。虽然有少数农副产品的价格提价的幅度偏大了一点,但是也没有超过外地提价的零售价格水平。我们调整物价,与资本主义社会的通货膨胀,与国民党反动统治时期乱发金圆券、银圆券,货币天天贬值,都有本质的区别。就是与解放之后三年困难时期出现的许多东西卖高价也不相同。一年来的实践证明,党的三中全会确定调整某些产品物价的措施是完全正确的,效果也是显著的。对于增加农民的收入,激发农民的积极性,对于畅通城乡物资交流,活跃市场,满足城乡人民的需要,促进国民经济的发展,都起了很好的作用。

应当认识到,社会主义存在着商品经济,价值规律必然要对社会主义经济发挥调节作用。价格是价值的表现形式,它和生产发展水平、技术水平密切相关,受供求法则的影响,决不是一成不变的。比如,最初的铝制品,价格比白金还贵,当时只有英国的女皇才能有一套铝制餐具,现在铝生产多了,价格也下降了。目前不是家家户户都用上了铝制品么?又如,我们刚进城的时候,对玻璃丝袜很稀奇,价格昂贵。现在也不过是一种普遍的、人们都买得起的化学纤维罢了。在农产品价格方面,建国以来,我们党多次作了调整,降低了农业生产资料的销售价格,提供了农副产品的价格。但是,农产品的价格与工业品价格相比还是偏低的。特别是林彪、"四人帮"的十年浩劫,农业生产受到很大摧残,农业成本增高,许多社队收入增加很少,农民生活水平基本上没有改善,有的甚至还下降了。这就严重地影响了农民的积极性,阻碍了农业生产的发展。所以,在保证不降低城市职工生活水平的前提下,适当提高农副产品的价格,增加农民收入,对某些商品销售实行议价,这是我们党的一项既定方针。今后,还要继续实行。我们每个党员,每个干部,对这项政策要拥护,要支持,不要一听到"调价""议价"就反感,甚至发牢骚,说怪话。

当然,目前在物价上也确实存在不少问题。这主要是工作没有跟上的原因。去年以来,我们对市场物价管理,虽然采取了一些措施,作了一些工作,特别是经过几次物价大检查,基本上刹住了乱涨价风。但是,降质减量,质价不称,变相涨价、短斤少两的现象,在有些单位仍然存在,有的还比较严重。有的把计划收购的平价商品转为议价商品出售。个别单位放松主要经营,对议价商品互相争购,竞相抬价,企图以此获取厚利,这是应当纠正的。有的企业自产自销的产品,价格没有个统一的标准,有时也比较混乱,有的人甚至买卖票证,以票换物,套购国家、集体的计划供应商品,搞转手倒卖。本来,一张唱片,只值0.3元钱,或者2元多钱,有的卖到10元、几十元。一张电影票,有的卖到1元、2元。有的小说、书刊也搞什么议价、转手牟利。这些已经成为投机倒把、违法乱纪的问题了。按规

定,市场上除国营和集体商业可以进行买卖活动之外,农民和个体手工业者可以把自己劳动生产的产品拿来销售,但绝不许可搞欺骗,搞投机,搞哄抬物价。目前存在的这些问题,一方面反映了确有少数投机倒把分子,借我们调整部分农副产品价格的机会,进行破坏捣乱,乘当前某些商品短缺的状况,奇货可居,牟取暴利;另一方面也反映了有些单位的领导同志,不顾安定团结的大局,任意违反市场管理,违反物价政策;也反映了有些单位在经营思想、经营作风上存在的严重问题。比如有的生产队将应按合同交售的蔬菜,化整为零,拿到自由市场卖高价;有的工厂,离开合同,多留自销产品,或者变换商标,提高售价。这种擅自扩大议价品种范围的做法是很错误的,必须坚决纠正。我们必须明确,上述问题的产生,绝不是调整农副产品价格和实行必要的议价本身搞错了,决不能把这些问题与党的价格政策混为一谈,不能因为出现了这些问题就对党的物价政策发生怀疑,不能因为出现了这些问题就对当前物价的情况做出错误的估计。

最近,国务院和省都召开了物价工作会议,作了许多规定,我们一定要认真贯彻执行。市委和市革委要继续组织力量,坚持开展物价大检查。各区县要把搞好市场管理,当作一件大事来抓,加强对商业企业和其他有关职工的思想教育,切实按照党的物价政策办事。物价部门和市场管理部门要根据中央和省的有关规定,严格管理议购议销品种的范围。今后,工业企业自销产品,只能限在:一是超计划和因不合格而商业外贸不收购的产品;二是自己利用废旧材料加工和节余的原材料生产的小商品。自销的办法,可以按行业或系统,共同设立门市部,或者采取委托寄售、代销,不能每个企业都设自销门市部。农村社队,绝不能将集体耕地的蔬菜拿来卖高价(社员自留地的品种和社员自养的家禽,可以自由上市)。如果,再有违反城镇管理条例的,要重罚,或者没收产品的一部或全部。在议购议销经营的分工上,要实行分店经销,分柜营业,每个商店都要公布经营商品的品名,明码实价,改进经营作风。对议购议销价格浮动的上下限幅度,要在保持物价基本稳定的前提下,注意发挥价值规律的调节作用,注意供求关系,不能搞硬性强制低价收购或用搭配办法推销,逐步把物价工作搞好。同时,要发挥职工群众对市场价格的监督作用。但是,我们不能批判和取消议价,也不允许漫天叫价,就地还钱,买卖双方要公平合理的成交,不能影响正常的市场秩序。今后,工商管理部门、公安、法院等部门的执勤人员,要按照政策,对一贯违反物价政策的单位和个人,要实行经济制裁,情节严重的要给予纪律处分。对利用价格进行贪污盗窃、投机倒把的犯罪分子,一定要给予法律制裁。我们相信,只要采取切实有效的措施,当前物价上存在的问题,是可以逐步得到解决的。

四、关于健全领导班子,选拔革命接班人时,是从为了四化适应四化选拔人才或者还是从照顾平衡来安排使用干部的问题

选拔无产阶级革命事业接班人的问题,是党中央多年来关注的一件大事。在"文化大革命"中,林彪、"四人帮"在这个问题上大肆破坏,搞乱了是非标准,搞乱了干部队伍,使一些坏人钻进了中央地方的领导班子,给我们国家造成了十年浩劫,这个教训是极其惨痛的。认真解决好接班人问题,是当前全党面临的一项十分迫切而严重的任务。如何选好接班人?就是要坚持毛泽东同志提出的培养革命接班人的五项条件,当前特别要注意贯彻叶剑英同志在建国30周年大会上的报告中提出的三条,即坚决拥护党的政治路线和思想各线;大公无私,严守党纪,坚持党性,根绝派性;有强烈的革命事业心和政治责任心,有胜任工作的业务能力。我们要根据"四化"的要求,按照毛主席和党中央提出的标准,选拔德智体全面发展的人,选拔一批优秀的中年干部担任领导工作,使各级领导权牢牢掌握在人民可以信赖的同志手里。

在十年"文化革命"中,林彪、"四人帮"一伙败坏了党风、民风,破坏了党的优良传统,使一些人用争权夺利的思想取代了我们党的全心全意为人民

服务的宗旨，在一些地方不正之风长期得不到纠正。我们选拔干部，讲德，首先要强调吃苦在前，享乐在后，关心群众疾苦，强调要做人民的勤务员，要忠于党的事业，要拥护党的路线，坚持社会主义道路，不能做官当老爷，不能凭借权势谋求私利，不能搞邪门歪道。现在强调这一点，有特别重要的意义。如果我们党的干部不是为人民服务的，那还算什么共产党呢，还怎么能去教育群众、组织群众、领导群众，贯彻党的路线、方针、政策呢，怎么能够建设社会主义，共产主义呢。一个优秀干部，不仅要求德好，还要有真才实学，又红又专，是理论和实际相结合的实干家、专门家，不是那种只尚空谈、不务实事的清谈家，不是那种盲目自满，以大老粗为荣，不爱学习，自甘落后，勉强应付工作的人。要负担领导工作，除了德和智外，还有个体质的问题，就是要身体健康，要有胜任本职工作的精力，至少要能坚持八小时工作。有的同志尽管思想品德很好，经验丰富，很有才干，但体弱多病，不能坚持正常工作，心有余而力不足，要担任好领导职务也是困难的。总之，我们选拔干部时，一定要进行全面的，深入的考察了解，对热心"四化"的，有理想有创建，思想作风纯正，对业务精益求精，身体健康的同志，要大胆提拔重用；对思想作风上、业务能力上与"四化"要求不相适应的同志，要认真组织他们学习，通过岗位练兵，帮助他们尽快跟上形势；对少数思想作风毛病严重，能力太差，甚至怀疑、反对党的路线，经帮助教育后仍然转变不大，不称职的人，要坚决加以调整，以免贻误工作。

在选拔干部中，当前有一个思想问题需要解决，就是要打破"论资排辈"的框框。一说提拔干部，特别是年纪比较轻，有专业才能的干部，就往往会出现一些议论。什么"资历浅，提起来压不住台"呀，什么"资格老、级别高的人都没有提，提年轻的搁不平"呀，选拔干部的套子老是打不开。一方面天天讲人才奇缺，人手不够，另方面却对眼皮底下的人才视而不见。即使选出一两名也是排在尾巴上，不能真正发挥作用。有的宁肯把位子空起来，也不提拔资历较浅而确有才干的人。有的搞什么照顾性提拔，认为"资格这么老，不提一下过意不去"。还有的在落实政策中，不根据工作需要和本人德才、身体状况来安排，为了照顾情绪，因人设事，通通官复原职。以致搞得有些领导班子人浮于事，画圈圈的人多，真正干事的人少，一个问题推来推去，无人定板。应当认识，"论资排辈"，从来不是我们党的干部政策，它是一种落后的习惯势力。有了这种思想，必然堵塞才路，使大批优秀人才被埋没下来，必然影响中青年干部的提拔，不利于逐步实现干部队伍的年轻化和事业化，必然助长那种靠资格吃饭，因循守旧，不求上进的习气。我们要为"四化"选拔人才，一定要从党和人民的利益出发，打破"论资排辈"的框框，在干部中造成一种任人唯贤，能者就上的良好风气。

在选拔干部中，还必须解决一个政策问题，就是如何对待"文化革命"中有这样那样问题的人。过去黄廉、周家喻叫嚷：历次运动后期都要提拔一批积极分子，"文化革命"的积极分子也应当提拔。这种论调是极其荒谬的。应当肯定，"文化革命"的十年是给我们国家造成大破坏、大灾难的十年，在许多问题上的是非标准被他们完全搞颠到了。在那个时期，凡是坚持党性，坚持实事求是的同志不是被打成老保，就是被打成走资派，戴上三反分子的帽子，定下铁案，宣布为永世不准翻身。而那些跟林彪、"四人帮"大干坏事的人，却一度成了积极分子，对这样的积极分子，还能够提拔重用吗？显然是不行的。如果让这些人掌权，人民就要遭殃，党和国家就要改变颜色。我们选拔干部，一定要挑选那些过去一贯表现很好，和林彪、"四人帮"斗争坚决，粉碎"四人帮"后，特别是三中全会以来，衷心拥护党的路线、方针、政策，热心"四化"，党性强，作风正派，有才能，有干劲，年富力强的同志。绝不能让"四人帮"帮派体系的骨干分子和打砸抢分子，投机钻营，出卖灵魂的野心分子，派性严重而不肯改正的人进入各级领导班子。对"文化革命"中犯过严重政治错误的人，要经过相当时间的考验，确实改正了才能重用。今后在民主选举中，要百倍警惕，如果有人利用派性，拉坨坨，讲交情，煽动一部分不明真相的人，借民主选举之名，行利派利己之实，搞非法活动，破坏党的纪律，就要严肃处理。当然，对"文化革命"中犯过一般错误的人，也要进行具体分析。宋任穷同志对这个问题有一段话讲得很好，他说："对于文化大革命中犯过错误的人，要看他犯的是什么性质的错误，是执行错误路线，还是思想品质不好，党性不好。有些人"文化大革命"开始就有错误，1976年又跟着'四人帮'走，粉碎'四人帮'后，又表现不好，这种人要警惕。如果仅仅是执行错误路线，以后又一直表现很好，规规矩矩，埋头苦干，就应当看做是好干部。从发展中看，还要重在现实表现。有些人'文化大革命'开始犯了一些错误，后来一直表现很好，粉碎'四人帮'以后，特别是三中全会以来，真正对林彪、'四人帮'干的坏事有认识，对中央的路线、方针和政策从内心里拥护，工作有能力、有干劲、有成绩，这也是好干部。有些人虽然在'文化大革命'中没有犯错误，有的是逍遥派，有的受过冲击，粉碎'四人帮'以后表现不好，对党的路线、方针、政策有抵触，又不认真改正，这样的人不能选为接班人"。如何对待"文化革命"中有过这样那样问题的人，我们可以按宋任穷同志讲话的精神去办。

在选拔干部中，不仅要坚持标准，选准选好，还有个培养教育问题。革命接班人不是自然生长的。各级党组织都要有意识地去发现、培养、教育、帮助，不仅要从政策思想上严格要求他们，还要从业务技术上提高他们，有计划地组织他们学政治、学经济、学科学、学技术、学管理、学文化。不光新干部需要学习，老干部同样需要学习。现在全党的中心任务是搞"四化"，搞经济建设。过去我们熟悉的那套搞政治运动的办法有些用不上了，许多新的工作要我们去做，许多新的课题要我们去研究，许多新的知识要我们去掌握。无论新、老干部都要立足本行，重新学习，要下决心钻进去，努力使自己适应新的形势，否则就要掉队，就要被革命的特别快车甩下来。

与选拔革命接班人相联系的，还有个教育党员、发展新党员的问题。我们国家进入了一个新的历史发展时期，党担负着领导"四化"建设的繁重任务，对党员的要求不是低了，而是更高了。作为一个党员，必须立志为社会主义、共产主义事业奋斗终身，党员的人生观和世界观要放在为中国和世界上大多数人谋利益上，把精力用在工作上，用在"四化"建设上，用在党的事业上，不能用来为个人，为一家人，为一伙人追名逐利，用来在党内外搞关系学；在任何工作岗位上要有高度的革命责任感，敢于捍卫党和人民的利益，敢于伸张正气，不能麻木不仁，是非不分，甚至拿党的原则作交易。现在，有的人在是非面前抱明哲保身的态度，对有利于党和人民的事情不坚持，对危害党和人民利益的行为不反对，这不是共产党员应有的态度，还有的人从个人名利出发，说国内条件不好，要求到外国去搞科研，还美其名曰这同样可以为人民服务。这种说法能站住脚么？中国的人口占世界的1/4，不为10亿人口的祖国服务，怎么还谈得上为世界上绝大多数人服务？大家知道，不少海外华侨，不少外籍华人，他们为了祖国的繁荣富强，不惜抛弃舒适、优裕的生活，不远万里回到祖国参加"四化"建设，我们共产党员难道不应当具有更强烈的爱国主义精神吗?！我们在发展党员的工作上，一定要坚持共产党员的标准。绝不能发展那种对党的事业漠不关心，热衷于追逐个人私利的人，决不能发展那些是非不分、毫无原则的老好人，决不能发展那些市侩作风严重、拉拉扯扯、搞邪门歪道的人。

五、关于党的工作重点转移后政治思想工作是不是仍然重要的问题

这个问题，近来也议论得比较多，我想谈以下几点。

第一，现在"四化"是中心，政治思想工作是不是就可以削弱？

我们党的工作部门，包括组织、宣传、统战、纪律检查等，还有政法部门，都属于上层建筑，都是作

政治思想工作的部门。从广义上讲,都是作团结人,教育人,改造人,保护人民,打击敌人的工作的。目的都是为了保证党的路线的贯彻,保证"四化"建设的顺利进行。前段时间,我们很强调按经济规律办事,对加强政治思想工作讲的少了一点。从而有的同志误认为,现在"四化"是中心了,政治思想工作是不是可以少一点或者不那么必要了。我们一些作政治思想工作的同志自己也认为,政治思想工作没啥搞头了,干脆趁早转业去干别的吧!有的甚至赌咒发誓,叫儿子孙子都不要作政治思想工作。还有的人说,政治部是整人部,早就该取消,等等。那种"整人"的政治思想工作是应该取消的,而且随着"四人帮"的倒台就已经取消了。我们现在是在华主席为首的党中央的领导下,搞中国式的"四化"建设,任务非常艰巨,政治思想工作不仅不能削弱,而是要加强;不是可有可无,而是非有不可;要求不是低了,而是更高了;不是无所作为,而是大有作为。

首先,我们搞的是社会主义现代化,不是资本主义的自由化,我们不要两个"凡是",但是要自始至终坚持和贯彻四项基本原则。社会主义"四化"建设,是我们的前人从来没有进行过的伟大事业,是一场广泛而深刻的革命。它要求不断改革上层建筑,改革生产关系,改革经济体制,改变管理制度和方法,改变人们的活动方式和思想方式,按照社会主义社会的客观发展规律去组织生产和生活。建设社会主义的"四化"对于我们来说,还是一项崭新的伟大事业,过去我们熟悉的许多东西现在不能用了,而许多新的东西又还没有学会。同时还肯定会有来自"左"和右的干扰,需要我们不断排除。在这些新的情况面前,只有加强政治工作,我们才能始终保持清醒的头脑,坚持社会主义方向,坚持四项基本原则,把"四化"建设不断推向前进。

其次,搞"四化"建设,必须要有一个安定团结的政治局面,这样的政治局面的形成,必须要加强政治思想工作。党中央指出,现在,我们国家的安定团结的政治局面正在发展。这是全党全民共同努力的结果。但是,大家可以回想一下,如果没有对林彪、"四人帮"深入持久的批判,没有真理标准的深入讨论和补课,没有四项基本原则的宣传和贯彻执行,没有在各级党委领导下为落实各类人员的政策,平反冤假错案的一大批政治工作干部的努力,没有一批同志搞治安保卫工作、搞统战工作、搞纪律检查工作,这个局面能这样快地形成吗?上面说到的这些工作,不正是我们的政治思想工作的主要内容吗?当前,在大好形势面前,也还有一些不安定的因素。如林彪、"四人帮"组织上和思想上的残余还存在;派性分子还存在;新的打砸抢分子也有的是;还有各种流氓集团,刑事犯罪分子;还有与外国势力和台湾特务机关联系进行地下活动的反革命分子;还有公然反对社会主义制度和共产党领导的所谓"民主派""持不同政见者"等。对于这些,我们都不能天真。必须严肃而认真地分清两类不同性质的矛盾,对绝大多数凡能教育的都要教育,但是,对那些不肯接受教育或教育无效的,就应该坚决施用法律措施,以保证安定团结的政治局面。这些不明明都是政治思想工作的艰巨任务吗?

在人民内部,要作到统一认识,消除隔阂,分清是非,增强团结,齐心奔四化,就要同各种传统的习惯势力作斗争;随着国际交往的加强,对资产阶级思想的渗透和侵蚀也有大量的政治思想工作急需要我们去作。总之,"四化"建设给政治思想工作提出了更高的要求,我们广大政治思想工作者肩负着光荣而艰巨的任务,我们不能自己踏削自己,不要酒不醉人人自醉,要坚守岗位,理直气壮地把政治思想工作搞好。

第二,政治思想工作要不要有专业知识?有的同志说,技术干部是"老南瓜,越老越甜";政工干部是"老丝瓜,越老越空";技术工作是专业工作,政治工作是"万金油"。我认为,这种说法是片面的,是错误的。不论技术干部、政工干部,如果不学习,不钻研,都可能成为"万金油""老丝瓜"。相反,只要肯钻研,任何岗位上工作的人都可以成为内行、专家。搞自然科学的,如果不努力,门门空,样样松,也免不了成为"万金油"。搞政治工作的,如果埋头努力,精通业务也可能成为内行、专家。我们不是有许多政治家、思想家、理论家、宣传家、组织家、搞教学科研、后勤服务和行政管理的专家吗?怎么能说政治工作没有自己的专业知识,是"万金油"呢?难道自然科学是科学,社会科学就不是科学吗?我们作政治思想工作的,都是搞社会科学的。社会科学作为一门科学,就有它特有的规律和特点。因此,我们说"术业有专攻",要"八仙过海,各显神通",七十二行,行行都可以出状元。各行各业都有自身的专业知识,需要下苦功夫去熟悉和掌握。各人都需要安下心来,从自己做起,把本职工作搞好。比如,我们作组织工作的同志,如何根据"四化"的需要和党的要求,善于发现和培养人才,真正作到知人善任,人尽其才,这就是很大的一门学问。不是说人才的浪费是最大的浪费吗?我们要善于发现人才,减少浪费。但是发现人才并不是一件容易的事。"千里马常有,伯乐不常有。"这就为我们作组织工作的同志提出了一个如何做到知人善任的大课题,能说作这项工作的同志是"万金油"干部吗?又比如我们做宣传理论工作的,真正要把一些理论观点理伸展,对广大干部群众进行深入浅出、生动活泼的宣传教育,讲明实际工作中的问题,也确实是很不容易的。我们是共产党人,肩负着认识世界和改造世界的统一任务。如果理论归理论,实际归实际,理论和实际脱了节。这样的理论对"四化"有什么用处呢?现在有的人一听说物价有点变动,不去问实际情况,不联系社会主义经济规律来认识这个问题,就认为"大事不好","大难临头";还有一些人对"提价"和"议价"的意义搞不清楚,做出了许多错误的估计。对这个问题,我们做宣传、理论工作的同志能从理论上深入浅出地把它宣传好了,不就是对发展国民经济做出了贡献么。所以,要做到认识世界、改造世界,没有较高的理论修养,没有丰富的实践经验,是办不到的。难道能说这样的工作是"万金油"、作这样的工作的同志叫"万金油"干部吗?

在我们的社会里,由于分工的不同,总有一部分人要从事一些服务性工作。而这些工作是完全必要的,也有它的业务,同样是为"四化"作贡献,我们不能把做这些工作的同志称作"万金油"干部,更不能轻视这些同志。

第三,政治工作一定要适应变化了的形势。随着全党工作着重点的转移,我们的各项工作也要随着这种转移作相应的调整,我们干部队伍的结构也要作相应的调整。过去政治运动一个接一个,需要的政工干部就多些,对于那一套也要熟悉些,而搞经济,搞管理的人也就要少些,熟悉经济工作熟悉管理工作的人也就少些。现在中心是搞"四化",一般不再搞什么政治运动了,需要的政工干部也就相应地要减少一些,而搞经济搞管理的干部就需要多一些,与"四化"中心相联系的其他科技干部、教师等也就要多些,这是正常的调整,是形势发展的需要。过去有一种错误的作法,认为政工干部重要些,对一些所谓有这样那样问题的同志就弄去搞经济工作和管理工作,对技术干部也关心不够。这已经是过去的事了。现在也有一种不正确的认识,认为政工干部不吃香了,技术干部吃香。有的同志认为在生产部门工作,可以增加收入,在政工部门,物质利益享受不成,因而不安心,想转业,这个矛盾是要解决的。但不能因此就说政治工作不重要,甚至可有可无了。党的政策并不是这样的。不管什么干部,只要是为了人民服务,为"四化"出力,都是党和人民的财富。他们的工作同样是光荣的,没有什么高低贵贱,重要不重要之分,只有分工的不同。我们每个同志都要从现在做起,从本职做起,从本人作起,尽快使自己成为本行的专家、内行、能手和骨干。以其昏昏,使人昭昭,长期当外行是不行的。"四化"建设需要大量的专业人才,需要大批专家内行。不仅技术部门是这样,我们政工部门也是这样。当前,需要的是真正懂得政治思想工作、会作政治思想工作的同志,这不是多了,而是太少了。

政治思想工作不仅是一门学问,而且是一门艺术。我们要把政治思想工作做深、做细、做活、做到家,做到人家的心坎上,是需要很多学问的。电影《泪痕》里的县委书记朱克实,就是塑造得比较成功的一位领导干部的形象。他对支部书记邹小三的批评教育这一场,说明政治思想工作作得很不错,看了很受启发。当前,我们的青少年教育问题,有的同志一提起来就感到头痛,有的家长也发出了"救救孩子"的呼吁。我们如何根据青少年的特点,采取生动活泼的形式,把他们引导到遵纪守法,为"四化"刻苦学习,树立为共产主义而奋斗的远大理想上来。如果有更多的同志能在这方面做出成绩来,就是对"四化"的贡献。

我们作政治思想工作,有些最基本的原则是要遵守的。要实事求是,要搞"三不主义",要摆事实讲道理。比如那些搞迷信活动的,他说他有宗教信仰的自由,那我就问他,你踏了人家的菜地,损害了别人的利益怎么办?有的青年人,口口声声说有他的自由,难道你随随便便在别人身上捅刀子也可以让你再自由下去吗?无产阶级不允许有这种自由,我们的法律没有规定这种自由。

还有,加强党对政治思想工作的领导问题,省委负责同志和市委的其他同志都已经讲了,我就不重复了。

于汉卿同志在市经济工作会议上的传达报告

(1980年3月6日)

省委和省人民政府于1月下旬到2月上旬,先后在成都分别召开了计划、工业、农业、财贸会议。市委、市革委和有关部、委、局的负责同志分别参加了这几个会议。会议期间,学习了邓副主席关于目前形势和任务的报告,传达了余秋里副总理在全国计划会上的讲话,安排了今年的国民经济计划和工交、农业、财经工作,讨论研究了继续贯彻"八字"方针,进一步把经济搞活的一些具体政策和办法。省委和省人民政府的领导同志分别向会议作了报告。2月9日下午省委还召开了参加省工业、农业、财贸会议的地、市委书记、经委主任、农业和财贸部长座谈会,××同志作了重要讲话。这些会议都开得很好。为了传达贯彻会议精神,市委决定召开这次经济工作会议,将四个会议精神一并传达贯彻。我们这次经济工作会议计划开6天,分三个阶段进行。第一阶段,传达四个会议精神,学习文件,认清形势,增强信心;第二个阶段,计委、经委、农委、建委、财贸部、财政局的负责同志发言;第三个阶段,按口开,结合自己的实际情况,着重讨论今年的计划、目标以及搞好增产节约、搞活经济的一些具体措施和办法。在这里,我现将省的四个会议的基本精神,向同志们传达下。我的传达,分三个部分:(一)经济战线的形势和任务;(二)四个会议的基本精神;(三)坚持和改善党的领导。

一、经济战线的形势和任务

邓副主席关于目前的形势和任务的报告,是代表党中央向全国人民发出的向八十年代进军的动员号令,是我们各项工作总的指导思想。我们要认真学习、贯彻。我们在省开会期间,几个会议都安排两天时间学习了邓副主席的报告。我们这个会议,也要按照邓副主席报告的精神,分析形势,明确任务,制订措施,把工农业生产搞上去,完成和超额完成今年的国家计划。

打到"四人帮"以后,我们国内形势很好,特别是党的十一届三中全会以后,全国形势发展很快。去年,在贯彻"八字"方针方面,做了大量工作,广大干部和群众付出了巨大的努力,经济调整取得了明显成绩。这里我向同志们着重谈一谈去年全国和全省经济战线的大好形势。

1. 在农业方面,由于贯彻了中央关于农业问题的两个文件,提高了农副产品收购价格,减免了部分农业税和社队企业税,增加了农村社队和社员收入,全国农民从国家提价和减免税收中约增加90多亿元的收入,这是国民收入和国家财政分配的一次大调整,也是工农关系和国家、集体、个人关系的一次大调整。农村经济政策调整,极大地激发了广大农民的社会主义积极性,促进了农业生产的发展。去年全国粮食产量达到 6233 亿元,比 1978 年增产 2.2%,油料增产一成以上,棉花原来估计要减产,现在看来不会减产,猪、羊、蚕茧、麻等都可以完成和超额完成计划。全国每个农民从集体分得的收入,1977 年为 65 元,1978 年为 74 元,1979 年增加到 80 元以上。全省农民从提价和减免税收中,增加收入 8 亿元左右,全省去年粮食产量达到 624 亿斤,比 1978 年增加 2.4%,生猪出栏头数达到 2500 万头,比 1978 年增加 35%,油料、甘蔗、蚕茧等经济作物都有较大幅度的增长。全省每个农业人口从集体增加的收入平均在 10 元以上,口粮增加 3% 以上。农村的大好形势,对于农业生产的持续稳定增长,对于整个国民经济的发展都具有十分重要的意义。

2. 在工业方面,整顿工作取得初步成效。由于狠抓了发展轻工业和调整了原燃材料的分配措施,从去年下半年起,轻纺工业的速度加快了,支农工业也有了进一步的发展。有些地区还关、停、并、转了一些产品不对路,消耗高、质量差、长期亏损的企业。多数企业的产品质量有所提高,品种有所增加,消耗有所降低,劳动生产率有所提高。全国工业总产值达到 4565 亿元,比 1978 年增长 8%,其中,轻工业增长 7.8%,全省工业总产值达到 237.5 亿元,增长 10.8%,其中:轻工业增长 7.97%。

3. 在压缩基本建设规模方面。全国停缓建的大中型项目有 332 个,减少国家投资 35 亿元。四川省还停缓建了地方小型项目 220 个。基建战线有所缩短,投资效果有所提高。

4. 在商业方面,内外贸都有较大的发展。全国社会商品零售额预计达到 1745 亿元,比 1978 年增长 14.2%,增长幅度之大,是近 20 年来所没有过的。许多大城市的肉、蛋、菜等副食品供应有了明显的改善,而且库存商品还增加了 25 亿元。外贸的形势更好。去年出口总额预计为 132 亿美元,比 1978 年增长 35.4%,进口 158 亿美元,增长 40.9%。在引进技术、利用外资方面已经开辟了一些新的路子。全省去年外贸收购值完成 8.8 亿元,增长 39.6%。

5. 积极安置城镇待遇人员。狠抓了整顿和稳定物价的工作,企业普遍实行了奖励制度,加快了职工住宅、商业仓库、中小学校舍的建设,城市人民生活有进一步改善。全国去年安置 750 万人到全民或集体所有制单位工作,四川省安置 50 万人。一年安置这么多人,这是一个很大的成绩。从 11 月份起提升 40% 职工工资、级别和调整部分工资类别的工作正在积极进行。在粉碎"四人帮"以后三年的时间内,连续两次较大范围地提高工资,又在大量增加就业的情况下,职工平均工资仍有提高,全国 1977 年平均工资 616 元,1978 年 664 元,1979 年增加到 700 元左右。新建职工住宅全省去年开工 700 余万平方米。竣工面积 400 万平方米以上,比 1978 年增加 200 万平方米以上。

6. 科学、教育、文化、卫生、体育等事业的调整整顿工作也有进展。教育质量进一步提高,科学战线取得了一批新的成果。

7. 在经济管理体制方面。进行了一些探索和改革。去年以来,国务院在扩大企业自主权,改进外贸体制,基本建设拨款等方面颁发了几个试行办法。四川省在扩大企业自主权方面,初步摸索了一些改革经济管理体制的路子。企业扩权后,经济效果比较明显。扩权企业产值和上交利润的增长速度,都大大超过了非扩权企业。一般都做到了生产发展,经营管理改善,盈利增加,国家、企业和个人所得同时增多。

上述情况充分说明,去年的经济工作的成绩是显著的。这是广大干部和群众在党中央、国务院领导下取得的丰硕成果、必须充分肯定。

但是,经济方面问题确实不少。过去 20 多年,工作重心一直没有认真转到经济建设方面来,经济工作中积累的问题很多。先念同志说,大跃进时我们领导犯了高指标、瞎指挥,刮共产风的错误,结果国民收入损失了1200亿。"文化大革命"动乱十年,林彪、"四人帮"干扰破坏造成的后果更加严重,除了政治上对国家和人民造成的灾难外,国民收入损失了5000亿元。这两次大的折腾在性质上是不同的,但他们在经济上都造成了极大的损失。如果没有这两次大的折腾,不损失这6200亿元,我们的工农业生产水平比现在高得多,科学、教育、文化比现在发达得多,人民生活水平也比现在好得多。这是讲历史原因。另一方面,我们的经济工作也存在不少的缺点和问题。一是对国民经济的调整工作抓得不快,"调整、改革、整顿、提高"这四个方面,调整是关键。对经济的许多调整工作,实际上是从去年4月中央工作会议和6月五届人大二次会议以后才真正开始的。工业企业的企业调整,产品结构调整,进展不快,一些应该关、停、并、转的企业没有关、停、并、转。基本建设战线仍然过长,有的该停缓建的项目,仍在施工,投资效果差,费用高的状况改变不大。二是,综合平衡搞得不好,没有安排好各种比例关系。去年全国财政收入没有完成计划,并出现了较大的赤字,市场商品供应还是比较紧的。三是,我们在注意讲究经济效果方面,工作还抓得不扎实。消耗高、质量差、建设周期长、投产项目少、劳动生产率低,这是我们生产建设上普遍存在的严重问题。浪费了大量的人力、物力、财力。四是,不少单位财经纪律性差。去年有不少单位滥发奖金,有些生产、利润都没有完成计划的单位也发了奖,有些商品乱涨价,名曰议价,实为涨价,用乱涨价达到多得奖金等等。

总结我们经济战线的成绩和问题,对于安排好今年的经济工作是非常必要的。今年是八十年代的第一年,邓副主席讲的八十年代要做的三件大事,核心是加紧经济建设就是加紧四个现代化的建设。这是我们解决国家国内问题的最主要的条件,一起决定于我们自己的事情干得好不好。根据四个会议的基本精神,我们经济工作应该重点抓好以下几点。

1. 继续贯彻"调整、改革、整顿、提高"的方针。八字方针,调整是关键。今明两年经济调整的七项主要的内容和目标是:(1)争取农、林、牧、副、渔五业有一个新的全面的增长,农业总产值每年递增4%左右。(2)争取轻纺工业和其他消费品的生产有一个较大的增长,轻工业总产值每年递增8%或者更多一些。(3)经过努力增产和节约,使燃料动力和交通运输的紧张状况逐步有所缓和,使工业交通生产的经济效果有一个显著的提高。(4)控制基本建设投资,减少建设项目,加强基本建设管理,使建设规模同国家当前的财力、物力可能相适应,使战线长、效果差的状况有一个明显的改变。(5)努力扩大出口,采取多种形式,充分利用、善于利用国外资金和技术设备,促进经济的发展。(6)在发展生产的基础上,使全国农民从集体分得的平均收入和职工的平均工资继续有所提高。把城镇待业人员基本安排好。(7)加强科学技术、教育卫生、环境保护、城市建设等薄弱环节。

2. 搞好综合平衡,安排好各种比例关系。为了建设现代化的社会主义强国,我们必须按照社会主义规律办事,制定出符合社会主义经济规律的长期规划和年度计划。特别要注意解决好六个主要方面比例失调的问题。即:(1)农业和工业比例失调;(2)农、林、牧、副、渔之间和轻重工业之间比例失调;(3)煤、电、运和其他工业比例失调;(4)骨头和肉比例失调;(5)积累和消费比例失调。(6)经济发展和教育,科学、文化、卫生发展的比例失调。解决好这几方面比例失调问题,我们的经济发展速度就会更快,经济效果就会更好。

3. 一切经济工作都要讲究实效。我们国家大,人口多,底子薄,只有长期艰苦奋斗才能赶上发达国家的水平。我们有了明确的奋斗目标,有了符合客观经济规律的规划,我们在经济工作中,一定要有艰苦奋斗的创业精神,争取到本世纪末,国民生产总值每人平均达到1000美元的小康社会,每年的平均增长速度要在13%以上。这就要求搞经济工作的同志要兢兢业业地认真工作,要从政策上,工作上杜绝各种浪费,提高劳动生产率,减少废品、次品、不合用品,降低各种成本,提高资金利用率。我们管经济的同志,要学会经济核算,不只要会算本单位的小账,还要会算整个国家的大账,通过努力增产、厉行节约、讲求实效,我们的经济工作就会越做越活,经济发展才能加快。

4. 必须严格遵守财政纪律。邓副主席要求每一个干部要遵守党的纪律和国家的纪律。过去革命年代的口号是:"加强纪律性,革命无不胜"。现在搞经济建设,搞四个现代化,同样要强调纪律性。国家的计划要坚决执行;应调出的产品和应上交的利润必须坚决完成;党和政府颁发的各项财政、经济政策必须认真执行;增产、节约、反对浪费的各项规定必须自觉遵守。同时要同一切违背党的政策、浪费国家和人民资财的行为作坚决斗争。

二、计划、工交、农业、财贸会议的基本精神

(一) 关于计划会议的主要精神

计划会议从1月22日开到2月3日,开了14天。会议在认真学习中央有关文件的基础上,安排了今年计划,讨论了完成计划的措施和工作。

1. 今年国民经济计划主要指标和安排。

(1) 工业生产

工业生产总值,全国安排比去年增长6%,全省安排增长8.4%,其中,轻工业增长10.3%。省初步安排我市62亿元(不包括军工、石油),比去年增长9.04%。今年省对工业总产值仍不作为考核指标,要求各地在生产计划基本落实后,计算一个接近实际的产值数字报省。大东同志在报告中要求各地工业生产不得低于增长8%的速度。经研究,我市今年的工业总产值计划定为61.5亿元,比去年增长8.06%,其中轻工业增长8亿元,力争达到70亿元。

(2) 农业生产

农业生产总值全国安排比去年增长3.5%~4.5%。粮食产量要求今明两年各增产200亿元。全省今年安排650亿斤,比去年增产26亿斤,增长4.2%。省安排我市今年粮食产量计划为30.7亿斤,工作上我们要力争比去年实际产量增长3%。

社队企业要继续大力发展,全省去年社队企业产值为25.5亿元,居全国第9位,与我省在现有的农业人口、资源很不相称,省里提出1985年达到70亿元,按这个奋斗目标计算,平均每年要递增22%以上。

(3) 基本建设

国家预算内直接安排的基本建设投资全国今年为241.5亿元,比去年减少110亿元,减少30%。此外,利用外资进行的投资建设,更改资金各种贷款和地方机动财力等安排的建设,共计还有200多亿元。

今年国家安排我省预算内地方项目投资为4.61亿元,比去年减少33%。省拿出机动财力1.1亿元,安排一些建设项目,比去年减少47.6%。

省安排我市投资3040.5万元(包括预算内和省自筹),比去年同口径减少53.7%。此外,人民银行安排的中短期贷款项目和建设银行安排的建材工矿业贷款项目还有3000多万元,外汇贷款还有1000多万美元。我们上报的部门和企业自筹资金建设项目有8000多万元,加上国家直接安排我市地区的大中型项目1.34亿多元,今年初步落实的各种建设资金,全市已达3亿元以上,应该说今年的建设任务仍然是繁重的。

(4) 商业外贸

全国今年社会商品零售额安排1980亿,比去年增加235亿元,增长13.5。全省社会商品购买力预测将达到135亿,比去年增长12%左右。全市购买力预测今年为17.7亿元,比去年增长18%。

全国外贸出口总额,今年计划150亿美元,比去年增长13.6%。全省外贸出口收购总值计划安排8.55亿元,省打算再增加1.25亿元,共9.8亿元,比去年增长17%。省安排我市今年外贸出口收购总值1.55亿元,我们要按2.5亿元安排比,并力争达到3亿元。重庆市开设港口问题,中央已有文件,打算4月份向外公布。

(5) 财政收支

今年国家预算收入为982亿元,比去年减少近40亿元,财政支出1022亿元,比去年减少133亿

元。收支平衡后,赤字40亿元,还要靠增收节支来弥补。

财政问题,是全国和全省两级计划会议中突出的矛盾。国家的办法是与各省分灶吃饭,对今年财政任务采取一背(任务)、二定(体制)、三抓(增收节支)。国家对29个省、市的财政体制,采取5种办法,一定5年不变。即广东、福建型是任务包干;四川型有15个省,办法是划分收支,分级包干。按这个办法,省今年要向国家上交6亿元;再就是民族地区,按去年基数国家给的补贴每年递增10%;第四种是江苏省的办法,比例留成;第五种是京、津、沪3个市由于收入多,支出少,体制另行研究。省对各地市的体制,今年除三州外,仍维持收支挂钩、超收分成的办法。

全省今年财政收入初步安排为34.28亿元(把包括折旧收入),基本上维持去年34.28亿元的水平。如果把调价、调资"翘尾巴"等影响收入的因素加上去计算,今年实际收入要比去年增长18%左右。全省今年支出为29.76亿元,比去年减少18.6%。

省分配我市今年收入任务为9.6416亿元(不包括农业税和上交的折旧基金)。如果把调价和调资"翘尾巴"等影响收入的因素加上去,今年实际收入要比去年增加20%以上。省分配我市今年支出预算为1.9904亿元,比去年同口径减少15.8%。总的来说,今年收入打得高,支出算得紧,完成这个任务非常艰巨。

在计划会议期间,刘海泉同志专门强调了计划生育问题。去年全省人口自然增长率超过了6‰,今年要求降低到5‰。

其他方面的计划指标,计委还要讲,我就不说了。

在省计划会上,鲁大东省长、何郝炬副省长主要讲了以下五个方面的工作:

(1)要继续贯彻"八字"方针,在调整中前进。把工农业生产搞上去。"八字"方针,调整是关键。四川省从粉碎"四人帮"三年以来,粮食增产130多亿元,这是一个很大的成绩,但是四川农业并没有过关,农业底子薄的状况还没有得到根本的改变,还经不起大的自然灾害。因此,对农业投资安排上,要突出重点,集中力量解决几个问题,发挥投资效益。农村要贯彻中央两个文件和省委去年发的100号文件,进一步落实农村经济政策,把农村经济搞活,加快农业的发展,使生产队和社员逐步富裕起来。在调整中要把轻纺工业搞上去。四川轻纺工业落后,资源丰富,今后一段时间要大力发展轻纺工业。工业调整中,对一些亏本的、供、销问题一时又难于解决的企业,要下决心,实行关、停、并、转,多数关、停、并、转的企业,可以上市场需要的轻纺产品,或生产有销路的产品。还要注意产品结构的调整,主要是增加品种,提高质量,搞升级换代,增强竞争能力。要把调整和改革结合起来,继续抓好扩大企业自主权试点。财贸企业的扩权试点也要逐步展开。还要把调整和增产节约结合起来,广开生产门路,使今年的工业生产有个较大幅度的增长。在发展生产的同时,要继续调整消费和积累的比例关系。大东同志讲,成渝两市的住宅平均每人占有面积,在全国大中城市中是最低的。城市人民生活补欠中,还有自来水、公共交通、商业网点等问题,也要积极解决。

(2)基本建设要在提高投资效果上面下功夫,要集中力量打歼灭战,保重点,保投产。今年基本建设投资少了,更要十分重视投资效果。首先对现有在项目进行清理,不符合基本建设六条规定的项目,坚决停下来。资金、材料、设计都落实的项目,坚决报上去。要统筹安排合理使用各种资金,对国家预算和各种贷款、各种自筹,更改资金安排的建设项目,要搞好综合平衡,使各项资金都能充分发挥效益。同时,要加强基本建设的管理,建立严格的责任制,每一个项目,从计划、设计、施工、生产准备、到建成投产验收各个环节都要有人负责。搞得好的要表扬、奖励,搞得不好的要批评,有的要追究责任。

(3)大力发展对外贸易,狠抓出口,增加外汇收入。中央的方针是积极扩大对外贸易,利用外资,引进技术,加速我国四个现代化建设。世界上任何一个资源丰富的国家,不可能样样都有;世界上任何技术先进的国家,不可能样样都先进。二次世界大战后,西德向国外贷款30亿美元,日本学美国、学欧洲,这两个国家都发展得很快。现在世界上资金,人才有余,我们可以利用这些有利条件。

全省今年发展外贸的办法五条:一是发挥我省优势,抓好几个"拳头"商品,如丝绸、皮革及其制品、茶叶、山货土产、罐头、机械设备、化工、医药、纸张等产品;二是狠抓出口产品的质量和品种;三是积极用好中短期外汇贷款,克服怕字,做好工作;四是统筹兼顾,多挤商品出口;五是选择一批条件好的企业直接参加外贸活动,产销见面,开展各种形式的出口业务。

(4)开源节流,努力实现增收节支。国家对省实行"划分收支,分级包干"的体制是一定五年,省每年要向中央上交6亿元左右,如果完不成上交任务,就只有压缩建设项目,紧缩开支。因此必须努力增收节支,开源节流。开流的主要措施是增产增收,省里打算拿出2亿斤粮食增加白酒生产,拿出部分外汇进口一批原件装配电视机,节约一些木材增产家具,增产一批高级香烟,用省内出产的名贵药材搞中成药加工等等。并要求各地各部门、各单位多方面开辟生财之道,所有属于经营性亏损企业,都要做到扭亏增盈,今年扭亏有困难的,一律实行亏损计划包干,节亏分成,超亏自行解决的办法。旅游企业从今年起,3年不交税利。农村电站实行以收养支,自负盈亏。农垦企业继续实行财务包干办法。交通、粮食、商业、供销、地方外贸、物资、文教卫生、城市公用等非工业企业,均实行利润留成办法,各部门的留成比例,省财政局另行通知。全省今年要全面开展清仓利库、清产核资工作,大力减少物资积压,抽活资金,增加收入。必须严格控制与节约支出,国家允许四川省行政编制只有20多万人,我们已经达到30多万人,超过10万人,国家不给经费,因此,从现在起,冻结行政事业人员编制,未经省委和省政府批准,一律不再增加人员,并实行行政预算包干。超支一律不补,节约归己,可以用节余的资金搞职工福利和个人奖励。凡有条件实行企业管理的事业单位,如宾馆、招待所、展览馆、体育场(馆)等,要积极创造条件,实行企业管理,增加的收入和节约的支出都要留给本单位,开源节流,增收节支,要发动群众,广开生财之道,多方节约支出。但是不准搞歪门邪道,损人利己。

(5)改进计划管理工作。

为了加快发展国民经济,必须加强计划工作,加强综合平衡,发挥计划指导作用。但是,目前计划工作中存在的问题是,应该抓的一些大事没有抓好,不该抓的许多事情又管得很细,统得过死,这种办法,不利于搞活经济。

省计划会议认为,计划工作主要抓这么几条:一是抓好国民经济的中长期发展规划和年度计划;二是抓好国民经济的重大比例关系的综合平衡,三是抓好经济发展趋势的分析和预测;四是为党委和政府当好经济计划方面的参谋。因此,计划工作方法上,要作大的改变,有些权限要放给左邻右舍或下级去管,要减少指令性指示,要改进计划编制和平衡的办法,要发挥各部门、各地区、各企业、各单位的积极性。

(二)关于市、地、州委工业书记会议的主要精神

省委召开的市、地、州委工业书记会议,开了13天。主要研究了继续贯彻"八字"方针,进一步把企业搞活、把生产搞活、把经济搞活,把增产节约搞好,努力实现今年工业生产有个较大幅度增长等问题。西尧同志作了报告和总结,东波同志讲了话。着重强调了以下几个问题:

第一,以加快发展轻工业为重点,积极调整工业结构,进一步搞好增产节约。

能不能实现今年的生产目标,在很大程度上取决于轻工业的发展速度能不能大大加快,重工业能不能尽快地调整服务方向,能源的增产节约能不能取得显著成果,挖潜、革新、改造能不能尽快发挥效益,军民结合能不能搞好,社队企业能不能更快的发展。因此,我们要把调整工业结构同增产节约紧密结合起来。

1.要处理好计划和市场的关系。要适应社会需要,就必须在国家计划指导下,充分发挥市场调节的作用。今年按照国家计划的产品产量计算,是达不到增长8%的要求的,有相当一部分任务是要靠广开门路,找米下锅来完成。因此,要抓紧搞好市场调查,特别是要通过物资交流会、产品展销会、选样订货会等形式,在做生意中摸清市场需要,搞好动态平衡,把计划和市场结合起来,根据市场需要,调整生产方向和产品结构,尽快制定和落实今年的增产节约计划,既要充分发挥各部门、各企业的积极性,又要加强领导,注意防止可能出现的某些盲目性。要以经委为主,有关部门参加,搞好协调配合。

2. 要速度发展轻工业。去年,全省轻工业发展速度仍然低于重工业,全省人平占有的轻纺工业产值比全国水平低一半,主要轻纺产品产量仅占全国5%左右。调整工业结构,首先要加快发展轻工业。今年轻工业的增长速度必须达到10%以上,高于全省的平均增长水平。要采取措施,增长各方面力量,狠抓轻纺工业拳头产品和出口产品的生产。特别是要把丝绸、皮革、自行车、手表、缝纫机、电视机、收音机等产品的生产搞上去,增加市场供应。除抓好全省的拳头产品以外,各地区、各部门、各企业都要根据自己的实际情况和特点,充分发挥优势,集中力量抓好原材料供应有保证,市场又有销路的拳头产品的生产。过去对人民生活需要的小产品和工农业需要的零配件的生产注意不够,有很大的市场潜力,也要抓好这方面的生产供应。要充分发挥二轻工业适应性强、灵活性大的特点,大力发展生产,各二轻行业,要认真贯彻省委关于发展二轻工业的政策、措施,逐项增长落实。对轻工业生产一定要实行"六个优先"。各行各业都要大力支持发展轻工业,并根据自己的条件,积极生产轻工市场产品。扶持轻工业发展的各项政策、措施,对各行各业生产轻工产品的同样适用。

3. 要注意抓好机械、冶金等重工业的调整。重工业要尽快调整产品结构,尽最大努力为农业、人民生活、轻工市场、文教卫生、外贸和维修配套服务,冶金部门今年要为发展轻工业、住宅建设和市场所需提供十万吨小型、轻型钢材。要把各部门的机械制造力量正在起来,注意发挥优势,搞好产品成套,努力形成具有四川特色的拳头继续产品。农业、轻工、纺织、化工、文教卫生等部门需要的设备、材料和备品配件,首先在省内安排生产。省内工业的设备、材料要按时交货。价格要力争低于省外,最高不超过省委价格加运费。重工业无论是在调整产品结构和组织转产中,各基层企业都要广开生产门路,各有关领导干部也要认真调查研究,安排得当,做到适销对路,防止新的积压。

4. 要认真搞好军民结合。我省军工企业生产潜力很大,而且技术水平比较高,这是我省发展工业生产的一个优势。要在确保军品生产、科研和新产品试制任务的前提下,充分发挥军工企业的生产能力和技术装备的优势,把民品生产搞上去,军工企业生产民品,重点是搞高档耐用消费品和外贸出口产品,并为改造地方工业搞一些关键的、精密的零部件,承当一些设备制造任务,不搞一般民品,不挤地方工业。有关民用企业要和军工企业挂钩,由民用企业派人去军工企业学技术,也可以请军工企业派人到民用企业传授先进技术。军工企业还应当把新技术和科研成果运用到民用工业上来。省和重庆、成都市、绵阳地区要由经委牵头,计委和国防工办及有关局参加,成立一个协调小组,统筹安排军工企业的民品生产。

5. 要重视抓好社队企业。各级计委、经委和其他有关部门,都要把扶持社队企业作为自己的一项重要任务,切实帮助社队企业解决销、供、产方面存在的问题,并且注意综合平衡,统筹安排。要积极地有步骤地推广城乡协作、厂社挂钩、工农量利的经验,从多方面努力,使我省社队企业在短期内有一个较大的发展。

6. 要提高产量,大力发展品种花色,产品质量低,花色品种少,仍然是我们工业生产中的突出问题之一。我们一定要尽快改变这种状况。今年提高产品质量工作的重点,要逐步向采用先进技术,发展新产品上转移。所有工业产品都要达到国家规定的技术标准,已达到国家标准的要努力创一等品、优质品和名牌产品,已达到省内先进水平的要有2/3赶上国内先进水平;已达到国内先进水平的,要有1/3赶上国家同类产品的先进水平。同时要根据市场和人民生活的需要,大力发展新产品、新品种、新花色。各部门和企业都要根据提高产品质量和发展花色品种的要求和自己的实际情况,提出明确的奋斗目标,制定产品质量升级、更新换代、赶超国内外先进水平的规划,提出切实可行的措施。认真加以落实,各企业要建立质量检验机构和制度,制订质量标准,健全质量管理责任制,切实抓好管理的基础工作。要组织技术攻关,推广新技术、新工艺、新设备,加强职工的技术培训。要推行全面质量管理,国家经委将于最近发出《工业企业全面质量管理暂行办法》,要认真组织学习,并结合具体贯彻执行。要把挖潜、革新、改造和加强科研工作同提高产品质量、增加花色品种结合起来,认真抓紧抓好。要组织好质量管理的各项活动,从思想上、工作上全面贯彻"质量第一"的方针,大打产品质量进攻战。要广泛开展争创优质产品的竞争活动,积极为全国第三次质量月广播电视大会等作好准备。

7. 要下功夫抓好原燃材料的节约,特别是要抓好能源的增产节约,能源不足是我省工业发展中的突出矛盾。一方面燃料、动力工业的调整进展不快,供需差距很大;另一方面能源消耗高,浪费大。狠抓能源的增产节约,不仅是实现今年工业生产较大幅度增长的关键措施,而且对今后工业的发展关系极大,具有重要的战略意义,一定要大力抓好。煤炭、石油、电力部门要大力调整采掘比例、储采比例和搞好现有电站完善配套的同时,千方百计挖掘潜力,在确保安全生产完成国家计划的基础上,力争多产多供。各企业都要把节约特别是节约能源当成一件大事来抓,要指定机构和专人负责。要制定出1980年加强能源管理,节约能源的规划,采取措施努力实现。全省要求节约天然气10％,节煤5％,节油10％,节电3％。为了促进节约能源,要采取以下经济措施:一是择优凭证定额供应。在采取凭证定额供应中,实行电、气节约归己,节约部分由企业或地区调节,用于增加生产。二是优先保证原料用气,压缩燃料用气,坚决把原来烧煤以后改为烧气的锅炉改过来烧煤,或者改为煤气和天然气混烧;要制订规划,按期实现,到期不改的,分别采取按现行价格增收50％的罚金,减少供气指标或停止供气办法处理。要严禁私接天然气管线,已经接了的,要限期停用,到期不停的,不但追收全部气费,而且追究领导则任。三是严格控制生活用电,把生产和生活划分开来,计量收费。四是把节约能源作为劳动竞赛和实行奖励的一个重要内容,按照有关规定,实行节约单项奖。同时,要大搞余热利用,合理使用各种燃料、动力资源。要积极推广使用劣质煤和煤矸石的经验,逐步把积存的近八千万吨劣质煤和煤矸石利用起来,变害为利,变废为宝。

8. 要狠抓挖潜、革新、改造。今年挖革改的任务很重,除了要继续完成去年结转的工作量外,国家经委、轻工部、纺织部和省内共安排技措费和贷款1.4亿元,各地区和企业还要自筹一部分,争取省里机动财力再安排一些,这些资金一定要用好,尽快发挥效益。各级经委要负责抓总,各有关部门和地区要加强领导,精心安排,抓紧落实。挖革改的重点是发展轻纺工业、节约能源、提高质量、增加花色品种和增产短线产品。要集中必要的人力、物力、财力,尽快把那些原料供应有保证,产品有销路,投资少,见效快的项目搞上去,力争在今年工业生产中发挥作用。挖革改要注意解决环境污染问题。企业在安排挖革改措施中,可以把企业折旧资金、大修理基金、固定资产出租和转让的收入,以及企业基金捆在一起使用。企业多余的自有资金,可以按照投资比例采取利润分成的办法,组织企业之间联合经营。企业用贷款安排的技措项目,可从今后提取的更改资金或项目投产所实现的利润中归还。

9. 努力提高技术水平和管理水平。当前我省工业的生产水平、技术水平和管理水平都比较低。许多产品质低价高,品种单调,花色陈旧,缺乏竞争能力。有些缺俏产品虽然暂时不愁销路,但其主要经济技术指标同先进地区比较,差距很大,如果不急起直追,迅速赶超,有些产品就可能被淘汰,被挤垮。为此,在组织今年工业生产中,要花大力气抓好全面质量管理,全面经济核算和全员培训。去年在这方面,经过试点,摸到了一些经验,今年要组织推广,取得更大的成效。

四川的优点是资源丰富,市场广大,弱点是地方工业技术落后。四川不发展地方工业技术,就永远是第三世界的第三世界,就永远是原材料产地。地方工业必须好好抓技术改造,一个是学上海,一个是利用军工的技术、设备,一个是利用外汇引进技术,要抓住这三条,突出把地方工业技术搞上去。

为了提高"三个水平",要进一步加强科研工作、工厂企业要紧密结合生产,开展科研活动。凡是有条件的,都要建立健全科研机构,充分发挥科研人员的作用。要针对当前生产关键和适应技术发展的需要,确定课题,组织攻关,搞出成果,运用到生产上去。改变那种只有展品,没有成批产品的状况。要提倡厂、院、所联合办科研,试制新产品。

10. 要搞好安全生产和劳动保护。当前,部分企业工伤事故和尘毒危害相当严重,给人民生命和国家财产造成很大损失。对此,要引起高度重视,采取有效措施,加强督促检查,并且要用经济奖励和法制来保护职工在生产中的安全、健康,保证增产节约运动的顺利开展。

第二,继续抓好扩大企业自主权的工作,积极地稳步地进行经济管理体制的改革。

扩大企业自主权,是进行经济管理体制改革的出发点。我们大家一起为企业谋利益,这是基本指导思想。企业搞上去了,整个经济才能够活起来,大家都有办法。从这里入手,把企业搞活,再逐步改革整个管理体制,把整个国民经济搞活。这样,我们的改革就能循序渐进,因势利导,既能从扩大企业自主权中看清改革的方向,坚定改革的决心,又比较稳当不致由于考虑不周引起大的折腾。去年,我们搞了100个扩大企业自主权的试点,实践证明,试点的指导思想是正确的,办法是可行的,效果是显著的。今年,我们仍然要把扩大企业自主权作为改革的重点,作为组织工作生产的一个首要环节来抓。

今年,扩大企业自主权采取三种办法:第一种是四川第一棉纺织厂、成都电线厂、重庆印制厂、重庆钟表公司和西南电工厂等5个企业在国家计划指导下,进行自负盈亏的试点;第二是去年进行扩权试点的100个企业,按照省委规定的"十二条"办法进行利润金额分成的试点;第三种是面上的企业,包括军工企业,经过职工讨论,订出规划,提出申请,按隶属关系,由主管部门批准,按照省委去年规定的"十四条"办法扩大企业自主权。

为了把今年扩大企业自主权的工作搞好,进一步摸索经济改革的经验,在试点的指导思想上、工作上,要注意掌握以下几个问题:一是扩大企业自主权要同企业内部的调整、整顿结合起来,深入开展增产节约运动,改善经营管理,提高产品质量,扩大产品品种,大力降低消耗,增加财政收入。二是要把国家的利益同企业、职工个人的利益结合起来,首先考虑国家的利益,兼顾企业和职工个人的利益,真正做到国家多收,企业多得,个人多益。三是用经济办法管企业同加强思想政治工作结合起来,要坚持按照经济规律办事,同时要加强民主管理,加强思想教育,坚持社会主义方向。四是扩大企业自主权同改革整个经济体制结合起来,有关部门要主动地适时地进行改革。

同时,要用经济办法稳步地进行工业改组。西尧同志说,根据前一段的实践,工业改组要注意以下几个问题:一是要考虑生产单位和生产者的积极性,兼顾地区、部门、企业各方面的经济利益;二是要考虑经济需要、生产需要和生活需要;三是要考虑横的经济联系,注意地区之间、行业之间、供销之间、骨头和肉之间等各方面的联系和积极性。不要轻易改变隶属关系,要改统为包,改统为联,对各地区和企业要给予较多的自主权。因此,我们必须从实际情况出发,用经济的办法,在妥善处理好权益分配的前提下,由下而上,循序渐进,分别不同情况,采取不同形式、不同内容、不同的核算方式,把企业有利地结合起来,逐步实行工业改组。目前可采取以下几种形式:一是用打歼灭战的办法,组织各方面力量,分工协作,猛攻拳头产品,在此基础上,把相关的企业组成专业公司或固定协作关系,如成都组织18个企业配套生产自行车;二是联合经营,按股分成,如泸天化向泸州市投资,发展轻工业;三是销供产联系紧密的,可组织"一条龙"生产经营,如乐山地区以乐山缫丝厂为龙头,组织桑、蚕、丝、绸"一条龙";四是按生产工艺或产品系列分工,组织协作,如正在组织的省轴承公司;五是机械行业围绕重点产品,将那些生产条件较好,技术设备力量较强,优质高产有保证的企业联合起来,搞设备成套,如重庆组织五个企业搞冷冻设备成套;六是生产同类产品或相互配套的企业,可试建总厂,实行统一管理,分级核算;七是试行"六统筹服务"(市场调查和预测、长远规划、年度销供产、挖革改、科研、新技术推广),交服务费,逐步过渡为企业性公司。不论参加哪种形式的联合和协作,都必须坚持自愿互利,民主管理,订立章程,担负经济责任,由低级到高级,逐步提高,逐步发展。参加的企业可以跨行业、跨地区,可以是不同所有制企业,也可以一个企业参加几种不同形式的联合或协作。不要强求一律,搞一刀切。

第三,若干具体政策问题。

要进一步把经济搞活,还有一些具体政策需要明确。西尧同志按照省委常委讨论的意见,讲了以下一些具体政策问题。

1. 关于亏损定额包干问题。对政策性亏损的企业,实行亏损定额包干,结余归厂,超亏自负。包干的指标以略低于1979年的实绩为基数,并考虑由于办三件好事的、部分原材料涨价、一些产品降价等因素,在确定包干指示时,要由主管部门和财政部门根据企业的集体情况逐个审定,原则上应留有余地,使企业能够得益。对生铁、小化肥、铁锅的补贴,维持现行办法不变。对经营性亏损的企业,限期半年扭亏,到期仍未扭转过来的,要停产整顿。

2. 关于新产品免税问题。国家规定,新产品在试制期间,可以免税。但是,由于对新产品解释口径不一,在执行中还存在一些问题,阻碍了新产品的发展。为了鼓励企业增加花色品种,除了符合国家规定的新产品实行免税外,今后凡是产品结构性能有较大改变或省内没有试制和生产过的新产品,由市、地、州主管部门审查拟出意见,经同级税务部门批准,在试制试销期间,给予定期免税。

3. 关于协作件免税问题。从有利于发展拳头产品和促进组织专业化生产及工业改组出发,目前,对三种类型的协作件实行免税。一是采取打歼灭战的办法,组织有关企业生产拳头产品或配套产品,如自行车、手表、缝纫机等;二是联合经营;三是按专业化协作原则进行工业改组,建立企业性公司或总厂。这些形式生产的协作和中间产品,凡是供应给生产最终产品企业的,按隶属关系由生产最终产品企业的主管部门提出意见,经同级税务部门批准,可予以免税;凡是作为商品销售的零部件仍应纳税。

4. 关于产品价格问题。今年的物价工作方针,必须从安定团结和整个经济建设的大局出发,保持物价的基本稳定,少数工业品价格如需调整,要严格控制尽量少动。目前有三个问题要注意解决:一是严格按照质量标准,坚决实行按质论价、分等论价、优质优价、劣质劣价的政策,发挥价值规律的作用,使生产优质产品的企业得到经济利益。生产单位可以根据国家质量标准,提出优质优价、劣质劣价的意见,按物价管理权限,由主管部门和物价部门审定。但不准以优质优价为名随意提价,更不准以次充好,高价出售。二是有些产品由于价格不合理,严重影响生产发展的,由主管部门会同物价部门研究,按物价管理权限审批调整,在未正式调整前,地区、部门、企业均不得自行变动。

5. 关于地方煤矿的煤炭提价问题。现在地方煤矿的煤炭的价格偏低,普遍亏损,不利于煤炭生产的发展。特别是去年统配煤矿的煤炭提价以来,矛盾更加突出。因此,省里决定从今年4月1日起,省属煤矿的煤炭出厂价按去年提价方案安排,平均每吨提高4.81元。地、县、社煤矿的煤炭出厂价格,在平均每吨提价不超过5元的金额内,由各地根据当地煤炭质量、生产成本和销售供应情况,结合交通运输条件,并照顾毗邻地区价格衔接,适当进行调整。为了保证人民生活和市场的稳定,市场用煤的销售价格保持不动,其价差影响商业收入部分由财政解决。

6. 关于小铁厂生铁的售价问题。根据去年销售生铁方面存在的问题,省里决定。小铁厂的生铁卖给财政在我省的企业单位,其售价和补贴办法仍按现行规定执行;卖给外省和财政不在我省的中央企业的生铁,从今年起,应按成本加利润,议价销售,省财政不予补贴。

7. 关于解决新产品试制费不足的问题。国家和省安排的新产品,按规定解决;企业自己安排的新产品,试制费用不足的,在实行利润留成的企业,从留成的资金中解决;其他企业首先从留给企业的更改资金和企业基金中解决,仍然不足的,经同级主管部门和财政部门批准,可摊入老产品成本。

8. 关于企业自销部分产品的问题。企业试销新产品和自销商业、物资部门不收购的产品,已基本解决,但畅销产品是否允许企业自销,还没有明确规定。这次会议研究,畅销产品,属于生产资料,超产部分,企业可以自销;属于生活资料(除纱、布外)订计划时要适当留一部分给企业自销,超产部分企业可以自销,商业部门也可以协商收购。企业自销价格和商业部门的零售价实行同质同价。滞销产品,如是在年初合同前发生的,企业要少产,改变品种;如是在订合同后发生的,商业、物资部门要按合同收购。

9. 关于小化肥出省问题。我省小化肥分布不平衡,川西、川南多一些,川东、川北少一些,因此,要进行一些地区之间的余缺调剂,一是不要让生产厂吃亏,二是要向缺肥地区供应肥料。有一个赔钱问题和季节问题,这类问题我们吃过亏,有过教训,要看远一点,看准一点,稳当一点。小化肥有多余的地区,首先要保证本地区的需要,同时要确保完成调给缺肥地区的任务,在这个前提下,多余部分可以自销外,由地区向省化工局提报外销数量和运往单位,由省化工局汇总,和省供销社协商后,由省化工局同成都铁路局协商安排运输计划,为了保证缺肥地区的化肥供应,供销社还要继续经营一部分小化肥。其中存在的一些具体问题,有关部门专门研究解决。

10. 关于试行天然气包干,两级管理问题。从去年起,凡地区认为可行的,可改变现行的天然气一统到底分配调度的办法,试行两级管理,由省分配给地区包干使用,地区在确保国家和省内必保的重点单位、产品(如二、七机及常规军品生产和两个大化肥厂等)的前提下,按照农、轻、重次序和择优供应的原则,自行分配调度,通过挖潜、革新、改造节约出来的天然气的地区分配使用,石油部门要按照计划,逐季平衡,尽可能做均衡供应。

整个四川能源究竟按什么方针、政策办事,要认真进行调查研究,提出系统的经济对策和规划。希望各地和有关部门先作些调查研究,我们将在此基础上力求尽快地解决这个问题。

11. 关于解决环境污染问题。各地区、部门和企业要根据环境污染情况,制订防治规划,积极组织实施。对排放"三废"一时达不到国家标准的企业,特别是污染严重的重点企业,一定要采取坚决措施,限期治理,逾期没有实现的,要限制企业的生产规模。企业要从留用的基本折旧基金中抽出20%治理"三废",资金不足的可向银行贷款。有些重大的治理"三废"、消除污染的项目,企业无力全部解决的,由企业积极提出建议,报请主管部门解决。根据中央〔1978〕79号文件和国家环境护法的规定,对超过国家规定的标准排放污染物的,要按照排放的数量和浓度,根据当地政府规定的标准收取排污费,先在省辖市和污染比较严重的地区试行,取得经验后再推广。收取的排污费一律用于环境保护。要加强企业管理,开展综合利用,凡是利用废水、废气、废渣作主要原料的产品,按规定给予减、免税,盈利不上交,由企业用治理污染和改善环境,新建、改建、扩建工程和采取技术措施增加生产能力的挖潜改造工程,要把防治污染设施与主体工程同时设计,同时施工、同时投产。

12. 关于奖金问题。最近,中央、国务院关于滥发奖金的批评是完全正确的,我们要坚决贯彻执行。从我省工交战线的情况看,自实行奖金制度,特别是进行扩大企业自主权的试点以来,把奖金同企业经营好坏,工人工作的好坏联系起来了,克服了奖金发放中长期存在的平均主义倾向,总的情况是好的,确实起到了调动职工积极性,促进生产发展的作用。但是,确有少数单位存在滥发奖金和实物的情况。不少单位平均主义倾向还没有克服,这不仅不能调动积极性,而且会带来不良后果。因此,当前重点是要纠正平均主义和批评滥发奖金的现象。我们要正确处理国家,集体、个人三者的利益关系,切实贯彻各尽所能、按劳分配的原则,照顾到左邻右舍,奖励项目不宜多,奖金额不宜过高,特别是利润高、留成多的企业更要从严掌握。企业基金主要用于挖潜、革新、改造,其次用于集体福利,只用很少部分作为奖金,其比例一定要经过职工代表大会讨论决定,并报主管部门备案。要把物质鼓励同思想政治工作结合起来,提倡共产主义劳动态度,鼓励职工为"四化"多作贡献。

上面讲的政策问题,是经省委讨论过的,可以照这样办了。会议后,省级各主管部门要订出具体办法,下达所属单位贯彻执行。

(三)关于地、县农业书记会议的主要精神

省委地、县委农业书记会议,主要是交流贯彻省委〔1979〕100号文件的经验,研究如何把农村经济搞活,把1980年农业搞上去。主要精神有以下几点:

1. 肯定了前段贯彻100号文件的成绩,分析了存在的问题,强调要继续认真落实。省委100号文件是贯彻执行中央两个农业文件,在农村政策方面提出的具体意见。这个文件大得人心,凡是贯彻落实得比较好的地方,政策的威力就明显地显示出来。总的来说,全省贯彻100号文件的情况是好的,多数地区领导的指导思想明确,抓得比较认真。但是,也有少数地方抓得不紧,领导不那么得力。有些领导同志还有一些思想认识问题没有解决,心有余悸,犹豫观望。如有的怕犯"右倾倒退"错误,有的担心会出现两极分化,还有的只强调大集体,不重视小自由,或者怕小自由。少数地方在试行中曾出现有的队把田土包产到户、有的队作业组形成一级核算,有个别队主要劳力都出去做生意等等。省委指出,少数地方出现这些问题,是难于避免的,重要的是领导要有一个正确的认识和态度。要求各级党委把贯彻100号文件当作一件大事来抓,领导深入群众,做好工作,继续认真落实。如果进一步把100号文件不只是在点上而是在面上真正落实,今年的农业和工副业必将出现一个崭新的局面。

2. 贯彻省委100号文件,省委强调当前着重要抓进一步解放思想,提高认识。少数同志对100号文件中某些措施思想不通或有不同看法,应当允许他们有一个认识和实践的过程。思想问题,绝不能用强制和批评斗争的办法去解决,而只能用说服教育、引导和实践的办法去解决。要坚持实践是检验真理的唯一标准,不断总结群众实践的经验,提高干部的思想认识。在具体贯彻中,省委强调要继续抓好生产责任制、生产队自主权、帮助后进队、穷队改变面貌和社员自留地、家庭副业等主要问题。在春耕大忙到来前,要集中力量,把一些急需解决的问题抓紧搞好。

生产责任制,实践证明,联系产量的责任制,比其他责任具有更多的优越性,提倡积极推广,已搞的要不断总结经验,巩固提高。当然,其他各种形式的责任制,也要抓好。实行联系产量责任制,对大田生产只能包产到组,不能往下滑;对经济作物推行"四扩",可包产到组、到户、到人。省委强调,除中央和省委规定的某些特殊情况外,大田生产不主张包产到户,也不要搞包产到户。对于搞了田土包产到户的,应当说服教育,加以引导,不要硬纠,也不要批斗干部,实在不行,还可以看一段在下季或一年通过做工作再纠正过来。对个别生产作业组形成一级核算的,也本着上述精神加以解决。对大田作业组内部必须加强定额管理,搞好计工记分,克服平均主义。对公社、大队、生产队干部要实行经济奖惩责任制。

尊重生产队自主权,是把农村经济搞活的关键,强调各级领导要重视这个问题,亲自搞点,努力实践,逐步摸索出一套办法来。帮助后进队、穷队迅速改变面貌,实践证明,省委100号文件中提出解决的措施是切实有效的,要求各地认真总结经验,切实抓好对社员自留地和家庭副业,要加强领导,帮助和鼓励社员经营好,并注意调查研究这方面的经验和问题。其他如制定规划等,也要求抓好。

3. 进一步贯彻"八字"方针,搞好农业结构的调整。省委100号文件,重点是解决生产队怎么搞富的问题,这是很重要的,但光有这个不够,要考虑整个四川农业怎么搞,路子怎么走。省委提出,抓三改,搞好农业经济结构和农村组织结构的改等。三改,即改变单一经营,实行农、林、牧、副、渔全面发展;改变农业只提供原料,搞农工商综合经营;改变农业小而全的自给经济,逐步向专业化、社会化方向发展。一年来,农业内部经过调整,虽然开始有了变化,但要从根本上解决还需要作艰巨工作。在三年调整期间,必须集中精力抓好农业内部结构调整。调整的要求,必须正确地、完整地贯彻"以粮为纲,全面发展,因地制宜,适当集中"的方针,在确保粮食稳步增长的同时,使各项经济作物产量更快地增加。在近期内粮食增长率,要求以3%或更多一点的速度来发展。对农业经济中的薄弱环节林业生产要有一个大发展,畜牧业和渔业要有一个显著增长。省委强调在调整中要抓好以下几个问题:

(1) 在进行自然资源的初步调查基础上,搞好粗线条的农业区划和规划。强调调整作物布局,这是很大的潜力,农业要把这件事作一个重大政策来抓。

(2) 要把当前利益和长远利益结合起来。在调整中,既要抓当前见效快的项目,又要抓能为今后增加收入的建设;既注意挖掘现有资源,又要积极开展新的资源。

(3) 积极搞好农工商综合经营的试点。省委要求,1980年要把它提到日程上来,做出成效。已试办的联合企业,要巩固提高,新办要报经省里批准后才办。省委提倡目前大量的是搞各种形式、各个方面的联办。我市除已办的市农垦联合企业外,新批准办两个,一是巴县的柑桔,二是大洪湖渔场。我们要很快做出规划,积极办好。

(4) 抓生产专业化、社会化的试点工作。

4. 要把今年农业搞好,力争今年粮食和多种经营都有一个大幅度增长。省委强调,农业是基础,吃饭是基本条件,对粮食生产仍然要抓得很紧很紧。这些年粮食增长虽然较大,但并不过关,人平占有粮食水平低,抗灾能力差,如遇比较大的灾害,势必粮食又紧张,因此,丝毫不能放松粮食生产。过去只抓粮食,单打一,粮食和多种经营搞不上去,相反,如果只抓多经,忽视粮食,多经也发展不起来。粮食生产,强调猛攻水稻,今年蓄水好,早、中稻面积要扩大,单产要提高,力争水稻有一个突破。同时,对旱粮也不能忽视,包谷、红苕潜力都很大,也必须抓好。在保证粮食生产的同时,大搞多种经营,增加收入。当前,要抓好以备耕为中心的农业基本建设,凡是计划搞工程,上足劳力,抓紧施工。特别要注意加强小春的田间管理,力争今年小春粮食产量不低于去年。

(四) 关于财贸书记会议的主要精神

省委财贸书记会议研究了财贸1980年的调整和实现粮食、财政、商品的平衡问题。今年财贸战线的主要任务是:认真搞好财贸部门的调整、改革,深入开展增产节约运动,发展经济,保障供给,努力实现"三个平衡""一个提高",即实现全省商品购买力与商品可供量的平衡,粮食收支平衡,财政收支平衡,提高企业经营管理水平。

第一,积极做好今年财贸的改革。有以下九点:

一是财政体制改革,前面已经讲了;二是银行的改革,扩大银行的自主权,实行中短期设备贷款。中短期贷款全省有三笔指标:支持轻纺工业贷款7982万元,县办水电贷款3000万元,总行另分配1亿元。这些贷款由银行负责,其他部门不得干预。三是农业银行扩大贷款范围。只要保证贷款用于发展生产,有经济效果和"有借有还,按期归还",不论农业和副业,穷队和富队,集体和社员都可以贷款支持。过去不能贷款的场镇集体商业,服务业、运输业、小商小贩、小手工业者等都可以贷款。四是外贸体制改革。在"统一计划,统一政策,统一对外"的原则下,外贸部负责经营大宗的、重要的和国际市场竞争激烈的进出口商品,政府间贸易的统一谈判和成交。其他商品都下放给省、市、自治区进出口公司统一对外谈判成交,不再逐级下放。今年分批开放长江8个港口,2月份开放南京、张家港、南通3个港口;4月份开放芜湖、九江、武汉、城陵矶、重庆5个港口。五是商业体制改革主要是扩大基层企业自主权试点,全省由去年试点的40个扩大到150个,分配重庆市16个试点单位。主要在大型商业零售企业和商办工业中试点,第二种是实行"独立核算,自负盈亏、交所得税"的企业试点,全省100个试点单位,分配重庆市14个,主要在百货、针纺、五金、糖酒等几个行业试点。商业设施的建设是3年调整的重点,全省现有冷藏库76000多吨其中:重庆市19700吨,极不适应。力争3年内全省增加到15万吨。重庆市今年完成肉联厂9000吨,巴县500吨,江北县500吨,今年底达到3万吨,肉联厂再建个9000吨。牛羊肉库、蛋库、水果库、蔬菜库以及部分肉库的安装、扩建、配套要抓紧进行。通用仓库和商业网点等商业设施的建设投资要求今年不低于去年。商业设施的资金来源,主要是各级财政投资,银行贷款,企业留成基金,商业供销社的仓库实行储存商品收租,作为修建、改造仓库的基金,以及食品公司盈亏金额分成的资金。六是商品计划管理体制调整。地方工业品分两类,第一类,省以上计划管理的商品由138种减为39种,凡属关系国计民生的,一地生产多地销售,市场紧缺的大宗重要商品,如纱布、石油、煤炭、尿素、农药、自行车等列入计划管理,由中央和省统一下计划收购。工业超产部分除纱布、石油、尿素外,工业可以自销,商业可以协商收购。第二类选购商品,除计划商品以外的所有商品,实行商业选购,工业自销。农副产品分为三类:一类产品,包括粮食、棉花、食用植物油料、油脂,实行统购统销。生产队完成任务后(包括合同部分),多余产品可以自行处理。二类产品,由现行的25个减为22个。原来三类按二类管理的16个,不再按二类管理。二类产品收购任务下到生产队,可以一年一定,也可以一定三年,但每年要有递增幅度。由收购单位与生产队签订合同。完成任务后的产品可以上市,也可以卖给收购单位。收购单位超过任务的产品,实行议购,可以低于或高于牌价收购,也可以按牌价收购。有奖售的按牌价收购的继续实行奖售,按议价收购的不予奖售。三类产品,除一二类以外都是三类产品,一律实行议购议销。七是粮油议购议销业务,将现在的由省经营,统负盈亏,改为由县粮食部门经营。议购的粮油10%归市、地使用,20%归省调剂使用。实现的利润,40%归县粮食部门,30%归县财政(不列入预算),10%归市、地粮食部门,20%归省粮食部门,省、市(地)分得利润的一半交同级财政。八是供销社收购农副产品,将现在由县经营,基层社代购,逐步改为除一部分继续实行代购外,均改为基层社经营。外贸出口的农副产品,将基层社代购逐步改为购销关系,集中产区,也可以外贸直接收购。九是疏通商品流通渠道。在经济合理,不违背商品管理规定的原则下,商业零售部门和三级批发部门在积极经营省内产品的前提下,可以向省内外批发站和工厂直接进货,也可以向省内外推销商品。国营商业除经营批发零售业务外,还可以采取以下经营方式:(1)设立工业品批发交易市场;(2)设立三类农副产品批发交易市场;(3)建立货栈;(4)召开物资交流会;(5)试办与生产队联营;(6)搞修配服务。

第二,搞好今年的三个平衡。

1. 坚持粮油统购统销,争取实现国家粮食收支平衡。

1979年这个粮食年度全省可以入库87亿斤(包括加价65%的议购转超购由省财政补贴差价的4亿斤)。粮食销售预计88亿斤,比上年多销5.5亿斤,加上财政供应和专项用粮,全年实际支出90亿斤,收支倒差要挖库存3亿斤。

1980年征超购任务仍按79.7亿斤稳定不变。支出可能要93亿~95亿斤,这就是说1980年粮食年度安排下来,倒差缺口可能有13亿~15亿斤。弥补差额仍然按照去年的办法,在一些生产好,留粮高的社队,用加价不超过65%的办法,协商收购一部分粮食转作超购。粮食的支出还要严格控制,不要新开用粮的口子;要继续整顿销售,尽量减少开支,缩小收支缺口,力争做到收支平衡,不要再挖库存。

今年小春粮食征购任务,省里仍按去年的23亿斤安排,各地的任务数,也按去年的数字,不作变动。生产队在完成小春征购任务以后,还有多余的粮食,愿卖超购的卖超购,愿卖议购的卖议购。市场上粮价低于加价65%的,粮食部门要积极收购。

按照中央的有关规定,从我省的粮食状况考虑,属于国家计划内的粮食、食油(包括征、起购和加价65%议购以后转作超购的粮食)和地县机动粮,绝对不准许拿去搞议销。

还有一个粮食品种问题,现在大豆、大糯米很紧张,打算采取措施解决。拟把大糯米的折率由1∶1.2,提高到1∶1.5;黄豆,听说中央要提价,在未提价前,省里拟用1.2斤大米向产区换1斤黄豆,每斤奖售尿素1斤;红粮可以加价收购。对这些品种,请各地从生产上予以安排,大城市在郊区搞生产基地,提高自给水平。

2. 努力增收节支,争取财政平衡。

今年中央对我省实行财政包干的办法。具体包干方是,除固定收入外,工商税省分成72%,交中央28%,这样1980年交中央6亿元。

今年中央分配省财政收入任务36.25亿元,实现有困难。经省委研究决定今年收入为34.28亿元,维持上年水平。支出29.76亿元,比上年执行数减少18.6%。为了分担中央财政的困难,包干任务必须坚决完成。要求深入开展增产节约运动,帮助企业开展挖潜、革新、改造,增加生产,降低成本,扭亏增盈,增加财政收入;财政收入指标要层层落实,保证实现;要严格控制开支,重大经济措施,如调价、工资、扩大自主权等要守住口子,不能突破。要防止任意减收增支;建设银行要加强基拨款,提高投资效果,积极试办投资贷款。今年财政收支盘子已经确定,各市,地要保证实现,争取全省财政收支平衡,略有节余。

3. 扩大商业购销,安排好城乡市场,争取商品可供量与购买力的平衡。

今年全省购买力增加,商品可供量与购买力还有较大差额。为争取平衡,在工农业生产发展增加商品的同时,要坚决执行省内商品的调拨计划。不论是走出去推销商品,还是请进来开物资交流会,一定要安排好本地、本省的市场供应以后多余的,才能拿出省去。计划调拨的商品更要保证执行计划的前提下,拿出去交流。如果本省生产的农产品不能优先供应本省城市,工业品不能优先供应省内农村,不仅影响城乡、工农之间的正常关系,人民群众也是不满的。这不是一件小事,务请注意。

二类农副产品派购工作要搞好,很重要一条是大力推广合同制。我市长寿县实行合同的材料已印发全省,会议号召推广长寿县的经验。要通过合同和思想政治工作,保证农副产品收购计划的完成。要通过各种渠道和多种形式,以销促购,以购促产,为三类农副产品打开销路。

要抓好地方工业品的收购,促进轻纺工业的发展。要搞好计划商品的收购,计划商品的超产部分和非计划商品也要积极签订收购合同,按合同生产的要收购好。关于工业自销问题,省委指示属于生活资料的紧缺工业品,订计划时,可以适当留一部分给企业自销;超产部分工业自销,商业可以协商收购。企业自销和商业零售实行同质同价。要大力组织工业品下乡,优先满足农村的需要。

商办工业产值大,产品适销对路。要大力扶持商办工业的发展,把生产搞上去。原辅材料要做好安排。要降低原辅材料消耗,提高产品质量,创造名牌产品,满足市场需要。

会议期中,还讨论了加强党和政府对财贸工作的领导、监督,以及当前的一些认识问题;集体商业的若干政策规定和退休办法,加强财贸中专学校领导,提高专业质量等问题。

三、坚持和改善党的领导

邓副主席在关于目前的形势和任务的报告中,强调了坚持党的领导,改善党的领导的问题。省委领导同志在讲话中也多次指出要进一步加强党对经济工作的领导。

  我们坚持四项基本原则，核心就是坚持党的领导。几十年来革命和建设的实践证明，没有党的领导，就没有一切，同样，在当前新的历史条件下，如果不坚持党的领导，四个现代化就不可能实现。要办好社会主义企业，坚持社会主义方向，党的领导是根本保证。应当看到，现在我们企业中党的领导状况同所担负的任务是不相适应的。因此，摆在我们面前的一个重要任务，就是在企业中既要坚持党的领导，又要改善党的领导。

  我们要首先肯定，党的三中全会制定的政治路线和各项方针政策，随着时间的推移，已愈来愈得到人们的认识和理解，为绝大多数人所拥护，并已在实际工作中，在各条战线上发生了和正在发生着深远的影响。但是，应当看到，一部分干部和群众，对党的领导、对"四化"建设、对党中央所采取的一系列重大政策措施，对国家的前途等，还存在不同的看法和一些不正确的认识，我们要抓紧教育，积极引导。对于极少数破坏"四化"建设，危害社会治安的敌对分子、坏人坏事，要坚决打击，不能手软。这些不安定团结的因素如不加以清除，发展下去，将会严重影响我们"四化"的进程。因此，我们一定要坚持党的领导，加强思想政治工作，严肃党纪国法。要以邓副主席讲话为动力，统一思想，提高认识，增强信心，振奋精神，鼓起干劲，努力发展安定团结的政治局面，促进增产节约，把各方面工作推向前进。

  〈……〉。我认为，在企业里，要从三个方面把关系搞清楚，把任务、权限搞清楚，一是工厂要有一个经常性的权力机构，决定重大问题，如企业经营的大政方针，利润分配，职工生活福利等。二是整个工厂的生产、行政管理作用要充分发挥，在既定的方针政策下，放手让厂子去执行，出了问题你可以罢免他，但你不要经常去干预他。三是党委决定了重大问题后，日常工作要转到抓思想政治工作和保证监督上面。刘西尧同志在总结讲话时也指出，在加强党的领导，加强思想政治工作的同时，确有一个改善党的领导的问题。企业党组织目前在如何领导的问题上，主要是党委包揽事务过多，对生产行政干预过多。这是当前改善企业党的领导的重点，否则党委领导下的厂长负责制或厂长分工负责制中的负责制要落空，同时也削弱了党委抓大事，抓思想政治工作。

  根据我们多年来的经验，企业里党的领导体制还是以实行党委领导下的厂长负责制为好。企业党委除了对企业重大问题讨论决定外，要把工作重点放在思想政治工作和民主管理上面，对生产行政工作起保证监督作用，放手让厂长去行使生产行政工作的指挥、调度的职权。企业党组织主要是实行政治领导，要坚定不移地贯彻党的政治路线，努力发展安定团结的政治局面，大力发扬艰苦创业的革命精神，建设一支坚持走社会主义道路的有专业知识和能力的干部队伍和职工队伍。党委的任务，大体有以下几个方面：(1)贯彻党的路线、方针、政策；(2)讨论决定生产建设中的重大问题；(3)做好思想政治工作；(4)加强领导班子建设和党的建设；(5)搞好民主管理，使广大职工真正享有当家作主的权利；(6)充分发挥工会、共青团、妇女和民兵等组织的作用，做好群众工作。车间党组织就是管政策、思想，对生产起保证监督作用。厂长在党委领导下，对生产经营和行政工作负全部责任，独立行使统一指挥的职权，厂长既要对党委负责又要对职工代表大会负责。党委书记要支持厂长的工作，不要干预生产行政事务；厂长要大胆负责，不要把日常工作推给党委书记去处理。刘西尧同志说，如何改善企业党的领导，对我们来说，还要一个新的课题，要在实践中去摸索经验。各地区可选择一两个企业进行试点，看看试行中有什么问题，在总结经验的基础上，再逐步推开。

  民主管理是坚持社会主义方向的一个大问题。企业党组织要切实抓好民主管理，真正保障职工当家作主的民主权利，充分调动广大职工办好社会主义企业的积极性。要普遍实行党委领导下的职工代表大会(或职工大会)制。职工代表大会是企业的权力机构，目前，它行使下列权力：(1)讨论通过企业经营管理的方针政策、长远的生产发展规划和年度计划;(2)审查批准企业的预、决算和决定各项基金使用比例;(3)监督企业执行国家的有关法律和企业的经济制度;(4)监督领导干部,对不称职的领导干部和管理人员提出罢免的建议;(5)决定开除留用违法乱纪、屡教不改的个别职工。〈……〉,扩大企业自主权的实质是什么?就是要体现工人作主人翁,扩权后,企业必须要有一个常设的权力机构,决定了问题,厂长要执行的。这个常设的权力机构,工会要参加,厂长、党委书记要参加,技术方面要参加,总之,需要有一个包括各方面的人参加的权力机构。在职工代表大会基础上,试行建立民主管理委员会,使之成为一个经常性的权力机构,是一个办法。这个民主管理委员会,其性质不同于工厂管理委员会,工厂管理委员会是以厂长为首的生产行政工作的执行机构,而不是企业的权力机构,民主管理委员会是在党委领导下,职工代表大会基础上建立起来的,即是一个权力机构,又是一个监督机构,它的主要任务是体现工人当家作主的权力。这是一个设想,要选择一两个企业进行试点,取得经验后逐步推开。也可以选择一两个企业进行在职工代表大会以后,由工会作为职工代表大会的常设机构的试点,这些都带有探索性质,要通过试点来总结经验。

加强民主管理的一个重要内容,就是搞好民主选举车间主任、工段长和班组长。这项工作,去年经过试点,已经取得初步经验,要加快步伐,争取一、二年内基本选完。〈……〉,总的讲,选举的根本问题是不放手,不相信群众,总是以我们需要的角度选人,这样涌现不了人才。当然也不能草率从事,要真正通过选举,把有才能的选到领导岗位上来,经过选举有百分之二三十的面变动是正常的。因为有的年老体弱,有的在新情况下工作能力不行。当然也不是说变动越多越好。对我们基层领导班子怎么估计?总的是好的,但有些确实不适应。应当看到,我们的干部队伍适当更新是需要的,正常的。为什么邓副主席老说,我们现在这个制度埋没人才?一人也没有落选的,或者落选很少,说明我们没有把人才选出来。我们过去的制度,没本事的也可以干下去,而有本事的人也干不好。刘西尧同志说,对于民主选举基层干部,态度要积极,工作要做细,不能搞形式主义。通过选举,要把那些真正有才能的人选拔到领导岗位上来,充分发挥他们的作用。落选的人员,原是正式任命的锐产干部,可以安排担任相当原职务的工作,也可以当一般干部或工人;初选上来今后又落选的,一般回原工作岗位。

工人当家作主与集中指挥又是一对关系,不能把民主解释为无政府主义。在企业中,职工代表大会把生产上的重大问题决定以后,厂长经理就有权集中指挥,工人还得服从指挥,不能说,民主管理就不听从指挥。

要加强领导班子的整顿和建设。现在,我们还有相当一部分企业的领导班子要继续解决适应"四化"建设的问题。班子建设的重点是培养和选拔又红又专的接班人,特别是要把那些符合条件而又年富力强的中、青干部提拔到领导岗位上来,要注意提高技术业务干部在领导班子中的比重。对于那些问题较多的领导班子,要下决心整顿、调整。要加强对干部的培训,现在省经委和各局、各地区都办了企业管理训练班,要继续办好。

要搞好党风建设,恢复和发扬党的优良传统,坚持实事求是、密切联系群众、批评与自我批评的作风。当前,特别要注意发扬艰苦奋斗的革命精神,认真解决部分党员领导干部的特殊化问题。各级党组织要对党员的加强革命传统和共产主义道德品质的教育,要围绕四化进行共产主义理想和前途的教育。充分发挥党员在各个岗位上的模范带头作用。党员要带头学习技术业务和管理知识,带头搞好生产和工作,带头搞好团结,带头遵守法纪。总之,要带头为"四化"多作贡献。只要党员的作用发挥得好。我们党的战斗力就会大大加强,党的威信就会进一步提高,党的领导作用就能充分体现。各级领导干部一定要进一步改进领导作风和领导方法,深入基层,加强调查研究,注意新情况,解决新问题,总结新经验,坚持按经济规律办事,促进经济管理体制的改革,使增产节约取得更好的经济效果。

上面讲的三个部分,就是省里几个会议的主要精神。几个会议都印发了文件,这次会议已印发给大家,望认真组织学习,认真贯彻执行。

于汉卿同志在市委工业工作会议结束时的讲话(摘要)

(1980年7月31日)

同志们:

这次市委工业交通、国防工业、基本建设工作会议,从7月26日开始,开了5天半。长河同志传达了省委工作会议精神,大家通过学习文件,小组讨论,大会发言,总结了把经济搞活的经验,着重讨论了当前经济工作中几个主要问题,对6个文件提出了修改意见,准备会后加以修改,发给各单位参照执行。总的来讲,会议开得很好。通过这次会议,大家对进一步解放思想,放宽政策,把经济搞活,提高经济效果,认识提高了,办法更多了,决心更大了。现在,根据会议讨论的情况,我讲几个问题:

(一)

在党的十一届三中全会精神的指引下,今年以来,经过全市广大职工的努力,工业生产持续上升,形势很好。今年上半年,全市工业总产值完成34.53亿元,完成年计划68亿元的50.8%,比去年同期增长11.5%。其中,轻纺工业总产值完成14.92亿元,比去年同期增长21%,大大超过了重工业增长5.2%的速度,轻纺工业产值在全市工业总产值中的比重已由去年的40.9%,提高到43.2%。主要产品质量稳定提高。据对100种主要工业产品质量检查,完成质量计划的占97%,比去年同期稳定上升的占86%,其中玻璃器皿等34种产品质量达到了国内先进水平。主要产品的能源消耗和原材料消耗有所下降。据对50种主要产品的50项物资消耗统计,比去年下降的有30项,

占60%。节煤、节电、节油、节约天然气等都取得了一定成绩。能源消耗量的增加开始低于工业生产增长的幅度。市属工业企业的可比产品成本,比去年同期下降1.91%,节约成本费用1963万元。上半年市属工业实现利润比去年同期增长18.56%,上缴利润比去年同期增长16%。全市财政收入,完成年计划50%,比去年同期增长13.4%。交通运输货运量比去年同期增长2.9%,邮政、电信业务收入也有增长。基本建设,重点工程进度加快,质量有所提高。上半年完成基建投资额1.47亿元,占全年基建投资总额的40%,比去年同期增长6.47%。去年结转的轻纺工程,上半年已完工的有10项,今年新上的24项轻纺工程,已开工的有12项。重庆长江大桥,已提前半年在"七一"竣工通车。住宅施工面积62万平方米,已竣工14万平方米,其中市房统建施工面积27.5万平方米,已竣工7.5万平方米。

在上半年的经济工作中,有些好的作法,需要总结推广,继续坚持下去。这些好的作法,归纳起来主要有这样几点:

第一,在国家计划指导下,搞好市场调节。今年有相当部分企业任务严重不足,或者原材料有困难。通过市场调节,采取举办展销会、交易会、"找米下锅"等办法,打开了生产门路、原料门路和产品销路,把生产搞活了。

第二,进一步扩大企业自主权的试点,调动企业和广大职工的积极性。从工交、国防工业、基本建设战线扩权试点的情况来看,效果都比较显著。

钟表公司、印制三厂搞大扩权试点的效果更为显著,这是个方向,应当总结这方面的经验,广泛进行宣传,扩大影响。

第三,实行联合经营和专业化协作,促进了生产发展。实践证明,走联合的道路好处很多,它可以起到扬长避短,发挥各个经济单位的优势的作用,大大加快生产建设的步伐。

第四,实行财政包干,增收分成的作法,有利于调动各方面的积极性。今年以来,冶金局、仪表局、建材局、公用局实行包干的办法效果显著,利润增长的幅度都很大。家具一厂、塑料五厂实行包干的办法,效果也很好。一些亏损企业实行盈亏包干以后,迅速做到了扭亏转盈。

第五,军工企业实行军民结合的方针,发展民品生产,为轻工市场服务,开始迈开了步子。望江机器厂为轻纺工业技术改造服务,积极发展民品生产的经验很好,值得推广。

第六,集体所有制企业实行独立核算、自负盈亏,少提多留,改变了"吃大锅饭"的状况,对调动集体企业的积极性,发展和壮大集体经济,起了很大的作用。

但是,上半年的工作发展不平衡,还存在一些问题和困难。主要表现在:第一,工业生产增长幅度低于全国平均水平。第二,产品老,花色少,质量低,价格高的状况还未根本改变,在市场上缺乏竞争能力。第三,经济效果不显著,劳动生产率低,百元固定资产原值提供的产值和百元产值提供的利润,与先进地区比较,差距很大。我们要在认真总结上半年工作的基础上,采取有力措施,切实解决存在的问题。

今年我们要继续贯彻执行调整国民经济的八字方针,把工作重点放在增产节约、增收节支、加强经营管理、讲求经济效果上,进一步把企业搞活,把经济搞活。当前,所有企业都要做好生产安排,落实好三、四季度的任务,争取做到三季的生产不低于二季度的水平,下半年的生产超过上半年的水平,全面超额完成今年的增产节约计划。要坚持质量第一的方针,下大决心,花大气力,把质量、品种搞上去,努力创一等品、优质品、名牌产品,夺取金牌、银牌,赶超国内外的先进水平。军工企业要进一步搞好军民结合,大力支援轻纺工业的技术改造,大力增产民用产品。交通运输部门要进一步提高服务质量,千方百计组织货源,努力完成运输任务。所有企业都要加强企业的整顿和管理工作,不断提高经营管理水平。要切实做好扭亏增盈工作。今年内要坚决消灭经营性亏损,把政策性亏损降低到最低限度。要继续抓好节约能源和降低原材料消耗工作,合理使用和综合利用能源,提高能源的利用率。

基本建设,要认真贯彻全国和省基建工作会议精神,缩短战线,保证重点,加快建设进度。要抓竣工,促投产,抓配套,促使用。要对基本建设工程和挖改革项目进行一次检查和清理,对那些资金、材料、设备等方面条件具备的要集中力量搞上去。往年结转的工程项目一般都要争取在今年竣工投产,发挥效益。要加快市房和民用住宅的施工进度,争取多完成一些,尽快交付使用。

要认真抓好区县工业、"五小"工业和社队企业的生产。市计委、经委要加强区县工业的领导。今后在企业扩权试点中,要把区县工业考虑进去。对区县"五小"企业可以根据不同情况进行补贴,但同类产品的价格应该统一起来。

(二)

要进一步解放思想,放宽政策,把经济搞活。党的十一届三中全会以来,我市工业战线认真贯彻执行调整国民经济的八字方针,进行扩大企业自主权的试点,实行按劳分配的原则,在国家计划指导下,发挥市场调节作用。在生产、流通、分配领域进行了初步改革,开始把企业搞活了,把经济搞活了。实践证明,经济体制改革的方向是正确的,步子是稳妥的,成绩是很大的。经济开始搞活以后,也出现了一些新情况、新问题。一方面,已经进行的初步改革同尚未改革的整个经济管理体制、现行规章制度发生了矛盾,通过改革解放出来的生产力,同现行的生产关系、上层建筑中的一些规定发生了矛盾。另一方面是在搞活经济过程中,出现的一些不正当的作法,搞邪门歪道。同时,我们经济领导机关还没有相应地搞好统筹、服务、协调、监督工作。我们要进一步解放思想,放宽政策,认真研究解决改革过程中出现的新情况、新问题,凡是能够改革的,就要大胆采取新的改革步骤,暂时不能改革的,也要采取恰当的政策和措施,用变通的办法解决问题。凡是符合社会主义方向,有利于生产发展,有利于国家、集体(企业)、个人三者利益的事情,就要积极支持,不要简单地限制。要防止思想跟不上,习惯于用老经验来看待新问题。要继续肃清"左"的流毒,要从自然经济小生产思想的束缚下解放出来。为了把经济搞活,我们要认真解决好以下几个问题:

一、要在国家计划指导下,进一步发挥市场调节作用。去年以来,全市各工业部门、各厂矿企业,实行计划调节和市场调节相结合,促进了生产的迅速发展和市场的繁荣,弥补了国家计划的不足,使企业的生产同社会需要衔接了起来。市场调节已逐渐渗透到生产、交换、分配,消费各个领域,成为搞活经济的强大力量。但是,市场调节还没有完全搞开,应该恢复的一些经济渠道和经济协作关系还没有完全恢复起来。因此,我们要在国家计划指导下,大力做好市场调节工作。

(1)加强市场调查,搞好市场预测,掌握市场动态和发展趋势。当前,市场活跃,购销两旺。我市今年与去年同期比较,商品收购总值增长17.8%,销售总值增长21.2%,销售大于收购增长幅度。随着国民经济比例关系的调整,劳动就业面的扩大,部分职工调整工资和提高农副产品收购价格,下半年城乡购买力将有较大的增长。据了解,市场主要商品中,目前能保证供应和基本平衡的约占80%,供应偏紧和脱销的约占20%,滞销积压的商品大大减少。从购买力投向趋势来看,消费结构正在发生变化,吃、穿、用商品全面增长,用的、穿的又大于吃的商品增长,特别是高、中档商品和耐用消费品增长很快。这是当前市场的主要特点。我市今年1至5月,用的、穿的商品销售量比去年同期增长22%,吃的商品增长9%。购买力投向的次序,已经明显地从吃、穿、用逐步向用、穿、吃转化。消费者普遍求新、求美,凡是式样新,花色鲜艳,质量又好的商品,几乎不问价格,争相购买。电视机、缝纫机、自行车、手表、电唱机、收音机、录音机、照相机、电风扇、电表、皮鞋、塑料凉鞋、丝绸、呢料、针织品、中长纤维布、针纺织品,建筑五金产品等,都是市场缺销商品。据电子仪表局和交电公司调查预测,我市今年需要电视机4.3万台,收音机14.6万台,电表10万只。值得注意的是,当前外区产品大量涌进我市的市场。我市一商业系统,上半年从外区进货4.19亿元,比去年同期增长46.4%。面对市场竞争激烈的情况、城乡购买力增长的趋势以及社会消费构成的变化,给我们的工业生产提出了许多尖锐的问题和新的需求,我们对此要有充分的认识,在生产的发展方向、速度和品种质量等方面,都要做出相应的规划和安排,不然就会造成更大的被动。

(2)坚持实行生产资料和消费资料多渠道进货和多渠道销售。物资、商业部门要有计划地设立生产资料展销市场和贸易货栈,逐步建立起各种类型的交易中心,为生产企业提供推销产品、采购物资材料的场所。市物资局正在积极筹建物资交易服务大楼。要改行政渠道为经济渠道,按照合理流向,加强物资、商业网点的建设,实行就地、就近供应,方便用户。要坚持一切行之有效的办法,如订货会、展销会、交易会、用户座谈会以及广告宣传等,开辟各种流通渠道,把经济搞活。在国家计划指导下,对多渠道进货和多渠道销售,要实行灵活变通的办法,把经济搞活。工业、物资、商业等部门,在平等互利的原则下,实行"一条龙"的联合经营,提高全行业、全地区的竞争能力。要联合起来,开展竞争,打出去,占领市场。在购销方式上,要灵活多样,根据不同情况,可以赊销产品,分期付款,可以给经销、代销部门扩大回扣或返还一定的利润,可以承接来料加工,可以给供料地区和单位实行利润分成或返还一部分产品,兼顾各方面的利益,把生意做活。关于工业自销问题,仍按市府〔1980〕67号文件执行。

(3)狠抓质量品种,做到物美价廉,适销对路,提高产品竞争能力。面对市场竞争激烈的情况,我们要奋发图强,紧紧跟上形势的发展,把质量、品种搞上去,不能自甘落后被淘汰。在竞争中,质量要以优制胜,价格要以廉制胜,品种要以新制胜。今年以来,我们在提高质量、发展新品种方面,进步比较缓慢,远远落在许多先进城市的后面。但是我们有些同志还没有认识到这个问题,反而盲目自满,满足于产品质量达到了国家标准,满足于产品销得出去。我们要认真纠正和克服这种错误的思想认识,把质量、品种提高到企业生存发展的重要战略位置上来抓,加强全面质量管理工作,务必在尽快的时间内,使我们的质量、品种来一个大发展、大提高。在价格问题上,要坚持薄利多销、灵活经营的原则,实行送货上门,为用户服务。许多事实说明,薄利多销,多销利不薄。为了大力发展新产品,增加花色品种,实现产品升级换代,必须加强产品设计和新产品研究试制力量。轻工、纺织、化工、医药、机械、电子仪表等企业,要有占职工总数3%~5%的技术力量专门从事这方面的工作,做到"吃一看二想着三",要有后备产品,适应市场不断变化的需要。

(4)建立全市的市场情报网。全市各级经济领导机关和公司、企业,从上到下都要建立市场调查研究机构,配备占干部总数5%~10%的力量,专门从事这方面的工作。建立健全市场经济情报的调查、搜集、整理、研究和交换制度,做到信息灵通,情报准确。市里每个季度至少召开一次市场经济情报会议,分析市场动向,总结检查部署工作,交流经验,搞好工商衔接,协调行动。各局、公司、企业领导和有关人员除每月对本市市场进行一次调查外,还应派人出去进行市场调查。最近,市里要统一组织几个组分赴省内专县和西南、西北等省区学习先进经验,进行市场调查,宣传和推销产品,组织原材料,搞联合经营,建立经济协作关系。同时,市里决定在上海、北京、广州、福建等省市派驻联络组,加强国内外市场调查,扩大外贸出口,使我市对外贸易有一个较大的发展。

二、要继续搞好扩大企业自主权试点,积极进行经济体制改革工作。

一年多来,我市工业企业扩权试点工作,已经由点到面逐步开展起来了。按省委"十二条""十四条"试点的企业有127个;按省委"二十条"实行国家征税、自负盈亏的试点企业有2个;市里确定实行上缴利润包干的有4个局和二轻局的2个集体所有制企业;对市属亏损企业实行盈亏包干;对5个区县的"五小"工业实行自负盈亏试点。在基建系统,实行了大包干的试点。最近,市里决定在建工局系统实行利润包干,超额利润分成的试点。这些扩权试点办法,扩大了企业自主权,贯彻了国家、集体、个人三兼顾的原则,企业有了自己的经济利益和一定的自我发展的经济条件,初步确立了企业在国民经济体系中相对独立的经济地位,使企业和广大职工的积极性,企业的面貌发生了显著的变化,表现出了前所未有的活力,取得了较好的经济效果。但也应当看到,由于主观和客观因素,今年上半年有20个扩权企业的产值是下降的,有35个企业的利润是下降的。要采取措施,改变这种情况。要集中精力,进一步搞好扩权试点工作,比去年取得更好的经济效果。

(1)所有扩权企业,都要运用自主权,广开门路,广辟财源,把增产节约、增收节支作为中心任务抓紧抓好,全面完成今年计划。只有把生产搞上去了,利润增加了,才能保证今年在去年的基础上,使国家多收、企业多留、个人多得,一年比一年好。

(2)要把工作重点放在整顿加强企业的经营管理上,搞好经济核算,实行民主管理、科学管理,充分挖掘企业潜力。扩大企业权力,就是要把经营管理自主权交给广大职工去行使。所有扩权企业都要把民主管理当作一件大事来抓,要定期召开职工代表大会,企业的生产、经营和分配等重大问题,要由职工代表大会做出决定。要加快民主选举班组长、工段长和车间主任的步伐,大扩权企业要试行民主选举厂长。要建立健全党委领导下的厂长负责制,强化以厂长为首的生产行政指挥系统。加强计划管理、技术管理、财务管理、劳动工资定额管理、物资管理,克服经营管理上的混乱状况,使企业各项工作走上科学管理的轨道。

(3)认真解决企业扩权以后出现的苦乐不均问题。在不影响国家财政收入的前提下,对工商之间、行业之间、企业之间因价格、税率不合理,影响利润分配苦乐不均的问题,采取灵活变通的措施,恰当的处理。办法是:一是实行行业内部价格,如纺织、皮革等;二是试行利润调节税;三是试行一条龙的联合经营,返还一定的产品或利润;四是本着"工大于商"的原则,适当调整工商之间的利润分配。商业利润大,工业利润小或无利的,由商业调整一部分利润给工业;反之,工业利润大,商业利润小或无利的,由工业调整一部分利润给商业。调整工商利润分配问题,由市计委、经委、财办、物委尽快研究,排出品种名单,逐步进行调整。

(4)要把企业自有资金安排使用好。企业自有资金应主要用于扩大再生产和技术改造,其次用于集体福利,修建职工宿舍,逐步解决职工生活的欠账,再其次才是用于奖金,在发展生产的基础上,使职工的收入逐年有所增加。企业自有资金的分配比例和使用安排,一定要通过职工代表大会讨论通过并监督执行。企业自有资金中用于生产的部分,重点应用于技术改造、提高质量、增加品种、节约能源和回收利用"三废"等方面。企业自有资金用于扩大和新增生产能力的项目,要服从上级主管部门的统筹安排,避免重复布点,重复生产。

(5)为了把扩权试点推向前进,要推动企业向国家征税、自负盈亏和专业化生产协作的方向发展。实行独立核算,国家征税,自负盈亏,是经济体制改革的方向。明年,全省要进一步扩大自负盈亏的大扩权试点,我们要积极作好准备工作,解决怕担风险,怕承担经济责任,不敢搞的思想顾虑,同时要积极加强企业管理工作,为大扩权创造条件。经过主管局和企业商量研究,8月份要把大扩权试点企业的名单确定下来报省审批。

(6)为了适应企业扩权的需要,各级经济领导机关要把应该下放的权力下放给企业,使企业能够有真正的自主权。企业扩权以后,有了生产自主权,又搞了市场调节,经济领导机关和主管部门,一定要改变过去那种直接干预企业的生产和经济日常事务,统得过多、管得太死的现象,搞好统筹、服务、协调、监督工作。要从思想上、工作内容上、组织制度上加以改进,采取具体措施落实。比如,搞联合经营问题,专业化协作问题,产品归口管理问题,就应当按照经济合理的原则,统筹安排。再如,某些产品销路好,利润大,大家都一拥而上,重复布点,盲目发展,如不及时统筹安排,就会造成损失。又如,企业扩权后出现的苦乐不均问题,以及工农之间、工商之间、企业之间,经济利益分配不合理和发生的经济纠纷等问题,都需要上级机关及时做好协调工作。在市场调节中,不能光凭企业自己到市场上瞎摸乱碰,经济领导机关应当有组织、有计划地搞市场调节,及时向企业提供市场情报、科技情报,组织物资、技术经验交流,调解经济争端,这些都是协调、服务工作。对于投机倒把,违法乱纪行为;对于画地为牢,互相封锁,以邻为壑;对于不按政策办事,搞邪门歪道等不良倾向和错误做法,就要随时监督,及时制止,严肃处理。关于如何具体作好统筹、服务、协调、监督工作,一轻局、二轻局、化工局都要在下半年拿出具体办法来,做出成绩,取得经验。各局要逐步把产供销等方面的日常业务工作下放给企业和公司,把工作重点真正转到"统筹、服务、协调、监督"八个字的职能上来。现有的行政公司,根据不同情况,要逐步改组成为专业公司或服务性公司。有的可以从为企业组织原材料供应,帮助企业推销产品入手,进行独立经营,使企业集中精力搞好生产,提高质量,增加品种,降低成本;有的以组织联合公司,实行独立经营,分级核算,把不同所有制、不同隶属关系的企业组织起来,进行专业化协作生产,像钟表公司那样;有的公司可以明确地定为服务性公司,为企业提供技术服务、承接来料加工、组织维修配件供应或设备成套供应等。

三、要保护竞争,促进联合,搞好专业化生产。

竞争促进联合,联合可以扬长避短,发挥各自的优势,有助于按照专业化协作的原则改组工业,提高经济效果,增强竞争能力,加快生产建设步伐。当前我们要适应市场商品竞争激烈的新情况,加快联合经营的步伐,通过联合,把各方面力量组织起来,形成新的生产能力。

联合经营的主攻方向是,把联营合办同国民经济调整、按照专业化协作的原则改组工业、建立原材料基地、扩大销售市场、发展轻工拳头产品紧密结合起来。联合的主要形式,一是行业内部各企业之间的联合,二是不同行业之间的联合,三是军工和民用之间的联合,四是不同地区之间的联合,五是城乡不同所有制之间的联合。联合经营的方式可以灵活多样,不搞一种模式,可以采取合资经营、联合经营、"补偿贸易"、来料加工、签订经济合同、定点协作等。

当前,我们要着重抓好以下几种联合:一是抓好加工工业和原材料基地之间的联合经营。如棉、麻、毛、丝等纺织工业,罐头、卷烟等食品工业,皮革工业,造纸工业,肥皂、油漆等油脂加工工业与原材料基地组织联合经营,进一步建立和扩大我市原材料基地。过去工厂和农村已经建立起来的原料基地,不能单方擅自中断。在经济利益分配上,要多考虑原料产地利益,适当返回一部分给原料基地。二是按产品组织加工工业内部的联合。如钟表、缝纫机、电视机、收音机、电风扇、洗衣机、空调器、冷冻机、电冰箱、水轮机、发电机、汽车、摩托车、包装装潢等产品,实行专业化协作生产,改变小而全,重复生产,批量小,质量低,成本高,没有生命力的落后状况。目前我市生产电扇的有15家,如能组织起来联合经营,就能形成专业化、大批量生产,保证做到质量好、成本低、品种多,就可以更好地与上海华生牌电扇开展竞争。三是抓好军工和民用的联合,充分利用军工设备好、技术强的优势,帮助改造地方工业,联合起来加快轻纺工业发展的步伐。四是抓好工业同商业、外贸、物资、科研设计单位、大专院校之间的联合。联合经营必须坚持自愿、互利、平等、协商的原则,不改变联合各方的所有制、隶属关系和财务关系。

为了加快联合经营的步伐,各级党委和政府都要加强领导,做好思想工作和组织工作。财政、税务、银行等经济管理部门,要为联合经营开绿灯,积极研究制定促进联合经营的政策和措施、加快联合经营的办法。

四、要运用经济杠杆,对经济活动进行引导,放宽政策,把经济搞活。

国民经济各部门的职责、分工尽管不同,但根本任务是一致的,都是为了推动生产的发展,把经济搞活。为此,凡是有利于生产发展,有利于国家、集体(企业)、个人三者利益的,都要积极支持,不要简单地限制。在价格问题上,要遵照中央指示,保持物价基本稳定,加强物价管理。对价值和价格严重相背离,造成一些产品价格极不合理的,应在严格控制涨价的原则下,按照物价管理权限,可以采取有升有降的办法,适当进行调整;要实行按质论价、优质优价和一定范围内的浮动价;对用议价材料生产的产品有可以议价销售。

在税收上,要研究制订有利于专业化协作生产、联合经营和发展新产品的税收政策。企业试制的新产品,经主管局和市税务局批准,在一定时间内免税;在专业公司、联合企业内部协作配套的零部件和中间产品实行免税,按最终产品一次上税。在物资调拨上,应按合理的物资流向,实行定点直供,砍掉中间环节,不收手续费,这样,既可加速物资周转,又可减轻企业负担。

在财政体制上,省里决定对成渝两市由"收支挂钩、超收分成"改为"收支挂钩、增长分成"。以去年财政收入实际完成为基数,今年增长部分,55%

交省，45％留市。市财政体制怎么改？准备经过仔细算以后，对各局和各区县也可实行"增长分成"的办法，以调动大家的积极性。

五、要认真搞好挖潜、革新、改造，充分发挥现有企业的作用。

我市是一个老工业城市，老企业多，厂房简陋，设备陈旧，技术改造的任务很重。今年我市工业企业挖、革、改项目，加上历年结转下来的工程，共有369项，全额1.7亿元，工作量是很大的。但目前挖、革、改的进度很不理想，力量分散，管理混乱，不能按期投产。因此，我们要切实加强领导，搞好技改项目排队，集中力量打歼灭战，下半年要完成一批重点工程项目，特别是要把那些投资少、见效快、收益大的轻纺技改项目搞上去，为明年增加新的生产能力。通过挖革改，要采用先进技术装备，提高生产技术水平，增加适销对路、短缺产品的生产能力，提高产品质量，增加花色品种，降低原材料消耗，节约能源，使有限的资金发挥更大的作用。

当前，要划分一下挖革改和基本建设的范围，不要把基本建设同挖革改项目混同起来。如果是基本建设项目，就应当严格按照基本建设程序办事。如果是挖潜、革新、改造项目，也要按照规定的程序办事，在挖革改项目完成以后，要经过主管部门检查验收，才能投入生产。同时，要加强对挖革改项目的管理工作，各部门一定要有专门的班子来抓，及时掌握情况，做到心中有数，经常进行检查督促，及时解决问题，使挖革改项目按期竣工投产，发挥经济效益。对于去年市里重点安排的39个挖革改项目，目前尚未完工的，一定要抓紧施工，到年底除灯泡厂特泡大楼和六棉厂危房改造两个项目外，其余项目应当投入生产。对于今年新上的24个重点项目，也要抓紧施工，按进度完成。有关部门一定要抓紧抓好，不要拖拖沓沓，打消耗战，给国家造成浪费损失。这次会后，市建委、经委还要紧接着召开专门的会议，进行排队，由各系统调整项目，保证重点，优先解决资金、三材缺口和施工力量等问题，确保挖革改项目在今年取得更大的效果。

（三）

今年下半年，生产建设任务很繁重，需要有一个妥善的安排，各级党委和行政，必须紧紧抓住生产建设这个中心任务，其他各项工作都要围绕这个中心来进行，集中主要精力抓好下半年生产，搞好质量月活动和节能月活动，千方百计完成今年增产节约、增收节支任务。

当前，正值高温季节，各厂矿企业要抓好防暑降温、劳动保护和安全生产工作，关心群众的生活。

要切实改进领导作风。主要领导同志要带领机关干部，深入基层，调查研究，帮助企业解决扩权试点中遇到的新情况、新问题和生产建设中的具体困难和问题。

下半年，要根据全国、全省长期规划会议精神，结合我市的实际情况，研究制订出一个比较好的、稳定的长期规划，来指导经济建设，使我市的国民经济发展得更快一些。各区县、各局、各公司、各企业都要研究制订出本区县、本系统、本企业的长期规划。

要加强党的思想建设和组织建设，改善党的领导，加强党的领导。各级领导干部要带头学习和执行《准则》，抓好党员的教育训练，把党风党纪搞好，有一个好的党风才能带出一个好的民风。要进一步巩固发展安定团结的大好形势，消除不安定团结的因素。对揭批"四人帮"斗争中受审查人员，要抓紧进行定性处理。对那些有错不认错，有罪不服罪，甚至无理取闹的，要严肃进行批评，决不能迁就。要加强对青少年的教育，整顿社会治安，建立一个良好的社会秩序、生产秩序、工作秩序，把"四化"建设不断推向前进。

于汉卿同志在全市基本建设工作会议上的讲话

（1980年8月8日）

市政府召开的全市基本建设工作会议，传达、学习了中共中央〔1980〕72号文件和党中央、国务院领导同志对基本建设工作的重要指示，特别是小平同志、耀邦同志的重要讲话，对于我们搞好今后的基本建设工作是个极大的鼓舞和鞭策。会议期间，同志们各抒己见，畅所欲言，对基建战线进一步贯彻调整的方针进行了认真讨论，对城市建设提出了许多很好的意见和建议。总的来说，这次会议开得是好的。会上，秀峰同志代表市政府作了去年以来基本建设工作总结和今后工作安排的报告，市建委、经委、统建办公室、规划局、环保局的负责同志都在大会上发了言，希望大家回去就照这些讲话的精神办。下面，我就几个主要问题讲一些意见。

一、基本建设一定要贯彻量力而行的指导方针

基本建设必须量力而行，这是党中央提出的一个重要方针。30年来，我国基本建设发生了两次大的起落，损失浪费惊人，都是由于积累率过高，基本建设规模过大造成的，根本原因是没有量力而行。全国如此，重庆也不例外。我市从1950年到1979年底，新增固定资产占投资的比例为72.9%。"一五"时期，由于比较谨慎，投资效果发挥得好，比例为84%。而1959年至1976年，由于搞"大跃进"、高指标，后来又是十年浩劫，新增固定资产占投资的比例下降到63.3%。特别是十年浩劫时期，投资效果发挥得更差。有的建设项目，如长风化工厂、洛碛化工厂、东风化工厂、有机化工厂、缝纫机厂、东方红化工厂等，投资少的400多万元，多的不过2500万元左右，而建设周期都在十年以上，至今尚未全部建成扫尾。东方红化工厂，花了800多万元，用了近十年时间搞了一个产品，其中有200多万元投资被当着"基建饭"吃掉了。造成这些问题的主要原因，是只讲需要，不考虑可能，脱离实际，操之过急。30年来，国家在重庆地区的总投资额达80亿元，而形成固定资产只有58亿元，在已形成的固定资产中，也有相当一部分没有发挥作用。据重钢的同志讲，他们公司有上亿元投资没有发挥效果，如太和铁矿、麻柳滩铁矿、珙县粘土矿，还有137高炉。这些工程，投资多的几千万元，少的几百万元，但上上下下，浪费很大。重钢从建设以来就一直是个"倒宝塔"，轧钢大于炼钢，炼钢大于炼铁，矿山不足，长期搞无米之炊。137高炉是前几年市里定的，当时只是说需要铁，投资只要300万，结果花了800多万。本来大高炉就吃不饱，137高炉建起后只好停在那里饿肚皮。

现在的问题，是我们对这些惨痛教训没有认真总结和吸取，在如何确定基本建设规模和怎样有效地扩大再生产的问题上，仍然存在着不少模糊的观念。有的同志以为基本建设投资越多，盖的新工厂越多，经济发展速度就越快。于是盲目争投资，争项目，年年搞基建，却不管它建起来以后的效果如何。有的同志总是把基本建设和建设新工厂等同起来，认为不建新工厂就不能扩大再生产，不懂得充分利用现有企业，搞挖潜、革新、改造，是增加生产的积极有效途径。结果拼命建新的，而原有的机器设备未能充分发挥作用。还有的同志，不从全局出发，只强调本部门、本单位的需要，说什么"他是长线该压缩，我是短线该发展"，"他那里要量力而行，我这里要照顾需要"。这些思想认识问题如不解决，量力而行的指导方针就不可能落到实处。

实行量力而行的方针，要从实际情况出发，有多大的力，办多大的事。既不能用降低人民生活水平、削弱简单再生产的方法，也不容许在财力物力

上留有缺口。不仅要考虑局部的需要和可能，而且要考虑全局的需要和可能。要从财力、物力和建成后的能源、原材料、运输条件、产品销路等方面，实行统一规划和综合平衡。这些年来，由于我们没有老老实实地量力而行，上项目不从实际情况出发，忽视了能够提供的财力、物力的实际可能性；订计划时，往往在资金、材料、设备上留有缺口。有不少项目几上几下，几经转折，有的成了"八年抗战""十年抗战"的长尾巴、长胡子工程，给经济建设造成了很大的损失。这些年，基建战线老是缩短不了，有的还愈拉愈长，使国民经济比例失调的状况不能改变过来，不能说和这个问题没有直接关系。这次会上，大家都在讨论我市的基建战线到底长不长？规模到底大不大？有个标准没有？我认为，基建规模的大小，应该和整个经济建设比例相适应，和可能提供的物力、财力相适应。如果不相适应，规模就大了，战线就长了。据不完全统计，重庆地区今年已安排的建设项目达1000多个，年度投资计划5亿多元，超过了去年实际完成的水平。目前，项目计划还在陆续下达。并且，项目资金渠道多，大量的更改资金、技术措施项目和用其他渠道资金进行的基本建设都没有纳入基本建设计划，有的同志讲这叫"看不见的战线"，我说"看不见"还是看得见的。现在国家的方针已经定了，我们搞"四化"建设，要充分利用现有基地、现有基础，主要靠挖、革、改，改造老企业。但是，现在有不少单位用挖、革、改的名义，戴挖、革、改的帽子，到处拉资金，搞基本建设，有好多项目没有纳入计划。这就出现了基本建设的实际规模超过了计划规模。有不少项目的资金、材料、设备都不同程度存在着缺口，又一时难以解决，势必影响这批项目按期建成投产。这些情况说明，我市基建战线规模并不小，战线并不短。可是，有的同志还认为战线并不长，规模也不大，因而感到在建项目没有什么清理头，都是急需的、应该搞的，再压也压不出什么"油水"。有的项目经过清理，虽然名义上压掉了，但有的是钱用光了，再没有钱给了，这对缩短基建战线能起多大作用？有些项目，前头压，后头还在继续干，干完了，说是项目压掉了。有的项目，虽然过去已明确通知停、缓建，清理后却又改头换面，用技措和贷款等名目继续上马。清理项目时，谁也不承认自己的战线长，而在实际建设过程中，项目存在的问题一大堆，不是资金不够，就是材料短缺；或者土建搞完了，设备迟迟解决不了。如果我们现在还不认识这个问题，下决心缩短基建战线，我们将会吃大亏，造成更大的被动。

〈中略〉

为了贯彻好量力而行的方针，在基本建设工作中，当前必须抓好以下几项工作：

1.继续抓好在建项目的清理，加强基本建设的管理。清理在建项目，就是具体贯彻量力而行的指导思想。根据全国、全省基建会议精神，针对我市的实际情况，当前，要从四个方面来努力：一是巩固清理的成果。去年以来，我市对地方基建项目进行了一次普查，搞了两次清理，还是有成效的。一共停、缓建51个项目，压缩投资3800多万元。挖、革、改项目才开始清理，已停缓并转四项，压缩资金100万元左右。对这些清理的成果要巩固下来。凡是已经确定停、缓建的项目要坚决执行，不能以各种理由明停暗不停，明缓暗不缓，不得以挖、革、改之名搞基本建设。二是这次会后，各部门、各区县、各主管局，都要对所属的在建项目进行一次彻底清理。凡属"六不搞"的项目；打了多年消耗战，不应继续进行建设的项目；当前不急需的或长线的项目；在一个地区、一个部门重复建设的项目；近二、三年内国家没有可能继续安排的项目；以及前期工作没有做好的新开工项目，都要坚决停建或缓建。老项目要检查，新项目也要检查；基建项目要清理，挖、革、改项目也要清理。三是加强基本建设的管理。要切实改变目前管理混乱、无人负责、心中无数的状况。无论是预算内、预算外的基本建设项目，计委、建委都应该统管起来，并通过银行拨款进行监督。计划部门要对基建和技措项目进行必要的综合平衡，统筹安排。技措项目由经委统管抓总。四是严格控制新上项目。从现在起,原则上不再上新的项目,新上项目必须认真审查,经市政府批准。要集中精力把在建项目尽快搞上去,下决心扫掉一批"胡子""尾巴"工程。特别是去年安排的39个轻纺重点项目,到今年底,除灯泡的特泡大楼、六棉厂的改造工程之外,都要力争建成,投入生产。

2. 计划不留缺口,有多少钱,办多少事。不留缺口是计划工作必须遵循的重要原则。这次省委刘西尧同志来重庆,就提到企业的挖、革、改,各方面的自筹资金、自有资金的使用问题,既然承认了项目,就要给材料,纳入计划,不能采取过去那个办法。现在需要大家注意的是,有的借挖、革、改的名义掩盖基本建设。资金渠道多了,都不给足,采取摊份子、搭股子的办法。弄得不好,又会给国家造成损失。今后,我们在制订基本建设和年度生产计划时,对所必需的资金、材料、设备和生活资料等物质条件,都不能留有缺口,要努力做到财政、物资、信贷平衡。当然,在目前比例关系失调的情况下,计划都那么完整了,一点缺口不存在了,完完全全一点问题都没有了,而后再上基本建设项目,也是很难的。问题是要分析,确实有把握解决的问题,我们才能定。当前,我市有些挖、革、改项目的资金、材料都有缺口,资金可采取内部调剂的办法来解决,材料按谁批项目谁负责的原则,按资金渠道申请解决。今后,凡是条件不具备、资金材料有缺口的项目,一律不得开工。

学习收获的大小,不在于会上表个态,更重要的要看行动,看该压项目的压了没有,该停的项目停了没有。上次市政府讨论定了一条,在清理项目中,要保一批;对有些条件不具备的要停一批、缓一批。材料、资金先在本系统调剂,本系统调剂不够,再在全市范围内调剂。

3. 端正基本建设方向,严格基本建设纪律。基本建设要取得最好的经济效果,就要从实际出发,充分发挥地区优势,扬长避短,因地制宜,择优建设,有重点地发展最符合本地情况的经济合理的产业部门和企业。过去,由于我们缺乏统筹安排,重复建设、重复生产的现象是存在的,如办的小化肥、小铁厂等就存在这个问题。今后我们要坚持:凡是现有企业生产能力尚未充分发挥的,不能建设生产同样产品的新厂;凡是市场产品已经积压的,不能再搞新厂生产同类产品;在动力、原料不足的情况下,不能盲目设厂与现有企业争动力、争原料。不能再形成"老厂吃不饱,新厂继续搞;小厂与大厂争原料,技术差的厂挤技术先进的厂"的现象。上次市委工业工作会议专门讨论了联合办厂的问题,规定必须坚持重工靠挖潜,轻工靠联合,保护竞争,促进联合,自愿互利的原则。由于原材料价格偏低,加工利润比较大,还有很多其他原因,目前,大家都搞加工工业,出现了争原料的情况。农村办社队企业,有些地方可以搞点加工。但是,有些地方是不是搞,要根据原材料情况来定。比如过去定的一些轻工业原材料基地,农民得利太少,就想自办加工厂。由于原材料不足,老厂都吃不饱,新厂又办起来,这不是办起新厂停老厂?就是新厂办起来,也吃不饱。为此,市委工业工作会议根据国务院的有关规定专门定了一个原则:计划之内的原料必须保证交货和调拨,超计划的部分,送到老厂加工,老厂把加工的主要利益返还给农村。现在,市里正在组织厂社挂钩,建立原材料基地,本着互利的原则来解决。这些问题,在制定规划的时候,要认真考虑研究。

要严格基本建设纪律,坚持按基建程序办事,维护基本建设各项管理和制度。一切建设项目,包括单位和企业自筹资金的建设项目、贷款项目、技措项目等,都要纳入统一计划,履行规定的审批手续,任何单位和个人不得擅自批项目、上项目。要严格按照基本建设程序办事,所有建设项目都要做好可行性研究和建设前期工作。基本建设资金要由建设银行实行监督拨款或贷款。今后,凡因违反基建程序,不实事求是,造成国家财产重大损失,明知故犯,违反法律,情节严重的人,应该追究法律责任。

二、充分认识建筑工业在国民经济中的地位，发挥建筑业在"四化"建设中的作用

基本建设搞得好不好，直接关系到整个国民经济的发展，人民生活的改善和"四化"建设的速度。小平同志指出，从多数资本主义国家看，建筑工业是国民经济三大支柱之一，这不是没有道理的。应该看到建筑业是可以赚钱的，是可以为国家增加收入、增加积累的一个重要产业部门。在长期规划中，必须把建筑工业放在重要的地位。小平同志的指示，是总结了许多工业发达国家的共同经验，根据我国"四化"建设的要求，针对建筑业的作用没有很好发挥而提出来的。澄清了许多同志长期以来把建筑业看成一个单纯的消费部门和赔钱行业的糊涂观念，明确地指出了建筑业是既能为社会创造物质财富，又能给国家增加积累的重要产业部门，是国民经济的强大支柱。我们市、区各级政府和有关部门，要把建筑业的作用提到新的高度来认识，重视建筑业的发展，及时解决实际问题，使他们能够更好地发挥作用。在制定我市长期规划中，要把中央的指示精神体现出来。同时，建筑业本身也要认识自己的责任重大，坚持高标准、严要求，从政治思想、经营作风、管理水平到技术水平都要大大提高，做名副其实的支柱，为"四化"多作贡献。

粉碎"四人帮"以来，我市建筑业经过整顿、恢复和发展，在质量、进度和经营作风等方面都有很大的提高。但是，我们要看到目前还存在着一些问题。如建筑工业化程度、技术水平不高，施工机械化水平低，劳动手段落后，劳动生产率低，建设周期长，工程质量差等等。有一些企业和单位的问题还很突出，社会信誉不好。总的来说，建筑业的现状不适应"四化"建设的需要。这就要求我们要抓紧国民经济调整时期的大好时机，认真贯彻调整方针，开创建筑业的新局面，以便为将来国民经济的大发展奠定坚实的基础。怎样才能搞好建筑业本身的建设呢？

首先，要有一个从实际出发、方向对头、措施有力的长远发展规划。建筑业要建立自己的计划和统计指标体系，要把产值、产量等，分别纳入国家计划和地方计划；建筑业自身的基本建设和生产维修物资也要纳入计划，有固定的供应渠道；建筑业的人、财、物和产、供、销要纳入综合平衡的内容，企业从事施工生产的物质条件要得到保证。房屋建筑要向商品化发展。首先是住宅，要积极推行由建筑企业包建，按套定价出售的办法；工业建筑和大型公用建筑，按施工图预算包干，一次定价，改革现行的价格体系和结算方式；建筑制品和建筑构件工厂要面向社会，实行商品化生产。建筑企业要向地区化、专业化发展，逐步改变目前施工队伍多头领导、分散经营的状况，多搞灵活的小包制，使企业做到精干机动，适应性强。要大力发展建筑工业化，用现代化大生产的方式建造房屋，广泛采用标准设计，发展建筑制品和构配件的商品生产，研制适用、效能、经济的施工机具，因地制宜地发展工业化建筑体系和成套技术。这些有关建筑业发展的方向性、政策性问题，有关部门和单位要认真研究，并在长期规划中体现出来，逐步付诸实现。

其次，各部门、各区县都要切实抓好建筑业的整顿。当前，整顿的重点是领导班子、经营作风、企业管理和职工教育。整顿领导班子，要按照"三位一体"的原则，着重解决年轻化、内行化、精干化的问题。这个问题，前次市委工业工作会专门作了讨论，庆如同志和我有个讲话，就照那个去办。要切实把队伍的思想作风整顿好，针对存在的问题，深入细致地:做好思想政治工作，大力表彰好人好事，反对各种歪风邪气，特别要抓紧青工教育，耐心做好失足青年的转化工作。要围绕提高经济效果，针对管理上的薄弱环节，大力整顿经营管理，加强基础工作，充实专业管理人员，建立严格的责任制，坚持用经济的办法管理企业，切实解决现场管理乱，安全事故多这个带普遍性的问题，做到安全生产，文明施工。要把培养人才作为建筑业建设的根本大计和战略任务来抓，采取多种形式，培训各级领导干部、技术业务干部和全体工人。职工培训要建立严格的检查和考核制度，并把学习成绩作为提

升、晋级的重要依据。总之，要通过整顿，改善领导状况和经营作风，提高生产水平、技术水平和管理水平，建设起政治思想强、经营作风正、技术业务精、管理水平高的基本建设大军，使建设周期显著缩短，工程质量显著提高，经营作风显著转变，建筑产品经得起社会的考验。工期、质量、施工技术、成本造价等与我们的管理、队伍建设有很大的关系。过去，我们基本建设留有好多尾巴，外头叫竣工，里面的装修和其他工程没搞好，队伍撤走了，留几个人在那里慢慢磨。房子建了一年、两年不能使用，造成很大的浪费，这种状况必须改变。要以住进人为标准，不能以竣工，交付为标准。另外，施工质量问题，有的房子建起来了，漏水，外表看起来怪漂亮，实际不能住。究竟是不重视质量，还是技术水平低造成的？造成的浪费有多大？质量问题，可能是技术问题，也可能是单纯抢进度，是经营作风、经营思想、经营管理问题。还有，房子建好后，电、水上不去，住不进人。这有管理问题，队伍问题，也有各方面的责任问题。设计的问题也不少。〈中略〉。有的设计的梁搭不上去，有的少配了筋，房子盖起来就加固。要加强管理，搞好培训，不然，基本建设就搞不好。

第三，要把建筑业的各个方面按经济办法联合起来，为建筑产品商品化创造条件，真正发挥支柱的作用。建筑业是以建造房屋和构筑物为主要产品的工业部门，一般应包括科研、勘察、设计、施工、房屋经营、构配件加工、制品生产、建筑机械制造等几个方面，而不单纯是施工。为了发展建筑业，就要发展包括上述几个方面在内的行业的综合生产能力。而这种综合生产能力，应以施工为主，联合经营，专业分工，协调发展。为把建筑业当前存在的多头领导、分散经营的状况改变过来，必须根据中央领导同志关于"发挥优势，保护竞争，推动联合"的指示精神，按照经济的办法、互利的原则，实行建筑业的联合经营，以便具备综合生产能力，形成完整的产业部门，掌握施工生产的主动权。

第四，要改变经营方式，变"统"为"包"。今年以来，凡是实行单位之间经济合同、单位内部定包奖的，都收到了明显的效果。改"统"为"包"，能使经济效果、经济责任、经济利益紧密结合起来，使企业成为具有内在经济动力的单位，表现出前所未有的活力；有利于开展竞争，保护先进，鞭策落后；有利于克服"吃大锅饭"，调动企业和职工的积极性。因此，要求全市建筑业要逐步恢复承发包制度，实行包工包料。当前，要普遍推行对外经济合同和内部定包奖，凡是条件成熟的工程，特别是列为重点的63项和计划今年建成投产的33项，只要有可能，就要签订经济合同，实行预算包干，以保证工期和质量。凡是实行合同制的，有关方面就要各负其责，紧密配合，通力合作，确保合同的实现。所有建筑工程，都要积极创造条件，推行合同制。有关部门和单位要为促进建筑业的改革开绿灯、创条件、给支持、作动力。我们一定要不断研究新情况，解决新问题，努力把各项工作做得更好，使投资效果在短期内有个明显的提高。

三、搞好城市建设，把我市建设成为一个现代化的城市

我市是一个有200多万城镇人口的大城市，长期以来，由于"骨头"与"肉"的比例关系严重失调，城市建设和人民生活欠账多，缺口大，问题不少。搞好城市建设，繁荣经济，发展科学技术，改造环境，为人民提供安定方便的条件，把我市建设成为清洁、优美的现代化工业城市，不仅是"四化"建设的需要，而且反映了山城600万人民的根本利益和愿望。我们一定要根据中央书记处对北京市工作方针的四条建议的精神，把我市建设好，使之更好地为"四化"建设服务，为人民生活服务，为外贸、旅游事业服务。

当前，城市建设的重点是，城市住宅、环境卫生和园林绿化。我们要集中力量，突出重点，扎扎实实，做出成绩，实现三年一小变，五年一中变，十至十五年一大变。

第一，要编制出城市总体规划方案。城市规划部门在各单位各部门的积极支持和配合下，为编制

城市总体规划做了大量的工作，现在，要根据中央书记处四条建议的精神，抓紧修订原规划大纲，争取年前提交市委和市政府审定。城市总体规划是一定时期内城市发展的计划，它体现"四化"建设的要求，经过批准后，各单位要坚决执行。今后我市编制国民经济的中长期规划，也要结合城市总体规划进行考虑。城市中的各项建设，都要按照城市规划进行安排，服从有关部门的统一管理。我市过去由于缺乏总体规划，到处乱修乱建，地下管网今天填，明天挖，街道上一年四季都在施工，搞得城市很乱，浪费很大。这几年房子紧张，又来个"见缝插针"，没有绿化带，房子挨房子，问题相当大。搞总体规划，有些区县很重视，做了很多工作，但有些抓得不够紧。有些按照规划去建设，阻力很大，总是想"见缝插针"，节省几个钱，来得快，可是按照城市规划，将来又得拆。过去停车的地方修了房子，汽车挤马路，摊贩就挤人行道，大家都挤。这说明城市管理不是个简单的事情，不全面考虑、全面规划不行。南坪这个地方，市委常委研究决定，要统一规划，统一部署，除规划局外，任何人都不能批准到那里去修建房子。这个权在规划局。如果规划局乱批，违背了规划，要追究规划局的责任。现在是大家都负责，都不负责，到最后乱修乱建，找谁去？无论如何要把总体规划搞好。今后违背规划，搞违章建筑的，该拆的拆，先拆后罚，不是只罚不拆。如果不先拆后罚，就制止不住。既要有经济惩罚，有关领导还要作检讨，有的还要受处分。

第二，加快城市住宅建设的步伐。城市住宅是当前城市人民生活中的一个突出问题。1979年，我市人平居住面积只有3平方米，低于全国平均水平，还没有达到解放初期的居住水平。粉碎"四人帮"后，国家和我市虽然大大增加了城市住宅的投资比重，但由于欠账太多，缺口太大，住宅紧张的状况并未能根本扭转。现在，必须动员各方面的力量，调动各方面的积极性，采用各种途径，加快城市住宅建设的步伐，逐步改善住房紧张的状况。中央要求，1985年，城市人平居住面积要达到5平方米。各单位要根据自己的情况做出规划，依靠自己的力量，逐步解决本单位的住宅问题。国家现在有困难，地方财政也有限，光靠国家、靠市里投资是不能得到解决的。今后，我们解决住宅的路子要走宽一些。一是要争取国家和省继续补助我市住宅投资，我市在财力许可的范围内也要适当增加住宅投资。特别要注意发挥投资效果。二是要大力支持各企事业单位集资统建。去年，我市的住宅投资中，企事业单位的自筹资金占了一半以上。今年，国家和省补助我市住宅投资减少了市里的钱主要用于搞去年结转工程，至今没有新开1平方米。主要还是依靠社会力量，调动各方面的积极性集点资。随着企业自主权的扩大，企业的自有资金越来越多，企业自筹建住宅潜力很大。有关单位要积极帮助企业解决建设中的实际困难，调动企业的积极性。同时，要逐步实行统建包销的办法，加快住宅建设的速度。三是积极发展商品住宅。今年我市已进行商品住宅出售的试点，成立了住宅经营公司，已出售住宅6000平方米，明年还要多建一些商品住宅，多出售一些。有关政策和具体问题，要认真研究。现在大家反映商品住宅价格高了。但是有些单位也算了账，如果把征地、二次拆迁、配套建设等等都算进来，价格又不算太高。作为统建办公室和住宅经营公司，应当降低造价。市里搞经营公司，不是为了赚钱，是出售一些房子搞周转，把周转的钱用于再建设，促进住宅建设加快速度。我们要尽量加强管理，降低造价，把价格搞得更合理一点，促进商品住宅的发展。四是实行民建公助，鼓励职工个人建房。要从政策上作一些调整，支持个人建住宅，调动个人的积极性。据说房管部门卖房子，还有点心有余悸。有人说过去费了很大的劲，把私有财产变成公有财产，现在又要把公有财产变成私有财产，是倒退了。这个认识是不对的。形势发展了，长远规划中，国家规定可以有多种成分多种方式，这不是权宜之计。我们应当看到这个形势，积极地加快建设。五是抓紧旧房的维修和改造，以延长房屋的使用年限。我市危险住宅和简易棚房面积各占住宅总面积的10％。加强旧房的维修和改造，延长房屋的寿命，和新建住宅增加面积具有同样的作用。我们不能只顾新建，而忽视维修。否则，一面新建大批住宅，一面大批旧房自然淘汰，住宅问题就很难解决。总之，我们要群策群力，紧密配合，紧张努力，千方百计，在1985年达到人平居住面积4平方米，力争达到5平方米的目标。

第三，搞好城市绿化。我市名曰山城，地形特点为搞好绿化提供了有利的条件。指导思想上，要利用特点，发挥优势，全面规划，突出重点，近期内努力扩大城市绿地面积，搞好行道树的绿化。今后3年内，城市人平占有公共绿地要由现在的0.98平方米达到2平方米，城市绿化覆盖率达到40％，主要街道和干道的行道树要改变面貌。在措施上，要大力开展春秋两季的植树造林活动，大抓两江沿岸河滩、荒坡地绿化，努力搞好坡、坎、台、崖的垂直绿化，积极发展街心花坛、绿带，发动群众在院坝、房前、屋后栽花、植树、种草，并在有条件的建筑物上推广屋顶无土栽培等等。方法上，要广泛发动群众，采用群众绿化和专业绿化相结合以群众绿化为主的办法。各厂矿、企业、学校、机关、部队要搞好本单位的绿化，达到人平占有公共绿地2平方米的要求，还要为所在街道、地段、区域的绿化做出贡献。在搞好普遍绿化的同时，要搞好公园、风景区的整治和建设，制定城市绿化管理办法，保护绿化成果，加快绿化步伐。

第四，加强环境保护。长期以来，我市工业"三废"和生活污物未经治理任意排放，严重地污染了环境，破坏了生态，影响到人民的身体健康。现在必须加强治理"三废"、保护环境的工作，首先，要控制新污染源的产生。对现有污染严重的工业企业一律不准再扩建，并根据城市总体规划的要求，对分布在市中区和稠密居住区的污染严重的工业企业逐步进行调整。今后兴建工业企业，要按城市总体规划布点选址，坚持"三同时"。对现有的污染源要做出规划，分期治理。对此，环保部门已经提出了初步设想，各个污染严重的企业、事业单位，要结合自己的具体情况，订出治理污染的具体规划，并付诸实施。环保部门，要继续进行和扩大"三废"治理的试点，积极推广治理污染的经验，进行检查监督，给予帮助和指导，要认真执行排污收费办法。废水排放从8月1日起开始收费，废气排放从明年1月1日起收费，用经济手段促进"三废"治理。通过三、五年的努力，做到烟尘污染大大减轻，两江水质明显好转。关于收排污费问题，我市从去年就开始酝酿，经过半年多的时间，市政府和市人大常委会讨论通过之后，又经过了一个月的宣传，从今年8月1日起才开始收费。对此，大部分单位是支持的。据说，有的单位认为收费太高。今天要向同志们讲清楚，收费标准我认为不算高。有些单位赔偿都有钱，搞污染治理却没钱，就是不愿治。市里收了费，还是用在"三废"治理上。收费的目的，就是这样两条：一是促进你加快治理；二是收的钱不纳入财政，用于治理。要做到专款专用，不能挪作他用。现在收费是为了将来不收费。现在收得重一点、高一点，促使你积极采取措施，治理好了，就不收你的费了。"三废"综合利用了，你还能增加财富，增加收入。这次我陪省委刘西尧同志到长寿去，老远就看到铁合金厂的那条黄龙，简直不得了，污染很严重。现在第一批开始收费了，不管反映再强烈，坚决按规定收，不能动摇。我们对人民的健康要负责，不能老是光搞生产。现在有些同志总感到我们的产品能够出口，心安理得。当然，我们有好多产品的质量是好的，但是外国要我们的有些产品，不见得质量就比外国高级，而是因为在国外污染要停产，经济上要重罚，所以他就进口，我们实际上是卖的污染。我们不能说中国人的健康就不需要保护。当然，我们的经济还有些困难，但要在可能的情况下，加快治理，把环境保护搞好。

第五，要妥善地解决征用土地问题。我市城市中心区，尤其是老城区内，人口密度大，居住拥挤，人平占地只有10多平方米。近几年来，由于经济建设的不断扩大，征用农村土地不断增加，又没有一个统一的征用土地的管理办法，建设单位与农村社队的矛盾十分突出,征地难的问题已经影响到建设速度。为此,市政府已拟出《关于土地征用和管理若干问题的暂行规定》,待市委常委会、市人大常委会审查通过后颁布。这个规定颁布后,各建设单位、各区县政府、各农村社队都要认真贯彻执行。

大家知道,我们国家正处在国民经济的调整中,近期不可能拿出很多钱来搞城市建设。就是调整期过去了,今后城市建设也不可能由国家包下来,国家也包不下来。城市建设本身是一项十分复杂涉及面很广的工作,它牵涉到各个部门、各个单位,牵涉到千家万户。因此,城市建设,决不光是城市建设部门及其专业队伍的事,必须广泛发动群众,调动各方面的积极性,依靠群众的力量来搞。今后,各单位、各部门对城市建设都要积极支持,密切配合,其中包括资金、材料、物资、人力和城市总体规划的献计献策,等等。本地区、本单位的绿化、环境卫生等,也要靠大家共同努力才能搞好。只要我们群策群力,协力同心,扬长避短,发挥优势,通过10年或更多一些时间的努力,把我市建设成为清洁、优美的现代化工业城市的目标是完全可以实现的。

四、加强对基本建设工作的领导

随着党的工作重点的转移、四个现代化建设的推进,基本建设线的工作很多,担子很重,任务艰巨。各级政府、各有关部门和单位必须重视基建工作,加强对基本建设工作的领导。

耀邦同志在中央书记处会议上关于基本建设问题的讲话中指出:"我们基本建设上的经验教训,说深刻也可以,说惨痛也不过分。""现在我们第一位的任务,是同心同德,实事求是,端正我们的基本建设方向,不要使弯路走得太久。不但我们中央的同志要解决这个问题,而且要把这个问题提到全党面前考虑。"对此,各级领导必须要有明确的认识,以严肃的态度认真对待,坚定不移地按照党中央的路线、方针、政策办事,把基本建设工作搞得更好。

今年只剩下不到五个月的时间了,基本建设任务很繁重。要继续清理在建项目,特别是预算外基建项目和技改项目,落实要停要保的对象,搞好资金、材料、施工力量的调剂,把有限的财力、物力用在刀刃上,保证一批重点工程和急需项目按时或提前建成投产,发挥投资效益。各部门、各单位要在贯彻全国、全省基建会议精神中,对本部门、本单位的基本建设工作进行一次全面检查、总结,针对存在的问题,制定措施,加强领导。计委、经委、建委联合办公,定期研究解决轻纺重点工程建设中的问题的做法,要继续坚持下去。其他一些涉及几个部门的重大问题,也要采取联合办公的形式,使问题得到及时、正确的解决。凡有建设任务的部门和单位,都要有领导同志分工抓,有办事机构和工作人员具体管,经常研究情况,及时解决问题。要把设计、建设、施工几方面的力量拧成一股绳,加强协作配合,加快建设速度。各有关部门要搞好统筹、协调、服务、监督,多为基层解决实际困难。

各区县的同志反映,当前,普遍存在着计建委中建委的机构不健全、人员不落实、职责不明确的情况,有的只在计委牌子上加了一个建字,没有管基本建设的人员;有的名为计委人员兼管,实际是无人管;有的是临时借用人员,难以开展工作。为了加强对基本建设工作的领导,各区县政府要有一位领导分管基本建设,并从实际出发,建立精干的基建工作班子,配备必要的人员,明确职责。这里有一个编制问题。现在全市区、县以上行政人员已经超编1000多人,而且国务院、省里都发了通知,行政编制是冻结了的。因此,要求增加编制是办不到的。这个文章还是要在现有编制中作,只有这条路走。市中区、巴县定了3个人,3个人也好嘛。但是一定要注意,不要把病号都调去搞基本建设,那样就不行。要从自己的实际情况出发,定两个、三个也可以,先抓起来,区、县委可以定。基本建设既然是一条重要战线,就不能没人管、没人抓。人员应该按编制配齐,一定要把能胜任工作的人调整进去。这要与当前正在着手进行的改革体制、机构的工作结合起来考虑,做出全面安排。城市建设和管理,涉及面广,政策性强,矛盾突出,各区特别是市中区政府要把主要精力和工作重点放在抓城市建设和管理上,各县也要有领导同志分管这项工作。有关城市建设和管理方面的业务部门不齐不力的,各区县政府要尽快做出调整,予以充实和加强。特别是近郊各区,不要以为基本建设项目少,事实上城市建设任务相当重,尤其市中区的矛盾突出。不光是城市建设,其他方面也要研究,如人口疏散。所以,如果把主要精力放在抓工业上,而把城市建设工作置于次要地位,那就不对了。城市区委的主要任务是什么,精力怎么摆?这个问题要研究。现在,计委、建委、工交都把百分之八九十的精力放在抓生产、抓工业上,有的能抓点城市建设就不错,有的干脆对城市建设不闻不问,这个问题要考虑,否则,我们就无法适应形势。

省委书记、副省长刘西尧同志在重庆市干部大会上的讲话

(1980年9月19日)

同志们:

今天是重庆市委、市政府召开的干部大会,内容是按照全国五届人大三次会议精神,根据国务院领导同志的指示,明年在重庆全市国营企业实行独立核算、国家征税、自负盈亏的试点,把重庆市经济体制的改革向前推进一大步。市委领导同志要我给大家讲一讲,向到会的同志作一次传达和动员。我这次同省级有关部门的负责同志是专门为着这个问题到重庆来的,鲁大东同志也专门为这件事到重庆来了一趟。这是一项光荣任务,我们必须搞好。我们来了以后,同市委、市政府、市级有关部门的负责同志一起,研究讨论了这个问题。现在,我就我们研究讨论的意见,讲三个问题,其中有一些是我个人的意见。

一、讲一讲为什么要在重庆全市搞独立核算、国家征税、自负盈亏的试点

最近闭幕的全国五届人大三次会议,是一次民主的大会,改革的大会。这次大会,明确了我国在政治上和经济上改革的方向,强调了要加快经济管理体制改革的步伐问题。这是加速四个现代化建设的进程具有战略意义的重大决策,也是我们经济战线上一项十分重要的任务。华国锋同志在报告当中指出:"我们经济管理体制改革的总方向,是改变过于集中的国家(包括中央和地方)管理体制,扩大企业的自主权和企业职工参加管理的权力;把单一的计划调节,改为计划调节与市场调节相结合;把主要依靠行政组织、行政办法管理经济,改为主要依靠经济组织、经济办法和法律办法管理经济。"我们就是要根据中央指出的这个总的方向,来认真研究经济体制改革的问题。

关于经济体制改革试点的问题,在全国五届人大三次会议期间,中央领导同志和人大代表很关心四川经济管理体制改革的试点。大东同志专门向××同志作了汇报,讲到了五个企业自负盈亏试点的成效,也讲了我们明年扩大试点范围的设想,除了搞一批企业以外,还选择了泸州市实行全市的自负盈亏的试点问题。××同志说,在泸州搞影响小,从明年开始,在整个重庆市的国营企业全面推行国家征税、自负盈亏的试点,并且指出:重庆试点搞好了,对全川有影响,对全国有震动。从这几句话,我们就可以领会出××同志指示在重庆搞试点的意义了。这确实是一个光荣而艰巨的任务,我们必须认真对待。从现在起,就要积极做好各项准备工作,保证在明年1月1日开始实行。五届人大三次会议快结束的时候,杜星垣同志又向四川的同志传达了国务院对明年经济管理体制改革的要求,就是要"全面铺开,重点深入,促进联合,开展竞争"。对四川来讲,全面铺开,我们打算就是全面实行"十四条";重点深入,就是要在重庆搞全市的自负盈亏

的试点；促进联合，开展竞争，同扩权的试点是相辅相成的。杜星垣同志还讲，中央财经领导小组准备要派一些人来协助我们搞好这件工作。这说明中央、国务院对重庆的试点是非常重视的。我们领会，搞好重庆的试点，不仅是我们省的经济管理体制改革工作的深入，而且对全国经济管理体制的改革也将产生重大的影响。

扩大企业自主权是整个经济管理体制改革的重要环节，是改革经济管理体制的基础，对于发挥企业的内在动力，促进企业间的经济联合，挖掘我们现有的经济潜力，具有重大的意义。这一点，凡是进行了试点的企业的同志都很清楚，我在这里就不详细谈了。实行企业独立核算、国家征税、自负盈亏，又是企业扩权向前发展的必然趋势。我们省的经济管理体制的改革，是从扩大企业自主权入手的，从1978年四季度开始，当时搞了6个企业，1979年扩大到100个企业，实行的是"十四条"。在处理国家、企业、职工三者利益关系上，采取的是计划利润留成，超计划利润分成的办法。从今年开始，扩权试点单位增加到420多个，新扩权的企业都是实行的"十四条"。去年扩权的100个企业除少数企业继续实行"十四条"以外，有80个企业是实行的"十二条"，也就是利润全额分成的办法。还有少数企业搞的是利润包干。无论是实行"十四条"，还是实行"十二条"，都使企业有了一定的独立的经济利益，有了企业独立发展的内在动力，也使企业在产、供、销和人事方面有了一定的自主权，从而调动了企业和职工的积极性，对于增产节约，增收节支，起了显著的促进作用。但是，这两种办法都还带有过渡性的这种性质，是属小改小革的范围，没有从根本上解决吃"大锅饭"的问题，而且企业的权力、责任也还是不够大的。为了使企业的权、责、利更紧密地结合起来，使企业真正具备一个相对独立的商品生产者的地位，我们省从今年年初开始选择了5个企业，有川棉一厂、成都无线电厂、西南电工厂、重庆钟表公司、重庆印刷三厂试行企业的独立核算、国家征税、自负盈亏的办法。从半年多的实践来看，这样做，企业在经营方针、计划安排、产品销售、企业资金支配、职工福利等方面有了更多的自主权，使企业的生产经营搞得更活了。企业经营得好，经济利益就更大；反之，经营得不好，经济利益就要受影响。用税收的办法来代替上缴利润，使企业对国家承担的义务具有法律的性质，因此，经济责任也就更大了。这样，权力、责任、利益就进一步结合起来了，企业内在的经济动力就更强了。它促使企业按照社会主义原则，社会化大生产的原则，社会主义商品生产的原则，改革企业本身的组织结构和管理结构，进一步改善自己的经营管理。这样做，有利于促进企业之间实行经济联合，按照专业化协作的原则来改组工业，改变小而全、大而全，不顾经济效果的倾向。这样做，有利于促进企业之间开展竞争，提高竞争能力，从而取得更好的经济效果。据统计，我们省实行自负盈亏的5个企业，今年1至7月同去年同期相比，产值增加48.8%，利润增长82.7%，上交税金比去年同期上交的税金和利润总和多48.3%。重庆的两个单位效果也是很明显的。重庆钟表公司，1至7月份工业总产值比去年同期增长60%，上交增长106%；印刷三厂产值增长35%，上交增长53%。这不但高于全省的平均水平，而且高于实行"十四条""十二条"的平均水平。

实践经验告诉我们，企业实行独立核算、国家征税、自负盈亏，是和社会主义的商品经济相适应的，它能够更好地处理国家和企业的关系，使国家、企业、职工三者的利益更好地结合起来。自负盈亏是商品生产的一条普通的经营原则，不但集体所有制企业适用，对国营企业也同样适用，它是企业扩权向前发展的必然趋势。同时，实行了独立核算、国家征税、自负盈亏，也就是把主要依靠行政组织、行政办法管理经济，改为主要依靠经济组织、经济办法和法律办法管理经济的一个重要内容。因此，我们在全市实行独立核算、国家征税、自负盈亏，必将推动整个现行经济管理体制的改革，促使上层建筑，这就不光是市，也包括省，也涉及中央的一些部门，对某些环节较快地适应整个经济发展的需要，并有利于克服行政管理机关的官僚主义。企业实行自负盈亏，各方面的管理体制，包括计划体制、财政体制、税收体制、物价体制、物资管理体制、劳动体制，还有商业、外贸体制，等等，都要适应企业自负盈亏的要求，相应地进行改革。所以全面实行企业独立核算、国家征税、自负盈亏的试点，体现了整个经济管理体制大改大革的方向。

最近，国务院总结了四川、上海、广西的企业实行独立核算，国家征税，自负盈亏试点的经验，要求各省、市、自治区在今年内都要选择一两个企业进行独立核算，国家征税，自负盈亏的试点，明年扩大到一批企业，后年在国营企业中普遍实行。现在，国务院又确定在我们重庆全市范围内实行国营企业独立核算、国家征税、自负盈亏的试点，让我们在全国先走一步。不言而喻，我们的试点搞得好不好，关系重大。重庆市在全国大城市中居第七位，从人口讲是第七位，固定资产也是第七位。后年就要在国营企业中普遍实行。所以我们原来在泸州搞的方案，显然就不适应这个形势了。虽然中央领导同志没有说重庆是全国的点，我们领会，实际上就是全国的试点。搞好这个试点，对于加速全国经济管理体制的改革，有重要的意义。在重庆市全面实行国家征税、自负盈亏的试点，我们应该把它同重庆在全国所处的经济地位联系起来看。重庆是我国重要的综合性工业城市之一，工业门类比较齐全，军工、特别是常规的兵器工业占相当大的比重，能源有一定的基础，协作配套条件比较好，有比较强的技术力量，交通比较方便，在全国占有重要位置。在全省来讲，重庆同成都比起来，重庆的优势更多一些。全市的工业总产值和财政收入都接近全省的1/3，在许多方面在全省处于领先的地位。同时，重庆的工作也是做得比较好的，重庆市在我们省的国民经济中占有十分重要的地位。但是，我们也应该看到，由于种种原因，潜力还远远没有发挥出来。原因是多方面的，有历史的原因，也有现在的原因。在重庆市实行国营企业独立核算、国家征税、自负盈亏的试点，可以进一步解放生产力，使重庆市在全省、全国的"四化"建设当中发挥更大的作用。重庆市这个经济中心，是历史上形成的，重庆市历史很老，五口通商就有重庆嘛，在全国是有数的几个经济中心之一，它不仅是在我们省内，而且同我们相邻的各省乃至全国的许多省市都有广泛的经济联系。但是由于过去我们整个的经济管理体制的束缚，条条块块的分割，限制了重庆这个经济中心的作用的发挥，这个问题应该说现在也没有完全解决。当然，粉碎"四人帮"以后，特别是三中全会以后，情况是在往好的方面发展，现在这个问题也还没有完全解决。我们把重庆的自负盈亏试点搞好了，扩大了企业独立经营的权力，就能够进一步把整个经济搞活，使生产力可以尽快的发展，同时也可以较大的提高竞争能力，打破区域封锁和条条分割，加强横向的经济联系，就能充分发挥重庆这个经济中心的作用。当然，要真正发挥这样一个经济中心的作用，我们就要在全市国营企业实行自负盈亏试点的同时，同大力发展工业生产相配合，迅速组织和形成各种中心，如贸易中心、情报中心。要充分发挥银行信贷的作用，并且同广大的农村紧密结合起来，才能充分发挥经济中心的作用。这样，重庆市现代化建设的速度就可以大大加快，而加快现代化建设的速度，也是我们整个经济管理体制改革的目的。

这次华国锋同志的报告中讲，在我们全国要有一个既有雄心壮志，深谋远虑，而又有目标明确，步骤谨严，瞻前顾后，综合平衡的长远规划。我看，我们省，重庆市，也需要有一个既有雄心壮志，深谋远虑，又有目标明确，步骤谨严，瞻前顾后，综合平衡的长远规划，这个规划是在全国规划的指导下面。经济体制改革规划是这里面的一个内容，也是实现长远规划的保证。当然，我们今天还来不及谈这个问题，只是提出来，看来全省也要朝着这个方向去做。重庆市，作为第一个全市的国营企业自负盈亏的试点，在这方面也要这样做，围绕这个来进行各方面的规划。

从上面所谈的几个方面都可以看出，重庆市实行国家征税、自负盈亏的试点，确实是经济管理体制改革的一件大事。我们一定要提高认识，高度重视，坚定信心，坚决把这件事办好。这是我要谈的第一个问题。

二、搞好试点工作的指导思想和原则

前几天,大东同志和我,以及管学思同志,还有省级有关部门的领导同志,同市委、市政府的领导同志,以及有关部门的同志,多次交换了意见。我们认为,要搞好这次试点,应该有一个明确的指导思想。这个指导思想,也就是前面引的华国锋同志在全国人大五届三次会议上讲的那一段话。这个报告中,华国锋同志还讲到:"改革经济管理体制,从根本上说,是为了充分发挥社会主义制度的优越性。""要进一步解放思想,满腔热情地同广大人民群众一道,在调查研究、集思广益的基础上,既勇于创新,又谨慎从事,继续把经济管理体制的改革推向前进,改出一个社会主义现代化建设蓬勃发展的新局面。这种改革是为提高经济工作效率服务的,是为促进现代化服务的,是为巩固和健全社会主义制度服务的,归根到底,是为改善人民生活服务的。"这段话就是我们这次试点的指导思想。根据这个指导思想进行试点,有以下几个问题需要加以明确:

(一)这次全市国营企业自负盈亏的试点,主要是解决扩大企业自主权,使企业真正具备成为相对独立的商品生产者的问题。我们试点的目的,就是要进一步解放和发展生产力,调动第一线企业、生产单位和生产者的积极性,促进国民经济的迅速发展。所以我们要把重点放在企业,扩大企业的自主权。一切上层建筑和管理制度,都要围绕企业扩权进行改革,认真解决好中央和地方政府集权过多的问题。通过企业自负盈亏和税制改革,使国家和企业的经济关系成为交税关系,从而使企业的隶属关系不再在各级政府的财政收入中起决定作用,就是以税代利嘛。让各个企业拥有在国家统一领导下真正独立经营和独立活动的必要的自主权。因此,在整个试点过程中,我们的一切工作都要从这一点出发。忽略了这一点,就失掉了改革的意义。当然,进一步扩大企业自主权和企业职工参加管理的权力,就要涉及兼顾国家、企业、个人三者的利益,而国家利益当中又包括兼顾中央(包括中央部门)、省、市三者的利益的问题。我们进一步的扩权,就要进一步使得国家多收、企业多留、职工多得,进一步调动国家(包括中央各部)、省、市、企业、职工都从物质利益上更加关心企业和整个国民经济的发展,所以,在这里有两个三者关系,主要是国家、企业、个人三者关系。怎么正确处理好三者关系,就必须认真研究,处理恰当,首先要有利于调动企业和广大职工的积极性,同时也要有利于调动中央各部门和地方的积极性,从而有利于整个国民经济的迅速发展。所以,在重庆市全市实行自负盈亏的试点,就要解决好这两个三者关系。

重庆是一个经济中心,是一个比较强大的经济中心。为了更好地发挥上层各部门"服务、统筹、协调、监督"作用,在省和市的关系上,在中央部属企业(包括军工企业)和市的关系上,我们认为也要作某些调整,要给市增加一定的经济利益和扩大处理经济工作的某些权限、某些权力。有些权力要下放,首先是放给企业,这是重点,但是也有一个省和市、中央部门和省、市的关系问题。我们要根据国务院国发〔1980〕226号文件的规定,凡是应该放给企业的权力,都应该放给企业,同时,为了克服官僚主义,有些权力也要放给市。具体怎么搞好,我们没有经验,要进行认真仔细的研究。重庆市委、市政府提出了一个初步的意见,我们带回省里去研究,省里能决定的就决定,省里决定不了的,需要报请中央和国务院决定的,我们研究之后报中央和国务院。华国锋同志在人大报告中指出:"在国家统一计划的指导下,在国家的方针、政策、法令规定的范围内,企业应该有权按照社会的需要和价值规律,独立地进行生产交换等经济活动。"我们考虑,在保证国家计划和保证企业应有的自主权的前提下,市里面应该有权对全市企业,包括中央直属、包括军工和其他企业,包括省属企业的整个生产活动,包括生产流通领域的各方面的活动进行统筹、协调,当然也还要服务、监督。服务、监督这个问题是没有异议的,问题就是是不是在保证国家计划和保证企业应有的自主权的前提下,市里应该有权对全市企业的整个生产活动,包括同生产相联系的领域进行统筹、协调。恐怕这样做比较有利,这个问题还要具体研究。当然,市里要研究,省里也要研究,怎样用经济办法、法律办法管理好全市的经济工作。国家计划属于中央管的那还是中央嘛,属于省里要统筹计划的那还是省里嘛,这个要保证嘛,企业的自主权要保证嘛。这两条保证了,市里没有权来统筹、协调,那恐怕不利。统筹、协调就包括市里可以对中央的计划、省里的计划提出意见,有不同意见可以商量,最后还是从全局来考虑嘛。省还是听中央的嘛,市还是听省的嘛。今后的计划要自上而下、自下而上来搞嘛,这样才能更好地反映实际嘛。

(二)试点的范围。总的要求是全面搞。从行业来讲,工业、交通、商业、服务要搞,科研、事业单位怎么搞呀?从隶属关系来讲,市属企业,区属、县属企业要搞,省属企业、中央部属(包括军工)企业,我们意见也要搞。当然我们首先还是要在国营企业搞。那么中央部属企业搞不搞?我那次到112厂去,他们表示要搞。军工企业搞不搞?钱敏同志在北京同大东同志讲了,同长河同志也讲了,四机部的企业要搞。我们认为应该搞,不搞的话,这个最大的优势,军工是我们四川,也是我们重庆的一个最大优势之一,就不能够充分发挥。〈……〉。我们认为军工不能例外。事业单位有条件的可以搞,到底怎么搞法可以研究,没有条件的创造条件。这次讲的首先是在国营企业搞,其他的再研究。在国营企业中,也不采取一刀切的办法。政策性的亏损企业,可以定额补贴,节约归己,超亏自己负责;微利企业可以利润包干,但怎么叫微利,微利的标准是什么,我们准备经过调查测算以后再来确定。这两类企业现在都是少数,条件变化之后,同样可以搞自负盈亏。

(三)在利益分配上,总的一条就是要坚持三兼顾的原则。总的要求就是,要在发展生产的基础上,增产增收的基础上,实现国家多收、企业多留、个人多得。在国家和企业利益的分配上,从全省范围讲,我们初步考虑,按三条杠杠来计算:第一条,企业的留成部分不低于"十四条""十二条"的水平。过去没有扩权的企业,这次实行国家征税、自负盈亏,也以不低于"十四条"的留成水平来考虑。第二条,企业所创造的全部利润,从全省范围来讲,我们考虑国家所得不低于75%,企业所得不超过25%。按"十二条"在全省范围内计算,企业所得是21.6%。这个留成比例,比报上公报的上海的数字要多一点。每年的利润增长部分,国家所得不得低于60%,企业所得不得超过40%,就是四六开。第三条,至于国家所得,中央、省、市如何分配,我们同市委研究的意见,上交中央、省财政的要保证,然后在增产增收的基础上,水涨船高。这是总的原则。具体办法,要经过调查、测算以后才能决定。

我们这次考虑,恐怕要增加地方税,中央企业(包括军工企业)都要交地方税。同时,也要使中央(包括中央部门)、省、市,当然首先是企业职工,从物质利益上关心企业的发展。但是,也要保证国家的收入。国家收入的分配上,使中央包括中央部门、省、市,都从物质利益上关心企业。许多企业的同志,都向我提出了这个问题。中央企业在这里呀,省、市只有义务,一点权力也没有,反过来,责任也就没有,这个对省、市固然不利,对中央企业更为不利。所以,在这个问题上,我们考虑要使中央包括中央部门、省、市,都从物质利益上来关心企业,都要实行物质利益的原则。至于企业内部的分配,根据试点办法确定的原则,由企业职工代表大会讨论决定,我们上面只提原则。刚才讲的几个物质利益分配的原则,是从全省、全市总的水平来讲的,不能突破。但从具体的企业来说,有高有低。总的来讲,企业还是不低于"十四条""十二条"的水平。

(四)关于试点的方案问题。全市实行独立核算、国家征税、自负盈亏,是经济管理体制的大改革,涉及面广,情况复杂,工作量大,我们要认真调查研究,把工作做细,进行详细的测算,然后再选定方案。按什么方案测算,试点办法应当包括些什么内容,我们同市里的同志研究,认为:在今年年初开始实行的5户试点的办法是成功的,可以作为基础,但是需要加以改进和完善。因为重庆的试点,要为能够普遍推广提供办法和经验。因此，我们更要慎重对待，要经过反复调查、测算、研究、论证，包括争辩、对比之后，再经省、市讨论，提出意见，再报请中央、国务院决定，不能草率从事。

那么，具体怎样测算，我就不详细讲了。现在，经过省、市研究，搞了个意见。这里面，有的是一种办法，有的是两种办法。这样测算，有的同志感觉得麻烦。但是，因为这是一件大事，我们还不能够怕麻烦。我们老5户的试点办法是成功的，取得了显著成绩的，但是由于当时的历史条件，有些问题我们还没有考虑到，因此，要做些修改、补充，加以完善。上次开座谈会，新5户的办法，财政厅提了个意见，我们原则上同意那个意见，当时我们也没有发现什么问题，发给大家讨论，就碰回来了。现在总结起来，有两个缺点：一个就是苦乐不均还是要调节。有的同志说，苦要调节，乐调不调节？客观因素造成的利润特别大，还是要调节的。同时，国家没有财政的调节，苦的要增加，苦的从哪里来呢？从哪里去调节它呢？还是要调节的。但是这个调节，你说把主观努力跟客观因素完全分得那么清楚，很难。这里有一个很明显的问题，就是说你原来不到13%，你经过主观努力到了13%，就要征所得税了，那我就不努力了。这个东西把主观努力的也调节进去成了"鞭打快牛"了。第二个缺点是，所得税税率征得太高了。就碰回来了。那个办法有缺点，不成熟。现在看来，老5户的办法是成功的，但有不足之处，要有所改进，有所发展。要吸取别的地方试点的好经验，保留我们好的东西，在这个基础上加以改革。但是，别的地方的办法，我们不是不加以分析地就加以吸收。如上海收房地产税，收车、船牌照税，我们就不想干，房产、车、船在固定资产里面就有了。至于固定资产占用费，流动资金占用费，在国务院批转的文件里面就有了。但是，现在有个问题，我们有些企业假如按照现在这个比例算，那一家伙他利润就收得差不多了。这个问题我们也要测算。我们有个杠杠，不低于"十四条""十二条"。所以，要进行测算，尽管麻烦一点，也要经过测算。因为我们这次试点是全国的，不光是我们省里的事情。试点应该是一个成功的试点。试点的办法，不说全部，至少是其中的基本部分，能够加以推广。所以要在原来办法的基础上加以改进，加以完善。我们来的同志对这个办法归纳了四点，我看可以考虑这四点：一要在实践和理论上，站得住，讲得通，真正体现三兼顾的原则；二要体现税制改革的精神，以税代利；三要在我省5个老5户试点原则的基础上前进一步，既要保留我们的优点，又要吸收外地的好经验；四要在全省乃至全国有推广的价值。测算办法，有的是一个办法，有的要两个办法。比如说，工资挂不挂钩，有全挂和部分挂的方案，一切结论产生于调查的末尾，测算以后我们再来研究，看到底哪个办法好。总之，我们要把办法制订好，几个方案进行比较以后，提交省委、省政府研究以后，报国务院审定。关于各类企业试点的数目，有个计划，我这里不讲了，由市里具体部署。

（五）工作的步骤和时间要求。测算工作，我看还是按市里的意见，在10月5日前，采取上下结合的办法，按几种方案，反复进行测算。10月5日以后，我们准备再来一些人，一起对测算方案进行研究比较。10月底以前，拿出一个完整的试点方案报省。11月份，在省研究之后，向国务院汇报，争取在11月底把方案定下来。12月，市里就可以进一步发动群众，作好准备，从明年1月1日起，就开始实行。这个要求，任务重，时间紧，我们要集中精力，省、市密切配合，在市委的统一领导下，把这个工作切实做好。

三、在试点的推动下，进一步把经济搞活，把生产更快地搞上去

试点能不能成功，首先要看能不能真正调动起企业广大职工的积极性，进一步解放和发展生产力，进一步把经济搞活，把生产尽快地搞上去，取得更好的经济效果。所以我们的整个试点工作要围绕发展生产这个总目标来进行，只有生产发展了，才能水涨船高，才能更好实现三多，国家多收，企业多留，个人多得，更好体现三兼顾的原则，许多矛盾

也才好解决。作为国家来讲,包括中央、省和市,要给企业较多的经济利益和更大的自主权。作为企业来讲,要首先考虑为国家"四化"建设多作贡献。因此,上上下下都要同心同德,共同把试点搞好,把经济进一步搞活,使重庆市的生产水平有个大幅度的提高,发展速度应该大大高于全省的平均水平,而且应该争取不低于全国的实际平均水平,现在重庆是高于全省平均水平。财政收入增长的幅度应该大于今年的实际水平。我昨天跟孟东波同志打电话,听孟东波同志讲,大东同志在省里定了,明年的增长幅度是8%,这个任务还是很艰巨的,那重庆就更高了。要充分发挥重庆这个经济中心的作用,进一步把经济搞活,我们就必须打破部门的分割和区域封锁,广泛发展各种形式的经济联合,要搞好工业本身的联合,搞好军工和民用的联合,搞好生产和科研、包括科研单位和高等院校的联合,还要搞好工商联合、工农联合。只有这样,才能充分发挥重庆这个经济中心的优势,充分挖掘重庆各方面的内部潜力。现在这个力量还没有充分发挥,甚至由于种种原因,有的还在互相抵消。这符不符合实际,大家考虑。我们一定要大家共同努力,来改变这种还没有充分发挥的局面,甚至互相抵消的局面。我这里讲这么几个问题:

首先,我讲一讲联合有什么好处。在成都和重庆我听到有些单位,可能是个别的,提出了这个问题,联合有什么好处呢?我认为:(一)有利于按专业化协作的原则改组工业,这才能更好地提高质量,增大批量,降低成本,发展多品种。(二)有利于调剂和集中使用自有资金,有计划、有步骤地进行挖、革、改。有计划、有步骤地采用新技术(包括新工艺),发展新品种,节约能源和原材料的消耗。还可进行一些必要的新建和扩建。(三)有利于合理调剂工程技术人员和技术工人及整个劳动力的使用。(四)有利于在联合企业内部调节苦乐不均。(五)有利于合理调剂使用和计划生产原料、半成品和成品。这样可以更好地适应市场需要和获取较大利润。不能因互相争原料来抵消,各企业既有独立核算,又有统一核算,怎么用好才能适应市场需要,获取较大利润,可以由董事会和职工代表大会来讨论。(六)有利于集中对外,包括组织供销,包括同商业、同科研单位、同学校的联合,以及办理外贸和进出口业务,联合起来总是有利些嘛。同时可以减少各个企业的负担,以便各个企业集中力量搞好自己的经营管理,当然不是企业不过问,企业还是要过问,总比单独搞要好些。这几点对不对,大家还可以研究。我们认为,加强联合,大家提高我们的竞争能力,使我们的生产能更快的发展,使我们能更好地增产、增收。企业的联合和企业实行国家征税、自负盈亏,是相辅相成的,是整个经济发展的必然趋势。当然扩大企业自主权是基础,但是企业实行国家征税、自负盈亏,使权、责、利三者更紧密地结合起来,就一定会极大地推进这个联合,因为企业就要考虑,不但考虑当前,还要考虑长远,这样搞到底划不划算。还是我自己搞小而全划算,还是搞专业化协作划算?他就要考虑这些问题。实践已经证明了这点。钟表公司不是搞了联合吗?联合起来,增强了实力,更有利于更快发展生产,质量可以提高,实行专业化协作,成本可以降低,品种可以发展,就能更好地增产增收。我们说企业实行国家征税、自负盈亏,不是要承担一些风险吗?这样联合起来就使企业更加经得起这个风险。总之,我们主张联合,联合有利,联合是整个经济、工业生产发展的必然趋势。资本主义如此,社会主义也如此。我们过去受封建主义小生产的影响,我们应该向社会主义大生产发展,应该走向联合,在扩权的基础上,重庆市就是企业在独立核算、国家征税、自负盈亏的基础上,应该更快地走向联合。

第二,发挥军工优势的问题。在我省,重庆军工是个极大的优势,这是大家都知道的,有目共睹的。据说,上海同志讲,我们不怕别的地方,就怕四川的地方工业和军工联合起来。当然,上海我们也要联合,我们同上海又竞争,又联合,共同发展。说明这个优势大家都看得很清楚。但是我认为,由于历史的原因,也就影响思想。五届人大三次会议讲了,"左倾"流毒还没有完全肃清。由于体制以及某些政策方面的原因,现在很明显,这个优势不仅没有很好发挥,而且就我们四川来讲,成为我们产值下降的一个主要因素,下降20%。当然这里面我们有责任,省国防工办有责任。但是,历史的、思想的、体制的以及政策方面的原因,也束缚了军工优势的发挥。军工必须大搞民品,军民要结合,这个方针中央已非常明确的定下来了。小平同志对这个问题已讲过多次了。我们认为这是一个长远的方针,不是权宜之计。我想讲这么几点,可能不成熟,可能不对,欢迎大家提意见,也希望有关同志认真考虑考虑这些问题。

（一）军工大搞民品,不仅是为了满足人民生活的需要,为了发展轻工的需要。当然,这是需要的。要优先发展轻工,尽可能满足人民生活的需要,这个在中央、国务院的指示中是很明确的。从军工生产本身来讲,也应该大搞民品。就各个军工厂来讲,也需要大搞民品。从目前的形势来看,在相当长期内,军品任务是不会饱满的,一个现在打不起仗来嘛,一个是现在我们有些装备体制还没有定嘛,有些还要更新换代。现在有些厂,去年是因为中越边界,我们来了个自卫反击战,还有点任务,但是要从军工的能力来讲也没有发挥。现在有的厂,今年一开始就没有任务,任务很少,我们假如不大搞民品,工人、技术人员大部分时间,甚至全部时间在那里闲着,我看就是军工生产线在那里原封不动的保存着,一旦有事,军品生产也不能搞好。因工人长期闲着,技术人员长期闲着,长期不操练,不练兵能打好仗吗?我看这个队伍也不好带,不光是成为不安定的因素,而且将来一旦有事,我看也用不上了。养兵千日,用在一朝呀,我看那么多人没有事情干,一朝也用不上来。

（二）军工厂搞民品生产,必须就地同民用厂联合协作,才能取得好的经济效果。军工厂自成体系来搞民品的办法,不仅是用条条来割断了横的经济联系,而且他本身也不可能得到好的经济效果。现在有的军工厂就是自成体系搞协作,四川去同东北厂协作,同上海去协作,搞得很远去协作,这个经济效果好吗?我们绝无什么都要四川包下来之意,但是四川这么大个力量,为什么不在四川协作?首先在这个地方协作嘛,把这个地方经济发展起来,对全国也有利嘛。这个地方确实不行的才到外地去协作嘛,先不搞就地协作,而且有的单位就是想把原来的协作关系甩掉,跑到很远地方去协作。这个对于军工厂发展民品我看没有好处。当然,我们有的军工厂为轻工纺织服务,而且同地方协作是搞得很好的,这在重庆就有好几个厂嘛,最出名的就是望江,还有其他厂都搞得不错嘛。嘉陵厂也搞起来了嘛,实际上是市里组织起来的嘛。我也不算老军工,我同王曙比较起来,我军工的资历比他浅得多,但是我总是搞了几年,总得有点发言权嘛。这个军工鞭长莫及,什么都想在北京来搞,我看还是不行。王曙同志告诉我,钱敏同志说,四机部那些条条公司都不搞了嘛,钱敏同志了解地方情况的,他原是重庆市委书记。依靠重庆市的这个优势多好呀,有的同志他不理解这个问题。

（三）军工厂生产民品一定要同地方紧密结合,而且在地方省、市的统一领导下面来摸清市场需要,选准自己的产品。经过一年多的市场调节,应该选准一些主产品,在全市以至全省范围内组织专业化协作,搞大批量生产,这样搞好了就可以占领全国的市场,就可以打入世界的市场。这次我们看了建设厂搞的缝纫机,大东同志说,搞好了可以占领全国市场,到全世界去销。当然要具体分析。望江厂为轻工服务,搞多品种那也是对的啰。但是,都要选定一些主要产品,搞大批量生产。那天崔连胜同志谈这个问题,我看这个意见很有道理。现在我们往往把一个品种布置几个点,这个厂布置生产一点,那个厂也生产一点,都不是大批量,都是小而全。不搞大批量,不搞专业化,搞小而全,不同地方搞配套协作,搞远距离操纵,这样干法,我们认为是不可能有大的竞争能力的。有大的竞争能力,一定要搞专业化,搞大批量,同地方搞配套协作。专业化也包括把地方厂组织进去。这样才可能有竞争能力,搞专业化协作,质量才可以提高,批量才可以增加,成本才可以降低,品种才可以增加,这样竞争能力才能够加强。

（四）军品生产线这个概念是不是应该重新考

虑、重新研究。这个问题提出来同同志们探讨,好像53工厂已经冲破了。当然,对这个问题要慎重,不要贸然从事,但是我们绝不可墨守陈〔成〕规。在座有很多内行,我们要探讨一下。军工厂我不很熟悉,我筹备过汽车厂,对汽车厂还比较熟悉,但是也参观了沈阳和哈尔滨的飞机厂,那种生产线,我看是把自己卡死的生产线。为什么我们一个厂只能够产一个品种,我们的厂就只能产军品,不能产民品?为什么外国的厂又能产军品,又能产民品?他的更新换代也快,我们的更新换代就慢得要命,军品如此,民品也不例外,要好些。为什么?我看根本问题就是有个专业化协作的问题。假如这个问题不来个突破的话,我们就老是啃着一条生产线,动也不敢动,打起仗来,一个炸弹给你炸掉一台、两台机器怎么办?就从军品生产来讲,我看也是不利的。所以,我们是不是应该有计划、有步骤地逐步实现高度的专业化,这样来适应能军、能民、多品种。这样既能大搞民品,从军品生产来考虑,改装换代,一旦有事,应付战争,都有利得多。这个问题提出来,请同志们考虑。也许是错误的,请同志们考虑,研究研究。这里我要提一下,现在我们军工厂有些同志还有点余悸,就是1960年的"三干会",我知道一些,那时我刚转到国防科委。我没有全部参加,我参加了几个会,那里面就有个所谓动了生产线的问题。生产线到底怎么考虑呀?我看我们有些军工厂的同志也好,民用厂的同志也好,有些都到过外国,有的可能还在外国待过,外国究竟怎么搞,但是不能搞外国的老办法,而是外国现在怎么样?为什么人家能军能民?为什么人家改装换代那么快?我们只能搞一种,为什么?我看必须考虑这个问题。这个问题不解决,我们军工优势是没有办法充分发挥的。当然,军工优势的发挥,有个体制的问题,我今天讲老实话,军工、民用都有点戒心,不行。我们应该通力合作,联合起来,发挥这个优势。讲老实话,"三干会"批评质量不好,那个时候光是军品的质量不好呀?那是"大跃进""三面红旗"的时候,把质量搞差了,钢都是炒钢了,还讲什么质量呢。我看我们还是要解放思想,开动机器,实事求是,不要再受"三干会"余悸的影响。

(五)现在军工厂、机械厂任务都不饱满,有的大部分是闲着,没有工作。在这种情况下,能不能这样考虑:凡是市场有销路,人民需要的产品,就应该努力生产。只要能够收回原料、燃料的成本,我看就是赚钱,总比你闲着不干事好,至少练了兵。所以不能按原来算成本的办法。现在很多军工厂不想同民用厂协作,民用厂不想同军工厂协作,你那个价格那么高,我没有办法。我看只要把原料、燃料、材料的成本收回来了就算赚钱了。休息太多了不行,我们这些人运动少,搞得不好血管就要硬化。老不干事,不光是血管要硬化,我看各方面都要硬化。

(六)最重要的还是要解放思想。军工要面向人民生活,面向轻工市场,面向能源。能源是个大问题。现在我没有搞军工了,要老实承认,我们搞军工的人就是有点架子,架子老是放不下来,有的已放下来了,虚心向民用厂学习,虚心向军工厂的先进厂学习。同时我们要求军工部门,要给地方在保证国家计划前提下统筹、规划、协调的权力。也可能我们的手伸长了,但我们要这个权,当然,最后决定于中央。现在在重庆市的军工厂,要求军工部门要给重庆市以统筹、规划、协调的权力。军工企业要服从地方的统筹、规划、协调,在民品问题上,我们保证国家计划,在这个前提下,要求这个权力。这是对军工谈的几点,对不对,请大家讨论,不对的请大家批评。

第三,要充分发挥重庆这个经济中心的作用。我看重庆市就是要把手伸出去,同专县、同外省搞联合经营,建立原料基地,搞产品扩散,搞国内补偿贸易,来料加工,帮助地方工业的技术改造。这样,既可带动专县经济的发展,又可为重庆工业扩大原料来源和销售市场。重庆现在已经有了一些好的开端,我们希望今后进一步抓好。当然,不论采取哪种联合形式,却要坚持自愿互利的原则。特别是重庆的这些邻居,重庆有义务加以扶持。现在看来,农业不发展上去,农业没有一个高的速度,工业也很难有一个很高的速度。所以,工业要支援农业、扶持农业、扶持邻居。当前,我们面临外来产品竞争的压力,我看这也是个好事,有压力,会使我们提高竞争能力。我们要加强工业同商业,工业同物资,工业同外贸之间的联合,恰当处理我们内部的矛盾,联合起来,采取一些灵活的措施和变通的办法,适应竞争和搞活经济的需要。重庆市最近搞了个十条,我是很赞成的,搞得不错。当然,要提高我们的竞争能力,首先还是要提高我们的产品质量,增产市场需要、适销对路、人民欢迎的产品。同时要努力降低成本,真正做到物美价廉,才能在国际、国内、省内有竞争能力。我们绝不搞封锁,也绝不搞违反政策的倾销办法。市委同志那天谈了,那些办法不干,我赞成这个意见。但是,我们一定要提高产品的竞争能力。我们去年、今年,全省也好,重庆市也好,都得到一些金牌、银牌和评上了一些优良产品,在全省比较起来,恐怕重庆还是比较多的嘛。但总起来讲,还是数量不多,而且大部分不是人民需要的产品。如高锰酸钾,是好产品,但不是大量的。我们已经得到的,一是要保持,要精益求精,从现在起,就要努力争取明年在一些人民需要的大量产品当中得到较多的金牌、银牌和评上优良产品。这是最根本的提高竞争能力的途径,希望在市委领导下共同努力。在纺织染料方面,还有许许多多大量需要的产品中搞它一些金牌、银牌,那作用就大了。机械工业、军工这么大个优势,今年西南铝加工厂得了个金牌。机械工业这么大个优势一个没得,军工只有一个运动枪评上了,不能满足。首先还是我们工业要提高质量,降低成本,增加花色品种,价廉物美,提高竞争能力。同时,要工商紧密结合,搞好调查预测,对市场变化、动态进行分析。我在成都讲过,现在是工商争利润,工农争原料,争了半天,人家来倾销,我们打败仗,这个可不行。我看工商、工农要联合,重庆已迈出了步子。我们提倡工业自销,多渠道,但工业再搞,商业的脚还是比你长,他往下伸脚长,往上伸手长,所以,工商还是要联合。我们也不可能工业自己搞个很大摊子,应该联合起来,联合起来搞调查预测,搞动态分析。商业替工业推销,同时商业也向工业提出要求,提供情报。所以我们要继续解放思想,放宽政策,搞多种形式,疏通各种渠道,包括恢复传统的经营形式和特点,使货畅其流。要冲破一些条条框框,外省的好经验我们都要学习吸收。要从增产增销当中求得增收,死扣着老办法,不敢采取变通办法,我们整个经济、财政、金融是搞不活的。一定要敢于创新,闯开一条新路子出来。重庆市现在试办了交易市场、商业信托公司、贸易货栈,在搞活经济中起了好的作用,要进一步发展和完善。我看要把情报和销售中心尽快建立起来。最近重庆正在和江津谈商业的联合。商业的问题,农工商联营的问题,商业的自负盈亏的问题,我们这次都研究了。但是,还有许多问题要解决,有些我们还来不及研究。张海亭同志出去看了一趟,大有收益,我看省里面也得出去看,希望重庆市再研究出一些好办法,创造一些好经验来。

再一个问题就是进一步改善企业内部的经营管理。我们现有工商企业经营管理水平低,同独立经营、自负盈亏的要求是很不相适应的,我们要在过去恢复性整顿的基础上,进一步从根本上进行改革。要把以全面经济核算为中心的科学管理体系逐步建立健全起来。要把提高产品质量,努力降低成本,增加花色品种,改善产品结构,改善包装装潢,作为当前的紧迫任务,抓紧抓好。只有这样才能提高产品的竞争能力,才能不断满足市场的需要。要狠抓科研工作,充分发挥工程技术人员的作用。当前我们有一部分企业任务不足,必须通过市场调节,广开门路。与此同时要把企业的民主管理建立健全起来。中央已经指出来了,我们四川也是这样做的。自主权不是仅仅交给企业、事业组织的个别负责人,而是交给真正能代表广大职工的民主管理机构和监督机构。这就是要加强职工代表大会和职工代表会议,使他们有权讨论和决定自己职权范围内的重大问题,有权选举、建议任命和建议罢免本单位的行政负责人,充分发挥工人当家作主的作用。在实行民主管理的同时,不论在生产方面、技术方面、经济方面,还必须有必要的统一管理和集中指挥,这就是要加强以厂长或经理为首的生产行政指挥系统。工会要着重抓好民主管理的工作。现在看来,按人大这个办法,我们原来提的常设机构以厂长为首,恐怕有点问题,这个问题工会提出了不同意见,我看可以研究一下。党委要抓好政治思想工作和保证监督工作。

再就是要改革上层机构。市委提出来要在全市范围内进行试点,要推动全市经营管理体制的改革,促进全市各项工作更快的前进。应该看到,这次试点工作同过去进行的企业扩权试点有很大的不同,试点范围更加广泛,改革的内容更加深入,不仅市、区、县属企业要搞,中央、省属企业、军工企业也要搞;盈利多的企业要搞,只有微利甚至亏损企业也要搞;不仅工商企业要搞,而且涉及许多科研事业单位应该怎么办的问题。在这么多不同行业、不同类型的企业试点,一定会从各方面提出许多新的课题。这就必然会促进全市各级领导机关进行改革。比如企业实行独立核算、国家征税、自负盈亏,成为国家统一领导下独立经营的商品生产者,这就要求各级政府和经济领导机关,改变权力过于集中,统得过多,管得过死,任意干预企业生产经营活动的状况,把应该下放的权力下放给企业,学会依靠经济组织、经济杠杆和法律办法管理经济。因此全市各个经济管理部门,也涉及省里各个经济管理部门,比如计划、物资、物价、财政、税务、银行、劳动等部门,都要打破旧的条条框框,积极改革管理体制,以适应企业改革的需要。同时,在全市企业实行自负盈亏的改革,将有助于改进政府和经济部门的工作,克服官僚主义,使各级领导机关,既不随意干涉企业的经济活动,又能积极做好服务、统筹、协调、监督工作。这样,把经济部门的管理工作更好地转到或者真正的转到服务、统筹、协调、监督的轨道上来,帮助企业取得更大的经营成果。所以,我们必须在领导体制、管理制度、工作方法和作风等方面有一个与此相适应的转变,认真研究改革过程中经济运动的规律,不断解决出现的新情况、新问题,统筹企业的发展方向,协助企业制订长远规划,从各方来为企业服务;提供宏观的、微观的技术经济情报,协助企业搞好市场调查和预测;协调各经济组织和各种经济形式之间的关系;监督企业坚持社会主义的方向,贯彻执行党和政府的方针政策。按照华国锋同志在五届人大三次会议上的讲话要求,采取有力措施,克服领导工作中的官僚主义。所以,我们省、市都要认真研究,在全重庆市自负盈亏以后,上层机构如何改革与设置的问题,把过去主要用行政管理的办法,改为主要用经济的办法管理经济,要逐步的把某些行政机构改为企业性的经济组织。同时,要注意,对内不要把企业的权力都收上来,搞公司集权制,对外不要搞垄断、搞封锁。上海是搞全行业的公司,全行业的扩权,他们除国家的上交之外,留给企业60%,这个办法不行。〈……〉。我们应该给企业更多的权力,不要搞平调。

市委、市政府提出,要组织一个精干的班子,市委、市政府和市经委、计委、建委、工办、农委、财办、科委、物资、商业、外贸、物价、财政、税务、银行、劳动等部门要积极参加,把试点工作当成自己的责任,积极主动改革本部门不适应扩权要求的某些规章制度。各局、各区、县、各企业单位都要有领导干部和一定的工作人员抓这项工作。目前要抓紧时间,制定出改革的方案,做好各项准备工作,以保证试点工作的顺利进行。我们认为这个意见很好,要抓紧落实。省里面也要这样做,我们还要进一步研究,也要组织一个精干的班子。

最后我再谈一点,就是要狠抓当前工作。准备从明年1月1日起,全市国营企业实行独立核算、国家征税、自负盈亏的同时,要狠抓当前工作。抓试点的同时,要抓好当前的生产,全面超额完成国家计划。实行自负盈亏的试点,是调动企业和职工的积极性,大力发展生产,改善生活。不能因为搞试点,使四季度生产松下来,更不能有意压低生产增长幅度,明年生产的增长幅度一定要超过今年,否则你说试点搞得好,但生产增长幅度没有超过今年,那就没有说服力,不能说服人。所以,我们一定要发动群众来讨论这个问题,今年一定要超额完成计划,明年一定要超过今年。省工交会议,大东同志要讲话,这也是一个重要内容之一。今年1至8

月,我省工业生产的发展速度不很理想,与去年同期比较,只增长8.8%,低于全国平均水平。重庆比全省平均水平高一些,但仍在全国平均水平之下。在全国18个大、中城市中,去年重庆是占第3位,今年上半年退居到第10位。这个情况值得我们注意,我们全省都退了。今年只有100天了,我们要通过传达贯彻五届人大三次会议精神,充分发动群众,想办法,订措施,挖潜力,狠抓增产节约,增收节支,进一步提高生产水平,增加财政收入,同时要做好明年的生产准备。20日省召开工交会议,一个是要超额完成今年的任务,一个是作好明年的生产准备。我们今年退下来了,有主观原因,还有其他原因,我们要研究一下。最近省统计局有个资料,谈到主观原因,但是我们要说明有两个客观原因:一个是能源,一个是军工大幅度的下降。所以,要狠抓节约能源和降低原材料消耗的工作,以节约保增产。全国明年增长6%,这里面是按节约能源来算的,他是节约3%,增产3%。我们算了算,光天然气一项,按现在报的计划,本身就减少10%,换算成我们的能源就是减少2%。所以,孟东波同志讲,我们明年要按增长8%来算。我们要从各方面来想办法,能源是很重要的一条。我们拉下来大的,一个是能源,一个是军工,但是沈阳的军工就是增加,这里面还是有我们自己的工作问题。明年的能源、天然气紧张,就联系到煤也紧张。我们要狠抓节约能源和降低原材料消耗的工作,以节约保增产。明年能源,主要是天然气和煤,要比今年更紧张。我们必须认真研究,采取有力措施,才能解决这些问题。从能源讲,无非是开源节流这两个方面。我们要求各级政府,各企、事业单位,家家户户要认真研究落实节约能源的措施。同时,希望各级党委,各级政府都要大力支持能源的开发和建设,给予他们以各种方便。当然,能源开发建设供应单位,也要积极主动争取地方支援,搞好相互间的关系。当前有一些企业的同志,听说要搞自负盈亏了,不知怎么算账,担心今年增产增收多了,明年吃亏,这个担心我们认为是不必要的。因为我们有一条杠杠,就是不低于"十四条""十二条"的原则。我们今年增产增收多了,明年只会有好处,不会吃亏,放手去增产增收,不要有顾虑。

同志们,重庆市明年实行独立核算、国家征税、自负盈亏,是我们经济管理体制的重大改革,涉及面广,政策性强。我们一定要认真学习五届人大三次会议精神和其他文件有关部分,按照中央确定的方针,解放思想,放宽政策,把经济搞活。要发动和依靠群众,经济体制改革涉及各个部门,各个方面,关系到国家、集体和个人的经济利益,关系到"四化"建设的发展,试点工作光靠少数人作计划、提方案、想办法是不行的。必须加强调查研究,坚持群众路线,依靠和发动广大群众献计献策,集思广益,即勇于创新,又谨慎从事。我们这个办法要发下来,假如各厂有更好的办法提出来,我们也欢迎。大东同志和我召开七个单位座谈的时候,大东同志就提出了这个意见,希望大家都开动脑筋。要加强试点工作的领导,省、市有关部门要大力协同,密切配合,把扩大企业自主权的工作,当作自己的责任,深入企业,研究新的情况,解决新问题,总结新经验,确保试点工作顺利发展。

上面我谈的这些,有的不一定成熟,有的不一定对,提出来供大家参考研究。目的是要我们大家一起,继续解放思想,开动脑筋,实事求是,共同努力,把这件事情办好。继续解放思想,就是要肃清"左倾"的流毒,肃清封建主义思想的残余和小生产习惯势力的影响,从旧的条条框框中解放出来。这样我们的机器才能够进一步开动起来,才能实事求是的、团结一致的共同努力把这件事情办好,把整个国民经济进一步搞活,把整个经济体制改革工作搞好,把生产更快的搞上去。

丁长河同志在全市干部大会上的讲话

（1980年9月）

（根据记录整理，未经本人审阅）

同志们：

今天市里召开干部大会，省委西尧同志传达了国务院领导同志和省委的指示精神，决定在我市国营工商企业全面开展独立核算、国家征税、自负盈亏的试点工作。这是我市经济管理体制改革中的一件大事。我们一定要积极努力，兢兢业业地把这件事做好。国务院、省委、省政府决定在我市试点，是对我们广大干部和职工群众的信任，我们不能辜负他们的希望。关于全面实行自负盈亏试点的意义、原则、工作步骤以及工作方法，西尧同志都讲得很清楚了。下面，我讲一讲贯彻意见。

第一，从现在开始，市级各部门各单位就要认真传达贯彻西尧同志的报告精神。首先要在领导干部中进行传达，并组织好学习讨论，通过学习讨论，统一思想认识，明确改革经济管理体制，实行自负盈亏的重要意义和必要性，坚定搞好改革试点的信心和决心。使大家都能明确，实行国家征税、自负盈亏，是在前两年按照十四条、十二条进行扩权基础上的深入发展，与增长利润分成和全额分成办法比较，能更好地处理国家、企业、职工个人三者的经济利益关系，把权、责、利更好地结合起来。这种改革是经济发展的必然趋势，它符合客观经济规律，代表着前进的方向。去年以来，我市100多个工商企业扩权收到了明显的效果，调动了企业和职工的积极性，增加了企业自身的内在动力，开始搞活了企业，搞活了经济，促进了生产的发展。但是，这一百多个企业还只是小改小革，如果按照经济规律，按照经济手段管理企业，以经济效果衡量企业的好孬，把职工的经济利益同企业的经营活动紧密地联系起来，还有许多地方没有做好，没有做到，一些从行政管理，规章制度方面统得过多、管得过死的状况还没有根本改变过来，企业还没有真正成为相对独立的商品生产者。因此，进一步扩大企业自主权，实行自负盈亏，就成为体制改革的必然要求。而这样的改革，广大干部和职工群众是欢迎的，拥护的。但是，我们也应估计到，由于种种原因，有的同志存有这样或那样的思想顾虑，是需要我们抓紧时间向他们做工作的。比如，有的怕担风险，认为自负盈亏搞得不好，要犯错误，对上对下都不好交代；有的怕税率和留成的比例不适当，怕吃亏；有的习惯于按老章法办事，怕实行新办法麻烦，等等。对这一切思想顾虑，应当通过学习和讨论，认真加以解决。每个领导同志，都应该跟上这种形势，适应这种改革，参加这样的改革。今后，企业经营管理得好，本身得利就多，经营管理不得法，产生亏损，经济责任也就较大。所以每个同志都要参加，好好研究这个问题。不要落在后面，甚至抱着抵触情绪，站在运动的外面说东道西，成为改革中间碍事的人物，这是需要提醒的。在改革过程当中，再保持那种吃大锅饭，旱涝保收，平平安安过日子是不行的了。过去做一个企业领导，事情有难办的一面，如有因统得过死，有法用不上，有劲无处使，对有些瞎指挥、高指标，有责无权十分苦恼。这是难办的一面。但是，也有好办的一面，过去生产，原材料统配，产品统销，工资包发，很多地方是福利一个样，奖金按工资总额5%提出来照发就是了。这个与任务完成得多与少，不影响自己的经济利益，因此，也可以说日子还是好过。前面是困难的一面，不好过的一面，后面是好过的一面。这种矛盾再不解决，就将影响社会生产力的发展，违反按劳分配的马列主义原则。坚持马列主义，就要按劳分配，要等价交换。因此，要通过学习讨论，提高认识，统一思想,把权、责、利结合起来。在统一领导干部认识的基础上,还要尽快地向广大群众进行传达,做好宣传工作。使大家都明白为什么要搞自负盈亏,怎样做到自负盈亏,使每个同志都自觉地行动起来。整个的工作,要以五届人大三次会议精神和国务院领导同志、省委、省政府领导同志的指示作为工作的方向,作为动力,认真地搞好试点工作。这个任务是很艰巨的,也是很光荣的。所以,我们都要进一步解放思想,勇于创新,千方百计把试点工作搞好,不能走过场,搞形式,更不允许搞坏。

第二,要积极做好大扩权试点的各项准备工作。全市开展自负盈亏的试点,涉及面广,政策性强,情况复杂。为了做好试点工作,我市各级党委、政府和各单位,都要把试点工作作为大事来抓。从上到下,分别组织精干的工作办事班子,在国务院、省委统一领导下,在他们派出的驻在我市的工作组的指导下,尽快地做好试点的各项准备工作。当前最主要的工作,除了做好思想政治工作之外,就要搞好测算工作,一定要尽快地拿出不同的对比方案。这种方案要做到趋利避害,扬长避短,讲求最佳经济效果。各个企业也要采取这样的精神,来做好本单位、本系统的测算工作,反复进行比较研究,最后肯定切实可行的试点方案,报省委、省政府审批决定实行。同时,在近期内,市里各经济主管部门都要积极做好体制改革的组织机构和人事安排的准备工作。例如企业的干部,公司的干部,局的干部,都要因才使用,做到能够适应这样的改革。对于适应这样改革的人才,要破格使用;对不适应这种改革的干部,不能从照顾个人情绪出发,勉强安排,安下去,有些有了位子不能尽到责任,这就要影响我们的工作。党政办事机构,不要大而不当,这就要求不必上下对口,有些地方可以不设党政机关,比如一些小的公司就不要设。党的领导,按三级实行统一领导,就是市,区县、局,企业。要减少层次,小的公司就专门搞经济活动,就是搞:产、供、销,搞技术培训,提供技术资料,搞技术服务工作,先把这个抓起来。编制不要求一律。除了机构、编制、人事安排外,也要求计划、物资、商业、物价、财政、税务、银行、劳动等部门,都要从大扩权试点任务的要求出发,努力改进工作,转变作风,认真改革不适应扩权要求的某些规章制度。经过调查研究,提出适应全市企业实行自负盈亏的办法的规章制度,进一步把应该下放给企业的权力尽快地下放给企业,把机关工作尽快转变到"服务、协调、统筹、监督"方面来。报社、电台等宣传部门,要积极配合试点,实事求是地、准确地、恰如其分地做好宣传报导工作。

第三,全市在四季度内,要在做好自负盈亏试点准备工作的同时,认真抓紧当前的生产,超额完成今年的国民经济计划。今年只剩下最后3个多月了,时间不长了,而需要做的工作却很多。希望各级党委、政府和企事业单位,都要统筹安排,适当分工。一方面要抓好试点的准备,一方面还要抓紧当前的生产,两方面都不能放松。另外,根据有些企业全年生产任务已经完成或将提前完成这种情况,同时也因为今年和过去几年有些设备检修的较差,有些单位安全事故还较多,可以花一定的时间和组织一定的人员,来总结经验,为明年的生产工作做好准备。也有些单位,明年遇到了动力、原材料不足,这就要把企业的挖潜和外部的协作工作抓紧。总之要尽可能地为明年的生产准备工作打下一个较好的思想、物质基础。今年,我们的计划,工业总产值一定要超过68亿元,不能因为明年要扩权试点,就故意地留一手,从而人为地降低生产水平,为自己单位多分留利润打小算盘,如果这样做就不好了。我们应该防止和纠正这种想法和做法。国务院和省委领导同志都讲了,实行大扩权,就是要充分发挥国家、地方、企业和职工的社会主义建设积极性,在制定税收的税率和收益分配的时候,也要照顾到国家、地方、企业和个人的利益,要按劳分配,不能只顾一头。从企业、个人这两方面讲,明年收益将不少于"十二条""十四条"扩权试点的所得。像国务院明年也不得少交一元钱。地方、省市如何分成,应该在不挤占上下两头的前提下面,从需要与可能、不影响两者的积极性这个前提下来留成,尽可能更快地弥补多年的生产生活欠账着眼来着手做工作。我们是这样来理解的,这样对税率、税种、税利的分配,就要反复研究,切实可行。

为了做好明年的工作,我们一定要根据西尧同志所讲的,要看到我们的优势。我们市是一个大城市,人口600万,面积9818平方公里,耕地有400万亩,设备、固定资产占全国城市中的第七位,两江贯穿市区,交通四通八达,有七八十万的工人,有上百个科研机构,有十几所大学,科学技术人员有5.5万多人,土地也不算贫瘠。只要我们老老实实按上级的指示去做,靠政策,靠科学,调动起全体人民的建设积极性,发挥出他们的聪明才智,搞好我们的扩权试点,我们生产会有一个更大的进步的。在我们的设备方面,尤其是机械加工方面,我们的优势是很多的。不论军民,我们的加工力量都是很强大的。有些地方讲,如果和四川和重庆竞争,成败的关键在于军民结合这个问题上,我们的潜力也在这里,这种估计是有道理的。因为军工设备精密,技术干部、技术工人所占比例都是比较大的。领导机构、领导同志在组织生产方面能力是强的。职工在完成任务、组织性责任心方面都是非常之高,实行军民结合,就能加快技术改造,生产市场需要的产品。再就是我们市处于相当大、相当多的原材料产地之间,粮食、水果、皮革、棉花、农副产品丰富,煤、铁矿也有一定的基础,而且在这个地区的其他几个城市还是比较新的、比较小的,它们科学技术水平有的和我们一般高,有的还不比我们高。因此,我们的基础是好的,我们可以就地组织原材料,就地推销产品,这是优越条件。关键是我们的工作要做好,要组织协作联合,用平等互利的原则搞联办合营企业,实行合同制,引导开发生产能力、销售能力,要组织企业性的专业性公司。这些好办法,我们要抓紧进行。现在在农村中讲农工商综合经营,对工业不能不发生影响,但是我们要搞清楚,农村基本上还是以农为主,没有更多的农副产品变成商品,那么在一个社在一个队之内,没有加工的对象,没有多余的商品进行销售,农工商这个工商就有点悬空。所以,还是要发展农副产品的生产,种植业、养殖业来一个大发展,粮食应该稳定和发展。我们为了调动城乡积极性,可以搞工农合办企业,就是农村有土地,有劳力,有些地方还有房屋,有些可以就地办社会福利工作;工厂有资金、有技术、有设备,可以合作,用折价入股、年终分成的办法或分红的办法,一定几年不变。工厂、城市里面可以这样办,城市与农村也可以这样办。这样,我们就可以少花钱多办事,也可以减少城乡的矛盾,企业与企业之间的矛盾。现在离年底只有一百天,大家要抓紧完成和超额完成自己的任务。要用显著的成绩,要搞好扩权试点工作,来迎接明年的新任务,迎接党的十二大的召开。

重庆市人民政府办公厅
1980年9月22日印发

于汉卿同志在传达全国工交会议精神大会上的讲话

(1981年5月16日)

国务院召开的全国工交会议,于4月15日至25日在上海召开。参加这次会议的,有各省、市、自治区主管工业的副省长,经委和财办主任,国务院各有关部、委、总局的负责同志,12个城市主管工业的负责同志,还邀请了10位经济专家、学者参加,共326人。我省由副省长孟东波同志,省经委、省财政厅的负责同志和我,共7人参加。会议着重讨论了三个问题:一是工业结构、产品结构和组织结构的调整和改革;二是增产节约、增收节支、提高经济效益,特别是大力增产轻工市场产品和节约能源;三是加强工交企业的思想政治工作。会议开始时,国家经委袁宝华、马仪同志分别传达了国务院领导同志在听取国家经委党组汇报时的指示;传达了总理在国务院全体会议上的重要讲话和姚依林副总理的讲话。宝华同志受国务院的委托,就第一季度生产形势,今年工业生产、交通运输主要任务,几个经济政策问题,把上海经验移植到内地,以及大力加强企业的思想政治工作等五个问题作了报告。上海作了全面经验介绍,天津、辽宁、江苏、湖北介绍了贯彻调整方针,搞好工业生产和学上海的经验,参观了上海十多个生产名牌产品的先进工厂。会议结束时,依林同志作了总结讲话。

这次会议开得比较紧凑,讨论的问题比较集中。突出的有三条:一是明确了组织今年工交生产的指导思想,〈……〉,对通过调整和改革,使我国经济发展走上一条新的路子,认识加深了。〈……〉对今后经济的发展提出了九个方面的问题,概括为"稳定经济,调整结构;依靠老厂,挖潜改造;改革体制,提高效益"三句话,对当前的经济工作和制定"六五"计划都有重要的指导意义。二是宝华同志在报告中,重申和明确了八条经济政策,大家对搞好今年工交生产的信心更大了。三是把加强思想政治工作作为这次会议的重要议题,重申了思想领先的原则,这对于贯彻调整方针,完成今年的生产任务是一个重要的保证。袁宝华同志在会上的报告、姚依林副总理的总结讲话和上海等地的经验材料已印发给市级各委、办、局、公司和区、县,请认真组织学习,结合各企业的实际情况,坚决贯彻执行。下面,传达会议的主要精神和贯彻意见。

一、会议的主要精神

(一)大力发展消费品生产

会议要求,各省市、各工业部门今年都要在原来计划的基础上,再增产大批日用消费品投放市场,作为增产节约、增收节支的一项主要任务。安排轻纺工业系统今年增产23种重点产品,共可增产产值66亿元,回笼货币66亿元,增加利润和税收21亿元。还对电子、机械、军工、冶金、化工、建材等重工业行业围绕消费品生产的需要,调整各自的生产,提出了具体要求。关于增产这些日用消费品使用进口原料和部分国内原料所发生的价差3.7亿元,经有关部门商定,由增产产品的税利解决。用进口烟叶增产的卷烟,由财政部批准给予一次性减税。其他增产产品的原料差价,从该项产品上缴利润中解决;如果由于原料价差影响发生亏损,由税务部门给予减税。

(二)重申和明确的几个经济政策问题

会议强调,在实行进一步调整中,应注意处理好疏与堵、开源与节流、调整与增产、宏观经济上的集中统一与微观经济上继续搞活的关系。对于那些有利于经济调整、提高经济效益、促进生产发展的政策必须坚持,不够完善的要加以修改、补充,有些问题则要从政策上加以明确规定,并保持政策的连续性和稳定性。重申和明确了:坚持国家计划指导下的市场调节,搞好工商、工贸之间的衔接与协作;二轻集体所有制企业的生产,轻纺工业所需原料的生产和供应;现有企业的技术改造;工业改组、联合与企业的关停并转;大力发展新产品;适当调整某些工厂产品的价格;坚持按劳分配,控制奖金总额等8个方面的政策,并提出了34条具体措施。

(1)工交企业要像农村搞联产责任制那样实行经济责任制。要分别不同情况,逐步实行四条办法:一是已经实行扩大自主权试点的企业继续按照试点办法实行利润分成;二是亏损企业、微利企业实行减亏包干,超亏不补、减亏、盈利留用;三是小企业要提前一步实行自负盈亏,以税代利。各省、市、自治区可选择若干中小城市进行试点;四是有计划有步骤地在大中城市按行业、按公司实行利润包干。

(2)关于企业资金问题。会议讨论了《国务院关于动用上半年结余存款的几项规定(代拟稿)》,修改后经国务院批准下发,各地可先按此文件精神进行工作。文件规定,国营、集体企业及其主管部门的上半年结余存款,在完成国家分配的国库券认购任务后,凡是用于有关增产消费品、短线原材料、节约能源的挖潜改造措施,以及科研经费(包括新产品试制)和职工住宅建设的,由存款单位根据实际需要,提出申请,经省、市、自治区人民政府批准使用。

今年银行的中短期贷款、拾零补缺贷款和挖革改资金,应尽可能少搞基建,多用于技术措施和设备更新。凡属于基建的,要按基建程序办。银行对搞活生产,特别是消费品生产和收购的必要的货币投放,要在不突破国家控制指标的范围内积极给予支持。

(3)关于进一步落实二轻集体所有制企业的政策问题。会议强调:一是把统负盈亏逐步改为独立核算、自负盈亏;二是企业税后利润的分配,实行"多留少缴"的原则,留成比例一般不应少于50%～70%;三是企业税后利润留成基数确定后,一定几年不变,每年增长部分实行"双减半"的办法,即增长利润所得税减半计征,"合作事业金"减半上交;四是恢复年终劳动分红制度,年终分红不能视同奖金。

(4)关于奖金问题。会议讨论了《关于贯彻执行国务院十号文件若干问题的补充规定(讨论稿)》,主要精神:一是凡巧立名目,乱摊成本、滥发奖金、津贴和实物,搞邪门歪道的,要坚决纠正和制止;二是今年实发奖金总额必须比去年有一个显著的降低;去年奖金总额不到一个月的地区,应维持在去年水平内,不能再增加;一般的奖金水平不超过两个月,贡献大的企业不超过三个月(包括在以省控制不超过两个月之内)。会议特别强调,对职工发放奖金,必须在加强思想政治工作的同时,贯彻按劳分配原则,克服平均主义。

(5)关于扩大企业自主权问题。国家经委、国务院体制改革办公室、国家计委、财政部等10个单位,在会上联名印发了"关于落实国务院〔1980〕23、226号文件,巩固提高扩权试点工作的具体实施办法",明确指出:三中全会以来的经济体制改革,方向是正确的,效果是显著的。当前经济工作要以调整为中心,改革要服从调整,有利于调整。对已经从各方面证明行之有效的改革措施,必须继续坚持,积极进行,不能走回头路。少数新的改革试点也要有领导有步骤地进行。

(6)减轻企业的负担。今后对就业人员的安排,要重点转向手工业和服务性行业,转向组织自负盈亏的集体所有制经济和个体经济,不要都压到全民所有制企业中去。

(三)有组织地把上海的先进经验移植到内地

会议指出,学上海一定要从实际出发,采取扎扎实实的方法,不要搞运动,不要搞形式主义。主要采取四种形式:一是请上海派人传授技术和经验;二是选择一批企业同上海有关企业建立固定的学帮关系;三是技术转让;四是组织联合,发挥上海技术、设备的优势。

(四)大力加强企业的思想政治工作

会议把加强思想政治工作作为一项重要议题,重申了思想领先的原则,强调各级党委要把抓好思想政治工作作为自己的主要任务。着重强调了五个问题:一是当前工交系统思想政治工作的中心任务和清理"左"的流毒影响应注意的政策;二是企业党组织要把做好思想政治工作作为主要任务;三是做好青年工人的思想政治工作;四是改善企业思想政治工作的方法,要坚持疏导的方针;五是各地要健全政工机构。

二、关于我市贯彻全国工交会议精神的几点意见

根据全国工交会议的要求和省的部署,结合我市情况,经市委、市府讨论,提出以下贯彻意见:

(一)狠抓当前生产,确保上半年和全年生产计划的完成

今年以来,我市工交战线广大职工,认真学习中央工作会议精神,贯彻调整方针,广泛开展增产节约、增收节支活动,取得了一定的效果,特别是4月份工业生产有较大回升,总的形势是好的。纺织、一轻、二轻、仪表、电业、建材以及市中区、巴县等系统和区县工业总产值都比去年有一定的增长。80种主要产品产量中,与生产和人民生活有关的,如天然气、化肥、摩托车、电视机、化纤、棉布、印染布、灯泡、缝纫机、手表、皮鞋等48种产品比去年同期都有不同程度的增长。轻纺工业增产幅度较大,工业结构开始发生变化。4月份轻纺工业的比重,

多年来第一次超过了50%。但是，1至4月工业生产只完成全年计划71亿元的30.8%，比去年同期下降1.5%，全市财政收入比去年同期下降12.86%，亏损企业增加。按照今年实现财政收支平衡、信贷平衡、稳定物价的要求，整个工交系统任务还非常艰巨。

应当看到，当前生产的有利条件很多。从政策上讲，这次全国工交会议对搞活经济的各项政策进一步明确了。从物质条件来看，电力可以满足生产需要，煤炭供应也有所缓和，原材料逐步在解决，气候不冷不热。前一段欠了账，要发动群众，认真贯彻这次工交会议精神，把生产搞上去。当前必须切实抓好以下几项工作：

第一，所有企业都必须把完成国家计划放在首位。各级领导要全力以赴抓好工交生产，要教育干部和职工进一步认识完成今年国家计划的重大意义，无论是增加收入，回笼货币，稳定市场，都要依靠发展生产。要树立严肃的计划观念，增强完成计划的信心和决心，自觉地克服消极、松劲、畏难情绪，加强劳动纪律，端正劳动态度，力争多生产，多做贡献，要强化生产指挥系统，搞好生产指挥调度，及时研究解决生产中的问题，千方百计地完成生产计划和财政收入计划。

第二，抓好拳头产品、市场适销对路产品的增产和原材料供应。轻纺工业部门要大力增产适销对路的短线产品，五、六月份要有较大幅度的增长。要狠抓产品质量，不断降低成本，提高产品的竞争能力。要改变产品结构，大力发展新产品、新品种、新花色，搞好产品的升级换代。常州、沙市搞科研所或设计室，由局（公司）领导，市科委也把发展新产品作为一项主要任务来抓，因而较好地解决了新产品的接续和储备问题。重工业部门也要努力生产日用消费品，要主动找市场，了解轻纺工业的要求，在发展消费品生产中发展自己，学习辽宁的办法，以重帮轻，以轻促重，共同发展。

第三，加强工商联合和产销衔接，打开地方工业产品的销路。要搞好市场调查，疏通流通渠道，采取多种形式，联合推销地方工业产品，把我市产销搞活，不断扩大销路，占领市场。工商利润分配不合理的部分，本着工大于商的原则，要立即进行适当调整。当前要处理好工商矛盾，兼顾各方面的利益，要工商联合起来搞贸易，繁荣经济。

第四，组织干部，特别是各级领导干部，深入生产第一线，解决问题。目前，企业面临的困难和问题较多，各工业局要组织干部下去，帮助那些问题多、困难大的单位或地区，发动群众解决生产中所遇到的各种问题。以前实行的现场办公解决问题效果较好，应当继续坚持下去。国务院领导同志已为我们做出了榜样。当前正是生产的黄金季节，必须精简会议，可开可不开的不要开，能够合起开的尽量合起来开，必需开的会也要开短会，不要事事都要领导到场，让他们有更多的时间深入第一线抓好生产。

（二）围绕大力发展消费品生产，狠抓工业改组和企业联合

要根据国家建设的需要和市场的变化，不断地进行工业结构、产品结构和组织结构的调整和改革。近两年来，全市已组织起70个经济联合体，达成121个项目的经济联合协议，参加联合的企业有228个。但与上海等先进地区相比，我们抓迟了一些，进展慢了一些，必须加倍努力，迎头赶上。当前，在围绕发展消费品生产进行工业改组和企业联合问题上，要着重抓好以下几点：

（1）要在调查研究的基础上，抓紧制订进一步发展消费品生产，进行三个结构改革以及改组联合的规划。全市的调整方案正在制订，方案一经确定，就要坚决贯彻实施。市里已成立工业调整领导小组，下设资金、原材料、能源、工商衔接协作四个小组，并确定了负责同志分工抓钟表、家用电器、缝纫机、服装、纺织品、收音机、电视机、电表、摩托车、自行车、食品、饮料等重点消费品生产的发展，改组和联合。全市各工业部门、各单位都要牢固树立全局观念，服从全市的统一规划安排。必须坚决打破部门、地区的界限，按照专业化协作的原则，把现有企业合理地组织起来。在事关大局的问题上，不允许各行其是，各自为政。

(2)对现有工业企业按行业实行归口管理。为了更好地组织生产,促进经济联合,避免重复建厂、盲目发展,搞好我市工业合理布局和专业化的调整、改组工作,充分发挥每个企业的潜力,我市现有工业企业必须有计划有步骤地按产品实行行业归口管理。凡本市市属工业、区县属工业、街道工业,不论隶属关系和所有制如何,均应按产品归口原则,由归口主管局(公司)按行业实行归口管理。其隶属关系和所有制不变,税收财政上交关系不变。

归口主管部门对归口企业的生产方向、规模、生产计划、产销衔接、统配物资的申请、产品质量、新产品试制等工作,实行统一管理。同时要加强归口企业的技术指导,组织经济信息、经济情报和先进技术的交流。

(3)以消费品生产为中心,组织和发展经济联合体和各种专业公司、总厂。当前,要仿效三峡电扇、嘉陵摩托车经济联合体的办法,重点发展缝纫机、麻纺织、造纸、罐头食品、啤酒、饮料、洗衣机、民用电表、灯具、眼镜、香精香料、皮毛羽绒等经济联合体。对现有的行政性公司,要在做好思想政治工作,搞好经济联合的基础上,逐步过渡为企业性公司。今年内,先将针织、服装、皮革、橡胶、医药、汽车、轴承、标准件公司等8个行政性公司改变为企业公司。根据生产发展的要求,现有的企业公司,根据建立原料基地和发展拳头产品的需要,可以积极同市外有关企业或地区实行经济联合。

(三)坚持在宏观经济集中统一下搞活微观经济的政策

两年多来经济改革的实践证明,调动工交企业和广大职工的积极性,发展生产,提高经济效果,必须把经济政策搞对头。从全国工交会议交流的经验来看,一些省市的工业生产之所以能在调整中不断前进,一个很重要的原因,是在坚持宏观经济集中统一的前提下,从自己的实际出发,制订和实行了一系列搞活微观经济的政策和措施,并注意保持政策的稳定性,一经制订,决不朝令夕改,轻易变动。从我们重庆的情况来看,三中全会以来,在搞活经济方面,也采取了一系列具体政策,收到了良好的效果。今年4月,根据省委工业书记会议精神,在市工交工作会议上,市委、市政府又重申了这些行之有效的经济政策要坚决执行,不能轻易变动。这次全国工交会议又重申和明确了8个方面的政策、34条具体措施,会议特别强调要把工交企业实行经济责任制作为一项重大政策。我市工交、计划、财税、商业、外贸、物资、银行、劳动、物价等有关部门和各区县、各企业,对上述各项经济政策和措施,一定要坚决贯彻落实,切不要在你那个部门或单位梗塞起来。当前,特别要认真把以下经济政策贯彻落实好:

(1)实行经济责任制。我市工交企业实行经济责任制,分别采取以下办法。

1. 经省委同意,市冶金、建材、公用三个局继续实行利润包干。具体办法是:冶金和建材局实行定额包干,超额分成;超额部分三七开,局留用70%,上交30%。公用局实行上交定额包干,剩余留用。包干金额多少,都是一年一定。

2. 一轻、电子仪表局两个行业实行以税代利、独立核算、自负盈亏试点。国务院、省委原则上都同意试点方案,有几个具体问题有关部门正在抓紧研究,在最近研究确定后,立即部署试行。

3. 亏损企业、微利企业分别实行亏损包干和微利包干。根据这类企业不同情况,具体实行几种办法:一种是微利企业,实行自负盈亏,盈不交,亏不补;一种是亏损企业,实行亏损定额包干,超亏不补,节余归己;一种是实行计划亏损,节亏按规定分成作为企业基金;一种是按产品销售数量实行定额补贴。凡是属于亏损包干和微利包干范围的企业,包干办法没有定下来的,一定要在本月内确定下来。在确定指标时,必须坚持国家和集体相兼顾的原则,当前,国家有困难,企业不能只考虑自己多得。

4. 已经实行"十四条""十二条"扩权试点办法的企业;实行独立核算、自负盈亏的钟表公司、印制三厂两个企业;实行利润包干的塑料五厂、家具一厂两个企业,继续按照过去的试点办法执行。

5. 根据全国工交会议确定,小企业要逐步实行自负盈亏,以税代利的精神,我市准备先选一个区或一批小型企业进行试点。这个问题准备召开专门会议研究确定。

(2)二轻集体所有制企业,继续执行省委85号文件和市委贯彻85号文件规定的政策。省委工业书记会议、市工交工作会上已经重申了这些规定,这次全国工交会议上袁宝华同志又肯定了四川的办法。原来有的对集体企业恢复年终劳动分红制度有不同看法,这次也讲清楚了,年终分红不能视同奖金。集体所有制经济要大力发展,个体经济要适当发展,这些政策没有变,都要认真贯彻执行。城镇待业人员的安置,主要靠发展集体、个体经济来解决。

(3)要把按劳分配政策贯彻好。企业对职工发放奖金,必须在加强政治思想工作,严格责任制的基础上,认真贯彻按劳分配的原则,克服平均主义,彻底改变吃大锅饭的现象。这样,奖金制度才能真正起到调动积极性,推动生产发展的作用。现在,市里按照〈……〉和全国工交会议确定的发放奖金的四条原则,正在制订具体的办法。同时,还要注意改进工资制度,凡是有条件实行计件工资的,都可经过批准实行计件工资,能够实行小集体超定额计件的就实行小集体超定额计件,也可以实行个人超定额计件,但要有组织地逐步推行,不能一轰〔哄〕而起。

(4)推广广东清远县的经验,搞好区、县工业管理体制改革的试点。1979年,广东清远县对县级工业管理体制进行了改革。过去,这个县只有17个国营工业企业、职工6000人,设了8个局分管。后来他们撤销了局,由县经委直接管理所属企业的人财物、产供销,上级各部门向企业布置任务,统由经委一个口下达;县经委相应地把一部分权力下放给企业。从而克服了多头领导,明确了经济责任,改善了经营管理。根据国务院〔1981〕48号文件精神,省已确定在巴县进行县级工业管理体制改革的试点,取得经验。

(四)长期地、全面地、有组织地学习上海经验

上海工业基础好,三个结构改革抓得早,科技力量强,经营管理水平高。上海工人阶级具有奋发图强的创业精神。上海工业企业的劳动生产率、百元固定资产创造的产值和利润都比我们高得多。上海是我们学习的榜样。我市纺织行业,在上海纺织局帮促团的具体帮助下,已经取得了初步成效。各行各业特别是工业部门和工业企业,都要从自己的实际出发,把上海和其他沿海城市的经验真正学到手,不断提高我市的生产技术水平、经营管理水平和经济效益。

当前学上海、学先进,要着重抓好四项工作:一是进一步提高学上海重要意义的认识,不仅今年要学,而且要长期学;不仅生产消费品的行业要学,重工行业也要学;不仅要学先进技术,而且要学企业经营管理经验;特别是工业管理部门要全面学习他们通过工业改组和企业联合,搞结构改组、体制改革、技术改造的经验。

二是对比找差距,制定学上海的三年或五年规划。各行业各企业要针对自己的关键问题,有目的、有重点地学,年年有计划,年年检查学习效果,年年有进展。要像江苏学上海那样,根据地区、企业之间发展的不平衡性,进行分类指导,把企业分为三类,一类企业直接学上海;二类企业先学本省的先进经验,为学上海打基础;三类企业限期整顿提高。各主管局、各区县都要对所属企业进行分类排队,分类指导。

三是要有专门班子抓好学上海、学沿海、学先进的组织工作。市经委要确定一位副主任分管这项工作,指定一个处室,负责调查研究,分析对比找差距,制定学习规划,综合有关情况,交流有关经验。市的各委、办、局、区、县和企业,都要有领导和工作人员抓学上海的工作。

四是端正学风。一定要从实际出发,实事求是,不搞强迫命令,不搞一刀切,不生搬硬套。一定要有目的、有计划、有步骤地进行。不要一讲学上海,就一轰〔哄〕而起,大家都涌到上海参观,不注意实际效果。

(五)加强和改进工交企业的思想政治工作

三中全会以来,我市工交战线各级党组织做了

大量的思想政治工作,对于党的路线、方针、政策的贯彻执行,完成生产建设任务,起了重要的保证作用。成绩应当充分肯定。但是,目前厂矿企业的思想政治工作还不能适应"四化"建设的要求,有些同志对思想政治工作在新时期的重要地位和重大作用还认识不足,曾一度出现忽视和削弱思想政治工作的现象。

必须看到,经过"十年动乱",党内外干部和职工群众的严重"内伤"还需要彻底医治;二十多年来经济工作中的"左"的思想影响深广,还需要继续拨乱反正;封建主义思想残余的影响、小生产的思想影响继续存在;随着国际交往的增加,必然带来资产阶级腐朽思想的渗透和侵蚀,这都需要开展积极的思想斗争和耐心细致的思想工作来加以克服;当前在经济上实行进一步调整,政治上实现进一步安定团结,以及经济体制的改革等等,都有许多思想问题需要解决。因此,厂矿企业的思想政治工作只能进一步加强,丝毫也不能削弱。

这次全国工交会议,把加强思想政治工作作为一项重要议题,重申思想领先的原则,强调各级党委要把抓好思想政治工作作为自己的主要任务。中宣部根据中央指示精神,经过调查,提出了《关于加强和改进工矿企业思想政治工作的几点意见》草稿,经过进一步修改后即将下发。市委在今年3月上中旬召开了全市政治工作会议,对如何加强思想政治工作进行了专门的讨论和研究,发了渝委〔1981〕11号文件(市委政治工作会议纪要),各单位都要认真贯彻执行。

今后一个时期,工交战线思想政治工作的中心任务,就是要以马列主义、毛泽东思想作指导,宣传贯彻中央工作会议精神,把广大干部和职工群众的思想进一步统一到三中全会以来党的路线、方针、政策上来,以保证"经济上实行进一步的调整,政治上实现进一步的安定"这一重大方针的顺利实现。当前要特别动员职工开展以调整为中心,以提高经济效果为目标的增产节约,增收节支活动,千方百计把工交生产迅速搞上去。为此,厂矿企业必须切实抓好以下三个方面的思想政治工作。

(1)搞好干部学习。这是贯彻调整、安定方针的关键性的第一步。要继续把中央一、二号文件的学习引向深入。领导干部要认真总结历史经验,充分认识经济工作中"左"的指导思想的危害性和三中全会以来党的路线、方针、政策的正确性,提高执行调整方针的自觉性。必须加强干部的理论教育,当前为了配合经济调整,可以先学《陈云同志文稿选编》和薛暮桥同志的《中国社会主义经济问题研究》,有自学能力的还可以选读《学习马克思关于再生产的理论》。今后,还要有计划地组织学习毛泽东同志的哲学著作,对干部进行辩证唯物论和历史唯物论的教育。

(2)加强党员教育,提高企业党组织的战斗力。当前要组织党员继续学好中央二号文件,并结合学习《准则》,重点解决对待四项基本原则的态度,对待三中全会以来党的路线、方针、政策的态度,对待经济调整和政治安定的态度。要教育党员,体谅国家困难,努力工作,在建设社会主义物质文明和精神文明中,真正发挥基层党组织战斗堡垒作用,共产党员的先锋模范作用。

企业党组织要坚持"三会一课"制度,各级领导干部要积极参加党的组织生活,带头开展批评与自我批评,以自己的模范行动搞好党风,同时带动职工搞好厂风、民风。对于极少数违抗党的路线、方针、政策的党员和犯有严重错误的党员,要给予必要的党纪和组织处理。

(3)加强对职工群众的思想政治工作。当前和今后一个时期要着重抓好六个教育。一是形势与任务的教育,运用对比、算账的办法认清三中全会以来的重大成就和当前的大好形势;二是继续进行四项基本原则的教育;三是继续进行三中全会以来党的路线、方针、政策教育,同心同德干"四化";四是加强革命传统、自力更生、艰苦奋斗、勤俭建国的教育和正确处理国家、企业和个人三者利益的教育;五是加强社会主义民主和法制的教育;六是进行马列主义、毛泽东思想基本知识的普及工作。特别要十分重视和加强青年职工的思想政治工作,它关系到"四化"的成败和祖国的未来,一定要切实抓好。

在加强思想政治工作中要注意几个问题。

第一，关于在工业部门纠"左"的问题。克服经济建设中"左"的指导思想是必要的，但是不要搞上挂下联，层层检讨，特别注意不要搞到基层单位中去。我们讲在经济建设上"左"的错误是主体的错误，主要是指经济建设的指导思想，是指高级领导机关的决策。不要把一些具体问题都挂到"左"的上面。不要一讲"左"，就什么都是"左"。要提倡唯物主义，不要搞形而上学。有些经过努力可以办到的事也不去办了，能够达到的指标也不去努力争取了，这是不对的。对于有些具体问题是受"左"的影响，也要从总结经验出发，具体问题，具体分析，实事求是，其目的是为了弄清思想，团结同志。广大基层干部和职工实干苦干的精神是好的，一定要加以鼓励和保护。

第二，领导制度问题。凡是不搞领导制度改革试点的单位，仍坚持实行党委领导下的厂长负责制。党委不要过多包揽那些具体行政事务，要放手让厂长大胆工作。党委主要是抓好思想政治工作，决定大政方针。

第三，要开好职工代表大会，充分走群众路线。在当前调整过程中，职工中的思想问题和生产上的困难不少，在这种情况下，更要依靠群众，发动广大职工，参加民主管理，献计献策，共同努力，克服前进中的困难。

（六）关于发挥中心城市的作用问题

最近，《人民日报》发表了充分发挥中心城市的作用的社论，〈……〉。重庆属于全国12个中心城市之一。我们要担负起这项光荣任务，工作是十分艰巨的。我市无论在生产发展的速度、经营管理水平、各项经济指标、产品的竞争能力等，不仅和京、津、沪等大城市差距很大，和一些发展较快的中等城市如常州、沙市相比，差距也不小，也还有一部分经济指标落后于成都。因此，我们必须要有清醒的头脑，要看到我们的差距，决不能盲目自满，以中心城市自居。要充分利用我市资源丰富、工业门类比较齐全、有一支具有一定水平的管理、科技、生产队伍等优势，奋发图强，迅速把我市工农业生产和各项工作推向一个新的水平。

要真正发挥我市中心城市作用，要做的工作很多，当前要着重抓好以下几个方面的工作。

一是要迅速把我市工业内部的调整搞好，把生产搞上去，把各项经济指标提到一个新的水平。首先要把生产搞上去，具有一定的经济实力，才能为云、贵、川、藏等兄弟省市提供大量的质高、价廉、耐用、市场短缺的日用消费品，满足人民生活需要。

二是坚持平等互利的原则，发展各种形式的经济联合。要通过各种渠道，把我市的经济活动伸展出去。当前要特别抓好以农副产品为原料基地的联合。对已建立的基地如造纸、罐头等，要加以巩固提高，需要建立而尚未建立起来的，如羊毛、烟叶、苎麻等基地，要抓紧工作，尽快把它搞起来。

三是要恢复和建立各种形式的经济联系。去年，我们与兄弟地区签订的一些协议，要进行一次检查，凡是能解决的问题，一定要认真负责地解决，以建立相互之间的信任。今年我们打算以商业部门为主，吸收工业部门参加，再组织一批力量出去，了解市场动态，推销产品，组织经济协作，加强经济联系。

同志们，今年工交生产任务很重，前四个月我市工业生产完成不够理想，今后的担子更重了，时间紧迫，要不失时机地尽快组织力量，由领导同志带队，深入现场进行调查研究，切实解决问题，要把工作中的困难和政策向广大职工实事求是地加以说明，把广大职工群众充分发动起来，振作精神，鼓足干劲，增产节约，增收节支，把生产搞好，把财政收入抓上去，为全面完成国家计划多做贡献。

王谦同志在重庆市思想战线问题座谈会上的讲话

（1981年11月6日）

（根据记录整理）

同志们：

我们这个会开了几天了。会上大家进一步学习、领会了全国思想战线问题座谈会的精神。我说进一步：是因为这次会议精神的传达，在我市实际上两个月以前就开始了，由于受洪灾的影响，直到今天才开这个会。

8月29日，省委宣传部代部长沈一之同志来我市向文艺界、理论界、新闻出版界的同志们传达了全国思想战线问题座谈会的精神。之后，市委找"三界"的同志开了几次座谈会，初步分析了我市思想战线的情况和问题。市委宣传部在9月21日又召开各单位宣传部长会布置了中央30号文件的传达问题。各区县、各单位都按照市里的布置进行了传达。据了解，有的区县委在传达过程中，还联系本地区的实际进行讨论，开展批评和自我批评，提出了加强对思想战线领导的措施。一个多月来，我们对于学习贯彻中央30号文件，已经做了一些工作，这对我们开好这次会议，打下了良好的基础。

这次会议，大家进一步统一了认识，明确了任务，增强了信心，对全国思想战线问题座谈会的精神有了进一步的理解。昨天和今天上午，有10位同志在大会上发了言。他们联系实际，总结经验训练，提出了很好的意见，有的还实事求是地作了自我批评。从这些同志的发言中我们可以看出，他们认真学习、领会会议的精神，已经取得了不少收获。我们相信，通过这次会议，一定能够进一步加强党对思想战线的领导，提高思想政治工作的战斗性，搞好社会主义精神文明的建设，并对社会主义的"四化"建设起到很好的推动作用。

中央召开的思想战线问题座谈会，是一次十分重要的会议。中央指出，落实好这次会议精神，对于学习和贯彻党的十一届六中全会的精神，继续清理"左"的指导思想的影响，发展三中全会以来的大好形势，都是十分重要的。所以，这次会议和六中全会精神是完全一致的。用胡乔木同志的讲话，它是六中全会的在一个重要方面的贯彻执行，或者说是它的必然的继续。六中全会标志着在党的指导思想上完成了拨乱反正的历史任务，但是从实际工作上说，并不是问题都解决了，我们仍然面临着两条战线的斗争，即继续清理"左"的思想和克服资产阶级自倾向。我们不能认为"三中全会以来是纠'左'，六中全会以后是批右"。三中全会和六中全会都是坚持实事求是的思想战线，坚持四项基本原则。凡是违反四项基本原则的，无论"左"的和"右"的倾向都要纠正。中央30号文件强调要克服资产阶级自由化倾向，并不是说对"左"的错误就已经完全解决了，不需要再清理了。我们要坚持四项基本原则，开展两条战线的斗争，切实把我们的认识和行动统一到三中全会、六中全会的精神上来。

关于思想战线的一些问题，小平和耀邦同志的重要讲话，乔木同志8月8日的讲话，以及省委启龙、心源同志的讲话，都讲得很清楚了。这里，我想联系重庆市的一些情况讲以下几个问题。

一、正确地认识当前形势

正确估计当前的形势，对于作思想政治工作的同志来说，是一个很重要的问题。只有正确地估计了形势，才能明确奋斗目标，把握住前进的方向，提出正确的办法。〈……〉。

当前，就思想战线的形势来讲也是很好的。三中全会以后，各级党委逐步重视了对思想战线的领导，加强了思想政治工作。我们注意了两条战线的斗争，坚持实事求是的思想路线，贯彻了"解放思想，开动脑筋，实事求是，团结一致向前看"的方针，深入开展真理标准问题的讨论，冲破"两个凡是"的束缚，克服"左"的思想影响，澄清了认为三中全会的方针、政策右了的一些错误认识。与此同时，我们进行了坚持四项基本原则的教育，对"无政府主义""极端个人主义"的错误倾向和违背四项基本原则的一些言行都进行了必要的批评和斗争。例如，1979年，我市曾出现了怀疑和反对四项基本原则的错误思潮和一些民办刊物，公开散布反对毛泽东思想，反对党的领导和反对社会主义制度等等错误言论。去冬今春，又出现了所谓争自由、争民主、争人权，反对官僚主义的一些错误思潮，这大概和全国一样，并且还出现了像《童音》这样恶毒攻击党的领导和社会主义制度的非法刊物。私编乱印之风也一度盛行。对此，我们都区别不同情况，进行了批评、教育，也进行了一些必要的斗争。特别是今年学习、贯彻中央1、2、7、9号文件，市委召开政治工作会议，进一步加强政治工作，批判否定四项基本原则的错误思想，禁止了私编乱印，取缔了非法刊物，伸张了正气，打击了邪气。总的看，当前我市思想战线的情况是比较好的。正如省委宣传部估计的那样，指导思想是明确的，大方向是对的，主流是好的，成绩是主要的。这个估计，对重庆市讲也是适合的。我市文艺、理论、教育和新闻出版界的队伍也是比较好的，他们中绝大多数人是热爱社会主义，拥护党的领导，坚持三中全会以来的方针、政策的，是拥护四项基本原则的，工作积极热情，是有成绩的。这是主导的方面。从1978年以来，思想上开始挣脱了种种陈规旧框的束缚，出现了生动活泼的局面。文艺创作欣欣向荣，无论是小说、诗歌、舞蹈、戏剧、美术、音乐等都涌现出一些好的作品。例如舞蹈小《萝卜头》参加全国会演得了一等奖。《红岩》发表的《许茂和他的女儿们》等作品，都是比较好的，在全国产生了一定的影响。小说《彩色的夜》、诗歌《汗水》被评为全国优秀作品。话剧《虎穴英华》也得到了群众好评。杂技团三次出国载誉归来。舞剧《阿Q》，也受到各方面的欢迎。还有不少作品获得省里奖励，如川剧《井尸案》等。理论界从1979年市社联筹备组成立以来，全市已建立了12个学会和研究会，广泛开展了各种理论研究和学术活动，出版了各种资料约300多万字。这是很大的成绩。新闻出版方面，报、台在宣传三中全会以来的方针、政策上，也发挥了很好的作用。特别是重庆电视台和广大摄影人员抢拍下重庆市抗洪救灾的纪录片和数万张照片，具有重要的历史价值。教育界在全面贯彻党的教育方针，落实党的知识分子政策方面也做了大量工作，调动了广大师生的积极性，教育质量有所提高。

我们要充分肯定思想战线上的大好形势和工作成绩，同时也要看到还存在不少问题，其中有些问题还是比较突出的，或者说是比较严重的。正如中央三十号文件指出的那样，主要是在一部分人中间存在着脱离社会主义轨道、脱离党的领导的资产阶级自由化的倾向。如有的人认为党的领导会妨碍民主，会影响"双百"方针的贯彻。党组织一过问创作，就说是横加干涉，党组织一批评某种错误倾向，就说是"打棍子"。也有人主张"无为而治"，甚至提出，党支部只要把权交出来，他们就能保证几个月变样。个别地方还提出，要成立不要党领导的学生会、文学社、画会以及其他一些民办刊物、组织，举办所谓同人画展等等。还有人同党唱反调，对党组织支持的作品，他们大肆诋毁、讽刺。党组织批评了的作品，他们却大加吹捧、赞扬，和党组织唱"对台戏"。有少数人公开宣扬社会主义不如资本主义，说什么看不到社会主义有什么优越性。有的人不同意文艺"为人民服务、为社会主义服务"的方针。也有人提出，文艺要"离开政治越远越好"。有的主张创作不一定要深入生活。有段时间，流行一种看法，说作家只写自己熟悉的东西就行了，不需要深入生活，可以不下基层、不深入工农兵。有的主张写社会主义制度下的黑暗面，说什么从来的诗人都是揭露,不然就不能成为诗人。有人还写文章为否定四项基本原则的一些作品辩护。也有的人认为马列主义、毛泽东思想不值得信仰,不应该规定作为国家的指导思想。我们宪法上都写的是指导思想,他却说不应该这样规定。大专院校竟有人提出取消政治课的错误主张。个别人还公开宣称他自己就是信仰社会达尔文主义、实用主义和实证主义,等等。有个大学生写文章说什么马克思主义已经异化,"真马克思被淹没在虚假的泥潭里"。我们的报纸曾转载过批判毛泽东同志提出的"一不怕苦,二不怕死""毫不利己,专门利人"这些本来正确的口号。特别突出的是,我市曾出现过非法刊物《童音》和天府矿务局发现的小报《形势》,它们登载了大量的恶毒攻击共产党和社会主义制度的文章。

上面列举的一些事例说明,我们思想战线上还存在不少问题,有的还比较突出。这些例子虽然是过去一段时间的,但从思想上讲,问题并没有真正解决。现在,由于要批判,他就不说了,过几天可能又冒出来。由于资产阶级自由化的影响,一些歪风邪气也滋长了起来。比方说,"一切向钱看"的倾向就比较普遍。在小青年中这种思想是比较多的。我不敢说是100%,总有一部分人有这中思想。有些单位和个人不顾党的组织纪律,不管党的方针、政策,不问社会影响,只要能挣钱的他就干。于是,一些低级、庸俗、甚至色情的坏戏也搬上了舞台;有的刊物刊登了一些追求离奇和格调很低的小说、图画、也有人盲目地崇拜外国,似乎外国的一切都好,追求资本主义的腐朽、没落的情趣。致使一些调子极为低沉、甚至政治上反动的港、澳、台的歌曲唱片、录音带,得以到处流行,没有禁止。

当然,资产阶级自由化倾向这方面的东西,在重庆市来说,在"四界"来说,不占主导地位。但是,我们要看到它确实有很大的腐蚀性和离心作用,因此危害是很大的,影响是不好的。如果我们在思想上不加以重视,不采取切实有效的措施,加强教育,加以疏导,加以制止,任其自由泛滥,它就会继续起腐蚀作用,党的领导就会发生动摇,社会主义制度就会遭到破坏,所以有人说,会有亡党亡国的危险。正如陈云同志所讲的,经济搞不上去要翻船,思想政治工作搞不好也要翻船。我们对党的思想政治工作的认识,对当前存在的一些情况的认识,一定要站在这样的高度,从全局出发,来领会中央三十号文件的精神,采取对党和人民负责的态度,切实改变思想战线领导上的涣散软弱状态,克服资产阶级自由化倾向。

产生以上问题的原因是多方面的。有"十年内乱"遗留下来的恶果,也有来自国外的资产阶级思想的侵蚀。我们国家现在是开放的,外国人来来往往,当然有些东西就会带来的,你不提倡,也会受到影响。同时还有一条,就是我们领导的涣散软弱,对这股资产阶级自由化的社会思潮认识不够,抵制不够,斗争不力。

二、切实改变涣散软弱状况,认真加强党对思想战线的领导

根据当前形势的要求,我们今后的任务就是要抓好经济建设和思想工作。小平同志说,六中全会以后,没有什么新点子了,如果有,就是一个把经济搞上去,一个加强思想战线的工作,就这两条。从经济上来看,正如省委鲁大东同志讲的,有两个关键性的问题必须解决好,一个是鼓气的问题;一个是经济责任制的问题。关于这个方面,过两天,市委要开工交会议,于汉卿同志将专门作报告,这里我不多说了。但不管哪一方面,都离不开党的思想政治工作。对资产阶级自由化倾向怎么办?重要的还是要克服领导上的涣散软弱状况,要加强党对思想战线的领导。如果领导上团结一致,是坚强的,是敢于领导、善于领导的,那就可以缩小它的影响,就可以比较好地克服这种错误倾向。所以,我今天的报告,着重讲一讲如何正确认识和解决领导上的涣散软弱的问题。

邓小平同志指出"当前更需要注意的问题,我认为是存在着涣散软弱的状态"。胡耀邦同志说:"我们党对思想战线的领导处于软弱的状态,必须改变这种状态。我们必须把这个主题、主旨抓住;

抓住了,问题才能研究得透,解决得好。"中央领导同志的这些指示,确实是打中了要害,也抓住了问题的关键,它完全符合重庆市的实际情况,从市委开始到各级党委,都必须认真学习,切实加强党对思想战线的领导。

〈中略〉。

造成这种状态的原因是多方面的,除了前面讲的客观原因外,从主观上讲有这么几条:第一,有的同志对三中全会以来的路线、方针和政策有看法,总认为政策上前后不一致,有些是非界限不清,因而在讨论问题时,旗帜不鲜明,发表意见模棱两可,有的遇事各持己见,统一不起来。这说明我们有的同志马列主义、毛泽东思想的根底不深,看问题容易犯片面性,走两个极端。还有少数同志老是跟风走的,风正的时候,还站得住,歪风一刮,就迷失方向。所以我们说不从思想上组织上解决团结统一的问题,要使领导班子坚强有力是不可能的。第二,是消极地吸取"文化大革命"的教训,遇到问题顾虑重重,患得患失,既怕重犯左的错误,又怕犯右的错误。想要领导,又怕说是"横加干涉",触动了矛盾不好收场,抱着"多一事不如少一事,少一事不如不管事"的态度。在自由化倾向面前,睁一只眼,闭一只眼。现在,有一些单位的领导同志对抓思想政治工作怕得很,不愿意做人事工作,认为不如搞业务单纯。据说,我们有一个局党组成员中,两三年了,政治工作分给谁,谁也不接受,都不愿意干这个工作。"文化大革命"没有结束时,抢着搞政治工作,谁也不愿意搞业务技术工作,怕说是业务挂帅。那个时候,政治工作"吃香"抢着干,似乎有了人权,一切权都有了。现在又是这么样一个情况,走到另一个极端。第三,有少数领导干部自己身上不干净,说一套,做一套,搞歪门邪道,腰杆不硬,遇到事情不敢管。比如有个单位的个别领导同志违背政策规定,把自己的子女调到身边,下面中层干部就照着办,上梁不正下梁歪,结果领导说不起话,不敢管。第四,也还有个学习问题,有的领导同志不学习,对新情况不分析,对新问题不研究,所有工作中间处于一种没办法的状态。正如有同志说的:"老办法不能用,新办法不会用,硬办法不敢用,软办法不顶用。"那你工作干啥,就在那里混饭吃,人家都在轰轰烈烈搞"四化",你在那里混来混去,那怎么行?总有混不下去的一天。我们的同志也有这么一种情况,想管不敢管。要管吧,又没那么多道理讲。这些同志不学习是不行的。当然,有的单位也还有个职责不清楚、制度不健全的问题。

这些情况说明,思想战线上的涣散软弱,责任在领导,首先是市委有责任。这就是说,市委也有涣散软弱的问题,也有不敢管的问题。这主要表现在对资产阶级自由化倾向和思想战线涣散软弱这些问题认识不足,因此也就不敢批评,或者有时感到了一点,批评一下,又不得力,措施也不具体。要解决基层领导的涣散、软弱,市委认为首先从市委做起,自上而下,层层负责,一级一级抓,下决心解决好领导班子中存在的涣散软弱问题。

怎么解决呢?

(一)必须开展批评与自我批评,批评和自我批评对我们党来讲是老章法。但是在这个问题上有个拨乱反正的问题。主要是由于经常混淆两类不同性质的矛盾,把本来不属于阶级斗争问题说成是阶级斗争,把本来是党内意见不一致也说成是路线斗争。在林彪、"四人帮"时代,讲事事有阶级斗争,时时有阶级斗争,什么都是阶级斗争。在党内一说是阶级斗争,就是你死我活的斗争。那时,那些人嘴张得大大的,牙伸得长长的,有时还动手动脚,把人搞怕了。你说不怕是假的。"文化大革命"中那么斗,光骂不算,还动手打,谁不怕啊。这种情况,是我们党的生活不正常形成的。这方面也有个拨乱反正的问题。不管怎么说,我们党的优良传统破坏了。在"十年内乱"中,对广大干部和群众那样的批,那样的斗,实行残酷斗争,无情打击,从根本上颠倒了事非,使得党的优良传统被破坏了,使得一些人一提开展批评和自我批评就顾虑重重,心有余悸。

这种情况,三中全会以来虽有好转,但还没有根本转变过来，流毒和影响还远远没有肃清，表现在有同志有这样的处世哲学，什么"多种花，少种刺""你好我好，大家都好"等，这实际上是一种腐朽庸俗的作风。这种作风严重地妨碍着批评和自我批评的开展。有的党员，有的党组织长期不过组织生活；过组织生活，也不能开展批评和自我批评。这是一种不正之风，同党的性质是不相容的。这个问题必须解决，不然我们当就没有战斗力。

首先，要继续提高对开展批评和自我批评重大意义的认识。批评和自我批评是我们党的三大作风之一，是推动社会主义建设前进的动力。实践早已证明，什么时候实行正确的批评和自我批评，我们党的事业就兴旺发达，相反，党的事业就遭受挫折。"十年内乱"的沉痛教训，大家是记忆犹新的。三中全会以来，我们党实行正确的批评和自我批评，敢于和善于批评"左"的错误，敢于解放思想，打破"两个凡是"的框框，这在我们党的历史上来说，是个很大转折，具有伟大的意义。最近举行了党的十一届六中全会，在总结历史经验和讨论决定中央领导人选的过程中，也是贯彻了批评和自我批评的精神，恢复和发扬了我们党的优良传统。我们就是在批评和自我批评中前进的。重庆市有一个党委一把手，对所属单位有些问题较多的领导班子，他不回避矛盾。他带领分管的党委书记、组织部长，一个单位一个单位地去摸清情况解决矛盾，不解决问题不走。他的办法是每到一个单位，就建议召开党委会议，让党委成员把问题放到桌面上，进行思想交锋，进行讨论，然后思想认识取得一致，这样就把问题解决了，如果问题只是在党内有影响的，就召开支部大会进行自我批评，也让党员批评；如果是在群众中有影响的，就召开职工大会作自我批评。他这样做的结果，工作很有起色。可是现在很多单位开展批评和自我批评很不容易，尤其是自我批评更不容易，有的人，有了错误批评不得，一批评就说是打棍子；还有的人，不分是非，批评了谁，就同情谁，甚至有的给被批评者打气；也有这种情况，有的人挨了批评，身价百倍，而敢于坚持原则，敢于批评的人，反而受到孤立，这是很不正常的现象。

针对这种情况，我们一方面需要继续学习六中全会通过的《决议》中有关批评和自我批评的论述，学习党中央〔1981〕30、39号文件，提高我们对开展批评和自我批评重要性的认识，另一方面，也要解决对开展批评和自我批评的一些疑虑，扫除思想障碍，主要解决这样几个问题：

一是提倡开展批评和自我批评，会不会妨碍发扬民主，妨碍"百花齐放，百家争鸣"方针的贯彻？我们的回答是：不会。发扬社会主义民主，实行"双百"方针，它本身就包含着开展批评和自我批评这个内容。能不能正常地开展批评和自我批评，是衡量是不是真正发扬了社会主义民主和实行了"双百"方针的一个重要标志。如果不开展批评和自我批评，说了错话不准批驳，发表了有错误的作品和文章不准评论，只能讲赞扬的话，不能讲不同意见，这怎么能说是发扬了民主，怎么能说是实行了"双百"方针呢？至于说开展批评和自我批评会不会堵塞言路，那就要看批评得对不对，正不正确，如果批评得不正确，被批评者能够心悦诚服地自我批评，那是不会堵塞言路的。所以，我们一定要拿起批评个自我批评的武器，不能看着错误的东西到处泛滥。

二是开展批评和自我批评，会不会影响安定团结的大好形势？答案是：不会。大家知道在一般情况下，流水不腐。正常的批评和自我批评，如同水的正常流动一样，正是社会主义社会安定团结所必需的健康的状态。没有批评和自我批评，这才真正会变成死水一潭。从三中全会到六中全会就是一场批评和自我批评的过程，或者说一场思想斗争的过程，这个过程大大巩固和发展了安定团结的政治局面。现在我们有些同志很怕听到批评，特别是怕思想斗争，一提思想斗争，就有三分怕，这大概也是"文化大革命"的后遗症吧！但是过去三四年的历史证明没有什么叫人害怕的地方。对两个"凡是"批评，不算不尖锐，那有什么可怕的呢？由此可见，除非某种思想斗争毫无理由的，方向错误的，方法也错误,采用武断专横斗争方式,那才是不正确的。那确实会危害安定团结。所有,我们说只要我们通过正确的批评和自我批评,对文艺战线上,对一个作品来说,只要是正确的评论,这样不会有什么后遗症,就没有什么可怕,相反会把全党和全国人民的思想进一步统一在四项基本原则的基础上,倒是可以促进安定团结大好形势的发展。

三是开展批评和自我批评,是不是又要打棍子了?不是,我们决不再犯过去那种错误。五中全会通过的《关于党内政治生活的若干准则》里面,在讲到关于发扬党内民主,正确对待不同意见的时候说:"要严格实行不抓辫子、不扣帽子、不打棍子的'三不主义'"。什么叫"三不主义"?《准则》解释说:"所谓不抓辫子、不扣帽子、不打棍子,就是禁止任意夸大一个人的错误,罗织成为一个罪状,并给予政治上、组织上的打击甚至迫害。"这里把正常的批评和所谓打棍子的界限讲得一清二楚。开展批评和自我批评与打棍子,不能混为一谈。如果对该批评的不批评,该处理的不处理,既不能教育本人,也不能教育大家。应该说乱跑乱斗,害人害己;不批评,也害人害己。应该说,及时地批评和教育,是对同志的爱护和帮助,不能说一批评就是打棍子。

其次要明确开展批评和自我批评的目的。目的就是毛主席说过的,惩前毖后,治病救人,而不是把人整死。我们要"弄清思想,团结同志",帮助犯错误的同志吸取经验教训,使以后的工作慎重些,做得更好些。实践早已证明,只有从团结的愿望出发,从为了同心同德搞"四化"的革命目标出发,才能在开展批评和自我批评时,做到实事求是,与人为善,真正解决思想问题。当然,被批评的同志也要有一个正确的态度,那就是"闻过则喜""有则改之,无则加勉"。如果"闻过则怒""一触即发",或者叫"一触即跳",拒绝批评,那就会使自己在错误中越陷越深,甚至达到不可救药的地步。

第三,要讲究批评和自我批评的方法。习惯成自然,有时候"文化大革命"一些办法,现在也可能有人拿出来,所有方法也要注意,原则上违反四项基本原则的,必须进行批评,这是大前提,是方向问题,原则问题。要坚持四项基本原则,那就必须对自由化倾向进行批评。在肯定批评的必要性之后,也要认真研究解决批评方法问题。当然,有个前提。对该不该批评都搞不清楚,也就说不上方法问题了。对该批的进行批评,就要研究方法问题。所谓方法,就是分析的办法、实事求是的方法、疏导的方法、摆事实讲道理的方法。

首先,就要分清问题的性质,是人民内部矛盾,还是敌我矛盾;就要分清楚是政治问题,还是思想认识问题。所谓政治问题,指的是政治上的错误、不符合或者违背四项原则的错误,当然这些错误,不一定都是敌我矛盾,大量的是属于人民内部矛盾。我们一定要严格掌握政策,把脱离党的领导、脱离社会主义轨道的资产阶级自由化倾向与受自由化思想潮影响出现的其他错误思想倾向,如个人主义、自有主义等区别开来。对问题不加分析,不问性质,瞎干一场,那不行。政治上的错误,虽说比一般思想认识的错误要严重些,但对人进行批评,政治结论不要随便下,不要随便说某人反党反社会主义。一般说来,对错误的倾向应该用处理思想认识问题的方法来处理,向这些同志进行思想政治工作,进行说服教育工作,还要分清楚是一时的个别的错误还是长期的、系统的错误;所以对于犯错误的同志,要历史的、全面的、实事求是的分析情况。一般说来,有时候某一个人在某一个问题上有错误,这是常有的哪个人都不能保险说他一辈子正确。还要分清楚犯错误同志对错误的认识和自我批评的态度。毛主席说的,允许人犯错误,也要允许人改造错误。总而言之,要在实事求是的基础上开展批评和自我批评。

其次,在进行批评的时候,要和风细雨,与人为善,以理服人,不搞武断,只能说服,不能压服、不要随意上纲上线,不搞残酷斗争,无情打击。

再次,批评方式,一般说,不要轻易在报上点名。只讲事情、观点,不要点人的名字,可以在口头上开展批评,也可以在报纸上发表本人的自我批评。当然，报上点名也不是说绝对不可以，但点名要严加控制，要经过批准。

最后，要贯彻疏导的方针，一不压，二不堵，三不卡。要平等待人，允许被批评者申辩。人家申辩，不要轻易说人家态度不好。他提出不同意见，哪怕是错误的，讲出来比不讲好。但不讲也不要紧，他一时认识不了，让他自己去想，一时想不通的，还应做好工作和等待。现在我想不通，过一段时间我想通了也好嘛、欢迎嘛，过半年想通了也欢迎。毛主席讲要等待，等待一下，想通了，愿意作自我批评，欢迎，想不通，等一下。凡是这样做的，效果都很好。如西师、政法学院在这方面积累了很好的经验，他们在大会上的发言，对我们有很大启发，对我们开展批评和自我批评，解决思想问题都是很好的例子。

总之，我们各级党组织和每个同志都必须学会运用批评和自我批评这个武器，纠正不正之风，改变领导的涣散软弱状况，加强党对思想战线的领导。至于少数人触犯了党纪国法而又屡教不改的，还必须要给以纪律处分，甚至法律制裁。当然，那是另外一个问题了。

（二）必须全党动手，加强思想政治工作。资产阶级自由化和其他错误思想倾向是一种社会思潮，它不仅表现在思想战线的有关部门，而且表现在各条战线、各个领域，上下交错，互相影响。因此，解决这些错误思想倾向问题，只靠一个方面、一个部门来搞，是不可能取得很好成效的。必须全党上下一齐动手，各方协同配合，进行综合治理。各级党委都要切实加强对思想战线的领导，把思想政治工作列入重要议事日程，要定期分析研究干部和职工群众的思想动向，针对存在的问题，组织各方面、各部门的力量，采取具体措施，认真解决问题。这里提出几点意见：

首先，要提高认识，不要怕困难，同各种错误倾向作长期不懈的斗争。我们应当十分明确，加强党对思想战线的领导是全党的大事。当前，必须充分认识资产阶级自由化及其他错误思想倾向的危害性，迅速改变领导上存在的涣散软弱状态，敢于对各种错误倾向进行严肃的批评和必要的适当的斗争。各级党委一定要提高认识，统一思想和行动。领导上的认识提高了，思想统一了，才能一致行动起来。各级党委的第一书记要亲自抓，分管书记要经常抓、直接抓，宣传部门要具体进行工作。党员领导干部要振作精神，不要怕困难，要勇于承担思想战线方面的工作和艰巨任务。工会、共青团、妇联、文联及各个协会等群众团体都是党委加强思想战线领导，加强思想政治工作的助手。党委要加强对它们的领导，依靠它们深入联系各方面的群众，来加强思想政治工作，克服资产阶级自由化和各种错误思想倾向。

我们还要充分的认识同资产阶级自由化以及同各种错误思想倾向作斗争是长期的。耀邦同志在鲁迅诞生一百周年纪念大会上的讲话里说得好："当前，我们的工作中，广大干部、党员和国家工作人员中，除了思想战线上一些人存在资产阶级自由化的错误思想之外，其他战线也还存在这样那样的消极因素。"同时讲到"社会主义社会现在有，在一个很长的时间里还会有各种阴暗现象。这没有什么不可理解。但是，社会主义社会不能容忍旧社会遗留下来的这些祸害。我们的党历来说，我们要发动和依靠广大人民，同这些错误的、丑恶的行为以及各种不正之风作斗争。这个斗争不是几天，不是一年二年，而是经常的，像鲁迅所提倡的那样，靠长期不懈的韧性的战斗。"所以，我们一定要有足够的长期思想准备，发扬我们党在长期革命斗争中坚持做思想政治工作的好传统，学习鲁迅的韧性战斗精神，经常注意解决资产阶级自由化以及其他各种错误思想倾向的问题，时时抓紧，一刻也不能松懈。

第二要扎扎实实抓好学习。加强党对思想战线的领导，加强思想政治工作，最根本的是要注意扎扎实实地抓好用马列主义、毛泽东思想教育人的工作。大家认真学习和运用马列主义的立场、观点和方法，武装头脑，就能够明辨是非，更好地坚持四项基本原则，去努力解决资产阶级自由化和各种错误倾向的问题,发展三中全会以来的大好形势。

当前,各级委党要继续抓好组织党员、干部、群众学习好党的十一届六中全会通过的《关于建国以来党的若干历史问题的决议》。当前,在我们一部分干部和群众中,思想问题比较多,也比较复杂,比较混乱。因此,认真地组织干部和群众学习《决议》,用《决议》的思想来统一我们的思想,是解决其他思想问题的基础。这就是说,要引导大家掌握《决议》所重申和阐明的马列主义、毛泽东思想的基本观点,用《决议》的精神来统一思想认识,来指导工作和行动。所以《决议》和《准则》是解决领导涣散软弱、统一思想认识问题的有力武器。我们应当通过学习,更加坚定地赖党中央,维护党中央的领导,更加自觉地团结在党中央的周围,在政治上同党中央保持一致。各级委党领导同志都要带头学习,带头总结经验教训,带头开展批评和自我批评,真正做到在政治上同党中央保持一致,改变涣散软弱的状态。各系统、各单位要继续举办学《决议》、学中央30号文件的领导干部短期脱产学习班,有针对性地补课,更好地统一思想认识,把前一阶段已经进行的学习向前推进一步。平时的理论学习,要按照市委宣传部的部署,在10月底大体告一段落后,从11月份起陆续转入马克思的再生产理论的学习。干部理论学习,一定要建立健全制度,坚持下去,并把它列入干部考核的一项内容。

思想战线上工作的同志要十分重视马克思主义基本理论的学习,不读马列,不深入实际,就会"头重脚轻根底浅",在错误思潮的风浪面前缺乏识别和抵制的能力,很容易犯这样那样的错误。现在要大力提倡有计划地读点马列和毛主席著作,读点历史,读点哲学,读点文学,读点自然科学著作,培养好的学风,做到又红又专。有条件的可以举办短期脱产理论学习班。毛泽东同志《在延安文艺座谈会上的讲话》至今仍有重要的指导意义。毛泽东同志提出的为什么人的问题,深入生活的问题,歌颂与暴露的问题,改造世界观的问题,等等,仍然是我们今天文艺工作者须正确解决的问题。市委希望我们市的专业和业余文艺工作者要继续认真学习毛泽东同志的文艺思想,坚持《讲话》精神,沿着《讲话》指引的方向去进行自己的创作实践。不仅文艺界,还有教育界、理论界、新闻出版界的同志,也都要努力学习,学会运用马列主义、毛泽东思想的立场、观点和方法,不断的改造自己的世界观,不断改进和做好自己的工作,在建设社会主义精神文明的战斗中立新功,以适应"四化"建设不断向前发展的需要。

对于广大职工群众和青年学生来说,主要是进行正面教育,结合宣讲《决议》,进行系统的热爱党、热爱祖国、热爱社会主义的教育。要组织好宣讲队伍,搞好宣讲员的培训工作,提高宣讲员的质量。宣讲要紧密联系群众的思想实际,加强针对性和说服力。对青少年的教育,应把重点放在加强理想、前途、信仰的教育,从大处着眼,从小处着手,帮助他们解决好世界观的问题。目前,一部分青少年中,对什么是理想、前途、信仰等,存在着不少糊涂思想,正确的世界观他们还没有树立起来。有的青年还说什么"看穿了",对人、对事、对工作,都是讲"实惠"、讲"金钱"、讲"关系",这种腐朽庸俗的资产阶级思想作风滋长起来,就很容易走到资产阶级自由化的邪路上去。各级党委都要在已有成绩的基础上,继续动员各方面的力量,加强对青少年的思想政治教育。要积极的创造条件,引导和组织青少年开展有益身心健康的活动;要满腔热情地做好违反纪律和失足青少年的教育转化工作。对于个别受资产阶级自由化影响较深的人,要坚持疏导的方针,做耐心细致的思想教育工作。只是对极少数违法犯罪分子和教唆犯,才进行坚决及时的打击。

在工厂企业中,坚持思想政治工作是一切经济工作的生命线,克服忽视和放松思想政治工作的倾向,注意把思想政治工作与经济手段正确地结合起来,把解决思想问题和解决实际问题结合起来。工厂企业的领导一定要按照党的政策规定办事,增强整体观念,绝对不能容许"合意的就干,不合意的就不干""自己想怎么干就怎么干"等无政府状态。要通过思想政治工作,教育职工群众正确地对待和处理国家、集体、个人三者利益的关系,认真解决好"一切向钱看"的错误思想倾向。使工人增强自己是国家主人翁的观念,不要变成雇佣劳动关系。思想先行,人们的觉悟提高了,就会干劲十足,同心同德干"四化"。

第三,要建设好一支坚强有力的思想政治工作队伍。思想战线的工作是一项艰巨、复杂、细致的工作,没有一支坚强有力的队伍,是不可能在这条战线上打胜仗的。因此,加强思想政治工作队伍的建设,克服"党不管党"的现象,是做好思想政治工作,加强党对思想战线领导的必要的组织保证。各级党委要十分注意并经常采取措施,去加强思想政治工作队伍的建设。要充实和健全政治工作机构,有计划地培养提高政治工作干部,使他们热爱和安心本职工作,不断提高思想政治工作的业务能力。

宣传部是党委加强思想战线领导工作的参谋部。它是一个综合部门,它的职责不仅限于管好宣传口的工作,对于各条战线的思想动向也要过问。因此,加强宣传部门队伍的建设就很重要,要给他们提供必要的工作条件。各级党委宣传部的主要负责同志,不是党委的应当列席同级党委的常委会议,以便他们能够更好地了解情况,更有针对性地开展思想政治工作。前段时期,有的工厂企事业单位不恰当地削减了政治工作干部,削弱了政治工作部门;有的地区和单位宣传部门的干部量少质弱,或者虽然配备了,但经常被抽调去干其他工作,因而没有足够的人力和时间经常调查研究思想政治工作中存在的问题。这些都不利于加强党对思想战线的领导,必须调整充实机构,配备必要的人员,使这支队伍精干坚强,与实际工作任务相适应。

各级党委对所属宣传、文化、教育部门的工作要加强领导,帮助他们切实贯彻党的路线、方针、政策,并在经费等方面给予必要的支持,使思想战线进一步活跃和繁荣。我们要继续坚定不移地贯彻执行"百花齐放、百家争鸣"的方针。理论界应该在马列主义、毛泽东思想的指引下,积极开展学术讨论活动,并把社会科学联合会和社会科学研究所能尽早成立起来。文艺界要组织创作演出人员下厂下乡,深入生活,深入群众,繁荣创作和演出,更好地为人民服务,为社会主义服务。为了加强市直属专业剧团工作的组织领导,市文化局应加强对创作和戏剧改革的领导。同时要积极开展健康的文艺评论。为了广泛团结全市的专业和业余文艺工作者,文艺界的几个协会也要尽快地成立起来。要认真贯彻中央《关于关心人民群众文化生活的指示》,把城乡文化活动进一步开展起来,丰富人民群众的精神生活。

(三)必须搞好党风。我们的党肩负着继往开来、建设"四化"的历史重任。我们要加强党对思想战线的领导,搞好党风是一个关键性的问题。搞好党风,就一定要把坚持四项基本原则,反对脱离社会主义轨道、脱离共产党领导的资产阶级自由化倾向,作为党的思想建设的主要内容,使全党在政治上保持一致。要教育全体党员恢复和发扬我们党"理论联系实际,密切联系群众,批评和自我批评"的三大作风。特别是各级党委领导干部要更加自觉,要在搞好党风中起到带头作用。最近,耀邦同志向中央直属机关提出:中央机关要成为全国的表率,省委也要求省级机关成为全省的表率。我们重庆市级机关就应该成为全市的表率。市级党政机关的风气改变了,就可以影响全市,带动整个社会风气的根本好转。市级机关党委、市级各大口、各局、各区县委,都要认真研究本单位和下属单位党风的状况,提出如何通过学习搞好党风的规划和措施。目前,要注意加强思想政治工作,改变领导涣散软弱状态;提高工作效率,改变松垮疲沓现象;还要注意克服官僚主义,解决经济领域以及其他领域中的不正之风。

搞好党风,改变领导涣散软弱状态,就要在党内进行增强无产阶级党性的教育。要大力提倡在错误倾向和不正之风面前,敢于分清原则是非,旗帜鲜明地进行必要的和适当的批评斗争。每一个共产党员,特别是领导干部,在同错误倾向和坏人坏事作斗争中,必须有大无畏的革命精神,要敢于挺身而出,不怕得罪人,不怕受到打击迫害。只有这样,才能使错误倾向得到克服和纠正,使犯错误的人得到挽救,使坏人受到法律制裁。如果一个共产党员,对于错误倾向和坏人坏事,对社会上的歪风邪气,采取明哲保身的自由主义态度,不制止,不争辩,不斗争,躲躲闪闪,就是放弃了共产党员的战斗责任,就是缺乏党性的表现。

搞好党风,改变领导涣散软弱状态,就要严格党的组织生活,充分发挥党组织的战斗堡垒作用。党员领导干部要以普通党员身份经常参加党小组生活。在党组织生活内,要注意民主生活,开展批评和自我批评,并使之经常化。党委领导班子每一个季度要过一次组织生活,要作为一项制度坚持下来。

耀邦同志指示说:"认真恢复和发扬我们党的优良传统和作风,现在,主要不是多发什么指示、规定和号召,主要是要切切实实解决问题"。我们一方面要大力表扬那些积极工作,作风正派,敢于同错误倾向和不正之风作斗争的先进人物。另一方面,对一些无视党纪,经过教育帮助仍然坚持错误的,就要执行纪律,不能姑息迁就。各级党委要抓住本地区、本系统、本单位党风方面存在的问题,一件一件地认真解决,选准典型,解决好一件,就会影响一大片。我们相信,这样坚持不断地抓下去,党风会逐渐有很大的转变,社会风气也会逐渐有很大的转变,各级领导班子涣散软弱的状态,也就会在实践中逐步得到克服。

(四)必须抓好领导班子的整顿和建设。改变涣散软弱状况,加强党对思想战线的领导,最根本的还是要有一个好的领导班子。在贯彻中央30号文件过程中,各级党委要组织党员、干部学习和对照文件精神,联系本单位实际,摆问题查原因,开展批评和自我批评,听取群众意见,提高思想认识,着重于总结经验教训,切实解决好存在的问题,不要去追究个人的责任。有少数单位党委领导班子,不去认真领会和贯彻中央的大政方针,却在那里闹成见,闹矛盾,对解决本单位存在的错误倾向和歪风邪气,思想不统一,步调不一致,表现出软弱无力。这样的领导班子,应当在上级党委的帮助下,通过开展批评和自我批评,消除成见和隔阂,促进班子内部的团结。如果经过耐心的教育和工作以后,情况仍然没有很好转变的,那就要进行必要的组织整顿和适当的调整。上级主管部门对此不能熟视无睹,久拖不决,要积极采取措施解决。在组织整顿和调整中,要充分走群众路线,注意选拔优秀的中青年干部,选派能执行党的路线、有能力、有干劲的年富力强的干部充实和加强领导班子,这项工作要抓紧、抓落实。同时对老干部要做妥善的安排,这样,领导班子逐步做到革命化、知识化、专业化,年轻化,就能够更好地增强党组织的战斗力。

要加强领导班子的建设,还必须切切实实地改变领导作风。我们希望在这次会后,市级各大口、各局、各个区县委都要认真解决领导班子涣散软弱的问题。要认真研究本单位和下属单位的思想政治状况,分别轻重缓急,有计划、有步骤地一个一个地加以解决。在11月底以前市委各部门、各局党委,党组,各区县委要集中一段时间,围绕整肃政治纪律,克服涣散软弱这个问题,过好民主生活,开展批评与自我批评,并向市委写出报告。市委常委也要带头过民主生活,欢迎大家提意见,帮助市委改进工作。

其次,要深入实际、解决问题。各级领导要深入群众,深入干部、深入基层,针对本地区、本系统、本单位存在的问题,包括思想战线方面的、经济工作方面、党风方面的问题,进行调查研究、掌握情况,做出判断,下决心解决一两个为群众所关心的突出问题,切实为人民办好几件事,使人民看到前途,增强信心,更加奋发为实现"四化"努力。

三、振奋精神,团结起来,一心一意搞"四化"

改变涣散软弱状态,加强党对各条战线的思想政治领导,任务是光荣的,也是艰巨的。但是,有的同志思想还不能适应形势的要求,对做思想政治工作,还存在着畏难情绪。现在思想问题较多,这是事实。可是,我们看事情一定要坚持辩证的观点,一方面,我们承认困难比较多,但是也不能向困难低头,要知难而进,在困难面前埋怨、叫苦、消极等待,都是无济于事的。正如列宁所说:"谁害怕社会主义建设中的困难,谁被这些困难吓倒,谁见了这些困难就悲观起来或者惊慌失措起来,谁就不是社会主义者"。另一方面,在困难情况下,要看到成绩,看到光明。前面已经讲了现在思想战线的形势和其他战线形势都是好的,而且形势还会越来越好。我们应该相信我们党完全有能力有办法扭转这种涣散软弱状态,能够克服现在思想上存在的那些消极因素,应该看到我们的有利条件是很多的。

(一)党中央亲自抓,带头抓,方向明确,决心很大。1979年3月,小平同志在全国理论务虚会上提出必须坚持四项基本原则。去年小平同志在中央工作会上又强调改善党的领导,就是要党委用主要时间和精力来做思想工作,也就是做人的工作。今年8月党中央又召开思想战线问题座谈会,决心尽一切努力来解决目前党在思想战线上的涣散软弱状态问题,认真加强民主集中制,改变政出多门,莫衷一是的局面,并且首先要从中央各部门做起。现在我们全党在做,各方面、各条战线都动起来了,全国正在出现一个"综合治理"的新形势。这是整个形势的主流,有的同志错误地把"左"的或右的思想和思潮看成为主流,是不对的。因为看成了主流,也就失去了信心和勇气。现在,形势发生了很大的变化,我们的同志们腰杆子应该硬起来了。应该乘胜前进,努力工作。

(二)我们有三中全会以来,党制定的一系列方针、政策,两年多来的实践证明,这些方针、政策都是行之有效,深受广大人民群众拥护的。现在有的同志怕变、怕收,这些顾虑应当消除,只要我们以实际行动坚持三中全会以来的方针、政策,包括党的知识分子政策、思想工作政策、文艺政策。坚决按照中央30号文件和39号文件指示精神办,就一定可以有效地克服资产阶级自由化倾向和领导上的涣散软弱状态,就能防止和避免重犯那种"左"的错误。

(三)我们的思想政治工作既有老传统,又有新经验。有的同志说:"老办法不灵,新办法不明"。这种看法不全面,应该说,老办法有的还适用于今天,还是灵的。只是有的同志忘记了或者没有认真去实行。我们党历来坚持思想领先的原则,历来主张开展批评与自我批评。积累了一整套思想政治工作经验的,例如:调查研究,实事求是,不搞假、大、空;言传身教,不搞言行不一,不搞歪风邪气;因人因事而异,一把钥匙开一把锁;摆事实、讲道理、说服教育,等等。我们要珍惜这些被实践证明了的成功经验,同时探索在新的历史条件下做好思想政治工作的新路子。充分认识新时期思想政治工作的重要性和艰巨性;在抓经济建设和业务工作的时候,绝不要忽视和放弃思想政治工作;要适时的正确的开展两条战线的斗争,在斗争中,从实际出发,有左反左,有右反右,不搞一刀切。总之,要在探索中不断求得规律性的认识,再经过一段时间的实践,我们就会有更多的做好思想政治工作的新的经验。

(四)党加强思想政治领导,广大人民群众是赞成的、支持的。人民群众对社会上的错误倾向和歪风邪气早就有意见,只要我们加强领导,认真解决这方面的问题,人民群众是会欢迎的,是会支持的。从思想战线队伍的情况来看,绝大多数文艺工作者、理论工作者、新闻出版工作者、教育工作者都是好的。他们是站在正确立场上。赞成我们党的方针、政策的。自由化倾向只是发生在很少的同志身上,只要我们采取有分析的态度,区别不同情况,加以正确对待,他们中大多数人的错误经过批评教育也是可以改正的。所以,我们一定消除畏难情绪,要有足够的信心,在这方面开展工作。

贯彻中央30文件的形势和条件都是好的,我们没有理由不振奋精神、鼓起干劲做好工作。我们要有一个好的精神状态,才可能坚强起来。历史既然把我们放在一定的工作岗位上,那就要勇敢地去承担起历史赋予我们的重任。现在大政方针定了,我们要做的就是振奋精神,认真地组织落实,扎扎实实地抓工作。空谈误国,历史上教训不少,现在,说大话、说空话、说假话、说套话的现象仍然存在,这种不良作风要坚决改正。我们不怕问题成山,就怕有问题不解决。只要有愚公移山的精神气概,挖山不止,挖一挑就少一挑;不怕障碍重重,搬掉一块,就少一块,苦干、实干,从现在做起,从我做起,特别是从领导干部做起;不尚空谈,不务虚名,务实事,求实效。那么我们的事业就一定会更加兴旺起来。

同志们!我们伟大的祖国正处在中兴的时代,变革的时代,继往开来的时代。我们肩上的担子很重,任务十分光荣。我们要想前人不敢想的问题,干前人不敢干的事情。我们要继承和发扬长征时期、延安时期、建国头几年和六十年代初期那种不怕流血流汗,不怕艰难困苦的革命精神,全心全意为人民服务。为发展三中全会以来的大好形势,在马列主义、毛泽东思想的伟大旗帜下,同心同德,百折不挠,为把我国建设成为现代化的、高度民主的、高度文明的社会主义强国而贡献我们自己的力量。

重庆市思想战线问题座谈会秘书组
1981年11月12日

于汉卿同志在全市厂矿企业思想政治工作、工交工作会议上的讲话

(1981年11月14日)
(根据记录整理)

同志们:

这次会议认真学习了中央领导同志最近对经济工作的重要指示,传达了省委工作会议精神和全省厂矿企业政治思想工作及工交工作会议精神。着重讨论了克服涣散软弱状态,加强思想政治工作,进一步完善各种形式的经济责任制,使经济保持一定的发展速度,完成今年的生产任务和落实明年工交生产计划问题。会上,有几个单位发言,介绍了经验。经过学习讨论,大家振奋了精神,明确了任务,增强了信心,鼓舞了干劲。同志们表示,回去要积极做好工作,把广大干部和群众的劲鼓起来,尽快把工交生产搞上去,并积极做好明年的生产准备工作,确保明年一季度实现开门红。下面我讲几点意见。

一、今年我市经济形势

今年以来,我们认真执行中央关于经济上实行进一步调整,政治上实现进一步安定的方针,建立各种形式的经济责任制,工农业生产在调整中前进。

市郊农村战胜风灾和特大洪水灾害,获得了全面增产。农业总产值今年预计完成7.8亿元,比去年增长4.5%左右,粮食产量集体部分预计可完成31亿多斤,增长9%左右,比去年大约增产2亿斤。多种经营和工副业生产都有较快的发展。

工业生产形势也是好的。尽管上半年由于主客观方面的原因,工业生产完成得不理想,欠账较多,7月中旬又遇到特大洪水灾害,使全市557个工业企业停产或半停产,但是经过广大干部和职工群众的艰苦奋战,推行经济责任制,按行业包干以后,情况发生了很大变化,九、十月份工业生产完成较好。全市1至10月完成工业总产值57.4亿元,比去年同期增长0.7%,其中轻工业产值完成28.2亿元,比去年同期增长8.4%,重工业产值完成29.2亿元,下降5.7%。经过调整,轻纺工业继续保持了较快的发展速度,重工业产品结构有所改善,服务领域有所扩大,军工的民品生产有了发展。日用消费品,特别是日用机电产品有较大幅度增

长。主要产品质量稳步提高。在今年全国"质量月"评比中,重庆酿造厂生产的金钩豆瓣酱荣获了金质奖;重庆造纸厂、西南铝加工厂、西南制药二厂、一坪化工厂、重庆特殊钢厂和木材综合加工厂的六种产品荣获了银质奖,还有一些产品在全国同行业和省的质量评比中获得了优质产品的称号。

基本建设,在缩短战线、压缩投资以后,重点工程和挖革改项目进度加快。1至10月全市完成基建投资2.13亿元,为年计划3.36亿元的63.47%。已全部和部分竣工投产的项目106个,比去年同期增加28个。住宅竣工面积保持了去年同期水平。主要工程质量有所提高。今年我市工交系统共有挖革改在建项目292项,安排资金1.0098亿元,比去年增加1859万元,预计到年底,财务支出可完成95%左右,竣工投产项目200项,新增能力可生产产值3亿余元,税利8000万~9000万元。

交通运输1至10月货运量完成2323.4万吨,完成年计划的83.94%。邮政电信部门也较好地完成了任务。

商业购销两旺,市场繁荣活跃。全市1至10月商品收购总额19.08亿元,比去年同期增长4.12%;销售总额19.34亿元,比去年同期增长5.45%;社会商品零售额15.98亿元,比去年同期增长9.09%。1至10月完成财政收入7.63亿元,比去年同期下降4.48%。随着经济责任制的落实和工业生产的回升,情况正在逐步好转。9、10两月的财政收入,每月都在9000万元以上,只要继续做好工作,按同口径计算,预计全年可以达到和超过去年财政收入水平。

今年我市的经济形势大好,但问题不少。从工业生产来看,计划完成不理想,发展速度缓慢,经济效果不够好,不少产品质量下降,消耗升高,企业亏损面增大,上缴利润减少。出现这些问题,从客观上讲,调整时期生产任务减少,能源供应紧张,部分原材料涨价,产品降价,加之今年又遭受特大洪水灾害等因素的影响。从主观来看,也有指导思想和工作上的原因。今年初对调整方针理解不够全面,对调整与生产的关系,进和退、上和下的关系处理得不够好,对纠"左"和批高指标有误解,产生了一些消极情绪,在积极发展轻纺工业的同时,对发挥重工业这个优势重视不够,缺乏有效的措施。由于重工业下降幅度大,轻纺工业的增长弥补不了重工业的下降。在年初,对行之有效的经济政策没有及时定下来,产生了观望、等待情绪。在强调集中统一的情况下,有些规定一度也搞得偏死了一些,给组织生产带来了一定的困难。对企业整顿工作抓得不紧,不少企业领导班子存在涣散软弱的状况,政治思想工作薄弱,管理混乱,经济效果差。上述这些问题,责任不在下面,主要在市里,特别是我应负主要责任。总结检查工作,主要目的是总结经验教训,提高思想认识,努力做好工作,避免今后再发生类似今年这样的问题。

二、经济工作的指导思想

总结过去的经验教训,我们不能再搞脱离实际的高指标。但是,也必须明确,在调整中应该保持一定的发展速度,防止经济萎缩。最近,小平同志在谈到工业生产上的不好时说:气没有鼓起来。耀邦同志说,经济工作的指导思想应注意什么问题?一句是深入实际抓问题,一句是破除框框闯新路。〈……〉,稳一点,抓紧一点,振奋精神,实事求是,量力而行,稳步前进。我们搞经济工作的同志,要认真学习中央领导同志的指示,联系实际,总结经验,把指导思想搞明确。我们要走出一条投资比较少,效果比较好,在一定时间里主要依靠现有企业发展工业的新路子。当前,我们要把气鼓起来,从党政干部到技术人员和工人都要把气鼓起来,使工业生产在调整中保持一定的发展速度,有一个好的经济效果。重庆是地处祖国战略后方的重要工业城市,发展速度的快与慢不仅对全省影响很大,对全国也会有一定影响,我们应当而且有可能发展得快一些。如果没有一定的增长速度,不利于满足社会日益增长的需要,不利于财政状况继续好转,不利于改进企业管理,不利于中心城市作用的发挥,不利于安置待业人员,不利于鼓舞士气。全市工交战线各级领导干部在调整中要有一个好的精神状态,做到思想不摇摆,生产不松劲,改革不停步,工作不放松,为把国民经济搞上去,做出新贡献。我们总的要求是,既要鼓干劲,又要实事求是。在经济发展速度问题上,要做到持续稳定的增长,不能冷一阵,热一阵。搞高指标会挫伤群众的积极性,搞低指标也会使人泄气松劲。今年年初的教训是深刻的,要认真吸取。

三、抓紧今年最后一个多月的生产和做好明年的生产准备

今年只剩下一个多月的时间了,抓紧时机做好工作,对于更好地完成今年的生产建设任务,争取明年生产的主动权,具有十分重要的意义。省委、省政府要求今年四季度的工交生产打个漂亮仗,力争大灾之年全省不低于去年的生产水平,完成全年上交利润包干任务。大东同志讲,如果在大灾之年不低于去年的水平,工交战线的职工就立了一功。最近,省工交电话会议,要求今年最后两个月的生产保持和略高于10月份的生产水平。我们要一鼓作气,一抓到底,一直抓到今年最后一天,最后一分钟也不松劲,使全市的工业生产超过去年的水平,上交财政收入按同口径计算,也应达到和超过去年的水平,品种、质量和原材料消耗计划都应努力完成。当前工交生产要着重抓好以下几个问题:

(一)抓紧日用消费品的增产。近几年来,我市轻纺工业虽然有了较大的增长,但发展速度低于全国、全省的水平,同时花色品种不多、质量低、成本高,竞争能力不强。因此,我们要进一步加快轻纺工业的发展速度。现在,正是农村秋后市场旺季,农副产品原料增多,农村购买力增强,而且很快又是元旦、春节,城乡市场和外贸出口都迫切需要大量物美价廉的工业品,这就要求我们工业战线的同志们,特别是直接生产日用消费品的同志们,一定要努力生产出更多更好的产品,满足市场需要。

(二)重工业要抓紧能源供应较好的时机,力争多生产一些适销对路的产品,多弥补一些生产欠账。国防工业要努力完成国家计划,并多生产一些民品。冶金、机械工业要为明年生产需要的钢锭、钢坯和毛坯,在制品做好储备工作,为明年一季度枯水缺电少气组织精加工创造条件。

(三)抓好能源的生产和节约。今冬明春枯水期,水电大幅度减少,火电将大大增加,煤矿要抓好生产,保证火电用煤的需要。电厂的存煤,要求在年底达到八至十万吨,各行各业都要尽可能储备一定煤炭,为明年生产做好准备。电力部门要搞好设备维护检修工作,保证安全满发多供电。天然气是我市能源供应中最紧缺的,一定要精打细算节约用气,严格控制用气,不得再扩大天然气用户。要做好锅炉改造工作,把烧气改为烧煤。市经委要根据今冬明春能源供应情况,有计划有步骤地安排好各主要耗能单位的设备检修,使有限的能源用在急需要的方面,发挥出更好的经济效益。

(四)组织好运输。前段时间由于宝成、成昆线不通,生产上各种物资、产品运不进、出不去,使生产受到严重影响。目前铁路已经修通,情况正在好转。交通运输部门要积极支持生产,安排好各种急需物资、产品的及时调进,运出,同时要做好客运安排,保证客货运输畅通。

(五)认真贯彻管生产必须同时管安全的原则,做好安全生产工作。当前,事故多,要引起严重注意。要贯彻全国和全省安全工作会议精神,加强安全生产教育,严格执行操作规程和保安规程,消灭重大事故,减少一般事故,确保安全生产。

在抓紧抓好今年生产的同时,要切实做好明年的生产准备工作,包括思想、物资、生产准备等,确保明年1月和一季度实现开门红。

1982年是"六五"计划的第二年,我们的主要任务是,巩固稳定经济的成果,继续保持财政信贷的收支基本平衡和物价的基本稳定,努力提高经济效益,使国民经济的发展速度比今年高一点。关于明年工业生产安排问题。全国明年是增长4%,按5%作动员。全省安排增长3%,争取4%,可能还会提高一点。经市委研究,明年我市计划增长4%,工作按增长5%来做,工业总产值达到73亿元以上,其中,轻纺工业产值增长8%;重工业产值增长1%~2%。明年一季度的生产,要力争保持

今年的平均生产水平,完成全年任务的23%～25%。明年市属工业上交利润按省下达2.6亿元包干,留有余地,尽量多超,财政收入应千方百计突破10亿元。在明年工业生产增长幅度不太大的情况下,要狠抓品种、质量和提高经济效益的工作,力求有一个新的突破和大的进步。要求产品成本降低2%,产品质量有较大提高。所有工业产品质量都要达到技术标准要求,完成质量计划指标;并努力赶超国内外先进水平。具体要求,明年全市有150种到200种产品质量进入全国先进行列。其中,已获得部、省优质产品称号的峨眉牌桑蚕绵球、9.6/6苎麻股线、大刀牌R20型精装电池、电工牌普泡、狮球牌出口书写纸、怪味胡豆、ZOJ-240型氯丁橡胶、微孔橡胶电隔板、一粒止痛丹、Y3150E滚齿机、6250Z柴油机、195柴油机、中型水轮发电机组、双目生物显微镜、T12A冷拉钢材、矿用钢、铝波纹板、电解铜、特号镍等,要更上一层楼,争取获得国家金、银质奖。这里有一个很大的问题,无论从我市已经获得了国家金、银质奖的产品,还是明年规划夺金、银质奖的产品,轻纺产品占的比例太少,这跟我们重庆这个中心城市是很不相称的。请轻纺工业的同志们议一议,要树雄心,立壮志,像国家女子排球队那样,敢于争夺世界冠军,使我市轻纺工业能有较多的产品获得国家金、银质奖。明年全市要发展新产品1000种以上,新花色5000个以上。

要继续把消费品工业的发展放到重要地位。着重抓好30大类64种重点消费品的生产,努力发展丝绸、棉麻毛化纤等纺织和服装工业;猪、牛、羊皮等制革工业;饮料、糖果、糕点、罐头、酿造等食品工业;日用玻璃、印铁、彩印等包装装潢工业;香脂、香料、化装用品等日用化学工业;钟表、摩托车、自行车、缝纫机、洗衣机、电视机、收音机、电表、电风扇、童车等机电耐用消费品,使这些产品的数量和质量有一个大的提高,力争有一批产品成为我省和全国的名牌产品,积极打入国内外市场。同时要抓好小商品和中、小农具的生产,迅速扭转这些产品脱销、断档的情况。发展小商品、中小农具生产,既要解决好指导思想问题,克服利大大干,利小小干的思想,又要从价格税收等各个方面加以扶持,把生产搞活,把流通环节搞活。关于发展小商品和中、小农具生产问题,由计委牵头,召集各级各有关单位,提出各项保护政策,并迅速安排落实。

要重视抓重工业的调整,发挥我市重工业基础雄厚、特别是机械工业多的优势,使重工业在调整中前进。要继续调整重工业产品结构和服务方向,扩大服务领域,为农业、轻纺工业和国民经济的各部门提供先进的技术装备,为节约能源提供装备,为人民生活和市场服务,扩大外贸出口,适应各方面的要求。机械工业在调整中,要从轻型结构,节约能源,高效精密、出口外贸和成套服务等五个方面进行调整布局,同时继续抓好传统产品的生产和升级换代以及改组、联合工作。市计委已对机械工业49大类118个产品作了初步规划,各有关部门和单位具体研究落实。要像抓轻工拳头产品一样,抓好水轮发电机组、汽车、锅炉、制冷设备等16个成套产品的生产和联合,由领导同志分工负责,按产品成立领导小组来抓。要采取措施,加快重工业的调整和生产的组织工作,尽快把重工业的优势发挥出来。

基本建设,要狠抓缩短建设周期,提高工程质量,努力把建筑业搞活,要大力加强施工现场的管理工作,杜绝浪费,降低工程造价。同时,要狠抓建筑材料生产,适应城乡建房的需要。

明年工业生产增长4%到5%有没有可能呢?是完全有可能的。今年9、10月份每个月都完成了6亿多元,按此计算,明年就可以达到70多亿元;再就是挖革改项目,明年可以新增生产能力3亿多元。因此,做好工作完全可以超过5%。现在大家最担心的是两个问题:一是能源问题,二是市场问题。能源的情况,明年有些可能比今年好,有些可能比今年还紧。煤炭的情况肯定比今年好。今年初,全省煤炭日产只3万多吨,现在日产5万吨以上。由于煤炭生产情况的好转,明年火电不会像今年初那样缺煤停机,加之乌江输电线路今年要搞通,电源增加了,可能比今年好些。但是,天然气比今年要紧些,全省明年计划50亿立方米,争取搞到52亿立方米,比今年减少6~8亿立方米。我们不能依赖增加能源供应来增产,一定要立足于从节约方面挖潜,实现节能增产增收。省里要求明年节约煤炭3.5%,节约天然气3%,节约电力2%,节约成品油3%。我们要力争达到和超过这个节约指标。能源生产单位要尽量多增产,使用单位要努力降低消耗,节约保增产。在这方面潜力很大,与上海、天津、青岛等先进地区比较,我们能耗高,差距大,与我市的历史先进水平比,许多产品的能耗也是高的。今年40种主要产品的能源消耗有19种是升高的,占47%。为了搞好节能,必须采取坚决的政策措施:一是生产、生活用的水、电、气必须分开,三表必须在"五一"之前安好,否则,停止供水、供电、供气;二是超定额用能的要加价收费;三是制定出丰水、枯水期和高峰、低峰用电的价差。要把能源消耗指标纳入经济责任制进行考核。只要我们真正抓好节约,能源不是紧,而是有富裕。关于市场销售问题,目前市场的东西不是多了,而是不能满足需要。耀邦同志讲,现在农民手里有三四百亿,有了钱买不到东西,他就有意见。问题是我们的产品要提高质量、降低价格、适销对路。现在讲产品长线、短线是相对的,长中有短,短中有长,电扇过去是短线,现在是长线,但是"华生"牌始终是短线。牙膏全国是饱和的,但是中华牙膏、美加净牙膏还是短的,沙市生产的热水瓶也是这样,重庆的"山城牌"手表,暂时是短线,就是价格比别人便宜,将来怎么样呢?这就看我们的工作了。市场销售问题,关键是产品的质量、价格、花色品种,要在这方面下功夫。还有一个问题,是商业环节多,层层收费,需要研究改进。还有多渠道进货,这本来是对的,但有的不认真执行收购合同和调拨计划,盲目从外地进货。对这个问题,省里已作了明确规定,制定了发展地方工业品的保护政策,我们要认真贯彻执行。凡是省内市内生产的产品,能够满足市场供应,质价与外地同类产品基本相当的,不得从外区调入。一些产品质量暂时差一些,但有条件在短期内改进的,也要立足省内市内供应。凡是我市在计划外需要从外区进货的必须经市工商协调小组批准,未经批准的,银行应拒绝付款。凡是计划内的商品,工业要按期交货,商业部门要按期收货。工、商、物资部门要在发展重庆地方产品的前提下,本着互利的原则,合起来推销地方产品,走出去占领市场,大力组织工业品下乡,为发展地方工业打开销路。要坚决刹住工业、商业、物资部门在生产经营中请客送礼、扩大回扣、行贿受贿等歪风邪气,坚决打击贪污盗窃、投机倒把等各种违法犯罪活动。

四、进一步完善工业生产责任制,狠抓企业整顿

要积极稳妥地改革经济体制,充分有效地调动各方面的积极性。我市在扩大企业自主权试点的基础上,工业生产责任制由点到面,逐步推开,发展是正常健康的。在建立责任制中,主要抓了两个环节。一是按行业实行层层包干,或者按行业实行以税代利、自负盈亏的试点,处理好国家同企业的经济利益关系,解决企业经营好坏一个样的问题,二是实行按劳分配,处理好企业和职工的关系,解决干多干少一个样的问题。改变吃"大锅饭",搞平均主义的弊端。在处理国家和企业经济关系方面,主要有以下几种形式。一是按省十四条、十二条、二十条扩权的企业有128户,其中实行十四条的110户,十二条的16户,二十条的2户。二是一轻局、电子仪表两个行业实行以税代利,自负盈亏。三是二轻局、冶金局、化工局、纺织局、机械局等行业,实行利润包干,超收分成。四是对少数企业实行微利包干和亏损企业的亏损定额包干。五是对少数全民所有制小厂实行以税代利、自负盈亏。六是巴县学习广东清远县的经验,由经委对县财政实行利润包干,超收二八分成。

在处理企业内部的分配关系方面,主要是认真贯彻按劳分配原则。据统计,市工交系统所属302个工业企业中,有83个企业在不同范围内实行了计件、超额计件、小集体计件、浮动工资等各种形式的经济责任制,占企业总数的27%,职工人数3.4万人,占职工总数的11%。此外,许多企业改进了奖励制度，实行记分计奖，超定额计件奖、定包奖、节约奖等形式。

从几个月的实践来看，我市实行工业生产责任制取得的成绩是显著的。这是适应当前的生产水平、管理水平和广大群众的觉悟程度的一项重大改革，对充分调动企业和职工的积极性，改善经营管理，搞好生产，提高经济效果，已经和正在发挥积极作用。我市9、10月份工业生产之所以能大幅度上升，一个重要的原因，就是实行了各种经济责任制。正如有的同志所反映的那样：包了干，计了件，企业面貌大改变。

当前，我市工交企业推行经济责任制的面还不够广泛，已经推行了的也还有不够完善的地方。要注意和防止可能出现的问题：一是防止利大大干，利小不干，使生产与社会需要脱节；二是忽视产品质量，粗制滥造，三是转嫁负担，损害消费者的利益；四是要正确处理好国家、集体和个人三者的利益关系，职工多得的部分，要瞻前顾后，照顾左邻右舍。

应当明确，经济责任制是在国家计划指导下以提高经济效益为目的，责、权、利结合的生产经营管理制度，不仅要考核上交利润还要考核产量、质量、品种、成本和合同等指标。在国家和企业的关系上，关键是确定合理的包干基数和分成比例，包干基数一般应按前三年平均利润滚动办法，每年增长的利润，国家所得比例要高于企业。在企业内部的分配上，关键是制定平均先进的定额和合理计件单价，单位产品成本中的工资含量应当下降，不能升高。鉴于当前多数企业的劳动定额不准或达不到平均先进的要求，除矿山井下和码头装卸工人，在有平均先进定额的前提下可实行无限计件外，一般计件（包括超额计件）的超额工资应限制在企业平均标准工资的30%以内。

我们要认真总结推行经济责任制的经验，肯定成绩，解决存在的问题，进一步完善各种形式的经济责任制，总结推广适合自己行业、企业、工种特点和条件的经济责任制形式。在推行经济责任制问题上，方向要肯定，态度要积极，步子要稳妥，方法要灵活，在实践中不断提高。

要继续坚持行之有效的经济政策，保持政策的连续性和稳定性。当前，大家最关心的是明年的包干问题和奖金发放问题。关于明年市属全民所有制工业上交利润包干，省已确定按今年上交利润计划2.6亿元包干。市对各工业局，原则上按今年的包干指标，加4%的增长比例，再加上降低成本1%，即作为明年的包干基数。这次会后要研究定下来，并层层落实到基层单位，让企业和职工心中有数，做到一年早知道。如果出现天然气涨价因素的影响，由市里背起来，作为第二本账争取完成。在实行财政上交包干以后，我们要把着眼点放在改善经营管理上，把企业的潜力挖出来。据计算，市属工业产值每增长1%，税利约有1000万元，可比产品成本降低1%，即可增加利润2600余万元，这样加起来大约就是2.6亿元。关于奖金问题，按照国家规定的正常奖金要坚持发放。今年按市里对各局核定的奖金数额执行，不再变动。明年奖金发放办法，完成包干基数和各项经济指标的，按两个月标准工资发放，超额完成包干任务的，按比例增加：超额10%的，增加0.2个月；超额20%的，增加0.4个月；超额30%的，增加0.6个月；超额30%以上的增加1个月。完不成包干基数和各项经济指标的，按比例递减奖金。由于经营管理不善发生亏损的不能发奖。企业的奖金水平，应当随着生产和利润的增减，产品质量和成本的高低，有升有降。奖金的增长速度，必须低于生产和利润的增长速度。生产和利润下降的，质量降低和成本增加的，奖金水平必须相应降低。要坚决纠正和制止巧立名目，滥发奖金、实物和补贴的错误做法。年终快到了，要严格掌握和控制奖金的发放，防止翘尾巴。我们防止和纠正滥发奖金，正是为了正确实行奖励制度，发挥奖金鼓励超额劳动、促进生产的作用。

要从实行经济责任制入手，狠抓企业整顿工作，使整顿企业与实行经济责任制同步进行。这是挖掘潜力，提高经济效益，增加财政收入最现实的办法。当前，部分企业的领导班子存在不少问题、涣散、软弱的情况比较普遍。歪风邪气得不到打击，正气得不到发扬，"歪人"神气，先进人物遭孤立。劳动纪律松弛，企业管理混乱，浪费严重。为了迅速改变这种状况，必须狠抓企业整顿工作。从现在抓起，明年要狠狠抓一年，非搞好不可。使企业建立起一个良好的生产秩序，经营管理工作有一个显著的改进，经济效果有一个大的提高。首先要把重点企业和问题多的企业的整顿工作搞好。每个企业都要从单纯的生产型转到生产经营管理型上来，要善于运筹，善于组织生产，善于经营管理。

整顿企业要从实际出发，有什么问题就整什么问题。先从最薄弱的环节和最突出的问题整顿起，一项一项地搞好。整顿企业要抓住关键，把领导班子整顿和建设好，解决涣散、软弱、不齐不力，精神不振的问题，按照革命化、年轻化、专业化、知识化的要求逐步把领导班子建设成为能够适应现代化建设要求的坚强领导核心。要发扬和恢复党的优良传统，把党风搞好，厂风搞好，经营作风搞好。

要整顿企业管理，加强基础工作。重点要抓"三基三全"，即基层建设、基础工作、基本功训练和全面质量管理、全面经济核算、全员培训。要把提高产品质量、增加品种、降低消耗和安全生产，作为整顿企业、加强基础工作的主要内容和要求。要搞好定员定额和原材料消耗定额的管理工作，建立健全原始记录和检查验收制度，把经营管理搞上去。要整顿财经纪律，加强经济监督，坚决反对弄虚作假、乱摊成本、坐支截留利润、偷税漏税、行贿受贿等违法乱纪、损害国家利益的行为。

要按照思想先进、技术熟悉、纪律严明的要求加强职工队伍建设。要整顿好劳动纪律，进行遵纪守法和精神文明的教育。通过各种形式的培训，提高领导干部和职工的文化、技术、业务和经营管理水平。

要健全领导制度，加强集中领导和民主管理。主要是认真贯彻执行党委领导下的厂长负责制和党委领导下的职工代表大会制，健全领导体制，党委领导，厂长指挥，职工民主管理。党委要集中精力抓好方针政策的贯彻执行，做好思想政治工作。生产行政工作，要大胆放手让厂长负责处理。企业中的重大问题要提交职代会讨论，由职工民主管理，发挥主人翁的作用。

整顿企业是当前一项重要的紧迫任务，各部门、各单位要切实加强领导，做出具体安排。对企业如何整顿，解决哪几个问题，管理水平提高到什么程度，经济效益提高到什么水平，增加多少利润，增加多少税收，减少多少开支，降低多少成本，国家、企业和职工个人增收多少，都要根据自己的实际情况，提出具体的要求和措施。通过整顿工作拿出具体成果出来。各级主要领导同志要亲自负责，并组织专门力量来抓，按照国家经委提出的六条标准，分批把企业全面整顿好。各部、委、局，各区、县，要对所属企业进行分析排队，明确各类企业整顿的重点，进行分类指导，在整顿后，要逐个地检查验收，不合格的要重新进行整顿。要定期进行检查评比工作，评选表彰先进企业，并增加先进企业的奖金比例。

五、加快企业技术改造和联合改组的步伐

今后工业生产的发展，主要不是依靠要投资、搞新建、铺摊子，而是依靠发挥现有企业的经济效益，逐步由以"外延"为主转向以"内涵"为主。工业现代化应当主要从现有企业化起，把资金、物资优先用于现有企业的技术改造上。不能只注意量的增加，要注意质的提高技术改造，要从实际出发，选好突破口，有计划有步骤地进行。从全市来讲，技术改造要以节能作为突破，搞好设备改造，工艺改造，革新技术，以提高产品质量，增加花色品种，降低消耗，节约能源和资源的综合利用。

今年在建的挖、革、改项目，要加强领导，及时研究解决存在的问题，加快施工进度，特别要抓紧重点轻纺工程项目的建设，保证按期建成投产，发挥经济效益。据初步了解，明年老企业的技术改造费用和设备更新的中短期贷款可能比今年有所增加，加上今年结转到明年的工程项目，技术改造的任务是很繁重的。各有关单位现在要抓紧做工作，及早安排，搞好综合平衡，做好施工前期的各项准

备工作，使明年的技改项目上得快一些、好一些。

现有企业的技术改造，要同工业改组和企业联合结合起来考虑，才能取得更好的经济效果。要改变"小而全""大而全"的落后状况，搞好专业化协作，抓紧建立铸造、热处理、电镀等工艺中心。要进一步办好我市现有的87个经济联合体，使之不断巩固提高。各工业部门要做好联合改组规划，围绕适销对路的"拳头"产品和名牌产品发展联合和协作，把批量和质量搞上去。国务院和省已决定在重庆市的中央属企业与地方企业的联合，由市统筹规划，合理组织，如果和主管部门意见不一致，定不下来的，报省和国务院审批。这是打破行业界限，加快联合的好办法。我们明年联合改组的步子要跨大一点，发展快一点，争取有一个新的突破。

六、克服涣散、软弱状况，加强思想政治工作

涣散软弱的状况，不仅思想战线有，在经济战线也存在这个问题。工交、基建战线大多数干部是好的，工作是积极的，但确有一部分干部精神不振，干劲不大，缺乏战胜困难、千方百计把工业生产搞上去的志气。有的单位领导班子集体领导差，形不成坚强的领导核心，有的对上级的指示缺乏坚定的态度，各取所需，甚至评头品脚；有的不认真贯彻执行"三兼顾"的原则，全局观点和国家观念淡薄，正如中央领导同志讲的，有的干部站在少数落后工人一边，争奖金，挖社会主义墙脚；有的不坚持原则，好的不表扬，坏的不批评，歪风邪气得不到制止，违法乱纪行为得不到严肃处理；有的存在着官僚主义作风，不深入实际，不调查研究，对在新形势下出现的新情况、新问题，心中无数，工作抓不到要害，有的凭老经验、老框框办事，工作缺乏创新精神；有的怕困难，怕犯错误，怕得罪人，得过且过，工作不负责任；有的组织纪律性差，存在着自由主义，批评与自我批评不能正常开展，有的利用职权谋私利，搞不正之风；还有少数人不加分析地追求资产阶级那一套自由化的倾向，等等。这些问题，同三中全会、六中全会精神是相违背的，同党和国家对我们的要求也是很不相称的，我们不能回避问题，必须正视现实，通过学习认真加以解决。

耀邦同志讲，每一个单位，每一个领导干部，都要想一想我这个地方是坚强的，还是软弱的？是统一的，还是涣散的？把自己摆进去，才能学到一点东西。克服涣散软弱，要从各级领导干部做起，从领导机关做起，市级机关要做全市的表率。要认真解决好同中央在政治上保持一致的问题，做模范地贯彻执行三中全会以来党的路线方针政策的表率；要严格组织生活，认真开展批评与自我批评，增强党组织的战斗力，做精兵简政，改革体制，努力提高工作效率的表率；要做刻苦学习政治理论，努力掌握现代科学管理知识，卓有成效的做好机关工作的表率；要做搞好机关卫生，美化环境的表率；要做克服思想领导涣散软弱，严肃党纪、政纪，切实加强思想政治工作的表率。在学习贯彻六中全会决议和中央30号文件精神中，各级领导同志，特别是县级以上单位领导干部，要联系实际，找出涣散软弱、风气不正的表现，认识危害，研究提出解决的措施办法，把整顿党风、厂风、经营作风作为厂矿企业思想政治工作的重要任务来抓。对基层单位和广大职工，主要是进行正面教育，加强思想政治工作，提高大家辨别是非的能力，发扬正气，抵制歪风邪气。要向广大干部、群众进行坚持四项基本原则和遵纪守法的教育，克服自由化倾向；进行形势任务教育，把气鼓起来，完成生产建设任务；进行正确处理国家、企业、职工三者利益关系的教育，保证经济责任制健康发展；进行艰苦奋斗、勤俭建国的教育，杜绝浪费，厉行节约，发扬自力更生、勤俭办企业的优良传统作风。

当前，在社会经济生活领域中，滋长了请客送礼、拉关系、要回扣、走后门、铺张浪费等等恶劣现象。一些经济单位、经济管理机关及其负责干部，对此不但熟视无睹，甚至同流合污。因此，要继续提倡社会主义精神文明，抵制和克服各种剥削阶级思想和非无产阶级思想，反对和打击破坏社会主义经济和社会主义事业的各种违法犯罪活动。

要明确新时期思想政治工作的重要地位和作

用,坚持政治工作是一切经济工作的生命线这个马克思主义的原则,克服忽视思想政治工作的倾向。健全政治工作机构和制度,充实政工人员。做思想政治工作是全党的事,必须全党重视,全党来做,这是我们党的传统作风。政工干部,行政技术干部,书记、厂长、经理、总工程师等都要做思想政治工作,结合生产业务一道去做。抓生产技术业务的,要坚持思想领先的原则。企业党委要经常向党支部、党员提出做思想政治工作的任务和要求,同时,要汇报,要检查,定期评选先进支部和优秀党员,使党支部真正成为建设社会主义物质文明和精神文明的战斗堡垒,发挥党员的先锋模范作用。要加强对工会、共青团的领导,支持他们的工作,充分发挥工会、共青团的组织作用,共同做好党的思想政治工作。

同志们,今冬明春的任务是很繁重的,我们要在党的三中全会、六中全会精神的指引下,发扬前段时间抗洪救灾的那种革命精神、革命干劲、革命风格,战胜困难,做好当前各项工作,为把我市国民经济搞上去做出新贡献!

王谦同志在重庆市厂矿企业思想政治工作、工交工作会议结束时的讲话

(1981年11月16日)

(根据记录整理)

同志们:

刚来重庆不到一个月,情况不够了解。讲点意见,也不一定准确。这个会,我想不需要再做什么总结了。于汉卿同志的讲话,经过常委研究定稿以后发下去,也就是会议的结论性意见。我今天讲的不是会议的总结,也不代表市委常委,属于个人意见,向同志们提出一些问题,供同志们参考。

下面讲四个问题:

一、关于速度问题

国民经济调整中的发展速度问题,是党中央和国务院领导同志从今年上半年以来一直在考虑和研究解决的问题。因为速度问题是一个十分重大的问题,它既是经济问题,又是一个严肃的政治问题;既关系到整个国民经济的调整,又关系到今后二十年实现四个现代化的问题。

为了解决这个问题,中央领导同志亲自进行了大量的调查研究,得出了正确的结论。中央指出"六五"期间,我国经济的发展,不可能有很高的速度,但保持一定的发展速度,不仅是可能的,而且是必要的。耀邦同志讲得很清楚,"六五"期间没有一定速度有五个方面的不利。这五个不利,有经济上的不利,也有政治上的不利。中央确定,"六五"期间的速度为4%,争取5%,计划定为4%。

大盘子中央定下来了,我们重庆市怎么样?这是需要大家认真考虑的问题。10月下旬,市委讨论明年计划时,根据今年生产情况和明年客观因素,经过全面分析,认为明年重庆市的速度,计划定为4%,工作要按达到5%去做。从这次会上反映的情况看来,这是合符实际的。经过讨论,几个大的行业都比5%高,有6%~7%的,甚至8%的。困难较大的机械行业,比5%还高一点;冶金行业也比5%高嘛!所以我说比5%还要好一点。在这种情况下,我们就要考虑,是不是有点过分乐观呢?对困难估计不足,过分乐观的因素固然不能排除,但现在气不足,劲没有鼓起来,恐怕还是主要的。因此,不存在因过分乐观而产生高指标的危险,至少这个危险不大。

重庆市的速度能不能达到5%,我认为有六个关键性的问题需要十分认真、细致、深入地研究和解决。

第一,能源不足。缺电、缺气,煤炭也缺一点。

电和气近期内不可能有大的变化。电比气可能要稍好一点,乌江电站11万千伏线架通了,虽然输不了多少电,但有总比没有强。煤,据说缺160多万吨,但小窑煤还有潜力,如果把短途运输解决得好一点,总还可以解决一些问题,总比从山西运500万吨煤入川好一些。

解决能源问题,最现实最有指望的是节约。要采取一些政策和措施,鼓励节约,同时制裁浪费。请同志们注意,我讲的是对浪费能源的单位要给以经济制裁。在鼓励节约方面,有些办法是许多省、市早已采取了的。比如,节约电、气,给它多少定额,在定额内节约了就给以奖励;但无计划用电,根本不需要长明灯而开长明灯,以至于超定额用电、偷电等等行为,就要罚款。又如低峰用电,在电价上应给予鼓励。又如,限期安上三表,到期不执行的停止用电、用气、用水。另外,在能源的使用,调度上也十分重要。只要我们把这些方面的工作做好了,能源上的潜力是很大的。因此,我建议是经委组织各方面的力量,成立一个节能办公室来通盘考虑能源的调度和使用问题,它的任务就是督促、检查能源的使用和节约状况。据我了解,有些省、市过去长期就是这样办的,好多地方解决了大问题。今年夏天,天津市就成立了一个节约用水的办公室,用水采取定额分配办法,每天规定用多少水就是用多少,大约一天可以节约60万吨水,效果很好。我们要缓和电和气的供应紧张情况,为什么不可以向人家学习,照他们那样办呢?

解决能源问题,还要考虑,一个是改造锅炉,逐步消灭煤老虎;一个是把现在用气而可以改为用煤的改为用煤。从长远来讲,即使气的情况比现在好一点,也不一定非要用天然气烧锅炉,可以把节约下来的气用到经济效益更大的方面去。要严格执行省委决定,今后不要再扩大发展民用天然气了。从长远看,还有个集中供热问题,这也是调整中应该研究解决的问题。这里附带讲一点,有些同志提出搞煤气。煤气怎么搞?我想无非是:一是煤气炉;二是建焦炉。按市的需要,60孔焦炉至少要5台,大体要300万吨煤炭,2亿元的投资。煤气不能压缩,只能走管道。如果不能炼成可以出口的冶金焦,就要亏本。每个人准备要贴1.5~2元,国家财政能贴这么多吗?大家提意见是好的,但能源问题要统盘考虑,最有希望的还是节约。

第二,机械行业的调整问题。省委、市委都注意到了这一点,即今年一季度对机械行业的调整和困难认识不够,现在我们已经认识了这个问题,这一点很重要。因为认识到了这个问题,就有可能逐步研究和解决它。我们的机械业,从长远看,虽然设备、技术都有点落后了,但毕竟它还是一个强大的力量,是我们国家强大的生产力。有那么多工作母机,也不是什么都落后。美国有个国防部长到包头看了我们的一个工厂,说"你们有这样好的设备呀!如果添一些关键设备,就不是现在这个生产数字"。日本人到上海看了江南造船厂后,也说有些大型设备他们还没有,只要添些关键设备就会发挥很大的作用。我们的机械行业在经济调整中,可以为我国的"四化"贡献力量。这就要解决机械行业的一个根本问题,即服务方向、产品结构必须改变。这样做有实际困难,也有认识问题。目前来说,根本的还是认识问题。在认识上明确了,就是在目前基本建设规模缩小、国民经济调整的情况下也是可以有所作为的。比如,发展轻、纺等工业,对轻纺等工业实行技术改造,机械行业就有许多事情可做,这也是机械行业义不容辞的责任。还有,在发展耐用消费品方面,也可大有作为。所以说,在调整中,机械行业既要自己进行调整,也要为整个国民经济的调整服务。这两方面都有很多事情要做,不是没有事做,问题是要统一认识,解决思想问题,不然不能开步走。据说,今年以来,有些单位的厂级领导干部中就有许多争论,如说改变产品结构、服务方向是"不务正业",甚至说什么是继续执行"左"倾路线。用这个词本来是不妥。我想借用这个词问一下,你守着原来的产品不放,不生产,吃补亏,不是"左"倾路线,别人调整产品结构就是"左"倾路线?又如说机械行业生产耐用消费品,或者为轻工、纺织行业生产某些设备是"抢饭吃",等等。这些思想问题必须解决。不是不务正业,更不是"抢饭吃",而是机械行业应该承担的不可推脱的职责。搞机械行业的同志要打开眼界,要有适应性、灵活性,不要老是抱住一种产品不放。即使你现在的产品暂时有销路,也要考虑创新,准备拿出新产品来,拿不出新产品来,最后就要被淘汰。在这方面,日本可厉害哩。丰田汽车还是同过去一样长短大小,但座位比过去更好了,过去只有一个收音机,现在还装个小电视机,迎合消费者的心理,把电子工业也带起来了。他们还生产一种工具车和1.5吨的载重汽车,就是了解到北京不准载重汽车进城。他才改成工具车,现在北京到处都是。这样,把我们自己的汽车行业挤掉了,"红旗"停产,"上海"停产,这么大个国家,汽车总是要坐的。"上海"车我也认为没有丰田、奔驰车好,难道不能改吗?上海牌"七品官的帽子"可以改一改嘛,这都是机械行业的问题。机械行业要打开思想,思想打开了,才会主动的调查研究,才能调整自身,同时也为整个国民经济的调整贡献力量。要懂得一条真理,新机器都是在旧机器上生产出来的;大型设备也都是在比较小的设备上制造出来的;精密的机器总是在比较不精密的机器上生产出来的。现在有些设备落后了,要搞先进点,从那里来?完全进口,固然要快一点,方便一些。但是,有那么多外汇吗?既没有外汇,就要靠自己,在自己比较落后的基础上,拿出二代、三代产品来。只要这些方面的工作做好了,认识统一了,我看明年机械行业要比今年好一些。

第三,军工行业。它的多数单位存在的问题和出路,都和机械行业基本上是相同的。总的讲,就是和民用机械行业一样,要为民用工业的调整、技术改造服务。所以叫作军民结合、平战结合。"嘉陵"摩托的办法是一个办法,但不能大家都搞"嘉陵",要走为轻、纺行业及其他方面的技术改造服务,既当"主角",也当"配角",甚至于可以跑"龙套"。在这方面应该有一个大的突破。否则那么大的机械厂,单靠打锄头过日子,是会把人饿死的。有灵活性、适应性,就不至于靠打锄头过活了。作为一个厂的党委书记、厂长,天天向部里要工资,也不大光彩。军工要在大的方向上打开出路,我希望明年有所突破。

第四,冶金行业,主要讲钢铁。重钢、特钢在产量不增加的情况下,产值、利润可不可以增加?据我了解,1981年首钢、太钢的产量都是减少的,但这两个企业的利润都是增加的。为什么?这就要分析一下。主要是它们产品结构上有很大变化。太钢是以"两板一片"(薄板、不锈板、硅钢片)为主要产品的一个单位,这些产品目前国家需要量不那么大。他们的办法是走出去调查研究,了解市场情况,按照目前国家需要的钢种、材种和规格组织生产,结果他们的钢材有很大一部分是经过市场调节销售的,而且打入了国际市场,进入了香港。这说明冶金系统也有个适应性的问题。我建议我们的两个钢厂,要在降低消耗、降低成本、改变产品结构方面,多想点办法,闯出一条出路来。这样,我们冶金企业,主要是钢铁,明年也就会活跃起来。无非是,把轧辊改变一下,小批量也要生产,多辛苦一些,工作细一些。

第五,整顿企业、改善经营管理。这项工作做好了,企业的经济效益就会更好。目前我们讲的经济责任制一定要建立在提高企业的管理水平的基础上。我们要看到,现在已经建立的各种责任制形式,虽然在经济效益上看出了成果,对调动干部、职工的生产积极性起了好作用。但是还要看到,我们现在的经济责任制,差不多都是在企业的管理水平并不太高的情况下建立起来的,所起的作用也是在低水平上看到的一些作用。我们不能停留在这个水平上,一定要继续前进。〈……〉。现在我们就要扎扎实实地、细致地做好政治思想工作,做许多带根本性的工作,逐步提高企业管理水平,把经济责任制建立在管理水平逐步提高的基础上。现在我们讲的经济责任制,和历史上常讲的责任制有共同点,也有不同点,有新的内容。其主要的不同点,就是企业、职工在经济利益上和责任制结合起来了,这是一个很大的改变。由于这个改变,也会出现其他问题,说坦率一点,就是容易产生唯利是图。如果根本性的工作跟不上,就会出现很多歪门邪道,所以总理讲的那些问题,我们一定要好好地思考,引起足够的重视。

讲到提高企业管理水平,我只提出一点,要狠抓降低成本。这方面有很大的潜力,要下大功夫。市委提出明年降低成本1%,我和同志们商量,是否可以在计划上定降低1%,而实际工作必须做到降低2%呢?大家如果同意,我们就来个君子协定好不好?如果说不行就要回答一个问题,即降低2%是否就是高指标?我看不能算是高指标。大家都还记得吧,1964、1965、1966三年,每年国家计划规定降低成本都是3%,执行中有的超过计划。应该说,现在我们企业的管理水平比那个时候差得多,因此降低2%不能算是高指标,工作做好了,可能是3%。

第六,政策问题。大家担心一个问题,即经济体制改革的那些政策变不变。我们说不变了,或者说基本不变,略有调整,这样讲更科学一点。为什么加个略有调整?比如,原定三年,已到期了,重新定,就要略加调整嘛。要讲三个方面,即国家拿大头,企业拿小头,职工拿零头。决不能翻过来,否则那还叫什么共产党员,还叫什么社会主义。另外,也有的执行两三年后,任务给得太大,你总不能把它压扁,卖机器还账。怎么办?只有略加调整,要适合那个"三头"嘛。

上面讲的这些问题,如果解决得比较好,我想明年的速度不能算高指标。

我还想和大家讨论一个问题,即1983、1984、1985这三年是怎样一个速度?因为这个问题很快就要提上日程了。全国人大一开,"六五"计划通过,我们就得有一个后三年的设想。

今年,我市工业总产值可能是69亿,或者稍多一点。这就是说达不到原订计划,但比去年可能增长1%,是正数,不是负数,我看还是不错。明年如果是5%的速度,总产值将是72亿多元,比今年的计划多1亿,比实际多3亿元。以后每年如果按6%的速度计,1983年的总产值是76亿多元,1984年的总产值是80多亿元,1985年的总产值是85亿多元。这是我的设想,出这样一个题目供大家思考。建议各个行业都自己测算一下,然后加起来就是全市的计划。除开这个,同时也要考虑到十年怎么样?再出个题目,看我们重庆市哪一年的工业总产值能突破100亿大关?

二、关于经济改革问题

中央的方针是先调整后改革,在调整中进行必要的改革。这就是说改革的步调不能太快,要稳步前进。

我们重庆市在经济体制改革方面先走了一步。总的讲效果是显著的,要继续前进。有的同志告诉我,前一段议论纷纷,方寸有点乱,有一段动摇了一下,我说有问题不怕,提出来,继续解决,总是要前进的,决不走回头路。

在各种情况和条件下,我们在经济体制改革上出现有六种形式。这六种形式可以同时存在,因为条件不同,所以不能一刀切,更不要人为地在条件还不具备的情况下,强行推行某一种形式。我们历史上吃这样的亏太多了。刚刚合作化,只搞了一年生产,马上就要公社化,"一大二公",诸如此类的事情多得很。

在六种形式中,有些形式显然是在一种特定的情况下,为了调动企业和职工的积极性而产生的,如亏损包干。这种企业很可能当其条件改变时要求采取另外的形式。在这种情况下,应该允许改变,它对国家、企业、职工三者利益是一致的,应该说是正常的。如果出现这种情况,并不是政策变了,而是进步的表现。

现在我们要把六种形式巩固下来,看大家愿意采取那种形式,或者还可能创造另外的形式,也可以研究,准许采用。所以,现在没有到期的要继续执行;到期的要总结经验,从新议定办法。在重新议定中,应有所调整。

在体制改革、经济联合方面,我们已经有了初步的经验现在要从下而上,从上而下,上下结合总结经验,肯定正确的,改正不合理的,探讨和解决出现的新问题。〈……〉。因此,我感到钟表公司那种联合形式很值得我们重视。贵州的同志告诉我,他们很感谢重庆钟表公司,看来两方都有利,可能重庆钟表公司得的利还要大些。因此,我建议解剖这个麻雀。要继续进行调查研究,继续进行探索,从理论和实践的结合上把经验总结起来,这对于我们进行体制改革,搞经济联合和调整,都很有作用。

三、发展多种经济形式问题

社会主义制度下,有全民所有制经济,有集体经济,也有个体经济,从全国来讲还有外资参加的经济形式等等。这里我想强调一下在发展多种经济形式中间,特别要重视发展集体经济,或某些形式的个体经济,还要考虑利用外资的问题。现在我们重庆市有劳务输出,到香港去了几个人,炒菜的大师傅,还有即将实现的在华盛顿开办"重庆楼",这也是利用外资的一种形式,实际上是劳务方面的。目前,在重庆,还没有一个利用外资合营、补偿贸易或者贷款办的为出口生产产品的企业。因此,也没有这一方面的产品在国内市场、国际市场出现。据说我们这里一方面是有许多客观条件可以利用,如国民党的遗老遗少在国外的不少。只要放手,大有文章可做。但另一方面,我们的同志又怕担风险,不仅不敢和外国搞合营,连外资方面可以利用的贷款也不敢用,怕还不了账。可是,现在天津、上海、广州搞了好多东西,用贷款买几台主要设备,回来自己再搞一些设备,然后,生产出新的东西,到国际市场去卖,两三年就赚回来了。福建是特区,自己还搞了一个船队,5千吨、3千吨的十几艘,跑香港、日本。人家可以这么干,我们重庆为什么不可以?不能过分小心了。我们既要看到国内市场,也要看到国际市场。胡主席要我们打出去。要打出去,四川重庆条件最好,既要利用国内资金,也要尽可能地利用一些外资,这样才能发展快一点。

在发展多种经济中,要发展一些几种经济形式相结合的密集性劳动的生产。如像山东、江苏那样,用国营的或者集体的以少量骨干管理人员,结合大批的家庭的个体劳动者来发展生产,生产的产品既是国内需要的,也是国际市场需要的。这样,对解决城市待业人员就业也是十分有利的。

四、鼓一把劲完成今年任务,同时为明年一季度做好准备

9、10月份的工业生产情况很不错。现在到年底还有四十多天。看来,年初计划的71亿任务,不可能实现了。这有许多原因,有客观原因,也有主观因素。但完成69亿是可能的,比去年增长1%。实现这个要求虽然大家并不满意,但应该说我们从中取得了很多经验,它在今后会有积极的作用。

完成后两个月的任务很重要,不能松劲,要鼓足干劲。同时还要瞻前顾后,为明年一季度的生产作好必要的准备。我们一定要做到明年一季度有个好的开始,争取明年一季度比今年一季度有个大的突破,即不低于今年的平均水平因此,一在完成后两个月的任务中,各单位各企业要有专人负责来做明年一季度,特别是1月份的生产准备工作这项工作,起码应有一个副厂长负责,包括设备维修、原材料和在制件的准备能源调度和安排、产品订货和找其他的销路等等。总之,要下决心改变多年来的一种很不好的现象,即年底完成或超额完成任务后喜气洋洋,尔后就松下来,停个脚,歇一歇,结果是一季度欠产,二季度开步,三、四季度赶任务,生产不能保持稳定,带来许多弊害,最突出的是拼设备,粗制滥造。

能源问题,市经委要有一个统筹的打算,从分配到调度都要很好计划安排,并监督执行。在执行中,有的要进行调整,同时采取一些干预的办法,使之真正实现能源的调度和节约。如电有高低峰的调整,还有水电和火电的调整,这都要有计划。前些年在"三电"办公室的指挥下,调整生产班次,那些单位上班到几点钟,过时就拉闸,这样调整指挥的结果,生产并不减少,比大家无章法乱用的时候好得多。有些地方现在还是这么办。至于工厂乱用电的情况也要干预,电炉煮饭就是自己拿钱也不行,市经委在这方面的工作要加强。

我还有一个建议,市经委、计委考虑一下,怎么充分利用小窑煤的问题。要采取一些措施,把能够运出来的小窑煤都运出来,它既可以缓和能源,对

扶持社队企业也有利的，要从两方面考虑这个问题。

这次会上交流了许多经验，出现了各种类型的典型，要继续总结他们的经验教训。我们在工作方法上，领导方法上都要注意抓典型，以典型来带动其他，这是毛泽东同志教导我们的领导方法和工作方法，我们要学会用这种方法来进行领导工作。因此，我建议我们的领导同志，包括市委在内都要抓典型，解剖麻雀，在解剖麻雀中发现问题，解决问题，增长知识，增长才能。

目前，我们的政治局势是稳定的，经济形势也是好的。我们一定要团结一致，鼓足干劲，争取更大的胜利。

最后祝同志们愉快！

张海亭同志在市委农村工作会议上的讲话

（1981年12月6日）

同志们：

这次农村工作会议传达了省委工作会议第二阶段会议精神，又用了三天时间进行了参观，会议从今天开始，将要坐下来讨论和研究多种经营的发展问题。

中央13号文件下达后，我们先后召开了两次全市性的多种经营会议，第一次是今年4月在巴县召开的，着重讨论了林业和社队企业的发展问题；第二次是7月，又着重研究了发展水产事业和专业户养鸡问题。各区县、各有关部门都做了很多工作，人们的认识，有所提高，多经生产逐步得到恢复和发展，农、林、牧、副、渔五业开始向合理方面发展。但是，在过去的工作中，由于我们对农业的指导思想不够明确，对多种经营的重要性认识不够，所以，农业经济结构还很不合理，生产发展不快，远远落后于整个国民经济发展的步伐。为了认真贯彻中央13号文件和省委工作会议的精神，使我市农村多种经营在近期内有一个较快的发展。现在，我结合市的情况讲以下七个问题：

一、深刻领会发展农村多种经营的战略意义，提高思想认识

中央13号文件对于开展多种经营，走农工商综合发展的道路的战略意义讲得非常清楚，结合我市的实际，对发展多种经营必须进一步统一看法，提高认识。

（一）发展农村多种经营是加快农业发展速度的需要。最近，中央领导同志强调指出，国民经济发展要有一定的速度。农业是国民经济的基础，农业发展速度的快慢，对整个国民经济发展影响极大。解放31年来，我市农业平均每年增长速度只有3.3%，落后于全国4.4%的平均速度。再从国民经济发展的要求看，小平同志提出在本世纪末实现每人平均产值1000美元的雄伟目标。全国各行各业通算应在现有基础上增长3倍，我市1980年农业总产值为7.46亿元，人平产值180元，我市农业收入部分增长3倍就是720元的产值。设想到那时，人平占有粮食1000斤，其产值为100元，多种经营、工副业和家庭副业的产值要达到620元，即是说，由现在的占总产值50%，提高到90%，要求我们除粮食以外的产值4.2亿元的基础上增加到31亿元，增长7倍。显然这个任务单靠抓粮食是不行的，必须广开生产门路，大力发展多种经营，才能达到这个要求。

（二）发展多种经营是农民由穷至富的必由之路。我市自然资源比较丰富，除400万亩耕地以外，有267万亩山林，几十万亩荒坡草地，20万亩水面，山丘起伏，溪河纵横，气候温和，雨量充沛，发展多种经营具有优越的自然条件，我们还有丰富的劳力资源。解放以来，我市的耕地面积由1949年

的515万亩,减少的到1980年的434万亩,减少了81万亩,农业人口由1950年的262万人增加到410万人,增加148万人,农业人口占有耕地由2亩减少到1亩。特别是农业生产责任制实行以后,剩余劳动力一般有30%～50%。过去我们没有充分利用这些自然资源和劳力资源,农民生活很难富起来。1980年我市人平集体分配收入只有99.60元,低于我省的成都和渡口市,居全省第7位,与全国其他大城市比较,名列最后。人平收入60元以下的队占15%,这些队不要说富裕,连贫困境地都没有摆脱。同时,要看到我们也有发展比较好的社队。九龙坡区九龙公社过去农业总产值长期徘徊在200万元左右,人平分配没有超过100元,近几年,由于大力发展副食品生产,实行农副综合经营,1980年总产值达到977万元,人平580元,其中多经和工副业的比重达到78%,人平分配收入272元。长寿县渡舟公社果园大队利用自身优势,坚持发展多种经营,柑桔生产逐年增长,1981年农副业总产值中,多经占77%,其中,柑桔又占多经的87.4%,人平分配继续超过300元。这些事例说明,农业要发展,农民要富起来,一定要走农林牧副渔全面发展、农副工综合经营的道路。

(三)发展多种经营是搞活我市经济的关键一着。发展多种经营可以为市场提供丰富奋斗产品,为轻纺工业提供充足原料,为外贸出口提供货源;多种经营发展了,农民收入增加,又为工业品销售开辟了广阔的市场。耀邦同志强调要大力发展的八项日用品工业,其中有三、四项是以农副产品为原料的。鲁大东同志在这次省委工作会议上提出要突出发展丝绸、皮革、食品、玻璃、能源等五项工业,其中有三项是以多种经营产品为原料的。从我市的现状看,市郊农村年产蚕茧近10万担,基本上满足了我市现有丝厂加工的需要,现有水果罐头厂、茶厂所需原料绝大部分也是由市郊农村提供的,设想没有多种经营的发展,我市的轻纺工业的发展将会受到极大的影响。再从国家财政收入来看,来自农业或以农副产品为原料的加工业、商业的利润占全国财政收入1/3以上。这个数字还未包括实际存在的工农业产品剪刀差,加上还大大超过这个比例。我们重庆这个工业城市情况又如何呢?以1979年为例,我市农业税收,占市财政收入2.73%;以农副产品为原料,通过工业利润提供的财政收入,占25.3%;以农副产品为原料,通过商业环节所提供的财政收入,占2.73%。以上三项共占我市财政收入的30.49%。此外,还有外贸部门、商业二级站实现的利润,未计算在内,加上之后,至少占我市财政收入1/3。以上情况说明,发展多种经营对我市财政收入关系极大。所以发展多种经营不只是农业部门的事,也是工业、商业财政等各部门义不容辞的光荣职责。

各级党委和政府,要深入学习中央13号文件,提高思想认识,加快我市多种经营发展步伐,使集体和社员尽快富起来。

二、搞好区划和规划,因地制宜发展多种经营

搞好规划,这是一件带有全局性的大事,它不仅关系到多种经营的发展,而且涉及农业内部结构的调整和作物的布局,是整个农业发展的战略问题。因此,必须切实抓好。

(一)搞好规划的指导思想应当是:按照中央"决不放松粮食生产,积极开展多种经营"和"郊区农业为城市服务"的方针,在保证粮食产量稳步增长的基础上,因地制宜地合理调整农业内部结构,充分利用各种自然资源,大力发展多种经营,使农业生态系统得到改善,农、林、牧、副、渔全面发展。

我市是一个大工业城市,郊区农业生产应当为城市服务,生产数量多、质量好的副食品供应城市,满足需要,无疑是一个重大的任务。我们的着眼点要放在这里。但是,粮食生产也不能放松,这不仅因为粮食的种植面积仍然是市郊农业的一个大头,粮食是郊区400万农民的主食,也是发展多种经营特别是畜牧业的重要物质基础,绝对不可忽视。

在具体规划中,要从实际出发,因地制宜,有所侧重,近郊4个区和大型工矿附近的社队,要以菜为主,同时发展肉、奶、禽蛋、水产、瓜果等副食品生

产,4县及远郊区各有不同的情况。一般来说,浅丘、平坝地区,多种经营发展重点抓生猪、禽蛋、水果、蚕桑及其他短期经济作物;深丘、山区要大力发展经济作物和经济林木,如茶、桐、棕、生漆、竹子、药材等;畜牧除养猪外,积极发展牛、羊、兔等食草牲畜;山区还要积极发展用材林和其他林副产品。各区县社都要从实际出发,发展手工业、编织业、农副产品加工业、服务行业以及适宜发展的各种工副业等。要因地制宜,根据生产优势和市场需要,既抓好现有项目,又积极发展新项目,以大带小,长短结合,从全市来说,要狠抓一批具有较大优势的项目,如生猪、禽蛋、水产、奶品、兔子和柑桔、蚕桑、茶叶、竹子、榨菜等,形成拳头产品,建立基地。

(二)多种经营的发展,要有一定速度。根据省的"六五"规划,全省农村社员人平收入(包括家庭副业)达200元,要求1/3的队分别达到150元、200元、300元。我们是城市郊区,发展速度应当快一些。初步设想,到1985年全市农村人平收入达到250元到300元,要求20%左右的队达到200元,50%左右的队达到250到300元,20%左右的队达到400元以上。要实现这个奋斗目标,粮食要保持稳步增长,多种经营、社队企业、家庭副业要有一个大的发展。初步规划,到1985年集体粮食产量达到33亿斤,每年增加3000万斤到5000万斤,增长1%~2%,全市农民平均每人占有粮食800斤左右,产值达到4亿元,人平粮食分配收入60元;多种经营(考虑到今后部分转为社员家庭副业)产值达到2亿到2.5亿元,同口径比,较1980年增长80%左右,平均每年增长15%左右,人平多均分配收入30元左右,社队企业产值达到5亿~6亿元;比1980年增长1倍左右,平均每年增长20%,人平社队企业分配收入40~50元。集体农副业总产值达11亿~12亿元,比1980年7.4亿元增长50%左右,人平分配收入达到130元左右,加上社员家庭副业收入,人平达到250~300元。我们认为,只要对各项生产进行深入的调查研究,制定出切实可行的计划和措施,扎扎实实地做好各项工作,这个设想的实现是可能的。

(三)合理调整农业结构和作物布局。省委指出,调整农业结构和作物布局,方向要坚定,步子要稳妥。从我市来说,这两年来对农业结构和作物布局虽然作了些调整,但仅仅是开始,要在全市郊区积极而稳妥地进行。

粮食和经济作物面积安排,首先要在保证每年粮食稳步增长的前提下,随着粮食单产提高,逐步减少粮食面积,扩大经济作物面积。今后市只下达粮食总产量和农副产品统购、派购任务,不下达面积计划,由各区、县因地制宜安排粮经种植面积,逐步调整达到经、粮面积一五、八五开,二八开,二五、七五开,三七开的比例。像近郊几个区,经济作物和蔬菜,已经大大超过粮食面积。调整作物布局,要根据社队不同自然条件,进行合理安排。粮食面积减少后,要改良品种,精耕细作,提高单产,使总产量有所增长。粮食作物内部各个品种,也要适当调整,贯彻用地养地结合的原则,适当减少小麦面积,增加青饲科、绿肥、胡豆、豌豆、大麦等品种,大春则以水稻为主,适当调减红苕,增加油料、高粱、豆类等品种面积。

发展经济作物,要着重发展具有优势有销路的品种。"六五"期间规划,油菜扩大到35万亩,花生8万亩,海椒4万亩,芝麻2万亩,主要安排在远郊区县;榨菜50万担,主要安排在沿长江两岸适宜的社队;甘蔗3万亩,主要安排长寿、巴县、江北县的糖厂附近和适宜于种植的社队;烤烟5万亩,主要安排在綦江、南桐山区社队,果、桑、茶也要合理安排,继续发展;其他品种各区县社队可根据自己的优势和销路统筹安排。各种经济作物都要努力提高单产,使总产量有较大幅度的增长。

对不占或少占耕地的林业、畜牧业和渔业,要全面规划,合理安排。充分利用土地和各种资源,使农、林、牧、副、渔协调发展,互相促进,保持一个良好的生态系统,使农业再生产能在良性循环的基础上周而复始地不断进行。

大力抓好林业,这是一个刻不容缓的任务。目前,我市森林覆盖率只有10.7%,低于全国、全省水平。要实现中央提出的保护现有13%的森林覆盖率和在二、三十年内发展13%覆盖率这个战略任务,我们要作艰巨的努力。我们必须把现有宜林面积的绿化工作千方百计抓好,再有计划地退耕还林一部分面积(可种经济林木如果、桑、茶等),大力加强四旁植树,努力提高森林覆盖率。在"六五"期间,计划造林更新50万亩,其中速生用材林基地10万亩,要争取超额完成,并搞好现有林木的保护和管理。

畜牧业:肉、奶、蛋、鱼等和蔬菜一样,是供应城市和工矿区的主要副食品,必须建立基地,认真抓好。生猪要稳定发展,出槽达到250万到300万头,努力提高出槽率、出肉率、瘦肉率。在城市郊区和工矿区附近建立奶品基地,除继续抓好国营和社队集体奶场的发展外,要积极支持鼓励社员喂养奶牛和奶山羊。计划1985年奶牛发展到1万头,奶山羊5000~10000头。建立禽蛋生产基地,在抓好市养鸡场的同时,要带动近郊4个公社养鸡场的巩固和发展。大力扶持专业户养鸡,到1985年,养鸡1000万只以上,专业户养鸡达到10万户。在綦江、南桐、巴县的山区社队,建立草食牲畜基地,在抓好耕牛的同时,积极发展肉牛、山羊、长毛兔,增加对城市的牛、羊、兔肉及皮毛的供应和外贸出口。

渔业:除了使可养殖的水面都全部养上鱼外,要着重抓好近郊高产鱼基地和部分中小型水库、两湖(长寿湖、大洪湖)渔业基地的建设。要鼓励社队发展稻田养鱼,积极开展溪河养鱼,保护江河湖的水产资源,千方百计把渔业搞上去。在"六五"期间,鱼的总产量要求达到2000万斤~2500万斤,基本解决城市吃鱼的问题。

(四)认真抓好农业资源调查和农业区划工作,这是搞好规划和调整好农业的基础。长寿县已经基本搞完这一工作,现正在运用调查和区划的成果,对全县农作物的布局和农业内部结构进行合理的调整。其他的区县应参照长寿的经验,领导带头,依靠自己的人力、财力,进行资源调查和农业区划,提出分区的发展方向、途径和措施。在此基础上,调整结构和作物布局,制定农业发展规划,逐步组织实施,把调查、区划、调整、规划、实施五者紧密联结起来,搞好战略布局,全面发展农业生产。正在开展资源调查的县要抓紧进行,没有开展的区也要积极作好准备,在明年初开展起来,并力争全市在明年内基本搞完。市的农业各有关部门,也要加强领导和技术指导,共同搞好这一工作。

三、认真执行党的政策,加快多种经营发展

中央13号文件和省委26号文件,对发展多种经营的有关政策作了规定,这次省委工作会又确定了一些政策原则,我们要认真贯彻落实。

(一)落实二类农副产品的派购基数。我市二类农副产品派购数已经下达,除了个别品种还可能有调整以外,各地应按市府有文件执行,要逐级落实到队并由区县政府正式发给派购通知书。任何单位不得修改和违反,不得层层加码,生产单位必须保证完成,在未完成以前除鲜活商品外,不准上市出售。生产单位完成派购任务后的产品,除烤烟等品种外,其余都可以自行处理,可卖给归口收购部门,可卖给社队企业经销,可上集市出售,也可远销外地。

(二)坚持实行粮、经生产有关的补助和奖励政策。凡是上级规定的由国家和集体补助、奖励的一切措施办法,必须坚决落实兑现。国家从明年起要拨出一部分市场紧俏商品,奖励给多交售粮食和多经产品的生产队和社员,允许粮食社队在完成交售国家任务后,可以用多余的粮食同山区、经济作物区的社队交换自己需要而又完成了派购任务以后多余的林、经产品。为了鼓励社队综合利用饲料粮酿酒,用饲料粮酿酒的比例,由20%高到30%并继续给予减税优待。国家收购红粮、黄豆、胡豌豆等小杂粮和花生、芝麻的任务原则上按省下达任务定下来,一定几年不变,社队要保证完成。超产部分可用于发展酿造业。

省、市用于发展林业的补助粮和经费,要按规定合理安排使用,保证落实兑现,讲求经济效果,不能挪作他用,不得平均分摊。

甘蔗和烤烟以收购政策和奖售标准,按省府有

关文件执行。过去市对鼓励甘蔗生产的规定,仍继续执行。

畜牧业、渔业的补助奖励问题,省、市都有明确的规定,要按照规定办理。生猪收购继续实行"卖一留一、购留各半"的政策。奶、鱼、蛋的收购实行与粮挂钩的办法,凡按牌价交售给国家指定的收购经营单位,按规定返还一定的粮食。交2斤奶1斤粮,交1斤鱼1斤粮,旺季斤蛋斤粮,淡季1斤蛋2斤粮。

国家拥于扶持多种经营生产的资金、粮食,一定要管好用好。各区县可以根据自己的实际情况,安排资金,粮食扶持多种经营的发展。鼓励社员投资参加各种形式的联合。要提倡厂矿、部队、商业、供销、机关等单位和生产队搞补偿贸易,国家单位向生产队提供资金,技术设备,发展多种经营,生产队根据双方协商的比例和价格,以生产的产品作为补偿。

(三)实行多渠道经营,减少中间环节。搞活农副产品流通,要多渠道经营。目前村经营渠道有:供销社、农工商企业、社队企业、集市,贸易以供销社为主。各收购单位要互相配合协作,打开产品销路,安排好市场。凡是派购基数以内的二类农副产品,均由归口经营部门收购。柑桔、茶叶的经营,仍按市府的有关规定,继续实行划地区收购。超过派购基数的二类农副产品,商业部门、农工商和社队企业等有关单位,应按有关规定开展议购议销。要允许社员个人从事国家规定可以上市的农副产品贩运活动,允许社会商贩走乡串户收购三类农副产品。

要推广农商合同制。凡是定了基数的农副产品,归口收购部门和生产单位必须在生产前签订合同,无论那一方不签订的,要按有关规定给予处理。超基数部分也提倡经过协商签订合同。合同内容必须明确双方应承担的经济责任。合同一经签订,双方都要严格遵守,任何一方违反,应承担经济责任,赔偿经济损失,甚至予以法律制裁。

(四)稳定山权、林权。凡山林权属清楚没有争议的,应予承认,稳定下来,并由区县政府发给证书。凡权属有争议的,应本着有利于保护林业、有利于安定团结的精神,由争议各方充分协商,合理解决。林权应坚持谁造谁有,合造共有的政策。

社员的自留山和房前屋后植树的范围应予放宽。多数社队现已落实发了证书,要搞好绿化,没有落实的要抓紧进行。自留山山权属集体,由社员长期使用。

国家和集体无力或不便经营的荒山、荒坡、河滩、路旁、边沟,可划一部分交由企事业单位植树造林,可划给社员户栽树种竹,谁造谁有。由国家、集体提供种苗,承包给社员户植造和管护的,实行收益分成,社员多得。无论实行那种使用管理办法,更新采伐林木必须按主管部门规定执行。凡承担绿化国有、集体荒山空地和自留山任务的单位和个人,限期在三年内绿化。在限期内不造林绿化的对社员要按亩征收延误绿化费,对企事业单位由林业部门按亩征收延误绿化费。继续延误的企事业单位,每年累进加倍征收。

(五)保护和合理利用自然资源。要坚决执行《森林法》《水产资源繁殖保护条例》,切实做好对自然资源的保护、发展和利用工作,严禁乱砍滥伐,毁林毁经、违法捕捞。如有违犯者,查明情况,坚决处理。要严格控制木材采伐量,坚决执行采伐审批权限,搞好木材及其林副产品的经营,加强木竹市场的管理。松香、松节油、紫胶、松焦油和五倍子单宁酸等五项林化产品,从明年起交由林业部门统一经营。木竹自由市场是否开放,由区县人民政府确定。不开放的区县,林业部门要搞好代销。开放的区县,要切实加强市场管理,凭证明上市。

(六)支持社员搞好家庭副业。发展多种经营要充分发挥集体和个人的两个积极性。宜于社员家庭经营的项目,应放手让社员去搞,国家和社队在资金、物资、技术、供销等方面应积极给予扶持。过去对限制社员家庭副业所做的一些规定,应一律取消。要鼓励社员种好自留地,但社员对自留地只有经营使用权,没有所有权,不准买卖、出租、转让,也不准擅自在自留地上建房、葬坟、开矿、烧砖瓦。要提倡发展社员专业户养鸡、养羊、养兔、手工编织等。在不实行包产到户的地方,只要社员自愿,可以留辅劳力作"自留人"专门从事种养业为主的家庭副业。社员利用农闲间隙,个人或联户经营服务业、手工业、养殖业,也应鼓励和支持。

(七)积极稳步地进行农村经济体制改革试点。近年来我市试办了农工商、林工商联合企业,在几个公社进行了公社体制改革试点,要继续搞好。根据省委的要求,明年我市在巴县进行农村经济体制改革试点,现在抓紧做好准备工作,待省委专门开会部署后进行。

(八)实行粮食包干。中央决定从1982年起,对各省、市实行粮食包干。省委也原则上决定对各地市州实行粮食包干,一定三年不变。粮食包干的具体办法省里正在研究。大体原则是:包干后,除特大自然灾害外,不管正常年景或丰欠〔歉〕年景,粮食余缺由包干地区自行调整;经营粮食发生的财政亏损,包干补贴,自求平衡;各级粮食部门可以继续开展粮油议购议销业务。粮食方面的具体政策也相应作了调整,一是包谷加价适当调减,稻谷加价适当调高,小麦加价不动;二是征购基数,省对地、市按95%～97%核定,3%～5%作各地机动,以进行丰欠〔歉〕调整。这3%～5%不是基数的减少,而是平价与加价的关系,给地、市以差价收入。

油菜收购政策明年不变。

粮油政策的调整,省里还要召开专门会议具体布置,有关部门可先做些准备工作,待省开会后再部署执行。

四、建立完善多种经营生产责任制

市郊农业生产责任制,从定额管理、包产到组、水统旱包,现在已发展到"双包"责任制占主要形式。由于发展快,变化大,各种形式的责任制都还很不完善,特别是多种经营生产责任制怎么建立、完善,尚待摸索解决。

前些时间,有些地方,抓了粮食生产责任制的落实工作,对多种经营责任制有所忽视,出现了不少问题。有的没有坚持"先专后包"的原则,把宜于集体经营的项目,随同粮食平摊到户,搞成"户而全"。有的把生产队统一经营、多年培育的林木、果、桑毁掉了。少数的把集体茶园、果园、林场,拆散分掉了。有的把一些社员辛勤劳动而积累起来的集体财产、资金分光了。这些应当引起重视,切实加以解决。

多种经营生产项目多,应当根据其不同项目的特点,选择与之相适应的责任制形式,不搞一刀切。总的要求,宜统则统,宜包则包。在作法上提倡"先专后包""四专一包"。对于现有的集体林场、茶园、果园等,要进一步建立完善生产责任制,处理好集体和社员的经济利益,使之不断巩固和发展。对于那些已经搞了"户而全"的,应与群众商量,讲清利弊,逐步改进。怎么改进,这里提出几条讨论研究。

一是将队有机动地用于发展多种经营,专业承包到组、到户;

二是生产队统一规划,适当调整承包地,退粮包经,建立多经专业组、专业户;

三是实行"经统粮包"或"口粮田"。多种经营项目由生产队统一经营、"四专一包",口粮不再进行分配;

四是宜于分户承包的项目,要落实种植计划和较生产队的产品(产值),合理解决社员报酬;

五是被拆散的茶园、果园、林场,要经过做工作,尽可能由集体组织专业队经营,一时有困难的,一定要保护好现有的资源和财产。

当前,凡是经过群众讨论,已经确定了的责任制形式要稳定下来。在完善粮食生产责任制的同时,要认真抓一下多种经营生产责任制的建立和完善工作。要深入社队调查研究,总结经验,培训干部,帮助基层组织踏踏实实地把工作做细做好,是现行的各种生产责任制不断巩固、提高。

五、抓好科学技术,提高多经生产水平

农业科学技术的运用推广在多种经营上还是一个薄弱的环节。我市多种经营有些项目有较好的基础,而生产水平却很低,经济效益小,重要原因之一就是科学种植、科学饲养差,经营管理粗放。因此,我们在抓发展的同时,必须大抓科学技术工

作,使现有基础的经济效益得到充分发挥,农村经济面貌有大的改变。

(一)要建立、健全农业推广体系。市、区县农业部门要做好组织协调工作,把农技站、种子站、植保站、土肥站和农科所组织起来,加强领导,分工合作,把技术推广工作抓好,形成试验、示范、推广、培训中心,使各项技术能够适时地综合应用于生产。公社的技术推广组织,要经过试验,有计划有步骤地建立。江北县两路公社试办群众性的科普协会,效果很好,值得提倡和普遍推广。

(二)要抓好以良种为主要内容的技术推广工作。采用良种,费省效宏,这是一项关键的增产措施,必须切实抓好。要积极引进、繁育、推广优良的畜种、鱼种、树种和草种。要办好各级种场、种站,为社队提供更多更好的良种。同时,还要大力推广先进技术经验,切实搞好种植业的水、肥、土、种植保和养殖业的饲料、喂养、繁殖、疫病防治等工作,努力提高单产,实现增产增收。要适应现在经营方式的变化,开展小型多样的服务活动,把技术推广工作开展起来。

(三)要重视发掘和使用技术人才。多种经营的发展,需要各种各样的技术和人才。要注意发挥现有农业技术人员的骨干作用。要善于发现农村涌现出的能工巧匠和专业人才,并把他们安排到恰当的地方,真正做到人尽其才。各区县科委、科协和农业部门要组织力量搞好农村人才的普查,把现有人才发掘和推荐出来。同时要举办各种训练班,开展经验交流,培养和提高农村人才的科技水平。

(四)要推行和不断完善技术责任制。技术责任制是把科技推广和经济成果联系起来,调动广大科技人员和农民的积极性,普及科学技术,提高生产水平的好办法。我们要在多种经营方面逐步推广技术责任制,满足农民学科学、用科学的要求。推行技术责任制,可以联产承包,也可以不联产作技术指导;可以专业技术人员包,也可以农民技术员包。总之,要因地制宜,从实际出发,坚持自愿互利的原则。

六、大力发展社队企业,走农工商综合发展的道路

近几年来,我市社队企业从小到大,逐步发展。1978年到1980年的三年,平均每年增长38%。今年预计总产值可达2.85亿元左右,较1980年增长近10%,人平产值70元。但是,同全国大城市比较,名列最后,比成都市人平产值低38%。因此,必须改变这种落后状况,进一步解放思想,放宽政策,加快社队企业的发展步伐,努力完成1982年计划,实现1985年的奋斗目标。

(一)因地制宜,发挥优势,大力发展拳头产品。发展社队企业,必须立足于自己的资源,发挥自己的优势,大力发展拳头产品,这样才有生命力,才能加快发展速度。从全市来看,要着重抓好"四业"的发展。一是建材建筑业。这是我市社队企业的主要项目,1980年产值近1亿元,占社队企业总产值1/3以上。随着农村建房日益增多,加上城市建房需要,因而社队发展建材建筑业是很有前途的,可以根据需要大量发展。二是农副产品加工业,特别是食品加工业。这是我市目前社队企业的薄弱环节。明年要在这方面有新的突破,重点抓好酿造、肉食品加工,争取有一个大的发展。三是采矿业。我市矿产资源比较丰富,也是一大优势,社队要按照国家规定合理开采,有计划的发展。重点抓好煤、硫铁矿、沙金、石膏、大理石、方解石、墨石等项目,努力增加产量。四是手工业和服务行业。根据农村资源和市场需要,积极发展竹藤草编、抽纱刺绣、工艺美术、花木盆景等。要围绕建设小城镇,有计划地兴办服务性行业。此外,对为工业配套的项目,仍应继续搞好,各地应当根据自己的情况,因地制宜规划几个项目,坚持抓下去,使社队企业发展得快一些、好一些。

(二)继续抓好调整和整顿,提高企业的经济效益。应该看到,我市社队企业,还处于管理水平低、技术水平低、经济效益低的状况。因此,我们必须继续抓好现有企业的调整、整顿,在调整、整顿中积极发展。对那些生产有原料、产品有销路、经营有

利润的企业,要巩固提高继续发展;对那些长期亏损、没有原料、耗能大、产品又没销路的企业,要认真调整产品方向,转产适销对路的产品。整顿企业重点是整顿好领导班子,搞好企业内部的经营管理。在今冬明春,要抓紧把那些问题多、影响大的企业领导班子整顿好,有什么问题解决什么问题,要通过整顿建立健全"定、包、奖"联产计酬责任制、财务管理制度,克服吃大锅饭的平均主义和生产混乱现象。对技术、装备很差的企业,要积极地进行挖潜、革新、改造,提高企业的竞争能力。

(三)认真进行企业体制改革,大力发展联办企业。我市现有8000多个社队企业,绝大部部是单独公社办和大队办的,生产队和社员对企业的管理权、自主权都很小,所得实惠不多,不利于社队企业的发展。因此,有必要从体制上进行必要的改革。改革的重点是从所有制、管理体制和利润分配上调整企业、公社、大队与生产队、社员之间的关系,使企业的所有权、管理权用人权、收益分配权归生产队和社员。凡是由生产队提供自然资源、原材料和劳力资源的社办企业和大队企业,应改为生产队联办,或由生产队与公社、大队联办。这项改革涉及面宽,要采取积极而稳妥的步骤进行。各区县可先试点,然后再逐步铺开,争取1983年上半年基本完成。今后新办企业,要大力组织生产队联办。

走经济联合的道路,这是加速国民经济发展速度的重要途径。因此,在发展社队企业中,要逐步推行各种形式的经济联合。可以由市、县、社、大队月生产队联办或几级联办;可以不受行业、地区和所有制、隶属关系的限制,搞农工联合,农商联合,农工商联合,社员个人也可参加联合经营。发展这种横向的经济联系,会使国民经济越搞越活,农村致富的路子越走越宽。

七、切实加强对多种经营工作的领导

调整农业结构,发展多种经营,牵连面广,政策性强,这项工作搞得好与坏,关键在于领导。各级党委和政府要把发展多种经营当作一件大事,提上重要的议事日程,把领导精力转到这方面来,一、二把手要亲自抓,以坚定的信心和极大的热情切实抓好。市委决定,市里由分管农业的书记、市长和计委、农委、经委、财办等有关委、办的同志,组成多种经营领导小组,并充实和加强市多办的工作,4县或北碚、南桐区要建立多种经营办公室,已建立的要充实加强,近郊区可纳入蔬菜办一并抓起来。原配有多办员的公社,不得取消,专职专责,其报酬补贴仍由原归口部门解决。各级多经领导机构,要抓好多种经营长期、中期、近期规划的制定和组织实施,认真贯彻落实有关的方针、政策,总结交流经验,经常反映情况,提出解决问题的建议,协调各有关部门的关系。今后市、区县在安排农业投资中,要适当增加对发展多种经营的投放比重。

各级领导要振奋精神,克服涣散软弱的状态。这个问题不仅思想战线上存在,经济战线上也存在。要把多种经营搞上去,会有不少困难的。对待困难有两种态度,是知难而进,或是知难而退。我们应当知难而进,既要正视它,又要敢于战胜它,要有这种气魄。要学习中国女排那种顽强战斗、勇攀高峰的精神,树雄心,立壮志,实干苦干,对违法乱纪、歪风邪气要敢抓敢管。最近一段时期乱砍滥伐比较严重,为什么一直制止不下来,这与我们领导的涣散软弱是分不开的。不能容忍这种现象继续下去了,必须下决心改变过来。

各级领导要有明确分工,要建立岗位责任制。哪个同志、哪个部门分管的工作,要真正负起责任来,做到有职、有权、有奖、有惩,使工作落实到实处。没有责任制,到时检查起来,都负责都不负责,那是搞不好工作的。从市里做起,这次会上确定办的几件事,要落实到部门和个人,定期督促检查,做得好的要表扬奖励,搞得不好的要批评惩罚。

各级有关部门要树立为生产服务的观点,把发展多种经营当作自己分内的事,要从财力、物力和技术上大力扶持社队,要按照国家、集体、个人三者兼顾的原则,及时帮助解决生产、流通、加工等方面的具体问题。有关部门和单位按规定提取的扶持生产资金,一定要用于发展生产。为了充分发挥资金效益,今后要实行分管与统管相结合的办法,由部门提出安排的使用计划,多经办根据需要平衡调剂。有关单位提取的技改费组织手续费,应按规定及时上交和兑现,主管部门必须专款专用,合理安排。

在省委的领导下,只要我们认真按照党的三中全会确定的路线、方针、政策办事,加强领导,依靠群众,同心协力,坚持不懈的努力,完全可以相信,我市的农、林、牧、副、渔业一定会得到较快速度的全面发展。

1981年12月6日

于汉卿同志在市委农村工作会议上的讲话

(1981年12月9日)

同志们:

市委召开的农村工作会议开了七天,今天就要结束了。王谦同志到北京开人大会去了,要我来讲一讲。

这次会议,传达了省委工作会第二阶段会议精神,学习了全国农村工作会议的有关文件,还到了北碚、九龙坡、南岸区、巴县和市养鸡场、井口农场、缙云山园艺场参观学习。会议期间海亭同志作了报告,提出了如何贯彻中央13号文件和省委工作会议精神,加快多种经营发展的意见。分组对多种经营的区划、发展及若干政策等问题进行了讨论。会上有的区县和部门发了言。大家反映,这次会议开得及时,有启发、有教育、有提高,也感到任务重、压力大。总的说来,会议开得是成功的,达到了预期的目的。海亭同志的报告,会后作些修改,即印发下去贯彻执行。我没有什么更多的话讲了,现在就同志们在会议期中反映的几个问题,谈几点意见。

一、认清大好形势,加快发展步伐

11月30日五届人大四次会议政府工作报告宣告:我国国民经济开始走上稳定发展的轨道。1981年工农业总产值比上一年增长3%左右。粮食是建国以来的第二个高产年;棉花持续增产,油料、糖料都比去年增产10%以上;轻纺工业比去年增长12%;重工业开始回升;市场供应较好,人民生活继续得到改善,财政收支可以达到基本平衡。经济调整取得了显著的成果,全国经济形势很好。

我市的经济形势又怎样呢?今年以来,我们各级党委和政府坚决执行了中央关于在经济上实行进一步调整、政治上实现进一步安定的重大决策,落实了党的经济政策,建立健全了经济责任制,工农业生产出现了好的形势。

市郊农业形势也和全国一样,是方兴未艾。1981年粮食产量在播种面积减少,又遭到风灾和特大洪水灾害的情况下,可以达到31亿斤,比去年增产2亿多斤,接近历史最高年的1979年水平,据统计部门和农业部门的估算,社会产量可以超过1979年水平。油菜籽达到23.6万担,比去年增长三成;生猪稳定增长;蚕茧接近10万担,比去年又有增加;茶叶4.8万担,比去年增长3%;水果中的柑桔今年是小年,从采收的情况看,比预计的要好。社队企业总产值预计2.85亿元,与去年同口径比,增长10%。农工商联合企业在调整中稳步前进,产值、利润和经济效益都比去年有所提高。农业形势好是大家有实感的,今年遇到这样大的灾害,取得了较好的收成,农民生活安定,市场农副产品丰富,集市粮价稳中有降。同志们说,今年农村不但受灾不见灾,还出现了四多一少:即盖新房的多了;购买高中档商品的多了;添置生产资料的多了;副食品消费多了。贷款要粮的少了。

工业形势也是好的。11月中旬我在市里召开的工交会议上讲过,1至10月份完成工业总产值57.4亿元,只比去年同期增长0.7%,9、10月份工业生产完成较好,11月持续增长,再创历史上月产新水平,达到6.97亿元,比10月份增长9.1%,1至11月已完成工业总产值64.4亿元,比去年同期增长2.8%,其中轻工业产值完成31.69亿元,比去年同期增长9.9%,重工业产值回升也较快。基本建设战线过长的问题正在逐步解决,投资的使用比过去合理了。

商业购销增加,市场稳定活跃。全市1至11月收购总额比去年同期增长4.6%;销售总额比去年同期增长5.5%;社会商品零售额,比去年同期增长8.72%。

财政收入也比原预计要好,可达到9.23亿元,按同口径比,可以超过去年。

总之,形势很好,能够实现省、市委提出的大灾之年做到两个不低于去年的要求。

但也有不少问题。在工业上,年初我们对调整方针理解不够全面,工作抓得不够好,加上能源、洪水灾害等因素的影响,工业计划完成不够理想。在农业上,对落实、完善生产责任制工作做得不够好,对多种经营的发展,在政策上、流通环节上出现的一些新情况、新问题研究不够,解决的不及时。当然工农业生产上的问题不在下面,在我们市委、市政府,我作为市委的负责人之一,又是市政府的主要负责人,应负更多的责任。我们要认真吸取经验教训,把今年最后20天的工作做好,争取明年有一个更大的发展。

现在中央考虑的一个中心问题,就是在"六五"期间经济发展要有一定的速度。在全国人大五届四次会议上的政府工作报告中提出在1982年要求工农业总产值的增长速度提高到4%,并在执行中力争超过。我市明年的任务,上次工业会上讲了,计划定为增长4%,工作按达到5%去做。全省也是这个要求。从我市的责任和条件来讲,我们的发展速度应该比全省更高一点,所以实际工作应按增长5%去做。

农业方面,这次会上海亭同志提出,到1985年集体农副工总产值达到13亿元,平均每年增长15%,实现人平集体分配和家庭副业收入300元。明年粮食,计划按省里要求31亿来安排,工作按32亿去做,争取达到或超过1979年水平。多种经营产值增长10%,社队企业产值增长18%。要达到这个发展速度困难确实不少,比如长期以来农业结构不合理;明年农业生产资料,特别是化肥供应可能减少,社队企业任务不足。这些问题对明年的发展都会有些影响。但是也要看到,我们还有许多有利的条件:随着农村经济政策的落实、农业生产责任制的稳定和完善,广大农民群众的生产积极性更加高涨了;我们已经有了三年的调整经验,对经济工作中出现的一些问题已摸索出一些解决的办法,在农业生产上对趋利避害、发挥优势也走出了一些路子;还有发展比较快的区县、社队,有很多经验供我们借鉴、学习。我们不但要看到面临的困难,更要看到我们的有利条件,统一认识,振奋精神,下决心在今年胜利的基础上,争取明年取得更大的胜利。

二、搞好农业结构调整,积极发展多种经营

农业调整,海亭同志已讲了,任务要求也提出来了,这里我首先强调几个问题。

(一)要执行好"郊区农业为城市服务"的方针。我市是一个大工业城区,郊区人多地少,承担着城市200多万人口副食品供应任务,但目前除蔬菜等少数品种外,许多副食品生产还远远不能适应城市的需要。从自然条件讲,我市郊区适宜发展的生产门类和品种是比较多的,究竟以发展那些最为适宜,这就要按照经济规律和城乡人民的需要进行选择。根据我市郊区的特点,应当是在保持粮食稳步增长的前提下,大力发展蔬菜、肉食、禽蛋、瓜果、奶、鱼等方面生产,逐步建成为城市服务的副食品商品基地。

要执行郊区农业为城市服务的方针,搞好农业调整,我们应当掌握以下几条原则:一是要保持粮食的稳步增长,这是搞好农业调整的前提和关键。目前我们的粮食生产只解决了温饱,仍然制约了一些社队某些优势暂时不能充分发挥出来,如巴县铜

罐地区的柑桔,近郊区的奶、鱼生产,如果粮食富裕一些,可以大发展。所以对粮食生产不能放松。但增长的速度要求不要高了,努力提高单产,增加总产,以利于我们能把精力更多放在发挥多种经营上。二是要因地制宜,发挥优势。会上大家参观了巴县石岭公社,很受教育。这个公社改变了过去片面单一抓粮食的作法,注意发挥山区的优势,大力发展林业和茶叶,全社成片造林3800百亩,种植茶园940亩,现已见到成效,今年农副业总产值预计可达116万元,人平生产粮食1300百斤,人平集体分配收入210元。石岭的经验告诉我们,各地都有自己的优势,问题是如何因地制宜去发挥,看准了的就要一抓到底,抓出成效。三是要讲求经济效益。要把农业调整发展的重点摆在投资少,产出多、商品率高的方面,特别是应把已具有一定基础的多种经营项目的潜力充分挖掘出来。如我市的果树和茶园,投产的比例都不到50%;全市养鱼水面平均亩产只有50多斤,而近郊4区已超过400斤,花溪公社群乐大队高达1700多斤。说明潜力很大,能不能尽快挖出来?工业调整有一个挖、革、改,我看农业调整也有一个挖潜的问题。四是要把计划调节同市场调节结合起来。在全国、全省来说,我市是一个局部,一个地方进行农业调整,既要适应本地的需要,又要适应国家的需要,有些农副产品我们可以同外地互通有无,彼此交换。因此,要在国家计划指导下,结合市场需要,搞好调整。五是要控制人口自然增长率。应当看到农业生产责任制变化后,在计划生育上出现了一些新情况新问题,据了解,今年1至10月全市已出生6.7万人,预计全年自然增长率在9‰左右,预测明年为16‰,都高于省下达我市的计划指标,应当引起充分重视,认真抓一下。在进行农业调整时,如果放松了计划生育工作,即使达到了生产发展速度的要求,也难认真实现人平收入的预定目标。

(二)切实抓好多种经营的布局和规划。合理科学的规划,应建立在查清资源的基础上,现在长寿县已经搞了资源普查工作,正在运用这一成果,其他区县,有的正在搞,有的尚未搞,但不能等资源调查完了再规划,就是搞了资源调查的长寿,现在也只是搞的粗线条规划。从长寿实践来看,要边资源调查,边规划,边立足当前狠抓运用。

(三)积极抓好各种形式的经济联合。我市的各种经济联合开始得比较早,工业方面的钟表公司、嘉陵摩托车联合体和农业方面的长江农工商联合公司,都获得了好的经济效益。现在各种形式的经济联合又有很大的发展,有农工联合,农商联合,还有队队联合,社队联合,市县社联合,社员之间联合。所有这些联合,都应在经济上实行平等互利的原则,在企业内部实行民主管理的办法,这样才能照顾各方面的经济利益,结合得比较紧密,因而具有很强的生命力。

当然这些联合体以及一些改革措施,前一段时间出了些问题,比如计划观念不强,价格上有些乱。这些问题确实需要在实践中加以解决。但这毕竟是前进中的问题,正如王谦同志在10月工业会议上针对这个问题说的:"有问题不怕,提出来,继续解决,总是要前进的,决不走回头路。"我们对待各种改革措施,各种联合中出现的一些问题,应该有这种态度。

〈中略〉。

(四)加快社队企业发展。我市的社队企业发展步伐很慢,怎样加快发展呢?我认为:首先,社队企业要立足于自己的资源,不搞无米之炊。社队企业为工业配套的产品要搞,并且在可能的条件下,还要继续发展。但就整体而言,要多搞以种植业、养殖业为基础的加工业,这样社队企业才有强大的生命力。海亭同志在报告中提出的"四业",即农副产品加工业、建材建筑业、采矿业、手工业和服务行业都是很有发展前途的项目。譬如食品加工业,这在国外也是一个大行业,我们市里还没有打开局面。这方面的发展,社队企业很有条件,除现有的加工厂办好以外,还可以联合办嘛。第二,要提高质量,讲求经济效益。目前许多社队企业产品,质量不高,发展受到一定影响。要有质量,才有竞争能力,才能打出去。拿酿酒来说,应该说我们是有条件发展的,但是我们重庆的名酒不多,榜上有名的只有罐头厂的一个樱桃酒，其他的如渝北酒、渝州大粬、汽酒都榜上无名。社队企业的酒厂质量也不怎么好，能不能把质量搞上去，创几个名牌来。第三，要加强管理。农业开始办企业，缺乏管理经验，要在实践中不断学习提高。目前要切实把经济责任制和财务管理制度建立健全起来，克服混乱现象。对那些投机倒把的、偷税漏税的、贪污行贿等违反党纪国法的行为，要认真清理，严肃处理。各区县要加强对企业人员的思想教育、政策教育，把社队企业领导班子整顿好。第四，各行各业特别是工业部门要主动帮助社队办好企业。社队建厂要统筹规划，不要盲目建厂，但也不能认为社队办了厂就是以小挤了大，以落后挤了先进。从工业方面说，要有大帮小，先进帮后进的精神，帮助社队办好企业，提高产品质量，这对农民、对集体、对国家都有好处。

（五）要把小城镇建设提到重要位置上来。随着农村经济的发展，人民生活水平日益提高，小城镇的建设已经显得越来越为重要。我国是个人多地少的国家，城市人口不能再这样继续增加了，我们要把建设的重点逐步移到郊区和小城镇上来，积极发展那里的工业、商业、服务行业、文化福利事业。这样，不但能把农村人口稳定下来，搞得好还可以把城市人口吸引到小城镇上去。

三、落实农村经济政策，充分发挥两个积极性

发展多种经营的一些政策性问题，会上大家根据海亭同志讲的几点进行了讨论，提出了许多好的意见，有些还需要进一步研究。我认为，在政策方面，有三个问题很重要：

（一）坚持"三兼顾"原则。农副产品收购必须兼顾国家、集体、个人三者利益，这是正确处理全局与局部关系的一个重要原则，也是调动集体和个人积极性的一项重要政策。目前在农副产品收购中存在着一些矛盾，反映了有的地区和部门没有正确处理好三者的关系。有的只强调国家利益，忽视集体和农民的利益。对紧缺农副产品层层加码，强制收购，对滞销产品少收，压级压价；有的片面强调集体和个人利益，损害国家利益。有些紧缺农副产品收不起来，调拨不动，不是首先把优质产品卖给国家，一些单位在产地抬价收购，与国家争夺货源，影响派购任务的完成。这两种情况必须引起各级领导的重视。要经常对干部进行"三兼顾"的教育，不能强调这方面忽视那方面，正确执行"三兼顾"的原则，处理好全局与局部的关系。首先，要认真贯彻落实省委、省政府关于二类农副产品定收购基数的规定。这一规定体现了"三兼顾"原则。现在还没有定下去的，各有关部门要按市府有关规定，尽快定下来，狠抓落实。凡是定了基数和购留比例的产品，农商双方都应坚决按基数交售和收购，各区县和商业单位要按基数调拨上交。第三，要把立足点放在有利生产发展，取得更好经济效益上，使国家增加财政收入，让农民得到更多的实惠。这是我们执行政策的出发点和归宿。目前有的地区，社队发展生产有困难时无人帮助解决，收购产品时一些部门都来了，互相争购，这种不从生产出发，单纯抓利润的做法必须纠正。各有关部门应当在扶持和帮助社队发展生产上开展竞赛，只有生产发展了，国家才能收到更好的农副产品，农民才能实现多产、多销、多收入。第三要加强思想政治工作。商业等有关部门要教育职工树立生产观点，把国家计划要求同生产队和农民的自主权协调起来，要努力改变经营作风，认真执行收购计划、价格政策和销售政策。农业部门要教育社队干部和社员要树立国家观点，把国家观点和农民利益统一起来。要懂得只有首先保障了国家的全局利益，集体和个人的局部利益才有可靠的基础，积极完成国家收购任务，向国家交售优质的产品。我们讲群众利益，不只是关心他们的眼前利益，更重要的是关心他们长远利益，而努力发展生产，则是群众的根本利益，绝不能用损害群众长远利益的办法，来满足群众的眼前利益。那种片面强调群众的个人利益，打着关心群众的牌子，弄虚作假，向国家企业、事业单位"敲竹杠"的行为，也是错误的，要进行批评教育。

（二）千方百计搞活流通。多种经营主要是商

品生产，流通不畅就会影响再生产的顺利进行。如家兔生产，前几年收购30多万只，近年来减到只有十来万只。当然有各方面的原因，据反映，销售渠道不畅也有一定关系。我们应当看到，随着农村多种经营和家庭副业的发展，现行的农村商业体制与搞活流通的要求已不相适应，这就迫使我们去认真研究这个问题。实践证明，实行多渠道比独家经营好。在当前流通上，应当注意解决好三个问题。一是要贯彻发展经济、保障供给的方针，立足于增加商品生产，通过发展生产来增加收入。二是要在统一管理下，建立多渠道、少环节，开放的商品流通市场。在农村，供销社是流通的主要渠道，同时要把社队企业、农工商联合企业、集市贸易等多种渠道搞活。供销社要学习大竹县的经验，恢复和发扬群众性、民主性、灵活性的优良传统，支持和指导社队开展商业活动。社队企业要办好供销经理部，推销自己完成交售任务后的产品，采购当地社队必需的原辅材料。搞活流通，要加强统一管理，在坚持实行社会主义计划经济的前提下，充分发挥市场调节的辅助作用。首先要保证完成国家统购、派购任务，完成任务以外的商品，社队和农民可自行组织生产销售。既要加强管理，又不能统得过死。三是要积极推行合同制。这是搞好产销衔接，协调农、工、商关系的有效形式。没有共同遵守的经济法规，三者的利益得不到保证，对生产和流通都会带来不利影响。要求收购农副产品，都要签订合同，互相守合同，按合同办事。

（三）继续做好农业生产责任制完善工作。省委指出，当前农业生产责任制应当强调稳定下来，进一步抓好完善和提高工作。这是符合我市农村实际和农民意愿的，我们应在指导思想明确起来，认真做好完善工作。当前应当把建立完善多种经营生产责任制作为重要一环来抓。一是要加强领导。多种经营项目多，技术性强，商品率高，加之又是一个薄弱的方面。因此，农村各级领导一定要重视这项工作，抓点带面，切实帮助生产队搞好。二是要搞好专与包。多种经营是商品生产，有些项目生产周期又较长，应坚持集体统一经营，分工分业，专业承包，可以包到专业组、也可以包到专业工、专业户，联系产值或产量计算报酬。选择哪种形式，要因地制宜，因项目不同而异，不搞一刀切。凡建立集体经营的项目，不要平均分摊，户户承包。蔬菜队不要搞包产到户。生产队多年培育已形成一定生产能力的果园、茶园、林场等，不要拆散分掉。

四、切实加强领导，各行各业都要积极支援农业

在五届人大第四次会议上的工作报告中指出，当前在我们国家政治生活和经济管理工作中存在的官僚主义倾向，是走发展国民经济的新路子，进行四个现代化建设的严重障碍。这确实点到了我们的要害。现在机构重叠，层次繁多，互相踢皮球，互相扯皮，想办通一件事情很不容易。我们领导对下情不甚了解，遇到问题，这一个意见，那一个意见，不敢作决断，久拖不决，就是决断了，也难行得通。中央、国务院下了决心要进行机构改革，我们现在也要着手进行研究。海亭同志讲了加强领导问题，要求各县和郊区领导主要精力要抓好农业，特别要重视发展多种经营从当前来讲，加强领导，首先是要转变领导作风。不能像过去那样一提加强领导，就要增设什么机构、增加多少人员编制，现在不是机构少人员少，而是太多了。领导长期坐办公室，对情况不明，机关人浮于事，疲沓拖拉，搞不好工作。我们要求领导同志注意调查研究，检查督促，一定要用80%的时间深入实际，了解情况，研究问题，用20%的时间处理决定问题，提倡扎扎实实、脚踏实地的工作作风。现在不少问题，情况不明，似是而非。如去年柑桔，先估计市场供应有问题，刚市里发了文件，要保证每人3斤，不久发生大量霉烂损失；今年说猪收不起来，市里刚发文件，又说猪多了。出现这种情况，问题在于我们领导缺乏调查研究，没有真正弄清情况。我们要吸取过去的经验教训，下决心在领导作风上来一个大的转变。

其次是要加强政治思想工作。这是搞好各项工作的巨大动力，千万放松不得。现在抓生产多，对全心全意为人民服务、个人利益服从党的利益、

发扬艰苦奋斗精神、爱国家爱集体等讲的少了。有些同志对违法乱纪、歪风邪气、组织纪律松弛等不正之风,也不抓不管,不进行批评、斗争。领导上的这种涣散软弱状况必须改变过来。我们应当坚持政治工作是经济工作的生命线这个马列主义的原则,否则,经济工作就会走偏方向。我们各级领导干部,务必要把加强思想政治工作作为自己的重要任务来抓,克服涣散软弱状态,该讲的讲,该抓的抓,大力表扬先进,扶持正气,批评错误思想。正气上升,生产才能不断前进。同时要把工作做细,防止简单化。特别对一些涉及党的政策和群众切身经济利益的问题,要做耐心的思想工作,不能粗糙。有些本来是处理短期困难的措施(如本市生猪暂缓上调),由于不做宣传解释,群众误认为是"政策多变",使党的威信受到影响,这应当是一个教训。

农业是国民经济的基础。办好农业不单纯是农业部门的事,而是全党的大事。各行各业都要树立以农业为基础的思想,积极支持办好农业、发展多种经营。各部门建设需要用地,要尽可能不占农村好地、蔬菜地;工矿企业的废气、污水要处理好,不要损害农作物,影响人民健康,这对农业就是很大的支持。财贸部门要贯彻"发展生产、保障供给"的方针,积极带动扶持生产,为农副产品打开销路。各部门对中央、省市过去规定的支农措施和支农价格,凡未改变的都应坚决执行。随着农业生产责任制变化以后,各有关部门的工作如何适应新的要求,要调查研究,积极改进,把工作跟上去。在各自职责范围内的事情,应尽可能做得好一些,给予农业大力支持。譬如农药分小包装,漂白粉分零,化肥运输等,为什么那样难解决,市、区县有关部门可不可以重视解决一下。现在有些单位借口按经济规律办事,该支援农业办的事也不办了,那是不好的。我们要各方协作,共同努力,为加快多种经营发展的步伐,尽快实现农业现代化作贡献。

1981年12月9日

于汉卿同志在市委工作会议结束时的讲话

(1982年7月12日)

同志们:

这次市委工作会议,学习了中央领导同志的指示,传达了省委工作会议精神,回顾了上半年的工作,围绕如何加快我市农村经济和文化发展等问题,开展了充分的讨论,在一系列问题上提高了认识,统一了思想,振奋了精神,增强了进一步搞好我市农村工作的信心和决心。总的来看,这次会是开得好的。

会上,大家还提了一些好的建议和反映了一些问题,有的海亭同志已讲到,有的在会议文件征求意见稿中已讲到,有的需要在会后由农委与有关部门共同研究解决,这里就不一一讲了。关于上半年的工作和今后工作安排,海亭同志的报告已全面讲了,还有组织部、宣传部和其他一些部委的同志都各自对今后的工作部署作了很好的发言,这些发言虽未经市委常委讨论,但原则上我们都同意,大家回去后可以先贯彻。下面,我再讲四点:

一、认清形势,振奋精神,加快我市农业的发展步伐

粉碎"四人帮"以后,特别是三中全会以来,我市农业恢复发展比较快。1981年与1976年比,按1970年不变价计算,农业总产值由4.9亿元增加到8.5亿元,增长73.4%,每年平均增长14.7%。粮食总产量由21.3亿斤增加到30.9亿斤,增长45%,每年平均增长9%。社员人平集体收入由56.57元增加到102.80元,增长82%,每年平均增长16.4%。农村政治经济形势发生了很大的变

化，尽管我们还是低水平，但比七十年代中期，还是有较快的增长，当时我市的农业生产和社员收入在全省居于中间或中间偏下的状态。近两年，发展逐步加快，1981年全省农业人口平均集体农业产值为182.10元，比上年增加2.50元，而我市的人平产值是205.20元，比上年增加23.20元，人平集体收入102.80元，略高于省85.17元的水平。最近，市统计局对167户社员收入情况作了调查，1981年这些社员人平总收入达到295.80元，比上年增加36元，增长13.9%，纯收入253.68元，增加了27.58元，增长12.2%。在增加的36元中，80%来自社员家庭副业，而且出现了少数人平收入达到800元、1000元的户。同志们都知道，这几年我们农业生产取得的成绩，是在气候对农业并不很有利，有的地区甚至很不利的情况下，又是在农村生产关系和经营方式处于大的调整和变革中取得的，这确实非常令人鼓舞的。当然，这些成绩的取得首先证明三中全会以来党中央制定的路线、方针、政策英明正确，同时也是我们战斗在农业战线上的广大干部、社员群众艰苦奋斗取得的成果，是我市各行各业支援农业共同努力的结果。

我们在肯定成绩的同时，也应当看到不足之处，看到差距。从我市农业发展来看，有三个问题值得注意：一是水平比较低，和全国15个中心城市相比较，我市1980年几大主要经济指标，除生猪出槽数居第3位外，其他都是中间偏下，社员人平集体分配居13位，农业人口人平生产粮食居11位。二是发展不平衡。收入高的社队人平在400元、500元以上，而低的还不足50元。社队之间、地区之间差距很大。三是不稳定，抗御自然灾害的能力比较弱。耀邦同志视察重庆时讲，重庆的潜力很大，现在没有很好发挥出来。耀邦同志讲的主要是工业，我们感到不仅是工业，农业也是如此。我市的农业应不应该有个比较快的发展速度呢？可不可能发展得更快一点呢？我认为是有这个可能的，而且完全应当比全省的平均速度发展得更快一点。海亭同志在报告中，根据耀邦同志对四川农村经济发展的要求和省委的安排，提出我市每年增产1亿斤粮食，每人每年增加30元收入。经过5年的努力，农村人平各有1/4的队，分别达到200元、300元、400元、500元。我们作为大城市的郊区，应该比全省的各有1/3的队分别达到200元、300元、400元要高一点，必须有这个速度，才能赶上全省和全国的发展步伐。如果市郊农村经济发展没有突破，发展速度还低于一般水平，那就不仅会影响农业自身的发展，而全市整个经济的发展都会受到很大影响。我们对加快农业发展速度的重要性必须有个足够的认识。我们要进一步解放思想，打破按常规办事的旧框框。克服消极畏难、无所作为、安于现状的情绪，振作精神，迎头赶去。

把市郊农业搞快一点，有些什么有利条件呢？我想至少有以下三点：首先，我们有优越的市场条件，农副产品可以就地生产、就近销售，商品流通周转比那些专区要快，而且信息传递灵敏，可以根据社会需要和市场变化及时调整生产布局；第二，交通方便，长江、嘉陵江全年通航，铁路、公路四通八达，农副产品除满足本市需要外，还可远销外地，耀邦同志讲今后甚至可以直到港澳；第三，有工业和城市人民的支援，有比较好的技术和物质条件。当然，更重要的是，通过党的方针政策的贯彻、落实，群众有发展生产、增加收入、尽快富起来的积极性；城乡人民生活逐步提高后，对农副土特产品的需求量也越来越大。这些都是我们加快农业发展的有利条件。我们一定要认清大好形势，振奋革命精神，千方百计把我市农业尽快搞上去。

二、怎样加快我市农村经济发展

加快我市农村经济发展，需要注意研究解决的问题，海亭同志已经讲了。这里我着重强调三点。

1. 在指导思想上，必须坚决贯彻中央提出的"绝不放松粮食生产，积极开展多种经营"的方针，必须把发展农业放在为城市服务，满足城乡人民生活需要的基点上来。

保证粮食总产稳步增长，才能站稳脚跟，〈……〉，发展多经要立足粮食自给，才能站住脚跟，靠调进粮食不行。耀邦同志指出，四川每年要增长

20亿～30亿斤粮,逐步实现全省产粮800亿斤。启龙同志到川北山区调查也提出,山区粮食要立足自给才能站稳脚跟,这个问题并没有完全解决。1976年以来,我市粮食生产发展是快的,增产近10亿斤,但还不稳定。由于我们的粮食还不富裕,许多陡坡地目前还难以一下都退耕还林,这也在一定程度上制约着我们放手发展多种经营,调整农业内部结构。因此,粮食生产决不能放松。我市农村人多地少,要翻身致富单靠粮食是不行的,必须把多经搞上去。保证粮食总产稳步增长,是发展农业的基础,是农村富裕的基本条件。只有粮食总产获得稳步增长,才能站稳脚跟,也才迈得开大步,全面发展农村经济。

我们是大城市郊区的农业,200多万城市人口的需要和购买力,是我市农村经济发展的出发点,也是一个有利条件。城市人民生活必需的副食品和部分轻工原料,要靠市郊农村提供。毫无疑问,应当把满足城市人民生活、生产的需要作为发展市郊农业的主要方向。如果我市农村提供的部分农副产品,能把城市、工矿区职工的工资换回1/3就是三四亿元,农村人平收入就是七八十元。随着人民生活的改善和购买力的提高,对农副产品的需求会越来越多,不愁没有销路。所以,我市郊区农业,包括4个县,必须坚持为城市服务的方针,根据城市多方面的需要,因地制宜地发展农村经济,把城市的需要和农村的发展统一起来,协调发展,互相促进。耀邦同志指出四川发展轻纺工业8个方面,基本都是农副产品为原料的,工业、农业也是互相依存的。王谦同志来渝时就指出郊区农村包括4县要为城市服务,城乡互相促进。

2.在战略措施上,要大力发展多种经营和社队企业,走农、林、牧、副、渔全面发展,农工商综合经营的道路。

发展多种经营,无论是种植业的果、茶、桑、菜……还是饲养业的猪、牛、鸡、鱼……既是我市农业的优势,又是城市人民改善和提高生活的畅销品。许多社队的实践证明,大力发展多种经营和社队企业,是农村尽快富裕起来的必由之路。这次会上印发的典型17例,仅仅是一小部分,但也可看出农村富裕起来所要走的路子,是有说服力的。还可以看出,多种经营所占比重的高低,和贫富的程度密切相关。一般来说,人均集体分配150元以上的生产队,多经和社队企业收入约占总收入的40%以上;人均集体分配收入300元以上的生产队,多经和社队企业收入要占60%～70%。许多材料说明,我市农村发展多种经营,门路很多,大有搞头,要坚持集体、个人一齐上,充分发挥两个积极性,在当前特别要鼓励社员大力发展家庭副业,是能够达到发展快,投资少,收益大,富得快的目的。同时,我们还要看到,广大农民在基本解决吃饭问题后,迫切要求发展多种经营,增加经济收入。对这一点,各级领导要有一个正确的估计,要看到农民的积极性,一个发展多种经营的热潮正在出现。

要把我市多种经营搞上去,有几个问题需要提出来,认真解决好。第一,农村各级领导要把较多的精力转到多种经营方面来。多种经营主要是商品性生产,涉及面宽,政策性强,有些项目是多年才能见效。这就需要各级领导花更多的精力做好工作,搞好协调,及时解决存在的问题。第二,要一手抓新发展,一手抓好现有项目的巩固提高。例如发展柑桔等果品生产,在1985年以前要努力实现全市2000万株的发展种植计划,但重点更要把现有的700多万株果树管好,现在结果的树只有170万株,而且株产也很悬殊,多的一年结果一二百斤,少的只几斤。其主要原因是没有管好。只要加强管理,使已结果的稳产高产,未结果的早投产、多产果。这点抓好了,1985年就能收到较大成效,柑桔产量就能成倍增长。效益好了,社员就会多种。第三,一定要因地制宜。要把国家计划指导同生产队的自主权很好地协调起来,根据可能和需要,做到因地因社因队因户制宜,不能搞一刀切。千万不能"一窝蜂,一阵风,"一说发展什么就一哄而上,从南到北,到处都发展同一个项目。不能兴一业毁一业。过去有些项目盲目发展我们是有教训的,应该认真吸取。工业方面前两年盲目发展"几大件"、化纤等的教训也是很深的。从这个意义上讲,各地需要在搞自然资源普查和区域规划的基础上,统筹安排,合理布局。所有社队都要接受国家的计划指导。第四,要抓住重点,走出路子,带动一般。多种经营和社队企业,项目很多,山区、深丘与浅丘、平坝,远郊与近郊发展什么,应各有侧重,怎么发展也要有所不同。就全市考虑,近一二年在多经种植业上着重抓水果,以带动经济林木的发展;在饲养业上要抓养鸡、养鸭、养牛、养羊,以推动畜牧业。这两件事抓好了,就可能摸索一些经验,走出一条路子来,对指导好全市林牧渔业的发展是有普遍意义的。总之要解放思想,发挥优势,因地制宜,各有侧重。全市水面利用很差,要尽量多养鱼。去年只产700万斤,城市人口人平才二三斤,如能达到3000万斤,就是1000多万元产值。

3. 有了明确的方针,有了正确的路子,还要有政策、措施作保证。我市农村经济能不能发展快一些、好一些,最根本的是要调动百万农户的社会主义积极性。这就要靠党的政策。我们讲靠政策,既要靠政策的正确,又要靠政策的稳定。现在农民和农村基层干部都普遍反映,三中全会以来党的政策好,同时又有些人担心政策变。保持政策的稳定,是广大农民的强烈愿望,也是发展农村经济的客观要求。当然,我们讲政策要稳定,并不是说不管什么问题都一成不变,也不是说在任何情况下都不能作些调整。而是说我们各级领导要认真贯彻执行中央和省委一系列行之有效的政策规定,对有些具体规定和做法,从全局出发,如果需要进行某些调整,就应该适当调整。但调整之前,一定要做调查研究,走群众路线,做到合情合理;同时要做深入细致的思想教育和宣传工作,使农村的基层干部懂得调整的必要性,提高执行政策的自觉性。特别是干部和党员,要用自己模范执行政策的实际行动,消除农民的顾虑,让农民放下心来,放开手脚发展生产。

贯彻落实党在农村的各项经济政策,要继续解放思想,提高认识,清除各种片面的、错误的观点。目前对集体经济的有些老概念,如"怕偏""怕分化"等等,还束缚着一些同志的头脑,影响着政策的贯彻落实。如给社员增划自留山,有条件的社队就应当放宽一点,对那些荒山荒坡,让社员栽上树、种上果,总比荒起好。这不会动摇集体经济,只会促进林业和多经的发展。我们研究和衡量一个问题,要看是否更有利于调动社员的积极性,是否更有利于生产的发展,是否兼顾了国家、集体、个人三者的利益,应当在扶持农业生产发展上多做文章,多出点力气。

要积极领导和支持改革。农村正在发生巨大的变革,"双包"责任制的建立,兼业户、专业户的出现,多种形式的经济联合,试办农工商联合企业,社队企业,都有一个发展的过程,需要调整和突破过去的一些规定。由于缺乏经验,也难免出现这样那样的问题,这就会带来一些人的非议,告状,甚至以种种"理由"去限制和干预。应当看到,我们农村的经济体制必须进行改革,需要一批勇于创新改革,能够打开新局面的干部。

三、继续完善稳定农业生产责任制,注意研究新问题

经过去年秋冬的大变动,"双包"到户已成为市郊农村生产责任制的主要形式。这种变动深得人心,群众很满意,大大促进了生产的发展,广大农村出现了十分令人可喜的变化。

当前,农业生产责任制主要是抓完善、稳定。怎样完善、稳定,海亭同志已讲了许多意见,不再重复。我着重讲讲完善、稳定和发展的认识问题。

中央1号文件指出,大规模的变动已经过去,现转入总结、完善、稳定的阶段。为什么要强调稳定呢?这是因为:

稳定,是完善责任制的前提条件,只有稳定下来,扎扎实实地抓好完善,农业生产责任制的优越性才能进一步充分地发挥出来。当然稳定也不是一成不变,只有完善了才能达到稳定,才能使社员安心生产。稳定,是广大群众的普遍要求,经过社员充分讨论选定的责任制,社员是满意的。我们要尊重多数社员和干部的意见,把各种形式的生产责任制稳定下来,使人心安定。

稳定,是调动社员积极性,发展经济的需要。当前,群众较普遍存在着"捞到一年算一年"的思想,不愿对多年生的经济作物投资,这很不利于多种经营的发展。就是粮食生产,虽然可以当年见效益,但也有个上年为下年打算,用地养地、改田改土的问题。所以,如果不稳定责任制,就很难把群众的积极性真正调动起来,生产(尤其是见效慢的项目)就不可能得到较快发展,即使一时上去了,也不能持续发展。

所谓稳定,具体来讲,就是要思想稳定,责任制形式稳定,土地承包稳定。不管是哪一种形式的责任制,只要大多数群众满意,都不要再变动了。少数队在完善中,需要作某些调整,牵动面也不宜过大。

强调稳定,是不是就是永远都搞包产到户,包干到户呢?不是的。"双包"责任制是要不断完善和发展的。但这个完善和发展,决不会又回到实行"双包"以前的那种老形式,走回头路。因为那种形式农民不高兴,我们当干部的不能一遇到什么问题,又想用我们熟悉的老办法去解决,用老模式去套。

"双包"责任制会怎样完善、发展的问题,〈……〉,农村不可能永远停留在"双包"这种情况上,还会有发展变化。农村将来的发展趋势,可能不是每一家都去种地,将来经济发展的结果,可能要分工分业,也可能在分户承包的基础上,出现一些联合的形式。我们了解了发展的趋势,就有利于抓好当前的健全完善责任制的工作。

必须看到,随着经济的发展,农村是会出现进一步分工分业的。搞"双包"时间较早的一些地方,已出现了这种苗头。一部分农户兼营其他多种经营生产,有的已成为收入很高的富裕户。如近郊鸡冠石公社出现了一些兼业养鸡户,建胜公社出现了一些兼业养猪户,巴县太和公社出现了一些兼业养蚕户,就是这样发展起来的。这样的户,开始由于口粮的需要,他还是要包种责任地,慢慢地他觉得专门从事某项经营,如养鸡、养猪、养牛、养羊,或者专门搞缝纫、编织等,比包地更为有利,他就不愿再包地而成为专业户了。随着生产的发展,还会逐步出现多种多样的联合形式。贵州根据该省的实际,提出走包、兼、专、联的路子的设想,这可能是"双包"责任制发展的新路子。当然,我们不能用一种模式去套,而必须调查了解大量的现实材料,细心研究可能的发展趋势,尊重农民的实践和创造,用示范的方法,逐步加以引导。这是一个很新的课题,完成这个任务可能比过去搞合作化还难,花的时间更长。切不能把发展趋势当成现实经验去硬推硬套,搞一刀切,一个模式。无论兼也好,专也好,联也好,一定要在农民自觉自愿的基础上,坚持经济上互利的原则,决不能搞行政命令。当然也不是放任不管、不加引导。

由于我市农村人多地少,居住分散,经济发展很不平衡,即使是多种经营和家庭副业有了进一步发展,有相当一部分农民也可能为了生产生活方便,仍然要求保留责任田。"土地逐渐向种田能手集中"的趋势可能是缓慢的,"兼业"将持续较长一段时间。所以,我们在引导上,不能操之过急,更不能搞那些违背客观经济规律的事情,"拔苗助长",起反作用。市郊农村发展多种经营和社队企业的条件较为有利,我们要坚持集体和个人一齐上的方针,调动两个积极性,大力发展社员家庭副业和在可能的条件下兴办一些集体的工副业,这样就可能在经济发展的基础上,促进分工分业的发展,促进专业户和新的联合的出现。

四、加强和改善党的领导

经过这次会议,到会同志,思想认识提高了,在农业经济发展等问题上也有了比较明确的方针和措施。要使这些方针、政策和措施落到实处,就要努力改善和加强党的领导,尤其要振奋各级领导干部的精神状态,改进工作方法和工作作风,要加强思想政治工作,搞好基层党组织和领导班子的建设以及社会治安等工作。

1. 进一步振奋各级领导干部的精神状态,改进工作方法和工作作风。这个问题,耀邦同志、启龙同志作了明确的指示,同志们在会议期中也谈了许多很好的认识和体会。现在的问题是要继续加深认识，切实付诸实施。要从以下三个方面努力。

（1）要勇于创新，不断打开新局面。我们党领导群众闹革命、搞建设，根本目的不仅在于消灭剥削制度，而且要发展生产，改善群众生活。生产建设搞不上去，就谈不上最终实现共产主义。因此，我们搞生产建设，搞物质文明和精神文明，是和党的纲领、奋斗目标紧密联系在一起的。当前，经济建设是我们党的工作重点，我们一定要把它搞好。要把经济工作搞上去，首先就需要我们振作精神，努力工作。尤其作为领导干部，在政治思想上一定要忠于马列主义，忠于党的纲领路线，在工作上一定要有进取精神和事业心。最近耀邦同志指出我们的思想不够解放，照章办事的情况严重。是不是可以这样理解？就是讲我们一些领导干部眼界不开阔，想的是一些枝节问题，缺乏战略眼光，缺乏发奋图强的气概。我和同志们的看法一样，深深感到耀邦同志的批评非常中肯，切中要害，我们应该严肃对待，特别在当前转折时期，要勇于探索，敢于创新，下决心打开局面，使我们市郊农村经济工作有个新的突破。

（2）要坚持实事求是，一切从实际出发。这就要系统地进行调查研究，掌握自己地区和部门工作的特点和规律。实践证明，进行系统地周密地调查研究，是做好一切工作的基础。陈云同志提出领导机关要用90%以上的时间作调查研究，用不到10%的时间讨论决定问题。耀邦同志最近又给我们指出，要研究一下四川的特点，同沿海、同内地其他省好好地对比一下，看看到底有什么不同的地方，在对比当中找出自己的特点，发挥自己的优势，做出发展的战略规划。这些指示，都是历史经验的总结，我们应该认真学习和领会，并用来指导我们的行动，使我们的领导更具有科学性和预见性，减少事务主义和盲目性。

（3）要当实干家，扎扎实实地把工作做好。省委提出，四川今后每年要增产二三十亿斤粮，人平增收二三十元钱，就要靠我们带领群众脚踏实地去干才能实现，这次会上也把市里的任务初步定下来了，能否实现。今后就是要看各级领导的实干精神发挥得怎样了，希望我们的领导能做出榜样来。

2．加强农村思想政治工作。政治工作是经济工作和其他一切工作的生命线。要使我市农村经济发展得更快一些，各区、县委和农村基层党组织一定要把思想政治工作作为自己的一项根本任务，在抓好物质文明建设的同时，坚持不懈地抓好精神文明的建设。在这个问题上，我讲下面三点意见：

（1）要进一步提高在新的形势下加强农村思想政治工作的重要性的认识。实行农业生产责任制以后，思想政治工作还要不要？是应该加强，还是可以削弱？这个问题，前一段时期在一些社队干部中是没有解决的。他们中有的人说："划了地，包了产，谁还不想多增产？何必还要干部管。"经过贯彻落实中央1号文件，情况好了一些，但农村思想政治工作仍然显得薄弱，跟不上形势，正如耀邦同志指出的："不重视思想政治工作是普遍现象，不会做思想政治工作也是普遍现象"。由于实行农业生产责任制是农村生产关系上的一场大规模的调整和改革，在人们思想上不可能不产生各种认识问题，有许多新矛盾需要去解决，许多新课题需要去回答。农民是愿意走社会主义道路的，但离不开党的指引。农民中的一些落后思想，也需要党的教育。毛主席关于"严重的问题在于教育农民"的指示，在今天仍然具有现实的指导意义。在新的形势下，农村思想政治工作不但不能够削弱，而且必须进一步加强。

（2）在内容上，当前农村的思想政治工作，主要应该紧密结合继续贯彻中央1号文件，不断向农民灌输社会主义思想，进行坚持四项基本原则的教育，进行集体主义、爱国主义和共产主义理想的教育。具体说来，要进行五个方面的宣传教育：一是进一步宣传"一坚持""两不变"的方针，广泛开展坚持社会主义道路的教育，消除群众怕政策变的心理。二是深入宣传"三兼顾"的原则，进行集体主义和爱国主义的教育，防止和纠正不顾国家、集体利益的倾向。三是广泛宣传农业是国民经济的重要组成部分，要以"计划经济为主，市场调节为辅"，进行"全国一盘棋"的思想教育，反对不要国家计划指导的错误做法。四是大力宣传劳动致富、共同富裕，严格划清劳动致富同经济犯罪的界限，鼓励和支持农民依靠自己的劳动和技能向生产的深度和广度进军，为社会创造更多的财富。五是集中进行一次民主和法制的宣传教育，反对和制止各种歪风邪气，使农村社会治安有更大的好转。

（3）要把宣传教育工作做得更有说服力、感染力。农村思想政治工作和精神文明建设，过去我们长期积累下来了一些好的优良传统和行之有效的办法，这些基本的东西是应当坚持和发扬的。但是，随着形势的发展，照搬过去的一套也不行。我们应该改变那种泛泛讲些抽象概念的做法，把思想政治工作同农民的各种日常活动结合起来，寓教于生产，寓教于科学种田，寓教于文娱体育活动之中。要充分利用有线广播、文化站、农民夜校、图书室、业余文艺宣传队等阵地和形式，做到在内容上有针对性，在形式上灵活多阵，生动活泼，群众喜闻乐见。这样才能把农村思想政治工作提高到一个新的水平，打开一个新的局面，通过思想政治工作，促进农业生产责任制的完善、稳定和集体经济的巩固、发展，鼓励群众为共同的美好前途而积极奋斗。

3.搞好农村基层党组织和领导班子的建设。加强党的领导，就要加强党的自身建设，提高基层党组织的战斗力。这次会上，同志们学习了中央和省委负责同志的有关指示，对加强农村党的基层组织建设和整顿的重要性、迫切性提高了认识，这点很重要。农村党的基层组织是农村基层的领导核心，党的路线、方针和政策都要通过党的基层组织去贯彻执行。当前，在做好农村各种形式生产责任制的完善、稳定工作，大力发展农村经济，搞好精神文明建设中，必须结合把农村基层党组织建设好、整顿好。

要搞好农村基层党组织的建设和整顿，就应当切实改变党不管党的现象。过去，有些党委的领导同志只顾忙于抓生产行政工作，党的建设工作在那里却摆不上位置、列不上议程、排不上号。有的借口生产忙，没有精力抓；有的强调水平低，没有办法抓；有的习惯于靠行政命令办事；有的对于瘫痪、半瘫痪的党组织，不敢摸，不愿摸，等上级派人来搞。这些，都严重地削弱了党的战斗力，妨碍了"两个文明建设"的顺利进行，必须认真地加以克服。事实证明，抓不抓党管党的工作，情况大不一样，綦江县委在今年以来，常委会先后四次专题研究了党的建设，听取了农村基层党组织状况的调查汇报，讨论了新场公社党委训练党员的经验，对105名部、委、局、区、社的党委负责干部和42名组织人事干部进行了短期培训，县委、区委和公社党委的主要领导都亲自抓党员教育，有些区、社还对瘫痪、半瘫痪的大队党支部进行了教育整顿，初步改变了面貌。现在，党的活动开展起来了，党支部的领导作用发挥了，建立生产责任制中的许多问题得到解决了，群众反映，党的领导加强了，党员像个样子了。我们希望，区、县委领导同志多用一些精力，多花一些力气，调查农村党的基层组织状况，亲自管整党试点，抓骨干培训，有计划、有步骤、有重点地抓好党的建设，着重从三个方面做好工作：一是抓好基层党组织领导班子的建设，按照党章规定和干部队伍革命化、年轻化、知识化和专业化的要求，建立一个党性强，作风好，坚强有力的领导核心。注意选拔经过实践证明，能够打开局面的干部到领导岗位上来，不要让"三种人"和对党的路线、方针、政策有抵触，经济上有严重问题的人进入基层领导岗位，已经进了的要坚决清除出去。二要不断加强党员教育，努力提高党员的素质，使党员既有远大的共产主义理想，热爱国家和集体的社会主义觉悟，又有大公无私、舍己为人的革命精神。对于基层干部工作中存在的问题，主要是帮助他们总结经验教训，分清是非，提高认识，属于上级的责任，领导要主动承担，保护基层干部的积极性；对于消极落后的党员，要耐心细致地加强教育，个别经过多次教育无效的党员，要限期改正；对于严重违法乱纪，完全丧失党员条件的，要开除出党。三要健全党的组织生活。农村实行生产责任制以后，党员和社员一样，多数分散活动，更需要严格执行组织生活制度，不然就会松松垮垮，导致党组织的瘫痪。要定期向党员提要求、交任务,并在组织生活中检查,开展批评与自我批评,认真纠正不正之风。帮助党员自觉抵制资本主义和封建主义的思想侵蚀,从各方面起好表率作用,以好的党风带出好的社会风气。

农村党的基层组织建设和整顿的任务是很繁重的,不花相当的精力是很难搞好的。为此,各区、县委要继续解决好党政分工,书记同志要从繁忙的行政事务中解脱出来,以主要精力去抓党的路线、方针、政策的贯彻,抓党的建设,抓思想政治工作。当然,这些工作,包括党的建设也不能孤立地去抓,要紧紧围绕"两个文明建设"来抓,当前就是要同完善、稳定农村生产责任制结合起来抓,同打击经济领域里的严重犯罪活动结合起来抓,在这些工作中,有的放矢地整顿基层党的组织,对党员进行党性党风党纪教育,推动党的各项工作任务的完成。

4.关于农村治安问题,我再补充几句。当前农村有些社队干部只抓钱粮,不管民事纠纷、不管治安的情况较为普遍。究其原因,一是我们宣传工作做得不够,有些干部对什么是综合治理都不清楚,当然也就不会去管了。二是抓民事纠纷和治安,怕违法犯罪分子打击报复,不少干部对这类问题采取回避矛盾,不闻不问的态度。三是治保人员的误工补贴没有解决,使得一些干部不愿管。四是选举产生的治保委员没有发挥作用,有的大队的治保委员从选出来以后,从未开过一次会,大队的治保干部到公社开会回去,最多向支部汇报一下就了事,支部也不开会布置,落实对违法分子的帮教等措施都是一句空话。

为了解决这些问题,首先是各级党委必须重视治安工作,加强领导,认真落实"综合治理"的方针。把各条战线、各个部门、各个方面的力量组织起来,采取各种措施和多种方法做好农村治安工作。要广泛宣传,提高干部、群众对综合治理的重大意义的认识,搞好农村治安。二要建立必要的制度。如公社每月召开一次治保主任会,大队每月一次治保委员会,汇报情况,研究工作,布置任务。三要支持农村干部大胆抓违法犯罪问题,对不服管而对干部打击报复的要严加处理。对农村的"歪人""恶人"要组织群众帮助教育;对少数不处理不足以平民愤的人,要按照治安处罚的有关条款,公开宣布拘留和罚款,严肃法纪,伸张正气,处理一个,安定一片。

5.关于计划生育问题,10日晚省委又专门召开了电话会议。会上省委书记何郝炬同志讲了话,我们区县的领导同志都参加了,会议的内容就不说了。这里,我强调三点:一、我市今年人口自然增长率控制在12‰的计划指标一定不能超过,并且力争要减到11‰~10‰,要严格控制生二胎,坚决杜绝多胎生育。在农村我们一定要两种生产一起抓,两种责任一起建,两种合同一起订,要同育能夫妇签订好生育合同;二,根据省委指示,从7月15日起开展计划生育宣传月活动,大张旗鼓地宣传中央〔1982〕12号文件和中央领导有关计划生育的指示,宣传晚婚晚育和一胎率。市里已决定在13日召开全市计划生育宣传月动员大会,希望各级党委要加强领导,由宣传部牵头,制定宣传计划,工、青、妇群团组织要协助,动员一切宣传力量,运用报纸、广播、电视、出版、文艺等一切宣传工具,广泛深入地展开宣传,务必使计划生育的重大意义和政策深入人心,做到家喻户晓,人人皆知;三、卫生部门一定要积极支持,主动配合,热情接待,务必要保证节育的技术质量。

关于这次会议的传达贯彻,由各区县根据自己的实际情况去部署,市不作统一安排,但下半年的工作很多,任务很重、党委要统筹安排,抓紧进行。希望大家进一步振作精神,把我们的工作做得更好,以适应形势发展的需要。

这次会议就开到这里。各区县委的组织部长、宣传部长留下来,再分别开两天会,把思想政治工作和党的基层组织建设等问题,再具体研究一下。

于汉卿同志在市委工作会议上的讲话

(1982年10月28日)

同志们：

市委学习十二大文件会议昨天告一段落，从今天开始，转入市委工作会议。这一段的会议，主要根据党的十二大文件和省委三届七次全委扩大会议精神，结合我市的实际情况，研究安排今冬和明年的工作。现在我根据市委常委讨论的精神，讲以下几点意见：

一、认真抓好十二大文件的学习

党的十二大是七大以来最重要的一次会议。大会确定了我党继续前进的正确纲领和一系列方针政策，并且向全党和全国人民发出了全面开创社会主义现代化建设新局面的伟大号召。如同七大把革命引向胜利一样，十二大也必将把社会主义现代化建设引向胜利。为了深入贯彻十二大精神，动员全市党员和广大人民群众，为实现十二大所确定的各项战斗任务而奋斗，当前摆在我们各级党组织面前的第一件大事，就是要把认真组织和领导好十二大文件的学习和宣传，作为今冬和明年上半年的中心任务。通过学习和宣传，一定要使十二大精神家喻户晓，深入人心。

1. 要继续抓好各级干部的学习，把学习进一步引向深入。十二大文件，是光辉的马克思主义文献，内容极为丰富、深刻。学习十二大文件，应以邓小平同志的开幕词为总的指导思想，对几个主要文件和新党章，要逐章逐段地学习。全市干部，特别是各级党员领导干部，都要在前段初学初议的基础上，坐下来精读文件，用心思考，并结合思想实际和工作实际，认真讨论，明确奋斗目标，制定工作规划，增强实现宏伟目标的信心。当前，要克服对文件浅尝辄止，深入不下去的思想。针对干部思想上存在的问题，特别是有关信念问题，信心问题，通过反复深入学习文件，同志间的商榷讨论以至必要的批评和自我批评，真正做到谭启龙同志在省委三届七次全委扩大会上讲的"三个坚信"。各级党委要真正把学习、宣传十二大文件当成头等大事，放在自己的重要议事日程上，经常督促检查。要重点抓好县以上领导干部的学习，一层抓一层，一层带一层。县以上党委除开好党委扩大会，采取以会代训等办法培训骨干外，凡有条件的，对于干部、党员，应适当集中时间，坐下来进行学习。所有干部和党、团员，不仅要自己学好，而且要带头宣传好，贯彻好。

2. 全面开展对群众的宣讲工作。年底以前，要全面开展向群众宣讲十二大精神的工作，在全市进一步形成高潮。我市的十二大代表和各级党委的领导同志，都要分头到各基层单位带头宣讲，做好辅导工作。通过宣讲，有针对性地解决干部、群众中的一些思想认识问题，把广大群众的思想统一到十二大精神上来，振奋精神，推动当前的各项工作。各级党委要及时总结交流这方面的经验。市里除已在10月中旬召开农村宣讲经验交流座谈会外，还准备在11月上旬召开城市宣讲经验交流座谈会。

3. 11月召开的全国五届人大五次会议，将要通过《中华人民共和国宪法》和"六五"计划。上述文件公布后，要安排一定时间进行学习，并同深入学习十二大文件结合起来。在学习"六五"计划的指导方针时，结合学习十二大报告的"促进社会主义经济的全面高涨"部分；学习《宪法》时，结合学习十二大报告的"努力建设高度的社会主义民主"部分。在向群众宣讲时，也要把两方面的内容结合起来。第四季度各方面的工作都很紧，各单位一定要对学习和工作进行妥善安排，既要按要求搞好十二大文件的学习,又要在十二大精神的指引下,努力完成今年的各项工作任务。

关于明年深入学习十二大文件的问题,市委还将另作部署。

二、以提高经济效益为中心搞好经济工作

今年我市经济形势很好。1 至 9 月,全市工业总产值完成 56.73 亿元,比去年同期增长 12.7%;多数企业的产品质量有所提高,消耗降低,成本下降,亏损减少;近千项新产品、新品种试制成功,部分投入生产。农业生产又一次获得丰收,总产值预计比去年增加 9%,粮食产量预计增产 2 亿多斤;社队企业产值比去年同期增长 25.9%;社员人平收入预计可比去年增加 30 元左右。财政收入 1 至 9 月完成 7.41 亿元,比去年同期增长 10.45%。人民生活继续改善,储蓄存款增加,农副产品和日用工业品日益丰富,长期以来市场供应紧张的状况基本得到缓和。新的大好形势,为我们继续前进创造了条件。

党的十二大确定了 20 年工农业总产值翻两番的宏伟战略目标。按照这一目标的要求,我市正在研究制订"六五"计划和长远规划。明年,是党的十二大胜利召开后的第一年,明年工作如何,对完成"六五"计划,实现"三个根本好转"关系极大。我们要用十二大精神,广泛深入地动员全市人民把各项工作搞得更好,把包括生产、建设、流通领域在内的全部经济工作转移到以提高经济效益为中心的轨道上来,为促进我市社会主义经济的全面高涨做出新的贡献。初步设想:明年工业总产值比今年增长 5%~6%,力争达到 80 亿元。粮食稳定增长,农业总产值达到 13 亿元,比今年增长 8%;社员人平收入增加 30 元。财政收入增长 5%,争取达到 7%。各地区、各部门、各单位都要努力工作,在物质文明建设和精神文明建设两个方面做出新贡献,开创新局面。

(一)工业方面

1. 抓紧今年最后两个月的生产和明年的准备工作。从现在情况来看,实现今年 75 亿元的奋斗目标应该说是有把握的。这是因为,随着十二大文件的学习不断深入,广大职工的积极性必将进一步调动起来,这是我们完成任务的根本保证。此外,四季度能源供应比较好。而且 1 至 9 月平均每月已经达到 6.3 亿元,四季度只要平均每月完成 6.1 亿元就可完成 75 亿元的任务。但是也要充分估计到面临的困难,运输紧张的状况一时还难于缓和,天然气的供应仍然较紧,有些原材料有缺口,部分轻纺产品和机电产品还存在滞销积压。总之,我们要充分利用有利条件,克服不利因素,通过艰苦的努力,实现今年的奋斗目标。

在完成今年任务的同时,要及早做好明年的生产准备工作。要加强市场观念,搞好市场调查和预测,根据市场需要,搞好产销衔接,落实国家计划和订货合同。要做好生产物资的储备工作,抓住四季度能源供应较好的时机,多生产一些坯件和耗能较高的半成品,有条件的企业要多储存一些煤炭,同时做好自备发电的准备工作,以缓和明年一季度能源供需的矛盾。要狠抓能源的增产和节约,能源生产部门在现有条件下,要尽可能挖掘潜力,支援工农业生产建设;交通运输部门要充分利用水运,发展水陆联运,合理组织运输,减少环节,提高运效,当前要千方百计把有合同的积压产品及时发运出去。要搞好本市工业的内配工作,凡是市内能生产的产品,应尽可能就地供应,减少迂回运输。要搞好设备检修,保证安全生产。

需要提醒同志们注意的是,我市一大批公司组建之后,许多企业隶属关系有了变化,供产销之间容易发生脱节现象。对此,各工业主管局要加强对所属公司的领导,决不能撒手不管;各综合部门要主动关心和帮助解决生产中的问题,各区对上交企业要继续给予帮助,"扶上马,送一程"。所有公司、企业的产供销渠道要保持畅通,不能中断;涉及与中央部和省局对口的,要主动汇报情况,反映问题,争取支持。

2. 在保证质量的前提下,加快整顿企业的进度。今年我市首批 46 个企业的整顿工作,总的来

看发展是正常的,取得了一定效果,但是发展还很不平衡。目前特别要注意坚持高标准、严要求,既要抓紧时间,又要保证质量,争取年底以前大部分企业能够验收。要敢于碰硬,紧紧抓住领导班子建设、落实经济责任制、财务管理、劳动组织几个重要问题,认真地解决好。尤其要按照"四化"要求认真解决好领导班子的配备问题,简化审批手续,加快审批进度。在落实经济责任制方面,基础较好的企业,要迅速落实"包保奖"形式的责任制;基础较差的单位,要先抓好基础管理工作,健全岗位责任制,严格奖惩,逐步过渡到"包保奖"责任制。总之,要把各种行之有效的经济责任制迅速建立健全起来。定员定额要先进合理,富余人员要妥善安排。要建立健全各种原始记录、各种定额、计量检验和物资管理制度。要以推行厂币制为重点,建立健全分级核算、分级管理和分级考核的全面经济核算体系。企业各项基础管理工作没有搞起来的单位,不能凑合验收。

明年,企业整顿工作的初步设想是:全面开展,重点帮助,上下结合,同步整顿,分类指导,逐个验收。各局、各专业公司从现在起就要调查摸底,制订规划,保证明年一开始就能全面开展工作。

3. 巩固和发展工业管理体制改革的成果,进一步搞好经济联合。两个多月来,我市部分企业调整隶属关系、办理交接的工作,已基本完成。下一步要认真抓好以下几点:

要进一步提高认识,把改革工作继续引向深入。我市这次改革是符合十二大精神的,也是得到省委肯定的,方向是对头的,得到了绝大多数人拥护和赞成。我们应该坚定不移地走下去,至于具体工作中的某些不完备之处,可以通过实践,逐步加以完善。因此,我们必须进一步统一思想,积极热情地支持和帮助公司搞好工作。

要加快公司的组织建设和业务建设。目前公司的领导班子已基本配备起来,下一步要尽快建立健全内部职能机构,配备必要的业务、技术人员,但也不能等到配齐了才开展工作;内部机构的设置要本着精简、效能、有利于克服官僚主义的原则,不要把分工搞得过细,架子拉得很大。要尽快把公司建成真正的经济实体,市的各有关综合部门要为建立企业性公司创造条件。要从有利于发挥两个积极性,有利于发展生产,提高经济效益,有利于加强生产指挥和企业管理出发,逐级下放一些权力给公司,明确划分局和公司的权责范围,建立必要的规章制度,使之适应开展工作的需要。

要加强公司内部的调整改组和对全行业的归口管理,继续推动经济联合。公司对所属企业要"拆全改专",把生产力组织得更加理。对某些生产条件不具备、质量低、消耗高、亏损大、产品又不适销对路的企业,要下决心关停并转。要对本行业的非直属企业实行统筹规划和归口管理,不能有亲疏之分。要以本公司的企业为基础,打破各种界限,发展不同形式的经济联合,决不能把公司办成封闭式的大而全、中而全、小而全的企业。

4. 围绕提高经济效益,有重点有计划地对企业进行技术改造。

今后二十年工农业产值翻两番,必须走以内含型扩大再生产为主的道路,主要依靠技术进步和对老企业进行技术改造,这是一个根本的指导思想。各级党委要把技术改造问题提到战略高度来认识,引起足够重视。

近几年内,技术改造要着重从节约能源和原材料、提高产品质量、加快产品更新换代、污染治理和综合利用资源等方面进行。要大力推广国内成熟的先进工艺、先进技术,也要有计划地、大胆地引进一些国外的适用先进技术和关键设备。机械行业(包括国防工业)在技术改造中肩负着光荣而艰巨的责任,应加快自身改造的步伐,使之成为各行各业技术改造的装备部。

技术改造要全面规划,分期实施。从全市来讲,每年都要确定一批对国民经济发展影响较大的骨干企业,作为市的重点来抓,由经委会有关部门进行排队,提出意见,报市审定。各工业公司也要下决心把分散的资金适当集中起来,每年抓几个重点,针对影响企业经济效益的关键问题,落实措施,保证实现。与此同时,经常性的小改小革和单项改造也不能放松。

基本建设战线在认真抓好住宅建设、市政设施、园林绿化、环境保护的同时,要在技术改造中发挥更大的作用。所有项目,都要进一步提高工程质量,降低工程成本,缩短建设周期。特别是重兵电厂扩建、南岸水厂、中梁山瓦斯工程等有关能源供应和人民生活的重点项目,更要做好建设前期的准备工作,加快施工进度;各有关方面对这些项目,也要大力支持,提供方便,确保工程按期按质竣工投产。

今年技措项目进展不够理想,有关部门要组织力量普遍进行一次检查,抓紧解决存在的问题,尽快发挥投资效果。

5. 树立全国一盘棋的思想,做好集中资金,保证重点建设的工作。中央决定集中必要的资金用于重点建设,这是一项重大决策。应该看到,中央对这个问题,是经过反复研究慎重决定的。一方面要集中资金保证重点建设,另一方面又照顾了地方和企业的需要,特别是企业技术改造的需要。市委相信,同志们一定会坚决拥护,认真贯彻执行,从全局出发,把集中资金的工作做好。

三中全会以来,中央为了搞活企业,采取了一系列措施,实践证明是起了很好作用的。我市近几年对企业实行的各种扩权办法,效果也是好的。凡是过去行之有效的办法,我们原则上都要继续实行,并且做到在新的形势下有所发展,决不能把企业搞死了。

在最近召开的省委扩大会议上,大东同志宣布,明年扩大企业自主权的政策和办法基本不变,但对企业基金和职工奖励基金的提取办法,对用企业基金搞挖革改所增加的利润留给企业等规定,可能要作某些调整;省委85号文件即城镇集体所有制企业若干政策性规定,原则上也要继续执行。根据大东同志讲话精神,结合我市情况,我们初步想法是:明年对市级工商企业继续实行"全额利润留成""以税代利,自负盈亏""亏损包干或节亏分成"等盈亏责任制,也可试行"基数递增包干"的办法,至于留成比例等具体规定,要等到省有关专业会议后再定。在奖金问题上,仍然实行今年的办法,在省还未下达明年奖金限额控制数以前,明年一季度暂按1982年月平奖金的80%控制,待核定奖金总额控制数后多退少补。各级党委要加强对广大职工的共产主义思想教育,认真实行"按劳分配""多劳多得"的原则,进一步克服平均主义思想,教育职工正确对待奖金、津贴问题。我们党历来提倡共产主义精神,同时关心劳动者的物质利益,该发的奖金一定要发,但是平均主义一定不能搞,"职工平均收入增长的幅度,只能低于劳动生产率提高的幅度。不顾生产和利润的实际情况而滥发奖金和各种津贴的现象必须制止。"这些道理,要反复向职工讲清楚,以免引起不必要的思想波动,影响生产下降。

(二) 农业方面

郊区和4县农村要继续贯彻为城市服务的方针,加快农业的发展。要大力发展城市需要的副食品和工业原料,同时发展为城乡人服务的服务业和商业。今冬明春,各区县要在自然资源普查的基础上,因地制宜地做出发展规划,调整农业结构和作物布局。城市也要支援农村,各行各业都要大力支援农业,帮助区县农村更快地发展。商业部门认真解决农民卖农副产品难、买工业品难的问题;市的有关部门要帮助和指导发展社队企业,对一些重要产品,产供销要尽可能纳入计划渠道,造成一个工农结合、城乡互助、共同发展的大好局面。

要进一步稳定和完善农业生产责任制。近两年来,我市以"双包"为主的各种责任制形式已经稳定下来,进入了完善和提高阶段。近郊蔬菜社队的责任制也正在落实。各区县委,要按照省委的要求,组织干部深入基层,帮助社队把这项工作做好。凡是适合需要而又为农民欢迎的各种责任制形式,都应当继续坚持。当前农村出现了一批专业户、重点户和新的经济联合体,这是农业分工和进一步走上专业化的雏形,应该引起我们的重视。对于那些坚持社会主义道路,遵守党的政策,勤劳致富、科学致富的农民,要用各种形式进行表彰。我们要解放思想,消除顾虑,让一批农民先富起来,带动多数农户共同富裕。要关心扶持贫困户，让他们也能逐步富裕起来。

农村济经政策放宽以后，多种经营发展有了一个很好的势头，但是，局面还没有完全打开。我们必须在战略上来一个根本的转变，从单一的粮食生产中解放出来，实行农、林、牧、副、渔全面发展；从单一的农业生产中解放出来，实行农工商综合经营。明年要求粮食生产做到稳定增长。今年秋季气候不好，小春播种面积减少，要克服"定局论"思想，领导广大农村干部和农民群众，种好管好小春作物，狠抓单位面积产量，力争小春增产。在抓好粮食作物的同时，要用更多的精力抓好多种经营，使近郊的蔬菜、禽、蛋、奶、鱼以及其他副食品，远郊和4县的果、蚕、茶、猪、牛、羊、兔以及林副产品，有一个更快更大的发展，使商品率有较大的提高。要狠抓林业生产这个突出的薄弱环节，并采取果断措施，坚决刹住乱砍滥伐森林的歪风。明年，在抓好现有社队企业整顿的同时，要在国家计划指导下，积极发展农副产品加工业、建材业、面向农村的建筑业、食品工业、饲料工业、小型采矿业、小水电和服务业，把我市的社队企业提高到一个新的水平。

要因地制宜地开展农业基本建设，努力改善农业基本条件。

对市委批准的巴县和市长江农工商联合公司、市缙云林工商公司等农村经济体制改革试点单位，各级党委要加强领导，各部门要密切配合，积极支持帮助，继续把试点工作搞好，为今后我市农村进行全面改革提供经验。

（三）商业方面

加强对商业工作的领导，改进商业工作，是当前经济发展中的一个重要课题。

商业工作要牢固树立生产观念，进一步起好引导生产、促进生产、搞活流通、保障供应的作用。要满腔热情地支持地方工业的发展，经营好地方工业品，加强调查研究，搞好市场预测，及时提供商品信息，千方百计帮助工业企业提高产品质量，增加花色品种，发展适销对路产品，不断适应市场变化的需要。要积极支持粮食和多种经营生产的发展，对多种经营生产中出现的一些新问题，商业部门要协同财政、税务、银行、工商行政管理等部门进行调查研究，妥善加以解决。

千方百计打开工业品销路是商业工作的当务之急。批发要坚持为零售服务，要方便零售进货。对销小存大和冷背呆滞商品，要分别不同情况，继续采取延期付款、补贴利息、扩大扣率或移库销售等优惠措施，调动零售企业的积极性，抓紧旺季大力组织推销。农村是工业品的广阔市场，要迅速打开工业品下乡的新局面。认真实行商品分工、城乡通开的新体制，商业、供销部门要积极采取国合联营、批发下伸、批零联营、供销社继续代批发等多种形式，疏通城乡商品流通渠道。当前，正是农副产品交售旺季，也是工业品销售的大好季节，商业和供销部门一方面要加强农副产品的收购，同时抓紧落实明年收购合同；另一方面也要不失时机地把工业品送下乡去，千方百计满足农民对工业品的需要。

工商、农商、工贸、商商联合是经济发展的必然趋势。各方都要树立整体观念，围绕提高社会经济效益的大局，本着互相支持、互相谅解、合理分配利益的精神，开展联合调查、联合展销联合储存、联合经营、联合开发新产品，增强市场竞争力。在这方面目前已有不少好的典型，要总结推广群林市场实行服装产供销一条龙联营，三峡电扇工商联营，市五金公司与五金工具工业公司全行业联营，重庆医药站与制药厂联合调查、联合展销、联合竞，与全省医药二三级批发联合经营等经验。在农商联营方面，要从实际出发，因地制宜地学习和推广大竹县供销社与农业联营的经验，大力推行农商合同，进一步搞活农村经济。

要进一步疏通流通渠道，按照"三多一少"的流通体制，继续调整社会商业结构。社会主义市场必须以国营商业为主体，多种经济成分并存。在城市和乡村，要注意根据市场需要，发展集体和个体商业。国营商业应当支持、帮助、指导，不能限制，排挤、歧视。同时对当前我市商品流通工作中存在的问题，也要加强管理，进行整顿。整顿的重点是纠正多头批发,实行批发归口经营。在整顿流通渠道方面,綦江县和江北县已经迈出了步子,取得了初步经验,要认真加以总结推广。

(四)科学技术和教育方面

科学技术和教育是实现经济战略目标的战略重点之一。要保证明年我市经济持续发展,必须牢牢抓住这个根本环节。

〈……〉,要实现两个翻番的目标,有一半要靠科学技术的进步。各级党委要充分认识科学技术在全面开创社会主义现代化建设新局面中的战略地位,加强领导,采取措施,更好地发挥科学技术的作用,使它真正成为促进经济发展的巨大力量。

发展科学技术,必须坚持贯彻执行党中央、国务院制定的科技发展新方针,使科学技术与经济、社会协调发展,并把促进经济发展作为首要任务。从我市经济发展的需要出发,在目前和今后一个时期内,科技工作应当重点抓好新产品的开发、试制和投产,抓好以新产品为中心,以采用新技术、新设备、新工艺、新材料为主要内容的企业技术改造,同时加强节能技术和农业科学技术的研究和推广工作。

要清醒地看到,我市是一个重要的工业城市,产品不能只局限于省内市场,一定要面向全国,并且力争扩大出口,占领市场。但是从产品现状来看,不加快产品的更新换代,不仅达不到这一目的,而且路子只会越走越窄。我们提出把明年定为我市"新产品开发年",要求每个生产企业在各工业局、公司的统一规划下,明年都要研制和投产一至二项新产品,力争明年全市试制成功新产品、新品种达到1500项,其中要有一半以上投入生产,新产品、新品种的产值占明年新增工业总产值一半左右。要重点培植一批市场容量大、经济收益高,在国外或国内市场有竞争优势的新产品。今后每年都要下达新产品开发计划和老产品淘汰计划。新产品的开发、试制,要考虑城市需要,更要着眼广大农村市场;要讲求实效,不能只搞样品、展品;要加强经济技术的预测、论证工作,务求产品符合社会需要。开发新产品所需经费,按照今年市府145号文件的规定执行。

农业科学技术的研究和推广工作,要着重抓好良种的培育、筛选和推广,不断改良栽培技术和畜、禽、水产养殖技术,努力提高粮食和蔬、副产品的单产,促进多种经营的发展。

为了充分发挥科学技术在经济发展中的作用,当前要十分重视抓好已有的、经济效益好的科技成果的推广应用;要针对工农业生产上的关键技术问题,特别是产品质量问题组织各方面力量进行攻关;要大力开展科技咨询服务,切实加强市属独立科研所和企业科研机构的工作,加强科技队伍的建设;要进一步认真落实知识分子政策,坚决摒弃一切对知识分子的歧视和偏见,充分发挥科技人员的作用;要认真改善科研工作条件和测试实验手段,充分发挥科技管理部门的职能作用,使之真正成为同级党政的参谋和助手。

普及教育是建设物质文明和精神文明的重要前提。各级党委要加强对教育工作的领导,进一步搞好教育事业的调整,充实加强小学,整顿提高初中,调整改革高中,大力发展职业技术教育,认真抓好干部教育、职工教育、农民教育、扫盲教育。当前,尤其要认真抓紧抓好普及农村小学教育、中等教育结构改革和职工教育工作。要办好地方高等教育,体现地方特点,突出短线缺门。

实行计划生育,严格控制人口增长是我国的一项基本国策,要始终抓紧。这几年我市正处在生育高峰,要做好深入细致的思想工作,严格执行计划生育的一系列政策规定,保证年度计划规定的人口自然净增率,只能降低,不能突破。这个问题在农村尤其要引起重视。

三、加强社会主义精神文明的建设

胡耀邦同志在十二大报告中指出:"社会主义精神文明是社会主义的重要特征,是社会主义制度优越性的表现""没有这种精神文明,就不可能建设社会主义"。我们在进行物质文明建设的同时,在任何时候任何情况下都不能放松精神文明建设。

要切实解决好有些领导干部存在的思想认识

问题。如说"物质文明是硬任务,精神文明是软任务""文明礼貌是可抓可不抓的生活小事""只要经济形势好转了,这些小事自然就解决了",以及片面夸大奖金作用,忽视政治思想工作的倾向和在治理"脏、乱、差"工作上反映出来的畏难情绪。各级领导一定要牢固树立两个文明一起抓的指导思想,并且以身作则,身体力行,起好表率作用。

社会主义精神文明的核心是共产主义思想。当前,各单位要结合十二大文件的传达、学习、宣讲,在全市党员、团员和人民群众中普遍进行共产主义教育。澄清"共产主义是渺茫的幻想""共产主义宣传超越历史发展阶段"等错误认识,同时也要弄清共产主义思想同现行政策的关系。要大力支持表扬具有共产主义思想的先进模范人物。特别是要采取多种形象、生动的形式和有效的办法,在广大青年职工、青年社员和大、中、小学生中普遍进行理想教育、道德教育、纪律教育、"三爱"教育以及革命传统教育,培养具有共产主义理想、有道德、有文化、守纪律的一代新人,要加强群众宣传文化阵地的建设,切实解决好有关问题。

建设社会主义精神文明,要从实际出发,从长远着眼,从现在着手,做大量艰苦细致的工作。当前,要在加强共产主义思想教育、职业道德教育和遵纪守法教育的基础上,发动广大群众积极参加"五讲四美"活动。各行各业都要从自己的实际情况出发,开展文明生产、文明经商、文明服务的竞赛活动;在广大群众中,普遍开展群众性文明礼貌和"五好"家庭活动,并且树立一批先进典型,大力表彰和推广。

今冬明春,要集中力量,重点抓好治理"脏、乱、差"的工作,按地区、按部门、按行业、按单位层层落实包干责任制。把这项工作逐步引向经常化、制度化。在努力发展社会主义民主的同时,要进一步健全社会主义法制,加强社会治安管理,继续打击各种刑事犯罪活动,警惕"四人帮"残余势力和暗藏的反革命分子利用青少年的无知,煽动无政府主义,破坏社会秩序和交通秩序。同时,要继续完善城市管理的各项法规,坚持从严管理。

要继续抓紧打击经济领域和政治、文化领域的严重犯罪活动,切实扭转少数单位工作不力、决心不大、不深不透的现象。在打击经济犯罪中,要抓紧大案要案的结案工作,坚决把这一场斗争进行到底。在此基础上进一步整顿财经纪律,严格规章制度,堵塞各种漏洞。要结合打击经济领域中严重犯罪活动,运用典型事例,向党员和干部、群众进行拒腐防变的教育。对一切资本主义文化垃圾都必须坚决扫除,决不能任其传播,毒化青少年的思想。

建设社会主义精神文明是全党的任务,是各条战线的共同任务。教育、科学、文学艺术、新闻出版、广播电视、卫生体育等各种文化事业,要在建设社会主义精神文明中充分发挥作用。工会、共青团、妇联等群团部门,把建设社会主义精神文明作为自己的重要职责,在各级党委统一领导下,发动群众,积极参加建设社会主义精神文明的群众性活动。

四、用革命精神搞好机构改革

省委确定我市市级党政机构的改革,从今冬开始,明年4月完成。时间紧迫,任务繁重,应当立即抓紧做好各项准备工作。

我市党政机关中,确实存在着机构臃肿、层次重叠、职责不清、互相扯皮、人浮于事、效率很低的情况,这是我们进行现代化建设前进道路上的一大障碍。只要我们下决心把机构改革这场革命搞好了,就可以达到调整和加强各级领导核心,精简庞大臃肿机构,引进大批优秀年轻干部,轮训广大在职干部,大大提高工作效率,进一步克服官僚主义的目的,这样,我们的宏伟目标就有了可靠的组织保证。因此,我们一定要充分认识机构改革的深远意义,坚定不移地把机构改革工作搞好。

要尽快研究和制定机构改革的方案。市级机关的改革方案要在年底以前制定出来,区、县和公社的改革虽然要放到明年下半年才搞,但也应积极着手进行一些准备工作。在制定改革方案时,一定要从我市实际情况出发,要同经济体制改革联系起来考虑,要有利于工作,凡是能够对口的,就对起口来；对口对工作不利的，也不要勉强同上面对口。党、政、企都应有明确分工，不必要的机构，坚决裁并。凡是一个机构可以办的，就不要另设机构，一级机构可以办的，就不要再设重叠机构，一定要打破那种"婆婆多"又不管事，"扯皮""踢皮球"的现象。

机构改革，要按照精干原则和革命化、年轻化、知识化、专业化的方针，建设起精干有力、能开创工作新局面的领导班子。为此，就必须解决好"退"和"进"的问题，实现新老干部的合作与交替。在机构改革中，有一部分老同志将要退居二、三线，同时要把大批德才兼备、能够打开新局面的优秀中青年干部选拔进领导班子里来。这一退一进，密切相连。搞好机构改革，解决好这一退一进，对我们的老同志来说，负有光荣而重大的责任，同时也是一次实际的考验。我们的老同志都经过几十年党的教育和斗争锻炼，有很高的觉悟。在过去，当革命需要我们上的时候，我们何尝考虑过个人的安危，总是争挑重担，英勇向前；现在，当自己已经适应不了日益繁重的现代化建设的第一线工作，需要我们退下来的时候，我们也必定会主动愉快地退下来，并且举贤荐能，满腔热忱地扶持那些资望和经验都不及自己的优秀年轻干部上来，搞好传、帮、带，继续为党做一些力所能及的工作。市委相信，绝大多数老同志能够胸怀大局，以党的利益为重，自觉服从革命的需要和组织的安排，以高度的革命责任心搞好机构改革这件大事。对退居二、三线的老同志，各级党委要十分关心，经常过问，按照有关规定，帮助他们解决好生活中遇到的实际困难。

小平同志指出：选拔优秀中青年干部是机构改革的一个中心目标。为了建设起一个精干有力、能够开创新局面的领导班子，"进"的问题就更为重要，就是要坚决按照德才兼备的原则，把那些经过考验、确属优秀的中青年干部选进领导班子。但是，恰恰在这方面，我们相当一部分单位的准备还是很不落实的。人才是有的，只要我们真正解放了思想，进一步清除对待知识分子的"左"的思想影响和"论资排辈"等封建意识，并且充分走了群众路线，作了深入的调查研究，就能发现优秀人才。现在，各单位不能等待机构改革的方案，应该立即抓紧物色人才，至少要挑选二至三名具有大中专文化程度的优秀中青年后备干部。我们把这一环抓好了，机构改革工作就比较主动，就能够比较顺利地进行。选拔各级领导干部，必须严格按照新党章规定干部的基本条件去办，决不可有丝毫的降低，坚持任人唯贤，反对任人唯亲。当前，特别要严格地把好政治标准这一关，对干部在"文化大革命"各个阶段的表现，以及党的十一届三中全会以来的政治态度，要认真考察清楚，提拔那些真正是党性强、作风正派、敢坚持原则的同志，绝不能让"五种人"混进新的领导班子，已经进入领导班子的，要坚决撤下来。

五、认真学习和执行新党章为全面开展整党作好准备

十二大通过的新党章，是新的历史时期党的建设的新纲领。中央决定在认真学习新党章的基础上，从明年下半年开始，用3年时间分期分批对党的作风和党的组织进行一次全面整顿。对此，我们必须要有充分的认识和准备。

我们党是领导全国政权的大党，肩负着十分艰巨繁重的历史任务，要在今后5年内实现"三个根本好转"，在八十年代实现"三大任务"，在本世纪末的20年内实现工农业总产值"翻两番"，关键在于党的领导，在于把我们党真正建设成为领导社会主义现代化建设的坚强核心。从我市的情况看，党的队伍的主流仍然是好的，各级党组织和广大党员是发挥了党的核心领导作用和党员先锋模范作用的。但是，应当看到，由于"十年内乱"的流毒没有完全肃清，也由于在新的情况下各种剥削阶级思想的腐蚀作用的增长，目前在一部分党的组织中，不同程度地存在着思想不纯和作风不纯的问题，少数单位也还存在着组织不纯的问题。一些党的组织领导涣散软弱，问题较多，战斗力不强，个别的甚至陷于瘫痪状态；一些党员不合格或基本不合格，他们中有的对共产主义的信念动摇，认为远大理想是空

的,金钱洋货才是实惠的,对党的路线方针政策阳奉阴违,合自己的口味就执行,不合自己的口味的就抵制;有的党员干部工作极不负责,官僚主义严重;有的以权谋私,搞特殊化,严重侵犯国家、集体和群众的利益;有的闹无政府主义、自由主义和极端个人主义,破坏党的组织纪律;有的搞宗派活动,拉拢一些人,排斥一些人,严重损害党的团结;有的思想觉悟低,革命意志衰退,不参加党的活动,不做党的工作,不起党员作用。个别党员和干部甚至堕落到贪污腐化,营私舞弊,进行严重的经济犯罪活动。还有林彪、江青反革命集团的极少数残余分子潜伏在党内,伺机兴风作浪。这些问题的存在,严重地损害了党的威信,阻碍"四化"建设的顺利进行。不整顿好党的组织和党的作风,实现党在新时期的总任务就没有希望。

根据中央和省委的部署,从现在起到明年秋天以前,我们要选择一批不同类型的党组织,不同单位的党员进行系统周密的调查,借以综合分析,掌握情况。同时,还要抓好以下三方面的工作,为全面开展整党作好思想上和组织上的准备。

第一,在全面领会十二大文件精神的基础上,比较集中地对党员进行一次新党章教育。号召党员学习新党章,执行新党章,努力做合格的共产党员。在学习中,要求党员除领会党章的基本内容外,着重从思想上达到"三个懂得":懂得党的最终目标和现阶段的总任务,弄清社会主义的优越性和共产主义胜利的必然性,下决心为共产主义奋斗终身;懂得新时期党对党员、干部提出的严格要求,坚持党的利益高于一切,全心全意为人民服务;懂得坚持党的民主集中制和加强党的纪律的重要性,百折不挠地执行党的决定,遵守党的纪律。

在步骤和方法上,可以举办支部骨干训练班和党员轮训班,总结学习新党章的经验。要贯彻理论联系实际的原则,按照党章规定的党员条件和党员必须履行的义务,联系个人的思想、工作实际,进行对照检查,开展批评和自我批评,并且针对存在的问题制订做合格党员的规划。

"三个根本好转",关键是党风的根本好转。而党风的根本好转,首先要求各级领导干部起好表率作用。县级以上领导机关的党员和党员领导干部,是这次新党章学习的重点。年内,县级党委要在学习的基础上,采取民主生活会的形式,进行对照检查,开展批评和自我批评,自觉纠正缺点、错误,特别是在住房和子女、亲属工作安排等问题上搞不正之风的同志,更要进行认真的自我批评,坚决纠正。领导干部要带头执行新党章,为广大党员树立好的榜样。

第二,认真搞好整党试点,为全面整党摸索经验,培训干部。

整党是全党的一件头等大事,中央要求"必须十分慎重地对待,十分周到地准备,有计划、有步骤地进行"。为了摸索经验,经市委研究,拟在重棉二厂和重庆百货商店搞整党试点。为了搞好次整党试点,原有蹲点调查组的力量应该作一些调整,有关部门要指派一些得力精干的干部参加,以便取得试点的直接经验,为今后全面开展整党工作培训骨干。

第三,继续抓紧抓好正在进行的城市农村党的基层组织的整顿工作。

根据中央、省委的指示精神,和中组部〔1982〕10号文件的要求,我市工交、军工、基建、财贸有54个单位,正在结合整顿企业对党的基层组织进行整顿,有8个公社和1个街道也正在进行党的基层组织整顿。从总的情况看,多数单位工作抓得比较好,收到一定的成效。但是,部分单位工作抓得不紧,特别是领导班子的问题没有很好解决,个别单位甚至有走过场的危险。在全面开展整党之前,这些单位的工作不能停下来,应继续抓紧搞好,按照中组部提出的六条标准,进行验收。在初步整顿的基础上,深入学习新党章,执行新党章,健全党的生活,改善党的领导,增强党的战斗力;对缺乏革命意志,不履行党员义务,不符合条件但愿接受党的教育的党员,可以采取限期改正的办法,促使其尽快达到党员标准。城市、农村都要做出规划,对那些问题多而严重的党的基层组织,应分批分期进行整顿,解决存在的突出问题,为全面整党打下基础。

同志们：摆在我们面前的任务是十分艰巨的，但也是非常光荣的。我们重庆市是四川省的重要工业城市，在落实十二大提出的总任务，实现全省战略目标上处于十分重要的地位。党中央和省委领导对我市的工作极为关怀，并寄予殷切的希望。全市广大党员和人民群众也迫切希望我市的工作能跟上全国先进地区的步伐。我们一定要在十二大精神的指引下，继续坚持和改善党的领导，在政治上始终同中央保持一致，坚决执行党的路线方针政策。各地区、各部门、各单位都要根据十二大精神制定开创新局面的规划，发动广大党员和群众认真讨论，制定切实可行的措施。耀邦同志在最近一次讲话中，要我们思想更加解放一点，改革更加大胆一点。他说实现四个现代化也好，建设"两个文明"也好，都应该注意这两点。我们在制定规划和实际工作中一定要遵循耀邦同志这个指示精神去办。各级领导同志一定要增强信心，振奋精神，深入实际，深入群众，切实改善领导作风，扎扎实实地搞好今冬和明年的各项工作，为争取三个根本好转，开创我市各项工作的新局面而努力奋斗！

王谦同志在市委工作会议结束时的讲话

（1982年10月31日）

同志们：

这次会议开了12天。分为两段：第一段学习会，用8天时间，学习讨论了十二大文件；第二段工作会，开了4天，部署今冬和明年的工作，会议就要结束了，我先讲学习十二大文件的情况，然后着重讲怎样开创一个新局面的问题。

学习会实际上是个党训班。大家精力集中，专心致志地阅读文件，联系思想和工作实际，谈认识，讲体会，受到了一次深刻的教育。认识有显著提高：(1)明确了党的十二大的伟大历史意义。通过回顾对比，认识到十二大通过的方针路线将把社会主义建设引向胜利。回顾三中全会以来，我们各条战线取得的成就，证明党所制定的一系列重大决策是正确的，因此由衷地感到我们的党和党的中央是完全可以信赖的、伟大的。(2)加深了对社会主义现代化建设指导思想的理解。普遍认为，把马克思主义的普遍真理同我国的具体实践相结合，走自己的道路，独立自主，自力更生，建设具有中国特色的社会主义，这是我们党奋斗、摸索了几十年，付出了很大代价总结出来的基本结论。今后我们的建设事业必须坚决遵循这一指导思想。(3)明确了今后二十年我国经济建设的战略目标、战略重点、战略步骤和方针政策。十二大为全国人民展现出一幅前程似锦的"四化"蓝图。目标宏伟，步子稳妥，措施有力。科学可靠，鼓舞人心，代表了全国各民族人民的利益，反映了全国人民的心愿。大家表示要为实现这一宏伟目标而努力奋斗。(4)进一步理解了社会主义精神文明建设的重大意义和作用。十二大把建设社会主义精神文明作为一项战略方针，作为社会主义的重要特征和社会主义制度优越性的重要表现提出来，并且指出，能否坚持这样的战略方针，关系到社会主义的兴衰和成败。这在科学社会主义史上还是第一次，使我们耳目一新，信心倍增。(5)建设高度的社会主义民主，是我们的根本目标和根本任务之一，它对保证和支持社会主义的物质文明和精神文明的建设有着重要的作用。我们经过学习受到一次深刻的教育。(6)加深了对新党章和新时期党的建设以及新老干部合作交替的重要性、迫切性的理解。总之，通过学习，提高了觉悟，明确了目标，振奋了精神，为今后传达、贯彻、落实十二大精神，开创社会主义现代化建设的新局面打下了初步基础。这次学习，只是开了头，在实践中还要继续反复学习,深入理解,把我们的思想统一到十二大文件精神上来。

耀邦同志在十二大报告中,号召全党和全国人民全面开创社会主义现代化建设的新局面。这是摆在我们全党面前的任务。在我们重庆,应该怎样开创新局面呢?我想讲以下四个问题:

一、解放思想,努力创新

十一届三中全会以来,由于全党坚持贯彻"解放思想,开动脑筋,实事求是,团结一致向前看"的方针,才冲破了"左"的错误思想的严重束缚,解放了人们的思想,正确地开展了两条路线的斗争,胜利地完成党在指导思想上的拨乱反正,终于实现了历史性的伟大转变,因此才使得我们的国家出现了安定团结、生动活泼的政治局面,各条战线欣欣向荣,工农业生产和各项建设事业蒸蒸日上。现在我国经济已经渡过最困难的时期,走上了稳步发展的健康轨道。四年的实践证明,每前进一步,都必须以解放思想作为先导。现在,能不能说解放思想已经差不多了呢?当然不能。历史在前进,事业在发展,情况在变化,新的任务摆在面前,新的问题有许多我们还不懂或者缺乏经验,所有这些都需要我们去研究、探索、解决。人对客观的认识需要有一个过程,即需要深入实践,也需要很好学习,因此,从这个意义来讲,解放思想没有止境的。解放思想,努力创新,开拓前进,是历史发展的要求,也是党的十二大向我们每个共产党员提出的要求。

党的十二大,提出了在本世纪末我国工农业的年总产值翻两番的宏伟目标,号召全党、全国人民为开创社会主义建设新局面而奋斗。十二大文件公布后,广大党员、群众欢欣鼓舞,热烈拥护。认为大会确定的战略目标,是适合我国国情的,是完全正确和必要的;翻两番的目标,是在总结建国三十多年来正反两方面经验教训的基础上提出来的,既宏伟,又有充分科学依据。只要上下一条心,按照党中央确定的方针路线努力工作,这个目标是可能实现的。但是,有些同志对"翻两番"还有疑虑,信心不足;有的甚至认为是"高指标",或者说"从全国范围看,能达到,从重庆情况看,无把握"。这些思想的产生,除了精神状态不振,工作按部就班,墨守陈〔成〕规,缺乏开创精神之外,重要的一个原因,就是对实际情况的不甚了了。

"翻两番"是一个发展速度问题。是不是高指标?全国能达到重庆能不能够达到?要回答这个问题,就必须将重庆的历史和现状,进行很好的分析。20年翻两番,意味着重庆工农业总产值平均每年递增7.2%,也就是说要在1980年工农业总产值77亿的基础上增加4倍,即2000年时达到310亿元。这个速度当然不算慢,但从重庆建国以来32年的情况来看,并不是不可能达到的"高指标"。1949年至1980年的31年,重庆工农业总产值平均每年递增速度为8.8%。这是在遭受"大跃进"和"文化大革命"两次大挫折的情况下达到的速度。粉碎"四人帮"以后的1977年到1981年,全市工农业总产值平均每年递增16.6%,其中,工业平均每年递增17.6%,农业平均每年递增11.5%。这个速度当然不能代表正常的情况,因为其中至少有3年带有恢复的性质。按照中央提出的实现20年奋斗目标分两步走的战略部署,重庆前10年只要按"四五"时期平均每年递增5.5%(1982年可能达到6%多一点)的速度发展,到1990年,工农业总产值就可以达到133亿元左右,后10年再以8.9%的速度前进,2000年即可达到310亿元,实现工农业总产值翻两番。四川省建国32年实际每年平均递增9.2%,全国从1953年到1981年平均每年递增8.1%,比较之下,重庆今后20年平均每年递增7.2%的速度不能算是"高指标"。

从发展潜力来看,翻两番也是可能的。以工业而论,1981年,我市已有工业固定资产70亿元,而1981年100元固定资产原值实现的总产值仅为82元,如果达到上海292元的水平,就可增加产值173亿元;工业企业全员劳动生产率,1981年重庆为9763元,上海是28983元,如果我们达到上海的水平,不需要增加任何投资,或者只增加少量投资,就可增加产值139亿元。所以,无论从"纵"的方面与重庆历史上比,还是从"横"的方面与先进地区比,重庆工农业生产的潜力都是很大的。过去我们自己已经达到过的速度,今后为什么不能达到?别人今天已经做到的事情,我们20年内难道还做不到?问题是要解放思想,开扩视野,振奋精神,努力创新,充分看到自己的有利条件,用一切办法把潜力挖出来。当然,讲有利条件,并不是说前进道路上没有困难,实现"翻两番"的宏伟目标是轻而易举的。困难是有的。我们如何对待困难呢?毛泽东同志说过:"人是要有一点精神的"。作为一个共产党员,应当以什么样的精神来对待党为我们展示的战略目标,完成十二大提出的任务?耀邦同志在十二大报告中提出,要"振奋精神,开拓前进,坚毅不拔,奋斗不息"。这就是马克思主义者对待困难的正确态度,是共产党人的革命风格,也是共产主义精神的具体体现。

解放思想,努力创新,经常碰到的一个问题,就是怎样对待历史的实践和已有的经验的问题。有的同志说,"文化大革命"是一场内乱,否定"文革"那一套方针和做法是应当的,但对"文革"以前的实践和经验要慎重。当然,成功的经验我们必须发扬,但不能经验主义,抱着老办法不放,对新生的东西缺乏感情,对过去的东西一往情深,是不利于开创新局面的。因为有了这种思想,在开创新局面、遇到新情况、解决新问题时,就会有抵触,有疑虑,不敢越"经验""雷池"一步。党的三中全会以来,提出了一系列的新政策。它既不同于"文化大革命"中的政策,也不同于"文化大革命"以前的政策,是崭新的政策。如果我们仅仅满足于把自己的思想从十年浩劫中解放出来,而不能认识新的情况,接受新的路线方针,在过时的实践和经验上转圈圈,其思想就必然会僵化。解放思想不是一次就可以完成的,在这个问题上思想解放了,在另一些问题上还可能保守;在这一段时间内思想解放了,在另一段时间内也可能僵化。因此,在贯彻十二大精神,开创新局面中,就必须不解放思想,使自己的思想适应形势和任务的要求,跟上形势的发展。只有这样,才能够和中央在政治上保持一致。

二、稳定政策,坚持改革

十一届三中全会以来,党中央制定了一系列适合我国国情的经济政策,提出了对国民经济实行"调整、改革、整顿、提高"的方针,对工业、农业、商业等方面进行了一些改革,调动了广大干部和群众的积极性。重庆这几年工农业生产发展比较快,经济形势越来越好。经过实践检验的成功的经验应该坚定不移地继续贯彻下去,并在实践中不断总结、逐步完善。要保持政策的严肃性、稳定性,不能摇摇摆摆,更不能走回头路,只有这样才能进一步调动广大干部和群众的积极性,促进社会主义经济的全面高涨。

这里就大家议论比较多的几个重大经济政策问题,讲一些意见。

一是集中资金,保证重点建设问题。十二大提出集中资金,进行重点建设的措施,这无疑是正确的。但有的同志认为又要收权了,担心把企业和职工的积极性搞掉了。近几年来,扩大工商企业的自主权,推行各种形式的经济责任制,经济逐步搞活了,经济也发展了,企业的自有资金也增加了。但是也出现了一些新问题,其中比较突出的是资金分散,国家财政收入有所减少,一方面国家重点建设缺乏资金,另一方面计划外的基本建设压不下来,重复建设、盲目发展的现象比较普遍。今年全国计划外基本建设投资已经超过100亿元。为了保证战略目标的实现,中央决定适当集中资金,用于能源、交通、教育、科学等基础设施的建设是必要的、正确的。不如此,国民经济的全局活不了,各个局部的发展就要受到限制,即使一时一地的某些方面有所发展,也难以持久。目前能源、交通发展跟不上,科学和教育基础薄弱对整个国民经济发展影响很大。这方面大家都有深刻的体会。适当集中资金,保证重点建设,是全局利益,是既定的战略目标和战略步骤的关键所在。中央提出的集中资金,目的是在"三兼顾"的原则下,调整各级财政收入比例和企业留成比例,适当集中资金用于重点建设。调整比例集中资金的同时,仍然要照顾地方和企业的积极性,使地方和企业有一定的财力,去办那些适合于地方、企业举办的事情。适当集中资金不是要收企业的自主权,而是要不断完善企业的自主权和经济责任制,进一步提高经济效益,促进国民经济的发展。

二是贯彻"计划经济为主,市场调节为辅"的方针问题,对贯彻这一方针,有的同志有片面理解。一种是过分夸大市场调节的作用,忽视和放松了计划经济的领导;另一种是在强调计划经济为主时,又认为市场调节可有可无了。计划经济是社会主义经济的基本特征,是社会主义优越性的表现。计划经济是国民经济的主体,这一点,不能动摇。同时也要看到,社会主义生产也是商品生产,有商品生产就有市场。社会商品成千上万,对关系国计民生的农副产品和工业品必须纳入计划管理,这是大局;而对大量的小商品,国家不可能用计划把它全部管起来,只能在国家计划指导下,运用价值规律起调节作用,作为有计划生产和流通的补充。计划外产品,按政策规定可以自销的产品,应该允许自销,不能横加干涉,随意限制。总的原则是该管的要管好,属于市场调节的部分要放开,不能在强调计划经济为主的时候,把一切都统死,该放的不放。同样,在运用市场调节的时候,不能削弱和冲击计划经济。

三是关于发展多种经济形式问题。在坚持国营经济的主导地位的同时,发展集体经济和个体经济是三中全会以来的重要经济政策,十二大作了充分的肯定。国营经济在整个国民经济中居于主导地位,没有国营经济的巩固和发展,就不能保障集体和个体经济沿着正确的方向发展。现在的问题是,我们一些同志对发展集体经济和个体经济的必要性和重要性认识不够,甚至有歧视、排挤集体经济和个体经济的现象。现在的情况是集体、个体经济不是发展多了,而是发展缓慢,没有打开局面。

重庆市的集体经济所占比例,低于全国很多大中城市,个体经济人数现在只相当于1955年的1/7。这就说明,我们这里在经济政策方面,"左"的思想影响还很严重。为什么现在要发展集体和个体经济呢?这是我国现有社会生产力水平所决定的。发展它对促进生产、搞活经济、提高人民生活水平、安排就业都有重要的作用。我们的政策应当是积极鼓励、支持集体经济和个体经济的发展。当然,在发展过程中,可能会出现这样那样的问题,但是只要我们认真调查研究,制定适当的政策和管理办法,问题是可以解决的。

上面只讲了三个方面的政策稳定问题,其他方面的政策还很多,如劳动工资政策、物价政策等等,不一一列举了。

要稳定政策,有两个认识问题需要解决,一是怎样看待政策的变与不变;再一个是党的总政策与各项工作的具体政策的关系。我们经常听到一种议论,当某项具体政策规定有某些调整的时候,就说政策又在变了,因而对党的政策的稳定性表示怀疑。我们讲稳定政策,保持政策的连续性、稳定性,是指三中全会以来经过十二大肯定的各项基本政策,这些政策不能变也没有变,例如对外开放、对内搞活经济的方向没有变,工厂、农村、商业的扩大自主权和实行经济责任制也没有变。但是,在发展过程中,根据新情况、新问题,实事求是的对某些具体政策、具体规定作某些调整,使之更加充实完善是必要的,也是有利于发展经济的。这种调整不能说是政策变了,而是更有利于基本政策的贯彻执行。一成不变的事是没有的。如果说调整也是变,那么这种变是向完善的方向变,是在党的基本政策范围内的变,它有利于整个经济的发展。所以这种变是正常的变,不是走回头路的变,今后还会出现这种情况。在执行党的政策过程中,要善于正确处理党的总政策与具体政策的关系。党的总政策是管总体的、全局的,是带根本性的,不可能对各项具体政策都做出具体规定。这就要求我们在总政策的指导下,根据实际情况,制定一些具体的政策,并报上级批准后执行。当然,这些规定不能违背总政策的基本精神,而是保证总政策的贯彻执行。现在我们应当根据十二大精神,认真进行研究,积极加以调整。比如巴县中梁公社3户社员,与公社社队企业供销经理部签订合同,收购农村社员的零星猪鬃,进行初步加工后,交给外贸部门,这对国家、集体、个人都有好处。猪鬃按规定,应由供销社收购,但由于工作不适应,不可能都收起来。在这种情况下,公社组织社员收购是件好事。如果不加分析地把这种经济活动作为经济违法活动进行打击,这显然是与总政策相违背的。所以,在处理这类问题时,一定要持慎重态度。凡是有利于促进生产发展、有利于搞活经济、有利于繁荣市场的事,就要把政策放宽一点。如果墨守陈〔成〕规,照章办事,就谈不上坚持改革,开创新局面了。

在稳定政策的同时,还要坚持改革。我们现在的一套经济管理体制,有的与发展经济很不适应。为了振兴经济,促进社会主义经济全面高涨,必须坚定不移地进行改革。只有改革才有出路,只有通过改革,才能走出一条具有中国特色的、建设社会主义的新路子来。党的十二大,对三中全会以来进行的改革作了总结,对今后一个时期的改革方向、内容、步骤、时间要求都作了明确的部署。在经济体制改革方面,我们组建了一批企业公司,对体制改革又迈出了一步,现在的问题是要巩固发展改革的成果,加强公司内部的调整改革,把生产组织得更加合理,加强技术改造,努力提高经济效益。在商业工作方面,我们也进行了一些改革,实行了商品分工、城乡通开的新体制,出现了"三多一少"(多种流通渠道,多种经营形式,多种经济成分,减少环节)的局面。今后还要逐步改革,例如按经济区组织商品流通,减少层次和中间环节。农村经济改革、中等教育结构改革也要逐步进行。其他方面的改革也将陆续进行。经济体制和其他方面的改革将逐步展开,这就要有一个敢于改革的精神,要有积极态度。这就要求我们进行全面的细致的调查研究,听取各方面的意见,进行分析和论证,制订改革方案,并且采取积极稳妥的步骤,把工作做好。改革中可能出现一些问题,甚至可能发生错误。在出现问题和错误的时候,既不要大惊小怪,半途而废,回到老路上去;也不要主观片面的采取不严肃态度。而是要互相配合,总结经验教训,纠正缺点错误继续前进。这样,我们重庆市的工作就一定能够开创一个新的局面。

三、依靠科学,振兴经济

党的十一届三中全会以来,党中央多次指出,科学技术是生产力,科学技术现代化是实现四个现代化的关键。知识分子是工人阶级的一部分,发展经济必须一靠政策,二靠科学。这是马克思列宁主义、毛泽东思想的重要原理,在进行社会主义现代化建设的新时期,是一项十分重要的思想建设和理论建设。〈……〉。下面讲两个问题:

1. 重庆要在经济上持续增长,并有所突破,必须依靠科学技术的进步。这一点,要真正成为我们领导经济工作的指导思想。实现翻两番的目标,必须建立在技术进步的基础上,翻两番中至少有一番要靠技术进步来实现。不靠科学技术进步,"翻两番"的目标就有落空的危险;依靠科学技术进步,这个目标就有实现的可能。全国的情况是这样,重庆的情况更是这样。重庆是一个老工业城市,经过解放以来的建设,有了一定的工业技术基础。工业门类比较齐全,这是我市振兴经济的重要物质条件,也反映了我们较强的吸收和发展现代化科学技术的能力和潜力。但是必须看到,我市工业技术设备普遍役龄过长,产品、工艺、技术老化系数大,在这些老设备、老技术、老工艺、老产品的基础上,是不可能实现翻两番的目标的。出路何在?出路就在于走科学技术进步之路,这是促进企业现代化的一项战略措施。到本世纪末实际只有18年了。在这18年里,我们可能在国家计划内增加一些具有先进技术水平的新设备、新工厂。但更主要的是要靠对老企业实行技术改造,走依靠科学技术提高经济效益的路子。前几年,重庆有部分企业开始搞生产自动线、联动线的建设,已经收到较好效果。据对其中10条线的统计,年产值可增加5000万元,利税3000万元,一年收益等于投资的四倍。十二大文件提出,今后必须有计划地进行技术改造,推广各种经济效益好的技术成果,积极采用新技术、新设备、新工艺、新材料,生产出适销的新产品。这对我们重庆来说,是一项十分重要和紧迫的任务。

重庆应当在产品开发上不断做出新的成绩。工农业总产值翻两番的目标,是以不断提高经济效益为前提的。只有加强新产品的开发、试制和投产工作,不断提供质优价廉、花色品种日新月异、适销对路的新产品供应市场,才能加速企业资金周转,实现较好的经济效益。重庆已经有这方面成功经验。例如医药工业30年来先后研制、投产新药400多种,工业产值增加400多倍。重庆机床厂坚持改进产品设计,30年来研制新产品近70种,年产值增加80多倍。当然,这里也有增加投资和设备等多种因素,但依靠发展新品所实现的经济效益,是十分明显的。因此,我们要求各个企业都要把开发新产品放到重要的位置上来,都要有自己的新产品发展计划,每年要有一批新产品投入市场。要做到这一条,主要依靠技术改造。

依靠科学技术进步发展经济,是一条指导思想。我们国家底子薄,重庆也一样,资金问题非常紧张。就那么点钱,一要吃饭,二要建设,必须统筹兼顾,量力而行。走依靠增加投资、增加基本建设扩大生产的路子是根本行不通的。走技术改造的道路才是一条康庄大道。这条道路和重庆的情况是吻合的。我们都承认一个现实,即经济效益低,能源浪费大,资源利用差,加工深度不够,许多产品品种少,质量不高,竞争能力不强,这里的关键问题是科学技术落后。同时也反映了科学技术是大有用武之地的。如果我们能把世界上的一部分先进技术和八十年代初国内已经基本成熟的技术普遍用到生产中去,那末〔么〕,翻两番的目标就完全有把握实现。

2. 如何依靠科学技术?概括了四句话:一是发挥科技人员的积极性;二是向科技战线出题目;三是为科研工作创造条件;四是为科研成果运用到生产中去开辟道路。现在我就这四个方面的问题谈一些具体意见。

重庆有科技人员7万多人,其中高级科技人员700多人,中级科技人员1.4万多人。依靠科学技术发展生产,就要依靠科技人员,要依靠充分发挥科技人员的积极性。为此,必须清除"左"的思想所带来的、长期歧视知识分子的错误观念。知识分子是工人阶级的一部分,是依靠对象。在这个问题上一点也不能含糊。有了这样的认识,就会对科技人员在政治上信任,工作上支持,生活上关心,认真落实党的知识分子政策,使科技人员心情舒畅、精神振奋地为现代化建设贡献力量。

给科技战线出题目的问题十分重要。重庆有市属独立科研所20个,企业科研所125个。区、县科研所11个,大专院校14所。要使这些科研机构和大专院校多出成果,快出成果,并且有组织有领导地将研究成果应用于生产,生产部门要围绕经济发展中的关键技术出题目。并且组织力量开展协作攻关。对于重点建设项目的可行性研究等前期工作,开展咨询业务希应当成为攻关任务。对中央和省在渝的科研单位,大专院校的科研机构我们要关心他们的工作,组织它们担任一些攻关任务,使它们在完成上级下达的科研、教学任务的情况下,多为地方的经济发展做出贡献。

搞科研是需要条件和各种支持的。必须在财政方面、税收方面、价格方面以及商业、物价、外贸方面解决一系列的经济政策问题,为技术进步开路。他批评了"该用的钱不用,花小钱得大利的事不办,不该花的钱乱花"的现象。要求"在开发新技术上用财,又通过新技术生财",我们要认真研究这个问题,从各个方面为科研工作创造条件。

近年来重庆积累了大批科研成果,同时也引进了一些先进技术。推广各种已有的经济效益好的科技成果,是我们的一项重要任务。巴县的杂交中稻推广示范工作很有成绩,在去年的基础上,今年推广面积达31万亩,平均亩产达910斤,比常规中稻增产310斤。仅此一项,巴县在这两年中就增产粮食1.4亿多斤,相当于全县每人增加粮食120多斤。我们现在有些经济效益好的成果亟待推广。比如市钢铁研究所的硅铝钛合金冶金炼工艺,如果应用在生产上,经济效益是很可观的。利用中药资源研制成功的"天府可乐"饮料,可以发展成为有竞争力的产品。还有许多好的成果,希望各部门认真组织推广,力求见效。

四、振奋精神,改进作风

开创工作的新局面,首先在于各级领导班子要具有创新精神。这就要求各级领导干部用十二大精神武装头脑,在领导思想、领导作风、领导方法上适应新的历史时期的要求。

十二大文件发布以来,我市广大党员、干部,特别是各级领导干部认真带头学习,联系自己的思想、工作实际,研究如何落实十二大提出的任务,为开创新局面作贡献。这是主流方面。但是,在一部分领导干部中,思想作风上还存在一些问题,不适应开创新局面的需要。

一是一些同志的思想认识落后于形势,有的没有认真学习、钻研十二大文件精神,对开创新局面不甚了了,糊里糊涂过日子;有的强调客观困难,对前进中的不利因素看得多,对有利条件看得少,精神不振,因而缺乏信心;还有的是等待观望,缺乏雄心壮志。有的老同志,等待机构改革,自称是"维持会长";有的中年同志认为,人到中年万事休,干不了几年了,忙于安排退路,说"年近五十五,半截入了土,提拔已无望,何必再辛苦!"有的年轻干部,缩手缩脚,一怕人说出风头;二怕工做出乱子,因而事事依赖,工作上迈不开步子。所有这些想法,都是一种消极的缺乏奋发图强的思想状态,怎么能开创新局面呢?我们共产党人在入党的时候宣誓要为共产主义事业奋斗终身,在任何时候,都要斗争不息。我们老同志已经为党的事业奋斗了几十年,现在虽然年高体弱,不再能够承担繁重的工作任务。但要有一分热发一分光,因此过多地考虑个人去留问题,是不应该的。作为一个老党员,在开创新局面的重大责任面前不应是消极,而是要在有生之年为共产主义事业再鼓一把劲,多做出贡献。就是退到了二、三线,也要搞好传帮带,为革命事业培养接班人,尽到自己的责任。中年同志正是年富力强,为目出力的时候,要勇于挑重担,出大力,在开创新局面中发挥更大作用。对年轻同志来说,应当不辜负党的殷切期望,要虚心向老同志学习,努力学习文化、科学、技术、管理知识,继承和发扬党的光荣传统,为开创新局面而努力奋斗!

二是在我们党内程度不同地存在党风不正的问题。应当肯定,三中全会以来,我们党做了大量工作,逐步恢复优良传统,党风也有明显好转,但还没有根本好转。现在群众反映较多的问题,是一些党员领导干部在"房子、儿子、票子"等方面的不正之风的问题。我们党处于执政党的地位,党风不正,必然损害党的威信,脱离群众。在端正党风问题上,党的各级领导同志负有特别重大的责任。我们一定要认真学习新党章,按照新党章对党员和对党的干部的标准,严格需求自己,认真改正缺点错误,做端正党风的模范。

三是,我们的工作作风还不适应开创新局面的需要。不少单位,包括我们市级机关在内,都不同程度地存在机构臃肿,人浮于事,文件成堆,办事拖拉,互相扯皮,不讲效率的官僚主义现象。有的干部一直浮在上面,成天泡在会里,群众反映有"几多几少"。因此,问题长期得不到解决,生产、工作搞不上去,更不要说开创新局面了。

为了开创新局面,从领导思想和领导作风来说,需要切实解决好以下几个问题:

1. 振奋精神,开拓前进。当前领导干部思想上存在的主要问题,不是头脑发热,盲目冒进的问题,而是精神不振,信心不足,打不开局面的问题。开创新局面,要做的事情很多,但重要的一条,就是要使广大干部群众,首先是领导干部,要有一个好的精神状态,或者说要有一种革命风格,这就是耀邦同志所指出的"振奋精神,开拓前进,坚毅不拔,奋斗不息"四句话。所谓振奋精神,就是要振奋开创新局面的积极进取精神,为共产主义的伟大事业献身的精神。我们要建设一个具有中国特色的社会主义,这是前无古人的宏伟事业,既无先例可循,又无模式可套。可以说是征途漫漫,险阻重重,困难不少。因此我们必须有勇于探索,勇于创新,披荆斩棘,开拓前进的精神,要有创大业,攀高峰的雄心壮志,把革命气概与求实精神结合起来,这才是马克思主义者的科学态度,是共产党人在斗争中创造新局面的革命胆识和作风。那种满足现状,不思进取,等待观望,畏难不前的精神状态,必须彻底加以改变。我们要做"有为之人",不要做"平庸之辈",更不能做"昏愦之徒"。

2. 正确开展两条战线的思想斗争。为了保证十二大纲领的顺利贯彻,坚定地同党中央在思想上、政治上保持一致,必须继续正确地开展反对"左"和右的倾向的两条战线的思想斗争。现在的实际情况是干部队伍中的错误倾向,既有"左"的,也有右的。但"左"的东西仍然大量存在。这是我们开创新局面的一大思想障碍,必须引起我们的严重注意。当然对于右的错误倾向,我们也要有足够的警惕,任何时候都要同违反四项基本原则的错误言行进行坚决的斗争,任何时候都要对破坏社会主义建设的各种犯罪活动进行坚决的打击。目前正在展开的打击经济领域的犯罪活动的斗争,必须取得进一步的胜利。

3. 转变领导作风,端正工作方法

开创新局面,一定要有开创新局面的作风和方法。耀邦同志在一次讲话中谈到,现在我们最主要的一个错误方法就是扯皮,高高在上,不搞调查研究,不到现场去。外国人形容我们叫一筐子螃蟹互相勾连,谁都跳不出来。确实我们有些同志,不深入实际、调查研究,情况不明,或者若明若暗,就在那里坐而论道,发号施令,指挥生产,这那里是唯物主义的思想路线和领导方法呢?新局面又怎么能打得开呢?毛泽东同志曾经说过:"指挥员的正确部署来源于正确的决心,正确决心来源于正确的判断,正确的判断来源于周到的和必要的侦察,和对于侦察材料的联贯起来的思索",不深入实际,深入群众,深入生产第一线,是根本不可能领导好经济工作和改革工作的。所以我们要转变作风,克服官僚主义,经常深入基层,搞调查研究,同时机关工作也要适应开创新局面的要求,克服那种机构臃肿,人浮于事,办事拖拉,依样画弧,不求实效的状况,大力进行机构改革,进一步提高工作效率。

同志们,为了开创社会主义现代化建设的新局面,我们的思想必须更加解放一点,改革必须更加大胆一点,措施必须更加有力一点,作风必须更加深入一点。只有这样,我们才能胜利实现十二大所提出的各项战斗任务。

王谦同志在市郊农村专业户、重点户代表会上的讲话

(1982年12月29日)

同志们:

这次农村专业户、重点户代表会,开了两天半,现在就要结束了。这次会议总结交流了专业户,重点户靠集体、靠劳动、靠科学致富的经验,提高了认识,统一了思想,对今后农村经济的发展,将起到巨大的推动作用。

下面我讲四点意见,供大家参考。

一、进一步发展农村大好形势

党的十一届三中全会以来,由于贯彻了党的一

系列方针政策,我市农业生产发展速度是比较快的,形势是好的。从1979年到1981年,3年间,农业总产值增长了33%,每年平均递增9.6%,比建国以来三十二年平均递增3.6%的速度要快得多。今年是连续第四个大丰收年,农业总产值和粮食总产量都超过历史最高水平。社员每人平均收入比去年增加30元左右,这个速度也是最快的一年。

这里,就我市农业的差距问题说几句。根据国家统计局提供的1981年的统计数字来看,我市郊区的农业生产状况,在全国15个中心城市中,平均农业人口的农业总产值是205元,居倒数第二位;社员平均每人的集体收入是97元,居倒数第二位;近郊区平均每人收入325元,居倒数第二位;机耕面积有6.4%,是倒数第一;有效灌溉面积只占耕地的18.8%,是倒数第二;平均每亩耕地用电量是17.9°,是倒数第二。以上是5个倒数第二和1个倒数第一,这反映了我市农业在全国15个大城市中是落后的。大家不是都喜欢讲重庆是长江上游的一个中心城市吗?我们各方面的工作都应该力争上游,农业也应该在三五年内争上游。特别是今天在座的干部和专业户、重点户的代表们,要充分发挥你们的示范和带动的作用,为改变我市农业生产的面貌做出更大的贡献。

大城市郊区的农村要认真贯彻为城市服务的方针,要大搞多种经营,努力为城市生产,为人民生活提供更多的价廉物美的农副产品和工业原料。天上飞的,地上走的,水里游的,鱼、鳖、虾、鸡、鸭、兔什么都可以搞。城市消费是多种多样的,郊区离城市近,应该按城市需要来组织生产。我们不要局限在过去想的那些专业,要根据需要和条件,发展一些其他专业生产。今天在向大家发光荣证时,我问了几个人,两个是种水果的,三个喂猪的,一个养花的,这些当然都需要。是不是还有别的呀?我们不妨把门路想得既一些,这样生产路子也就越走越宽了。

二、农村经济发展趋势问题

随着农业生产责任制的普遍推行,打破了长期以来停滞不前的局面。农业劳动生产率大大提高,农产品显著增加,农民收入也成倍增加。劳动效率提高了,劳动力大大节约了,农民就要把剩余的劳动力利用起来发展生产。同时,农民收入增加,就有一部分钱可以用来发展其他生产。在这个情况下,多种经营就出现了一个新的局面,比过去大大发展了。这就是今天我们所说的专业户、重点户。专业户、重点户发展的生产是商品性的,不是为自己消费生产,而是为社会消费来生产,这在我国社会主义农业发展中,具有重大的理论意义和实践意义。现在它刚刚开始发展,今后我们的任务就是扶持它、诱导它、帮助它,让它沿着正确的道路健康地发展,绝对不能采取打击、扼杀的办法。如巴县制止收购猪鬃的问题,我们知道后纠正了。但也有我们不知道的。从领导来讲,不能采取粗暴、打击、扼杀的作法,那样做就可能把农村的大好形势毁了。现在农村出现的新情况、新局面,我们的责任制就是要加以引导、扶持,使它逐步地向前发展。目前,在前进中已经有了一些好的苗头,如这次参加会议的养奶牛户刘伯荣,养鱼的吴志萍、刘昭吉,种水果的李庆友,种茶的郑明策,种花的肖德发,养猪的吕中明,等等,这些同志都是依靠自己的劳动和专长,依靠科学知识来经营的,专业发展很好,收入也比较多,他们的收入都在1万元以上。如果是五口之家,每个人就有2000元,比我们近郊区的人平300多元还多1600多元。应该说,这些同志的工作是很好的。有些同志过去想过,可能现在还在想,这些人一家收入2万多元钱,是不是资本主义呀?我看不是。刚才在发光荣证的时候,我看这几个同志不像资本家,他们还是农业劳动者,而且是很好的农业劳动者,应该成为我们学习的榜样。因此就提出一个问题,这种情况,这种趋势,究竟好不好?是不是倒退了?我看不是倒退,现在是好的,今后发展还会更好。从长远观点看,你养猪,他养鸭子,你种水果,我种地,这是农业社会主义专业化生产的一个很大的进步。不讲过去了,就说合作化以后到现在,二十几年了,大队也好,公社也好,农业生产商品率很低很低,这样农业是不会进步的。我看现在出现的新情况是向农业的专业化、大农业方向发展的雏形。我们农村经济出现的这种新情况和经济发展趋势，使我们看到了具有中国特色的社会主义农业的发展前景。这个趋势，当然是从它的长远的发展过程来讲的，并不是说它现在已经成为现代农业生产的主要情况。目前我们的主要情况还是搞家庭或者是小组联产承包责任制，绝大多数还是自给自足的。这种情况今后还要经历一段时间。这个时间多长呢？那就要看我们整个经济的发展速度怎么样了。我们现在农业生产商品率是不高的，就是现在市场上的一些产品，也还是依靠千家万户。调动千家万户的积极性，既搞粮食，也搞其他副业生产，当前还是主要的。但是也要看到另一方面，在这个发展中也开始出现了专业户、重点户和新的经济联合体这种趋势，或者叫萌芽。我看这两个东西并存，不是互相冲突的，而是互相促进的。我们要扶持千家万户，同时也要支持专业户、重点户和联合体来发展商品性的生产，把两者的积极性都发挥出来。这样，我们农业生产的商品率就可以提高。

三、要把发展"两户"与实现农业总产值翻两番结合起来

胡耀邦同志在论述我国经济建设的战略目标、战略重点、战略步骤时讲："农业是国民经济的基础，只要农业上去了，其他事情就比较好办了。"这就是说要求农业这个战略重点必须首先上去。

按照国家提出的规划，要求农业总产值20年翻一番半，即从1980年的2188亿元，到20年后达到6120亿元。并且要求前10年每年递增5%，后10年每年递增5.5%。20年每年平均递增5.3%。这个要求，从建国以来的情况看，是可能实现的，但又不是轻而易举的。因为建国以来总的速度没有达到5%以上，只有3%多一点。

当前农村中出现的各种专业户、重点户和新的经济联合体，是几年来全党认真贯彻中央调整农业生产关系，加快农村经济发展中出现的具有强大生命力的新生事物。它对农业翻番具有很大的现实意义。所以我们必须满腔热情地扶持、引导、发展这些专业户和重点户，并且经过他们的模范带头作用，带动整个农村较快地富裕起来。从重庆的情况看，农业总产值翻两番，要从搞好全部土地的合理利用上着眼，从单纯的粮食生产改变为农、林、牧、副、渔各种生产同时发展，在方针上，要贯彻中央的"决不放松粮食生产，积极开展多种经营"。我们重庆市的多种经营是发展得比较差的。在具体措施上，除了全面搞以外，就是要把发展专业户、重点户当作发展多种经营的一条路子，加强领导。目前我们发展多种经营的面比较窄，思想还没有完全解放。市郊区、县有那么多荒山、草坡，一年365天都有青草，城市人要吃牛肉，可以养些肉牛、菜牛，在淡水里可以养对虾、养珍珠，可以多养鱼。手工艺，过去只知道编竹篓子、筲箕簸箕，不知道干点细活、值钱的活。我们四川人并不笨，历史上有多少能工巧匠，为什么我们这些人脑子就那么闭塞呢？我们有这么大个城市，这对周围几个区县应该说是很好的条件，生产出来的产品不愁销售市场，何况我们的自然资源、技术条件都是很好的。比方说，我们有荒山荒坡260多万亩，可以养牛，也可以养羊，可以种植果树等。还有267万多亩林地；17万亩水面，在这上面做文章，大有可为。如果把现有水面都养上鱼，每亩产鱼千斤，就是1亿多斤。1亿多斤你吃得了吗？吃不了。吃不了怎么办？你不是有那么多罐头厂吗？现在罐头厂不是没有原料吗？这不也就有原料了吗？农民也有收入，工业有原料，城里又有鱼吃了，皆大欢喜嘛。所以我们现在这一方面还有许多工作可以做。搞农村副业，养猪是好的，是不是还可以搞些别的？例如搞些编织业呀、刺绣呀、挑补花呀等等。现在大家一说编织，就知道编竹篓、做簸箕。为什么竹子不可以编更好的东西呀？我问过别人，人家说那是成都人干的，我们重庆人不会干。我看重庆人也好，成都人也好，都是四川人，也都是中国人，成都人会搞，重庆人也会搞，别的地方人也会搞，问题是你搞不搞。至于其他的加工业、服务业、运输业、建筑业，门路多得很啦，大有发展前途。只要我们大力提倡、扶持专

业户、重点户的发展,各行各业就可以兴旺发达起来,那就会为农业生产翻两番做出更大贡献。

四、各方面都要大力支持专业户、重点户的发展

我们一定要认识到,专业户、重点户和新的经济联合体,在开创农业新局面中是会起积极作用的。在他们的发展中,会有很多新情况出现,也会有许多新的问题需要我们去研究,加以解决,有的还需要在政策上采取措施。那么,如何使专业户、重点户和新的经济联合体能够更好地发展呢?我想有这么几个问题需要我们去解。

第一,统一认识。要做到积极的扶持,就有一个统一思想认识的问题。现在有的同志(包括一些农民)还有许多顾虑,多数是由于过去"左"的政策影响下产生的。现在虽然逐步认识清楚了,但还有些同志没有认识,思想上并不清醒。所以,继续克服"左"的思想是很重要的,这对发展专业户、重点户和新的经济联合体有重大作用。我们的干部要满腔热情地支持专业户、重点户和新的经济联合体,使他们在发展过程中能够继续开创新局面,做出更大的贡献。

现在有些同志思想不通,我看总要通的。专业户、重点户是客观存在,你不承认也不成,因为它已经存在好长时间了。你看在座的这么一大片都是专业户、重点户、新的经济联合体的代表,不承认行吗?现在我们不仅承认他,扶持他,还发给他们一张光荣证。可能有人会说,这张光荣证没有多大意义,上面就是那么几个字。是不是这样的?我看有意义,至少给你们开了个"路条",就是这个意思。你不要小看它,它起"路条"作用啦!你就不是贩私的了,国家承认你了。如果有人说你是资本主义,你就说不是资本主义,你看市委、市人民政府都给我开了"路条",怎么说是资本主义呢?我看就不要再犹豫观望了,要积极加以扶持。特别是一些领导干部,思想要解放,要善于学习,善于思考,在党的十二大精神的指引下,看到农村这个形势,努力工作,使农村形势继续向大好的方向发展。

第二,要制订规划,加强领导。这个规划只能是大体的,因为有些事情,搞得太多了不行。我常讲一句话,不要在一棵树上上吊。大家都在一棵树上上吊,就要吊死人。你卖饭,我也卖饭;你卖面,我也卖面,大家都卖面,想吃个饺子都没有,那怎么行呢?你喂猪,他喂羊,你喂鸡,他喂牛……多种多样嘛。有了规划,同时要加强领导。所谓领导,就是要帮助、诱导,不要去粗暴的干涉。党委也好,政府也好,都要像抓生产责任制一样,加强对专业户、重点户的工作,加强对他们的领导,特别是作为一个市、一个县、一个区来讲,在你这个范围里头,有些什么资源,有些什么能工巧匠,有些什么技术人员,有些什么条件,搞些什么合适,你总要搞清楚,大体有个规划,然后,你才能实现领导。

第三,要继续总结经验。专业户、重点户现在开始发展了,发展中就会有许多新的问题,这就需要我们领导和各个部门的同志经常进行调查研究。只有总结经验,才能解决问题,只有把失败的,成功的,总结出来,才能进行领导。我们不是讲诱导吗?就是让搞专业户的人或新的经济联合体的人自己去接受经验教训。同时,在总结经验的基础上,规定一些政策界限。这次会议,张海亭同志已讲了些政策问题,这些政策究竟适宜不适宜,希望大家在执行中不断总结经验,需要的话以后再修改。

第四,有关部门在自己业务范围内,要尽量地为专业户、重点户、新的经济联合体做一些工作,对他们进行帮助。商业部门也好,工业部门也好,各方面都要积极的帮助专业户、重点户和新的经济联合体,向他们提供一些信息。有些搞饲养业的,鸡也好,猪也好,牛也好,兔也好,总有个优良品种问题。种植业,栽培业方面也有许多技术问题。饲养家禽、家畜,也还有个防治疫病的问题。农业部门、林业部门、科技部门研究所、商业部门,都应该在自己的业务范围和职权范围内,为发展专业户、重点户、经济联合体提供些方便条件,积极主动地帮助他们。饲养业大发展了,不管在水里也好,在陆地也好,饲料的供应是个大问题。现在我们饲料的利用很不合理,农业部门的同志应想办法,首先搞一

个,然后搞几个调配饲料加工厂,这个并不难,无非是搞几个配方。喂鱼的一个配方,喂猪的一个配方,喂牛的一个配方。饲料最好的是玉米。我们重庆好多地方种玉米。如果水田里稻谷产量增加上去了,一些坡地种的玉米,就搞饲料,无非就是玉米加上一些高蛋白的东西。高蛋白来源,四川养蚕很多,有蚕就有蛹,蚕蛹就是高蛋白,豆饼也是高蛋白,再加上一些钙质和粗纤维或者其他东西。农业专家会拿出科学的配方来的,无非加以粉碎搅拌一下,供应给专业户、重点户和农民。农民可以拿大米来换,拿玉米来换,也可以买。商业上,要直接收购专业户的鸡和蛋以及其他产品。还有银行、信用社的工作,要加强,帮助他们解决资金困难的问题,等等。只要我们上下齐心协力,各部门密切配合,市郊农村专业户、重点户和新的经济联合体的发展一定会更快些,农村的振兴时期一定会更快地到来。

于汉卿同志在全市国营商业、饮食服务业推行经营责任制经验交流会上的讲话

(1983年2月19日)

同志们:

最近市委、市府对在全市国营商业、饮食服务业中全面推行多种经营责任制的问题进行了讨论,作了决定,发了市委〔1983〕6号文件。今天市委、市府在市中区召开经验交流会,就是为了把我市国营商业、饮食服务业经营责任制的工作推向前进,加快步伐。刚才,市中区陈天赐等四位同志介绍的经验,我认为是比较好的,可以作为贯彻6号文件的参考。下面,我讲三个问题。

一、当前我市商业、饮食服务业推行经营责任制的情况

我市商业、饮食服务业的经营责任制,是从1980年开始试点,逐步推开的。特别是今年一开始,各级商业部门,认真贯彻全国商业工作会议和省农、财会议的精神,商业、饮食服务业以集体和职工个人承包为主要形式的经营责任制,有了进一步发展。据初步统计,到目前为止,全市已有761个门市、营业点实行了各种形式的经营承包。其中,市中区饮食、副食、工业品行业实行经营承包的有249个门点,占全市已承包门点的1/3,占该区这3个行业门点总数的94%。

市中区的实践证明,实行以承包为中心的,国家、集体、个人三者利益相结合的,职工福利和劳动成果相联系的经营责任制,办法简单,利益直接,责任明确,确实是一包就见效果,企业在较短时间内发生了很大的变化。

第一,经济效果提高了。百货行业承包的64个门店,今年1月实现销售615万元,比去年12月增长13%;实现利润35.5万元,增长1.6倍。副食品行业承包的80个门点,今年1月份实现销售421万元,比去年12月增长57.2%;实现利润16万元,增长1.5倍。饮食行业更为突出,1月份实现全行业扭亏为盈,盈利16100元,而去年12月是亏损2100百元。

第二,管理水平提高了。实行承包后,职工增强了主人翁责任感,积极参与企业管理工作。解放碑餐厅按生产特点划为6个组,把所有经济指标都分解到组,实行小组核算。组内不搞平均主义,实行定额到人,计分算酬。以前采购商品不验收,现在由组长验收签字才能报账。以前盘点估堆堆,现在鸡蛋也要数个个。过去餐具损耗大,平均每月要添置1000多个碗盘,现在餐具有专柜存放,专人保管,损坏要赔,承包后的12月,基本上没有添置碗碟。长期存在的吃、拿、送现象也基本上刹住。

第三,服务质量提高了。一是普遍延长了营业

时间。跃进烟店实行两班经营,早上6点开业,深夜12点关门,营业时间长达18小时。二是增加了花色品种和服务项目。丘二馆增加了鸡丝凉面、金钩抄手;雅园增加了小笼包子、蹄花汤;副食门市原来一般只有品种150个左右,现在少的也有170多个,聚美珍达到360多个。上清寺浴室还恢复和增加了修脚、擦背、擦皮鞋等传统服务项目。三是出摊服务方便消费。建设洗染店主动到茄子溪、大石坝等地区的工厂上门服务,渝味餐厅每天早上把早点送到附近的两个学校,为学生服务。四是改善了服务态度,主动接待,介绍商品,方便挑选。五是注重商品陈设,讲究环境卫生,店容店貌有所改观。

第四,平均主义初步克服了。饮食业承包的96个门店,今年1月人均超额收入16.88元,比去年同期增加一倍,并在分配中体现了多劳多得,少劳少得,有奖有罚的原则。解放碑餐厅93个职工,奖金分配结果有82个自然级差,最高的得40多元,少的只有几角,还有几个职工因未完成定额被扣了工资。

市中区推行经营承包责任制,之所以进展快,效果好,首先是:领导重视,区委、区府领导同志亲自抓,成立班子具体抓,及时研究解决工作中的问题。其次是指导思想明确,兼顾了国家、企业和职工个人利益,坚持把国家利益放在首位。他们经过测算,实行承包后,确定在去年上缴财政实绩的基础上,工业品行业增长7.7%,饮食服务行业增长7%,副食品行业增长5%。这样,就保证了国家稳收增收,同时,也照顾了企业和职工的利益,使他们承包后有额可超,有利可得。三是个人分配上克服了吃"大锅饭"、搞平均主义的弊病,实行浮动工资、以分计酬的办法,真正做到了奖勤罚懒。再就是加强民主管理,承包企业多数都成立了"职工民主管理委员会",有的还实行民主选举干部,使企业由过去的"官办",逐渐变成"民办"。

二、进一步提高对推行经营责任制的认识

推行多种形式的经营责任制,改变落后的经营管理方式,改革"大锅饭"的体制,充分调动企业和职工的积极性,这是商业改革的中心课题,也是进行经济体制改革的一个核心问题。中央领导同志指出:"今年要开创新局面,商业体制改革要作为一个突破口。"在新的历史条件下,商业工做出现了两个不适应:一是我国正进入城乡商品生产大发展时期,流通与工农业生产的发展和人民生活的需要不适应,不少地区出现了买难卖难的问题;二是分配上的"大锅饭"和平均主义与调动国营企业内部职工的积极性不适应,不利于提高经济效益和社会效益。因此,认真推行经营责任制,切实搞好商业改革,这是当前国民经济发展中一个必须解决的迫切问题。

我市商业企业推行经营责任制,总的来讲步子迈得还不大,发展还不平衡,没有取得大的突破。主要是一些同志还存在这样那样的模糊认识,具体反映在三个方面:一是怕说是"倒退",心存疑虑;二是怕"政策交,不兑现";三是怕管卡,捆起手脚难承包。这些反映,集中到一点,就是对推行经营责任制的重要意义认识不足。因此,加快改革步伐的关键,就是要继续解放思想,提高认识。

首先,推行经营责任制,这是生产关系的一大变革。企业是发展社会生产力的基本细胞,劳动者是生产中最活跃的因素。只有充分发挥企业的经营活力和职工的社会主义积极性,才能不断提高劳动生产率,提高经济效益和社会效益。但是恰恰在这个问题上,我国社会主义经济的弊端,就主要表现在缺乏活力。也就是说,企业缺乏应有的主动性和灵活性,职工缺乏应有的积极性和责任感。为什么社会主义社会建立了生产资料公有制,克服了资本主义生产的社会性和生产资料的私人占有之间的矛盾,却不能发挥出应有的活力呢?我们从近几年农业实行经营管理体制改革所出现的巨大变化和一些工商企业试行生产、经营责任制所取得的明显效果,悟出了一条道理:先进的公有制,还必须靠先进的方式去经营。社会主义经济缺乏活力的弊端,不能归咎公有制本身。谁如果在这方面有怀疑,谁就要犯极大的错误。问题主要还在落后的经

营管理方式,在于"大锅饭"体制。在这样一个带根本性的问题上,我们长期没有觉悟,不敢碰,不敢改,反而形成一套模式化的是非标准,把这些东西与社会主义混为一谈,以为改掉这些东西,就是背离了社会主义。其实,这一套"大锅饭"的体制,并不是社会主义,而正是它违反了社会主义按劳分配的基本原则,改掉这些东西,就是为了使社会主义优越性充分发挥出来。经营责任制,没有改变企业的所有制性质,只是按照党的政策和在国家计划指导下,改变了经营方式,打破了"铁饭碗"和平均主义,把企业的自主权和经济责任落实到职工身上,这是符合我国现阶段生产力发展水平和职工觉悟水平的,是一条科学的中国式的经商路子。那种认为搞经营责任制是"倒退"的看法,反映了一些同志的头脑还被"左"的思想和外国模式影响禁锢着,应当自觉地加以克服。

其次,推行经营责任制,是不可逆转的改革潮流。改革是"四化"的动力,没有改革,就没有四个现代化的胜利。中央领导同志指出:改革要贯穿"四化"的整个过程。这应该成为我党领导现代化建设的一个极为重要的指导思想。这是关系我们事业成败的问题。今年是改革之年,改革的潮流已在中国大地上出现,这是不可阻挡历史潮流,谁也逆转不了。我们看形势,一定要看到这个基本点,一定要看到这个总的发展趋势。有的同志说"要接受1981年承包的教训""要市里下红头子文件,不见文件不办"等等,有这些疑虑是可以理解的,但这种精神状态是不对的。应当承认,过去出现那种情况,有各种各样的原因,主要是由于当时调整刚开始,国家财政很困难,需要切实控制奖金总额,同时也有个认识过程,因此使我市商业部门正在兴起的经营承包热潮被冷却下来,回到吃"大锅饭"的老路。这不怪商业部门,也不怪其他部门的同志。我们要历史地看待这个问题。"天时人事日相催"。现在形势发展了,很多情况变化了,中央做出了抓紧改革的战略部署,市委和市政府也做出了决定,我们不能再用过去的眼光来看待变化了的形势。应当振奋起革命精神,积极投入到改革的洪流中去,把商业部门的经营责任制搞好。现在,市委、市府发了一个红头子文件,目的就是为了把这项工作促一促。这个文件是在总结前一阶段工作的基础上写的,目前形势发展很快,文件讲的有些东西已经感到不足,同志们在贯彻的时候不要受文件的限制。

第三,推行经营责任制,必然要引起管理工作的一系列改革。商业工作头绪纷繁,牵涉面广,需要与各部门的改革同步进行,协同配合。正因为如此,中央为我们制定了改革的总方针。这就是:从实际出发,全面而系统地改,坚决而有秩序地改。随着这一总方针的贯彻,一切战线、一切部门、一切单位,都要进行改革,都要破除阻碍我们前进的老框框、老套套、老作风,都要钻研新情况,解决新问题,总结新经验,创立新章法。因此,我们要相信各部门都要改、都要变、都要前进。但是由于管理部门与企业不同,能够与企业同步进行的,要协同配合一起改;有些涉及全局的问题,一方面要及时向上反映,另一方面在不违背总政策的前提下,采取一些灵活的、变通的办法,支持企业改革。只要有利于建设中国特色的社会主义,有利于国家兴旺发达,有利于人民富裕幸福,我们就要放开手脚,大胆地改。不仅对那些羁绊我们手脚的陈规陋习要敢于革除,就是对那些在一定历史时期起过积极作用但不适应当前形势发展的具体政策,也允许突破。对有些问题的利弊一时看不准,要允许多观察、多研究,在群众实践的基础上,找出存利去弊的办法。改革是一场深刻的革命,不可能是一帆风顺的,决不能一碰着问题就回头,也不能因出现一点偏差就泄气,而要坚定不移地走革新之路。

三、坚决而有秩序地搞好经营责任制

大规模的改革是一项崭新的事情,还缺乏经验,农村的改革虽然有了比较成熟的经验,但城市里的改革要复杂得多。因此,我们既要坚决,积极,不能把改革看得很神秘,裹足不前;又要充分认识它的艰巨性和复杂性,不能简单、草率从事。因此,一定要按照中央的指示和市的部署,坚决而有秩序地改。

首先是要加强领导。各级领导一定要继续清除"左"的影响,大胆突破一些老框框、老套套,加快推行经营责任制的步伐。各区县政府和各级主管部门,都要有一位领导同志分管这项工作,配备一定力量具体抓。市和区县的商业、财政、税务、银行、劳动、物价、工商、城管等综合主管部门,要深入实际,调查研究,解决新问题,推广新经验,因势利导地做好工作,使经营责任制不断加以完善。

其次,要从实际出发,根据不同行业的不同情况,采取多种形式的经营责任制。商业部门有批发企业,有零售企业,有盈利企业,有亏损企业,情况差异很大,决不能搞一刀切。市委、市府决定,国家对企业,区别以下情况,采取不同的承包办法;一类是微利企业,要给予适当照顾。饮食服务行业,既是微利,又是劳务性很强的行业。企业的经营好坏,同职工的劳动态度关系很大。这个行监,要放开手脚,全面逐级实行承包。市和区县饮食服务公司,对财政继续实行"金额利润二八分成"或"定额承包,超额留用"的经营责任制。副食品也是微利行业,各区、县副食品公司凡是批零分开的,对零售部分实行"金额利润二八分成"(20%上缴,80%留企业);对纯批发或批零兼营的实行"定额上缴,超额分成或超额留用"的大包干责任制。二类是政策性亏损行业仍按去年的办法不变。粮食、食品行业按省的规定执行。财政对市蔬菜公司继续实行"亏损包干,节亏分成"的经营责任制。三类是对经营工业品的零售企业,实行"独立核算,国家征税,自负盈亏"的经营责任制。其中,对年利润不足10万元的小型企业,按手工业企业八级超额累进税制征税;对年利润超过10万元的企业,按六级累进税制征税。利改税,把国家与企业的经济关系用法律形式固定下来,是今后发展的方向。四类是对大、中型独立核算的批发商业企业,向同级财政承包,实行"基数包干,基数内留成不变,超额部分原则上60%交财政,40%留企业"的承包责任制。对同级财政,可以专业公司、商店为单位承包,也可以局为单位承包。五类是供销系统和商办工业,按现行办法执行。实行上述办法,今后上面如有新的政策规定,再作调整。在解决国家与企业关系的基础上,所有企业内部,都要搞承包,层层包,把责任落实到科室、门点、车间、班组和个人。各单位究竟实行哪种经营责任制,要发动群众讨论,认为哪一种形式适用,见效快,能够把国家、集体、个人三者的利益更好地结合起来,就采用哪一种形式。这个问题,可由企业职代会决定。无论采用哪一种形式,都要确保财政稳收增长,确保消费者的利益不受损害,做到责、权、利紧密结合,有利于调动职工的社会主义积极性,有利于扩大企业经营自主权,有利于提高经营管理水平,达到搞活经济,方便群众的目的。

第三,要正确处理国家、集体、职工个人和消费者利益的关系,把国家利益和消费者利益放在首位。这是经营承包的原则和指导思想。最近中央领导同志指出:经营承包制这一改革,第一要确保国家财政收入,在这个条件下,谁多收谁可以多得,谁先改好了谁可以先得。国家得大头,企业得中头,职工得小头,多劳可以多得。为了贯彻好这个原则,使经营责任制工作健康、顺利地开展,我们一定要解决好以下几方面问题。

一是承包基数一定要先进合理。为确保财政稳收增收,又有利于调动企业和职工的积极性,企业承包基数的确定,按1982年的上交财政实绩,并根据企业的盈利难易,潜力大小,适当确定增长率。各区县、各企业的具体增长比例,由财政和商业主管部门研究确定,并落实到承包单位。企业完成包干任务后,按规定分成或留用。完不成包干任务,要用留成或其他自有资金补缴。承包期间,因中央和省、市采取重大措施,如调整价格、工资等,影响承包基数,承包任务要实事求是地相应调整,随着增减,但其影响在1%以内的就不作调整了。

二是要正确处理长远利益和眼前利益的关系。对企业的留成利润或税后利润,要确定用于发展生产、集体福利,职工奖励和后备基金的适当比例,防止分光花净。这四者各占多大比重,要从企业的实际出发,根据不同行业的不同情况,由上级主管部门或承包双方认真研究确定。

三是企业对职工个人的分配，按照马克思主义的物质利益原则，工资奖励一定要与企业的经营好坏和职工个人的劳动成果挂钩，实行浮动工资制。凡实行浮动工资在20％以上的承包责任制的，就不受计时工资加奖励的奖金额度的限制。在职工分配基金的总额内，坚决实行多劳多得，少劳少得，不劳不得，有奖有罚，个人所得不封顶。并注意统筹安排，瞻前顾后，旺储淡用。

四是要严格执行价格政策，切实维护消费者的利益。凡是计划商品，一律执行国家牌价。三类工业品中的小商品实行工商协商定价。特殊风味小吃实行优质优价。对议购议销和使用议价原料、辅料的食品，可以随行就市，价格浮动，高进高出，低进低出。但一定要平议分开，标明价格，专柜出售。不准随意提级提价，变相涨价。

商业承包后，还要注意三件事：一、承包后还有很多工作要做；二、不要涨价；三、要根据人民需要经营小商品。我们一定要按这三条指示办。每个商店都要定出贯彻落实的具体措施。如有随意涨价的，一经检查发现，就要坚决处理。一是非法收入的部分要全部上缴财政，二是要做出检查，限期改正；三是情节严重的，要受到处分。这就是说，有什么问题就纠正什么问题，不要一遇到问题就怪承包责任制，又走回头路。

第四，不断总结经验，逐步完善经营责任制。当前商业改革的形势很好，各级干部和群众的积极性很高。在这种大好形势下，作为一个领导者，一定要保持清醒的头脑。商业的改革，一头连着生产，一头连着消费，情况比较复杂。要把力气花在调查研究上，花在典型示范上，实行分类指导。要经常注意和分析改革的动向，向前多看几步，做到心中有数。总的来说，对零售商业和饮食服务业的改革，步子应迈得大一点，要在总结经验的基础上，可以一个行业一个行业的搞，也可以一片一片的搞。对于批发的改革，则要一步一步地搞，注意不要一哄而起。批发企业如何搞经营责任制，希望大家研究些办法。只要我们上下同心协力，扎扎实实的工作，实行精心指导，就一定能够把改革这件大事抓好。

一年之计在于春。刚过春节我们就开这个会，就是说时间是紧迫的，时间是宝贵的。我们既要有秩序地进行改革，又要有改革的紧迫感。市委、市府要求各级领导、共产党员和工人阶级，站在改革的前列，投身于改革的洪流，用于改革，勇于创新，开拓前进，创造新经验，打开新局面，为实现十二大的宏伟目标做出新贡献。

陈彬同志、刘西尧同志在听取重庆市军民结合规划汇报会上的讲话要点

（1983年5月12日）

（据记录整理）

时间：1983年5月12日

地点：市委一号楼

参加人员：国防科工委陈彬主任、李副主任等

省委常委刘西尧、省顾问委员会委员张戟同志、省工办主、任王兴副主任

市委周青山副书记、常委崔连胜、副市长马力、市计委副主任陈之惠、五局姚金山局长。

一、在汇报规划过程中的插话

1. 关于重型载重汽车，陈彬同志说：这种汽车军队肯定是要的，但也可以民用，民用的部分要国家计委认可。发动机军队愿意用风冷的，在三北地区适用。西尧同志说：重庆上重型汽车基础好，力量较强，有重型汽车公司的基础，还有重大汽车专业、汽车研究所等科研力量，将来还可以不断提高。

2. 关于微型汽车

陈彬：微型汽车国家已经定了几个点，没有考虑西南。但这种车肯定是有销路的，你们在规划时，只能以西南为市场来考虑。（当听说需要投资5200万元时）从充分挖掘军工现有的潜力出发，最好不要花那么多钱。长安和望江都说要搞这种车，无论如何不能搞重复建设，不能搞成两个点。但望江搞点总装和搞变形车是可以的。

3. 关于造船

刘西尧：船的问题一是要钱（指贷款），二是和交通部所属的船厂怎么结合的问题，这次改革应该解决这个问题，请交通部来时，把这个问题提出来。交通部和省、市运输单位油的价格不一的问题也提出来。

4. 其他有关问题

刘西尧：六机的企业搞节能锅炉行不行，全省以及西南都需要。轻纺机械这个项目要提出，可以引进仿制，天津搞军民结合都能搞纺织机械，我们为什么不能搞，你们一定要考虑。电子工业部永川的三个所准备在重庆成立器件研究中心，中间实验仍在永川搞，这是个大问题，你们一定要认真抓好。搞好了，对全国都是贡献，技术进步离不了电子技术。

二、汇报结束时的讲话

陈彬：国务院决定在重庆进行体改的试点，科工委正式讨论过，我们的态度是积极支持，希望重庆先行一步，能为全国提供经验。

军工各部搞民品走得早、走得快的还是兵器工业部。我们这次搞规划，应该搞得全面些，周密些。这次我们走过的厂，搞民品都是赔钱的，不仅是现在，今后相当一段时间都会存在这个问题，即使是这样，我们也要坚决地搞民品。规划，除了大的项目外，小的也把它搞上去，不一定都要市里搞，交给局和工厂去办。

军工的先进技术可以实行有偿转让，帮助地方厂，改造工艺，改造设备，搞技术攻关。这方面可以参考天津的办法。总之，要充分发挥军工的优势和潜力。

军工厂的技术改造，生产线的调整，工作安排，科研都要坚决贯彻军民结合的十六字方针。军工在没有战争的条件下，首要的任务是考虑如何实现国防现代化，如何提高军品的技术水平，缩短与世界先进水平的差距。考虑军民结合要把各方面关系处理好，要考虑平战结合，要体现军品优先，希望能在这方面提供经验。工厂的主要力量和资金要投入到军品科研中去。你们形成的文件中缺一句话"军品优先"。

刘西尧：搞经济，思路还可以再开阔一些，多想点路子。

重庆这个经济中心一定要是开放型的，如果搞成闭关锁国型的，那就一定没有前途，中心也就不成其中心了。上海有个八字方针："外挤内联，改造开发。"我看重庆应该是"内靠外联，改造开发"。内靠就是要依靠四川省，不依靠省你是搞不好的，还要依靠西南，外联就是要和省内外、沿海都联合起来，和上海、天津搞联合。你和武汉联合搞船队，为什么不可以和上海联合搞，轻工业品也可以联合搞销售嘛。轻工业原料和农副产品光靠永川是不够的，三州你就不需要了吗？你不要怕别人进来，要欢迎别人到你这里办厂。

居安思危、军品优先。军品优先和大搞民品要结合起来，不要对立起来，要和民用企业联合，利益均沾，荣誉共享。

这次体改，中央各部是很支持的，省委也是支持的，你们不要还是老眼光，还是觉得不满意。最后，送你们两句话"欲穷千里目，更上一层楼"。

张劲夫同志来渝讲话要点

（1983年12月19日）

丁长河

1983年12月12日至15日，张劲夫同志听取了我市有关负责同志的工作汇报，对我市经济工作作了重要指示。

（一）关于外汇

（当汇报到我市要求中央拨给5000万美元低息外汇时）

张劲夫同志说，要利用外汇引进技术，在这方面也练练本事。中国银行外汇贷款年息八厘，给天津、上海年息为二厘一。大连扩权，扶上马要送一程，也给了几千万。

搞技术改造，在引进上要多花点钱，这要在技术消化能力强的地方搞，总之，一要给权，二要给钱。你们要求给重庆市5000万低息外汇，我个人同意，但要回去商议后再告。关键是配套的人民币，人民币你们自己要想想办法。

（二）关于外汇的审批权限

你们重庆要求，像口岸城市一样，享有300万美元的审批权。既然杨省长赞成，我也同意。这样，重庆的审批权就比四川省大了。四川省只有100万美元的审批权，而你们重庆却有300万美元的审批权。

（三）关于利用外资搞好技术改造

现在一方面形势大好，一方面财政困难，要在吸收外资方面多想些办法，在这些方面多给点自主权，我是赞成的。

紫阳正在研究国外所谓的第四次技术革命问题，那些提法是否正确，我们可以不管它，但我们也要考虑这方面问题，否则要掉队的。

引进技术对我们的技术业务是来得比较快的，搞它几百项，技术进步要快得多，但一定要有规划。要把最有优越性的、最有竞争能力的项目报上去，现在就要准备这方面的材料。

另外，要和了解国外情况的单位密切联系。王光英这条线可以联系。王光英是老工商业者，要发挥他们的作用。王光英的光大公司在国外名声很大，基辛格、温伯格都愿意当他的顾问。他的工作重点就是搞技术引进。上次，我在湖南给他们拉了个线，在香港开了个苎麻公司。我也可以给你们和王光英拉个线，给你们写个信。

引进技术不只是买硬件，还要买软件和关键部分。不要引进整个生产线，日本引进就是这个方法。以后尽可能只买关键部分和技术。这样第一，省外汇；第二，有利于发挥我们的力量。目前，我们展览的新产品中，有的部分配件是国外的，这样的产品也是允许的。

重庆是试点单位，技术改造搞好了，带动一大片，重庆搞好了，不只是重庆，而是西南一大片。

要把重庆搞得有吸引力，国外的信息你先有，国外的新技术你先有，好的东西你先有。中心城市没有吸引力不行。中心城市要有引诱力，当然要有政策，要有合理利益，不能把别人都吃光。中心城市总要有几条优势，要有独特的优越性。重庆是试点单位，要给他新东西，让新东西在这里传开来。

利用外资搞技术改造，这是件大事，上海第一、二、三把手亲自主持，召开几千人的大会，全党来抓。

要过细地作调查工作。要把现在的产品和世界最先进的产品作个比较，找出差距，找出问题所在，制定措施，如何赶上去。我们一定要认清现状，找到差距，搞好规划，有目标，有进度表，有相应措施，尽快地赶上去。

要眼观世界，打破闭关自守，对国外的情况非知道不可，现在达不到，要努力去达到，否则只能陷入盲目性。比如轴承,它的关键是什么?一是无噪音,一是耐用,你的轴承情况如何?和世界情况相比有何差距,如何才能赶上去。

(四)关于重钢

(当汇报到为了加快重钢技术改造,市委同意重钢隶属冶金部时)

张劲夫同志说,市委是有远见的,这是养肥了鸡再下蛋。冶金部有外资,比你们省、市都方便。现在钢材每年进口1000多万吨,紫阳说了,要管住,不能再进了。重钢的问题,你们跟冶金部商量。

如果要归冶金部管,关键是个分配问题,冶金部要跟省订好协议。你们谈协议的时候,要请物资局参加,否则物资局不同意,又要顶牛。经委要出面协调这个事。

全国缺钢,重钢是个宝,要把技术改造规划搞好,尽快报上去让国家批准,耽误时间吃不消。

产品质量标准要订得高一些。西德、日本的企业很厉害,厂的标准高于国际标准。我们的汽车说是跑5000小时,实际上跑4000小时就糟了。日本的汽车,说是跑1万小时,实际上跑了1.5万小时,也不出毛病。外国的国家标准比较高。可是厂的标准比国家的标准还要高。

(五)关于麻纺生产

现在国外麻热,买不到麻织物,我们国内供销社大量积压苎麻,农民卖麻难,有的要拔根,我们要采取特别措施把麻纺生产抓上去。

要制定价格政策改良品种。要研究生物脱胶,湖南农科所正在试验。国外后处理比较先进,特别是柔软剂。但是人家很保密,我们还可以派人出去,想办法把柔软剂掌握了。要搞好后整理,不要原料出口,否则我们老是吃骨头,肥肉让人家吃了。要立足于国内市场,即便国外销售下降,也不至于受影响。

为了加快麻纺厂的技术改造,我们考虑可以减5%的税。特殊困难的还可以免税,这件事非解决不可。

(六)关于军民结合

嘉陵摩托的方向、路子很对,销路广,名气也大。嘉陵摩托和重庆摩托能不能合在一起?以后要研究一个规定,同样的产品,不管你有多少厂,只允许一个厂对外,强迫你联合,合在一起才能有大批量。型号可以多一些。

一定要搞专业化,美国搞汽车就是分三个部分搞专业化。美国大量的是中、小型厂,但技术力量很强。我们都是小而全,竞赛不过人家。紫阳看了很多国外材料,第四次技术革命的提法不一定对,但人家的变化很快,更新周期越来越短。我们工业部门要有紧迫感,否则差距会越来越大。

微型车、轻型车在重庆定点生产,我是赞成的,你们这里条件好,可以大批量干。一个微型车将来就是几亿产值,还能带活一批小厂,技术水平也提高了。你们提个建议,我们回去好好研究一下。

现在各部门都搞自己的系统,对自己搞的和对别部门搞的,亲疏关系很严重,总有点同行是冤家的味道。搞汽车不能光是一机部,要发挥兵器工业部的作用。

重庆三线工厂多,这是优势,要充分发挥他们的作用。

(七)关于《讨论扶持重庆市工业企业技术改造问题的纪要》

《纪要》是紫阳批了的,是国务院文件,要执行,要兑现。列入《纪要》的几件事要落实。上交财政部的折旧费还是要交,但国家经委已决定全部返还给你们,费用是按项目返还。

建设银行总行没有参加我们研究的会,我们回京后给他们说一下,要按《纪要》落实。

(八)关于炼油厂

(当汇报到重庆需要兴建一座炼油厂时)

张劲夫同志说,炼油厂西南没有,要准备万一有事,重庆还是需要搞一个。

1983年12月19日

廖伯康同志在全市农村工作会议上的讲话

（1984年1月25日）

同志们：

今天只就自己学习今年中央1号文件的体会讲点意见，讲得不确切、不妥当的，请大家纠正。

一、贯彻落实中央1号文件，我们必须继续解放思想

中央1号文件，是一个很重要的纲领性文件，所提出的指导思想、方针、政策，不仅对农村工作而且对整个经济工作都有重大的指导意义和推动作用。我们这次会议既是农村工作会议，又不只是农村工作会议，应该把这次会议看成是在中央1号文件精神指导下，帮助我们在整个经济工作上继续解放思想，进一步明确改革方向的会议，也是进一步贯彻落实十二大路线的重要会议。

为什么这样讲？从我们全市的经济体制综合改革来看，都有一个继续解放思想，清除"左"的和小生产观念影响的问题。我们好些同志经常讲"改革势在必行，又实在难行"。难在哪里？难就难在对改革还有思想阻力，难在"左"的影响和小生产观念的影响还没有完全清除，我们好没有很好地学会按照客观经济规律和社会化大生产的要求来组织经济工作。

耀邦同志这次来西南视察工作时讲了三条：第一，三中全会以来党的路线、方针、政策既没有"左"的，也没有右的，都是马克思主义的；第二，在执行政策的问题上主要还是要纠正"左"的东西，如对外开放、商业、农业、工业、体改，主要还是纠正"左"的东西；第三，在党的生活、政治思想上主要是纠正"左"右的东西，该批评的不敢批评，该支持的不敢支持。耀邦同志这一段很精辟的分析，抓住了当前的思想路线问题上的要害。只有在经济工作上坚决清除"左"的影响，在党的生活、政治思想上坚决清除右的影响，我们才能够做到自觉地在政治上同党中央保持一致，我们才能够正确地把中央1号文件贯彻落实好。

关于在党的生活、政治思想上清除右的影响这个问题，今天不讲。只讲在经济工作上清除"左"的影响问题。

"左"的影响在经济工作上是由来已久，可以说是"冰冻三尺，非1日之寒"。在三中全会以前也不是不重视农业，特别是在1960年那段时间农村闹水肿病，吃了大苦头之后，对农业这个基础是强调得很高的，多年的支农也是抓得很紧的。但就是长时间没有把农业搞上去，山河面貌依旧，农村贫穷落后，其根本原本因就在于"左"的影响。那时候我们是一只手搞支农，另一只手又用"左"的一套框框把农民的手脚捆起来，盲目追求"一大二公"不准农民搞商品生产，限制农民搞多种经营，更不准农民搞贩运和经商。总之，禁令甚多。把农民勤劳经营致富也当作"资本主义"来批，把农业生产责任制也当作"修正主义"来批。特别是十年动乱中，极"左"的错误口号风行一时，农村大受其害，整个国民经济大受其害。事情很清楚，如果不把8亿农民的8亿双手从"左"的束缚中解放出来，如果不把农村家家户户、男女老少的积极性都调动起来，谁也没有那么大的本事，单纯用"支农"的办法就能够"支"出一个农业现代化来。三中全会的伟大历史功绩之一，就是在总结历史经验的基础上，找出了一条中国式的振兴社会主义农业的正确道路，把8亿农民的8亿双手从"左"的束缚下解放出来了，把农村家家户户、男女老少的积极性调动起来了。农业连年持续增产，农村形势之好，超出了国内外许多人的预料。过去认为最难整的农业问题，很快就摆脱了令人忧虑的那样一种状况。真是"山重水复疑无

路,柳暗花明又一村"。

当前还有没有"左"的影响?应当说现在的情况比前几年不同了,经过拨乱反正,人们的思想水平是提高了,象硬纠"包产到户"那样的问题是没有了。但是,"左"的影响、小生产观念的影响还时隐时现,还妨碍着改革,妨碍着我们的经济工作:

(1)对一部分农民首先富裕起来怎么看?是认为农村又出现了"新的两极分化"呢?还是认为这是整个农村走向共同富裕的必经之路?

(2)对农村专业户靠经营致富看不惯、想不通,甚至加以阻挠、打击,这是不是"左'的影响?

(3)对农民家庭经营和农村新的商品经济联合体在国家政策规定的范围内雇几个工,请几个帮手这个问题,又怎么认识,怎么对待?

(4)在坚持对国民经济统一计划的前提下,实行必要的市场调节,是不是正确的?有一种看法就认为这是把经济"搞乱了"。到底是搞活了还是搞乱了?搞活与搞乱的区别界限又在那里?

(5)对适当发展个体经济的问题怎么看?把它看成是社会主义公有制经济的必要补充,还是看成"资本主义因素"?

(6)对自负盈亏为什么至今还有些思想不通?"一大二公"的影响是不是还在我们有些同意的头脑里起作用?

(7)在坚持公有制、坚持统一计划的前提下,敢不敢彻底承认社会主义企业是相对独立的商品生产者和经营者,敢不敢承认企业有自己相对独立的经济利益?在这个问题上吞吞吐吐,总是对企业不放手,总想把什么都收到上面来"我批准",对改革缺乏兴趣,这里面有没有"左"的老框框作怪?中央一再强调要给企业放一些权,〈……〉;牵牛要牵牛鼻子,不要去捆牛蹄子。为什么我们老是喜欢去捆牛蹄子,却不喜欢牵牛鼻子?

(8)为什么搞按劳分配逗硬那样困难,搞拉平却很容易?这里面有没有小生产的平均主义的影响?常几天我们到深圳去,那里是同样的天、同样的地、同样的人、同样的社会主义公有制,为什么深圳就能够做到高效率?深圳市委讲,他们新建8幢6层楼的宿舍,从拍板那天算起,到交付使用,只用了3个月的时间,就是因为平均主义靠了边,按劳分配逗硬了。还有广州那个白天鹅宾馆,效率高、服务质量好,在海外出了名,他们管理很严格,奖惩逗硬,毫不含糊,开业10个月开除50个人,占职工总数的2.5%。我看白天鹅宾馆、深圳友谊宾馆那些规章制度,我们重庆好些单位也订了,区别就是我们这里没有逗硬执行,按劳分配与平均主义交锋,往往是平均主义占了上风,这就是问题焦点所在。

(9)为什么我们在经济管理工作上总是扯不完的皮?这里面有些是体制上的原因,也有些是思想问题。正如耀邦同志讲的,不扯大皮扯小皮,不扯翻两番和建设两个文明的战略目标,老是扯部门和小单位的小利益。这里面有没有小生产的狭隘观念的影响?

(10)我们面临"四化"建设、经济改革、第四次产业革命的重大任务,迫切需要知识,迫切需要人才,为什么轻视知识、轻视知识分子,不重视人才的倾向还存在?这里面还有没有"左"的影响?"人才是个宝,没有人才四化就化不了!"现在不是没有人才,不是没有千里马,现在是太需要伯乐去把千里马找出来,为"四化"建设服务。

从最近收集的思想反映来看,热心改革,支持改革的很多,这是本质和主流,应当加以肯定。〈……〉。

怎么来回答这些错误的思想和怀疑呢?前面讲的耀邦同志那一段话是很鲜明、很准确的回答:三中全会以来党的路线、方针、政策都是马克思主义的。至于说"这些做法在老祖宗的书上有没有"?回答是:又有又没有。从马列主义、毛泽东思想的基本原理来看,三中全会以来的做法都是有根据的;从发展来看,三中全会以来的具体做法在老祖宗的书上又是没有的。在社会主义公有制条件下搞"包产到户",搞市场调节,老祖宗的书上就没有。承认在社会主义条件下普遍存在着商品生产和商品交换,在马、恩的书上也没有。列宁还没有来得及研究社会主义商品生产,就过早地去世了;斯大林在《苏联社会主义经济问题》中承认社会主义还有商品交换,但不承认生产资料是商品;毛主席讲过价值规律是一个伟大的学校,但他也没有明确肯定社会主义是普遍存在着商品生产的。但是,在马克思主义的经典著作中反复强调的一条基本原理是:生产关系必须适应生产力的发展水平。当代的实践证明,社会主义之所以还不能取消商品生产和商品交换,归根到底是生产力的水平决定的。所以,十一届三中全会、六中全会和十二大明确肯定社会主义要大力发展商品生产和商品交换,这是老祖宗的书上没有的或者不完全有的新结论。

马克思、恩格斯在他们当时的历史条件下,是把商品生产同私有制联系起来考察的,他们当时设想在社会主义建立起来以后,消灭了生产资料所有制,商品货币关系也将同时消除。10月革命后,列宁曾经在苏俄试验过取消商品和货币,实行产品分配制,很快就发现这样做行不通,在1921年就纠正了。列宁推行新经济政策的实质,就是承认商品交换。在社会主义生产资料公有制条件下,为什么还有商品生产和商品交换?这是因为:第一,社会主义社会的生产力水平还不高,物质财富还没有达到极大丰富的程度,国家还不可能对社会成员实行直接的产品分配,社会成员只能用货币工资来购买商品。第二,在社会主义现阶段还存在着多种所有制,在它们之间只能搞商品交换,不能搞无偿调拨。就是在全民所有制企业之间,也只能实行等价交换,不可能实行无偿交换。第三,在社会主义社会再生产过程中,社会分工把社会总劳动分成为满足不同社会需要的各种不同的有用劳动,一种有用劳动最终只有作为物化了的劳动才能同另一种有用劳动发生联系,这就是商品交换。灯泡厂的职工生产出成千上万的灯泡,自己不能吃灯泡、穿灯泡、只能用等价交换的办法把灯泡卖出去,在上交国家的税利和企业提留以后,才能用自己领到的货币工资来购买其他商品,满足生活的需要。大量事实证明,商品生产和商品交换,是社会主义社会普遍存在的经济现实。

有的同志总是固定不变地把商品生产同资本主义等同起来,这是不正确的。社会主义的商品生产同资本主义商品生产有本质的不同,它是在生产资料公有制条件下有计划的商品生产,它是没有剥削的商品生产。因此,这种新型的社会主义商品生产发展的结果,不会是出现什么"新的两极分化",而只能是有利于社会生产力的发展,有利于社会主义的繁荣兴旺,有利于人民的富裕和幸福。如果不把这个基本问题搞清楚,对经济体制改革和搞活经济的许多政策措施都难以搞通。

我认为,我们在理论、路线、方针、政策上衡量是非的标准,不能简单地说就是要看老祖宗的书上有没有,而是要看是否符合实际,是否符合马列主义、毛泽东思想的基本原理。由于"左"的影响,一些同志常常把衡量是非的标准搞颠倒了。例如,在所有制问题上,总以为"一大二公"的程度越高,就越革命;在经营管理方式上,总以为统得越多,搞集中劳动的规模越大就越先进。其实这些都不是衡量是非的标准。衡量的标准只有一条,就是毛主席在《论联合政府》中讲的:"中国一切政党的政策及其实践在中国人民中所表现的作用的好坏、大小,归根到底,看它对于中国人民的生产力的发展是否有帮助及其帮助之大小,看它是束缚生产力的,还是解放生产力的。"小平同志讲:检查我们工作好坏的标准有三条:一条是是否有利于建设具有中国特色的社会主义;第二条,是否有利于我们国家能迅速富强起来;第三条,也是最重要、最核心的一条,就是是否有利于使人民尽快富裕起来。归根结底就是要使社会生产力高度发展,不断提高劳动生产率,达到民富国强。这是马克思主义的科学论断。

恩格斯在《反杜林论》中一再强调指出:"原则不是研究的出发点,而是它的最终结果;这些原则不是被运用于自然界和人类历史,而是从它们中抽象出来的;不是自然界和人类去适应原则,而是只有原则在适合于自然界和历史的情况下才是正确的。这是对事物的唯一的唯物主义的观点"。毛主席在《实践论》中也告诉我们:"马克思列宁主义并没有结束真理,而是在实践中不断开辟认识真理的道路。"实践已经证明,三中全会以来,党中央制定的路线、方针、政策,是符合实际的,是创造性地运用马列主义、毛泽东思想的基本原理来解决中国社会主义建设和改革问题的典范,是在新的历史条件下发展了的毛泽东思想。我们衡量路线、方针、政策的正确与否,必须从实际出发,深刻理解并且牢牢掌握马列主义、毛泽东思想的基本原理。只有这样,我们才不会迷失方向,才不会受"左"的,右的错误思想的干扰;对那些违反三中全会精神的错误言论和行为,才能够旗帜鲜明地予以抵制。也只有这样,我们才能够真正自觉地把中央1号文件贯彻落实好。

二、要高度重视农业的战略地位,绝不能把市郊农业仅仅放在大城市经济的附属地位

在大城市实行市带县新体制,也反映出一些思想认识问题。〈……〉。

马克思在《资本论》第四卷中早就说过:超过农业劳动者自身需要的农业劳动生产率,是一切社会赖以发展的基础。一切非农业的部门,如果离开了农业所提供的剩余劳动产品,根本不可能独立进行本部门的活动。在社会化大生产条件下,农业的战略地位越来越重要了。农村不仅要为城市各行各业提供粮食和副食品,还要为城市工业提供日益增多的原料,农村还要成为容纳日益增多的工业品的销售市场,农村的工业还要成为城市大工业的有力助手。大城市的经济不能搞孤家寡人政策,城市经济必须同农村经济结成亲密的联盟。小平同志在给四川同志的一封信讲:工业越发展,越要把农业放在第一位。这是讲得很深刻的。社会主义的城市经济和农村经济必须同步发展,协调发展,不能搞跛脚的城市经济。在城市抓工业、抓商业、抓交通、抓城市建设、抓文教卫生、抓政法工作、抓计划工作的主管部门,特别要对这个问题引起高度重视。现在强调明白人当家,搞城市工作的如果不懂得抓农业的极大重要性,就不是明白人。今后重庆考核各部门领导干部是不是明白人,也要考核这一条。中央连续三年的1号文件都是讲农村工作的,这不是偶然的巧合。中央三令五申,如果我们还不对农村经济工作引起高度的重视,那怎么能算一个明白的领导者呢?

从我们国家30多年的历史经验来看,农业丰收,城市的日子就好过;农业一减产,城市的日子就不好过。〈……〉。历史的经验告诉我们,城市和农村是相依为命的,农村离不开城市的支援,城市更离不开农村的支援。农村的日子不好过,城市也休想有好日子过;农村不安定,城市也难以安定。现在农业形势好了,粮食、猪肉、鸡鸭鹅的供应相当丰富了,不愁吃不愁穿。我们搞城市经济工作的不能"好了疮疤忘了痛",千万不能忘记农业这个基础。

这里我举两个数字:1983年我市农业产值和农村工业产值有44亿元,占全市工农业总产值的1/3。市郊农村销售的日用品占全市零售销量的40%左右。所以,市郊农村绝不是大城市经济可有可无的附属品,而是占有很重要的战略地位。重庆要成为长江上游经济区的中心,不下大决心把市郊农业抓起来,那是不可想象的。万里同志说:从全国来讲,8亿农民不富裕起来,实现翻两番、四个现代化,是不可能的。从我们重庆来讲,不使市郊农村1000万农民富裕起来,重庆的经济是飞不起来的,重庆的经济体制综合改革也不能说是成功的。

三、农村经济发展的历史性转折和我们面临的重大历史课题

中央1号文件指出,我国农村正处在由自给半自给经济向大规模商品生产发展、由传统农业向现代农业发展的历史性转折之中,1号文件第七部分还讲了另一个转变,就是随着农村分工分业的发展,将有越来越多的人脱离耕地经营,从事林、牧、副、渔等生产,并将有较大部分转入小工业和小集镇的服务业。农村这个历史性转变的核心之点,是农业劳动生产率和商品率的提高,使越来越多的农民离土不离乡,从事农村多种行业的经营,把农村搞富。如果不改变8亿农民都守在土地上搞饭吃的局面,农村富裕不起来,国家富强不起来,四个现代化也化不起来。耀邦同志讲,这个历史性的转变

不亚于甚至超过农业责任制。我们在工作上如何来适应这个历史性的转变，是一个新的重大历史课题。

农业责任制是我国农业发展的第一个战略性突破，把单纯的生产者变成了经营者，劳动力与生产资料更好地结合在一起，生产者和经营者结合在一起，经济责任和经济利益结合在一起。8亿农民与20亿亩耕地这样结合的结果，农业劳动生产率开始提高了，劳动力有余了。要把多余的劳动力从耕地中分离出来，从事农村多种行业的经营。于光远同志提出搞"十字农业"。就是说，农、林、牧、副、渔各业的生产活动是一条平行的横线，叫一字形农业。再加上产前服务（包括土壤分析、提供种子、肥料等），和做好产后服务（包括仓库、储藏、运输、加工等等），形成一条纵线，纵横相交就叫"十字农业"。"十字农业"再加上发展农村小工业，发展教育文化事业，搞小城镇，搞商品流通，搞服务业，八亿农民中如果有5亿农民分离出来，与多种资源和多种行业相结合，从事商品生产和商品交换，这样农村就会富裕起来。这是农村的第二个战略性突破。这个转变的潜力大得很，是一场真正向发展农村商品经济的广度和深度进军的历史性转变。

我们要领导实现这个转变，有许多新东西要从头学起。就是长期搞农村工作的同志，也面临着重新学习的严重任务，搞城市工作的同志更有一个重新学习的问题。老一套催种催收的办法不行了，单纯依靠统购、派购的办法也不行了，搞瞎指挥更是不行了。现在抓农村经济，一靠政策，二靠科学技术，三靠市场。这里讲的市场，不单是指市场调节，就是向农民计划收购的商品也要善于利用价值规律，利用市场机制，利用价值指标。这里面有许多我们所不熟悉的新问题。杨汝岱同志给耀邦同志和胡启立同志汇报时讲：过去搞流通的不怕东西少，东西少发票证凭票供应就是了，这个不难办；现在东西多了，出现了卖难买难，倒还感到很不好办。如何利用商品、市场机制来搞活农村经济，的确是一个新问题。

有一位叫舒尔茨的经济学家，他几十年来专门研究第三世界的农业经济发展战略，获得诺贝尔科学奖金。他考察过亚、非、拉几十个发展中国家的农业，前几年也到我们国家来考察过，他认为：发展中国家不可能用国家财政包下来的办法去实现农业现代化，这条路是走不通的。最主要的办法是要让农民搞商品经济，农村商品经济发展起来了，农民就会自己积累资金，自己搞农业现代化，这个潜力大得很。从我们国家的情况来看，近三年来销售的小型拖拉机，60％左右是农民家庭购买的。

发展农村商品经济是一个很广泛的概念。这里面包含的内容就很多了，初步排了一下，就有十四个问题：(1)有科学种田、科学养殖，提高农业劳动生产率的问题；(2)有实现农业生态良性循环和集约经营的问题；(3)有农、林、牧、副渔全面发展，搞多种经营的问题；(4)有商业流通问题；(5)有金融信贷问题；(6)有交通建设问题；(7)有小城镇和农村场镇的规划建设问题；(8)有农村小工业的发展问题；(9)有农业科学研究问题；(10)有普及科学知识和推广新技术的问题；(11)有农村的教育和文化、卫生、体育建设问题；(12)有农村的邮电通信和信息网络的建设问题；(13)有对专业户、重点户的扶持和服务问题；(14)还有对农村商品生产和商品经营中新出现的经济联合体的经营管理问题，其中还有找几个帮手，雇几个工的问题。这些问题已经出现在我们面前了，还会有新问题出现在我们面前，你怎么去领导，怎么去解决这些问题？这里只是把这些问题的题目排一下，就感到任务很重，压力很大。确实是感到有点像陶渊明所说的那样"峰回路转"，一大堆新情况、新问题就摆在面前了。在这个历史的大转变中，我们当县委书记、当县长的同志真有点不大好当了，再像过去那样，只当"农业书记""粮食书记""催收催种的书记"，肯定是不行了，不能适应新形势的需要了。搞城市工作的领导同志如何去适应这个历史的大转变，怎样在重庆建立起名副其实的城乡一体化的经济区，也是一篇很不好做的大文章。农村和城市都有一个总揽商品生产全局的问题，都有一个重新认识、重新学习、重新规划、重新安排自己的工作的问题。

我国农村正在发生的历史性转变，不仅关系到8亿农民的历史命运，也关系到整个国民经济和现代化建设的发展前途。全市各条战线的同志，不管是搞农村工作还是搞城市工作的，我们都应当在中央1号文件的基础上更加紧密地团结起来，为实现这个历史的转变贡献自己的力量。

四、全面制订城乡结合的发展规划，具体落实贯彻执行的措施

这次会议我们还来不及全面制订城乡结合的发展规划，着重是结合实际领会中央1号文件的精神，进一步解放思想，初步议一下贯彻的办法，大量的工作还在后面。市委还要专门召开会议，讨论规划落实问题。把各区县和市级各主管部门的一、二把手请来，先由市农委作总的汇报，每一个区县、每一个部门都要具体汇报你如何贯彻落实中央1号文件的规划和措施，然后再订出全市落实的规划。比如发展农村工业和社队企业的问题，就要由市经委、市计委、市农委共同拿出一个规划方案来，看到底怎么搞。常州一年53亿的工业产值，大企业很少，主要是靠中小企业搞起来的。还有一个无锡比常州的发展还快，去年无锡的工农业总产值已突破90亿大关，成为全国15个经济中心之一。无锡也没有多少大企业，主要是靠中小企业搞起来的。上海嘉定一个县一年的财政收入就有1亿多元，主要也是靠县办工业和社队企业发展起来的。嘉定县办了一个红苕加工厂，提炼柠檬酸，生产的淀粉，柠檬酸全部向日本出口。重庆一年的红苕产量有16亿斤左右，如果把红苕加工搞起来，这个潜力也很大。广州72条街道的街道企业一年的财政收入就有7000多万元，上了100万元利润的街道有30个，称为"百万富翁街"。我们全市农村企业的产值去年只有10亿元，农村人平收入只有270元；街道企业也很少，比起上海、江苏、浙江、广东这些先进地区差距很大。当然，在我们这里也有搞得好的，如像沙坪坝区去年农村企业的经营收入达到人平800多元，是全市最高的。荣昌县肥皂厂过去由于产品质量低，销售困难，重庆日用化学工业公司同这个肥皂厂实行联营和技术帮助，很快提高了产品质量，打开了销路，去年荣昌肥皂厂的年产量比1982年增长了19倍，这也说明潜力很大。农村要富起来，农民要做到离土不离乡，不搞多种经营，不搞社队企业是不行的。问题是要根据市场需要，根据资源条件，注意同城市大工业配合，不是和大工业争能源、争原料、争市场，要全面规划，协调发展。

林业的发展也是一个很大的问题，现在全市宜林的荒山荒坡和残林地还有140多万亩没有植树造林，阳光雨露，大自然的光合作用白白跑掉了，太可惜。一亩森林的蓄水量一般是20吨，140万亩森林的蓄水量就有2800万吨，植树造林就等于在山上修建小水库。加上成林以后生产木材，搞多种经营，价值就更大了。"十年树木，百年树人"，我们如何尽快地把全市每块宜林的荒山荒坡都尽快地植树绿化起来，也要订出一个规划。重庆农业资源的优势是相当大的，柑桔树有2500多万株，才一半的柑桔树成林结果，去年就生产柑桔10万吨。其他如蚕桑、茶叶、油菜籽、榨菜、黄花等经济作物的潜力也很大。这些都需要做好规划。西南农学院、四川畜牧学院都在我们重庆，西师、重师、渝大等院校也设有生物系，还有农科所、柑桔研究所、江津果研所、永川茶研所、永川森林防治站、荣昌种猪站、水产学校、农校和其他科研、教学等单位。市科委、科协和农委要利用这支力量，共同拿出一个发展农业科技的规划来。计划、交通、邮电、商业、科技、城建、文教等各部门也都要拿出城乡结合发展的规划来，专门讨论，落实措施，要一直抓下去。

五、改进领导，加强领导

我们做工作，首先是靠党中央的路线、方针、政策的领导。"十年动乱"中指导方针错了，你想干工作也干不好。现在有了正确的指导方针，就看我们怎么去结合实际贯彻执行，怎么去开创新局面。

指导方针正确了，不等于在实际工作上就没有矛盾、没有困难、没有斗争。开创新局面也有压力，开创新局面也要解决矛盾，克服困难，也要出一身大汗。耀邦同志讲，对开创新局面有三种态度，第

一种是有点抵触。抵触的原因有二：一是有点保守，认识跟不上；二是对方针政策不大理解，有点看不惯。第二种是议论新局面，不是开创新局面。第三种是用实际行动开创新局面，这是正确的态度。

首先我们要有一个非常振奋的精神状态。耀邦同志讲：我们要防止两个方面的偏向。一种倾向是认为战略目标办不到，这是一种悲观情绪，是不对。另外一种倾向是急躁情绪，这也不行。我们各区、县委、市农委和市级各部门的领导都要结合整党，进一步解决好领导班子的精神状态问题，既要有勇于开创新局面的精神，又要有实事求是、扎扎实实的工作作风。

其次，是要大力加强调查研究，加强学习。大量的新情况、新问题摆在各级领导面前，不进行系统的、深入的调查研究，不加强学习，只凭老经验、老套套办事，在工作上就没有主动权。1961年开七千人大会的时候，沈阳市委书记有两句话："情况不明决心大；心中无数点子多"，处于那样一种状况是不行的，即使在领导岗位上也不会有真正的主动权。我们各级领导要取得领导工作的主动权，就必须加强学习，加强调查研究。

贯彻中央1号文件，是全党的重要任务，不只是农业部门的事。耀邦同志告诉我们：要议大事，管本行。中央1号文件就是全党的大事，各行各业都必须认真学习讨论，结合本行的工作加以贯彻执行。农业主管部门更要鼓足干劲，全力以赴。在执行中有矛盾和困难不要紧，只要在深入调查研究的基础上把问题搞清楚，把意见提出来，主动同有关部门商量，很多问题是可以解决的。即使解决不了，把情况、问题、意见提出来，拿到市委、市府来讨论，组织各部门共同商量，总可以找到解决的办法。请农委在这次会议后，你们专门开一个小会，研究如何组织力量，抓好1号文件的贯彻落实问题，提出一个切实可行的规划。

于汉卿同志在市农村工作会议上的讲话

（1984年1月25日）

同志们：

在这次会议上，王谦同志传达了耀邦同志来西南视察工作时的重要讲话，潘椿同志传达了中央和省农村工作会议精神，大家认真学习了中共中央《关于1984年农村工作的通知》。可以肯定，通过中央一号文件和耀邦同志重要讲话精神的贯彻落实，对于我市经济体制综合改革，建设重庆经济区，搞好今年的各项工作，都是一个巨大的动力。

伯康同志刚才对中央一号文件的意义，对发展农业战略的问题，和我们规划的指导思想，都讲了很好的意见，讲得很深刻。现在，我就进一步搞活流通，集镇建设，以及城乡协调发展等问题，讲一些具体意见，供大家参考。

一、关于疏理流通渠道问题

近几年来，为了解决流通不畅的问题，中央采取了一系列正确的政策和措施，对流通体制进行了初步的调整和改革。我市一个"三多一少"、开放式的流通体制已开始建立。在城乡流通方面，本着城乡通开的原则，国家、集体、个人一齐上的方针，已开始朝着大中小型配套的、联结城乡的、多层次的农副产品流通网络的方向发展，为解决农民买难卖难的问题摸索出了一些办法。但也要看到，当前流通领域与农村商品生产发展之间不相适应的状况越来越突出，已经到了非认真解决不可的时候了。中共中央《关于1984年农村工作的通知》中指出："今年农村工作的重点是：在稳定和完善生产责任制的基础上，提高生产力水平，疏理流通渠道，发展商品生产。"这就说明，疏理流通渠道，已经成为推动农村商品生产向深度和广度发展的一个关键问题。

疏理流通渠道，首先必须解决好对商品流通的认识问题，正确处理生产与流通的关系。马克思主义关于社会再生产的原理告诉我们，生产和流通是辩证的统一，生产决定流通，流通反作用于生产。首先是生产决定流通，这是因为有生产才有交换对象，必须有再生产，才有不断运动的流通。但是，流通对生产不是一个消极被动的因素，它对生产不只是一般的影响，而在特定的条件下具有决定性的反作用。商品的流通就好像人体的循环系统一样，要使血液循环正常进行，就必须保持大大小小的血管畅通无阻。商品流通渠道也是一样，如果某一渠道或某一环节不畅通，就会使商品流通和商品生产受到影响。耀邦同志十分重视流通问题，他这次来西南视察工作时，强调指出："要适当刺激消费"，要解决生产同消费的关系，没有生产就没有消费，没有消费也就没有生产"。过去，由于各种原因，我们对生产注意比较多一些，对流通的意义和作用认识不足，注意不够，致使在流通领域里积累下来的问题很多。历史的经验告诉我们，就生产抓生产，忽视流通的作用，结果不是加强了生产，而是削弱和影响了生产。因此，我们在思想上必须进一步树立起一个明确的观念：抓生产必须抓流通，抓生产带动流通，抓流通促进生产。

我们还必须看到，重庆搞经济体制综合改革的一项重要内容，就是要搞好市带县。要发挥中心城市的作用，建设好重庆经济区，就必须正确处理好城乡关系，扩大城乡物资交流。从一定意义上讲，城乡关系实质上是商品交换关系。这就要求充分发挥商品流通渠道联系城乡经济的纽带和桥梁作用，扩大工业品下乡，组织农副产品进城，繁荣城乡经济。因此，疏理流通渠道，是搞好市带县的一个重要环节。

疏理流通渠道，总的指导思想是：必须坚持计划经济为主、市场调节为辅的原则，坚持国家、集体、个人一齐上的方针，继续进行农村商业体制的改革，进一步搞活农村经济。从当前来看，要贯彻好这个指导思想，必须解决以下三个方面的认识问题。

一是要保护竞争。由于流通环节开始建立了"三多一少"、开放式的新体制，从根本上改变了国营商业独家经营的局面，市场上出现了竞争。竞争是商品经济的必然产物。社会主义的竞争，是在国家计划指导下进行的。它对于促进企业改善经营管理，提高经济效益，刺激技术进步，促进生产发展，都有着积极的作用。市场竞争给商业工作带来了一个大的变化，人民群众择优选购，零售商业择优进货，批发商业择优收购，生产部门择优生产。在新的形势面前，凡是能够适应情况的变化，改善经营管理，善于利用价值规律，积极投入市场竞争，企业就会得到发展，工作就会主动。反之，就要造成被动，甚至被淘汰。过去统购包销，不管好坏都收，反正是那么些东西。现在不行了。万里同志在全国农村工作会议上的讲话中指出，"资源优势能不能转化为产品优势，产品优势能不能转化为商品优势，进一步能不能转化为全面的经济优势，涉及的学问很多"。我们一定要认识这个问题。目前，有少数领导同志，习惯于主要依靠行政手段管理经济，对在新形势下出现的新问题，缺乏应变能力，感到束手无策，影响到主渠道作用的发挥。有的消极畏难，撒手不管；有的强调客观，怨这怨那；有的对"三多一少"，明通暗不通，利用业务上的实权对其他渠道进行卡压。应当看到，实行多渠道流通是不可逆转的历史潮流。作为主渠道的国营商业，应当在多渠道的流通中发挥主导作用，在坚持计划为主的前提下，积极参与市场调节，参加市场竞争，使自己的工作自觉地适应客观形势的变化，由主要地依靠行政手段，过渡到更多地依靠经济手段；由着眼于购进产品、调拨分配，过渡到尊重价值法则，在平等地位上和农民进行商品交换。

二是要立足于搞活。放宽政策，搞活经济，是党的十一届三中全会以来的一项重大决策，而不是权宜之计。中央今年1号文件又强调指出："鲜活商品要尽量放活""三类产品和统派购任务外的产品的价格要真正放开"。实践证明,中央这一决策是完全正确的。从几年来的情况看,要活得起来,就要渠道活,经营活,管理活。各个部门都要围绕"活"字做文章,特别是要为农副产品进城大开方便之门。多渠道流通,大批农副产品进城,这就给城市工作带来了一系列新的问题,诸如场地问题,经营设施问题,吃住问题,交通运输问题,以及社会秩序、清洁卫生、市场管理等问题。这就要求各级政府,各个部门在思想上、工作上有一个大的转变,首先要欢迎农副产品进城,为农副产品进城提供方便,积极解决农副产品进城中存在的问题。与此同时,也要加强管理。但是,管理不是管死,不是走回头路,不是利用各自的权力进行管卡,不是"一竿子打翻一船人",而是要在允许放宽、搞活的前提下,在各级政府的领导下,积极组织,具体引导,搞好服务,给予方便,以解决乱的问题,促其健康发展。

三是要落脚于人民致富。耀邦同志这次来西南视察工作时说:"小平同志讲:判断一切工作对与不对的标准,就是看是不是人民富起来了。""我们有些人把人民富与国家富对立起来了,弄不清楚,人民富了,国家也富了。"聚财先要生财,富国先要富民。三中全会以来,我国经济形势发生的巨大变化,深刻地说明了这个道理。正是由于党中央采取了振兴农业,安定农民的重大决策,促进了整个国民经济的发展。目前,有些部门看到农村经济刚有转机,就向农民伸手,自立规章,乱收费用,加重农民负担。比如有的农民运农副产品进城就被乱收费、多收费、重复收费、烂加罚款。在城市不能没有法规,但现在有些是乱摊、乱罚、乱收,这是不允许的。设关卡、烂收费的结果,并不只是损害了贩运者的利益。"羊毛出在羊身上",贩运者必然将多收的费用加在价额上,不损害生产者,就损害消费者,这与富民政策是相违背的。必须认识,首先让一部分人勤劳致富,带动全国人民都富起来,这是安定团结、国强民富的必然过程。我们的各项工作都要落脚于农民尽快富起来,只有农民富起来了,工业品才有广阔的销路,才能促进城市经济的发展,提高城市人民的生活水平。除了政策规定的必要的收费之外,任何部门、单位和个人,都不能巧立名目,向群众收取"苛捐杂税"。

疏理流通渠道,不只是商业部门的事情,同各部门都有关系。要统筹安排,综合治理。从当前情况来看,必须抓好以下几件事情:

第一,要尽快把全市农副产品贸易中心建立起来。这是国营商业积极参与市场调节的一种重要形式和阵地。由于农村商品生产的迅速发展,农民要求出售的商品越来越多,不但要进入本市城镇,而且要销到市外、省外。这就需要全市有一个农贸中心来进行统一组织,提供市场信息,搞好吞吐调剂。市里已作了安排,张海亭同志具体抓。第一步,要利用现有条件,在上半年内建立起来,积极开展业务。第二步,再选择适当的地点,建立一个大型的、综合性的、经营设施比较齐全的农贸中心。这一工作,在市的统一领导下,由农委、财办、建委具体负责组织落实,有关部门要积极支持。大家要同心协力,克服困难,一定要把这件事办好。各区县也要有农贸中心或货栈,已经建立的要认真办好,没有的也要尽快建立起来。

第二,大力组织产销直接见面。农副产品特别是鲜活商品,实行产销直接见面,是这些商品的特点所决定的,也有利于改善企业经营管理,提高经济效益,同时可以增加农民收入,促进农村商品生产。目前,我市已有一些国营商业、供销社和集体商业,同农村的生产和经营单位签订合同,建立了固定的供销关系,有的还建立了副食品生产基地。这些办法很好,应当大力推广。与此同时,要欢迎农村的生产单位到城镇选择适当地方开店设点,特别是对各地的名特产品,要积极组织进来。城市的经营部门和有关单位要采取有效的措施,帮助他们解决想进城而难于进城的困难。目前城市有部分居民利用自己的房屋和闲散劳动力,为农村生产者和贩运户寄放和代销农副产品,这可以把闲置房屋利用起来,增加供应网点,方便群众生活;可以开辟就业门路,减轻国家负担;可以增加流通渠道,为农副产品扩大销路。这是一举几得的事情,应当允许存在,并适当发展。但要规定一些办法,加强管理,不然就会出现一些其他问题。我认为,只要有具体管理办法,经常检查,是管得好的。因此,有关部门要纳入统一管理,既要使其合法化,又要他们遵纪守法。

第三,继续办好农贸市场,发展农副产品批发市场。目前,全市已办起农贸市场789个,农副产品批发市场9个。这些市场的产品成交额,按牌价折算,相当于全市社会商品零售额的15.9%。为了适应当前农村商品生产发展的需要,急需增设一批综合性的和专业性的批发市场。市中区和近郊几个区都应建立禽蛋、蔬菜、水果、水产专业批发市场,工矿区要建立综合性的批发市场。各区县政府要把批发市场的建设纳入规划,统筹安排。批发市场的场地可以设在一些不影响交通而又便于开展交易的地区。沙坪坝区在这一方面是搞得比较好的,既不影响交通,清洁卫生也很好。批发市场建设的资金,可以采取多种办法解决,市场管理费应当主要用于市场建设,还可以集资联营,工矿企业适当资助,区县财政有条件的也可以拨款补助。

第四,支持农村个体贩运户的发展。现在全市已有个体贩运户5万多户,这是农村商品生产进一步发展后引起的社会分工。它的出现,有利于沟通城乡关系,活跃城乡物资交流。我们应当积极支持,加强引导,使其健康发展。大量的贩运户贩运商品进城,需要吃住,需要存放商品。合川县城为了解决这个问题,专门办了3个农民旅馆,收费低,每晚3、4、5角钱不等,既可住人,又可存货,农民誉之为"农民之家"。各区县在建立农贸市场和批发市场的同时,也要相应解决农民贩运商品进城的吃住和存放商品的问题。

第五,有计划地解决商品流通的基础设施。目前,经营设施差,仓储设施严重不足,运输困难等问题的存在,也是影响流通不畅的重要原因。应当按照中央〔1984〕1号文件的精神,"国家和地方财政对此要作适当安排。国营商业和供销社要在税后利润中提取一定比例,用于这一类建设。凡属商品流通基础设施,谁举办,谁经营,谁得益,国家在税收上给予照顾和优惠。"我们应当认真贯彻。

第六,充分发挥经济杠杆作用。在促进商品生产,搞活商品流通中,财政、税务、银行、物价等部门,要充分发挥职能作用,既要加强监督,更重要的是搞好服务。对市场需要的商品的发展和新建立的农贸中心、贸易货栈等,要从资金、贷款、税收上予以扶持,有的问题要在政策上放宽,给予适当照顾。有一份情况反映,提出这方面的问题不少。在新的形势面前,用老概念、老框框办事不行了,各方面的工作要跟上去,适应新的形势,以有利于搞活。看我们是不是真正理解了一号文件的精神,就要看我们在实际行动上怎样对待这些问题了。

二、关于集镇建设问题

中央今年一号文件指出:"随着农村分工分业的发展,将有越来越多的人脱离耕地经营,从事林牧渔等生产,并将有较大部分转入小工业和小集镇服务业。这是一个必然的历史性进步,可为农业生产向深度广度进军,为改变人口和工业的布局创造条件。不改变'8亿农民搞饭吃'的局面,农民富裕不起来,国家富强不起来,四个现代化也就无从实现。"最近,耀邦同志来西南视察工作时,又对小城镇建设问题作了重要指示。由此可见,加强小城镇、小集镇的建设,已成为我们一项重要的战略任务。

1. 要充分认识集镇在农业现代化建设中的地位和作用。随着农村家庭联产承包责任制的发展和生产力的大大提高,出现了大批剩余劳动力。这些剩余劳动力的出路何在?显然,我们不能像西方国家那样,让他们大批流入城市,造成城市的畸形发展,而要从中国的国情出发,使农民"离土不离乡",搞养殖业、开发业、林牧业、加工业、服务业、运输业、建筑材料业,发展小集镇。这样,既解决了剩余劳动力的出路,又减轻了对大城市的压力,是一件一举两得的好事。同时,我们还要看到,农民在通常情况下,不是直接跟城市往来,而是跟集镇发生联系。这是因为,一方面,大中城市的工业品,要通过集镇输送到农村;另一方面,农民群众生产的农副产品也要到集镇上出售,有的还要通过集镇收购、加工,输送到大中城市。因此,集镇客观上就成了联系城乡的桥梁和纽带,成了农村一定区域内经济活动的中心。发展小集镇和发展专业户一样,它的前途是无量的,它是发展社会主义商品生产,促进农民富裕的继农业生产责任制之后的又一大政策。我们各级领导同志,要对这个问题有充分的认识,应当引起高度的重视。

2. 要统筹规划,合理布局,有重点有步骤地加强集镇建设。集镇的发展,要根据当地经济发展的需要,结合自然条件、历史习惯等因素来统一考虑;要本着城乡结合,工农结合,有利生产,方便生活这样一个原则来确定集镇的性质、规模、布局、发展方向和近远期的建设计划。决不能脱离实际,一搞就搞个大规划,那是行不通的。在抓紧规划、发展的同时,还要加强老集镇的恢复、发展和改造。逐步把集镇建设成为商业中心、工副业加工中心,并加强集镇公用事业和服务设施的建设,适应生产发展和人民生活的需要。今年市和区县都要抓好一批重点集镇的建设工作。目前,全市共有40个设制的镇,700多个小场镇,这几年虽有一定的发展,但很多集镇的面貌依旧,问题成堆,街道狭窄,商业服务、文化卫生设施严重不足,"路不平、灯不明、水不通"的情况还比较普遍,远远不能适应经济发展的要求。我走了一些县,有的城镇这几年也搞了一些新的设施、新的建筑,但是缺乏一个长远的总体规划,有的修得比较乱,特别是交通问题比较大,公路主干线都从街道通过,街道又狭窄,很不适应。有些新建的房屋没有后退或后退很少,将来还要推倒重来。请大家一定要注意这个问题。我们在规划新老集镇时,都要有现状图、规划图和说明书等资料,我们要一个一个的审查。要十分重视防止环境污染,保护生态平衡。要尽量节约用地,防止乱占滥用和浪费农田的现象发生。

3. 采取多渠道、多途径的办法解决集镇建设、改造资金。加强集镇建设,关键在于发展当地经济,走自力更生之路。关于资金问题,根据有关文件规定,可以采取以下办法:(1)各级政府应从财政包干后所得的收入中,每年划出一定比例的资金专项用于集镇建设。(2)按规定提留给乡镇人民政府8%的城乡农贸市场征收的税款,应主要用于集镇建设。(3)各地收入的市场管理费,除支付管理人员的费用和上交省、市部分外,要结合市场建设,用一部分来建设城镇公用设施。(4)凡在小城镇新建房屋,要按照建筑面积收取市政公用环卫园林设施配套费。小集镇配套费收取标准,要比市中区低一些,这些才有吸引力。(5)所有县的镇,不受工业产值限制,一律参照省革委、计委,建委、财政局1979年2月1日的通知开征公用事业附加。同时,还要继续依靠社会力量,建设好集镇。可以从社队企业利润中提出适当比例,专门用于集镇建设,也可以由镇上各单位集资搞公用设施建设,采取"四自一联"的办法,即各单位自修门前路、自栽门前树、自通门前水、自搞门前卫生,联合筹集资金,搞集镇建设。还要欢迎国内外、省内外、市内外的工商企事业单位到小城镇来办厂开店设机构,协助当地开发小城镇,并从工资福利、劳动就业、入学就医、住房条件等方面给予优惠。

4. 培训技术力量,逐步建设成一支稳定的小城镇建设队伍。市、区、县城建部门要逐级帮助培训建筑技术力量,举办建筑构件技术训练班,坚持边学边做,培训一批学员,就规划一批集镇,带出一批人才。市、区、县城建部门,要组织力量巡回指导施工人员,检查施工质量,防止事故发生。

5. 抓好建筑材料、建筑构件的生产和管理。各地要因地制宜,就地取材,搞好建筑材料的生产。山区要提倡多用石料,江河流域提倡利用河沙生产灰沙制品,城市郊区提倡利用炉渣、粉煤灰、煤矸石等工业废渣生产建筑材料。各种建筑构件要尽量做到标准化。建委要抓一抓这件事。对于国家安排用于小城镇建设的水泥、钢材、木材、玻璃等物资指标,任何单位和个人都不得截留挪用、随意加价和乱收费用。

6. 放宽政策,搞好试点。集镇建设,涉及面广,政策性强,各级领导一定要把这项工作提到重要的议事日程,研究解决集镇建设中的重大问题。随着生产力的发展,分工分业的出现,应允许务工、经商、办服务业的农民自理口粮到集镇落户，民政、公安、粮食、工商行政管理等有关部门，应放宽政策，给这些农民发营业证，准予落户，提供方便。这方面的工作，各县可先搞试点，每县今年至少搞一个。同时，也要抓好面上的工作。

三、关于城乡协调发展问题

地市合并后，不少同志对市带县问题议论较多。有些同志认为，实行市带县，城市需要的农副产品有了保证，农村也可以尽快富裕起来。也有的同志担心能不能把郊县农村经济带动起来，会不会重视了城市放松了农村。这些认识和反映，提出了一个问题，就是怎样认识和发展社会主义的城乡关系。我认为，社会主义的城乡关系不能简单地理解为"你给我农副产品，我让你发财致富"的索取与恩赐的关系，而应当是相互依托，相互促进，相互支援，发挥优势，协调发展，共同繁荣。城乡关系协调得好，就能形成一个城乡共同发展的多层次的生产网络、流通网络、科技服务网络，使各方面的优势和潜力都得到发挥。处理得不好，就会挫伤农民的积极性，使农村已经出现的大好形势得而复失，大城市的经济中心作用也就发挥不出来。从地市合并一年的实践来看，由于大家的努力，效果是好的，实现了城乡经济共同发展。实践证明，市带县是发展的方向，是符合经济发展规律的。

城乡经济与社会协调发展，这是城市总体战略的核心，是一项重要的宏观决策。各级党政和各个部门的领导，作计划，办事情，都要全面规划，城乡兼顾，统筹安排，不能抓了城市，丢了农村，重视了工业，忽略了农业。县委书记、县长也不能光抓农业，忽视了工业，忽视了城镇。

城乡协调发展，涉及的问题很多，矛盾也多。有的问题我在前面已经讲了，这里，我就一些问题讲点看法。

第一，大力抓好各项服务工作，促进农村商品生产的发展。中央1号文件中指出："由自给半自给经济向较大规模商品生产转化，是发展我国社会主义农村经济不可逾越的必然过程。"大城市郊县农村，具有靠近城市这样一个优越的地理条件，兼有城市经济与农村经济的优势，交通方便，市场广阔，可以获得城市在技术、运输、加工、信息、科学经营等各方面的支援，很有利于发展商品生产。我市郊县农村发展商品生产的方向是什么？我认为，应当是以城市为依托，因地制宜，立足本地资源，适应市场需要，抓住靠大城市近的特点，以发展鲜活农副产品为主的商品生产。它的结构是多层次的，如蔬菜、鲜果等种植业；饲养生猪、奶牛、家禽等养殖业；发展第二产业、农村工业；发展商业、服务业。逐步建立起一个具有多种生产门类，能满足城乡多种要求，经济和生态都成良性循环，商品经济占主导地位的城郊型农业经济结构。发展农村商品生产，必须紧紧抓住两条：一是大力发展各种专业户，他们是发展商品生产的骨干。二是搞活流通，大力加强社会服务工作。市、区、县各部门、各行业都要大力支援农业，根据自己的特点和条件，从流通渠道、科技指导、市场信息、交通运输、科学管理、资金信贷、生产资料等方面，用最大力量搞好产前、产中、产后的服务工作。这两条抓好了，我市农村商品生产就一定会有一个更大的发展。在发展专业户中，我市是有教训的，去年"两户"养鸡热刚刚出现，但由于配合饲料和防疫措施等跟不上，影响了养鸡事业的发展。过去我们配合饲料是抓得不够的，有些政策也要研究，需要放活。

第二，要积极发展郊县乡村工业、社队企业。万里同志讲，"有的地方说得好：'无农不稳，无商不活，无工不富。'这里面包含着深刻的合乎我国国情的道理。"可见，发展乡村工业、社队企业，甚为重要，它是社会主义公有制经济的一个重要组成部分，适合我国生产力发展的现有水平，有着旺盛的生命力。发挥它的作用，对于调整我们的产品结构，协调和繁荣城乡经济，增加农民收入，积累建设资金，增加出口，动员大量的劳力资源创造价值，更快地发展商品生产，都具有很重要的意义。发展郊县乡村工业，要坚持国家、集体、个人一齐上的方针。要在国家计划指导下，积极引导农村社队向建筑材料、农副产品加工、饲料生产、矿产能源、运输劳务、商业服务等产业发展。去年有了很大的进步，全市社队企业产值9亿多，比前年增加29%强。但我们要看到，这是一个落后水平。这次耀邦同志来四川算了一下账，四川、云南、贵州三省的工农业总产值才相等于江苏省，人均工农业总产值也只相当于江苏省，四川是580元、云南是450元、贵州是388元，而江苏是1300元。重庆是工业城市，去年人均工农业总产值，算大数是1000块。江苏省是6000万人口，而西南三省是1.65亿人口。江苏省社队企业产值是130多亿，我们去年进步很大，应当肯定，但比起来是个低水平。我们要看到差距很大，也说明我们的潜力很大，是大有可为的。乡村工业的发展，要立足本地资源，不断提高企业素质，讲求经济效益。发展乡村工业、社队企业，首先要解决各地区、各部门领导的认识问题，要不分亲疏，加强组织领导，搞好统筹、协调、服务，全心全意地支持乡村工业、社队企业的发展。今年要进一步把城乡工业网给建立起来，城乡连成一片，大中小工业协调发展，形成合理的工业布局。有的企业的产品可以扩散到农村去。各级计委、经委等部门，要有领导同志分管这项工作。要积极落实资金。坚持以自筹为主，国家扶持为辅，主要依靠集体联办，逐步积累来解决。各级财政部门，要根据财力的大小，尽最大可能挤出一些钱来，扶持集体企业的发展。对原料有保证，产品有销路，经济效益好，发展前途大，而又困难的企业，银行和税务部门要按照规定给予支持和照顾。要积极组织物资供应。属于国家计划管理产品的生产，所需原燃材料要尽量纳入计划，打破先国营、后集体的框框，做到编报计划一样，立户供应一样，价格和收费标准一样，由各级物资部门或主管部门按计划保证供应。未列入计划的产品所需物资，也要尽可能给予支持和照顾。还要维持集体企业的合法权益，不准划走和上收集体企业，不准平调集体财产，挖走技术人员。各区、县工业部门和社队企业，要主动地积极地和市的工业部门挂钩，密切联系；市的工业主管部门要按照归口管理的原则，切实把区县工业和社队企业管起来，在生产技术和产供销等方面给以扶持、帮助，以大工业带动区县工业和社队企业的发展。这一点杨汝岱同志讲了，不是以小挤大，以小争大，而是以小补大。这一方针讲得很明确。

第三，抓紧建立城乡科技网络。农村经济发展，一靠政策，二靠科学。如何发挥城市科技力量雄厚的优势，积极支持农村建设，是一个十分重要的问题。解决得好，就能使我市的农业资源优势得到更好的发挥，转化为经济优势。如我市的柑桔、蚕茧、茶叶都是优势产品，但是不是优势商品，就有问题了。就是这些优势产品，其资源优势并没有很好发挥出来。全市有2700万株柑桔，结果的只有600万株，平均单株产量30斤左右。如果把柑桔优势发挥出来，70%的果树结果，单产达到40斤，总产就是8亿斤。再把储藏、加工抓好，把经济优势发挥出来，其经济效益比现在不是增加几倍，而是上十倍。要实现这个目标，就要把科学技术服务工作搞好，把产前产后服务工作搞好。如农业生产资料技术服务，不但要向农民提供货源，还要提供科学的使用方法。又如农副产品加工技术服务，既有技术的开发与利用，又能向农村提供准确的市场信息。要迅速把城乡科技网络建立起来，为发展农村商品生产服务。现在面临的一个关键问题，就是科技力量集中不起来，形不成拳头。这就要打破部门和行业的界限，把各方面的科技力量组织起来，合理调配，统一使用，进行科学的组合，使人才合理的流动，可以采取借用、应聘、兼职、支援等多种形式，更有成效地及时地把科技成果和新技术运用到农业生产、加工、销售中去，促进农村经济的发展。

城乡协调问题，涉及各部门、各行业，情况比较复杂，需要解决的问题较多。但只要领导重视，各部门密切配合，一切从全局利益出发，也是不难解决的。从去年柑桔购销协调工作就可以看出这个问题。去年我市柑桔大丰收，总产量达到2亿斤。开初担心会大量烂果，后来由于组织得好，大家通力协作，各方面配合得比较好，结果收购柑桔1.4亿多斤，外调8000多万斤，烂果率比大丰收的1980年还降低了1.5%，做到了果农、消费者和国家三满意。从这一点可以说明，只要大家认真对待，都能从全局利益出发,通力协作,存在的一些问题是不难解决的,应该有这个信心。

市和各个区县都要积极做好工作,进一步建立起城乡工业网络、科学技术网络、交通运输网络、金融情报信息网络等。把这些网络建设好了,就会促进城乡经济的进一步发展。搞好城乡协调,是政府各个职能部门的一项重要任务,特别是主管部门、综合部门的责任更大。计划的制定,原材料和生产资料的安排,农商、农工矛盾的协调,还有教育卫生事业的发展,都需要全面规划,统筹安排,协调发展。该部门办的事,一定要认真负责帮助解决,不能"踢皮球";属于部门之间的事,要积极主动协商,互相配合,反对扯皮。农村经济工作涉及很多方面,市级各个部门都要为促进农村经济的发展做出贡献,在新的一年里取得新的成绩。

李成文同志在全市农村工作会议上的总结讲话

(1984年1月26日)

同志们:

市委、市府召开的全市农村工作会议,今天就要结束了。参加这次会议的有各区县委书记,区县分管农业的副书记或副县长,区县农办、财办和研究室主任,同时套开的还有社队企业、供销社和国营农场三个工作会。这次会议,主要是传达贯彻中央〔1984〕1号文件,研究部署今年的农村工作。在会议期间,王谦同志传达了耀邦同志最近来西南地区视察工作时的重要讲话,潘椿同志传达了全国、全省农村工作会议精神,市社队企业局负责同志传达了全国社队企业工作会议精神,学习了今年中央1号文件和万里、杨析综等同志的报告,听了廖伯康同志和于汉卿同志的讲话,还有市级9个部门的同志在大会上发了言。会议在深入领会中央〔1984〕1号文件和中央领导同志的指示精神的基础上,以四天多的时间,结合我市的实际情况,就正确认识农村形势、正确对待农民、正确认识转变中的农村经济和今年农村工作的方针任务、稳定完善农业生产责任制、发展商品生产、疏理流通渠道、产前产后服务、小集镇建设、农村综合体制改革等问题进行了讨论。会议分析了形势,提高了认识,明确了任务,增强了信心,达到了预期的目的。

今年中央1号文件和耀邦同志的指示,使大家开阔了眼界,受到了极大的鼓舞。许多同志说,中央1984年1号文件来得及时,是富国富民的又一个好的文件。耀邦同志的指示从宏观战略高度阐明了中央1号文件的精神实质,指出了今后发展的战略方向,站得高,讲得深,想得远,讲到了农村工作的点子上,对指导我们当前和今后的工作,具有十分重要意义。只要全党认真贯彻,振兴农业就大有希望。大家表示:一定联系自己的思想和工作实际,深刻领会,把我们的本职工作同党的总路线、总目标、总任务紧密联系起来,研究新情况,适应新形势,开创新局面。

会议分析了全市农村的形势,一致认为我市农村同全国全省一样,形势大好。去年,是市、地合并后的第一年,全市农村在中央〔1983〕1号文件的指引下,沿着党的十一届三中全会的路线继续前进,各方面都取得了较好的成绩。其主要特点:一是以户营为主的家庭联产承包责任制,已由大田生产扩展到了蔬菜、工副业、开发性生产和国营农场的经营承包;二是专业户和小的经济联合体发展较快,比上年增长一倍以上;三是农民学科学、用技术有了新的进展,提高了农业生产水平和经济效益;四是农村综合体制改革的试点范围逐步扩大,工作由浅入深,搞得更加扎实;五是农业生产持续增长,获得了三中全会以来的第五个丰收年。去年全市粮食总产107.1亿斤,比上年增长2.5%,农业总产值达到34.1亿元，比上年增长10.64%，人平收入达到270元，比上年增加20元。同时，大家也清醒地看到，农村的经济基础还很薄弱，多数农民还不够富裕，农业上遇到的新问题越来越多，对农村的形势不能估计过高。正如万里同志所指出的那样，我们确实面临着前所未有的大好形势，又确实遇到了许多十分复杂的难题。因此，我们既要看到形势好的方面，增强信心，鼓舞斗志；又要看到不利的一面，大胆探索，知难而进，以坚忍不拔的决心和毅力开拓前进，努力完成今年农村工作的各项任务，推动农村形势更好地向前发展。

到会同志在正确分析农村形势的同时，就怎样正确对待农民和如何适应"两个转变"的问题进行了认真讨论。同志们认为，要进一步发展农村大好形势，如何正确对待农民特别是先富裕起来的那部分农民，充分调动他们的积极性至关重要。不少同志说，专业户是农民中发展商品生产，开创新局面的带头人，端正对待农民的态度必须首先端正对待专业户的态度，我们一定要采取各种措施，大力发展各种各样的专业户。在学习讨论中，大家认为，"两个转变"是我国农村经济发展的总趋势，这个问题去年中央一号文件就提出来了，但我们认识不深，行动迟缓，没有跟上形势的发展。今年中央一号文件再次突出地提出这个问题，并提出了新的要求，我们领导得思想必须来一个大转变，才能适应这种新形势。对这样一个历史性的转折，是拍手欢迎，热情支持，还是忧心忡忡，指手画脚？这对我们每个同志都是一个考验，必须做出自己的回答。许多同志表示，一定要深入农村实际，调查研究，站在历史转折的前头，满腔热情地推动各项改革工作，促进农村商品经济的发展。

这里，我根据耀邦同志的指示和全国、全省农村工作会议的精神，结合这次会议讨论研究的情况，对今年我市的农村工作讲一些意见，供大家参考。

今年我市农村工作的任务，就是以贯彻落实中央1983年和1984年两个1号文件为中心，继续解放思想，推进改革，在稳定完善联产承包责任制的基础上，提高生产力水平，疏理流通渠道，发展商品生产，促进"两个转变"，进一步发展我市农村中已经开创的新局面。具体要求，在去年的基础上，粮食增产2亿斤以上，农业总产值增加3亿元，实现人平增产粮食二三十斤，人平增收二三十元的奋斗目标。

为了实现这一任务，必须切实抓好以下十个方面的工作：

一、认真学习、宣传、贯彻中央两个一号文件，统一思想认识

中央〔1983〕1号文件所提出的农村发展的基本目标、方针政策，经过一年的试行，证明是正确的，现在中央已决定将其作为今后一个时期内指导农村工作的正式文件，必须继续贯彻执行。今年中央的一号文件，是去年中央一号文件的继续和发展，是进一步发展农村新局面的指导方针，它的鲜明特点，是强调保持党的政策的稳定性和持续性。认真贯彻这个文件，对于发展商品经济实现"两个转变"，具有十分重要的意义。因此，我们各级领导一定要把贯彻落实中央两个一号文件作为自己的头等大事，认真组织干部和群众学习、宣传，做到家喻户晓，人人明白，尽快消除一些群众怕政策变的顾虑，把党的政策变为群众的自觉行动，成为推动历史前进的物质力量。

当前，我国农村正处在由自给半自给经济向大规模商品生产发展，由传统农业向现代化农业发展的历史性转折之中。今年中央一号文件的基本精神，就是大力发展商品生产，促进这个历史性的转变。通过学习、宣传一号文件，要使各级干部深刻理解这个历史性转变的深远意义，改变对商品生产的错误看法，明确发展商品生产是我国建设社会主义、提高农村生产力的不可逾越的必然过程。要充分认识到，社会主义是不可能在自给半自给经济的基础上巩固和发展起来的。只有大规模地发展商品生产，才能激发活跃现有生产力，为社会主义充实物质基础。农民对国家现代化的最主要贡献，就是提供数量更多、质量更好的商品。党的领导，归

根到底，就是领导农民干好这件大事。只有大力发展商品生产，才能为农村剩余劳动力找到出路，组织他们投入商品生产，为社会创造更多的物质财富。因此，发展商品生产，是农村富裕的前提，是农业现代化的前提，是整个农村实现党的十二大宏伟目标的重要条件。

在这个历史性转折的关键时刻，我们各级领导同志首先要在思想上来一个大转变，改变过去只抓生产，不抓流通的老习惯，不能只当"农业书记"，更不能只当"粮食书记"。我们一定要具有领导好整个经济工作的知识和本领，用现代化的眼光，总揽经济全局，领导农民大规模地发展商品生产。

二、进一步稳定和完善联产承包责任制，不断提高农业经济效益

家庭联产承包制，"是在党的领导下我国农民的伟大创造，是马克思主义农业合作化理论在我国实践中的新发展"。这种责任制把农民家庭承包、分散经营作为生产关系的一个层次，已经显示了巨大优越性，现在需要进一步稳定和完善，使它适合生产力各个不同阶段的发展水平，否则就不能继续前进。

我市实行以户营为主的家庭联产承包责任制，已发展到了99.5%。目前，进一步稳定、完善联产承包责任制，应主要抓好这样四个方面的工作：

1. 稳定承包责任地。只有承包地保持了稳定，才能从根本上调动农民的积极性，才能鼓励农民对土地投资、改良耕地、提高地力。中央规定，土地的承包期，一般应在15年以上。生产周期长的和开发性的项目，承包期应更长一些。凡是已向群众明确宣布土地的承包期在这个年限以上的，就不要再变动了；凡是没有明确延长承包期的，要按中央规定去办。在延长承包期以前，群众有调整土地要求的，应本着"大稳定，小调整"的原则，经过群众反复协商，由集体统一调整。承包地过于零碎的，应允许社员之间协商调换，报合作经济组织备案。对于新增人口的承包地，可以根据当地的情况和群众的意愿，采取多种办法解决。留有机动地的，用机动地解决；没有留机动地的，可以将承包地划出一定的比例作为机动地解决；也可采取"生等死，进等出"的办法，依次排队解决；还可以采取调整上交任务的办法解决。

2. 允许转包土地。土地转包，这是随着社会分工和商品生产的发展，要求改变劳力同土地相结合的规模而产生的必然趋势，它能使土地逐步向种田能手集中，是一种历史的进步。转包的土地，可以交集体统一安排，也可以经集体同意，由社员自找对象协商转包，但都不能改变向集体承包的合同内容。转包条件可以根据当地情况由双方确定。目前，在我市转包土地的经济关系有无偿转包、有偿转包、补偿转包三种形式。在实行粮食统购统销制度的条件下，转包土地应当允许由转入户为转出户提供一定数量的平价口粮，或采取群众乐意接受的其他形式，使转出户得到相当于提供平价口粮所得到的补偿。总之，转包土地只要是在保持土地公有制不变的前提下，在经济关系的处理上可以灵活一些。无论采取哪种转包形式，对土地加工的投资，都应得到相应的补偿。

3. 正确处理好"统"与"分"的关系。稳定和完善联产承包责任制的关键，是处理好"统"与"分"的关系。当前，在处理"统"与"分"的关系上，存在的主要问题是，对服务性工作的"统"与"分"还没有解决好，没有把一些该统的服务性工作搞起来；有的在统一举办某些生产项目时，又没有走好群众路线和自愿互利的原则。我们现在要注意发展服务性工作中"统"这个侧面。所谓发展，并不是重新回到"集中劳动，集中经营"那一套上去，而是要适应新情况，发展为农民家庭经营，分散经营的服务上来，做到宜"统"则"统"，宜"分"则"分"。凡是社员自己想办而又办不了的，或者能办而在经济上不合算的，如管理使用水利设施、防治病虫害、牲畜的防疫、制种配种、饲料添加剂、温室育秧等，需要统筹安排，统一管理，分别承包，开展服务。在统一经营这些生产服务项目时，一定要坚持自愿互利的原则，凡是服务，都不能强迫农民接受，而要靠优质的服务吸引农民。在社队企业的经营承包中，有的把

规模大、办得好的企业,盲目套用农业大包干的办法,承包给了个人或几个人经营,没有坚持集体对企业的统一管理权,没有提取折旧费、大修理费和扩大再生产费用等。因此,在承包时,要防止少数人仗权垄断,压低承包指标。对过去由于缺乏经验,包得极不合理,群众意见又大的,要本着实事求是的精神加以调整。

4. 继续落实林牧渔业责任制。对林牧渔业要适应户营为主的特点,继续放宽政策,分别不同情况,实行专人专户或联户承包。对包不出去的项目,要适当让利,降低承包指标,尽快承包下去。林业要按重府〔1983〕193号文件精神,把集体的残次林和一些集体不便经营的林地,承包给社员植树造林,谁造谁有,山权不变,收益分成,造者多得,也可以改收资源费。把集体的荒山、荒坡、荒滩划给社员种草植树,谁种谁有,长期不变,可以继承,可以折价转让。不少地方的渔业责任制还很不落实,为了充分利用水面资源,要把各种塘堰和没有建立管理机构的小水库,承包到户到人经营管理,做到养鱼与管水责任制相结合。去冬以来,全市耕牛总头数下降,配种率下降,产仔率下降,其原因之一是耕牛的饲养管理责任制不够落实。为了改变这种状况,除了联户饲养得好的以外,都要采取批价付款或批价作生产抵垫等办法,将耕牛批价到户,归私人所有,以加强饲养管理。国营农场要普遍推行家庭大包干责任制,积极试办职工家庭农场。

5. 健全财务制度。加强财务管理,健全财务制度,是提高经济效益的重要环节。近年来,多数地方对社队的财务进行了清理,但存在的问题仍然不少,应继续进行清理。所有合作经济组织,都要建账记账,认真清理固定财产,建立土地和固定财产的清册。要清理债权债务,该收回的要收回,该偿还的要偿还。要管好公共积累和收回的集体财产折价款,除归还贷款外,可用于发展乡村工业、小型水利建设和其他开发性建设,不得分掉和平调。要建立严格的财务管理制度,杜绝贪污挪用。

同时,要落实好承包合同和农商合同。所有承包项目,都要签订好承包合同。合同期限应考虑到社会需要的变化和生产的发展,以便实事求是地调整生产项目和承包指标。凡是要收购、派购的农副产品,都要同农民协商签订好农商合同,双方应履行各自的权利和义务。合同一经签订,就不能随意变动,失信于民。

三、以专业户为先导,大力发展商品生产

目前,我市农村的各类专业户已有21万多户,约占总农户的8%左右。开始出现了一些专业队、专业村。但发展的速度不快,其原因除了经济条件的限制、有关政策和工作没有及时跟上外,少数地方和一些领导对专业户的认识还不够正确。在干部中有三怕:一怕"两极分化"、二怕"冲击计划"、三怕性质起变化。专业户也有不少顾虑,一怕政策变好景不长,二怕要收税负担过重,三怕红眼病挨黑整,四怕要问罪担心坐牢。致使有些地方对专业户的情绪由热变冷,出现了"干部不大管,看起不顺眼,自己怕危险"的现象,极大地影响了专业户和商品生产的发展。

面对这种情况,我们必须端正对农民的态度,加深对专业户的认识。耀邦同志说:"现在的专业户,最能开创新局面。"专业户是农民中善于把各种生产因素组合起来的最积极、最活跃的分子,是一批有文化、有技术、有经济头脑的发展生产力的带头人,是发展商品生产的骨干力量,是开创农业新局面的先锋。专业户的优越性可以概括为"三高",即劳动生产率高、土地利用率高、产品商品率高。因此,我们要利用各种宣传工具,采取各种形式,宣传专业户的地位和作用,肯定他们是勤劳致富的模范,是科学技术的追求者、示范者和传播者,是农村建设社会主义事业的先进分子,是当前农村中先进生产力的代表;讲解党的基本政策的稳定性和连续性,宣传党的搞活农村经济的政策不变,党的富民政策不变。通过宣传,使大家明确,当前进一步解放思想,就是要解决好正确对待农民特别是那部分先富裕起来的农民即专业户的态度问题,做到任何时候都必须十分重视、坚决保护、充分发挥农民特

别是专业户的积极性,以解除专业户的思想疑虑,端正社会上对专业户的看法。各区、县要按省委的要求,于今春再一次召开专业户代表会议,总结经验,大造声势,推动专业户的发展。要搞好资源、技术和市场的调查,认真规划,帮助专业户选择切实可靠的项目,做到有计划的发展。要采取有效措施切实保护专业户的合法权益,为专业户撑腰壮胆,对破坏专业户生产,盗窃专业户财产,危害专业户人身安全的刑事犯罪活动等,要依法给以惩处。要为专业户的产、销穿针引线,尽快解决专业户在发展商品生产中的买难卖难问题。要抓好饲料、良种、科技、防疫等服务体系的建立和完善工作,搞好产前、产中、产后的服务,为专业户的发展创造良好的条件。要通过专业户带动广大农民发展商品生产,逐步形成专业村、专业乡、专业镇和专业市场,生产更多的商品,不断满足人民日益增长的物质和文化生活的需要。

同专业户发展相关联的有一个雇工问题。根据9个区、县的统计,有雇工企业2489个,雇工22572人,占这些区、县总劳动力的0.75%,最多的永川县占3.8%。在目前情况下,雇工现象是难以避免的,允许有一点雇工,对于吸收农村剩余劳动力,利用闲散资金,开发经济资源有一定的积极作用,利大于弊。我们要按中央两个一号文件的规定执行,并继续作好调查研究,把具有某些合作经济因素的经营与资本主义的雇工经营区别开来,把经营承包制中的劳务技术合作同私人雇工经营区别开来。对具有合作经济性质的经营,要帮助他们继续完善提高;对超出规定的雇工经营,要视其情况,积极加以引导,增加合作经营的因素,向新的合作经济发展。

四、充分发挥优势,加速乡村工业的发展

关于发展社队企业的问题,中央〔1984〕1号文件把它作为一个重要问题专门提了出来。最近全国社队企业工作会议,又研究了发展社队企业的许多重大措施,在这次会上已专门作了传达,我们要认真贯彻这些精神,使我市社队企业在今年内有个大的发展。

近几年来,我市社队企业有了较大的发展,去年总产值达到9.19亿元,比上年增长29%,已成为全市国民经济中不可缺少的组成部分,建筑建材、轻化工、食品、能源矿产、机械、商业运输服务等已初具规模。但是,从全国来看,我市的社队企业还很落后,一是数量少,二是素质差,按农业人口计算,1982年全国人平96元,上海800多元、北京600多元、天津580多元、成都110多元,而我市去年才只有78元,差距甚远。这种状况,同我市所处的经济地理位置、拥有的资源条件、雄厚的大工业基础和科技力量相比,是极不相称的,同实现工农业总产值翻两番的任务也是很不适应的。

乡村工业是农村经济的重要支柱,是城市大工业不可缺少的助手。随着城市工业的发展,必然逐步向农村扩散产品,这是社会经济发展的必然趋势。只有发展乡村工业,才能在城乡之间建立起牢固的经济纽带,进而把工农业联成一体,实现城乡经济一体化。只有发展乡村工业,才能使农村的资源优势变为产品优势,使产品优势变为商品优势,使商品优势变为经济优势。只有发展乡村工业,促进分工分业,改变农村经济结构,才能够增强农村经济的实力,把农民从耕地上分离出来,加速小城镇建设和农业现代化的步伐,只有发展乡村工业,才能使小城镇建设有可靠的经济依托和广阔的发展前景,这样农民就能更快富裕起来,民富国才能强。

发展乡村工业,要坚持"充分利用当地资源,面向国内外市场,特别是广大农村市场,以发挥自己的优势,与城市工业协调发展"的基本方针,立足农村资源,发挥当地优势,面向城乡市场,选准发展项目,真正做到原料有来源、产品有销路、生产有条件、企业有利润,以加快发展速度。同时,市对区县要尽可能地给予支援和帮助,积极开展多层次、多渠道、多形式的城乡联合,做到统筹兼顾,合理布局,协调发展。凡新建以农副产品为原料的加工工业应放在农村;城市和农村都能搞的产品,应择优

先安排在农村;有些不适应在城市生产的产品,而放在农村又比较合适的,应有计划地放到农村去;对城市中任务饱满的,又因种种条件不能扩大的企业,可向农村扩散。搞专业化协作,组织"一条龙"配套生产,一定要按实际情况办事,优势在哪里,龙头就放在哪里。当前,发展的重点:是饲料工业、食品工业、建筑建材业、小能源工业和运输业,这些项目在我市都具有很大的优势,又是社会的需要,必须大力发展。

我们现有社队企业,普遍存在着素质差,经济效益低的问题,要继续抓好整顿,搞好领导班子建设,建立和完善经营承包责任制,改善经营管理,加强技术培训,积极进行技术改造,提高企业的素质和经济效益,使其健康发展。要充分利用好现有的科技力量,鼓励城市技术人员下乡,倡导和组织不同地区、不同单位的人才和技术的流动,为发展乡村工业增强技术力量。沙坪坝区依靠大专院校和市退协力量,办好保健食品研究所的经验很好,各地要积极学习推广,发展乡村工业主要靠农业内部的积累和农民的集资,单靠财政补贴是不行的,也是不长久的。当然,国家也要给予必要的扶持,属于国家支援农村人民公社的资金,应以不少于50%的部分,用于发展社队企业,地方财政用于发展农业的资金,也要安排一部分扶持社队企业。对乡村企业的产、供、销,有关部门应尽可能地纳入计划。属于乡村企业交给国家统一分配的产品,所需的原燃材料,必须纳入国家计划。凡是国家提供原燃材料的产品,应执行国家规定的统一价格;用议价原燃材料生产的产品,允许议价出售。对省、市发展乡村企业的一切规定,有关部门要继续贯彻执行。乡村企业在实行八级累进税率征税以后,要在减免税收方面给予适当照顾。具体减免项目和减免多少,可由各区、县人民政府提出方案,报请市人民政府批准执行。

农民之间的各种各样的小联合体,具有经营灵活、适应性强、经济效益高和小而专的特点,发展很快。社队企业要把他们纳入管理范围,加强指导,积极扶持,并帮助他们建立健全管理制度,工商部门要给予登记发证,银行要给予信贷支持和开户立账,以利他们更快更好地发展。在发展社队企业的经济联合中,要坚持所有制、隶属关系、财务分配制度和税利解交关系等不变的原则,已改变了的,要纠正过来。

五、疏理流通渠道,搞好产前产后服务工作

发展商品生产,流通要搞活,与流通相关的交通也要搞活,实行多渠道和多种形式的经营,这既是中央已定的方针,也是群众的要求和经济发展的规律,堵和卡都是错误的,我们只能顺应经济发展的这个规律,去梳理流通渠道,搞好产前产后服务工作,使流通真正起到生产与消费的桥梁作用。

近年来,经过对流通体制的初步调整和改革,我市城乡流通堵塞的状况有所改变。去年1至11月份,全市农贸市场成交总额达5.5亿元,比1982年同期增长11.4%。从事贩运活动的有5万多人,其中95%以上是农民,贩运到8个城区112个农副产品市场的蔬菜、水果、肉、禽蛋、鱼等鲜活产品达3.3亿多斤,占上述地区国营商业同类商品零售量的67%。同时,也捎带了大量的工业品下乡,促进了城乡物资交流。这个事实说明,农村运销专业户在流通领域内已经起了很大的作用。但是,流通不畅的状况并没有根本改变,本来一些农副产品并不是真正过剩而由于流通不畅,却往往造成产地积压滥市,销地供应紧缺,致使农村中买难卖难问题很突出。因此,我们必须坚持计划经济为主,市场调节为辅的原则,采取国家、集体和个人一齐上的方针,继续进行农村商业体制改革,真正做到城乡开通;允许竞争,不要设关设卡、保护落后。当然也要加强管理,但管理的目的是为了搞活,不是一律赶走,一管就死。

1. 要在发挥国营商业和供销社为主渠道作用的同时,实行多渠道流通。对流通体制要进一步进行调整和改革,逐步形成一个比较完善的多种经济形式、多条渠道流通的流通体系。国营商业和供销社要充分利用现有的一切经营手段和设施,做好丰

欠〔歉〕调剂、淡旺调剂、余缺调剂,承担起收购农副产品和推销工业品的任务。同时,要支持农工商企业、乡村合作企业、贸易货栈以及农村流通运销专业户参与流通领域的活动。各区、县政府和有关部门,要采取各种有效措施,为销售农副产品提供运输、贮藏和营业场地等各种设施。如开放各种专业的和综合的批发交易市场,开设批零兼营商店,举办交易会等形式,解决农民的买难卖难问题。市委、市府拟在市中区适当地点开设农副产品贸易中心,并打算在南坪筹建规模较大的农贸中心,以促进城乡之间的物资交流和城市工业品的向外辐射。各区、县也要像永川、铜梁、潼南和沙坪坝等区、县那样,根据自己的实际情况,开设农贸市场,方便农副产品的销售,尽量减少流通环节。凡是能够产销直接见面的,要尽可能直接见面,凡是可由生产单位与商业零售直接挂钩的,就不要经过批发环节。凡是靠吃"开票饭、收买路钱"的中间环节,要统统砍掉。凡是按经济流向的流通渠道,就应该畅通无阻,不受行政区划的限制,做到货畅其流,不断提高社会经济效益。

2. 继续调整农副产品的收购政策,要随着生产发展和市场供应的改善,逐步减少统派购的品种和数量,尽量按经济规律办事。省里对调减一、二类农副产品的统派购问题,正在进行研究。市有关部门也应进行调查研究,提出改进意见。生猪还是要继续坚持派购政策,实行计划收购。派购计划以内的,按规定奖售粮食,派购以外的议价购销,不奖售粮食。凡实行统派购的产品,除特殊规定以外,在购销活动中要尽量放松,可在保证完成国家派购计划和经营合同的前提下,边完成国家计划,边上市出售。国营商业和供销社对退出统派购的一、二类农副产品,要采取合同收购、挂牌收购等办法,继续经营。凡允许上市的品种,可以多渠道经营,价格也要真正放开,允许国营商业,供销社有合理的进销差率,以便参与市场的竞争和调节,做到活价促产。

3. 搞好农副产品流通设施的建设,随着农村商品生产的发展,农副产品的经营要逐步转向收购、加工、运输、贮藏、销售等综合经营。现在,不论城市或农村,这些设施都很不足,严重影响了农副产品的流通。因此,必须下大决心,通过各种途径,广开资金来源。除市和区、县财政要有计划地增加投资外,国营商业、供销社和农工商企业,每年要在税后留利中提取一定比例的基金,并发动社队企业和农民集资。新建或扩建各种商业设施,凡属商品流通的基础设施,谁举办,谁经营,谁得利,税务部门应给予照顾和优惠。要大力发展农村水陆交通运输,拉通江河航运,除国营外,对集体和个体运输要大力给予扶持,县、社的船只,可以直接出川入海,允许农民购买汽车、拖拉机、船只从事运输,以充分发挥他们在推销农副产品中的作用。

要促进农村商品生产的发展,除了大力疏通流通渠道以外,还要认真做好产前、产后服务。当前,要着重抓好以下几个方面的工作。

一是信息服务。搞活流通,离不开信息工作。市里除继续办好《重庆经济信息报》外,拟在供销社内建立信息机构,由供销社牵头,吸收工商、邮电、二商、二轻、粮食、社队企业,长江农工商公司等有关单位参加。各区、县也要根据自己的情况,建立相应的信息机构。通过这些机构,形成灵敏的信息网络,定期公布信息,指导农民更好地发展商品生产。

二是科技服务。要在普查农村人才的基础上,逐步建立健全农技推广体系,办好中央农业广播学校,积极开办职业中学,并充分利用农干班、农校、农职校等阵地培训基层干部和各种农民技术员。要发挥乡农技站、科普协会、农民技术员、科技示范户和各种科普刊物的作用,搞好农业科学知识的普及教育,把科学知识送到千家万户。要管好用好农用机具,并发挥农机专业户的作用,为农民提供农机服务。农业区划工作,要按国家和省的统一安排,切实搞好以土地资源为重点的农业资源调查和以县级农业区划为主的农业区划这两项工作,积极推广和运用区划成果。

三是植保防疫服务。植保防疫是农业生产上比较薄弱的环节。已经建立植保防疫体系的,要在总结原有经验的基础上,提高服务质量,没有建立的要尽快地建立起来,力争今明两年在这方面有一个较大的突破。

四是良种服务,农业科研部门要组织对主要农作物和畜禽良种的引进与地方良种的选育,不断改良品种。种子部门要改善种子的供应工作,积极推广良种,保证种子质量。当前,要继续推广好杂交水稻、杂交玉米,进一步扩大小麦和红苕的良种面积,提高单位面积产量。

五是经营管理服务。农村的经营管理工作,要把重点转移到经营上来,普遍推行专业会计和专业出纳制度,改进县、社经营管理机构,建立乡经营管理站,积极开展经营管理服务。

六、积极搞好小集镇建设

发展小集镇是当前农村经济发展中提出的一个新问题,是一个长远发展的战略问题,它同发展专业户一起,是继农业生产责任制后的又一大政策,是促进社会分工,发展商品生产,促进农民富裕的又一大政策,是生产力的又一次大解放,其重大意义是十分深远的。随着农村商品生产的发展,社会分工将越来越明显,就会有更多的人逐步从土地上分离出来,从事各种专业生产,其中的一部分就要到小集镇从事工业、商业和服务业。这是历史发展的必然趋势。它将为农业生产向广度和深度进军,为改变工业和人口的布局创造条件。

全市乡以上的场镇有789个,其中有集镇建制的44个,为了有计划、有步骤搞好这些集镇的建设。各区、县要根据国务院城乡建设部关于搞好村、镇规划的要求。在今、明两年内完成对这些集镇的建设规划,巴县、永川两县要在农村综合体制改革的试点中,按照省委的要求,积极进行小集镇建设的试点,其他各县也要选择一两个大的集镇进行试点,允许务工、经商、办服务业的农民自理口粮到集镇落户。

为了搞好小集镇的规划和建设这一新的工作,财政、公安、工交、民政、城管、税务、粮食等有关部门,要结合自己的有关业务,抓紧进行调查研究,提出意见,报市委、市府批准实施,以推动小集镇的发展。

七、制止不合理摊派,减轻农民的额外负担

减轻农民不合理负担,是一项重要的政策,耀邦同志指出,要注意群众生活,不要加重群众的负担,对加重群众负担的苛捐杂税,要检查,要批评,要纠正。根据这个精神,结合我市的实际情况,要抓好这样几点:

1. 县、乡两级一定要把好社会负担的口子,乡政府要根据当地农民的经济状况,对农村教育、计划生育、民兵训练、优抚、交通等各项民办公助事业,定项限额,提出预算,报县政府批准执行,中途不得额外增加,在预算中,要量力而行,精打细算,对超过农民负担能力的事,可以少办、缓办,或者不办。

2. 合作经济内部的各项提留要严加控制,公积金、公益金、行政管理费(包括干部补贴)等,要尽量压缩,不得重复提留。少数生产水平低,无力提留积累的地方,可以暂不提留。

3. 改进过去一律按耕地面积摊派负担的办法,不同的负担项目,应分别按人、按劳、按亩分摊,以避免种田的农民负担过重。

4. 要积极搞好合作经济内部的开源节流工作,合作经济组织要办好集体工副业,增加社员收入,以集体的收入抵减社员的部分负担。

通过以上这些工作,把我市农村的各项社会负担和集体提留压缩下来,要求除农业税外,人平负担应控制在7元左右,经济力量强。收入多的地方,也可以适当多提一点。

八、抓紧进行农村综合体制改革,适应农村经济的发展

近两年来,我市农村的综合体制改革工作,已经收到了显著的成效。全市区、县一级的机构改革已经基本完成,实行党、政、企分设的公社有208个,占公社总数的26%,大队5077个,占大队总数

的56%。改革促进了生产的发展，活跃了农村经济。为了进一步加快农村经济发展的速度，必须继续从实际出发。尊重群众的意愿，坚持"三兼顾"的原则，把改革引向深入。

1. 乡、村的体制改革要全面铺开，加快速度。今年上半年，各地要结合基层的选举工作，建立乡政府，实行党、政、企分设。公社一级经济组织的设置，应按经济发展的实际情况确定。已经形成经济实体的，应建立经济组织。过去在试点中已经建立的经济组织，要充分发挥其作用；公社经济力量薄弱的，要建立不同形式的经济联合组织或协调服务组织；没有条件的公社，可以不设置经济组织。在乡一级，应由乡经济组织或乡政府，把农技、植保、农机、林业、水利、多种经营、畜牧兽医、经营管理和社队企业、供销社、信用社等基层事业、企业单位的力量组织起来，做好各项服务工作。为了巩固和完善乡政权，促进乡村经济的发展，要随着乡政权的建立，逐步建立乡一级的财政和相应的预决算制度。今年上半年，各区县可选择几个公社进行试点，摸索经验。乡以下，为了完善统一经营和分散经营的体制，应以土地公有为基础建立地区性的合作经济组织。根据我市实际情况，这种经济组织一般暂以原生产队为单位设置为好。在改革试点中，已由联队建成合作社的，要认真办好。合作社或生产队只设一名社长或队长，不建管委会。大队已经成为经济实体的，可以建立或保留同村民委员会分立或一套班子两块牌子的区域性合作经济组织，但在一个村内享受补贴的干部不得超过3名。

2. 供销社的改革要深入进行下去。首先，要扩大基层社的经营范围和服务领域。今后国营专业公司一般不再新设基层收购点。已下伸的收购点，计划收购部分可委托供销社代购，计划外的部分可由供销社经营，或发展各种形式的联营。除了做好农商合同范围内产前、产后服务工作外，农民要求出售合同外的产品，供销社应尽可能地做好服务工作，帮助农民解决买难卖难问题。同时，还要积极发展加工、贮藏、运输、技术指导等服务，逐步把供销社办成农村综合服务中心。其次，要切实改进基层社主要为上级公司代购的办法，实行公司和基层社联营，扩大基层社的经营自主权，使县联社真正成为基层社的联合经济组织。第三，改现行的行政管理专业公司为企业公司，把县联社办成经济实体。

3. 继续抓好信用社管理体制的改革。信用社管理体制的改革，就是把信用社办成在农业银行的指导、督促下，实行独立经营、独立核算，自负盈亏的经济实体，充分发挥其民间借贷的作用，恢复其合作金融组织的本来面目。全市要在去年试点的基础上，今年全面推开，明年一季度组织验收。

4. 食品和茧丝公司核算体制的改革问题。根据全省农村工作会议确定的原则，我们市应当将食品公司和茧丝公司的核算体制下放到县，请市二商局、纺织局会同财政局提出具体方案，报市府批准执行。对蚕茧的收购，要采取扶持社队办茧站，扩大国营茧站，委托基层供销社和社队企业代购，允许经过培训的个体户收购等办法，依靠国家，集体和个人的力量，以改进收购办法，解决农民卖茧难的问题。

5. 为了加强对农村综合改革工作的领导，根据省委指示，市委要成立农村综合改革领导小组，常委有人分管。各区、县也要把这项工作纳入议事日程，成立相应的机构，分工领导负责，确定专人具体管理。改革工作要围绕实现"两个转变"，发展商品生产进行。改革要大胆探索、创新，允许有所突破，各有关部门要积极支持。

九、在搞好物质文明建设的同时，要抓好精神文明建设

物质文明是精神文明建设的基础，精神文明是物质文明建设的保证。把社会主义的物质文明和精神文明一齐抓，是我们党的长期战略方针。在农村不提清除精神污染的口号，但不能因此放松农村的思想政治工作。从整个农村来说，广大农民和农村中的党员、干部，经过我们党几十年来的教育，政治思想状况是好的。但近些年来，农村中封建迷信、偷盗赌博、摧残妇女等情况也是严重存在的，必

须采取有效措施加以解决。对干部要着重加强党的路线、方针、政策和形势任务的教育,组织干部认真学习今年中央一号文件,学习党的十一届三中全会以来的重要文件,学习十二大报告和《邓小平文选》,加深对现行政策的理解,明确十二大提出的奋斗目标,把思想统一到党的路线、方针、政策上来,统一到十二大提出的奋斗目标上来,牢固树立为人民服务的思想,扎扎实实做好本职工作,带领广大群众,建设社会主义的新农村。要加强对农村党员的教育,分期分批轮训党员,组织党员学习整党决定等文件,提高政治觉悟,认清整党的迫切性和必要性,联系自己的思想和工作实际,自觉克服和纠正缺点错误,发挥党员的先锋模范作用,用实际行动迎接农村整党的到来。对广大群众要进行马列主义和毛泽东思想的教育,进行爱国主义和社会主义教育,开展"五讲四美"和文明村、文明企业、五好家庭的活动,以提高农民的思想觉悟。在农村两个文明建设中,一定要认真抓好计划生育工作,把农村的计划生育工作做得更好。

在开展农村思想政治工作和反对某些错误行为中,要注意划清界限。不要把政策允许的经济活动同不正之风混同起来,不要把农民一般性偏离经济政策的行为同经济犯罪混同起来,对经济上的问题,主要采用加强引导和管理的办法解决,对思想上的问题,主要用正面教育的办法解决。切不可简单从事,更不准乱用批斗的办法对待群众。

十、加强党对农村工作的领导

我市农村的形势总的说来是好的,但农业的基础薄弱,灾害频繁,千万不能掉以轻心。现在,又面临着大规模地发展商品生产,各级干部都还缺乏知识和经验。因此,必须重新学习,更新知识,改进工作,以适应新的形势,加强党对整个农村工作的领导。

选拔和培养人才,提高干部的素质,是加强领导的关键。目前,区、县一级领导班子已经调整配备好,正在着手安排县属区、乡的领导班子。通过调整,新的领导班子总的看是比过去加强了,但新提上来的同志工作经验还不够丰富,对情况也不够熟悉,还有一个适应和提高的过程。因此,加强对干部的培训,进一步提高干部队伍的素质,已成为一个突出的任务提上了议事日程。各区、县要根据今年中央一号文件的精神,结合自己的实际,在对干部进行政治和政策教育的同时,要建立培训基地,力争在两三年内,把所有基层领导干部和技术人员都轮训一遍,组织他们学习经济管理和科学技术等方面的知识,使他们不但要懂得农业,而且要在一定程度上了解国民经济各个部门以及文教、科技、卫生、体育等方面的基本知识,从思想、知识和能力等方面都适应新形势的发展。

党的领导,主要是思想政治路线和方针、政策方面的领导。各级各部门都要认真学习和掌握党的总路线、总目标,坚持在政治上同党中央保持高度的一致,议大事,懂全局,干本行。今年农村工作的中心,就是贯彻执行中央一号文件,这是全党的大事,不是哪一个部门的事。各级各部门、各厂矿企事业单位,都要组织所有干部、职工认真学习好一号文件,把思想认识真正统一到一号文件上来,以实际行动支援农业。市级各部门还要在整党中根据党中央制定的路线、方针和政策,紧密联系本部门本单位的实际,围绕大规模发展农村商品生产、党的总目标和建设具有中国特色的社会主义这一主题,对照检查本部门、本单位的业务方针,对于不符合中央1983年和1984年两个1号文件精神的规定,要进行一次全面的清理。在总结经验教训的基础上,提出切实可行的改进意见,并采取有效措施,认真落实。

目前,我国农村正处在一个历史性的转变过程中,新情况、新问题很多。如在农村经济政策放宽后,怎样教育农民处理好三者利益的关系问题;农村商品生产发展后,怎样进一步解决农民买难卖难问题;农民从土地上分离出来后,怎样解决他们进入集镇从事他业的问题等等。这些都需要我们在工作作风上来一个大转变,克服当前浮在上面多,深入基层少,谈论问题多,解决实际问题少的现象,切实转变作风,深入基层,深入实际,调查研究,丰富自己的知识,提高领导才能,坚持按照经济规律和自然规律办事,不断改进工作。对于看准了的事,一定要兢兢业业、扎扎实实地抓下去,打开新局面。

搞好市带县,是加强农村工作的重要一环。从去年4月市、地合并,实行市领导县的体制以来,市级有关部门和各区、县根据市委〔1983〕37号文件的精神,做了许多工作,收到了一定的成效。但市带县的工作,有的才刚刚破题,还有许多没有破题,必须认真总结经验,继续贯彻好37号文件的精神,把市带县的工作切实搞好。搞好市带县,关键在市。市级各部门都要以37号文件对照检查,进一步加深对市带县这一体制改革的重要意义的认识,结合本部门的业务制定出城乡一体的改革规划,发挥城市的各种优势,带动和扶持农村商品经济的发展。各区、县也要根据自己的资源和条件,主动同市级有关部门加强联系,互相配合,做到城市和农村、工业和农业协调发展。为了有利于农村经济的发展,各级农村工作机构只能加强,不能削弱。

同志们,为了夺取今年农村工作的新胜利,在这次会议之后,各区、县从春节以后到春耕大忙以前,要集中时间、集中精力,大张旗鼓地把中央1号文件精神宣传贯彻到广大群众中去,发挥政策的威力,充分调动广大干部和群众的积极性。各级主要领导同志,一定要认真学习,深刻领会文件精神,带头向干部、群众宣讲。要组织一定的力量,到一两个公社宣传贯彻文件精神,抓点带面,把学习宣传工作不断引向深入。要把宣传贯彻1号文件同农村生产和各项工作紧密结合起来,以1号文件为动力,推动农村两个文明建设的发展,抓好当前的大春备耕、小春管理、蔬菜生产、农田基本建设、春季植树造林和沼气建设等工作,在新的一年里夺取新的胜利,为使农民尽快地富裕起来打下良好的基础。

中共重庆市委办公厅关于转发《廖伯康同志在全市工交企业厂长、书记会议上的讲话》的通知

(1984年9月11日)

各区、县委,市级各部、委、办、局党组(党委),市属以上厂矿企事业单位党委(总支、支部):

经市委同意,现将《廖伯康同志在全市工交企业厂长、书记会议上的讲话》印发给你们,请按讲话中提出的工作要求,结合本地区、本部门、本单位实际,认真贯彻执行。

中共重庆市委办公厅
1984年9月11日

廖伯康同志在全市工交企业厂长、书记会议上的讲话

(1984年9月6日)

同志们:

这次全市工交企业贯彻国务院扩权《十条》,落实"小配套"改革的经验交流会,是开得很及时的。重钢、中南橡胶厂、地质仪器厂等14个单位的大会发言和书面发言,介绍了典型经验,都是很有启发性的,很值得我们大家学习、借鉴和参考。这些典型经验,也是探索性的,在探索中还要继续发展、完善。各单位要着重学习他们解放思想,敢于改革,踏实工作的精神,至于具体做法,各单位要结合自己的情况,注意从实际出发。下面我讲几个问题。

第一个问题,对全市落实"小配套"的工作怎么估计,下一步的决心怎么下?

总的来说,我市今年抓"小配套"改革,是越抓越紧,越抓越明确,越抓落实的面越宽,越抓经济效益越好,越抓越感到非下大决心把这项关键性的改革抓到底不可。今年1至8月,全市工业总产值比

去年同期增长11.7%,财政收入增9.18%;市属工业企业百元产值利税率也有所提高,经济效益是比较好的。在这中间,落实"小配套"是起了很大作用的。市委和市政府下了最大的决心,一定要把"小配套"改革抓到底。全市今年的经济体制改革和经济工作以什么来论成败?以什么来论英雄?最主要的就是以"小配套"改革的落实和经济效益的高低来论成败、论英雄。不仅今年下半年要一直抓到底,明年还要继续抓,要在全面落实"小配套"的基础上,来探索改革的新路子、新办法。

在今天这个大会上,市委宣布一条决定:市级各经济主管部门和综合管理部门的主要负责同志,要亲自动手抓"小配套"的落实。这次会后,市委的负责同志要到下面的企业去检查,随后市委要轮流召集各经济主管部门和综合管理部门的一把后来一个一个地汇报你那个部门抓"小配套"改革的进展情况,抓得好的要表扬,抓得不力的要批评,顶着不贯彻的,要处理。今天先把招呼打在前头。市委再次重申,狠抓"小配套"改革的全面落实,这是我市在今年最后4个月能不能把经济效益抓上去,在明年能不能在经济改革和提高经济效益上开创新局面的至关重要的一个大问题。市里各部门和各企业的领导,要引起高度的重视,下最大的决心,一定要狠抓落实不放松。

第二个问题,要进一步认清改革的形势,端正指导思想,及时把经济工作的中心转到改革上来。

全市经济战线的各级领导干部,要学会从全局上来观察问题和思考问题。当前,全国城市经济改革正面临战略突破的新形势。前几年全面经济战线贯彻党中央"调整、改革、整顿、提高"的方针,以调整为中心,这是完全正确的。经过几年的调整,我国经济已经摆脱了重大比例严重失调的困境,走上了健康发展的轨道,这就为加快改革的步伐提供了现实的可能。而要进一步理顺经济关系、显著提高经济效益,实现财政经济状况的根本好转,出路也在于加快改革的步伐。这就要求我们要不失时机地把经济工作的中心由调整转到改革上来,并以改革来推动经济调整、企业整顿、重点建设和技术改造等各项工作。现在的关键问题是如何加快城市改革的步伐,使城市在国民经济中更好地发挥领导作用。所以,全党现在所要着力解决的是城市改革问题。要争取在三、五年内走出城市改革的路子,初步建立起有中国特色的社会主义经济体制。

城市改革的出发点和立足点,是搞活企业,使企业具有很大的活力,把企业和广大职工的积极性充分发挥出来,这是城市改革的核心和基础。原有体制的弊端,就是它不利于搞活企业,不利于充分发挥企业和广大职工的积极性。一是对企业"统得过死",企业没有必要的自主权,不能独立自主地进行生产和经营;二是在经济责任上对企业"放得太松",企业经营好坏一个样,盈利亏损一个样,反正都吃国家的"大锅饭";三是在企业内部没有建立起严格的经济承包责任制,职工干多干少一个样,大家都吃企业的"大锅饭"。长时间以来,我们的企业实际上是处于一种无权负责、无法负责、无力负责,也可以不负责的状况,它必然导致不求进取、不负责任的懈怠之风蔓延滋长,它是造成我国经济发展缺乏活力、经济效益低技术进步缓慢的主要原因。而"小配套"改革正是针对着原有体制的弊端,正是要从根本上破除两个"大锅饭",解决企业责、权、利相结合的问题。把"小配套"落实了,就可以使我们的企业初步做到有权负责、有力负责、必须负责,就能够把企业的积极性和广大职工积极性调动起来。

"小配套"改革的各项内容,都是针对着原有体制的弊端而采取重大改革措施。利改税,是解决国家与企业利益关系问题,破除企业吃国家的"大锅饭",即使企业在经济上对国家承担起明确的、严格的经济责任,又保证企业有合理的留利;国家经济机关简政放权,给企业扩权,是要使企业能够有权自主经营,使企业能够承担起它所担负的经济责任;实行厂长负责制,厂长成为企业的法人代表,是要在企业中建立起一个有效的独立自主的生产管理和经营指挥系统;在企业内部实行经济承包责任制和奖金不封顶,是要打破企业内部的"大锅饭",逗硬实现按劳分配,奖勤罚懒,把职工的积极性调动起来。由此可见,"小配套"改革的各项内容是互相紧密联系的一个有机的整体,是很重要的配套改革。只要把"小配套"改革搞好了,就能够从根本上大大克服原有体制的弊端,就大大有利于调动企业和广大职工的积极性,提高我国社会主义经济的效益。所以,"小配套"是在现行体制下和当前体改进程中的大改革。"小配套"不仅是提高当前效益的有效措施,更是提高企业素质的带基础性的基本建设工作。"小配套"并不小,"小配套"可以产生大效益,"小配套"实际上是一项大改革,"小配套"是具有大威力的。

我们有些部门和企业的领导,至今还在不同程度上存在着经济业务工作和改革"两张皮"的问题。还是就生产抓生产,就业务抓业务,甚至把抓改革看成是"额外负担",对"小配套"改革没有引起高度的重视。有的同志还习惯于唱老调子,走老路子,照老框框办事。这些都是不对的。我们可以回顾一下三中全会前30年的历史,我们过去搞过"大庆式企业",搞过"五好"企业,搞过这样那样的"增产"运动,虽然也起到了一定的积极作用,但是都没有能够从根本上解决调动企业和广大职工积极性这个大问题。原因就是这些办法都没有从根本上突破原有体制的弊端,所以不能解决问题。

十一届三中全会后,我们党总结了历史的经验教训,针对原有体制的弊端,逐步进行改革,在理论上和实践上都有了新的突破,为发展社会生产力,为建设有中国特色的社会主义经济体制,指明了方向。现在,全国经济工作的中心正在从调整转到改革上来,城市改革已经成为全国改革的重点。我市是中央和省确定进行经济体制改革的试点城市,全市各级领导尤其要加强学习,解放思想,提高认识,把经济工作的指导思想统一到以改革为中心的轨道上来,带头积极参加改革,支持改革,领导改革。这是我们自觉同中央保持一致的原则问题。结合我市的实际,当前各项经济工作的中心,就是要狠抓"小配套"改革的落实,搞活企业,搞活经济,开创全市经济工作的新局面。

第三个问题,各经济主管部门要继续搞好简政放权,把国务院扩权"十条"真正落实到基层企业中去。

在以生产资料公有制为基础的社会主义经济体系中,企业的微观经济活动,在很大程度上是受宏观管理制约的。"小配套"改革的落脚点在基层企业,把"小配套"往下面落实的关键在市的经济管理部门和综合管理部门。这些部门的思想是否解放,对改革是否坚决,这是能不能把"小配套"改革落实下去的第一道大关口。为了使"小配套"改革能够落实下去,前段时间这些部门是做了很多工作的。当前存在的问题是:由于我们的宏观管理部门长期习惯于按老体制运转,习惯于走老路子:用老办法管企业,思想不够解放,对改革不敏感,对改革中的新路子不适应、不习惯的情况,在不同程度上都是存在着的。因此,现在还不能说我市简政放权的第一道大关口已经是很畅通了。

解决这个问题的办法,首先还是要加强学习,提高认识,解放思想。不仅部、委、办、局和公司的领导思想要通,业务处室和干部的思想也要搞通。经济管理机关必须以改革为中心,认真总结30多年来管企业的经验教训,提高简政放权的自觉性。把过去30多年管企业的经验教训集中到一点,就是在国家的宏观管理下,必须承认企业是相对独立的商品生产者和经营者。因此,利改税势在必行,给企业扩权势在必行,厂长负责制势在必行,搞经济承包责任制和奖金不封顶势在必行,与此相适,经济管理机关简政放权也是势在必行。这"五个势在必行",是在改革进程中搞活企业的必然要求。今天不简政放权,明天也要简政放权,总之,是要简政放权,这是今天经济改革中的必然趋势。把这个问题想通了,简政放权就会更自觉、更坚决、更主动了。

在简政放权以后怎么办?有的认为经济领导机关没有多少事干了,可以撒手不管了。这是一种误解。应当看到,在简政放权以后,经济领导机关的担子不是轻了,而是要求更高了,责任更重了。简政放权所放的,是把那些本来属于企业日常生产经营活动的权力还给企业,在这个意义上也可以说放权就是还权。把日常的经营管理权还给企业以后,领导机关要把精力集中在抓好大事上来,要对企业实现更高水平的领导。重点要放在抓党的方针、政策在企业的贯彻,抓企业的改革,抓行业的发展方向和规划,抓重大技术改造,抓产品和人才的开发,抓信息服务。总之,经济主管机关从指导思想到管理方式、活动方式、思想方式,都要来一个大的转变。在当前,要着重领导好企业的"小配套"改革,并主动为企业的生产经营作好服务工作。具体来说:

一是要抓好企业领导班子的建设。企业的自主权是要加上有干劲的明白人当家,才能够出效益的;自主权加上懒人、糊涂人当家,还是出不了效益的。这是一条很重要的经验。各主管局、公司要把这件事放在重要议事日程上,要通过深入的调查研究,广泛听取群众意见,要大胆放手把那些政治素质好、文化高、年纪轻、有创新精神、思想活跃的干部选拔到领导岗位上来。首先帮助企业建设起一个精干有力的、有胆有识的、办事效率高的领导班子,让这样的班子带领起企业的职工群众放手去干,就一定能够开创企业的新局面。当前的问题是,我们有的主管部门的领导对那些扯皮班子,"懒、软、散"班子,甚至是怨声载道的班子,还没有下决心进行调整。当断不断,必然要乱。寡断无谋,坐失良机,贻误工作,是领导者所不取的。对那些挑不起担子,打不开局面的软班子、懒班子、散班子,必须采取果断措施,抓紧进行调整,着重是把厂长、书记选配好。在这个很重要的问题上,绝不能有派性,绝不能搞任人唯亲,各主管部门在选择领导班子时,经理、厂长在选择工作班子时,都要根据党对干部"四化"的要求和德才兼备的标准,一定要出以公心,一定要坚持选贤任能。

二是要支持和帮助企业用好权。支持什么,帮助什么呢?第一,要帮助企业领导提高认识,丢掉怕字,解放思想,敢于用权,善于用权。第二,对企业从实际出发,凡有利于调动职工积极性,有利于国家得大头的改革办法,都要大力支持,支持企业创造出一条迅速提高经济效益的新路子。第三,要帮助企业解决改革中遇到的矛盾和问题,特别是上层经济管理机关,要帮助企业打通门路,理顺关系,疏通渠道,使企业能够把它们应有的权力充分运用起来,第四,在人事管理上要坚决实行一级管一级,支持厂长选用行政干部,把厂长的权力落到实处。在帮助企业时,注意不要包办代替更不要随意干预企业的自主权。

关于厂长负责制,各主管局可以批准企业试点,给市经委和体改委备个案就行了;有些企业自己要求实行厂长负责制的,只要书记和厂长两人意见一致,局和公司一般应该支持。面上的其他企业,也可以参照厂长负责制的精神进行企业的改革工作。今后不管是用委任、招聘、选举那一种方式产生的厂长,都要实行任期目标责任制。厂长要提出在任期内必须达到的生产经营的目标,并负责实现这个目标。

三是总结先进典型,及时加以推广。"道理讲千遍,不如拿出一批活榜样"。有些局和公司,前一段用抓先进典型,召开经验交流会的办法,来推动"小配套"改革的落实,效果很好。今后要继续推广。

第四个问题,综合部门的简政放权,是落实"小配套"改革的重要环节。

市里各综合部门虽然不直接管企业,但又管着全市的所有企业。企业要搞活,综合部门一定要开绿灯,要主动伸出手来帮一把,否则企业要搞活是很困难的。综合部门继续简政放权,是"小配套"改革能否在企业落实好的重要环节,关系极大,各综合部门的主要负责同志一定要亲自抓。综合管理部门的领导和每一个干部都必须明确:综合部门的任务不只是管理、监督企业,更重要的是要帮助搞活企业。我市是中央批准进行综合改革的试点城市,中央给予了我们较大的机动试点权,各综合部门的思想应该更解放一些,步子要迈得更大一些,要坚决按照市委、市府的部署和要求去办。要树立一切从实际出发,从搞活企业、提高效益出发的观点,只要是有利于提高经济效益、有利于发展生产,有利于提高企业素质,有利于培养财源,有利于搞活经济的,都要坚决支持。要敢于采取各种灵活机动的变通办法，帮助搞活企业，不能死守过去的老条条、老框框。

各综合部门的领导要带领业务人员主动下去调查研究，要弄清国务院扩权"十条"中涉及本部门业务权限在基层企业落实的情况和问题。不要等着企业上门来找，要主动去改，要主动下去帮助企业解决问题。10月份市委将召集各综合管理部门一把手来汇报，重点就是要汇报你们在这次厂长、书记会议以后，是怎样下基层去帮助企业解决问题的。

第五个问题，厂长要敢于用权，善于用权，开拓前进，争做社会主义的企业家。

第一，企业领导班子要清醒地看到，当前城市改革和经济发展的形势交化很快，我们正处在一个动态的激烈竞争的环境中，各行各业都面临着新的挑战，企业必须尽快地适应这种形势，适应得越快越主动，否则就有被淘汰的危险。过去企业没有自主权，英雄无用武之地，现在有了国务院的"十条"，企业有了自主权，英雄有了用武之地，就不能"甘为天下后"，要"敢为天下先"。无论是否实行厂长负责制的试点单位，也不论是不是整顿验收合格的单位、都必须不折不扣地贯彻执行国务院"十条"不能贻误战机。作为企业领导者，一定要认清形势，抓住时机，学习"十条"，研究"十条"运用"十条"，敢想敢干，善于用权，迅速地把企业的济效效益搞上去。市委、市府要求企业的领导同志，要努力学习，敢于用权，善于经营，争取当一个社会主义的企业家。对那些大胆改革，成绩突出，经济效益显著的企业领导者，市委、市府在明年初将给予奖励。我们不但要论功行赏，还要论过受罚，否则怎么叫奖惩分明呢？现在一些企业只奖不惩是不对的，我们对于那些在改革中裹足不前，对工作严重不负责任，影响企业经济效益的领导干部也将论过处理。

第二，要抓紧完善企业内部的经济责任制。一是要下功夫把企业的基础工作搞扎实，各种定额要合理，要全面制定实行责任制的指标体系。二是要坚持责、权、利相结合的原则。三是坚决按职工个人贡献大小把奖金差距拉开，逗硬做到多劳多得，敢于让贡献大的职工早一点富起来。四是要坚持"三兼顾"的原则，不能损害国家的利益，不能损害消费者的利益，尤其是商业企业更应随时注意保护消费者的利益。都不能只顾个人，丢了企业。在企业内部分配上不能分光分尽，要留有余地，要适当注意以丰补歉，使企业在生产发展上有后劲。

第三，要以改革推动企业整顿。要以改革为动力，把企业的各项基础工作整顿好。在整顿中要注意实效，不搞形式主义的"花架子"，不走过场。

第四，要以改革来推动企业的技术进步。我市老企业多，不搞技术改造，不开拓新产品，是没有出路的。在企业改革中，要采取有效措施，加速技术改造的步伐，引进新技术，开拓新产品。对在这方面有突出贡献的人，一定要给予重奖。这里也涉及对智力劳动价值的认识问题，不懂得智力劳动创造的价值，是不可能把经济搞上去的。对于在智力劳动中有重大贡献的人，一定要敢于重奖。

第六个问题，要正确处理好厂长和企业党组织、职代会的关系。

国务院"十条"给企业扩大的自主权，主要是由厂长来行使的。企业党组织特别是书记在这个问题上一定要有开明的认识，要主动支持厂长行使职权，做厂长的坚强后盾，使厂长的政令畅通。如果发现厂长在用权中有失误，要及时同厂长交心谈心，帮助厂长用好权。企业党组织要集中精力抓好党的思想建设和组织建设，管好包括担任领导职务的党员在内的全体党员，抓好思想政治工作和群众工作，对生产行政工作起好保证监督作用。

职工代表大会是职工群众参加企业管理、体现职工主人翁地位的重要组织形式。在企业落实厂长权力的同时，必须进一步健全职工代表大会制度，在审议企业重大决策，评议和监督干部，保障职工权益方面发挥它的作用，充分体现职工群众的主人翁地位。在这个问题上，要注意不要把加强职工民主管理同厂长对企业的生产、[指]挥、经营管理权对立起来。职代会要动员全体职工支持厂长的工作，和厂长同心协力，共同把企业搞活。另一方面，如果厂长长时间打不开局面，甚至以权谋私，职代会可以提出罢免厂长的建议。

厂长掌握企业的生产经营指挥权以后，成为企业的法人代表，厂长要用好权，一是要尊重企业党组织的意见，二是要尊重职代会的意见，走好群众路线。厂长要把企业经营管理权用好，就必须代表大多数职工群众的正确意见，并把这些意见正确地集中起来，正确地执行党的方针政策，这样他就能得到群众的拥护和党组织的支持。否则，厂长作了决策，群众不通，党组织不支持，厂长的工作也就难办了。厂长一定要善于集中群众的智慧，集思广益，要发现一批热爱企业、有专长、有办法、知识面广的人才，组织智囊班子，这是保证厂长决策正确的重要条件。

厂长是党、团员的，在党、团组织内仍然是一个普通的共产党、共青团员，要同全体党、团员一样，自觉接受组织的教育，遵守组织纪律。特别是在用人问题和奖惩问题上，一定要自觉地、严格地按照党的政策办事。只要厂长做到模范地执行党的政策，遵守组织纪律，就一定能够得到党组织和群众的支持，就可以把企业办好。

同志们，当前全国的形势越来越好，我市的形势也是一个发展的形势，上升的形势。今年又是建国35周年的喜庆之年，党的十二届三中全会即将胜利召开。我们一定要乘大好形势的东风，更加振奋精神，团结一致，加倍努力，拼搏前进，千方百计克服困难，抓紧做好今年最后4个月的工作，打好四季度这一场硬仗，完成和超额完成今年的国家计划，为振兴重庆经济，为全省"富民、升位"做出新的贡献！

贯彻新时期思想政治工作指导方针，保证经济体制改革的顺利进行（记录稿）

——市委书记廖伯康同志1985年2月27日在市企业思想政治工作经验交流会上的讲话

同志们：

新春伊始，牛年已至。继市的经济工作会议之后，市委又召开这次政工会议，总结交流我市在经济体制改革中的思想政治工作经验。如何做好新时期的思想政治工作，这是人们所关心的问题，也是大家正在研究和探索的问题。经验来自实践。这次大会总结和交流了这方面的若干新鲜经验，就是从实践中探索和总结出来的。近两年来，广大政工干部做了许多工作，进行了许多有益的尝试，为进一步开创思想政治工作新局面打下了良好基础。同时，也应该看到，随着社会主义商品经济的迅速发展和对内改革、对外开放的步伐大大加快，必然要出现许多新情况、新问题。思想政治工作如何适应经济体制改革的新形势？我们如何站在新的高度上去积极探索新时期思想政治工作的规律？这都是摆在我们面前的亟待解决而且必须用很大气力才能解决得好的问题。只有解决好这个问题，才能开创我市思想政治工作的新局面。为了从实际出发来探索新形势下的思想政治工作，就先从当前的经济形势谈起。

一、当前的经济形势

最近，国务院分析了1984年的经济形势，春节前，还专门召开了省（市）长会议，总理作了题为"慎重初战，务求必胜"的重要讲话。当前经济形势确实很好，不是一年好，而是连续几年都好。主要表现在：两大部类比较协调，生产、流通、消费都有较大幅度的增长，国民经济出现了持续、稳定、协调发展的好势头，城乡人民生活继续改善。这里，我用几个数字来证明〈……〉的论断。1984年工农业总产值增长12.3%，国民收入增长11%，增长速度是近几年来最快的一年。农业总产值增长9.5%，工业总产值增长13.6%。我市国民经济形势也是很好的。实行经济体制综合改革试点以来,两年迈了两大步,取得两战两捷的胜利。在1983年工农业生产大幅度增长的基础上,1984年又有更大的增长,主要经济指标都创造了重庆历史最高水平。这就是计划的"三提前",即提前一个月完成全年税收计划,提前27天完成工业总产值计划,提前半个月完成国家财政收入计划。就工业总产值而言,比1983年增长16.3%,高于全国的13.6%。按照这样的势头发展下去,预计全市工农业总产值到1987年可以超过204亿元,即提前3年实现比1980年工农业总产值翻一番。不但在产值上,而且要求在税利收入上从1980年的8.3亿到1987年的16.6亿,提前3年翻一番。

中央、国务院领导同志在肯定大好形势的同时,指出了值得注意的几个问题:①货币发放过多,信贷增加过猛。银行贷款控制不严,比前年增长28.9%。特别是农村贷款增加过猛,农业银行和信用社的贷款增长67%。②国家结存外汇下降过多。③消费基金增长过快。去年职工工资支出总额比1983年增长了22.3%,大大超过了工农业总产值增长12.3%,国民收入增长11%,劳动生产率增长8.7%。去年消费基金的增长下半年直线上升,与去年同期相比,三季度增长20.8%,四季度增长40.5%,四季度的12月份达到54%。有相当多的企业把生产基金用于发放奖金,搞生产又从银行贷款。有些企业动用了历年的结余来发奖金。有的亏损企业甚至弄虚作假,靠吃老本发奖金,靠违法乱纪发奖金。④国家财政收支情况也值得注意。去年国家财政收入比前年净增143亿元,财政状况是空前的好。但各方面支出也迅猛增加。现在正在对此进行检查。为什么这样?一个重大的因素,就是年终之前,各企业、各单位集中发放各种奖金、实物,消费基金猛增。大家都在那里竞赛,哪个票子花得多,谁发的奖金多,有的企业根本没有消费资金,把生产资金也用来发奖金。

中央、国务院领导同志认为,这些问题,是国民经济大好形势中出现的新问题。这些问题只要抓紧采取措施,是完全可以解决的,是能够保证经济稳定发展的。当然也不能把这些问题看得无足轻重,因而掉以轻心。为了巩固和发展当前大好的经济形势,解决好上述问题,最根本的是要继续贯彻对外开放、对内搞活经济的方针,发展生产,提高经济效益,扩大出口,多创外汇,使我们经济在一个好势头上继续前进,这是主要的。当前,决定采取如下措施:①货币发行量适度。发到对国民经济良性循环有促进作用的程度,这是客观上最重要的措施,今年货币增发量计划和信贷规模都要适当控制。农村贷、存实行当年持平的原则。②积极组织货币回笼。③自创外汇的所有权不变,但使用要纳入国家计划,要严格按计划控制使用外汇,做到今年收支基本平衡,并保持合理的外汇储备,严禁倒买倒卖外汇,严禁套汇逃汇和不按规定把收入的外汇存入国外银行等错误行为。④严格限制不合理消费基金的增长。采取坚决措施,制止违反国家有关规定乱发工资、奖金和补贴的行为,制止违反国家规定提留各项专用基金的行为,制止把生产基金转化为消费基金的行为,制止乱涨价的行为和其他一切违法乱纪行为。〈……〉,"我们国家有力量控制得住市场物价,怕就怕国营和集体企业自乱阵脚,趁机乱涨价,扰乱市场。这是破坏改革的行为。"重庆市的猪肉问题本来情况非常好,偏偏有些国营肉店春节期间不卖肉,采取消极态度。这是绝对不能允许的,要给同志们打个招呼,不要在这个问题上犯错误。对任意涨价、哄抬物价、就地倒卖的,应一律严加取缔,分别情况给予法律的、行政的、经济的惩处。⑤财政上努力增收节支,支出要按国家计划严加控制。行政事业经费削减10%等。

今年,是贯彻十二届三中全会《决定》的第一年,经济体制改革必须不失时机地迈出重要的一步。关于改革的指导思想,小平同志讲,即不要丧失时机,又必须走一步看一步,在实践中探索,防止出现大的失误。在改革的总方向、总目标上必须坚定不移,在具体步骤、具体行动上必须谨慎从事。1985年改革最敏感的是两个问题,一个是物价改革，一个是工资改革。今年，既要在物价和工资改革上，迈出重要的步伐，又必须在宏观上加强控制，防止物价发生大的波动。小平同志很赞扬的"慎重初战，务求必胜"这两句话，同意把它作为我们1985年进行经济体制改革的指导思想，巩固和发展大好的经济形势，今年工作要点是，抓好物价改革和工资改革，加强宏观控制（控制信贷资金、消费基金、固定资产投资和外汇），防止物价发生大的波动。

价格体制改革是整个经济体制改革成败的关键，是与亿万人民切身利益息息相关的大事。中央、国务院经过反复调查、测算、研究，认为必须从当前国家财政负担能力、企业消化能力和群众承受能力这"三个能力"出发进行综合平衡来决定方案的取舍，这是价格体系改革的基本立足点和必须遵循的原则。

今年的工资改革，主要是国营企业工资制度的改革和国家机关、事业单位的工资制度的改革。企业要逐步推行工资总额与上缴税金挂钩的办法。怎么样才挂得好，怎么样才控制得住，要制定一套控制和监督的办法。一个是工资基数要认真核实，定得合理。另一个是要开征工资调节税，以防止由于企业外部条件不同而造成的工资水平悬殊过大。还有，今年不具备条件实行挂钩的企业，仍按原来的办法执行。至于国家机关，是实行以职务工资为主要内容的包括基本工资、工龄工资在内的结构工资制度。〈……〉因为这样搞的结果，今年的工资改革没有办法出台。今年的工资改革主要是基本理顺工资关系，建立起新的工资制度。国家力量有限，标准不能过高。这一点要向所有干部和全体职工讲清楚。

各企业党委要以中央的方针、政策统一广大职工特别是各级领导干部的思想，以强有力的思想政治工作，保证改革的顺利进行，促进生产的发展。认清了当前的经济形势和今年经济体制改革的主要任务，就会使我们的思想政治工作有了明确的方向和重点，就能更好地贯彻执行十二届三中全会提出的各项任务，这就是我们为什么要先从当前的经济形势讲起的原因。

二、适应新时期的要求，思想政治工作要从指导思想上来一个根本转变

思想政治工作要能适应新时期的需要，必须在指导思想上来一个根本的转变。这个转变是否可以包括以下三个方面的内容。

第一，要从为阶级斗争服务转到为党的总任务、总目标服务的轨道上来。在过去的一个长时期内，思想政治工作都是围绕"以阶级斗争为纲"来进行的，把思想政治工作和政治运动、政治思想斗争等同起来，又和经济截然分开，相互脱节，造成思想政治工作与经济工作"两张皮"的弊端，极大地败坏了思想政治工作的声誉。今天，政治和经济截然分开的时代已经结束了，我们干四个现代化，发展生产力，翻两番，这是最大的任务，也是最大的政治。因此，在指导方针上，就要求我们必须来一个大转变，把思想政治工作的基点转到为"四化"服务上来，促进两个文明的建设。这是能不能开创思想政治工作新局面的关键所在。

在实现这一转变中，有人提出谁为谁服务的问题。究竟是经济工作为思想政治工作服务，还是思想政治工作为经济工作服务？这个问题涉及我们观察处理问题的一个根本出发点。真正把这两者的正确关系搞通了，不少模糊认识就可以解决。有的同志对取消"政治挂帅"这个不确切的口号，至今思想不大通，就是这种思想的反映。本来，这个问题，马克思主义的基本原理早已作了回答。恩格斯说过：任何政治斗争，"归根到底都是围绕着经济解放进行的"。还说："政治权力不过是用来实现经济利益的手段"。这些话深刻地说明了政治要为经济服务，上层建筑要为经济基础服务的道理。

对这个问题十二届三中全会《决定》谈得很清楚。《决定》指出"在新的时期，党的思想工作和组织工作必须坚定地贯彻执行为实现党的总任务、总目标服务，密切结合经济建设和经济体制改革的实际来进行的指导方针。"这个方针告诉我们，要把思想政治工作转到以经济建设为中心的轨道上来，要

服从于、服务于党的总任务、总目标,在当前和今后一个时期,首要的就是要服从于、服务于经济体制的全面改革。这就要求我们努力把思想教育渗透到生产、管理、分配、科研、企业整顿、改革等活动中去,抓思想工作从生产出发,抓生产从思想工作入手,克服思想政治工作和经济工作互相脱节的"两张皮"的弊端,克服政工干部对生产实际、对经济工作不了解,对经济体制改革不熟悉的弱点。

第二,从高于一切的"统帅"地位转到"服务"的位置上来。过去政治工作长期处于所谓"挂帅"的地位,在一些人的头脑里形成了"党委决定,行政去办""书记说了算"等固有观念。结果既不适应现代化企业建立统一的、高效率的生产行政指挥系统的需要,又不利于贯彻党要管党的原则。推行厂长负责制以来,不少企业党委的同志胸怀大局,顺应时代潮流,自觉实行这个转变,思想政治工作有了很大起色。像二棉厂党委负责同志讲的那样,"走下帅字位,上到服务岗",这就把位置摆得很好了,这样转过来以后,党委的同志心情舒畅,工作也好做了。但是,也有的同志思想上还转不过弯子,认为这样就是对思想政治工作的不重视,甚至忧心忡忡,不安心思想政治工作。显然这个"帅"字的包袱不放下,我们的工作就无法前进。

是不是转到"服务"的位置上就降低了思想政治工作的地位呢?不是的。思想政治工作属上层建筑领域。上层建筑为经济基础所决定并反作用于经济基础,这是马克思主义基本原理之一。过去,把思想政治工作拔高到不适当的"帅"位,这是"左"的影响,是违背马克思主义基本原理的。马克思主义关于政治与经济的关系的基本观点是,政治可以推动、加速或阻碍、延缓经济的发展,但政治不论在哪种情况下都不能"决定"经济运动规律;相反的,政治还要为经济运动规律所决定。不重视政治思想工作当然是不对的,但是把政治思想工作突出到不恰当位置上也是不对的。我们的政工干部一定要从"帅"字包袱中解放出来。大家应像江北机械厂党委负责同志讲的那样,自觉克服"失权、失位、失威"的思想情绪,放下包袱,摆正位置,轻装前进。

第三,在调动人的积极性上,从只靠政治动力转变到依靠政治动力和经济动力相结合的正确原则上来。这个问题的实质就是思想政治工作要不要和按劳分配、物质利益原则结合。换句话说,我们搞"四化"、搞改革,建设有中国特色的社会主义到底靠什么调动人的积极性?是只靠政治动力,或者只靠经济动力,还是把这两个动力结合起来?这个问题,经济体制改革的《决定》也有深刻的阐述。《决定》指出:"企业活力的源泉,在于脑力劳动者和体力劳动者的积极性、智慧和创造力。当劳动者的主人翁地位在企业的各项制度中得到切实的保障,他们的劳动又与自身的物质利益紧密结合的时候,劳动者的积极性、智慧和创造力就能充分地发挥出来"。这就清楚地告诉我们,企业的思想政治工作必须同加强职工的主人翁地位,同贯彻物质利益原则紧密结合起来,也就是把政治动力和经济动力紧密结合起来,才能收到实效。这是改进和改革企业思想政治工作的一个重要原则和内容。

过去许多年,我们一个深刻教训,就是只抓政治动力,不抓经济动力;只讲国家利益的大头,不同时讲企业利益原则,讲经济动力,就被当作资本主义、修正主义来批判,讲什么"君子喻于义,小人喻于利",其结果在分配上搞平均主义,形成大锅饭、铁饭碗,干与不干一个样,严重挫伤职工群众的积极性。在这种情况下,去向职工群众宣传按劳分配的社会主义制度的优越性,宣传正确处理国家、集体、个人三者关系,群众当然听不进去,因为你宣传的同你做的实际上是两回事。思想政治工作、政治动力成了空洞说教、空头政治,成了无缘之水,无本之木。怎么才能调动群众积极性?现在的办法是,端走"大锅饭",实行经济承包责任制,使职工感到自己的劳动和企业的发展和国家的富强息息相关,职工为了得到工资的 0.7%,首先就关心国家得到 1%,这样思想政治工作就跟群众物质利益连在一起了。在这种情况下,再去向群众宣传社会主义制度的优越性,群众就看得见、摸得着,听得进,口服心服。这也就有助于提高职工主人翁责任感,帮助职工从切身利益中认识工人阶级的历史地位和历史责任，认识科学社会主义的基本原理，为思想教育创造了极为有利的条件。这说明这两者的关系是互为条件、相辅相成的，彼此互起"强化"作用。思想政治工作只讲政治动力，不讲经济动力，不讲物质利益，这不是唯物主义态度。马克思说，思想一离开物质利益，就一定会使自己出丑。这话一点也不假，我们过去出了许多这样的丑，群众把思想政治工作叫作卖狗皮膏药，原因就是思想离开物质利益。

但是，如果只讲经济动力，不讲政治动力，认为"物质利益可以代替思想政治"，我们也是不赞成的。人总是要有一点精神的，一个国家要有民气，一个企业要有名气，一支队伍要有士气，一个人要有志气。地质仪器厂、长化等单位编厂史、唱厂歌、树厂风，激发职工爱厂如家，积极向上的主人翁精神，这是一种无形的动力。单纯靠奖金、经济手段不行，并不是实行了经济责任制，职工的主人翁责任感就会自然而然地加强，也不是物质生活改善了，人们的思想觉悟就会自然而然地提高。物质生活上的百万富翁和精神生活上的乞丐在资本主义国家比比皆是。如果认为经济动力可以自然而然提高一个人的思想觉悟，那资本主义的百万富翁不都是觉悟最高的了！这是说不通的，因此单讲经济利益不行。如果单靠经济责任制，单讲改善人民生活，而不同时加强思想政治工作，有些思想觉悟不高的人就会在承包基数、劳动定额、计件单价上争高低，每天都在盘算企业怎么多留，个人怎么多分，而不同时想到国家怎么多得。有的人甚至会采取偷工减料、弄虚作假、以劣充好、偷税漏税、违反财经纪律、"工农兵学商联合起来挖中央"、损害消费者的利益等不正当做法来获得经济利益。可见，只靠经济动力还不行，还要靠政治的动力。

因此，强调两个动力结合，才是新时期思想政治工作的正确指导思想。只有实行这两个结合，中国特色的社会主义才能建立起来。

我们在强调两个动力结合时，还要注意帮助解决群众一些实际问题。实践证明，不少思想问题的产生是由实际问题引起的，如经济困难，住房困难，就业困难等，因此，我们在解决思想问题时，应该帮助群众解决一些实际问题。只讲大道理，不注重群众的实际问题，思想政治工作就做不好。当然，政工干部不能代替行政直接去解决大量的实际问题，但必须去关心群众的困难，作好群众与行政之间的桥梁，在同行政多协商的基础上，取得解决问题的发言权和主动权。而且还要帮助群众看到自己的长远利益，在眼前一时难以解决的情况下，教育群众以长远利益为重，努力克服眼前困难。那种以为手中不掌握钱就没有办法做思想政治工作的态度是不对的。

思想政治工作的指导思想，从十一届三中全会后就逐步开始转变。有同志认为在转变过程中思想政治工作受到了三次"冲击"：第一次是党的工作重点转移；第二次是企业恢复奖金制度；第三次是实行厂长负责制。如果要说这是三次"冲击"的话，那么它们冲击的是什么呢？第一次冲击的是以"阶级斗争为纲"，冲击的是搞运动、搞斗争、搞无产阶级专政下继续革命等一套错误的东西。正是这次冲击，党的思想政治工作才转向为"四化"服务的正确轨道，才恢复了实事求是的优良传统，这有什么不好！第二次冲击的是空头政治，使马克思主义物质利益原则和按劳分配原则得到进一步贯彻，提高了职工积极性，促进了生产的发展，大大增强了思想政治工作的有效性，这也是一件大好事。第三次冲击的是党委包揽一切，促进了党政分工，增强了企业活力，使企业党委转到集中精力抓思想政治工作上来，这同样是一件大好事。由此可见，所谓思想政治工作在转变过程中受到三次"冲击"，其实应说是思想政治工作经历了三次锻炼，得到三次进步。那么有的同志为什么会把三次进步看成是三次冲击呢？原因之一就是这些同志思想上还残存着过去"左"倾错误时的固有观念，用过去固有观念来看待正在起着根本变化的新事物，就觉得不那么习惯，也看得不那么清楚了。

还有的同志认为，现在思想政治工作是"三无一低"，即"无作用""无地位""无事干""低人一等"。

这种说法与三次冲击的说法在实质上是一回事。思想政治工作是否"无作用"？思想政治工作是我们党的传家宝。随着工作重点的转移和改革的深入发展，党中央多次强调要在新的历史时期加强思想政治工作。小平同志出来工作以后就十分强调这个问题。早在1979年小平同志就提出，"实现四个现代化，必须坚持四项基本原则"。1980年以后又说，"坚持四项基本原则的核心，是坚持党的领导。……改善党的领导，其中最主要的，就是加强思想政治工作。"同时提出，"我们要建设的社会主义国家，不但要有高度的物质文明，而且要有高度的精神文明。"1982年4月，耀邦同志在《关于思想政治工作问题》的讲话中指出，"善于做好思想政治工作是我们党区别于其他政党的一个重要特点，是取得革命化建设胜利的一个极其重要条件。"十二届三中全会《决定》也强调，越是搞活经济、搞活企业，就越要注意抵制资本主义思想的侵蚀，越要注意克服那种利用职权谋取私利的腐败现象，就越要加强党风党纪的建设。这三个"越要"，总起来说就是越要加强思想政治工作。《决定》重申"社会主义物质文明和精神文明的建设要一起抓，这是我们党坚定不移的方针"，并给精神文明建设提出了新的任务和要求，即"要努力在全社会形成适应现代生产力发展和社会进步要求的、文明的、健康的、科学的生活方式，摒弃那些落后的、愚昧的、腐朽的东西；要努力在全社会振奋起积极的、向上的、进取的精神，克服那些安于现状、思想懒惰、惧怕变革、墨守成规的习惯势力。"我们认真回顾一下十一届三中全会以来的历史，可以清楚地看到党中央摒弃的只是"阶级斗争为纲"及其一套"左"的做法，而不是思想政治工作的本身。相反，党中央对思想政治工作的地位、作用，一贯是高度重视和充分肯定的。对此，我们不应有任何的怀疑和误解。

总之，在新的历史时期，思想政治工作不是可有可无，而是十分重要；不是无事可干，而是给我们提出了新的更高的要求，是大有作为的。

三、认真做好改革中的思想政治工作，保证经济体制改革的顺利进行

党的十二届三中全会通过的《关于经济体制改革的决定》是指导我国经济体制改革的纲领性文件，也是在新形势下指导思想政治工作的纲领性文件。因此，我们必须以决定为指针，联系我市企业的实际，去积极探索如何做好新时期的思想政治工作。《决定》认为："经济体制的改革，不仅会引起人们经济生活的重大变化，而且会引起人们生活方式和精神状态的重大变化"。经济体制改革是生产关系和上层建筑的深刻变革，也是一场深刻的思想革命。我们要多方面改变同生产力不相适应的生产关系和上层建筑，改革各种不合理的体制和规章制度，改变一切不适应新时期客观要求的经营方式、管理方式、思想方式，这就不可避免地在干部和群众中，引起一系列革新与守旧、先进与落后的矛盾，产生各种思想问题和实际问题，诸如思想僵化、因循守旧，不求进取，用陈旧偏见看待社会主义新事物，用"左"的或右的错误观点对待改革，以及来自习惯势力方面的阻力，等等。这些阻力的产生是很自然的。因为改革是要按照社会主义基本原则和现代化建设的要求，重新调整人们的责、权、利关系，必然要受到某些在不合理的旧体制下得到不合理利益的人们的抵制。有的改革和他本部门的利益吻合，他的积极性就很高，而与本部门利益相矛盾了，抵触就很大。总而言之，改革的过程是一个充满了复杂的人民内部矛盾和思想斗争的过程。只有依靠坚强有力的思想政治工作与各项改革工作密切结合，同步进行，才能妥善地解决这些问题。

在新时期的整个改革过程中，需要企业思想政治工作从两个方面发挥作用：第一，通过强有力的思想政治工作，把工人阶级的大多数成员充分发动起来，站在改革的前列，充分发挥工人阶级在改革中的主导作用。第二，通过强有力的思想政治工作，及时、有效地克服企业领导干部和职工群众中存在的各种思想认识上的阻力，习惯势力方面的阻力，保证和促进本企业各项改革工作顺利进行。如

果说,没有改革,就谈不上开创社会主义现代化建设的新局面,就不可能实现四个现代化;那么没有思想政治工作,也就很难完成经济体制改革的任务。

怎样做好改革中的思想政治工作,保证改革的顺利进行呢?根据《决定》的精神,结合两年来我市经济体制综合改革实践中加强和改善思想政治工作的经验,应该着重以下几个问题:

第一,继续解放思想,坚持实事求是的思想路线。实事求是,一切从实际出发,理论联系实际,是马列主义、毛泽东思想的精髓。十一届三中全会以来,我们所取得的巨大成就,就是党中央提出的解放思想,实事求是的思想路线的胜利。十二届三中全会通过的经济体制改革的《决定》17000多字,自始至终都是贯穿着解放思想、实事求是的精神。因此,要顺利贯彻《决定》,保证各项改革卓有成效地健康向前发展,必须继续解放思想,坚持实事求是。改革是极其复杂的创新的事业,没有现成的模式可以照搬,没有现成的经验可以照套,即使学习别人的经验,也要从自己的实际出发,照抄照搬没有不出差错的。耀邦同志不久前讲,总结这几年来的经验,就是要"思想不停滞,办事靠大家"。办事靠大家就是工作中要走群众路线。"思想不停滞"就是要求我们不断解放思想。解放思想不能一劳永逸,改革要不断深入,思想就要不断解放。任何时候都有个实事求是的问题,因此任何时候都有个解放思想的问题。解放思想不是异想天开,而是把思想解放到更加合乎实际情况,合乎客观规律上来,可见,解放思想与实事求是是配套的。

从我市经济体制综合改革试点实践来看,凡是改革搞得比较好的单位,都是那里的职工,首先是领导干部思想比较解放,敢于坚持实事求是,从那里的实际出发进行改革。例如嘉陵机器厂在试制生产嘉陵摩托的过程中,就是如此。他们回顾长期来搞"大而全"封闭式生产的害处,破除头脑中存在的小生产的狭隘观念,坚定走经济联合的道路;认识闭关自守是不可能实现现代化的,决心贯彻对外开放的方针,发展国际技术合作。嘉陵厂的同志回顾这几年走过的道路,深有体会地说,思想解放一步,改革前进一步,思想越解放,改革搞得越火红。希望嘉陵厂把这条路继续走下去。这样的事例很多。在新的一年里,我们要继续解放思想,坚持实事求是,不断研究新情况,解决新问题,总结新经验。这是我们搞好改革的思想前提。

第二,改革中要树立新观念,破除过时的旧观念。长期以来,我们在经济体制上形成了一种同社会生产力发展要求不相适应的僵化的模式,在对社会主义的理解上形成了某些不切实际的旧观念。因之,必须破除那些不符合实际情况的旧观念,树立新的观念。例如:①要破除用固定不变的模式看待社会主义,把坚持改革与坚持社会主义对立起来的陈旧观念,树立社会主义社会必须不断改革、不断完善的思想,认识改革是社会主义制度的自我完善和发展,而不是改掉社会主义的根本制度;②要破除把贫穷当作社会主义,把富裕同资本主义联系起来的所谓"穷则革命,富则修"的陈旧观念,树立社会主义的根本任务就是发展生产力,就是要使社会财富越来越多地涌现出来,不断满足人民日益增长的物质和文化需要的正确观点;③要破除把计划经济同商品经济对立起来的传统观念,明确社会主义经济是在生产资料公有制基础上的有计划的商品经济,树立社会主义经济必须自觉依据和运用价值规律,以及与之相适应的一系列新观念,如加速资金周转的观念,注意市场信息的观念,有商品生产就必然有竞争的观念,注意投入产出,讲求经济效益的观念,不断开发新产品的观念;④要破除社会主义就是平均主义的错误观念,明确贯彻社会主义按劳分配原则,鼓励一部分人依靠勤奋劳动先富起来,是整个社会走向富裕的必由之路;⑤要破除把企业当作行政机关附属物的旧观念,认识到社会主义生产关系中所有权和经营权可以适当分开,必须实行政企职责分开,简政放权;⑥要破除把稳定物价理解为冻结物价的观念,明确合理的价格体系是促进生产发展,保证消费者的需要,保证国民经济活而不乱的重要条件;⑦要破除社会主义就是"一大二公""社会主义社会只能建立单一的全民所有制"的旧观念,明确社会主义历史阶段必须长期坚持发展多种经济形式和多种经营方式;⑧要破除轻视知识,轻视知识分子,把脑力劳动和体力劳动对立起来的错误观点,充分认识尊重知识、尊重人才和开发智力对于社会主义现代化建设具有特殊意义;⑨要破除把实行对外开放同坚持独立自主、自力更生对立起来的传统观念,认清对外开放是我们长期的基本国策,吸引当今世界发达国家的先进技术、资金和借鉴一切反映现代化生产规律的先进经营管理方法,有利于我国"四化"建设事业等等。只有抛弃一系列的陈旧、错误的观念,树立新观念,把我们的思想统一到十二届三中全会《决定》上来,才能保证经济体制改革的顺利进行。

第三,根据党中央、国务院的部署,做好今年的四大改革的思想政治工作。

(1)做好价格体系改革的思想政治工作。"价格体系的改革是整个经济体制改革成败的关键"这句话有两层意思:一是不改不行;二是乱改也不行。如果我们把价格体系改革成功,把价格关系理顺了,就会促进国民经济的飞跃发展。但价格问题牵动全局,与亿万人民切身利益息息相关,搞不好,会引起物价波动,会阻碍改革,影响安定团结。改革价格体系而又避免物价发生大的波动,需要四个条件:一是改革的方案、步骤本身要妥善,要切实可行;二是群众的心理因素不可忽视,要早出安民告示,稳定人心;三是要制止国营企业、集体企业趁机乱涨价;四是取决于货币的发行数量,这是最根本的。这四条既有治标的又有治本的,数管齐下,就有可能既搞好改革,又不使物价失去控制。田纪云同志讲,今年价格体系改革走小步,走一步看一步,即开放猪肉价格,理顺农村粮价,提高铁路短途运价,其余的都要让路。生猪的收购价格要适当,防止生猪价格暴涨暴落;国营商业要参与市场调节,不能撒手不管;饮食业不能自行提高毛利率,不能乱扩大利润;工业品不得因调整猪价而上涨,肥皂、猪皮制品等工业品增加成本的部分,由工厂通过降低消耗、费用来解决,确有困难的,经过批准可以采取免税、减税或财政补贴的办法,保持一定的利润水平;同时给职工、居民以一定的补贴。总的设想是,1985年走出这一步以后,从明年起,随着企业技术改造的进展和消化能力的增强,再考虑逐步调整矿产品、原材料和能源初级产品的价格,以及调整"第三产业"的价格。对城镇居民定量内的粮油价格倒挂问题,今后根据国家财政状况,结合调整工资逐步解决。今后,什么调,什么不调,什么放,什么不放,一定要按照中央、国务院的统一部署进行,不得各行其是。

结合物价体系改革进行思想政治工作,我们要从理论和实际的结合上讲清一些道理,以统一思想认识:①调整不合理的商品价格对发展生产和满足人民需要的好处。长期以来的僵化的价格体系,在人们头脑里形成了一个固有观念,就是把稳定物价与冻结物价等同起来。其实,稳定物价不是冻结物价。过去长期靠行政命令冻结物价,背离了价值规律,束缚了生产力发展,造成物质匮乏,市场萧条,归根到底,是对人民群众消费不利的。1979年,我们调整了长期遗留下来的工农业产品剪刀差过大的问题,提高了农产品的价格,结果是生产迅速上升,市场供应增加,改变了多年猪肉、鸡蛋供应紧张的局面,取消了肉票。这几年,我国农业迅猛发展,除了实行联产承包责任制、改革农村经济体制这个决定性因素外,农产品收购价格的提高也是一个强大的动力。1983年调整了棉布和化纤布的价格,结果化纤布销路大增,棉布供应也不紧张,取消了30年凭布票限量供应的制度。这些成功的实践事例,有力地说明调整不合理的商品价格,对发展生产和满足人民需要都是有好处的。②要宣传我们进行价格体系的改革,主要是由于商品的比价不合理,必须按照价值规律的要求进行调整。因此,它是结构性的物价调整,而不是通货贬值。③按照经济学的原理,价格是价值的货币形态。商品的价格,一方面决定于各项商品的价值,另一方面决定于货币所代表的价值。如果商品奇缺,社会购买力大于商品供应量,则物价就会上涨;如果货币发行量大大超过商品流通对货币的需要量,货币贬值,钱不值钱了,物价也要涨。从我国目前的经济状况来看,物资丰富,过去愁吃、愁穿,现在是愁粮、棉库存太多,国家掌握了丰富的人民群众的基本生活资料,有平抑物价的强大物质手段,价格上涨时,国家可以抛售,涨价风就刮不起来。同时,国家还采取了一系列控制物价波动的措施,比如:严格控制货币发行量,控制信贷,控制基本建设规模,控制消费基金增长速度(消费基金增长速度不应超过生产增长速度),积极组织货币回笼,努力增收节支等。并且,中央三令五申,决不允许任何单位和个人趁改革之机任意涨价,人为地制造涨价风。④在进行价格体系调整时,国家要采取相应措施,务必使绝大多数城乡居民实际生活水平不仅不降低,而且在生产发展基础上尽可能有所提高。

对于物价、工资等这类敏感的问题,要多做少说,先做后说,有的只做不说,有些事情本来是正确的,但说的时机不当会起相反的作用。从报纸来说,不要抢消息,要持慎重态度,严格把关,不要出现由于宣传不当给改革带来困难。

(2)做好企业工资制度改革的思想政治工作。今年,我市在去年34个企业试点的基础上,要逐步推行职工工资总额与上缴税利挂钩的改革。这次工资改革,是消除现行工资制度的平均主义弊端,基本理顺工资关系,建立新的工资制度。其主要特点是企业职工的工资同企业经济效益挂钩,企业工资总额随同本企业上缴税利浮动。前面讲了上缴税利与工资总额的增长比例为1∶0.7。具体到一个企业,当然有低有高,但最高不得超过1%。企业内部的工资分配办法,也要根据按劳分配的原则,拉开档次,体现差别,改变企业内部分配吃"大锅饭"的状况。

在改革工资制度问题上,牵涉到怎样正确认识国家、集体、个人三兼顾的关系,把全局利益和局部利益、长远利益同目前利益统一起来。消费基金的增长速度一定不能超过生产增长的速度,否则对发展生产和人民群众的长远利益都是不利的。要进行责、权、利的统一,把责放在第一位的教育。要树立多劳多得光荣的风气,同时也要克服雇佣思想,反对"一切向钱看"。

(3)继续做好实行厂长负责制中的思想政治工作。去年,我市有149个企业试行厂长(经理)负责制,今年,要逐步全面推行厂长负责制,这是企业领导制度的一项重大改革。根据试点经验,要着重从思想认识上解决好以下几个问题:①实行厂长负责制的必要性和重要性。社会化大生产和现代企业,必须建立统一的、强有力的、高效率的生产指挥和经营管理系统,实行厂长(经理)负责制,是由这一性质和特点所决定的,它解决了企业无人负责、无力负责的弊端。②实行厂长负责制,改变企业党委包揽行政事务、以党代政、党不管党的状况,使企业党委能集中抓党的建设,抓思想政治工作,保证监督党和国家各项方针政策在企业的贯彻执行。③扩大厂长权力的同时,必须尊重和保证职工参加企业民主管理的权利,健全职工代表大会制度,充分体现职工在企业中的主人翁地位。④企业党、政、工、团要围绕生产经营这个中心,相互配合,各尽其责,书记要支持厂长在生产行政上的指挥权,对厂长的工作要做到:分工,不揽权;支持,不旁观;建议,不干预;协调,不分离。厂长要加强党的观念和群众观念,尊重党委和职代会。书记和厂长要相互尊重,相互支持,相互协调,相互团结,同唱一台戏,搞好"将相和"。

(4)在干部制度改革和调整领导班子时,要进行尊重知识,尊重人才的思想教育。办好现代企业,关键在人才。搞活企业,先要搞活用人之道。今年,中央把进一步调整领导班子作为全党要抓好的四件大事之一。中央要求在年底以前把企业特别是骨干企业的领导班子调整好。企业党组织和行政在结合调整领导班子时,要进行新时期干部政策、标准和知识分子政策的教育,解放思想,深入考察,采取选举、招聘、承包、委任等形式,大胆起用政治素质好、有真才实学、富有改革创新精神、能够开创新局面的中青年干部。同时,又要做好退下来的同志的思想政治工作。

第四,排除干扰,坚决纠正新形势下出现的不正之风,保证改革的顺利进行。

中央严肃指出:当前出现的几股新的不正之风

和纪律松弛的现象,对改革具有极大的危险性。如不坚决纠正,改革很难顺利进行。除了必须采取经济的、行政的、立法的手段以外,还必须强调党性、党风、党的纪律。要把这一内容作为整党的重要一课,在全体党员中普遍进行教育。对借改革之机,违法乱纪,营私舞弊的典型案件,不能姑息纵容,必须彻底严办。

最近几个月来,在新形势下,出现的新的不正之风主要是:①党政机关和党政干部经商办企业、利用职权倒买倒卖。②违反政策乱涨物价。③随意提高工资,乱发财物,弄虚作假。④吃喝风范围越来越大,规格越来越高。⑤为了赚钱,办一些不健康小报。这对党中央、国务院的规定、政策和指示置若罔闻,有令不行,有禁不止,有些人甚至采取"上有政策,下有对策"的态度来钻改革的空子,这是当前危害最大的一种不正之风,是我们当前进行经济体制改革的最主要障碍。各地区、各部门、各单位要对这种不正之风进行认真检查清理,切实纠正,对违法乱纪者必须坚决处理,决不姑息迁就。〈后略〉。

在经济体制改革中,搞活企业是经济体制改革的核心,但怎样搞活,有两种做法:一种是走正道;一种是搞歪风邪道,不在改善经营管理上狠下功夫,而是千方百计地钻改革的空子,巧立名目,投机倒把,倒买倒卖,还名之曰"搞好经济"。中央领导同志批评这种错误是:说是"搞活",实为"搞鬼"。我们一定要划清解放思想、搞活经济与违法乱纪的界限。在改革探索中,有些具体是非界限一时不容易搞清楚,这种情况是有的,但是,一些明明是违法乱纪,中央三令五申不准干的,明知故犯,阳奉阴违,这些绝对不允许的。为了搞活经济,需要松绑放权,但党风党纪不存在"松绑"的问题。过去战争年代讲,"加强纪律性,革命无不胜",现在也应该是:"加强纪律性,改革无不胜"。

为什么会出现这些新的不正之风,从根本上讲,是我们有些党员、干部不是站在党和国家立场上想问题,办事情,只考虑局部和个人利益,眼前利益,而不考虑整体利益,长远利益,打国家的主意,损公肥私。这是当前缺乏党性的突出表现。我们必须树立全局观点,发扬全心全意为人民服务,为"四化"献身的精神,继续发扬艰苦奋斗,勤俭建国的精神,决不能搞"福利竞赛"。当前的大好形势来之不易,我们一定要珍惜,一定要保持清醒的头脑。

在纠正新的不正之风中,各级领导干部特别是党、政一把手,肩负着重要的职责。只要各级领导统一思想,加强纪律,令行禁止,就能保证改革的顺利进行。〈后略〉

四、坚持疏导,改进方法,思想政治工作必须创新搞活

去年底,一位联邦德国专家离华回国前,对上海外办的同志说了一席话。他说,你们有些干部处理问题的方法不对,青年人有些想法,领导得知后,不是好好同他们讨论,而是采取压制的态度,这很不高明,只会引起抵触。耀邦同志看到这一反映材料后批示:"你们看,一个来自西方国家的专家,说得是不是比我们一些共产党员的干部还要好。""现在全国各项工作都在改革,思想政治工作特别是对青年人的思想政治工作为什么不应该作许多改进?"

长期以来,我们的思想政治工作存在着一些呆板的僵化的方法,如脱离实际的空洞说教;板起面孔训人,压服而不是说服;一刀切,一般化;方式单调,枯燥乏味;批评教育多,表扬鼓励少;从上往下灌的多,群众自我教育少;等等,严重脱离职工的思想、工作和生活实际,使思想政治工作缺乏群众性、知识性和生动性,缺乏吸引力,不能引人入胜。人的思想是千差万别,也是千变万化的,因为每个人都不是封闭起来的,都生活在实际生活之中。影响一个人的思想的因素是多方面的,过去那些呆板的、僵化的方法不可能收到实效,甚至会引起职工的反感,有损于思想政治工作的声誉。思想政治工作是教育人的工作,是塑造人类灵魂的工作,因而要做好思想政治工作,必须要关心人、尊重人,必须把职工看作是企业的主人,尊重他们,把职工当成自己的朋友和伙伴,熟悉他们,了解他们的思想、情

感和意愿,真正同他们打成一片,把自己的心交给他们。决不能把思想政治工作当作对付职工的一种手段。江北机械厂党委的同志讲,要把我们的思想政治工作真正转到关心人方面来。这话是很中肯的。只有这样,思想政治工作才能创新,才能搞活。

新时期思想政治工作的对象发生了很大的变化,我们必须认真研究这些变化了的情况,才能从实际出发做好工作,首先,职工队伍结构发生了显著的变化。"文化大革命"以来参加工作的青年职工,已占全体职工的多数,年龄在35岁以下的青年职工约占全体职工的60%左右。他们的绝大部分,已经成为各类企业生产、经营的主要力量。他们中的许多人,不论在思想上、文化上和技术上,都不同程度地需要"补课"和提高。这是一个迫切需要解决的矛盾。我们要满腔热情地下大功夫帮助他们解决好这个矛盾,使这一代青年职工顺利地成长为我国工人阶级的一代优秀梯队。企业的思想政治工作在这方面负有重大责任。其二,职工来源发生了重大变化。1966年以后基本上停止了从农村招工。现在年龄在35岁以下的青年职工,基本上是来源于城镇青年,他们与过去从农村招收的职工在思想、作风、生产习惯、文化素质等方面,都有很大的不同。这是企业的思想政治工作者不应忽略的一个问题。其三,职工文化素质的变化。据对一些重点企业的调查,1982年与1957年相比,职工队伍中的文盲已由20.7%降为1.6%,小学文化程度的由59%下降为21.7%,中学(包括初中、高中、中专、技校)文化程度由19.1%上升到72.4%,大学文化程度的由1.2%上升到4.3%。但是,由于"十年内乱",全国教育事业遭到严重破坏,他们的实际文化水平比他们的学历要低得多。据1982年初的统计,全国青壮年中,实际文化程度低于初中毕业水平者,大约有70%,他们的技术水平也比较低,因此,职工队伍的文化、业务培训是一项相当繁重的任务。其四,在职工队伍中,知识分子所占的比重有明显的增加。据统计,1982年与1978年相比,职工队伍中的体力劳动者只增长13.2%,而脑力劳动者却增长了24%,其中科技人员增长更快些。这是一个很好的势头。我们必须适应新时期企业思想政治工作的这个情况,把青年职工和知识分子作为工作的重点,要研究他们的兴趣和情绪,针对他们的实际问题,采用丰富多彩的教育方式,寓教育于学习和娱乐之中,增强思想政治工作的思想性、知识性、趣味性,提高思想政治工作的吸引力、感染力和说服力。

总之,新时期思想政治工作要研究新情况、创造新方法,不能停留在过了时的老框框、老套套和老经验上。要坚持疏导方针,坚持说服教育,真正做到晓之以理,动之以情,导之以行,持之以恒。疏导的方法很多,耀邦同志在全国宣传部长会议上讲疏导方针时,把开展谈心,进行批评帮助,表扬为主,树立先进典型,落实政策,解决实际困难等等都称之为疏导。这方面,许多单位在实践中已经探索和积累了若干经验,这次会上发言的材料说明了这个问题。

五、企业党委要把主要精力集中到抓好思想政治工作上来

企业党委要适应新时期的要求,就要把企业的思想政治工作真正转到以提高企业素质、增强企业活力、提高经济效益、调动职工积极性的轨道上来,更好地为贯彻党的路线、方针、政策服务,为实现党的总任务、总目标服务,为搞好经济体制改革服务。为此:

第一,必须实行党政分工,才能有利于加强思想政治工作。过去党政不分,存在种种弊端。据有关部门的调查,有的企业党委一年开会近百次,用于讨论、研究有关党的建设和思想政治工作的仅占9%,其余90%以上的会议都是用于讨论、研究具体的行政工作的问题,同厂长办公室会议或企业行政工作会议没有多大的差别。这实际上是把党委降低到经验管理一般行政事务的水平,恰恰是削弱了党的领导,正如有同志说的,"是种了行政的田,荒了自己的地。"结果使厂长的职、责、权分离,生产经营活动被束缚了手足,思想政治工作也削弱了。

实行党政分工以后,明确厂长是企业生产行政工作的总负责人,党委不再包揽一切,对生产行政工作起保证和监督作用,集中力量抓党务和思想工作,克服了党不管党的弊端,党委和行政各负其责,各司其职。这样做,既有利于改善企业的经营管理,提高经济效益,又有利于改善和加强思想政治工作,加强党的保证、监督作用。

有同志担心,实行厂长负责制,党政分工以后,会不会削弱党的领导和思想政治工作?应该明确地讲,企业领导体制改革后,企业党组织的权力是比过去小了,不是什么都由党委来决定,同级党组织与行政部门之间不再是领导与被领导的关系了。这对于习惯于过去由党组织包揽一切的同志来说,便认为办事不顺手了,指挥不很灵了。有的就认为党的领导作用和政治思想工作的地位也下降了。这样看问题是片面的,权力与地位并不存在必然的联系。党的思想政治工作究竟是靠真理来感召群众,还是以权压人?过去白色恐怖年代,我们党没有掌握政权,但是照样活跃在群众之中,宣传和组织群众;那是因为我们党掌握了马列主义、毛泽东思想的真理。抗战时期,党中央以周恩来同志为首的南方局,在蒋管区并没有掌权,但周总理和南方局在群众中有崇高的威望。就是靠真理来进行领导,靠党的方针、政策来进行领导。我们的思想政治工作也要靠掌握真理去教育群众、领导群众,不是靠以权压人。威信威信,有了群众对你的信任才有威信。那种认为手中的权力小了,思想政治工作地位就低了,党的威信就降低了的想法是不正确的。

今后党对企业的领导,主要体现在以下四个方面:一是企业必须接受党的路线、方针、政策的领导,这是党的领导的主要方面;二是企业党组织领导思想政治工作,教育党员和职工提高社会主义觉悟;三是企业党组织继续领导工会、共青团等群众组织,协调好企业内部各方面的关系;四是企业的行政领导要接受党组织的监督,遵守党纪国法。如果做好了这四条,应该说党的领导改善了,思想政治工作加强了,党的威信也增强了。从理论上讲,党政分工后,党组织能够集中精力抓好党的路线、方针、政策的贯彻落实,抓党的建设和职工的思想政治工作,真正在思想政治方面担负起领导责任,这就为改善和加强党的领导,改进和加强党的思想政治工作,创造了有利的条件。

第二,要建设一支能适应新形势要求的政工干部队伍。目前我市企业政工队伍的本质和主流是好的。几年来,他们做了大量的工作,积累了一些新鲜经验,涌现了一批优秀人才。但是,和其他队伍一样,企业政工队伍也存在严重不适应形势要求的情况。据了解,我市政工队伍占职工总数的1.16%,这支队伍中初中文化程度的占71.13%,1976年以后从事政工工作的占41.85%,"文化革命"前从事政工工作的占37%,政工队伍文化程度偏低,新手较多。不少企业政工机构不健全,人员不足的状况比较突出,后继乏人的情况尤为严重。企业政工干部在生活福利待遇方面往往和企业的行政、技术干部不能做到一视同仁。这些都影响政工干部队伍的稳定和提高。为了适应新的形势,改进和加强企业的思想政治工作,就必须迅速改变这种状况,采取一切有效措施,全面提高政工干部的素质,抓紧建设一支能适应新形势要求的政工干部队伍:(1)要按照干部"四化"要求加快组织调整的步伐,大胆地从共青团的干部中,优秀青工中,读书活动积极分子中,有志于从事思想政治工作的科技管理干部中,采取自愿报名、组织考察、评选考试、择优录取的办法来调整充实政工干部队伍。(2)采取广开学路、多渠道、多层次、多学制的办法,逐步形成一支政工干部的培训体系,加强对政工干部的培训。重钢党委举办政工干部大专班、中专班,选送思想作风好,有一定文化基础的干部进行学习,作为政工干部的接班人培养,这个办法好。有条件的单位可以仿行。各部委局和大型企业,要利用党校和举办短训班等方式,对现有中青年政工干部进行分期分批的轮训。(3)政工干部也是企业管理干部,各厂矿企业党政领导对政工干部要像对待管理干部一样,政治上爱护,生活上关心,对待他们的工资奖金、生活福利、分房、家属"农转非"等问题要与同级的技术、管理、行政干部一样,政策上"一视同仁"。对工作中做出成绩的要奖励,贡献大的同样受到重奖。作为政工干部来说,要树立全心全意为人民服务和识大体、顾大局的思想,热爱本职工作,为搞好经济改革、搞活企业和发展生产力而贡献出自己的聪明才智。

第三,依靠企业各级党组织,依靠群众,人人做思想政治工作。思想政治工作是全党的任务,搞好企业思想政治工作只靠少数专职政工干部是不可能做好的,党委书记、政工干部要做,厂长、行政业务干部也要做。万里同志指出:"每一个经济工作者,都应该同时也是一个思想政治工作者"。因此,经济工作者和思想政治工作者要加强彼此的横向联系,相互配合,分工而不分家,共同来解决政治工作与经济工作脱节的"两张皮"的问题。而且还要发挥工会、共青团、妇联的积极作用,发挥报告员、宣传员、理论教员、通讯员的作用。运用广播、图书室、俱乐部、厂报等阵地,建立和健全群众性的思想政治工作网,使政工队伍专群结合,以专带群,使思想政治工作具有更广泛的群众性。

第四,领导机关的思想工作部门要转变作风,面向基层,更好地为企业服务。应该注意这样几个问题:(1)对本地区、本部门的思想政治工作,一年之内抓些什么,几年之内达到什么目标,要有设想、有规划,站得高、看得远,多从战略上,全局上考虑问题,至于具体工作的安排上,多给企业以机动权,鼓励和帮助企业从实际出发大胆开展工作。(2)要经常深入基层,加强调查研究,及时掌握职工的思想动态,要分门别类地建立若干联系点,做到点面结合,随时掌握新情况,研究新问题。(3)要狠抓典型,及时总结推广先进经验。(4)要及时传播和提信息,通过多种渠道收集和传播思想政治工作信息,使广大政工干部开阔视野,活跃思想。

最后,我想强调一下,思想政治工作是一门科学,有其自身的规律和特点,应把思想政治工作建立在科学基础上,积极开展企业思想政治工作科学研究活动,使之科学化。长期以来,人们没有把它作为一门科学来对待,认为政工干部是"万金油"干部,似乎不要有多少知识和本领,随便找人干都行。这完全是一种误解。其实,政治工作干部是人类灵魂的工程师,是宣传和执行党的路线、方针、政策的骨干。做一名合格的政工干部,即是十分光荣的,也是十分艰巨的。他需要有较高的政治觉悟,有多方面的知识,不仅要懂得马列主义的基本理论,还要懂得教育学、心理学、伦理学、法学、美学等等,在企业工作的政工干部,还必须懂得经济学、管理学以及有关的自然科学专业知识。还应当会做群众工作,有一定的宣传和组织才能,这样才能胜任。新时期对政工干部提出了新的更高的要求。我们必须要振奋精神,刻苦学习。当前,除了认真学好整党文件及中央有关方针政策外,还建议从现在起用一年半左右的时间认真读几本书:《中共中央关于经济体制改革的决定》、邓小平同志《建设有中国特色的社会主义》、《国民经济管理学》(山东人民出版社出版)、《干部现代化知识讲座》(《瞭望》杂志陆续发表)、《迎接新的技术革命》(已出上册,湖南科学技术出版社出版)、《领导科学基础》(广西人民出版社出版)。各单位,每个同志可以根据自己的实际进行安排,坚持自学为主,持之以恒,必有效益。

更重要的是,要在实践中学习。要像过去战争年代在战争中学会打仗那样,在"四化"建设中学会搞"四化",在改革中学会搞改革。因之,深入实际,勇于实践,就特别重要。中央领导同志提出,中央和国务院各部门、各地区负责干部,都要亲自领导或过问一个企业的改革工作,参与改革的全过程,取得直接经验。这就是我们党历来提倡的"深入一点,取得经验,推动全局"的工作方法。改革要靠群众的探索和创新,负责干部只有深入基层,深入群众,一面当学生,一面当先生,从改革中学习改革,才能取得领导改革的主动权。我市各级党委,各部门的负责同志,在新的一年里,都要到改革的第一线去。特别是有的同志,过去不重视钻研经济和经济改革,丧失了时机,现在不要再丧失时机了,要下决心钻进去,三五年时间内,使自己由外行变为内行。机不可失,时不再来。

同志们,春节已过,春回大地,春意盎然。古人云,一年之计在于春。在市经济工作会议之后召开的这次政工会议,是一次很重要的会议,是开创我市思想政治工作新局面的经验交流会。当前企业经济改革的形势很好,企业思想政治工作战线的形势也是很好的,广大企业政工干部的精神必须振作起来。只要我们广大企业政工干部继续沿着党中央指引的正确方向前进,不断探索新时期思想政治工作的特点和规律,那么我们就一定能开创我市思想政治工作的新局面,为夺取经济体制改革和经济建设的伟大胜利做出自己的贡献。

王谦同志在全市党员干部大会上的讲话

(1985年3月15日)

同志们:

今天这个会主要是宣布调整后的市委常委组成情况。市委常委班子的第二次调整,实际上是从去年5月就开始的,经过半年多的酝酿,征求各方面意见,最后经中央同意,省委批准。调整后的市委常委是这样的:廖伯康同志任书记,于汉卿、萧秧、李成文、周春山任副书记,孙同川、刘鹏、刘文权、刘志忠、肖祖修、秦玉琴、徐广生、黄冶同志任常委。免去王谦同志中共重庆市委书记、常委职务,免去李凤清、崔连胜、于承永、王海亭、潘椿同志常委职务。

刚才我宣布了经中央同意由省委批准任命的市委新的常委会。我作为原任市委书记,对新的市委常委的组成表示衷心的祝贺,并且热切地希望新的常委会能够成为一个团结一致的、并肩战斗的、开拓前进的、领导全市广大干部和群众向十二大提出的宏伟目标和贯彻实现三中全会决定奋斗的核心。我完全相信新的常委在胜利进军中能够走在全国的前列。我再次祝愿重庆市在新的常委领导下,能够日新月异,兴旺发达!

三年来,重庆市委常委进行了两次调整,调整的幅度比较大。经过两次调整,原来的常委只剩下于汉卿同志一人了。两次调整都是根据中央提出的干部"四化"原则进行的。第一次调整后的领导班子明显地表现了过渡性质。我就是个过渡人物。当时常委班子文化程度不高,年龄也很大。这种过渡性质在当时的条件下是必要的。没有过渡,一刀切下来,对当时重庆的情况,对重庆的工作是不利的。可以这样说,没有第一次的过渡性,也就不可能有这次调整后的领导核心能够在文化结构、年龄结构、老中青结合等方面达到中央提出的"四化"标准。所以这次调整后的常委基本上可以稳定5至8年。因此,我感到这次调整是好的,我对调整后的市委常委是信任的,我也十分相信,在新的常委领导下,重庆的工作将会大踏步地前进。

我来重庆工作3年5个月。在中央和省委的正确领导下,〈……〉在重庆的干部和群众的信任、支持下,尤其是在市委常委同志们的协调一致、相互信赖的情况下,工作条件是很好的。特别是最近两年,中央把重庆作为经济体制改革的试点城市,对重庆的支持和推动是很大的。所以近两年的工作有所前进,应该归功于中央、省委的指导思想、方针政策的正确。市委常委和我个人,只是认真贯彻执行了中央、省委的指示,在这中间也做了一些工作。但是检查起来,市委和我自己所做的工作,和中央的要求,和中央给予的工作条件相比,距离还是很大的,和广大干部群众的希望相比,我自己感到十分惭愧。

现在,新的常委班子组成了,我要离职了。当重庆的工作起步了的时候,我离开工作,离开一同工作了3年多的同志们,从思想情感上讲,我确实感到似乎有什么未完成的任务,或者是感到缺少了一点什么东西似的,时而在脑子里回旋着。黄冶同志有一次和我开玩笑说:你可能慢慢地爱上重庆了。确实如此,经济体制改革以来,特别是去年以来,形势的发展,事业的前进,我寄重庆以极大希望,重庆的命运和我联结在一起了。我讲的重庆的希望和命运,就是当我要离开重庆工作的时候,我在思想上能够把握住1990年之前重庆的前途的图像。我所指的只是图像,并不是现实,也就是我对重庆1990年以前的总的发展趋势在思想上是把握住了的。这就是,经过两年多的经济体制改革,重庆经济发展起步了,或者说上路了,政治上更加安定团结了。"雾重庆"的沉闷空气基本上改变过来了。有的同志对重庆的自然气候有这样一种说法,即这几年,闷热的夏季不那么燥热了,冬天的雾似乎也不那么持久而使人难熬了。我想这样的自然现象,也可以借用来形容重庆的政治和经济状况。

我的上述总的看法,包括有以下的内容。

一、在中央和省委领导下,经过三年多的工作,重庆的政治状况、党内关系、党群关系(包括党和各民主党派的关系),大体上理顺了,所以政治上是安定团结的。三年中两次对市委常委的领导成员进行了大幅度的调整,没有出现不安定和其他问题,这就是一个很好的证明。这说明中央方针的正确,也说明重庆的同志们是顾全大局的,是和中央特别是三中全会以来的方针政策保持了一致的。这次常委的调整,几乎没有遇到什么思想阻力。第一次调整还有这样那样的想法、说法,第二次调整几乎没有遇到什么阻力。调整后的常委,可以稳定六七年,而这个六七年又是重庆发展中十分关键的时期。调整后的书记廖伯康同志,今年是60岁,7年之后也只是我现在的年龄,而且常委中有5个是46岁以下的同志,其中有一个只有33岁,到2000年的时候,他们中最大的才60岁,最小的刘鹏同志才四十八九岁。从党内关系来说,经过几年的拨乱反正,落实政策,特别是整党中,领导层提高了觉悟,统一了认识,历史上留下的许多疙瘩解开了,党的团结加强了,所以可以说党内关系基本上理顺了。当然。还有一些问题要在继续整党中加以解决。如清理"三种人"的问题,纠正不正之风的问题,同志间的某种隔阂的问题,等等。都还需要继续解决,但大疙瘩解开了。只要大家本着团结一致,从党和国家的利益出发,是不会发生什么不得了的问题的。因此,我相信,在新的常委领导下,这方面的问题会解决得更好,并且随着整党的进程,党内关系、党的传统作风,将会走上更加健康、更加团结的道路。

二、经济的发展势头是可喜的、有后劲的,是方兴未艾的。从经济发展的形势来讲,我感到今年会比去年更好,今年头2个月就比去年好得多,明年会比今年更好。去年我们引进技术项目180项,从今年6、7月到10月可以大部分竣工,明年会发挥作用。一直到1990年,只要工作上不出现大的失误,大的波折,重庆经济发展的速度不会太慢,经济效益会逐步提高。我完全相信,常委提出的到1987年实现第一个翻番是可能的,或者说是完全可能的。到1995年时,工农业总产值达到翻两番的目标是可以实现的。现在,我们感到完成这样一个任务,更加具体了,可靠得多了。

三、经济改革,两年多的探索和实践,除了各方面取得了具体的收获和经验外,特别重要的是在实践中使我们逐步懂得了经济体制改革,就是要突破把计划经济同商品经济对立起来的传统观念,明确了社会主义计划经济必须自觉依靠和运用价值规律,确立在公有制基础上的有计划的商品经济这个总的指导思想,并且在这个指导思想下,理顺各种经济关系,建立和发展具有中国特色的社会主义经济。因此,不论进行什么样的改革,采取什么样的措施,其目的都是为了发展社会主义经济,巩固社会主义制度。考查和分析重庆的经济体制改革,都不能离开上述的指导思想和方针。那么,怎么样来估价过去两年多时间重庆的经济改革呢?我的看法是:在中央方针指引下,我们进行了多方面的探索和试验。在经济关系上有的理顺了,有的还没有完全理顺,有的还根本没有触及。而且发展也不平衡,有的方面进展快,有些方面进展慢,有些方面和部门还没有起步。总的说,我们在微观方面做的工作较多,我们所采取的政策措施有些是好的,经验也比较丰富,但都是对微观经济来讲的,办法是对着一个企业，顶多一个行业。也就是说，改革中在经济的宏观管理方面还不能说已经有突破性的经验，或者说是突破性的措施，或者说我们还处在一种朦胧的状态。但是，宏观方面的改革确是对微观方面的改革起着十分关键作用的。没有宏观方面的改革，微观方面的改革就是得到很大成绩，也是难以巩固的，走回头路，一个晚上就会变的。所以宏观方面改革很重要，如果这方面有所突破，整个经济发展会顺畅前进的。宏观方面的改革的突破和展开对微观方面的改革会起到十分巨大的推动作用。我这样讲是有根据的，因为从改革开始，我们就是从微观经济下手的。这些年来，我们所采取的措施，如扩大企业自主权、厂长负责制、经济责任制、分配关系打破大锅饭和平均主义等等，都是从企业的情况和问题出发的。过去说社会主义经济是计划经济，现在改革得怎样？整个经济的宏观管理由谁管的，说是计委管。建国30多年了，我们经济体制改革也两年了，我们市计委对整个宏观经济管理起什么作用呢？我看计委管的只是指标，而指标只是写到纸上，并不能起决定作用。而对计划体制、经济的宏观管理、经济杠杆的运用，金融对发展经济的积极作用，党和政府怎么样来领导和管理整个经济、城市的作用，城乡结合（包括工作程序的改革）等等方面，虽然从指导思想来讲，中央已经有了方针性、原则性的规定，但我们在实践和理论的结合上对宏观经济管理还没有比较成熟的、可行的经验。因此，我感到，重庆在执行十二届三中全会决定中，除了继续在微观经济（主要是企业，特别是大型企业）方面进一步全面的、深入的进行实践和总结经验之外，要特别重视经济的宏观管理改革的探索和总结经验。作为一个试点城市，今后主要的应该在这方面为中国的经济改革有所贡献。当然这种改革，比之微观的改革要困难些，风险也大得多。但又必须在这方面有所突破、有所贡献。因此，我感到这方面的改革，必须紧紧地把握住慎重而又勇往直前的原则，尽可能地避免走回头路，在前进中哪怕是在失误的情况下，也要冷静地、实事求是地总结经验，抛弃错误的，吸取合理的，继续前进。

四、在改革中，我们是重视了思想政治工作的。两年多来，我们在思想上没有发生大的曲折，没有出现违背四项基本原则的情况。同时，我们在纠正某些不妥当的思想倾向、政治口号、政策措施、工作方法时，也没有采取习惯了的粗暴行动，而是引导，基本达到了既纠正了错误、缺点，又没有损害干部和群众的积极性。

这几年来，我们也发生过缺点和错误。如有一段时间，我们对农村工作重视不够；1982年成立工业公司时走了老路；工业的技术改造抓迟了，特别是没有把工业的技术改造的基点放在技术进步的基础上；对重庆的发展战略抓迟了；两个文明的建设没有摆在同等的位置上，重视经济建设而放松了精神文明的建设；城市基础设施和居民住宅的建设重视不够，等等。这些缺点和失误，有些发现得比较早而得到了补救，有的直到现在还没有完全改变面貌。

工作中发生的缺点和失误，我负完全责任。我希望新的常委能弥补我的缺点。我在离开重庆的时候，对这些缺点内心是感到不安的。我诚恳的希望同志们不要原谅我的缺点，并且希望同志们在新的市委领导下努力工作去弥补我的过错。

我这个人是一个性格和特点都很明显的人。在重庆3年多时间，做了一些事，也有很多缺点错误，我诚恳地希望同志们对我提出批评。我在整党对照检查的时候就意识到，有生之年，在一定的工作岗位上，有许多同志直接帮助和监督可能是最后一次了。现在整党还没有结束，所以希望在我将要离开重庆这个岗位之前，在党员登记时，能够得到同志们的批评和帮助。

最后祝同志们身体健康，工作胜利。

廖伯康同志在全市党员干部大会上的讲话

（1985年3月15日）

同志们：

刚才王谦同志宣布了省委批准的本届市委常委调整后的组成名单，并对他在重庆三年多的工作，作了中肯的、实事求是的概括和总结，对今后重庆的工作提出了重要的意见。这对我们是很大的帮助。

1981年10月，王谦同志来重庆主持工作时，重庆在拨乱反正上面临着很繁重的任务。十一届三中全会后，重庆在真理标准问题的讨论、纠正冤假错案、推行农业生产责任制、清除"文革"影响等方面，一度未能跟上步伐，落后于全国的形势。三年多来，王谦同志团结常委一班人，带领和依靠广大干部、群众，在理顺政治关系，实现安定团结上；在理顺党内关系，实现新老合作交替上；在理顺经济关系，贯彻中央〔1983〕7号文件精神，探索城市体改路子，振兴重庆经济上；在理顺工作关系，实行党政分工、政企分开上，都进行了卓有成效的工作。工农业生产和财政收入都打破了较长时间徘徊不前的沉闷局面，重庆的经济潜力开始发挥出来，出现了三年持续增长的好势头，重庆的形势发生了重大的变化。这个转折的实质，就是进一步把重庆的工作统一到十一届三中全会以来党的路线、方针、政策上来，特别是在清理"文革"及其以前的"左"的错误影响，端正业务工作指导思想，使之更好地服从和服务于十二大提出的总目标、总任务方面，取得了显著的成效，为重庆的改革、开放、腾飞，起用一代新人奠定了基础。重庆工作这一转折性变化，首先是中央路线、方针、政策的正确，省委的领导，全市广大干部和群众的共同努力，同时也是市委常委班子中各位老同志在王谦同志的带领下，共同努力工作的结果。在这里，我代表市委常委新班子，向王谦同志和常委中退下来的老同志表示衷心的敬意和感谢！向上一届从第一线退下来的老同志和即将从第一线退下来的老同志表示衷心的敬意和感谢！王谦同志虽然从领导班子中退下来了，但是王谦同志在渝期间，仍然要帮助和指导我们的工作。市委常委提出，经省委讨论决定，为了进一步调整组建好市顾委、市人大、市政协及市级各部、委、办的领导班子，搞好新老交替和工作衔接，在重庆市委领导班子调整后，王谦同志在渝期间，受省委委托，帮助重庆市委作好调整市级几大家领导班子，市级各部、委、办、文联等领导班子的工作，还要参加这次四省五方协调会议重庆主席方面的领导工作，并对全市工作进行指导。

市委常委班子这次的调整，中央很关怀，省委很重视。王谦同志按中央和省委的指示精神，做了很多工作。现在调整后的常委新班子平均年龄50岁，比调整前下降4.8岁，最年轻的33岁。文化程度有大幅度提高，大学文化10人，占77％。市委常委新人的增加，文化结构的改善，这是老同志荐贤让贤选贤的一个成果，今后新班子的工作，还要依靠老同志的支持和帮助。我们每一个常委同志都不要辜负老同志的厚望，要勤奋学习，努力工作，同心协力，和衷共济，沿着改革、开放、腾飞，起用一代新人的道路开拓前进！

下面，我就"改革、开放、腾飞，起用一代新人"这一题目讲几点意见：

第一，重庆面临的重大历史任务。

市委常委新班子是在重庆历史发展的重大转折时期走上领导岗位的。一方面重庆的经济体制改革已经有了一个良好的开端，重庆的经济振兴已经开始起步；另一方面，重庆又是一个欠账很多的城市，在城市基础设施、工业技术改造、第三产业发展等方面的大量欠账，不是在短时间内轻而易举就可以还清的；重庆经济工作的管理水平也是不高的。在当前全国改革开放和商品经济大发展的新形势下，重庆正面临着巨大的挑战，存在着巨大的差距，也有着巨大的潜力和空前良好的历史机遇。

由于"左"的思想，小生产观念和旧体制弊端的影响，重庆的城市功能和生产力较长时间是被束缚着的。经济效益低，财政收入少，城市建设差是重庆多年形成的"老大难"问题。到1981年，重庆工业的百元固定资产产值率、百元产值税利率、工业全员劳动生产率，在全国大城市中都是处于最后一、二名的地位。直到现在，重庆这些经济效益指标还是处于低水平，同先进城市比，差距很大。

差距大，潜力也很大。重庆的工业固定资产已经有110亿，在全国大城市中占第5位，而重庆的工业总产值只占第7位。特别是重庆军工那样大的固定资产和技术力量，如果把潜力充分发挥出来，重庆一年就可以增加很多的产值。重庆发展乡镇企业潜力也是巨大的，如果我们的乡镇企业搞得好，一年增加几个亿，是完全可以做到的。

当前是我国改革和经济振兴的黄金时期，全国城乡在改革和开放中正处于竞争十分激烈的动态环境之中。重庆是全国经济体制综合改革的试点城市，有许多有利条件。奋力拼搏，重庆可以变落后为先进，如果思想保守，故步自封，就会继续落后。我们既不可自轻自贱，妄自菲薄；也不可骄傲自大，盲目乐观。全市各级领导都要有强烈的时代感、使命感和责任感，一定要紧紧抓住这个来之不易的振兴重庆的黄金岁月，全力以赴，奋力拼搏，经过几届班子的共同努力，争取早日把重庆建设成为一个依托西南、服务西南、面向全国、走向世界的多功能的经济中心城市。

第二，改革、开放、腾飞，起用一代新人，这是我们振兴重庆的战略指导思想，也是我们的战略口号。

建设有中国特色的社会主义，就是走改革和开放的道路，走物质文明和社会主义精神文明建设相结合的道路。改革我国原有经济体制和上层建筑中的弊端，就是为了适应有计划的商品经济的要求，同时也是为了适应建设有理想、有道德、有文化、有纪律的社会主义精神文明的要求。重庆作为全国经济体制综合改革的试点城市，毫无疑问，它应该是而且必须是带头改革、带头开放的城市，而改革、开放的结果，必然是城乡生产力的大解放、大发展，必然使经济从振兴到腾飞。

建国36年来的经验证明，重庆的出路在于改革。建国初期，重庆也有过一段较为顺利的发展岁月，但是，在党的十一届三中全会以前的20多年中，重庆在发展城市生产力的两个带根本性的要害问题上，是没有活力的。一个是企业被捆得很死，使城市经济的基础细胞在很大程度上丧失了活力，自己堵塞了搞活城市经济、创造财政收入的活水源头。另一个，是城市的经济功能和社会功能，包括城市的基础承载功能、大流通功能、综合协调功能、综合服务功能，也是长期被捆死了的，把搞活城市功能所能获取的巨大综合效益抛掉了。其结果，使重庆成了一个功能很差、企业不活、效益很低、又大又穷的城市。

在七十年代中期，重庆全民所有制工业固定资产已有40多亿，而工业总产值只有30多亿，财政收入只有3亿左右，除了上缴和维持吃饭的固定开支外，一年的机动财力全市只有几百万元，人平只有1元多钱，穷到这种程度，在国内的大城市中也是罕见的。重庆从1978年党的十一届三中全会以来的6年改革中，归根到底的两大变化就是：企业开始活起来了，城市功能开始活起来了，其结果是经济建设加快，经济效益显著提高。去年全市的工农业总产值已达到153亿，财政收入已达到13.42亿元，今年头两个月，全市工业总产值又比去年同期增长22.3%，财政收入增长25%以上。四年单项改革、两年综合改革的实践证明，只有改革才能搞活企业，搞活城市功能，只有改革才能振兴重庆。重庆的出路，重庆的希望，就在于改革。

当前在我国的经济体制正在由传统的僵化模式向着有活力的社会主义经济体制转变，即由企业是行政机构的附属物，向有活力的相对独立的商品生产者和经营者转变；由指令性产品经济向有计划的商品经济转变;由按纵向控制为主向以横向联系为主转变;由封闭型向开放型转变;由条块对城市经济的分割控制向以大城市为中心的辐射式的商品经济网络转变。这五个转变已经有了良好的开端,并且正在向广度、深度发展,我们重庆的各级干部要深刻认识经济体制转变的重大的历史意义,我们要力争在这场历史性的大转变中,走在前列。

对外开放,是社会主义计划商品经济的要求。商品经济的特征是等价交换,可以走遍天下;分工协作,取长补短,可以联系全球。社会主义以公有制为基础的有计划的商品经济,是具有开放的本性和特征的。物质文明和社会主义精神文明是要在开放的环境中才能够建设起来的。重庆的优势和有利因素,只有在对外开放中才能得到充分的发挥;重庆的劣势和不利因素,也只有在对外开放中才能得到有效地克服。画地为牢,自我封闭,是自然经济和封建性的落后表现,是根本违反社会主义计划商品经济的要求的。因此,我们在自觉坚持改革的同时,一定要自觉坚持对外开放,这是振兴重庆的必由之路。

对外开放,不仅是解决我们当前资金短缺和技术落后的问题,从长远来看,它是我们经济持续发展,实现腾飞的主要条件之一。我市经济发展的后劲如何,在很大程度上取决于我们对外开放的广度和深度。在科学技术飞速发展的今天,国际性的经济技术联系越来越密切,在知识、信息已经成为重要生产力的世界新技术革命挑战面前,不实行对外开放,重庆就不可能实现现代化。

在两年的综合改革中,重庆已开始从多年的封闭状态中醒过来,正在走向对外开放,朝着一个依托西南,服务西南,面向全国,走向世界,全方位、多层次的对外开放新格局的目标前进,一个开放式的大规模商品经济网络正在形成。两年来,我市已同世界上70多个国家和地区建立了经贸往来关系。对内开放方面,两年中已同全国23个省、市签订了800多项经济技术协作协议,引进外地资金2.1亿多元,我市向外地投资近1亿元。对内对外这两个层次的开放虽然才开始起步,但来势很猛,劲头不小。我市对外开放和联合协作的优势和效益正在开始发挥出来。

对外开放,我们还需要进一步解放思想,继续实行全方位的对外开放战略。在国内要依托西南四省五方,面向长江流域,把"触角"伸到沿海地区;在国外不仅要继续加强同日本、东南亚、美国的联系,还要注重开拓西欧、东欧和苏联市场;不仅要打开引进工作的新局面,还要使外贸,特别是出口换汇的规模有一个新的、更大的发展。我们要在经济特区、沿海经济开发区、开放港口城市建立据点,开设窗口,使沿海开放地区成为我市的知识、信息、资金、技术和对外开放的前沿阵地,要"向沿海进军",去占领更多的"高地";我们要十分重视香港在重庆对外开放中的作用,更多地认识,和深入地了解香港,通过加强与香港的经济联系和发挥香港的市场作用,以利我们认识世界,也让世界认识我们。我们要重视市中区在全市对外开放中的战略地位,有计划、有步骤地加快市中区的旧城改造和市政建设,使之成为重庆和西南的贸易中心、金融中心、信息中心。要尽快做到"敞开解放碑,开发大西南",把解放碑一带变成集国内名牌产品于一域的"展销区",汇多种美味佳肴于一地的"美食区",提供最佳服务的"文明区"。我们要努力开拓大西南的市场,尤其是广大农村市场,提供优质服务,提供价廉物美,适销对路的产品。我们要尽最大可能在短期内创造一个较好的市内投资环境,吸引国内外资金来参与重庆经济的开发。与此同时,我们必须分批分期地改善交通,改善通讯,改善居住条件和增加康乐设施等,为开创重庆对外开放新局面提供必要的条件。当前还要狠抓城市管理,认真治理脏、乱、差,要迅速改变乘车秩序乱、市容卫生脏的落后面貌。

在改革、开放中重庆是一定能够起飞的。最近我们反复测算,全市工农业总产值从1980年的102亿元到1987年努力争取达到204亿元,力争提前3年实现第一个翻番。在这个基础上,到1995年就可以提前5年实现第二个翻番,使全市工农业总产值达到408亿元。如果我们的经济效益能够大体上保持同步增长,那么到1987年市利税收入就可能达到 18 亿左右，到 1995 年就可能达到 37 亿左右，比现在的日子就好过得多了，城市建设、文教经费就宽裕得多了。如果我们坚持搞计划生育，在人口总数的控制上不出现大的突破，那么，全市人平工农业总产值和国民收入也将有大幅度的增长，人民生活也会出现一个小康的局面。提前 3 年使全市工农业总产值翻一番，提前 5 年实现翻两番，这就是重庆经济起飞的两个战略目标。

要实现重庆经济腾飞，我们还必须制定正确的经济发展战略。要立足于国内外市场的现实需要，抓住市场的潜在需要，展望市场发展的未来需要，来制定我们的经济发展规划。我们要有计划地加速对现有企业的技术改造，加快技术进步，调整产业结构、产品结构，从现在起力争在 5 年或多一点时间内，把全市主要企业用现代化设备武装起来，使我市的技术水平、产品水平达到一个新的高度。要形成一批产值上亿元的"拳头产品"。我们要把军工企业、乡镇企业、第三产业和城市基础设施的建设提到战略位置上来，力争把重庆建设成为技术进步、经济发达、环境优美、服务周到、具有多种综合功能的经济中心。

第三，在加速推进城市经济体制综合改革和当前纠正新的不正之风、采取"两个坚决"的方针。

对当前在改革、搞活经济中出现的新的不正之风，要坚决刹住，毫不手软。与此同时，对城市经济体制综合改革我们要坚信不疑，坚定不移，把各项改革继续推向前进，进一步打开城市改革的新局面。

当前出现的新的不正之风的特点：一是来势猛，像瘟疫一样，蔓延相当快；二是有不少歪风是一些领导机关和党员干部带头刮的；三是打着"搞活""改革"的旗号刮歪风，有很大的欺骗性；四是直接涉及小团体和个人的利益，纠正的难度较大；五是有的人很顽固，置中央的三令五申于不顾，有令不行，有禁不止。如果不坚决地迅速地刹住这种新的不正之风，改革就很难顺利进行下去，而且还会毁掉一批党员和干部。对新的不正之风的严重性和危害性，我们要引起高度的警惕和重视。新的不正之风不管它是打着什么旗号出现的，它都不是改革，也决不是对改革的促进；恰恰相反，它是对改革的干扰，是改革的阻力，甚至是对改革的破坏。在这个根本的是非界限上我们一定要保持清醒的头脑，不能含糊。各级领导要下定决心，敢于碰硬，要采取有力措施，坚决纠正。

第一，要多做思想工作，采取教育手段。使广大干部、群众认清新的不正之风的实质和危害，从而自觉地反对和抵制党政干部非法经商，倒买倒卖国家紧缺物资和外汇，乱涨价乱收费乱摊派，巧立名目乱发钱物，挥霍公款，行贿受贿，以及弄虚作假，突击提职提级等不正之风。在第二期整党中，特别要注重加强党性、党纪和纠正不正之风的教育。我们要坚决相信干部和群众的大多数，他们对新的不正之风是很不满意的，是坚决反对的；有些沾染了新的不正之风甚至犯了错误的同志，经过教育帮助，也是可以改正的。最近市里好多单位已经在自觉检查纠正有奖销售、乱发钱物、摊派、"赞助"和党政干部经商等方面的问题，就说明了这一点。纠正不正之风，我们一定要做好广泛深入的思想教育工作。第二，我们还要采取纪律手段、经济手段、行政手段、法律手段，从城市管理、市场管理、物价管理、资金信贷管理、财政、税务、审计监督管理等各方面，同新的不正之风和经济上的违法犯罪行为作斗争。当前，要把坚决刹住新的不正之风作为一项重要的工作来抓，特别是对乱涨价的歪风，要采取群众监督、行政管理、纪律制裁相结合的办法，切实检查，坚决纠正。

为了齐心协力同新的不正之风作斗争，我们必须进一步明确几个基本观点：第一，任何时候都必须顾全大局，坚持国家、集体、个人三兼顾的原则，决不能损害国家和人民的利益。一切销售部门和服务部门还必须注意维护消费者的利益。第二，实行富民政策是正确的，但是，它必须是在发展生产，提高经济效益的基础上，在保证给国家多作贡献，保证国家增加财政收入的前提下，在国家法律和政策允许的范围内来增加本单位和个人的经济收入。决不能用损公肥私的办法来使本单位和个人发财。

第三,一切党政机关和党政干部,在改革、开放、搞活经济中,只有正确执行法律和政策,全心全意为人民服务,为基层服务的义务;绝没有利用职权,以权谋私,以权经商,以权搭股,以权分红,以权强制他人"赞助",巧立名目夺人之财的权利。我们的党政机关和党政干部必须是"清水衙门"、"两袖清风",绝不能见钱就眼红,见钱就伸手。只要我们的党政机关、党政干部坚持这样做了,纠正新的不正之风这件大事就一定能够做好。

纠正新的不正之风,正是为了排除对改革和开放的干扰,更好地坚持改革,坚持开放。决不是像有的人所错误理解的那样,什么改革要"收"了,开放要"收"了。恰恰相反,我们这样做的目的,正是为了更好地促进改革,促进开放。各级党政领导都要紧紧掌握住这个基本宗旨,在坚决纠正新的不正之风的同时,要坚决把经济体制综合改革继续向前推进。今年我们要在全市继续大面积推行厂长负责制、企业工资总额和上交税利挂钩浮动、企业内部实施经济责任制等等,继续从微观和宏观两个方面,在更大的广度和深度上进行经济体制综合改革,这是坚定不移的。

第四,要敢于冲破"左"的思想和习惯势力的束缚,大胆起用一代新人。

古今中外的历史反复证明,人才是最重要、最活跃的生产力。当代世界经济的激烈竞争,实质上是科学技术和经营管理水平的竞争,而科学技术和经营管理的竞争,归根到底就是人才的竞争。谁有人才,谁就是胜利者;谁失掉人才,谁就是注定的失败者。得才者昌,失才者败,这条在历史上长期起作用的规律,今天就显得更加重要了。

重庆的经济体制改革试点能不能率先取得成功,重庆对外开放的新格局能不能尽快形成,重庆经济能不能提前实现翻番腾飞,归根到底,关键就在于能不能彻底冲破"左"的思想和习惯势力的束缚,大胆起用一代新人。市委在这个重大问题上的指导思想是很明确、很坚定的:改革的突破口在体制,改革的成败在人才,我们一定要千方百计,使重庆在改革与开放中成为一个人才辈出的城市,成为一个群星灿烂的城市,成为一个英雄大有用武之地的城市。只有做到这一条,重庆的腾飞才真正是大有希望的。

市委希望全市各级党委,各民主党派和人民团体,希望全体共产党员和各界人士,大家动员起来,都来关心重庆在改革和开放中如何发现人才、团结人才、用好人才这个最大的政治问题。

要起用一代新人,必须充分认识人才问题的尖锐性、紧迫性。在改革中随着权力的下放和各级首长负责制、厂长负责制的建立,随着各级党政机构由习惯的照章办事、指令式、收发式、手工型向开拓型、引导型、服务型、科学型转变,如果没有大批德才兼备,具有献身精神和新的思想、新的知识、新的风格的开拓型人才,那也是"有了庙子没有神",香火还是兴旺不起来的。

大量下放的权力如果不是交给明白人,而是交给糊涂人去当家,交给"左"的思想、旧的思想、封建宗法思想很严重的人去当家,交给以权谋私的人去当家,那只能把事情搞成一盆糨糊,越搞越糟。正是在这个事关成败的重大问题上,我们可以毫不夸张地说:冲破"左"的思想和旧的习惯势力的束缚,大胆起用一代新人,是打开改革、开放、腾飞新局面的金钥匙。全市各级党委在这个重大的政治问题上,一定要有强烈的时代感、紧迫感,要有"爱才如命、求贤若渴"之心,找不准德才兼备的人才就睡不着觉,有了人才不能用起来就睡不着觉,硬是要有这样"爱才"的一片赤胆忠心,为了党和人民的事业,敢于冲破一切阻力,大胆起用人才。

起用一代新人,还必须树立起新的用人观,按照党在新时期的德才标准识别人才、起用人才。当前,改革和"四化"建设就是最大的政治,对改革和"四化"具有献身精神就是最重要的德,要大胆起用那些热心改革、热心"四化"、踏实肯干,而又有真才实学的有用之才。同时,还要坚决破除论资排辈、任人唯顺的封建宗法观念。30多年的经验告诉我们:听话的,不一定是能干的;四平八稳的,不一定是能够打开新局面的;在领导面前会吹、会捧的,很可能是坏事的。我们一定要树立起唯才是举,唯贤是任,不拘一格用人才的新观念。

起用一代新人,还必须树立起新的功过观。在吃"大锅饭"的老体制下,长期以来人们习惯于"四平八稳就是德,没有过错就是功"的陈腐观念,所谓"不求有功,但求无过",不当"责任官",不当"风险官",只当"太平官",只当"保险官","没有功劳有苦劳,没有苦劳有疲劳"甚至成为人们颇为欣赏的处世哲学和向组织讨价还价的筹码。在领导岗位上长期打不开局面,工作长期落后也可以混下去,甚至还可以升官。在这种腐败的空气中,处世圆滑,没有什么才华的人常常受到重用,而有胆有识,敢于直言,有创造才能的人有时反而备受责难。"闲言碎语""妒贤嫉能",甚至造谣中伤,织成了一张巨大的压制人才的无形的网。现在我们就是要敢于冲破这张网,让那些对改革具有献身精神、勇于创新、踏实肯干的开拓型人才破网而出。我们要大声疾呼:"无功就是过,创业才有功!"我们就是要冲破一切陈旧的框框,注重真才实学,注重实际贡献,坚持"能干加肯干,出了成绩才提干",大胆放手地把那些比较优秀的中青年干部提拔到领导岗位上来。

起用一代新人,还必须广开才路,不拘一格起用人才。要打破干部工作、组织工作神秘的小圈子,到广阔的天地中去发现人才。要善于依靠广大群众的千万双慧眼来识才,在公开招聘和考核中发现、物色人才。各级领导机关,特别是组织人事部门,要鼓励群众大胆荐才,把那些勇于挑重担、有开拓精神和真才实学的优秀干部推荐到各级领导岗位上来。对荐才有功者,要论功行赏。与此同时,提倡毛遂自荐,自荐者要敢于面对现实,要敢于"经风雨见世面",要不避嫌,不怕闲言碎语,为自己劈出一条施展才能的道路来。只有推荐、自荐畅行之日,才会开创出"巴山自有贤良出,不尽人才滚滚来"的生动局面。

起用一代新人,还必须树立起讲究实绩的新观念,新风尚。30多年来,人事干部制度上的一种弊端,就是考察干部不注重他的实际能力和实绩,往往是从一些"左"的框框和形式主义的东西出发,把一些埋头苦干的有用之才埋没了。现在我们要真正发现人才,既不能只看文凭,也不能只看资历,更不能被"左"的那一套框框挡住视线,而是要深入考察干部的实际能力和实绩,把那些有献身精神、有真才实学的实干家选拔出来。同时,我们要坚决革除形式主义、官僚主义的积弊,大兴调查研究之风,大兴勤学实干之风,让我市的一代新人在知识爆炸的时代里能够有时间和精力深入实际,注重学习,以智取胜。

起用一代新人,还必须改革干部人事体制,重新建立起一套富有生机和活力的科学的干部管理制度。

在这场大改革中,市委常委和各级党委绝不能置身事外,同样要带头进行自身的改革。第一,市委常委和各级党委都要认真发扬民主,真正做到畅所欲言。在党委中间决不能搞"一言堂",不能搞"封建家长制"。第二,党委对工作一经做出决定,党委成员都要自觉遵守,各方去办,每件事都要有人负责,有人落实,有人督促检查。只有这样,才能使党组织的战斗力不断增强。

同志们!重庆的改革、开放、腾飞,起用一代新人这个重大的历史任务,不是现在的一、两届班子甚至一、两代人所能完成的,需要在党中央和省委的正确领导下,由一、二、三梯队和未来的新梯队接力赛跑,持续战斗才能完成。让我们更加紧密地团结起来,同心协力,为实现历史赋予我们的光荣使命而拼搏奋斗!

加强学习　更新观念　促进改革

——廖伯康同志在全市领导干部学习社会主义商品经济理论动员会上的讲话

（1986年7月18日）

同志们：

今天,市委召开全市县以上领导干部大会,动员和部署社会主义商品经济理论学习。参加今天会议的,有市级部、委、办、局的负责同志,区、县委的负责同志,县级以上企事业单位的负责同志,市级机关处以上干部。目前,为什么要特别强调学习社会主义商品经济理论?用一句话来回答,就是改革深入发展的需要。要深入改革,就必须强化改革意识,更新观念,从理论上、思想上和心理上作好充分准备。为此,市委决定,从7月份开始,认真组织全市干部特别是领导干部深入学习社会主义商品经济理论。现在,我就为什么学习和如何学习的问题,讲以下四点意见:一、更新观念是深化改革提出的迫切要求;二、社会主义商品经济理论是进行经济体制改革的理论基础;三、领导干部要带头学好社会主义商品经济理论;四、学习理论要与改革实践相结合。

一、更新观念是深化改革提出的迫切要求

今年是执行"七五"计划的第一年。"七五"期间,是奠定我国新的经济体制基础的重要时期,中央提出了"争取在今后5年或者更长一些的时间内,基本上奠定有中国特色的、充满生机和活的社会主义经济体制的基础"的任务。重庆作为全国第一个进行经济体制综合改革试点的大城市,在实现这一宏伟目标中,负有责无旁贷、义不容辞的责任。改革的实践和发展,新的任务的提出,都促使我们作进一步的思考和研究,以便认清形势,明确任务,统一思想,深化改革。为此,有必要对旧体制的基础和特征作一简要的回顾,对我们三年的改革作一次再认识。

建国以来,我国的社会主义建设取得了很大的成就,但是社会主义制度的优越性还没有充分发挥出来。这除了有历史的、政治的、思想的原因外,从经济方面来说,就是因为长期以来形成了一种同社会生产力发展要求不相适应的僵化、半僵化模式的经济体制。这种僵化半僵化的经济体制,我们现在简称为旧的经济体制。它是在30多年的时间里逐步形成,逐步配起套来的,成了一个牢固的、盘根错节的完整的体系。同时还逐步形成了一整套与之相适应的上层建筑,反过来又对旧的经济体制起着维护的作用。

旧的经济体制严重地束缚了生产力的发展。它的主要弊端是:(1)忽视价值规律和市场机制的作用,割断了在等价交换基础上的企业与企业之间的有机联系;(2)在国家同企业的关系上,国家对企业管得过多,统得过死,使企业"生产靠计划,物资靠分配,资金靠供给,产品靠包销",成了行政机关的附属物;(3)政府的经济管理部门,权力过于集中,部门所有、条块分割、政企不分的情况严重;(4)所有制结构单一,不适应多种层次生产力发展水平的要求;(5)平均主义严重地冲击了按劳分配原则,压抑了劳动者、经营者和他们的企业的积极性。这样就使本来应该是生机盎然的社会主义经济失去了应有的活力。所有这些弊端的根源,可以归结为一点:即在理论上不承认社会主义商品经济。

党的十一届三中全会在我国社会主义革命和社会主义建设的历史上具有划时代的意义。它在决定把党的工作的重点转到经济建设上来的同时,提出了改革经济体制的新任务,拉开了我国全面改

革的序幕。这个改革，显然就是要建立起一种新的经济体制，促进社会主义商品经济的充分发展，以发展社会生产力。

旧体制是一个牢固的、盘根错节的、完整的体系，要突破它、改革它直至取代它，绝非易事。但是旧体制如同世界上的一切事物一样，也是不平衡的，也有它的薄弱环节。这个薄弱环节就是在农村，而且是在商品经济不发展的农村。所以，十一届三中全会以后，改革不是首先在城市，而是首先在农村；不是首先在比较富裕的江浙农村，而是首先在"十年就有九年荒"的安徽农村突破。农村改革从实行家庭联产承包责任制推开，很快形成燎原之势。在短短4年里，农村改革获得了巨大的成功，使农村经济发生了举世瞩目的巨大变化。农村改革的成功给城市改革提供了哪些可资借鉴验？可不可以认为，最基本的有两条：第一条，农村劳动力同生产资料（其中最重要的是土地）的使用权紧密结合在一起，使农户成为农村的基本的生产经营单位，拥有了比较完全的独立自主经营权；第二条，农民的劳动同劳动的收益直接挂钩，彻底打破了分配上的"大锅饭"，极大地调动了广大农民的积极性，解放了农村生产力，促进了农业生产大发展。当然，农村改革的成功不仅为城市改革提供了有益的经验，同时又向城市改革提出了挑战。农村商品经济发展后，迫切要求进入城市这个大市场，同时又要求城市同步进行改革，更好地发挥城市经济中心的作用，满足农村进一步改革和经济发展的需要。

回顾重庆经济体制改革的历程，既有农村改革的巨大推动，又有城市自身内在的迫切要求。事实上，在农村改革的同时，我市城市改革也在酝酿之中。早在1979年，〈……〉，就首次在重庆钢铁公司、重庆钟表工业公司和印制三厂等6个单位进行了扩大企业自主权的试点，继而扩大到100多个企业开展扩权试点，时间一直延续到1982年。在此期间，主要是实行多种形式的利润留成和盈亏包干制度。这些都是属于局部性试验的探索。这就是重庆城市改革的酝酿阶段。

重庆城市改革的起步是从1983年开始的。1983年经中央批准重庆开始进行经济体制综合改革的试点，围绕以增强企业活力为中心，以搞活流通为纽带，以发挥城市经济中心作用为目标，对计划、财政、税收、价格、金融、商业、劳动工资等方面都进行了程度不同的改革。我市的改革进入了全面展开的阶段。

改革一开始，我们就明确提出了这样的指导思想，即改革要推动生产力的发展。经过3年改革，我市经济发展速度大大加快，城市的经济中心作用日益发挥，人民群众的生活有了明显的改善，我市经济进入了建国以来发展生机最旺盛的新时期。1985年同改革前的1982年相比，仅仅3年时间国民生产总值增长48.8%，国民收入增长44.8%，工业总产值增长50.9%，农业总产值增长31.2%，地方财政收入增长45.2%，全民工业企业全员劳动生产率增长39.9%，全民职工人平工资增长42%，农村人平纯收入增长37.6%，社会商品零售总额增长59.7%。

但是，当我们今天回过头来对重庆3年改革进行再认识的时候，就会发现，仅仅从改革推动当前生产，促进近期经济增长这个角度去认识，是很不够的。因为3年改革无论从深度和广度上，都取得了重大的进展。改革的每一次推进，取得的每一项成果，事实上都是在为奠定新经济体制基础铺砖垫石，都在促进新旧经济体制的转换，都是为了我们的经济进入一个长期稳定协调发展的轨道。3年改革使我们发生了五个方面的变化。

（1）企业已从行政机关的附属地位向相对独立的商品生产经营者地位转化。通过解决国家、企业和职工三者利益的关系，进一步扩大企业自主权，实行厂长（经理）负责制和各种形式的经济责任制等"小配套"改革措施，以及调整改组行政性公司，使企业逐步走上了自主经营的轨道，增强了企业活力。

（2）横向经济联合有了新的发展。触动了条块分割的经济管理体制,初步形成以企业联合为主体的城乡联合、军民联合、区域联合、流域联合、一三线结合和对外经济技术交流的、多层次的经济网络。全市已经组织起各种形式的经济联合体,工交系统有267个,商业系统有488个,科研生产联合体有198个,并涌现出像"嘉陵摩托""天府可乐""三峡电扇"等一批为大家所熟知的企业集团和企业群体。

(3)社会主义商品市场蓬勃发展,社会主义市场体系正在形成。消费品市场进一步发展扩大,基本上由产品分配转变为商品交换,生产资料市场、技术市场和建筑市场初步形成,资金市场取得突破性进展,劳务市场正在开辟。价格改革已初见成效,价值规律对生产和消费的调节作用日渐增强。

(4)所有制结构打破了长期以来的单一形式,向着以公有制为主体的、多种所有制经济形式并存的多元结构转变。近年来,涌现了一批跨所有制、跨部门、跨地区、跨行业的新型经济组织,还有少数中外合资合作等经济形式,加上集体所有制经济的发展,个体经济的补充,全民所有制经济本身的改革,使所有制结构比较能够适应多种层次生产力发展的要求了。

(5)政府管理经济的方式开始由直接管理为主向间接管理为主过渡。经济管理部门简政放权,逐步转变了管理职能;国家缩小了指令性计划的范围,减少了对企业的直接控制,开始注意运用经济手段和法律手段调节和管理经济活动。

所以,综观我市三年改革实践,可以这样说:我们已经在长期沿袭的产品经济的旧体制上,拉开了若干条口子,新体制正在许多领域内得到发展和成长,而且基本路数都是使旧体制向着适应商品经济发展的新体制不断转换的。当然,这种转换只能是一个渐进的过程。在这个过程中,两种体制同时并存,两种机制同时发生作用,新体制的因素在经济运行中一天天增多,但还不可能立即取代旧体制;旧体制在被削弱,但相当部分还不能不继续存在和发挥作用。这种新旧体制交替的过程,在重庆大体要经历三个阶段。

第一阶段,在改革起步的初期,若干单项改革措施出台,新体制的因素逐渐增多,旧体制受到冲击和突破,但新体制毕竟势弱,旧体制依然居于主导的地位。1983年我市进行综合改革试点就是处于这个阶段。

第二阶段,是相持阶段。改革起步后,随着改革广泛深入的发展,新旧体制此消彼长,形成一种大致的均势,谁也取代不了谁,成为对峙和胶着状态。新体制既不完善,又不配套;旧体制也没有解体。新旧体制之间,既有重叠,又有空档。重叠之处,矛盾很多,摩擦频繁;出现空档,经济活动就容易失去控制,出现紊乱。而一旦经济活动出现大的矛盾、问题或者紊乱的时候,人们又往往习惯于借助旧体制的力量,使旧体制不是被削弱而是有所加强。1984年随着旧体制改革试点全面展开,我市新旧体制的交替开始进入这个阶段。我们希望改变这种新旧体制交替中的"拉锯状"为"接力赛"。

第三阶段,就是新旧体制主次换位,新体制取代旧体制占主导地位的阶段,在这个阶段,改革得到深化,在各个主要经济领域实现了根本性突破,新体制在整个经济运行机制中成为优势,成为主导。到了这个时候,我们才可以说,新经济体制的基础已经奠定了。这也就是"七五"计划对全国改革提出的要求。我们作为改革试点城市,理所当然地应该通过自己的努力,促使这一个阶段早日到来。

在新旧体制交替过程的三个阶段中,目前我市正处于第二个阶段,即新旧体制并存的相持阶段。主要表现是:(1)企业虽然开始搞活,但是仍然受到过多的束缚,特别是大中型企业,捆绑的绳索还很多。企业自我改造、自我发展的能力还很差,自我约束的机制还没有完全形成,自负盈亏、自主经营的问题也还远未得到解决。(2)各类市场虽然已经开始建立和形成,但市场体系还很不完备,加之价格体系不合理的问题还尚未从根本上触动,在很大程度上限制了市场机制导向作用的发挥;(3)经济管理部门虽然已经多次简政放权,也开始注重运用经济手段来管理经济,但是政府对经济的管理仍然还是采取直接管理和行政手段为主的方式,该集中的没有正确集中,应分散的尚未完全分散,整个经济运行的间接控制手段很不健全,政企不分的状况依然严重存在。以致在现实的经济生活中,形成了计划机制与市场机制、计划价格与市场价格、直接管理方式与间接调控手段、纵向的组织机构与横向的经济组织相互矛盾的局面。

现实经济生活已经证明,新旧体制的相持阶段,情况最复杂,摩擦最激烈,矛盾最多,改革的难度最大。但这种矛盾和摩擦是无法回避、难以避免的。因为新旧体制并存的相持阶段毕竟是旧体制交替过程中不可逾越的一个阶段。可是这个阶段不宜拖得过长,否则将会影响正常的经济运行秩序,销蚀人们对改革的信心,对推进改革和发展经济都是不利的。市委认为,新旧体制交替过程中,起步阶段和相持阶段是量变的过程,新旧体制主次换位才是质飞跃。当前我市广大干部、群众必须明确这样一个指导思想:更新观念,深化改革,积极促进新经济体制成长,尽量减少相持阶段带来的"社会震荡"和"经济阵痛",尽快实现新旧体制主次换位。

在这个思想的指导下,今年上半年,虽然新旧体制摩擦很多,我市工业生产困难很大,农业又遭受严重的灾害,但是我们仍然坚在"发展中求巩固"的方针,认真总结了三年改革的经验,坚决把改革推向前进。(1)我们进一步完善了企业领导制度,坚决地坚持推行了厂长(经理)负责制。不断总结和改善企业内部分配制度,更好地落实了各种形式的经济责任制。(2)重申放开搞活国营商业小型企业的有关规定,使商业所有制结构的合理配置得到巩固和发展。(3)认真贯彻执行了《国务院进一步推动横向经济联合若干问题的规定》,制订了补充规定,从政策上促进横向经济联合的发展,涌现出一批新的工商结合、农商结合和农工商结合的经济联合体。(4)在二轻系统推行职工退休劳动保险制度,并且开始进行企业破产办法的试点,促进企业改善经营管理,真正走上自负盈亏的轨道。(5)金融改革异军突起,引人注目,在市内外专业银行之间以及企业之间,开展了资金横向拆借业务,缓解了资金短缺的紧张状况。(6)加强了对预算外资金的管理和使用,建立了科技、教育、城乡建设和乡镇企业发展基金制度。(7)建管局和机械局加快了职能转变的步伐,逐步加强了行业管理。所有这些,都有利于新体制的成长,有利于促进新旧体制主次换位。

下半年,我们将进一步贯彻促进新旧体制主次换位的指导思想,从以下四个方面推进经济体制本身的配套改革。

(一)进一步增强企业特别是全民所有制大中型企业的活力,这是城市改革的出发点和归宿点。当前,要以扩大企业自主权为重点,从六个方面进行第二次"小配套"改革:一是继续完善企业领导制度,坚持推行厂长(经理)负责制,强化生产经营指挥系统;广泛推行厂长(经理)任期目标责任制和卸任审计制。二是进一步健全和落实以承包为主要内容的各种经济责任制,加强企业的基础管理工作。三是改革劳动制度和保险制度,逐步推行国营企业劳动合同制、辞退职工暂行规定、待业保险和养老保险暂行规定,在全民所有制企业推行退休金社会统筹。四是继续发展多种所有制形式,改革经营方式。在企业中试行股份制,在部分小型企业包括国营工业小企业中推行租赁承包等经营方式。五是逐步扩大实施企业破产制度的试点。六是对国营大中型企业实行上交税利超分成的办法。通过上述配套改革,进一步提高企业的消化能力和适应市场的能力,完善企业的行为机制。

(二)大力发展横向经济联合。横向经济联合是冲击条块分割的一个物质力量,是促进市场体系形成的一种开拓力量,是今年改革突出要抓的重点,各部门、各地区要下大决心、花大力气争取有大的突破。按照"自愿互利,共同发展"的原则,要积极发展跨地区、跨部门、跨所有制、跨行业的横向经济联合;逐步建立农工商结合、农商结合、工商结合或商商结合的新型商业形式;逐步形成一批不同形式、不同层次的企业群体和企业集团。各级经济管理部门要充分尊重企业的自主权,不得强加干预;要加强领导、协调和服务工作,继续从政策上支持企业间各种联合的发展。通过横向经济联合,充分发挥企业各自的优势,促进产品结构、产业结构、企业结构的调整,打破条块分割的旧经济管理体制,推动社会主义统一市场的形成,更好地发挥城市的经济枢纽作用。

(三)继续开拓和逐步完善社会主义市场体系。没有市场就没有商品经济。市场是微观经济和宏观经济的结合部,增强企业活力,必须要有比较完善的市场体系,使企业通过市场获得所需的各种生产要素,促进资源配置和产业结构的合理化;同样,国家对经济的间接管理,也主要通过市场才能实现。因此,我们要进一步发展扩大商品(包括消费品和生产资料)市场、资金市场、技术市场和劳务市场,并切实加强市场管理。今年重点是要进一步开拓资金拆借市场,发展多种信用方式,建立多种金融组织,开辟多种融资渠道;要开办钢材专营市场,完善和发展各种生产资料交易中心。要在市中区试行经纪人服务活动的管理办法,制止非法交易,保护合法竞争,促进商品经济的发展。与此同时,稳妥地、有步骤地进行价格改革,发挥市场机制的导向作用。

(四)继续改进国家管理经济的方式。经济管理部门要进一步简政放权,凡过去规定下放给企业的经营自主权,不折不扣地认真加以贯彻落实。今年下半年要在全市开展一次落实企业自主权的大检查,同时要进一步转变管理职能。今年要继续搞好建管局、机械局实行行业管理的试点。各专业工业局都要逐步由部门管理转向行业管理。要抓好市中区、北碚区以及巴县、合川、长寿、永川等区县综合改革的试点,增强区县总揽经济全局的能力。继续控制消费基金和基建投资规模,加强预算外资金的管理。逐步改革计划、财政、税收和金融体制,综合运用经济政策和经济杠杆,调节经济活动。

改革是一场广泛、深刻的社会大变革。改革发展到今天,只有经济体制本身的配套改革是不能适应新旧体制主次换位的需要的,还必须在政治、思想、文化等上层建筑领域来一个大的配套改革。马克思主义认为,经济基础决定上层建筑,上层建筑又反作用于经济基础,当然,我们讲的上层建筑领域的改革包括政治体制的改革,这对不是改变社会主义的政治制度,而是为了改革其中同经济基础不相适应的部分,是为了完善社会主义的上层建筑和政治制度。事实上,这几年随着经济体制改革的全面展开,已经在政治生活,社会生活,意识形态等领域引起了一系列深刻的变化,开始触及了上层建筑中不适应的某些环节和方面。我们要不失时机地推进这方面的改革,以促进新旧经济体制的主次换位。

上层建筑领域中的改革,政治体制改革是最重要、最敏感的方面。政治体制改革包括的问题很多,如,如何实现政治民主化,如何健全法制,如何提高广大群众的参政议政能力等等。但是当务之急是行政管理机构的改革,解决机构庞大,人浮于事,办事拖拖拉拉等问题。

最近,小平同志对政治体制改革有很重要的指示。他说,现在看,不搞政治体制改革不能适应形势。改革应包括政治体制的改革,且应作为一个标志。机构庞大,人浮于事,拖拖拉拉,人多开支也大,实际上是在那里障碍甚至反对我们的改革。要精兵简政,真正把权力下放,把下面的积极性调动起来。官僚主义,拖拖拉拉,不守信用,你放权,他收权,必然会障碍改革。

当然,这个问题从何入手,从哪里改起,要很好研究。建国以来进行了三次大的行政机构改革,但都不成功。就其经验教训而言,是否有这么四条:(1)没有真正抓住调整和转变职能这个中心环节,只是追求"精简机构,减少编制"的形式上的目标;结果,机构暂时精简了,但机构的职能没有变,机构的工作方式和方法也没有转变,最后机构又简而复增,有增无减。(2)没有同经济体制的改革结合起来,只是在旧体制的框架下转移权力,并没有从根本上解决政府应当如何管理经济这个关键问题,权力仍然高度集中,政企职责难以分开。(3)没有相应地进行干部人事制度改革,人员膨胀,干部队伍庞大,非增加机构不能安置。所以,机构改革应包含机构设置合理化和人员配置精干化这两个方面,两者是缺一不可的。(4)没有认真地进行总体设计和规划,没有长远的合理的目标,常常是就事论事,见子打子。因此,行政机构的改革,要研究现在的弊端,要研究理想的模式,还要研究从现状到理想模式的一些过渡形态,使之切实可行。

目前,我市为了适应改革发展的需要,搞好两个大配套改革,专门成立了以孙同川同志为首的机构改革五人领导小组,统筹考虑、研究、设计和领导全市的机构改革工作,以适应搞活企业,转变政府管理经济的职能,促进新旧体制主次换位的需要。

历史告诉我们,任何社会的重大变革都必然伴随着思想观念的更新。思想观念的更新是社会变革的先导,古今中外,无一例外。我国春秋战国时期由奴隶制向封建制转变的过程中,出现了"百家争鸣"。西欧的文艺复兴,带来了西方产业革命的兴起。我国"五四"运动,是一场彻底地、不妥协地反帝反封建的革命运动,同时也是一次思想大解放的运动。这一场思想大解放的革命运动,揭开了我国新民主主义革命新的一页。十一届三中全会以来在我国兴起的经济体制改革,是一场深刻的社会变革,触动了社会的各个方面,包括人们的思想观念、生活方式和心理状态,其深刻程度,不亚于以往任何一次革命。新经济体制的成长、壮大,以致于最终确立,也必须是以思想观念的更新和理论研究的突破为先导的。新的理论、新的观念对改革具有强大的推动作用和保护作用。党的十二届三中全会关于社会主义经济是公有制基础上的有计划的商品经济的论断,是科学社会主义理论的重大突破,对全党来说,也是关于社会主义经济固有观念的一次极大更新。它有力地推动了以城市改革为重点的全面改革蓬勃发展,也有力地冲击了长期以来在自给自足的自然经济基础上和闭关锁国的环境下形成的各种旧观念。但是,千百年来形成的旧观念是很顽固的,新观念的确立需要有一个过程。我们在这新旧体制交替的时期,自觉地更新观念就显得特别重要,特别紧迫。为什么对改革中的问题产生不同的认识?为什么对改革中出现的矛盾和困难会采取不同的态度和对策?为什么在解决经济生活中某些失控现象的时候,又会沿用旧的一套办法?为什么在实行厂长(经理)负责制和放开搞活国营商业小型企业等一系列重大改革措施上会出现反复?为什么一些勇于改革的积极分子遭受非难?为什么一些改革措施总是步履艰难,要么出不了台,要么出了台也落实不了?尽管原因是多方面的,但是追根溯源,我们不难看出,一个重要原因,就是人们往往用旧观念去看待改革变化了的新情况和新问题,总觉得格格不入,甚至把某些改革视为"离经叛道"之举。这种观念上的变形走样,阻碍着改革的深入发展,它使人们在认识、评论、判断、对待改革中的新情况、新问题时,往往会不自觉地回到旧观念的思路上去。

更新观念,从根本上讲,就是要树立社会主义商品经济的观念,以及与之相应的市场观念、竞争观念、效益观念、信息观念、时间观念、人才观念、社会主义民主与法制的观念等一系列新的观念,破除长期僵化半僵化的经济体制所形成的产品分配、产品调拨的产品经济观念、封建思想残余和小生产观念等。今年5月下旬,耀邦同志来川重要讲话中指出,我们现在搞现代化,许多同志的思想是小生产、小农经济的思想,它是阻碍我们发展前进的思想根源。要求全省各级领导突破小生产的眼光和小生产的习惯势力,自觉克服小生产观念,进一步解放思想,努力发展社会主义商品经济。耀邦同志的讲话十分重要,我们不能认为克服小生产观念只是农村的事,与大城市无关。小生产观念是在长期自给半自给的经济基础上形成的,是一种保守的落后的意识,是与改革、开放、发展社会主义商品经济不相适应的。小生产观念的主要特点是满足现状,目光短浅。今年春节,农村有两副对联,可以说是现实的小生产观念的鲜明写照。一副是"有吃有穿足矣,无事无非快哉";另一副是"瓦房两间,站也可以,睡也可以;洋芋一堆,饭亦是它,菜亦是它"这样的思想并不只是农民才有,在座的有没有?大城市中的小生产观念不仅有而且比比皆是,似曾相识的小生产观念者大有人在。耀邦同志5年内两次提出这个问题,绝不是无的放矢。有些同志,从主观上讲,并不反对改革,但由于旧的思想观念的影响和束缚,他们对改革、开放、发展商品经济,往往感到不理解、不适应、不习惯、不顺眼。因此,必须在思想观念上来一个认真的转变,才能跟上改革的步伐,缩短对改革认识上的差距,促进改革发展。目前,在大力推进改革的过程中,应当克服那种因循守旧、安于现状的习惯势力,在扩大企业自主权的过程中,摒弃那种把企业视为行政机关附属物的观念;在推进横向经济联合的过程中,摒弃那种独家垄断和害怕竞争的观念;在改革企业领导制度,实行厂长负责制的过程中,摒弃那种党委包揽一切的传统观念;在改进工资奖励分配的过程中,摒弃那种小农经济的平均主义思想;在改革劳动制度中,改变那种"终身制"和"铁饭碗"的传统观念,等等。党的思想政治工作,理论工作,就是要帮助人们破除旧的观念,树立新的观念,为促进改革,促进社会主义商品经济的发展,为新的生产力鸣锣开道。

领导干部更新观念,对推动改革、深化改革是至关重要的。领导干部改革意识的强弱,更新观念的快慢,对一个单位、一个地区、一个部门改革的进展影响是很大的。我们所说的更新观念,首先是对各级领导干部而言;我们所说的增强改革意识,首先也是对领导干部的要求。各级领导干部必须充分意识自己在改革中肩负着重大责任,把更新观念、推动改革作为发挥表率作用,引导作用和服务作用的首要内容。

二、社会主义商品经济理论是经济体制改革的理论基础

上面讲了,更新观念,才能把改革引向深入。而更新观念的实质是什么?更新观念的关键在哪里?我认为更新观念的实质和关键,是加强社会主义商品经济理论的学习,树立社会主义商品经济的观念。

在国际共产主义运动和马克思主义发展史中,对社会主义是否存在商品经济的问题,有一个从设想到实践,认识、再实践、再认识的不断深化的过程。科学社会主义的创始人马克思、恩格斯曾设想,在商品经济高度发达的资本主义国家里,无产阶级取得革命胜利后,建设社会主义是要消灭商品经济的。马克思在《哥达纲领批判》,恩格斯在《反杜林论》《社会主义从空想到科学的发展》等著作中都认为,一旦社会占有了生产资料,商品生产就将被消灭,生产者就不交换自己的产品了。但是社会主义实践并没有证明马恩的这一设想。因为马恩那个时代,无产阶级还没有取得政权,还没有建设社会主义的实践,设想只不过是一种预测而已。列宁早期也与马克思、恩格斯的观点一样,他在十月革命前讲过,社会主义消灭商品经济。只要仍然有交换,就谈不上什么社会主义。十月革命后,列宁在实践中感到这样做行不通,他敢于从实际出发,于1921年果断地实行了"新经济政策"。当时他指出:"应当把商品交换提到首要地位,把它作为新经济政策的主要杠杆。"这是列宁在实践中对马克思、恩格斯的预测的一个突破和发展。不幸列宁过早地逝世了。后来,苏联长时间在这个问题上争论不休,直到1952年年斯大林在《苏联社会主义经济问题》中才承认社会主义有商品生产和商品交换,承认价值规律的作用。但他又认为,社会主义制度下只有消费资料才是商品,生产资料不是商品,价值规律只在流通领域中起调节作用。毛泽东同志在1959年,针对当时的"共产风",曾经正确地指出,价值法则是一个伟大的学校。后来他又多次指出商品生产对社会主义的重要性和必要性。他说:"现在我们有些同志怕商品,无非是怕资本主义。怕商品干什么?不要怕。因为我们有共产党的领导,有马克思列宁主义的路线……我们可以发展商

品生产为社会主义建设服务""不能把商品生产和资本主义混为一谈"。可惜，他的这些正确思想未能贯彻到实践中去，相反在我们的经济工作中却推行了另外一套限制、取消商品生产的政策。如当时曾明文规定，第一部类即生产生产资料的部门的产品不准进入市场交换，一律实行产品调拨与产品分配，第二部类生产消费资料的部门的产品，一类物资如粮食、食油、民用煤、棉花、布等，实行统购统销，二类物资如肥皂、化纤制品、自行车、胶鞋等实行派购和定量供应，这实际上也是产品调拨分配，其他三类小商品如针头麻线等才不纳入计划。而且，什么物资紧缺，就对什么物资实行凭票定量供应，票证实际就是产品分配证。长时期实行这些办法，不仅限制了商品经济的发展，而且形成了许多同商品经济相对立的观念。农民外出做生意叫"弃农经商，不务正业"，长途贩运叫"投机倒把，搞资本主义"；发展工副业叫"富裕农民的资本主义自发倾向"，农民要进行商品交换，也遇到种种刁难。同志们还记忆犹新，当时我们派民兵把守嘉陵江大桥，不准农民进城卖菜，把"资本主义"堵到江北去（大笑）。农村里，从限制赶场直到取消集市贸易。"文化大革命"中，甚至把按劳分配与等价交换说成同旧社会差不多；"要在无产阶级专政下加以限制"，提出"堵不住资本主义的路，就迈不开社会主义的步"，要"割资本主义尾巴"，"割断城乡资本主义的联系"，等等，把商品经济、价值规律和资本主义完全等同起来了，这一套"左"的东西发展到登峰造极，使我们的经济濒于崩溃边缘。

党的十一届三中全会以后，我们全面拨乱反正，恢复了实事求是的思想路线，开始了从农村到城市的经济体制改革，深入地研究了国内的和国际的、历史的和现实的、正面的和反面的经验，先是在党的十一届六中全会《关于建国以来党的若干历史问题的决议》中，明确提出："要大力发展社会主义商品生产和商品交换"。以后又经过几年来的实践、认识、再实践、再认识，在党的十二届三中全会《关于经济体制改革的决定》中，明确地做出了"社会主经济是在公有制基础上的有计划的商品经济"的科学论断。这是社会主义经济理论的重大突破，是科学社会主义的重大发展，它把人们对科学社会主义的理解提高到了一个新的高度。

这一理论突破的意义十分重大。大家熟知，列宁从俄国能际出发，突破了社会主义革命要"几国同时胜利"的观点，提出了"一国可以首先胜利"的理论，引导俄国10月革命取得了胜利。毛泽东同志从中国的实际出发，突破了城市暴动夺取政权的理论，提出走农村包围城市的道路，引导中国民主革命走向胜利。现在党中央领导全党全国人民从中国社会主义建设的实际出发，突破社会主义与商品经济不相容的旧结论，提出了社会主义经济是在公有制基础上的有计划的商品经济的新结论。

这是我们经济体制改革得以胜利前进的理论基础，它必然会大大解放我们的社会生产力，引导我国的社会主义经济建设取得伟大胜利。对这样一个崭新的理论，我们必须认真学习和研究，深刻理解，自觉实践。

有同志问，为什么说商品经济的充分发展，是社会经济发展的不可逾越的阶段？怎样从理论和实践的结合上深刻理解这个问题？人类社会经济发展的历史告诉我们，商品经济的产生和发展是与生产力发展水平和社会分工分不开的。列宁曾讲过："社会分工是商品经济的基础"。商品经济的发展是社会历史的进步。资产阶级为什么在不到一百年的统治中所创造的生产力，比过去一切时代创造的全部生产力的总和还要多？一是它充分重视和利用科学技术进步的成果，二是充分发展商品经济。社会主义要创造更高的生产力和劳动生产率，也必须很好地发展商品经济。尤其是像我国这样一个经济不发达的社会主义国家，要实现生产的高度社会化和现代化，迅速发展生产力，就必须一靠科学技术，二靠大力发展商品经济。在我国现实社会里，不仅普遍存在着生产劳动的社会分工，而且还存在着以公有制为主体的多种所有制形式。全民所有制经济、集体所有制经济、个体经济，都是利益各不相同的经济实体,各种经济实体之间的经济联系,只有通过商品交换来实现。即使社会主义全民所有制企业,它也是相对独立的经济实体,由于各自条件不同,从而产生了不同的经济利益,这类经济实体之间的经济联系,也只有通过商品交换来实现。社会主义劳动者的劳动报酬构成劳动者个人的物质利益,劳动者个人之间不同的物质利益必须通过等量劳动与等量劳动相交换的形式来实现,现实的等量劳动相交换的形式就是商品、货币的交换形式。总之,我国目前在公有制为主体的前提下,还存在着各种层次的、无数个大大小小不同的经济实体,这些经济实体之间的经济联系,各经济实体的经济利益,都必须通过商品交换来实现。只有大力发展商品经济,使生产力高度发达,产品极大丰富,才能消除各经济实体之间,劳动者之间的差别,进入新的更高的经济形式。所以,商品经济的充分发展,是社会经济发展不可逾越的阶段。

从实践经验来看,苏联僵化的经济体制限制了商品经济的发展,社会主义建设已 60 多年了,但目前农业仍然落后,工业增长速度下降,经济缺乏生机与活力,消费品匮乏,困难不少。柬埔寨情况更为典型。柬埔寨革命胜利后,取消了商品生产和商品交换,废除了货币,把大批城市居民赶下乡,实际上取消了商品交换。结果,消灭了市场,整垮了自己。相反地,我国从十一届三中全会以来实行改革,带来了国民经济的空前繁荣,带动各方面工作取得了重大成就,正是由于发展了社会主义商品经济。正反两方面的事例,使我们深刻认识到,充分发展商品经济是社会经济发展不可逾越的阶段。

有同志担心,发展商品经济会不会导致资本主义。这种担心是没有根据的。我们不能把商品经济与资本主义等同起来。早在原始社会末期,随着社会分工和剩余产品的出现,就有了商品交换,它的产生比资本主义要好几千年。据郭沫若考证,我国商朝为什么叫商朝了?就因为那时已经有了商品生产。在人类历史的发展中,已经经历了简单的商品生产、资本主义的商品生产和社会主义的商品生产。它们之间既有共性,也有个性,学习和研究它们的共性和个性,是目前理论工作者和实际工作者的一个重大课题,它对于我们坚定不移地发展社会主义商品经济,进行全面经济体制改革,具有重大的指导意义。

商品经济是为交换而生产的经济形式,它包括商品生产和商品交换。各种形式的商品生成的共性主要有:(1)凡是商品都具有使用价值好价值两个因素;生产商品的劳动具有二重性,即具体劳动和抽象劳动;(2)价值规律作为商品生产的规律,对各种形式的商品生产都发生作用。商品的价值量都是由生产该商品的社会必要劳动时间决定的,商品交换都要求等价交换;商品的价格是价值的货币表现,价格受供求关系的影响,围绕价值上下波动。(3)都存在着联系商品生产者和消费者的进行商品交换的各种市场。(4)商品生产者之间都存在着竞争,竞争的结果是优胜劣汰。(5)都存在着因商品货币的运动和价值规律的作用所必然形成的工资、物价、税率、利率、汇率等经济杠杆。

既然社会主义经济也是一种商品经济,那么,我们就要在工作中充分认识和自觉运用发展商品经济的一般规律,树立商品经济的观念。在宏观方面,要按照商品经济的客观要求,善于运用各种经济杠杆,加强对经济活动的间接控制。在微观方面,要按照企业是独立的(集体所有)或相对独立的(全民所有)商品生产者和经营者的要求,来进行经济体制的改革,对每一个企业都要讲经济核算,经济效益,牢固树立投入产出的观念。要强化市场观念,每一种商品不仅都要质高价廉、适销对路,在市场有竞争能力,而且还要善于根据供求情况和市场信息,调整生产经营方向,增强企业的应变能力。因此,每个企业的厂长,就不能只管生产,不管销售,或者重产轻销。缺乏市场观念、竞争观念的厂长,不可能适应商品经济发展的要求,就可能是"蹩脚厂长"。商品经济的发展是同市场的形成和发展紧紧联系在一起的。任何商品都必须经受市场的检验、参与市场的竞争,才有可能获得社会的认可,商品的价值和使用价值才可能实现,社会的再生产才可能在新的一轮里进行新的循环。只有在这个时候,从事商品生产的企业,它的生产经营活动才具有有效性。因此,从商品经济发展的要求来看问题,一个真正的社会主义企业家的基本素质、主要标志应该是除了对干部的一般要求外,还要具备两个标志:(1)劲往内使;(2)眼往外看。劲往内使,就是注重企业管理,狠抓技术进步,善于调动劳动者的积极性和创造性,使企业内的生产力诸要素得到最佳的组合。眼往外看,就是要紧紧盯住市场,掌握市场信息,预测市场动向,随时都能生产适销对路的商品适应市场变化的要求,自觉接受市场导向。但是,还不能到此为止。一个精明干练、气魄宏大的企业家,还要善于研究市场,敢于投放新产品去影响市场、带动市场,引导市场变化的新动向。也就是说,不是被动地接受市场导向,还要主动地导向市场。这样蹩脚厂长就可以成为精明的企业家了。

社会主义商品经济与资本主义商品经济有哪些本质区别呢?它们的基本区别是:(1)资本主义商品经济是建立在生产资料私有制基础上的;社会主义商品经济是建立在生产资料公有制基础上的。目前,我们国家虽然存在着多种所有制形式,但公有制是主体。(2)资本主义商品经济是存在着剥削阶级的雇佣劳动制度下的商品经济;社会主义商品经济是在消灭了剥削阶级、剥削制度,劳动人民当家作主的条件下的商品经济。(3)资本主义商品经济是为了满足资本家阶级追逐剩余价值的需要;社会主义商品经济是为了满足全社会劳动者的需要,为建设社会主义积累资金。(4)资本主义商品经济是在全社会无政府状态中进行的,价值规律是自发地发生作用的;社会主义商品经济是在总体上有组织、有计划的形式下进行的,是要在全社会规模上自觉地运用价值规律来调节生产和交换活动的。(5)在资本主义制度下,商品关系无所不包,无处不在,甚至把人与人之间的关系,家庭关系都变成了赤裸裸的金钱关系。在社会主义条件下,商品关系的范围大大缩小了。如在我国,根本不容许把商品交换的原则引进党内政治生活。(6)资本主义是按资分配,社会主义是按劳分配。(7)资本主义商品经济中的竞争是在根本利益对立的基础上你死我活的争斗;社会主义商品经济中的竞争是在根本利益一致的基础上,为提高劳动生产率和经济效益,改进服务态度,更好地满足劳动者日益增长的物质和文化的需要的前提下来进行的。

所以,社会主义商品经济是以公有制为基础,坚持按劳分配的原则,总体上有计划的商品经济,绝不能与资本主义商品经济混为一谈。有的人说,我们现在挂的是社会主义的牌子,用的是资本主义的法子。其实,这是一种误解。我们用的法子,大部分是一切商品经济所共有的,一部分从形式上看,是在资本主义社会产生和发展起来的,如股票、债券等,但它们同时又是商品经济高度发展的产物,资本主义可以利用,社会主义也可以利用。至于借鉴资本主义国家的一些先进的经营管理方法,更是无可非议的。有的企业由于不明确社会主义商品经济和资本主义商品经济的区别,在生产经营活动中采取了一些同社会主义商品经济不相容的手段,当然需要通过教育、引导加以纠正,也是完全可以纠正的。而对那些钻空子为非作歹的人,则必须绳之以法,依法惩处。

还有同志问,对有计划的商品经济怎样理解?长期以来,我们把计划经济与商品经济对立起来,认为二者不能相容。就我所了解的情况,在这个问题上目前有三种观点:第一种是,强调计划性,要商品性服从计划性;第二种是,强调商品性,要计划性服从商品性;第三种是,认为计划性与商品性是有机地结合和统一的。究竟应该怎样理解,希望大家通过学习、实践、探索,求得真理性的认识。我认为有计划的商品经济,应该是计划性与商品性的辩证统一。商品经济的发展是分阶段的,有原始的商品交换,小商品经济,自由竞争的商品经济,垄断的商品经济和有计划的商品经济。社会主义有计划的商品经济,应该把其他各种商品经济的合理部分保留下来，摒弃它们因历史原因造成的各种弊端，把商品经济推向充分发展的新的阶段。从这个意义上讲，商品经济走向计划性同商品性的结合和统一，是商品经济发展的最完善的阶段。当然要建立起完备的有计划的商品经济体系，绝不可能是一朝一夕所能奏效的，它是一个较长的历史过程。今天，我们进行全面改革，目的就是要建立起适应有计划的商品经济发展的新体制，使有计划的商品经济体系日臻完备。这个新体制模式的框架，"七五"计划已经作了描述。而这个新体制所要建立的有计划的商品经济的体系是一个什么体系呢？我认为可以用"双导向"体系来描述它，即国家导向市场，市场导向企业。国家通过指导性计划、经济发展规划、法律法令、经济杠杆以及必要的行政手段来指导、引导、影响市场，在这一级导向中，必然体现出计划性的特征。在第二级导向即市场导向企业中，它的主要特征是商品性，价值规律，等价交换，企业竞争。在这个"双导向"的有计划的商品经济体系中，国家职能的转变是关键；市场是计划性和商品性的结合部，是企业同社会（国家）的衔接点，是这个体系的中心环节；企业作为相对独立的商品生产者和经营者，创造社会财富的基本单位，是这个体系的基础。总之，怎样使计划性和商品性达到完美的统一，如何建立有计划的商品经济体系，是我们这一代人应该着力探索的问题。

三、领导干部要带头学好社会主义商品经济理论

这次学习社会主义商品经济理论，重点是要求各级领导干部带头学好。各级领导干部，既是改革的领导者和组织者，又是改革方针、政策的制定者和执行者，向群众进行改革教育的宣传者。领导干部的改革意识如何，社会主义商品经济理论修养如何，对一个单位、一个部门、一个地区的改革和经济建设关系极大。实践表明，如果那个企业的主要领导有社会主义商品经济的头脑，则必然有强烈的改革意识，勇于开拓和创新，反之，则改革进展不大，工作成效甚微。我们讲提高干部素质，一个重要方面就是要用社会主义商品经济的理论来武装干部的头脑。如果不懂得商品经济、价值规律，不懂得经济杠杆，不懂得经济建设的基本知识和基本规律，就难以适应商品经济发展的要求，就无法具备改革的坚定性、预见性和创造性，也难以回答职工提出的种种问题。"以其昏昏，使人昭昭，"是不能实现领导的。

党的十二届三中全会《关于经济体制改革的决定》中深刻指出，在新时期的崭新任务面前，不论老中青干部，总的来说都缺乏现代化建设所需要的新知识、新经验，都要重新认识自己，都要重新学习。过去在革命战争时期，全党都注重军事，在战争中学会打仗，掌握战争规律。现在在改革、开放、发展社会主义商品经济的新形势下，许多新情况、新问题，我们没有碰到过，不熟、不懂、不会，这就要求我们刻苦地学习，努力掌握马克思主义的基本知识，运用它的基本原则、基本方法，来积极探索和解决改革中的实际问题，在改革中学会改革，在发展商品经济中学会掌握社会主义商品经济的知识和才能。各级领导干部只有认真学习社会主义商品经济的理论，真正掌握社会主义商品经济运动的内在规律，率先变革一切不适应改革和社会主义商品经济发展要求的思想观念，才能够担负起领导改革，促进社会主义商品经济发展，建设"四化"的历史重任。前段时间，我们对一些中青年领导干部进行了摸底测验，60%的同志对什么是商品回答不出来，40%的同志，对生产关系的性质是由什么决定的答不出来，37%的同志对价值量和劳动生产率的关系回答错了。有的经济管理部门或企业的负责人，连什么是扩大再生产的两种形式都不知道，有的财贸部门的领导干部不知道什么是价值规律。还有的同志甚至连"社会主义阶段的根本任务是发展生产力""经济体制改革的中心环节是增强企业活力"，这样简单的问题都答不出来。这怎么能领导好经济体制改革和发展社会主义商品经济呢？

学习商品经济理论，不仅是经济战线也是各条战线的领导干部的紧迫任务。那种认为自己不搞

经济工作,对商品经济理论问题既无兴趣,也不学习研究的与己无关的态度是很错的。这样的领导干部,在当前改革的洪流中,就可能成为"桃花源"中人,就很难谈得上开创本单位、本部门、本地区工作的新局面,使自己的工作服务于、服从于党的总任务、总目标。

四、学习理论要与改革实践相结合

理论与实际相结合,是我们党的优良传统作风,也是传统的学风。这次学习社会主义商品经济理论,就要把学习理论与改革的实践结合起来,在改革实践中学习理论,在理论指导下进行改革。

第一,要认真学习马克思主义关于商品经济的基本原理和知识。马克思的《资本论》是马克思经济学理论的科学大厦。恩格斯说"自地球上有资本家和工人以来,没有一本书像我们面前这本那样,对于工人具有如此重要的意义。"马克思在《资本论》中对劳动价值、商品货币的一般原理和商品经济的一般运动过程作了非常精辟、透彻的分析,对商品和商品经济的基本分析到今天仍对我们具有重大的意义。

第二,更重要的是要认真学习党的十一届三中全会以来的重要文献和中央领导同志的重要讲话。这里需要解决一个认识问题,就是我们有的同志只是把马恩列斯的经典著作才看成马克思主义的理论,而对我们党老一辈革命家的著作,十一届三中全会以来的重要文献和中央领导同志的重要讲话则重视不够。其实,这些著作、文献和讲话,不仅是马克思主义的立场、观点和方法的创造性运用,而且提出了许多新的重大的理论问题,对马克思主义有重大的突破和发展,是马克思主义的普遍真理与我国现代化建设实践相结合的马克思主义,是活生生的马克思主义,我们应该认真学习。我们这次学习社会主义商品经济理论,就要认真学习邓小平同志的《建设具有中国特色的社会主义》《中共中央关于经济体制改革的决定》《中共中央关于制定国民经济和社会发展第七个五年计划的建议》《关于第七个五年计划的报告》等文件。为了配合学习,市委宣传部编辑了《社会主义商品经济理论学习资料》,可以作为学习参考资料。

第三,要贯彻理论联系实际的原则,像耀邦同志所说的那样,要向上攀登理论,向下深入实践,从理论和实践的结合上,将丰富的实践经验,进行认真的概括和总结,上升到理论;同时,用理论指导实践,回答实践中提出的各种问题。因此,各级领导干部在学习中,一定要同本单位、本部门、本系统正在进行的改革紧密结合起来,研究在改革中哪些观念、制度、办法是适应社会主义商品经济发展要求的,因而是正确的、成功的;哪些观念、制度、办法是与此相反的,需要更新和变革,结合改革实践学理论,改革就会不断深入,学习也会学出味道,学出水平,学出成绩来。

第四,要把学习搞好,必须要有解放思想,勇于探索的精神。社会主义商品经济理论的提出来源于社会主义的实践,社会主义商品经济正在实践、探索之中,没有固定的模式可以遵循,我们必须提倡解放思想,勇于探索的精神,采取探讨、研究的方式来学习社会主义商品经济理论。既然要探索、要创新,就必须坚决贯彻"双百"方针。在这个问题上,我们是有经验教训的。〈中略〉。实践证明,"双百"方针是繁荣科学文艺的正确方针。科学研究是没有禁区的,任何问题都可以讨论。自然科学需要讨论,社会科学包括社会主义的经济理论也需要讨论,真理是越辩越明的。

第五,学习中要发扬"钻劲"和"挤劲"。目前,端正党风、搞好改革、生产工作、救灾任务等都十分繁重,有些同志反映,坐不下来。工作任务重,大家都很忙,这是事实,但是越忙越要学习。同志们都参观过重庆红岩村八路军办事处,在红岩纪念馆当年学习室的墙上,至今还贴着一幅横联,叫作"不懂就钻,太忙就挤"。我们要继承和发扬革命前辈这种"钻劲"和"挤劲",养成学习理论的习惯和兴趣,善于挤时间坐下来,钻进去。应当指出,有一些领导干部,忽视理论学习,忽视理论的指导作用,这是很不应该的。目前,学习的内容比较多,有商品经济理论的学习,有深入端正党风的学习,还有普法学习,大家一定要妥善安排。商品经济理论学习与端正党风学习,利用每周星期六的学习时间,间周一次。其余时间,提倡自学。为了帮助大家学好社会主义商品经济理论,宣传部列了十几个专题,组织了一些理论工作者和经济工作部门的负责同志作专题发言,并争取把他们发言的材料修改后印发给大家参考。各中心学习组也可以组织专题发言。总之,我们要造成一个学习和研究社会主义商品经济理论的良好环境,形成一个学习和研究社会主义商品经济理论的热气腾腾的气氛。在理论上深入研究社会主义商品经济运动的内在规律,在实践中积极探索发展社会主义商品经济的各种途径。为了保证学习,星期六上午的学习时间,各单位、各部门、各领导机关都要保证,不要安排其他工作和会议,宣传部门要检查和督促。普法学习除了继续举办领导干部学习班外,其他干部主要采取办讲座的方式进行学习,每月举办一次。

最后我引用马克思的一句名言来作为今天讲话的结束语,和大家共勉。马克思说:"在科学上面是没有平坦的大路可走的,只有那在崎岖小路的攀登上不畏劳苦的人,才有希望到达光辉的顶点。"市委、市府的领导同志,将和同志们一道学习,"在崎岖小路的攀登上"来一个学习竞赛,看谁学得好一点,学得多一点。预祝同志们取得优异的成绩。

中共重庆市委办公厅
1986年7月18日印发

强化人大职能　健全民主与法制

——廖伯康同志在市委第二次人大工作会议上的讲话提纲

（1986年11月24日）

同志们:

今天市委召开第二次人大工作会议。为什么要开这次会议呢?市委第一次人大工作会议到现在已经两年多了,人大工作中的新情况、新问题需要研究,特别是经济体制改革纵深发展,政治体制改革已经进入我们的议事日程,社会主义民主与法制建设显得更加迫切,所以,市委决定召开这次人大工作会议。这次会议的中心议题,是加强和改善党对人大工作的领导,强化人大职能,推进社会主义民主与法制建设。围绕这个中心议题,会议要总结市委第一次人大工作会议以来的人大工作;研究加强人大建设,发挥人大作用的问题;讨论人大对"一府两院"的监督办法和干部任免办法;提出对县(区)、乡(镇)人民代表大会换届选举的指导意见。这次会议时间短,任务重,希望到会同志集中精力,开好这次会议。

市委第一次人大工作会议是在1984年9月召开的。两年多来,我市各区县和市级各部门认真贯彻中发〔1984〕8号、9号文件,为加强社会主义民主与法制建设做了大量工作,有效地推动了我市"两个文明"建设,我市人大工作在党组织的领导下,大胆探索,勇于开拓,取得了明显的成效,在市内外产生了积极的影响。具体说来,主要有以下几个方面:

(1)许多同志对加强民主与法制建设是我们治国方式的重大变化,是实现国家长治久安的重要保证有所认识,对人民代表大会制度和地方人大常委会性质、任务、地位、作用的理解逐渐加深。认识到这是地方政权建设的一项重大改革,是完善我国社会主义制度的一项重要措施,对于发展社会主义民主,健全社会主义法制具有深远的影响,从而克服了对人大常委会的一些模糊的错误的认识。

(2)党对人大工作的领导有所加强,有所改善。市委和各区县委把人大工作纳入议事日程,经常研究人大工作。不少区县委支持人大工作,关心人大建设,维护人大威信,自觉把人大工作作为社会主义民主与法制建设的重要内容来抓。

(3)我市人大工作有所创新。突出的是在坚持按照法定程序任免国家机关领导人员方面,探索出了一条路子,受到上级人大的肯定。市人大对提请任命的部分干部进行了认真考察,严格把关。改干部任免举手表决为无记名投票,改邮寄任命书为当面颁发任命书,严肃认真地行使了干部任免权。各区、县人大通过政继考核,对干部进行监督的工作已经开始。南岸区人大对自己任命的干部进行政绩考核,有效地行使了对干部的监督权。这种办法已在一些区县逐步推开。

(4)普法教育迈出了可喜的一步,民主意识和法律意识普遍增强。到目前为止,对全市70%以上的区县级和市属局级干部进行了普法培训,参加各类普法学习的干部、群众已超过100万人;初步形成了群众性的学法、懂法的良好风气。同时,人大常委会协同本级政府和有关部门,基本完成了全市法规清理工作。

(5)各级人大常委会的建设有所加强。人大办事机构的设置初具规模,在人员编制、工作待遇、办公用房、经费开支等方面都有不同程度的改善。

此外,我市人大常委会加强与兄弟省市的工作联系,积极开展城市政权建设理论研究,取得了一些成果。在探索地方性立法方面,也取得了一定进展。

总之,两年多来,我市人大工作所取得的成绩是可喜的,与前几年相比,人大工作进入了一个新的发展阶段。

但是,我们还必须清醒地看到,社会主义民主与法制建设长期被忽略了,健全民主与法制的任务十分艰巨,十分繁重,目前我们的工作还有很大的差距,社会主义民主政治制度和法律制度还很不健全,很不完备。人民代表大会作为国家权力机关,作为我国民主政治制度的重要组织形式,其法律地位和政治地位还不相称,人大还没有独立地、有效地行使宪法和法律赋予的权力;人大内部的建设有待加强,代表和委员的素质有待提高,选举制度有待改进,工作条件有待改善。所有这些,都需要我们认真研究解决。

下面,我就完善民主政治的问题、健全法律制度的问题和加强人大建设的问题,谈谈自己的看法。

一、坚定不移地进行政治体制改革,不断完善社会主义民主政治制度

党的十二届六中全会的决议,提出了我国社会主义现代化建设的总体布局,就是以经济建设为中心,坚定不移地进行经济体制改革,坚定不移地进行政治体制改革,坚定不移地加强精神文明建设。经济体制改革、政治体制改革和精神文明建设,三个方面是互相配合、互相促进的。政治体制改革同经济体制改革相比,更为根本;政治体制改革也有利于精神文明建设。毫无疑问,政治体制改革对于经济体制改革和精神文明建设具有巨大的推动作用。因此,我们必须坚定不移地进行政治体制改革,建立一个高度民主,法制完备,协调运转,富有效率的政治体制。

(一)现行政治体制改革势在必行

第一,政治体制改革是社会主义制度自我完善和自身发展的内在要求。我国社会主义制度的建立只有几十年时间,并且是从半殖民地半封建社会脱胎而来的,它在政治体制上都打上了"母体"的烙印,很不成熟,很不完善;社会主义又是一个不断运动、不断发展的过程,它的政治体制也必须不断发展、不断完善,各种改革应该贯穿于社会主义的全过程。

第二,政治体制改革是建设具有中国特色的社会主义现代化强国的迫切需要。马克思主义在发展中,社会主义在实践中。过去,一方面把马克思主义理论作为教条,照搬;把国外社会主义实践作为模式,硬套,造成食洋不化。另一方面,现行政治

体制又具有很多的历史沉淀,对封建主义没有进行彻底清算,在继承传统方面囫囵吞枣,造成食古不化。不改革政治体制,就不能建设具有中国特色的社会主义现代化强国。

第三,现行政治体制中存在着很多不利于我国长治久安的因素。我看最根本的有两条,一是没有健全的法制,二是没有广泛的民主。

法制不健全主要表现在无法可依和有法不依两个方面。我国社会主义制度的建立还不到40年,比起已有近400年历史的资本制度,显得很年轻,其间又受到"文革"的冲击,本来就不健全的法制被冲得支离破碎。十一届三中全会以来,我们党在法制建设方面做了大量工作。但由于时间短,需要建立的法律和法规还很多。各级地方人大常委会建立也只有6年多,应该建立的地方性法规大多没有建立起来。社会生活、政治生活、经济生活都没有严密的行为规范。目前,最为严重的问题,是在党和国家的政治生活中"人治"的现象仍然普遍存在。有的干部特别是有的领导干部自恃特殊,以言代法,以权压法,甚至徇私枉法,把自己置于法律或法律之外,对司法机关的正常工作横加干涉,强制司法机关按自己的意志办事。还有更多的人不学法,不懂法,没有法制观念,不按照法律来调节各种社会关系。这些现象在我市比较突出。

民主不广泛,表现在现实政治生活和经济生活中,不民主的现象可见。诸如,家长制,一言堂,经验决策,个人决策等等,在群众中造成了一种"反权力心理"。民主不广泛,究其原因,是人民政治参与机制和权力内部的制衡机制不健全。两个机制不健全,人民群众当家作主就得不到真正的体现和保证。

第四,现行政治体制中存在着很多不利于我国"四化"建设的因素。最主要的是党委包揽过多,人大的职权没有得到认真行使,政府的职能作用没有得到充分发挥。

长期以来,党委集决策权、执行权、监督权于一身,管了许多不该管的事情,结果管不了,管不好,使人大无法积极主动地、独立负责地行使职权,发挥作用。政府把主要精力放在微观的经济活动上,直接管理企业,使企业实际成了各级行政机构的附属物,压抑了企业的积极性和主动性。由于党委、人大、政府的职责不清,造成了党政不分、政经不分、政企不分的状况,在经济工作中出现了众多的交叉,众多的空档,宏观失调,微观管死,内耗严重,效率低下,极不利于商品经济的发展和现代化建设。

(二)现行政治体制的总病根是权力过分集中

现行经济体制和政治体制诸多弊端的总病根是权力过分集中。这种权力过分集中,突出地表现为横向党委集权过多,纵向中央集权过多,特别是中央部门集权过多。

形成权力过分集中的主要原因,有两个方面:

从历史渊源看,我国现行政治体制受历史上长期的封建中央集权的惯性和宗法观念的影响;把战争年代权力高度集中那一套沿用于社会主义建设时期。

从现实基础看,建国以来,我们建立了一个高度集中的经济体制,必然有一个与之相适应的高度集中的政治体制;受"大一统"思想的影响,把社会主义曲解为必须实行高度集中管理。

(三)"横向分权,纵向放权"是根治总病根的灵丹妙药

横向分权,纵向放权,就是要理顺纵横各种关系,调整纵横的权力结构。理顺关系,主要包括纵向的中央和地方的关系,地方政府与企业的关系,上级与下级的关系;横向的党委与人大的关系,党委与政府的关系,人大与政府的关系,以及党委与其他政治组织、社会团体的关系。调整权力结构,也包括两个方面,一是纵向的权力结构,即中央与地方的权力配置,上级与下级的权力配置;二是横向的权力结构,即党委与人大,与政府,与其他社会组织的权力配置。理顺各种关系,调整权力结构的目的是使上下左右的关系协调化,权力结构科学化,形成职责分明,各司其职,各尽其能,高效低耗,

充满生机和活力的工作运转机制。

目前我国政治生活正处于大转变过程中,即从依靠政策办事,逐步过渡到不仅依靠政策,还要建立、健全法制,依法办事;凡是关系国家和人民的大事,光是党内做出决定也不行,还要同人民商量,要通过国家的形式。现在的状况是党委集权过多,不利于实现这两个大的转变。

首先要解决横向分权的问题。在我们的政治生活中,有党的形式,有国家形式。应该把不宜由党委行使的权力交给国家权力机关,把党直接管理的形式转为国家的形式,保证人大、政府、两院积极主动地、独立负责地行使宪法和法律所赋予的职权。地方人民代表大会是地方国家权力机关,各级党委要加强对人大工作的领导,坚决支持各级人大依法行使决定权、监督权、任免权,我市还有地方立法权。人大的重大决定、决议,由人大党组事前报告党委原则同意,人大通过以后,党组织和党员必须严格遵守,坚决执行。地方人民政府是地方国家权力机关的执行机关,是地方行政指挥中心和地方行政首脑。党委要坚决支持地方各级人民政府依照宪法和法律规定的权限,管理本行政区内经济建设和社会发展事业。政府的工作要对人大负责,要自觉接受人大的监督。

其次要解决纵向放权的问题。改变目前中央部门集权过多,基层权力太少,实力太弱,"头重脚轻"的状况,纵向放权,必须自上而下,层层放权,把权放到发生矛盾和解决矛盾的地方,使权力结构重心逐步下沉,形成统一的中央,多元化(有地方特色)的地方。

横向分了权,纵向放了权,党的领导是加强了还是削弱了,是坚持了还是放弃了,是改善了还是逆转了。党委分权、放权以后,从大量繁杂的事务中解脱出来,可以集中精力进行大政方针的调查研究,制定适合国情、省情、市情的方针、政策,加强党的自身建设,有效地对全党全社会实行思想领导、政治领导和组织领导。人大、政府的工作是在四项基本原则指导下进行的,同党的宗旨一样,都是为人民群众的根本利益服务的。人大、政府有了相应的权力,就可以更广泛地调动社会各方面的积极性,把事情办得更好。由此可见,我们为了消除权力过分集中的弊端,横向分权,纵向放权,党的领导是坚持了、加强了、改善了,而不是放弃了、削弱了、逆转了。

(四)健全人民政治参与机制

人民当家作主,主要通过参与政治、经济、文化的管理和活动体现出来。人民参与政治包括了解政治、监督政治、管理政治等。人民参与政治的程度是衡量一个国家政治民主化程度的标志。人大、政协、民主党派、群团组织和社会团体是组织和联系人民政治参与的有效形式,必须充分发挥它们的作用。

人民代表制度是我国人民参与政治、管理国家的主要形式。人民代表要同选举单位和选民保持密切的联系,听取和反映人民的意见和要求。我们要强化人民代表的职权,除坚持现行的视察制度外,还要建立经常性的参政议政制度,使人民代表的责任、权利和义务更加明确,代表人民当好家、作好主。制发代表视察证,为人民代表发挥监督作用创造条件,是加强人民政治参与的一个好办法,市和各区、县应当逐步实行起来。在基层政权和基层社会生活中,要逐步实现人民的直接民主,要加强街道居委会、乡村村民小组、企业职代会等群众性自治组织的建设,以便发动群众自己管理自己的公共事务和公益事业,真正把民主落实到基层,落实到群众中去。通过直接民主和间接民主的形式,使我国社会主义民主得到进一步的发展。

政协是党和国家联系群众的重要纽带。政协和民主党派代表着一个重要的知识阶层和社会阶层,其参政议政能力较强,要使他们的政治协商、民主监督落到实处,并真正成为政治管理体系中的一部分。这种协商权力和监督职能,必须有切实的保证,不应受党委领导的开明程度、民主意识所左右。

群团组织和社会团体联系了一大批有代表性的群众,有广泛的群众基础,能否看作是集体的人民代表。集体的人民代表是人民参与政治的又一条重要渠道。

人民代表和其他社会组织的成员,在政治参与中都有其特殊作用。各种重大决策,都应该听取他们的意见,集中人民的意志,不断增强决策的群体意识和民主意识,把民主引入决策的全过程,变个人决策为民主决策,变经验决策为科学决策,使民主决策,科学决策程序化、制度化。

(五)建立权力内部的制衡机制

人民交给我们的权力,是用来解决问题,转化矛盾,克服困难的工具,但由于掌权者素质的差异和认识的差异,权力又很容易成为一种腐蚀剂,成为某些人谋取私利,胡作非为,我行我素,独断专行的手段。权力的这种两重性,除说明选择什么人来掌权是非常重要外,更为重要的是要建立权力内部的制衡机制。没有权力的制衡,即使像毛泽东这样的伟人都难免犯"文革"这样的大错误,何况我们这些平平之辈。

苏联70年的历史和我们建国30多年的历史,以高昂的代价证明了一个真理:没有监督的权力,是不可靠的权力;没有制衡的权力,是危险的权力。

现在我们进行政治体制改革,改变权力过分集中的状况,横向分权,纵向放权,地方各级特别是基层权力将相应增大,没有一个制衡的机制、制约的力量,就很难避免出现各自为政,各行其是,滥用职权的现象,造成天下大乱、误国误民的恶果。因此,建立权力内部的制衡机制,是实现我国长治久安的战略大计。

实行有效的制衡,原则是什么呢?那就是有多大的权力就要受到与之相应的制衡。制衡是要充分发挥权力机关的积极作用,而是干预他们施行正当权力,束缚他们的手脚;制衡又要限制领导人物和权力机关的越权、侵权和滥用职权的行为。目的是要彻底消除不受约束的绝对权力。

怎样实行有效的制衡呢?人大及其常委会是行使立法权、监督权的机关,通过法律形式和做出决议、决定的形式,把党的政策和人民群众的意愿固定下来,贯彻下去,监督政府执行;同时监督"两院"正确地行使司法权。宪法和法律是党领导人民制定的,党也要领导人民实施宪法和法律。地方人大及其常委会根据党的方针政策和国家的法律做出的决定、决议,在本区域内具有法律效力,任何组织和个人都必须遵守,党组织和党员更应带头执行。党组织和党员必须在宪法和法律允许的范围内活动,任何超越宪法和法律的行为都绝对不允许的。地方人大常委会要向人民代表大会负责,接受上级和本级代表大会的监督;人民代表要向人民负责,接受人民的监督,把最终的监督权和制衡权交给人民。党和国家权力机关,与人民政协和其他民主党派、社会团体也还有一个民主协商、互相监督的问题。只有建立一整套互相监督、互相制衡的机制,人民当家作主的权力才有切实的保障,我国社会主义的民主政治制度才能真正建立起来。

高度民主是社会主义的伟大目标之一。党的十一届三中全会以来,我们党强调没有民主就没有社会主义现代化,民主要制度化、法律化,党和国家政治生活、经济生活、社会生活要实现民主化。我们进行政治体制改革,就是要在坚持党的领导和人民民主专政的基础上,改革和完善党和国家的领导制度,进一步扩大社会主义民主,健全社会主义法制,以适应社会主义现代化建设的需要。

二、健全社会主义法制,用法律和法规来调节各种社会关系

民主与法制密不可分。没有社会主义民主,就没有社会主义法制;没有社会主义法制,也不可能有真正的社会主义民主。社会主义法制体现人民意志,保障人民的合法权利和利益,调节人们之间的关系,规范和约束人们的行动,制裁和打击各种危害社会的不法行为。建设具有中国特色的社会主义法制,是我们党的一项伟大的历史任务。加强法制建设,使国家和社会生活有法可依,这是完善社会主义制度的根本保证,是胜利地进行社会主义物质文明和精神文明建设的根本保证,也是国家长治久安的根本保证。

最近几年,我们党和国家在法制建设上做了大量工作,国家的基本法律已经建立,现在的主要问题是,有法不依,执法不严,违法不究,人们的法制观念很淡薄,遵守法律、维护法律还没有成为社会自觉的行动;人们不善于运用法律武器维护自己的合法权益与违法现象作斗争,在社会生活中存在着较多"人治",较少"法治"。以致有的人提出,是法大,还是权大?对这个问题,我可以做出明确的回答:不论哪级党委,更不论哪个负责人,如果他的意见与法律不一致,那只是他个人的意见,谁都得服从法律。不言而喻,法律比任何权力都大。

在法制问题上,还必须搞清楚两个关系,一是党的领导与依法办事的关系,二是党的方针政策与法律的关系。这两个关系,长期以来,在一部分同志思想上含混不清,老是把它们割裂开来,对立起来,这是非常错误的。宪法和法律是人民意志、国家意志的集中表现,是党集中人民的意志,领导国家权力机关制定出来的。宪法和法律一经制定,反映的不仅是在国家生活中居于领导地位的党的主张,同时也反映了以人民为主体的国家意志,它是党的主张与人民意志的一体化。依法办事就是按照人民的意志办事,与党的领导是一致的。服从法律,就是服从党的领导,就是服从全国人民。执行法律,就是执行党的主张,就是执行人民的意志。那么,党的方针政策与法律又是什么关系呢?法律是党和国家方针政策的定型化。政策是法律的灵魂,法律是政策的具体化、条文化,在通常情况下,政策和法律是一致的。但两者毕竟又不是一回事。法律是由国家制定认可的,靠国家强制每一个公民都必须遵守的行为规范;而政策则是党在一定时期内为完成一定任务制定的行动依据和准则。党的政策带有号召性和指导性,法律具有强制性;党的政策具有一定的灵活性,法律则具有相对的稳定性。因此,我们"要从依靠政策办事,逐步过渡到不仅依靠政策,还要建立健全法制,依法办事。"在实际工作中,怎么处理政策和法律的关系呢?有法律规定的,依法办事;没有法律规定的,就按政策办事;政策和法律发生矛盾的时候,按法律办事。

健全法制,一个很重要的方面就是建立完备的地方性法规。地方性法规是整个法律体系的有机组成部分,地方性法规不完备,不能说全国有一个健全的法律体系。我们国家大,民族多,各地政治、经济、文化发展很不平衡,就一个省、一个市内部也不平衡。因此,一切立法都由中央制定、颁布,很难适应千差万别的具体情况,不是挂一漏万,就是主观主义,实践证明行不通。当前,法律不配套、不统一,大的方针政策和规定性文件较多,而没有配套成龙,一些部门性文件也自称"法规",把政策和法律混为一谈,以言代法,以文代法,造成了很大的混乱。党的工作重心转移到经济建设以后,社会经济生活更加活跃,经济交往更加频繁,经济工作中的矛盾和问题层出不穷,没有一套经济法规来调节各种关系,就会阻碍经济正常运行,影响经济健康发展。更为突出的是,行政法规几乎没有建立起来,有的也只不过刚刚起步,行政工作无章可循,无法可依,无人负责。特别是对越权、侵权的行为和做法,没有一个约束,行政生活极不正常。如此看来,建立地方性法规是摆在我们面前的一项紧迫任务。由于种种原因,我市地方性立法工作时断时续,与经济和社会发展很不适应,必须大力加强。

地方性立法要根据党的方针、政策和国家法律,从自己的实际情况出发。地方立法包括地方经济立法和地方行政立法。地方经济立法要适应本地经济模式,透入经济活动的全过程,用法律手段来调节生产、交换、分配、消费的各个环节,制约各种非法活动。地方行政立法要逐步建立行政法规,规范机关工作人员的行为,使国家的政治、经济、社会生活等各方面都步入法律轨道,依法调节各种社会关系,使民主政治法律化,人们行为规范化。

三、支持人大工作,重视人大建设

人民代表大会,是我国人民实现当家作主的最好的政权组织形式。市人大由人民选举产生,对人民负责,受人民监督,代表着全市1400万人民。人大是人民的形象,是国家的象征。人大的工作开展得如何，作用发挥得如何，能不能充分有效地行使各项职权，是衡量人民当家作主程度如何的重要标志，也是检验党委领导有方无方的重要标准。目前，我们有些同志，特别是有的党政领导同志，对人大工作的地位、作用认识不清，甚至有的认识是很模糊的、很错误的。从人大内部建设看，人员素质不高，参政议政能力较弱，从人大的工作条件看，与人大所肩负的职能，所要进行的工作和所要发挥的作用，极不相称。

要改变这种状况，我认为，当前要着重解决四个方面的问题。

第一，更新观念，提高认识。社会生活中，各种不适于现代生活的陈旧观念经常禁锢着人们的思想，支配着人们的行动，阻碍着社会的发展。在对人大的认识上，陈旧的观念表现得也很充分。据我了解，不少人认为，"人大是党委的一个工作部门，是抓经济工作的工具"；"人大是虚的，是养老机关，安置机关"；有的说，"老同志，不要怕，除了政协有人大"；有的把人大行使职权，说成是"手伸得太长，口气太大"。如此等等，不一而足。

加强和改善党的领导的一个重要方面，就是要加强对人大工作的领导。人大按照党的方针政策和宪法、法律进行工作，行使权力，也就是体现了党的领导。对人大及其常委会，党委不要直接发号施令，要通过人大党组贯彻党委的主张。每个党员、干部都必须十分明确，人大常委会不是党委的一个工作部门，它是国家权力机关的常设机构。要坚决纠正一切都由党委说了算的旧习惯，保证人大依法独立负责地行使职权。人大党组要经常主动地向党委汇报工作，自觉接受党的领导。党的总任务确定之后，各个阶段，各个时期都有不同的工作中心，人大的工作任务主要是加强民主与法制建设去保证两个文明建设的顺利进行。因此，人大的工作同党委的工作是一致的。那么，就不应把人大看成"救火队"，去应付一些中心工作。我们再不能搞那种拆了机器用零件，顾此失彼的蠢事了。

至于有的人说"人大是虚的"，这更是一种偏见。人大的地位、作用，《宪法》已经作了明确的规定，是非常清楚的。我劝这些同志认认真真地多读几遍"宪法"，端正对人大的认识。前些年，人大的作用确实发挥得不够好，但这不是人大本身的问题，而是我们党委没有给他们创造一个良好的工作环境。这是在不正常的情况下出现的不正常现象。作为党委来讲，就应该总结教训，支持人大工作，使人大真正"实"起来。人大常委会作为国家权力机关的常设机构，就决定了人大不是一个"安置"机关，更不是一个"养老"机关。人大的工作十分繁重，不能老是把年高体弱的同志集中到人大去，要按照人大是一个权力机关、工作机关的需要来配备人大的干部。地方人大常委会建立的时间不长，工作还没有全面开展起来，现在的主要问题是需要强化人大职能，支持人大工作，发挥人大的作用，不能把人大参政议政，按照人民的意志做出决定、决议视为"口气太大，手伸得太长。"我的看法是，人大要理直气壮地开展工作，行使职权。

第二，支持人大依法行使职权。我国《宪法》和《地方组织法》规定县以上地方各级人大常委会讨论决定本行政区域内各方面工作的重大事项，监督本级"一府两院"的工作，依法决定本级国家机关工作人员的任免。重庆作为较大城市和计划单列城市，市人大还可以制定本市需要的地方性法规。这就是我们通常所说的决定权、监督权、任免权和立法权。在这四项职权中，行使监督权是地方人大的主要职责，是一项日常的大量的工作。这里，我侧重讲一讲人大行使监督权的问题。

人大对"一府两院"的监督，只有根据法定的范围和内容，按照法定的程序，采取具有法律效力的形式进行，才能实现。这种监督，并不是具体地干涉和包揽"一府两院"的日常业务工作，也不是把"一府两院"作为对立面，更不是拆台。监督的目的，是使"一府两院"独立地有效地依法行使职权。"一府两院"由人民代表大会选举产生，理应对人大负责，自觉接受人大监督。

人大行使监督权，《宪法》和《地方组织法》作了原则规定,具体的监督内容、范围、方法、程序都有待在实践中探索。我认为,彭真同志说得好:"重大原则问题,该管就管,少一事不如多一事;日常工作问题,不必去管,多一事不如少一事。"这就为我们在探索监督什么的问题上提出了一个指导原则。如何对"一府两院"实施法律监督和工作监督,市人大常委会草拟了一个办法,请同志们认真讨论,征求多方意见,趋于一致后,按法定程序制定施行。

人大对"一府两院"的监督,既有一个敢于监督的问题,又有一个善于监督的问题。敢于监督,就是要理直气壮地依法行使监督职权。善于监督,就是注意方式,讲究方法,讲求实效。也就是说,既要坚持依法办事,按照法定的程序和形式进行监督,又要实事求是,注意听取和尊重"一府两院"的意见,体谅他们的实际困难,维护他们的威信。"一府两院"要支持、欢迎监督,自觉置于地方国家权力机关的监督之下。接受监督,是尊重人民民主权利的具体表现。彭真同志讲:"民主就不能怕麻烦。"有的同志对于经过国家形式,接受监督,不习惯,嫌麻烦,认为耽搁时间,这是不对的。

第三,提高人民代表参政议政能力。提高人民代表参政议政能力,对于进一步加强民主与法制建设,支持和保障改革和两个文明建设的顺利进行具有十分重要的意义。

按照《宪法》和《地方组织法》的规定,今冬明春,我市各县(区)、乡(镇)人民代表要依法进行换届选举工作。这次换届选举,是在改革的环境中进行的,要以改革的精神来搞好换届选举。通过换届选举,提高人民代表和人大常委会组成人员的参政议政能力,使人民代表大会真正成为名副其实的有权威的权力机构,使新产生的人大常委会担当起人民赋予的重任,有效地行使宪法和法律赋予的各项职权。换届选举是选民政治生活中的一件大事,各级党委要高度重视,要经常研究解决换届选举中出现的新情况、新问题。县(区)人大党组在换届选举中,要与组织、统战部门相互配合,使这次换届选举顺利进行,真正体现民意。

个体素质是群体素质的基础。每一个人民代表的素质与人民代表的身份相称了,代表的构成合理了,人民代表大会的参政议政能力也就提高了。

提高人民代表参政议政能力,就要减少代表数量,提高素质。目前我市各级人民代表名额普遍偏多,代表中有相当数量参政议政能力弱。有的代表只举手,不开口;只议事,不议政。不改变这种状况,人大的参政议政能力是无法提高的。根据精简人员、提高效能,便于参政议政的原则,我市各级人民代表名额应该减少 20% 左右,人员的结构也应作相应的调整。代表中重点增大各界知识分子的比重,也要选举生产第一线的有参政议政能力的工农群众,以及社会贤达。人民代表还应具备一定的文化素质。在年龄结构上,吸收一大批中青年,尤其是中年人,形成老中青相结合;形成比较合理的梯形结构。

提高人民代表参政议政能力,就要改进选举办法。人民代表是代表选民意愿的,应该是选民的忠实代言人。代表的选举必须体现选民的意志。只有由选民自主选举自己的代表,才能真正体现人民当家作主。改变由组织提名选举为人民自己提出候选人,实行差额选举。中国有句古话:"天意不可违,民意不可逆"。我们不相信天命,相信的是客观规律,把这句话改造一下,那就是"规律不可违,民意不可逆",就是说人民的意志是不可违背的。在选举中要尊重民意,实行人民自主选举。选出的代表,应该坚持四项基本原则,拥护支持改革,密切联系群众,有文化、有能力,热心为群众服务,身体健康。总之,代表应当具有参政议政能力。人大代表特别是人大常委会委员,应当是当地的政治家和社会活动家。

提高人民代表参政议政能力,就要建立代表联系选民和选举单位的制度。代表来自人民,必须与人民建立密切的联系,倾听选民的意见,反映选民的要求。代表脱离选民,就不能接受选民的有效监督,就不是名副其实的人民代表,就没有资格来当人民的代表。人民不需要这种挂名代表。我们要坚持代表定期召开选民会等有效制度,但这还远远不够,建议人大制定一整套代表联系选民和选举单位的制度,使人民代表的活动经常化、制度化。

第三,为人大提供一个良好的工作环境。人大是国家权力机关的常设机构,不是一般的工作部门。我们进行政治体制改革,一个很重要的任务,就是要完善和强化人大职能。这一点,大家必须明确。如果连起码的工作条件都不具备,发挥人大的职能作用从何说起?我们现在强调要强化人大职能,为人大提供一个良好的工作环境,就显得更为迫切,更为重要。市委早在1984年就发出了30号文件,多数单位和区县认真贯彻了,但有的还贯彻得不力,落实得不好。在这里,有必要再次重申:党的组织部门和编委要按照人大常委会作为国家权力机关的常设机构所承担的任务,加强其办事机构;按照干部"四化"的要求,调配、充实工作人员;人大常委会所需的业务经费、办公用房和交通工具,政府有关部门也应该抓紧妥善解决。

同志们,目前,我们正处于改革、建设的中兴时期,加强人大建设,强化人大职能,健全社会主义民主和法制,不仅是历史赋予人大的光荣使命,也是全党全社会义不容辞的神圣职责。希望我市各级党政组织和干部,不负历史众望,齐心协力,团结奋斗,努力开创我市人大工作的新局面。

我的话完了。谢谢大家。

第四编

重点专题

一、农村改革

重庆市农业生产统一经营、联产到劳责任制试行办法

（1981年6月9日）

我市农村贯彻中央〔1980〕75号文件以来，有的生产队实行了统一经营、联产到劳责任制，收到了好的效果。目前这种责任制在一些地区有所发展。为了搞好这种责任制，根据外地和我市一些社队的经验，特制定本试行办法。

第一章 总 则

第一条 统一经营、联产到劳责任制，是在生产队的领导下，坚持生产资料集体所有，由队统一安排生产计划、统一投资和安排使用生产资料、统一调配使用劳力、统一核算分配。通过几定按劳按能承包各项生产任务，在生产过程中的各项作业，宜统则统，宜分则分的一种联产计酬责任制。

第二条 统一经营、联产到劳责任制的特点是，统一经营，各显其能。既可以稳定生产队的经济主体地位，发挥集体经济的优越性，又把生产责任具体落实到每个劳力头上，把劳动成果和劳动报酬联系起来。能充分调动个人劳动的积极性。同时，随着生产的发展，还可以逐步引向实行专业承包，联产计酬责任制。

第三条 统一经营、联产到劳责任制，适合于农业经济水平处于中间状态的地区。在这种地区，应当积极宣传引导，加以推广。

第二章 坚持生产队统一经营

第四条 要充分发挥集体经济的优越性。生产队应按国家要求和本队实际情况统一安排种植计划、承包责任地的劳力，必须按计划种植，但在不影响完成承包任务的前提下，允许社员因地制宜进行套种、间种。

集体组织的生产建设项目，如果需要承包责任地和生产任务的劳力参加，也要服从生产队统一调动安排。

集体所有的大型农机具和排灌设备，由队固定专人管理和使用，实行定任务、定维修费、定油料消耗、定安全生产、定报酬奖赔责任制；小型农具可登记造册，规定年限，交户管理使用。集体耕畜由队固定专人饲养，给予以合理报酬；在使用办法上，可固定专人使用，也可划片包耕，不管采用什么办法，都要按牛的劳力强弱规定劳动定额，避免使用"狠心牛"。

第五条 旱粮作物，从种到收的各项作业，一般可由承包的劳力负责完成。但宜统的也要统，提倡主要旱粮统收。有植保专业队、专业组的地方，应把防治病虫的任务包给专业队、专业组负责，水稻生产从种到收的各项作业，由于各地条件不同，

应本着因地制宜、有利生产的原则,宜统的要统,一般都应坚持统一选用良种,培育壮秧,统一防治病虫害,坚持统收。在统收办法上,可以采取田间估产,统一打晒;可以采取统一组织劳力,分户收割称毛重,统一或分户扬晒,折成计算产量;也可以采取多数群众同意的其他办法。耕牛缺的队,要统一调用耕牛,水源差的队,要统一供水,各自管水。

第六条 生产队在落实社员承包任务的同时,要经社员民主讨论,确定口粮分配方案。在分配中,要核实应纳入统一分配的产量和收入。要从各方面控制非生产性的杂务用工,要坚持三兼顾的原则,注意照顾烈军属和残废军人、五保户、困难户,并切实做到分配兑现。

第三章 搞好按劳划分责任地

第七条 承包责任地的对象,原则上应当是参加本队农业生产的劳力。由于农村情况千差万别,田土比重、人平占有耕地面积、土质好坏、种植技术和使用工具等等,差异很大,因此,划分责任地一定要因地制宜,民主协商,合理确定。可以实行土地分等,按等定产,按产承包;可以按人、劳比例划地承包,也可以按人、劳、能相结合的办法划地承包。在承包工量大体平衡的前提下,有技术的男劳力多包田,其他劳力多包土。有技术专长的,应根据其能安排承包项目和数量,充分发挥他们在生产中的专长作用。

第八条 划分责任地要合理确定应承担的任务,具体安排任务时,要使男女社员都有事可干,避免因劳强劳弱之间承包任务的不合理,造成收入悬殊过大,但对于应承担的任务不应硬摊派,在协商的基础上,劳强户可以多包,劳弱户可以少包,对已安排从事常年固定生产任务的工副业生产人员和民办教师,不再承包责任地。已经承包,本人和多数社员无意见,也可不去变动。对已安排从事季节性某项专业承包任务和担负其他工作的劳力,而所负担任务的工分达不到同等劳力的承包工量,可以适当承包部分责任地。对无能包田,而包土又少的劳弱户,应根据本人要求,注意安排力所能及的其他农活,以免他们减少收入。对剩余的劳动力,生产队要广开生产门路,把集体组织和鼓励社员个人或合伙经营结合起来。积极地发展养殖业、手工业、运输业、服务业等。除农忙季节以外,应允许有"自留人",以便专心从事力所能及的家庭副业。

第九条 确定具体的责任地块时,要本着方便生产、有利经营的原则,根据商定承包任务的办法,按户计算划地,尽量做到就近成片。划田要考虑水路、牛路,不打破田地,划土要比较成片。一般要做到分类定产,合理搭配,先议后划,一次划定,划后允许社员相互协商调整,最后定案。责任地可以一定一年,也可一定几年不变。

第四章 搞好粮食"三包一奖惩" 和多经、工副业"四专一包"

第十条 生产队对承包粮食生产的劳动力,要实行"三包一奖惩"制度。

包产量:应根据国家当年下达计划,本着实事求是的精神,既要使集体增产增收,又要留有余地,让社员有产可超,既要防止偏高,又要防止偏低。各种粮食品种之间,也要平衡合理,一般可按前三年或略高于前三年的平均产量定产,也可以按上年实产为基础,参照当年增产措施,合理确定。

包工分:应根据本队现行的各项作物的工序定额,合理计算工分报酬,即以定工除定产,分别计算出各种粮食每个劳动日的产量标准,实行以产记工。也可以在合理定工的基础上,确定完成包产任务的应得总工分。无论实行那种办法,都应注意粮食品种之间的报酬平衡合理。

包投资:应本着勤俭节约的精神,参照往年水平和增产要求,生产队应根据各种作物所需肥料、农药、种子等投资,定出指标,可以按交产斤定成本,也可按面积分等定成本,折合金额,计算给承包者,包干使用,超用不补,节约归己。

超产奖励,短产赔偿。可以实行比例奖赔,也可以全奖全赔。提倡奖工分,或奖现金,但也可以奖实物。确因遭受严重灾害减产的队,可经社员民主讨论,调整承包任务,合理处理。

第十一条 多种经营和工副业要分业建立"四专一包"责任制。实行"定,包,奖",在全生产队范围内，粮食、多经、工副业之间的劳动定额，都要大体平衡，以利于促进各业生产的全面发展。

第十二条 集体的林、茶、果、桑等，成片的生产队要根据任务大小，组织专业组、专业户、专业人经营管理。实行定任务、定投资、定收入、定报酬、定奖赔的责任制；零星分散的，可随责任地承包给社员负责，定出包管包栽的任务要求，合理给予报酬。短期经济作物，也要专人承包，粮经间作的短期经济作物，如榨菜等，可随责任地承包给社员，定任务，给予合理报酬。

第十三条 集体发展的牛、猪、鸡、鸭、鱼、兔等养殖业，可以根据其养殖多少组织专业场、专业组、专业户或专业人承包饲养，本着有利生产、简便易行的原则，通过几定（如定任务、定饲料费用、定报酬……），搞好联产计酬责任制。也可实行"大包干"的办法。

第十四条 生产队办工副业，一般应组织专业组经营，如果规模小，也可包给专业户，承包办法可以实行定任务、定费用、定报酬、定利润提成等几定为内容的定额计酬，也可以实行包交利润，联系产值计酬。参加公社、大队企业的务工社员，他们的工分和利润应按企业和生产队协商同意的办法执行。外出"五匠"或外出从事其他个体经营的社员，应经过有关部门批准，与生产队签订合同，持证外出，并按合同规定交钱记工。

第十五条 农业基本建设，是改变生产条件，促进生产发展的基本功，必须作好规划，量力而行，分年设施。生产队应组织专业组，实行定额包工验收付酬的责任制，小型零星的农业基本建设也可包给承包责任地的社员去完成，由队检查验收，付给报酬。社队联合举办的农业基本建设项目，生产队要根据其承担的任务，在落实责任制的同时，安排落实农业基本建设的劳动力和投工任务。

第十六条 为了保证各业联产责任制落实兑现，要严格实行合同制。合同要在落实任务的基础上，由承包者和生产队签订合同，双方签名盖章。合同一经签订，必须坚决执行。

合同的形式可以搞合同书，用表代替也可，总之不要烦琐，内容一般包括：产量（产值）、任务、所用生产资料、集体投资、时间要求、工分报酬、奖赔办法等。

第五章 切实加强领导

第十七条 要搞好联产到劳的责任制，不仅要合理承包各项生产任务。建立健全有关制度，而且在生产过程中，必然会出现一些新的矛盾和问题需要及时解决，因此，必须切实加强领导，决不能认为联产到劳后，社员责任心增强，可以撒手不管，放任自流。

第十八条 要建立大队、生产队干部的岗位责任制，把他们的报酬同工作的成绩和经济效果联系起来，实行基本补贴工分加奖励的办法。基本补贴工分的确定，按照《六十条》规定办理。奖励根据完成全队粮、钱、人三项指标的情况，实行超任务奖励，短任务扣减基本工分。在承包责任地时，大队干部应扣除误工基本补贴工分后，适当承包部分责任地，使干部的收入不低于或略高于同等劳动力。

第十九条 大队、生产队要加强政治思想工作，教育社员爱国家、爱集体，发扬团结、互助精神，要采取多种办法，组织社员学科学、用科学，普及科学知识。并配合有关部门搞好技术联产责任制，实行科学种田；要及时协调解决好各业之间、社员之间在生产中出现的问题；要根据农事季节和生产需要，及时提出增产措施、质量要求，搞好技术指导，做好生产资料的供应；要经常了解情况，适时检查承包户的生产进度和质量，帮助后进户搞好生产，对临时因病缺劳户，及时组织社员间的互助，使各个环节上的生产任务都能保质保量地按时完成，确保全队农副业生产的发展。

第二十条 各级领导要经常深入群众，调查研究，及时总结经验，使联产到劳的责任制不断改进、完善和提高。

1981年6月9日

重庆市农业生产专业承包、联产计酬责任制试行办法

(1981年6月9日)

在党的十一届三中全会的路线、方针、政策指导下,市郊农村人民公社的部分生产队(包括有的以大队为基本核算的生产大队)积极地推行了专业承包联产计酬责任制。为了不断加强和完善这种生产责任制,根据中央〔1980〕75号文件和省委〔1981〕11号文件的精神,结合市郊农村的实际情况,并参考外地的经验,制定本试行办法。

第一章 总 则

第一条 专业承包联产计酬责任制,就是在基本核算单位统一经营的条件下,根据经营内容和劳动力的擅长,实行分工协作专业承包,联产计酬。

第二条 专业承包联产计酬责任制的基本特点是,农村各业生产比较齐全,在各业生产中,全面实行"四专一联",即按专业组织劳动,进行承包,对产(值)负责,联产计酬。实行这种责任制,能稳定生产队的经济主体地位,可以把调动社员个人的生产积极性和发挥统一经营、分工协作的优越性具体地统一起来,把发挥自然资源的优势和发挥劳力资源的优势有机结合起来,把社员的物质利益和最终劳动成果有机结合起来,有利于促进农、林、牧、副、渔、工、商各业的发展。这种形式,既适合于当前,也能随着生产力水平的提高和生产项目的增加,向更有专业化、社会化的方向发展。因此,它是一种颇有发展前途的责任制形式。

第三条 专业承包联产计酬责任制,是当前农业生产最好的管理形式,它的适应性比较广泛。在集体经济比较巩固,生产逐年发展,生活逐步提高的好的社队,应积极提倡和推行这种责任制形式。在生产经营单一的社队,应积极发展多种经营,创造条件,逐步向专业承包发展。

第二章 专业分工

第四条 因地制宜确定经营项目,合理分配劳动力。生产队(大队)要根据自己的自然资源、劳力、技术资源和财力的情况,确定农、林、牧、副、渔工商各业的合理布局,以充分发挥各自的经济优势,调整农业内部的比例关系,建立适合当地条件又具有特点的农业经济结构。并按照各业的需要,合理确定劳力投放的数量。

第五条 生产队(大队)应根据经营项目的特点和分工协作的原则,按照社员的擅长,确定劳动组合的形式,因人制宜地合理分工。擅长农业的劳动力,按能力大小分包耕地,擅长林、牧、副、渔、工、商各业的劳动力,按能力大小分包各业。各业的包产,根据方便生产、有利经营的原则,分别到组、到劳力、到户;生产过程的各项作业,宜统的则统,宜分的则分。

第六条 专业分工的具体形式是建立"四专"责任制。

专业队(场):大队和联队经营的、需要人数较多的项目,可以建立专业队(场)。

专业组:生产队的农业、蔬菜、多经、成片果树、林木、科研地和工副业生产等,适宜于建立专业组的应当建立专业组。

专业户:适于一家一户分散作业的生产项目,可以建立专业户。

专业人:需要一定的专业技术,又适宜于个人作业的,可由专业人负责生产。

第三章 联产计酬

第七条 农、林、牧、副、渔、工、商各业的专业队、专业组、专业户、专业人,应全面实行专业承包,联产计酬。按各业特点,一年一包或一包几年。要注意上年与下年、作物与作物、项目与项目之间的连接,防止出现责任间歇期,影响生产的连续性和稳定性。

第八条 专业联产计酬,要注意各业的特点,力求做到劳动(包括物化劳动和活劳动)耗费少,经济效益高。要在合理定产、定工、定投资的基础上,实行联产计酬。

包产量(产值)。粮食生产,可以按前三年的平均产量或略高于前三年的平均产量确定,也可以以上年实产为基础,参照当年增产措施或者其他办法,合理确定。蔬菜包产,要与产销合同结合,产量、产值结合,以利于数质并举,均衡上市。包产要注意留有余地,有产可超,也要防止越低越好的倾向。

包工分。要按本队现行劳动定额计算需工量,实行以产量、产值计工,把工分和产量、产值结合起来;也可以实行按净收入计酬,把工分与产量(产值)和费用挂起钩来。

包费用。应本着勤俭办社和生产需要的原则,制定费用定额。由生产队按费用定额包干付给承包人,超过不补,节余归承包者。交组使用的耕牛、农机具,应实行折价保本,确定使用年限,建立养、用和管理制度。

奖惩。即超产奖励,短产赔偿。具体奖赔办法,由社员讨论确定。可以比例奖赔,也可以全奖全赔;提倡奖工分和奖现金,也可以奖实物。

第九条 有些新办的,经营难度较大的项目,流动性较大集体不易掌握其收入的项目,可以采取定产包交、定工包交的"大包干"办法。

第十条 为了发展生产,有些项目,还可以采取更灵活的责任制形式,如养猪、养牛、养羊、养鸡等,可以公有私养,按增长重量计酬。新发展的经济林,可以集体种,集体管;可以集体种,分户管;也可以分户种包管。

第十一条 各业之间的定额标准要基本平衡。各类专业人员承包任务的定额用工量要大体合理,一般应以从事农业人员的工分报酬为尺度,确定各业人员的工分报酬。对技术性强、劳动强度高的农副业,劳动报酬可比普通劳动的报酬高一些,究竟高多少,交由社员讨论同意实行。

第十二条 建立合同制,这是用经济手段管理经济的好办法。大队、生产队与各业的专业队、组、户、人之间,专业组与承包者之间,都要分别签订合同,以保证农、林、牧、副、渔、工、商各业联产责任制的落实和兑现。

第四章 专业队、组内部的劳动管理

第十三条 大田作业的专业组内部,同样要有合理分工,并搞好社员之间的劳动报酬,认真克服平均主义。其解决办法:

一是划小作业组。大田生产的作业组应从有利生产出发,适当划小。方法上要坚持自愿结合,适当搭配的原则。

二是定额计酬。凡是能够制订劳动定额的农活都要制订劳动定额,在严格检查验收基础上实行按定额计工。并且要尽量扩大个人计件的项目,凡是适宜个人完成的农活,应包给个人,实行个人计件。

三是田间管理责任制到劳,联系产量计酬计奖。

四是有些单项品种,可在作业组内实行责任组或个人承包的责任制。

第十四条 多种经营和工副业专业队、组内,同样必须采取多种方法克服平均主义,确保按质量完成生产任务。

第五章 加强统一领导

第十五条 专业承包、联产计酬责任制建立以后,生产队应坚持四统一:即统一领导、统一计划、统一经营管理、统一分配。加强对各业专业承包的领导,决不能撒手不管,放任自流。

第十六条 加强财务管理,严格财务制度。生产队一定要坚持产品和收入归队。各业的专业队、专业组、专业户、专业人的产品和收入,不管包产以内还是包产以外的,都要坚持统收,如实上账。包产以内的联产计酬,包产以外的按所定奖赔办法兑现。

第十七条 建立专业承包、联产计酬责任制后,大队、生产队干部,应坚持集体领导,按照专业分工负责,搞好干部工作岗位责任制,分管什么专业,就参加什么专业的生产劳动。干部报酬要紧密联系经济效果,把工作职责、工作成果和物质利益结合起来。可以实行基本补贴工分加奖励的办法。

第十八条 专业承包、联产计酬责任制的建立,对于干部提出了更高的要求,必须加强学习,勇于实践,逐步学会用经济手段管理经济。要学科学、用科学,努力推广、使用农业科学技术。要依照民主办社的方针办事,对于重大问题应经社员民主讨论决定。

第十九条 为了确保农业基本建设的正常进行,大队、生产队年初制订生产计划时,就要量力而行,提出全年农业基本建设的规划,在安排劳力投放发挥落实包工时,要考虑和落实农业基本建设用工或者留出一定数量的非包产工分用于农业基本建设。

第二十条 随着专业化程度的不断提高,各种形式的联合经营逐步出现。生产队(大队)要充分利用各自的特长,在条件具备时,向联营发展。经济联营应坚持不改变所有制,不改变隶属关系,保证完成国家征购、派购任务。要按照自愿互利的原则,兼顾好各方面的经济利益。

1981 年 6 月 9 日

认真贯彻执行中央 13 号文件,加快发展多种经营

(1981 年 7 月 30 日)

(根据记录整理,未经本人审阅)

重庆市农业委员会主任 纪俊仪

同志们:

市府决定召开这次会议,主要是学习中共中央、国务院关于积极开展农村多种经营的通知(即中发〔1981〕13 号文件),传达省水产工作会议精神。总结交流我市今年上半年发展多种经营的经营,部署下半年多种经营的任务,着重研究一下发展水产和专业户养鸡场问题,并讨论落实二类农副产品的收购基数。市府领导要我把市郊多种经营的发展情况和今后的工作先讲讲。下面讲四个问题。

一、市郊农村多种经营的发展形势

在三中全会后,市郊农业经过两年多来的调整,多种经营有了可喜的发展。林、牧、副、渔的产值占农业总产值的比重由 1977 年的 29.6% 上升为 1980 年的 41.8%。农、林、牧、副、渔的比例关系已由过去的严重失调,逐步趋向比较协调。林业由 1977 年的 0.65% 上升为 1980 年的 1.3%,牧业由 1977 年的 18% 上升为 1980 年的 22.6%,副业由 1977 年的 10.6% 上升为 1980 年的 17.7%,渔业由 1977 年的 0.22% 上升为 1980 年的 0.25%。

今年 1 月,在市府召开的多种经营工作会议上,进一步强调了在狠抓粮食生产的同时,要狠抓多种经营的发展。既要保证粮食稳定增长,又要把多种经营搞上去,并对全年的多种经营发展任务作了安排。会后,各区县都进行了认真地传达贯彻。3 月,中共中央、国务院转发国家农委《关于积极发展农村多种经营的报告》下达后,市郊广大干部和社员在中央"决不放松粮食生产,积极开展多种经营"方针指导下,一手抓粮食,一手抓多经。小春粮食已获丰收,大春实现了满载满插,苗稼长势良好,虽然有前一段水、旱灾害的影响,就全市目前情况看,增产仍是有希望的。多种经营的发展也是比较好的。油菜总产创造历史最高纪录,其他短期经济作物种植面积达到 14.51 万亩,比去年增加 5.8%,其中大的项目如榨菜,今年产量恢复到 31.6 万担,

比去年增加21.5％。经济作物的骨干品种如蚕、茶等,产量也比去年同期有所增长。柑桔去冬以来,新栽46万株,成年果树坐果较好。生猪持续发展,到5月底止,圈存达到266.54万头,比去年同期增加3.96％。牛羊兔鸡鸭鹅蜂等也有发展,特别是家庭专业养鸡户发展较快,巴县已有312户办起家庭养鸡场,南岸区养50只以上的家庭养鸡户有31户。水产,今年上半年产成鱼201万斤,比去年同期增加21.8％。由于林权落实,林业也有新的发展。

今年来,在发展多种经营上,主要抓了以下工作:

(一)加强了对多种经营的领导

市的多种经营会议后,特别是中央13号文件下达后。各区县都进行了学习和贯彻,进一步明确了发展多种经营的重大战略意义。巴县召开了公社以上干部800多人参加的多经会议,县委和县府的负责同志亲自动手,组织干部和技术人员深入社队进行调查和试点,还充实了各区多办室的力量,由区供销社抽一名副主任担任区的多办室专职副主任。公社多办员由供销社派,相对稳定,实行岗位责任制,定期检查,好的表扬奖励,不好的批评和追究责任。其他有关部门也实行对口责任制。长寿、綦江、江北县及南桐矿区也都组织干部抓点,调查研究,开展检查评比,及时采取措施解决存在的问题,推动了多种经营的发展。

(二)建立健全了"四专一包"等各种形式的生产责任制

在市委、市府的安排部署下,各区县都抓了多种经营生产责任制的建立和健全工作,调动了集体和社员两个积极性,推动了多经的持续发展。全市已有相当一部分社队建立了"四专一包"等各种形式的生产责任制,效果很好。江北县茨竹区对集体骨干多经项目如林业、生猪、蚕桑、水果、茶叶、大中型水库的养鱼等普遍实行"四专一包"联产计酬责任制。对旱地短期经济作物如毛烟、海椒、红麻、榨菜头、花生、芝麻、中药材等,则根据不同情况,推行不同形式的生产责任制。有的是集体种,集体管;有的是集体种,分户管;有的是搞四定(定面极〔积〕、产量、成本、报酬)到户,联产计酬;有的种植计划落实到人,种植和管理包干到户,交产评分;有些人少地多的生产队,划出一定数量闲散地和冬间地给社员种一季短期经济作物,实行包工包产,全奖全赔。由于生产责任制的落实,今年上半年这个区的海椒、毛烟、花生、芝麻、西瓜、向日葵等短期经作物种植面积,比去年增加几倍到十几倍,猪、蚕、果、林等骨干项目也有新的发展,全区今年已经落实的多经项目,计划总产值达190多万元,将比去年增加一倍。巴县在落实多经生产责任制的同时,还规定对一些另〔零〕星分散的适宜社员户经营的项目如海椒、花生、芝麻、红麻等,允许将种植面积和产品交售任务落实到社员户,规定完不成交售任务者,用粮食抵交,完成交售任务后的多余部分,由社员自行处理,也可议价收购。社员积极性高,种植面积落实,生产抓得好。

(三)积极培训技术力量,推广新的科学技术

今年在养蚕方面,进一步推广了小蚕共有新技术,这对增加产量、提高质量、节约桑叶、缩短饲养时间、少用劳力、降低成本、增加收入起了显著作用。江北县苏家公社去年推行小蚕共育,每张蚕种比前年增加茧子5.4斤,今年又在去年的基础上有所提高,每张单产达70斤以上,春茧总产又增加1万多斤。科学种茶和采茶也普遍受到重视。今年春茶开采前,南桐矿区和巴县、江北县等,划片定点,层层培训技术骨干达1.2万多人次,同时,还采取了早开园、分批勤采和突击洪峰等先进措施,使今年的春茶质量普遍提高。如南桐矿区今年春茶产量中,粗茶所占比重由过去的15％下降为8％左右。甘蔗无效分蘖育苗是一项节约用种、经济效果显著的先进技术,长寿县已大面积推广。其他农业科技成果的推广使用,也有较大发展。长寿县、江北县还推行了农业技术承包联产责任制,效果良好,值得普遍推广。

（四）财贸供销等部门积极支持多经生产的发展

各级财贸供销等部门为了支持多种经营的发展，做了大量工作。在今年1月市的多种经营会议以后，各级供销部门的同志，积极开展"五帮"活动，从人力、物力和资金方面支援了多经的发展，收购工作也进一步加强。今年，全市供销部门已与社队签订了产销合同12938份，总金额达2000万元左右，占全市供销系统今年收购计划总额的60%以上。上半年已收购农村各种多经产品1735万元，占全年收购任务的52.61%，比去年同期增加11.44%，大部分产品的收购都比去年同期增加。二商、外贸、财政、银行、工商行政管理等部门都做了许多工作，对我市多种经营的发展，做出了一定贡献。

半年多来，我市农村多种经营虽然取得了一定成绩，但还存在一些问题。一是我们对中央有关多种经营的指示精神理解不深，对发展多经的战略意义认识不足，工作抓得不够有力。二是多经生产责任制还不落实。有的公社包产到户只包了粮食，未包多经，以致社员挤掉多经种粮食。由于责任制不落实，前段时间，发生砍果、桑、挖甘蔗及白蜡树等情况，已建立的多经专业队，有些也被搞垮。三是技术力量薄弱，有的劳经专业技术干部没有专用或者没有发挥其技术专长。有些技术培训工作也抓得不够好。四是多经产品的收购、交售和多流通渠道等还存在不少问题。这些问题，要引起足够重视，认真加以解决。

二、提高认识，发挥优势，加快发展多种经营的步伐

中央13号文件，把大力发展农村多种经营，作为一项重要的战略任务。这是总结建国三十多年来，农业发展和整个国民经济建设经验教训的基础上提出来的。因为，我国农村人口多、耕地少，自然资源和劳力资源丰富，发展多种经营门路很多。而人们对农产品的需求又是多种多样的。多种经营发展的好坏，决定了农业生产商品率的高低，直接影响农村集体和个人的收入，影响轻工业和外贸的发展，影响城市广大人民生活的改善，因此说，发展多种经营是客观的需要。发展多种经营，就是发展商品生产，农业商品经济不发达，农村就不可能从根本上摆脱自给自足、小农经济的束缚，就不可能实现农业现代化，也就不可能挖掉农村贫困的根子。从我市的情况来看，由于过去受"左"的影响，单一抓粮食生产，对多种经营重视不够，农业的商品率是很低的。我市除了蚕桑、茶叶、广柑、油菜、生猪几项产品这些年有较大发展外，其余的多种经营产品都没有恢复到历史最高水平。从农贸市场来看，上市的产品也很单调，山货、土特产品很少，有的甚至绝迹，偶尔见到一点核桃、板栗等干果也是外专县贩运来的。对此情况，城乡人民都是很有意见。

党的三中全会以来，放宽了农村经济政策，随着农业生产责任制的落实，农民吃不饱肚子的问题基本得到解决，迫切要求增加经济收入，农民说："现在吃饱了肚子，想修修房子，穿点好料子，就是手里缺少票子"，这就说明，在继续搞好粮食生产的同时，加快发展多种经营，增加经济收入，是广大农民的迫切需求，是农村由穷至富必由之路。如果我们不正视农民对于增加经济收入的迫切需求，不加快多种经营的发展，就会增加工农矛盾和城乡矛盾，动摇人们对社会主义优越性的信心。因此，我们一定要从建设社会主义现代化农业、巩固工农联盟，促进整个国民经济的发展这个大局去认识发展多种经营的重大意义。

发展多种经营，也是解决农村就业问题的重要途径。我市有农村人口400多万，而耕地面积人平只有1亩，在近郊地区，人多地少的矛盾更加突出，有的生产队人平只有二、三分地。据调查，目前农村中一般有30%～50%的剩余劳动力，近郊地区还要更多一些。因此说，农村同城市一样，也存在就业问题。因地制宜，广开门路，大力发展农村的种植业、养殖业、农副产品加工业、集体和个体商业、服务行业和社员家庭副业等，就能提高农村劳动力的利用率和生产率，做到因人制宜，人尽其才，

使各有特长的劳动力都能各得其所,充分发挥作用。这样既解决了农村的就业问题,又活跃了农村经济,增加了社会财富。

发展多种经营,必须清除"左"的影响。回顾我们过去的工作,发展多种经营的主要思想障碍在于:一是把发展多种经营,发展农村商品经济,同资本主义画等号;二是受自给自足的小农经济思想的约束,不重视商品经济,不懂得建设社会主义现代化农业就必须大发展商品经济。这种思想障碍,表现在生产指挥上是单打一的思想,片面强调以粮为纲,忽视多种经营,不讲经济效果,只问粮食打多少,不管现金有与无;表现在经营管理上是怕走"回头路",有些同志对"割资本主义尾巴""堵资本主义的路",至今心有余悸,倒如有些荒山、荒地和塘堰水面等,宁肯荒着、闲着,也不愿包给社员利用;表现在收益分配上,是平均主义的思想,怕一部分人先富起来,不敢大胆实行多劳多得;表现在流通领域里,是独家经营的思想,不赞成或者不支持发展农村的集体商业和个体商贩,生怕农民得到较多的好处。我们一定要通过总结经验教训,清除"左"的影响和小农经济思想,深刻领会中央13号文件和省委26号文件的精神实质,千方百计把我市农村的多种经营发展起来,把农村搞富起来。

发展多种经营,要因地制宜发挥优势,合理布局。市郊农村山区、平坝、丘陵、溪河较多,还有270万亩左右的林地,再加上气候温和,雨量充沛,自然资源和劳力资源都很丰富,发展多种经营潜力很大,是大有可为的。从各区、县、各社队来讲,除了有共同的优势外,还有自己得天独厚的优势。发展多种经营,就必须因地制宜发挥优势,突出特点,要抓住几个骨干项目,下苦功夫去搞,争取尽快取得效果。根据市郊农村的资源条件和工业城市郊区的特点,在近郊四个区,种植业要以菜为主,同时发展西瓜、水果等副食品。养殖业主要应发展生猪、水产、奶牛、小家禽等肉类副食品,就近供应城市。4县及远郊区各有不同情况,一般来说,浅丘平坝地区在抓紧粮食生产的同时,多种经营重点是发展蚕桑、水果、生猪、小家禽及其他短期经济作物;深丘低山地区,要粮林结合,农牧并重,在努力增产粮食的同时,大力发展经济作物和经济林木,如蚕、果、茶、桐、棕、捲、核桃、板栗、油茶、白蜡、竹子、药材等,畜牧业除养猪外,要充分利用坡多草茂的优势,大力发展牛、羊、兔等食草动物和小家禽等。山区以林为主,积极发展用材林、经济林、药材和林副产品。各地还要因地制宜发展手工业、编织业、农副产品加工业、服务行业以及适宜农村社队发展的各种工副业,等等。从全市来讲,要狠抓一批具有较大优势的项目,形成拳头产品,大力发展。在畜牧业方面,除了继续抓好养猪外,要大力发展牛、羊、兔等食草动物,要改良牛种,建立母牛群,加快繁殖速度。兔子,经济价值高,家家户户都可以养,要有计划地大力发展,全市计划生猪1982年圈存250万头,出槽230万头,1985年圈存250万头,出槽240万头;牛1982年20.15万头(其中奶牛8500头),1985年达到22.9万头(其中奶9000头);山羊1982年13万头,1985年达到20万头;兔子要求1982年发展30万至50万只。同时,要积极发展专业户养鸡,力争今年达到30万只,在经济林木方面,要主攻柑桔、蚕桑、茶叶。全市计划1982年柑桔产量3630万斤,1985年达到4800万斤;1982年蚕茧产量12万担,1985年达到17万担;1982年茶叶产量6万担,1985年达到7.4万担;其他经济林木如桐、棕、生漆、竹子等,要尽快恢复和超过历史最高水平。在短期经济作物方面,重点要抓油菜、榨菜、甘蔗、西瓜、烟叶、海椒、席草等。油菜全市计划1982年种30万亩,产量2348万斤。1985年种35万亩,产量达到2760万斤;榨菜全市计划1982年产45万担,1985年产60万担;在水产方面,潜力很大,要把一切可以利用的水面都利用起来养鱼,大力提倡稻田养鱼,力争1985年产量达到2000万斤以上。

发展多种经营,各地要立足长远抓好当前,力争完成今年各项生产任务,千方百计增加收入,实现全市农业增产增收。目前重点要加强对在土经济作物的田间管理。努力抗御伏旱,增施肥料,防治病虫,进一步提高单产。柑桔、蚕桑、茶叶的秋管更为重要,是增产的关键。今年柑桔坐果较多,肥水管理跟上,战胜干旱,柑桔产量可望保住去年水平。对1982年的多经生产要早动手、早安排,特别是油菜、榨菜生产,要迅速把计划落实到队,做到不失时机育苗、移栽,争取高产。烟叶、海椒种植面积也要及早落实计划,搞好冬季育苗。畜牧生产,要加强饲养管理,做好疫病防治。近郊蔬菜生产,任务十分繁重,关系到城市人民吃菜的大事,丝毫不能松懈,当前由于部分社队被洪水淹没,菜地损失大,一方面要发动社员迅速恢复生产,及时改种,另一方面要切实抓好在土菜的田间管理和秋菜生产,采取各种措施,攻下秋淡,保证供应。这次受洪水灾害的社队,要因地制宜,积极改种一些短期经济作物和开展其他生产门路,要从多方面增加收入,弥补损失。

三、认真执行党的政策,调动社员发展多种经营的积极性

三中全会以来,中央和国务院制定的一系列文件,从各方面放宽了农村经济政策,这对多种经营的发展起了很大的促进作用。今年3月中央和国务院对发展多种经营专门发了13号文件,文件指出:过去一些政策"应当保持相对稳定",并提出了一些新的政策规定,省委、省政府根据中央〔1981〕13号文件精神,对有些问题又作了具体规定。凡是中央、省委已经明确的政策,我们要认真贯彻落实;凡是省委尚未明确的问题,我们要积极调查研究,提出意见,向上反映。这次会上,我们着重研究贯彻省委〔1981〕26号文件,解决二类农副产品收购管理的政策和办法;研究贯彻省府〔1981〕79号文件,解决鱼产品购销政策;研究如何发挥两个积极性和落实生产责任制,下面就这几个问题谈点意见,供同志们讨论。

(一)二类农副产品的收购管理问题。省委26号文件已作了明确规定,总的精神是:适当放宽政策,使多种经营发展得快一些、好一些。文件指出:"要在国家计划指导下,以国营商业为主,实行多种渠道、多种形式的经营,逐步减少中间的环节,努力把流通搞活,做到货畅其流"。"对二类农副产品国家继续实行派购政策和统一收购的政策,派购任务实行定基数的办法"。有关农副产品收购政策,下边反映比较多,在有些产品上,农商矛盾相当尖锐。这次把这个问题解决了,有利于促进多种经营的发展。省委26号文件中对二类产品范围、派购基数、产品管理等都作了规定。市政府对贯彻省委26号文件拟草有一个意见,会上专门讨论。这里有这样几个问题,请注意研究。

(1)二类农副产品范围和收购基数问题。省里对全省二类农副产品定为66个品种,市里对全市二类农副产品现能定下来的有21个品种。派购基数,根据省委26号文件精神,对那些品种,一定3年或一定1年,派购多少,初步提了一个意见。大家讨论一下,对确定的范围和派购基数,符不符合我们实际,本着实事求是精神核实确定。过去我市有些产品,国家收购数和农村实产数有出入,因为外地流进和本市流出,这两种情况都存在,要实事求是地核实。经过核实研究定下来后,就按照执行,保证完成国家派购任务。

(2)生产单位完成国家派购任务后多余部分二类产品的处理和经销问题。应当执行中央、省委的规定,允许生产单位自己处理,除明确规定不准上市的产品如麝香、烤烟等外,其余产品,生产单位可以卖给国家,可以卖给社队经销部门,可以上集市出售。社队多种经营的供和销,要多渠道,不要在流通渠道上卡脖子,多家经营比独家经营好。现在农村经济,有集体农业,有集体工副业,唯独没有集体商业,缺着一条腿。随着多种经营的发展,不改变这个情况,是不适应的。除了加强多种经营的计划指导外,根本出路在于扩大流通渠道,积极兴办社队商业。

(3)推广经济合同制的问题。派购基数,要直接下达到生产单位,使生产单位和广大社员明确任务。由收购单位同生产单位签订合同,确定双方应承担的义务和经济责任,坚决按合同办事。

(4)派购基数,不要层层加码,特别对畅销产品更不要加码和统得过死。该完成国家派购多少

就是多少。

（二）鱼产品购销问题。省府〔1981〕79号文件规定："国营渔场、渔业社、由国家投资扶持的商品鱼基地生产的成鱼，按照计划调节与市场调节相结合的原则，国家派购50％。其余部分产销直接见面，蔬菜队生产的成鱼，继续实行以鱼顶菜的办法。集体（渔业社、商品鱼基地除外）和个人生产的鲜鱼不搞派购，可以自行出售，价格随行就市，国家也可采取议购的方式，与生产单位签订购销合同，组织鱼货供应城市。"并规定"成都、重庆、自贡、渡口四市，国家按牌价收购集体的鲜鱼，实行鱼粮挂钩的办法，每收购一斤鲜鱼，返供一斤粮食，半斤化肥"。如何执行省政府关于一斤鱼一斤粮和鱼产品的经销政策，市里草拟有一个意见，在会上讨论后定下来。我市国营农场已成立农工商联合企业公司，农场自己产的鱼，应当由农工商联合公司经营，产销直接见面，不再交商业部门。近郊蔬菜社队，利用蔬菜基地挖鱼塘养鱼，全市大约二、三年〔千〕亩，所产成鱼，交国家50％，社队自行处理50％。国家投资扶持的商品鱼基地，目前在我市不存在。因此，在农村除了蔬菜基地挖鱼塘养的鱼应交国家50％以外，其余不应搞派购，按省规定，可以自行出售，价格随行就市。对这部分不搞派购的鲜鱼经营问题，我们认为，应当实行多渠道经营，不要独家经营。这也是中央、省委一再强调的精神。商业（水产公司）可以经营，供销社可以经营，农业（包括社队经销部）也可以经营。生产单位可以卖给国家，可以卖给社队组织的经销部门，也可以自由上集市。

（三）发挥集体和个人两个积极性问题。这是中央〔1981〕13号文件提出的一个重要政策，必须认真贯彻执行。实践证明，凡是两个积极性发挥得好的地方和单位，多种经营发展就快，收入就多；反之，则发展缓慢。从我市农村情况来看，近些年来，集体的多种经营有一定的发展，社员家庭副业还没有很好地放开。为了充分发挥集体和个人两个积极性，加快多种经营的发展，当前应当研究和解决以下几个问题：

（1）建立健全多种经营生产责任制，要注意调动集体和个人两个积极性。关键的问题是搞好"专、包、奖"。建立责任制，在指导思想上，一定要把多种经营生产责任制，放在和粮食生产责任制同等的位置来抓。前一时期，有的地方侧重抓了粮食生产责任制，这是对的，但忽视了多种经营生产责任制。因此在8、9月份，落实1982年生产责任制过程中，我们要同时把多种经营和工副业生产责任制认真抓好，以促进多种经营生产的发展。在具体做法上，要根据生产队不同的责任制、不同的生产项目，采取灵活多样的形式。多经、工副业提倡和推行在统一经营的前提下，按专业承包，联产计酬的生产责任制，组织各种形式的专业队、专业组、专业户、专业工，即"四专一包"，同时要通过订定合同和其他形式，积极鼓励和支持社员个人或合伙经营服务业、手工业、养殖业、运销业等。特别是包产到户、包干到户的地方，社员自动联合起来经营工副业。这是一个新的发展趋势。对这种经济联合体，我们要因势利导，支持其发展。有的地方划给社员一二分地作为"找钱地"（或叫"多经地"）的办法，看来也是可行的。许多地方，养蚕采取小蚕共育、大蚕分户饲养的办法，实践证明，效果较好。

（2）在包产到户、包干到户的地方，除了积极鼓励，支持社员发展家庭副业外，生产队要尽可能地扩大集体经营的因素，积极兴办集体工副业和开展多种经营生产。但一定要专、包起来，不能没有责任制。要防止和克服那种对集体工副业撒手不管、甚至干脆分掉的倾向。

（3）切实抓好集体联办的茶、果、林场。对现已办起来的，要处理好相互间的利益关系，改进管理，健全定、包、奖制度。有条件的地方还要积极支持兴办各种联合企业，如搞联办果园，联办林场，联办渔场、药场，联办服务业、手工业、加工业、运销业等，并帮助他们建立健全责任制。

（4）积极鼓励和扶持家庭副业的发展。第一，要放得开，凡是适合社员个人经营的项目。尽量由农户自己去搞，生产队加以组织和扶持。第二，鼓励发展家庭副业性质的社员专业户，如养鸡户等。

第三,允许"自留人",就是除农忙季节外,应允许一些半劳力和辅助劳力不出集体工,专心从事力所能及的家庭副业。第四,废除一切阻碍家庭副业发展的不合理的限制,国家和社队在资金、物资、技术、销售和劳力安排等方面给予积极扶持。第五,在集体分配收入较高,工副业项目较多的单位,应特别强调扩大社员个人经营的比重,把那些适宜社员家庭经营的养殖业和工副业,放手让社员去搞。

(5)中央〔1981〕13号文件,重申和明确指出:农民在发展多种经营及其他各项生产中,由于技术水平高低和付出劳动多少不同而出现收入的差别,因差别而出现竞争,是合理的。不应当把这种现象看成是资本主义的两极分化。更不应当由此导致打击、限制多种经营的错误做法。

四、加强对发展多种经营的领导,各部门大力支持密切配合

各区县、社队要加强对多种经营的领导,把它列入重要的议事日程。当前要在学习党的六中全会文件的同时,学习宣传贯彻好中央13号文件,使全体干部、社员掌握精神。各级领导班子都要有专人分工负责管多种经营,并要有一定的机构和人员具体抓好这方面的工作。对今后的发展规划要抓,对如何组织完成今年多种经营计划也要抓,要立足当前抓长远,确保今年计划完成。特别对发展多种经营的若干政策问题,要认真调查研究,切实贯彻落实,以调动群众的积极性,促进多种经营的大发展。

发展多种经营牵涉的方面很多,不仅是生产、供销部门的事。而且同工业、物价、物资、财政、税收、工商等部门,都有直接的关系。希望各部门在各级政府的统一领导下,把它当作分内的一件事,大力支持,密切配合。围绕加快多种经营发展的要求,及时解决和产、供销及资金、物资等方面的问题,同心协力为发展多种经营作贡献。

同志们:

中央发出积极发展农村多种经营的指示,把发展多种经营作为繁荣农村经济的一项战略性措施,要求各行各业的同志,首先是各级干部关心和切实解决农民的温饱和富裕问题,这对我们大家都是一个鼓舞和鞭策。我们要在六中全会精神指引下,认真学习和贯彻中央13号文件精神,鼓足干劲,满怀信心,把工作做好,为搞好我市农村多种经营,大力发展商品经济,全面发展农业生产,逐步实现农业现代化做出贡献。

市多种经营会议秘书组

1981年7月30日

重庆市农业委员会关于贯彻市委、市府《关于加快我市林业建设的决定》的几个具体意见

(1982年10月18日)

各区县政府:

市委、市府《关于加快我市林业建设的决定》(以下简称《决定》)下达后,各区县都在进一步落实林业"两制",安排部署今秋(冬)采种、育苗、植树造林工作。从工作情况来看,发展不平衡:对增划自留山政策的认识不一致,进度很慢;在落实林业"两制"中,建立、完善林业生产制还是一个薄弱环节。

为了认真贯彻执行市委、市府《决定》,最近我们召集各区县农办主任(办公室主任)、林业局局长、市级有关部门的同志,进行了座谈讨论,认真研究了贯彻执行《决定》在当前应抓好的几个具体工作。现通知如下,希研究执行。

一、今冬明春林业工作的重点是增划自留山，落实责任制

1. 增划自留山。已经划了自留山的生产队，集体还有零星分散的荒山、荒坡、隙地、河滩，按照省市有关政策规定，可以给社员增划自留山，但不能把国有林、公有林（乡有林）和铁路、公路边的法定留地划为自留山。增划自留山时，不能把原来已划的自留山打乱重划。

增划自留山，应以生产队为单位，根据荒山多少及分布等实际情况，充分考虑社员的经营能力，能划多少，就划多少，生产队有权自行决定。荒山面积少的队，还可以划给部分残、疏林。

2. 划自留山后生产队的集体山林，应迅速落实各种形式的林业生产责任制。可以组织社队从林场，林业专业队（组）经营管理，也可以作为责任山，承包给社员户管理，由生产队与社员户签订合同。目前，已经建立的各种行之有效，群众满意的林业生产责任制形式，都应保持下来，并加以总结完善。原有社队办的林场，应继续办好。

3. 在今后营造的基地林（包括速生丰产基地和一般用材林基地）内的责任山、自留山，凡立地条件：造林质量符合基地要求的，可以签订合同，作为基地林对待。过去已经营造的基地林，不能划作自留山，其中没有专业队（组）经营管理的，可以作为责任山，承包给社员户管理。

4. 生产队落实"两制"后，应召开群众大会，当众公布，并把林权证发到群众手里，给群众吃"定心丸"。

二、关于1983年育苗的扶持问题

1. 市里每亩育苗补助20元的政策不变。

2. 粮食补助。去年市府常委会决定，从今年起连续4年，每年拿出300万斤粮食补助育苗造林（市、区县各拿一半），今年市委、市府《决定》延长到1990年。这笔补助粮，应首先用于育苗，其余再用于造林、抚育等，分配给各区县的具体指标，明年仍按今年市粮食局的分配数不变。每年由粮食、林业部门检查验收，合格的才给补助粮。

补助标准，以区县为单位计算，每亩育苗平均补助贸易粮500斤。各区县可以根据社员户育苗土地的好坏，出苗数量质量等情况，决定每亩补助400斤、500斤以至600斤、700斤。

3. 抓紧落实育苗土地，明年全市育苗计划5000亩，各区县应在种小春前落实好育苗土地，并签订好合同。

4. 育苗必须与造林任务相衔接，无论大山苗、四旁苗、面积、树种、质量要求等，都应有统一的安排部署。市里分配区县的育苗任务，应保质保量完成。补助经费应通过检查验收，按实支付。超过计划不补，未完成任务的按实际完成数结算。

三、全面完成今年林业生产任务

秋冬季林业生产，必须坚决贯彻执行省、市府关于秋季植树造林的通知。当前要发动群众搞好自留山造林。抓好2万亩飞播造林和1.2万亩人工播种，要抓住季节，搞好秋冬季采种育苗。同时，要加强森林保护管理，实行封山育林。

当前，正是林业生产的重要季节，必须一手抓政策落实，一手抓生产，大力开展植树造林，保质保量完成国家林业生产任务。

重庆市农业委员会
1982年10月18日

重庆市人民代表大会常务委员会关于大力支持农村专业户、发展商品生产的决议

（1984年3月17日）

重庆市十届人大常委会第四次会议，听取了本会贾昌副主任传达四川省六届人大常委会第五次会议精神和市人民政府李延生副市长《认真贯彻中央1号文件，大力发展农村商品生产》的报告。经过热烈讨论，一致认为：中央〔1984〕1号文件下达后，在市委与市政府的领导下，市级各部门、各区县抓紧进行了传达、学习、宣传、贯彻，极大地鼓舞了广大干部和农民群众的信心与干劲，有力地推动了当前农村各项工作，出现了热气腾腾的好形势。但是，发展农村专业户和商品生产涉及生产关系和上层建筑的各个领域，是对国民经济具有重大影响的深刻变革，因而在认识上、政策上和管理体制上，面临着许多新问题，亟待研究解决。为了大力支持农村专业户，发展商品生产，巩固与继续发展当前我市农村的大好形势，特作以下决议：

一、深入学习、宣传、贯彻执行中央〔1984〕1号文件以及四川省人大常委会《关于支持、保护和发展农村专业户的决议》

要紧密联系干部和群众的思想实际，引导大家深刻领会当前我国农村正处在由自给、半自给经济向着较大规模的商品生产转化，由传统农业向着现代化农业转化的伟大变革时期。中央决定发展农村专业户，建设小集镇，发展商品生产，正是为了适应和促进两个转化，带动全体农民勤劳致富；这是继农业联产承包责任制之后的又一大政策，是实现党的总路线、总任务的一项战略措施贯彻执行的结果，必将进一步解放农村生产力，繁荣城乡经济。应当在提高认识的基础上，克服"与己无关"的思想，纠正对专业户的种种模糊观点和"左"的偏见，消除某些部门从本位主义出发而产生的对发展专业户、发展商品生产的疑虑，增强执行中央决策的自觉性与紧迫感，真正做到思想上、政治上和中央保持一致。

二、积极支持、保护、发展农村专业户

专业户一般有较多的生产技术知识和较强的经验管理能力，是当前农村先进生产力的代表，是发展商品生产、促进两个"转化"的积极力量，是广大农民共同富裕的带头人。对于他们在繁荣城乡经济中所起的重要作用，必须充分肯定，从而采取有效措施，给予坚决保护与大力支持，使其得以顺利发展。目前，特别要注意：

1. 充分发挥市带县的优势，加强城市对农村的支援，密切城乡结合，巩固工农联盟。要求工业、商业、交通运输、财政金融、计划、城乡建设、科技以及政法、文教卫生等部门，按照"议大事，懂全局，管本行"的原则，针对当前存在的问题，确定各自在落实中央〔1984〕1号文件中要办些什么和怎样办，采取有力措施，搞好产前、产后服务，为发展农村专业户与商品生产做出应有的新贡献。

2. 从各地的自然条件与经济特点出发，制订切合实际的规划，因地制宜，发展种植、养殖、运销、加工、储藏、建筑和开发性、服务性专业，并发展农户家庭的小饲养场、小果园、小工场、小林场等。在城镇和厂矿附近，特别要注意积极扶持蔬菜专业户。总之，要通过规划，对专业户给予恰当的指导与切实的帮助。同时，要关心和帮助困难户发展生产，逐步改善生活。

3. 支持专业户之间在技术、劳力、资金、资源、产品运销等方面进行各种类型的经济联合，有关部门特别是供销社、信用社、社队企业，应对此加强指导，扶助它们稳步发展。

4. 依据宪法和法律，切实保护专业户的合法

一、农村改革

权益;保障专业户同社、队或其他部门、单位签订的经济合同的履行;不准以任何借口侵占专业户的劳动成果,严禁敲诈勒索。对于侵犯专业户合法权益的行为,应坚决制止,认真追究,其中情节严重构成犯罪的,要依法惩处。

三、重视小集镇建设,积极改善与大力发展交通运输

随着专业户的日益增加,商品生产的日益发展,城乡商品交流的日益扩大,迫切需要梳理流通渠道,解决农民"买难、卖难"问题和日益增多的剩余劳力的出路问题。小集镇是农副产品集散与工业品下乡的据点,又是农村政治文化生活与服务行业的中心,必须相应地得到发展,对于它们的建设,应当高度重视。要认真搞好规划,加强领导,扎扎实实地解决在建设小集镇过程中必然会呈现的各类问题,注意总结经济,制订具体的政策措施,以利其发展。

新的形势迫切要求积极改善与大力发展水、陆交通运输。我市境内江河密集,抓紧改进和发展航运,充分发挥这一优势,具有特别重要的意义。农村公路的管理、保养、改造和建设,也必须引起主管部门的注意。为了改变目前交通运输远远落后于客观需要的状况,要统筹兼顾,合理安排,全面调动国营、集体、个体交通运输业的积极性,调节好三者之间的关系,通过多种渠道来促进交通运输状况,尽快实现显著好转。

四、要勇于改革与商品发展趋势不相适应的旧习惯、旧规章,善于创立与之相适应的新规章、新办法

对于国务院针对当前农村发展形势颁布的法令、条例,各级政府及其所属有关各部门,要紧密联系我市的实际,及时宣传,贯彻执行。同时,要依据中央〔1983〕1号文件、〔1984〕1号文件精神和上述法令、条例,认真清理我市有关的规章与管理制度,进行必要的补充、修改。要尊重实践,尊重群众的首创精神,注意吸取群众实践活动中的新鲜经验和行之有效的做法,不断加以充实和完善。

五、会议满怀信心展望农村发展的光辉前景,深信广大农民富裕起来,必将成为城市各项工作新的推动力,使我市尽快地建设成为长江上游的经济中心。但是,必须清醒地看到:当前我市农业的经济基础还较薄弱,农村的文化技术水平还很低,广大农民要实现勤劳致富,迫切要求得到多方面的社会援助。会议号召:全市人民在党和政府的领导下,奋发图强,群策群力,为促进我市农村的历史性转变,建设有中国特色的社会主义现代化农业而奋斗。

中共重庆市委、重庆市人民政府关于发展农村商品生产、搞活农村经济的若干政策规定

(1984年4月24日)

今年中央1号文件下达后,接着发了4号文件;国务院也先后发了24、25、26、27号文件,对于上述重要文件,各地必须认真学习,坚决贯彻执行。根据这些文件精神,结合我市实际情况,现对发展农村商品生产、搞活农村经济若干政策问题,作如下规定:

一、进一步放宽开发性生产的政策

要放开手脚,提供优惠条件,鼓励农民从事山、水、滩等开发性生产。

扩大自留山。凡过去自留山划得少的地方,现在还有荒山、荒坡和疏残林的,可大部或全部划作

自留山,也可从责任山中调整一部分给农民作自留山;农村"四旁"空地,应全部划给农民栽树种草。农民在自留山和"四旁"植树造林,谁种谁有,地权不变,长期经营,允许继承,可以折价转让,其产品自行处理。要鼓励大户、联户承包荒山造林,承包面积不限,承包区域不限,承包期可以30年、50年或更长一些。承包造林产品分成部分,允许继承,允许有偿转让,按规定进行采伐的产品有处理自主权。农民承包造林的收益,可实行三七、二八、一九分成,承包者得大头,或者不分成,按规定收取资源费。

进山、靠水、安营扎寨的开发性承包户,有要求土地转包的,应帮助他们解决好土地转包,并保留其土地承包权。对他们的住房、子女入学、防病治病等困难,有关部门应积极帮助解决。

允许林业系统和其他部门的职工、技术人员留职停薪,回乡搞开发性承包。鼓励用材多的单位和缺材地区向荒山投资,收益按合同分配,投资者所得木材不抵扣国家木材分配指标。

开发性生产的基本建设用工,可以由集体用劳动积累的办法解决,也可以由承包者自己请帮工解决。集体投工的费用,承包者在有收益时分期偿还。

木材经营,维持现有体制不变,原属林业部门经营的,仍归林业部门经营,原属物资部门经营的,仍归物资部门。

二、积极发展多种经营和副食品生产

要充分发挥市郊农村的自然优势和经济优势,大力发展多种经营和副食品生产,为城市提供更多的轻工原料和各种各样的副食品。

搞好蚕桑生产,改良品种,改进技术,提高蚕茧质量。在统一计划、统一管理的前提下,蚕茧公司实行分级核算,区县作为一级核算单位。蚕茧收购要实行多渠道,以国营茧站收购为主,供销社、社队企业可以代收代烘,也可以直接经营。在边远分散的地方,运销专业户可以零收整交。茧子由蚕茧公司统一计划安排,实行划片就近供应丝厂。无论国营和社队缫丝厂都要一视同仁,择优供茧。缫丝厂、织绸厂要增加品种,提高质量,积极开拓国内外市场,促进蚕桑生产的发展。蚕蛹在完成国家调拨任务后,应留给区县用于发展饲料工业。

要稳定茶园面积,提高茶叶质量和产量。要积极发展适销对路的花茶、沱茶、绿茶、砖茶等品种,面向城乡市场。计划以内的茶叶,经营部分要保证收购;计划以外的茶叶,允许多渠道经营,社队可以自产自销,外贸、农工商、供销社和社队企业要采取代销、经销等多种形式,积极帮助茶农打开销路,以销促产。加工单位的出厂价,经营单位的零售价和生产者的交售价都要适当降低,茶农主要靠增加生产增加收入。

为了调动蔗农的生产积极性,增加甘蔗产量,除过去所定的政策不变外,在保证完成每亩2吨派购任务的前提下,每吨蔗补贴10元。

生猪继续实行卖一留一、购留各半和奖售粮的政策。超计划收购部分所发生的奖售粮差价款,由区县经营单位在节亏或盈利上交市的部分中抵扣。对计划内的奶牛、奶山羊、鲜鱼及禽蛋,实行以奶换粮、以鱼换粮、以蛋换粮的办法。生猪的经营核算单位下放到县,派购以外的实行多渠道经营。对饲养专业户在饲料供应、产品收购上要签订合同,做到优先供应和收购。

蔬菜继续实行分级管理、亏损包干和合同收购、粮菜挂钩、以工补菜的政策,在计划和价格管理上要大管小活。

三、大力扶持和保护各种专业户

专业户是农村商品生产的骨干力量,是农村先进生产力的代表,必须大力加以扶持和保护。

要鼓励农民从事专业性生产,支持他们在自愿互利基础上进行土地转包,优先发展从事粮食或蔬菜生产的专业户,鼓励农民从事开发性的生产,允许他们有承包继承权、折价转让权、产品处理自主权;对实行退耕还林的农户,在口粮上有困难的,可从省、市发展山区林业补助粮中给予适当解决。鼓励农民自愿联合，山林、水面、劳力、技术、资金、饲料、场地等都可以作为联营的条件，允许资金、设备、资源入股分红；鼓励农民兴办家庭小工厂、小作坊、编织场，进行农副土特产品的深度加工，并允许请帮工、带徒弟；鼓励有各种专长的农民个人或合股集资兴办仓库、冷库、公路等商品生产的基础设施，谁兴建、谁利益，实行有偿使用；鼓励农民从事商业活动和长途贩运活动。对各种专业户，特别是需要鼓励发展的专业户，应从贷款、良种、饲料、燃料、信息、机械供应和产品销售等方面优先予以扶持。

保护专业户的合法权益。严禁随意吊销、扣压专业户的执照和证件。严禁随意撕毁经济合同，损害专业户的利益。不准乱立章法，乱收费用，乱补乱罚；不准巧立名目，摊款派物；不准"吃大户"，敲诈勒索；不准利用职权"搭干股"和仗权经营。严惩破坏专业户生产、盗窃专业户财产、危害专业户人身安全的刑事犯罪活动。

四、从税收上扶持农村商品生产的发展

乡镇企业是国民经济的一支重要力量，是国营企业的重要补充，应同国营企业一样，给予必要的扶持，使之尽快发展壮大。

乡镇企业实行八级超额累进税后，鉴于其利润除了本身的技术改造和扩大再生产外，有相当一部分用于支援农业（包括郊区补贴蔬菜支出）和其他公益事业，为了避免影响其必要的开支和正常发展，对纳税有困难的，可酌情予以适当减免，减免范围由区、县政府按照国家税法规定精神和重府发〔1984〕77号文件掌握审批。村、街道（含村、街道）以下企业工商税的减免权放到区县，按税法规定减免。

五、从各种渠道筹集发展农村商品生产基金

发展农村商品生产的资金，主要依靠自身积累的办法解决。农村集体企业从纯利润中留出40%～50%的资金，用于扩大再生产，企业之间的资金可以互相借贷，社员之间可集资办厂、投资带劳入股，按股分红。今年在市财政比较困难的情况下，拿出800万元作为区县城乡集体企业发展周转金，拿出150万元帮助几个经济比较困难的县作为发展种植业、养殖业的周转金。各区县也要根据财力大小，尽可能挤出一些钱来扶持农村商品经济发展。市对各区、县财政今年实行收支挂钩、超收分成，明年起实行增收分成。今年区、县财政任务中的企业收入超过期成数部分，全部留给区、县。为了巩固和完善乡政权，促进乡村经济发展，今年底以前要普遍把乡（镇）一级财政建立起来。对农村企业的贷款，原则上应有一定的自有资金。对一些社会确实需要，又有发展前途，确有经济效益和还款能力的企业，自有资金不足的，由区、县财政担保，也可以贷款。农村储蓄要优先用于农村，多存可以多贷，贷款利率可以浮动。

六、进一步改进工商管理

发展农村商品生产，要改进农村工商行政管理，做到活而不乱、管而不死。随着农村商品经济的活跃，农村集体和个体工商业将有一个大的发展。工商部门的发照要简化手续。集体企业根据需要，可以挂两块牌子。对企业的经营范围不要限制过死，需要转行的，允许办理变更手续。

七、鼓励城乡劳力、技术的合理流动

劳动、技术的流动和各种方式的结合，对发展城乡经济是有利的。要充分发挥城市技术优势，鼓励和支持城市退休职工到农村传授技艺，实行有偿服务，原单位应积极支持他们的工作，不得以任何借口扣发退休金。凡新配到县城以下的乡、镇集体企业的大中专毕业生，除享受国家待遇不变外，工资向上浮动一级，连续工作8年的转为固定工资。要充分发挥农村劳力优势，农村建筑队取得进城承包工程的资格后，可以参加投标或者直接承包工

程。城市建筑队也可以到农村承包工程。

八、积极疏通流通渠道

要实行多渠道、少环节，把流通搞活。在发挥国营和供销社主渠道作用的同时，要积极发展农工商企业、乡村合作企业、贸易货栈以及农村工商户参与流通领域活动，活跃城乡物资交流，解决农民买难、卖难的问题，市和区县都要建立工业品和农副产品的贸易中心和批发市场，既搞批发，又搞零售，还要搞服务。除统购任务的农副产品和统配工业品以外，都可以到贸易中心交易，不要指标，不限数量，批发量大的，价格可以从优。要打破地区封锁和分级批发的限制，农村集体和个体工商户可以直接进城销售农副产品和捎带工业品下乡，批发部门应该给予方便。国营、集体企业可以进城开店设铺；城市工商单位可以直接到农村销售工业品和购买完成派购任务后的农副产品。城建房管和财贸部门要对城镇临街铺面进行统一规划，农村集体商业、城镇个体商业可以与临街铺面居民实行联合经营或租赁使用，以解决场地不足和设施短缺的问题。农村集镇交易场地太挤的，在统一规划下，可征用土地增辟市场，并妥善解决好征地后农户的劳力安排和口粮问题。

交通运输是发展商品生产，搞活流通的重要条件。解决交通运输问题，要国家、集体、个人一齐上，大家动手办交通。要打破地区分割、城乡分割，水运、陆运都要搞通，允许农村车辆、船只进城区，靠码头。要积极创造条件，组织各种船队出川入海。允许农民个人或联户购买机动车船，经营运输业，从事货运和客运。购买的机动车辆，按市计委〔1984〕164号文办理。有关部门要在运输安排、车辆（船只）分配和油料供应上列上户头，提供方便。拖拉机和小型柴油机动车辆缴纳的养路费，除市中区、大渡口区、沙坪坝区与市分成外，其他区、县全部自己留用。

九、有计划地建设小集镇

要以优惠的条件，吸引农村工业和专业户进入集镇，使集镇逐步成为农村区域性经济、文化中心。允许务工、经商、办服务业的农民到集镇落户，开展业务，口粮可以自带，也可以由粮站发给议价粮供应证，供应议价口粮。进入集镇需要建房用地的，可以由城镇建设管理部门统一征用后，安排使用，按规定收费，也可以同划定的队合伙兴建。市县要有计划地进行小集镇试点，市投资300万元，用于小集镇建设，各县也要作相应的安排。

十、加强和改进农业经济计划管理

发展农副产品，要坚持国家计划为主，市场调节为辅的方针。该纳入计划的要纳入计划，该放的要放开。随着生产的发展和市场供应的改善，要逐步减少农副产品统购的品种。其他派购品种，除特殊规定以外，可在保证完成国家计划和合同规定的前提下，边完成计划边上市，特别是鲜活产品更要尽量放活。农副产品统派购任务必须落实到生产单位。

区、县工业和集体企业，凡过去已纳入计划的产品和主要物资，应继续纳入计划，并要根据生产的发展，增加纳入计划的比重。纳入计划的产品，在原燃材料分配上应与国营企业一视同仁。未列入计划的产品所需要的重要物资，向计划部门和归口部门申请，尽可能帮助解决。大工业的下脚料、边角余料，由市有关部门优先分给区、县工业和集体企业。废旧物资，除国家规定的统配物资外，集体企业可以直接收购利用。

中共重庆市委、重庆市人民政府关于发展乡镇企业若干政策问题的规定

(1984年12月28日)

为振兴农村经济,开创我市乡镇企业的新局面,根据1984年中央1、4号文件和省委、省政府21号、31号文件精神,结合我市情况,现对发展乡镇企业若干政策问题作以下规定。

一、放手兴办乡镇企业

大规模地发展农村商品生产,必须把发展乡镇企业作为发展我市经济的战略问题来抓,加强领导,积极扶持,实行乡(镇)、村、队、联户和个人一起上的方针,积极发展联办、集体办企业,鼓励发展家庭工业。城市工业要向农村扩散,城乡结合,协调发展。山区穷困乡村,要把发展联户和户营工业作为发展乡镇企业的突破口,放手让农民自己干。

二、发展乡镇企业要以乡镇工业为重点

发展乡镇企业,应根据国内外市场需要,发挥本地优势,适宜干什么就干什么,能够干什么就干什么,除国家明文规定不许搞的外,任何部门不得进行限制。要围绕吃、住、用、穿、行等方面,开拓新的领域,重点搞好农副产品加工,大力发展建筑建材业和矿产能源工业,努力兴办商业服务和交通运输业。今后,新办乡镇企业的审批权限,由区、县主管部门研究确定;凡适合在农村就地加工的农副产品,根据经济合理的原则,应尽量由乡镇企业就地加工。特别是食品、饲料、饮料、酿造、丝绸等要积极扶持农村大力发展。油菜籽加工按川委发〔1984〕31号文件的规定执行。

三、把乡镇企业整顿好

要切实抓好现有乡镇集体企业的整顿,重点搞好领导班子建设,完善经营承包责任制,建立健全财务管理制度。企业承包形式,要从实际出发,选好承包人,合理确定承包基数。要改干部委任制为能人承包、选聘制,改固定工为合同工制,改固定工资为浮动工资制。同时,要改善经营管理,搞好技术改造,发展新产品,提高竞争能力。农民兴办的乡镇集体企业和个体企业,应受到法律保护。任何单位和个人,不准巧立名目,向乡镇企业滥收款、乱摊派;不得以任何借口将乡镇企业上收、划走,凡是在十一届三中全会以后上收、划走的,要坚决改回来。

四、积极支持乡镇企业的发展

乡镇企业列入各级计划的产品,其生产所需的一、二类物资,应纳入计划,予以供应。对需要和可能纳入计划的产品,应给予必要的扶持。小煤矿所需的木材、钢材,国家计划供应的部分要保证,不足的由企业在市场议价购进。所需专项设备,有关部门应积极帮助安排生产和供应。乡镇企业列入国家计划提供原材料的产品,要执行国家价格政策;由企业自购原材料的产品,随行就市。城市工业要有计划地把更多的生产项目和产品下放、扩散到农村,走"白兰之路",走重庆肥皂厂之路。国营企业、乡镇企业实行联营,要坚持自愿、平等、互利的原则。为鼓励城乡联办企业,原则上按乡镇企业对待,在财务上按投资比例大的一方的财务制度办理。铁路、航运等交通运输部门要把乡镇企业列上户口,其经营的产品由乡镇企业主管部门直接申请运输计划,运输部门统筹安排,不再经产品归口部门批准。要大力支持乡镇企业和农民兴办交通事业,对车船的检验和驾驶员的考核要简化手续,及时发给证照,支持农村集体和个体开展运输业务,

搞活流通。

五、实行产品归口管理,坚持"四不变"的原则

乡镇企业产品按行业实行归口管理,其企业的隶属关系、所有制性质和财务解交关系不变,归口管理部门应保障企业财产所有权、生产经营权、产品销售权、利润分配和劳动报酬方面的自主权不受侵犯。归口管理部门负责行业发展规划、产品质量标准、技术鉴定、安全生产和环境保护;乡镇企业主管部门负责全面规划、政策指导、组织协作和必要的物资供应和销售,统一财会制度,统计工作和提取管理费。中小农具、建筑建材和农副产品加工,仍由乡镇企业管理部门归口管理。为搞好产品归口管理,各地和有关部门可先选择一些行业进行试验,取得经验,逐步推开。在研究实施中,归口管理部门要与乡镇企业管理部门协商。

六、鼓励科技人才向乡镇企业流动

大、中专院校,科技单位和工业企业要积极为乡镇企业培养技术人才。乡镇企业要加强技术、管理、供销三支队伍的建设,根据生产和工作的需要,在本市范围内招聘、商调的科技、管理人员,可直接办理调动手续。为搞活人才流动,也可采取借调、兼职、技术承包、技术支援等方式,报酬由双方商定。从全民所有制调到乡镇企业的国家干部,身份不变、户口不变,工资不变,根据贡献大小给予从优待遇。今后,每年要分配一些大中专毕业生到乡镇企业工作,其国家干部待遇不变,在县以下企业工作的,工资向上浮动一级。本市退休职工应聘到乡镇企业工作的,可在区、县劳动局办理聘用手续,也可由双方直接签订合同,应聘报酬由企业按实列支,原单位的退休费不变。

鼓励劳务输出。乡镇企业建筑队可以出区县、出市和进城承包工程,根据外地的要求,需区、县批的由区、县乡镇企业主管部门批准,要求市有关部门批的,由市乡镇企业管理局或市建工局批准。

七、税收上继续执行照顾和扶持的政策

乡镇企业改按八级超额累进税率征税后,以1981年为基数(1981年以后的新办企业,以新办当年为基数),新增利润减半征收所得税的办法延长到1987年。这样照顾后,对有些企业纳税仍有困难的,经县一级政府决定,可以再减征工商所得税三至五成;全年所得额在3000元以下的,减征工商所得税可以超过五成或者免征税。乡镇企业因"以工补农"确有困难的,可按利润的一定比例在税前列支。

适当提高成本工资。实行按经济效益高低计酬的原则按实列支的成本工资,其工资收入(包括奖金和超额计件工资)与上年相比,不能超过产品单位成本工资含量和利税增长幅度。

乡镇企业的基建、技措贷款和财政部门下拨的周转金,允许用贷款项目投产后新增的利润和增加的更新改造基金、固定资产变价收入,在税前归还。

乡镇企业固定资产年综合折旧率,从1984年起提高到10%,个别企业没有条件提高的,也可仍按9.6%提取。

各区县贫困乡新办乡镇企业,可从投产有销售之月起,免征产品税或营业税1年,工商所得税2年。贫困乡由各区、县政府审查提出,报市农办会同有关部门确定。

我市乡镇企业与外省合资新办的工业企业,实现的利润可以先归还外省投资,再征收工商所得税。与省内各地区之间合资新办的工业企业,其利润可先在投资各方之间按协议规定进行分配,各方分得的利润允许先用于归还银行的设备贷款。外地到我市贫困乡村合资新办的乡镇企业,免征工商税1年免征所得税3年。

八、内外开放积极引进

要充分发挥市带县和中心城市的作用,打破城乡之间、区县之间、行业之间、不同所有制之间的封锁,敞开门户,内外开放,促进横向经济联系,发展相互之间灵活多样的合作经济和经济联合。各主

管部门要积极牵线搭桥,各地应大力支持,促进联合。在联营中,本着互利的原则,对被引进的一方提供优惠条件。独资办企业的,可提供资源、劳务和场地,采取生产只收税、不收利;合资经营的,利润分成从优;引进资金、设备,用产品补偿的,可实行产品按出厂价计算。在本省范围内的联办企业,通过双方协商,签订合同,可实行产值、利润、产品分解,工商税和工商所得税由企业所在地税务所征收,当地税务部门划拨一定比例的税款给对方所在地的税务部门。

九、多方面筹集资金发展乡镇企业

乡镇企业所需资金主要依靠农民群众筹集,鼓励务工农民带股入厂,支持城镇居民向乡镇企业投资,股额不限,按股保息允红。允许国营、集体企业(包括供销社)向乡镇企业投资入股,以资取息,以资分红。还可投场地、投设备、投技术、投劳力、投原料,实行多渠道、多形式集资,正确处理投资者的利益。其次,国家要给予必要的扶持。各专业银行和信用社,要正确运用和调剂资金,千方百计支持乡镇企业的兴办和技术改造。农业银行的设备贷款审批,合川、巴县、永川和6个郊区扩大为50万元,其他县为30万元。自有资金的比例一般不少于总投资的30%,但对符合发展方向,经济效益好,收回投资快的,可以适当放宽。以下资金要重点用于扶持发展乡镇企业:一是国家扶持困难社队资金和支援不发达地区发展基金的一部分;二是地方财政预算内"支援农村人民公社投资"的40%~50%;三是各级财政逐年适当增加乡镇企业的资金;四是乡镇企业固定资产折旧费统筹借用10%;五是落实到队、户并征得队、户同意的农业税减免款部分;六是国家用于发展饲料工业资金的40%以上,七是从管理费中提取20%;八是征用土地费中由被征地单位用于发展生产和安排多余劳力就业的一部分,但应得到被征地单位和群众的同意。这些资金应设立专项科目,专户存放,作为有偿扶资,周转使用,按期收回。属财政安排的由财政部门商同乡镇企业管理部门分配;属企业提取的,由乡镇企业管理部门统筹安排。

十、过去市委、市政府和市级各部门制定的有关乡镇企业的政策规定,不符合党中央、国务院中发〔1984〕4号文件和省委、省政府川委发〔1984〕31号文件精神的,应进行清理,有不一致的以本规定为准。

中共重庆市委办公厅
1984年12月28日

重庆市农业委员会关于欧洲共同体对重庆柑桔贮藏保鲜和栽培技术援助项目执行意见给市政府的报告

(1985年6月5日)①

市政府:

接经贸部国际联络局235号函称:重庆柑桔保鲜项目的无偿援助协议,我国政府已于最近与欧洲共同体签定,协议开始生效。预计在一两个月内对方项目承办机构的专家将来华检查落实项目的具体计划和步骤。鉴于项目执行在即,经我们研究报告如下:

一、项目的执行方式。本项目属柑桔贮藏保鲜和栽培技术的应用研究和推广,根据科技体制改革的精神,为保证项目的顺利完成和有利于科研成果的应用推广,本项目以重庆市农委为主管,中国农科院柑桔研究所为依托,统一组织力量,成立课

---

① 本文标题由编者重新拟定。

题组。

二、项目地点。鉴于本项目的综合性,对其中属研究手段的设备部分主要摆在柑桔研究所;与生产直接相关的母本园、气象站、包装线、贮藏室及有关的栽培、贮藏实验设备,摆在市的柑桔良种基地——江北农场。

三、项目的领导班子。项目主管单位负责人廖祯华同志(市农办原主任)、王太高同志(市农办原副主任),项目联络员熊祯祥同志(市农委处长),项目组组长任绍辉同志(市长江农工商总公司副经理、农艺师)、副组长沈兆敏同志(柑桔研究所助研员)。项目组成员由农委在市农口抽调7~8名专业技术人员和柑桔所5~6人共同组成。

四、对市配套资金的调整意见。本项目的总预算为125万欧洲货币单位,其中欧洲经济共同体承担65万欧洲货币单位,市承担60万欧洲货币单位。中国农科院柑桔研究所在〔1985〕科字第47号文报的中方配套资金概算人民币92万元中原定建良种母本园20亩需资金6万元,考虑到我国与欧洲经济共同体的协议中提出"引进成熟期不同的栽培品种,以实现甜橙品种多样化,延长鲜果供应期"的要求,该面积不适应良种多样化的需要。建议将母本园扩大到70亩,投资增加到28万元;原定生活设施4套20万元,可不建。

五、为了接待来华专家及开展工作,应尽快成立项目组,落实项目工作人员。项目组需配置交通车一辆,由农委掌握,交项目组使用。

以上报告当否,请批示。

重庆市农业委员会
1985年6月5日

肖祖修同志在市农村合作经济经营管理工作会上的讲话

(1985年6月14日)

同志们:

这次市召开的农村合作经济经营管理工作会,开得很好,达到了预期目的。希望同志们"重振旗鼓,建功立业"。这次会议之所以能达到预期的效果:一是有全国农村合作经济经营管理工作会议的精神作指导;二是各区县的经验;三是省农牧厅同志的指导;四是参加会议的同志的共同努力。这次会议,同志们对在新形势下经营管理工作的重要性,认识提高了,方向明确了。但我认为,认识还是初步的,范围还只局限在我们这些同志。因此,希望同志们回去还要汇报、宣传,要让更多的领导、更多的同志了解经营管理工作的任务和重要性,在工作上得到领导和更多同志的支持,这样,才能开创经营管理工作的新局面。

下面我讲三个问题:

第一个问题,经营管理工作面临新的任务和要求。

农村经济改革实行了以户营为主的,多种经营方式并存的经营形式,还要不要经营管理?有些同志认为农村实行联产承包责任制以后,以分户经营为主了,经营管理工作没用了,甚至有的认为,合作经济都瓦解了,或者正在瓦解当中,"皮之不存,毛将焉附"。在新的变革时期,有这样那样的看法是不足为奇的。我认为随着农村经营管理责任制的变化,农村合作经济经营管理工作不是没用,而是作用更大;不是没事,而是任务更重;不是合作经济要瓦解,而是在新的形势下,如何进一步抓好合作经济工作。

为什么这样讲呢?因为:一方面就目前我国农村经济经营方式来看,大体上有这么一些经营类型:一个是合作经济下面的家庭经营,这是当前农村中的主体,是基本形式;第二种经营形式是集体和家庭的联合经营;第三种是集体经营;另外一种经营形式,看来是一种趋势,就是新的合作经营。这种合作,无论是松散的或是紧密的,各种各样的经济联合体,可以说是当前农村的一个趋势。过去我们经常讲包、兼、专、联,最后还是要走向联合。回顾一下我们三十年以前,也搞了联合,那种联合是一种比较低级的联合,由于生产资料比较缺乏,农民不得不在简单协作的基础上,建立一种以自给性生产为主的互助合作形式,或者互助合作组织。那也是一种必然的趋势。当然后来越搞越高了,急于求成了。但开始是正常的,中间那段曲折不说了。现在农村出现的各种新的经济联合体,向我们展现的是一种什么样的形势呢?是在社会主义有计划的商品经济条件下,农民正在自愿的、分工合作的基础上走向联合,在更广阔的范围内向专业化、社会化前进。这种联合,不是行政的控制,而是自愿的、互利的联合。有了这些各种各样的联合体,不管是个人与个人的,个人与集体的,个人与国家的,或者集体与集体、集体与国家的,各种形式和多层次的联合,它都还是一种合作经济。对于这些联合,我们要加强指导,要做很多的工作,这不就是经营管理的问题吗?另一方面,既然有联合,或者有的联合真正成为紧密的联合,成为经济实体,那么内部就有很多经营管理的具体工作。所以说经营管理是必不可少的。作为合作经济一个重要层次的家庭经营,还需不需要经营管理?首先我们说,做好经营管理工作有个大前提,就是要了解农村经济的重大变化。哪一种变化最大,影响最深呢?一是联产承包这样一种制度的推行,农户都成了相对独立的商品生产者;二是农产品统派购制度的改革,扩大市场调节。这都是些重大的改革和突破。这样的结果把千家万户引向商品生产这个大海洋,农民要在这个汪洋大海里学游泳。在很大程度上要按市场和价值规律来调节生产。这样就必然带来了竞争,有竞争,农民就必然要冒风险。因为,每一个商品生产者,要在市场竞争中得到好处,站住脚,很自然地把经济核算引入每个农户。经营管理工作就大有用武之地。问题不在别人需不需要我们去服务,而在于我们能不能转轨变向,真正地为农户服好务。我们的服务质量怎么样?质量高,农民就欢迎,我们不能为他们服务,就要被他们所抛弃。三是多年的实践证明,正确的政策需要通过经营管理这个重要环节去贯彻、去落实。先进的技术也需要科学的管理去组织实现,先进的技术不能替代落后的管理,而先进的管理倒是可以弥补落后技术的不足和缺陷。这类事例,历史、现实、国内、国外都是屡见不鲜的。当然,我不是说管理至上,只有管理才最灵。它是相辅相成的。农业上靠两条,一靠政策,二靠科学。管理也是一门科学。靠政策也靠管理,管理要执行政策,政策当中很多是个管理问题,管理为政策提供很多依据。中央有关农村经济政策的决定还是参考了从事农村经营管理的同志经过调查研究所提供的材料的。我认为,农村经济改革给农村经营管理提出了更高的要求,因此,这项工作只有加强,不能削弱,更不能取消,这就是我说的第一个问题。

第二个问题,经营管理的概念、指导思想和基本任务。

概念问题,经营管理包括三个方面的含义:第一个含义是,如何科学地组织生产,特别是生产力的三个要素(劳动力、劳动对象、劳动手段),使这三个要素能够最合理、最有效的或者是最优化的结合,以取得最好的经济效益,这是我们经营管理概念中的具体内容,也就是要以最小的投入取得最大的效益、最多的产出。第二个含义是在生产过程中,要处理好人与人的关系,充分地调动每一个劳动者的积极性,因为在这三个要素中把人这个要素突出来是很重要的,这就是理论上讲的既涉及生产力,也涉及生产关系的问题。要处理好人与人之间的关系,这当中,有体制的问题,有劳动组织方面的问题,更多的是分配问题,经济效益问题。第三个含义是要有效地进行决策。决策是经营管理中一个很重要的问题,整个经营管理工作就是在预测、决策、反馈当中来完成我们的管理的。

关于指导思想,全国经营管理工作会上提出了很完整的科学的指导思想,何康同志的讲话中已有我就不再重述了。为了适应新的形势,在指导思想上应该明确五点,也叫五个转变:第一是工作目的的转变。过去经营管理的目的似乎是盲目追求公有化程度作为我们管理工作的目的,现在要转变到以提高经济效益为中心这样一个目的,这是一个改革,是认识上的重大转变。第二是工作对象的转变。随着农村经济体制改革,经营管理工作对象就不再是过去的"三级所有,队为基础"的社或队的那个组织,现在要转变到双重经营结构的地区性合作组织和其他各种合作经济组织,以及广大的家庭经营单位。第三是工作范围的转变。过去我们工作范围只简单地考虑种植业。经营管理要从种植业这个范围向农、林、牧、副、渔,甚至工、商、运输、建筑、第三产业的服务行业,都是经营管理的范围。乡镇企业的管理,该不该管?我认为该管。这不是手伸得长,而是我们的责任。我对经营处的同志说,你们手要伸长一些,乡镇企业的管理你们要过问,农村经济技术开发服务中心也要去过问。管理是全面的。第四是工作内容的转变。经营管理工作过去狭窄一些,是自给自足的生产,现在是商品生产。市场调节,就要扩大工作内容。要为农业生产的产前、产中、产后服务,不能局限于"四大管理"。第五是工作方式的转变。过去是比较单调的,或者说是以行政管理方式为主。要转变到服务为主这个方面上来,为农户提供各方面的信息、咨询,这是农民最欢迎的。

经营管理的基本任务。在全国农村合作经济经营管理工作会上何康部长讲了五条。我只讲其中第一条:"为各级党和政府积极发展和完善合作制当好助手。"这一条给我们一个启发,经营管理工作的任务还是请教我们的老祖宗。列宁《论合作制》的一些思想,这些思想是马列主义的,现在还是适用的。过去有一些很糊涂的观念。合作就是社会主义的,那不一定,有资本主义的合作社。列宁分析社会主义的合作社是在人民当家作主,掌握政权,体现公有制的没有剥削的,那才是真正的合作制,我们仍然要走这条路。而最主要的是自愿互利的原则,循序渐进等等,都是列宁合作制的思想,我们要遵循,不要一提到合作社好像就给人们一个"左"或者一个"共产风"的印象。合作好像就是一个贬义的东西,这不对。

关于改革经营管理工作这个问题,要注意两种倾向:第一种是不能突破"四大管理加分配"这个老框框,这种倾向要注意,这种倾向我们认为不是守旧,但至少是个习惯势力。不突破这个框框我们就不能为农民服务,为商品生产的发展服务。第二种是把帮助解决农民买难卖难的问题片面理解为直接经商、办企业。这个问题杜老讲了。他说第一是允许不同地区实验。第二,赞成基本上是一种服务的机构,不要以盈利为目的。但是搞经营还是要收点手续费,但不宜太高,不能追求利润,否则经营管理服务就走偏了。我们重庆有上千名经营管理干部,如果都去做买卖,弄不好可能犯错误。如果集中在自己赚钱上,你怎么还有精力去帮助农民致富呢?因此,我们的指导思想一定是帮助农民致富,先天下之忧而忧,后天下之乐而乐,也就是说先让农民富起来,自己再富。

第三个问题,农经服务体系和队伍的建设。

按照上级有关规定,为了进一步做好农村经济的经营管理工作,抓好农经服务体系和队伍的建设工作十分重要。因此,经营管理机构不能撤,队伍不能散,各地要尽快地把经营管理机构建立健全起来,这当中,很重要的是要抓好建立乡的经营管理服务组织,这是基础。乡一级的农经服务组织,可以逐步建成合作性质的服务型的经营实体。这个组织的服务和经营应该是一致的。在机构改革中,区县农业经营管理机构应充实和加强。

关于加强队伍的建设问题。我市脱产的农经干部有965人,其中乡一级有817人,县和区148人,这一支队伍是很可观的。过去他们在工作上是做出了成绩的,受到群众称赞、干部表扬,今后我们要继续把这支队伍抓好。有计划地,不断地帮助他们提高素质。据我了解,这支队伍中有二百多位青年人,他们有一定的文化基础,事业心强,有朝气。各级部门要为他们提供条件,让他们分期分批进训练班、广播学校、函授学校、专业学校等,使他们真正掌握一定的管理学知识。科学技术是生产力,智力投资是最有效的投资。而一千多万农业人口的重庆,没有一个农学院,连农业专科学校都没搞起来,我们有责任,这个事情不抓,将来要吃亏的。关于农经干部的技术职称和有关福利待遇的问题就按照中央农牧渔业部何康部长所讲的办。经营管理干部,是农业科学技术干部的一个组成部分。农经干部的职称要解决。待职称评定工作解冻后,按照新的规定办。职称解决了,待遇也就随之解决了。至于对长期从事农经工作的人员调到其他地方去的,我的意见是原则上调回,希望农办主任回去抓一下,把班子充实起来。农经专业人才少,大学本科分到县的更少,我们可以搞些专科生、中专生。这些人在基层留得住,还能解决实际问题。最后,关于队伍的思想建设。加强农经战线广大干部的思想教育是我们的一项迫切任务。要教育他们树立"重振旗鼓,建功立业"的思想,安下心来,振作精神。我想有这么一支队伍,工作干好了,对我市的农业起飞是能起到很好作用的。

1985 年 6 月 14 日

关于改革农村合作经济经营管理工作的意见

(1985 年 6 月)

党的十一届三中全会以来,在各级党委和政府的领导下,我市农村合作经济的经营管理工作,取得了很大成绩。建立、完善了以户营为主的联产承包责任制,清理、整顿了合作经济组织的财务。初步建立起了农经服务体系。目前,全市已建立乡一级农经服务组织(站、公司)680 个,县一级农经服务公司或中心 4 个。

但是,改革农村经营管理工作仅仅是开始,一些地方的领导,在农村经济体制发生变化后,对经营管理工作的深刻影响认识不足;对农村千家万户发展商品生产都需要经营管理服务重视不够;没有把这一工作放在应有的位置上,有的还调走经营管理干部,在一定程度上削弱了对发展农村商品经济和合作经济的服务指导。

为了进一步搞好我市农村合作经济经营管理工作的改革,根据全国经营管理工作会议精神,提出如下意见。

一、认清改革方向,明确指导思想

我国农村已开始改革农产品统派购制度。调整产业结构,把市场机制引入农业生产,以市场需求代替过去那种计划收购来推动生产,这是当前农村最大、最深刻的变化。在新的改革中,市场是导向,效益是中心,农民致富是目的,这对经营管理工作提出了新的更高的要求。要把经营管理工作转到以提高经济效益为中心的服务上来,着眼农村经济全局,面向农、林、牧、渔、工、商、运输、建筑、服务等更广阔的领域,积极为各种经济组织和农户进行经营指导、咨询服务;当好各级领导总揽农村经济发展全局的助手。

二、经营管理工作的基本任务

1. 积极完善和发展合作制。

地区性合作经济组织(生产队),目前仍是农村经济的主要形式,它具有一定的经济职能,不能取消,如要变成以村为单位设置,必须十分慎重,尊重群众的意愿。不能用行政命令的办法强制推行一个模式。地区性合作经济组织要尽力为农户做好机械、水利、植保、经营管理等服务工作。

继续完善土地承包办法，鼓励从事他业的农户转包责任地。允许多种形式转包；进一步完善林、牧、水产业和乡镇企业的责任制；加强承包合同管理，认真兑现，维护合同的严肃性。

因势引导农户实行各种形式的经济联合。目前，出现的合股经营、按股分红的办法值得提倡，但要坚持自愿互利。在商品生产比较发达的地区，根据农户的需要，各区县可以试办专业性的或综合性的农民生产者协会，取得经验后逐步推广。

2. 加强经营指导，开展经营咨询服务。

从当地优势和市场需求出发，结合现有生产条件，帮助农户制定切合实际的经营计划；努力寻求本地区劳力、资金、技术、自然资源等生产要素合理组合的最佳方案。同时，积极开展信息服务，特别是掌握市场行情，进行科学的预测，及时传递给广大农户，使他们做出正确的经营决策。

3. 帮助农民解决买难卖难。

农经服务站（公司）可以根据当地合作组织和农户的需要，以及自身力量，参与商品流通，提供代购、代销等服务。协助商业部门签订购销合同等。

4. 抓好经济核算，开展会计服务，做好统计分析工作。

各级农经服务组织，要举办培训班，训练会计，普及会计知识，使合作经济组织和广大农户逐步学会记账，核算成本，分析得失原因。寻求提高经济效益的途径，并帮助他们建立记账户，做好效益分配统计报表工作。继续抓好全市十二个农产品成本核算试点和一个技术经济效益评价试点。

5. 加强财务管理、管好用活集体资金。

要认真处理好地区性合作经济组织（生产队）整顿财务的遗留问题，向群众公布账目。乡和村两级的整顿工作，争取在今冬明春完成，同时建立健全财务制度，对于贪污挪用、盗窃公款公物的，要按政策坚决实行退赔和必要的处理。

农经服务站（公司）接受委托代管的公有资金，在所有者同意的前提下，可以试验承办借贷给专业户、联户和乡镇企业发展生产，利息归所有者。

6. 加强对乡（镇）合作企业的监督和服务。

乡农经服务组织，有责任为乡、村、队、联户、企业提供服务，并对经营者进行监督。应乡（镇）合作企业的请求，可以提供记账、培训会计、管理资金经营诊断等方面的服务。如审查承包指标和上交利润是否合理；研究投资方向和经营决策是否正确，并提出合理建议；帮助制定会计制度，进行审计工作。

三、建立健全合作经济经营管理服务体系

乡级农经服务站（公司），是由不脱产的专业会计为主体，并有国家专职干部参与的一种合作性质的服务性组织。目前，工作开展较好的要总结经验，不断完善，健全制度，逐步建设成为合作经济服务实体；工作开展较差的要进行整顿；还未建立的要创造条件，成熟一个，建立一个，在巩固中求发展。

县级经营管理股、科、站，有的是行政机构，有的是事业机构，有些县成立了公司或中心，应总结经验，坚持服务方向，逐步完善，未成立的县暂不成立。各区县应集中精力抓好乡级农经服务组织的建设。

县、乡农经服务组织，根据本地经济发展的需要，必要时可以举办生产、加工、贮藏、运销等企业，但是，政（事业）企要分开。企业实行独立核算，自负盈亏。要严格管理，遵守国家政策法令，坚持以服务为宗旨，为发展本地农村经济服务。

农经服务组织，应坚持优质服务，合理收费。服务收费标准和办法，由各县研究制定，纵向服务已在农户提留中提取了费用的，不得重收服务费。收取的费用，主要用于自身建设和发展事业所需的开支，任何部门不得随便摊派，任意提取。

四、加强领导，搞好队伍建设，开创合作经济经营管理工作的新局面

各级领导要把经营管理改革工作纳入重要议

事日程。加强领导。区县的经营管理行政机构或事业机构,在改革中应保留和充实,已取消的要恢复;经营管理干部要按编制配齐,并重视提高他们的文化业务素质,要关心农经干部的技术职称和其他各项福利待遇。为他们解决一些实际困难。要教育广大农经干部认清新形势,热爱本行工作,树立"重振旗鼓,建功立业"的思想,为搞好经营管理工作,促进商品经济和合作经济的发展做出新的贡献。

重庆市农委关于1986年农村经济发展计划的安排意见(讨论稿)

(1985年7月28日)

1985年是"六五"计划的最后一年,1986年是"七五"计划的第一年。为了及早地做好计划的衔接工作,本着深入贯彻中央〔1985〕1号文件,搞好农村改革,加快发展商品经济,使农民尽快地富裕起来的精神,根据省委、省政府对明年农业发展的要求,结合我市的实际情况,经与有关部门研究,对1986年农村经济发展的计划作了初步安排。

一、1985年农村经济形势的估计

今年以来,市郊农村认真贯彻执行了中央〔1985〕1号文件,围绕农村经济改革这个中心环节,改革农产品统派购制度,调整农村产业结构,搞活农村金融融通,发展多渠道经营,扩大城乡交往,大力推广农业科学技术,做好产前、产中、产后的服务工作,促进了农、林、牧、副、渔全面发展。整个农村经济形势较好,概括起来主要表现在:一是粮食生产可获得较好收成。由于今年全市大小春受到低温阴雨和病虫的影响,有部分地区受到冰雹和水灾的袭击,加上调整产业结构等原因,使小春粮食和大春水稻、玉米、红苕等种植面积减少过多,虽经过广大干部和群众的努力,减轻了一些损失,粮食总产量稳中有减。二是多种经营全面发展。今年与去年比,预计完成油料1.36亿斤,增长9%;甘蔗5.6亿斤,增长17.1%;黄红麻1000万斤,增加37%;蚕茧4500万斤,增加1.6%;茶叶1500万斤,增加2.7%;柑桔2.3亿斤,增加6.5%;肉类7.46亿斤,增加4.5%;奶5500万斤,增长10%;蛋类1亿斤,增长15%;水产品5000万斤,增长6.4%;蔬菜10亿斤,增长5%。三是乡镇企业持续增长。今年预计完成产值22亿元,比去年增长35%。长江农工商可完成产值7500万元,比今年增长10.3%。四是农业基本建设有所加强,今年水利基本建设投资358万元,新建、续建、配套等11个工程项目预计可以完成;农村小水电站动工规模2.85万千瓦,其中预计完成2200千瓦;发电量预计完成2.7亿度,可保持去年水平;水库等综合经营产值预计完成1200万元,比去年增加16.5%;水土保持的生物措施预计可完成170平方公里。全市农机今年预计完成机耕作业4万亩、提灌480万亩、机脱250万亩、饲料粉碎10亿斤、农副产品加工40亿斤、机运2.4亿吨公里;各乡农机站预计共完成产值4000万元,比去年增加8%;农机流通环节预计完成进售总额8000万元,比去年增加78%。在林业方面,全市育苗预计完成2.9万亩,占计划的116%;成片造林预计完成18万亩,占计划的20%;"四旁"植树预计完成1.25亿株,占计划的104%。沼气方面,全市沼气池预计完成1万口,加上原有共13万多口;城市搞沼气试点20处;农村改灶节煤省柴预计完成7.8万户。五是农业总产值有所增长。今年全年预计完成农业总产值39.65亿元,比去年增长6.6%。

在农村经济发展的大好形势下,也存在一些比

较突出的问题:一是地区之间农业发展不平衡。全市农村中开始富裕和比较富裕的户只占10%～20%,60%～70%只能解决温饱问题,还有5%～10%比较困难。同时,调整农村产业结构也不平衡,种植业发展较快,畜牧、水产还是薄弱环节,加工业还没有真正起步,种植、养殖、加工比例失调;二是农业基础还比较脆弱,抗御各种自然灾害的能力还很低,一遇自然灾害就会掉下来;三是紧缩银根,给乡镇企业的发展带来一些困难,现全市新办乡镇企业缺资金2.2亿元;四是农村耕地管理失控,乱占滥用耕地严重。全市1984年比1949年共减少耕地190万亩,年平减少5.4万亩。还有部分农户耕作粗放,甚至出现了荒芜土地的现象。这些问题在今后工作中要认真加以解决。

二、1986年农村经济发展计划的初步安排

农业生产计划是指导性计划,同时又是国家计划的重要组成部分。在计划安排上,要确保农、林、牧、副、渔全面发展,促进农村产业结构的调整,特别是乡镇企业和畜牧业要有一个较大的发展。1986年农村经济发展的各项主要指标是:

(一)农业总产值计划42.2亿元,比1985年预计增加6.4%,农村人平纯收入要求增加30元(按现价计算)。

(二)乡镇企业总产值计划32.6亿元,比1985年预计增加8.2%。长江农工商完成产值计划8200万元,增长9.3%。

(三)主要农产品产量:明年计划与今年预计比,计划粮食114亿斤,比今年预计增加3.6%(其中小春粮食16亿斤,增加6.67%;大春粮食98亿斤,增加3.16%);油料1.8亿斤,增加32.3%;黄红麻1200万斤,增加20%;甘蔗6亿斤,增加7.1%;肉类7.7亿斤,增加3.2%;蛋类1.1亿斤,增加10%;牛奶6000万斤,增加9.1%;蔬菜10亿斤,保持今年的水平;水产5700万斤,增加14%;柑桔2.55亿斤,增加10.9%;茶叶1600万斤,增加6.67%;桑蚕茧4600万斤,增加2.2%。

(四)林业计划育苗2.5万亩、成片造林15万亩、"四旁"植树1.2亿株。

(五)水利基本建设计划投资500万元,新建、续建、配套、病险工程项目20个;农村小水电计划新建9400千瓦;发电量计划2.6亿度(因三块石电站要安装机组和整修船闸);水库综合经营计划总收入1400万元,比今年增加16.7%。

(六)农机计划机耕作业3万亩、提灌500万亩、机脱260万亩、饲料粉碎11亿斤、农副产品加工42亿斤、机运2.5亿吨公里;全市各乡农机站计划总产值4500万元,比今年增加11.1%;农机流通环节计划进售总额9000万元,比今年增加12.5%;农机工业计划产值8000万元,比今年增加23.1%。

(七)沼气计划新建池1.5万口、改灶节煤省柴15万户、城市扩大沼气试点50处。

实现上述计划虽然任务十分繁重,但是也有许多有利条件:随着中央〔1985〕1号文件的深入贯彻落实,搞好农村改革,必将进一步调动广大干部和群众的生产积极性;技术和化肥等物质条件越来越好;现各级党政进一步加强对农村工作的领导,是实现农村经济计划的关键;发展农村经济门路广,生产潜力大;广大干部群众对发展商品生产增加收入有强烈的愿望。所有这些都会使明年的农村经济的发展保持稳定增长的势头。

三、实现1986年农村经济发展的主要措施

各地除认真贯彻执行党在农村的各项经济政策外,在增产增收的具体措施上,要抓好以下工作:

(一)粮食稳定增长,积极发展经济作物

农业是国民经济的基础,粮食是基础的基础。我们要认真全面贯彻执行中央关于"决不放松粮食生产,积极发展多种经营"的方针,对粮食生产决不可掉以轻心,要继续抓紧抓好,确保粮食稳定增长。在调整粮经比例时,也要在确保粮食稳定增长的前提下进行。在粮食生产安排上,全年小春和大春两

季都要抓好。小春粮食面积近四年都有减少,今年小春粮食面积455万亩,比1981年减少101万亩,主要是扩大了冬水田。明年全市小春粮食面积要恢复到1984年的水平,并适当扩大油菜面积。大春粮食作物面积要保持今年的水平,特别是水稻面积不能减少。但经济作物要发展,主要靠提高复种指数解决。大小春作物都要在提高单产上下功夫,其具体措施是:(1)要继续推广"两杂"、地膜覆盖、半旱式栽培、配方施肥等四大新技术和杂交水稻高产规范化栽培技术;(2)在改造低产田土上下功夫,使低产变中产、中产变高产;(3)有水源保证的地方,积极改造冬水田,提高复种指数,增加一季小春作物。今后不要再压小麦面积来扩大油菜面积,主要靠改造冬水田发展油菜生产。在有条件的地方,要积极发展双季稻。在水源条件差的地方,把种水稻和发展经济作物(蒿笋、席草、茨菇、养鱼等)结合起来。旱地实行小春预留行,大春带状套种,一年三熟或四熟;(4)加强植物保护,防治病虫害;(5)要提高稻麦生产和增加豆类等营养用粮,并注意改良品种,提高品质,改善人民生活。同时,要大力发展玉米、大麦、高粱等饲料工业和食品工业用粮。

在经济作物方面,要发展适销对路的经济作物,努力提高单位产量、质量和竞争能力。当前主要是扩大油菜、花生、甘蔗、麻类和其他适宜种植的经济作物。全市油菜由今年的73万亩扩大到85万亩;花生由今年的17.6万亩扩大到20万亩;全市食糖销量6万吨,除自产2万吨外,其余都要从外地调入,今后要逐步扩大甘蔗面积,保证糖厂生产的需要。同时,甘蔗生产要合理布局,适当集中,扶持发展专业户,逐步做到专业高产。

要因地制宜地大力发展多种经营。各地要狠抓骨干品种。如柑桔要继续发展,提高产量和质量,建立苗木管理法规和良种繁育体系,分期分批对老果园进行改造、嫁接换种,去杂去劣,实现良种化。蚕桑要稳步发展和提高;茶叶要加强幼茶的管理,使之尽快投产;榨菜和蔬菜要发展,并提高产量和质量。对名、特、优、新产品,要有计划地建立商品生产基地。如江津广柑,合川大红袍、桃片,潼南黄桃,巴县葡萄,江津天府花生,重庆沱茶,綦江红梅、长寿夏橙、沙田柚,荣昌良种猪,合川等县的山羊,璧山兔子,近郊区池塘养鱼,巴县板鸭,永川皮蛋和豆豉等都可以有计划地逐步建成商品生产基地,形成大批量的生产,以满足市场的需要。同时,对芝麻、西瓜、烤烟、黄花、黄连、蘑菇、生姜、海椒、药材、芦笋、席草、黄红麻、花木等经济作物,也要根据市场的需要进行发展。

(二)大力发展畜牧业和水产业

我们要认真贯彻执行今年中共中央、国务院对发展畜牧业和水产业的指示和省委、省府对发展畜牧业和水产业的决定,逐步提高畜牧业和水产业的产值在农业总产值中的比重。在畜牧业方面,主要是调整畜群结构,在稳定发展生猪的同时,大力发展牛、羊(包括奶牛、奶山羊)、兔等草食性牲畜和鸡、鸭、鹅等家禽。生猪主要是增加瘦肉型猪和提高出栏率。在发展畜牧业中要积极搞好五个体系的建设:一是饲料体系。除了国家搞好生产添加剂的饲料工业外,各地要适应农村畜禽分散饲养的特点,采取多渠道、大中小结合,以小型分散为主,办好饲料工业,充分利用本地原料,就地加工销售,以加速粮食转化;二是良种体系。大力开展经济杂交,增加良种牲畜;三是防疫体系。要加强预防注射,办好现有农药厂,增加化学兽药;四是科研体系。逐步建立以县为单位的技术扩大中心,加快畜牧专业人才的培训;五是产供销体系。积极兴办牧工商企业,搞活畜牧经济。

与此同时,要大力发展渔业。近几年我市水产业有较大的发展,但远远不能满足市场需要,城市吃鱼难的矛盾尚未解决。针对鲜鱼易腐、不耐远运和销售市场相对分散的特点,在渔业生产的布局上,应当以大力发展近郊区精养高产鱼池为主,积极提高塘、库、堰养鱼的单产水平,发挥广大农民稻田养鱼面宽的优势,做到各有所侧重,互为补充,以利市场、季节和地区间的均衡调节,使消费者和生产者都能得到实惠,争取在三五年内基本解决吃鱼难的问题。要搞好渔业生产，首先，要加快商品鱼基地建设，提供大批量的商品鱼；第二要加强渔种基地建设，培育大规格优质鱼种，以满足渔业生产发展的需要；第三要积极发展渔用饲料生产，市里计划今年在近郊区先开工新建一个年产3000吨的渔用颗粒饲料厂，在1987年建成投产。各区县也要根据自己的需要和可能，有计划的办一些小型渔用饲料厂，克服过去白水养鱼的旧习惯，提高养鱼的经济效益；第四，进一步健全落实养鱼生产责任制，加强渔业科技和渔政管理工作，搞好水产品流通和服务，以促进渔业生产的发展。

（三）要继续发展乡镇企业

发展乡镇企业应当以农副产品为原料的加工业为重点，这样，企业既有原料的保证，又促进农业的发展。在工作上主要抓好六条：一是对新办企业要进行逐个排队，除停、缓的项目外，对确定改、保的企业要抓紧施工，尽快投产；二是挖掘现有企业的潜力，加强管理，提高经济效益；三是在发展上要抓联办、户办企业。在行业上，重点抓好见效快、效益高的建工建材业、能源矿产和第三产业；四是组织建筑力量向外地输出技术和劳务，这不仅为农村的剩余劳力找到了出路，而且能够增加收入；五是要贯彻自筹为主的方针，开展多渠道、多形式集资，银行和信用社要继续支持和帮助，以解决当前企业缺资金的困难。

发展第三产业，要与建设小集镇紧密结合起来，积极转移农村剩余劳动力到城市举办各种服务行业，从事产前产后的各种服务，促进农村商品生产的发展。同时，要帮助他们解决好口粮、户口、征地等实际问题。

（四）坚持开展农业基本建设，改善农业生产条件

改善农业生产条件，既是保证当年农业增收的措施，又是为长远打基础的一项根本大计，应坚持不懈地搞好。近几年来农业连年丰收，思想麻痹，对农业基本建设有所放松，致使水利工程和提水机具损坏严重，整治病险水库和水土保持行动差，不利于农业稳定增产。今冬明春正是开展这一工作的好时机，各地要搞好水利建设、水土保持、改田改土、植树造林等工作，做出成绩来。

在水利上，重点搞好中小型水利建设。对明年春灌前能完成的项目，包括续建配套工程、除险加固工程、水毁和损坏工程等，应作为重点抓紧抓好，充分发挥水利工程设施的效益，努力提高有效灌溉面积的比重；要发动群众讨论制订保护现有水利工程和提水机具的管理制度，不准损坏，今后谁损坏谁负责赔偿；要加快农村小水电的建设；要大力开展水库综合利用，提高经济效益。

水土保持要把全市已搞的12个试点继续搞好，并由点到面的逐步展开，坚持综合治理，把工程措施同生物措施结合起来，推广专业户承包，小流域治理的办法，防治水土流失。

改田改土，要适应联产承包责任制的特点，统一规划、户营户改，一次规划，分期完成。实行谁的承包地、谁改造，谁种植、谁管理，谁受益的办法，以促进改田改土的开展，并同土壤改良、配方施肥和生物措施结合起来，提高经济效益。

植树造林，首先要抓好造林基础——育苗工作，以保证植树造林的需要；第二要把造林重点放在荒山荒地、沿河两岸、公路两旁，多造速生丰产林，并注意提高质量；第三有计划地搞好退耕还林还牧还果等工作，使农业结构逐步达到合理；第四以保护好现有森林资源，加快造林绿化步伐，提高经济效益为中心，迅速开展"绿冠渝州"评比竞赛活动，促进林业生产的发展。

搞好沼气建设，要认真贯彻中央关于"因地制宜，多能互补，综合利用，讲求实效"的方针，一方面要把现有沼气池很好使用起来，开展综合利用，提高效益；另一方面要积极新建沼气池和发动群众改灶节煤省柴。

农机部门要搞好机具管理、制造、科研、培训、监理、修造、推广、供应等工作，为农业生产服务。

（五）要建立健全农业服务体系

过去，对农业生产以户营为主、面宽量大的特

点认识不够,信息指导、改进品种、提高质量、加工技术、保鲜、贮藏、运输、销售等工作跟不上,影响农业生产的发展。因此,要大力抓好服务工作,发展服务业,实行国家、集体、个人一齐办的方法,一是要大力发展个体服务业和农民自己组织起来,合股经营的服务组织,帮助销售产品,传授技术,提供信息和生产资料。二是发挥现有农业服务队伍的作用。从上到下有一支稳定的粮、油、水果、茶叶、蚕桑、水产、畜牧、林业、农机、水利等服务队伍,这是一支很大的力量,但过去主要是搞产中的技术服务,今后要加强产前产后的服务工作。农业信息服务重点是引导农民生产适销对路产品;农业技术服务重点是推广新品种、新技术、大力提高单位面积产量;农经服务重点是指导专业户和经济联合体搞经营决策,改善经营管理,提高经济效益。三是供销社和国营商业仍然要发挥主渠道作用。农产品统派购制度取消后,要积极扩大经营,积极参与市场调节,为农民提供各方面的服务。四是城市组织科学技术下乡支援农业。五是加强农业科研、教育、推广的协作,联合攻关,要在培育良种,防治病虫,配套技术有新的突破,提供科研成果,为农业服务。

（六）坚决制止乱占滥用耕地

土地是人类赖以生存和发展的基础条件。为了确保农业稳定增长和经济建设用地的需要,必须认真贯彻"十分珍惜每寸耕地,合理利用每寸耕地"的国策,立即制止乱占耕地,加强土地管理,其措施是:(1)对广大干部和群众进行十分珍惜、合理利用每寸土地和保护耕地教育,广泛宣传土地法,树立人人爱护土地,节约耕地的社会新风尚;(2)要按照土地管理条例,严格审批手续,对非法擅自占用土地者,要严肃处理;(3)公路建设、乡镇企业、小集镇建设都要十分注意节约耕地,严格控制占地规模,按照规定报批;(4)个别农户承包地丢荒和外出人员生产搞得差的,要引导其通过转包等形式,逐步向种田能手集中,更好地把耕地利用起来;(5)市、县要建立健全土地管理机构,把土地详查统计、权属管理、土地利用统一管起来。

重庆市农业委员会
1985 年 7 月 28 日

重庆市人民政府关于批转市农委《关于改革农村合作经济经营管理工作的意见》的通知

（1985 年 8 月 3 日）

各区县人民政府、市级各有关部门：

现将市农委《关于改革农村合作经济经营管理工作的意见》转发给你们,请结合本地实际,研究执行。

重庆市人民政府
1985 年 8 月 3 日

关于改革农村合作经济经营管理工作的意见

党的十一届三中全会以来,在各级党委和政府的领导下,我市农村合作经济的经营管理工作,取得了很大成绩。建立、完善了以户营为主的联产承包责任制,清理、整顿了合作经济组织的财务,初步建立起了农经服务体系。目前,全市已建立乡一级农经服务组织（站、公司）680 个,县一级农经服务公司或中心 4 个。

但是,改革农村经营管理工作仅仅是开始,一些地方的领导,在农村经济体制发生变化后,对经营管理工作的深刻影响认识不足,对农村千家万户发展商品生产都需要经营管理服务重视不够,没有把这一工作放在应有的位置上,有的还调走经营管理干部,在一定程度上削弱了对发展农村商品经济和合作经济的服务指导。

为了进一步搞好我市农村合作经济经营管理工作的改革,根据全国经营管理工作会议精神,提出如下意见:

一、认清改革方向、明确指导思想

我国农村已开始改革农产品统派购制度,调整产业结构,把市场机制引入农业生产,以市场需求代替过去那种计划收购来推动生产,这是当前农村最大、最深刻的变化。在新的改革中,市场是向导,效益是中心,农民致富是目的,这便对经营管理工作提出了新的更高的要求。要把经营管理工作转到以提高经济效益为中心的服务上来,着眼农村经济全局,面向农、林、牧、渔、工、商、运输、建筑、服务等更广阔的领域,积极为各种合作经济组织和农户进行经营指导、咨询服务;当好各级领导总揽农村经济发展全局的助手。

二、经营管理工作的基本任务

1. 积极完善和发展合作制。

地区性合作经济组织(生产队),目前仍是农村经济的主要形式,它具有一定的经济职能,不能取消。如要变成以村为单位设置,必须十分慎重,尊重群众的意愿,不能用行政命令的办法强制推行一个模式。地区性合作经济组织要尽力为农户做好机械、水利、植保、经营管理等服务工作。

继续完善土地承包办法。鼓励从事他业的农户转包责任地,允许多种形式转包;进一步完善林、牧、水产业和乡镇企业的责任制;加强承包合同管理,认真兑现,维护合同的严肃性。

因势引导农户实行各种形式的经济联合。目前出现的合股经营、按股分红的办法值得提倡,但要坚持自愿互利的原则。在商品生产比较发达的地区,根据农户的需要,各区县可以试办专业性的或综合性的农民生产者协会,取得经验后逐步推广。

2. 加强经营指导,开展经营咨询服务。

从当地优势和市场需求出发,结合现有生产条件,帮助农户制定切合实际的经营计划,努力寻求本地区劳力、资金、技术、自然资源等生产要素合理组合的最佳方案。同时,积极开展信息服务,特别是掌握市场行情,进行科学的预测,及时传递给广大农户,使他们做出正确的经营决策。

3. 帮助农民解决买难卖难。

农经服务站(公司)可以根据当地合作组织和农户的需要,以及自身力量,参与商品流通,提供代购、代销等服务,协助商业部门签订购销合同等。

4. 抓好经济核算,开展会计服务,做好统计分析工作。

各级农经服务组织,要举办培训班,训练会计,普及会计知识,使合作经济组织和广大农户逐步学会记账、核算成本、分析得失原因,寻求提高经济效益的途径。并帮助他们建立记账户,做好效益分配统计报表工作。继续抓好全市十二个农产品成本核算试点和一个技术经济效益评价试点。

5. 加强财务管理、管好用活集体资金。

要认真处理好地区性合作经济组织(生产队)整顿财务的遗留问题,向群众公布账目。乡和村两级的整顿工作,争取在今冬明春完成,同时建立健全财务制度。对于贪污挪用、盗窃公款公物的,要按政策坚决实行退赔和必要的处理。

农经服务站(公司)接受委托代管的公有资金,在所有者同意的前提下,可以试验承办借贷给专业户、联户和乡镇企业发展生产,利息归所有者。

6. 加强对乡(镇)合作企业的监督和服务。

乡农经服务组织,有责任为乡、村、队、联户、企业提供服务,并对经营者进行监督。应乡(镇)合作企业的请求,可以提供记账、培训会计、管理资金经营诊断等方面的服务。同时,有责任接受国家委托的任务,如研究投资方向和经营决策是否正确,并提出合理建议;审查承包指标和上交利润是否合理;帮助制定会计制度,进行审计工作。

三、建立健全合作经济经营管理服务体系

乡级农经服务站（公司）是由不脱产的专业会计为主体，并有国家专职干部参与的一种合作性质的服务型组织。目前，工作开展较好的要总结经验，不断完善、健全制度，逐步建设成为合作经济服务实体；工作开展较差的要进行整顿；还未建立的要创造条件，成熟一个，建立一个，在巩固中求发展。

县级经营管理股、科、站，有的是行政机构，有的是事业机构，有些县成立了公司或中心，应总结经验，坚持服务方向，逐步完善。未成立的县暂不成立。各区县应集中精力抓好乡级农经服务组织的建设。

县、乡农经服务组织，根据本地经济发展的需要，必要时可以兴办生产、加工、贮藏、运销等企业，但是，政（事业）企要分开，企业实行独立核算，自负盈亏，要严格管理，遵守国家政策法令，坚持以服务为宗旨，为发展本地农村经济服务。

农经服务组织，应坚持优质服务，合理收费。服务收费标准和办法，由各县研究制定。纵向服务已在农户提留中提取了费用的，不得重收服务费。收取的费用，主要用于自身建设和发展事业，任何部门不得随便摊派，任意提取。

四、加强领导，搞好队伍建设，开创合作经济经营管理工作的新局面

各级领导要把经营管理改革工作纳入重要议事日程，加强领导。区县的经营管理行政机构或事业机构，在改革中应保留和充实，已取消的要恢复；经营管理干部要按编制配齐，并重视提高他们的文化业务素质，要关心他们的各项福利待遇、为他们解决一些实际困难。要教育广大农经干部认清新形势，热爱本行工作，树立"重振旗鼓，建功立业"的思想，为搞好经营管理工作，促进商品经济和合作经济的发展做出新的贡献。

重庆市农业委员会

1985 年 7 月 30 日

重庆市农业委员会关于对 1986 年农村经济发展计划安排的几点意见

（1985 年 9 月 24 日）

根据省委丘陵地区经济工作会议和省农业生产会议的精神，结合我市实际情况，市农委提出了《关于 1986 年农村经济发展计划的安排意见》（以下简称《安排意见》），这个意见已作为会议①的一个文件讨论稿印发给大家，请到会同志提出修改意见。这里，就《安排意见》涉及的几个主要问题谈点看法，供同志们参考。

一、关于 1986 年我市农村经济发展的指标和速度问题

1986 年，我市农村经济发展总的要求是粮食要增产，钱要增收。具体要求是：农业总产值计划 42.2 亿元，比今年预计的 39.6 亿元增长 6.4%；农村人平纯收入增加 30 元，乡镇企业总产值计划

---

① 重庆市农村经济工作会。——编者按

32.6亿元,比今年预计的24.3亿元增长34%;粮食总产量计划114亿斤,比1984年增产4000万斤;多种经营、畜牧业、林业、农机、水电、沼气等,也要有一个较大的发展。

实现这个计划,有没有可能,速度是快了还是合适?我们认为速度是合适的,实现是可能的。一方面,这个计划的提出是留有余地的。从这几年我市农村经济发展的速度看,1984年与1978年相比,农业总产值年递增速度为10.8%,粮食产量年递增速度为5.9%,人平纯收入由63.9元上升到265.5元,年平增加33.6元,乡镇企业总产值年递增速度为33%。而我们提出的安排意见大都是低于这个速度的。另一方面,要充分看到实现明年增产增收计划的有利条件:一是有一个较好的基础,主要表现在市带县的工作已经走上了路子,初步显示了它应有的作用;二是随着中央〔1985〕1号文件的深入贯彻落实,农产品价格放开,市场放活,必将进一步调动广大农民的生产积极性;三是科技运用越来越广泛,化肥等物质条件越来越好;四是农村从自给半自给向商品化转变仅仅开始,发展农村经济的门路还很广,潜力还很大。尤其是随着城市经济体制改革的深入发展,城乡通开,互为市场,互为基地发展经济已逐步引起人们的注视。各级党委、政府和有关部门对农业更加重视和支持,这对农村经济的进一步发展是一个很大的促进。就拿这次会议来说,市委、市府领导为开好这次会议作了大量的准备工作。在深入基层,反复调查研究的基础上,确立了明确的指导思想,提出了促进商品经济发展的一些政策,又印发了十多个典型经验材料,只要我们一一贯彻落实,市郊农村经济将会有一个较快的发展速度,定能起飞,将大大突破我们提出的《安排意见》。

在看到完成明年农村经济发展计划有利条件的同时,也应看到一些不利因素。比如,当前一些农村经济政策不够落实;基层组织涣散,有的干部不适应商品经济发展新形势的需要;加之,今年的自然灾害,粮食减产,农村还有些不安定因素。这些的确增加了发展农村经济的难度。因此,我们既要看到有利条件,充满信心,又要分析不利因素,保持清醒的头脑,采取有力措施去实现发展计划。

二、关于调整农村产业结构的问题

调整农村产业结构,这是农村第二步改革的重要内容,也是我们农村工作面临的一个新课题。关于调整产业结构的指导思想以及应着重抓好三个方面的工作,汉卿同志的报告已很明确,又有合川、潼南、大足、巴县、綦江、沙坪坝等六个区县调整结构的经验可供学习,这里,仅就调整结构中有两个认识不大一致的问题谈点看法。

第一,调整农村产业结构要不要粮食稳定增长。对这个问题,有两种不同的认识。一种意见认为:我市农村是大城市郊区,粮食问题应该"松绑",不宜强调粮食生产的稳定增长。一种意见认为:我市虽是大城市,但与其他大城市有区别,与地市合并前的重庆亦有不同,已有12县,尤其是全省粮食重要产区的温江、内江、江津、三江之一的原江津地区,永八县并入重庆,农业人口比重大,粮食产量在全省具有举足轻重的地位,调进粮食运输困难,地方财力难以支撑。因此,对粮食问题不能放松。我们认为第二种意见是切合实际的。至少在近几年内是完全应该这样认识的。其具体理由如下:

(一)我市粮食生产水平不高,库存粮食并不宽裕。以历史最高年产量的1984年计算,全市农业人平产粮1050斤,城乡人平800斤。虽较全省高一点,但与一些先进地区、先进国家相比,差距甚大。农民库存粮食不宽裕,据一些县的调查,农民有半年存粮的占20%;够吃或稍有余粮的占60%;缺粮的还占10%~15%。中央有个大体设想,"七五"期间到本世纪末,人均占有粮食的规划目标不应低于800斤,否则养殖业就无法发展,也不可能有较多的农村劳动力转移出来发展多经和乡镇企业。另外,我市人口预测到1990年将接近1500万人,若总产不变或下降,人平占粮将下降到760斤以下。

(二)农业基础脆弱,经不起自然灾害的袭击,粮食生产不稳定。今年就大成问题,来自各方信

一、农村改革

息,全市要减产8.5亿~10亿斤。就我国南方13个省、市看,估计减250亿~300亿斤左右。其中,云南、贵州、广西等省(自治区)要调入粮食,这三个省与我市相近,所以出了问题,有钱也难找粮源。

(三)发展养殖业、保证城市副食品供应离不开粮食。我们都主张改变人们的食物构成,粮食仍然是前提条件。据1983年统计:世界人均占有肉类、奶类、禽蛋、水产品分别为48.8斤、21.8斤、13.1斤、33.4斤,而我国的人均分别占有量仅为27.5斤、4.3斤、6.6斤、10.7斤,我市人均分别占有量仅为45.5斤、3.5斤、10.6斤、2.7斤。粮食转化不能离开粮食这个先决条件。

基于以上三点理由,我们在调整农村产业结构中,要全面地、正确地理解,不能把农村产业结构的调整片面地理解为仅仅是一个农业内部结构的概念,从而盲目地、简单地减少粮地面积,或者提出一些不切合实际的作法,去定比例,搞一哄而起,而是要在调整结构中,做到种、养、加协调发展,逐步提高养殖、加工业的比重。所以,我们总的观点,保持粮食稳定增长,仍是我市全面调整产业结构,实现农业翻番、农民富裕的基础。我们的对策,一是要因地制宜,分类指导;二是不能把调整种植业结构简单看成是在粮食作物和经济作物面积上搞加减法,经济作物面积扩大,不能只盯到粮食面积,应在提高复种指数,在非耕地上大做文章;三是要大力推广先进技术,从提高作物的单产上下功夫。

第二,关于发展乡镇企业的问题。总的情况是好的。尤其是今年上半年,我市乡镇企业经受住了资金紧缺、新的不正之风政策界限不清和原燃材料缺乏三大挑战的考验,渡过了难关,取得了可喜的速度和效益,实现了产值、利税的同步增长。这些成绩的取得是与市委、市府的重视,各级党委、政府亲自抓企业,各部门的通力合作,乡镇企业主管部门扎扎实实的工作分不开的。但目前吹冷风,不分青红皂白横加指责的议论也有。这里,主要谈谈乡镇企业发展速度问题。我市乡镇企业的发展速度正不正常,是否符合客观规律,是不是超高速度?我们必须解决好这个认识问题。

在经济工作中,对速度问题有两种值得注意的倾向:一种是把经济增长的速度作为衡量工作好坏的决定性标志,这种认识必然带来片面追求脱离实际的高速度、高指标;另一种是在经济发展中遇到新情况、新问题的时候,就去埋怨速度快了,然后来个急刹车。这两种都是片面的,是一种倾向掩盖另一种倾向。我市乡镇企业近几年的增长速度,总的说来是比较快的,但要分析其原因:一是我们原来的水平低,基础差,去年全国乡镇企业人平产值为210元,重庆才152元,低于全国水平。在全国大城市当中,我们是倒数第一。像这样的低水平,速度快一点是正常的;二是队办、联办、户办企业发展速度比较快。1983年全市队以下的企业产值才1亿元,1984年就达到3.5亿元,今年上半年又达到3亿元,出现了联办、户办企业星罗棋布的局面,速度当然就快了;三是建筑建材业、第三产业的兴起,增长幅度也是大的,效益也比较好。特别是搞劳务输出这些行业,投资少,效益比较好,所以也显得速度比较快;四是我们抓企业的管理也有一些道道,不断完善了企业经营承包制,加强了管理,注意了内部的挖潜,效益有了提高。从这些分析看出,我市乡镇企业的发展速度是正常的,是符合客观规律的。就是以这样的速度发展,与全国先进地区相比,我们还是落后的。因此,我们对这个问题要保持清醒的头脑,不要社会上一刮风,就不知道该怎么办了,只要我们脚踏实地,没有水分地上,是完全应该的,是符合重庆市的实际情况的。

当前,在发展乡镇企业上,必须充分利用有利条件,克服不利因素,做到持续、稳步、协调地发展。从全市来讲,要把重外延转到外延与内涵并重上来,既要保持一定的发展速度,又要狠抓现有企业的改革,提高经济效益。同时,我们应根据不同情况,实行分类指导:近郊区要重点抓好机械、建筑建材、轻化工和第三产业;广大丘陵地区要重点抓好农副产品加工业,大力发展建筑建材业,大搞劳务输出;山区要重点发展采矿业、小水电、林产品加工业。要发动农民联合集资办企业,坚持"五个轮子一起转"。特别是一些乡镇企业发展缓慢的地方,要从当地的实际情况出发,考虑市场需求、产品销路、原料来源、能源供应等客观条件,促进其大发展,并从一些政策上给以优惠。

三、关于搞好水利设施建设,树立抗灾夺丰收的问题

这几年风调雨顺,掩盖了不少矛盾。今年一遇干旱,矛盾就明显地暴露出来了。据粗略统计,全市水库病害工程20%,有13%的水库不配套,渠道有1/3以上被淤塞损坏,35%的电力提灌设备不能正常运转。在政策上,由于抽水费用高,有些农民宁愿受旱也不抽水灌田。这些问题都有待今后进一步解决。据气象部门分析,明年的气候也不太好,切不可掉以轻心,不能有侥幸心理。今年一干旱粮食减产几亿斤,明年再来一个大旱怎么办?这是一个值得深思的问题。有人说,一年减产挖点仓,两年减产心里慌,三年减产闹肌〔饥〕荒。因此,我们一定要有足够的抗灾夺丰收的思想准备,要在今冬明春把农田水利建设扎扎实实地抓起来,把水利的续建配套、除险加固、水毁和损坏工程作为重点来抓。搞好机电提灌的维修管理。同时要抓好大面积的蓄水保水工作,开展植树造林、搞好水土保持,要发动群众制订保护现有水利设施的管理办法,落实管理人员,使现有水利设施发挥应有的效益。我们要研究一套适合目前以户经营为基本形式的水利设施管理办法,这个办法市农机水电局曾提出过初稿,未充分研究,没有出台。需进一步研究,请大家考虑。对水利管理总得有个办法,否则心中无数,太危险了。

今年粮食减产大局已定,请大家抓点补救措施。抓好秋红苕、秋洋芋、秋菜的管理,弥补损失,增加点农民收入。

1986年,是我国国民经济"七五"计划的第一年。五年看头年,头年看前冬,认真抓好今冬明春的农村各项工作,这对于实现明年农村经济发展计划的关系极大。因此,我们一定要在市委、市府的领导下,认真贯彻落实好汉卿同志报告中的各项政策,保证明年我市农村经济发展计划的全面实现。

1985年9月24日

重庆市人民政府关于1986年农村经济发展的意见

(1985年9月24日)

各区县人民政府、市级有关部门:

1986年是"七五"计划的第一年。为了进一步落实中发〔1985〕1号文件,搞好农村改革,加快发展商品经济,促进农村经济持续、稳定、协调发展,现根据省委、省政府对明年农业发展的要求,结合我市的实际情况,经与有关部门研究,对1986年农村经济的发展提出以下意见:

一、对1985年农村经济形势的估计

今年以来,市郊农村认真贯彻执行中发〔1985〕1号文件,围绕农村经济改革这个中心环节,改革农产品统派购制度,调整农村产业结构,搞活农村金融融通,发展多渠道经营,扩大城乡交往,大力推广农业科学技术,做好产前、产中和产后的服务工作,促进了农、林、牧、副、渔全面发展。整个农村经济形势是好的。全市除粮食生产有所下降外,多种经营和乡镇企业都有较大发展。油料、黄红麻、甘蔗、蔬菜和短期经济作物种植面积扩大,产量增加;柑桔、蚕茧和茶叶等骨干项目的产量稳定增长;畜牧、水产继续保持好的发展势头,生猪出槽可达650万头,水产品可突破5000万斤。乡镇企业预计完成产值22亿元,比去年增长35%。农业基本建设的预定任务可以基本完成。林业育苗、成片造林和"四旁植树"均可超额完成全年计划。全市农业总产值预计完成39.65亿元,比去年增长6.6%。

在农村经济发展的大好形势下,也存在一些比较突出的问题:一是发展不平衡。目前农村中开始富裕和比较富裕的户只占少数,大部分仅基本解决了温饱问题,还有10%的户比较困难;二是农业基础还比较脆弱,抗御自然灾害的能力不强;三是乡镇企业经济效益不高,发展资金困难;四是农村耕地管理失控,乱占滥用耕地严重。

二、对1986年农村经济发展的安排

农业生产计划是指导性计划,但它是国家计划的重要组成部分。在明年的计划安排上,要继续调整农村产业结构,确保粮食稳定增长,积极发展多种经营和乡镇企业,增加农民收入。其主要指标是:

(一)农业总产值计划42亿元,增长6%,农村人平纯收入增加30元。

(二)乡镇企业总产值计划32亿元,增长30%。

(三)主要农产品产量计划:粮食114亿斤,达到或超过1984年水平;油料1.8亿斤,增长30%;黄红麻1200万斤,增长20%;甘蔗6亿斤,增长7%;肉类7.7亿斤,增长3%;蛋类1.1亿斤,增长10%;牛奶6000万斤,增长9%;蔬菜10亿斤,保持今年的水平;水产5700万斤,增长14%;柑桔2.55亿斤,增长10%;茶叶1600万斤,增长6%;桑蚕茧4600万斤,增长2%。

(四)林业计划育苗2.5万亩,成片造林15万亩,"四旁"植树1.2亿株。

(五)水利基本建设计划完成20个续建、配套、病险工程项目,农村小水电新增1.7万千瓦,发电量2.6亿度。水库综合经营总收入1400万元,增长16%。

(六)农机计划机耕作业3万亩,机脱260万亩,饲料粉碎11亿斤,农副产品加工42亿斤,机运2.5亿吨公里。

(七)农村沼气计划新建池1.5万口,改灶节煤省柴15万户,城市扩大沼气试点50处。

三、实现1986年农村经济发展计划的主要措施

(一)要确保粮食稳定增长。一是要树立抗灾夺丰收思想,因地制宜,趋利避害;二是要及早落实粮食定购合同,指导农民安排好明年粮食生产。要严格控制生产资料价格上涨,合理发放农贷资金,乡镇企业发展好的地方要以工补农,支持农民发展粮食生产;三是必须稳定粮食面积。明年全市小春粮食面积要恢复到1984年的水平,并适当扩大油菜面积。大春粮食作物面积要保持今年的水平,特别是水稻面积不能减少。要增加豆类生产,提高品质,适应市场需要。要因地制宜发展玉米、大麦、高粱、红苕等饲料工业和食品工业用粮;四是要在提高单产上下功夫。其具体措施是:(1)要大力抓好高产优质新品种的推广,通过层层培训和各种宣传形式,切实把"两杂"、地膜覆盖、半旱式栽培、配方施肥和综合防治稻瘟病等五大技术落到实处;(2)要抓好低产地区、低产田土、低产作物,促进增产;(3)在有水源保证的地方,积极改造冬水田,提高复种指数,增加一季小春作物,并在适宜地区积极发展双季稻。

(二)要积极发展经济作物。发展经济作物,一是按市场需要,因地制宜,发展适销对路的品种,努力提高产量、质量。当前要注意适当扩大油菜、花生、甘蔗、蔬菜和其他适宜种植的短期经济作物;二是要合理布局,适当集中,扶持发展专业户,逐步做到专业高产;三是对果、茶、桑等骨干产品,要在品种改良、提高质量和单产上下功夫,有计划地建立稳定的商品生产基地,形成批量生产,增强市场竞争能力;四是搞好产品的储藏、保鲜、加工、包装,努力实现产品增值。同时,要搞活流通,广开销路,促进生产;五是乡镇企业要积极发展农副产品加工业,就地办厂,加工增值,促进粮经作物的发展。

(三)大力发展畜牧业和水产业。在畜牧业方面,要稳定发展生猪,大力发展牛、羊(包括奶牛、奶山羊)、兔等草食性牲畜和鸡、鸭、鹅等家禽。生猪要增加瘦肉型猪和提高出栏率。奶牛要提高牛群

素质,鼓励繁殖犊牛,提高牛奶产量,保证卫生质量。为了促进畜牧业的发展,要以小型分散为主,办好饲料工业;大力开展经济杂交,增加良种牲畜;加强预防注射,防治疫病。在发展水产业方面,应在坚持以发展近郊区精养高产鱼池为主的同时,充分利用各种水面的优势,积极提高塘、库、堰养鱼的单产水平,搞好稻田养鱼,做到各有所侧重,互为补充,以利市场、季节和地区间的均衡调节,使消费者和生产者都能得到实惠。要加快商品鱼基地和鱼种基地建设,积极发展渔用饲料生产,提高养鱼的经济效益。要加强渔业科技和渔政管理工作,搞好水产品流通和服务,以促进渔业生产的发展。

(四)切实抓好乡镇企业。一要对新办企业进行逐个排队,除停、缓的项目外,对确定改、保的企业要抓紧施工,尽快投产;二要挖掘现有企业的潜力,加强管理,提高经济效益;三要大力发展联办、户办企业。在行业上,重点抓好见效快、效益高的农副产品加工业,以劳务输出为主的建筑建材业、能源矿产和第三产业;四要贯彻自筹为主的方针,开展多渠道、多形式集资,以解决企业资金短缺的困难。

(五)坚持开展农业基本建设。近几年水利工程和提水机具损坏严重,整治病险水库和水土保持行动差,不利于农业稳定增产。各地要抓紧今冬明春有利时机,搞好水利建设、水土保持、改田改土、植树造林等工作,努力做出成绩来。

水利上,应把明年春灌前能完成的项目,包括续建配套工程、除险加固工程、水毁和损坏工程等作为重点,切实抓紧抓好;要发动群众讨论制订保护现有水利工程和提水机具的管理制度,坚持谁损坏谁负责赔偿或修复。

水土保持,要由点到面的逐步展开,坚持综合治理,把工程措施同生物措施结合起来,防治水土流失。

植树造林,一要抓好育苗,以保证植树造林的需要;二要以荒山荒地、沿河两岸、公路两旁为造林重点,多造速生丰产林,并严格保证质量;三要有计划地逐步搞好退耕还林还牧还果;四要保护好现有森林资源,严禁乱砍滥伐。

沼气建设,要看到群众办沼气的积极性,一方面把现有沼气池很好使用起来,开展综合利用,提高效益;另一方面要积极帮助农民新建沼气池,发动群众改灶节煤省柴。

(六)建立、完善农业服务体系。实行国家、集体、个人一齐办的方法,大力抓好服务工作。一是发挥现有的粮、油、水果、茶叶、蚕桑、水产、畜牧、林业、农机、水利等服务队伍的作用,搞好产前、产中、产后服务。农业信息服务重点是引导农民生产适销对路的产品,农业技术服务重点是推广新品种、新技术、提高单产和质量,农经服务重点是指导专业户和经济联合体搞好经营决策,改善经营管理,提高经济效益;二是供销社和国营商业要发挥主渠道作用,积极扩大经营,参与市场调节,为农民提供各方面的服务;三是要发展个体服务业和农民合股经营的服务组织,销售产品、传授技术、提供信息和生产资料;四是组织城市科学技术下乡支援农业;五是加强农业科研、教育、推广的协作,联合攻关,提供科研成果,为农业服务。

(七)坚决制止乱占滥用耕地。为了确保农业稳定增长和经济建设用地的需要,必须认真贯彻"十分珍惜每寸耕地,合理利用每寸耕地"的国策,坚决制止乱占耕地,加强土地管理。要对广大干部和群众进行十分珍惜、合理利用每寸土地和保护耕地的教育,树立人人爱护土地,节约耕地的社会新风尚;要按照土地管理条例,严格审批手续,对非法擅自占用土地者,要严肃处理;公路建设、乡镇企业、小集镇建设都要十分注意节约耕地,严格控制占地规模,按照规定报批;个别农户承包地丢荒和外出人员生产搞得差的,要引导他们通过转包等形式,逐步向种田能手集中。市、区、县要建立健全土地管理机构,把土地详查统计、权属管理、土地利用统一管起来。

重庆市人民政府

1985年9月24日

重庆市农村经济工作的情况汇报

（1985年11月23日）

今年以来，我市农村以贯彻落实中央〔1985〕1号文件为中心，按照改革、开放、搞活的总方针，认真抓了放开农产品价格，扩大市场调节，调整农村产业结构，搞活农村融通，发展多渠道经营，扩大城乡经济交往等方面的工作。现就农村形势、问题、经验教训、建议等情况作如下汇报。

一、形势

总的来讲农村经济形势仍然很好，具体表现：

1. 农村产业结构调整的步伐加快，主要农产品统派购制度的改革，引导农民按市场需求调节生产，促进了农村产业结构的调整。全市粮经种植面积的比例由去年的87∶13，发展到今年的85∶15。五业中，农业的比重预计由去年的57.5％，下降到今年的55％。林、牧、副、渔的比重都分别有不同程度的上升。乡镇企业在整个农村经济中的比重预计由去年的31.6％，上升到了38％。上半年从种植业中新转移出去的劳动力10多万人，使全市农村从事非种植业的劳动力上升到总劳力的22％。

2. 多种经营经过调整，林、牧、副、渔各业都有发展。油料、水产、茶叶、麻类、药材等经济作物的产量增加，质量提高。近郊蔬菜面积基本稳定，二线菜地有所扩大，1至10月近郊八区蔬菜总上市量达44470万斤，人平每天吃菜0.74斤以上，品种20个以上，基本满足了城市人民吃菜的需要。生猪稳步上升，1至9月生猪出槽数比去年同期净增114万头，增长41％。预计全年出槽肥猪将比去年增加30至40万头；瘦肉型猪增加较多，1至9月出槽瘦肉型猪62万头，占试点县出槽量的70.5％。巴县今年出槽肥猪可突破100万头，比去年将增长15％，全县农民人均出槽可达一头，年出槽商品猪10头以上的农户有4800户。从今年上半年农副产品社会收购情况看，水产品1162万斤，比去年同期增长25.8％；小家禽260万只，比去年同期增长44.1％；食物油3078万斤，比去年同期增长27.84％；鲜蛋1864万斤，比去年同期增长10.1％。

3. 乡镇企业保持了好的发展势头。在国家加强宏观管理，紧缩银根后，各地采取了一系列措施，做到了紧中求活，持续发展。今年初，切实加强了对原有企业的挖潜、改造和管理，大力发展联办、户办企业。通过这些努力，实现了产值、效益同步增长。1至10月，全市乡镇企业总产值达到19.87亿元，比去年同期增长70％；利润9228万元，比去年同期增长101.5％；税收7328万元，比去年同期增长75.4％。预计乡镇企业总产值可达24亿元，比去年增长50％。对去年以来新建的2485个（其中，投资10万元以下的1543个）企业的资金短缺问题，一方面采取了集资入股、带资进厂、发放债券、缓付费用等办法，筹集资金1.7亿元，缓解了资金严重不足的矛盾；另一方面，逐个分类排队，停、缓、改进了1822个，从而保证了663个投资少，见效快，效益好的企业能够尽快建成投产，为明年乡镇企业的持续发展增加了后劲。

4. 农民商品经济的观念增强，封闭状态的农村经济正在冲破。中央〔1985〕1号文件提出的改革农产品统派购结构，改农业生产的指令性计划为指导性计划，改革农村不合理的经济结构，进一步发展农村第三产业等重大政策，深受农民的欢迎。特别是改革农产品统派购制度，使广大农村干部群众增强了商品经济观念，农村经济更加活跃，对外交往活动日益频繁，劳务输出大量增加。江北县为了进一步开发本地资源，振兴全县经济，对外开发了龙溪、两路、洛碛、水土、石咀等五个乡镇。今年上半年,到龙溪开发区联系的单位有77个,基建投资总额可达到1.2亿元。巴县与省内外两百多个县、市建立了信息、人才、技术交流协作关系,全县有25个船队出川,活跃了城乡经济。全市乡、村两级有建制的建筑队发展到1023个,专业人员12.8万人,遍及全国十多个省市。潼南县的白梓区,到西藏搞劳务输出达一千多人。全市农民从事第三产业有10多万户,人员达12万人。

5. 农民收入继续有所增加。今年全市农业总产值预计可达39亿元,比去年增长5.1%,人平增收20～30元。据市统计局对1400户农民家庭收入的情况调查,今年1至9月,农民人均现金收入233.8元,比去年同期净增47.8元,增长26.2%,其中,农民从事第二、三产业的现金收入人均68.2元,比去年同期增长68.4%;从事农、林、牧、渔产品的收入人均129.4元,比去年同期增长16.4%。特别是农村一些专业大户,今年经济效益好,收入较多。据合川县对30个专业大户调查,这30个大户今年预计与去年比较,总产值或经营收入由112.9万元增至330.13万元;纯收入或利润由18.39万元增至42.53万元;税收由3.75万元增至19.3万元。分别增长1.92倍、2.31倍和4.14倍。

二、问题

在大好形势下,有以下几个问题值得重视:

1. 粮食减产幅度较大。今年全市粮食减产10亿至11亿斤,比去年减少10%左右,减产原因有三:一是自然灾害比较频繁,早春长期阴雨低温,5月下旬至7月上旬又是大范围的长期阴雨低温和局部暴风雨的袭击,紧接着又出现了30多天的伏旱,对整个农业生产的危害极大;二是由于调整产业结构,加宽公路等原因,粮食播种面积减少60多万亩;三是主观上曾一度放松了对农业生产的领导。由于粮食减产,全市粮食定购任务完不成(据市粮食局统计,截至11月10日,全年入库粮食11.57亿斤,占计划定购14亿斤的83%,占签订合同数的96%),对明年畜牧业的发展也有一定的影响。

2. 农业生产条件差、经不起灾害的袭击。这几年连年丰收,抗灾夺丰收的思想淡薄,抗灾的思想和物质准备不充分,突出的表现是普遍放松了农田水利设施的管理,不少水利工程遭到破坏。据不完全统计:全市水库工程1428个中,有病害水库281座,占19.5%;防洪标准不够的水库854座,占56%;渠道不配套的各类水利工程占13%,已建的11359公里渠道年久失修,破坏约4000公里,占渠道总长度的30%以上。全市电力提灌站5000多个,近8000套设备,不能正常运转的占40%。全市农田保灌面积336万亩,由于上述原因不能保灌的达100多万亩。

3. 农村乱占滥用耕地的现象十分严重。据统计:全市农用耕地1984年比1949年减少190.3万亩,相当于巴县和荣昌两个县耕地面积的总和,每年减少耕地5.4万亩,如照此下去,到本世纪末,全市耕地将下降至1000万亩以下,农村人平耕地将由现在1.01亩下降到0.8亩。耕地减少原因:一是扩建、新建公路占地;二是发展乡镇企业占地;三是村镇建设和农民建房占地。据长寿县统计,该县1984年农民建房占地达5792亩,户平21.5平方米。

4. 农民种粮的积极性下降。据对部分县的典型调查:农民种粮积极性下降有六个表现、四条原因。六个表现:一是耕作粗放。1983年以前,一般农田是四犁四耙栽秧,今年有10%的农田是一犁一耙栽秧。二是不愿向土地多投资,商品肥下降,今年上半年,全市化肥销售30万吨,比去年同期下降10.53%;据对1400户农民调查,1至9月人均买化肥72斤,比去年同期净减24斤,下降25%。三是耕牛下降。1979年与1984年比较,全市耕牛由48.1万头下降到41.2万头,净减6.9万头,下降14.3%,平均减少1.38万头,且有继续下降的趋势,不少地方有无牛队和缺队,出现人拉犁、人挖田的倒退现象。四是水利设施破坏,据市水电局统计,全市人为破坏的水利工程达2653处,占23.4%;提灌站479处,占18.6%;山平塘1334口,占50.7%;石河堰51处,占1.92%;喷灌设施18

处，占0.7%。五是乱占耕地。据今年初统计，经向国家正式办理征用手续的占地的只有4.8万亩，而实际约在20万亩左右，这种情况十分突出。六是转包土地无人接收。铜梁县南郭乡调查显示，全乡现有789户农民的土地转不出去，约占总农户20%，有少数农民打算把饭碗伸向市场上买粮吃。四条原因：一是种粮投资大、经济效益低。据对农用生产资料化肥、农药、地膜、柴油、水和电六类22个品种的调查，今年有11个品种价格均有不同程度提高，其中低的提高5%，高的达50%。如尿素由每吨450元提为530元，硝铵由310元提为360元，碳铵由190元提为210元，磷肥由128元提为144元，复合肥由320元提为440元。其他木、铁制农具提价更多，挞斗每张由28元提为50元，犁辕每个由8元提为20元，而每亩粮食的纯收益，据合川县调查，水稻75.55元，小麦仅0.44元。二是务农不如务工、经商、搞运输富得快。据綦江县调查，每劳每天搞工收入5元以上，搞贩运8元以上，搞建筑5至10元，搞运输10至50元，种菜2元，而种粮收入只有1.45元。三是国家对农业投资大大减少。1984年与1979年比较，市财政用于农用资金由9440万元降为5442万元，减少42.35%，年递减10.4%；农用资金占市财政支出总数的比重由18.7%下降到8.43%。如农技、种子推广费，由1982年的26万元减到今年的7.5万元。四是部分领导对粮食生产重视不够，宣传"无工不富、无商不活"大大超过了"无农不稳"。

5.农民负担重。现在，农民要求减少负担的呼声很高。负担项目之多，负担金额之大，已大大超过了农民经济承受能力。据对合川县云门乡的调查：该乡1984年负担14项，金额298230元，人平12.36元，占人平纯收入251元的4.92%，加上农业税人平19.39元，占人平纯收入的7.73%。今年贯彻中央1号文件以后对提留定项限额，定出9个项目和标准，按此方案与去年比较，减少负担61690元。但由于今年新增未包地和自留地口粮补差额8198元，县里要求今年完成新建中心完小教学楼一幢和村小两所，修缮村小7所，新制木桌凳465套，共提办学费120120元。农税增加41%。由于这些项目的增加，农民负担不仅未减少，反而比1984年增加36.5%，人平负担26.59元，增加7.2元，其中提留负担人平16.63元，比去年增加4.27元。江津县杜市乡胡家村，去年人平负担19.11元，今年增加到人平31.32元，人平增加12.21元。据各地调查：今年负担加重，主要是集资办学和加宽公路费用的增加。对负担问题，基层干部感到有难处，他们说："现在办什么事都要拿钱，还要花招待费，不提，好多事办不了。"农民有苦处，他们说："现在什么都要农民负担，我们乘车拿钱，上学缴学费，为什么修公路、修学校还要我们拿钱？工人、干部比我们坐车还多，又不出钱修公路，只有农憨汉的钱好拿。"有的说："现在不是缩小城乡差别，而是在扩大城乡差别，是农村的少数专业户、富裕户害了我们。"负担问题已引起了普遍农民的不满。有的已形成干群对立，现在干部到农村不像前几年那样受欢迎。有的农民说："干部到农村，一是催粮逼款，二是断子绝孙，三是挖祖坟。"严重影响了党在群众中的威信。

6.对农村各项服务性工作未能很好跟上。几年来，在向农民提供信息、良种、饲料、植保、防疫、加工贮藏、运输等方面的服务作了大量工作。但是，还没有很好解决。据江津县调查：为农业服务的体系问题较多，乡农技人员工资无着落，人员思想不稳定；农技部门经营的种子价格过高，农民自行串换种子，供应渠道多，种子发生了混乱。兽医服务系统是集体所有制，要自找饭吃，有1/3的时间没有搞本职业务，有的搞家庭副业，有的搞经商，以致今年防疫注射的面积仅占25%，猪病爆发，蔓延很快，县采取了紧急措施，才未造成严重损失。农村商品生产发展起来后，农民投向市场上的农副土特产品日益增多，而目前城乡市场、交通、仓库等基础设施严重不足，特别是农贸市场，现在绝大多数是以街为市、以路为市，逢场天拥挤不堪，影响交通和农民贸易。如在全国颇有名气的双巷子水果批发市场，日均成交量为5万斤，最多时达10万斤，但仅占人行道面积714平方米。在商品购销、流通服务上,目前有些情况值得重视,农副产品要流通,必须多渠道、少环节,现在是多渠道、多环节。许多农副产品卖给消费者,要经过多道环节。这样,农民实惠少,消费者意见大,经济实惠被多道贩子拿去了。特别是一些打着为民服务的"皮包公司",对搞活经济危害很大。

7. 农村基层党组织涣散,对基层干部、农民的思想政治工作教育差。据市委组织部对145个乡党委、270个基层支部、1565名党员的调查,发挥领导核心作用好的乡党委占34.5%,一般的占51.5%,不齐不力的占14%;发挥战斗堡垒作用好的支部占29.2%,一般的占53.3%,组织涣散的占17.5%;发挥先锋作用好的党员占24.7%,处于中间状态的占57%,表现差和不起作用的占18.3%。不少基层组织认为,"粮、钱、人"是硬任务,党的建设是软任务,乡、村书记没有用主要精力抓党务工作,"三会一课"制度普遍坚持不好,一部分村支部书记到企业兼职做工或经商抓钱,不管党务工作,党的活动基本处于停顿状态。长寿县新市乡21个村党支部书记中,有8个书记开商店,支书李树兴一家人开了两个商店,哪有时间抓村上的工作。21个村长,有6个村长外出做手艺。186个生产队,有45个队没有队长,农民半年未开过一次会。现在,不少乡镇"三多三少"的问题比较突出,即干部蹲机关的时间多,下村的时间少;回家睡的时间多,住在机关的时间少;开会布置的多,检查落实少。主要精力没有放在农业生产上,更没有放在如何教育农民、作政治思想工作上。

三、经验和教训

回顾和总结今年以来我们在农村经济工作中的经验教训。

1. 对农村经济形势不能估计过高。党的十一届三中全会以来,农村经济有了很大发展,大多数农民收入增加,生活日益改善,这是有目共睹的。但是,整个农村经济还比较落后,真正富裕起来的农民还是少数。从我市农村来看,开始富裕和比较富裕的农户占总农户的15%~20%,70%~80%的农户是基本解决了温饱问题,尚有5~10%的农户比较困难,他们资金短缺,生产靠贷款,多数有欠账,房屋破旧,缺吃少穿,生活困难。就是在温饱型农户中也还有20%~30%的农户,一年到头还需要精打细算,勤俭过日,才能勉强过得去。这些农户经济承受力弱,扩大再生产的能力有限,如稍遇天灾人祸,就会滑到贫困户行列中去。据对合川县云门乡调查:该乡去年人平纯收入只有251元,家庭随时有钱花的只占10%左右,80%以上的农户,秤盐买油靠卖禽蛋、粮食,子女读书、购置衣服及用品,靠养猪、养蚕及发展其他家庭副业,春耕购买肥料则要贷款,铁家村6组、33户人家,没有向信用社贷款的只有8户,仅占24.2%,其中5户是工人家庭,其余25户都有贷款或欠款,总金额达2500元,年终还不清贷款的有16户。因此,不可过高地估计农民的富裕程度,更不能凭少数富裕户和高收入地区来衡量整个农村富裕程度,如果那样去想问题、办事情、定政策,就会脱离实际、脱离群众,造成工作上的失误。

2. 对粮食生产切不可以掉以轻心。农业是国民经济的基础。粮食是基础的基础,这是多年来正反经验的总结。但是,随着经济的好转,近两年对此问题有所忽视。有的认为,我市农村是大城市郊区,粮食问题应该"松绑",不应强调粮食稳定增长,更多的认为,包干到了户,农民自己晓得种粮食,抓不抓问题不大,因而曾一度对粮食生产有所放松,有的县甚至不把粮食作为工作考核指标。从全市来看,去年粮食总产量是历史上最高一年,城乡人平只有粮食800来斤。据对一些县调查,农民有半年存粮的仅占20%;够吃或稍有余粮的占70%,缺粮的还有10%,粮食并不宽裕。为考虑我市人多地少,粮食单产在近几年不会有大的突破,发展养殖业需要大量粮食等实际情况,在今后调整产业结构中,不能盲目地、简单地减少耕地面积,更不能去定调整比例,搞一哄而起。所以,我们对粮食生产应给予高度重视,切实抓紧抓好。保持粮食稳定增长,仍是我市全面调整产业结构,实现农业翻番,农民富裕的基础。

3. 对自然灾害不能麻痹大意。近几年来，风调雨顺，掩盖了不少矛盾，今年一遇到三十多天的连晴高温，矛盾就明显地暴露出来了。在政策上，由于抽水费用高，有些农民宁愿受旱也不抽水灌田。如不改变这种被动状况，将严重影响今后农业生产的发展。因此，我们一定要有足够的抗旱夺丰收的思想准备，要在今冬明春把农田水利建设扎扎实实地抓起来，把水利的续建配套、除险加固、水毁和损坏工程作为重点来抓，搞好机电提灌设备的维修管理；抓好大面积的蓄水保水工作，开展植树造林，搞好水土保持。同时，要发动群众制定保护好现有水利设施的管理办法，落实管理人员，使现有水利设施发挥应用的效益。

4. 对发展乡镇企业的资金要坚持自力更生。过去，我们受自然经济思想的影响，对通过集资、信贷等多种渠道来发展生产考虑不多。去年以来，通过到外地参观学习，大家逐步打开了思想，采取多种形式，搞好融通，加快了乡镇企业的发展步伐。但是，到了今春，国家加强宏观管理，刚刚起步的乡镇企业遇到了资金短缺的困难，使一部分企业，特别是新办企业无法开展正常的经济运转，不得不停、缓、改建了一千多个发展项目。现在，回过头来看，在新建的一些项目中，也有一定的盲目性。现在，在一部分停、缓建项目，占了地，投了部分资，原待国家资金好转后再干，现在，贷款越来越紧，税收越来越重，再办也比较困难，因此，对这些项目，占了地的农民要退地，集了资的群众要还钱，银行又催还贷款，三管其下，使得基层干部下不了台。这一实践，使我们明白了运用信贷资金必须合理、适度，发展乡镇企业不能单纯依靠贷款，今后发展乡镇企业要依靠自身的积累，否则，就会带来一系列的连锁反应和严重后果。

5. 对有计划的商品经济规律还没有很好的掌握。农产品的价格放开后，对农村经济影响最大、最深的是市场机制问题。长期以来，农民主要是为自己消费和完成征购任务而生产，大部分产品由国家统购包销，脱离市场需求。现在一下子进入市场调节还很不适应，很不习惯，很难适应市场需求来安排生产，农产品不是多，就是少，加之我们对这一改革，服务工作特别是信息工作未很好跟上，所以，目前农村商品生产带有盲目性，对市场机制运用不好是个普遍性的问题。必须尽快掌握有计划的商品经济规律，学会适应市场机制，引导农村经济不断稳步向前发展。

四、几点建议

为了保证农村第二步改革的顺利进行，我们认为明年中央一号文件，总的指导思想还是要坚持放开、搞活，把农村第二步改革坚持下去，并不断引向深入，促进农村发展商品生产，使农民尽快地富裕起来。结合我市农村情况，当前应研究解决好以下几个问题：

1. 认真解决好粮食合同定购中的问题。当前农民不愿定购，其核心问题是经济利益。要解决好这个问题，首先，要解决粮食成本高与购价低的矛盾，以提高农民的积极性。建议除粮食合同定购与供应平价化肥、柴油及优先提供农贷，有条件的地方继续实行以工补农外，可否适当提高"倒三七"比例购价，按"倒三七"比例购价，在重庆并不优惠，特别是大米、玉米低于市场价较多，影响粮食定购和入库。建议中央将定购价提高到原超购价水平给市，市按现行比例价执行，比例价与超购价之间的差额作机动，根据当年的丰欠〔歉〕和市价高低而上下浮动，使之购价与市价相近，有利于计划完成。第二，要改进定购合同办法。合同定购任务，仍应以指导性计划下达，在落实计划时，应本着"余粮多的多定购，余粮少的少定购，没有余粮的不定购"的原则，不搞硬性摊派，应区别不同情况确定定购对象和任务。粮食定购要确定一个起购点，经济作物集中产区，粮食不能自给的，不宜分配定购任务；粮食作物产区视人平耕地亩分别确定起购点，人平不到0.6亩地不购。第三，粮食核算体制下放到县，建议在粮食购销价格未理顺的情况下，可以以1985年总额包干计划为基数，把核算体制下放到县，差价补贴和亏损的包干指标，粮食储备量和调出粮食的数量，品种一定3年不变。同时，上级在责、权、利方面给下级粮食部门较多的自主权,以搞活粮食经营,充分发挥粮食部门购销主渠道作用。有的县建议:鉴于粮食放购未放销,国家补贴有限,农民有上公粮的传统习惯,可否采取过渡办法,凡是种粮的农民恢复交公粮,未种粮的收代金,价格按市场价,除公粮外,其他国家需要的粮食实行合同定购和市场收购相结合的办法解决。为便于农民交粮,应恢复原来超过一定里程给运输费的政策。

2. 采取措施保护农民种田的积极性。建议采取以下措施:一是要继续坚持"决不放松粮食生产,积极发展多种经营"的方针;二是对农用生产资料的涨价问题,要有一个权威性的机构严加控制;三是国家要增加对改善农业生产条件的基建投资,地方财政用于支农资金应定一个比例;四是对乡镇企业发展比较好的地方,税后利润中应拿出多少资金"以工补农"要定一个比例,有的提出15%~20%补农;五是国家要利用税收、信贷等经济杠杆,对从事种养殖业的农民发展生产,要加以扶持,对从事务工、经商、运输等业的收入要加以限制,使两者之间的收入不要悬殊过大;六是对从事种养殖的专业大户要加以鼓励,税收、贷款要加以扶持,在服务上要给予优先。

3. 对农村合作经济组织要立法规。目前,农村合作经济正处在新的发展时期,原有的地区合作性经济组织怎样改建、完善,一些跨地区跨行业新的合作经济组织怎样搞,迫切需要有一个新的法规来指导农村合作经济的发展。现在,生产队一级的地区性合作经济组织问题较多,有的名存实亡,没有队长;有的以村民组长行使经济职责,政企不分;有的取消生产队干部,由村干部分管队的工作。这些问题均要好好研究。我们认为,原生产队一级的合作经济组织,从当前来讲,它还担负着管理土地、集体财产、公共设施等许多经济职能。从今后来讲,土地始终是农业生产的劳动对象,家庭联产承包制后,经营上还有统有分,每个农民还要在一定的区域和一定的组织下进行生产和生活,需要有一个合作组织来统一管理,搞好服务工作,衔接上下计划。因此,应当继续完善这种有统有分、统分结合的双层经营机构,特别是集体统一的经营层次要加强,以便发挥它应有的作用。对地区性合作经济组织的改建、完善问题,建议中央〔1986〕1号文件要明确一下。

4. 对农民负担过重的问题,应从上到下统一思想,采取措施加以解决。近年来,尽管中央、省一再强调要减轻农民负担,但由于政出多门,使下面难以执行;各方面向农民伸手,农民的经济负担就承受不了。建议上级对农民负担问题要严格把关,要划清合理负担与不合理负担的界限,坚持"谁开口子谁拿钱"的原则,对合理的部分,上面应有一个统一规定的项目和限额,并有相应的措施把这部分负担收起来,以减少基层催收提留的工作量。

5. 大城市如何加强对农村工作的领导问题。目前,市带县的城市越来越多。市带县后,怎样加强对农村工作的领导,市带县的体制农业工作机构如何设置,农委的领导工作应该行使哪些权、责、利,这些问题,均需要研究解决。就我市来说,中央、省有农村政策研究室,市设有农委,省要求设农财办公室,上下不一致,不便于工作联系,建议在这个问题上,应有一个较为统一的办法,以有利于开展农村工作。

重庆市农委政研室整理
1985年11月23日

思想落实　工作落实　作风落实

——廖伯康同志在市农村工作会议结束时的讲话（摘要）

（1986年3月17日）

全市贯彻今年中央1号文件分两步走是一个比较好的作法。今天重庆日报转载了人民日报3月7日的一条新闻和题为"实些、实些、再实些"的述评。人民日报的报道确实把我市贯彻1号文件的特点和中央的精神抓住了。

作为贯彻中央1号文件的第二步，即这次农村工作会议，是开得相当好的。昨天请各区县委书记、区县长汇报工作，大家也有这个看法，一致认为会议解决的问题比较实在，切合当前的实际，政策也是配起套的。区县委书记说，今年1号文件的传达贯彻，一是声势大，即发动干部和群众的面很广；二是工作细，即调查研究比较深入；三是解决问题实，即较好地解决了新出现的若干实际问题。我们现在应大力提倡这种求实的精神，要求"求实、求实、再求实"。这是我们这次会议的指导思想。

汉卿同志作了一个很好的报告。黄冶同志最后还要作总结。我这里只简单地谈三个问题：一是思想要落实，二是工作要落实，三是作风要落实。

（一）思想要落实

城乡关系、市带县的问题是大家都很关心、也是议论很多的问题。这三年来，几乎有会必提，有提必议。经过三年来的争议、探索，开始有了头绪，也开始带出味道来了。这个味道是什么呢？

城市和农村工作的同志，在思想认识上逐渐统一了。这就是说，市管县也好，市带县也好，总而言之，要把市与县、城和乡结合在一起。市管县的"管"是一个纵向的概念，是一个行政的概念，辖区的概念。市带县的"带"是一个横向的概念，经济的概念。经济区是辐射状、没有疆界的，你今天与深圳联合，你的经济活动和经济联系就伸到了深圳，明天这个联合体没有了，你这个触角也就收回来了。行政区是管辖状的，有疆界的，是相对固定的。在2.2万平方公里的行政疆界里，我们实行市带县和市管县，这虽然是两个不同的概念，但在一个城市来说，它是重叠、交叉在一起的。我们通过管来促进带，通过带来帮助管。市带县，就是要把城市与农村结合在一起，这是当前商品经济的要求，也是经济发展的规律。凡是合乎这一要求、这一规律的，就如虎添翼，就会带得好，飞得高，也飞得快。城市的功能要求经济辐射。经济辐射，再加上行政力量的推动，就会助改革之势，汇城乡之长。城市与农村两个优势都汇合到一起，就会加大城市的辐射力，扩大城市的覆盖面。

市带县三年，是探索的三年。第一年，地市合并，理顺关系；第二年，城乡通开，城市打开城门，农村打开寨门，从放宽、搞活，到流通领域的改革，做了很多工作；第三年，不仅在认识上，而且在实践上探索出了"城乡大联合，城乡共发展，城乡一体化"的指导思想。

实现城乡经济一体化，就重庆市来说，是带有战略性的大事。再扩而大之，就全国来说，也是一件带有战略性的大事。城乡一体，不仅要树立大农业观念，而且要树立大生产、大经济观念。这样，城乡之间、工农之间、各种经济成分之间的横向经济联系才能得到进一步加强。通过各种横向经济联合和协作，促进城市工业向农村扩散，去发展农村工业，发展农村的城镇和集镇，实行离土不离乡，以工补农，这就不重复走过去城市与乡村分开、工业与农业分开的道路，而这条道路在许多国家都是不断地重复的。这是一条曲折的道路，许多资本主义国家都是这样走过来的。东欧社会主义国家也正面临并在探索这个问题。我们现在走的是具有中国特色的社会主义现代化建设道路。在这条道路上,农村先进行改革,改革取得成功后,促进着城市的改革。现在,城市改革与农村改革开始汇合到一起来了。农村以建立健全家庭联产承包责任制为核心的第一步改革,主要是在农村内部进行的;责任制一落实,农民自主权更大了,不仅有了生产上的自主权,而且有了经营上的自主权,在商品生产与流通中,农民的活动范围比过去宽广多了。这样,就进入了以发展商品经济、改革价格体系、调整产业结构为中心的第二步改革,进入了一个大经济、大生产的领域。大农业、大经济、大生产的领域是城市改革与农村改革互相交融在一起的结果。

重庆三年来在搞活企业、搞活流通、搞活城市方面,都迈出了带有突破性的重要一步。现在,企业也好,城市也好,都面对着农村这一个广阔的天地。在有计划的商品经济的作用下,城市与农村之间的联系越来越密切。这种相互间的横向交流越广泛、越深入,既能互相推动,也能互相制约。搞得好,相互推动,搞得不好,相互制约。很多新问题都是从这里面产生出来的。从农村来说,必须服务城市,才能致富农村。这就要认真研究如何服务城市?如我们重庆,购与销是110多亿,购是60亿,销是40多亿,农村就要研究怎样把城市的这60多亿的相当部分流到农村来。从城市来说,必须服务农村,才能发展城市。城市要发展,也要认真研究如何服务农村?城市和农村的关系是互相服务、互相依托的关系,谁也离不开谁,谁也需要谁。当然,国民经济的主导方面在城市,因此,市带县的主导方面是城市。城市支持农村的工作做得越好,农村服务城市的功能就越强。实际上,城市支持、服务农村,也是支持、服务自己。这种支持和服务,是互利互惠的,是等价交换的,但作为国民经济主体的城市来说,帮助农村发展是义不容辞、责无旁贷的。城市各行各业都要提高这一认识,要从不同方面去研究农村,认识农村,发展农村。

(二)工作要落实

汉卿同志已讲得很全面,农业方面的同志也谈得很好,大会也有很多精彩的发言,我这里只是提出一些问题。

第一个问题,关于农业生产的问题。农业生产,在正常的情况下没有问题,问题一是如果出现不正常情况怎样才能抓好生产?天有不测风云,人有旦夕祸福。十一届三中全会以后,老天爷年年帮忙,去年就不太帮忙了,整个四川都有一点小灾害。但小灾害给我们提出了大问题,这就是:不要以为你们开了十一届三中全会,天老爷就年年风调雨顺。没有这个道理。十一届三中全会之后的七年里,风调雨顺的时间比较长,对自然灾害的观念有所淡漠。如果出现灾害怎么办?要作好两手准备才行。中国农业自然科学院和省、市气象部门预测,今年的灾害可能比往年偏重、偏多一点。(……)在当前科学技术水平和人力物力条件下,我们对自然灾害还不能硬碰,只能趋利避害。自然灾害一经形成,确实是无能为力的。因此,要及早作好思想上的准备,技术上的准备,物资上的准备。要加强对虫害的预测预报,加强信息反馈,这样,个别地方一经发现虫害,就能及时地进行治理。所以,我们一定要有两手准备,经常想一下,在正常年景下如何组织生产?在不正常的情况下又如何组织生产?要把这个问题提到议事日程上来。

第二个问题,关于搞活流通的问题。发展农业,必须树立大农业、大商品经济观念,也就是说,要把流通的观念,市场的观念,商品经济的观念,融合在生产的观念中去。农村干部的生产观念很强,流通、市场和商品经济的观念正在逐渐加深之中,但有些人还没有很好地树立起来。重庆市1100万农业人口,是一个非常广阔的市场。我们对这个市场却研究得少。市级各个部门,除了农业部门有一些研究外,其他部门,我看是若明若暗者多。这就不好了。1405万人口,城市人口只有310万,其他都是农村人口。这样众多的人口,为什么不把它作为一个主题来研究呢?这还仅仅是重庆的辖区范围。四川1亿人口,盆地有20万平方公里,农业人口占了很大比重。我们要研究啊!市级各部门,从现在起,要了解农村真正需要什么,农民真正需什么,只有这样,城市经济才有可能发展。前一段时间,禽蛋和鸡鸭鹅比较紧张,我们曾考虑过依靠一家一户的老太太,也曾想过依靠现代化的养鸡场。究竟走什么道路?在今年春节的初一、初二,我去了巴县的界石镇,看了种鸡场,他们采取场与户相结合,现代化的养鸡场与一家一户的老太太相结合。洋中有土,土中有洋,土洋结合,这确实是一条好道路。因此,我们要研究,什么叫从我们自己的实际出发?

目前,农村流通领域里发生了许多新的问题,影响了农村商品经济的发展。反映最强烈的,一个是柑桔,一个是蔬菜。去年柑桔的产量并不是多得不得了,但由于流通体制中的问题没有很好解决,采取一保外贸,二保加工,三保贮藏的做法,又由于对信息分析不够,对市场研究不够,结果加大了农民和我们自己的鲜果贮藏量,降低了鲜果效益,使得广柑现在的价格比前段还要低,烂果的问题比较严重。蔬菜也是如此。由于去冬以来气候适宜蔬菜生长,又开辟了二线菜地,远郊农民种菜增多,外地菜也涌来我市,而我们研究不够,估计不足,一下子把蔬菜价格压得太低。春节后才与北京、天津联系。这两个地方的蔬菜供应紧张。他那里差菜,我这里烂菜,这是一个什么问题呢?就是一个流通问题。这就说明,在农村的服务体系未建立起来之前,在流通不畅的问题未解决之前,生产就是上去了,也会碰到买难卖难的问题。当前,煤油、柴油、化肥很紧张,这里有生产上的问题,也有流通上的问题。因此,市级有关部门和区县的同志都要研究市场。小市场就是小城镇,中市场就是中城市,大市场就是大城市。城市离开了市场就不成其为城市。要把城市与农村联系在一起,把商业和农业、工业和农业很好地结合在一起,建立多种多样的新的商业形式,实行多渠道的直线流通。各县都有自己的毗邻地区,也都有一个"边境贸易"。看市场,不要光看我这个县里有那么几个场镇,今天赶一四七,明天赶三六九,要把市场观点扩大一点。要抓市场就要抓小城镇建设。小城镇是与流通和市场连在一起的。流通搞好了,小城镇自然就形成了。

目前,我们有的地区在考虑这个问题时,不是首先从流通、从市场的角度来考虑小城镇建设,这就容易事倍功半;如果倒过来,把小城镇看成是一个集市的枢纽,流通的枢纽,从这样的观点出发搞小城镇建设,就会事半功倍。小城镇建设,要先抓好交通。今年正月初二在长生镇,我就感到有点问题:修了很多房屋,但路却很糟糕。正月初一、初二都是艳阳天,但车子走在里面真是自找苦吃。要明白,交通有了才有流通,流通有了自然就会形成小城镇。请交通局在3月份内把巴县、南岸的同志找在一起开个会,如何从南岸走黄桷垭,翻上去走长生,这样就可以把"三南"搞活。"三南"就是南坪、南山、南泉。

第三个问题,关于经济效益的问题。农村经济是有计划的商品经济的一个重要组成部分。商品是为进入市场去交换而生产的,不是为自己消费而生产的。我们要在商品交换中获得更好的效益,就必须在生产、经营中讲求经济核算,降低生产成本,研究投入和产出的关系,注重经济效益,这里就有一个质量问题。不光农产品有一个质量问题,乡镇企业更有质量问题。重庆农村的优势是柑桔和生猪,就以这两大优势来说,生猪去年出槽700多万头,这样大一个数量,从一个大城市来说,确实是难能可贵的。这是我们的优势。但也要看到,如果现在不改良猪种,不把现在的普通猪型转向瘦肉型猪,这个优势就要逐渐被丧失掉。这确实要引起警惕。再如柑桔,产量占全国总产量的1/15,是我国最大的基地之一,但是,盛名之下,其实难副。广柑的酸度太大。原来有很多优良品种也并不优良,退化了。我举的这两个引以为自豪的拳头产品都存在一个质量问题,何况其他产品呢!所以,必须要提高产品的质量,注重经济效益。

第四个问题,关于乡镇企业的问题。三年来,乡镇企业发展很快,1982年的产值是6.8亿元,去年是26.8亿元,翻了两番多。去年一年乡镇企业就增长了10.5亿元,接近全市社会总产值增长部分的一半。但是,我市的乡镇企业还处于起步阶段,不是起飞阶段。起步阶段底子较薄,基础较差,规模较小，因此，市级各部门还要支持、帮助乡镇企业发展。各区县除狠抓粮食、狠抓农副业外，还必须狠抓乡镇企业，这是重庆市的经验，是长江三角洲、珠江三角洲的经验。这个经验已为多数区县的同志所认识，但还没有被所有区县的同志所认识，这就是有些地区乡镇企业发展得不够快的一个重要原因。乡镇企业一定要讲究经济效益，坚持好中求快的原则。怎样才能好中求快？群众得到了实惠才快得起来，只有在有利于宏观协调的基础上才快得起来，不能单凭我们的主观愿望。县里都想有若干骨干企业，但当前市有困难，区县也有困难，因此，发展的重点应放在户办、联办、队办和集体企业上，不要一开始就想挖个金娃娃。没有条件，或条件未成熟前，是挖不出金娃娃的。积少成多，集腋成裘，聚沙成塔。这样，才有可能搞较大的企业。

发展乡镇企业要注意抓劳务输出。重庆市农村有五百多万劳动力，是一个很大优势，而我们对这个优势还利用得不够。因此，要尽快把队伍组织起来，打出去，到贵州、云南、西藏、西北去，到沿海去，还要打向国外去，打向太平洋去。劳务输出叫一举数得，是空手出门，抱财归家。两个拳头一张口就出去了，回来少则三四百元，多则一二千元。农村每年人平增加几十元，真够我们干的，而劳务输出，一个人出去搞两三百元不在话下。劳务输出不仅可以增加收入，出去后见多识广，沟通了信息，打开了眼界，锻炼了人才，回过头来，对发展乡镇企业，加快农副业的发展，都有好处。这也是许多地方共同的一条经验。劳务输出的问题，请同志们回去以后好好地抓一下。

第五个问题，关于植树造林的问题。植树造林的周期较长，但首先是要把乱砍滥伐的歪风坚决刹住。对乱砍滥伐，抓住以后，必须按照《森林法》严惩严办，不然这股风刹不下去。群众反映说，砍一棵树子罚五毛钱，是象征性的，下不为例。可是有多少树子可以下不为例啊！因此，砍了一棵，罚他栽一百棵，而且要保证成活。我们祖先给我们种的树，在我们手里能不能保住？过去古人说不能当不肖子孙，我看我们两个都不能当，一不能当不肖子孙，二不能当不肖祖宗。把老一辈种的树乱砍滥伐掉了，叫不肖子孙；今天该你种树你不种树，这就叫不肖祖宗，以后后人会埋怨我们的。要把植树造林作为每年政绩考核的重要内容。建议市人大与区县人大商量一下，立一个法，每年区县长都必须向人大报告一次植树造林的情况。留得政绩在人间，什么政绩？其中一个就是绿树成荫，满眼皆青，造福我们的子孙后代。区县首先要把城关和城关周围的树种好，把所有道路两旁的树种好，把老百姓屋前屋后的树种好。区县长离任的时候，必须要向广大县民、区民报告：在你任期之内，增加了多少树，成活了多少。这要作为立法规定下来。

（三）作风要落实

耀邦同志最近在视察贵州、云南、广西时指出：从我们党的历史经验看，要使干部很好地成长，必须从两个方面下功夫，一要掌握知识，包括理论知识，二要从实际中去了解情况，努力实践。因此，耀邦同志提出一要向上攀登，即向知识高峰，向理论高峰攀登；二要向下深入，在实践中，在了解情况中向下深入。我这里着重谈向下深入的问题，因为这一条对于我们从事农村工作的同志来说有着特殊的重要意义。在区县委书记汇报会上，有同志提出要求加强分类指导。这个要求是正确的。怎么才能分类指导呢？分类指导就要做到因地制宜；怎样才能做到因地制宜呢？这就要调查研究。因此，这个次序首先是调查研究，然后是因地制宜，再才是分类指导。如果凭空去分类指导，我看是要出毛病的。

在农村实行联产承包责任制、发展商品经济中，谁是相对独立的商品生产者和经营者呢？是农民。这与过去公社、大队、生产队三级所有，队为基础有着很大的差别。党的方针政策怎么落实？生产指导和帮助怎么落实？脱贫致富的规划怎么落实？落实在哪里？落实在一家一户中去。离开一家一户就没有工作可言。因此，我们所谓的向下深入，就是深入到一家一户中去。农民要求脱贫致富，我们希望致富农民，这两个想法是相吻合的。但是，一家一户的农民如何脱贫致富，要和我们的宏观要求衔接，结合在一起。这就要求我们的干部深入下去，一户一户地进行帮助。市的同志下乡，不只是在县里走一走，还要深入到区、乡、村、户；县的同志、乡的同志更是如此。要在一家一户中进行调查帮助。只有这样，才能把工作落到实处。

中共重庆市委、重庆市人民政府关于增加农业投入进一步改善生产条件的意见

（1986年3月18日）

"七五"期间是我国经济发展的一个重要时期。根据"七五"计划要求，我市到1990年，粮食总产量要达到115亿斤，农业总产值要达到53亿元。要保持农业的持续稳定发展，除了继续发挥政策威力外，还需要依靠科学技术，增加对农业的投入，不断改善生产条件，把农业生产建立在新的物质技术基础之上，以增强农业的后劲。为此，现根据中央〔1986〕1号文件精神，结合我市农村实际，对增加投入、改善农业生产条件提出以下意见：

一、进一步提高对增加农业投入，改善生产条件重要性的认识

农业基本建设是农业获得稳定增产的保障，不改变生产条件，农业翻番就难以实现。建国以来，党和政府十分重视对农业的投入，从我市来看，用于农业的资金在地方财力支出中的比重一般都占10%以上，最高的达到18.6%，农业的投入促进了农业生产条件的改善。迄今，全市已建成各类水利工程8.1万多处，灌溉面积493万亩；农业机械总动力达182万马力；小水电装机容量达到7万千瓦。年发电量2.8亿度；成片造林120多万亩；建成了一批农业科研、技术推广、人才培训基地。这些物质技术基础设施的建成，对促进我市农业增产起了积极的作用。党的十一届三中全会以来，我市农业能获得连年丰收，主要原因是经过改革使原有的增产潜力集中迸发的结果。但是，近几年来，随着国民经济的调整，我市用于农业的投资降低，集体和农民的劳动积累减少，加之农业生产责任制不够完善，新的管理措施不力，致使我市农业生产条件不但没有新的改善，而且原有的水利工程损毁严重，地力衰退，提灌机具老化。整个农业"近景有喜、远景有忧、后动不足"。如不尽快改变这种状况，势必严重地阻碍农业的稳定发展。因此，各级党政领导一定要对这一问题引起足够的重视，充分认识增加农业投入是提高生产力，增强农业后劲，进一步发展商品生产，繁荣农村经济的重大措施。在全面进行经济改革中，决不能忽视生产力的发展，要把增加农业投入，改善生产条件的工作提上重要议事日程，采取有力措施，切实抓出成效。

二、农业投入的重点和要求

根据我市农村现有的经济水平，农业上增加投资的重点应主要用于改善农业的基础条件。一是农业的基础设施建设，如农田水利、机电提灌、植树造林、交通运输等；二是发展为农业服务的基础工业，如农副产品加工业、饲料工业、化肥工业、农机具制造业等；三是推广农业科学技术和人才培训，包括落实国家科委提出的"星火计划"等；四是农业商品生产基地的流通服务体系的基础设施建设。1986年要集中力量恢复农田有效灌溉面积100万亩；加固水库工程9个；新建输变电工程2个；发展农村小水电、小火电19处；营造速生丰产林基地4万亩；建立农业技术服务中心4个；扶持瘦肉型猪和鱼、柑桔、黄桃、油桐等商品生产基地各1个；继续加强一部分场、站、所、校的基础设施建设；搞好中央在渝安排的奶、鱼、柑桔等配套项目建设。至

于一般的小型农田基本建设和水土保持,则主要是依靠群众投劳解决。

三、积极解决好增加农业投入的资金来源

农村建设资金,除国家增加农业投资外,主要靠农村自身的积累。结合我市实际,应从以下几个方面增加对农业的投入。(1)市、区县地方财政应适当增加农业投入。今年市级财政用于市级农业基建和农业专项事业资金,在去年的实际支出基数上增加10%。但不包括中央各部门安排在我市的建设项目配套资金。今后再根据市的财力情况逐步增加。各区县的地方财力,也要根据自己情况,适当增加农业投资的比重。(2)继续实行"以工补农"。乡镇企业上交给乡、村、队(组)的20%的税后利润,应全部用于农业。企业要认真贯彻市府〔1985〕165号文件规定,如数上交。专款专存,不得挪用;国家从乡镇企业征收的所得税和工商税的增长部分中,拿出一部分用于农业征收的乡镇企业奖金税也应全部用于扶持农业。(3)收购生猪、柑桔、茶叶、蚕茧、甘蔗等农产品提取的生产扶持费或生产开发基金,主要用于以业养业、发展生产。(4)地区性合作经济组织,应按规定坚持提留公共积累,对农机、水电设施等应建立固定资产折旧制度和大修费管理制度。(5)农业银行和信用社要适当增加农业贷款的比重。(6)发动和组织群众,按照自愿互利的原则,集资联办农业建设事业,坚持谁投资、谁经营、谁享受经济效益。(7)建立群众劳动积累制度,搞好劳动积累。群众投劳要贯彻谁受益、谁投劳的原则。劳动积累只能是协作兴办农田建设。投劳制度由乡人民代表大会根据自己的实际情况讨论决定。(8)地方财政预算内"支持农村生产支出"和收取的土地荒芜费的一部分,用于农业。

四、加强对农业基建和农业专项事业资金的管理,提高投资效益

从1986年起,市、区县计委、财政部门在安排整个地方财政总盘子之前应征求农委(办)对于农业基建和农业专项事业的资金的安排意见,然后共同协商,共同分配。农用资金的安排,必须按照"适当集中,保证重点,统筹安排,注意效益"的原则,严格实行项目管理,坚持按基建程序办事,把有限的资金真正用在刀刃上,增强专项资金的使用活力。

五、稳定农用生产资料价格,搞好农用物资的供应

对农用生产资料要继续实行价格补贴,保持销售价格相对稳定。地方生产的小化肥,可适当降低销售价,生产企业经过努力确实消化不了而发生亏损的,可酌情减免税收。今年由于中央统配化肥减少,农业生产用肥增加,全市化肥供需缺口较大。因此,有关部门要采取措施尽可能保证化肥生产所需的电力和天然气供应。对维修农机具和生产小型农具所需的钢材和生铁,每年由市计委按标准戴帽下达给区县,专材专用;分配给二轻和乡镇企业的边角材料要用于铁制农具的生产。为了应付急需,各区县回收的废钢铁中属区县留用的部分可先用于铁制农具的生产。今后凡国家分配的农用物资和生产资料,任何部门和单位不得截留和挪用,对截留、挪用造成生产损失的,要追究其责任,以确保农业生产和建设需用,加速农业发展。

中共重庆市委、重庆市人民政府关于进一步搞活农副产品流通的意见

(1986年3月28日)

生产决定流通,流通促进生产。商品经济的发展,必须有与之相适应的商品交换形式。近几年来,经过调整购销政策,扩大市场调节,加强供销社的综合服务工作,发挥国营商业的主渠道作用,敞开城门,开辟多层次、多形式的农副产品进城渠道,初步建立了农副产品的市场体系。总的讲农副产品渠道是基本畅通的。取消农副产品的统派购制度,这是一项很大的改革。由于当前正处在新旧体制的交替时期,难免出现思想跟不上,工作不适应,政策不配套的问题。生产与市场,供应与需求都还有脱节的地方,有少数农副产品还存在卖难和买难的情况。为了适应农村商品经济的大发展,1986年搞活农副产品流通总的要求是:坚持改革,稳定政策,扩大流通,完善服务,促进农村商品经济持续稳定协调发展。

一、主要农副产品坚持指导性计划

主要农副产品取消指令性计划,实行指导性计划,方向是正确的。这是实现有计划的商品生产,实现社会总需求和供应基本平衡的重要条件。只有坚持指导性计划,才能保证生产的稳定,人民生活的稳定,社会秩序的稳定。

粮食:今年市下达的12亿斤合同定购任务必须完成。为合理调节粮油调出地区与调入地区之间的经济利益,市内区、县间粮油调拨,按省内地、市间粮油调拨经营费标准的规定执行。黄豆、糯米、胡豆、豌豆等小品种供需矛盾十分突出,每年我市都要从外地大量调进黄豆、糯米安排市场。今年,对这些小品种要采取行政和经济的措施。一是纳入定购计划,与农民签订合同;二是提高收购价格,按照不高于市外调入成本价的原则掌握。鼓励农民调整产品结构,发展生产,增加收入。对收购中发生的差价,调市部分,由市承担;区县自用部分,由各区县自行解决。具体方法由市财政局和市粮食局另行下达。

柑桔:要处理好内、外贸关系。外贸计划必须完成。收购外贸出口鲜果可采取建立外贸基地划片定点,由供销社等经营单位按外贸出口标准,优质优价收购。内贸从产新开始就实行多渠道经营。对制罐原料,工厂可以直接深入产区收购,也可以委托供销社等部门代购。为保护果农利益和市场供应,产区县要统筹协调收购工作和收购价格。

对生猪和基地蔬菜继续实行指导性计划,按照市场需要组织生产和流通。

二、完善产销合同制

产销合同不单纯是购销关系,而是在商品经济条件下联系城市和农村、生产和市场的纽带,是实现指导性计划的重要措施。要提高对合同制的认识,全市要结合普及法律知识的教育,抓好合同法的宣传,提高执行合同的自觉性,维护合同法的尊严。对主要的农副产品,都要实行合同制。合同应本着自愿互惠的原则,明确约定双方的权利和义务,做到利益共享,风险共担。产销合同一般要包括以下内容,一是交售的品种、数量、质量和时间;二是明确收购价格,除粮食执行国家统一规定的价格外,其他品种当市场价格低于合同价时,按合同价收购,当市场价格高于合同价时,既可协商作价,也可执行合同价,但要适当返还利润,以保证生产者的利益和积极性;三是合同期限应分产品的不同

情况,对当年生的农副产品可以一年一定,多年生的应一定几年不变;四是经营者要把提供资金、种籽、技术、生产资料、信息等产前产后服务纳入合同内容,促进合同的实现;五是合同一经签订就具有法律效力,无论市场供过于求或供不应求都要严格履约,违约者要承担经济责任。发生合同纠纷,各级工商行政管理部门要受理仲裁。由于自然灾害等人力不可抗拒的因素,生产者确实不能执行合同时,不以违约论处。

三、城市要为大批量农副产品进城创造条件

城市是消化农副产品的主要市场,是农副产品实现其价值的最终点。城市要敞开城门,为大批量农副产品进城提供方便和优质服务。

批发市场是大批量农副产品聚散地,各级政府要把建设大中型农副产品批发市场作为一项重要工作认真落实。市中区要力争在上半年内完成朝东路、菜园坝、大溪沟三个批发市场的建设。沙坪坝、九龙坡、江北、南岸、大渡口、北碚、南桐、双桥等区,今年内必须建成一至二个批发市场。各区、县还可以采取与农民联办、与企业联办等多种形式,改建和增加农贸市场,认真解决暴市和农民的日晒雨淋问题。要完善设施,向农民提供收费适当的食宿等多种服务。兴建批发市场和改建农贸市场,要纳入城市建设规划统一安排。所需资金由城市配套费、市场管理费拨出专款。同级财政适当补助,银行要从贷款上给予支持。

公安和城管部门要处理好城市管理与农副产品进城的关系,既要加强城市管理,又要有利于农副产品进城,一些不必要的禁令和限制要废止和取消,让装运鲜活商品的车辆能够进得来,出得去。

工商行政管理部门要加强市场管理,保护合法经营,对那些欺行霸市、投机倒把、哄抬物价、扰乱市场的菜霸、果霸、鱼霸等要坚决打击,保护农民的合法权益。

生产靠流通,流通靠交通。市区县交通航运部门要进一步增辟线路,增加车(船)次,增设专车,调整营运时间,适应农副产品进城的需要。

四、充分发挥供销社在搞活农副产品流通中的主导作用

供销社承担着大量农副产品的收购以及生产和消费资料供应的繁重任务。其主导作用发挥如何,对搞活农副产品流通至关重要。供销社要围绕"农"字深入改革,积极推行合作制、合同制和代理制。同农民实行各种形式的经济联合,把供销社的利益同农民的利益紧密结合起来,引导农民走社会主义道路,使供销社彻底成为农民群众的合作商业。要围绕重点产品,提供良种、技术、加工、贮运、销售等系列化服务,通过服务逐步发展专业性合作组织。兴办以农副产品为原料的加工业,是使农产品增值,致富农村,开拓市场的重要途径。对供销社办的农副产品加工厂所需的计划统配物资,应纳入市区县计划,统筹安排。供销社要对农村市场负责,根据农民的需要不断调整和扩大经营服务范围,各级主管部门要积极支持。农村需要的工业品,凡需计划分配和紧缺商品,应按比例分配给农村,不允许层层克扣和以畅搭滞。

国家对各级供销社在财政、税收、信贷、人事制度方面,都要按集体所有制的合作商业对待,并给予必要的优惠。

五、国营商业要为搞活农副产品流通提供优良服务

农副产品放开后,国营商业、外贸、医药、计划、物资等部门,都要从过去的统购统销和管理型转变为服务经营型,搞活流通,促进农村商品经济的发展。

市区县经营农副产品的专业公司,要端正经营思想,抓本行,务本业,不能丢掉主营业务。要从宏观高度,对主营商品的发展做出统筹和规划。要抓住粮、猪、菜、果、鱼、茶、蚕、药等对人民生活和农村经济发展以及外贸出口有重要影响的骨干商品,通过多种联合形式,逐步形成相对集中的商品生产区,开发生产,开拓市场。要建立主营商品的贸易

货栈和批发市场,吞吐调剂,把农副产品吸引进来,辐射出去。同时,要充分利用现有的仓库、冷库、车队、船队等设施,向社会开放,为农副产品进城服务。

当前,中药材流通中的梗阻现象比较突出。中药材经营部门要树立生产观点和群众观点,正确处理好"多"与"少"的关系。"少"的时候,要积极扶持生产;"多"的时候,不能撒手不管,拒绝收购。要从保护农民的利益出发,千方百计打开药材销路。

农村需要的铁制中小农具十分紧缺。市和区县计划部门要对铁制中小农具所需的钢材,做出妥善安排,不误农时。同时,允许供销社在收购的废旧钢铁中,每月按收购量的20%～30%留用,专项用于生产铁制中小农具,不准挪作他用。

六、继续发展多渠道流通

多渠道经营,是搞活农副产品流通,发展商品生产的需要,必须坚持国家、集体、个体一齐上的方针。所有农副产品,都要实行多渠道经营。当前,要大力发展横向经济联合,建立跨地区、跨部门、跨行业的多种形式、多种所有制、多层次的新的商业组织。以农副产品为原料的工厂,要逐步建立原料基地,扶持生产,实行产销挂钩,直线流通。大型工矿企业、部队、院校可以利用自己的优势,从扶持生产入手,建立稳定的副食品供应基地。通过这些新的形式,衔接产销,沟通城乡,减少环节,拓宽渠道,搞活农副产品流通。

七、发展信息服务

信息是指导生产,搞活流通,实现有计划的商品经济的重要手段。凡农副产品的主管单位和经营部门,都要建立信息机构,连成信息网络,负责收集、整理信息服务资料,定期发布经济信息。市财办要办好《重庆商报》,开辟信息专版。农村基层商业部门,要汇集各条渠道的信息资料及时传递给农民,使农副产品生产减少盲目性,增强计划性。

八、加强对流通工作的领导

在商品经济日益发展的条件下,组织社会化商品大流通已经成为必然。各级领导要破小流通观点,立现代化全方位的大流通观点,纵观全局,统筹各方,把流通工作摆在重要位置切实抓好。市委、市府要有一位负责同志分管流通,协调各地区之间的关系,统筹流通各部门的工作。各区县也要进一步加强对流通工作的领导。

中共重庆市委、重庆市人民政府关于建立健全农业服务体系增强服务功能的意见

(1986年3月28日)

党的十一届三中全会以来,随着联产承包责任制的推行,农村不同形式、不同内容、不同规模、不同程度的服务组织相继建立。到目前为止,全市已建有乡(镇)农技推广服务站(公司)636个,农经服务站680个,兽医站815个,农机站791个。以专业户、联合体、专业生产者协会等形式筹建的服务组织也应运而生,推动了农村经济协调发展。但是应该看到,农村各种服务体系还很不健全,很不完善,远不能适应商品生产大发展的需要。主要表现在:机构不稳定,人员少,素质差,经费缺;工作不适应,农民举办的服务组织还处于萌芽状态,没有引起各级组织的足够重视和支持。因此,加强农村各种服务体系的建立健全和扩大服务内容,提高服务质量,满足广大农民群众对发展生产的要求,已成

为农村工作的一项十分紧迫而重要的任务。为此，对建立健全农村服务体系提出如下意见。

一、提高认识、摆正位置

社会化服务是发展农村商品经济的客观要求。商品生产的发展，要求在分工的基础上，进行越来越多、越来越广的协作和相互服务。随着农村生产力的发展，商品化、专业化程度的不断提高，农户在生产过程中有很多事是一家一户办不好的，需要社会化的服务帮助解决。如果这些工作跟不上，做得不好，不仅商品生产不能很好发展，而且农户分散自主经营的优越性也难以进一步发挥，农村经济只能停留在分散的小商品生产上，"两个转化"就落不到实处。今年中央1号文件强调指出："按照农民的要求提供良种、技术、加工、贮运、销售等系列化服务。坚持统分结合，切实做好技术服务、经营服务和必要的管理工作。"一定要做好服务工作，把建立健全农村服务体系摆到重要位置上，认真抓好。

二、建立健全各种服务体系

第一，要进一步办好农业部门举办的事业、企业服务性组织。当前，特别要把农技推广服务体系、畜牧兽医防疫体系、经营管理服务体系和农机化服务体系建立健全起来。其他服务体系，如乡镇企业、水电、林业、供销等也要根据农村发展商品生产的需要，建立健全服务组织，开展服务工作。

加强农业技术服务体系建设，已成为农村工作的一项十分重要而紧迫的任务。目前农技服务体系建设的重点是县、乡两级。

县：建立农业技术推广中心。将原属农业局的农技站、植保站、土肥站、经作站等与农科所、农场、农技培训学校结合在一起，建成试验、示范、推广、培训三结合的农业技术推广中心。牌子不摘，人员不动，体制不变，工作由"中心"统一领导和协调，行政上归农业局领导。

乡：建立农技推广服务站。乡农技站是农业技术综合服务组织，承担全乡各项农业技术服务工作。行政上由乡政府领导，业务上受"中心"指导。乡是农技推广工作的重点，必须把乡站建设好，至少要配备一名农技干部，或聘请一名农民技术员骨干，负责组织领导全站工作，其余农技人员可以在农民中通过考试、考核实行合同聘用。乡农技站是集体事业单位，实行"民办公助"。

村队确定若干科技户作为推广技术的示范点，进行技术推广工作。

这样就形成了以县农业技术推广服务中心为枢纽，上下联系自成体系的农技推广服务网络。

畜牧兽医防疫、经营管理、农机化管理服务体系，在我市已基本建立起来，但需要进一步健全。目前，工作开展较好的站（乡）、组（村）要总结经验，不断完善。工作开展较差的，要进行整顿，提高服务质量。还未建立的，要积极创造条件，抓紧建立起来。

第二，地区性合作经济组织（生产队），当前仍是农村经济的主要形式，具有一定的经济职能，要把它办好。应进一步完善统分结合的双层经营体制，搞好对农户的服务，充分发挥其作用，管好用好土地等生产资料和集体财产，不断完善生产责任制，搞好分配，办好机械、水利、植保、经营管理等服务工作。

第三，近年来，我市农村出现了一批农民根据自愿互利的原则，按产品或行业建立的服务组织，为农户提供良种、技术、加工、贮运、销售等服务，方式灵活多样，具有强大的生命力。它们将逐步发展成为专业性的合作组织，值得大力提倡和推广。

各种服务体系，要走多层次多渠道的路子，按照国家、集体、个人一齐上的方针，努力做好信息、生产、科技、生产经营和乡镇企业新技术引进、开发、人才培训等服务，促进产前、产中、产后服务配套，加速农村商品生产的发展。

三、需要解决的几个问题

1. 加强各种服务体系的组织建设。我市农村兴办的服务体系和服务组织都应加以肯定，同时并存，竞相发展，共同服务。已经办起来的乡级农技、兽防、农经、农机等服务组织，要巩固健全，凡撤销了的,要尽快恢复,配齐人员。没有建立的,要抓紧建立起来。乡农技站一般要配备农技、植保、经作等技术人员,专职从事农业技术指导和推广工作。群众联合的服务组织的领导成员由民主选举产生,服务范围不受地域限制,有关业务部门应积极支持,加强领导。离退休的技术人员应允许参加服务组织,并可取得合理补贴。

2. 经费来源。县级服务单位经费由事业费开支;乡聘请的技术员由农业事业费开支,地方财政适当补助;群众性和合作经济组织举办的服务事业,主要是通过收取服务费的办法解决。

3. 服务宗旨和收费问题。各种服务组织,应以服务为宗旨,不以营利为目的,坚持优质服务,合理收费。国家举办的服务体系,对农民的技术服务,应以无偿或低偿为主。凡是国家有专项事业费拨款的各项经济技术服务项目不准再收费。群众合作经济组织举办各种服务,应坚持谁受益谁负担的原则,收费也要合理。服务收费的标准和办法由主管部门与有关单位协商确定。

4. 积极支持服务单位组织收入发展服务事业。允许各种服务组织,在遵守国家政策法令的前提下,经营或代购代销与自身业务有关的生产资料和农副产品,所得收入,主要用于发展服务事业。在贷款和税收上给予优惠照顾,对他们经营的农药、农药器械、化肥、农用地膜等生产资料应予以免税,以资扶持。各种服务组织的收入,其他部门不得平调、挪用和提取费用。

四、加强领导

加强农村服务工作的领导,对于推动农村改革深入发展和进一步振兴农村经济,具有重要的意义。农村各级领导,一定要像抓改革那样,把农村服务工作抓好。首先,要有专人分管,把这项工作摆在领导的议事日程上。第二,要抓好人员的配备、班子的建设。乡级服务组织聘请的技术员由区乡提名,上级主管部门进行业务考核、审定。第三,各种服务组织在乡政府的统一领导下工作,业务上受上级业务部门领导,发挥专业人员的专长,搞好本行工作。第四,对一些组织涣散,工作无人负责的组织,要采取措施,限期改变,把服务工作切实抓紧抓好。群众性服务组织的建立,经乡政府审查后,报区公所批准,技术性强的报县有关部门核定,参与经营活动的项目报工商部门批准。

认识农村　带动农村　城乡结合　共同发展

——于汉卿同志向市级机关处以上干部传达中央〔1986〕1号文件和中央、省委农村工作会议精神的讲话要点

市里对中央今年1号文件精神、中央和省委两个农村工作会议精神,准备分两步传达贯彻:区县和市级机关分别在2月底以前全面地、联系实际地向广大农村干部和群众以及市、县机关干部传达,作为正式贯彻的第一步;第二步在专题调查、提出改革方案的基础上,召开市委农村工作会议,作深入一步的贯彻落实,时间大体在3月上旬。

这里只就1号文件和两个会议的精神,侧重对农村的形势和任务、农业的地位和作用、改革的安排和部署,联系重庆农村的实际,作一个简要的传达。

一、关于农村的形势和任务

正确估计形势,才能做出正确的决策。中央发布前四个1号文件的时候,人们对形势的认识比较一致。发出今年这个1号文件的时候,人们对形势的认识存在一些争议,主要是去年农村进入第二步改革之后,调整产业结构正遇上粮食减产,放开农

产品统派购又遇上价格调整,乡镇企业发展也遇上"四个紧缩"。在这种情况下,有人认为粮食减了点形势不好,价格涨了点形势不好,乡镇企业发展快了点形势不好。以为这是调整产业结构、取消统派购制度、片面抓乡镇企业造成的。似乎农村形势不好了。

讲农村形势,实质上是讲农村改革的形势。去年城乡改革都迈出了一大步,特别是价格、工资、农产品收购制度的改革,步子迈得相当大。用小平同志的话来说,叫作"走了勇敢的一步"。〈……〉并指出,形势很好要充分肯定,意见不少要具体分析。

"形势很好",好在哪里?万里同志讲:"最根本的标志是经过改革,整个农村经济活起来了,农民的主动权大了,积极性高了。有些地方由于种种原因,部分农民种粮的积极性有所降低,但即使在这样的地方,农民总的生产积极性并不低,要求致富的积极性不低。"这是农村经济能够持续稳定地发展的重要条件。去年,虽然自然灾害严重,粮食总产下降,但是农村的经济持续发展,政治安定团结。具体反映在粮减钱增、有灾无荒、市场繁荣三个方面。

粮减钱增,增在经济作物上,增在乡镇企业上,增在劳务收入上。去年,全国粮食减产500亿斤,全省粮食减产59亿斤,我市也减产8亿多斤,应该说减的数量是不小的,可是农民的收入也是增加较多的一年。主要是经济作物增产增收。去年,全国乡镇企业的发展都是最困难的一年,但增长速度又是最快、效益最好的一年,产值增长幅度全国为35%,全省为46%,我们市为60.8%。全市劳动力转移10万人,增长15%。去年,人平纯收入增长,全国45元,全省30元,我市36元。其中:从经济作物、牧畜、林果、渔业等的收入占55.2%,比前年增收16.4%;从二、三产业和劳务的收入占29.2%,比前年增收68.4%。这与产业结构调整、放开搞活是分不开的。

有灾无荒,全国如此,全省如此,重庆也如此。一方面是农民的钱增收,手中有钱,心里也就不慌。另一方面是粮食尽管减产8亿多斤,总产量仍高于1982年,农民人均生产粮食仍接近1000斤,扣除合同订购、种子等,也还有800斤,并未伤筋动骨。农民手中有存款,家中有余粮;国家有库存,供应有保证。社会秩序,农民情绪,都是安定的,经济上仍然保持兴旺、繁荣的势头。当然不是说粮食减产是好事,可以漫不经心,而是要慎重对待,引起重视,但不要惊慌失措。

市场繁荣。主要是调整产业结构,把农民引入市场,按市场需求安排生产。千家万户动脑筋,比少数人作安排,当然周到得多,丰富得多。以大家关心的蔬菜为例,二线菜地起码在5万亩以上。巴县白市区反映,全区新增菜地2万亩左右,他们在涵谷山洞口统计了一个凌晨,拉菜进城的自行车,就达3800多辆,略30万斤菜。如果国家投资安排这么多的二线菜地,那是受不了的。猪肉市场,更是公认的"市场繁荣,价格稳定",只是有一定的也可说是合理的季节差和地区差。

经济形势好,说到底是改革形势好。〈……〉曾记得:农村第一步的改革,创造了"粮食大增产"的奇迹,称之为"没有预料到";农村第二步的改革,创造了收入大增加的奇迹,又一个"没有预料到"。这是符合实际的估价。〈……〉,可以设想一下:一种情况是不适时改变农产品收购制度,不调整产业结构,老天爷再帮忙,粮食来个大丰收,大量粮食国家不能代购,就肯定会出现谷贱伤农的现象,严重挫伤农民的积极性。另一种情况是老天爷不帮忙,粮食减产,而我们又没有进行农业结构调整,经济作物就上不去,农民收入就会大量减少,也会挫伤农民的积极性。去年的结果,以上两种情况都没有出现。而出现的是粮减产,钱增收,有灾无荒,市场繁荣,人心安定,社会安定。这证明农村经济已走上有计划地发展商品经济的轨道,这是农村经济形势的主流。

"意见不少"有哪些意见?共同担心的是粮食减产,有没有指导思想的错误?物价上涨有没有经济改革的失误?这些的确需要作具体分析。

粮食减产的原因,田纪云同志分析了三条:一是自然灾害严重,这是难以抗御的,但有的地方由

一、农村改革

于近年来水利失修,加重了受灾程度;二是调整产业结构,退耕还林、还牧、还渔,调减种植面积,总的看是正常的;三是有些地方管理放松,经营粗放,工作中也存在一些问题。这是符合实际的。值得重视的苗头是"经营粗放",它反映了在近郊区和经济较发达地区的农民,存在种粮积极性下降的迹象。但不能认为是调整结构和发展乡镇企业的影响和失误。早在1983年,农民就开始自觉调整,粮食播种面积减少67万多亩,1984年又减少58万多亩,1985再减少47万多亩,3年减少174万亩。同时,经济作物的比重上升,1983年为12%,1984年为13%,1985年为15%。这一年取消统派购制度,创造了良好条件,大跨了一步,也只多1%。实际上调整了三年,前两年的调整,粮食面积减少,"两杂"良种面积增加;单产低的小麦面积减少,单产高的水稻面积增加。结果面积减、产量增,粮钱都增长。而去年的调整,却遇到良种退变、新良种没顶上。这说明两个问题:一是调整产业结构是经济发展的必然规律,不以人的意志为转移;二是调整产业结构必须同生产力发展、科学技术进步配起套来,不然要吃苦头。粮食这个基础如何稳定发展?农民种粮积极性如何提高?这确是一个大课题。

价格上升。从农副产品方面看,有其合理的部分,也有其不应升的部分。过去实行统派购制度,价格与价值背离,既不反映价值规律,又不反映供求关系。国家有计划地调了一些价格,如生猪,提价后符合价值规律,调动了农民养猪的积极性,出槽多,价格平稳。其余大多数品种是市场调节,按供求关系升降,如柑桔,近两年来升的幅度达百分之七八十,是农产品中涨价最多的一个品种,反映了柑桔少,供不应求,同时大大地刺激了农民种柑桔的热情。物资丰富是价格平稳的基础,它预兆着将来柑桔价格的稳定。这都属于结构性的调整。不应该涨的部分,主要是流通体制不完善,比如生猪,卖猪最难的1980年,才出槽480万头;吃降价冻肉的是1983年,算为"卖肉难"吧!出槽肥猪也才500万头。实行多渠道、多把刀经营之后,"卖猪难""买肉难"的问题都迎刃而解了。到了出槽肥猪多达600万头的1985年1月,放开统派购后,一时还出现了买猪难。后来,国营食品部门参与市场调节,改变作风,直线流通,横向联系,很快出现了既无"卖难",也无"买难";既调节市场,又稳定物价的局面。农副产品价格放开,进一步调动了生产者和经营者的积极性,促进了商品经济的发展,这是大家有目共睹的。蔬菜则不然,稍少时价格偏高,藤藤菜卖一两角钱一斤,损害消费者的利益;稍多时价格偏低,两三分钱一斤的莲花白菜,伤害生产者的积极性。解决了国营商业参与调节的问题,情况就大不一样。还有一种情况是价格放开以后,市场秩序尚未确立,漏洞很多,引起一些投机者乘机谋取非法利益。如何搞活流通、建立良好的市场秩序,这又是一个大课题。对一些问题的争论是很自然的。第一步改革时,对包产到户争论很大,在实践中统一了。第二步改革时,对取消统派购制度有争论,也将在实践中得到统一。目前,出现这些争论的原因,归纳为两个方面:一是正处在新旧体制交替时期,新体制正开始建立,旧体制还在起作用,在改革中难免有不适应、不协调、不配套的地方;二是要求过高,胃口过大,反而容易产生埋怨情绪。这一估计确实抓住了问题的关键。这并不是说就没有问题了,争论的问题,正是要解决的难题。过去的成绩主要来自改革,今后的进步仍然依靠改革。改革中的问题,只有通过深入改革来解决。走回头路是没有出路的。只要把业已开始的改革坚持下去,把党的各项政策认真加以落实,调动起一切积极因素,问题再多,难题再大,也会一个一个地得到解决。针对当前农村改革和经济发展形势,中央明确提出1986年农村工作总的要求是:落实政策,深入改革,改善农业生产条件,组织产前产后服务,推动农村经济持续稳定协调。

二、关于农业的地位和作用

今年的1号文件,分析了新的形势和任务之后,首先提出了进一步摆正农业在国民经济中的地位问题。文件指出:发展国民经济以农业为基础,不但反映经济规律,也反映着自然规律,必须坚定不移地把它作为一个长期的战略方针。我国是10亿人口、8亿农民的大国，绝不能由于农业情况有了好转就放松农业，也不能因为农业基础建设周期长、见效慢而忽视对农业的投资，更不能因为农业占国民经济产值的比重逐步下降而否定农业的基础地位。作为发展中国家，我们在工业化过程中，必须力求避免出现农业停滞的现象。

发展国民经济以农业为基础，这不是新提法。为什么现在要重申呢？这是因为在大好形势下面，还潜伏着危机，还有许多新问题，现在已经到了需要重新认识的时候了。

第一，是进一步发展农业的需要。

十一届三中全会以来，国家和集体对农业的投入逐渐减少，农民的投资和投劳急剧增加，换来了生产的大幅度提高。但这个提高又与原来积累的物质技术基础分不开。原来的水利工程、科技储备、机械投入，在家庭承包条件下发挥了效益，带来了高速度。这是多年累积的生产潜力集中在短期内迸发的结果。生产上去了，农业生产条件没有多少改变，生产设施反而有所毁坏。已有的水利工程退化老化，年久失修，灌面减少，新的工程上的很少。治山治水，有的停滞，有的小打小闹。农业的物质基础十分脆弱，经不起风吹雨打。加上，农民温饱解决了，对以农业为基础的观念有所淡薄，放松领导，忽视服务，许多问题难以解决。去年一遇天灾，就暴露了农业的近景有喜、远景有忧、基础脆弱、后劲不足的苗头。必须改善农业生产条件，必须适当增加投入。

中央1号文件和中央、省委已经采取了一些措施，作了一些规定，以稳定和加强农业这个基础。

①1号文件规定，为了保持工业与农业的均衡发展，从"七五"计划开始，国家对农业基本建设的投资和事业费，将适当增加。省里已有考虑，市的财政、区县的财政，都应做出安排。今后对农业的投资，各级要有所分工。国家增加的投资，主要用于大江大河的综合治理和开发上；省以下，要更多地用于一般水利工程，用于发展商品基地建设。至于小型水利工程、农田基本建设，应主要依靠县、区、乡的力量，依靠农民自己搞劳动积累。同时1号文件还规定，国家从征收的乡镇企业所得税和工商税的增长部分中，拿出一部分用于农业；从乡镇企业征收的奖金税，全部归乡镇掌握，用于农业，不准挪用。这些都是增加投入的政策和措施。

②为了支持农业，信贷政策上也有放宽。1号文件规定：要分地区适当降低信用社提存准备金的比例，不准向信用社下达指令性转存款指标。省里已做出建议：一般县的信用社准备金由过去的30％降到25％，体改综合试点县降到20％左右；经济发达的县可以定高一点，贫困县可以定低一点。一般县的信用社可以多存多贷，不受信贷指标的限制；综合试点县的农业银行，除上面分配的指令性指标外，多存同样可以多贷。乡镇企业的贷款，将按地区、按行业、按用途，区别对待。对应当鼓励的行业和后进地区，对流动资金和技术改造，可适当放宽。在金融方面，银根要继续紧缩，货币发行要继续控制。在这个前提下，有条件、有目标、按地区、按项目，适当放松一些。比如，固定资产投资总的要控制，但其中的技术改造项目可以稍微放松一些；对流动资金的控制，也可以略微放宽一些。还有一些行业，如乡镇开矿、建材、农副产品加工等，也可以放松一些，支持一下。

③改善农业生产条件，还必须有恰当的政策，鼓励农村社会投资。就是国家给农村分配一部分工业资源、能源、交通、矿物，等等，适合农村办的加工业，让一部分给农村，扶持农村多种经营和乡镇企业的发展，实行以工补农、以副补农。通过这个办法，也可改善农业和农民的经济地位。

我们市是全国综合试点的城市。财政、金融、税收、产品扩散等方面都做出了一定成绩，制定了一些放宽、搞活的政策。城乡经济联合的势头也很好，近年来的协作项目达4600多个，产值5亿来元，大多是与乡镇企业联合。在1号文件中，中央已要求各部门对金融、税收、流通、联合等方面的政策进行研究，提出方案，报国务院批准执行。市里各有关部门，也要对市委、市府近两年以来规定的政策，进行检查落实。

第二,是进一步搞好改革的需要。

十二届三中全会以后,农村改革和城市改革相汇合。整个经济体制改革以城市为重点,农村改革成为全面经济体制改革的一个重要组成部分。这是农村改革不断深入的必然结果,要求有一个好的市场环境。同时也带来复杂的问题,因为进入市场要竞争,竞争的基础是劳动生产率,农业的技术进步比工业慢,设备利用率比工业低,农业总是处于不利地位。万里同志指出:这"牵涉到的面宽多了,有利条件多了,新的困难也多了。城市改革改不好,农村第二步改革就不可能改好;城市改革完善不了,农村第二步改革也就完善不了。"城乡改革的步伐必须相互协调。

去年以来,农村反映强烈的是2号文件和1号文件"打架"。称1号文件"很好",2号文件"好狠"。这是有其背景的。一方面新的体制开始产生了,另一方面旧的体制还在运行,必然有些不协调。价格放开,某些产品由农民自己上市,管理成本很低,经营环节减少;国营商业人员多、环节多、费用大,无法与农民竞争。在这种情况下,要么退出市场,要么回到统购统销。汝岱指出,前一段时间,有些事情没有从实际出发,妨碍了农副产品的正常流通。有的为了保护主渠道,对其他渠道进行限制;有的指导价定得偏低,损害了生产者的积极性;有的滥用职权,乱收费用。许多农副产品往往是生产者没有得到实惠,消费者没有减少支出,国家增加补贴,中间环节得利过多。在客观上对改革起到了干扰作用,一定要改过来。要求各地和业务主管部门,都要对去年以来采取的限制措施进行清理,凡是明显不符合既要宏观控制又要微观放活的一些规定,要一律取消。我们市里也受到一些影响,有些部门也采取了一些不恰当的措施,也应该进行清理,各有关部门要自觉主动地清理。万里同志强调:如果心目中没有农民,不切实保障农民政治上的民主权利、经济上的物质利益,就不能说有真正的群众观点,也不能说有真正的国家观念和全局观念,全心全意为人民服务一大半也成了空话。他明确指出:我这句话,不仅仅是对从事农村工作的干部说的,国务院各个部门的干部特别是领导干部,都应当认真研究农村问题,研究农村经济工作,并研究新时期的城乡关系,更新知识、更新观念,以中央关于"七五"计划的建议所体现的指导思想为行动准则,考虑一下自己的群众观点是否牢固,国家观念是否全面,为农民服务的自觉性如何。

实质上,城乡改革都涉及利益结构的改变;涉及各方面的经济利益关系。既要考虑城乡、地区、部门之间的经济利益,又要考虑生产者、经营者、消费者之间的经济利益。这个问题比较复杂,必须使城乡改革协调起来,同步发展。当前要从三个方面努力。

①建立一个良好的市场环境。发展商品经济就要交换。城乡关系,说到底主要的还是商品交换关系。要交换就要有市场。我市城乡流通领域已经通开,建立了工贸中心25个,农产品贸易中心70多个,批发市场13个。市里正在建钢材等生产资料市场,蔬菜批发市场。区县在市设门点57个,市到区县设门点53个,还有15万个运销专业户。市场成交额1984年7亿元,1985年8亿元。肉、禽、蛋、菜、果的上市量都占销售总量的60%以上,已成为城市人民生活中不可缺少的重要补充。我们要继续抓好这项工作。

②建立一套比较完善的合同制度。合同制是把国家计划和生产者联系起来的好办法;也是国营、集体商业,掌握物资,参与市场调节,"一肩双挑",既保护生产者利益、又保护消费者利益,自己也得微利的好办法。理想的合同制,要做到有来有往、自愿互利、等价交换。由于目前的市场机制还不完善,法制基础也不很成熟,条件尚不具备,但要努力向这方面靠近。通过合同,进行协商,向生产者发信号,指导生产,稳定供给。首先要把粮食合同搞好,做到既有利于刺激生产,又利于搞活流通。进而向其他方面推广、扩展。菜、果、肉等,都可事先订合同。用农业原料的工厂也可与农民订合同,工厂支持农业生产,农业生产适应工厂需求,提高产品质量。

③试办一些比较合理的商业组织。批发市场

是一种形式。有了批发市场,既可以改变过去独家垄断的情况,也可以防止抬高物价、扰乱市场的情况;既有利于调节供求关系,又利于降低流通费用。此外,还要发展一些打破城乡、地区、部门分割的新的商业形式。要解放思想,勇于探索,试办一些跨地区的农工结合、农商结合、农工商结合的新型商业企业。比如蔬菜经营,可以考虑由生产地区和大城市的商业部门联合组织合营公司,从产地直接进菜到城市批发,产销结合,利润分成,流通环节的费用减少,城市蔬菜供应改善。生猪调运,粮食调运,都可以合营,利益均沾,加工厂与原料基地也可直接挂钩或合营,农民从减少环节中得到好处或从返还利润中得到好处。这是沟通城乡关系、沟通生产者和消费者关系、沟通农业部门和工商部门关系的好形式。

第三,是城市发展的需要。

进一步摆正农业在国民经济中的地位,并不是单纯为了农业、为了农村。实际上也是城市经济发展的需要,是"四化"建设的需要。一个国家的现代化,首先在于工业现代化。工业化走什么路子?根据中国国情,农村改革带来生产力的大发展,特别是以乡镇企业为标志的农村工业和第三产业的崛起,"农村城镇"的出现,"离土不离乡"的农村工人的出现,对传统的工业发展模式提出了挑战,使工业化和城市化发展有了新的内容和推动力。搞工业化,8亿农民化不进去;发展城市,8亿农民不离开耕地,那是不行的。乡镇企业是使8亿农民参加工业化、城市化、现代化历史进程的现实途径,是具有中国特色的工业化和城市化的新道路、新模式。尽管乡镇企业和农村工业有这样那样的问题,人们有这样那样的看法,但总的来讲,我国农村只能走这条路。发展乡镇企业是一个带全局性的战略问题,城市应当支持乡镇企业沿着正确的方向发展壮大,才能更好地发展自己。

重庆这个城市,与全国其他城市不同,农业人口多,农村比重大。农村的农业、地方工业、乡镇企业的产值,要占全市工农业总产值的40%左右。去年全市工农业总产值增长20亿元,其中乡镇企业增长10亿。市场的商品零售总额,城乡是对半开。用农副产品和农产品为原料的加工品出口创汇的比重也是50%左右。由此可见,我市农村经济在全市国民经济中占有重要的地位和作用。

三、关于今年的安排和部署

今年农村的发展将取决于两件事:一是要靠深入改革,为农业的发展创造一个有利的经济环境;二是要靠科学技术发展生产力,为农业生产创造一个好的物质技术基础。

(一)改革的指导思想。

今年改革的指导思想是:巩固去年的改革成果,并为明年的改革再迈出重要的一步作好准备。一方面,对现有改革成果要巩固、消化、补充,存利除弊,解决突出的问题,使改革配套,发挥出更好的效益。另一方面,认真进行调查研究,进行探索试点。为今后改革再迈出重要的一步作好准备。总结起来是"巩固、消化、补充、完善"并"探索、准备"十二个字。

(二)改革的主攻目标。

改革必须确定明确的目标。杜润生同志提出,这个目标主要是完善社会主义的生产方式和交换方式,以利于调动农村经济的内在活力。完善发展合作经济,是深入改革的基本目标;改革流通体制,是农村改革的重点。〈……〉

(三)改革的主要内容。

今年着重从七个方面进行巩固、消化、补充、完善。

①搞好区县级经济体制改革,充分调动区县组织经济的积极性,发挥区县组织经济的功能作用。核心是"放权、让利、联合"六个字。市里前年、去年分别发了两个文件,给区、县放了一些权,起到很大作用,收到很好效果。但去年下半年以来,有的收了,有的改了,同时随着形势的发展,有的还需要补充。今年,要根据1号文件精神,进行清理、完善。综合试点的合川、巴县、永川等县,要继续进行试点,要允许他们试验,允许他们失败。区县也要给乡放权,由于乡的面大、干部素质不同,既要放权,

又要加强管理,继续完善乡级财政。

②坚持农产品统派购制度的改革,特别是粮食统派购改为合同定购,不可因为粮食生产出现年度性的波动就动摇改革的方向。〈……〉现在只是开始走上轨道,要求完全通过经济手段来搞,目前还不具备这样的条件。现在只能做到:既是经济合同,又是国家任务。经济合同讲互利,尽量同农民等价交换;国家任务讲风格,讲贡献必须努力完成。为了调动农民种粮、售粮的积极性,签订合同的方法要改进。〈……〉分三类地区定购:第一类是商品经济发达、多种经营门路较多的地区,稳定合同定购,实行以工补农;第二类是发展粮食生产有潜力、多种经营门路又不多的地区,适当减少定购、超售部分可以高于倒"三七"价;第三类是商品粮主产区,商品率高,平价供应生产资料要保证。少数贫困地区可以不定购。这三类地区,以县为单位,在分配指标内,具体划分,具体落实。粮食调运要考虑调出地区的利益,调动向外调粮的积极性。生猪、柑桔、木材等的改革已经放了就不要收了,走回头路矛盾更多,后果更不好。

③调整产业结构中,要正确处理好粮食生产和多种经营的关系。粮食是关系国计民生的不可代替的重要产品,粮食生产必须得到切实的保证。"七五"期间,全国要求增加 1000 亿斤粮食。我们市考虑到城市副食品的需要,粮食稳定在 1984 年的水平上,即农民人均生产粮食 1000 斤的水平,粮食又是低利的商品,农民要靠多种经营来补充收入;集体也靠发展乡镇企业来扶持农业。因此,只能在提高单产的前提下来调整,经济作物要向荒山荒地进军,重点从二、三产业上下功夫。唯一正确的方针是:绝不放松粮食生产,积极发展多种经营。实行以工补农、以副养农,以工业、副业支持种植业,以经济作物支持粮食作物,应当作为长期实行的政策。农业和农村工业必须协调发展,既不能以工挤农,也不能以农挤工。

④农村商品生产的发展,要求生产服务社会化。围绕产业结构的调整,建立比较完备的农村社会服务体系。包括:信息服务体系,生产服务体系,科技服务体系,经营服务体系。四大服务体系都要走多层次、多渠道的路子,国家、集体、个人一齐上,并把完善和发展合作制结合起来。

⑤城乡结合,积极做好城市生产力向农村扩散的工作。城市工业,要积极向农村扩散产品、转让设备、输出技术,同时,建立原料基地,搞好城乡联合、合资联办,搞好以拳头产品、名优产品为龙头的专业化协作和一条龙生产,城市把工业这一条腿尽量伸下乡,使城乡经济连成一片、融为一体,有效地提高宏观经济效益。区县、农村特别是近郊区县农村,要坚持服务城市、富裕农村、活跃市场、方便群众的方针,为城市和外贸出口提供量多、质优的农畜水产品和加工产品。农村农副产品这一条腿尽量跨进城。以城市为中心,形成外向式辐射状的生产经济区、经济技术协作区,完善流通网络、交通网络。以农村为基础,形成各种各样的商品基地、工农基地、农商基地和农工商网络、农工贸网络。走工农结合,城乡互助,协调发展,共同富裕的路子。

⑥完善农村党政分工、政企分设的体制,加强基层组织建设。一要明确党、政部门的职责,发挥各自的职能作用;二要进一步完善生产队或合作社的双层经营体制,把生产服务、技术服务、经营服务和必要的管理工作办好;三要注意扶持、发展新的合作经济组织,积极开展横向联系;四要加强小集镇建设。

⑦既要坚持公有制的集体道路,坚持共同富裕的方向,又要承认发展的差别,允许一部分人、一部分地区先富裕起来。同时,切实帮助贫困地区逐步改变面貌。主要是落实政策,端正生产方针,在开发林、牧、矿业及其他土特产品方面给予必要的支持,把经济搞活,尽快解决温饱,逐步走上自力更生发展生产、改善生活的道路。

农村的改革和商品经济的发展,需要城乡配合,多部门协同。市、区、县都要加强协调指导。领导就是服务,在改革中,发现有干扰,就设法排除它;发现有束缚,就想办法解脱出来。这样,才能把改革搞好,把经济搞上去,取得城乡经济的共同发展。

关于我市农村经济改革和今年任务的汇报

——1986年6月2日在重庆市第十届人民代表大会第四次会议上①

重庆市农业委员会主任 肖祖修

各位代表:

现在,我把我市农村经济改革的情况和今年的任务,向大会作一汇报。

一、去年农村经济改革的情况

在市委、市府的领导下,1985年,我市农村经济改革在推行家庭联产承包责任制为中心的第一步改革的基础上,认真贯彻中央〔1985〕1号文件,针对农村经济内部以及市场供应等方面存在的不协调现象,又开展了以取消农产品统派购制度,实行国家计划指导下的市场调节,继续调整农村产业结构为主要内容的第二步改革。农村的第一步改革,理顺了农民同集体经济组织的关系,促进了农村经济的持续发展。农村的第二步改革,与城市改革逐步汇合起来,开创了城乡大联合、城乡共发展的新局面。

这种新局面的主要表现是:

(一)改革促进了农村经济的发展。经过改革,农产品的统派购制度已经基本取消,农产品的价格也基本放开。目前,对粮食、生猪、蔬菜等主要农产品开展了合同定购,通过合同向农民传递信息,实行计划指导。定购以外的农产品开展多渠道经营,自由上市,议购议销。特别是对人民生活必需的大宗农产品,实行了保护价格,既维护生产者的利益,又促进生产稳定发展。1985年,市郊农村在遭受各种自然灾害的情况下,除粮食产量有所减少外,其他经济作物都持续增长,林、牧、副、渔业都有了新的起色,乡镇企业紧中求活、蓬勃发展。与1984年比,粮食作物和经济作物种植面积的比例,由87.3∶12.7调整为了84.8∶15.2,经济作物的种植面积增加了47万亩。农村社会总产值62.6亿元,比上年增长21%,其中农业总产值40.45亿元,比上年增长8.8%。林、牧、副、渔业在农业总产值中的比重,由42.5%提高到了近50%。出槽肉猪增加100万头,实现了全市猪肉自给有余。乡镇企业产值达到26.8亿元,增长64.4%。在整个农村经济中,农业、林牧副渔业、乡镇企业三者间比例达到了3∶3∶4。今年以来,农村形势继续向前发展,小春已获丰收,除灾情造成的损失外,小春粮食可增产1亿斤,比去年增长7%,油菜籽增产2400万斤,增长27%。乡镇企业持续发展,1至4月,全市乡镇企业销售收入5.3亿元,比去年同期增长16.8%。总之,去年我市农村改革的步子是稳妥的,发展是健康的。整个农村有灾无荒、粮减钱增、市场繁荣、社会安定、形势大好。

(二)改革促进了城市的繁荣。农村经济的第二步改革,极大地调动了农民按市场需要而进行生产的积极性。广大农民在"服务城市,致富农村"方针的指引下,为城市提供了大量的副食品,整个城乡集市物资丰富,价格基本稳定。据不完全统计,城市人民消费的副食品中,有52%的猪肉、72%的蔬菜、98%的鲜蛋、95%的家禽、73%的水产品,都是由农民直接提供的。

(三)改革更好地发挥了城市的功能作用,密切了城乡关系。在城市改革中,农村改革对城市提出了改革的要求,并准备了一定的条件,促进了城市

---

① 此文系肖祖修在重庆市第十届人民代表大会第四次会议上的发言。

一、农村改革

改革的发展。城市改革的深入,又从各方面发挥了城市的功能作用,带动了农村的改革。一方面,放权让利,把应放的权基本上都放给区县,并尽可能地让利于区县,以扩大区县总揽经济全局的能力,增强其经济发展的活力。另一方面,大力创造各种条件,扩大城乡经济联系。在流通上,全市开办了110多个贸易中心,840多个城乡集市,发展了各种形式的农工、农商、工商、商商、农工商联营和城乡两个15万多户个体运销户,初步形成了一个开放式、多渠道、少环节、网络型的流通体系;在交通上,按照"有路大家行车,有河大家行船"的原则,实行国家、集体、个体一齐上的方针,开辟了380多条客运汽车线路,每天往返于城乡之间的客车达2800多班次,并发展一支上万人、拥有8000多辆(艘)车船的个体客货运输队伍,开始形成一个多家经营、互相竞争、货畅其流、客畅其行的局面;在工业上,采取各种形式鼓励和支持城乡企业开展了近5000个联合协作的项目,年产值5.5亿多元,其中市属企业同区县企业联合、协作的规模约占一半;在科技上,随着科技体制改革的深入,通过科技咨询服务中心、人才交流中心、科技市场、科技展览等渠道,组织科技人员下乡服务8000千多人次,有3300多名城市科技人员应聘到乡镇企业工作,并为农村提供了1万多个服务项目,帮助农村培训了技术人员2万多人。实践证明,改革密切了城乡关系,促进了城乡大联合、城乡共发展。在这里,我代表农业战线上的广大干部和农民,向各方面、各条战线上支持、帮助农村改革和农村经济发展的领导和同志们表示感谢。

我市农村的形势总的是好的,但也存在一些不可忽视的问题。粮食减产就是一个突出的反映。去年全市粮食减产9.88斤,比1984年减8.7%。造成粮食减产的原因是多方面的,主要是各种自然灾害严重。先是入春后连续三个多月低温阴雨,使全市小春和大春中早稻、玉米等作物的生长、扬花、结实受到了很大的危害;接着又普遍发生了30~40天的严重干旱,使836万亩在土作物受旱,占在土作物总面积的76.2%;同时又发生了严重的稻瘟病等病虫害危害,仅受害的水稻面积就达90余万亩。整个自然灾害损失的粮食,在7亿斤以上。其次是粮食播种面积减少。据不完全统计,由于调整农村产业结构、扩建公路、基本建设、乡镇企业占地等原因,粮食播种面积比1984年减少59万亩左右,其中扩大经济作物种植面积47万亩,其他占地12万亩。第三是主观上努力不够。对粮食生产的形势一度估计过高,致使一些地方一度对粮食生产有所忽视,对生产中存在的问题抓得不紧,解决不及时。第四是农民种粮的比较效益低。同种植其他作物相比,种粮的经济效益较低,这在一定程度上影响了农民的种粮积极性,物质投入减少,耕作粗放。此外,我市农业基础条件脆弱,全市水库病害工程占19.5%,不够防洪标准的水库占56%,渠道损坏30%以上,有40%的机电提灌不能正常运转,抗御自然灾害的能力很低。农业教育、科研技术条件差、设备陈旧,资金短缺。土地管理失控,30多年来全市减少耕地190多万亩,相当于巴县和荣昌两县耕地面积的总和,年平减少5.7万亩,并有日益加剧的趋势。农用生产资料提价,增加了生产成本,影响了农民种地特别是种粮的积极性。自然生态环境破坏严重,森林覆盖率低,不少地方特别是近郊的大气、水源、土壤污染严重。农民人平乡镇企业产值246元,比全国低21%,农民人均收入366元,比全国低8.5%,还有10%左右的农户温饱问题还尚待解决。总之,我市农村经济的形势是"近景是喜,远景有忧,后劲不足"。对此,应引起我们的严重注意。

二、今年农村工作的任务

过去的成绩来自于改革,今后的进步更要靠改革。1986年,我市农村工作的任务,主要是贯彻落实中央〔1986〕1号文件精神,把农村改革继续引向深入,巩固、消化、补充、改善已出台的农村改革措施,并为今后的改革做好准备,以促进农村经济的全面发展。下面我具体汇报五个问题。

(一)今年我市农村工作的指导思想和目标。

今年,我市农村工作的总要求是:贯彻中央关于"落实政策,深入改革,改善农业生产条件,组织产前产后服务,推动农村经济持续稳定协调发展"的要求,以城乡大联合、城乡共发展、城乡一体化为指导思想,坚持两个文明一起抓。在这个总的原则下,重点抓好农村第二步改革,增强区县总揽经济全局的能力,增加农业投入,完善以工补农,加强服务体系等工作。同时,还要努力搞好近郊区农村经济发展、山区经济政策、完善地区性合作经济组织、深入开展试点县的经济体制综合改革、完善农业科研教育体系、实行农工商"一条龙"综合经营等方面的调查研究,制订好"七五"期间农村经济的发展规划,为今后的发展打好基础。其主要奋斗目标是:粮食总产达到110亿斤,力争恢复到1984年的水平;蔬菜总产10亿斤,其中近郊基地菜5亿斤;出槽肉猪730万头;农业总产值43亿元,力争达到45亿元;乡镇企业产值32亿元,力争达到35亿元;农村人平增收40元。

(二)摆正农业位置,加强农业基础。

今年中央一号文件进一步明确指出,发展国民经济以农业为基础,它不但反映了经济规律,也反映着自然规律。我们重庆是一个大的工业城市,又有广阔的农村。1985年农村社会总产值占全市社会总产值的31.29%,如果加上区县城镇经济,将占全市经济的40%以上。区县财政收入和以农产品为原料的出口创汇额,均占全市的一半左右。城市所需的副食品也主要靠农村供应。因此,区县经济在全市经济中,已占有举足轻重的地位。从长远观点看,我市农村的情况如何,对全市的关系极大。我们认为农村不稳定,城市得不到安定,农村富不起来,整个重庆就不可能繁荣。所以,发展重庆经济,必须正确地、全面地贯彻以农业为基础的方针,从各方面搞好为农业服务的工作。同时,我们重庆是全国综合体改的试点城市,带的县较多,要充分发挥城乡两大优势,就必须放开视野,迈开步伐,抓好改革,实现城乡经济共发展。

为此,我们恳切希望全市各个方面都来关心农村,支持农业。要发动和组织农民开展劳动积累,加强对农田水利设施的维修管理。要认真加强对土地的管理,坚决制止乱占滥用耕地。要切实保护自然生态环境,坚决按照《森林法》和《环境保护法》的规定,严禁乱砍滥伐林木和污染环境。要相对稳定农用生产资料的价格,减轻农民的不合理负担。从当前来看,要努力增加化肥、农机具、电力、柴油、农药等农用生产资料的供应,大力支援农村抗灾救灾,搞好农村的各项服务工作,确保今年农业丰收。

在农村经济内部,要正确处理好"无农不稳、无工不富、无商不活"的辩证关系,根据市场和社会的需要,继续调整农村产业结构。调整的路子是坚持"两个稳定""三个发展""一个途径"。"两个稳定"就是稳定粮食生产,稳定蔬菜生产。调整农村产业结构要在保持农村人平产粮上千斤,城乡人平占有粮食800斤的前提下进行。当前,在科学技术没有新突破的情况下,要相对稳定粮食面积,特别是水稻面积。蔬菜生产要稳定近郊基地,积极发展二线蔬菜。"三个发展"就是发展畜牧业、林果业和乡镇企业,积极为城市服务,增加农民收入。"一个途径"就是建立商品生产基地,发展农工商"一条龙"综合经营。

(三)增强区县总揽经济全局的能力,扶持区县经济发展。

城乡经济体制改革的不断深入发展,要求我们不断探索衔接城乡改革,建立新型城乡关系的新路子。为此,市里以大生产、大市场、大经济的观点作指导,本着服务农村,继续向区县放权让利,提供优惠的原则,制订了《关于增强区县总揽经济全局能力若干问题的决定》和《关于发展区县工业若干问题的意见》两个文件,以更好地发挥市带县的职能作用,促进城乡之间、工农之间、各种经济成分之间开展广泛的横向经济联系。通过横向经济联合与协作,促进城市技术、人才、产品、资金等向农村扩散,带动农村工业和小城镇的发展。

城乡衔接的新形式,主要是完善各类合同制,发展各种形式的联合体,试办农工商、农商、农工结合的新型商业,扩大农产品产销直接挂钩,继续增加各类批发交易市场,等等。通过这些形式,进一步疏通流通渠道,完善购销方式,形成城乡畅通、纵横交错、四通八达的流通网络,以促进农村商品经济发展。

(四)加强农村政治思想工作,搞好精神文明建设。

在开展物质文明建设的同时,要适应新时期体制改革和经济建设的需要,结合农村实际,不断加强思想政治工作。今年农村思想政治工作的主要任务是:围绕宣传、贯彻中央〔1986〕1号文件精神,进行形势、政策教育,使农民认清大好形势,进一步解除怕政策变的顾虑;开展遵纪守法教育,增强农民的法制观念,自觉遵守国家的政策法令,维护安定团结的局面;加强以共产主义理想和道德为核心的思想教育,使农民正确处理好国家、集体、个人三者的利益关系,正确理解党的富民政策,提倡勤劳致富,团结一道共同致富。

我们相信,在市委、市政府的领导下,在各方面的支持下,全市农村一定能够认真落实好今年中央一号文件精神,使我市农村的大好形势有一个更大的发展。

以上汇报不当之处,请代表们批评指正。

总结经验,坚持改革,进一步推动农村经济持续稳定协调地发展[①]

肖祖修

同志们:

根据市委的要求,我就今年全市农村经济情况和明年的初步设想,向会议作一汇报,请批评指正。

第一部分 关于农村经济形势问题

今年以来,全市干部、群众认真贯彻落实中央〔1986〕1号文件,发扬自力更生、艰苦奋斗、通力合作的精神,同连续不断的严重自然灾害进行了顽强的拼搏,终于在大灾之年获得了全面增产增收。总的看,粮增产,钱增收,流通活跃,市场繁荣,整个农村经济形势大好。其主要表现是:

一、粮食生产普遍增产,总产可达108亿斤。如果红苕、晚稻、再生稻增产,总产还可能有所增加。从各类粮食作物看,小春、玉米、水稻、高粱、红苕和小杂粮等,样样增产;从各区县看,除个别近郊区外,都有较大幅度的增产。其中,潼南、永川、荣昌、铜梁、合川等县可接近或超过历史最高的1984年的水平。

二、多种经营全面发展。全市除蚕茧、甘蔗比去年略有减少外,其他项目都有不同程度的增长。在种植业中,油料总产可达1.57亿斤,比去年增长24%;蔬菜总产可达10亿斤,其中8个郊区在春夏两季上市蔬菜3.3亿斤,比去年同期增长32%;水果总产可达3.16亿斤,比去年增长19%;茶叶总产17万担,比去年增长5%;此外,苎麻等项目也有较大发展。

在养殖业中,生猪稳步发展,上半年的存栏数和出槽数均创历史同期最好水平,分别比去年同期增长2.2%和16.4%,全年出槽肉猪可在去年715万头的基础上增加30万头左右;小家禽家畜大发展,据不完全统计,全市6月底的养殖量达1936万只,比去年同期增长14%;渔业生产在受洪水灾害之后仍持续增长,成鱼产量上半年达到2660万斤,比去年同期增长12.5%,预计全年总产可达6000万斤,比去年增长6.7%;牛奶上半年生产2902万斤,比去年同期增长14.9%,预计全年可达6000万斤,比去年增长6%。

三、乡镇企业持续增长,1至8月,全市乡镇企业累计完成产值20.3亿元,比去年同期增长31%,总收入完成18.52亿元,比去年同期增长34.98%,实现了产值和收入同步增长。预计全年可完成产

[①] 此文系肖祖修同志在市委五届八次全委(扩大)会议上的讲话。

值35亿元,比去年增长30.3%。

四、农民收入显著增加。农业总产值按1980年不变价计算,预计可增加2亿元左右。农村人平纯收入增长较快,据市统计局调查分析,全市农村人平纯收入,上半年已比去年同期增加30元。因此,全年人平纯收入将突破400百元。农民储蓄上升,截至7月底,全市农业银行各项存款余额达到8.5亿元,完成年计划的83%,比年初增长17.8%;信用社各项存款余额达7亿元,比年初增长16.5%。

农村大好形势来之不易,是全市各级组织在中央和省委的关怀与大力支持下,坚持农村改革,认真开展基层整党,努力转变作风,带领全市干部、群众认真贯彻今年中央一号文件,大力开展抗灾斗争的结果。回顾9个多月的历程,主要抓了以下几个方面的工作:

一是坚持从实际出发,认真贯彻中央〔1986〕1号文件。

在贯彻今年中央一号文件中,市委、市政府改变过去由上而下层层传达的方式,因地制宜地把文件精神落到了实处。

传达贯彻的步骤分两步:第一步,联系实际传达文件精神,掌握好文件的基本思想;第二步,深入调查研究,结合实际,制定具体的配套实施方案。

在传达贯彻中,突出了三个重点:

第一,认真总结经验教训,明确指导思想。各级领导按照中央一号文件关于发展国民经济必须坚持以农业为基础的战略方针,总结并吸取了去年部分地方一度对粮食生产有所忽视的教训,进一步明确了发展农村经济必须以农业特别是以粮食为基础的指导思想。在此基础上,市、区县、乡各级都采取有效措施,提高了农业的地位,引起了对农业的重视,增加了对农业的投入。市财政在相当困难的情况下,安排用于农业基本建设的资金仍比去年计划提高了8.45%。同时,各区县也量力而行地增加了对农业的投入。

第二,狠抓调查研究,制定改革方案。中央一号文件下达后,市和各区县在传达文件精神的同时,组织力量,在领导同志的直接带领下,广泛深入地开展了调查研究工作。然后,再结合实际情况,制定出了完善农村第一步改革、进行农村第二步改革的意见,市里除制定了一个总的贯彻意见外,还制定了《关于增强区县总揽经济全局能力若干问题的决定》等六个配套改革方案。

第三,组织机关干部,深入实际指导。在普遍传达学习文件精神的基础上,抽调机关干部,深入到村、队(组),帮助群众制订致富规划,落实发展措施,狠抓当前生产。据不完全统计,当时全市共组织了1万多名脱产干部到基层,平均每个村有1至2名脱产干部,普遍做到了文件精神宣传到户,致富规划制订到户,发展措施落实到户。

二是发动和组织群众,大力开展抗灾斗争。

今年,我市的气候异常,各种自然灾害接连不断,而且极其严重。先是3至5月的低温危害,影响了旱地秧苗出土和水稻秧苗分蘖。紧接着从5月中旬到7月上旬,全市21个区县先后六次遭受特大的狂风、暴雨、冰雹等自然灾害的袭击,共计损失粮食4.1亿斤、经济损失6亿多元。旧的自然灾害尚未停息,新的自然灾害又接踵而至。从6月下旬开始,綦江县、长寿县、江北县、江津县、巴县和南桐区等地,又发生了暴发性的稻纵卷叶螟、稻飞虱、稻瘟病等严重病虫危害,受灾的水稻面积200余万亩,占全市水稻面积的30%。

在罕见的特大自然灾害发生后,全市上下闻风而动,奋起抗灾自救。在这场抗灾斗争中,我们主要抓了四个方面的工作:

第一,各级党政立即组成救灾班子,全力以赴地指挥救灾工作。市和各区县乃至重灾地方的区、乡,都成立了救灾领导小组。市委、市政府的主要领导同志,无论分工如何,都一齐行动起来,夜以继日地指挥救灾。许多县、区、乡、村的干部不顾疲劳,坚持同群众一道战斗在抗灾自救的第一线。各级领导的表率作用,给灾区人民以极大的鼓舞,迅速安定了人心,增强了灾区人民战胜自然灾害的信心和决心。正如群众赞扬的那样:"灾害无情党有情,只要有共产党的领导,有优越的社会主义制度,任何艰难险阻都是可以克服的。"

第二，采取特殊措施，支援灾区抗灾自救。灾后，市里明确要求市级各部门，要一切服从灾区需要，把一切可能挤出的资金、物资用于支援灾区。在整个救灾中，市级各部门为灾区解决了各种资金602万元，各种物资13824吨。同时，中央和省里的一些部门，也对我市灾区人民给予了很大的支持，解决了资金1037万元、物资16320吨。为了帮助灾区人民尽快恢复生产，重建家园，市财贸、民政、交通、卫生等部门，都分别采取了一系列应急措施和优惠政策，较好地稳定了灾区的社会秩序，有效地增强了灾区人民的生产自救能力。

第三，依靠群众自力更生，大力开展生产自救。严重的自然灾害正发生在小春收获和大春栽插的关键时期，极大地威胁着全年农业生产。为了弥补和减轻灾害造成的损失，各级党政根据市里关于重灾不减产、轻灾要增产、无灾大增产的要求，发动群众坚持自力更生，开展生产自救。经过灾区人民的艰苦努力，使全市大春作物特别是水稻生产，除严重被毁的稻田外，很快实现了满栽满插，基本保证了去年的水稻面积，为夺取今年的农业丰收奠定了基础。同时，对受灾的企业和学校，也抓紧采取各种措施，尽快实现了复工复课。

第四，各行各业通力合作，团结奋战。全市各级各部门、部队、学校、厂矿和广大干部、群众，面对严重的自然灾害，自觉发扬互助互救、一方有灾、八方支援的共产主义风格，全力支援救灾。受灾地区的干部和人民，也行动起来，积极展开了亲帮亲、邻帮邻、无灾支援有灾、轻灾支援重灾、受灾人帮助受灾人的活动，形成了一个团结抗灾的壮观局面。同时，市里还及时组织区和市级有关部门，分别同受灾较重的县开展了对口支援，共援助了现金262万元、粮食241万斤、物资9496吨，在一定程度上缓解了灾区人民的危难。这种对口支援，进一步密切了城乡关系，促进了城乡之间的经济联合。

三是进一步加强城乡结合，带动区县经济发展。

在总结前几年市带县经验的基础上，今年市里又采取了一系列新的措施，完善了市带县的体制。

第一，采取灵活的财政措施，增强了县级经济的活力。今年市对12个县，分别采取增长包干、适当提高分成比例、增加财政补贴等办法，缓解了县财政的困难。

第二，市里不再提留各县的城市建设维护税，增加了县的收入。对各县的城市建设维护税，80%返还各县，20%由市掌握调剂，但仍用于县，市里不再提留。

第三，开展对口协作，促进城乡结合。市里为了更好地发挥城市的功能作用，在大力推进横向经济联合的同时，及时把救灾中的对口支援发展成为城乡间的对口联合协作。目前，对口联合协作的双方，都各自建立了经济协作机构，并采取各种措施，达成了一批经济技术联合协议。仅永川县同江北区、綦江县同大渡口区、江津县同南岸区等，就初步达成联合协议200多项。

第四，组织科技下乡，加快乡镇企业发展步伐。市里决定采取优惠的经济措施，从市属企业和业务管理部门抽调一千名管理和技术人员下乡，帮助工作两三年，加强乡镇企业的经济管理和技术力量。第一批220多人，已经出发，其余的同志将分期分批前往农村。

四是认真搞好试点区县的工作，把农村改革引向深入。

为了使试点县的改革在全市农村改革中起到先导作用，市里从今年5月以来，采取了一系列措施，狠抓了试点区县的改革，已收到明显成效。

第一，扩大试点范围。在原巴县、永川、合川三个试点县的基础上，先后增加了长寿县、北碚区为农村综合体改试点区县。

第二，搞活农村金融。试点区县对一个企业或项目的设备贷款审批权由5万元扩大到50万元；国营企业和乡镇企业的设备贷款，以1985年末的余额为基数，由试点区县收回周转使用；开展对农村信用社的改革，在保证存款支付、流动资金贷款、交足20%的准备金等三原则下，实行多存多贷，发放设备贷款；采取发行股票、债券，开展横向拆借资金等形式,发展农村资金市场。

第三,下放税收减免审批权。把国营企业和集体企业所得税、调节税的个别减免权,下放给试点区县;对试点区县与省外集资联营的企业,其利润可先分后税,或先还省外投资,再交所得税;试点区县可在二轻系统开展按行业计算奖金额度和计税工资标准的试点。

第四,建立基金式财政。四个试点县,都已基本建立了农业发展基金、乡镇企业发展基金,城镇企业发展基金,国营企业发展基金等,较好地增加了对经济发展的投入。

第五,给予经济扶持。市里给四个县拨了800万美元的外汇贷款指标,以帮助试点县逐步学会运用外资,增强经济发展的后劲。

目前试点区县的改革已经有了新的起色,财政、金融、税收等方面的联动体制正在逐步形成,并提出了进一步开展全面配套改革的初步方案。

五是积极推广关键技术措施,提高了农业生产水平。

今年在全市农村中,进一步推广了一系列行之有效的技术措施,收到了显著的经济效益。

在种植业方面,重点推广了7个方面的配套措施:一是推广"两杂",其中杂交水稻高产组合"汕优63"由1万多亩扩大到240万亩,杂交玉米增加了8万多亩;二是水稻规范化栽培达到100万亩,扩大了94万亩;三是地膜育秧443万亩,扩大了78万亩;四是半旱式栽培15万亩,扩大了7万亩;五是配方施肥273万亩,扩大了192万亩,六是病虫害综合防治面积达90%以上,且质量有明显提高;七是再生稻可成功20万亩,扩大19万亩。通过这些措施,增产稻谷3亿多斤(其中推广"汕优63"增产2亿多斤、再生稻3000多万斤),加上小春粮食和玉米各增产1亿多斤,就是5亿~6亿斤。

在养殖业方面,重点推广了混配饲料和生猪"五改"成套技术,加强了疫病防治,降低了成本,提高了效益。

在乡镇企业方面,大力推广了石桥乡的经验,试行了股份制,强化了销售和生产调度指挥,克服了电力和资金不足以及自然灾害等方面的困难,收到了良好的效果。

总之,今年我市农村经济的大好形势,主要来自于改革,来自于全市干部、群众的团结奋斗。但是,同时也应看到不利气候中所包含的有利因素:如5月中旬的暴雨,虽给部分地方造成了严重的损失,但有利于大春作物的适时栽插;加之六至7月,气候温和,有利于玉米、水稻抽穗扬花,促进了玉米、水稻增产。

第二部分 关于深入开展农村改革问题

我市农村经过两步改革,为农村商品经济的发展创造了条件。但是,随着生产力的进一步发展,生产关系同生产力、上层建筑同经济基础不相适应的矛盾又日益显露了出来。这些矛盾突出表现在:一是价格体系还没有完全理顺,农民的种粮积极性下降;二是农业投入减少,农村经济的后劲不足;三是农村双层经营体制不够完善,影响了两个积极性的发挥;四是流通不畅,融通不活,农村经济的活力不强;等等。这些问题在一定程度上阻碍了农村商品经济的持续发展。为此,必须认真总结经验,坚持把农村改革深入开展下去。

在改革的指导思想上,应从继续解放农村生产力出发,围绕发展农村商品经济这个中心,完善农村第一步改革,不断把农村第二步改革引向深入,大力发展横向经济联系,促进城乡结合,工农结合,逐步把农民引入市场,不断推动农村经济的持续稳定协调发展。

在农村经济的发展模式上,从全市来看,应经过努力,逐步建立一个以城市为依托、家庭经济为基础、乡镇企业为主体、市场为导向的,多种经济成分、多种经营方式并存的社会主义农村商品经济。各地应根据实际情况去总结,去创造,不强求一律。

在农村经济发展的路子上,近几年内应坚持"两个稳定"(稳定粮食生产,稳定蔬菜生产)、"三个发展"(发展乡镇企业,发展畜牧业,发展林果业)、"一个途径"(以拳头产品和名优特新产品或骨干企业为龙头,实行农工商综合经营)。

在农村经济发展的主要目标上:

一、农村改革

一、粮食生产稳中有增。在"七五"至"八五"期间,按农村人平1000斤,城乡人平800斤的要求,明年达到114亿斤,力争1990年增至120亿斤。

二、蔬菜生产稳定发展。坚持基地为主,二线为辅、外埠调剂,保证供应的方针,力争保持在城市人平每天吃菜1斤左右。

三、大力发展乡镇企业。乡镇企业要大发展,坚持速度与效益,内涵与外延两个一齐上。今后每年增加总产值10亿元,明年达到45亿元,1990年增至70亿元。

四、大力发展畜牧业。生猪要稳定头数,改良品种,提高质量;小家禽家畜要放手发展。

五、大力发展林果业。柑桔要加强管理,提高品质,适当发展;小水果和伏季水果要大发展;林业要提高覆盖率,1990年达到12.7%。

六、人均收入稳步增长。每年农村人均纯收入增加40元以上,1990年达到560元至600元。

七、努力搞好两个控制。今后每年建设占地控制在2万亩左右,人口增长控制在12万以内。

为了实现上述要求,在工作上提出以下几点建议:

一、进一步完善市带县的体制。

区县是国民经济发展的一个基础层次。明确规定区县的任务和职责,正确处理市和区县两级政府的分层次管理权限,是当前完善市带县体制的一个重要问题。

在行政管理体制上,应实行区县长直接对市长负责的目标责任制。为了增强区县总揽经济全局的能力,市级有关经济部门在区县的对口单位,除特殊行业外,原则上都应放到区县。

在经济管理体制上,要转变政府职能。一方面,市里只控制国民经济发展规划、城镇建设总体规划、建设占地总指标、年末贷款余额和固定资产投资总额、物价总水平、设计部门和建筑施工队伍资质审查、财政增长比例和上交总额等,使区县经济能相对独立地进行良性循环,以增强其活力。另一方面,要深入调查研究,搞好宏观决策,加强宏观协调和监督职能,保证全市农村经济的健康发展。

在城乡经济联系上,要大力发展城乡间的横向经济联合。城市应重点加强服务设施方面的建设,把新建和扩建的企业特别是农产品加工业,尽可能地摆到农村去,以加速城市经济的扩散。应尽可能将分布在区县的并适宜区县管理的市属企业的党政管理权限放给区县,市级主管部门不再直接干预这些企业的生产经营活动,让它们独立自主的根据社会需要进行生产经营。继续大力开展城乡间的对口联合协作,增强对发展横向经济联合的责任感和自觉性。对联合协作的项目,应从税收、信贷等方面给予积极鼓励和支持,增强其吸引力。各级经济协作部门,应加强调查研究,积极做好牵线搭桥工作。

同时,各区县也应对所属区、乡适当放权让利,以调动区、乡发展经济的积极性。

二、增加对农业的投入。

增加对农业的投入,是持续发展农村商品经济中急待解决的一个问题。从当前来看,投入的重点:第一是搞好农田基本建设特别是水利建设,作好抗大灾特别是抗大旱的准备;第二,作好农用生产资料的生产、储备和供应,满足农业生产的需要;第三,加强农村科技工作,主要是大力加强农村人才培训,积极引进、培育和推广良种,搞好植保、防疫和农机等服务工作;第四,发展小水电、小火电、小煤窑、沼气等能源建设,促进农村经济发展。

增加对农业的投入,应坚持多层次,多渠道,分层次负责。中央的投资,主要用于重点基础设施、科技、基地建设和生态环境的改善;市和各区县财政,除落实今年农用资金计划和各项配套资金外,并按中央的要求,在今年的基础上逐步增加对农业的投资,争取在1990年前恢复到1980年的比例。充分发挥合作经济组织的力量,继续开展"以工补农",合理提留和使用公共积累,扶持农业生产;建立健全劳动积累制度,不断改善生产条件。

三、完善农村第一步改革。

农村第一步改革之后,形成了双层经营体制。从目前来看,应当继续完善农村双层经营体制,以更好地适应生产力的发展。

第一，大力发展家庭经济。家庭经济是双层经营体制的基础层次。其主要特点：一是比重大；二是潜力大；三是效益好；四是生命力强。因此，在今后相当长的时期内，要把家庭经济作为我市农村经济发展的一个重点。

第二，完善地区性合作经济组织。随着家庭经济的发展，农民迫切要求把农村中一家一户办不到、办不好的事情，由集体牵头联合办起来。因此，必须完善以生产队为主要形式的地区性合作经济组织，其主要任务是完善联产承包责任制，开展农田基本建设，推广科学技术，促进剩余劳力转化，实行"以工补农"，扶持贫困户致富等方面的协调服务工作。坚持宜统一的要统一，该提留的要提留，能发展的要发展的原则，真正形成双层经营体制。

第三，加强农村服务工作。重点是建立好乡一级的综合服务组织，以充分发挥乡里各种技术人员的作用，认真搞好农技、植保、防疫、农机具维修等方面的服务工作。同时，要大力支持和鼓励农民自愿结合，建立各种形式的协会、研究会，等等，积极开展行业或生产经营环节上的自我服务。

四、深化农村第二步改革。

第一是搞活流通。主要内容：一是完善统派购制度改革，特别是要完善好粮食合同定购，增供平价化肥、柴油，发放预购定金，使农民得到更多的实惠，鼓励农民多生产粮食。蔬菜产、销争取全面放开，实行市场调节；二是大力发展农工商系列化综合经营，把生产、加工、贮藏、包装、运输、销售联系起来，促进农产品直线流通；三是搞好各类农产品批发市场建设，为农产品的进城和销售提供方便；四是搞好信息传送和贮藏运输等服务工作，积极把农民组织起来，进入市场。

第二是搞活融通。根据省委农村工作会议的要求，农业银行应从"活"字上下功夫，做到思想活、工作活、周转活。要改革农村信用社，实行独立自主经营，把县联社办成股份制的经济实体，并逐步发展成为股份制的农民合作组织。要发展城镇信用社，积极为城镇集体企业和个体经济服务，并逐步发展成为股份制的城市合作银行。为促进乡镇企业的发展，要逐步建立股份制的乡镇企业合作银行。要逐步开放农村资金市场，重点抓好拆借市场、票据市场、证券市场和股票、债券规范化。允许群众采取各种形式，适当发展民间信用。

五、发展乡镇企业加速农村劳力转移。

我市农村的劳力多，除已转移出的120万劳力外，还有400多万劳力固守在种养殖业上。这是一支很大的队伍，利用得好是积极因素，利用不好就会变成消极因素。因此，应大力发展乡镇企业，积极开展劳务输出，解决好农村剩余劳力的去向问题。

加速农村劳力转移的基本途径，就是在坚持稳定发展粮食生产的前提下，积极稳妥地调整农村产业结构，促进农、林、牧、副、渔、工、商、建、运、服各业全面发展。主要出路有三个：一是乡镇企业特别是农村工业；二是劳务输出；三是家庭经营。从目前来看，主要场所是家庭经营；从长远着眼，主要方向是乡镇企业。

为此，各级各部门应进一步提高对发展乡镇企业重要性的认识，努力撤"卡"清障，多帮多扶，大开绿灯。发展乡镇企业，要大力推行股份制，以促进政企分开，加速资金流动，增加对乡镇企业的投入，提高企业素质，增强竞争能力。在工作上，要坚持因地制宜，分类指导，近郊区和乡镇企业较发达的地方，应以前"两轮"（乡办、村办企业）为主，上管理、上质量、上技术、上水平、上效益；中郊区应以乡、村两级带动后"三轮"（组办、联户办、户办），以后"三轮"推动前"两轮"；远郊区应以后"三轮"为主，推动前"两轮"。所有企业都应加强经营管理，搞好内联外引，强化销售工作，促进健康发展。

六、搞好科技服务工作。

第一，要充分发挥现有科技人员的作用。

第二，搞好农村人才培训，不断壮大农村科技队伍，提高技术水平。要采取各种形式，争取在"七五"期间把在农村的120万初中以上的知识青年，全部培训一次。同时，积极支持区县创造条件，创办一些中等专业学校，以便更好地培养农村中等技术人才。

第三,发挥城市的科技优势,开展科技服务。继续创造条件,坚持从企事业单位和业务管理部门,抽调科技人才下乡。要采取适当的方式,大力组织退休科技人员下乡,为建设新农村添砖加瓦。要组织力量,搞好对农村经济发展的战略研究,为市进行宏观决策当好参谋。

同志们,1986年即将过去,但任务还很艰巨,我们要在进一步采取各种措施,争取完成和超额完成今年计划的同时,组织力量广泛开展调查研究,抓紧从思想认识上、计划安排上、政策措施上、物质资金上、工作作风上作好继续前进的准备,争取在新的一年里夺取更大的胜利。

中共重庆市委办公厅关于印发《于汉卿同志在市农村工作会议上的讲话》的通知

(1986年12月19日)

各区县委,市委各部、委,市级各部门党组(党委):

遵照市委的指示,现将12月11日《于汉卿同志在市农村工作会议上的讲话》印发给你们,请结合贯彻中央和市农村工作会议的精神,认真执行。

中共重庆市委办公厅
1986年12月19日

《于汉卿同志在市农村工作会议上的讲话》

(1986年12月11日)

1986年即将胜利结束,很快就要跨进新的一年。为了总结今年农村工作情况,研究明年的农村工作,市委、市府于9月底开了一次准备性会议;会后,市、区县都抽出力量进行了广泛、深入的调查研究,把下面的情况、问题、意见都基本上集中了上来。现在,中央农村工作会议已经召开,省里在米易立体农业会上作了传达贯彻,上面的精神也已明确。市里召开的这次农村工作会议,中心议题是传达贯彻中央农村工作会议精神,分析当前农村形势,部署明年的农村工作。

一、1986年的农村工作情况

我市农村在中央〔1986〕1号文件精神的指引下,按照巩固、消化、补充、改善的方针,通过完善第一步改革,深化第二步改革,开展基层整党,使各项工作有所进展,商品经济有所发展,农民收入有所增长。广大农民正在努力更新种粮为了吃饭、杀猪为了过年、养鸡为了买盐的旧观念,逐步进入商品经济的广阔领域。整个农村呈现出一派兴旺发达的可喜局面。

粮食生产在播种面积有所减少、自然灾害比较严重的情况下,单产有明显提高,总产有较大增加。全年粮食总产量可达110亿斤,比1985年增产6亿多斤,仅次于1984年的水平。小麦、玉米、水稻、高粱、红苕等主要粮食作物都增产,以水稻增产最多,比去年多3亿斤。除个别近郊区外,大多数区、县都是增产的,其中潼南、永川、荣昌、大足、铜梁等县可接近或超过1984年的水平。

经济作物除蚕茧和甘蔗基本保产或略有减少外,其他项目都有不同程度的增长,是一个全面发展的形势。种植业中,油料总产可达1.57亿斤,比去年增长24%;蔬菜总产仍稳定在10亿斤左右,上市比较平衡,精细品种增加;水果总产可达3.17亿斤,比去年增长19%;茶叶总产可达17万担,比去年增长5%;苎麻有较大发展,产量明显增加。养殖业中,生猪稳步发展,存栏数和出槽数都创历史最好水平,全年可出槽肉猪730万头左右,比去年增长2%以上;小家禽家畜大发展,不少地方成倍增长;渔业和奶牛生产继续上升,成鱼和牛奶产量各达6000万斤,分别比去年增长6.7%和6%。

乡镇企业在资金紧、能源缺的情况下,仍保持了持续增长的好势头。去年停建和缓建的项目,大都建成投产和即将投产,并新上了一批"短、平、快"企业。全年总产值可完成35亿元,比去年增长30.3%。劳动力转移增加8万人,达94万人。

农民人均纯收入,今年可达410元左右,比去年增长40~50元,与过去常年增长30~40元的额度比,要多10~20元,扣除物价上涨因素,农民的收入也是稳定增长的。

回顾一年来的工作,农村大好形势的获得来之不易。总结一年来的经验,主要是抓得早,抓得准,抓得实。

(一)认真贯彻中央〔1986〕1号文件精神,摆正农业的位置。

早在去年9月,市里就召开了一次农村工作会议,及时总结并吸取了部分地方一度对粮食生产有所忽视的教训,引起了各级领导的重视。今年中央1号文件下达后,市委、市府把贯彻落实文件精神的重点,放在提高对农业重要性的认识上,以增强农业的基础地位。从市到区县,从农业部门到其他部门,进一步统一了认识,无论农业情况有多大好转,无论农业产值占多小比重,都不能否定农业这个基础,都不可放松粮食生产。正确的认识是行动的先导。市委、市府和市级各部门把农村工作摆到了恰当的位置,都有人分管农村工作,认真落实了城乡两线齐发展、军工和乡镇企业两翼齐起飞,以及城乡大联合、城乡共发展、城乡一体化等正确方针。各区县因地制宜地调整农村产业结构,稳定发展粮、菜生产。农民更加重视粮食生产,通过在一块地里的多层利用,实行"以经补粮",通过在一个家庭的综合经营,实行"以副补农"。无论市、区县、乡镇以及农民对农业的投入,都比往年有所增加。由于位置摆得正,工作抓得紧,就较好地落实了年初提出的"两个稳定、三个发展、一个途径"的措施,迎得了农业丰收、企业发展、收入增加的大好形势。

(二)狠抓试点县工作,推动农村改革向纵深发展。

在贯彻今年中央1号文件中,各地按照巩固、消化、补充、改善的方针,把今年中央1号文件精神同前几年的中央1号文件精神有机地结合起来,进一步完善和深化了农村改革,并在试点中有所突破。现在,全市试点的范围,已由原来的巴县、永川、合川3县扩大到了长寿县和市中区、北碚区等6个区县。农村试点区县的内容由原来以推行联产承包责任制为中心的综合改革,发展到了财政、金融、税收等方面的配套改革。财政上,试点区县已经或正在建立农业发展基金、乡镇企业发展基金、城镇集体企业发展基金、国营企业发展基金;金融上,下放和扩大了试点区县设备贷款的审批权限,增加了试点区县的设备贷款周转额,进一步改革了信用社体制和贷款形式,初步建立了一些短期资金市场;税收上,将国营和集体企业所得税、调节税的个别减免权下放给了试点区县,允许试点区县在二轻系统试行按行业计算奖金额度和计税工资标准。通过几个月的努力,试点区县的改革已有明显的起色,财政、金融、税收等方面的同步改革收到了较好效果,并提出了进一步开展全面配套改革的方案。在狠抓试点县改革的同时,采取先试点后推开,边试点边推开的办法。认真抓了面上的改革工作。今年市对12个县分别采取增长包干、适当提高分成比例、增加财政补贴等办法,缓解了县财政的困难。城市建设维护税的使用和能源基金的安排都增加了对县的投入,增强了县级经济的实力。同时,市里还采取优惠的经济措施,组织市属企业与业务管理部门的管理和技术人员,下乡帮助工作2至3年,加强了乡镇企业的经营管理和技术力量。上述改革措施,既促进了今年农村经济的发展,也为明年的改革创造了条件。

(三)发扬团结奋战精神,大力开展抗灾救灾工作。

今年,我市气候异常,各种自然灾害接连不断,先是3、4月的低温影响,接着是5、6月的狂风、暴雨、冰雹袭击,继后又是7月的暴发性稻纵卷叶螟等病虫危害。灾害发生后,市委、市府领导及各级党政部门,都立即行动起来,组成救灾领导班子,夜以继日地指挥救灾。各级主要领导同志和许多干部,都奔赴受灾地方,坚持同群众一道战斗在抗灾自救的第一线,极大地鼓舞了灾区人民,增强了他们战胜自然灾害的信心和决心。在抗灾救灾中,灾区人民坚持自力更生,生产自救,响亮地提出了"重灾不减产,轻灾要增产,无灾大增产"的口号,抓住时机,千方百计地抢种补栽,适时完成了大春作物特别是水稻的栽插任务,为弥补或减轻灾害损失,夺取今年农业丰收奠定了基础。为了帮助灾区人民尽快恢复生产,重建家园,市委、市府组织市级财贸、税收、金融、民政、保险、交通、公安、卫生等部门,分别采取了一系列应急措施和优惠政策,挤出了一切可能挤出的资金、物资支援灾区。同时,城乡人民也立即行动起来,无灾支援有灾、轻灾支援重灾、先灾支援后灾,亲帮亲,邻帮邻,受灾人救受灾人,城里人帮助乡下人,形成了一个对口支援、团结抗灾的壮观局面。据统计,市级各部门、城市各区,加上中央和省里的一些部门,共向灾区支援了资金1900多万元、粮食240多万斤、物资2.9万多吨。这就较好地稳定了灾区的社会秩序,有效地增强了灾区人民的生产自救能力。城乡间的对口支援,进一步密切了关系,促进了经济技术联合协作,仅荣昌同沙坪坝区、永川同江北区、江津同南岸区、长寿同当地市属企业之间,初步达成的联合协议就有200多项,目前还在继续发展。通过抗灾救灾,不仅夺得了农业生产的丰收,而且促进了社会主义精神文明建设。在整个抗灾救灾工作中,涌现了一大批值得赞颂和学习的好人好事,在全市范围内表彰的先进集体有319个,先进个人有679名。

(四)积极推广关键技术措施,努力提高农业生产水平。

去冬以来,各地认真总结了近两年在推广农业技术方面的经验教训,进一步引起了对推广先进技术措施的重视,广泛开展了农业技术培训,为大面积推广行之有效的先进技术措施创造了良好条件。今年,各项主要技术措施都得到了较好的推广,杂交水稻高产组合"汕优63",由1万多亩扩大到240万亩;杂交玉米增加了8万多亩;水稻规范化栽培,由6万亩增加到100万亩;地膜覆盖达到443万亩,扩大了78万亩;半旱式栽培增加到11万亩,扩大了4万亩;配方施肥达到273万亩,扩大了192万亩;病虫害综合防治已达90%以上,质量有明显提高;再生稻由1万亩扩大到20万亩。通过这些措施,获得了显著的增产效果,特别是稻谷增产最多。

总之,今年我市农村的形势很好,对此,必须给予充分肯定。但是,也应当保持清醒的头脑,认真对待和解决好农村经济发展中存在的一些值得注意的问题。

1. 粮食生产的形势严峻。随着人口的增长和经济的发展,对粮食的需求量将不断增加,客观上要求粮食生产必须有相应的增长。但是,粮食种植面积不会有多大增加,耕地面积还会有正常减少;粮食的比较效益低,农民的种粮积极性不高;农业科学技术又没有新的突破,单产在短期内不可能再有大幅度的提高。因此,对粮食生产不可掉以轻心。

2. 农业生产的后劲不足。全市对农业的投入占财政支出总额的比重逐年减少,今年虽有增加,也基本上是事业费、吃饭钱。由于农业投资减少,农田水利年久失修,损坏严重;农机企业设备落后,产品老化,小型农机具供不应求;化肥生产量少质低,很不适应农业生产的需求;饲料和加工企业不配套,布点也不够合理;农业科研和科技教育力量弱,手段落后,科技等服务体系很不健全。因此,整个农村经济发展的物质、技术基础条件较差,抗御自然灾害的能力不强。

3. 市场机制尚未健全。农村商品流通体制还没有疏通理顺,小生产、大市场的矛盾十分突出。畅销产品多家争购,滞销产品都不推销,只经营产品,不扶持生产,致使买难卖难交替出现,时卡时放反复无常,市场价格大起大落,严重影响农业生产的发展。

摆在我们面前的难题是很多的,但是,只要把业已开始的改革坚持下去,认真落实党的各项政策,调动一切积极因素,困难再多都是可以解决的。

二、1987年的农村工作安排

今年是"七五"期间的第一年,已经开了一个好头。明年,各方面的工作,都应该有新的进展,上新的台阶,创新的水平。

年初提出的发展农业生产的路子,即"两个稳定"(粮食、蔬菜)、"三个发展"(乡镇企业、畜牧业、林果业)、"一个途径"(以拳头产品为龙头,建立商品生产基地,实行农工商综合经营),经实践证明是正确的。明年,不仅要坚持走这个路子,还需要加上"两个控制":一要控制人口的增长,二要控制耕地的减少。究竟稳定在什么基础上,发展到什么程度上,控制到什么速度上,市里已于9月份向各区县提出了一个初步设想,各区县也做了大量调查。从调查的材料和各地的决策来看,大体倾向于以下目标:

粮食总产,比今年增加4亿斤,达到114亿斤,略高于1984年水平。"七五"期末达到117亿斤,高产年力争120亿斤。

蔬菜上市量,稳定在11亿斤水平上,城市居民每人每天平均1斤菜左右。

农业总产值37.5亿元,比今年增加1.5亿元。

乡镇企业总产值45亿元。"七五"期末,达到75亿元,年递增23%左右。

农村劳力转移,比今年增加10万人,达104万人,占总劳力的19%。

农民人均年纯收入增加40元以上,到"七五"期末达到560元至600元。

今后10年内,非农业占地每年控制在2万亩左右,人口增长控制在每年12万人以内。明年是人口生育的高峰期,总数也不得超过14万人。

实现以上目标,任务是艰巨的,需要做扎实的工作。中央对明年农村工作总的要求是:继续坚持改革,搞好基层整党,争取粮食有较大幅度的增产,全面发展商品经济,促进农村经济持续稳步发展。

根据中央的要求,结合本地的实际,明年我市农村工作的指导思想是:继续坚持以农业特别是粮食为基础的方针,深化改革,增强农村经济的活力;增加投入,增强农村经济的实力;加强精神文明建设,增强农村经济的动力,促进商品经济协调发展。经过努力,逐步建立起以大城市大工业为依托,家庭经济为基础,乡镇企业为主体,市场需求为导向的多种经济成分、多种经营方式、多层次社会服务的商品经济体系,全面搞活农村经济,增加农民收入,实现共同富裕。围绕这个总的要求,明年要重点抓好以下工作:

(一)完善农村联产承包责任制,充分发挥农民家庭的潜力,大力发展家庭经济。

完善农村双层经营责任制,必须充分发挥统一经营和分户经营两个方面的积极性。统一经营主要是进一步完善以生产队为主要形式的地区性合作经济,把农民迫切要求办而由一家一户办不到、办不好的事情,如农田基本建设、抽水抗旱、协调治虫治病等,由队统一组织协调。分户经营,情况发生了很大变化,形成了新的家庭经济。

对家庭经济有一个更新观念的问题。不能认为家庭经济就是私有经济,私有经济就是资本主义,对资本主义就要限制;也不能认为包产到户的潜力已经挖尽,分散经营阻碍生产发展,要更新家庭联产责任制。家庭承包责任制,对中国的命运起了重大影响,既把生产和经营的自主权给了农民,促进了生产要素的自由组合,又为户营创造了良好环境,丢掉了捆绑手脚的绳索。家庭经济必然是一个发展趋势,现正方兴未艾。家庭经济有两重性:公有的一重,是双层经营责任制的一层,土地、矿山、荒地、林地、水面是公有的,家庭承包经营;私有的一重,是家庭自有资金,搞加工、搞运销、搞服务,主要生产资料是私有的。集体和个体,在一个家庭之内,起着功能互补的作用,成为发展生产、活跃市场、增加收入的重要形式。同时,农业是国民经济的基础,粮食是基础的基础,粮食这个基础在哪里?在户;城市人民离不开蔬菜,蔬菜这个基础在哪里?

也在户；发展乡镇企业、畜牧业、林果业的基础主要还是在户。总之，农村经济的繁荣，农民群众的富裕，在很大程度上都在户。家庭经济的发展，对发展商品生产，振兴农村经济有着深远的历史意义。家庭承包责任制不会变，发展家庭经济的政策也不会变，要长期保持相对稳定。

发展家庭经济致富的形式多种多样。有的在小块地上多层利用，1亩地产1000斤粮、100斤鱼，或收入400元、600元、800元、上千元；有的在一个户里综合经营，人均年收入600元、800元、上千元，还有上万元的；有的用自有资金、技术、设备在家庭内部把生产要素组合起来，向纵深发展，或者形成一定规模的私人企业，或者与其他农户联合，形成不同内容、不同规模、不同形式、不同程度的联户经营，获得更加可观的收入。家庭经济发展的各种形式，不是按主观设计的框架撮合而成的，而是在商品经济发展的实践中，由农民群众自己创造出来的。它切合实际，适合生产力发展水平。通过发展家庭经济，可以促进资源的合理利用，促进农村产业结构的调整，促进科学技术的普及，促进农村劳力转移，促进种养加综合经营，促进农村经济联合与协作。

扶持家庭经济的发展，一要放宽政策，为家庭经济的发展创造一个宽松的环境；二要搞好服务，围绕家庭经营的需要，因势利导地大力发展多种经济成分、多种经营方式和多层次的产前、产中、产后的社会化服务；三要积极引导，使家庭经济由"小而全"到"小而专""小而联"，走股份联合之路，走服务联合之路，走社会化协作之路，走适度扩大生产经营规模之路，实现共同富裕。对于家庭经济中产生的消极因素，可以通过工商、税收、信贷等手段加以调节。总的政策是：长期并存，积极发展，引导联合，合理调节。

（二）力争粮食稳步增长，大力发展乡镇企业，建设种养加相结合的大农业体系。

调整农村产业结构，促进农业劳力向非农业产业转移，逐步适度扩大土地的经营规模，是实现农业现代化的重大战略措施。近几年特别是近两年来，对我市农村的产业结构，逐步进行积极稳妥的调整，收到了良好的效果。实践证明，我们采取的在稳步发展粮食生产的前提下，面向市场，发挥优势，因地制宜，分类指导的调整农村产业结构的方针是正确的，今后应当继续坚持下去。

粮食生产情况的好坏，对整个改革和建设的发展具有决定性的影响。各级领导在调整农村产业结构中必须始终保持清醒的头脑，有一个长期的打算，努力实现粮食生产的相对稳步发展。从全市来看，粮食生产应当稳定在农业人均生产粮食1000斤，城乡人均占有粮食800斤的水平上。发展粮食生产，要切实注意保护和调动农民种粮积极性，稳定面积，依靠科学，提高单产，增加总产。保护和调动农民的种粮积极性，重要的是政策，是调整价格，使种粮的农民在经济上得到实惠，但目前大幅度地提高粮价的条件还不具备。因为粮食上涨必然导致整个物价的波动，不仅国家财政、城市居民承受不了，而且对农民也没有什么好处。目前，农民出售的商品粮少，购进的生产和生活资料正在增多，通过粮价上涨增加的收入，难以抵消物价上涨增加的支出。所以，只能采取逐步减少一点合同定购任务，逐步压缩一点平价统销范围，逐步提高一点粮食价格，逐步增加一点农业投入等措施，来缓解粮食效益低、比价不合理的矛盾。鉴于这种情况，粮食合同定购制度将保持一段时间，粮食价格的"双轨制"也难以取消。明年，国家按规定价格向农民定购的粮食数量将减至1000亿斤。在具体调减计划未下达前，暂保持去年12亿斤的水平，今后国家减购部分全部分到各区县掌握，调减给贫困山区和粮食主产区，对经济作物区和经济发达地区原则上不动。一定要向农民讲清楚，粮食合同定购，既是合同，又是任务，必须完成。为了增加合同的互惠性，国家定购的粮食一律与化肥、柴油、预购定金挂钩，每向国家交售100斤粮食，平价供应6斤化肥、3斤柴油，付20%的预购定金。各级、各部门一定要按规定，保证兑现到每个农户。农民不愿要柴油,要求同煤油、煤炭、杂交良种挂钩的,也可变通,由区县自定。有的区县过去定的返还米糠、油饼等政策,也可继续执行,市里不作统一规定。

发展乡镇企业,是振兴农村经济的必由之路。各地一定要坚持以经济效益为中心的大发展方针,把扩大内涵同发展外延结合起来,把提高经济效益同增加产品产值结合起来,把发展乡、村骨干企业同发展户办、联办、队办小企业结合起来,积极扶持,合理规划,正确指导,加强管理。乡镇企业发展较好,特别是离城区较近的地方,要注意对现有企业重点是骨干企业的技术改造,逐步形成城乡一体化的布局,努力开拓国内外市场;广大的中近郊地区,要根据当地的资源、技术等条件,把发展种植业、养殖业同发展加工业、手工业、采矿业、采集业等结合起来,大的上水平,小的进家庭,实行"五个轮子"一齐转;乡镇企业发展较差的边远地区,要以户办、联办企业为主,围绕农业,大力发展加工业,实现多层次增值,逐步积累资金,发展一些骨干企业。

建设种、养、加相结合的大农业体系,是我市大多数地方农村经济发展的主要方向,也是农村劳力转移的重要途径。我们说无工不富,但并不意味着务农必穷。各地的实践特别是许多农户靠发展家庭经济致富的经验证明,务农致富,不但是可能的,而且是现实的。各地一定要采取有效措施,学习和推广大足县生态农业和米易县立体农业的经验,认真总结当地发展家庭经济致富的好典型,树立样板,培养和扩大生长点,以带动并发动全市二百多万农户,充分发挥自己的各种潜能,科学利用自己承包的耕地、荒山、荒坡、荒滩、林地、水面等以及其他各种资源,走生态农业、立体农业、开发农业的路子,在抓好粮食生产的前提下,大力发展畜牧业、林果业、加工业和服务业,实现良性循环。要切实加强薄弱环节,努力搞好林业、牧业和渔业生产。林业方面,实行综合治理,开展造林、育林工作,增加森林资源,提高覆盖率。近郊以环卫绿化为主,不断营造和扩大森林公园、林木绿带;广大丘陵地区以增加植被为主,减少水土流失;山区以林为主,注意发展用材林,严格控制恶性采伐,切实保护好森林资源。畜牧业方面,要采取有力措施,改良品种,稳步发展生猪,积极发展耕牛、奶牛和山羊,并大力发展小家禽家畜。渔业方面,要继续发展水库和稻田养鱼,有计划地发展商品鱼基地。要加强对劳务输出的组织、训练和服务工作,努力开辟劳务市场,加快农村劳力转移的步伐。

(三)积极疏通流通渠道,搞活农村金融,活跃农村商品市场。

解放思想,放开搞活,深化农村改革,是明年农村工作的首要任务。农村第二步改革的主要内容,是使各种生产要素,包括资金、技术、资源、劳力等,都能进行合理的流动,实现最佳的组合,推动产业结构调整,促进商品经济发展。这种流动和组合,不以人的主观意志为转移,不能搞一种统一的模式,只能以国家调控下的市场为导向,进行自由流动,搞多种模式的组合。自农村第二步改革以来,多种生产要素已逐步通过市场重新组合,形成新的生产力。农民正在进入陌生的流通领域,交换方式由简到繁,活动天地由近及远,市场规模由小变大,在市场的汪洋大海中,有成功,有失利,有些人已摸出一点门道。但是,在旧体制刚受到冲击,新体制尚未完全形成,新旧体制互相摩擦的情况下,开辟市场、搞活市场、调控市场中的许多问题亟待解决。从目前农村的情况看,要着重抓好商品流通和金融融通的改革。

农村人口众多,是一个容量很大的市场。搞活农村商品流通,对整个国民经济的发展具有重大意义。近两年来,全市农村商品流通体制的改革成绩很大,农村商品市场相当活跃。但同广大农民进入市场的迫切要求,还很不适应,必须在新的一年里,下狠功夫抓好流通领域的改革。第一要把商品流通与发展生产结合起来,实行生产、加工、贮藏、包装、运输、销售等各个环节的系列化综合经营,促进农产品直线流通,或者谁经营产品,谁扶持生产,收取一定的生产扶持基金。第二要广泛推行农产品

一、农村改革

收购合同制,由经营部门同生产者按照比较合理的价格幅度,签订农产品收购合同,防止设关设卡、抢购畅销产品,或撒手不购、不经营滞销产品等抑制生产的现象发生。第三要根据农副产品的不同特点和与国计民生关系的不同程度,采取不同的购销办法:粮食按国家规定坚持合同定购;柑桔、茶叶等外贸产品实行分工协作收购;甘蔗、蚕茧由加工企业或经营部门按合同收购;其他农副产品原则上放开,实行多渠道经营。第四要开拓多层次、多形式、多渠道商品流通。国营商业要真正按商品经济的客观要求办事,并以同等的身份与集体、个体商业一样参与市场竞争和市场调节;取消食品、蚕茧、中药材等公司的行政职能,真正按企业经营;国营商业的加工、贮运等主要设施,要实行企业化,面向社会服务;小型企业(包括工业)可以实行"包、租、转、卖",增强活力;供销社要实行综合经营,真正成为农民群众自己的经济组织;积极发展多种形式的农商和农工商公司、生产者协会、贸易货栈、多种经营服务公司等农民自我服务组织,大力支持农民联合起来进入商品流通领域。第五要进一步搞好各类农副产品批发市场建设,除正在新建的大型批发市场外,还要在城区周围建设一批独具特色的专业批发市场,为农产品进城和销售提供方便。

农村金融要以支持整个农村商品经济的发展为基本指导方针,围绕促进农村各种生产要素的合理流动,加速农村各产业的技术改造,发展农村经济的综合经营和多种形式的经济联合,完善农村经济新体制这个首要任务,继续深入改革。通过改革,建立一个在人民银行领导下,以农业银行和其他国家金融机构为骨干,信用合作社为基础,民间信用为补充的农村金融体系。农业银行要面向农村地区的国营经济、城乡联合经济和中高层次的合作经济服务,逐步增加中长期贷款,以加强对农村新增生产能力的聚合能力和对农村资源的开发能力;要积极筹建为开发农村经济服务的金融机构和信托投资公司,促进农村资源的开发和横向经济联合;要改资金大锅饭为分灶吃饭,各区县自求平衡,多存多贷;要调整农村贷款的审批层次,凡属市农行现行审批权限内的各项设备贷款审批权,全部下放给区县审批,市分行只按经济原则进行咨询。给国营企业和乡镇企业的设备贷款额,以1985年末的余额为基数,由各区县自己收回周转使用;信用社缴存的准备金,要逐步降低。农村信用社的改革要有新的突破。信用社的富余资金可发放工商贷款、跨地区贷款,也可用定期存款投资入股、自行拆借,其利率可随资金供求关系上下浮动;可以根据自己的实际,学习合川、巴县的经验,在保证基层信用社自主经营权的前提下,把县联社办成股份制的经济实体;农村信用社同农行脱钩,可在巴县继续进行试点,脱钩后,农行也要相应放开。在充分发挥农业银行和信用社融通作用的同时,除个人不能办理金融组织外,各地还可根据商品生产发展的实际需要,新建一些信贷网点、综合性或专业性的信用合作社、合作基金社等新的金融机构,努力开拓农村金融市场。各级农行、信用社和其他农村金融机构,可以参加不同层次和不同范围的同业拆借;可以发展票据市场,搞好股票、债券规范化,促进企业在赊销预付中使用商业票据,代户存兑商业票据,办理票据贴现和票据抵押贷款,帮助企业运用和代售股票和债券,并试办证券转让业务、大额存单和长期金融债券。此外,应允许群众采取各种形式,适当发展民间信用。

(四)增加对农业的投入,改善农业的物质和技术条件,增强农业发展的后劲。

农村经济要获得持续稳步的发展,一个带战略性的措施,就是逐步增加对农业的投入,不断改善农业的物质技术条件。不能认为农业效益低,不愿投资于农业。农业的效益,主要表现在社会效益上,必须站在全局的立场上算大账,舍得花本钱,支援农业;也不要一讲投入,就向国家要多少钱、多少物资,关键的问题是要调动投入的积极性,讲求投入的效益,选准投入的方向。

对农业的投入,要保证重点。重点在增强抗灾能力和提高科技水平。农业生产受自然气候影响,必须立足防灾、抗灾、先法治灾，夺取丰收；农业生产技术又没有大的突破，只能从不平衡中，挖潜力，求平衡，获高产。围绕重点，当前急需搞好下述几个方面的建设：第一，加强农田基本建设。今冬明春努力把还未恢复的60万亩灌溉面积基本恢复起来，在"七五"期间，争取把损坏的水利设施恢复好，并新增一些配套设施。农村饮水条件急需改善，这是服务当代，造福子孙，关系到农民健康和人类文明进步，关系到搞好生产和繁荣经济的事业，争取在明年内解决100万农民饮清洁卫生水的问题，包括解决10万农民的缺水问题，经过几年努力，使95％以上的农民能饮清洁卫生水。第二，加强农业科技建设。明年的重点是建立健全乡级综合农业技术组织，把科学技术普及到千家万户；种子建设采取市繁县制同外调调节相结合的方针，加强对良种的引进、繁育和推广，恢复和建设良种繁育基地，不断普及、不断提纯、不断更新；改善市级农业科技所、校的条件，努力多出人才，多出成果。第三，加强农用工业建设。对现有化肥工业，切实加强管理，增供天然气和电力，多产化肥；对化肥工业的建设，先抓好二三个小化肥厂转产尿素和复合肥的技术改造；对饲料工业、农机工业和农产品加工、贮运、市场设施，也应有所加强，促进农产品多层次增值。第四，加强农村交通、电话建设。争取未通公路和电话的乡，在近两年内全部通车通话。第五，加强农村能源建设。支持农村发展小水电、小火电、小煤窑、沼气，促进农村经济发展。

增加对农业的投入，必须采取相应的政策和措施，使投资者得到利益，以调动国家、地方、集体、农民等各方面的积极性，实行分层次负责。国家的基本建设投资，主要用于大江大河治理、重点项目开发、商品基地、教育和科学技术基础设施建设。地方财政安排的支农资金和农业事业费，主要应用于改善生产条件和推广科学技术，以利形成新的生产力和提高抗灾能力。市财政对农业的投入在今年的基础上，拟再增加五六百万元，主要用于农村技术服务体系、良种亲本培育、农业科技基础设施、水利设施补助和乡镇企业发展基金。区县财政支农资金主要用于技术培训、技术教育、技术推广和小型水利设施。乡（镇）应把财政收入主要用于发展农业特别是乡村教育事业，并积极组织农民坚持开展劳动积累，努力改善生产条件。乡镇企业继续实行"以工补农"，支援农业生产。市和区县财政都应建立农业发展基金、乡镇企业发展基金，实行周转使用；或者给一点资金用于贴息贷款，搞农业基本建设。

（五）要抓好薄弱环节，加强对贫困地区的经济开发，促进平衡发展。

党的十一届三中全会以来，全市农村经济有很大发展，农民的生活水平有很大提高，温饱问题已基本解决，但发展不平衡。全市人均年纯收入在200元以下的贫困农户有47万户，占农户总数的18％，其中人均纯收入不足150元的有11万户，温饱都未解决，他们主要分布在山区和边远交通不发达的地区。新中国成立30多年了，还有这样多的人处于比较贫困的状态，与重庆这样一个大城市的定位很不相称，改变这部分人的贫困面貌，是各级党和政府的重要任务。一定要下决心在三四年内，使这部分人的人均年纯收入达到300元以上，基本改变贫困面貌。

开展扶贫工作，重在"造血"。要从实际出发，坚持改革，放宽经济政策，依靠科学技术，开发当地资源，加速经济发展。首先，各地要清楚了解贫困地区和贫困户的状况，制定好一个切实可行的脱贫致富规划；其次，要从改革入手，帮助贫困农民克服小农经济思想，树立商品经济观念，采取各种措施，打破封闭状态，放手发展同外地的横向经济联系；第三，进行科技支援。帮助山区和贫困地区培训干部和技术力量，组织科技人才和致富能手到贫困地区传授实用技术，培养生长点，以带动群众致富；第四，进行必要的经济扶持，采取以工代赈，建立扶贫周转金、发放低息贷款等办法，把资金同技术配起套来，帮助这些地区发展交通事业、文化科学事业和一些投资少、见效快、有市场、家家户户都能干、有助于尽快解决群众温饱问题的"短、平、快"项目。对800公尺以上贫困山区和边远地区，取消粮食定购，免征农业税和给予乡镇企业的税收照顾；对烈军属和困难户，要从生产和生活上给予必要的帮助和扶持；第五，还可开展对口结对支援，组织先进地区支援落后地区。市里由市农委牵头，组织市经委、市财办、市民政局、市农行、市农牧渔业局等部门的力量，配合区县搞清贫困地区和贫困户的状况，制订规划，发动市级有关部门、单位和市属企业，实行划片对口，帮助脱贫。区县也应组织力量，对口包干，并列入评比考核的条件，认真抓紧抓好抓落实。

（六）搞好基层整党，加强基层组织建设，推动农村两个文明的发展。

我市农村整党工作，按照中指委和省委的部署，从上到下，分批开展。目前最后一批村级整党，除少数区县已基本结束外，大多数正在进行或即将搞完组织处理和党员登记工作。但是不能松懈，必须善始善终圆满完成整党任务，加强基层组织建设，推动农村两个文明的发展。

第一，认真检查前段整党工作，确保整党质量。在搞完组织处理和党员登记后，要采取支部自查，县、区、乡重点抽查的方法，认真检查一下前段整党工作。对搞得不好、起色不大的后进单位，要由领导分工包干，重点帮助补课。对薄弱环节和处理不当的问题，要抓紧解决和纠正。对二、三批整党中的遗留问题，应分别不同情况，采取有力措施，加快处理进度。对未了结的案件，由领导负责，增派力量，抓紧调查，尽快结案，使农村核查同农村整党同步结束。对尚未进行登记的党员，要抓紧清理。同时，认真做好发展新党员的工作，注意从优秀的初高中毕业回乡青年和能工巧匠中发展党员，逐步改善农村党员队伍的结构，使党员队伍能适应农村经济建设的需要。通过整党，要建立健全党的组织生活制度、工作制度、学习制度，以及一些约束党员不要搞以权谋私和不正之风的制度，使党员有章可循。

第二，认真加强农村社会主义精神文明建设。这既是农村经济建设的长期战略任务，又是农村基层整党中要着重解决的一个主要问题。物质文明是一切文明的基础。加强农村精神文明建设，必须以农村的社会主义经济建设为中心，帮助农民消除封建余毒和自然经济思想的影响，建立起一系列与社会主义商品经济相适应的新观念，如市场观念、竞争观念、效益观念、开拓进取观念和民主意识、平等意识、自由意识，等等，并以此作为观察、分析和处理问题的是非标准。更新观念应从干部和党员做起，教育干部和党员带头为发展生产力服务，为发展商品经济服务，带领群众勤劳致富。为适应农村商品经济发展的需要，提高广大农民发展商品经济的思想素质和科学文化素质，使之成为有理想、有道德、有文化、有纪律的社会主义新型农民，各区县要认真实施九年制义务教育，以乡为单位，实事求是地制定实施规划，扎扎实实地抓好普及小学教育的巩固、提高工作。在巩固普及小学教育成果、提高普及小学教育的程度和教育水平的基础上，有计划有步骤地发展初中。同时，要积极发展农村职业技术教育和农民文化技术教育，认真办好农业职业中学和乡农民文化技术学校。

第三，认真加强农村基层组织建设。乡镇党政继续完善党政分工、政企分开，明确职责范围，改进工作作风和方法，协调一致地开展工作。党的基层组织要按经济发展的要求设置，一般以行政村为单位建立党支部，也可按从事的行业设置党组织，加强对这部分党员的管理。还应搞好共青团、妇联、人民调解、治安保卫等的组织建设和制度建设。加强基层组织的关键在配备干部和训练干部，不断提高干部的政治素质和业务素质。

（七）继续完善市带县体制，加强城乡结合，增强区县总揽经济全局的能力。

市委、市府给区县放权让利的指导思想十分明确，今年以来着重解决头重脚轻的问题，做出了一只脚放在企业，一只脚放在区县的战略决策。区县是宏观调节的第一个层次，各种矛盾的解决，首先在区县。因此，必须增强区县总揽经济全局的权力、实力、能力。

在财政体制上,市里已向中央提出几个方案,在中央"总额分成"体制未变前,市对区县也不大变。今年市里采取的一些暂时性变通办法,也保持相对稳定。其他一些搞活区县经济,增强区县功能的政策,也要积极巩固、配套、改善。此外,明年拟选择一个县进行分税制试点。

在行政管理体制上,实行区县政府直接对市政府负责的目标责任制,各区县的职能部门直接对区县政府负责。市级各部门和单位在区县的对口部门和单位,除个别特殊的部门或行业不适宜分块领导的外,原则上逐步放到区县,市级有关部门对这些部门和单位只在业务上加以指导。

在经济管理体制上,要逐步转变政府职能,实行间接管理。一方面,市对区县只控制国民经济发展规划、城镇建设总体规划、建设占地总指标、人口增长总规模、年末贷款余额和固定资产投资总额、物价总水平、设计部门和建筑施工队伍资质审查、财政增长比例和上交总额、粮食调剂总量等。另一方面,市里要深入调查研究,搞活宏观决策,加强宏观协调和监督的职能,保证全市农村经济的健康发展。其他权力都可放到区县去,使区县在经济运筹中能相对独立自主地进行良性循环,增强其活力。

在城乡经济联系上,要大力发展城乡间的横向经济联合。城市应努力加强各种服务设施的建设,吸引并促进农副产品进城。同时尽可能把新建和扩建的企业特别是农副产品加工业摆到农村去,以加速城市经济的扩散。还应将分布在区县并适宜区县管理的市属企业的党政管理权逐步放给区县,市级主管部门可按行业归口的原则搞好有关的服务工作。继续开展城乡间的对口联合协作,增强对发展横向经济联合的责任感和自觉性。对联合协作的项目,在税收、信贷等方面继续给予支持和照顾,以增强其吸引力。市工会、科协、科委和农委要继续组织科技下乡,充分发挥城市科技优势特别是退休工程技术人员和退休技术工人的作用,为发展农村经济做出新贡献。各级经济协作部门应加强调查研究,积极做好牵线搭桥等工作。

各区县要进一步加强对小城镇的建设。关于小城镇建设我们有两个思路:区里、城区近郊,走街道与乡合并建镇,实行镇带村之路,先在北碚试点,取得经验后,逐步推开;县里,凡乡、镇建制同在一地的和有条件的乡,走撤乡建镇、乡镇合一,实行镇带村之路,这在农村已经铺开。发展小城镇,要从经济发达的大城市周围和交通枢纽、经济中心开始。小城镇建设,从市场建设、交通建设、服务设施着手搞活流通,搞好服务,促进生产,繁荣经济,随着商品经济的发展,逐步吸引更多的集体和个体企业进场入镇。没有建镇的乡,也要通过乡财政的建立等措施,把乡搞活、搞实、搞壮,逐步成为乡的经济中心,随着经济的发展,逐步建立小城镇。

同志们!明年农村工作的任务非常繁重。我们一定要坚持实事求是、因地制宜的原则,带领广大农村干部、群众深入改革,增加投入,加强精神文明建设,增强农村经济发展的内在活力、实力和动力,进一步开拓农村商品经济的新局面,以更大的成绩迎接党的十三大的胜利召开!

重庆市人民政府关于从财政上扶持我市潼南、綦江、荣昌三个贫困县给四川省人民政府的请示

（1987年6月10日）①

省人民政府：

我市农村面积大，人口多，发展不平衡，处于市郊边远地区和山区地带的潼南、綦江、荣昌三县，自然条件差，又是全市少数民族比较集中的地方，农村经济基本还是以粮食生产为主的单一经营，群众的生产和生活都相当困难。

据1985年的统计，这3个县的农民人均纯收入只有200余元。其中，潼南县217.18元，綦江县222元，荣昌县221.95元。由于经济落后，三县的财政都很拮据，近两年来，连年发生严重赤字。其中，潼南县赤字572.53万，綦江县赤字267.8万，荣昌县赤字473万。1986年，在市财政收不抵支的情况下，对三县补贴金额共达857万元。

为了扶持这三个县的经济发展，帮助他们较快地摆脱贫困，除我们采取城乡对口扶持、财政让利等措施外，由于我市财政分成数低，市带县负担很重（1986、1987年两年市财政赤字达1.3亿元），请中央和省在政策上给予必要的支持，以调动他们发展经济的积极性。为此，我们请求对这三个县的财政收入，以1986年的实绩为基数，到1990年止，超过基数的增长部分全部留县作为地方固定收入，不纳入中央、省、市的分成收入范围。三个县对超基数增长部分的收入，分别用作各县的生产发展基金，实行有偿使用，以增加投入，增强经济发展的后劲。

以上请示，如无不当，请转报财政部审批。

重庆市人民政府
1987年6月10日

重庆市人民政府关于从财政上扶持我市潼南、綦江、荣昌三个贫困县给财政部的请示

（1987年6月10日）②

丁长河

财政部：

我市农村面积大，人口多，发展不平衡，处于市郊边远地区和山区地带的潼南、綦江、荣昌三县，自然条件差，又是全市少数民族比较集中的地方，农村经济基本还是以粮食生产为主的单一经营，群众的生产和生活都相当困难。

据1985年的统计，这三个县的农民人均纯收入只有200余元。其中，潼南县217.18元，綦江县222元，荣昌县221.95元。由于经济落后，三县的财政都很拮据，近两年来，连年发生严重赤字。其中，潼南县赤字572.53万，綦江县赤字267.8万，荣昌县赤字473万。1986年，在市财政收不抵支的情况下，对三县补贴金额共达857万元。

为了扶持这三个县的经济发展，帮助他们较快

---

① 此文标题系编者重新拟定。
② 此文标题系编者重新拟定。

地摆脱贫困,除我们采取城乡对口扶持、财政让利等措施外,由于我市财政分成数低。市带县负担很重(1986、1987年两年市财政赤字达1.3亿元),请中央在政策上给予必要的支持,以调动他们发展经济的积极性。为此,我们请求对这三个县的财政收入,以1986年的实绩为基数,到1990年止,超过基数的增长部分全部留县作为地方固定收入,不纳入中央、省、市的分成收入范围。三个县对超基数增长部分的收入,分别用作各县的生产发展基金,实行有偿使用,以增加投入,增强经济发展的后劲。

以上请示,请审批。

重庆市人民政府
1987年6月10日

重庆市人民政府关于深化我市农村供销社体制改革的意见

(1987年7月1日)

各区县人民政府、市级有关部门:

我市农村供销社的改革,从1982年以来,经历了恢复"三性"、扩大企业自主权和建立农村商品生产服务体系三个阶段,通过改革,供销社的民办因素增强,经营范围逐步扩大,系列化服务初具规模,社会效益和企业效益稳步提高。但是,供销社的服务领域和服务效能还不适应农村商品生产发展的要求,经营思想和经营方式还不适应商品交换日益扩大的需要,本身的管理制度、企业素质还不适应开放、搞活和竞争的形势。为了适应我市农村第二步改革的需要,促进农村商品生产的进一步发展,根据中共中央中发〔1987〕5号文件关于"供销社要按照合作社的原则,尽快办成农民的合作商业组织,完善商品生产服务体系"的指示精神,结合我市实际,就深化农村供销社改革提出以下意见:

一、充分认识深化农村供销社改革的重要意义

供销社的体制改革是农村综合体改的重要组成部分,把供销社办成农民的合作商业组织,是农村生产力发展水平决定的。我国农村生产力水平还很低,农村生产经营分散,以手工劳动为主。这种生产力水平和经营规模,决定了我国农村在相当长的历史时期内,只能以农民集体所有、分散经营的合作经济为主要经济形式。与此相适应,农村流通领域中的主要经济形式,也只能是农民集体所有的合作商业。这是供销社必须恢复集体所有的合作商业性质,实行改"官办"为"民办"的深刻经济根源。

我国农村第一步改革,已取得举世瞩目的成绩,现在正致力于健全、完善农村市场体系,这是农村第二步改革的重点。供销社是农村商品流通的主体,担负着推销农副产品和供应农民生产、生活资料的主要任务。供销社不同于一般的商业组织,它通过服务生产和消费,客观上起着引导千百万农民按照国家和市场的需要发展商品经济的作用。这种既是商业又不同于一般商业的特殊地位,决定了供销社的体制改革,关系到整个农村的经济发展,而农村经济的发展又必然影响到整个国民经济的全局。

深化供销社改革,把供销社办成农民的合作商业组织,是一次重大的变革,任务十分艰巨,工作难度很大。这就要求我们按照党中央1982年至1986年五个一号文件和今年五号文件中关于供销社改革的指示精神,统一各级领导干部的思想,统一供销社系统广大干部职工的认识,克服"差不多""难突破"等思想,站在发展我市农业生产、搞活我市农副产品流通的高度,切实搞好农村供销社的改革。必须明确,农村供销社农民合作商业组织的性质恢复得越完全,为农业生产服务、为农民生活服务的

一、农村改革

观念树立得越牢固,供销社对农民就越富有吸引力,就越能在农村商品流通中发挥特有的作用,圆满完成国家委托和农民要求完成的各项任务。否则,就会日益萎缩下去,直至丧失独立存在的意义。因此,应增强深化供销社改革的紧迫感,加强领导,加快步伐。扎实工作,通过改革实现支持农业,发展生产,致富农民,壮大供销社自身的目的。

二、改革的指导思想和主要内容

深化农村供销社改革的指导思想是:以今年中发〔1987〕5号文件为指针,坚持四项基本原则,坚持服务生产致富农民的宗旨,按照合作社的原则,尽快把农村基层供销社办成农民的合作商业组织,完善农村商品生产服务体系,促进我市农村经济持续稳定地向前发展。

当前,深化农村供销社改革的主要内容是:

（一）尽快把基层供销社办成农民的合作商业组织

(1)建立和完善社员代表大会制度,在政治上、组织上充分体现农民社员当家作主的地位和权力。社员代表大会代表及其选举产生的理事会成员中,农民社员要各占2/3以上。理事会设正副理事长,其中一名由农民理事担任。农民社员通过社代会的形式,对供销社的业务经营、财务管理、盈利分配、人事调整等重大问题行使决策权和监督权。(2)建立理事会领导下的主任负责制,实行供销社企业所有权和经营权分离。理事会是供销社资产所有权的代表,供销社主任由理事会聘任,并对理事会负责;副主任由主任提名,报理事会讨论批准;理事会理事不担任供销社主任、副主任。(3)改变资金结构,提高社员股金比重,在经济上充分体现供销社是农民的经济组织。要通过吸股、集资、带资投劳等多种形式扩大社员股金,逐步使社员股金达到基层供销社自有流动资金的50%以上。(4)按照合作社的组织原则,制定具体的社章社法和民主管理制度,使社员对供销社的管理逐步制度化、规范化、程序化。

（二）完善商品生产服务体系

完善农村商品生产服务体系,是供销社改革的目的和归宿。

(1)各基层社都要结合农村产业结构调整,以骨干产品为龙头,建立小集中的骨干商品基地,开展产、供、销一条龙的系列化服务。同时实行谁扶持生产,谁经营的原则,以调动扶持生产者的积极性。(2)组建专业生产协会。通过协会组织开展信息、技术、加工等服务,并创造条件把专业生产协会向专业合作社发展,成为基层供销社的社员社,进而扩大生产规模,提高商品量的比重。(3)农副产品的经营全面推行合同制、代理制和联营制,把分散的商品生产纳入国家计划轨道,减少中间环节,广泛发展同农民专业户和乡镇企业联营、联办。(4)在物资集中的中心场镇,结合小城镇建设的布局,兴建专业批发市场,组织农民直接进入流通。供销社要积极为市场开展综合服务。(5)围绕农业生产和乡镇企业发展,建立和完善四级服务网络,即区、县联社建立农村经济技术服务科(股),基层社建立服务部,乡建立服务站,村建立服务点。要把"双代店"办成供销社为千家万户提供综合服务的前哨。有条件的可走联合之路,组建村供销社,成为基层社的社员社。

（三）改革经营机制,增强基层供销社活力

增强供销社的经营活力,壮大供销社的经济实力,是搞好农村综合服务的基础。因此要把改革供销社内部经营机制作为这次改革的重点。(1)基层社要全面推行理事会领导下的主任负责制,同时要强化供销社主任的责任、权力和利益,并实行任期目标责任制和任期终结审计制。(2)基层社要适当划小核算单位,按经济区划调整机构设置,实行分级核算、分级管理。(3)大力推行经营承包责任制,对生产资料供应、农产品收购、日用工业品销售和饮食服务业,按行业特点实行承包、租赁、大包干等多种责任制形式,增强企业活力。(4)结合经营责任制的推行,建立健全各项管理制度,进一步改革企业内部人事制度和分配制度,把职工分配和企业

经济效益挂钩浮动,充分调动经营者和职工的劳动积极性。

(四)转变区县供销社的职能

(1)要按照合作社原则,转变区县供销社的职能,由行政管理机构改为经济联合实体。区县社对基层供销社要逐步由行政领导转为指导、协调、服务、监督,理顺同基层社的关系。(2)贯彻上级社为下级社服务的方针,积极为下级社提供业务经营、储藏运输、职工培训、干部考核等服务,办理下级社无力承担的经营、服务项目。供销社系统的区县公司,在业务经营上,要坚持为农业生产服务,为基层社服务的方向。(3)自办或联办具有一定规模的以农副产品为原料的加工企业,发挥群体优势,加强综合服务能力,更好地为基层社服务。(4)要结合农村产业结构调整,搞好区县范围内建立商品基地的规划,并组织基层社通过合同负责扶持商品基地的建设工作。同时组织全县性的各种专业协会,增强农民自我服务能力,发挥上下协会的群体优势。(5)骨干农副产品集中的产地,要按照自愿的原则组织农工商、产供销一条龙的联合企业或跨地区、跨行业的联合集团。(6)积极发展农副产品的分购联销和工业品联购分销,为不断扩大基层社的购销业务创造条件。

三、搞好改革的几点要求

(一)加强对农村供销社改革的领导。这场改革既涉及供销社内部,又涉及广大农民社员。为了能保质保量地把改革进行下去,根据巴县试点的经验,各区县政府加强领导,指定一名区县领导同志直接负责,由有关部门组成精干的工作班子,具体指导供销社的改革。综合部门要大力支持,积极配合,全面落实国务院和省市政府确定的对供销社的各项优惠政策。由社员代表大会选举的正副理事长和聘任的供销社正副主任,在任期内不要随意调动,以保持供销社工作的稳定性。

(二)坚持以点带面,点面结合的方法,有计划、有步骤、积极稳妥地进行。基层社改革在巴县试点的基础上,逐步扩大试点范围,以便秋后在较大范围内展开,力争今年内有1/3的基层社(近六十个)召开社员代表大会,选举产生新的理事会,完成第一步的改革任务,从而在领导体制上形成农民社员当家作主的组织结构,并在完善生产服务体系和扩大社员股金等方面也要有较大突破和进展。

基层供销社领导体制改革应与理事会换届结合进行。因此,全市基层社分三个类型安排:第一种类型,基层社已到换届期限,可在一二个基层社试点,取得经验,分期分批完成。第二种类型,基层社还不到换届期限的,可先选一个基层社试点,其余的重点加强民管因素,增补农民社员理事和副主任,按时召开社员代表大会,让社员真正行使当家作主的权力。第三种类型,近郊区的基层社,主要是搞好深化企业改革,开拓业务经营,增强企业活力,大力推行各种形式的承包经营责任制,在分配上拉开差距,调动干部、职工的积极性,提高企业经济效益。

(三)市、县供销社领导,要以主要精力抓好深化改革的工作,把深化改革同"双增双节"运动有机地结合起来,相互促进,保证两不误,夺取双丰收。各区县社的领导班子,要集中时间,认真学习中央文件和市委、市政府领导同志讲话,吃透精神,制定改革方案,以确保改革高标准地深入、健康发展。

重庆市人民政府
1987年7月1日

二、对内对外开放

（一）对内开放

国务院关于建立中华人民共和国重庆海关给四川省人民政府、海关总署的批复

（1980年5月22日）

四川省人民政府、海关总署：

国务院同意在重庆港口设立中华人民共和国重庆海关，直属海关总署，行政编制暂定四十人。除部分业务骨干由海关总署商有关海关调配外，所需人员由四川省逐步配备。具体配备人数，由重庆海关报海关总署核定。印章由海关总署制发。

重庆海关的办公用房、宿舍、交通工具请四川省人民政府安排解决。

国务院
1980年5月22日

重庆市人民政府转发重庆市与云南省、重庆市与昆明市关于开展经济技术协作座谈纪要的通知

（1984年11月12日）

各区县人民政府，市政府有关委、办、局：

现将《云南省、重庆市经济协作商谈纪要》和《重庆市、昆明市关于开展经济技术协作座谈纪要》转发给你们，请认真研究办理。

重庆市人民政府
1984年11月12日

云南省、重庆市经济协作商谈纪要

于汉卿市长率领重庆市人民政府代表团，于10月17日至22日同云南省人民政府及省有关部门的负责同志，根据中央关于开发大西南的指示精神，就进一步发展重庆与云南的经济技术合作事宜，进行了深入探讨和广泛商谈。双方认为，云南与重庆地理位置相近，经济联系和文化交流的历史悠久，关系密切，〈……〉双方经济技术合作有了较快的发展，对促进两地的经济建设起了积极的作用。

在总结交流情况的基础上，双方对今后经济技术协作的发展方向、形式、政策和近期项目，进行了座谈和对口商谈。一致表示，要遵循十二届三中全

会精神和中央关于开发大西南的指示,依托中心城市,发挥各自优势,取长补短,互利互惠,采取多种形式,在生产、科技和流通等各个领域,逐步发展行业性的全面联合,把两省市的经济技术合作不断推向新的阶段。现将双方商定的事项纪要如下:

一、开放市场,搞活流通。双方同意相互提供方便条件,发展商品交换。主要形式和办法是:1. 互设商品展销窗口。2. 参加对方各种贸易中心的购销活动。3. 扩大商品交换范围,开展各种形式的经销、联销、代销活动。4. 开展物资余缺调剂和协作。5. 联合发展对外贸易,相互支持,提供方便。6. 建立两地直接联系的信息网络,及时互通市场信息和商品信息。双方已初步议定:建立云南、重庆经济联合开发公司;增加商品的换货品种和数量;传授名特产品的生产技术。

二、积极进行资源开发和生产技术协作。根据双方需求,本着先易后难,投资少、见效快的原则,双方同意近期联合开发和合作的重点是:1. 开发铜、锡、铅、锌等有色金属,木材、林副产品、矿石等资源。2. 开展橡胶行业的资源开发、制品生产、产品销售的全面联合。3. 实行蓄电池生产的联合。4. 发展化工原料、农药、饮料、香精、香料、皮革、玻璃制品、卷烟、饮料及小五金、摩托车等产品的技术协作和经济联合。

三、发展交流运输。调动各方面的积极性,进一步疏通和密切云南与重庆的交通联系。双方议定:1. 联合向铁道部写报告,力争春节前恢复重庆至昆明的直达客车;同时,双方积极与铁道部门联系,争取及时安排互运物资,缩短运输时间,加快货物周转。2. 积极创造条件,发展公路联运事业。3. 积极向民航总局反映,要求增开昆明至重庆的直达航班。4. 联合开发金沙江和长江水运事业,并在航运、港口建设、船舶制造等方面进行合作,提供便利条件。

四、广泛开展科技交流和人才代培。双方同意:1. 定期交流科技情报,提供科技信息,转让科研成果;对一些科研难题,组织科技人员联合攻关。2. 互派专家学者讲学或从事科研活动。3. 大中专院校计划内为双方招生的名额,力争按专业对口安排;计划外为对方积极代培缺门学科人才。4. 互为对方企事业单位培训技术、管理人员和生产骨干。

重庆市、昆明市关于开展经济技术协作座谈纪要

10月19日,由市委副书记、市长于汉卿率领的重庆市政府代表团在昆明市政府与昆明市副市长李代昌及市计委、经委、商业局、物资局、科委、市委政策研究室、协作办等部门的负责同志,就两市开展经济技术协作问题进行了座谈。双方在肯定过去开展经济技术协作成绩的基础上,一致表示遵循"扬长避短,形式多样,互利互惠,共同发展"的原则,进一步扩大各种形式的合作,积极推动两市部门、行业、企业之间在生产技术资源开发、流通、科技等方面的合作,建立长期的、稳定的逐步发展为全面的经济合作关系,以促进两市的经济发展、繁荣,为"四化"做出贡献。现将商谈情况纪要如下:

一、搞活经济,搞活流通。

1. 昆明、重庆互为对方提供方便。设立窗口,分别或综合经营两市的工业品、副食品和农副土特产品。

2. 昆明市工业品贸易中心于12月15日开业,欢迎重庆市到昆明市参加展销。重庆市高兴地接受了邀请,并欢迎昆明市到重庆展销产品。

3. 双方同意扩大联营范围。组织重庆、昆明经济联营开发公司,具体方案另行商定。

二、双方同意在橡胶行业组织联合生产和经营,以开发橡胶资源、发展橡胶制品。有关联合的方法、项目由两市橡胶工业公司互相考察后,再商定具体协议。

三、昆明市提出,欢迎重庆市来昆合资联办黄磷厂、复合肥料厂。重庆市提出,希望与昆明市在香精、香料、卷烟等行业进行对口联合和协作。双市表示愿作进一步研究、商讨。

四、双方同意将原来蓄电池技术协作项目,进一步发展为产、供、销全面合作。具体协议由双方对口协商签订。

五、双方同意根据资源、各自的优势和需要,在平等互利的原则下,逐步开展按行业、按企业的技术协作,技术交流,信息交换,经济联合等多种形式的对口合作。

六、双方同意加强科学技术合作。包括科技情报交流,技术转让,科技成果应用推广,重大科技项目联合攻关和人才培养等。昆明市建议由重庆市科委牵头召开五个市科委联席碰头会,商定合作方案。

七、双方商定,根据需要与可能,进行物资的调剂串换,互通有无。昆明市提出,请重庆市在元旦、春节期间支援一些彩色电视机、摩托车、毛呢、顺丁胶等商品。重庆市表示尽力支援。

八、为了促进两市经济发展,促进资金、设备、技术和人才的合理交流,双方一致同意互为对方提供优惠条件并在税收、价格等政策上给予照顾。

以上纪要由两市经济协作办公室负责向两市有关单位进行传达、协调、落实。

王谦、廖伯康为在重庆召开四省（区）五方第二次会议给中央的报告

（1985年3月24日）[①]

耀邦、××同志:

你们倡导的云南、贵州、四川、广西、重庆四省（区）五方经济协调会议,从去年4月在贵阳召开第一次会议以来,五方间的经济技术协作有了广泛的发展,相与协作项目近1500项,同时与区外的协作、特别是同沿海地区的协作发展也较快。实践证明,成立四省（区）五方经济协调会这一组织形式是必要的,走联合协作的路子是正确的,它适应了发展大规划商品经济的需要。

根据经济协调会议商定的原则,今年的会议主席由重庆担任,第二次会议于今年4月23日在重庆召开,会期五至七天。经五方协商,这次会议的主要议题是,在总结去年第一次会议以来经济协作取得成绩的基础上,根据中央提出的改革、开放方针和"扬长避短,形式多样,互利互惠,共同发展"的原则,商讨四省（区）五方搞活经济带共同性的政策、措施,在资源开发、生产、流通、交通、金融、科技、教育等各个领域广泛开展协作,联合举办各种经济事业,促进资金、设备、物资、技术、管理、人才的交流,使经济技术协作不断向广度、深度发展。这次会上还将讨论以下两个问题:一是根据西南地区三线企业多、不配套、未很好发挥作用的情况,结合三线企业规划调整改造,充分利用现有基础,商讨为三线企业搞好协作配套,联合发展一批国家急需的重点产品。二是探讨加强内地同沿海的经济技术协作,扩大东西交流,使内地、沿海各自的优势互相补充。

四省（区）五方幅员辽阔,人口众多,自然资源、矿产资源、水利资源丰富,地理位置重要。开发西南地区的经济,对于实现党的十二大的总目标,增强我国经济实力,巩固国防安全,支援沿海地区和外贸出口的需要,都具有重大的意义。在目前国家建设重点还不可能转到内地来的情况下,不能坐等国家开发,应通过四省（区）五方的联合协作,充分利用现有物质技术基础,自力更生,互利互惠,联合建设一些投资少,效益好的有色金属开发、能源、交

[①] 此文标题为编者重新拟定。

通等项目,特别是要集中力量抓好三线企业的调整改造工作,努力把这些企业搞活,使之充分发挥作用。同时,要大胆引进我国沿海地区和国外的资金、技术,加速现有企业的技术改造和资源开发。总之,从现在起就要依靠联合的力量,采取各种措施和办法,积极努力,为国家有计划的大规模开发西南经济做好必要的前期准备工作。

四省(区)五方经济协调会第二次会议,还将邀请中央、国务院有关部委和三线建设调整办公室负责同志,部分专家学者、知名人士,港澳工委和上海、天津、广州、武汉等城市以及有关新闻单位参加。我们正在积极进行准备工作,努力把这次会议开好。

谨此汇报,当否,请指示。

王谦(签名)

廖伯康(签名)

1985年3月24日

中共中央办公厅为同意在重庆召开四省(区)五方第二次会议给王谦、廖伯康的回复

(1985年3月27日)

王谦、廖伯康同志:

3月24日你们给耀邦、××同志的电报收悉。中央领导同志同意你们来电中的意见。

特复。

中央办公厅

1985年3月27日

王谦同志在四省(区)五方经济协调会第二次会议上的开幕词

(1985年4月)

同志们:

四省(区)五方经济协调会第二次会议,现在正式开会了。我首先向出席这次会议的四川、云南、贵州、广西的代表,向光临会议的全国政协副主席王光英同志,向中央机关、国务院有关部委的同志,有关的专家、学者,湖南、上海、天津、广州、武汉的同志,以及各新闻单位的同志们,表示热烈的欢迎!

这次会议离上次会议的召开,恰恰过了一年的时间。一年来,四省(区)五方经济协调会,在党中央、国务院的关怀下,在中央各部门和有关专家、学者的支持、帮助和指导下,在上届主席方贵州省的主持下,经过各方的共同努力,做了许多工作,取得了很好的成绩,在如何开展跨省区的经济协调方面,摸索了一些有益的经验。一年的实践证明了,〈……〉,是联合起来开发大西南经济的有效的组织形式,是具有强大生命力的。

以开展经济技术协作为例。一年来经过四省(区)五方"经协办"办理或搭桥的协作项目就多达1000多项,涉及了生产协作、资源开发、商品流通、交通运输、邮电通讯、科学技术、人才培训、文化教育和社会科学研究等各个领域,促进了各方的经济发展和技术进步,提高了四省(区)五方的综合经济效益,在四省(区)五方的历史上,都是空前的。

当然,应该说四省(区)五方经济协调会所取得的成绩,还仅仅是一个良好的开端。就像一句古诗形容的那样:"小荷才露尖尖角。"要想荷花满塘,莲

藕丰登,还得作更大的努力,下更多的功夫。我相信,经过这次会议的总结提高,四省(区)五方经济协调会一定会日臻完善,联合协作的道路一定会越走越宽广。

最后,我谨预祝会议取得圆满的成功!

重庆代表团廖伯康同志在四省(区)五方经济协调会第二次会议上的发言

(1985年4月)[①]

同志们:

由四川、云南、贵州、广西和重庆组成的四省(区)五方经济协调会第二次会议,今天正式召开了。我谨代表重庆市委、市政府,向四省区的代表,向应邀参加会议的全国政协副主席王光英同志,向中央机关和国务院有关部委的同志,向湖南省和上海、天津、广州、武汉市的同志,向到会的专家、学者、实业界、新闻界的同志,表示最热忱的欢迎!

首先,我汇报预备会议的情况。

今年3月中旬,四省(区)五方联络处第四次会议研究了重庆市关于召开第二次会议准备工作的建议,经协商,初步确定了第二次会议的时间、地点和主要议题,以及需要提交第二次会议审议的一批专题。3月24日,王谦同志和我根据四省(区)五方第四次联络会商定的主要内容,就第二次会议的指导思想和主要议题,〈……〉,同时将汇报内容通报各方。3月27日,中共中央办公厅函复:"中央领导同志同意你们来电中的意见。"这对开好第二次会议是很大的鼓舞。

在会议的准备过程中,各方不仅对搞活经济带共同性的政策、措施和协作项目作了认真研究,提出了初步方案,还根据中央的有关指示精神,对进一步发挥三线企业的作用,加强内地与沿海的经济技术协作问题,也作了酝酿和探讨。

预备会议于4月14日至18日举行。14日上午,四省(区)五方领队开了协商会,决定由每方派三名同志组成预备会议领导小组。领导小组会议商定了第二次会议的指导思想和主要议题,决定成立9个专题组和文件起草组,确定了预备会议的议程。

4月14日下午,预备会举行全体会议。领导小组召集人于汉卿同志传达了领导小组会议的决定事项。第一次会议主席方代表王培志同志向会议作了《1984年四省(区)五方经济协作情况》的汇报。在分组讨论中,大家结合本地区的实际情况,回顾了一年来的经济协调工作,畅谈了四省(区)五方经济协作和经济开发的有利形势,进一步认识到,加强经济协调和协作,是社会主义有计划的商品经济发展的要求,只有坚持经济开放,加强跨地区的横向联合,才有利于社会生产力的进一步解放。

预备会议的九个专题组,在各方提供的专题草案的基础上,经过反复讨论,提出了供正式会议审定的九个方案。其中,四省(区)五方间的互惠办法,蓉、昆、筑、邕、渝五城市的联合协作,一、三线的结合,联合开发若干重大项目等方案,都是根据一年来实践中的经验和问题而提出的新建议。

到会各方还进行了双边或多边的接触和会谈,达成了一批意向性的协议。截至18日,已达成意向性协议160多项。同时,各方还提出了准备与沿海地区进行经济技术合作的第一批意向性项目共743项,其中协进的509项,协出的234项。

[①] 此文标题系编者重新拟定。

由于预备会议进行了有成效的工作，四省（区）五方经济协调会第二次会议得以如期召开。我们相信，在中央的关怀下，在中央各有关部委和专家学者的支持、帮助下，经过各方的努力，这次会议一定会取得预期的成果。

我们的经济协调会虽然成立才一年，但起势很好。刚才，第一次会议主席方贵州省委书记朱厚泽同志对经济协调会一年来的工作和今后如何发作，作了很好的讲话，我完全赞成。从重庆的情况来看，1984年重庆同四省区达成的协作项目有436项，比前四年协作项目的总和还多1.3倍；到去年底已经落实的有278项，占63.8%。重庆在协作中得到了四省区的大力支持，在为四省区服务方面也开始做了一些工作。今后我们还要继续努力，把这方面的工作做得更多一些、更好一些。

下面，我想就四省（区）五方的经济开发问题，讲一些看法，提一点建议。

一、加快四省（区）五方经济开发的步伐，为全国"四化"建设多作贡献

四省（区）五方地域辽阔，资源丰富，近几年经济发展的势头也很好。可是由于历史的原因，这一地区的商品经济不发达，经济发展水平低，在一定程度上也可以说是守着"金饭碗"受穷。如何改变这种不发达的状况，把它丰富的自然资源开发出来，把它在三线建设中兴建起来的大批军工企业的巨大潜力发挥出来，为全国的"四化"建设服务，这不仅是这一地区两亿人民最切身的大事，也是党中央、国务院非常关心的带全局性的一个重大战略问题。

耀邦同志去年初指出：从现在起，用十五年到二十年的时间，把大西南地区建设成为一个可以独立存在的，又能支援全国建设的现代化基地——即能源基地、重工业基地、轻工业基地、林牧业基地。耀邦同志还指出，根据各方面的条件，西南应当略为提早一点进行开发。

当前我们面临的问题是：在国家建设的重点还不可能从沿海地区转移到内地来的情况下，我们怎么办？要求国家现在就把经济建设的重点转移到这里来？这是不现实的，也是不应该的。坐等沿海地区建设好了以后，再来开发四省区？这也不行。四省（区）五方可以采取"自力更生，多方联合，国家支持，共谋振兴"的方针，有计划有步骤地加快这一地区的经济开发。这样做，至少有四条好处：第一，可以把地方的力量同国家的力量更好地结合起来，把中央同地方的两个积极性都发挥出来。第二，可以大大加快四省（区）五方商品经济横向联系的进程。第三，可以促进西南地区更加开放，更有利于一、三线的联合。第四，这样做不仅不会削弱国家对沿海地区的深度开发，反而会在能源、资源、市场、科技等多方面的协作上，使内地同沿海地区配合得更好，更有利于支持沿海地区的开放和深度开发，使沿海和内地、一线和三线两受其益，两得其利。

我们建议当前在四省（区）五方的经济开发上，采取"自力更生，多方联合，国家支持，共谋振兴"的方针，是从以下事实出发的：

第一，四省（区）五方是我们国家的一个不发达地区，也是一个有巨大发展潜力的地区。川滇黔桂四省区的土地面积136.7万平方公里，占全国的1/7；人口2亿，占全国的1/5。从每个地区自己的纵向看，经济建设都有了很大的发展；但从横向比，差距还很大。1983年，四省（区）五方的全员劳动生产率是9646.5/人，只有全国平均水平的73.9%；工农业总产值1047亿元，不到全国的1/8，人均工农业总产值比全国少360多元。差距和潜力总是一个事物的两个方面，四省（区）五方同全国比差距大，正说明潜力也很大。四省区具有得天独厚的自然条件，农业资源、水能资源、矿产资源在全国都占有很重要的地位，而且各种资源的结合状况很好，具有很大的区域优势。但是，这些资源大都还处于沉睡状态，是一块还没有很好开发的宝地。沿海地区经济发达，但是自然资源较缺。把两者的优势结合起来，让沿海地区这个车头在前面拉，四省区在后面推，就可以为全国经济的全面起飞打下基础，增添后劲。同时，加快四省区经济的开发，对

二、对内对外开放

于发挥我国的资源优势,打入国际市场,也是有重要意义的。

第二,四省区在全国的政治地理和军事地理上还占有特殊重要的位置,历来是祖国的战略要地。这里的少数民族有3600万人,占全国少数民族人口总数的一半以上。加快四省区的开发和建设,对于繁荣少数民族经济,巩固国防和我们多民族国家的统一,有着重要的意义。

第三,从物质基础和经济技术情况看,四省(区)五方并不是一张白纸,也是具有一定条件的。

1. 这一地区的生物资源特别丰富,农业生产有比较好的基础,粮食和副食品供应问题都比较容易解决,发展农林牧业的潜力也很大。

2. 这一地区已拥有600多亿工业固定资产,7万多个企业。特别是大规模的三线建设,在西南的投资有452.8亿元,占三线总投资的1/3左右。这里已经有一部分比较先进的工业设备和相当有水平的国防科技人员,这是加快经济开发的重要基础。

3. 在交通方面,总的来说虽然处于落后状态,但也是有一定基础的。1982年底,铁路通车里程共7524公里,占全国的15%,公路通车里程21万公里,占全国的23%;内河航运里程1.5万公里,占全国的14%。据一些专家测算,只要川江的潜力进一步发挥,对主要的铁路和公路干线进行技术改造,兴建有限的新线,增加一定的运力,就能满足一定时期内加快西南经济发展的需要。再加上从广西的通道出沿海,发展交通的前景是比较好的。

4. 事实上,局部开发西南的工作,在"三五"时期就已经开始了。正如中央领导同志所指出的,三线建设就是开发西南。在国务院"三线办"的领导下,三线企业的调整、改造正在抓紧进行。〈……〉,今后三线和一线之间的经济技术协作将会有一个大的发展。这对于加快四省(区)五方的开发是一个很有利的条件。

5. 四省区已经形成了成都、昆明、贵阳、南宁、重庆等一批不同规模、不同类型、各具特色的中心城市,可以依托这些中心城市加快四省区经济开发的步伐。

当然,加快四省区经济的开发,还存在一些不利的条件,主要是:交通暂时困难;文化技术程度较低;家底比较单薄,财力比较困难。但是,这些困难都是可以逐步克服的。

二、几点具体建议

〈……〉,开发西南,一是调整改造三线企业;二是搞好交通建设;三是开发水电和有色金属;并强调,要加强三线和一线的结合。〈……〉四省区两亿人民是勤劳勇敢的,是有志气、有能力建设好自己家乡的。近年来,四省(区)五方在没有国家更多投资的情况下,经济增长略高于全国的平均增长水平,比如,去年全国工农业总产值比前年增长13.6%,四省(区)五方增长了14.7%。当前四省(区)五方在开发中面临的最大困难是资金不足、技术不足、人才不足。这就需要采取从小到大,用"滚雪球"的办法,优先开发那些投资少、见效快的资源,逐步扩大开发规模。

开放、联合、协作,是世界经济发展的大趋势,也是我国经济发展的大趋势。搞商品经济就是由封闭改为开放,由对外封闭改为对外开放,由对内封闭改为对内开放。只有更加开放,才能在更高的水平上发展联合、协作,更有力地促进社会生产力的发展。对这个问题可以从三个层次上来考虑:首先是四省(区)五方之间更加开放,发展更加密切的联合、协作;第二是四省(区)五方向沿海地区和全国其他地区开放;第三是对国外开放,发展同海外的经济联系。

下面,谈几点具体建议。

1. 我们四省(区)五方之间的联合协作,要更上一层楼。四省(区)五方在经济上、资源上各有优势,也各有不足,合之则强,分之则弱。可以考虑在现有基础上,发展全方位、多层次的联合协作。就是说,从现在还比较零星、多数是一次性的协作关系,向建立长期、稳定、全面的协作关系发展;从现在多数是个别企业间的协作,向普遍开展行业性的协作方向发展;从现在多数是某一个方面、某一个生产环节上的协作,向一条龙的联合和协作发展。

2. 结合三线企业的调整改造,搞好协作配套,充分发掘三线企业的潜力。这是加快四省(区)五方经济开发的一项重要战略措施。在国务院"三线办"的领导下,建议我们四省(区)五方在这个方面很好地进行协调。通过调整改造,调整好产品结构,调整好企业布局,搞好企业的技术改造,特别是以重点产品为中心来组织联合协作,生产出一批有竞争能力的拳头产品,形成新的产业群落。

3. 加强三线地区同一线地区的结合。最近,〈……〉,要加强三线地区同一线地区之间的结合,并要国务院"三线办"举办一个规模较大的经济技术协作会议。建议经济协调会把这件大事作为加快四省(区)五方经济开发的一项重要措施来抓,在同一线地区的结合上力争走在前面。特别是那些一方想办有困难,多方联合就能办成的事情,可以在两个层次的联合中先搞起来。

4. 为了加快四省(区)五方经济的开发,并且为国家大规模开发西南作好准备,我们还需要联合起来做好一些必要的准备工作。一是对西南地区的国土资源需要进行更加全面、深入的综合考察。二是需要抓紧研究和制定四省(区)五方的经济发展战略,研究、确定这一地区经济发展的战略方针、目标、重点、步骤和措施。

5. 建议国家把四省(区)五方的交通、能源等一些急需的重点建设项目及早列入计划安排。对于这些开发项目,四省(区)五方都早有规划,并且作了长时间的前期准备工作,有些项目已经有条件上马。在这次会前的预备会议上,四省(区)五方又协商取得了一致的意见,提出了一批项目。希望中央部委的领导同志大力支持,争取及早列入国家计划。

四省(区)五方经济协调会,完全是按自愿、平等、互利的原则建立起来的。这种别具一格的经济协调组织,不同于一般按行政隶属关系管理经济的老模式,它更有利于从实际出发,按经济规律办事。凡是在经济上不合理的事情,不符合平等互利原则的事情,在这里是很难得到通过的。一年来的实践证明,恰恰是那些在经济上比较合理,又体现了平等互利原则的项目,在四省(区)五方之间就能很快通过、很快落实、很快产生效益。这就更加增强了我们对"联合起来,振兴经济"的信心。

最后,我想借这个机会表达一下我们的感谢之意:重庆市的经济体制综合改革和经济建设,得到了中央机关、国务院各部门和四川省委、省政府的领导、支持和帮助,得到了贵州、云南、广西、湖南省和上海、天津、广州、武汉市的帮助和支持,得到了各位专家、学者的热情指导和鼓励,在这里,我代表重庆市委、市政府,再一次对各位领导和同志们表示衷心的感谢!

重庆代表团于汉卿同志在四省(区)五方经济协调会第二次会议上的发言

(1985年4月)①

同志们:

在党中央、国务院的关怀下,经过各方的共同努力和认真准备,四省(区)五方经济协调会第二次会议召开了。回顾一年来四省(区)五方间开展经济技术协作的发展情况,我深深地感到中央领导同志关于成立经济协调会指示的正确性。成立经济协调会以前,四省(区)五方经济技术协作的直接联系很少;去年贵阳会议以后,有了很大的发展,这对重庆市的经济建设有很大的促进。在此,我代表重庆市对四省区表示衷心的感谢!

---

① 此文标题系编者重新拟定。

现在,我把重庆市1984年与四省区开展经济技术协作的情况和1985年的打算,向大会作个汇报。

1984年重庆市与四省区经济技术协作情况

1984年,在四省(区)五方经济协调会的推动下,我市与四省区的经济技术协作有了很大的发展。据不完全统计,1984年,四省区共有76个省、市、地、县政府代表团,671人来渝参观,洽谈经济技术协作。我市也由市委、市政府主要负责同志带队,出访了云南、贵州两省和成都、贵阳、昆明、大理等城市,以及省内的兄弟县。大家在"平等互利、取长补短、形式多样、共同发展"原则的基础上,通过友好协商,在工业、交通、商贸、物资、科学技术、人才交流、文化教育等方面,达成了436项实质性和意向性的协作项目,比贵阳会议上商定的75项增加了近5倍,是前四年总和的2.3倍。协作项目的执行情况良好。

去年,我们做的主要工作是:

一、加强政府间的联系,积极开展行业间的联合。

通过贵阳会议的接触和会后的互访,我市与四省区政府间的联系进一步加强,协作的领域和规模都有了扩大,由原来单一的物资协作,扩大到了交通运输、邮电通信、能源、资源开发和加工、商贸、物资、金融、技术、信息和人才等领域的全面协作。在这个过程中,还与宜宾、德阳、泸州、昆明、昭通、大理等市地州建立了长期、稳定、全面的协作关系;与四川凉山州、云南大理州和德宏州等少数民族地区开展了广泛的经济技术协作。这不仅促进了地区和部门的经济发展,也为开展行业的联合协作奠定了基础。去年,成都、昆明、贵阳、南宁、重庆五个中心城市的纺织、一轻、二轻、医药、造纸、房管、科技等行业,先后召开了协作会议,成立了行业协作组织,并定期轮流到各地开展活动,有力地促进了行业间的协作和交流,使协作工作富有成效地向纵深发展。如四省(区)五方中药材协调会,已开展了两次活动,制订了有关办法,成立了领导小组。去年7月召开了有22个省市、483个单位、1045人参加的大型中药材协调会,共签订物资协作、生产技术、信息交流、人才培训等方面的协议17项,中药材成交总额达3193万元。

二、努力开拓商品市场,积极参加四省(区)五方间的商品交流和物资协作。

去年,我市工商部门与企业密切配合,同昆明、贵阳、南宁、成都等市和部分地州县,签订了互设"窗口"、开展商品展销、经销、代销、联销等业务活动的43个协议,开拓了商品物资市场,建立起了正常的、稳定的流通渠道,促进了四省(区)五方间的商品流通和物资交流。过去,我市与广西区的贸易往来较少,经济协调会成立后,在中药材、纺织品、日用百货、瓜果等方面的贸易往来有了显著增长。与此同时,我市还积极参加了四省(区)五方间计划外物资调剂。据不完全统计,去年物资调剂的金额超过了1亿元,其中金属材料4万多吨,木材5万多立方米。通过余缺调剂,互通有无,大家都得到了好处。

三、改革科技管理体制,推动科技协作和信息交流发展。

为了充分发挥我市科技力量的作用,为各方的科技进步和生产服务,去年,我市把科技管理体制改革与发展科技合作结合起来,抓体改,促协作,由市科技开发中心、科技咨询中心、工商银行信托公司和经协办联合举办了"重庆市科技成果交易、资金融通会",首次运用信贷手段,支持科技开发和科技成果转让,加快了科技协作的步伐。去年,我市与贵州联合召开了科技交流会,签订了一批科技成果转让合同,有的已初见成效。我市长江渔工商服务公司派出了有高级水产师组成的水产技术考察组,对云南的洱海和剑湖行了综合考察,并签订了帮助培训有关专业技术人才的协议,还受聘为洱海的常年技术顾问。

一年来,我市与四省区的信息交流不断扩大,《西南信息报》已在四省区各地建立了200多个记者站和联络站,发行量也由创办初期的两万多份增加到七万多份。中国人民银行重庆分行在总行的支持下,去年在重庆召开了西南15个城市参加的有关会议,建立了金融信息交流网。四省(区)五方中药材协调会集资创办了面向全国的《中药材信息报》,到去年底已向全国6500多个单位发行了四期,受到各地的好评。

四、抓住重点项目,开展交通运输、资源开发的联合协作。

发展交通运输,是开发西南的一个极为重要的前提条件。贵阳会议以后,我市组织力量,挖掘潜力,向云、贵、川各地开放港口码头,提供仓储港口服务和船舶运输服务,促进了长江水运发展。据航运部门统计,1984年通过重庆港口的出川物资达177万吨,比1983年增加了26.25%,其中大部分是云、贵、川的外运物资。空运和陆运也有一些重点项目正在实施中,如由四川省、贵州省和我市联合组建的"西南航空公司",我市与贵州省联合组建的"黔渝轮船公司"等。我市还与云南省协商,得到了铁道部的支持,恢复了昆明到重庆的直达列车。

资源开发方面的联合和协作,去年也迈出了新的步子。如我市与凉山州已达成协议,联合建设年产100万吨矿石的平川铁矿;重庆市日化公司与四川丹棱县共同开发芒硝资源,建立芒硝基地;重庆中药材公司与云、贵、川的三个市,两个中药材生产县联合开发利用药材资源,建立药材生产和加工基地等。

五、以骨干企业为龙头,联合发展重点产品。

去年,我市以骨干企业为龙头,围绕重点产品,与四省区共达成145个各种形式的联合协议,取得了较好的经济效益。重庆、成都、贵阳、昆明联合生产的"四城"手表,1984年是经济效益最好的一年,全年产量达到152.3万只,比1983年增加了22%,其中成都、贵阳、昆明三市增长更快,达57.4%。重庆饮料厂在云、贵、川的19家分厂,生产天府可乐、巧克力香槟等名优产品,效益也比较显著,如绵阳分厂去年实现了人平产值5.2万元,人平税利1.3万元。这种以骨干企业为龙头,围绕重点产品组织联合协作,带动了一批中小企业,增加了重点产品的批量,较好地满足了市场的需要。

一年来,在四省(区)五方的经济技术协作中,我们虽然做了一些工作,但四省区给我们的支持和帮助更大。实践使我们深刻地认识到,只有携起手来,走联合协作之路,才能加快四省(区)五方的经济建设步伐,为祖国的"四化"建设做出应有的贡献。

1985年重庆市开展经济技术协作的设想

四省(区)五方间的经济技术协作,始终是重庆市开展对外经济技术协作的基础。因此,1985年,我们要在省委、省政府的领导下,本着继续为四省区经济发展服务的精神,选好服务重点、扩大服务领域、提高服务质量、讲求服务效益,力争把协作和服务工作提高到一个新的高度和新的水平。

一、继续搞好流通领域的服务。搞活流通,是发展生产、搞活经济的前提。今年,我们要在去年的基础上,更上一层楼,使流通领域的联合协作有新的发展。要筹办好今年10月在我市召开的四省(区)五方首次商品物资交流大会,举办中心城市和部分行业的供应会、展销会,还准备筹建四省(区)五方联销中心。通过这些活动,疏理流通渠道,积极为四省(区)五方各地区、各行业的商品物资交流提供更多开拓市场的机会。

二、继续搞好科技服务和人才培训。首先,要继续办好科技服务中心,搞好科技研究、应用和推广工作,扩大科技咨询的范围,加速科技成果转让。其次,要致力于发展跨地区、跨部门的科技联合体,推动学术交流,组织联合攻关,发展微电子技术、生物技术等新技术,解决诸如干果储藏保鲜、良种繁殖等迫切需要解决的问题。第三,要与各方合作,积极筹建四省(区)五方科技联合市场,促进科技成果商品化,提高科技成果的转化率。第四,要挖掘各大中专院校和有关企事业单位的潜力,扩大代培代训人员的数量,提高质量,并鼓励科技人员到各地去兼职、讲学、担任顾问、承担科研任务,等等,促进各方智力交流和智力开发。第五,要认真总结各学会协会和民主团体在科技咨询、人才培训、智力开发等方面的经验,鼓励它们与四省区发展各种形式的联合和协作,进一步发挥它们的作用。

三、在继续搞好长江运输服务的同时,抓好通讯信息服务。今年,我们要在国家的支持下,争取宁汉渝光缆通讯工程尽快建设,以扩大西南与全国各地的联系。还要抓紧市内邮电通讯设施的现代化建设,加强与四省区各中心城市的通讯联系,为改变邮电通讯的落后面貌做出积极的贡献。要充分发挥中国科技情报所重庆分所的作用,为各方多传送一些国内外的情报信息;同时,与各方开展互换情报工作,建立情报信息网络,扩大信息交流;要继续办好《西南信息报》等报刊,充实内容、提高质量,增加发行数量,搞好信息服务。

四、继续为重点产品的协作配套服务。今年,我市结合三线调整改造规划,计划发展的一批为经济建设和人民生活服务的重点产品,如黑色和有色金属材料,各种类型的汽车和内河船舶,铁路货车皮,矿山机械设备,发输电设备,各种节能设备和各类机床,家用电器、手表、摩托车、橡胶制品、食品饮料等,将在四省区积极发展协作厂家,组织跨地区、跨部门的联合协作。同时,也要积极支持和配合四省区发展重点产品,搞好协作配套,提供优质价廉的零配件和各种服务,以增加四省(区)五方重点产品的产量,提高其市场竞争能力。

五、搞好对外贸易,引进技术方面的服务。我市是内河外贸口岸。为了充分发挥口岸的作用,我们要积极与四省区联合发展对外贸易,为西南各地在外贸出口、利用外资和引进技术设备方面搞好代洽谈、代成交、代储运、代报关、代结汇等项服务。为了增加出口产品的数量,提高出口产品的质量,我市将积极与各地协作,共同建设外贸产品原料基地,共同发展外贸产品生产。

除了做好上述五个方面的服务之外,在新的一年里,为了使四省(区)五方的经济技术联合协作有一个新的发展,促进与沿海地区的结合,我们还要制定一些优惠办法,在项目投资、贷款期限和利率、原燃材料供应、交通运输、施工力量、产品销售和价格、留利的分配比例、科技服务和智力开发的报酬等方面,为参加联合协作的各方提供便利,创造条件。我们还要采取各种措施,减少中间环节,调动企业、行业发展跨地区的经济技术联合协作的积极性,使我市与四省区的经济技术联合协作,在广度上有新的展开,在深度上有新的突破。

谢谢大家。

廖伯康同志在四省(区)五方经济协调会第二次会议上的闭幕词

(1985年4月)

同志们:

四省(区)五方经济协调会第二次会议,历时六天,就要结束了。

这次会议,〈……〉在中央机关和国务院有关部委的支持、帮助下,在各方面的专家、学者的指导和到会全体同志的共同努力下,开得很好。为探索一条既不同于传统的按行政隶属关系组织经济,又能按商品经济规律进行跨省区协作的新路子,作了积极的努力。与会同志为这次会议取得的成绩感到由衷的高兴。

正式会议一开始,就成立了由四省(区)五方正副团长组成的团长会议,负责会议的领导工作。先后在团长会议上通过了第二次会议的议程,决定由五方各派一名同志组成文件起草小组,审议了四省(区)经济协调会会徽,审议通过了关于加强协调工作的八个专题方案和向党中央、国务院呈报的《关于四省(区)五方经济协调会第二次会议的情况和几个问题的请示报告》(以下简称《报告》)。

《报告》的主要内容是,汇报了这次会议对一年工作的总结,确定了进一步开展协调工作的方针。

认为,一年来四省(区)五方通过相互访问、考察、协商、交流等活动,增进了各方之间对相互需求和可能开展协作的领域的了解,改变了长时期以来实际上存在的某种隔绝状态。据不完全统计,去年各方互派考察团(组)94个、800多人次,签订了各类协作项目近1500项,并开始兴办了一些多年想办而一方又很难办的事。如在中央有关部门的支持下,云南和四川联合规划综合开发金沙江下游,贵州和广西规划修建盘县至百色的公路,贵州和四川协议修建大方到泸州的公路,以及联合组建"西南航空公司"等双边或多边合办的项目。四省区的中心城市,特别是成都、贵阳、昆明、南宁和重庆市在经济联合中的作用也得到了进一步的发挥。

四省(区)五方经济协调会,完全是按自愿、平等、互利的原则建立起来的,这种别具一格的经济协调组织,不同于一般按行政隶属关系管理经济的老模式,它更有利于从实际出发,按经济规律办事。虽然这一新的经济组织刚诞生不久,做的事情还不多,也还不完善,但是,初步的实践已经证明,〈……〉四省(区)五方经济协调会这种跨省区、开放式、松散型的经济组织形式是必要的、正确的。它适应了我国经济体制改革的要求,符合各地区发展商品经济,加强横向交流的需要,具有强大的生命力。

四省(区)五方地域辽阔,资源丰富,具有一定的物质技术基础和两亿人口的广阔市场,但经济发展水平低,交通不便,资金、人才不足,这一地区的巨大潜力还远没有发挥出来。在目前国家投资重点还没有放在开发大西南的情况下,四省(区)五方不能坐等国家开发,应当采取"自力更生,多方联合,国家支持,共谋振兴"的方针,通过自己的努力,充分利用现有的基础,联合起来建设一些效益好的项目;同时,也需要在国家的支持下,积极抓好交通、能源、原材料等一批重点项目的开发、建设;还要认真搞好三线企业的调整、改造和一、三线的结合。把地方的力量同国家的支持结合起来,把局部利益同全局利益结合起来,把军品生产同民品生产结合起来,把沿海地区的优势同四省(区)五方的优势结合起来,从而加快对这一地区的开发,为全国的"四化"建设多作贡献。

为了适应改革、开放的新形势,四省(区)五方应在一年来经济协调的基础上,更上一层楼,发展全方位、多层次的联合协作。这次会议对《四省(区)五方经济协调会若干原则》作了修改,制定了四省(区)五方经济技术协作互惠暂行办法和联合发展交通邮电等七个方案。会议期间还签订了双边或多边的各种协作协议361项。为了充分发挥城市的中心作用,以大城市为依托开展经济技术协作,会议还商定了加强蓉、昆、筑、邕、渝五市经济联系和合作的意见,并决定在重庆兴建"川滇黔桂渝经济协作大厦"。

党中央、国务院关于实行对外开放和一、三线结合的决策,对于促进我国的经济发展具有重大意义,大家一致赞同进一步加强同沿海的结合,以沿海的优势来弥补我们的不足,把我们的潜力变成对沿海开放和发展的巨大支撑。与会代表对加强同沿海地区的经济技术合作表现出极大的热情,准备了同沿海合作的743项意向性项目,会议期间已同上海、天津、广州三市的代表作了初步洽商。

四省(区)五方的经济开发是全国总体发展战略的一部分,必须有国家的领导和支持。为了加快四省(区)五方的经济发展,并且为国家大规模开发西南作好准备,《报告》向中央提出了五项建议:

一、建议将川、滇、黔、桂地区国土资源的综合考察列入国家"七五"科研计划,并尽快组织力量实施,为开发大西南做好前期准备工作。

二、为改善西南公路交通,四省(区)五方一致达成协议,在两年内修通省际间的断头公路,并对公路干道进行改造,除各方自力更生筹集资金外,请中央主管部门拨出专款支持。

三、为了形成对沿海开放地带的有力支撑,把沿海与四省(区)五方紧密联系起来,建议在四省(区)五方建立"内陆资源开发区"和"内陆经济开放试验区",准予实行特殊政策,使沿海地带的开放有一个纵深配置,使我国整个对外开放有一个更加扎实的基础。建议由国家体改委、国家计委牵头,有关部门和四省（区）五方参加，进行专题研究后，报国务院审批。

四、建议把四省（区）五方在这次会议上协商一致的一批急需的交通、能源、冶金、建材、化工等重点建设项目及早列入国家计划。这些开发性项目，四省（区）五方都早有规划，并且作了长时间的前期准备工作，有些项目已经具备了上马的条件。

五、川、滇、黔、桂的少数民族有3600多万，占全国少数民族人口的60%。建议国务院组织有关部门对改变这里少数民族地区经济落后面貌的问题，进行调查研究，提出专题方案，进一步放宽政策，实行重点扶持。

当此会议即将结束之际，我代表四省（区）五方，向参加这次会议的中央各部门的负责同志，向各位专家、学者，以及湖南、上海、天津、广州、武汉的同志和各新闻单位的同志，再一次表示衷心的感谢！

现在，我宣布，四省（区）五方经济协调会第二次会议胜利闭幕。

重庆市人民政府办公厅关于落实《国务院对西南四省（区）五方经济协调会第二次会议的报告的批复》有关问题的会议纪要

（1985年9月9日）

1985年8月17日，于汉卿同志召集市有关部门的领导同志，研究落实国务院〔1985〕国函字105号文件《国务院对西南四省（区）五方经济协调会第二次会议的报告的批复》（以下简称《批复》）的有关问题。参加会议的同志有：市府办公厅罗文会，市体改委王竹，市计委刘黎平、陈之惠，市财办于承永，市经委孙伟林，市科委周亚，市农委胡杰玲，市城乡建委杨荣良，市委研究室戴阳初，市经协办杨祖玉、胡玉龙等。与会同志一致认为：《国务院对西南四省（区）五方经济协调会第二次会议的报告的批复》充分肯定了四省（区）五方经济协调会第二次会议提出的指导思想和经济协调会一年多来的工作，是对四省（区）五方经济协调会的巨大鼓舞和鞭策，积极贯彻、认真落实《批复》，对于进一步搞好四省（区）五方经济协调会的工作，有着十分重要的作用。会议就我市如何贯彻落实《批复》问题，议定了以下事项：

一、建议主席方在9月份召开一次四省（区）五方经协主任会议，通报情况，研究和协调贯彻国务院〔1985〕国函字105号文件的意见。

二、凡属我市与其他各方联合协作的重点项目，包括已经提出的"七五"联合协作重点项目，由市经协办进行清理、分类，市有关部门负责抓紧落实，由市计委汇总，统一上报。要求列入国家"七五"计划的联合协作重点项目，市有关部门应准备好资料，在召集各方经协办主任进行协调后，由市计委汇总上报。

三、关于中央各部和我市共同投资的项目，由市计委综合平衡，同我市"七五"规划项目统一安排，市有关部门应及时报中央有关部门，争取尽快落实。每个项目都要实行项目责任制，确定项目负责人，项目负责人名单要报市计委、经委、经协办备案。

四、我市和中央各部共同投资的能源、交通、引进项目，由市经委审判、上报，市有关单位负责落实，市城乡建委组织实施；我市和其他各方协作的能源、交通重点项目，由市经委牵头开展工作。

五、我市的国土资源考察工作，由市计委提出统一安排意见,各有关部门应结合各自的特点进行,全市进展情况由市计委汇总。整个四省(区)五方的国土资源考察,我市由市科委参加。

六、我市今明两年同中央各部、一、三线地区及全国各地的经济协作(包括四省区),各有关部门提出具体意见,并拟好联合协作的项目、措施,在11月底前交市经协办汇总。

重庆市人民政府办公厅
1985年9月9日

廖伯康同志在沪、宁、汉、渝市长联席会上的讲话

(1985年12月16日)

各位市长、同志们:

经过几个月的酝酿、协商和筹备,上海、南京、武汉、重庆四城市市长联席会,今天正式在我市召开了。我代表重庆市委、市政府,向出席这次会议的所有代表,向应邀参加会议的长江轮船总公司、长江流域规划办公室和新闻界的同志们,表示最热忱的欢迎!

长江是我国第一条大河,世界第三条大河,是拥有巨大综合资源的"黄金水道"。长江流域在我国经济建设中占有重要的战略地位。它在经济上兼有沿海和内地两个方面的特征,具有加工优势和资源优势,拥有四亿人口的巨大市场和发达的文化、教育事业以及雄厚的科学技术力量。同时具有极其丰富的水资源、水能资源、矿产资源、生物资源、旅游资源、劳力和人才资源,也是全国最好的农业生产地区之一。加之长江水道横贯我国东西,沟通祖国南北,使长江流域水陆交通纵横交错,大小城市星罗棋布,商品经济比较发达,经济信息较为灵通,成为我国经济最发达的地带之一,是沟通我国东中西部最理想的经济通道。因此,加强长江流域中心城市的联合协作,加速长江流域经济的发展,不仅可以加强我国当前经济发展中的某些薄弱环节,促进"翻两番"的战略目标的实现,而且对于改变我国东中西部经济布局的不平衡状况,使我国经济在下一个世纪的中叶,达到世界最发达国家的水平,具有深远的意义和影响。

当然,振兴长江流域经济是一项庞大的系统工程,是带全局性的大战略,必须在党中央、国务院的领导下,统筹规划,逐步实施。但在中央尚未做出全面部署之前,沿江中心城市,特别是沪、宁、汉、渝四大中心城市,联合协调起来,依靠现有基础,挖掘内在潜力,加强横向联系,发挥各自优势,取长补短,互惠互利,就可以早日促进长江资源的开发利用,早日促进流域经济的开发振兴,对我们四个城市本身的改革、开放、振兴,也将会有现实的推动作用。

如何开发利用长江是中央领导同志很关心的一个问题。1984年元旦,耀邦同志在重庆视察时,几次问到长江水运的开发情况。1月7日,他到贵州视察时,又在贵州省干部大会上的讲话中说:"你们有那么一条长江,没有很好开发利用。长江从重庆往下,充分利用起来,等于多少条铁路!前几天我说了个笑话,古代有人说:'问君能有几多愁,恰似一江春水向东流。'我们这里是:'问君能有几多愁,两眼看着滔滔长江枉自向东流。'白白向东流,没有利用起来嘛。"

〈中略〉。

1985年3月6日至13日,在武汉召开全国城市经济体制改革试点工作座谈会期间,武汉市的负责同志同国家体改委的同志和南京市的负责同志交谈了几个改革试点城市在开发长江的问题上,应该交换一下意见,提出了宁、汉、渝三个试点城市可以协商开个座谈会的问题。

1985年7月24日,武汉市体改委方先铭副主

任等三位同志受王群同志之托,到重庆转达了王群、程维高同志的上述意见,我们表示积极支持和响应他们的建议。

正是基于上述认识和考虑,今年8月,武汉、重庆、南京的主要负责同志,就加强彼此间的横向联系,促进长江流域经济的联合开发问题,先后在武汉和南京进行了两次商讨。参加商讨的有武汉市委第一书记王群、市委书记黎智,南京市委书记程维高、市长张耀华,重庆市顾委主任马力和我。国家体改委顾问周太和、试点组副组长郑定铨出席了在南京的座谈会,周太和同志还在会上讲了话。在南京座谈会结束以后,三市主要负责人又专程到上海,就联合开发长江流域经济问题向上海市委书记芮杏文,市委副书记、市长江泽民,市政府顾问汪道涵,副市长朱宗葆通报了有关情况,他们表示十分赞同沿江中心城市联合起来,共同开发长江,利用长江,振兴流域经济的设想。

9月1日,安志文、马洪、童大林等同志在重庆渝州宾馆听我和马力同志介绍了三市负责人商讨的有关情况后,他们谈了许多重要意见。他们一致认为,四城市主动开会商议开发长江问题,是做得好的,这是加强横向经济联系的好办法。可以参照西南四省(区)五方的模式,一是平等协商,二是互利互惠,搞得灵活些。并提出按照平等互利、协商办事的原则搞经济协作,不一定要谁牵头,谁有某种优势谁就牵头。沿江其他中等城市愿意参加也可以。只要你们组织起来,其他城市自然会逐步参加的。9月10日,安志文同志将南京、武汉、重庆三市联名向党中央、国务院所写《关于加强沿江城市的横向联系,促进长江流域经济联合开发的报告》(以下简称《报告》)。〈……〉。姚依林、田纪云、宋平等同志都相继表示赞同。安志文同志在转递我们写给党中央、国务院的《报告》时致〈……〉指出:"立足现有条件,在自愿互利的原则下,发展长江城市之间横向经济联系,是发展商品经济的客观需要,又是一种有益的探索。"

今年10月,根据8月《纪要》中的意见,在武汉召开了筹备会,研究筹备12月在重庆召开四城市市长级会议的有关事宜。重庆市受武汉、南京两市之托,将筹备召开第一次会议的有关情况电传给了上海市政府。上海市政府积极赞同,并及时组团参加。这样,经过四个城市的共同努力,联合开发利用长江流域经济的四城市市长联席会,顺利召开了。我祝会议获得圆满的成功!

近几年来,按照建设具有中国特色的社会主义的总任务和对内搞活经济、对外实行开放的总方针,地区之间的经济技术联系日益加强,经济技术协作蓬勃兴起,各具特色、不同形式的区域性经济协作组织相继建立。现在由沪、宁、汉、渝四个长江沿岸中心城市组织起来的经济协作组织,是第一个流域性经济协作组织。它横贯华东经济区、华中经济区和西南经济协调区,以三大经济协作区为依托,可以发展成为联结、沟通三大区域性协作区的纽带。上海是全国的经济中心城市,有丰富的经济技术协作经验,有组建上海经济区的实践;南京、武汉也有在华东和华中组织经济技术协作的经验和构想;两年来,重庆参加西南四省(区)五方经济协调会也有些实践和体会。把各方面积累的一些经验、原则、办法集中起来,选取既适合我们四个城市的实际,又能指导流域性经济协作发展的一些原则和办法,作为共同遵守的准则,是很必要的。建议这次会议专门成立一个小组,把基本原则商定下来。

关于会议的名称、性质、任务、指导思想和组成原则,我们根据〈……〉关于筹组西南四省(区)五方时所作的指示和规定的原则,有一个初步的很不成熟的想法,会前已电传给各市征求意见。我在这里再简要地提一下。

一、关于会议的名称,现在有几个想法。一是这次会议用的"沪宁汉渝市长联席会",二是"长江流域中心城市经济协作会",三是"长江流域经济开发利用协作会"。还有什么提法,请大家提出来共同商定。总之,最好既能反映今天的现实,又能给今后的发展留有余地。

二、关于协作会的性质和任务,我们提议定为开放性的、松散型的流域经济协作组织,不是一级行政组织。开始时,是否本着从实际出发,干实事,求实效,先易后难,由小到大的原则,首先在四城市之间开展七个方面的工作:1.协调发展长江联运联营;2.扩大流通渠道;3.开展旅游协作;4.加强经济技术协作;5.搞活资金融通;6.畅通邮电信息;7.开展部门、行业、企事业单位间对口联合协作。

三、协作会现由沪、宁、汉、渝四城市派出市长在内的若干代表(比如十名)组成,随着工作的开展,将来可以发展到长江干流中等城市和长江流域大城市。

四、建议协作会设置主席方。是否参照耀邦同志为西南四省(区)五方确立的"平等互利,轮流坐庄,各方都有否决权"的原则,各城市轮流担任主席。如果这次会议作为预备性会议,建议按上海、南京、武汉、重庆顺序轮流。如果这次会议作为正式会议,建议按重庆、武汉、南京、上海顺序轮流。

各位市长,重庆是一个老城市,欠账很多,财力有限。虽然经过三年经济体制综合改革试点,在中央和省委的领导下,学习借鉴先进地区和兄弟城市的经验,进行了一些探索,取得了一些成绩,经济有了一些发展。但是,比起武汉、南京,特别是同老大哥城市上海相比,我们的差距还很大。四城市联合起来,加强横向联系,开展多种交流、交往活动,为我们重庆在学习、进取、发展等方面,都提供了极好的机会。我们真诚地希望同沪、宁、汉三市携起手来,把我们四个城市,把长江流域,建设得更加富饶美好。

谢谢大家!

1985年12月16日

重庆市人民政府办公厅关于四省(区)五方经济协作有关问题的会议纪要

(1986年3月12日)

根据伯康同志在研究"筹备四省(区)五方经济协调会第三次会议"会上的指示精神,1986年2月24日下午,由汉卿、同川同志主持,在市委二楼会议室召开会议对有关问题作了具体研究。参加会议的有市府罗文会,市计委陈之惠,市城乡建委杨荣良,市财政局唐继荣,市税务局许大卫,市工商局陈举良,市服务局肖之秀,市烟草公司李武起,市建设银行熊远钦、何焕烈,市统建办陈庆华,市经协办杨祖玉,西南信息报王存忠等同志。会议听取了经协办王庭典同志《关于四省(区)五方经济协作和大厦建设问题》的汇报,并进行了讨论研究,汉卿、同川同志作了指示。现对有关问题纪要如下:

一、关于对外开放,发展横向经济联系,重庆市应走在前头,要打破过去的分割和封锁,摸索进一步搞活流通的路子,发挥中心城市的作用。应欢迎各地、各单位来渝开店办厂。同意云南、贵州两省计划外香烟在渝经销,进行有计划的安排和联销。具体办法由市烟草公司和经协办共同研究,再与云南、贵州方商定实施办法。

二、四省(区)五方的企事业单位来渝开店办厂,各部门应大力支持,提供方便。市经协办要积极联系落实,市工商管理局应热情接待,及时按有关规定审批办理登记手续,征税问题,按市府〔1985〕82号文件有关规定执行。

三、对四省(区)五方联络处在工作、生活上给予方便和照顾。联络处在五招待所的用房仍按原规定办法半价收费,其差额部分由税务部门在五招待所上交税金中适当减免。联络处人员在五招待所职工食堂就餐,免交管理费。具体事宜,由税务局、服务局、经协办共同商定。

四、建立四省(区)五方经济协作大厦,是过去已经决定了的事,要下决心干。大厦总规模不变,要考虑大厦的使用方向和管理问题。对大厦建设要给予优惠。1985年8月13日由市府召集市计委、建委、财政等部门参加的"大厦筹建工作会议"所定的原则不能变,应该进一步研究落实。鉴于目前资金紧张的情况,应量力而行,工程分二期进行,第一期工程按2.5万平方米建设,适当配建宿舍。

1. 大厦(含配套住宿)土地征用费按每亩3.5万元征收。

2. 建筑税由市税务局参照过去的优惠办法减免50%。

3. 城市建设综合配套费优惠30%。

4. 工程质量监督费优惠30%。

5. 重庆方建设大厦的投资安排,由市财政拨款500万元,另安排周转金300万元。其中,1986年市财政安排拨款150万元(含1986年结转50万元)。市经协办集资200万元。市建设银行同意3年内给市统建办参加建设大厦商品房贷款1000万元,其中1986年安排300万元,如果1986年下半年工程进度较快,所需资金由市计委、市财政调整解决。

重庆市人民政府办公厅
1986年3月12日

重庆市人民政府关于进一步推动横向经济联合的补充规定

(1986年5月10日)

各区县人民政府,市级有关部门,县级以上企事业单位:

国务院《关于进一步推动横向经济联合若干问题的规定》,是发展横向经济联合的重要文件,必须坚决贯彻执行。结合我市实际,特作如下补充规定:

一、凡需在工商管理部门登记和在银行开户的经济联合组织须经审批。围绕我市国民经济发展计划确定的一批重点产品和重点项目而组建的经济联合组织,由市计委、经委和经协办会同行业管理部门审批;其余以市属企业为龙头的经济联合组织,由市行业管理部门审批;以市属企业为龙头的跨地区的经济联合组织,由市经协办会同行业管理部门审批;以区县属企业为龙头的经济联合组织,由区县授权部门征求市行业管理部门意见后审批。联合组织审批后,报有关部门备案,向"龙头"企业原登记注册的工商行政管理部门办理登记注册手续。为了保证联营协议符合国家财税法律制度的规定,联营协议中涉及国家财产的转移、估价和利益分配等条款,须经参与经营各方的同级财政部门参与审查。

二、联合组织的管理形式。由参加联合的各方共同确定的章程决定。一般情况下,联合各方的隶属关系和财务解缴关系不变。当各方自愿改变隶属关系,组成统一核算的经济联合组织时,按第一条规定分别审批。

三、市计委、经委每年在我市控制的固定资产投资规模额度内,预留不低于10%的指标,以及相应的物资和资金,用于支持发展横向经济联合。

四、凡外地来渝联合开发新产品、重点产品和重点项目,三年内客户可分得高出投资比例5%～10%的利润,经济联合组织和独资企业的产品税和营业税在企业所在地交纳后,可按两地政府商定的比例,向对方财税部门返回。

五、参加联合的企业,从经济联合组织中新分得的利润,除按规定免缴调节税外,在保证国家增收的前提下,按择优扶持的原则,对发展过程中有困难的企业经市财税部门批准,还可适当减免所得税,作为联合组织的生产发展资金。

六、经济联合组织报经市经委、科委批准,列入市的重点新产品试制计划,经鉴定合格者,从销售之日起免征产品税或增值税两年。

七、国营工业企业和科研单位,向市属集体企业、区县(包括广安县、甘孜藏族自治州)工业企业(不含本厂大集体)扩散产品、转让技术,扩散方在不减少上交财政任务的前提下,年净收入在30万元以下的,免征所得税。超过30万元部分,依法缴纳所得税。

八、工业企业和科研单位向大足、潼南、荣昌、綦江、南桐矿区及广安县的工业企业投资分得的利润,可减半征收所得税五年。

九、参加联合的企业在保证国家增收的前提下,可提出申请,经市财政局批准,按分类折旧的规定,适当提高折旧率,用于技术进步。

十、银行要按照择优扶持的原则,优先向联合组织或成员单位发放固定资产、流动资金贷款。企业进行横向联合,安排30%自有流动资金(包括引进资金)确有困难的,应向银行提出分期补充计划,银行可给予贷款。

十一、横向经济联合应以企业之间的联合为主,参加横向经济联合是企业的自主权,任何个人、任何部门不得横加干预。有关部门在审批经济联合组织时,既要积极支持,又要防止盲目发展、重复布点。

十二、各级政府和有关部门要把发展横向经济联合工作列入重点议事日程,积极支持其发展。各级经协办是主管横向经济联合的政府职能部门,在计委、经委和有关部门的配合下,做好横向经济联合的指导、协调、监督和服务工作。

十三、本规定由重庆市人民政府经济协作办公室负责解释。

重庆市人民政府
1986年5月10日

重庆对外经济贸易情况及发展设想

——1986年6月2日在重庆市第十届人民代表大会第四次会议上

重庆市对外经济贸易委员会主任 况浩文

各位代表:

我代表市对外经济贸易委员会,向市十届人大第四次会议汇报重庆市开放以来,在对外经济贸易方面进行的主要工作以及今后的意见,请予审查指示。

第一部分 我市对外经贸工作的发展情况

(一)外贸出口迅速发展,创汇额度逐年增加

重庆市的对外经济贸易,特别是自营出口业务,是在1983年,中共中央、国务院决定在重庆进行经济体制综合改革试点后才正式开始的。三年多来,在经贸部的扶持和省委、省府的关怀下,在市委、市府的直接领导和全市人民的支持下,市内经贸战线广大职工克服了重重困难,冲破了层层障碍,使自营出口从零开始,实现了"一年一大步,三年破亿关"的设想。

1983年自营出口创汇2683万美元,出口品种113个,其中出口额在100万美元以上的重点商品仅有7个;当年同亚洲、欧洲、非洲、北美洲的38个国家和地区开始建立贸易关系,就在这年,重庆沱茶经过严格检验,在罗马获得第22届世界食品饮料评选优质奖。

1984年,自营出口迅速发展,全年达到6204万美元,比1983年增长1.3倍,出口产品达到178个品种,其中出口额在100万美元以上的重点商品18个,占出口总额的59%,产品远销世界上62个国家和地区。

1985年,更上一层楼,全年出口10461万美元,比1984年增长了68.6%。去年底,我市已同世

界上84个国家和地区有贸易往来,出口商品达到14大类,总计297种。其中100万美元以上的重点出口产品达到32种。现在,我市出口的主要对象是日本、联邦德国、美国、意大利、苏联、英国,向这6个国家和香港1个地区的出口,约占我市出口收汇的80%。

今年以来,出口势头更好,预计至5月底,创汇可达5300万美元,比去年同期增长1.2倍,按今年国家计划检查,已完成55%,做到了时间不过半,任务完成过半。

在进口方面,1983年重庆地方进口订货1052万美元,到货342万美元。1984年比1983年有了大幅度增长,订货总额达1.45亿美元,到货2159万美元。这些进口物资,除了重庆本地的需要之外,还帮助省内南充、达县、涪陵、内江、雅安等地区以及省外某些地区做了代理供应。1985年进口订货10280万美元,到货13153万美元,和1984年一样,仍然以进口成套设备、机械、五矿、化工、医药为主。

这三年,由于我市进出口总额的急剧上升,也带动了其他一些工作和某些指标的迅速增长。1984年外运货量为9.6万吨,去年上升为18.3万吨,今年预计可达22万吨,国家关税在1983年只有111万元,1984年增长为2953万元,去年上升到2.2亿元。我市外汇留成也在迅速增加,过去每年均在三五百万美元之间,1984年留成也只有666万美元。1985年留成外汇为3000万美元,比1980至1984年,5年留成总和还多400万美元。今年如能实现出口1.2亿的奋斗目标,留成将在4000万美元以上。

(二)外资利用已经起步,开始取得一些成绩

我市利用外资的工作,1983年以前基本没有开展。体改以来,市委、市府加强了对利用外资工作的领导,提出了要求,制订了方略,大胆使用国务院授予我市在利用外资方面的相当于省级的审批权限,有力地推动了这项工作的开展。

1. 中外合资企业六个:重庆扬子江饭店、庆铃汽车有限公司、重庆饭店、渝和冷冻空调技术服务责任有限公司等,总投资为2709.3万美元,其中外资占1962.9万美元。合作经营企业二个:重庆宾馆、重庆玻璃纤维有限公司,总投资为650万美元,外资占307万美元。租赁项目19个,金额为1872.8万美元,用于轻工食品项目9个,497万美元,用于纺织项目6个562万美元,机械、冶金、电子等项目4个813万美元。

2. 争取了部分国外贷款及赠款。体改以前,我市从无机会向国外贷款,得到的赠款也微乎其微。1984年以后,由于市内各有关部门的共同努力,通过多种渠道,争取到了如下一些贷款及赠款项目:

(1)已经收汇的贷款三笔,金额332.6万美元。其中两笔为世界银行贷款,用于长寿县和大足县卫生建设;一笔为意大利政府贷款,用于修建重庆养鸡场。

(2)已经收汇的赠款六笔,金额281.5万美元。其中五笔均为联合国儿童基金会赠款,用于幼儿师资培训、防治儿童寄生虫病以及儿童急救等项目;还有一笔意大利政府赠款160万美元,用于婴儿断奶食品生产线。

(3)已签合同,即可兑现的国外贷款五笔,金额1149.1万美元。其中世界银行贷款两笔,用于市内卫生防疫及綦江县农村卫生建设项目;意大利政府贷款两笔,用于菜油精炼及脉冲编码;丹麦政府贷款一笔,用于水产品加工冷藏项目。

(4)已签合同,即可兑现的赠款七笔,金额1640.9万美元。其中意大利政府赠款三笔,用于市急救中心等项目,其余为联合国有关组织及欧洲共同体赠款,用于奶类事业发展及柑桔保鲜栽培等项目。

〈中略〉。

(三)对外经济技术劳务出口也有较大发展

到1986年5月底为止,我市派出国外从事工程承包、劳务出口项目的职工已达1580人,执行合同24个,金额9825.5万美元。主要有:利比亚眼科医院、伊拉克迪瓦尼亚棉纺厂、尼拉瓦缝纫厂、马耳他长城饭店、阿联酋陆军军官宿舍、泰国渔民村、法国图卢兹长江之舟餐厅等。提供经济技术援助项目1个:布隆迪穆杰雷水电站大修运行,合同金

额63万美元。

计划单列前，我市对外经济技术合作只能承担总工程中的单项，现在是独立承包全部工程，而且由单一的建筑项目承包转向全面输出技术、设备、劳力的交"钥匙"工程。我市派往伊拉克巴格达成衣厂的技术人员，为该厂设计制作的服装，曾获民主德国莱比锡国际博览会金质奖，受到伊拉克政府的赞赏。

在最近的一年多时间中，我们还陆续在国外开设"窗口"和兴办合资企业。在香港开设了重庆独资的渝丰公司，在利比亚开设了重庆代表处，在莱索托兴办了合资的东方医疗仪器有限公司，在马耳他兴办了合资的中马联合公司以及长城饭店、中医诊所等。不久前与国外两位资本家签署了协议，在美国亚特兰大开设合资公司。还争取在非洲喀麦隆的杜阿拉市设立代表处。

我市自计划单列以来，特别是1985年在外贸、外资等方面都取得了一些成绩，但总的来讲，仍然是基数小、水平低，在全国出口中的比重不大，如以1985年的出口创汇为例，仅占全国出口创汇总额的0.4%左右，在36个出口计划单列的省市中，排名也居于中间偏下。这种状况同重庆的中心城市地位是极不相称的。就经贸系统而言，干部水平不高，市场信息不灵，销售渠道不广，官商作风犹存，这些都还有待改进才能适应形势的发展。

第二部分 关于发展本市经贸工作的设想

对外开放是我国长期的基本国策，发展对外贸易、增强出口创汇能力，是全国党代会明确指出的实现"七五"计划的关键之一。国家外汇的短缺将不是短期的，重庆地方外汇状况更是如此。进多少取决于出多少，出得多才能进得多。根据全国党代会精神，经过反复酝酿，我们已对今后经贸发展的目标以及商品战略、市场战略有了粗略设想，外资、外经工作也有初步打算，现在也作简单汇报。

（一）去年10月经贸部计划工作会议上，部里要求我市经贸系统在1990年出口创汇达到2.5亿美元，即每年平均增长30%。市里要求到"七五"期末，出口额要占我市工农业总值的8%～10%，出口创汇力争挤入全国前20名。这是十分艰巨的任务。根据这些要求，按照中央精神以及市府领导指示，"七五"期间的头两年，主要是理顺关系，打好基础，逐步调整出口商品的结构，扎扎实实搞一批具有竞争能力的新产品，建立可靠的外贸供货体系。后三年加快速度，使外贸出口在稳定发展的基础上大步前进。

1. 商品发展战略方面的设想

要改变现在外贸这种"麻雀战""小商小贩"的办法，在出口商品的构成、商品市场的开拓和出口商品的生产布局这三个方面，采取适应国际市场需要并符合重庆市情的正确战略，有计划、有步骤地建立具有重庆优势和特色的出口商品生产体系。逐步在出口商品上实现两个转变，一是变原料为制成品，二是变粗加工为精细加工。〈后略〉。

开发新的出口商品，提高现有产品的竞争能力，是发展重庆外贸的命脉所在。当前，首先准备一手抓软（丝绸），一手抓硬（机械产品），"软硬兼施"，扩大出口。

（1）丝绸产品是我市的重点出口商品，创汇约占1/5，当前国际市场上丝难卖，绸好销，但我市丝绸生产却呈倒宝塔型，即茧大于丝，丝大于绸，绸大于染。因此，要提高生丝质量，增强织造和后处理能力，特别是要尽快引进丝绸后处理的先进技术设备，建设适应国际市场需要的小批量、多品种、花色齐全、应变力强的丝绸生产基地。同时，考虑与外资联营，利用国外的先进技术和销售渠道，大量生产绸缎服装出口。

（2）机电产品是世界贸易中最大的一项产品，占世界出口贸易的1/3，我市机械行业技术、设备都有优势，军工力量更强，冶金行业也有一定基础。但在出口创汇方面，这些行业的能力远未发挥。扩大机械产品和五矿产品的出口（如铝材、硫磺、工具、标准件、汽油机、柴油机、滚齿机、光学仪器、水轮发电机等），是"七五"期间外贸的最大重点。要使我市机械产品的出口到1990年占全市出口创汇的1/5。

同时，我们还准备以优厚的利润吸引外商合资经营或合作生产机械设备，联合外销。学习兄弟省市的经验,扶持重点乡镇企业,组织它们的产品出口,争取把"小生意"搞成"大气候",实现"抓一行、富一方"。

(3)我市是全国的化工医药原材料基地之一,有些产品也是我市当前的重点出口商品,如磺胺、抗生素、治疟疾药物、维生素等,要在扩大医药原料出口的同时,努力增加成品药物和高档药物出口。

此外,还要利用我市丰富的农副产品和土畜产品资源,抓好基地建设,提高茶叶质量,扩大羽绒制品,建立柑桔出口供货体系,努力发展冻猪肉出口等。

2. 市场战略方面的设想

由于我市自营出口的时间短,国际销售市场不广泛,客户不稳定,未能形成严密有力的销售网。针对这种情况,我们打算在巩固现有市场的基础上,大力开拓新的目标市场。首先瞄准美国这个世界上最大的商品市场,我们要打进去,占领市场。其次是根据国家统一部署,实行"多元化"出口,以香港为前沿,增加对发达国家的出口。再次是增加我市对第三世界的出口,现在只占全市比重的5%左右,潜力很大。"七五"期间,要把开拓非洲、拉美、海湾国家的市场放到重要位置。为了争夺国外市场,除办好我市在国外的"窗口"外,还要努力争取和一些跨国销售公司联合,把我们的产品通过这些公司的销售网进行推销。与此同时,还要抓紧扩大对苏联、东欧的出口,争取实现直接换货贸易。

在市场战略方面,我们还准备认真实施国内与国外两个市场的结合,以外促内,以内保外,相互调剂,结合发展。

(二)利用外资,优先发展出口创汇的产品。重点放在丝绸、机电、化工、医药行业。1986年我市利用外资按2亿美元开展工作,实际使用外资争取达到2000万美元以上(含外国政府贷款),技术引进要优先考虑创汇项目。要搞好利用外资的工作,首先需要改善和创造投资环境,以优惠的政策吸引外资,使外商到重庆投资有安全感,海外侨胞回乡投资有光荣感,与外商合作的企业有责任感;同时,合资企业的外汇平衡力争自己解决,不能平衡的项目暂时不搞或少搞。合资企业的产品要力争相当部分出口。

(三)对外经济技术合作方面:1986年计划合同金额2550万美元,争取二至三个受援项目和一至二个援外项目。今年还要努力办成二至三个国外合营企业。到1990年,力争劳务出口达到5000人,合同金额1亿美元。

(四)培养外贸人才,提高干部素质,是加速发展我市对外贸易工作的一大关键。国际市场的激烈竞争,实际上是人才的竞争,智慧的拼搏。重庆需要外贸,外贸需要发展,发展需要人才,我们现在深感外贸人才不足,干部素质太弱。在培训人才方面的设想是:除办好现已开设的外贸中专、经贸大学函授班外,还准备委托市内外有关高等院校,按需要定向培养外贸干部。还要继续在市内外招聘急需的专业人才,充实外贸队伍,希望市内有关部门一如既往,在大专毕业生分配以及专业干部调派方面,对外贸部门给予适当照顾,以改善我市外贸队伍的知识结构。

各位代表:过去三年多的实践,使我们深刻感到,对外经贸工作是一项"系统工程",绝不是外贸一家能干好的。没有党中央"对外开放"的英明决策,没有经贸部的关怀,没有市委、市府的正确领导,没有全市人民的全力支持和各部门的通力合作,重庆经贸是绝不可能取得成绩,更不可能发展的。借此机会,我们谨向过去几年以及当前正从各个方面支持本市经贸系统的领导机关、生产企业以及各界人士表示最深切、最诚挚的谢意。我们时刻不忘,国家当前急需外汇,重庆经济需要腾飞,全市人民对经贸系统寄予了殷切期望。我们决心在市委、市府的领导下,进一步加强工贸、农贸的协作,发扬愚公移山精神,埋头苦干,不断增加我市的出口创汇能力,力争今年出口超过1.2亿美元,争取全市留成外汇达到4000万美元以上。还要振奋精神,勇于开拓,向广阔的世界市场进军,为重庆夺取引人注目的国际声誉。

以上汇报,如有不当之处,请批评指正。

四省（区）五方经济协调会关于大力推进横向经济联合和协作的意见

（1986年9月27日）

（第三次会议通过）

《国务院关于进一步推动横向经济联合若干问题的规定》指出："横向经济联合，是发展社会主义商品经济的客观要求，是社会化大生产的必然趋势，是对条块分割、地区封锁的有力冲击，对于加快整个经济体制改革和社会主义现代化建设，具有深远的意义"。近两年来，在四省（区）五方经济协调会两次会议的推动下，川、滇、黔、桂、渝之间多层次、多形式的横向经济联系有了很大的发展，联合、协作的范围越来越广泛，它对于取长补短，发挥各方优势，发展社会主义商品经济，加快西南地区的开发，起了积极的作用。

根据近两年来的实践经验，为使横向经济联合和协作更富成效，必须坚决贯彻《国务院关于进一步推动横向经济联合若干问题的规定》，从四省（区）五方的实际出发，充分发挥各地、各部门、各行业、各企业的积极性，实行分层次决策，推动多层次联合。

一、四省（区）五方要在自愿的基础上，按照"扬长避短、形式多样、互利互惠、共同发展"的原则，积极推进各方之间各种形式、各个层次的联合和协作。有关各方应加强宏观指导，充分尊重企业的自主权，从政策上鼓励联合，从法规上保障联合，对经过批准的联合组织、项目，各方都要给予大力扶持，帮助他们解决联合中遇到的困难和问题。

四省（区）五方经济协调会，除研讨、决定涉及双边或多边共同利益的重大经济联合、协作项目和需要共同上报国家安排、支持的项目外，还应积极研究和协调有关政策，以推动横向经济联合的不断发展。

二、在中央和有关各方政策规定的范围内，在国家计划的指导下，四省（区）五方的地区、部门、行业、企业之间可以不受所有制、隶属关系和行政区划的限制，充分发挥各自的资源、技术、资金、设备、产品、原材料、人才等优势，通过各种途径开展全方位、多层次、多形式的横向经济联合和协作。鼓励企业尽可能优先考虑四省（区）五方范围内的合作，并给予适当优惠。放手让地、州、市、县组织行业特别是企业按政策去搞，尽快建立起西南地区横向经济联合和协作网络，以求四省（区）五方的共同振兴。

三、为大力推进多层次横向经济联合和协作，四省（区）五方进一步商定了以下互惠办法：

1. 共同投资建设、改造的项目，按项目所在方的规定办理。其基建、技改规模，原则上由项目所在省、区、市的控制指标中解决，但若一个项目包括有多个跨省、区、市建设或改造的子项目，或投资数额很大，一方难以解决的，则由有关各方协商，分别纳入投资计划。

合资企业所需投资，可用资金直接投资，亦可用土地、房屋、设备和技术入股。合资企业资金不足时，各投资方的银行应给予支持，优先纳入信贷计划。

2. 联合建设项目，外部投资额超过总投资额一半的，其土地征用费，项目所在方应多负担一些，具体比例由有关各方协商决定，并由项目所在方申请减收建筑税。对联合建设项目，项目所在方应在建设定点、土地征用、地方建筑材料、组织施工等方面给予优先安排。

3. 积极促进四省（区）五方金融机构的资金融通。各专业银行和其他金融机构均不受隶属关系限制，根据资金可能，可以相互拆借资金，其期限和利率由双方议定。

4. 横向经济联合组织所需固定资产投资贷款和流动资金贷款,各方有关的银行应按经济联合组织的协议或合同,给予划拨、融通。对经济效益好的联合企业,在贷款的掌握上可以适当放宽,其自有流动资金(包括引进资金)达不到 30% 比例的,经过银行批准可予贷款。

5. 能源、交通设施方面的联合建设项目,以及在"老、少、边、穷"地区联合投资的项目,投产后各自分得的利润,免征所得税两年,减半征收所得税三年;继续用于联合开发的,免征所得税,并可申请减免能源交通基金。

在经济开发区联办的企业,享受国家对开发区规定的优惠政策。

6. 联合组织开发的新产品,经生产企业所在省、区、市主管部门认可和税务部门批准,两年试销期内免征产品税或增值税。

联合组织的产品税、营业税、增值税在其所在地缴纳;同时,可按有关各方政府商定的比例,向投资方财政部门返还一部分收益。

7. 联合生产出口产品的创汇收入分成,在实行民族区域自治或按自治区对待的地方,享受所在地的优惠政策。

8. 联合项目的分成产品或补偿产品,需要运回本地的,不受物资流向限制,由成都、柳州铁路局及有关交通部门及时运输。

9. 鼓励科研单位、大专院校向经济联合组织转让技术,可以一次性转让,也可以技术入股。如转让的技术效益好,接受方应对中介者给予奖励,奖励费可从技术转让费中提取。企业单位向经济联合组织转让的技术成果,其技术转让,年净收入在 50 万元以下的,暂免征收所得税;超过部分,依法缴纳所得税。联合组织引进技术软件、委托咨询、人才培训所需补偿费用,允许在税前列支。

10. 加强多层次、多渠道的信息交流,及时通报联合意向。在条件相近的情况下,尽可能优先照顾有关各方参加经济联合组织。

11. 一方到另一方独资兴办企业,除享受以上优惠条件外,还应给予更为优惠的待遇,具体办法由双方协商。

12. 开放市场,互不封锁,加强毗邻地区的商品交流,协调毗邻地区商品的收购价格。

上述各项优惠办法,只适用于四省(区)五方间的经济联合和协作;四省(区)五方以外的联合和协作按各省、区、市的规定办理;各省、区、市的规定比本办法更为优惠的,四省(区)五方间的经济联合和协作则可享受其优惠待遇。

四、四省(区)五方之间的经济联合和协作项目,除按国家规定的办法统计、上报外,各省、区、市协作办商得统计部门的同意,要负责项目的汇总统计和进度检查,并负责协调解决项目实施中的实际问题。今后凡以四省(区)五方名义举行的地区、部门和行业的经济联合或协作活动,主持方应向四省(区)五方经济协调会联络处和各方协作办及时通报,并提供有关活动成果的统计资料。各方每年度经济联合和协作的情况,应于次年 2 月底以前,报送协调会主席方,并抄送联络处。

（二）对外开放

钱敏同志在我市对外开放准备工作会议上的讲话

（1978年3月8日）

（记录稿，未经本人审阅）

今天上午和下午，向大家传达了全国旅游工作会议和全省旅游工作会议上的几个主要文件，对于发展旅游事业的重大意义，大家的认识都初步提高了。现在，我就如何作好城市开放的准备工作讲一些意见。

从传达学习的文件中可以看出，发展旅游事业，中央历来就很重视。伟大领袖毛主席和敬爱的周总理亲自制定了发展旅游事业的方针、政策。华主席最近亲自批示解决这方面的问题。在全国旅游工作会议期间，华主席亲自接见了到会代表，李先念副主席亲自到会作了重要指示，耿飚、陈慕华、廖承志等中央领导同志也作了重要讲话。在全省旅游工作会议期间，鲁大东同志代表省委也作了指示。中央、省委领导同志这样重视，说明当前在扩大国际反霸统一战线中，在与帝国主义抢时间、争速度的斗争中，发展旅游事业是更加重要了。旅游事业是与抓纲治国的战略决策密切相连的。它既有重大的经济意义，更有重大的政治意义。为了发展旅游事业，中央决定新开放一批城市，其中包括我们四川的成都、重庆、万县市。李副主席指示，旅游事业是党的工作的一部分，是外事工作的一个重要方面，是争取外汇收入的一个重要途径。我们各级党委，各级领导干部，都要深刻理解这一重大意义，从思想上重视起来，把它列入党委的议事日程，认真地把本部门的工作做好，为开放城市做出应有的贡献，为毛主席革命外交路线服务。

在全国旅游工作会议上，讨论了今年至1985年旅游事业发展规划。全国的奋斗目标是：今年接待10万人，明年接待15万人，1980年接待20万人，以后按每年递增15万到20万人计算，到1985年接待100万人，8年是累计接待375万人，累计可以收入外汇41亿美元。用这41亿美元，加上同时期收入的侨汇10亿美元，共50亿美元，就可进口年产1000万吨钢的成套设备和技术。

根据这个规划，我省也要承担中央给的任务。我省是新开放区，条件差一些，不能和老开放区比。但是，既然是党的工作，意义如此重大，我们也要积极承担，尽可能地多接待一些。这样，对全国有好处，对地方也有好处。在全省旅游工作会议上，四川初步规划：从下半年起，今年接待2000人，明年接待5000人，中央投资的宾馆建成后，1980年接待1万人，以后按每年递增5000人计算，到1985年接待3万人，8年累计接待13.7万人。这还只限于自费的旅游外宾，不包括中联部、外交部、外交学会、对外友协邀请来的外宾和常驻的外国工程技术人员、外国实习生，如各国大使、新闻记者等。加上这几项，数字还要大一些。因为重庆是全国的大城市之一，在解放前后都对国外有一定影响，加之重庆是游览长江三峡的必经之地，来四川的外宾大都有可能来重庆，所以，全省的接待任务，重庆都有可能承担一部分。

要承担这样大的任务，当然有一定困难。但是，在看到困难的同时，更主要的还要看到各方面的有利条件，增强信心，鼓足干劲，愉快地承担这些任务，把工作搞好。我们的有利条件是很多的。第一，有毛主席、周总理生前制定的方针、政策，为旅游事业指明了政治方向。第二，有华主席、党中央的正确领导，有省、市委和各级党委的重视，全党动手,有些问题就易于解决。第三,粉碎"四人帮"后,在华主席抓纲治国战略决策指引下,实现了安定团结,各条战线形势很好,广大群众斗志昂扬,意气风发,内事给外事打下了很好的基础。第四,有中央业务部门的具体帮助,如旅游局拨专款给重庆盖宾馆,拨给汽车,初期还要拨给一定的维修费,省里也要拨一些维修费。这些,都是为了帮助我们创造必要的条件。第五,有在座的各部门、各区县的支持,计委、工业、农业、财贸、文教、卫生、交通、基建,各行各业一条心,大家都来关心外事,支持外事,这就有利于克服各种困难。第六,我们重庆,有具有历史意义的红岩村,这是毛主席和周总理在重庆战斗过的地方;有震惊中外的渣滓洞,著名的北温泉、南温泉,景色秀丽的缙云山、黄山、汪山及附近的长江三峡,和一些可供外宾参观的生产单位。外宾来了有看的,有欣赏的,有可供宣传的。第七,"文化大革命"前后,我们已经接待了不少外宾,有一个基本队伍,有一批接待服务人员,也积累了一些经验。只要我们充分运用这些有利条件,脚踏实地,大胆工作,稳步前进,是可以做好这一工作的。

过去,重庆没有正式开放,接待的对象主要是邀请来的外宾。他们是以客人的身份在这里参观访问,政治上对我友好,行动上听我安排,有问题也不一定挑剔。他们的活动有我陪同在场,不大好的地方可以不带他去,可以避开一些问题。现在开放了,自费旅行者多了,情况就不同了。他们是自己花钱来旅行游览,目的就是到这里来玩。他们的活动,大的方面由我们安排,但到了一个地方之后,一般都自己去活动,仅有导游(翻译)陪同。我们要讲究经济核算,也不能免费派干部陪他。这就给我们的安全保卫、市容卫生、城市交通、商品供应和文化娱乐等带来一系列的要求。特别是在对外宣传上带来更繁重的责任。要求我们平时就要把工作做好,有备无患。所以,准备工作非常重要,不把准备工作做好,临时手忙脚乱,没有不出问题的。

为了做好开放前的准备工作,为下半年接待大批外宾打好基础,现在提出以下几件工作,请各部门研究,提出措施,认真抓好。

第一,广泛深入地开展群众性的宣传教育活动

群众性的宣传教育工作,是准备工作的首要问题,必须认真抓好。要结合"一批两整顿"和传达贯彻五届人大的精神,集中一段时间对全市广大干部和群众广泛进行一次中国人民与世界人民友好的教育,以后还要继续进行教育。这个教育是长期的,但现在要集中搞一段时间。在宣传教育中,主要讲清四个方面的内容:首先是进行毛主席革命外交路线的教育,要从三个世界划分的理论和建立国际反霸统一战线这个高度,向广大干部和群众讲清楚开放我市、准许旅游的道理,让大家明白开放一批城市,通过发展旅游事业,让我国人民和世界各国人民广泛接触,增进双方的了解和友好,是当前国内外形势发展的需要,是落实华主席抓纲治国战略决策的需要,是贯彻毛主席革命外交路线、扩大国际反霸统一战线的需要,同时也是争取外汇收入,加速实现四个现代化的需要,是实行大干快上的一项有力措施。通过教育,把对外宣传的繁重任务建立在广泛的群众基础之上,相信和依靠群众,使群众敢于讲话。要号召广大群众自觉作好本职工作,为发展旅游事业做出贡献。其次是要加强国际主义和爱国主义的教育,让广大干部和群众明白发展旅游事业,广泛和各国人民接触是贯彻执行伟大领袖毛主席"寄希望于各国人民"的有力措施,在改善国家关系问题上,就能达到"争取人民"的目的。因此要求各界群众,自觉地做到在与外国人接触时,不卑不亢,落落大方,不能表现出大国沙文主义,也不要卑躬屈膝。第三要加强阶级斗争观念的教育,使广大群众认识到国际阶级斗争的复杂性和国内阶级斗争的长期性。既要防止个别坏人在外国人面前制造事端,要通过群众路线与专业相结合的方法保卫外宾安全,又要注意个别混入旅游外宾中的特务间谍窃取我情报的可能性。同时还要教育群众,特别是青少年,自觉地抵制西方资产阶级生活方式和思想作风的侵蚀和影响,加强免疫能力,不要学那些阿飞流氓的样子。第四要加强讲礼貌守纪律的教育,不仅要自觉地做到对外国人不围

观尾随,不高声喊叫,同时还要帮助维护好群众秩序,体现我中国人民有教养、守纪律、活泼自由、尊老爱幼、助人为乐的道德风尚。

为了搞好群众性的宣传教育活动,市委宣传部应结合我市具体情况编写出统一的宣传教育提纲,报经市委同意后,印发到全市所有基层单位,由基层支部对广大群众进行宣讲,并组织群众座谈讨论,订立外事公约,落实行动,互相督促,定期检查。各部委、各区县委要加强对宣传教育工作的领导,接连抓它几次。工厂要落实到班组,机关要落实到科室,农村要落实到生产队,学校要落实到班级,街道要落实到向阳院,真正做到家喻户晓、人人明白。如果宣传教育工作不彻底,今后出了涉外事故,就要追查所属单位领导的政治责任。我们城市是第一次开放,一定要严格,马虎了就要出问题,请各级领导注意,无论如何不能出问题。在渝部队也要进行宣传教育,由各部队自行组织。在宣传教育中,各级党组织要充分发挥工会、共青团、妇联和学校教师的作用。市总工会、团市委、妇联、市教育局和各宣传部门,要主动做工作,不能把它看成只是基层单位的事情。报纸、电台也要配合这次教育,作正面宣传。这项工作事不宜迟,现在是3月份了,只有三个多月的时间了,应立即开始,上半年反复宣传几次,以便取得成效,为下半年接待打下基础。

第二,进一步加强城市管理,彻底改变城市面貌

粉碎"四人帮"以后,城市管理打了几个战役,取得了很大成绩。这是各级党委加强领导,全市人民共同努力的结果。但是,从开放城市这个高标准来要求,还达不到过硬的程度。市里最近专门召开了城市管理会议,很多问题都已经讲过了,最近还要印发几个文件,作很多具体规定。各级党委、在座的各位领导同志,一定要真正地认识到这个问题的重要性,认真地把工作抓起来,把本系统、本地区的工作搞好。一定要按照上次会议布置的精神去作,按照文件上规定的条文去执行。任何单位,任何部门都不能打折扣。城市管理工作松不得,一松就要出问题。最近,已经几次看到公共汽车又不停在站上了,群众到处跑。路灯也要搞好,外宾在这里,不能没有路灯。交通秩序也不能松,要教育司机不能开霸王车。你开霸王车,把外国人的车子撞翻了,政治影响就很不好。有的车子下坡不减速,路码表上看起来不快,但加上下坡惯性的冲力,速度就快了嘛!去年青岛参观团来,一天看见发生几起车祸事故,不好。现在交通要改革,大卡车白天不进市中区,但别的地方还是要走的,也要注意呀!朝天门今后只搞客运码头,另外搞一个货运码头。工业部门、商业部门的仓库要逐步地搬到郊区去,市中区容纳不了,只能保留一点待转仓库。今后要搞集装包装的办法,仓库要搞机械化。清洁卫生也不能放松。一般来说,上午十点以前街上还是清洁的,十点以后就脏了。清洁大队搞的垃圾车,上半年要改好。这里特别强调一下盲流人员问题。〈中略〉。这是任何西方国家都办不到的事情,所以外国人说是奇迹般的事实。这是显示我们这个国家社会主义制度优越性的表现,在国际上受到崇高的尊敬。这个威望的取得是不容易的。〈中略〉。这不是哪一个部门哪一个地区的问题,是国家威望的问题。维护国家威望,人人有责,不能推诿。民政局、公安局要切实负起责任,各个街道、餐厅等有关单位也切实负起责任,就能堵塞很多漏洞。今后要求收容部门、公安部门密切配合,见到盲流人员就把他收容起来,既不能不管,也不能赶出了事。还要教育广大群众,见到盲流人员就劝说,叫他们回到当地生产,不要外流,有什么困难找当地政府。总之,要造成盲流人员无法在城市落脚的一种形势,迫使他们回家参加生产劳动。

第三,抓好旅游大楼的建设工作

中央已决定直接拨款在重庆建一个可以容纳500张床位的宾馆。省里决定重庆的宾馆由重庆自行修建。省计委拨给三大主材,地方材料由重庆自行解决。宾馆的地点省委也已经同意。有关设计、施工、拆迁方面的问题由建委负责。为了加强这一建筑的领导,市委成立旅游大楼建设领导小组,并责成建委组成旅游大楼修建指挥部,由市建委、计委、重庆建筑工程学院、市设计院、建工局、房管局、城建局等有关单位抽派得力的专业人员参加。当前主要是抓好设计和拆迁工作。要广泛收集国内外同类型宾馆的优点,精心设计,精心施工,高质量高速度建好。省委要求施工打歼灭战,准备工作搞好后,一年完成,并在重庆召开施工现场会议,我们应当有这个志气,把这一建设搞好,明年底建成。旅游大楼在设计思想上,要注意适用、节约,不要大而无当。旅游外宾大都是国外的中下层人员,标准不宜过高,房间不要太大,主要是室内陈设要现代化。卫生间要搞好,不要整天流水、漏气。有一些房间可以搞大一点,三套间、四套间,但大部分要适合一般的旅游外宾,不能都搞高级的。建筑部门要考虑高层建筑的施工方法,早作施工准备,这方面我们还缺乏经验,设计方面,大东同志指示,可派少数同志出去参观学习,请建委统一组织。去的人数要少,时间要短。

在新大楼建成之前,把第一招待所全部腾出来接待外宾,床位不足时由重庆宾馆新楼补充。重要外宾和大型代表团才住潘家坪,一般外宾不住那里。一所拿出以后,内宾住在三所。少数民族参观团也可以住在三所。李副主席和大东同志都有指示,凡是住外宾的地方,一般不要安排内宾使用。接待外宾的床位,隶属关系不变,但应由外事处掌握安排。第一招待所要好好整顿,南北楼和礼堂要抓紧时间进行修缮,南北楼要求6月底前修好,大礼堂7月底以前也必须修好,要抓紧时间。旅游外宾用车,旅游局将专门拨给一批。所拨车辆只能解决旅游外宾使用,邀请外宾不包括在内。在旅游车辆拨到以前,交际处要在现有车辆中挑选出三十辆车况好的大客车、旅行车和小轿车单独编为外事车队,隶属关系也不变,但要由外事处安排使用。今后两个车队,一个是为内宾服务,一个是为外宾服务,无论如何要保证外宾用车。外事车队的人员要认真挑选,加强教育,规定纪律,注意对外宾的服务质量和服务态度。省计委还可能拨给外事部门一部分招工指标,专门招收驾驶员、招待员、服务员和水电工人。招收后由有关部门进行培训,供新宾馆使用。招待外宾的房间的服务员不要用女同志,其他部门可以用女同志。外宾所需的副食品,包括鸡、鸭、鹅、兔、鱼、牛肉、黄油、奶油等,请商业部门、农业部门及早安排生产基地,组织生产。各区县要大力支持。可以养一点菜牛。机械化养鸡场的鸡,首先供外宾使用。

第四,抓紧进行参观游览点的修整工作

前几年,由于"四人帮"的干扰破坏,一些革命纪念地、文物古迹、风景名胜都年久失修,破烂不堪,有的甚至无法接待外宾。如红岩村、渣滓洞、北泉、南泉都是如此。北泉公园的石刻园要恢复,可以把市内有些已不能游览的寺庙、会馆、祠堂、旧衙门内的有价值的石刻、牌坊等搬迁去。南山、黄山等处的房屋被人占用了的要迁出修复,以便建成游览区。缙云山的飞蛾树要保护好。为了迅速修复这些参观游览点,以便下半年接待更多的外宾,请城建局、文化局迅速提出具体的维修计划,立即进行维修。要分期提出时间要求,急需项目要求上半年完成。由于市里经费困难,中央、省将要拨给我市一些维修费用,主要用于接待室、厕所和与接待任务有直接关系的项目。要专款专用,不得挪用。市里也可以给一点钱。维修费目前尚未正式下达,下达后再行分配。但是,目前的工作不能等待,可先把原定要修理的项目修起来。即北温泉的明清代庙宇建筑,上缙云山的路和大庙,大礼堂及一所南北楼,南温泉,去飞机场歌乐山隧道公路的沥青路面等。

在抓好修建任务的同时,有关部门和地区还要抓好工农业生产单位参观点的安排。各部委、各有关局、各区县都要统筹考虑,对那些可以继续接待外宾的参观游览点进行认真的总结,帮助他们提高。对于他们接待中存在的实际困难,如人员不固定,解说词不妥当,接待室、厕所不适用等问题主动加以解决。能少花钱的尽量少花钱,必须花一点钱的,企业单位和事业单位可以列入本单位开支,行政单位本单位能解决的尽量解决,解决不了的,请上级主管部门解决。大东同志提出开放缙云山、黄山、汪山、北温泉,请有关部门做出规划,分批分期进行建设。缙云山、北泉、枇杷山部队暂时借用的房屋要请部队归还。北泉、缙云山可以作为一个游览区,应作为当前建设的重点。北泉对岸的西山坪,要搞好绿化。不一定修公路,搞一条便道就可以了,让外国人去爬山。上面有一块语录牌坊,语录已没有了,可以处理掉。还可以搞一条游艇,从观音峡到温塘峡,再到沥鼻峡,两岸搞好绿化。小三峡是我们自己的,有自己的特点,要搞好。石刻园一定要恢复,郭老的诗找到后也可以石刻。南泉也要修理,要解决枯水季节的划船和瀑布问题。南山上的房屋是哪些人用了,调查一下。南泉、南山的修理要与大桥的通车配合起来,通了就能去游览。长江的铜锣峡,也可以开辟一下,搞一条路,修个亭子,设个小吃部,也可以搞游览。南岸的大佛寺、小佛寺要保护。黄山、汪山不能再搞工厂了,铁厂要搬,南岸那一片都搞成游览区,不能乱建房子。枇杷山、峨岭也不能乱建房子。搞得乱七八糟,破破烂烂的,就没有山城的特点了。

第五,作好对外宣传资料的准备工作

对外宣传是开展旅游工作的一个重要方面。作好对外宣传,可以争取同情,广交朋友,扩大国际反霸统一战线。过去,由于"四人帮"的干扰和破坏,在对外宣传上存在很多问题。在解说词上,普遍存在针对性不强、说服力不大的缺点,形而上学,空话连篇,不看对象,不实事求是,该说的不敢说,不该说的又随便说,外宾有反映。各参观游览单位要立即指定专人,对原有的解说词进行检查修改。省里要求开放城市编印城市简介、城市游览图、风景明信片和画册,由四川人民出版社出版,新华书店和邮局分别发行。我市应当把《今日重庆》画册搞出来,同时还应搞一些有地方特色的风景明信片和美术明信片,如《重庆的温泉》《版画》《水印木刻》《重庆雕塑》《重庆杂技》等。画册要有重庆的简介、重庆的历史、名胜古迹、工农业生产。要多搞点画片。《重庆风光》中,有几张照片色彩不好,大礼堂修好后重拍。还可搞《重庆博物馆藏画》。博物馆要搞得像个博物馆的样子,要按重庆历史编年来陈列。三千年历史要从陈列中体现出来。汉画像砖也可以搞画册。要搞就要搞好一点。所有东西都要标上"重庆"。这些东西,既是宣传,又可以收回外汇。以上这些,请宣传部和外事处共同拟出方案,请宣传部统一组织拍摄编审工作。

第六,加强保密教育,落实防范措施,作好党和国家机密的保卫工作

〈前略〉。要充分认识这个问题。要根据内紧外松的原则,加强防范措施。既不要大惊小怪,又不能麻痹大意。邮政部门要对沿街张贴的报纸进行检查,按照规定,除《人民日报》《光明日报》等对外出口的报纸杂志外,其他报纸不能张贴在大街上。〈中略〉。今后,无论哪一个单位,凡在大街上张贴广告、启事、海报的,都要考虑内外有别的问题,注意保密。政法部门判处犯人的布告不要贴在大街上。新华书店要对书刊、地图进行清理,按照出版会议的规定,对内发行的书籍不准陈列在货架上。〈中略〉。在教育职工提高警惕的同时,还要告诉他们注意对外政策,讲究斗争策略,不要随意干涉外国人照相。中央一再讲过,凡是允许外国人参观的地方,应该允许他们照相。凡是不能照相的,事先要向外国人说清楚,不要事后再找他们交涉。

第七,作好商品供应准备工作

商品是市场繁荣的具体表现,外国人是很注意的,必须搞好。商品供应包括两个方面,一是市场上普遍供应的大众化商品,二是直接供应到外宾手中的特殊商品。大众化商品要求花色、品种、数量都能增加一些,陈列得丰满一些,宣传得好一些,并进一步提高服务质量,改善服务态度。这些工作,对外国人是一种政治宣传,受益的是广大工农兵群众,不开放也应作好,开放就应该做得更好。对于外宾所需商品,要专门研究花色、品种、包装和供应方式。〈中略〉。中央要求,开放城市要成立友谊商店,我们也应当成立。友谊商店放在哪里,请财贸部研究,并立即和中央、省的商业部门联系,立上户头,落实货源。友谊商店经营的,主要应当是适合外国人需要的高档商品、地方土特产品和工艺美术品,要有地方特点。友谊商店的商品一定要讲究装潢,注意包装,还应代办运输。友谊商店还要配备懂得外语的接待人员。商业部门还应把文物商店组织起来,专门经营古董、古玩、古画,也可出售一

些仿古的文物和水印木刻和现代画,文物商店出售的古画、古董、古玩都要由文化部门组织考古工作者鉴定,允许出口的才能出售。在外宾活动的中心区,如解放碑、上清寺、北碚、北泉、南泉还可设立为外宾服务的地方风味餐厅,让外宾自由进餐。解放碑的民族路餐厅要有供外国人进餐的地方。在民族路餐厅建成后,重庆饭店可以把内部房间改造,使能适应供外宾住宿的条件。民航候机室、火车站贵宾室,为适应旅游开放,要有扩建或新建计划报民航总局和铁道部。长航重庆分局,在长远规划中应考虑川江客轮适应大批外国旅游者的需要,要有建造新船的规划报告交通部。朝天门码头改建要加速。民航候机室、火车站贵宾室、轮船上都要设立供应外宾的商品专柜,可经营外宾日常生活用品和工艺美术品,方便外宾购买。

搞好商品供应,物资是关键,除加强采购外,主要是组织好地方产品和工艺品的生产。计划部门在安排今年生产计划时,要把外宾商品的生产安排进去,在原材料上给以保证。这几年,外宾普遍反映买不到有地方特色的商品,有些本地生产的商品没有印上"重庆"两个字,外宾很遗憾,请设计部门注意解决这个问题。我们重庆是一个工业城市,轻工业、纺织工业、手工业都有一定基础,我们只要开动脑筋,是能够解决这一问题的。地方工艺美术品,如挑花、刺绣、编织、竹帘、竹刻、石刻、砚台、木刻、木竹镶嵌、漆器、银器、瓷器、陶器、印花头巾,等等,都应大力发展,供外国人挑选。只要我们动脑筋,这方面是大有文章可作的。

第八,做好交通、邮电、银行、文化、医疗等方面的准备工作

交通方面,首先是要把道路搞好,请城建局、交通局注意安排。开放区域和外宾通道区,路面不好的都进行修补。市管道路由城建局负责,省管道路由交通局负责。责任不清的协商解决,不能推诿。省管道路资金材料有困难的,可向省交通局写报告,请求拨给。朝天门码头要迅速修一条把车子开下去的下河引道,方便外宾上下船。民航局、铁路分局要考虑大批外宾来去的休息室、厕所问题,长航、民航、铁路都要考虑外宾增加后的船只、飞机、软卧车厢是否够用的问题,及早向上面报告。特别是成渝之间,将来外宾往返频繁,是否要加挂软卧车厢,在哪些车次上加挂软卧车厢,请早作准备。民航的候机室问题,由外办起草一个稿子,用市革委的名义,向民航总局发个电报,说明现在的候机室解决不了问题,请他们迅速研究。邮电部门要设法在宾馆设立经常性的营业点,解决外宾寄信、长途电话、新闻电报的问题。人民银行的外币兑换要服务到宾馆,随用随换。将来,所有的服务部门都要到旅游大楼去设营业点,包括小卖部。文化部门要指定两三家影剧院,经常保持有节目供外宾观看,电影调配上也要保证外宾需要。外宾多了之后,门诊问题、住院问题,也要请卫生部门早作准备,提出方案。三院、重医一院要有外宾病房。

第九,健全外事机构,充实外事队伍

城市开放以后,旅游外宾增多,邀请外宾也会大大增多,原有的机构和人员都不能适应。要把外事机构健全起来,充实人员,加强力量。此事由外事处与组织部去商量,搞一个编制方案。还要培训服务人员,训练炊事人员,现在不培训将来怎么办?要会做中国菜,还要会做外国菜。中国菜不光是四川菜,还要会做上海菜、广东菜。这些,现在就要培训。交际处也要负责培训。

第十,加强党的领导,迅速做出规划

李先念副主席讲了,旅游工作是党的工作的一部分,是外交工作的一个重要方面,是争取外汇的一个途径。要力争收入外汇几十亿美元,不简单。各级党委一定要充分认识到这一点。这个工作我们没有经验,容易出问题,也应当加强领导。要求各级党委一定要从思想上重视起来,把它列入党委的议事日程,认真加以研究,结合本部门的工作,提出自己的规划,把上面这几项工作做好。要抓得紧,抓而不紧等于不抓。同时还要不断总结经验。各行各业也应从本部门工做出发,主动配合,为毛主席的革命外交路线做出贡献。

(重庆市革委外事处记录整理)

中共重庆市委批转市外事办公室《一年来外事工作情况和进一步做好外事工作、发展旅游事业的意见》

（1979年12月30日）

各区县委，市委各部委，市级各局党委、党组：

市委同意市革委外事办公室《一年来外事工作情况和进一步做好外事工作、发展旅游事业的意见》，请研究执行。我市开放一年来，外事、旅游工作是有成绩的，也积累了一些经验。各有关单位应当进一步发扬成绩，总结经验，进一步把工作做好。报告中提出要解决的问题，有关部门要纳入工作计划，认真研究解决。

中共重庆市委
1979年12月30日

一年来外事工作情况和进一步做好外事工作、发展旅游事业的意见

市委：

今年以来，重庆市的外事工作在市委的直接领导下，认真贯彻了中央、省委有关外事工作的指示以及去年市委外事会议的精神，取得了较好的成绩。一年中，在积极创造接待条件，加强内部组织建设、思想建设和业务建设，落实涉外政策，安排外国侨民子女就业，选调驻外使领馆工勤人员，清理外国资产，安排海外侨胞会亲，帮助寻找失散亲人等方面都做了不少工作，有一定的成效。今年以来，全市共接待了各类外宾和自费旅行者1050批，7611人，超过了1971年外办成立到1978年接待人数的总和，为去年接待人数的4.5倍。其中：党和政府的邀请外宾244批，1872人。外国旅游者429批，3257人，港澳同胞、台湾同胞、华侨、中国血统的外籍人377批，2482人。他们来自五大洲的80多个国家和地区，较多的是日本、美国和西欧。

通过接待，使我们这个后方工业城市能够和广泛的外国人士发生联系，开阔了我们的眼界，宣传了我国的内外政策，以外促内，推动了我们的工作。在接待中还相机组织了一些科学、文化、技术交流，得以了解一些国外先进科学技术情况，获得了一些难得的参考资料。通过旅游接待，旅行社为国家创汇40万美元，人民银行兑换到外币44万美元，两项合计共为国家创外汇84万美元。此外，参加外事接待的各个单位还获得了约40万元人民币的利润。重庆开放后的第一年，就能有这样大的成绩，是认真贯彻执行中央一系列方针政策的结果；是在市委直接领导下，广大群众热情支持和参与接待的各部门共同努力的结果。

今年9月和12月，中央、省相继召开了旅游工作会议，国务院批转了国家旅游总局《关于大力发展旅游事业若干问题的报告》，市委已于12月17日至20日召开外事工作会议进行传达部署。根据党中央、国务院要求我国旅游事业有一个大的发展，要把旅游事业突出起来搞的精神，国家旅游总局规划重庆要承担全国旅游接待任务的5％，即明年接待1.5万人，加上邀请外宾、常住专家、贸易谈判代表约5000人，共计2万人。省里为了与上下站衔接，要求重庆承担8％，即明年接待2.5万人。我们认为，搞好外宾接待，发展旅游事业是一项有利于扩大国际反霸统一战线和爱国统一战线，有利于加强与世界各国人民友谊和科学文化交流，有利于为四个现代化积累外汇资金的重要工作，具有重大的政治意义和经济意义。中央和省要求我们承担的任务是光荣的，我们应当千方百计创造条件，力争完成，把工作做好。

为了完成明年的接待任务，同时为今后旅游事业的大发展打好基础，创好牌子，树立信誉，还必须做好以下工作：

第一,切实解决外宾住房问题。要完成明年的外宾接待任务,预计高峰期间需350~400个床位,而目前人民宾馆只有88个床位。为了适应接待任务的需要,建议:(1)加快人民宾馆改造挖潜进度,所需经费,省旅游局表示明年解决。为争取施工时间,拟请市财政局先予垫支,待省拨款到达后归还;材料设备拟请市计委予以安排;施工力量请市建委支持。(2)近两年,为发展旅游事业,重庆宾馆新楼增添了部分设备和进行了维修,今后应以安排旅游客人为主。(3)建议将渝州宾馆大楼用于接待各类外宾。(4)加快民族路餐厅和旅游大楼的建设进度。民族路餐厅要在1981年投入使用,旅游大楼要在1982年投入使用,才能适应发展速度的需要。

第二,认真加强游览点的整治。重庆的游览点不算少,但缺乏整治,特点不突出,对游客吸引力不大,须全面规划,分年整治,重点解决。建议由建委、宣传部牵头,计委、统战部、财政局、外办各指定一位熟悉情况的同志,组成工作小组,对全市的旅游点进行全面规划,提出分年整治的方案,报市委批准后执行。所需经费,属城市建设方面的,在三项费用中拨出专款解决;不属于城市建设方面的,在各部门掌握的费用中划出部分专款解决。这笔专款由市财政、外事和主管部门共同下达,专款专用。每年解决多少,由计委、建委、财政局、外办共同商定,报市审批。游览点建设的标准要求达到突出特点,弄清史实,绿化整洁,增设服务项目,设小卖部等。要经得起看,经得起问,经得起拍照片。嘉陵江水和动物园的污染问题、花溪河的阻塞问题,外宾反映强烈,长期未能解决,建议有关单位采取有效措施,短期内处理好。

第三,积极落实跨省交通问题,特别是三峡的游船问题。为了保证进得来、散得开、出得去,长航、民航、铁路决心都很大,正积极采取措施。需要地方解决的问题,希望各有关部门主动支援,协助解决。

第四,进一步发展旅游产品。当前要解决数量不足,品种不全,货不对路,包装简陋的问题。建议有关部门就如何落实旅游产品的产、供、销、运等问题,专门再召开一次会议进行解决。

第五,坚决纠正价格混乱、随便要钱的错误作法,挽回影响,树立信誉。根据国务院〔1979〕230号文件精神,请市物委牵头,对我市的涉外价格,进行认真的检查,来一个刹风治乱。建议:(1)市场上公开供应的商品和提供的服务,对外国人必须明码实价,中外同价。(2)专供外宾的商品,必须按中央规定的方案作价,不准随意定价。(3)在本市范围内供应外宾的商品,凡工、商部门同时都有的,必须同质同价,不准各搞一套。(4)凡是综合服务中包括的服务内容,不准任意增收费用。(5)业务主管部门规定涉外价格时,必须事先征得物价部门、外事部门同意,由物价部门、主管部门和外事部门联合报市审批后联合下达。(6)在取票、取物、进公园、看夜景等活动中,承办人员对价格有争议时,应先解决对外的实际问题,后解决付款问题,不能影响接待工作,不能把矛盾暴露在外国人面前。

第六,认真培养外事人才,加强外事队伍的建设。所需人员除由外办同有关部门商量,从全市范围内选调一些适合搞翻译和导游的人员外,同时还要加强在职干部的培训工作。鉴于外事部门需要的干部要求较高,在选调干部时,希望各单位要大力支持。在有新增人员指标时,必须确保质量,按条件招收。为了保证条件,建议在社会上招收服务人员时,不搞统一搭配,并严禁走后门。

第七,加强党对外事工作的领导,严肃外事纪律。外事工作是党的工作的一部分,旅游事业是外事工作的一个重要方面,各级党组织要把外事工作列入自己的议事日程。工作多、关系大的区县和市级各部、委、局,要有一个负责同志分管外事工作。分管的领导同志要有一定时间听取汇报,了解情况,解决问题。各级党组织还要根据对口接待任务越来越多的情况,在接待计划、礼遇规格、开支标准、接收和赠送礼品方面主动与外事部门联系,维护涉外工作的集中统一。对各行其是、各搞一套、铺张浪费的作法要严加制止。

以上如无不妥,请批转有关部门执行。

重庆市革命委员会外事办公室

1979年12月30日

重庆市人民政府办公厅关于转发省府办公厅印发《国务院批转国家物价总局关于当前涉外价格存在问题和解决意见的报告》的通知

(1980年8月26日)

市府各有关委、办、局:

现将省人民政府办公厅印发《国务院批转国家物价总局关于当前涉外价格存在问题和解决意见的报告》的通知转发给你们。请遵照省府指示,对涉外价格认真进行一次检查,针对存在的问题,提出具体的切实的改进意见,并由市物委综合报告市人民政府。

重庆市人民政府办公厅
1980年8月26日

四川省人民政府办公厅印发《国务院批转国家物价总局关于当前涉外价格存在问题和解决意见的报告》的通知

成都、重庆市人民政府,温江、乐山、万县地区行政公署,省府各有关部门:

现将《国务院批转国家物价总局关于当前涉外价格存在问题和解决意见的报告》印发给你们。

根据国务院指示,为解决当前涉外价格存在的问题,最近省涉外价格调查组对涉外价格进行了初步调查,发现了不少问题。现将这个调查材料一并转发给你们,供参考。省里预定在9月下旬召集各对外开放地区的有关同志开一次涉外价格会议(有一部分基层单位参加),会议的开法、日期将另行通知。

为了做好这次会议的准备工作,请你们从当地的实际情况出发,对涉外价格进行一次检查,并针对检查出来的问题,提出具体的切实的改进意见,报告省政府和省物价委员会。

四川省人民政府办公厅
1980年8月17日

国务院批转国家物价总局关于当前涉外价格存在问题和解决意见的报告

各省、市、自治区人民政府(革命委员会),国务院各部委、各直属机构:

国务院原则同意国家物价总局《关于当前涉外价格存在问题和解决意见的报告》,现转发给你们,请研究执行。

国务院
1980年6月2日

关于当前涉外价格存在问题和解决意见的报告

国务院:

遵照国务院领导同志的指示,我们约请有关部门研究了整顿涉外价格的问题。会后由有关单位抽调人员,作了调查研究。最近,我们又遵照中共中央、国务院中发〔1980〕32号《关于加强物价管理,坚决制止乱涨价和变相涨价的通知》的精神,提出了加强涉外价格管理的措施。现将当前涉外价格存在的主要问题及解决意见报告如下:

一、当前涉外价格的情况和主要问题

近两年来,随着我国对外交往活动频繁,旅游事业和对外贸易的不断发展,来华外宾和回国探亲旅游的人大量增加。为了适应新情况,解决新问题,中央和国务院领导同志对涉外价格问题,作过许多请示,各有关部门、各地区进行了大量工作,总

二、统一思想认识

整顿涉外价格,最重要的是统一思想认识。各地区、各部门一定要认真学习邓副主席、李副主席去年10月对旅游价格的指示。邓副主席指出:"旅游收费,反映很多,我主张收费低一点。宁肯低一点,多来一点人,我们接待条件差,高了不行。现在都是向高涨,各地又不一致。我们宁肯薄利多销嘛,采用这个政策,可能我们赚的钱更多一些。"李副主席批示:"价格必须统一,反对乱来;价格确实偏高的商品,要适当降一些。"这些指示,十分重要。必须坚决贯彻执行。〈中略〉。要局部服从全局,也要照顾有关经营单位,特别是基层单位,在正常经营情况下能够得到一定利润,把国家、集体、个人三者利益结合起来,才有利于调动各方面的积极性,把旅游服务工作做得更好,争取更多的外汇,为加速我国四个现代化服务。要有利于加强同各国人民的友谊和相互了解,巩固和发展国际反霸统一战线。

大力提高服务质量,做到质价相符,是整顿涉外价格的重要方面。我们是发展中国家,设备条件暂时差一些,多数外宾是会谅解的;服务态度不好,别人就不会谅解了。〈中略〉。各有关接待单位,必须高度重视,努力提高服务质量。首先必须认真改善服务态度,同时抓紧改善经营管理,更新服务设施,增加服务项目。更重要的是要加强对职工的对外政策教育和纪律教育,建立必要的规章制度,评奖要与服务态度紧密结合,表现好的给予奖励,差的给予批评。对个别违犯纪律、屡教不改的人要给予应得处分,调离接待外宾的工作岗位。总之,各有关部门,要把这个问题,当作政治问题来抓,从各方面采取有力措施,把服务质量、服务态度,迅速提高到新的水平上来。

三、加强涉外价格的集中统一领导

国务院国发〔1980〕22号文件规定:"涉外价格的调整,必须与有关部门商量,与同级物价部门联合下达,否则无效"。"中央有关部门、有关地区都要组成涉外价格领导小组。重要的涉外价格措施,要经过领导小组审议"。这些规定,各有关部门必须认真贯彻执行。

涉外价格任务较多的省、市、自治区物价局和有关部门,要设立管理涉外价格机构和人员,要组织力量对涉外价格进行检查整顿。检查出来的问题,要分别情况,严肃处理,坚决纠正乱要钱、乱收费和乱提价的现象,把涉外价格稳下来。

四、几个具体问题的解决意见

(一)关于旅游综合服务收费标准。现行的标准不作变动,在旅游淡季可适当予以降价和优待。旅游部门正准备扩大项目,缩减零星附加费用,以适当减少旅游者的支出。

〈中略〉。

(二)关于飞机票价。我国民航的国际航线,不断发展,但我们的设备条件和服务质量同国外民航比,缺乏竞争能力,以致客源严重不足。〈中略〉。外宾、华侨等,既乘坐我国际航班国外段,又乘坐国内段的,国内段部分的票价也给予一定的优待。旅游淡季来华的旅行团,或旅游冷线上的票价,也可给予适当的优待。具体办法由民航总局与旅游总局商定。

(三)关于外宾乘坐火车的票价。〈中略〉。据铁道部资料,现行我国火车对外宾客运票价,除略高于苏联外,比其他国家均低,因此不可降价,但要尽快改善设备条件,努力提高服务质量。

(四)关于游览参观门票。外宾、华侨等游览参观公园、文物点、体育比赛以及游泳、滑水等的门票,应按国务院国发〔1980〕22号文件的规定贯彻执行。

(五)关于文物、工艺品的生产管理和价格管理问题。目前文物及其复制品、仿制品和手工艺品、现代字画的生产,缺乏统一管理,部门之间又缺乏联系,因而价格比较混乱。大家认为,文物和文物复制品应由国家文物事业管理局牵头,手工艺品和文物仿制品应由轻工业部牵头,现代字画应由文化部牵头,迅速会同各有关部门研究制定生产管理和价格管理的办法,联合下达执行。

(六)关于宴席价格。目前我国宴席价格偏高,原因是多方面的,但进口海产品作价过高,有些饭店毛利率掌握较高,是个重要原因。我国出口又进口的海产品,要留足国内供应外宾需要的数量以后再出口,进口国外的海产品,海关已同意适当减低关税,由国家水产总局牵头,会同有关部门研究制定具体办法联合下达。宴席毛利率,应按现行规定从低掌握。

(七)加强旅游参观点的市场管理。〈后略〉。

(八)对外侨的价格政策。居住我国,取得我国户口,不享受外宾生活待遇;在我国工厂、机关和农村生活、工作的外国侨民,他们乘坐火车、飞机、轮船以及买东西、吃饭、住旅馆、看病,等等,仍应同过去一样,与我国人民群众一样对待。

(九)关于对外宾的劳务收费。对外宾提供的各种劳务,其收费标准在工时计算上,一定要实事求是,不准随意宽打多算,变相提高价格。

以上报告,如无不妥,请批转各有关部门、各地区研究办理。

国家物价总局
1980年5月28日

重庆市人民政府外事办公室关于建立友好城市问题给中共重庆市委、市人民政府的请示

(1981年5月7日)

市委、市人民政府:

近年来,随着我国国际威望的提高,国际交往日趋频繁,不少国家的省、州、市与我国一些省、地、市相继结为友好城市。迄今为止,全国不仅各大城市,而且中小城市如桂林、青岛、昆明、石家庄、洛阳、四川乐山等地均已与外国的州、市缔结了友好城市关系。西南地区开放城市中只剩下重庆没有缔结了。

据已经建立了友好城市关系的南京、武汉等地的经验,通过友好城市关系,运用地方政府渠道,推动友好活动的开展,不仅可以扩大我国影响,增进友好往来,而且对促进经济、文化、科学、教育交流,发展地方工业农业生产,培养技术力量,增加外汇收入等方面都可起到有益的作用(详情请参阅《外事文摘》1981年第6期)。去年,总理曾专门给外交部和对外友协打招呼,要他们注意为西南地区大省大市物色对象,建立友好城市关系。根据这一精神,我省成都、乐山两市已分别与南斯拉夫的卢布尔雅那市、法国的蒙特利埃市和日本的市川市建立了友好城市关系。

去年11月,日本广岛县议员团来渝访问时,团长曾主动提出与我市建立友好城市问题。今年,对外友协日本处也曾向我市推荐日本广岛市。为此,特报请市领导研究批示,如原则同意,我们就着手进行联系工作。

当否?请批示

重庆市人民政府外事办公室
1981年5月7日

中国人民对外友好协会关于重庆市和法国图鲁兹市①结为友好城市给四川省外办并对外友协四川省分会的函

（1982年2月23日）

四川省外办并对外友协四川省分会：

我驻法使馆元月30日函告，关于重庆市和法国图鲁兹市建立友好城市，图鲁兹市长告我驻法使馆该市市政委员会已经一致通过了与重庆市结为友好城市的决定。现将〔1982〕法文字第54号函连同去年〔1981〕法文字第758号函抄件以及使馆最近寄来的有关介绍图鲁兹市的资料寄给你们。请四川省人民政府向国务院写关于重庆市和图鲁兹市结为友好城市的请示报告（报告中建议把邀请对方来访或重庆派团出访的原则内容包括进去，便于一并审批。重庆派团出访建议按中央领导同志批示精神以5人为度），请示报告请经四川省人民政府领导同志签发寄我会，由我会代呈国务院。

对外友协

1982年2月23日

四川省人民政府关于重庆市与法国图鲁兹市结为友好城市的请示报告（草稿）

（1982年3月31日）

国务院：

1981年4月，法国南部城市图鲁兹市市长皮埃尔·博迪斯曾致函我驻法大使，表示愿意与我国广州市或其他城市结为友好城市。对外友协考虑到四川地处内地及重庆和图鲁兹两市特点，建议这两市结为友好城市。对此，省委、省府及重庆市均表示赞同。最近，我驻法使馆已函告对外友协：图市市长博迪斯已表示：完全同意该市与重庆市结为友好城市，并称该市市政委员会已经一致通过了图鲁兹市与重庆市结为友好城市的决定。目前，图市对此事很重视，亦很主动。

图鲁兹市是法国加隆省省会，距巴黎681公里，人口连同郊区共约50万，是法国第4大城市，历史悠久，飞机制造业、化学工业、纺织业、有色金属业及文化、教育、旅游事业等均很发达。重庆则是我省的重要工业城市，也是全国的大城市之一。

我们认为，重庆市与图鲁兹市结为友好城市是适当的，有利于重庆市和我省开辟对外交往的渠道，发展对外经济、科技、文化合作交流，特报请国务院予以批准。

为了加强对对方的了解，商谈建立友好城市的具体事宜，探讨双方合作交流的主要项目，拟派出以重庆市人民政府外事办公室负责人为首的重庆市友好访问团一行5人于今年6月访问图鲁兹市，并代表重庆市市长邀请图市市长于今年9、10月份率团前来重庆市参加缔结友好城市的签字仪式。如图市市长邀请重庆市市长1983年回访该市，拟予同意。

以上当否，请批示。

四川省人民政府

1982年3月31日

---

① 图鲁兹市应为图卢兹市，为尊重原文献此处不改，后同。

附件：

1. 驻法使馆文化处 1982 年 1 月 30 日致对外友协函（略）
2. 中华人民共和国四川省重庆市与法兰西共和国加隆省图鲁兹市缔结友好城市的协议书（草案）（略）
3. 重庆市简况（略）
4. 图鲁兹市简况（略）

重庆市人民政府关于重庆市与美国西雅图市建立友好城市关系有关问题给四川省人民政府的请示

（1982 年 8 月 12 日）[①]

省人民政府：

关于重庆市与美国西雅图市结为友好城市之事，国务院已于 1981 年 9 月批准。通过双方市长交换信件，缔结友好城市协议的条件已基本成熟。近接对外友协通知，由美国西雅图市议会议长魏吉奈女士率领的美国西雅图—重庆友谊城市协会访华代表团一行 5 人，将参加中旅 CH 第 35 团，于 9 月 12 日访问重庆，希望与我市商谈有关两市建立友好城市关系的具体事宜，并讨论确定两市协议书草稿，以便明年我方去美正式签字。

鉴于以上情况，现将有关问题报告如下：

一、与西雅图市议长会谈时，拟由我方提出协议书草案（中文稿）与对方商谈。协议书草案附后，请予审核。

二、如魏吉奈议长提出邀请市长明年上半年去美国西雅图市访问并参加两市协议书签字仪式，拟同意。

以上当否，请批示。

重庆市人民政府
1982 年 8 月 12 日

中华人民共和国国务院关于重庆市市长赴美西雅图市签署友好城市关系协议书的批复

（1982 年 9 月 13 日）

四川省人民政府：

原则同意重庆市市长于明年下半年应邀率团往访西雅图市签署友好城市关系协议书，代表团人数按邓小平同志关于此类代表团"以五人为度"批示精神办理。

对协议书（草案），请作下列修改：

（一）第一段后半句改为"……按照中美建交公报的原则，为促进中美两国和两市人民之间的相互了解和接触……"

（二）第二段之后可加一段："为增进重庆市和西雅图市的友好联系，两市领导人可根据工作需要，不定期地会晤，就两市间的交流和合作进行协商。"

（三）最后一段改为"本协议书以中文和英文写成，一式两份，自两市领导人签字之日起生效，中英文本具有同等效力"。

中华人民共和国国务院
1982 年 9 月 13 日

---

① 此文标题系编者重新拟定。

重庆市人民政府为请审议《中华人民共和国重庆市、美利坚合众国西雅图市建立友好城市协议书》致重庆市人大常委会函

（1982年9月22日）

市人大常委会：

经国务院1981年9月批准，重庆市与美国西雅图市结为友好城市。两市建立友好城市关系的协议书，已由我市马力副市长为首的5名代表同西雅图市议会魏吉奈议长为首的5名代表，于今年9月在重庆市会谈取得一致意见。我市代表团将于明年赴西雅图签字。现送上《协议书》中文本，提请市人大常委会审议。

重庆市人民政府
1982年9月22日

中华人民共和国重庆市、美利坚合众国西雅图市建立友好城市协议书

中华人民共和国重庆市和美利坚合众国西雅图市，按照中美建交公报的原则，为促进中美两国和两市人民之间的了解和接触，加强友好关系，决定正式结为友好城市。

重庆市和西雅图市都将在新的友好基础上增进两市人民间的友好往来，在经济贸易、科学技术、文化艺术、教育、体育、卫生、旅游、城市建设等方面，采取各种形式，进行广泛的交流和合作。通过两市之间的往来，为中美关系的不断发展做出应有的贡献。

为增进重庆市和西雅图市的友好联系，两市领导人和两市人民可根据工作需要，在适当的时间进行通讯和会晤，就两市间的交流和合作进行协商。

本协议书以中文和英文写成，一式两份，自两市领导人签字之日起生效，中英文本具有同等效力。

中华人民共和国重庆市	美利坚合众国西雅图市
市长（签字）	市　长（签字）

一九八　年　月　日

重庆市人民政府关于重庆市与美国西雅图市建立友好城市关系会谈结果的情况报告

（1982年9月24日）

省人民政府：

1982年9月13日下午，在重庆市人民宾馆北楼会议室，重庆市人民政府副市长马力、市人大常委会副主任周怀瑾、对外友协重庆分会副会长张海亭、市府秘书长赵维清、市外办副主任辛玉，同美国西雅图市议会议长魏吉奈、西雅图一重庆友谊城协会会长杰克·陶蒂、副会长藏英年、华盛顿州议会民主党领袖詹姆斯·麦克德门特、代表团秘书兼司库贝西·盖丝特，就两市建立友好城市关系问题，进行了友好的、认真的会谈。

首先，由我方提出《中华人民共和国重庆市、美利坚合众国西雅图市建立友好城市协议书（草案）》中文本和英译本，经对方同意，作为讨论的基础。这个文本是经省政府送对外友协修改后，经由外交部报国务院9月10日批准的。双方讨论，对文本的原则一致表示同意。美方对文本第三段的文字

提出了修改意见,我方研究认为不是原则问题,表示了赞同。在草案中,这段文字如下:"为增进重庆市和西雅图市的友好关系,两市领导人可根据工作需要,不定期的会晤,就两市间的交流和合作进行协商。"修改后的文字如下:"为增进重庆市和西雅图市的友好联系,两市领导人和两市人民可根据工作需要,在适当的时间进行通讯和会晤,就两市间的交流和合作进行协商。"马力副市长最后提出,经修改后的文本,由双方代表带回去,得到双方市长的最后确认,即作为以后签字的文本。这一提议得到魏吉奈议长的认可。(附协议书中文本和英文本)

关于请重庆市派代表团去西雅图市签订协议书的时间,对方建议在明年春季,春暖花开时节,我方按对外友协的安排,以于汉卿市长明年上半年另有要事为由,提出是否可以在下半年。经商讨,后另行决定,对方的意思仍希望能尽早成行。会上没有就此确定下来,待以后通过信件交换再确定。

会谈中,马力副市长简要介绍了重庆市的概况,魏吉奈议长也简要介绍了西雅图市的概况,双方并就两市间的交流和合作进行了初步探讨。由于双方希望这次能对若干感兴趣的项目具体化,9月14日下午双方代表又商谈了2小时,就8个方面的项目交换了具体意见:

(一)西雅图—重庆友谊城协会组织自费旅游团访问重庆和中国其他城市;(二)重庆市杂技艺术团访美演出;(三)能源利用与节约技术的交流;(四)美国电话通讯设备的提供;(五)双方学者、专家的讲学与考察;(六)双方提供奖学金、留学生的交换;(七)进出口贸易与来料、来样加工;(八)书籍交换和互办摄影展览。双方表示,可先就以上项目共同进行工作,逐步加以实现。(附双方交流合作项目商谈纪要)

以上报告是否有当,请予指示。

重庆市人民政府
1982年9月24日

四川省人民政府办公厅关于同意重庆市市长率团访问美国西雅图市并签署友好城市关系协议书致重庆市人民政府函

(1982年9月24日)

重庆市人民政府:

重府发〔1982〕160号请示悉。经转报国家对外友协并国务院,原则同意重庆市市长于明年下半年应邀率团往访西雅图市签署友好城市关系协议书。现将国务院批复转发给你们,请遵照执行。

重庆市组团赴美国西雅图市的活动计划,请报外交部、对外友协和省政府备案。

四川省人民政府办公厅
1982年9月24日

重庆市人大常委会关于我市与法国图卢兹市、美国西雅图市结为友好城市的决议

(1982年9月29日通过)

重庆市第九届人民代表大会常务委员会第五次会议听取和审议了市人民政府外事办公室副主任辛玉《关于重庆市与法国图卢兹市、美国西雅图市结为友好城市的情况汇报》,并审议了市人民政

府送来的我市与图卢兹市建立友好城市关系的议定书、我市与西雅图市建立友好城市协议书。

会议同意我市与以上两个外国城市结为友好城市，原则批准《中华人民共和国重庆市和法兰西共和国图卢兹市建立友好城市关系的议定书》和《中华人民共和国重庆市、美利坚合众国西雅图市建立友好城市协议书》，授权市人民政府市长办理签字手续及其他有关事宜。

重庆市人大常委会
1982年10月5日

关于重庆市与法国图卢兹市、美国西雅图市结为友好城市的情况汇报

重庆市人民政府外事办公室副主任　辛　玉

各位委员：

关于重庆市与法国图卢兹市结为友好城市的情况，我在今年7月市人大常委会第四次会议上已作过汇报。现需要补充说明的是：当时双方曾确定，图卢兹市市长博迪率友好代表团于9月中旬到重庆签订两市建立友好城市的议定书。但在7月底，法方通过对外友协通知我市，因法国总统密特朗将于9月到图卢兹市视察，不得不将博迪市长访问重庆的时间改期。近接对方来信，图卢兹市代表团决定于11月来华，只访问北京、重庆两地，时间一周。因而，重庆市与图卢兹市建立友好城市的议定书将在今年11月于重庆签订。

关于重庆市与美国西雅图市建立友好城市关系的情况，现简要汇报如下：

西雅图市位于美国西北部的华盛顿州境内，气候温和，雨量充沛，冬季多雾，市区建筑在七个小山丘上，人口50多万（连同周围的卫星城镇和郊区为120多万人，称大西雅图）。西雅图是美国最大的港口之一，是美国最接近远东的海港，集装箱运输量占全国第2，是美国西北部贸易、物资集散和服务中心。西雅图的工业，主要有飞机制造、造船、铁路车辆与载重汽车制造、制铅、木材加工、食品加工等。近年来，轻工、电子工业发展较多。全市电力中，水电占70%。西雅图市内有3所大学、6所社区学院。华盛顿大学有学生3万多人。

1979年2月邓小平副总理访美时访问了西雅图。之后，当地的一些美籍华人和美国友好人士积极推进中美友好关系的发展，主张西雅图市同中国的一个城市建立友好城市关系，并同我对外友协和我驻旧金山领事馆进行了联系。

1981年9月，我们接到外交部和对外友协共同签发的通知称："关于重庆市和美国西雅图市结为友好城市一事，业经国务院批准"。10月26日，于汉卿市长致函西雅图市市长查尔斯·罗耶，正式提出建立重庆市和西雅图市之间的友好关系。但大半年过去了，未见对方回音。后据了解，西市的亲台派有一定势力，竭力阻挠西雅图市同中国的城市结为友好城市，而全美华人协会西雅图分会等亲我力量也积极展开排除干扰的活动，最后终于取得胜利，西雅图市议会于1982年6月14日通过了中国重庆市和美国西雅图市建立姐妹城市关系的决议。7月，西市市长罗耶、议长魏吉奈先后致函于汉卿市长，寄来议会决议副本，并告知魏吉奈议长将于9月率代表团来重庆商谈建立友好城市的有关事宜，为双方签订协议完成最后准备。8月初，西雅图—重庆友谊城协会（推进两市友好关系发展的民间组织）副会长、华人协会西雅图分会顾问臧英年应国务院侨办邀请来京参加宪法修改草案座谈会后，到渝拜会了于市长，并同市外办进行了商谈，对议长率团来访作了具体安排。

9月13、14日，由议长魏吉奈率领的西雅图—重庆友谊城协会访华团一行29人来本市访问。其中，魏吉奈议长等五名为我市邀请的正式代表。我市人民政府副市长马力、市人大常委会副主任周怀

瑾、对外友协重庆市分会副会长张海亭、市府秘书长赵维清、市外办副主任辛玉同对方五名代表举行了两次会谈。首先,以我方提出的《中华人民共和国重庆市、美利坚合众国西雅图市建立友好城市协议书(草案)》中文本和英译本为基础,进行商谈。双方在友好的、认真的气氛中,对个别文字作修改后,取得了一致意见,并议定在明年适当时候,我市市长率代表团去西雅图时,正式签署《协议书》。

会谈中,马力副市长简要介绍了重庆市的概况,魏吉奈议长也简要介绍了西雅图市的概况,双方就两市间的交流和合作进行了初步探讨,并对八个互相感兴趣的项目交换了具体意见:

(一)西雅图——重庆友谊城协会拟组织自费旅游团访问重庆和游览中国其他城市,以增加西雅图人民对中国的了解,促进两市间合作与交流的发展。初步确定1983年组织2至4个旅游团来华。

(二)重庆方面推荐重庆市杂技艺术团赴美演出,西雅图方面表示有浓厚兴趣,打算发动已同中国建立了友好城市关系的八九个美国城市的民间友好组织共同来承办重庆杂技团到这些城市去演出的事宜,所获收入,除去一切费用,双方按一定比例分成,各有所得。

(三)西雅图方面应重庆的要求,同意提供能源利用与节约的技术资料。在商定具体项目后,进行技术交流与合作。

(四)西雅图方面愿提供适合中国目前一个时期使用水平的更新下来的电话交换机设备,价格只及原值的百分之几,我方表示可考虑。因涉及技术性问题,尚待具体商定。

(五)双方认为,可根据需要,在两市间互派学者、专家进行讲学。对方表示华盛顿大学一企业管理教授愿自费来渝讲学三个月,我方表示重庆大学可考虑邀请。

(六)双方认为,可互相交换留学生、研究生。对方表示,可提供奖学金。交换学生的数量不一定对等。

(七)关于进出口贸易、来料来样加工方面,我方作了情况介绍,并提供了一批我市出口商品目录。对方表示,以后将介绍贸易界人士来渝商谈,并希多提供资料,提出需求,友谊城协会可作牵线搭桥工作。

(八)西雅图方面提出两市之间可举办摄影展览,我方表示赞同,具体实施以后具体商定。为了友好交流,西雅图—重庆友谊城协会同对外友协重庆分会将相互赠送对两市有益的图书。

各位委员,以上是有关情况的简要汇报。我们相信,通过我市与外国友好城市关系的建立,必将加深我市人民对世界的了解,增进中国人民同各国人民的友谊,为巩固和发展国际反霸统一战线,加速台湾回归祖国和实现我国"四化"建设做出贡献。

《中华人民共和国重庆市和法兰西共和国图卢兹市建立友好城市关系的议定书》《中华人民共和国重庆市、美利坚合众国西雅图市建立友好城市协议书》文稿,提请市人大常委会议审议。

中华人民共和国国务院办公厅关于重庆市人民政府在对外经济活动方面享有省一级权限事致四川省人民政府函

(1983年10月21日)

四川省人民政府:

川府发〔1983〕144号请示收悉。根据中共中央、国务院批准四川省委、省人民政府《关于在重庆市进行经济体制综合改革试点意见的报告》中的有关决定,国务院同意重庆市人民政府在开展对外经济活动方面,享有相当于《国务院关于派遣临时出国团、组、人员审批权限的暂行规定》（1981年四十四号文件）中省一级的审批权限，但其他领域的对外交往仍请按省辖市的权限办理报批手续。

中华人民共和国国务院办公厅
1983年10月21日

关于重庆市同加拿大多伦多市缔结友好城市关系的汇报

（1986年4月2日）

重庆市人民政府副市长　李长春

各位委员：

现在，我把重庆市与加拿大多伦多市缔结友好城市关系的情况作一汇报。

多伦多市位于加拿大东部，市区人口75万。大多伦多人口约300万，是加拿大最大的城市，安大略省省会，加拿大重要的金融、商业、工业和文化中心，也是加拿大重要的湖港之一。

多伦多市系印第安人的土地。1789年，英国人购买了这块土地。19世纪30年代，由于大量移民和贸易的增加，人口迅速增加。到19世纪下半年，多伦多市已是全省（安大略省）的金融、商业和工业中心，全国东西方铁路交通枢纽。1921年，全市人口已达52万人。近年来，由于加拿大法语区的独立运动，大量企业、投资来到多伦多市，经济、文化迅速发展。自八十年代以来，一跃超过加拿大历来雄居第一的蒙特利尔，成为加拿大的第一大城市。多伦多市四周100英里内的购买力，相当于全国的1/3。

多伦多市坐落于安大略湖西北岸，同美国的罗切斯特城隔湖相望，坐船东可达纽约，西可至芝加哥，向东北沿圣劳伦斯河而入大西洋。由于地处平原，多伦多市地势平坦，气候受安大略湖影响较大，冬季气温常在零度以下，但很少下雪，7、8月气候潮湿，最高气温一般在30℃左右。

多伦多市交通十分发达。全市共有3个飞机场，其中多伦多市国际机场，是加拿大全国最繁忙的航空集散站。水运也很方便。圣劳伦斯河使该城具有海港的种种优势，年货运量达600万吨以上。

优越的地理位置及发达的交通，使多伦多市能同美国许多中心城市建立直接的贸易及合作关系，许多美国企业，都在该市设立分厂。它拥有加拿大最大的钢铁厂、汽车制造厂、核电站。多伦多市为一个综合性工业城市，主要有汽车、钢铁、电器、农机、食品等行业。全市约有5000个企业，其中绝大多数为中小企业。

多伦多大学和约克大学，是该市最著名的高等学府，共有学生5万多人。多伦多市还是加拿大最大的影视中心。

多伦多市是一个多民族城市，共有华人15万，是当地最大的少数民族之一。

我市同多伦多市有着较为悠久的历史关系，抗战时期曾在重庆工作过的加籍人中，现在有不少居住在多伦多市。1984年，根据我市对外开放的需要，拟定了积极开展同加拿大发展交往的方针，请上级有关部门大力支持。1985年，在我驻多伦多市总领事夏忠诚同志的大力推荐之下，多伦多市即对我市产生一定兴趣，并通过加驻华使馆了解我市情况，我们也曾请加驻华大使来渝访问，重点介绍了重庆对外开放和改革的形势。自此，双方开始逐步接触。1985年10月，多伦多市派遣评估团来华，对重庆、成都这两个城市进行综合考察、评估，为确定友好城市提供第一手资料。

在市各有关单位的大力支持配合之下，评估团对我市留下了颇为有利的印象，双方还就缔结友好城市关系协议书草稿及两市今后在文化、经济、教育等各个领域的合作,作了初步探讨。1985年12月16日,多伦多市议会通过决议,同意同重庆缔结友好城市关系。

今年1月,根据双方商定的意见,由李长春副市长率领的重庆汽车工业代表团访问了多伦多市,受到该市各界的热烈欢迎。埃格尔顿市长两次会见、宴请我代表团,市议长三次光临。代表团对多伦多市的汽车工业作了较为深入的考察,而且就汽车零部件生产、模具中心等合资项目的合作,作了十分有益的探讨。由于多伦多市紧挨美国汽车中心底特律,汽车零部件工业十分发达,其技术和管理,对于我市汽车工业的发展、中国汽车工业走上世界市场,都有十分重大的借鉴作用。

今年3月,外交部批准我市同多伦多市缔结友好城市关系。3月25日,应萧秧市长邀请,埃格尔顿市长率领庞大的(45人)政府、经济代表团,前来我市访问。3月27日,双方市长在缔结友好城市关系协议书上正式签字。在渝期间,共分成十五个小组,就双方今后在市政、经济、文化、教育、科技、金融等各个领域内的交流合作,进行了深入而广泛的讨论,达成许多有益的意向协议。

多伦多市在经济上是有实力的,市政当局对我是友好的,我市同其缔结友好城市关系,基本上是相称的,有利于我对外开放政策的实施。为促进两市关系进一步发展,本着细水长流的原则,我们拟在各方面、各领域同对方开展交流,以促进我市的"四化"建设。

关于《重庆市和加拿大多伦多市建立友好城市关系协议书》,请各位委员审议。

重庆市人民政府关于我市与加拿大多伦多市缔结友好城市给四川省人民政府的请示报告

(1985年6月10日)

四川省人民政府:

自1984年下半年以来,在我驻加拿大多伦多市总领馆及其他有关部门的支持下,我市与多伦多市为发展友好关系作了卓有成效的工作。

最近,我市接到我国驻多伦多市总领馆通知:多市议会已一致通过了与重庆市建立友好城市关系的决议,多市市长拟正式致函重庆市长并派团来渝访问。

多伦多市是加拿大第二大城市,是加拿大的主要港口、铁路交通枢纽、金融、商品和教育、文化中心。重庆市与多伦多市建立友好城市关系是适当的,这有利于对外开放和交往,发挥中心城市作用,发展对外经济、科技与文化合作交流。

为了加强双方的了解,商讨建立友好城市的具体事宜和双方合作交流的主要项目,我市拟接受多市派团来访(邀请人数不超过十人),并在适当的时候在我市或多市签订正式的《建立友好城市协议书》。

当否,请批示。

附:《中华人民共和国重庆市和加拿大多伦多市建立友好城市关系协议书》

重庆市人民政府
1985年6月10日

中华人民共和国重庆市和加拿大多伦多市建立友好城市关系协议书

为了发展中国和加拿大两国人民的友好关系,中国重庆市和加拿大多伦多市决定正式缔结为友好城市。

双方同意通过加强我们两个城市间的友好交往,进行经济贸易、科学技术、文化艺术、教育、体育、卫生、旅游、城市建设等各个领域的广泛的交流与合作,不断增进两市人民的相互了解和友谊,为发展中加两国人民的友好做出贡献。

本协议书以中文和英文制定,一式两份,自两市领导人签字之日起生效,中英文本具有同等效力。

中华人民共和国重庆市　　加拿大多伦多市
市长(签名)　　　　　　　市长(签名)

重庆市人大常委会关于批准我市和加拿大多伦多市结为友好城市致重庆市人民政府函

(1986年4月5日)

市人民政府：

你府送来的重府发〔1986〕53号文,《关于提请审议〈重庆市和加拿大多伦多市建立友好城市关系协议书〉的报告》和《中华人民共和国重庆市和加拿大多伦多市建立友好城市关系协议书》业经市十届人大常委会第十六次会议批准,特函复告。

附:《关于我市同加拿大多伦多市结为友好城市的决议》

重庆市人大常委会
1986年4月5日

市第十届人大常委会第十六次会议关于我市同加拿大多伦多市结为友好城市的决议

(1986年4月3日通过)

市第十届人大常委会第十六次会议听取了市人民政府副市长李长春受市长萧秧委托所作的《关于中华人民共和国重庆市同加拿大多伦多市缔结友好城市关系的汇报》,会议批准《中华人民共和国重庆市和加拿大多伦多市建立友好城市关系协议书》。

中国人民对外友好协会关于同意重庆市与日本广岛市结为友好城市给四川省人民政府外事办公室的批复

(1986年5月30日)

四川省人民政府外事办公室：

经外交部批准,同意你省重庆市与日本广岛县广岛市结为友好城市关系。请重庆市以市长名义正式通知日方,有关缔结日期及具体事宜由双方商定。

对外友协
1986年5月30日

重庆市人民代表大会常务委员会关于我市与日本国广岛市缔结友好城市关系的决议

（1986年7月23日通过）

重庆市第十届人民代表大会常务委员会第十九次会议听取了市人民政府副市长李长春《关于中华人民共和国重庆市与日本国广岛市结为友好城市关系的报告》，并审议了我市与广岛市缔结友好城市关系的协议书。

会议同意我市与广岛市结为友好城市，批准《中华人民共和国重庆市和日本国广岛市缔结友好城市关系协议书》，授权重庆市市长办理签字手续及其他有关事宜。

中华人民共和国重庆市和日本国广岛市缔结友好城市关系协议书

（1986年10月23日）

中华人民共和国重庆市和日本国广岛市以及两市市民充分地领会到和决定遵循中日建交的中日联合声明之精神及中日和平友好条约的准则，遵照和平友好、平等互利、互相信赖、长期稳定的四项原则，在此国际和平年正式建立友好城市关系。

两市将以缔结友好城市这一新的友好关系为起点，进一步促进两市及两市市民间的友好交流和相互了解，为发展中日两国人民世世代代的友好关系，对亚洲以及世界和平做出自己的贡献；并根据平等互利的原则，努力发展经济贸易、科学技术、文化教育、体育卫生、城市建设和旅游事业等方面的合作与交流。

有关合作交流事项，将由两市有关人员在今后举行会晤时商定。

本协议书用中文和日文两种文字写成，两种文本具有同等效力。在得到重庆市人民代表大会常务委员会和广岛市议会双方批准后立即生效。

中华人民共和国重庆市　　日本国广岛市
重庆市市长　萧秧　　　　广岛市市长　荒木武
重庆市人民代表大会常务　广岛市议会议长　明星正明
委员会副主任　白兰芳

1986年10月23日

三、重点建设项目

（一）修建江北机场

重庆市人民政府关于新建重庆江北民航飞机场给国务院、中央军委的请示

（1984年3月4日）

国务院、中央军委：

重庆是我国西南地区重要的综合性工业城市和水陆交通枢纽，是长江上游的经济中心和对外贸易口岸，也是长江三峡旅游线的必经之地。去年，党中央、国务院批准在我市进行经济体制综合改革的试点。随着综合体改的深入，重庆与西南各省和全国各地的经济联系日益加强，对外经济交往迅速扩大。国内外来渝工作、考察、洽谈和旅游的人员成倍增加，乘机难的矛盾日趋突出。现用的白市驿机场由于地形、气象条件所限，飞机正常率极低，不能起降大型客机，又无法进行扩建。加之，机场是军民合用，军训和战备任务繁重，亦无力再增开更多的航班。因此，急待另选场址新建可以起降大型客机的机场。

为尽快改善重庆民航运输条件，适应开发西南经济、扩大对外经济技术交流和发展旅游事业需要，我们与国家民航局等单位共同选定我市江北县沙坪场作为新建民航飞机场的场址，并编制了项目建议书（附后）。重庆江北民航机场建成后，不仅可以大大提高飞行正常性，还可缩短由云南入境飞北京的国际航线飞行距离约300公里，与成都双流机场互为备降，减少起飞备用油量，增加业务载量，提高经济效益。白市驿机场亦可作为空军专用机场。这样，不仅创造了民航运输事业进一步发展的条件，也有利于空军的战备和训练。特报请批准同意新建重庆江北民航飞机场。现送上《关于新建重庆江北民航飞机场的项目建议书》，恳请审查批复。

附：《关于新建重庆江北民航飞机场的项目建议书》。

重庆市人民政府
1984年3月4日

关于新建重庆江北民航飞机场的项目建议书

一、项目依据

1. 重庆现有1380万人口，是长江上游的经济中心，水陆交通枢纽和对外贸易港口，是一个工商业繁荣的大型城市。去年经党中央和国务院批准，在重庆进行经济体制综合改革试点，进一步促进重庆经济迅速发展，对外进一步开放，重庆对外的经济交往和联系迅速扩大。根据中央提出本世纪的产值翻两番的要求，重庆工农业总产值预计将由1980年的103亿元到2000年达到500亿元。

重庆是一个著名的山城，长江嘉陵江流经市区汇合东下，山水兼有，具有独特的城市风貌，并紧靠

著名的长江三峡,这独特的风貌,形成吸引大批游客的旅游胜地。

2. 随着国民经济和旅游事业的发展,重庆的对外客货交通运输增长很快,但现有交通设施比较落后,成渝、川黔、襄渝三条铁路干线只能解决货运量的55%左右,长江水运有待进一步开发。在改善铁路、水运交通的同时,急需发展航空运输,才能适应经济和旅游事业发展的需要。

3. 空运具有机动、灵活、快速的特点,重庆对外开放后,近年来发展很快,航空运输的客货运量逐年增加,1982年客发运量和发运收入均居全国75个民航机场的13位,货邮发运量居全国16位。1981年4月,机场高峰小时为380人,1983年经济体制改革开始后,高峰小时已接近570人,达到规划1991年的计划目标。重庆飞往国内各地航班,1982年每周38班,1984年增加到43班,增加13%,其中大型航班(三叉戟、伊尔-18)增加78%以上,仍不能满足需要,尤其去北京、穗、沪、蓉、滇、陕等地旅客十分拥挤,购票困难。来渝外宾、客商也迅速增多,1980年至1982年乘机来渝外宾(不包括旅游者)每年约1900多人,1983年达到2600多人,增加39%,今后会进一步增长。

重庆工业基础雄厚,潜力很大,大批急件、快件货物需要民航运输,然而民航现只能承运很少一部分。重庆市的经济建设以每年10%左右的增长速度发展,对航空运输提出更高的要求。但是,由于现有白市驿机场的地形、气候复杂,飞机跑道的长度厚度(长2200米、厚22公分)等因素限制民航班次的增加,直接影响重庆市对外联系和交往。

基于上述理由重庆市急需建设一个一级民航飞机场。

二、重庆市白市驿机场的现状

重庆白市驿机场受地形、气象条件的影响,不能保证飞行的正常性,也无法扩建。机场地处中梁山与缙云山南端一个仅4公里宽的低槽谷中,南北两头均有山峰相连,地势复杂,净空条件很差,机场附近超过净空标准的山峰和障碍物有10余处,有的超高200~300米,如跑道北头5公里处的诸葛亮山超高255米。机场的气象条件是全国典型的复杂气象,雾日多,低云多,水平能见度差,因气象不好而关闭机场的持续时间长,严重影响航班飞行的正常性,飞机延误、取消的情况经常发生。机场附近有磁铁矿,飞机上磁罗盘摆动大,使飞机不能准确确定航向和方位,同时又受地形限制,民航进口的仪表着陆设备也无法安装。机场为军民合用,空军的战备训练任务重,民航的运输任务也很繁忙,存在着不少难以解决的矛盾。

三、建设江北飞机场的可行性初步分析

五十年代,西南军政委员会就准备修建重庆江北县沙坪场飞机场,其后,由于种种原因,仅对白市驿机场作了一些小的扩建,现在经国务院批准的重庆市总体规划,已将江北飞机场列入我市对外交通规划的主要项目之一。从1980年到1984年民航多次与市有关部门的同志共同查勘现场,都认为是建设机场较好的地方。与白市驿机场比较,其有利条件是:

1. 拟建的机场位于重庆市江北县城附近,距重庆市中区30公里,在中梁山北部和东山之间一个呈东北—西南向的较宽阔的台地上,海拔410~430米之间,南北两头无显著的较高山峰相连,东西山脉相距约35公里。四周地形无大的障碍,无大型企业单位,无高大建筑物,无地下管道和地面高压电线等设施。市规划部门和县政府多年来对机场及其周围地区的建设进行控制。为修建机场准备了条件。

2. 由于机场地势开阔,四周无障碍,主导风向频数比白市驿高出一倍以上,对空气交换十分有利,水平能见度在2000米以内的比白市驿少12.2%。低于200米的低云机率极少,低于300米的低云频率也比白市驿少13.9%,而雾日的出现次数仅为白市驿机场的1/4,现代化通讯导航设备可以得到有效的利用。飞行天气标准和飞行正常率可以达到90%以上,比白市驿机场大大提高。

3. 机场位于茨竹向斜南半段,向斜开阔,未发

现断裂现象，向斜轴部在该段由侏罗系上沙溪庙组地层组成，厚770米，岩性以泥岩为主夹沙岩。地层连续性较好，区内属软弱——半坚硬岩类工程地质区，地块的区域稳定性较好，基岩上很少见极坍塌和滑坡，区内各种土石的承载力均能满足机场的要求。根据地震记录资料，本地区地震烈度从未超过六级，具有相对稳定性。

4. 飞机场距江北县政府所在地两路仅两公里左右，征地后人员容易安置，生活服务设施可以一部分依托江北县城。

5. 场址与白市驿机场相距35公里，又分别位于中梁山的东西两侧，新建跑道方向不大于30度，与白市驿机场在飞行上互不予扰。既有利于空军，也有利于民航。

四、新建江北飞机场的立项建议

鉴于江北县附近自然环境、空域、水文地质和气象情况等具有建设大型飞机场的条件，1984年2月国家民航局、民航成都管理局、民航四川省管理局和重庆市政府共同会商，认为在江北县境内新建一座起降大型客机的一级民航飞机场是可能的。因此，建议国务院、中央军委给予批准立项。

由于重庆属山城，没有平坝建机场，现选场址位于条形山脉之间的丘陵地区，土石方工程较大，气象地形条件虽较白市驿机场为优，为了保证飞行安全和提高飞行正常性，仍需要配备现代化的指挥、导航、降落设备。工程和设备投资较大。按建一个民航一级机场的规模要求，初步匡算，总投资约1.95亿元。

新建重庆市江北机场工程如能实现，不仅能提高飞行正常性，适应重庆市航空交通运输的需要，便利空中交通，还可缩短由云南入境飞北京的国际航线飞行距离约300公里；与成都双流机场互为备降，减少自成都和重庆出发的飞机备用油量，增加业务载量，具有明显的经济效果。

经与国家民航局商妥，现就几个具体问题提出如下意见：

1. 建议国家将重庆江北飞机场列入国家大中型项目，先做前期工作，机场的建设资金：一是请国家安排国外低息中长期自由外汇贷款；二是由民航局向国家申请一部分人民币建设资金；三是重庆市自筹一部分。

2. 机场的可行性研究报告等前期工作，由国家民航局为主和重庆市共同负责在今年内提出，继而编制设计文件，纳入国家大中型建设项目计划，争取1985年动工，用两年的时间基本上建成。

3. 征地和社员安置工作以及与工程有关的外部市政建设工程，由重庆市负责。航空油料的供应办法，由民航、重庆市与供应部门专门商定。搬迁社员的安置，我们建议全部人员农转非，劳动力在机场修建期间，一部分可以参加机场劳动，一部分安排在生活服务、信息服务和一些饲料加工、食品饮料等生产企业。

4. 从现在起控制机场占地范围内及其周围地区，一律不许建设大型企业和高层建筑。

1984年3月2日

重庆市人民政府关于报请审批重庆机场设计任务书及可行性研究报告给国家计委的请示

（1984年10月17日）

国家计委：

党中央和国务院领导同志在重庆视察工作期间曾指出要重庆发挥中心城市作用，民航要先行，江北机场需要建。按照国家计委1984年5月7日计交〔1984〕829号文《关于重庆市新建江北民航机场问题的复函》的要求，我市成立了重庆机场（即原名称"江北机场"和可行性报告中又称"重庆国际机场"现统改称重庆机场)筹建领导小组及办公室,开展了机场建设的筹建准备工作。同时委托中国民航局机场设计研究所对新建重庆机场进行了可行性研究。可行性研究组工程技术人员经过现场踏勘、选线、中线草测、地质勘查、空中试飞和对各有关资料的分析,提出了重庆机场可行性研究报告。同时,重庆机场工程土石方量较大,所需费用要多一些。为紧缩投资,在确保安全、正常飞行的前提下,采取必要设施先建,其他设施分期建设的办法(比如缓建机场平行滑行道、停机坪、罗盘校正坪、部分候机楼、职工宿舍等),并进一步核实了购地安置费用和土石方工程造价。在此基础上,提出了《重庆机场设计任务书》。今年8月20日市政府和中国民航局联合召开各有关部门参加的会议,对可行性研究报告进行了认真的审议,会议原则同意重庆机场可行性研究报告方案。

新建重庆机场无论是对开发西南经济和发挥重庆中心城市作用,还是加强我国内地航空网路建设、改善重庆交通运输结构、缓和重庆交通运输紧张状况都是十分必要的和迫切需要的。

重庆机场第一期工程总投资为2.65476亿元。资金来源,以国家投资为主,重庆市自筹一部分。其中:报请国家投资2.22276亿元。重庆市自筹部分,用于解决修建机场及各类设施占用的土地征用、农民拆迁安置、青苗补偿等有关费用款项,共需4320万元。此外,市区至机场25公里的公路改造为一级公路,约需5000万元。该项工程是机场配套工程,由我市列入公路改造计划,与机场建设同步进行。以上两项,由我市投资1亿元左右。

现将《重庆机场设计任务书》和《重庆机场可行性研究报告》上报,请审批。同时,为使重庆机场能尽快开工建设,恳请国家计委予以大力支持,列为1985年重点工程项目下达。

附:1.《重庆机场设计任务书》
   2.《重庆机场可行性研究报告》

重庆市人民政府
1984年10月17日

重庆市人民政府关于成立重庆江北民用机场建设领导小组的通知

(1985年2月9日)

各有关区县人民政府,市政府各有关部门:

国务院、中央军委以国发〔1984〕180号文批准新建重庆江北民用机场。国家计委以计交〔1985〕133号文批准新建重庆江北民用机场设计任务书,并要求抓紧编制初步设计,在今年开工建设,1987年建成投产使用。为了加强对新建重庆江北民用机场的领导,立即开展初步设计和建设工作,确保该项工程的顺利按期完成。经研究,并征得中国民航局同意,决定成立重庆江北民用机场建设领导小组。领导小组由下列同志组成:

组　长　于汉卿　中共重庆市委副书记、重庆市市长

副组长　曹汝家　中国民航局司长

　　　　黄　冶　重庆市副市长

　　　　王再功　民航成都管理局副局长

成　员　詹述权　重庆市城乡建设管理委员会主任

　　　　陈之惠　重庆市计划委员会副主任

　　　　孙伟林　重庆市经济委员会副主任

　　　　周顺福　民航四川省管理局副局长

　　　　冯述林　四川省计划经济委员会委员

　　　　焦成斌　四川省城乡建设环境保护厅副厅长

　　　　沈盛辉　重庆市交通局局长

　　　　许学余　重庆市邮电局局长

陈　俭　重庆市规划局副局长
　　吴永康　川东电业局副局长
　　张永华　重庆市江北县县长

按照国家基本建设管理体制改革精神，为加快重庆江北民用机场建设，决定由重庆市城乡建设管理委员会同民航部门共同组建重庆江北民用机场建设总公司，负责该项工程建设的具体组织实施及工程招标承包等各项工作。

特此通知。

重庆市人民政府
1985年2月9日

重庆市人民政府关于申请预拨重庆江北民用机场工程建设用地给四川省人民政府的报告

（1986年1月26日）

省人民政府：

国务院、中央军委于1984年12月14日以国发〔1984〕180号文批准在重庆江北县沙坪乡新建一个民用机场，按起降MD-80型飞机的技术要求进行建设。国家计委于1985年1月23日以计交〔1985〕133号文批准重庆江北民用机场设计任务书，同意按一级机场进行设计建设，总投资控制在2.6亿元以内，工程从1985年开始建设，要求于1987年建成正式使用。

中国民航总局受国家计委委托，于1985年10月6日以〔1985〕民航局函字第613号文批准机场场道工程初步设计。由于场道的技术要求十分严格，为保证工程质量，除采取必要的技术措施外，还必须给场道工程留出一定的自然沉降时间，所以工程建设时间十分紧迫。又由于江北民用机场工程的总用地量，只能在机场总平面图设计完成后，才能最后确定，而目前总图设计正在进行中，为了抢时间施工，必须首先进行场道建设。

根据《国家建设征用土地条例》第十九条和《四川省土地管理暂行条例》第三十六条规定之精神，经我们研究，特报请省政府同意重庆江北民用机场工程建设作为紧急用地，先使用土地900亩，待机场总平面图设计经过批准后，按规定正式上报，办理征地手续。

当否，请批复。

重庆市人民政府
1986年1月26日

四川省建设委员会关于重庆江北民用机场预拨土地复重庆市人民政府函

（1986年2月5日）

重庆市人民政府：

省府交办的重府发〔1986〕18号文收悉。为解决重庆江北民用机场工程急需的用地，经研究，同意预拨九百亩土地给该机场先行使用，同时要尽快办理该工程的土地征用手续。

四川省建设委员会
1986年2月5日

重庆市人民政府关于同意组建重庆工程建设总公司给重庆江北民用机场建设总公司的批复

（1986年4月21日）

重庆江北民用机场建设总公司：

重机场建〔1986〕26号文收悉。市政府同意在充实和加强重庆江北民用机场建设总公司的基础上组建重庆工程建设总公司，在承担江北机场工程建设的同时，承担重庆珞璜电厂的建设任务。总公司是工程承包性质的企业单位，实行项目目标管理，独立核算，自负盈亏。有关总公司的承包办法，仍按市人民政府办公厅批转的《重庆江北民用机场建设总公司工程承包暂行办法》（重办发〔1985〕55号文）的有关原则执行。组建总公司的有关事宜，请按规定办理。

此复。

重庆市人民政府
1986年4月21日

重庆市人民政府关于重庆机场工程跑道长度增加200米给国家计委的请示

（1986年8月1日）

国家计委：

国家计委计交〔1985〕133号文件《关于新建重庆江北民用机场设计任务书的批复》，"同意按一级机场进行规划，按波音707类型机飞国内航线及波音747专包机飞行要求进行设计，跑道长度2600米"。为了把重庆机场建设成为国家的航空干线机场之一，适应重庆的政治、经济、旅游和文化事业发展的需要。经重庆市政府和有关专业部门反复研究和讨论，认为重庆机场本期工程跑道建设长度应为2800米，较为经济、合理、适用。理由如下：

一、民航机场设计院按照《中国民航机场场道技术标准规定》，对重庆机场跑道长度进行了核算，提出"重庆江北机场第一期工程跑道长度若按2800米修建，可以在比较长的时间内不延长跑道。"近年来，重庆航空运输发展很快，现有12条航线，与国内16个城市通航。在全国近80个民航机场中，重庆客货发运量1984年为第13位，1985年已进入第10位。如不是受到现用机场设施的制约，发展还会快些，使用的机型也会发生很大变化。新建的机场要1988年才能投入使用，为满足客货运量和机型的需要，新机场跑道的长度应与此相适应。

二、对保证飞行安全有利。重庆地形复杂，气象条件很差，尤其每年冬季，有2/3左右的低云浓雾天气，能见度较差；夏季是全国有名的"火炉"，气温高。飞机发动机进气压力低，对飞行安全影响大，飞机滑跑距离较正常情况下要长。跑道短，对大、中型机起降将带来很大困难。

三、"七五"期间，重庆、西安、武汉三个机场相继建成，西安、武汉、成都、昆明机场的跑道长度均不低于2800米。由这些机场构成的中国腹地机场网，互为备降机场，若重庆机场按2600米建设，将会给配套使用带来影响。

四、花费不多，效益明显。经匡算，本期工程增加 200 米水泥道面（基础已按设计任务要求完成），只需 70 万元左右，对保证飞行安全将起重要作用。若新机场建成后，再增加跑道长度，投资将会成倍增加。

五、延长跑道增加的投资，在国家批准的 2.6 亿元总投资内调整解决，不需要国家增加投资。

重庆机场场道工程已于 1985 年 11 月开工，在国家计委的重视下，经有关各方面的努力，工程进展顺利。为了将延长的跑道部分一并纳入施工建设，统一安排有关设施，请国家计委批准重庆机场本期工程跑道延长 200 米。

以上请示当否，请批复

重庆市人民政府

中国民用航空局关于重庆江北机场跑道工程延长 200 米致国家计委函

（1986 年 11 月 8 日）

国家计委：

重庆江北机场跑道工程国家计委原设计任务书及初步设计批准为 2600 米，重庆市人民政府报告，由于净空处理多余土石方，填筑于跑道头的沟谷，这样跑道土基比原设计延长了 200 米，同时，原确定的跑道 2600 米，在夏季高温时按设计的机型起飞受载重限制，为此，要求将道面加铺 200 米，由 2600 米延至 2800 米，所需投资 70 万元，在总概算内调整解决。我们研究，同意重庆市人民政府的意见。

可否，请审示。

中国民用航空局
1986 年 11 月 8 日

国家计划委员会关于同意重庆江北机场跑道按 2800 米一次建成给重庆市人民政府等的复函

（1986 年 11 月 17 日）

中国民航局、重庆市人民政府：

重府发〔1986〕184 号文及〔1986〕民航局函字第 679 号文悉。经研究，同意重庆江北机场跑道由我委计交〔1985〕133 号文批准的 2600 米延长至 2800 米，一次建成。所需投资，在已批准的场道工程概算 1.228 亿元内调剂解决，不另增加。

中华人民共和国国家计划委员会
1986 年 11 月 17 日

（二）修建珞璜电厂

水利电力部、重庆市人民政府关于合资建设重庆珞璜电厂给国家计委的报告

（1984年11月8日）

国家计委：

重庆市实行经济体制综合改革后，工农业生产迅速发展，但重庆地区的电力供应一直不能适应重庆市国民经济发展的用电需要，自1972年以来一直缺电，枯水期尤为严重。

今年，川东电网需要的发电负荷预计将达到93万千瓦，而枯水期能分配到的用电指标只有60万千瓦左右，缺电达33万千瓦。根据川东地区电力"七五"规划，1985年需要发电负荷103万千瓦，1990年需要176万千瓦。目前四川在"七五"期间能够投产发电的项目仅有重庆电厂2×20万千瓦和白马电厂2×20万千瓦。可以分配给川东的用电指标仅26万千瓦左右，到1990年，川东地区若无新的电源投产，将缺电七八十万千瓦。因此，在"七五"期间建设珞璜新厂是十分必要的。

经过多年的选厂工作，珞璜电厂的可行性研究报告已经完成，电厂规模可达120万千瓦，拟分两期建设，第一期先建2×30万千瓦，新厂厂址靠近负荷中心，煤源、运输、供水、灰场等条件相当优越，厂区为丘陵地带，虽然土石方工程量比较大，但综合经济效益比较好，建厂条件已经落实。由于"七五"期间投资紧张，国家计委难于将珞璜工程列入"七五"计划，经重庆市与水利电力部共同商议，决定由重庆市人民政府和水利电力部合资建设珞璜电厂，并商定如下协议：

一、第一期工程规模为2×30万千瓦，1985年作施工准备，"七五"期间争取第一台30万千瓦机组投产。"七五"期间所需投资5亿元左右，由重庆市人民政府负责筹集资金解决。"八五"期间续建的第二台机组由水利电力部投资建设。

二、第一期工程所需的燃料重庆市已经安排落实，所需的三材由集资单位尽力筹集，同时请国家计委大力支持，帮助落实。

三、合资单位按照投资比例分享用电、分享利润，具体实施办法，由合资单位根据国家集资办法的有关规定另行商定。

以上报告如无不妥，请将珞璜电厂工程列入"七五"计划，并尽早批复，以利建设。

水利电力部
重庆市人民政府
1984年11月8日

水利电力部关于《珞璜电厂新建工程可行性研究报告》给西南电业管理局的批复

（1984年12月19日）

西南电业管理局：

珞璜电厂新建工程可行性研究报告，部于1984年11月进行了审查，现批复如下：

一、同意电厂厂址在重庆市江津县仁沱区珞璜场附近建设。建设规模为120万千瓦。

二、电厂燃煤由重庆市负责解决，同意重庆煤炭工业公司的意见，按松藻矿区的洗动力煤考虑。电厂装机容量120万千瓦时，年耗煤量为300万吨。

三、同意电厂采用以长江为供水水源的直流循环供水系统。

四、同意距电厂4公里的罗家湾为电厂的贮灰场。

五、同意电厂铁路专用线自川黔铁路珞璜车站接轨的方案。

电厂至巴县段公路采用沿江的方案。

六、同意报告中采取的环保措施，保证粉尘及二氧化硫的排放浓度不超过国家规定的《大气环境质量标准》二级标准值的要求。

七、由于电厂厂址地形复杂，土石方工程量较大，按电厂建设规模120万千瓦，安装4台上海三大动力厂生产的30万千瓦机组计算，电厂部分总投资约为10.3753亿元，单位千瓦投资为864.6元。

中华人民共和国水利电力部（盖章）

1984年12月19日

水利电力部关于重庆珞璜电厂工程设计任务书给国家计委的报告

（1984年12月26日）

国家计委：

西南电管局以西南电规〔1984〕90号文报来《新建珞璜电厂工程设计任务书》，经我部研究认为：

重庆市实行经济体制综合改革后，工农业生产迅速发展，但重庆地区的电力供应一直不能适应重庆市经济发展的用电需要，自1972年以来一直缺电，枯水期尤为严重。

1984年，川东电网需要的发电负荷预计将达到93万千瓦。而枯水期能分配到的用电指标只有60万千瓦左右，缺电达33万千瓦。根据川东地区电力"七五"规划，1985年需要发电负荷103万千瓦，1990年需要176万千瓦。目前四川在"七五"期间能够投产发电的项目仅有重庆电厂和白马电厂各2台20万千瓦，可分配给川东的用电指标仅26万千瓦左右。到1990年，川东地区若无新电源投产，将缺电七、八十万千瓦。故建设珞璜电厂是十分必要的。

珞璜电厂可行性研究报告已经我部审查批准，电厂规模可达120万千瓦，拟分两期连续施工建设，本期先建2台30万千瓦。机炉按四川东方三大动力厂供货考虑。

珞璜厂址靠近负荷中心，煤源、运输、供水、灰场等条件比较优越，厂区为丘陵地带，虽土方工程量较大,但综合经济效益较好,建厂条件已经落实。电厂厂址位于重庆市江津县珞璜乡,距重庆市25公里。水源取自长江,水量充沛,采用直流供水系统。贮灰选用距电厂4公里的罗家湾灰场,容积能满足120万千瓦容量堆灰25年。电厂采用高效电气除尘器及240米高烟囱,粉尘和二氧化硫的排放量均符合国家排放标准。重庆市计委以重庆市计能〔1984〕360号文明确电厂燃用松藻无烟洗动力煤,1989至1992年逐年增供电厂80万吨,经川黔线运输。关于洗煤厂与电厂的同步建设问题,请国家计委和煤炭部统筹安排。关于点火用柴油问题,重庆市计委拟另文申报国家计委解决。

全部工程(120万千瓦)总投资10.38亿元,单位千瓦造价865元,内部收益率14.3%,投资利润率16.3%。

第一期工程规模为2台30万千瓦,1985年做施工准备,"七五"期间争取第一台机组投产。"七五"期间所需投资5亿元左右,由重庆市人民政府负责筹集资金解决。"八五"期间续建的第二台机组由水利电力部投资建设。详见我部〔1984〕水电计字492号和重庆市人民政府重府发〔1984〕239号《关于合资建设重庆珞璜电厂的报告》。

如无不妥,请尽快批复,以便1985年即行开展初步设计和建设的准备工作。

附件,如文。

中华人民共和国水利电力部
1984年12月26日

重庆珞璜电厂配套工程

——松藻选煤厂建设方案

(1986年3月)

一、项目名称:重庆松藻选煤厂

项目主办单位:重庆市人民政府

项目设计单位:重庆煤矿设计研究院

二、项目内容:选煤厂总设计能力为400万吨/年。本期新建200万吨/年,厂址留有扩建余地,并对不宜分期建设工程在本期完成。

三、建设的必要性及设备来源:

重庆珞璜电厂燃用松藻矿区的无烟煤,因原煤硫分高,原煤全硫分达3.8%左右,直接燃烧时电厂排放的炉烟含有害的二氧化硫气体超过国家环保规定的排放标准,必须采用洗选脱硫后供电厂洗动力煤。

设备:选用国产设备,对国内尚不能制造的部分设备,可考虑引进国外设备。如国外成套洗选设备价格适宜,供应及时,也可引进国外设备。

四、建厂条件:

1. 厂址:根据重庆煤矿设计研究院1985年3月所编"重庆珞璜电厂配套选煤厂选择厂址方案报告",重庆市政府组织有关单位多次研究,初定在松藻矿区建设。

2. 原料煤来源:松藻矿区原设计规模300万吨/年,其中已生产矿井设计能力270万吨/年,新建矿井30万吨/年。根据重庆煤炭工业公司"七五"计划的初步安排,松藻一井、打通一矿、二矿的扩建工作均要求在1990年前先后完成,正在建设的逢春矿井即将投产。1990年矿区原煤产量将达到420万吨以上。同时还要求安排新建张狮坝、梨园坝两对矿井,设计能力为150万吨/年,规划"八五"期内投产,1995年矿区产量可达到520万~600万吨/年以上。故松藻矿区原煤能满足重庆电厂扩建40万千瓦配套的金鸡岩选煤厂和新建珞璜电厂120万千瓦的配套选煤厂原料煤的需要。

3. 交通运输:

(1)铁路:川黔线从松藻矿区通过,铁路运输方便。松藻矿区铁路专用线在赶水与川黔线接轨,可整列到达电厂。

（2）公路运输:川黔公路也经过松藻矿区公路运输方便。

4. 供水水源:拟选厂址靠近綦江河,取水方便。能满足选煤厂本期生产生活用水约6400米³/日,后期约12000米³/日。

5. 环境保护及综合利用:

（1）煤泥水闭路循环:由于厂址区域地处河流上游,环保要求严格。在选煤工艺上,采取沉降离心过滤机、压滤机回收煤泥,实现洗煤水厂内闭路循环,不向外排放。

（2）矸石中硫铁矿回收:建立硫铁矿选矿车间,将洗选出来的矸石进行加工,选出硫精矿供化工用,并降低最终矸石的全硫分至4%～5%。

（3）矸石处理:由于矸石虽经过选硫铁矿车间处理,但含硫量仍较高,作为矸石电厂燃料、矸石砖制造等综合利用项目,尚待试验研究后再行确定。目前暂按堆存方式处理。

6. 工程地质条件:本选厂区域地震基本烈度为6°。地形坡度12°～20°之间,属丘陵缓坡地带,地表有0～3米粘性土,往下为10～15米的巨厚层砂岩,建厂石方工程量较大,但地势比较开阔。

7. 土地征用:本工程建成入洗能力400万吨/年时,厂区占地面积约20～26公顷,生活区占地约9公顷。

五、建设资金估算与筹措:

1. 本选煤厂为重庆珞璜电厂配套工程。根据该电厂煤炭用量,选煤厂将分两期建设。总设计能力为年处理原煤400万吨,前期设计能力为年处理原煤200万吨。根据国内同类工程投资情况,并结合本工程的特点,经过初步估算,项目总基建投资为12046万～12845万元,吨煤投资为30.12元～32.11元。前期投资为7934～8646万元,前期吨煤投资为39.66～43.23元。

2. 洗煤厂工程建设项目由重庆市申报国家计委、煤炭部列项安排,建设资金由重庆市与煤炭部协商解决。

投资估算见表一。

表一　　　　　　　　　　　选煤厂投资估算表　　　　　　　　　　单位:万元

序号	工程名称	总投资	备注
1	受煤系统	224	
2	原煤仓	175	
3	筛分破碎车间	272	
4	主厂房	1980	
5	精煤仓	175	
6	浓宿车间	164	
7	皮带走廊	850	
8	室外煤泥处理	239	
9	精煤装车系统	420	
10	排矸系统	430	
11	地面运输	250	
12	硫铁矿回收车间	650	
13	生产系统集中控制	152	
14	供电系统	269	
15	铁路	1910～2500	
16	给排水	260	

续表

序号	工程名称	总投资	备注
17	辅助厂房及仓库	240	
18	行政福利设施	144	
19	场区设施	525～675	
20	居住区	525	
21	其他基建费用	1300	
22	小计	22308～23729	
23	预备费	892～951	
24	合计	23200～24680	前期：7934～8646

吨煤投资　　　　　30.12～32.11元
前期吨煤投资　　　39.66～43.23元

3. 全部基建投资暂按国家贷款考虑。

4. 从投资估算结果来看，前期投资将达39.66～43.23元/吨，主要是因为总设计规模为400万吨/年，而有些不便于分期建设的工程必须在前期投资，而且还考虑了硫精砂回收工程的投资，从而使前期投资增加。实际上，本厂达到总设计规模时，吨煤投资约为30～32元/吨，扣除铁路投资后约为25～26元/吨，并不算高。

5. 工程进度与投资分配：在电厂投产前，应保证本选煤厂前期工程投产，因此两厂必须同步建设。根据电厂建设进度安排，本项目施工准备期为1年（设其为基准年第1年），建设期为3年，达产期为2年。

前期投资分配如下：

第1年：793～865万元

第2年：1586～1730万元

第3年：3965～4325万元

第4年：1590～1726万元

六、经济效益浅析：

1. 该选煤厂投产后的洗煤全部供重庆珞璜电厂作燃料煤用。根据西南电力设计院所作的该电厂项目建议书中采用的标煤购价为80元/吨及本厂洗煤发热量为6000大卡/公斤以上，可计算出洗煤售价为68.5元/吨。

2. 效益估算的主要条件：

(1) 固定资产原值为基建投资的97％再加上建设期利息。

(2) 低值易耗品为基建投资的1.5％，转入自有流动资金。

(3) 基建借款年利息率为2.4％，计复利。当年借款及还款均计半息。

(4) 入洗原煤成本36元/吨。加工成本按矿区现行原材料价估算。前期加工成本约为7.50～7.70，其中硫精砂回收成本为0.39元/吨。

(5) 暂不计算资源税。基本折旧按〔1982〕建总字第444号文规定用于还款。还款期间企业净利润全部用于还款。

通过计算，选煤厂前期工程贷款偿还期为2.67～2.91年（计算过程见表二）。

主要技术经济指标见表三。

七、评价：

根据分析表明，项目的贷款偿还期只有2.67～2.91年，所以可以推测本项目的企业经济效益很好。项目投产后的洗煤供电厂发电，可以缓和川东用电量严重不足的局面，为重庆经济的稳步发展将做出很大的贡献。环境污染小，并且还可以解决几百人的就业问题，所以社会效益也很好，因此本项目在经济上是比较理想的。

重庆煤炭工业公司
重庆煤矿设计院
1986年3月

重庆珞璜电厂引进设备工程项目建议书

(1986年4月1日)

一、项目名称：重庆璜珞〔珞璜〕电厂。

项目主办单位：华能国际电力开发公司、重庆市人民政府。

项目设计单位：西南电力设计院。

二、项目内容：本期新建2×35万千瓦燃煤凝汽式发电机组、厂址留有扩建余地。

三、建设的必要性和引进设备的理由：

重庆市自1983年实行经济体制综合改革和计划单列以来，工农业生产持续、稳步向前发展，1984年工农业产值比1983年增长15%，1985年又比1984年增长14.34%，其中工业产值增长16.93%。但重庆市的电力供应自1972年以来一直不足，枯水期严重缺电，去年丰水期也频繁拉闸限电，无法保证工农业正常生产的用电需要，直接影响重庆市国民经济的发展。

1985年，川东电网的实际最高发电负荷已达到110万千瓦，而枯水期分配到的用电指标只有62.75万千瓦，缺电近50万千瓦。根据川东地区"七五"规划预测，1986年需要发电负荷125万千瓦，1990年需要186万千瓦。四川省在"七五"期由国家投资建设能建成投产发电的项目仅有重庆电厂2×20万千瓦、白马电厂2×20万千瓦和渔子溪、铜街子部分发电容量。可以分配给川东的用电指标仅有30万千瓦左右（江油电厂2×30万千瓦属合资建设项目不纳入全省用电分配）。到1990年，四川省缺电约200万千瓦，其中川东地区缺电80万千瓦以上。为保证重庆市"八五"期间国民经济的持续发展，缓和四川省的严重缺电形势，在"七五"期间建成重庆珞璜电厂是十分必要的。

我国近几年虽然已开始研制生产30万千瓦火电机组，但生产量远远不能满足电力建设的需求，珞璜电厂又是燃用重庆松藻矿务局无烟煤，挥发分较低，$V_r<10\%$。据了解，目前国内设计和制造1000T/H燃用无烟煤锅炉还有困难。因此，珞璜电厂只有引进国外机组设备，才能保证在"七五"期内建成投产。

四、建厂条件：

珞璜电厂的可行性研究报告已按国家下达的前期工作计划由西南电力设计院编报，1984年12月19日水利电力部审查后以〔1984〕水电电规字第135号文批复同意，并以〔1984〕水电计字第541号文向国家计委上报《重庆珞璜电厂工程设计任务书》。

1. 厂址：位于重庆市江津县仁沱区珞璜镇附近，距重庆市中区25公里，距巴县9公里，北靠长江，西南紧邻川黔铁路的珞璜编组火车站。

2. 电厂燃料供应：电厂装机2×35万千瓦，年耗煤量160万吨，燃用重庆松藻矿区洗动力煤，燃料供应由重庆市负责解决。松藻矿区四川境内储量9.14亿吨，现有生产能力200万吨，扩建后"七五"末期产量可达420万吨以上，重庆煤炭公司以重煤加字〔1986〕第231号文件保证1990年提供电厂燃用洗动力煤。重庆金鸡岩120万吨洗煤厂已定今午上半年建成投产，重庆第二座200万吨洗煤厂已初步踏勘定点，与珞璜电厂同步建设，因此，电厂燃煤供应可靠。

3. 交通运输：①川黔铁路从厂址西南通过，厂址西南紧邻珞璜车站，相距仅800米。成都铁路局以成铁总〔1984〕399号文件同意电厂铁路专用线自珞璜车站接轨。川黔线渝赶段设计年输送能力为910万吨，1984年实际货运量为650万吨。川黔铁路线经国家计委〔1982〕293号文批准进行电气化改造，预计在"七五"期内投运，年运输能力将提高到2050万吨，珞璜电厂燃煤运输是有保障的。

②珞璜电厂厂址紧靠长江右岸,水运方便。③目前已着手修公路,只需东修9.95公里便与巴县县城相连,汽车即可直达重庆市区。

4. 供水水源:电厂采用以长江为供水水源的直流循环供水系统,长江水量充沛、可靠,枯水期保证率97%时,流量为1390立方米/秒,足以保证电厂直流供水系统的需水量(45立方米/秒)。重庆港口管理局以渝港开〔1984〕234号文件函复认可珞璜电厂供水对长江航运没有影响。

5. 贮灰场:电厂选用距厂址约4公里的罗家湾两山凹为贮灰场,两灰场为四周封闭的山顶形盆地,占耕地少、工程量小,库容分别为1513万立方和1100万立方,可供120万千瓦发电容量电厂贮灰40年。

6. 环境保护:电厂厂址地处农村,位于重庆市下风方向,附近无大的污染源,电厂燃用松藻洗动力煤,洗选厂工程与电厂同步建设,厂址已初步确定,重庆市意见,拟与煤炭部合资建设。煤炭洗选后,应用基硫分为2.4%,灰分17.6%,两台锅炉合建一座240米烟囱,采用效率为98%的三电场电气除尘器,经测算粉尘及二氧化硫的排放浓度均低于国家规定的《大气环境质量标准》二级标准的要求。电厂灰渣排至罗家湾灰场,生活污水和酸碱废水经二级生化和中和池处理后排放,四川省城乡建设环境保护厅和重庆市环保局已审查并以川城建发〔1985〕环985号文和重环函〔1985〕58号文批复了西南电力设计院编制的环境影响报告,同意在此新建120万千瓦容量的火力发电厂。

7. 工程地质条件:厂址区域构造稳定,地震基本裂度为6度,不压矿产,没有文物遗址和名胜古迹。

8. 土地征用:本工程120万千瓦容量时厂区占地44.37公顷,电厂生活区占地9公顷,施工用地58公顷,共计111.37公顷。土地征用、房屋拆迁、劳动力安置等,由重庆市人民政府统筹解决。

9. 电厂出线:本期2×35万千瓦容量以220千伏电压等级出线。包括配套的220千伏送电线路和变电站,220千伏出线五回合计长度约200公里,修建配套的220千伏主变容量2×120兆伏安的变电站一座及其他有关的变电容量。

五、设备进口国别和厂商:

今年3月以来,由华能国际电力开发公司牵头,已分别与下列国家的一些厂商接触,今后引进设备可考虑在其中选择。

法国:阿尔斯通电气公司。

美国:GE公司。

日本:丸红、三菱。

西德:拔伯葛。

六、投资估算和资金筹措:

1. 本期进口两套35万千瓦成套发电机组,包括主机设备和主厂房内外的全套辅助设备及附属设备,配套送变电的主设备及线路铁塔等。

2. 本期2×35万千瓦容量发电工程部分投资为108178万元,配套的送变电部分投资为10800万元,合计投资为118978万元。其中:外资23000万美元(合人民币73600万元,包括引进设备的海洋运输费和海洋保险费等);内资45378万元(包括银行财务费,华能公司管理费等)。

3. 按照华能国际电力开发公司和重庆市人民政府于1986年3月7日在北京签订的"关于合资建设重庆珞璜电厂2台35万千瓦机组的贷款协议",国外贷款归还本息总额中的70%的外汇额度由华能公司解决,30%的外汇额度由重庆市解决。国内贷款总额估计为人民币4.5亿元左右。其中3亿元由重庆市自筹,其余内资由华能公司解决,内资贷款利率为年率3.6%。

七、耗用主要材料来源:

本工程需用材料以初设概算为准。华能国际电力开发公司负责电厂及配套送变电工程建设所需设备及钢材,重庆市负责提供木材、水泥、市管物资及地方材料。国内配套设备和材料尽量按国家调拨价。

八、经济效益的初步分析:

1. 为了充分发挥引进设备投产后的效益,并结合全网运行状况,珞璜电厂投产后,服从电网统一调度,负荷曲线、运行方式、检修计划等均由华能分公司与西南电管局、川东电业局和电网调度所统筹安排。按"华能国际电力开发公司与重庆市财政局、川东电业局签订的统购代销珞璜电厂2×35万千瓦机组电力电量协议"办理。珞璜电厂发电设备利用小时按5714小时计算每年可发电40亿度,供电38亿度,增加售电35亿度。

2.电力的销售按照"高进高出"的原则,提高售电价格。按在10年内每年1月份、7月份用等比的方法计算偿还本息测算,高价电电价约在155.0元/千度左右。

3.珞璜电厂2台机组分别于1989年和1990年投产发电,1990年可提供高价电量26.4亿度。而1990年川东电网需要用电量为104.7亿度,比1985年增加45.5亿度,扣除四川省新增发电容量可分配到的平价电量16.1亿度,余额有29.4亿度。因此在川东地区和重庆市承受高价电是有市场的。

九、筹建单位和工程进度:

华能国际电力开发公司和重庆市人民政府在签订的合资建设珞璜电厂的正式协议中已明确:在近期内尽快成立华能重庆分公司,在华能国际电力开发公司的指导下,由华能重庆分公司具体负责珞璜电厂的工程建设。重庆珞璜电厂工程建设采用招标办法,尽力加快工程建设速度。目前,修建珞璜电厂进厂公路和征地拆迁准备工作已全面开展,下半年开始土石方开挖,1987年上半年完成土石方开挖,达到"三通一平"。保证1989年下半年第一台机组投产发电,1990年上半年第二台机组投产发电。

1986年4月1日

重庆市人民政府关于加快重庆珞璜电厂建设进程协调会议纪要

(1987年4月7日)

1987年3月24日下午,珞璜电厂工程建设领导小组组长孙同川副市长,在市政府307会议室,主持召开了关于加快珞璜电厂建设进程协调会议。华能国际电力开发公司和市级各有关部门负责同志共四十余人出席了会议。副市长孙同川同志和华能国际电力开发公司副董事长裴潮同志,作了关于加快珞璜电厂建设进程的重要讲话。围绕加快珞璜电厂进程、扭转重庆严重缺电局面,市计委、市经委、市城乡建委的负责同志和有关协作单位的代表也在会上发了言,一致表示要以实际行动支持和搞好珞璜电厂建设。现将会议讨论决定的事项纪要如下:

一、对珞璜电厂建设进度的要求

为了解决重庆市严重缺电问题,要求加快建设进度,第一台机组争取在1989年底投产发电,以缓解电力紧张局面。目前要抓紧并缩短与外商谈判周期,力争尽快签约,今年底土建动工。

二、关于烟气脱硫装置的建设

珞璜电厂燃用高硫无烟煤,原煤洗选脱硫不能满足环保要求,因此从子孙后代着想,下决心采用烟气脱硫方案。华能重庆分公司在引进脱硫设备的同时,应引进脱硫技术,在条件成熟的时候,由华能重庆分公司与设计、制造、安装单位共同组建脱硫设备制造公司。

三、关于石灰石矿的建设

珞璜电厂每年脱硫约需30万吨石灰石粉,决定由重庆煤矿设计研究院全面负责石灰石矿的设计工作,由市计委牵头,具体由江津县水泥厂负责石灰石矿的建设和经营管理,江津县政府和华能重庆分公司应协助江津水泥厂做好前期工作,保证1989年建成投产。请华能重庆分公司与江津水泥厂在市政府的领导下,尽快签订联合协议和委托地质勘测与设计工作。

四、关于大件运输问题

大件运输是珞璜电厂建设能否加快速度的一个关键问题,九龙坡火车站至珞璜火车站间有8座桥梁,其中四座是解放前三十年代建成的,通过超限设备有一定的困难。请省重庆轮船公司在4月9日前组织制订出全程水运方案(包括珞璜码头建设、公路建设和运输费用),同时,请重庆铁路分局于4月9日前提出九龙坡至珞璜区间的铁路运输方案(包括桥梁核载、加固、大件限界空间尺寸,由华能重庆分公司先提供大件参考值),以便在电厂预设计审查会上进行两方案的经济比较,最后择优选取最佳运输方案。

五、关于反承包问题

为了扶助国内制造业发展和降低电厂工程造价,引进设备部分的部件采用反承包内加工方式是必要的。对于电厂非关键部分在由外商保证质量、进度的前提下,东方电站公司、四川仪表总厂、川东船厂、重庆锅炉厂、重庆长江橡胶厂等单位应发挥自己的优势,积极参加投标,提出合理的价格,为国家创汇做出贡献。

六、关于对销贸易问题

以购外国设备为筹码,扩大对外的商品出口,这是国务院下达的任务。出口商品货源,首先由重庆市解决,但不得抵减原计划出口额,以此带动对外出口商品的发展。这项工作涉及面广,决定由重庆市计委和市外经贸委负责组织并由重庆市对外贸易进出口公司,会同华能分公司负责办理对销贸易有关工作。要求4月10日以前提出对销贸易的货单送华能总公司并派员参加对外谈判。

七、关于坚持实行招议标问题

通过总结土石方工程招标的经验,珞璜电厂正式开工建设的包括土建和安装的所有项目,必须坚持实行招议标。今后各项工程的招议标工作,应在市城乡建委和市招标办公室的指导下进行,由华能重庆分公司负责组织实施。此工程应坚持选定能保证工期和工程质量并报价低的施工单位施工。

八、关于抢建10万千瓦燃气轮机电厂问题

抢建10万千瓦燃气轮机电厂,是解决重庆严重缺电的燃眉之急,由华能重庆分公司负责此项建设工程。要学习汕头电厂"二个月签合同,五个月建厂,十个月发电"的经验,首先必须迅速解决项目建议书的报批立项问题,其中关键是落实气源问题。请市有关单位抓紧办理项目建议书报告,会议上各部门都表示全力以赴,千方百计完成所交给的各项任务,为加快珞璜电厂和燃气轮机电厂的建设工程多作贡献!

重庆市人民政府
1987年4月7日

（三）其他建设

国家计划委员会、国家科学技术委员会关于做好三峡水利枢纽蓄水位方案论证准备工作致水利电力部、重庆市人民政府的函

（1984年12月14日）

水利电力部、重庆市人民政府：

最近，重庆市委向党中央和国务院报告，认为三峡工程150米蓄水位方案回水变动段泥沙淤积和上延，将引起川江航运恶化，建议将蓄水位提高到180米。〈……〉如一定要上，则中坝与高坝方案利弊仍可再认真对比，论证后做出抉择，特别是现在高坝方案重庆表示拥护，更值得重视。"李鹏同志指示由国家计委主持、国家科委协助组织论证，争取明年一季度出结果。遵照中央领导同志的上述指示，国家计委和国家科委拟于明年一季度末召开三峡水利枢纽水库蓄水位方案论证会，邀请国内对三峡工程较有研究的专家、学者、工程技术人员、经济工作者和有关部门领导主要就三峡工程蓄水位方案（包括150米、180米、高坝中用以及其他方案）进行充分论证，研究出一个合理的开发方案，报请中央抉择。为此，请你们抓紧做好充分的准备，提出切实可靠的有科学根据的论证资料，在会前一个月送国家计委和国家科委。论证会具体日期和开会地点，视准备工作进展情况再定，另行通知。

中华人民共和国国家计划委员会
中华人民共和国国家科学技术委员会
1984年12月14日

重庆市为什么提出180方案

——三峡工程问题专题报告之六

三峡工程的正常蓄水位，"长办"向中央提出的是150方案，重庆市为什么又提出180方案？这一方案对重庆的影响如何？这也是人们普遍关心的一个问题。调查组在重庆先后召开了七次座谈会，就这个问题广泛听取了各方面的意见。

一、重庆市提出180方案的背景

据重庆市委政策研究室反映：1984年初，重庆市收到国务院关于三峡工程按150方案进行前期准备的文件；3月，总理在视察重庆时，谈到三峡工程已初步确定为150方案。他们说，在此之前，重庆市既没有参加过有关三峡工程的论证会或其他任何会议，也没有看到过任何有关的文件或资料，因此，对三峡工程的情况一无所知。看到国务院的文件，听到总理的谈话后，才知道中央已经确定了150方案。由于这个方案直接关系到重庆市的未来，且问题已迫在眉睫，所以市委立即组织有关部门成立了专门班子，调查研究150方案对重庆市的影响。研究结果表明：150方案将给重庆市政治、经济的发展造成极为严重的不利影响。为了抢在全国人大会议通过150方案之前，重庆市仓促提出了180方案。

二、150方案和180方案对重庆市的影响

重庆市是靠长江航运发展起来的,长江航运的兴衰直接关系到重庆市的兴衰。所以,重庆市在研究三峡工程时,把着眼点首先放在对长江航运的影响上。

从150方案看:由于回水变动段是在重庆以下100公里左右的长寿到忠县一带,所以不仅重庆港的水深得不到改善,而且还会因回水变动段的泥沙淤积造成碍航,卡住重庆港的脖子,使重庆港成为死港。150方案对航运的作用,仅仅是改善了三峡大坝到石宝寨300公里左右的航道。但三峡大坝到重庆约600公里,这种局部航运的改变,对整个川江航运来说作用并不大,不仅万吨船队到不了重庆,同时,还会因为回水变动段的泥沙淤积,三峡大坝与葛洲坝之间因发电调峰而产生的不稳定流以及坝下河床下切等对航运的影响,而形成上下卡口,使这段得到改善的航道很难发挥作用。

从180方案看:由于水位抬高,回水变动段将推至重庆市以上的江津附近,重庆港水深增加,三峡大坝至重庆的航道可望得到改善,万吨船队一年之中有几个月可达重庆。但是,这是以重庆以上航道的恶化、扩大淹没面积和加剧上游洪水灾害为代价换取的。从长远看,后果与150方案一样,回水变动段的泥沙淤积仍会使重庆港失去作用,同时,还会因回水变动段的影响,造成嘉陵江与长江航运不能相通。嘉陵江是川江最大的支流,上与宝成铁路、川甘、川陕公路相通,下与成渝、襄渝、川黔铁路及长江干流相接,每年承担四川1/5到1/4的水运量,是四川连接南北的天然水陆联运干线。一旦航运受到影响,其后果十分严重。

三、重庆市提出180方案的根本原因——两害相权取其轻

参加座谈会的同志们指出:水库的淤积问题,是一个世界范围的问题。水库回水变动段的泥沙淤积是带有普遍性的严重问题。目前,对这个问题还没有有效的解决办法。三峡工程无论是采取150方案,还是采取180方案,也都不可避免地要遇到因泥沙淤积而碍航的问题。鉴于这种情况,重庆市社会科学研究所、市三峡办和市港务局的同志们明确表示:我们既不赞成150方案,也不赞成180方案,因为这两种方案,从长远看都是一种结果。我们之所以提出180方案,是因为在中央已经决定修建三峡工程的前提下,仅仅从重庆市的角度,把150方案和180方案作比较后提出来的。所以,这一方案既不是在进行充分、全面、综合论证的基础上产生的,也不是切实可行的最佳方案。有的同志在座谈会上深有感慨地说,对重庆市来说,150恼火,180也恼火,因为中央已决定要修建三峡工程,我们只好两害相权取其轻。

调查组认为,西南云、贵、川三省,地域辽阔,人口众多,资源丰富,不仅具有自身经济发展的丰富的物质基础,而且是支援全国经济建设的重要基地。无论是从区域经济,还是从全国范围讲,开发大西南都具有战略意义,而交通运输是开发大西南的重要条件。重庆市作为西南工商业重镇,长江上游的经济中心,是西南最大的水陆运输枢纽和物资集散地,是我国经济发达的沿海地区和资源丰富的西部地区的连接点。三峡工程正常蓄水水位对重庆市的影响,不仅是重庆市的问题,而是带有全局性的问题。因此,对三峡工程正常蓄水位的选择,应充分论证,慎重对待。

关于召开国务院三峡工程筹备领导小组第三次会议（扩大）的通知

筹备领导小组各成员，各有关部委，三峡省筹备组，各有关单位：

定于今年5月3日至9日召开国务院三峡工程筹备领导小组第三次会议（扩大）。会议主要议题是听取前一阶段三峡工程有关泥沙、航运、水位等设计、科研工作情况的汇报，研究确定下一步工作安排。请准备意见，届时参加。会议地点在水电部府右街招待所。5月2日报到，请外地代表将到京车次、航班电告北京1873三峡会议会务组，以便接站。

请准备向会议汇报和在会议上发言的单位，各准备资料120份交会议秘书组。

除领导小组成员外，各有关部委、单位参加会议人员的名额及名单附后，请不要超过。

附件：参加会议人员的名额和名单（领导小组成员在外）

国务院三峡工程筹备小组办公室
1985年4月5日

附件

参加会议人员名额和名单（领导小组成员在外）

单位	名额	名单
1. 国家计委	2	自定
2. 国家科委	3	曾宪林、贾蔚文、石定环
3. 三峡省筹备组	1	李伯宁
4. 交通部	4	李实、石衡、梁应辰、王作高
5. 水电部	5	陆佑楣、刘书田、李鹗鼎、崔宗培、张昌龄
6. 重庆市	2	萧秧、杨彪
7. 国务院三峡办	2	杨溢、杨惠芳
8. 清华大学	3	张光斗、钱宁、惠遇甲
9. 武汉水利电力学院	3	张瑞瑾、谢鉴衡、泥沙模型试验1人
10. 华东水利学院	1	严恺
11. 水利水电科研院	2	覃修典、韩其为
12. 南京水科院	1	窦国仁
13. 天津水运科研所	1	刘建民
14. 水利水电建设总局	2	潘家铮、顾文书
15. 中国三峡工程开发总公司筹建处	2	杨春桂、哈秋舲
16. 长江航运管理局	2	唐国英、严庆权
17. 长江航道局	1	荣天富
18. 长办	4	魏廷铮、洪庆余、杨贤溢、曹乐安
19. 长科院	2	陈济生、潘庆燊

重庆市人民政府关于同意成立重庆市无线电话公司给市经委等的批复

（1985年12月30日）

市经委、市体改委：

你们《关于成立重庆市无线电话公司的请示》收悉。经研究，同意成立重庆市无线电话公司。现就有关问题批复如下：

1. 重庆市无线电话公司是我市兴办的全民所有制股份企业，建立董事会，实行董事会领导下的经理负责制。

2. 重庆市无线电话公司为市属邮电企业，归属市经委领导。

3. 有关劳动工资、财政税收、银行、物资分配、计划统计等项工作，由各综合部门直接向重庆市无线电话公司下达和布置。

望你们和有关部门密切配合，迅速抓好重庆市无线电话公司的组建和业务开展工作，为振兴我市的通讯事业做出贡献。

重庆市人民政府
1985年12月30日

重庆市人民政府关于引进无线电话项目会议纪要

（1986年4月25日）

1986年4月16日上午在市府311会议室，由黄冶副市长主持召开了无线电话引进项目会议，研究落实该项目资金、技术等有关问题。

市顾委主任、无线电话项目领导小组组长马力同志，副市长孙同川同志参加了会议。市计委、市经委、市体改委、市科委、市经贸委、市邮电局、财政局、中国银行重庆分行、市工商银行、重庆无线电厂、市无线电话公司等有关单位的同志参加了会议。会议纪要如下：

一、市无线电话公司沈联森同志汇报了引进无线电话项目的有关情况

该项目是1985年初，由电信局与无线电话公司筹备处联合在市计委申请立项，在国家体改委支持下，邮电部同意试办无线电话公司，经1985年3月25日市府办公会议决定，引进1000门规模的蜂窝状无线电话，作为改善我市通信的一项措施。经过近一年可行性研究：1985年10月，市计委批准了可行性研究报告。1986年4月8日委托重庆市外贸进口公司与加拿大诺瓦特公司签订了引进合同。引进1000至1200门电话终端的系统设备及技术服务，计划利用加拿大出口信贷189万美元，现汇41万美元，人民币配套资金511万，共计投资1270万人民币（包括230万美元）。预计可于1987年上半年开通。

市无线电话公司曾经市府重府发〔1985〕190号文批准为全民所有制股份经济的市属邮电企业，与市电信局联办，行业归口市邮电局。到目前为止，有股金70万元，预订用户479户，收有预订费250万元。该公司是作为横向经济联合，贯彻通信事业国家、地方一齐上的方针，改革现有体制的一种探索，将为我市引进八十年代通信新技术，解决我市"打电话难"，特别是解决远郊区县通讯困难起到积极作用。

目前,急待解决的问题是:项目的信贷外汇担保及配套资金的落实;技术责任单位需进一步明确;市无线电话公司与市电信局的联合及中继接口的技术问题;作为科研开发项目需报请市科委立项的问题等。

二、会议就以下几个问题做了决定

(一)会议认为,鉴于引进第一期无线电话是已定项目,现在不是上不上的问题,而是各有关部门要大力支持,促其尽快实现。因此,市计委要按基建程序帮助做好项目有关手续、资料的完善工作。

(二)鉴于重庆的自然地理环境比较特殊,为使该项目能适应重庆的实际环境,在技术上更切实可行,技术问题由重庆无线电厂负责并在5月20日前进行一次实地电测。

重庆无线电厂要负责做好设备的验收以及安装、调测、开通过程的技术工作。争取一次开通投入使用。

无线电话与市程控电话的调试、开通,由市邮电局负责,无线电话公司要积极配合做好工作。为保证接口技术的可靠性,必要时,可以邮电局或市府名义邀请一些专业、学者来重庆研讨。如果技术可行,请邮电局抓紧做好工作,千方百计尽快开通投入使用。

(三)关于项目资金问题。项目既定,资金由市计委和财政局担保,中国银行市分行负责办理有关手续。投资配套资金不足部分,由市财政给予支持。至于因自然因素使项目延期开通,涉及用户预订金的合同问题,今后由市经委召集拥护,说明情况,争取用户谅解支持。

(四)关于出国技术考察问题,按有关规定办理。

(五)关于无线电话公司的管理及其他有关问题,由市体改委负责组织研究,提出具体意见。

(六)为促使无线电话项目的顺利进行,市科委要积极支持,列为市科研开发项目,抓紧办理好有关手续。

重庆市人民政府办公厅
1986年4月25日

重庆市人民政府办公厅印发《关于解决市无线电话公司股份和资金问题会议纪要》的通知

(1986年8月23日)

市政府有关部门:

现将《关于解决市无线电话公司股份和资金问题会议纪要》印发给你们,请按照执行。

重庆市人民政府办公厅
1986年8月23日

关于解决市无线电话公司股份和资金问题会议纪要

(1986年8月)

1986年8月21日下午,在市府308会议室,由孙同川副市长主持召开了解决市无线电话公司股份和资金问题的会议。参加会议的有市顾委会主任马力同志,市计委、经委、市体改委、市财政局、市无线电话公司等部门的领导同志。

会议对市无线电话公司工程项目的建设有关

问题进行了认真讨论。形成一致意见，现纪要如下：

一、关于对市无线电话公司投资股份的问题

会议认为：重庆市无线电话公司性质应是市属股份企业，由市政府、电信局和其他股东共同参加投资确定股权，并组建董事会。

重庆市政府投资入股，由市计委拨给地方调剂外汇，按国家有关规定，每1美元应收调剂费人民币1元计算，此收入均折为入股金340万元人民币，另拨给入股资金60万元。市政府入股金额共计400万元。其他股东的入股比例和金额，经与有关各方协商，采取投资入股或发行股票等多种办法解决。

二、关于急需解决项目建设资金缺口问题

会议一致认为：鉴于第一期无线电话项目，已与外商签订合同，急需解决资金缺口630万元。原则上市有关部门都要保证这项工程按期建成开通，投入使用，发挥效益。

决定：由市计委从市能源、交通基金中垫支250万元（其中，60万元作为入股资金），市经委从技措改造资金中垫支150万元。并请市财政局在1986年10月至1987年一季度内按工程建设进度需要，按时拨付给市无线电话公司（1986年9月份所需资金100万元，由市无线电话公司从已预收用户初装费中解决）。市无线电话公司在1987年四季度电话开通后，在用户初装费收入中归还。

其余不足的资金，由市无线电话公司采取继续集资和预售电话初装费、银行贷款等多渠道解决。

请市经委负责协助做好已预订电话用户的工作，对预订的电话用户，动员他们不要退订。但对预订用户要在开通后加价时给以优惠。

三、由于本项目是我国第一批新技术引进的科研和解决重庆市"通讯难"的实验项目，应在科委立项，组成开发和国产化的科研联合体，申请海关按规定减免进口税，市税务局亦应从优减免税收，予以支持。

四、加强对市无线电话公司的管理问题

会议认为：市无线电话公司要加强和改善对企业的管理，加快工程建设进度，确保工程按计划建成。严格执行有关规定，接受有关股东的监督，建立和健全董事会领导下的经理负责制，将这一体制改革的探索搞好。

市无线电话公司是城市经济体制改革的一个新建探索性的市属邮电企业，问题较多，市经委、市体改委要加强领导，有关部门积极加以扶持。电话初装费今后要妥善核定价格，可用于市无线电话公司建设资金，还国内外贷款。无线电话公司在费用上不再超支，精打细算，将第一期引进工程在1987年上半年开通，早出效益。

四、地市合并

中共重庆市委、中共永川地委关于重庆市和永川地区合并工作中有关问题的通知

（1983年3月11日）

根据省委《关于重庆市和永川地区合并中有关问题的决定》（即省委〔1983〕14号文件）精神，为作好市、地合并的衔接准备工作，3月9日至11日，市、地领导及对口部、委、办、局和群众团体等单位的负责同志，就合并工作中的有关问题进行了研究和讨论，现将有关事项通知如下：

一、4月1日永川地区机关停止办公后，为使工作不断线，可以重庆市委、市政府及其部、委、办、局、行和群众团体等单位的名义进行工作，处理好合并过程中的遗留问题。

2、3月底以前，由市委、地委对部、委、办、局、行等对口单位，各指定一至二位主要负责同志和少量工作人员，在重庆市合署办公，负责拟订衔接方案和处理日常工作中的问题。衔接工作要做细，各级干部，特别是领导干部一定要坚守岗位，努力工作，使生产、工作不受影响，不受损失。

三、地区所属8个（市）县，从4月1日起直接与重庆市委、市政府及市属有关部门联系工作。从现在开始，市和8县即可进行工作衔接，研究交接问题，搞好当前工作。

四、地区党政机关和群众团体的房屋、设备、物资、资金等财物，由原单位清理、登记、造册，妥为保管，由市统一处理。任何单位和个人不得占用、私分和毁坏。

五、1983年下达到各企事业单位的生产、物资计划，照常执行，产、供、销渠道不变。地区各部门一季度的各种报表，除按规定上报省外，同时报送市里有关部门。

六、从4月1日起，地区机关印章对外停止使用。为了方便领取工资及必要费用，向银行存、取款可使用原有印章。

七、从4月1日起，市级机关可以直接向地区八（市）县和地属企事业单位行文。原地区机关的文件由市里统一发给。干部阅读文件按原有规定不变。

八、合并交接工作要顾全大局，本着有利于改革，有利于生产和工作，有利于安定团结的精神，各级领导和广大干部群众务必以团结为重，互相尊重，互相学习，民主协商，充分发挥积极性、主动性，保证合并工作顺利完成。

中共重庆市委
中共永川地委
1983年3月11日

重庆市人民政府关于做好同原永川地区合并后衔接工作的通知

(1983年4月15日)

市政府各委、办、局,市永川工作组,永川、江津、合川、璧山、大足、铜梁、荣昌、潼南县人民政府：

重庆市同永川地区已于4月1日正式合并,为了各项业务不致中断,生产建设不受影响,当前要把合并后的衔接工作切实做好。为此特作如下通知：

一、市政府各委、办、局要同原永川地区行政公署各委、办、局抓紧进行衔接工作。在这段过渡期间,原永川地区各委、办、局应以重庆市有关委、办、局的名义,继续进行原来的各项工作,其业务归口由重庆市有关委、办、局领导和管理。市的业务主管部门,需要将原永川地区相应的业务部门改设为分支或派出机构的,应由市各有关委、办、局同永川来的同志一起研究,提出意见,报市政府讨论决定。

二、原永川地区行署已确定下放给县管的地属企事业单位,各所在县应认真管起来,市有关部门要积极支持,协助搞好领导管理工作,业务上原来归哪个单位管的企事业单位,仍归哪个单位管,不得中断。对有些企业隶属关系的下放认识不一致的,目前不再变动,应继续进行调查,以后视情况研究处理。已由原地区行署确定交市管的企事业单位,市有关部门要切实管好。不论下放给县管的企业或交市管的企业,都应积极做好工作,把生产搞上去,实现增产增收,不得使生产受影响。

三、为了适应地市合并后的变化和业务工作上的需要,原来挂有"永川地区"头衔名称的企事业单位,可以更改名称。有哪些单位需要更改名称,改为什么名称,由市有关委、办、局提出意见,报市政府审批。

重庆市人民政府
1983年4月15日

市领导县以来农村经济发展情况

——五县调查汇报

(1983年9月23日)

我们于9月14日至22日,到合川、潼南、大足、铜梁、璧山五个县和合川的铜溪、潼南的塘坝、复兴三个区,开了八个座谈会,向县里的有关部门和三区、三社、四个大队的同志作了调查研究,并走访了"两户"。重点探讨了市领导县以来农村经济发展情况。

一、农村经济的形势很好

秋收基本结束,丰收已成定局。农民群众充满着丰年的喜悦。地市合并、市领导县的第一年,出现了粮增产、钱增收的好形势。

粮食,五个县的初步统计,小春增产不多,红苕基本保产,玉米普遍减产,少则减两成,多则减四成,但水稻大增产,丰欠〔歉〕相抵,仍增产1.5亿斤,增长4.2%,人平增加50斤。增产还很平衡,大足县是社社队队增产。合川县12万人的铜溪区,已实现省委提出的小麦亩产500斤,玉米亩产800斤,水稻亩产1000斤的要求。

收入,5个县农业总产值预计可比1982年增加1.2亿元,人平增收31元。增收的项目:一是粮食,每人7.5元;二是肥猪,增加31万头,每人8元;三是经济作物,弥补油菜减产减收之后,每人还增收10多元。柑桔又是一个大增产的势头。

工业生产上升。产值增加,利润增加,亏损下降。1至8月与去年同期相比,璧山增长14.7%,铜梁增长9.75%,大足增长8.1%。合川今年可以突破二亿大关。利润提高:到8月底,璧山已完成今年利润的76.13%,铜梁已接近完成全年计划。

财政收入比去年增多。1至8月与去年同期相比,合川增2.9%,铜梁增6.7%,大足增7.7%。璧山的税收全年可超25万元。

二、继续发展的潜力很大

怎么进一步发展农村经济?基层的同志有总结、有调查、有研究、有设想。对今后的发展战略设想,主要有两种类型:

一种是潼南,代表困难地区。过去,潼南比较贫穷,吃粮都较困难,有的还是红苕当家。越贫穷越只抓粮食,越只抓粮食越贫穷。加上严重缺煤,森林过伐,草根当柴,森林复〔覆〕盖面只2%。这就更加剧了恶性循环。这两年实行"双包"以后,农民有了自主权,立即行动起来,从调整生产结构中求发展,取得了好的效益。今年的小春作物面积减少1万亩,增产1200万斤;整个粮食面积减少3万多亩,总产增加4800万斤。经济作物面积扩大,仅当年见效的花生、芝麻、蕃茄、海椒、生姜等,就增收了上千万元。县委认真总结了"在调整中求发展,在发展中进一步调整"的经验,提出:(1)粮食比例,在现在"一九"开的基础上,人平一亩地以上的调整到"二五、七五"开或"三七"开,八分地左右的调整到"二八"开或"二五、七五"开,以20%~30%的播种面积,种植经济作物。(2)水旱比例,冬水保持在32万亩左右,根据水利、土质、气候的不同情况,适当调整。(3)粮林比例,在230万亩土地上,在80万亩耕地上,围绕罐头厂,发展500万株黄桃、柑桔;针对缺柴烧,发展80万亩用材林和薪炭林。为发展经济农业和生态农业打好基础。有人称之为"基础型"。

另一种是铜溪,代表农业地区。铜溪区的农业生产责任制,在合川县是比较解放的。1980年包土,粮食增产1000万斤;1981年包田,大洪灾之年仍增200万斤。1982年继续增产1200万斤,今年狠抓"两户",大力发展种植业和养殖业,粮食总产达1.55亿斤,比去年增产900万斤,人平增加75斤,人平口粮1000斤,产值6000万元,增收1200万元,人平增加100元,人平收入460元。"两户"4300户,占总户数的14%;"两户"产值1500万元,占总产值的25%;增收900万元,占全区增收总数的75%。种植业、养殖业发展了,卖猪难、卖茧难、卖鸡、卖蛋、卖兔都难起来了,逼着"两户"和区社,向流通业和加工业发展。区社队企业管理部门已与沙坪坝区订了1万只兔的合同。合伙贩运大米、玉米的流通联合体,加工板鸭、皮蛋的专业户,正在蓬勃兴起。大家总结这种经济类型为:以种植业和养殖业为主体,以流通业和加工业为两翼,以经济杠杆和经济立法为引导,以"两户一联"为动力的"起飞型"发展战略。

不管什么类型,粮食都是基础。基层的同志感到:"双包"之后的两三年内,粮食增产比增加收入容易一些,今年便相反了。近两年的粮食增产,还有一些"明力":(1)杂交水稻,五个县已达水稻面积的51%,还可扩大20%~30%的面积;技术上还有潜力,去年攻育秧,今年攻分蘖,明年还可攻主穗增产。(2)玉米,不仅还有上百万亩的"光板红苕",可以间种玉米,就是把今年减产的上亿斤夺回来也不少。(3)田上的稻麦两熟、土上的三熟带状种植,目前虽有减少的趋势,但随着多种经营的发展和经济效益的调整,必然是会增加的。明年五县可增产1.5亿斤。合川的同志反映:下一步就靠建立和发展肥料体系、饲料体系、良种体系、科技体系了,通过科学用肥,增加饲料发展养殖业,不断改良和推广良种,改进栽培、饲养和管理技术等来增产增收。

发展农村经济还是要调动农民的积极性。"双包"是激发农民积极性的一把钥匙;"两户"是激发农民向生产的深度和广度进军的又一把钥匙;进一步的发展必然走向联合。"两户"的发展,上半年是大发展的趋势,比重较大的合川,占总户数的10%;比重较小的潼南占3%,其余3个县在5%~8%之间。下半年是减少的趋势,养鸡的户,因商品蛋的经济效益低,有的数量减少,有的干脆不喂;养黄鳝的户,技术不过关,合川铜溪区的100多户,多数未见效益,铜梁县反映大多数户都失败了。对"两户"急需政治上鼓励,技术上支持,经济上援助,法律上保护。合川准备10月初就开劳动致富先进代表会,解决"两户"的发展问题。

〈后略〉

屈开元　戴阳初　艾智泉

1983年9月23日

五、整党整风

中共四川省委关于开展"一批两整顿"运动的几点意见

(1978年1月5日)

1978年是抓纲治国三年大见成效的重要的一年。根据党的十一大精神和我省运动发展的情况,今年的工作中心,就是开展"一批两整顿",深入揭批"四人帮",搞好整党整风,搞好各条战线、各个单位特别是企业和社队的整顿。揭批"四人帮"的伟大阶级斗争是当前推动我们事业前进的根本动力。去年,我们以揭批"四人帮"为纲,联系四川实际,狠抓了"两个环节,一个关键",实现了抓纲治蜀初见成效。今年,我省各项工作要大见成效,也必须继续抓紧抓好这个纲。要坚决打好揭批"四人帮"的第三个战役,抓住"四人帮"的反革命政治纲领。揭露他们反革命的修正主义路线的极右实质及其在各方面的表现,并从哲学、政治经济学、科学社会主义理论上进行批判。各方面的整顿,最重要的是把党整顿好。要认真解决由于"四人帮"破坏而造成的"三个不纯"的问题,做到"三个增强,一个恢复、发扬"。整顿社队、整顿企业和其他单位的主要内容,就是整班子,整队伍,整管理,整作风,落实政策。要通过"一批两整顿",拨乱反正,正本清源,对"四人帮"的流毒和影响来个大扫除,对党的优良传统和作风来个大发扬,对毛主席的革命路线和政策来个大学习、大落实,从而推动工业学大庆、农业学大寨群众运动的深入发展,实现各项工作的全面跃进。

一、深入开展"三大讲""十批判",彻底肃清"四人帮"的流毒和影响

把揭批"四人帮"的伟大斗争进行到底,这是抓纲治国、抓纲治蜀各项任务中第一位的任务。在整顿过程中,在每一个阶段,都必须以揭批"四人帮"为纲,认真搞好革命大批判。各条战线、各个单位都要在第三个战役中,以马列主义、毛泽东思想为武器,联系实际,深入开展"十批判",把"四人帮"在本系统、本单位流毒深、影响大的谬论,梳成辫子,抓住重点,逐一进行批判,把被他们颠倒了的路线是非、思想是非、理论是非统统纠正过来。同时,要认真地、实事求是地总结正反两方面的经验,搞清楚各条战线的具体工作路线和方针、政策,使各项工作纳入毛主席革命路线的轨道。

要联系各单位的实际,狠批资本主义、资产阶级派性、无政府主义,反对铺张浪费,肃清"四人帮"在这方面的流毒和影响,刹住资本主义歪风,树立社会主义正气。

1. 狠批资本主义。要进一步放手发动群众,批判"四人帮"支持、纵容新老资产阶级分子,大搞

资本主义的罪行,坚决打击各种资本主义非法活动,揭露企业和集体经济内部的资本主义倾向,保卫社会主义所有制。对于少数资本主义倾向严重的人,要重点帮助,尽可能地教育挽救;对部分群众中的资本主义倾向,要采取批评与自我批评的方法,加以解决。通过批判,端正企业和社队的社会主义方向。

2. 狠批资产阶级派性。"四人帮"煽动资产阶级派性,对党组织和革命队伍的腐蚀极大,造成"内伤"。对此,我们决不可低估。派性不彻底清除,就会干扰"一批两整顿"运动的进行,前一段运动的成果也很难巩固。各级党委一定要十分重视。要把批判资产阶级派性,作为革命大批判的一个重要内容,认真抓好。

批资产阶级派性,主要是揭发批判"四人帮"及其帮派体系煽动、利用派性,推行反革命政治纲领,大搞篡党夺权的罪行。对那些从派性出发,干扰当前运动的谬论,也要进行批判。要对干部和群众普遍进行一次克服资产阶级派性,增强无产阶级党性的教育;对个别派性严重的,要进行批评帮助;要着重解决领导班子中的派性问题。派性特别严重的单位,要集中一段时间搞。资产阶级派性,在时间界限上,主要是指批林批孔以来,特别是前年"四人帮"横行时,从派性立场出发,同情和支持帮派活动,以及粉碎"四人帮"后干扰运动进行的。不要纠缠历史旧账。通过批判,要把资产阶级派性搞臭,使它没有市场。今后绝不允许在党内拉帮结派,"一切无原则的派别斗争,都要清除干净"。

3. 狠批无政府主义。要揭批"四人帮"大刮无政府主义妖风,反对一切规章制度,破坏组织纪律的罪行。要发动和依靠群众,同一切无组织无纪律的现象作斗争。对个别一贯违反组织纪律、屡教不改的人,要敢于触动,坚决处理。通过批判,教育干部和群众加强组织纪律性,增强法制观念,坚持民主集中制。

在"一批两整顿"中,一定要把"三大讲"抓好。这是革命队伍内部清除流毒,分清路线是非,解放思想,振奋精神,加强团结,解决人民内部矛盾的一种好形式。"三大讲"搞好了,可以巩固前一段运动的成果,也能使运动进一步深入。要采取领导带头、人人上阵的办法,联系本单位和个人的实际,总结经验教训,讲经历,谈体会,互相启发,共同受教育。"三大讲"是很细致的思想工作,一定要下功夫做好,不要走过场。要组织好典型发言,让受"四人帮"的毒害较深、认识比较好、转变了立场的同志现身说法,典型引路,使"三大讲"搞得既有广度又有深度。在"三大讲"中,要大力表扬那些坚决同"四人帮"斗争,在工业学大庆、农业学大寨中做出显著成绩的好党员、好干部、好职工、好社员。

"整风运动是一个'普遍的马克思主义的教育运动'。"要特别注意抓好党员教育,用毛主席关于无产阶级专政下继续革命的伟大理论武装党员。要深入批判"四人帮"破坏党、瓦解党的严重罪行。要普遍组织党员学习党的十一大文件,进行怎样做一个共产党员的教育,进行党的优良传统和作风的再教育,引导党员按照"三要三不要"的基本原则和新党章对党员的八条要求,认真总结在第十一次路线斗争中的经验教训,抓住继续革命的主要障碍,从世界观上找原因,解决好思想入党的问题。要教育党员明确"七个懂得",使党员增强无产阶级党性,增强党的观念,增强党的集中统一领导,贯彻民主集中制,遵守党规党法,恢复、发扬党的优良传统和作风,在各项工作中起先锋模范作用。

二、重点抓好领导班子的整顿

整党整风和各条线战的整顿,关键是要把领导班子整顿好,特别要把县级以上党委整顿好。有了大干社会主义的领导班子,才能有国民经济的高速度发展。搞好领导班子的整顿,可以促进企业和社队的整顿;通过整顿企业和社队,又能进一步暴露领导班子中的问题,揭露矛盾,解决矛盾。

整顿领导班子,要围绕揭批"四人帮"和工业学大庆、农业学大寨运动,主要解决三个问题:(1)总结第十一次路线斗争的经验教训,提高路线觉悟的问题。尤其是犯了错误的同志更要认真总结,从路线上分清是非。(2)资产阶级派性和宗派主义的问

五、整党整风

题。(3)干劲、作风、精神状态问题,对学大庆、学大寨是真学还是假学的问题。

整顿班子以思想整顿为主,同时也要进行组织整顿。要按照接班人五项条件和老中青三结合的原则,建设好领导班子。把那些在三大革命运动中,坚决同"四人帮"斗,同资本主义斗,拼命干社会主义的优秀干部提拔到领导岗位上来。特别要配备好一、二把手。对混进班子中的坏人要坚决清除。对犯有错误坚持不改或者资产阶级派性严重不宜继续在本单位工作的,坚决调离。对于路线不正,干劲不足,长期搞不好工作的,要尽快调换。另外,对一些年老体弱不能坚持工作的干部,要妥善安排。农村基层领导班子还要解决"五种人"掌权的问题。

在整顿中,要把领导班子革命化建设的一些制度,如学习、劳动、组织生活、民主集中制、调查研究等建立健全起来。通过整顿,端正路线,改进作风,焕发精神,努力工作,使之成为团结战斗,精干有力的领导核心。

三、整顿好经营管理

整顿经营管理是整顿企业和社队的一项重要内容。"四人帮"把抓管理说成是"搞修正主义",搞"管、卡、压",弄得管理问题成了"禁区",谁也不敢过问,造成管理混乱,问题成堆。在整顿中,要狠批"四人帮"破坏经营管理的罪行。根据生产的需要,制定必要的管理制度和办法;过去行之有效的,要恢复和坚持。切实改变经营管理的混乱状态,提高管理水平。

农村社队,要着重抓好劳动管理和财务管理。(1)建立健全劳动组织、生产责任制,加强定额管理,严格验收和奖惩制度。(2)搞好评工记分,根据不同情况可分别采用大寨式评工记分、"定额到组、评工到人""劳力分级、底分活评"等办法。(3)压缩非生产人员和非生产用工,加强农业第一线,干部要坚持参加集体生产劳动,做到"一、二、三"。(4)生产队对社员实行定基本劳动日、定基本投肥任务、定基本口粮的"三定"制度。(5)认真清理工分、账目、钱粮、物资,清查超支、挪用和乱"三支"款。(6)建立健全财务管理制度,实行民主理财,坚持勤俭办社,讲究经济核算。(7)切实抓好分配,务必做到90%以上的社员增产增收。

工矿企业要切实加强企业管理,向落后开战。(1)建立健全强有力的政治工作制度和以岗位责任制为中心的七项制度。(2)实行"五定",即定产品方向和生产规模,定人员、机构,定主要原料、材料、燃料、动力、工具的消耗定额和供应来源,定固定资产和流动资金,定协作关系。(3)按八项技术经济指标组织和检查生产。(4)精简企业机构,大力压缩过多的非生产人员,充实加强生产第一线。(5)向落后的管理工作和落后的生产技术开战,向挖潜、革新、改造、协作要生产力。要突出强调提高产品质量,降低消耗,扭亏增盈。

机关、学校、商店以及其他单位,都要通过整顿把必要的规章制度建立健全起来,紧张而有秩序地进行工作。

四、要注意落实党的政策

党的政策体现了党的路线,代表了群众的利益。政策落实了,群众的积极性才能充分调动起来,而且才能持久。

要认真落实党的干部政策、老工人政策、知识分子和科技人员政策、民族政策、统战政策等。各单位在"一批两整顿"中,要检查政策的落实情况,能解决的问题要及时解决,不要拖,不要矛盾上交。对于政历结论、工作安排,要根据党的政策,尽快落实;对于老工人、科技人员、知识分子的工作条件和生活方面存在的问题,要采取积极的态度,尽可能加以解决。民族地区要普遍进行一次执行民族政策情况的检查。

在整顿中,对人的处理要取慎重态度。要严格区分和正确处理两类不同性质的矛盾,扩大教育面,缩小打击面。对犯错误的同志,必须实行"惩前毖后,治病救人"的方针。关于整党中的组织处理,除中央、省委过去有规定的以外,再明确几点:〈后略〉。

要认真落实党的经济政策,当前要抓好贯彻落实各尽所能、按劳分配的原则,反对平均主义。坚持政治挂帅和物质鼓励相结合,以精神鼓励为主,物质奖励为辅。厂矿企业要按照中央的统一规定,经过调查研究,有步骤地解决劳动工资方面的问题。农村一定要搞好决算分配。对发展多种经营和社队企业、发展养猪养牛、社员经营正当家庭副业、大集体小自由等各项政策,也要检查落实。

五、抓紧搞好清查工作

从全省多数地方和单位来看,同"四人帮"篡党夺权阴谋活动有牵连的人和事基本查清,但还有结尾工作要做。少数单位局面未打开,问题也未查清。对于应当清查的人和事必须坚决查清,不能松松垮垮、马马虎虎,没有查清也算清了。各单位要加强这方面的工作,尽快把重点对象的问题调查清楚,核实定案。

对被清查的重点对象,问题已经查清的,要做出处理。通过处理进一步推动清查工作。处理要抓两头:一种是已经查清,证据确凿、罪行严重、民愤很大的帮派骨干分子,就按敌我矛盾处理,这是极少数;另一种是,问题已查清,不够帮派骨干,是属于犯政治错误的,要及时解脱,不要再拖。对其余的重点对象,问题还不够清楚的,要尽快查清楚。对这些人要多作转化工作,发挥政策威力,把体现政策和思想工作扭在一起,通过学习、批判、典型带动、做思想工作,尽可能把能拉的拉过来。转化工作做好了,其中相当一部分人可以转化为人民内部矛盾。即使定性为敌我矛盾的,大多数可以按人民内部矛盾处理。这样就能够扩大教育面,缩小打击面,团结两个95%,最大限度地孤立和打击极少数顽固的帮派骨干。

对少数没有打开局面的单位,要采取措施,加以解决。特别是分散在各地的厂矿企业单位和大专院校、科研部门,运动开展得不好的,各主管部门要和地、市、州委配合,采取派人下去加强领导或集中办学习班等办法,发动群众揭开阶级斗争的盖子,把运动开展起来。

六、继续抓好"双打"

"双打"是"一批两整顿"的一个重要内容,通过"双打"可以推动各方面的整顿;搞好整顿,又可以把"双打"进一步深入下去。各地要把"双打"同各方面的整顿紧密结合起来,按照省委的统一部署,抓紧抓好。要继续放手发动群众,城乡结合,内外结合,上下结合,统一指挥,集中行动,大打人民战争,深挖那些隐藏深的阶级敌人和大贪污盗窃、投机倒把犯。要大力整顿社会治安,整顿铁路沿线和城市交通秩序,加强社会主义法制,巩固无产阶级专政。要稳、准、狠地打击一小撮最顽固的阶级敌人。根据华主席、党中央的指示,捕人要少,应该捕的、必须捕的,坚决捕起来;可捕可不捕的一律不捕,放在群众中监督批判。

七、抓革命,促生产,掀起社会主义经济建设和文化建设的新高潮

在"一批两整顿"中,始终要注意抓革命,促生产,把群众的社会主义积极性,及时地引导到高速度发展国民经济、全面完成国家计划上来。各级领导要坚持三大革命一起抓,扎扎实实地抓几项关键的生产措施,抓到底,不要说得多,做得少。"一批两整顿"搞得好不好的一个重要标准,就是看是增产还是减产。通过"一批两整顿",要使我省工农业生产和各项工作有一个显著的变化,争取对国家、对人民做出较大的贡献。

八、关于运动的部署

"一批两整顿"是今年进行党的基本路线教育,"工业学大庆""农业学大寨"的主要内容,要组成一个统一的运动来抓。要像"四清"运动那样集中精力、集中时间,有声势、有气魄,大张旗鼓地进行。在部署上,先要整顿好省、地、县三级的领导机关。省级机关在一、2月集中时间搞,地、市、州、县机关,一般也应在春耕大忙前搞好。

各级党委对各单位的整顿要做出规划,争取两年内搞完。农村的基本路线教育,"一批两整顿",

要继续组织工作队下乡,分期进行。在工矿企业、机关、学校中,领导力量强,揭批"四人帮"运动搞得比较好的,主要依靠自己搞,上级党委要加强指导;有的单位可以派联络员了解掌握情况;对那些问题较多的单位,要派强有力的工作队进行帮助;对那些影响全局的单位,要先行整顿。

要把分期分批开展整顿和面上普遍进行教育结合起来。先开展的单位要不断总结经验,扎扎实实地搞好。暂时没有开展整顿的单位,也要组织学习和批判,以整风的精神解决影响当前大干快上的突出问题。

各级党委要加强领导,及时解决运动中存在的问题,按照中央和省委规定的标准,组织验收,保证质量。

钱敏同志在市委"一批两整顿"工作会议上的总结讲话

(1978年3月8日)

〈前略〉,我市从去年10月以来,在试点的基础上,市、区县级机关和少数厂矿企事业共161个单位开展了整党整风运动,占机关和市属单位总数的20%。农村115个公社在党的基本路线教育运动中进行了整党整风,占全市公社总数的37%。通过整党整风,大大加强了党的建设,推动了各项工作,促进了抓纲治渝初见成效。今年初,省委下达了一号文件,提出了《关于开展"一批两整顿"运动的几点意见》。根据省委的部署,市委在上月21日召开的局以上干部和区县委书记会上,对第一批开展整党整风的单位,要求在整党整风的后期要立即插上整顿机关、整顿企业的工作。为了进一步贯彻省委指示,根据目前运动的发展情况,市委决定召开这次会议,专门讨论部署第二批开展"一批两整顿"的问题。会上,同志们学习了华主席在五届人大上作的政府工作报告和两报一刊重要社论《愚公移山,改造中国》,明确了社会主义革命和社会主义建设新的发展时期的总任务,受到极大的鼓舞,开阔了眼界,振奋了革命精神。大家一致表示,要坚决响应华主席关于建设社会主义现代化强国的号召,以实际行动搞好"一批两整顿",为高速度发展国民经济,把我市建设成为祖国战略后方的先进工业基地而奋斗。同志们还学习了省委一号文件,讨论了市委关于贯彻执行省委一号文件的意见(草稿)。去年市委发了〔1977〕46号文件,提出了开展整党整风的意见。这个文件现在看来,还是有指导作用,应继续贯彻执行。今年省委提出要把"一批两整顿"作为一个统一的运动来抓,我们在去年46号文件的基础上,根据省委指示,专门进行了研究,提出了贯彻省委一号文件的意见(草稿)。这个草稿准备根据同志们讨论中提出的问题,再作一些修改,以正式文件下发。

第一批整党整风,绝大多数单位都是搞得比较好的,特别是在领导班子整风方面,积累了一些宝贵的经验。昨天有五个单位在大会上作了发言。其中南岸区、江陵厂和利华橡胶厂介绍了领导班子整风的经验,长安厂介绍了在整党整风中,整顿产品质量,加强企业管理的经验。市建筑三公司还讲了他们开展"一批两整顿"运动的安排。这些发言,对我们第二批开展"一批两整顿"运动很有帮助,可供各单位参考。

现在我根据大家学习讨论的情况,再讲几点,着重讲三个问题:

第一个问题,主要讲开展"一批两整顿"运动的意义。

一、搞好"一批两整顿"是深入揭批"四人帮",打好第三战役,肃清他们流毒和影响的迫切需要

英明领袖华主席指出:"在当前和今后一个时期内,揭批'四人帮'的斗争,仍然是两个阶级、两条路线斗争的中心。"过去几年,我们一些单位的工作为什么长期上不去,根本的原因是"四人帮"在各个领域、各个方面进行了干扰和破坏,把党组织的战斗力削弱了,职工的思想搞乱了,合理的规章制度被废弛了,党的优良传统作风被败坏了,党的政策被践踏了,使毛主席的革命路线和政策得不到贯彻。开展"一批两整顿"就是为了彻底肃清"四人帮"在各方面造成的流毒和影响,把被他们搞乱了的路线、思想、理论是非纠正过来。粉碎"四人帮"以后,短短的一年多时间,各条战线能够发生根本的变化,很快出现一个团结战斗、生气勃勃、大干快上的崭新局面,正是因为我们在华主席抓纲治国战略决策的指引下,打好了揭批"四人帮"的几个战役,抓了"两个环节,一个关键"的结果。一年多来,揭批"四人帮"的斗争取得了很大的胜利,但是要彻底清除他们在各方面的流毒和影响,夺取斗争的全胜,还是一项长期的艰巨的任务。现在有少数领导同志产生了一种"差不多"的思想,认为现在"该揭的揭了,该批的批了,该查的查了,应歇口气了",这种思想是不正确的,我们决不能有任何自满松劲情绪,一定要再接再厉,乘胜前进,打好揭批"四人帮"的第三战役。根据我们一年多来的实践经验,揭批"四人帮"的斗争必须紧密联系各条战线的实际,把革命大批判同整顿领导班子,整顿职工队伍,整顿企业管理和落实党的政策紧密结合起来,做到边整边改,边破边立。这样才能使揭批"四人帮"的斗争具有针对性、战斗性,扎扎实实,收到实效,真正解决问题,避免那种无的放矢,光讲空话,不触及实际问题的倾向。反之,各方面的整顿离开了揭批"四人帮"的斗争,就会偏离方向,就整不好,整不彻底。因此,我们一定要抓住揭批"四人帮"这个纲,在打好第三战役中,认真搞好两个整顿,这对于肃清"四人帮"的流毒和影响,把他们颠倒了的路线、思想、理论是非彻底纠正过来,拨乱反正,正本清源,进一步促进各单位面貌的大变化,工作的大发展具有重要意义。

二、搞好"一批两整顿",是深入开展工业学大庆、农业学大寨运动的重要措施

粉碎"四人帮"以来,我市学大庆、学大寨的群众运动不断向前发展,取得了很大成绩,出现了一批学大庆、学大寨的先进单位。怎样把学大庆、学大寨的群众运动引向深入?大庆、大寨的根本经验,就是狠抓阶级斗争这个纲,狠批资本主义,狠批修正主义,不断地进行整顿,整出了一个坚决执行毛主席革命路线和政策的钢班子,整出了一支能打硬仗的铁队伍,整出了一套严密的科学的管理制度,整出了大干社会主义的雄心壮志。我市学大庆、学大寨的一些先进单位的经验反复证明:要真学大庆、学大寨,必须狠抓揭批"四人帮"这个纲,认真搞好各方面的整顿,如重庆电线厂、重庆钢厂、江陵机器厂和堡堂大队等单位,就是在两个阶级、两条道路、两条路线的激烈斗争中,经过多次整顿,变成大庆、大寨式单位的。大量事实说明,整顿就是革命,整顿就是斗争,整顿才能在无产阶级专政下继续革命。不抓整顿,空喊学大庆、学大寨,那是永远也学不到手的。因此,抓不抓整顿决不是一般问题,是高举不高举毛主席伟大旗帜的问题,是紧跟不紧跟华主席为首的党中央的问题,也是对真学大庆、学大寨,还是假学大庆、学大寨的检验。有的同志思想上存在"怕"字。不敢抓整顿,错误认为整顿就是整人,就是"矛头向下整群众",对领导班子中有问题的人不敢触及,该处理的下不得手。这是"心有余悸"的表现,是对"四人帮"的流毒和影响没有肃清的表现。我们一定要肃清"四人帮""整顿就是复辟"的流毒和影响。克服"怕"字,树立"敢"字。像大庆、大寨那样,敢批敢斗,敢抓敢管。省委决定把"一批两整顿"作为今年进行党的基本路线

教育，"工业学大庆""农业学大寨"的主要内容是完全正确的。"一批两整顿"运动抓好了。工业学大庆、农业学大寨的群众运动一定能够更加深入地向前发展，不断出现新的高潮。

三、搞好"一批两整顿"，是实现三年大见成效的保证

华主席在五届人大上作的政府工作报告中，提出了社会主义革命和社会主义建设新的发展时期的总任务，强调了高速度发展国民经济的重大意义，为我们展现了一幅新时期的宏伟蓝图，率领我们继续进行新的长征。摆在我们面前的任务是非常光荣而又十分艰巨。我们重庆是祖国内地一个基础较好的老工业城市，在建设四个现代化的社会主义强国的斗争中，担负着十分重要的责任，要为党和国家多作贡献。但是，从目前我市各方面的工作来看，离党中央和华主席的要求还有很大的距离。与高速度发展国民经济的需要还很不相适应，特别是有些领导班子存在着"软、懒、散"的状况，有些领导干部受着"四人帮"精神枷锁的束缚，思想不解放，心有余悸，没有树立高速度思想，缺乏雄心壮志。如果我们不抓住揭批"四人帮"这个纲，来一个各方面的大整顿。要高速度发展国民经济是不可能的。去年我们根据省委批示紧紧抓住揭批"四人帮"这个纲，狠抓"两个环节，一个关键"，革命和生产突飞猛进，夺取了抓纲治渝初见成效的胜利。今年是三年大见成效的重要一年，各项工作都要大干快上，任务更加繁重，要求我们抓住"一批两整顿"这个中心。带动各项工作。有的同志担心工作这样忙，任务这样重，头绪这样多，领导精力顾不过来，"一批两整顿"搞不好。这种顾虑是不必要的，应当认识"一批两整顿"与各项工作不是矛盾的，它是推动各项工作前进的动力，只要我们抓住中心，对各项工作妥善安排，"一批两整顿"是完全可以搞好的。"一批两整顿"搞好了，把"四人帮"强加的精神枷锁彻底打碎了，在思想上来个大解放，在领导班子和职工队伍的建设上来个大加强，企业管理来个大改进，我市革命和生产在去年初见成效的基础上就会来个大发展，三年大见成效就有了可靠的保证。

以上几个方面充分说明，搞好"一批两整顿"确实非常重要、非常迫切，我们一定要集中精力，下最大决心，高标准，严要求，保质保量，把运动搞好，决不能马虎草率，单纯赶时间、赶进度，不顾质量，甚至走过场。当然，时间一定要抓紧，不能拖拖拉拉，但首先要注意保证质量。

第二个问题，讲一讲怎样保证质量，搞好"一批两整顿"。根据第一批整党整风的经验和这次会议讨论的情况。要着重抓好以下几点：

一、一定要抓住揭批"四人帮"这个纲

抓纲的重要性，现在大家都比较明确了。但是，在"一批两整顿"中怎样抓纲呢？第一批开展整党整风的单位，有一条很好的经验就是采取列大事件，开展"三大讲""十批判"、解剖典型事例，进行路线对比等办法，效果很好。好在哪里？一是从本单位大量看得见、摸得着的具体事例中，使大家更清楚地看到了"四人帮"及其帮派头子和亲信在各条战线造成的破坏的严重性，进一步激发了对"四人帮"的深仇大恨，加深了对整顿工作重要性、迫切性的认识。二是通过揭矛盾、列事件，把"四人帮"干扰破坏在单位造成的危害和影响具体化了，使整顿工作更具有战斗性、针对性。三是抓大事件和典型事件进行路线对比，有利于提高认识，划清是非界限，彻底肃清"四人帮"流毒和影响。我们在"一批两整顿"中，要参照这些好的经验，深入开展揭批"四人帮"的斗争。〈中略〉。联系十一次路线斗争在本单位的实际，揭矛盾，列事件，领导带头，人人上阵，广泛开展"三大讲""十批判"、"路线对比"，统一对大事件的认识，认真总结在十一次路线斗争中正反两方面的经验教训，掀起揭批"四人帮"斗争的新高潮。在普遍揭批的基础上，围绕整班子、整队伍、整管理、整作风和落实政策，弄清有哪些路线

是非、思想是非、理论是非被"四人帮"搞乱了,在本单位有哪些影响深、流毒广、危害大的问题,把它梳成辫子,列成专题,一个一个问题地开展批判,划清界限,提高认识,清除影响。为了把专题揭批引向深入,要抓住典型事例,进行路线对比,开展大辩论。〈中略〉。在这一系列重大问题上,如果不分路线是非,肃清"四人帮"的流毒和影响,就不可能彻底砸烂精神枷锁,正确地贯彻执行毛主席的革命路线和政策。在"一批两整顿"中要抓紧搞好清查工作。把同"四人帮"篡党夺权阴谋活动有牵连的人和事搞清楚,要继续抓紧"双打",深挖那些隐藏深、危害大的阶级敌人,以及内外勾结进行重大贪污盗窃、投机倒把的犯罪分子,狠狠打击"四人帮"的社会基础,进一步巩固无产阶级专政。

二、一定要抓住整顿领导班子这个关键

华主席指出:"抓纲治国、首先要治党。"各方面的整顿和建设,最重要的是党组织的整顿和建设,在"一批两整顿"中,要把整党整风作为重点,只有把党组织整顿好了,才能搞好各方面的整顿。整党整风最关键的又是要把各级领导班子整顿好、建设好。领导班子的整顿和建设十分重要,因为它关系着继往开来,是否经得起任何路线斗争的考验,把毛主席亲自培育的光荣传统和作风继承下来,把毛主席的革命路线和全部思想财富继承下来,把毛主席开创的无产阶级革命事业进行到底的重大问题;关系着落实华主席抓纲治国的战略决策,进一步促进安定团结,达到天下大治,实现三年大见成效,把巩固无产阶级专政的任务落实到基层的重大问题;关系着在华主席为首的党中央领导下进行新的长征,实现我市各项社会主义建设事业的高速发展,在祖国战略后方"硬三线"的建设中能否为国家和人民多作贡献的重大问题。领导班子整顿得好不好,是"一批两整顿"运动是否搞好的重要标志。领导班子整顿好了,也才有可能去搞好其他方面的整顿。怎样才能把领导班子整顿好、建设好?从第一批开展整党整风的经验来看,有这样几条是比较好的,我们可以仿行。一是要坚持高标准,严要求.要做到问题一定要找准,决心一定要下够,思想一定要交锋,要求一定要严格。要围绕十一次路线斗争和高速度发展国民经济的问题,查路线,查干劲,查团结,查作风,认真解决"软、懒、散"的问题。要充分揭露矛盾,开展积极的思想斗争,认真总结正反两方面的经验教训,该触及的问题一定要触及,不能回避,不能和稀泥。二是要实行开门整风。领导班子的整顿,一定要在斗争中整,当前就是要在揭批"四人帮"的斗争中进行整顿。这几年"四人帮"把党的群众路线、实事求是、民主集中制等优良传统和作风败坏了,削弱了党和群众的血肉关系,我们要在整顿中把党的优良传统和作风恢复和发扬起来。要实行开门整风,充分发动群众,虚心听取群众的意见,接受群众的批评,切实改进领导工作,转变领导作风。至于通过什么方式开门,开多大的范围,采取什么步骤?可根据各单位的实际情况而定。三是要以解决问题为主,不受时间和阶段的约束。在"一批两整顿"的每个阶段,领导班子都要进行整风。要把阶段整风和集中整风结合起来,重点放在第二阶段。整风时,人员和时间都要适当集中,防止疲沓拖拉,开"马拉松"的会议。一般来说,只要领导决心大,严肃认真,态度诚恳,十天左右就能较好地解决问题。时间一定要抓紧,但也不能完全受时间的限制。要以真正解决问题为原则。对领导班子成员中犯有这样那样严重错误的人,要多做耐心细致的工作,开展严肃的思想斗争。进行重点帮助,使他们认识错误,认真改正。四是以思想整顿为主,认真搞好组织整顿。领导班子事关重大,我们要站得高些,看得远些,要以对革命事业高度负责的精神,采取严肃认真的态度,认真选配好各级领导班子。决不能优柔寡断,久拖不决。要按照毛主席接班人五项条件和老中青三结合的原则,把那些认真学习马列、毛泽东思想,特别是在第十一次路线斗争中立场坚定,旗帜鲜明,经得起考验的人;党性强,能团结人,不信邪的人;艰苦朴素,实事求是,说老实话,办老实事,做老实人,作风正派的人;努力工作,联系群众,关心群众疾苦,有魄力,

有实际经验，能够办事的人选进领导岗位。对那些历次运动中的党内反对派，搞"地震"的人；投机钻营，见风使舵的"风派"人物；犯了错误贯于把责任推给别人，文过饰非的"溜派"人物；错误严重而又态度很坏的人；以及有问题没有查清的人不能选进领导班子。那种虽然同"四人帮"没有什么牵连，但是政治品质不好，称王称霸，拉拉扯扯，好搞宗派，玩弄权术，专门整人。革命意志严重衰退，饱食终日，无所用心的人，也不能选进领导班子。总之，在领导班子的整顿和建设上，一定要坚持高标准、严要求，不能含糊。

三、一定要把"一批两整顿"作为一次普遍的马克思主义教育运动来抓

毛主席指出："凡是要推翻一个政权，总要先造成舆论，总要先做意识形态方面的工作。革命的阶级是这样，反革命的阶级也是这样。""四人帮"深深懂得这个道理，他们利用窃取的一部分权力，大造反革命舆论。这几年"四人帮"对各条战线的干扰破坏，为什么这样严重？危害这样大？最根本是把思想、理论是非搞乱了，造成唯心主义盛行，形而上学猖獗。思想、理论一乱，各方面就跟着大乱。特别是他们继承林彪的衣钵，采用阴险狡猾的手法，变本加厉地推行假"左"真右，形"左"实右的反革命修正主义路线，欺骗性更大，使一些人分不清正确路线和错误路线、马列主义和修正主义的界限，甚至把谬误当成真理，把修正主义黑货当成马克思主义的原则奉行。因此，要搞好各方面的整顿，一定要从教育着手，开展一次普遍的马克思列宁主义和毛泽东思想的教育，狠批"四人帮"的反革命修正主义路线，特别是要揭露和批判他们的极"左"的反革命伎俩，把他们搞乱的思想、理论是非纠正过来。根据第一批整党整风的经验，搞好教育首先要学好文件，武装思想，要针对党员、职工中存在的主要问题，紧密结合当前的形势任务，选学马列、毛主席的有关著作和华主席的有关指示。党的十一大和五届人大的重要文献，闪耀着毛泽东思想的光辉，准确地、完整地运用毛泽东思想，总结了我们党同"四人帮"斗争的历史经验，是我们拨乱反正，继续革命的战斗武器，必须认真学好。在教育中，要采取多种多样的形式，进行生动具体的路线教育。如请老干部、老红军讲革命传统，请学大庆、学大寨的先进人物和单位介绍模范事迹，开展"忆、比、查"活动，剖析正反两方面的典型，组织后进变先进的各类人物现身说法。有的单位由于资本主义泛滥，管理混乱，铺张浪费严重，给国家造成重大损失，还可举办展览，组织职工现场参观。要搞好教育，还要注意培训骨干，首先集中一定时间，组织骨干学习，使他们明确"一批两整顿"的重大意义、指导思想、步骤作法、方针政策和目的要求，向他们提出具体要求。同时，每个阶段还要让骨干先走一步，充分发挥他们的模范带头作用。在这一工作中，党员的学习无论从内容上、要求上都必须多于群众、高于群众、严于群众。通过教育，使广大党员、广大干部和广大职工进一步认清当前的大好形势，进一步明确抓纲治国和在本世纪内实现四个现代化的伟大历史任务，焕发精神，积极工作，为高速度进行社会主义革命和建设多作贡献。

四、一定要认真整顿好企业管理

社会主义现代化的生产，必须实行科学的管理，有一套严密的规章制度。近几年来，"四人帮"把抓管理说成是"搞修正主义""搞管、卡、压"，弄得管理问题成了"禁区"，谁也不敢过问。造成管理混乱，问题成堆，无人负责，或者大家负责，实际上都不负责，已经成了奇灾大祸。在"一批两整顿"中，要狠批"四人帮"破坏经营管理的罪行。根据生产需要，制定必要的管理制度和办法，过去行之有效的，要恢复和坚持，切实改变经营管理的混乱状态，提高管理水平。必须从一切基层单位起，认真地实行有广大人民群众参加的民主管理。同时，也要加强集中统一。要反对无政府主义，反对资产阶级派性，反对破坏纪律的行为。整顿企业，首先要搞好上层领导机关和企业的管理部门的整顿和建设，使其更好地为生产服务、为基层服务。关于整

顿企业的内容和要求,省委文件已有明确的规定,我们要认真贯彻执行。在整顿中,要充分发动群众揭露管理工作上存在的问题,把矛盾和薄弱环节彻底暴露出来,从反对铺张浪费入手,狠批资本主义倾向,煞住资产阶级歪风,树立无产阶级正气,提高广大职工遵守组织纪律的自觉性。在企业整顿上,由于"四人帮"的干扰破坏,几乎是"百事待举",迫切需要解决的问题很多。但是,运动有一定的时间性,不能所有问题都要求在运动中解决,"毕其功于一役"是不行的。必须分清轻重缓急,紧紧抓住阻碍当前生产高速度发展的主要问题,集中精力切实加以解决。当前,首先要把以岗位责任制为中心的各项管理制度建立健全起来,做到事事有人管,人人有专责,彻底根除无人负责的现象。同时,要突出强调提高产品质量,降低消耗,扭亏增盈。要精减企业机构,压缩过多的非生产人员,充实生产第一线。在整顿中,要贯彻边整边改、边破边立的精神,该建立的制度要迅速建立,该增添的措施要立即增添,该改进的办法要尽快改进。特别是要扎扎实实地抓几项关键性的措施,一抓到底,做出成效。"一批两整顿"搞得好不好,很重要的一条,就是看是增产还是减产。我们一定要通过"一批两整顿",掀起抓革命、促生产的新高潮,使我市工农业生产和各项工作有一个更加显著的变化。

五、一定要认真贯彻执行党的政策

毛主席教导我们:"政策和策略是党的生命,各级领导同志务必充分注意,万万不可粗心大意。"党的政策是党的路线的体现,它代表了群众的根本利益,只有各项政策落实了,广大群众的社会主义积极性才能真正调动起来,而且才能持久。华主席在党的十一大和五届人大的报告中,反复强调政策问题的重要性。邓副主席在最近的讲话中,也一再指示:"只有政策才能管得长、管得宽""要清理一下政策""农村、城市都有一个政策问题"。为什么当前要强调落实政策呢?因为这些年来,"四人帮"出于篡党夺权的需要,疯狂地反对和破坏毛主席的革命路线和无产阶级政策,把许多行之有效的政策搞掉了,章法混乱,弄得无章可循、有章不循,严重地挫伤了广大干部和群众的社会主义积极性,极大地阻碍了国民经济的高速度发展。粉碎"四人帮"以后,华主席为首的党中央,对落实政策十分注意,过去被"四人帮"破坏很严重的科技、文教战线,由于抓了政策的落实,很快出现了欣欣向荣的大好局面,充分显示了党的政策的巨大威力。这次"一批两整顿"的一项重要任务,就是要认真落实党的政策,这是拨乱反正、正本清源的一个重要方面。落实党的政策是多方面的,包括干部政策、老工人政策、知识分子政策、统战政策、经济政策,等等。在"一批两整顿"中要组织专门力量,进行调查研究、认真检查一下党的各项政策落实情况,凡是自己能够解决的,要一项一项、一个一个问题地加以解决,决不能把矛盾上交。对经济政策方面的问题,要按中央和省委的规定执行。涉及动用钱粮的事情,要向上级报告,不能擅作主张。关于整党中的组织处理,必须坚决按照省委〔1978〕1号文件的规定办,对人的处理,要取慎重态度,严格区分和正确处理两类不同性质的矛盾,扩大教育面,缩小打击面。当前在落实政策中,有一些思想问题值得注意:一种是消极等待。等上级作决定,等别人拿出经验。说穿了,这种思想还是一个"怕"字,心有余悸的问题没有解决,"四人帮"造成的精神枷锁没有彻底砸烂。再一种是宁"左"勿右。认为"左"比右好,"左"是方法问题,右是立场问题。这种认识是完全错误的,无论"左"和右都是背离毛主席的革命路线,不符合党和人民利益的。当然,在落实政策中也要防止不讲原则,无理取闹,借机翻案,"一风吹"等现象。我们一定要站在党性立场上,坚决抵制各种违反党的政策的行为,正确贯彻执行毛主席的革命路线和无产阶级政策。

第三个问题,讲一讲必须切实加强对"一批两整顿"运动的领导。

第二批开展"一批两整顿"运动的单位,经各口研究提出,市委审查确定,这批开展运动的市属单位共

265个,占全市市属单位803个的33%。其中,县团以上单位115个,占县团以上单位364个的31%。据初步了解,在这批开展运动的单位中,需要上级派工作队(组)帮助的有71个,占开展单位数的26%。另外还有600多个区县下属的城镇支部开展运动。开展的单位这样多,面又这样宽,又这样分散,要求我们必须认真加强领导。同时,还要看到,"一批两整顿"运动是从党内到党外、从领导到群众、从政治思想到经营管理的一次带全面性的整顿,它不仅涉及上层建筑领域的各个方面,也涉及经济基础,范围比较广泛,工作比较复杂,政策性强,要求高。加之我们对如何把"一批两整顿"作为统一的运动来抓,缺乏经验。要按照省委的要求,保质保量地把运动搞好,不是一件轻而易举的事情。市委要求,凡是开展运动的单位,党委要集中主要精力来领导运动,要像搞"四清"运动那样,大张旗鼓地,扎扎实实地,一步一个脚印地搞深搞透搞彻底。

"一批两整顿"是一个统一的运动,是今年的工作中心。统一的运动,一定要实行统一的领导,绝不能推给某一个具体部门去管。党委一、二把手要亲自抓,分管的负责同志要具体抓。要建立精干有力的工作班子。在党委的统一领导下,各职能部门应充分发挥主动性和积极性,互相配合,协同作战,决不能只强调自己工作的重要,你干你的,我干我的。在工作中,要坚持群众路线,深入调查研究,抓好典型,指导全面。市委工交部为了加强对运动的领导,抽调了1500多名干部,组成55个工作组,53个联络组,由部、局长带领,深入到第二批开展运动的单位,帮助基层开展工作。其他各口也应该像市委工交部那样,领导带头,组织强有力的力量深入基层,切实加强对运动的领导。

要注意把好质量关,每个阶段搞完后,要进行分段验收,经上级党委同意后,才能转入下一阶段。运动全过程结束时,要采取领导和群众相结合的办法,按照市委规定的六条验收标准,总结、检查验收。符合六条标准的,经上级批准,才能宣布结束。不完全符合六条标准的,要采取缺啥补啥的办法进行补课。走了过场的要重整。切实把第二批"一批两整顿"运动搞得更好。

同志们!具有伟大历史意义的五届人大胜利闭幕了。我国人民在社会主义革命和社会主义建设的新的发展时期的总任务,就是要坚决贯彻执行党的十一大路线,坚持无产阶级专政下的社会主义革命,深入开展阶级斗争、生产斗争和科学实验三大革命运动,在本世纪内把我国建设成为农业、工业、国防和科学技术现代化的伟大的社会主义强国。在英明领袖华主席的率领下,向社会主义现代化强国这一伟大目标全面进军的新的长征开始了。一个国民经济全面跃进的新高潮,正在蓬勃兴起。当前我们一定要开展大宣传、大学习、大动员,使新时期的总任务家喻户晓,深入人心。我们一定要认真学习华主席在五届人大第一次会议上所作的政府工作报告和叶副主席作的关于修改宪法的报告,学习新宪法,深入揭批"四人帮",发扬"愚公移山,改造中国"的大无畏精神,以更饱满的革命热情,更顽强的战斗意志,努力做好各项工作。我们一定要按照省委的部署,搞好"一批两整顿",为进一步贯彻落实华主席抓纲治国的战略决策,实现三年大见成效,夺取社会主义革命和社会主义建设的新胜利,为实现新时期的总任务而奋斗!

中共重庆市委关于重庆市第一批开展整党整风运动情况给中共四川省委的报告

（1978年7月24日）

省委：

从去年4月我们在水轮机厂和市百货公司进行整党整风试点，6月在各系统13个单位扩大试点后，10月份，根据党的十一大精神和省委的统一部署，在市、区县级领导机关和已经命名或去年准备建成大庆、大寨式企业共164个单位第一批开展了整党整风运动（占机关和市属单位总数的20%）。历时4个多月，于今年2月前后结束。此后，根据省委《关于开展"一批两整顿"运动的几点意见》，又用2个多月时间，进行了整顿机关、整顿企业补课。

通过整党整风，基本上解决了由于"四人帮"的干扰破坏造成党内思想不纯、组织不纯、作风不纯的问题，提高了党员的阶级觉悟和继续革命的觉悟，进一步发扬了党的优良传统和作风，加强了党的组织纪律性，增强了党的团结，极大地调动和发挥了党员、群众的革命积极性。工交系统开展第一批整党整风的61个厂矿企业，去年全部完成和超额完成了国家计划，成效是显著的。

具体做法是：

一、坚持以揭批"四人帮"为纲

这次整党整风的中心任务，主要是解决由于"四人帮"破坏而造成的思想、组织和作风"三个不纯"，做到"三个增强，一个恢复和发扬"。因此整党整风的全过程，我们始终坚持了以揭批"四人帮"为纲，联系"四人帮"及其帮派体系对本地区、本系统、本单位的破坏，揭批"四人帮"瓦解党、破坏党、篡党夺权的罪行；坚持"三个结合"，做到"四抓"，开好"三个会"。"三个结合"是把学习马列、毛主席关于党的建设的论述同批判"四人帮"破坏党、瓦解党、篡党夺权的罪行结合起来；把整党整风同清查工作结合起来；把革命大批判同肃清流毒影响结合起来。"四抓"是围绕第十一次路线斗争在本单位的表现，抓事件、抓谬论、抓黑文章、抓活动。揭矛盾，摆事实，由事及人。"三个会"是开好揭批"四人帮"及其死党和帮派骨干的批判会；开好犯错误包括犯严重错误的党员、干部说清楚会；开好群众性的总结第十一次路线斗争的经验教训的"三大讲"会。这样，大家从本单位大量看得见、摸得着的具体事例中，清楚地看到"四人帮"在党的建设上造成的破坏的严重性，加深了对整党整风重要性、迫切性的认识。同时，通过揭矛盾、列事件，把"三个不纯"在本单位的表现具体化了，使整党整风更具有针对性。市委财贸部在整党整风中，采取领导和群众相结合的办法，回顾批林批孔以来，机关党员、干部在两条路线斗争中的表现，〈……〉。同时开展"三大讲"，总结经验，分清是非，使大家受到了一次深刻的阶级斗争和路线斗争的教育。市机械局是领导班子问题多的一个单位，在整党整风中，他们发动全体党员、职工，把由于"四人帮"的干扰破坏，在局机关发生的一些重大事件，一桩桩、一件件地揭发出来，梳成辫子，归纳为24个问题，印发给党员、职工讨论，统一了思想认识，从路线、思想、理论上分清了是非，与这些大事件有牵连的29名党员说清楚了问题、放下了思想包袱，取得了群众谅解。3名犯严重错误的局级干部，决心痛改前非、继续革命。

二、狠抓领导班子整顿这个关键

这批开展整党整风单位的领导班子，绝大多数是好的和比较好的，据运动初期摸底，在市级部、

五、整党整风

委、局、区县 72 个单位的领导班子中,属于第一类,好的,有 34 个单位,占 47%。这类领导班子在十一次路线斗争中能团结战斗,对"四人帮"的干扰破坏能够进行抵制和斗争。第二类,比较好的,有 22 个单位,占 30%。这类领导班子,在十一次路线斗争中基本上是好的。多数领导成员对"四人帮"那一套看不惯,思想上、行动上都有所抵制和斗争,但个别领导成员犯有严重错误,或者领导班子长期不团结,缺乏战斗力。第三类,问题多的,有 16 个单位,占 23%。这类领导班子在十一次路线斗争中问题多,性质严重,甚至领导权一度被帮派所篡夺。

对于好的和比较好的领导班子,主要进行思想、作风整顿。对于问题多的单位,则采取揭开矛盾,或派工作组的办法,促其迅速打开局面。在上述 72 个单位中,揭开矛盾和触及领导干部思想的有 29 个单位,其中部委 6 个单位,触及 9 人;9 个区县,触及 15 人;14 个局,触及 20 人。为了搞好各级领导班子的整顿,我们一开始就提出了"五个一定"的要求,即:决心一定要下够,问题一定要找准,思想一定要交锋,要求一定要严格,改正一定要有行动。并强调指出,整风的重点,是要解决第十一次路线斗争中的问题,同时也要解决好思想、作风等方面的问题,使自己的思想、作风与新时期总任务相适应。由于指导思想明确,各单位坚持高标准、严要求,效果较好。在整顿中,对于领导班子分清是非问题,我们强调了正确处理"四个关系":一是承担责任和分清是非的关系。有些问题,不能因为上级承担了责任,自己就不总结经验教训。二是内因和外因的关系。总结经验教训时,不能推客观,强调外部条件,应该从自己主观上找原因。三是动机和效果的关系。不能把动机和效果截然分开,犯了错误还片面强调动机是好的,而不重视恶果和影响。四是自觉革命和接受群众帮助的关系。自觉革命是重要的,但群众帮助也必不可少。在一定条件下,群众的帮助往往是推动自我革命的动力。领导班子经过整顿,问题一般都得到了较好的解决。以部、委、局和区县 72 个单位为例,整顿以后发生了显著变化:第一类由原来的 47% 上升到 63%;第二类由 30% 上升到 37%;第三类问题多的,基本上得到了解决。

在领导班子着重进行思想整顿的同时,本着多换思想少换人的原则,进行了必要的组织整顿。部、委、局和区县已调整的单位有 20 个,占 28%。主要采取了四种办法:

(1)对在十一次路线斗争中领导班子问题多,性质严重的单位,派去新的干部担任领导职务。这样的单位有 5 个。〈……〉。"四害"横行时,利用权力推行资产阶级帮派的黑货。在揭批"四人帮"斗争中,又捂盖子,保自己,运动开展不起来。〈……〉。同时提拔了 2 名中年干部担任副书记,健全了区委领导班子。

(2)第一把手在十一次路线斗争中犯有严重错误,不能再主持工作,采取另派一把手或从原班子中把能够胜任领导职务的干部提起来主持工作,这样的单位有 6 个。〈……〉。运动一开始,市委就把他从领导岗位上撤下来,新派去了领导干部。市煤管局一把手、二把手在"四害"横行时都犯有严重错误,揭批"四人帮"斗争中又压制群众,运动冷冷清清。经过调整,由三把手主持局党委工作,揭开了矛盾,运动很快开展了起来。

(3)整个班子是好的,但个别领导成员在十一次路线斗争中有严重错误,令其停止工作,说清问题。待问题弄清楚后,再行调整。其中错误严重、态度不好的,不能按原职安排。属于这种情况的有 12 个单位,16 个人。

(4)领导干部在一个单位工作时间太长,上下关系太深,适当进行交流。属于这种情况的有 3 个单位,5 人。

另外,对年轻干部中缺乏基层工作经验的,采取代职下放的办法,进行锻炼。属于这种情况的有 10 个单位,10 人。

在组织整顿中,我们注意了三个结合:第一,调整领导班子同贯彻老、中、青三结合原则选拔中、青干部相结合。已选拔 36 名中、青干部,充实到 26 个部委、局和区县的领导班子。第二,调整领导班子同落实干部政策相结合。将落实了干部政策或新作了政历结论的干部,及时安排到领导班子中去。目前已安排11人。第三,调整领导班子同安置老干部相结合。对年老体弱不能坚持正常工作的老干部,安排当顾问和离职休养,已安排22人。

三、用整风的精神搞好党员教育

整党整风中,我们始终把党员思想作风的整顿放在首要地位,着重解决四个问题:一是进行共产主义远大目标和新时期总任务的教育,提高执行党的十一大路线和华主席、党中央指示的自觉性;二是进行党的集中统一领导的教育,彻底消除资产阶级派性,加强无产阶级党性,维护党的集中统一领导;三是进行党的优良传统作风的教育,把党的群众路线、实事求是、艰苦奋斗等优良传统作风发扬开来;四是进行立党为公的教育,树立为共产主义事业奋斗终身的世界观,发挥共产党员的先锋模范作用,全心全意为人民服务。

在党员教育中,我们联系党的建设的实际,针对"四人帮"及其在重庆的帮派头子、〈……〉、破坏党的建设的罪行和谬论,广泛开展了在党的建设上"十个要不要"的教育:一是要不要坚持以马克思主义、列宁主义、毛泽东思想作为党的指导思想和理论基础;二是要不要坚持党的基本纲领和最终目的;三是要不要坚持立党为公;四是要不要坚持党的集中统一领导;五是要不要坚持党的民主集中制和遵守党的纪律;六是要不要维护党的团结和统一;七是要不要大力恢复和发扬党的优良传统和作风;八是要不要发挥共产党员在三大革命斗争中的先锋模范作用;九是要不要坚持革命接班人五条和党员标准选拔干部、接收新党员;十是要不要坚持整党整风,把各级领导班子整顿好、建设好。在"十个要不要"教育中,进行路线对比,开展"三大讲",把被"四人帮"干扰破坏搞乱了的路线是非、思想是非、理论是非纠正过来,比较集中地划清了十个方面的界限:服从党的领导同"驯服工具论"的界限;遵守党的纪律同奴隶主义的界限;革命的反潮流同无政府主义的界限;实行正确的集中同搞"一言堂"的界限;坚持团结同一团和气的界限;坚持党规党法同资产阶级管、卡、压的界限;反映和研究干部群众的思想状况同"搜集黑材料""打小报告"的界限;开展批评与自我批评同"矛头向下""整群众"的界限;关心群众生活同"收买人心""笼络群众"的界限;发挥党员在生产中的模范作用同推行生产党的界限。由于教育内容具有针对性,是非界限清楚。经过教育,党员思想觉悟进一步提高,精神面貌焕然一新,出现了朝气蓬勃的新气象。

四、认真执行党的政策,正确处理犯有各种错误的党员

前几年由于"四人帮"推行反革命修正主义路线。一部分党员、干部受骗上当,有的说过错话、办过错事,有的甚至犯了严重错误。整党整风开始时,不少人存在顾虑,担心挨整,过不了关。因此,正确贯彻执行党的政策,是搞好整党整风的一个十分重要的问题。整党整风一开始,我们就按照毛主席的一贯教导,坚持"惩前毖后,治病救人""思想批判从严,组织处理从宽"的方针,既严格要求,又热情帮助。对犯错误的党员,首先严肃批评,做到"四个清楚":错误的事实说清楚,思想动机讲清楚,路线是非划清楚,今后的决心表清楚。在他们对错误有了认识以后,大胆放手地让他们工作。让他们在斗争中以实际行动改正错误。由于我们一开始就注意政策,避免了组织处理上畸轻畸重的现象。〈……〉。

在执行政策中,我们特别注意了对"双突"进来的人的处理。〈……〉。整党整风开始时,他们思想沉重,对处理"双突"情绪抵触。有的认为处理了"双突",自己就算永远被开除出党,一辈子政治生命就完了,因此悲观失望。我们根据省委关于"双突"进来的人一律不予承认,但在具体处理时,要做过细的工作,既要坚持原则,又要尽可能不伤感情,化消极因素为积极因素的指示,除少数帮派骨干外,都吸收他们参加了整党整风。通过学习新党章,批判"四人帮"大搞"双突"的罪行,他们中的多数人,认识到"双突"是为"四人帮"篡党夺权阴谋活动服务的,必须从根本上否定;认识到自己不够党

员条件,组织上不予承认,是完全应该的。由于认识问题得到解决,"双突"进来的人大多数都感激党组织教育帮助,表示一定要搞好本职工作,来回答党对自己的关怀和爱护。

五、加强领导,保证质量

第一批开展整党整风的单位,从市委到各级党委都抓得很紧。在工作部署上,我们采取了先领导机关、后基层单位的办法,一层带一层,一级推一级,效果比较好。为了保证运动质量,我们还规定每个阶段搞完后,进行分段验收,经上级党委同意方能转入下一阶段。运动全过程结束时,还采取了领导和群众相结合的办法,按市委规定的六条验收标准,进行总结、检查、验收。符合六条标准的,经上级批准,宣布结束。不符合六条的,缺啥补啥;对个别单位走了过场的,进行了重整。

为了巩固整党整风的成果,在整党整风基础上,召开党代表大会或党员大会,选举产生了党的各级基层委员会,建立健全了党委会集体领导的制度和"三会一课"等制度,使党员的先锋模范作用和党支部的战斗堡垒作用进一步发挥出来。

第一批整党整风单位结束之后,今年2月,我们根据省委〔1978〕1号文件精神,又在这些单位进行了整顿机关、整顿企业的补课。到6月底,大多数单位已经基本结束。在整顿补课中,各单位着重抓住批判资本主义、整顿机关和企业管理,取得了很好效果。在这方面搞得较好的有重庆汽车修理总厂、建设机床厂、重钢公司和南岸区委等单位(这些单位的整顿情况已分别用市委办公厅《情况简报》第37、39、40、41期报送省委)。但是,这一工作发展不平衡,多数单位搞得一般化,特别是对经济领域里的资本主义倾向,还揭得不够深透。对此,我们要求各单位务必继续把运动搞深入,获取全胜。

农村基本路线教育工作情况,拟另专题报告。

中共重庆市委
1978年7月24日

六、平反冤假错案

中共重庆市委关于批转市委组织部、统战部《关于贯彻中央全部摘掉右派分子帽子指示的意见》的通知

(1978年4月29日)①

市委各部委，市级各局党组、党委，各区县委，县级以上单位党委：

市委同意组织部、统战部《关于贯彻中央全部摘掉右派分子帽子指示的意见》，现转发各单位，希参照执行。

中共重庆市委
1978年4月29日

关于贯彻中央全部摘掉右派分子帽子指示的意见

市委：

中央〔1978〕11号文件关于全部摘掉右派分子帽子的决定，是华主席、党中央抓纲治国的一项重大政策措施，有利于团结一切可以团结的力量，调动一切积极因素，化消极因素为积极因素，为社会主义服务。

1957年，毛主席、党中央领导的粉碎资产阶级右派猖狂进攻的斗争，是一场伟大的政治战线和思想战线的革命。在这场斗争中，我市揭发出一批右派分子。从1959年以来，经过几次摘帽子以后，目前还有1000多人。这些人经过21年的教育改造，大多数有了转变，表现较好，有反党反社会主义新罪行的人只是极少数。现在全部给他们摘掉右派分子帽子是必要的。从最近在西师、重棉一厂和长寿湖渔场等几个试点单位宣讲中发〔1978〕11号文件的情况来看，宣讲以后，对各阶层震动很大，效果很好。广大群众说：中央11号文件，充分体现了毛主席关于调动一切积极因素为社会主义服务的基本方针。代表了工人阶级的根本利益，对于化消极因素为积极因素，团结一切可以团结的人，实现新时期的总任务，大有益处。表示一定要学习好，宣传好，贯彻好。右派分子及其家属听了宣讲中央文件以后，有的感动得流泪，说："中央文件使我们在政治上获得了新生，给自己的亲人也解除了长期的精神负担，照亮了我们前进的道路"，表示要永远感谢华主席，感谢党和人民对他们的宽大和挽救，一定要以有生之年，为实现四个现代化添砖加瓦。事实说明，在当前大好形势下，中央采取的这一重大

---

① 此文标题系编者重新拟定。

政策措施,是非常及时、十分正确的。

为了认真地贯彻中央指示,作好全部摘掉右派分子帽子的工作,根据试点单位的经验,提出以下意见:

一、关于全部摘掉右派分子帽子的具体做法

1. 对右派分子的摘帽子工作,由右派分子所在单位党组织负责,大体分三步进行:第一,开好党委会。在党的领导干部中认真学习和领会中央文件精神,明确中央这一指示的重大意义和目的要求,统一思想认识。同时作好对本单位右派分子的调查、摸底工作,造具名册,包括:姓名、性别、年龄、籍贯、文化程度、原工作单位、职务、工资级别、是否党团员,现在有无公职、工作单位、职务、工资或生活费,有何专长、身体情况等;死亡的右派分子,也参照上述前部分项目进行登记。第二,开好传达会。分别在职工群众、已经摘掉右派帽子的人员和右派分子中,原原本本地宣读中央文件,讲解中央决定摘掉右派分子帽子的意义,宣传党的政策,分别组织讨论,听取反映、意见。第三,在作好政治思想工作的基础上,召开大会,宣布全部摘掉右派分子的帽子。宣布时,由党委负责同志讲话:充分肯定1957年反右派斗争的必要性;鼓励摘掉右派帽子的人员继续努力学习,进行自我改造,为社会主义建设贡献力量。同时,在原划右派分子批示表上注明摘帽日期,加盖公章(如原批示表遗失,应补办手续)。

2. 摘掉帽子的范围:现有右派分子,一律摘掉他们的帽子;已经死亡的右派分子,为了争取教育其家属子女,也应宣布摘掉其右派帽子;对于有新罪行并已依法判刑的右派分子,不宣布摘掉其右派帽子,但刑满以后也不再作为右派分子对待。

3. 摘掉右派分子帽子的时间,根据省、市委指示,要求在1978年6月10日以前完成,做出总结,连同名册报上一级党委和市委摘掉右派分子帽子办公室备案。

二、关于右派分子摘帽以后若干问题的处理

1. 对右派分子摘帽以后的有关政策,中发〔1978〕11号文件已作了明确规定,应严格按照中央规定执行。

2. 鉴于右派分子摘帽子后的安置问题,工作量大,牵涉面广,政策性强,各单位要作好调查研究,分别不同类型,提出安置意见。根据中央11号文件精神,凡本单位能解决的,要抓紧解决;不能解决的,应请示市委。

3. 为了作好对摘掉右派帽子人员的安置工作,建议市计委根据国家计委安排,及早调拨必要的编制名额和劳动指标。

三、加强对摘掉右派分子帽子工作的领导

为了加强对摘掉右派分子帽子工作的集中统一领导,市委已成立摘掉右派分子帽子工作办公室,并从有关部门抽调了工作人员,负责处理右派摘帽子的有关事宜。各区县委也应迅速把办公室成立起来,并抽调一定数量的专职干部,立即开展工作。其余有摘右派帽子工作任务的单位,也要确定专人,把这项工作抓起来。

以上意见,如无不当,请批转市属有关部门和区县委研究执行。

市委组织部
市委统战部
1978年4月28日

中共重庆市委组织部关于审干复查中几个具体问题的通知

（1978年8月4日）

市委各部、委、办、厅组织处，各区、县委组织部，市级各局组织科：

为了贯彻落实党的干部政策，尽快妥善处理审干中的遗留问题，根据省委川委发〔1978〕43号文件的精神，经请示市委同意，现将审干复查中几个具体问题通知如下：

一、对受审查干部做出结论和复查，原则上由原审查单位负责。原审查单位已撤销的，由受审干部现在所在的单位负责。

鉴于一些受审查干部担任了主要领导职务，不便由原审查单位或现所在单位做出结论和复查的，应由上级主管部门负责。其中，现任市委各部、委、办、厅正副部长（主任）和区县委正副书记，需要做出结论或复查的，由市委组织部负责；现任市级各局正副局长、大型厂矿和大专院校党委正副书记、正副厂（校）长，需要做出结论或复查的，由市委各部、委、办、厅负责。

凡由公安政法部门处理或办理地、富、反、坏分子戴帽手续的，申诉复查由公安政法部门负责处理。

二、干部审查结论，应按照以下审批权限报批：

1. 凡省管以上干部（包括原省管干部）的结论，按照省委组织部1975年川委组发457号文件规定，均应报市委审定后上报省委审批或备案。

2. 市管干部的结论，属于敌我矛盾性质的，报市委审批；市委各部、委、办、厅正副处级干部，各区县革委副主任（原副区长、副县长），其政治历史审查结论，不论属何种性质，均报市委审批，其余由市委各部、委、办、厅审批。

3. 一般干部定敌我矛盾性质的，应报市委主管部、委、办、厅或区县委审批，其余按干部管理权限审批。

4. "文化大革命"中，按审批权限批准的结论，复查改变原结论性质的，仍应报原审批单位批准。原审批单位已经撤销或隶属关系已经改变的，则按本通知规定的权限报批。

三、干部审查结论上报审批前，应征求本人意见。报批材料要齐全，要有审查结论、本人交代、查证材料和本人对结论的意见（写有调查报告的亦应上报）。省管干部的审查结论、调查报告一式各送40份，市管干部的审查结论、调查报告一式各送25份。结论审批后，批复要和本人见面。定为敌我矛盾性质，或原定敌我矛盾性质复查后改为人民内部矛盾的，批复还要在一定范围内宣布，并通知其家属和子女。

中共重庆市委组织部
1978年8月4日

中共重庆市委批转市委贯彻中央〔1978〕55号文件办公室《关于贯彻执行中央〔1978〕55号文件的初步意见》

（1978年10月17日）

各区县委，市委各部、委：

市委同意市委贯彻中央〔1978〕55号文件办公室《关于贯彻执行中央〔1978〕55号文件的初步意见》，现批转给你们，请认真研究执行。

贯彻执行中央〔1978〕55号文件，是我国政治生活中的一件大事。希各级党委认真把它抓起来。各有关部门要在党委统一领导下，密切协作，主动配合，加强调查研究，认真处理来信来访，积极热情地实事求是地解决一批问题。遇事要主动承担责任，不要互相推诿，不要把矛盾上交，共同把这项工作做好。

中共重庆市委
1978年10月17日

关于贯彻执行中央〔1978〕55号文件的初步意见

市委：

中共中央〔1978〕55号文件已经下发，贯彻执行这个文件提出的政策措施，是我国政治生活的一件大事。它对于调动一切积极因素，化消极因素为积极因素，促进安定团结，巩固无产阶级专政，实现新时期的总任务，有着重要的意义。为了迅速贯彻执行中央文件精神，特提出以下初步意见：

一、各级党委接到中央〔1978〕55号文件后，应立即认真学习、讨论，提高思想，统一认识，正确领会文件精神，研究部署，贯彻执行。要把这项工作提到党委的议事日程，作为一项大事来抓。要由一位党委负责同志主管，切实做好这项工作，并按照规定范围，将文件迅速传达到公社级党委。

二、鉴于安置工作，落实政策，复查改正，情况复杂，政策性强，工作量大，任务艰巨。因此，各级党委要切实加强领导，建立健全必要的工作机构。各区县委应迅速把贯彻中央〔1978〕55号文件办公室建立健全起来，工作人员已经抽走了的，要立即调回；力量薄弱的，要充实加强。市委各部委和市属各单位也应根据任务的大小，建立必要的工作机构，或由组织人事部门，调配相应的专职人员，专管这项工作。所有工作人员，必须是党性强，有一定政策业务水平和工作能力的。人员确定后，应报市委贯彻中央〔1978〕55号文件办公室备查，不要轻易变动。

三、各区县委、市委各部委，应根据中央的实施方案，立即组织力量，认真细致地做好调查研究，摸清各类人员的基本情况。在此基础上，提出本地区、本部门的具体安置方案。除本地区、本部门能够安置者外，尚需多少编制名额和劳动指标，经各区县委，各部委讨论后，于10月31日前上报市委。

四、在进行此项工作中，凡是中央〔1978〕11号和55号文件已有明确规定的，各级党委应按照中央有关规定，抓紧贯彻执行，并将传达贯彻执行情况及时上报市委。

以上意见，如无不当，请批转各区县委，市委各部委执行。

中共重庆市委贯彻中央〔1978〕55号文件办公室
1978年9月29日

中共重庆市委组织部关于认真做好摘掉右派分子帽子的人的安置工作通知

(1979年1月4日)

市委各部、委、办，各区县委组织部，市级各局党委（组），各大专院校党委：

为了认真贯彻执行中央〔1978〕55号文件和省委组织部、省公安局等七个单位联合发出的川委组〔1978〕517号通知，经请示市委同意，现就对做好摘掉右派分子帽子的人的安置工作，作如下通知：

一、原保留公职，但至今无正式工作的，应由原单位或其上一级组织根据"能工作的安排适当工作，有专长的发挥其专长，不能工作的作退职退休处理"的原则负责处理。

本人在本市范围内（包括四个县）需要安排工作的，由原单位或其上一级组织负责安排适当工作；有专长的要发挥其专长；原单位安排确有困难的，由其主管部门负责安排；不能工作的，由原单位收回作退职或退休处理；属其他单位工作需要而安排的，应与原单位和所在区、县联系，并取得一致意见。

本人一直在本市国营农、渔场劳动，需要安排工作的，可由所在农、渔场或农、渔场的主管部门在所属系统安排适当工作。如这些单位确有困难无法安排的，可交由原单位安排，原单位安排不了的，由其主管部门在所属系统安排，并专列劳动指标。

本人在本市以外地区至今无工作的，原单位应主动同所在地区联系，安排落实。如需要在本市安排工作的，应报市委各大口和市委组织部审核批准。

二、已经开除公职或退职、离职需要安置的，"要根据本人实际情况给予安置。有专长、工作需要的，有关部门可以重新录用；其他的人，由组织、人事、劳动部门负责安置就业。"的精神，就地安置。

本人在本市范围内（包括四个县）需要安置的，由所在区县委根据本人实际情况，统筹考虑，就地安置，落到实处。其中有专长、工作需要的，可以重新录用；如所在地区安置确有困难或都不能发挥其专长的，可与原单位联系，由原单位重新安排，或者由其主管部门在所属系统安排。

因年老体弱、丧失劳动能力生活无来源的，由所在区县民政部门，给予社会救济，使其维持当地一般居民或社员的生活水平。

本人在本市以外地区，需要重新录用或安置就业的，一般由当地安置。经批准予以改正的人，如已与当地联系商妥，可以在当地安排适当工作，也可由改正的单位或其主管部门负责安排适当工作。

三、审批权限和手续

凡保留公职而至今无正式工作和已开除公职或离职、退职需要从本市范围内（包括四个县）收回安排工作或重新录用以及安置就业的，由安置单位报区县委或市委有关部、委、办、局审查批准。并逐一造册抄报市委摘帽办公室、市委组织部、市劳动局备查，列入劳动指标。

凡保留公职而至今无正式工作和已开除公职或退职、离职，需要从市外收回安排或重新录用的，应商得所在地区或单位同意后，由接收安置单位写出报告并填报审批表（式样附后），经市委有关部、委、办或区县委审查，报市委组织部（一式三份）批准后办理，并列入劳动指标，造册抄报市委摘帽办公室和市劳动局备查。

个别确有专长、工作上有特殊需要，在集体所有制单位工作不能发挥其作用的，按照从严掌握的原则，经区、县委或市委有关部、委考核属实，签具意见，经市委组织部批准，可安排到全民所有制单位工作，并列入劳动指标。

经批准予以改正的人，要收回安排工作的亦按此审批手续办理。

四、凡按上述规定，经市委各部、委、办、局或区县委批准安排工作或重新录用、安置就业的人员，以及由国营农、渔场调整到其他单位工作的，有关所需要的劳动指标及户口、粮食、工资、档案等问题，按照省委组织部、省公安局、省粮食局等七个单位联合发出的川委组〔1978〕517号通知的规定办理。作工人安排使用的，按市劳动局规定的审批手续办理。

中共重庆市委组织部
1979年1月4日

中共重庆市委关于改正错划右派的审批权限、手续和必备材料的通知

（1979年1月18日）

根据中央〔1978〕55号文件规定"凡是不应划右派而被错划了的，应实事求是地予以改正"，"改正结论，由县和县级以上党委审批"的精神，结合我市情况，对有关改正错划右派的审批权限、手续和必备材料等问题，通知如下：

一、改正错划右派的审批权限和手续。

各区县委所属单位，改正结论由区县委审批；市属以上厂矿、企（事）业单位，大专院校和中等专业学校，以及市级机关改正结论，属于县、团级以上单位的，由本单位党委审批，报市委有关部委和市委纪律检查委员会备案；不属于县、团级单位的，报主管局党组（党委）或市委有关部、委、办审批。凡原市管以上干部的改正结论，应经各区县委和市委各部、委、办审查提出意见；属于党员的报市委纪律检查委员会；属于爱国民主人士的报市委统战部；属于非党干部的报市委组织部，再分别报市委审批。

二、改正错划右派应具备的材料与要求。

对错划右派的改正，是一项极为严肃、政策性很强的工作。一定要认真进行调查研究，坚持在弄清事实的基础上，以中央关于划分右派分子的标准为准绳，分清大是大非。凡错划的就坚决改正，本着"有错必纠"的方针，实事求是地写出《关于×××同志错划为右派的复查报告》（有的还应附主要的证明材料）和《关于×××同志错划为右派的改正结论》。有的问题比较简单，事实比较清楚，只是重新认定问题，也可只写一个《关于×××同志错划为右派的改正结论》。

原系省管干部的复查报告与改正结论，要求报市一式三十六份，原市管干部，要求报一式三十份。报市纪律检查委员会的备案材料一式五份。

改正结论在报批前应同本人见面，并请本人写出书面意见。

三、错划右派的原有档案材料，注意保存，将来按中央、省委的规定办理。

四、改正结论经批准后，应通知本人。并将改正情况通知其家属、子女所在单位的党组织，对其家属、子女和亲友档案中，涉及这一问题的材料应予抽出并销毁。

以上通知望研究执行。今后中央、省委如有新的规定即按中央、省委规定执行。

中共重庆市委
1979年1月18日

中共重庆市委关于批转市公安局党委《关于解决好四类分子摘帽问题和抓好复查纠正冤假错案工作的意见》的通知

（1979年2月18日）

各区县委和县级以上单位党组织：

市委同意市公安局党委《关于解决好四类分子摘帽问题和抓好复查纠正冤假错案工作的意见》，现转发给你们，请认真研究执行。

中共重庆市委
1979年2月18日

关于解决好四类分子摘帽问题和抓好复查纠正冤假错案工作的意见

市委：

党中央决定，除了极少数坚持反动立场、至今没有改造好的外，凡是多年来遵守政府法令、老实劳动、不做坏事的地主、富农分子以及反革命分子、坏分子，一律摘掉帽子，给予农村人民公社社员的待遇。这是在全党工作着重点转移的新形势下，采取的一项重大决策。认真贯彻落实党中央的这一决定，对于更好地调动一切积极因素，化消极因素为积极因素，为社会主义现代化建设服务，进一步发展安定团结的政治局面，具有重大而深远的意义。我市各级公安机关和保卫组织，必须在党委统一领导和部署下，迅速行动起来，集中力量抓好贯彻落实中央决定的工作，要着重抓好两个中心环节：一是做好宣传教育工作，一个是正确执行党的政策。力争在较短的时间内把这件大事抓紧办好，为此，提出以下贯彻意见：

一、认真学习和宣传中央决定的精神，各级公安保卫组织，要立即组织全体公安保卫干警和治保人员，认真学习好中央〔1979〕5号文件、公安部的通知和《人民日报》的有关报道、社论以及公安部部长赵苍璧同志答记者问。正确领会，把中央文件的精神吃透，特别是要把有关的政策弄通，跟上形势，提高认识，解放思想。清除宁"左"勿右、"左"比右好的"恐右病"的流毒，积极主动的开展工作。同时要教育干警和治保人员，实事求是地分析阶级斗争，不要夸大阶级斗争，也不能认为阶级斗争熄灭了，要看到还有极少数敌视和破坏社会主义现代化建设的反革命分子和刑事犯罪分子，还有极少数坚持反动立场的地、富、反、坏分子，还要同社会帝国主义和帝国主义的间谍特务作长期的斗争；还要加强治安管理，维护好公共秩序；还要花极大力气去同火灾、车祸等各种治安灾害事故作斗争。公安保卫工作的任务还是很繁重的。我们决不能放松阶级斗争，决不能丧失警惕，决不能削弱无产阶级专政。

要在群众中广泛深入地进行宣传教育工作，宣传党的改造四类分子政策的伟大胜利，宣传党中央决定对改造好了的四类分子一律摘掉帽子和地富子女新订成分的伟大意义，宣传党的政策，作到家喻户晓，发动群众共同来做好这一工作。

对四类分子，也要组织他们学习讨论，向他们进行思想教育工作，使他们有正确的认识，并以正确的态度接受群众的评审。

二、在内部学习和对外进行宣传教育工作的同时，要十分重视做好评审的内部准备工作。要在原来掌握情况的基础上，依靠群众调查研究，按照中央规定的政策，对四类分子进行摸底排队，逐个研究，特别是对少数摘不摘帽有争论的、不能摘帽的和纠错的，要严肃慎重地研究，防止该摘的不摘，不该摘的又摘了，该纠的不纠，不该纠的又纠了等现象发生，争论较大的要经分县局领导集体研究审定。通过排队研究，提出要摘掉帽子的、纠错的和不摘帽的初步名单，为评审摘帽做好准备。

三、认真严肃地做好评审、报批和张榜公布摘帽名单的工作,并使这几个程序紧密衔接,在做好准备工作后,对应当摘帽的四类分子,以地段、生产队、车间(工段)为单位召开群众会议进行评审。会前,由户籍民警、保卫干部、监督改造小组或党政领导对被评议的四类分子进行教育谈话。会上,四类分子本人向群众汇报自己的改造情况,监督改造小组介绍四类分子的表现和提出摘帽的意见,由群众评审,最后由四类分子表示决心。凡经群众评审同意摘帽的,即填表上报。农村公社、街道和区县属单位,经公安分、县局审查后报区县革委会批准。保卫工作由市公安局直接管的内部单位,经本单位党委同意后,送市公安局审查批准,再送请所在区县革委会履行法律手续。应以一个公社、一个单位、一个派出所管区为单位,比较集中地上报和审批,以便在批准摘帽后,按规定在公社、大队、派出所、地段和单位范围内一次张榜,公布摘帽名单。街道派出所、农村生产队要召开大会宣布,并宣传党的政策。内部单位根据情况也可召开适当范围的群众会当众宣布。对已批准摘帽的人,要召开座谈会,进行教育,鼓励他们努力学习,不断前进,在各自的岗位上,为社会主义现代化建设做出贡献。

在摘帽工作的步骤上,应当先评审大多数明显符合摘帽条件的,至于个别或少数是否摘帽有较大争议或本人坚持不承认是四类分子要求复查的,可以在统一认识或查清结论后再作处理。

对错定的四类分子,不是摘帽问题,要认真做好平反纠正工作,即便已死亡的,也应平反纠正。

农村中对新定成分的地富子女的名单张榜公布的工作,由公社革委会负责,此项名单的公布应当同公布摘帽四类分子名单区别开来,不要混在一起。

对至今确实没有改造好的极少数四类分子,也要经过群众评审,给他们指出努力改造的方向。

劳改队、劳教支队留场就业人员中戴有四类分子帽子而应当摘帽的,也应进行这一工作。

四、在摘帽工作中,要严格执行党的政策。特别是要认真掌握好摘帽与不摘帽的基本条件。对于多年来遵守政府法令、老实劳动、不做坏事的四类分子,一律摘掉帽子。对于至今坚持反动立场,确实没有改造好的极少数四类分子,继续依靠群众监督改造。要坚持实事求是的原则,就一个地方、一个单位来说,需要继续监督改造的四类分子,可能有,也可能没有,一定要从实际出发,有就是有,没有就是没有,不搞比例数字。老实劳动,是指那些有劳动能力的四类分子,能够做到积极参加力所能及的劳动,至于有些年老体衰已经丧失劳动能力的,不能因为不参加劳动而影响摘帽。不做坏事,是指没有搞阶级报复、没有搞打砸抢以及其他现行反革命和刑事犯罪活动。不要搞土政策,不要抓小辫子,例如把搞家庭副业说成"搞资本主义",把提意见说成"乱说乱动"。要把因某些生活上具体问题的不满言论和反革命活动加以区别;把偶尔小偷小摸轻微违法但已认识改正和刑事犯罪活动加以区别;把正当的申诉和翻案加以区别。要具体情况具体分析,不要抓住枝节,无限上纲。近几年来新戴帽的四类分子,只要表现好,符合条件,也可以摘掉帽子;但双打以来,新戴四类分子帽子,没有显著好的表现的,一般暂不摘帽。摘掉四类分子帽子的人,今后不要称他们为"摘帽四类分子",而应依照他们的工作或职业,相应称为社员、工人、教员等。城市街道上有些没有职业的可以称为居民。对四类分子的子女问题,要按中央决定精神正确对待。

五、对冤假错案,包括错定为四类分子的人要清理纠正。对"文化大革命"中"清队""一打三反"以及"四害"横行时的错案,尤其是一些"恶攻"案件要首先认真清理。对于那些因反对林彪、"四人帮"和为邓副主席遭诬陷迫害鸣不平而被定性打击处理的,要坚决彻底平反。对那些既有反对林彪、"四人帮"和为邓副主席被诬陷鸣不平,同时也说了一些错话,甚至说了一些带谩骂的话的,要历史地全面地进行分析,看主流,看本质,不要揪住说了或写了几句错误言词不放,借口"非纯属",不予平反纠正。要严格区分犯罪与错误的界限。有的群众由于思想落后或因一时对某一事不满,而说了或写了一些对党、对社会主义制度不满甚至谩骂的言词,这要与以反革命为目的的宣传、煽惑、破坏加以区别,不要轻易给扣上"恶毒攻击"的帽子。至于错呼口号、乱写乱画、无意损坏领袖像、精神病患者的胡言乱语,更不应定为现行反革命。凡是提出申诉的,不论当事人仍在本单位或已作了开除、送回农村等处理、现不在本单位的(包括1958年、1959年由厂矿企业机关内部送"集改"搞错的),都要认真进行复查。经复查确属错案,不管原来是什么人批准的,都应平反纠正,不要留尾巴。已死亡的也要平反纠正。凡是经过复查、定性符合政策,处理正确的,要坚持原则,做好说服教育工作。对确属乘机翻案的坏人,要严肃处理。

对于在"清队""一打三反"中,被县团单位、支左片以及公检法军管会定为敌我矛盾不戴帽子的部分人,也要进行清理,错了的要纠正,结论不当的要修改结论。

关于纠错的批准手续,我们的意见是:属于社会上和区县属内部单位纠正错定错划四类分子的,由县公安分局审查同意后报经区县委批准。市管保卫工作的单位,经党委同意后送市公安局批准。凡是在押人犯、已捕人犯,经查属冤假错案需纠正的,要报请原批准机关审查批准。对已判决处理的冤、错、假案,根据中央〔1978〕78号文件精神,积极协助法院复查平反。

六、对地富反坏分子的摘帽和清理纠正冤假错案的工作,政策性很强,必须在各级党委统一领导下,组织有关部门密切协作,抓紧完成。建议各区县委和各单位党委加强领导,组织足够的力量,争取在第一季度内把四类分子摘帽工作搞完,上半年把纠正冤假错案的工作基本搞完。各级公安保卫组织必须集中力量,把四类分子摘帽和纠正冤假错案工作作为上半年的一项主要工作。没有摘帽任务的单位应立即抓紧清理尚未纠正的冤假错案。市局有关处、分县局、派出所、保卫科都要有一名领导干部专门负责抓四类分子摘帽和清理纠正冤假错案的工作,组织相应的力量,加快步伐,要从有利于调动一切积极因素,有利于加快四个现代化步伐的高度,认真负责地抓紧工作,加强请示报告,积极完成任务。同时要扎扎实实地做好各项治安保卫工作,为加速四个现代化创造更加安定良好的社会秩序、工作秩序和生产秩序。

以上如市委同意,请批转各区县委和县级以上单位贯彻执行。

中共重庆市公安局委员会
1979年2月15日

中共四川省委关于为四川地下党平反的通知

(1979年2月19日)

四川地下党(国民党统治时期,中国共产党在四川和西康的地方组织的简称),长期以来在党中央的领导下,抗日战争以后并在周恩来同志和中共中央南方局的直接领导下,遵照党中央和毛泽东同志指定的白区工作的方针、路线,按照党中央的战略部署,带领群众,坚持开展阶级解放、民主解放的革命斗争,配合人民解放军解放四川,为革命做出了贡献,许多地下党的同志在白色恐怖下,在敌人的监狱中、刑场上,在武装斗争的战场上,坚持斗争,坚贞不屈,英勇牺牲。解放以后,地下党同志和老区来的同志胜利会师,转为公开活动,根据中共中央西南局的指示分配到各条战线工作。经过二十多年的工作实践和历次政治运动证明,绝大多数是好的或比较好的。但是,"文化大革命"以来,林彪、"四人帮"出于篡党夺权的需要,诬陷南方局的一些领导同志是"叛徒",要揪出南方局下面的所谓

"叛徒集团",对南方局领导的四川地下党罗织罪名,横加诬陷,否定地下党领导的武装斗争,诬蔑川东地下党没有一个好人,诬蔑游击队是"地主土匪武装",诬蔑"华蓥山游击队叛徒、特务很多",大批地下党员被打成"叛徒""特务""土匪",等等,连烈士也不能幸免。〈……〉。其矛头是直接指向敬爱的周恩来同志的。

为了拨乱反正,消除林彪、"四人帮"的流毒和影响,必须推倒一切诬蔑不实之词,为四川地下党彻底公开平反,恢复历史的本来面目。为此,省委决定:

一、凡因所谓清查四川地下党,造成的冤假错案,应一律平反;迫害致死的,应予昭雪,恢复名誉。

二、凡是对四川地下党组织及其领导下的外围组织和武装,强加的种种莫须有的罪名,应予推倒;对一切诬陷不实的材料,包括专案组搞的材料,应认真清理,除已归入文书档案的,应按省委办公厅的规定处理,属于政历审查材料,应按中央组织部1978年《组工通讯》第七期规定处理以外,其余一律销毁。

三、凡因所谓审查地下党,转到省外的一切诬蔑不实的材料,原清查单位要主动撤回销毁。

四、受株连的亲属、子女应予平反,塞进他们档案中的诬蔑不实的材料,原清查单位要主动撤回销毁;有关单位要积极配合,将这些材料退回。

中共重庆市委关于改正错划右派的审批权限和必备材料等有关问题的补充通知

(1979年2月26日)

根据省委川委发〔1979〕5号文件关于错划右派"改正的审批权限,可按本人划右派时的职务和现行干部管理范围报批。一般干部由县以上党委(党组)审批"的精神和省委纪律检查委员会川委纪发〔1979〕第26号《关于改正错划右派的审批权限和必备材料的通知》,对改正错划右派的审批权限和必备材料等有关问题特再作如下通知:

一、关于审批权限问题。

1. 原任市委正、副部长(主任),市公、检、法正、副院长(局长),党校正、副校长,区、县委正、副书记,区、县长,大专院校正、副书记,正、副院长(校长),17个大型厂矿企业单位(重庆钢铁公司、重庆特殊钢厂、西南铝加工厂、重型汽车制造公司、大足汽车制造厂、四川维尼纶厂、十八冶金建筑公司、建设机床厂、空气压缩机厂、长安机器厂、望江机器厂、江陵机器厂、嘉陵机器厂、长江电工厂、巴山仪表厂、东升机械厂、071总厂)正、副书记、正、副厂长(经理)以上党员干部的改正结论,报市委审查同意后报省委审批;市属各局正、副局长,市工、青、妇正、副主任(书记)等党员干部的改正结论,报市委审批,并报省委备案。

2. 原任各区县副区、县长,区、县委正、副部长,区县公、检、法院长(局长),市委各部、委正、副处长,市公、检、法正、副处长(庭长),县团以上厂矿企事业单位正、副书记,厂长(经理)以上党员干部,报市委审批。市委委托各部、委、办和各区县委管理的党员干部,由各部、委、办和区、县委审批,并报市委备案。

3. 市管以下党员干部,由县级以上党委(党组)审批。

4. 非党员干部和爱国民主人士中错划右派的改正结论,仍按渝委〔1979〕4号文件规定执行。

二、报批改正错划右派的材料,应具备改正结论(或改正报告)和本人对改正结论的意见。问题较复杂的,要有复查报告。

报省委审批的材料份数:其中原任市委常委、

副市长以上的报送45份,其他省委管理干部报送35份。报送市委审批的报送30份。报市委备案的报送5份。

三、经复查不予改正的案件,要分别上报市委纪委、市委组织部、市委统战部备案。

其他申诉案件的复查处理审批权限,按以上规定办理。

中共重庆市委
1979年2月26日

中共重庆市委关于批转市法院党组《关于复查纠正冤假错案的情况和今后意见的报告》的通知

(1979年3月2日)

各区县委,市委各部、委、办,市级各局党组、党委,县级以上厂矿企事业单位党委:

市委同意市法院党组《关于复查纠正冤假错案的情况和今后意见的报告》,现转发给你们,望认真研究执行。复查纠正冤假错案,是实现党的工作着重点转移到社会主义现代化建设上来的一项重要任务,各级党委一定要加强领导,统筹安排,组织力量,切实把这项工作抓好。

中共重庆市委
1979年3月2日

关于复查纠正冤假错案的情况和今后意见的报告

市委:

中央〔1976〕23号文件和中央批准的公安部〔1977〕34号文件下达以后,特别是第八届全国人民司法工作会议和第十次全省人民司法工作会议以来,全市法院在党委领导下,加强了冤假错案的复查处理,着重抓了"三类案件"和"恶攻"案件的查处,取得了一定成绩。〈……〉。现已平反纠正××× 件,其余正在调查处理中。

从我们前一段复查出的冤假错案来看,主要有以下几种类型:

(一)因反对林彪、"四人帮"和为邓小平同志遭诬陷迫害鸣不平而被判刑,以及因不了解党内斗争情况,在议论林彪、"四人帮"时,发过某种怨言,说过某些错话,而被定为恶毒攻击判了刑的。

(二)在学习讨论中,对党的某项政策,发表了错误意见,或由于个人利益未得到满足,说了气话与错话,或在自己写的日记、诗词、文章中流露某些不满情绪和错误观点,而当做反革命"恶攻"判了刑的。

(三)对由于疏忽大意,损毁了毛主席的光辉形象,写错了字句,喊错了口号,或乱写乱画形成反动字句,而当做现行反革命判了刑的。

(四)对历史问题已作过结论和处理,"文化大革命"中,并无新的罪行,又以老账新算而判了刑;或因出身不好、有海外关系,"文化大革命"中,说过错话、做过错事,而当做现行反革命判了刑的。

(五)把精神病患者的胡言乱语定为反革命犯罪判了刑的。

(六)原判依据的事实有重大出入,或因主观臆断、无限上纲,以致完全搞错而判了刑的。

通过平反纠正部分冤假错案,证明做好这一工作,大得人心,有利于调动一切积极因素,为四个现代化建设贡献力量。许多当事人及其亲属在平反改判后,往往热泪盈眶,情不自禁地高呼共产党万岁,表示要"用党给的第二次政治生命,为实现四个现代化出力"。许多群众也深受感动地说:"毛主席倡导的实事求是精神又回来了!"

当前的主要问题:一是有些领导同志对复查纠正冤假错案的重大意义认识不足,重视不够,抓得

六、平反冤假错案

不力。二是少数干部思想上有阻力,怕被说成是"翻'文化大革命'的案""包庇坏人",今后脱不到手;怕善后工作难做。三是复查工作量大,同法院目前干部力量不足的矛盾非常突出。

为了深入贯彻中央〔1978〕78号和省委〔1978〕96号文件精神,结合我市实际情况,现对进一步加强复查处理冤假错案的工作,提出以下意见:

一、进一步提高对平反纠正冤假错案重要性的认识。要深刻认识平反纠正冤假错案,是肃清林彪、"四人帮"流毒的一个重要内容,是贯彻落实把党的工作的着重点转移到社会主义现代化建设上来的战略决策的一项重要任务,是加强社会主义法制,保护公民权利的一个重要方面,是司法战线拨乱反正的一项重要措施,它决不仅仅是为几个人申冤,而是用党的政策调动广大干部和群众的积极性,加速实现四个现代化的问题。一定要发扬不惜以身殉职的大无畏精神,消除余悸,加快步伐,更加自觉地做好这一工作。复查纠正冤假错案要分别轻重缓急,在指导思想上应当明确,复查反革命案件和其他刑事案件,应当先复查反革命案件;复查反革命案件,应当先复查"三类"案件和"恶攻"案件;处理复查申诉案件,应当优先处理明显属于冤假错的案件。我们要求在今年6月底以前,把反革命案件中应当平反纠正的冤假错案基本上复查处理完毕。在这个基础上,对"文化大革命"以来判处的其他刑事犯罪案件中的冤假错案,力争在国庆节以前基本上得到复查纠正,在年底前把大部分申诉案件复查处理好。

二、认真执行党的政策。在平反纠正冤假错案中,要坚持"有反必肃,有错必纠"的方针,做到实事求是,合情合理。要严格区分两类不同性质的矛盾,按照全错全平、部分错部分平、不错不平的原则,严肃认真处理。当前,特别要注意以下几个问题:一是要正确对待"纯属"和"非纯属"的问题,对因反对林彪、"四人帮",和为邓小平同志遭诬陷迫害鸣不平而被判刑的,要坚决彻底平反。对那些既有反对林彪、"四人帮",和为邓小平同志遭诬陷迫害鸣不平,同时也说了一些错话,甚至说了些带有谩骂的话的,也都要历史地全面地具体分析,要看主流,看本质,不要揪住几句错误言词不放,借口"非纯属",就不予以平反纠正。二是要严格区分罪与非罪的界限,注意把某些群众,由于思想落后或因一时一事不满,而说了或写了一些对党、领袖和社会主义制度不满甚至谩骂言词与以反革命为目的的宣传、煽惑、破坏加以区别,不要轻易给人戴上"恶毒攻击"的帽子,动以刑罚。至于那些喊错口号、乱写乱画,无意损坏领袖像和精神病患者的胡言乱语等,更不应定为反革命。不要主观臆断、无限上纲,把错误与犯罪等同起来。对"文化大革命"以来,由于无限上纲而定为"恶毒攻击""反革命宣传""反革命煽惑""反革命破坏"的案件,要着重进行复查,实事求是地予以平反纠正。三是要正确对待出身成分和一般政治历史问题,对出身成分不好或有一般政治历史问题,在"文化大革命"中说过错话、做过错事,但构不成犯罪,判了刑的,应予以平反纠正。对那些虽有一定罪行,但坦白交代,群众也谅解的,根据"坦白从宽,抗拒从严"的政策,当时就不应该判刑而判了的,也应予以纠正。四是要认真对待当事人提出的申诉,对申诉有理由,经调查确属冤假错案的,不管是什么人批准的,也不管是什么时候处理的,都应平反纠正,不要留尾巴;原判正确的,驳回申诉,并耐心教育申诉人服判;对无视法纪,乘机闹翻案的人,要严肃处理。

三、积极协同有关部门认真做好善后工作。冤假错案复查纠正后,要配合有关部门做好受害人的思想工作,使他们把仇恨集中到林彪、"四人帮"身上,增强团结向前看。同时,对原办案人、检举人等也要做好思想教育工作,使他们正视问题,正确对待受害人,以搞好团结,有利生产。原来是干部、党员、职工的,应由有关单位党团组织和行政妥善解决他们的党籍、团籍、工作、工资、户口等具体问题。对工资问题的解决,应按省委〔1978〕96号文件中有关规定执行,对原来没有工资的人员,包括原系青少年现已成人的,应协同有关公社、街道妥善安置;生活有困难的,由民政部门酌情发给救济费或由法院给予冤狱补助。

四、在党委领导下,采取有力措施,进一步做好平反纠正冤假错案的工作。为了加强党委对这项工作的领导,加快步伐,必须把平反纠正冤假错案同处理人民来信来访、落实党的政策结合起来。鉴于目前法院的工作任务繁重,干部力量与任务不相适应的情况突出,建议市、区(县)委抽调适当的干部力量,加强复查纠正冤假错案的工作。市、区(县)法院被抽出去搞临时工作的干部,应尽可能地退回法院,抓政策落实。法院要在党委的统一领导下,更好地依靠有关单位做好复查处理工作。原系工厂、企事业等内部单位的案件,应以有案单位为主进行复查;原系农村的案件,各区县应同落实农村基层干部政策结合起来,一并进行复查;原系街道社会上的案件,各有关街道党委和派出所,应积极协同法院进行复查。在复查过程中,法院对各有关单位给以业务指导。凡经复查确属冤假错案的,交由法院依法改判纠正。市、区县法院要加强向党委的请示报告,起好党委的助手和参谋作用。对明显的冤假错案,人还在关押,一时来不及复查的,要请示党委批准先行放人。要进一步转变作风,深入实际,加强调查研究,及时总结经验,选好典型案例。对某些重大的有影响的案件,法院领导要亲自去办,以推动工作的进行,及时完成"文化大革命"以来由于林彪、"四人帮"的干扰破坏而判处的冤假错案的复查处理工作。

以上意见,如无不当,请批转各有关单位执行。

中共重庆市法院党组
1979年1月23日

中共重庆市委关于批转市委清查办公室《关于认真结束好我市清查工作的意见》的通知

(1979年4月9日)

市委各部、委、办,各区县委,市级各局党组、党委:

市委同意市委清查办公室《关于认真结束好我市清查工作的意见》,现转发给你们,望认真研究执行。

中共重庆市委
1979年4月9日

关于认真结束好我市清查工作的意见

市委:

两年多来,在市委的直接领导下,我市揭批林彪、"四人帮"的群众运动,认真贯彻了党中央一系列方针、政策,吸取了历次政治运动正反两方面的经验,发展迅猛而又健康,取得了很大的胜利。从全市清查工作来看,查清了与"四人帮"篡党夺权阴谋活动有牵连的人和事;摧毁了"四人帮"的资产阶级帮派体系;清算了林彪、"四人帮"的修正主义路线及其反革命罪行;整顿了各级领导班子;落实了党的政策,平反了一批冤假错案;教育和挽救了犯错误的同志。绝大多数地方和单位,分清了路线是非,实现了安定团结,革命生产形势大好。全市揭批林彪、"四人帮"的群众运动已经胜利完成,为实现全党工作着重点的转移,扫清了障碍,创造了条件。根据三中全会、省、市委常委扩大会议精神和省委批转省委清查办公室《关于认真结束好清查工作的意见》,对认真结束好我市的清查工作,提出如下意见:

一、要做好对犯错误人员的定性处理工作。中央一再指示,对人的处理要持慎重态度。要严格区分和正确处理两类不同性质的矛盾。坚持批判从严,处理从宽,惩前毖后,治病救人的方针。要全面地、历史地、正确地看待每一个人的问题。要分析当时犯错误的原因、环境和条件。对涉及定敌我矛盾、开除党籍、开除公职、逮捕法办的要十分慎重。介乎两类矛盾之间的,按人民内部矛盾处理,不要推到敌人那边去,对拟定为帮派骨干分子的要慎之又慎。要冷处理,最大限度地扩大教育面,缩小打击面。在分清是非的基础上,把95%以上的干部和群众团结起来,为社会主义现代化建设贡献力量。

资产阶级帮派骨干分子是极少数,属于敌我性质的矛盾。对这部分人,除已依法逮捕的外,一般不再逮捕。对拟定为骨干分子的,由组织上掌握。目前,不向本人和群众宣布,但要明确指出,他们在林彪、"四人帮"横行时,对党对人民犯有罪过。为了教育挽救本人,先下放劳动,年老体弱的可放到基层做一般工作;有职务的,要撤销党内外一切职务;是党员的,党籍暂缓处理。对这些人,过一段时间后,视其悔改表现,再作处理。

犯政治错误、严重政治错误的人,属于人民内部矛盾,主要是分清路线是非、总结经验教训的问题。对犯严重政治错误的,组织上要给他们做出犯严重政治错误的结论。对这部分人多数不给处分,少数情节严重,态度不好的,要给一定的处分。对拟给处分的人,为了给以改正错误的机会,经过一段时间的考察,再研究是否给予处分;目前,有的可分配做一般工作,个别的也可下放劳动。不给处分的,组织上要向他们宣布定性结论,让他们在工作中以功补过。犯严重政治错误的,一般不要担任原一级领导职务,不宜在机密要害部门工作的,要进行调整。

犯政治错误的,一般不给处分。不给处分的,组织上要向他们指明所犯错误的性质,不作书面结论,一般可担任原职,担任原职不适当的,可作调整。态度很不好,群众不谅解,又有其他错误,拟给处分的,组织上要给他们做出犯政治错误的结论,经过一段时间的考察,再研究是否给予处分。

对上述三种人的审批权限。凡拟定为帮派骨干分子的,要报省委审批,凡定为犯政治错误的、严重政治错误的,其中省管干部要报省委审批。市管干部(各口代管的市管干部不包括在内)和拟给处分的人要报市委审批,其余由各区县委和市委各部委审批,报市委备案,市委还要统一向省委备案。

二、切实做好材料工作。定性定案材料,一定要实事求是,反复核实,做到证据确凿,定性准确,结论恰当,处理正确,经得起历史的检验。各区县委和市委各部委对各单位上报的材料,要逐个审查,做到准确无误。凡拟定为帮派骨干分子的,要有罪证材料、本人交代和初步的定案报告。凡定为犯严重政治错误的,以及犯政治错误拟给处分的,要有结论报告、证据材料和本人检查。初步定案报告的事实部分和结论报告,一定要同本人见面,允许本人申辩,合理的要采纳,并让本人签注意见。以上这些人的材料,暂不存入本人档案,以后按中央或省委的规定办。犯了政治错误,不给处分、不作书面结论的,其材料应由原审查单位整理好,保存起来,听候处理。

凡采取组织措施进行审查的对象(指经省、市委批准点名批判的对象),经审查属于说错话、做错事的,应由审查单位的党组织,向本人和群众说明:运动中根据群众的揭发检举,采取一定措施,弄清其问题是必要的,本人应正确对待组织的审查和群众的帮助,顾全大局,向前看。其中有文字报批手续的(包括犯政治错误不给处分的),由审查单位在原批件上签注意见,归入文书档案,不存入本人档案。

对不属于帮派骨干、犯严重政治错误、政治错误的人,在运动中形成的有关审查材料,可由负责审查的县级以上单位党委,在清查工作全部验收完毕,并经过批准运动结束时予以销毁。

要教育犯错误人员勇于承认错误、改正错误,如果有错不改,就会在错误道路上越走越远,对于少数问题严重,证据确凿,态度恶劣,无理取闹的人,要批判教育,如教育不听,坚持错误,要从严处理。对少数有错不认错的人,要采取摆事实、讲道理,以理服人的方法,进行批评教育,以达到弄清思想团结同志的目的。

三、加强组织领导,认真把清查工作结束好。这是关系到能否巩固运动成果,发展安定团结的政治局面,实现重点转移的重大问题,各级党委要充分认识这项工作的重要性和艰巨性,要列入党委的议事日程,分管清查工作的领导同志要抓到底,完满地结束好清查工作,做到善始善终。当前,要加强对干部和群众的政策思想教育,统一认识,解决好对犯错误人员的处理问题,继续做好对被清查人员的思想转化和解脱工作,按照上述规定来安排好工作的,要尽快适当安排好他们的工作。要迅速解决好后进单位的问题,该查清的问题,一定要查清,该分清的路线是非一定要分清。同时,对于少数单位在清查过程中有些问题解决的不好,扫尾工作又抓得不力,使某些遗留问题久拖未决,或者草率从事不了了之,群众不满意的。这种情况要引起重视。党委的领导同志应亲自动手,认真听取各方面的意见,分析问题的所在,统一思想认识,严格按照党的方针、政策、原则,该清查的要坚决查清,不留隐患;该转化、解脱、安排工作的,要及时转化解脱安排好工作,不留后遗症;该定性上报的要及时核实上报,不拖沓。少数说过错话做过错事的人,至今缺乏正确认识而群众又不谅解的,领导同志应亲自出面做好思想教育工作,尽快加以解决,以形成本单位安定团结的政治局面,为重点转移创造更加有利的条件。

各级清查办公室,要在各级党委领导下,集中精力,抓紧时间,扎扎实实做好结束工作,上述各项工作未完全做好前,清办工作人员可逐步减少,但办事机构不能撤销。各区县委,市委各部、委需报市委审批的材料,要在5月15日前报送市委清查办公室。

以上意见,如无不当,请批转市委各部委、各区县委、市级各局党组、党委,研究执行。

市委清查办公室
1979年3月29日

中共重庆市委关于学习邓小平同志在党的理论工作务虚会上的讲话开展一个坚持四项基本原则的宣传教育活动的通知

(1979年5月5日)

一、邓小平同志在党的理论工作务虚会上的讲话,对于深入贯彻三中全会精神,统一全党思想,推动工作重点的转移,团结全国人民,把我国建设成为现代化的社会主义强国,都具有重大、深远的意义。特别是讲话中提出的必须坚持社会主义道路,坚持无产阶级专政,坚持党的领导,坚持马列主义、毛泽东思想和四项基本原则,是我们搞"四化"的根本指导思想和行动准则。各级党委要立即向广大干部、党员和人民群众传达邓小平同志这一重要讲话的精神,认真组织讨论,领导要带头学、带头讲,迅速在全市范围内广泛深入地开展一个坚持四项基本原则的宣传教育活动。

二、要通过这一宣传教育活动,切实加强政治思想工作。当前要着重进行四项基本原则的教育,并结合进行正确处理国家、集体、个人三者关系的教育,艰苦奋斗的教育,发扬爱国主义和革命英雄主义的教育。我市正在开展的向自卫反击战英雄学习的活动,应围绕坚持四项基本原则的宣传教育进行,由各单位统一部署,妥善安排。在对四项基本原则进行宣传教育时,既要进行比较系统的、通俗的解释,又要注意划清正确与错误的界限,继续澄清被林彪、"四人帮"搞乱了的观点。例如,既要划清什么是社会主义、什么是资本主义的界限,又要划清马克思主义的科学社会主义和林彪、"四人帮"的假社会主义的界限;既要划清无产阶级专政和资产阶级专政,社会主义民主和资产阶级民主的界限,又要划清无产阶级专政和社会主义民主同林彪、"四人帮"以"全面专政"为名搞封建法西斯专政,或以搞"大民主"为名煽动无政府主义的界限,等等。以便广大干部、群众提高认识,分清是非,排除"左"的和右的干扰,更好地贯彻三中全会精神,维护正常的生产秩序、工作秩序、社会秩序,进一步巩固和发展安定团结的大好形势,发扬艰苦奋斗的革命精神,深入开展增产节约运动,为加速实现四个现代化做出新贡献。

三、在宣传教育中,要认真调查和分析思想动向,研究错误思潮产生的原因,更好地把马列主义的基本原理同具体的思想实际结合起来,真正做到有的放矢,收到实效。对于在开展这一宣传教育中出现的各种议论和误解,也要根据三中全会和邓小平同志讲话的精神,给以明确的回答。当前,各级党委要组织宣传理论干部,着重围绕四项基本原则,针对群众中提出的问题,从理论和实践的结合上进行研究,开展宣传。重庆日报和广播电台要组织和刊登、播送这方面的稿件。

四、要严格区分和正确处理两类不同性质的矛盾。除了对极个别的反革命分子和坏分子采取必要的措施外,对群众中出现的各种思想问题,一定要坚持正面教育,做深入的思想工作,决不要采取简单粗暴的做法。至于有些同志在党的会谈上或学习讨论中为了研究探讨问题,发表了一些片面性的甚至错误的意见,这是党内民主生活中的正常现象,要坚持实行"三不主义",一概不加追究。

五、集中开展坚持四项基本原则的宣传教育活动的时间,一般安排两个月左右,各级党委可根据本单位的情况和不同的对象,自行确定,不必强求一致。在集中教育期间,要运用各种宣传工具和组织形式,造成强大的坚持四项基本原则的舆论。干部在集中学习邓小平同志讲话告一段落后,再按照市委批转市委宣传部关于干部理论学习的安排意见组织学习。各级中心学习组要带头学好,要联系实际讨论解决群众中提出的问题。各级党校、短训班当前也要把邓小平同志的讲话作为重要的学习内容。有些单位组织支部书记、政工干部短期脱产学习这一讲话,收到了良好的效果,有条件的单位也可举办这类学习班。

六、为了搞好这一宣传教育活动,加深对邓小平同志讲话的理解,应结合学习、宣传《人民日报》发表的有关的重要社论和文章。市委宣传部还编了《坚持四项基本原则的学习参考书目》(附后),各单位可根据不同对象,组织干部学习。

七、各级党委要把这一宣传教育活动作为当前思想理论战线的一个十分重要的任务,切实加强领导。实行书记负责,全党动手。各级党委、各个部门的负责同志,要针对群众的思想情况,有的放矢地作报告,把整个宣传教育活动带动起来。各级宣传部门要当好党委的参谋和助手,充分发挥工会、共青团、妇联、贫协等人民团体的作用,在党委的统一领导下,同心协力,互相配合,把这一宣传教育活动认真抓好。

中共重庆市委办公厅机关整风反右问题的复查工作简况

(1979年10月19日)

为了贯彻落实中共中央〔1978〕55号文件精神,按照省、市委摘帽工作办公室的具体要求和布置,市委办公厅机关改正错划右派的复查安置工作,从去年12月份开始,先后抽调了7个同志(坚持始终的4个)组成工作班子,对原来两厅在1957年整风反右运动中受到各种处分的人员,进行了全面的复查工作,到今年9月底,历时10个月,现在已经基本上完成了复查改正、安置和消除影响等工作任务。

一、原来两个厅在整风反右运动中被划为右派和受到其他处分的共43人,现已全部复查并做出了改正结论,这43人的情况是:

右派分子13人,经复查,全部属于错划,已做出改正结论。这13人中有党员六人,团员3人,群众 4 人,均为一般干部。

坏分子 3 人,经复查,全部属于错划,已做出改正结论。(有一人还需报市公安局撤销劳教处分)。这 3 人中有党员 1 人,团员 1 人,群众 1 人。

反党分子 2 人,均已做出改正结论。〈……〉

因反党性质错误,受开除党籍、团籍处分的 2 人(其中市管干部 1 人),已全部改正。

受撤职、降级和留党、留团察看处分的 9 人(其中省管干部 1 人,市管干部 2 人),经复查已全部做出改正结论。这 9 人中有党员 7 人,团员 2 人。

取消预备党员资格的 5 人(其中市管干部 1 人),已全部改正。

受党、团内警告、严重警告处分的 8 人(其中市管干部 2 人),均已全部改正。这八人中有党员 6 人,团员 2 人。

受延长预备期处分的 1 人,已改正。

二、安置、死亡抚恤和消除影响的工作。

改正错划右派需要安置的 7 人,现已安置 6 人,其中收回机关工作的 5 人,在省外就地安置的 1 人(×××)。尚未安置的 1 人(×××,现正乐山五马坪茶场)。

改正错划右派已死亡的有 3 人(×××、×××、×××),按规定,对其家属补发了丧葬费、抚恤费,对困难较大的发了补助费。〈……〉。

对已做出改正结论的同志,均已向其家属、子女所在单位发去了消除影响的通知书。

〈中略〉

三、关于执行政策的情况。

在复查工作中,我们坚持实事求是的原则,坚决执行有关政策的规定,依靠群众,调查研究,严格审批手续,做出正确的复查结论。我们对所有复查对象的档案材料都进行了认真查阅和研究。弄清原来的处分情况和依据,并召开知情人员座谈会和个别调查,查证核实原处分材料,实事求是地写出复查结论。改正结论着重分清大是大非,注意不留尾巴。为防止在政策上出现偏差,对几个较为复杂的案件〈……〉,我们同有关单位作了专门研究。征求意见,并向市摘办汇报请示,经认可后,才实事求是地做出改正结论。在复查中认真执行审批规定,结论初稿交群众讨论,征求本人意见,厅务会审批。有关党纪、团纪的复查都经党、团员讨论通过,党委审批。办公厅机关全部改正错划右派和受其他处分的 43 个案件,经检查,在政策上还没有出现偏差,整个复查工作是健康的。

〈后略〉

市委办公厅
1979 年 10 月 19 日

中共重庆市委关于批转市委摘帽办公室《关于贯彻执行省委〔1979〕98 号文件的几点意见》的通知

(1979 年 12 月 5 日)

各区县委,县级以上厂矿、企事业单位党委,大专院校党委,市委各部、委,市级各局党组、党委:

市委同意市委摘帽办公室《关于贯彻执行省委〔1979〕98 号文件的几点意见》,现转发各单位,望认真研究执行。

复查改正反社会主义分子、中右分子和因右派问题受株连失去公职等"五种人"的工作,时间紧,任务重,政策性强,各级党委必须加强领导,充实摘帽办公室力量,认真抓紧进行,争取在中央规定的时间内善始善终地完成此项任务。

中共重庆市委
1979 年 12 月 5 日

关于贯彻执行省委〔1979〕98号文件的几点意见

最近,中央发出的〔1979〕65号文件和省委〔1979〕98号文件,对目前处理右派问题工作中若干问题作了具体规定,我们必须认真贯彻执行。在继续抓紧做好错划右派复查、安置扫尾工作的同时,对本市原划为"反社会主义分子""中右分子"、因右派问题受株连失去公职的家属、因"右派言行"戴其他帽子和未戴帽子受到处理失去公职的人(以下简称"五种人"),亦应抓紧进行工作,争取在今年内善始善终地完成处理右派的工作任务。为了认真贯彻中央和省委指示精神,现结合我市情况,提出以下几点意见:

一、严格掌握安置的范围。按照省委〔1979〕98号文件精神,对原是全民所有制单位划的"五种人",应掌握两点:

1. 应该安置的范围和对象:

应该安置的人必须是:(1)从原有事实看,完全是或主要是因为"右派言行""右派问题"而被处理的;(2)从时间上看,应是1957年到1960年有关反右斗争的问题;(3)从离职情况看,必须是原来有公职、因受处分而失去公职的;(4)从现实情况看,必须是没有工作的。此外,因右派问题受株连的家属,还必须是本人直接受到株连失去公职的。只有具备了这些条件的人,才属于使用国家指标安置的范围。

2. 有下列情况的人不属于安置的对象:

(1)完全因为其他问题或主要因为其他问题处理了的人;

(2)反右斗争中未开除公职,以后自动离开工作单位的人;

(3)自愿退职(特别是1960年及以后的),办理了退职手续,领取了退职费的人;

(4)反右斗争时未开除公职,1960年及以后精简退职和根据当时政策规定离开工作单位的人;

(5)"五种人"在反右斗争中处理后,又犯了严重错误,被戴上其他帽子,受到开除或劳教以上处理的人;

(6)反右斗争前已定为历史反革命的人;

(7)反右斗争时没有公职(如临时工、个体经商、个体手工业者、街道居民等)的人;

(8)中专和技校学生。

准确掌握好安置的范围和对象,是能否做好这项工作,能否正确执行党的政策的重要环节。工作方法一定要细致,必须对现在需要安置的"五种人"逐个研究,明显属于上列八种人的,都不属于这次国家指标安置的范围。其中,上列八种包括不了,有特殊情况的人,则应具体分析,区别对待,按审批权限报批解决。

二、积极认真地做好"五种人"的改正和安置工作。

1. 改正和安置"五种人",都应由原划单位负责办理。原单位已合并的,由并入单位负责办理。原单位已撤销的,由上级主管部门负责办理。上级主管部门也撤销了的,原单位组织关系在哪里就由哪里负责办理。受株连的家属由原处理单位办理。

2. 现在外省或专县的人改正后,改正单位要派人与当地联系,就地安置落实。

3. 现居住在本市的人,属于綦江、长寿、巴县、江北县和北碚、南桐、双桥7个地区的,除原单位确有需要可回原单位外,其他原则上都就地安置,其中上述地区因故安置不下的,由所属系统在当地的其他单位安置。属于六个近郊区的,由原单位负责安置。原单位安置有困难的,可与所在地区协商解决。

4. 原属集体所有制单位的,亦应参照上述安置对象必备的四点,对符合安置范围、居住在本市城镇的人,在集体所有制单位安置。对他们在政治上的改正应一视同仁,但经济问题的处理则应按照本单位的经济力量,量力自行解决。原单位已撤销而又需要安置的人,则由所属公司、局与所在区县联系解决。本人现在农村从事农业的,除本单位确有需要、本人又能够工作的可以收回以外,一般可不安置。生活确有困难的,由改正单位做好工作适当帮助解决,使其安心农业生产。

5."五种人"中属于安置范围的人,凡是符合退休、退职条件的,由改正单位按省委〔1979〕98号文件规定,直接办理退休、退职手续。

6.由于中央〔1979〕65号文件规定,安置"五种人"的具体办法由各省自己制定。因此,各省制定的办法就会有不同之处。本市需要在外省安置的人,应按照当地的规定办理。外省需要在本市安置的人,则应按本省的规定办理。

安置指标只能用于符合安置范围的"五种人",不得安置其他人员。要坚决反对拉关系、"走后门"的不正之风,如发现假公济私、徇私舞弊的情况,一定要认真追查,严肃处理。

三、改正和安置的审批权限。

各级党组织在改正和安置"五种人"的工作中,必须按照政策规定,严格审批手续。对应该改正和安置的人,必须要有原处理的批示或依据。因"右派言行"戴其他帽子和未戴帽子处理了的两种人,要根据中央五部143号文件精神,认真进行复查,实事求是地做出结论,参照右派的复查改正方法办理。"五种人"政治上的改正,由县一级党委审批。其中需要安置的人,应上报区县委和市委有关部、委批准。批准安置的人,要造具名册报市委摘帽办公室备案,是干部的抄报市委组织部,是工人的抄报市劳动局,办理安置手续后,再发通知。

"五种人"中需要改判和撤教的,仍由改正单位主动与政法部门联系,并提供可靠情况。需要改判的,由原判法院复审;需要撤教的,由改正单位写出报告送市公安局劳教办公室复审,做出结论后按政策办理。

中共重庆市委摘掉右派分子帽子工作办公室
1979年11月28日

中共重庆市委对当前落实政策中一些问题的处理意见

(1979年12月5日)

根据中央、省委最近有关文件规定,对我市当前落实政策中的一些问题,提出以下处理意见:

一、关于当前工作侧重点的问题

当前落实政策工作的侧重点,主要是纠正"文化大革命"中林彪、"四人帮"颠倒是非,陷害好人,制造的冤假错案;也包括改正反右派、"反右倾"以及"四清"中搞错的案件。至于其他历史上的案件,现在不可能一一加以甄别,可以按照个别问题个别解决的原则,列入正常工作范围进行复查审理。

二、"文化大革命"中的冤假错案问题

"文化大革命"中,确实属于冤假错案而被开除的干部、工人改正后,户口在城市的,一般可以收回安排工作,恢复原工资级别;在农村的,按照省委川委函〔1979〕229号文件办理,即:除原单位工作需要,本人又能工作,或独身在农村,全家在城市的外,一般不再收回,由原处理单位恢复公职和工资级别后,商同本人现所在地区妥善安置(省委〔1979〕229号文件,已发各地、市、州委)。

至于冤假错案的工资补发问题,可按中央〔1979〕48号文件补发其基本工资(有经济收入的,只补差额部分),附加工资和其他福利不再补发。一次补发有困难的,可分期补发。过去已经处理了的问题,不再变动。

如果本人确有构成犯罪的违法行为,虽经政法部门批准免予刑事处分、改刑减刑、教育释放或免予起诉的,以及本人隐瞒了重大政历问题在"文化大革命"中被查出来的,一律不补发工资。生活特别困难的,由原处理单位酌情补助。

三、"文化大革命"前的错案问题

"文化大革命"前的错案,与"文化大革命"中的冤假错案有原则区别。"文化大革命"中的冤假错案,是林彪、"四人帮"一伙造成的,错了应当平反;"文化大革命"前历次运动和日常工作中所处理的案件,绝大多数是在当时的历史条件下,按照当时党的政策规定处理的,是正确的和基本正确的,不能以现在的政策观点为标准,去进行普遍复查和处理。凡犯有错误,根据当时党的政策规定定性处理基本恰当的,或即使定性处理重了一些,但主要事实依据没有变化的,不再予以复议。对个别原定性处理的主要依据失实的,和对照当时党的政策的规定,属于错被开除党籍,错被开除公职,错被定为敌我矛盾的,应予复查改正。

处理"文化大革命"前的案件,除错划右派的改正,1959年以来"反右倾"和"四清"运动中错案的复查等中央已有规定以外,其余老案,应按中央组织部〔1979〕33号文件规定办理。

对于错被开除公职的改正后,除个别工作需要且本人可以工作的以外,一般不再收回安排工作,可采取退职等办法,酌情妥善处理,但都不再顶替一个子女参加工作。

"文革"前的错案改正后,工资一律不予补发,个别目前生活确实有困难的,可给予适当解决。

四、六十年代精简回乡的职工要求复工的问题

根据中央〔1979〕43号文件规定,目前不能解决。对于1957年底以前参加工作的老职工,生活上困难的,应当继续执行1965年国务院224号文件,给予救济。与精简职工同一时期精简下放的公私合营企业的私方人员、资本家要求复职的,也应按照这一规定的精神对待。

五、"文化大革命"初期被戴上所谓"黑五类"帽子下放农村的资本家、工商业兼地主要求回城复职的问题

这些人中,如确属敌我矛盾性质的,不能收回;在农村已安居下来,生活有保障的,也不要收回;对年老体弱、不能坚持工作的,可按有关规定,作退休处理;对少数身体健康,能坚持工作的,可根据情况,收回安排适当工作。

六、1969年前后,在"我们也有两只手,不在城里吃闲饭"口号影响下,下乡的城镇居民问题

目前,有的下乡居民要求迁回城镇,根据中央〔1979〕43号文件精神,原则上不能迁回,但对其中确属孤老病残等情况,在农村不能自食其力,回城后又有亲属赡养的,可经城乡双方协商,适当予以解决。1969年压缩下放农村的小商小贩,也按此精神处理。

七、关于成分上升问题

凡"四清"和"文化大革命"运动中上升了成分,被划为地主、富农的,应宣布无效。个别属于明显漏划,干部、群众认为应当继续维持其补划成分的,应由党委严格审查后,报市委批准。

八、关于贪污分子是否摘帽的问题

过去因贪污被戴上贪污分子帽子、受刑事处分的,刑满释放后问题即已解决,不存在摘帽的问题。因贪污问题,由原市、区委监委和各部门批准戴了贪污分子帽子,给予行政处分的,应去掉贪污分子帽子,改为犯过贪污错误。至于确属被错戴贪污分子帽子的,可予以纠正。

九、关于处理反社会主义分子、中右分子和因右派问题受株连的家属问题

中央〔1979〕65号、省委〔1979〕98号、市委〔1979〕74号文件已有规定;关于把原工商业者中的劳动者区别出来的问题,中央发了〔1979〕84号文件;关于清理现押未决犯问题,省委发了〔1979〕94号文件,有关这些方面的政策,按中央和省、市的规定执行。

十、关于回城、复工审批手续问题

今后,凡是涉及回城、复工的问题,一律由市级各大口和区县委审查批准。但涉及劳动指标和工资问题,应先送市劳动局办理手续,然后再下通知。劳动局如有不同意见,可报市讨论。

落实党的政策是一项严肃的工作,政策性很强,必须统一认识,统一政策,上下配合,认真进行。要加强组织纪律性。今后,凡是审批手续尚未办完的,处理意见不得先告知本人;凡是未经上级批准收回安排工作的,不得先下通知和办理入户手续。

在此文发出之前,市委对这类问题处理的有关规定,如与这个文件相抵触的,都应以本文为准。

中共重庆市委
1979年12月5日

中共重庆市委组织部关于为因刘少奇同志问题受株连造成的冤假错案平反工作的通知

(1980年3月20日)

市委各部委组织(干部、政治)处,各区县委组织部、纪检委、政法小组,公检法党组:

根据市委指示,现将为因刘少奇同志受株连造成的冤假错案平反工作的几个问题,通知如下:

一、各级党委要加强对因刘少奇同志问题受株连造成的冤假错案平反工作的领导。复查纠正这类案件,是贯彻执行党的十一届五中全会决议,是当前落实政策工作的一项重要任务。各级党委要加强领导,要有负责同志分管,督促有关部门把这类案件抓紧抓好,尽快完成。

二、这类案件的平反工作,按照市委决定,由市委组织部、市委纪律检查委员会、市委政法小组分工负责,互相配合进行。凡逮捕、判刑、判管、拘留、劳教、强劳、少管等由公检法部门负责;凡受党纪处分的由纪检委负责;凡档案材料处理和干部工作安排由组织部门负责。各部委,各区县,以及各单位的组织、纪检、政法保卫部门都要有相应的力量做好这项工作。

三、当前要立即抓紧的几项工作:(一)各部委、各区县、各单位要迅速摸清因刘少奇同志问题受株连造成冤假错案的底数(包括为刘少奇同志鸣不平,说公道话受冤屈的干部和群众),现已平反的多少?平反中存在什么问题?(二)对尚未平反或平反中留有尾巴的,要坚决按照中央和省、市委有关平反纠正冤假错案的政策规定,采取有力措施,逐案复查平反。(三)按照党的政策,切实做好善后工作。(四)要求各部委组织(干部、政治)处,各区县委组织部、纪检委、公检法部门于4月2日前,将这类案件的底数,复查平反情况和存在的问题,分别向市委组织部、市委纪律检查委员会、市公、检、法党委(党组)写一简要报告。

市委组织部
市委纪律检查委员会
市委政法小组
1980年3月20日

中共重庆市委办公厅处理反右斗争遗留问题工作总结

（1980年10月20日）

市委办公厅处理反右遗留问题的工作，根据中央有关文件精神，按照市委摘帽工作办公室的部署，从1978年12月开始，先后抽调七个同志（坚持始终的四个）组成工作班子，对原市委、市人委两个办公厅在1957年整风反右运动中受到各种处分的人员，进行了全面复查，现已全部完成反右斗争遗留问题的复查改正、安置和消除影响等工作任务，经厅领导检查验收，现将此项工作总结如下。

一、原两个厅在反右斗争中被划为右派和受到其他处分的"五种人"共42人，现已全部复查并做出了改正结论。这42个人的情况是：

右派分子13人，经复查，全部属于错划，已做出改正结论。其中党员6人，团员3人，均为一般干部。

因右派言行戴上其他帽子的5人，经复查，全属错划，已作改正结论。其中党员3人，团员1人，省管（××）和市管（××）干部各1人〈……〉。

因右派言行受到党纪、团纪、政纪处分的24人，均全部做出改正结论。其中党员18人，团员6人，省管干部（×××）1人，市管干部5人。

二、安置、死亡抚恤和消除影响的工作。

在反右斗争中受处分失去公职需要安置工作的有5人，已全部妥善安置，其中：安置在本市全民单位的3人，退休1人，外省就地安置1人。另对虽未失去公职但长期在农场劳动的两个同志，根据他们的工作能力，已调有关单位工作。对一些确有困难需要照顾关系而要求调动工作的同志，我们本着负责到底的精神，主动同有关地区和单位联系，协助解决工作调动问题。

改正错划右派已死亡的有3人，其中家属现在外省的2人。我们派专人去省外作好家属的抚恤工作，并同当地民政部门联系，对死者家属补发抚恤费，对生活困难的作了补助。〈……〉

对做出改正结论的全部同志，我们都已对其家属、子女所在单位发去了消除影响的通知书。

三、关于执行政策的情况。

在处理反右派斗争遗留问题工作中，我们坚持实事求是的原则，坚决执行中央和省、市委的有关政策规定，依靠群众，调查研究，严格审批手续，做出正确的复查结论。我们对所有复查对象的档案材料进行认真查阅和研究，弄清原来的处分情况和依据。召开知情人员座谈会和个别调查，查证核实原处分依据，实事求是地写出复查结论。改正结论着重分清大是大非，注意不留尾巴。为防止政策上出偏差，对几个较为复杂的案件，我们按照有关规定，会同有关单位和部门认真研究，征求意见，并向市摘办汇报请示，经各方认可后，才实事求是地做出改正结论。在复查工作中认真执行审批规定，结论初稿交群众讨论，本人签署意见，厅领导审批。有关党纪、团纪处分的复查，都经党、团支部讨论通过，按干部管理权限，由上级党委、团委审批。办公厅机关复查处理的42个案件，经验收，在政策上没有发生偏差，整个复查工作是健康的，基本上做到了领导满意，群众满意，被落实政策的同志和家属满意，调动了这部分同志的积极性，完成了这一工作任务。

市委办公厅政工处
1980年10月20日

再接再厉 善始善终 抓紧完成清理干部材料的工作

（1980年12月2日）

中共重庆市委组织部

根据市委关于务必在今年内把"文化大革命"、整风反右、"反右倾"以及"四清"运动中属于落实政策的干部档案材料清理处理完毕的要求，今年8月以来，全市各级党组织都加强领导，组织力量，按照中央有关文件的规定，对这几个运动中的干部材料进行清理和处理。从目前的进展来看，总的是比较好的，大部分单位基本上完成了清理工作，正在处理。

11月24日至26日，我们分别请了工交、财贸、建委系统29个局落实政策办公室和组织科的负责同志，座谈了关于"文化革命""整风反右""反右倾""四清"（简称"四大运动"）中纠正冤假错案干部材料的清理和处理情况，研究了清理处理干部材料中的一些具体问题。这29个局中，进展较快，对这几次运动中应当清理处理的干部材料，已经清理处理完毕，该退的退给了本人，该由组织销毁，已经领导审定销毁了的有冶金局、粮食局、一商业局、二商业局、财政局、税务局、供销社、建工局等9个局，其他各局大多已完成清理工作，正在逐步处理。有些单位如一商业局、建工局等还发动各部门一起动手，把散存在各个办公室、经办人手中的干部材料，都翻箱倒柜彻底进行清理。〈……〉。全市其他单位清理干部材料的进展情况，大体也是这样。但是，从座谈汇报情况看，在清理和处理"四大运动"冤假错案干部材料中，还存在一些问题。

（1）有的单位党委领导重视不够。反映在有的单位力量不落实，清理材料人员经常抽去搞其他工作；清理出来应销毁的材料，党委迟迟不予审查。有的单位材料清理出来一二个月还处理不了。市机械局所属的有些厂党委领导要局"落办"来点头才处理。有些单位的组织部门认为这是"落办"的事，没有抓这项工作。

（2）留下归档的干部材料太多。舍不得丢，怕将来再查没有根据。如对整风反右错划右派的材料，中央组织部〔1979〕51号文件规定："其复查结论、报告和所依据的主要证明材料以及原结论（或决定），应存入本人档案，其他材料，均从本人档案中抽出销毁。"而有的单位把整风反右时的自我检查、揭发、检举、证明材料、劳教人员评审表、摘帽批示表等统统仍存入本人档案。又如"文化革命"审干复查形成的材料，有的把间接的无用的调查材料全部留入归档案卷，有的把本人多次、重复的交代材料、申诉材料全部留下，有的把工作过程中形成的调查提纲，索要证明材料信、问题的汇报材料等也归入了本人档案。

（3）不少单位只清理了干部档案和手边案卷中的材料，而对散存在各个角落的干部材料没有清理。据一些单位了解，这些散存的材料数量相当大，而且大多是不实之词。

（4）还有少数单位如南桐矿务局、搪瓷厂、建筑科研所等单位还没有开始进行清理。

根据以上情况，我们建议，全市各单位都要按照中央有关规定和市委的要求，在今年12月15日前，把"四大运动"中应当清理处理的干部材料都清理处理完毕。还没有清理完的要加强力量，抓紧清理；已经清理出来的，党委及时审查，迅速处理，决不能再拖。年底前，各局、各区县、各大型厂矿、大专院校要对清理和处理"四大运动"材料的情况进行一次认真检查。重点检查工作开展较慢较差的单位、留存材料太多的案卷和散存在各处的干部材料。严格按照中央组织部〔1979〕51号,〔1979〕54号、〔1980〕34号文件的规定,认真鉴别,妥善处理,凡属诬蔑不实的材料和其他重复、无用的材料都应清出处理。既不能把不该存档的材料存入档案,又不要把有保存价值的材料随意销毁。对于不属"四大运动"的干部材料,目前暂时不要清理。已经进行清理处理,留下应归干部档案的材料,应及时移送组织部门,归入干部档案。少数至今还没有开始清理工作的单位,上级党委(党组)要派人重点协助,按时完成任务。这项工作进行完毕后,各局党委(党组)、各区县委、各大型厂矿、各大专院校党委应将清理情况书面报告市委。

清理处理"四大运动"中落实政策的干部材料是全面清理整理干部档案的一个组成部分,各级组织部门应把这项工作作为自己的一项重要任务来抓,负责同志要过问,分管档案的同志积极参加。把清理处理干部材料工作搞好,为明年全面清理整理干部档案打好基础。

中共重庆市委组织部
1980年12月2日

中共重庆市委信访、落实政策工作会议纪要

(1981年4月8日)

根据中央和省委最近对信访、落实政策工作的指示精神,市委于4月6日至8日召开了信访、落实政策工作会议。这次会议,是在深入贯彻中央工作会议精神,经济上实行进一步调整,政治上实现进一步安定的大好形势下召开的,到会同志学习了中央组织部〔1981〕5号文件,听取了省委信访、落实政策工作会议精神的传达,联系我市的实际,回顾了前段工作,自觉地清理了"左"的影响,提高了认识,明确了任务,决心按照中央关于坚决、彻底、干净、全部地纠正一切冤假错案的要求,善始善终地完成落实政策工作任务。

会议认为,粉碎"四人帮"以来,特别是党的十一届三中全会以来,我市各级党组织认真贯彻中央关于落实政策的一系列指示,开展了大规模的平反冤假错案、落实政策的工作,取得了很大的成绩。到目前为止,全市"反右派""反右倾""文化大革命"运动的案件已经基本复查、处理完毕,"四清"运动的案件,大部分已复查处理。与此同时,还复查处理了一批有申诉的历史老案。由于各方面政策的进一步落实,人民来信、来访明显下降。这对于恢复实事求是的优良传统,提高党的威信,调动广大干部和群众的积极性,实现经济上进一步调整,政治上进一步安定,都起到了重大的作用。但是,按照中央坚决、彻底、干净、全部地处理好一切冤假错案的要求,目前还有许多工作要做:"四清"运动案件还有相当一部分应复查的没有复查;"反右派""反右倾""文化大革命"三个运动的案件经过检查验收,少数还不符合要求;有的案件平反纠正后,善后工作不落实;历史老案的复查处理,才刚刚开始;档案材料的清理和处理,任务还很艰巨。〈……〉。

会议回顾了三年多来落实政策的工作,总结了经验教训。一致认为,要进一步把落实政策工作搞好,必须彻底清除"左"的影响。〈……〉。这些"左"的东西,是彻底平反纠正冤假错案,进一步做好落实政策工作的最大障碍。"左"的影响不肃清,落实政策工作就无法深入下去,甚至有可能在今后重犯"左"的错误,造成新的冤假错案。因此,一定要结合中央〔1981〕1、2号文件的学习,进一步端正思想路线,坚持贯彻执行三中全会以来确定的路线、方针、政策,在处理历史遗留问题时,始终坚持实事求是的原则,自觉清理和克服"左"的影响,真正把落实政策工作更好地深入下去。

会议根据中央和省委指示精神,提出了当前工作任务,具体要求:"四个运动"中案件的再次复核

验收，要力争在年底以前完成；历史老案的复查处理工作，从现在起各级党委就要抓起来，列入议事日程，认真抓好。

一、对"四个运动"应复查而未复查的案件，要抓紧办理，尽快结案，并按照省委〔1981〕22号文件"五条标准"进行检查验收。对前一段经检查验收不符合要求的案件和仍定为敌我矛盾、严重政治错误、重大政历问题、给予党纪和行政撤职以上处分、仍维持"文化大革命"中结论的以及本人对复查结论有意见的重点案件，要一件一件地再次进行复核验收。具体要求：（1）摸清重点案件数量，列出名单，做到底细清楚；（2）组织力量，落实到人，一件一件进行复核，复核中要看定案事实是否准确，定性是否恰当，处理是否符合政策；（3）党委分管的领导亲自参加，对已复核的重点案件，本着"实事求是，有错必纠"的原则进行复议，对应纠而未纠的要纠正过来，但对明显应该维持原结论的要维持，不能因为纠正"左"的错误，把不该改的案子也一风吹了；（4）复核后需要纠正或改变结论的，要按规定报送上级党委批准，然后同本人见面。复核中，对过去漏复查和无人过问的案件，更要注意清理。对未经立案审查，但错被批斗了的，要作好思想政治工作。总之，要使这部分案件的处理，经得起历史的检验。

检查验收合格的单位，必须召开群众大会，宣布平反纠正"四个运动"中的冤假错案，落实政策的工作结束，再次听取群众反映。然后由各区县委和各局党委（党组）综合，写出书面总结，报告市委。

二、要认真搞好"文化大革命"前的冤假错案的复查工作。要看到，"文化大革命"前在处理干部问题上，由于受到"左"的影响，确实也造成了一些冤假错案。在复查处理历史老案时，除对本人有申诉的案件要继续复查外，对于本人没有申诉的案件，特别是对定为敌我矛盾的、开除党籍的、开除公职的和定性处理主要依据失实的，都应回过头去看一看，错了的要主动纠正。处理历史老案，要按照中央组织部〔1979〕33号、〔1980〕7号和〔1981〕5号文件规定的精神办理。

三、关于经济案件。建国以来，在经济领域开展"三反""五反""新三反""四清""一打三反"等运动，揭露和打击了贪污盗窃分子，这些运动所取得的积极成果应当肯定和维护。但是，有的单位在一些案件处理上，也错伤害了一些人。对于经济案件的处理，在中央、省委没有正式规定之前，仍然应当掌握：（1）凡是因经济问题被开除党籍、开除公职和定为敌我矛盾的，应当复查，其中明显搞错了，确属冤假错案的，要纠正过来；（2）对于本人确有错误，即使原处理的事实有一些出入，但定性处理基本恰当或即使处理重了一些的，一般不再改变。（3）经济上原则不作清理。对个别确属冤假错案纠正后生活上有困难的，可酌情予以补助。

四、关于精简退职人员的问题。去年8月市委落实政策工作会议，根据中央〔1979〕43号文件精神和省委一系列指示，对此问题已作过明确规定。现在重申：凡是已经退职的人员，除"右派问题"中央另有规定外，其余都不能以任何借口，要求回城复工复职。六十年代精简压缩的职工，不属于落实政策的范围，无论是否已领退职费，都不能收回（没有领退职费的，现在可以补领，没有领足的可以补足）；六十年代精简以前和以后退职的人员，领过退职费（不管多少），办了退职手续离职的，也不能收回。这个问题，关系到全局，中央〔1979〕43号、47号，国务院〔1980〕70号，省委〔1979〕39号、92号、98号，省委落办〔1980〕1号等一系列文件都有明确规定，不能乱开口子，〈中略〉。但对确有困难的，可以在政策允许、力所能及的范围内，尽量帮助他们解决生产、工作或生活出路。

五、进一步加强信访工作。当前要继续抓好"两头"（即顶着不办和无理取闹的），重点解决上访"老户"问题。今年上半年，要力争把去年去京到省上访的老户问题基本解决好；同时对今年去京到省上访的要做到及时处理，使去京到省的"老户"比去年减少一半。处理中，一定要实事求是，坚持原则，按政策办事。凡是应该而又能够解决的问题，不要推、拖，更不要顶住不办。要坚持"分工负责、归口办案"的原则，把问题解决在基层。市级机关各部门应按职责范围,对分工由本部门接谈处理的信访案件,要主动承办,负责到底。涉及几个部门的,要互相配合,共同解决。各区县和厂矿企事业单位,都要建立健全信访调解组织,做到小事不出公社、街道、车间,大事不出区县、厂矿。要特别注意防止和消除可能引起集体上访、闹事的因素,如发现有集体上访闹事的苗头,要及时抓紧做工作,不要让矛盾激化。把问题就地解决在萌芽状态。

会议认为,当前信访和落实政策工作任务仍然是繁重的,各级党委必须继续加强领导。要把信访和落实政策的工作,同贯彻调整、安定的方针统一起来,认真克服"差不多"的思想和松劲厌倦情绪,进一步把工作做好。应当看到,这次大规模地落实政策,在我党历史上是空前的,有着巨大的意义和深远的影响。三中全会以来,中央三令五申要求各级党委抓好这一工作,如果至今对一些应该解决的案件仍然拖着不办,那就不是对政策不理解、贯彻不力的问题,更不是工作忙不过来、没有时间讨论研究的问题,而是在政治上是否与中央保持一致的重大原则问题。对极少数至今还在闹派性或对落实政策抵触、顶着不办的,要严肃批评教育,坚持不改的,要采取必要的组织措施。各单位分管落实政策工作的负责同志,要拿出主要精力来抓信访和落实政策工作,要亲自审阅疑难案件,把领导值班接待来访、亲自审阅来信等行之有效的制度坚持下去。绝不能采取官僚主义的态度,停留在一般号召上。鉴于信访和落实政策工作任务还很繁重,需时尚多,各区县和市级各局撤销了信访和落实政策的机构,该恢复的要恢复起来;新成立的机构和落实政策任务少的单位,也要有专人负责抓信访和落实政策工作。与此同时,还要用大力做好思想政治工作,要教育被落实政策的同志顾大局,识大体,向前看,不要计较个人恩怨和纠缠历史旧账,集中精力把心思用在"四化"上。对极个别无理取闹的"上访油子",经过反复教育仍不改的,应当分别情节轻重,按章依法,严肃处理。通过深入细致的思想政治工作,达到"政治上分清是非,思想上解开疙瘩,组织上增强团结",善始善终地完成平反冤假错案、落实政策的任务。

中共重庆市委宣传部、中共重庆市委组织部关于抓紧复查平反"胡风反革命集团"案件的通知

(1981年10月29日)

市级各部、委、办、局党组(党委),各区县委,各大型厂矿、大专院校党委:

现将省委宣传部、省委组织部《关于抓紧复查平反"胡风反革命集团"案件的通知》转发你们,请抓紧贯彻落实。

复查平反"胡风反革命集体"案件,参照中央组织部〔1979〕组通字33号文件精神,原则上由原处理单位负责,如原单位已撤销或人员已调走的,由现在所在单位或所在地区的党组织负责。复查平反的结论,报县或县级以上党委审批。有关材料参照中央组织部〔1979〕组通字51号文件规定,结合清理干部档案进行处理。这一工作结束后,请各单位写一简要情况报市委审干办公室,以便综合上报市委、省委。

中国共产党重庆市委员会宣传部
中国共产党重庆市委员会组织部
1981年10月29日

中共四川省委宣传部、中共四川省委组织部关于抓紧复查平反"胡风反革命集团"案件的通知

各市、地、州委宣传部、组织部,省级各单位党组(委):

1980年9月29日《中共中央批转公安部、最高人民检察院、最高人民法院党组关于"胡风反革命集团"案件的复查报告的通知》下达后,我省各级负责落实政策工作的部门,在党委的领导下,根据中央文件要求,对被定为"胡风反革命集团"分子的同志,已进行了复查、平反,恢复了名誉;对受株连的同志,不少已做了复查纠正;对兼有其他政历问题的同志,是什么问题按什么问题做了实事求是的结论,反映很好。但从全省来看,进展不够平衡,目前的情况是:搞得快的单位,已经复查完毕;多数单位,还在进行复查;有的虽已做了复查结论,但还留有尾巴,需要重新复议;有的对究竟有多少人需要复查,至今心中无数。

根据中央宣传部、中央组织部今年7月31日转发天津市委宣传部《关于"胡风案件"复查平反工作的情况报告》的通知中的要求,特作如下通知:

凡正在进行复查平反工作的地区和单位,应继续抓紧抓好,争取早日复查完毕。对已复查平反,做了复查结论,但不符合中央要求或本人还有意见的,应认真进行复议,做出实事求是的结论。那些至今情况不明,心中无数的单位,应立即进行调查研究,将情况摸清楚,并根据复查任务的大小,迅速组织相应力量,尽快开展工作,逐个做出复查平反结论。各地区各单位应加强对此项工作的领导,按照中央要求,争取在今年年底全部完成。

各地区各单位在接此通知后,请于9月上旬,将此项工作的进展情况和问题向省委作一简要报告,俟复查平反完毕后,请写一书面总结,以便综合上报中央。

中共四川省委宣传部 中共四川省委组织部
1981年8月27日

中共重庆市委关于批转市委纪委《关于复查"文化大革命"前历史老案党纪案件的基本情况和今后意见的报告》的通知

(1981年9月10日)

各区县委,市级各部、委、办,市府各局党委(党组),各大专院校党委,县级以上厂矿、企事业单位党委,各人民团体党组:

市委同意市委纪委《关于复查"文化大革命"前历史老案党纪案件的基本情况和今后意见的报告》,现转发给你们,望结合本单位的实际情况研究执行。

我市落实政策的工作,在各级党委的领导下,已经取得了很大的成绩。但是,按中央和省委的要求来检查还有差距,特别是对"文化大革命"前历史老案的复查任务还很艰巨。为此,各级党委应在抓好"四个运动"已复查案件的再次复核验收的基础上,加强对历史老案复查工作的领导,列入党委的议事日程,指定领导分管,定期检查研究,并根据实际任务,配备相应的力量,善始善终地完成这一历史任务。

中共重庆市委
1981年9月10日

关于复查"文化大革命"前历史老案党纪案件的基本情况和今后意见的报告

市委:

1978年以来,我们遵循党的十一届三中全会

精神，根据中央关于处理历史遗留问题的一系列指示，在市委和省委纪委领导下，协同有关部门，依靠各级党组织，积极开展了"文化大革命"前历史老案的复查工作。〈……〉。总之，经过三年来的努力，改正了"文化大革命"前的一批冤假错案。这对促进安定团结，调动党员、干部的积极性，保证党的工作重点的转移，恢复和发扬党的优良传统和作风，起到了积极作用。但是，复查历史老案工作并没有结束，要坚决、彻底、干净、全部地把一切冤假错案处理好、解决好，任务还很艰巨。当前还有一部分已经申诉的历史老案，没有进行复查；有的复查了，结论还不符合党的要求。尤其是对于中央组织部〔1981〕5号文件关于进一步做好历史老案复查工作的要求，有不少单位至今尚未着手进行，甚至连底数都不清楚。为了认真贯彻执行中央组织部〔1981〕5号文件精神，继续抓紧做好"文化大革命"前冤假错案的平反纠正工作，结合我市情况，提出如下意见：

一、要提高认识，加强领导，进一步做好历史老案复查工作

〈……〉。我们认为这些疑虑是不必要的。首先，要认识中央组织部5号文件关于"对历史上处理过的一些重大案件应回过头来看一看，错了的要主动纠正，特别是对定为敌我矛盾的、开除党籍的、开除公职的和定性处理主要依据失实的，一定要认真对待"的要求，是完全符合党的三中全会以来，中央关于纠正冤假错案一系列指示精神的，是我们党坚持实事求是思想路线的具体体现，也是符合我市实际情况的。据我们对原市监委在1950年到1965年期间，直接审批开除党籍而至今未申诉、未复查的192个案件的初步过滤，发现原处理结论有错，需要主动复查的有42件，占21.6%。这说明历史老案中，确有冤假错案需要复查纠正，我们应当认真贯彻执行。那种对进一步复查历史老案有厌烦情绪是不应该的。同时还要正确认识和估计复查处理历史老案工作中的困难和有利条件，从客观上讲，历史老案都已时隔二三十年，有些单位，人员变动大、档案、资料不齐全，情况较为复杂，政策性强等，确实难度较大，这是事实。但是，我们不仅要看到存在的困难，而且更应看到能够克服困难，做好工作的有利条件。我们有三中全会以来中央关于处理历史遗留问题的一系列指示和政策，有《建国以来党的若干历史问题的决议》，这些都是处理历史老案的准绳和依据；有中央、省、市委和各级党委的领导；有广大群众的支持；有几年来正确处理历史遗留问题的经验；尤其是经过清理"左"的思想，恢复实事求是的优良传统，更为我们正确复查历史老案奠定了可靠的思想基础。只要我们认识这些有利条件，运用这些有利条件，复查工作是可以搞好的。

我们应当：第一，要认真学习中央有关指示、政策，学习中央组织部〔1981〕5号文件，进一步提高认识，增强信心和决心，克服厌烦和畏难情绪；第二，把复查处理历史老案的工作，列为党委重要议程，定期研究、检查和总结；第三，纪委要按照任务大小，安排相应的力量来抓。但是，单靠纪委的力量是不够的，要在党委统一领导下，由有关部门分工配合，分口负责，充分发挥各职能部门和基层党组织的作用，党纪、政纪、法纪问题，分别由纪律检查、组织人事、政法部门进行处理。对于牵连几个单位的重大案件，则由上级有关部门牵头，商同有关单位抽调人员，联合办案。凡是落实政策办公室未撤的，就不要撤了，仍由落办协助党委全面掌握历史老案复查工作的进程，务必善始善终地完成这一历史任务。

二、要明确工作重点，有计划有步骤地做好复查工作

凡是复查和检查验收"四个运动"案件基本结束的单位，就应把落实政策工作的重点，转向主动做好历史老案的复查改正工作。要求各级党委：第一，要把1950年至1965年期间，党员被定为敌我矛盾的、开除党藉〔籍〕的、开除公职的底数搞清楚；第二，对上述案件中提出申诉的要认真进行复查，没有提出申诉的，也要在内部进行复议，拟出主动

复查的名单;第三,对需要复查的案件进行分类排队,区别轻重缓急,有计划地进行复查;第四,要认真抓好疑难案件的研究处理,并运用这类案例统一思想,划清政策界限,保证办案质量;第五,要注意总结、推广复查工作经验,促进工作进展。

三、要坚持实事求是的精神,积极慎重地搞好复查工作

中央组织部〔1981〕5号文件中指出:"对这类案件的复查,总的精神是实事求是,有错必纠。"各级党委一定要坚持实事求是的精神,积极慎重地搞好复查工作。第一,复查历史老案,要根据《准则》的规定,按照中央组织部〔1979〕33号、〔1980〕7号和〔1981〕5号文件的精神,坚持以事实为依据,以党的政策为准绳,全错的全改,部分错的部分改,不错的不改,分别情况,慎重处理。对定为敌我矛盾的、开除党籍的、开除公职的和定性处理主要依据失实的,要认真复查,错了的要主动纠正。对受一般处分的,如果主要依据没有变化,定性处理基本恰当,只是偏轻偏重一些,则一般可不改变。第二,复查处理历史老案,要本着宜粗不宜细的精神,既要坚持原则,抓住主要矛盾,分清是非,划清界限,又不可在一些细微末节上,绕来绕去,纠缠不休。对于经过复议即可做出结论的案件,就不必再一一进行调查;需要调查的案件,要抓住涉及定性和处分的主要问题,弄清事实真象〔相〕;作复查结论时,也要抓住主要问题分清是非,定准性质,不必对原结论的每一个具体问题,一一予以回答;对于原定案证据不足,无法进一步索取旁证,本人一再申诉的,可以通过全面分析,做出比较切合实际的结论。第三,复查处理历史老案,既不能留"尾巴",又要防止一风吹。经过复查,凡不属违纪范围的缺点、错误,不是原则性的问题,即使是事实,也不要写入复查结论,留下"尾巴";凡属原则性的错误,就应当在结论中加以肯定,有的还要保留适当的纪律处分,不能一风吹掉。

以上报告如无不当,请批转县以上党委参照执行。

中共重庆市委纪律检查委员会
1981年8月11日

中共重庆市委关于肖泽宽、李止舟、廖伯康三同志的平反决定

(1982年12月23日)

肖泽宽(原重庆市委常委、组织部长)、李止舟(原重庆市委候补委员、副秘书长)、廖伯康(原重庆市委办公厅副主任兼团市委书记)三同志,在重庆市委工作期间,工作是好的。

〈中略〉

党的十一届三中全会以来,市委根据省委的意见对此案进行了复查,复查结果如下:

一、1962年传达贯彻扩大的中央工作会议的市委十八次扩大会议期间,肖泽宽、李止舟、廖伯康三同志在党的会议上发表自己的意见,并对省、市委的某些工作提出了批评和建议,是符合党的民主原则的,是党内生活的正常现象,是从贯彻农业六十条出发的,而且他们所提供的情况是事实,所提意见是正确的。所谓"有计划、有组织地进行反党阴谋活动"的结论是错误的,应予否定。

二、肖风、邓照明二同志来川了解四川情况,是当时中央书记处书记兼中央办公厅主任杨尚昆同志根据中央书记处的指示派遣的。事后,中央书记处和中央组织部的领导同志曾向省委和市委讲明了这一情况,告知不要追查和批评此事。根据这一事实,肖泽宽、李止舟、廖伯康三同志给杨尚昆同志派来四川了解情况的人员提供情况和资料,本是上下级之间的工作关系,把这说成是"进行反党阴谋活动"当然是错误的,应予否定。在"文化大革命"

初期,对此又进行批判,则更是错误的。

三、《重庆日报》开辟《巴山漫话》专栏,发表张黎群同志写的杂文(省委对此已作没有问题的结论),是报社的正常业务,而且与肖泽宽、李止舟、廖伯康三同志毫无联系,根本不存在什么"合伙经营《巴山漫话》,进行反党阴谋活动"的问题。

综上所述,1963年市委二十次扩大会议,把肖泽宽、李止舟、廖伯康三同志在市委十八次扩大会议上发表自己的意见,作为"反党"进行批判,把他们向中央反映情况说成是反党阴谋,作了处理,对李止舟、廖伯康同志给予严重处分,对肖泽宽同志虽未处分,但实际上调离了市委组织部。在"文化大革命"初期,又进一步说成是"有计划、有组织地进行反党阴谋活动",点名批判,隔离审查,在省、市党报上定为"反党、反社会主义黑帮"。所有这些都是极为错误的,违反了党内民主的原则,给他们在政治上、精神上造成了很大压力和很坏的影响。因此,市委决定对肖泽宽、李止舟、廖伯康三同志予以彻底平反,强加给他们的一切不实之词一律推倒,撤销对他们的处分,恢复名誉,并销毁"文化大革命"中形成的所有材料。凡因这个问题受到株连的家属、子女和其他有关同志,也应一律平反,恢复名誉。

市委的这个决定,印发到市属县团以上单位,并向干部宣读,同时报省委,抄送肖泽宽、李止舟、廖伯康三同志原来和现在的工作单位。1978年12月31日渝委〔1978〕76号《关于肖泽宽、李止舟、廖伯康三同志的平反决定》予以撤销。

中共重庆市委办公厅关于转发市中级人民法院党组《关于在党的十三大召开前基本完成复查纠正政法机关经办的冤假错案的意见》的通知

(1986年9月10日)

各区县委,市委各部、委,市级各部门党组(党委),县级以上企事业单位党委:

市中级人民法院党组《关于在党的十三大召开前基本完成复查纠正政法机关经办的冤假错案的意见》,已经市委同意,现转发给你们,请结合实际,认真贯彻执行。

近年来,我市政府机关对所经办的案件进行了认真的复查,平反纠正了大量冤假错案,取得了明显成绩。但是,有的地区和部门措施不力,工作较被动,因而还有相当数量的冤假错案尚未得到平反纠正。为此,市委要求政法部门和有案单位要密切配合,进一步抓紧抓好复查工作,以期在党的十三大召开前基本完成这项任务。

中共重庆市委办公厅
1986年9月10日

关于在党的十三大召开前基本完成复查纠正政法机关经办的冤假错案的意见

市委:

近年来,我市各级人民法院在各级党委的领导和上级法院的监督指导下,与有关部门密切配合,坚持实事求是,有错必纠,严格依法办事,抓紧复查处理冤假错案,为落实党的政策做了大量的工作,平反纠正了大量冤假错案,解决了一批历史遗留问题,在国内外产生了良好的政治影响。这对于恢复和发扬党的优良传统和作风,巩固和发展安定团结的政治局面,调动一切积极因索〔素〕,加速"四化"建设,争取祖国统一,起了重要的作用。但是,这一工作距党中央要求的在党的十三大召开前基本完成落实政策的任务还有很大的差距。最高法院和省法院遵照中办发〔1986〕6号文件和中组通字〔1986〕25号文件的精神，最近召开会议，要求各级人民法院迅速采取有效措施，认真复查处理"文革"前判处的反革命案件和其他政治性案件，解决好"文革"期间判处的刑事案件和涉及统战对象和地下党员案件复查工作中的遗留问题。据了解〈……〉。涉及统战对象和地下党员案件的复查，还有扫尾工作和大量的善后工作要做。按中办发〔1986〕6号文件的规定，还须对党的十一届三中全会以来判处案件中提出的申诉进行复查处理。这样大量的复查任务，要在党的十三大召开前基本上复查处理完，仅靠法院系统本身的力量显然是难以办到的，必须在党委的统一领导下，组织有关单位共同开展工作才能完成。为此，提出如下意见：

一、进一步提高认识，统一思想。实事求是地纠正一切冤假错案，认真落实党的各项政策，是党中央拨乱反正的根本要求，也是为党召开十三大作准备工作的重要组成部分。一定要认识到做好这项工作的重要性和紧迫性，要进一步清除"左"的影响，振奋精神，努力工作，保证按期完成任务。

二、复查工作的范围和时间要求。这次复查工作，要着重抓好以下三个方面：一是"文革"前判处的反革命案件和其他政治性案件。对这类案件，凡是本人或亲属提出申诉的，或者有关单位或有关人员要求复查的，或者是政法机关发现可能是冤假错案的，都要逐件复查，其中对人民法院1957年至1961年期间判处的反革命案件和其他政治性破坏案件，无论申诉与否，均应主动复查。这是当前复查工作的重点，必须保证在党的十三大召开前完成。二是认真解决好"文革"期间判处的刑事案件复查工作中的遗留问题。各区县、市级各部门要对这类案件普遍清理一次，凡是没有复查的，都应主动复查，做到全部、彻底，不漏一案；对已经复查又提出申诉的案件，要重新研究，对其中该纠未纠或纠正不彻底、留有尾巴的，要坚决纠正过来，争取在年底结束。三是对涉及统战对象和地下党案件的复查工作，应继续按渝委〔1986〕3号文件的精神，抓紧抓好，务必在9月底前基本结束。

三、党委应加强对复查工作的领导。根据川委办〔1986〕47号文件精神，建议由市委办公厅牵头，召开由市信访办公室、市委组织部、市委统战部、市委政法委员会、市建委和市财政、劳动、公安、检察、司法、民政等有关单位领导参加的联席会议，以协调、指导和督促检查全市的落实政策工作。各区县委也应加强对本地区落实政策工作的领导，及时帮助有关单位解决工作中遇到的困难和问题。

四、为了从根本上解决法院复查力量与其负担的任务不相适应的问题，要求凡是当事人判刑前有工作单位的案件，一律由当事人原所在单位先行复查；原单位已撤销的，由合并单位或其上级组织复查。对当事人判刑前无工作单位的案件，属九个区的，由当事人原户籍所在地的街道或乡党委复查；属十二个县的，由当事人原户籍所在地的区委复查。上述单位应按照任务组织相应的力量认真复查，提出处理意见，移送法院审理，做出复查结论。法院对承办案件的单位，要经常指导、督促、检查，务必限期完成。

五、妥善做好改判案件的善后工作。案件改判纠正后，有关当事人的工作安排、落户、错没收财物的发还，以及生活困难补助等善后问题，由承担复查工作的部门和单位按照中办发〔1986〕6号文件和川委办〔1986〕47号文件的精神，负责解决，各级法院要积极协助和配合。

各级人民政府要切实帮助法院解决好复查工作所必需的办案经费和其他有关开支。

复查工作结束后，各法院要认真总结，书面报告同级党委和上级法院。

以上意见，如无不妥，请批转县级以上单位贯彻执行。

中共重庆市中级人民法院党组
1986年8月12日

七、改革开放的起步

重庆市革命委员会财政贸易部关于贯彻《四川省人民政府批转〈省财贸组关于进一步搞好扩大企业自主权试点工作,努力把商业搞活的意见〉》给重庆市人民政府的报告

(1980年4月15日)

市人民政府:

1978年底以来,我市6个商业企业先后开展了扩大企业自主权的试点工作。1979年,6个试点企业实现利润总额481.7万元,完成年计划的160.8%,比1978年增长65.7%,其中上交财政增长55.4%,做到了国家、集体、个人三兼顾。通过扩权,把计划调节与市场调节结合得更加紧密,扩大了流通,生意开始做活了,企业自主货源占40%~60%;民主管理实行得更好了,企业管理水平有了明显的提高。实践证明,扩权对机构重叠,环节过多,行政干预多,统得过死等问题的调整、改革起了促进作用。省人民政府〔1980〕85号文件安排我市商业企业扩权单位从现有六个的基础上扩大到31个(原扩权单位漂絮厂由外贸局继续试点,不包括在内)。其中扩大企业自主权的单位16个,实行独立经营、自负盈亏、交所得税的单位15个。经过市、区县协商确定了试点单位(名单附后),剔除东风面粉厂30个商业单位。今年预计营业额(包括部分批发)7.6903亿元,占全市销售总额的50.37%,预计实现利润3931万元,比财政分配的全市商业利润上交计划3770万元,超过5.8%。

在认真贯彻省人民政府〔1980〕85号文件的同时,为了把扩权试点工作搞得更好,对有关的几个问题,提出以下意见:

一、几个具体问题的解决办法

(1)作好税利计划的调整问题。由于今年财政收入任务已经分配;15个商业单位实行独立经营、自负盈亏、交所得税的试点办法后,将有980多万元的利润通过所得税实现财政收入。利润变成税收上交,必然影响同级财政利润收入计划的完成。市、区县财政部门的利润计划应调减,税收计划要相应增加。这项工作可放在年终结束时去做。

(2)利润奖金率的具体算法问题。省人民政府〔1980〕85号文件关于改进奖金提取办法规定:"从今年起,试行按工资总额提取同利润挂钩相结合的办法,即把去年按工资总额提取的奖金(不包括其他分成和一次性奖励),同利润挂钩,换算成一个利润奖金率,从企业留成中提取"。从去年我市实行奖金的实际情况出发,计算奖金利润率的基数,一

般应以人平 7 元提取的奖金总额同当年利润总额挂钩换算成一个利润奖金率。从企业留成中提取、奖励办法由各试点单位,从有利于调动职工积极性和注意左邻右舍的平衡,自行制订。

(3) 关于试点单位的计算问题。为了有利于扩权试点工作的开展,确定扩权的 31 个单位中,少数单位内部有 2 个或 2 个以上核算单位的,可按 1 个单位对待,以核算单位分别计税。

二、端正经营方向

试点单位必须坚持"发展经济,保障供给"的方针,坚持政治观点、生产观点、群众观点,坚持为工农业生产服务、为人民生活服务的社会主义方向,发扬社会主义商业的优良传统和作风,做到经营方向正,服务质量高,经济效果好。要正确处理按经济规律办事与为人民生活服务的关系,克服重大轻小、重畅轻滞、重城市轻农村的思想,积极经营群众生活需要的小商品,努力提高服务质量,改善服务态度。好的经济效果,只能靠积极经营,搞好管理来取得,不能靠不正当的手段牟取利润。对于严重违犯政策,败坏社会主义商业信誉的单位,要处以停止试点和党纪国法的处分。

批兼零和批发单位,更要坚持党的政策,坚持面向基层、面向群众,积极为零售服务,不能转嫁负担、转嫁损失。批发单位的计划货源、超分货源,都要纳入计划合理分配。

三、加强对扩权工作的领导

按隶属关系对扩权单位进行领导。市级单位为主管局的点,区县单位为区县的点。试点方案,分别由主管局、区县和同级财政、税务局共同研究制定,由市级主管局党委(党组)和区县委批准,报市备查。市级主管局、公司要支持区县搞好扩权试点,要加强业务指导,总结推广经验,做好资料汇总等工作。

各区县、市一、二商业局都要有一位领导干部分管,并组织相应的扩权试点班子。市财贸部由吉仰圣、夏晨同志分管,抽出 3 个工作人员经办。要注意工作方法,要减少不必要的"行政干预"和"行政命令",要变管得多为帮得多。凡符合扩权政策规定的都要放手让扩权单位去做。要认真抓点,经常了解新情况,解决新问题,总结新经验,不断提高和改进扩权试点工作,要求市一、二商业局、有试点单位的区县各抓一个点,以点带面。

四、开展扩权工作的步骤

扩权试点工作要坚持积极慎重的态度。第一步,4 月份学习有关扩权的文件,训练干部,发动群众,使干部和群众明确扩权的目的、意义、作法,订出扩权规划。第二步,从现在起,二季度要抓紧各项措施的落实,在改变企业面貌上做出效果。第三步,召开职工代表大会,民主选举干部,领导班子的选举组织工作,现在可以着手准备。放在三季度进行。国庆节前后,对扩权作一次小结,交流经验,部署下一步工作。

五、认真做好面上扩大自主权的工作

扩大企业自主权,调动企业和职工积极性,按经济规律办事,把生意做活,已经是大势所趋,势在必行。要按照省关于面上企业扩大编制企业各项计划;扩大购销,搞活市场,发挥市场调节作用;三类商品价格和残损变质商品的处理;利润分成;奖金提取办法等五个方面的自主权。在摸底调查的基础上,抓点带面,逐步实行。

以上报告当否,请批示。

附:扩权试点单位名单。

重庆市财贸部
1980 年 4 月 15 日

(一)扩大商业自主权试点十六个单位名单:
市中区解放碑百货商店
北碚区百货公司
市中区两路口百货商店
沙坪坝区糖业烟酒公司
市中区冠生园食品公司
重庆市针纺公司
市中区小什字百货商店

重庆饭店
綦江县百货公司
重庆市百货公司
江北区大石坝工矿商店
沙坪坝区五金商店
九龙坡区五金交电公司
九龙坡区百货批发商店
巴县糖业烟酒公司
东风面粉厂

（二）实行独立经营，自负盈亏，交所得税十五个单位名单：

市中区群林市场
巴县百货公司
市中区文化用品公司
北碚区副食水产公司
沙坪坝百货商店
长寿县百货公司
大渡口区百货公司
南岸区百货公司
綦江县糖业烟酒公司
红旗棉布商店
江北区五金交电化工公司
江北县百货公司
江北区副食水产公司
重庆百货商店
杨家坪百货公司

重庆市人民政府关于批转市财贸部《关于进一步搞好商业扩大企业自主权试点工作的报告》的通知

（1980年5月23日）

各区县革委会，市级有关部、委、办、局，商业各公司、站：

市人民政府同意市财贸部《关于进一步搞好商业扩大企业自主权试点工作的报告》，现转发给你们，望认真贯彻执行。

今年商业扩权试点单位较去年增加很多，其上交利润数占我市商业系统的80%以上，因此，把试点单位的工作抓好了，就能巩固并发展今年商业系统稳定上升的形势。有关主管部门要认真组织各试点单位学习国务院、省政府的政策规定，促使企业解放思想，扩大商品流通，把生意越做越活。同时也要帮助企业正确执行经济政策，坚决不采取不正当的手段，如违反国家计划，抬高价格等获取盈利，使企业始终坚持正确的经营方向。

各区县革委、各有关部门要加强领导，组织力量深入下去，帮助扩权企业把工作做好，为调整改革摸索经验，并对本部门不适应基层扩权的规章制度加以研究，有计划，有领导地逐步进行改革。

重庆市人民政府
1980年5月23日

鲁大东同志在重庆市工交工作会议上的讲话

(1981年4月9日)

(根据记录整理)

昨天开了大会,小组又进行了讨论。今天,我讲几点意见,供参考。

一、迅速把工业生产搞上去

重庆市今年一季度工业产值完成 15.879 亿元,比去年同期下降 2%,很不理想。当然,比全省下降的幅度要低一点。而全国今年一季度工业生产上升 1%。这次会议开得非常及时,要好好总结一下经验教训,把一季度工业生产下降的原因找准了,把经验总结对头了,我想从 4 月份开始,工业生产是会上升的。二季度市里安排的总产值 18.5 亿元到 19.5 亿元,如果煤矿、电厂不出重大安全事故,这个任务是很有希望完成的。重庆市工业生产的潜力大,完全能够完成这个任务,搞得好还可以超过。

最近,《人民日报》发表了社论,要发挥中心城市的作用。〈……〉。《人民日报》社论讲了 10 个城市,就是过去的 8 大城市(北京、天津、上海、沈阳、武汉、广州、重庆、西安)加上大连和青岛市。重庆是 10 个中心城市之一,可以说是云、贵、川、藏地区的经济中心,地位很重要,作用很大。我们的工业生产完成得好不好,不仅影响本市,而且还影响市外。从我们市本身来讲,它会影响财政收入,影响市场供应,影响支援农业,影响职工的福利、奖金。所以,重庆市工业生产的好坏,牵动全局。全省牵动全局的是农业,重庆市牵动全局的是工业。我们要想尽一切办法,很快地把工业生产搞上去,改变现在这个局面,不能再比去年同期下降了。

怎样把工业生产很快地搞上去呢?我想有四个方面的问题要搞清楚:

第一,调整问题。我们对调整一定要有一个正确的理解。六十年代初我们经历过一次调整,这一次调整和那次调整不一样。六十年代初的那次调整是工农业生产大幅度下降,农村发生了严重的灾荒(当然有主观原因),城市人民吃不饱肚子。那一次也提出要退够,就是工业生产指标下降。这一次调整就不一样了,有上有下,主要的是上,不是下。下就是基建要压,开支要紧缩;上就是农业要上,轻工业要上,社队企业要健康地发展。重工业是不是要上?我到重钢去了一下,重工业产品适销对路、市场又需要的,同样要上。有上有下,目的是为了上。从四川来讲,主要是要上,这个精神掌握不住,就会出问题。如果一调整,生产就下降,特别是工业生产下降,这样理解调整是不对的。就我们重庆市的工业来讲,轻纺工业要大幅度上,这才是正确地理解了调整的意义。社队企业应该在调整和整顿中健康地发展。社队企业问题,还应开个小会。前几天,我找了巴县同志来谈,巴县社队企业的产值去年是 5400 万,今年计划 5500 万,只增长 100 万。这样理解调整方针是不对的。我们四川省的社队企业是各地的县委书记到江苏省去参观回来才上的。我们去看以前,全省社队企业的产值是 5 亿多,这几年发展较快。广汉县 40 多万人口,去年社队企业的产值是 7100 多万;而巴县 100 多万人口,从发展来讲都是同时起步的,但今年巴县才计划增长 100 万。江苏省委提出:农业要上去,要靠政策,靠科学,靠社队企业。江苏省比我们四川小,但去年他们社队企业的产值是 100 亿,农业投资的问题就解决了。

我讲这个话的意思是说,我们在工业调整中,轻工业要大幅度地上；社队企业要健康地发展；重工业适销对路、市场又需要的产品，同样要上。我们抓工业调整，应该是促进生产，而不是让生产下降。下降了就是对调整方针理解得不对。商业、服务业、文教、卫生、科技也都要前进。当然，我们这个调整不是一两年能解决的，可能到1985年以前都要搞调整。今年调整的目标是财政平衡、稳定物价。工业生产如果不上升，财政能平衡吗，物价能稳定得了？如果票子发得多，商品少，物价就稳定不了。所以，我们一定要掌握住，这一次调整，工业要上。不然，我们理解中央工作会议精神就不全面。

第二，清理"左"的思想的问题。清理"左"的思想，我认为也有一个正确理解的问题。贯彻中央工作会议精神，清理"左"的思想，这是完全正确的。"左"的思想不仅在经济战线，其他战线也有。从当前和"四化"建设的需要来看，都必须清理"左"的思想。因为几十年来，经济工作中的主体错误是"左"，一直到现在，这个影响还不小。但是，我们一定要搞清楚什么叫"左"的错误？概括地讲，"左"就是违背客观规律，脱离现实，急于求成，盲目冒进。如果经过主观努力能办到的事，能完成的生产任务，动员大家去办、去完成，这不叫"左"。这不属于违反客观规律，不是脱离现实，急于求成，盲目冒进。现在下面清理"左"的思想，有一部分单位界限不清。班组长布置任务，他就说你这个任务是"左"的，不能接受。这行吗？这个问题不在班组长，也不在群众，是我们没有把这个界限搞清楚。这个界限弄不清楚，能够完成的任务也不完成了，布置任务就顶回来了。这个不对。

市里布置的第二季度工业产值18.5亿~19.5亿，这个算不算"左"？我看不算，这是经过努力可以完成的。有人提出，我们今年工业产值增长3%完成不了。这不对呀！几十年来，工业生产只增长3%，工业总产值增长的百分比低于农业，在四川来讲，不多。有的讲能源不足、任务不足、材料不足，因此今年就要减产。如果把能源紧张说成是工业上不去的重要原因，是站不住脚的。有没有影响呢？有。但经过主观努力是能够好一些，甚至克服能源紧张这个困难的。成都轴承厂就是个例子。这个厂今年上级基本没下达生产任务，电是停三保四，天然气比去年减少30%。怎么办？党委经过反复研究，提了个口号："把压力变动力（压力就是没有能源、没有任务），国内订货不足国外补，要从大厂指头缝里找出路"。他们在职工代表大会上进行动员，把群众发动起来了。一季度的产值、利润都比去年增长10%以上。前一段他们讲，今年只能完成80%的任务，现在全年订货的任务已经吃不了。从没有任务到吃不了，这个叫"左"吗？这叫革命精神。

"人总是要有点精神的"。如果没有点精神，能搞好调整、搞好"四化"建设吗？天津自行车厂在"飞鸽"牌自行车夺得全国第一后，找了13个薄弱环节，还要继续前进。上海提出"凤凰"要夺回"皇位"。我们重庆也有嘛，钟表公司今年上级下达生产任务45万只，他们要完成80万只。嘉陵摩托车下达任务4万辆，他们准备完成10万辆。我看这也是和"飞鸽""凤凰"差不多的精神，也是革命精神。特别值得我们敬佩的是，我国男排在香港比赛，连输两局不气馁，勇敢顽强，临危不惧，连扳三局，夺取了胜利。振兴中华的精神，确实好呀！在欢迎排球队回来时，排坛明星汪嘉伟说：今年11月在东京国际锦标赛中还要夺第一，争取更大的胜利。这个能叫"左"吗？我看不叫。总的说，清理"左"的思想是对的。人总是要有点精神的，革命精神是需要的，可能完成的任务是应该努力完成的。这个不能叫"左"，这个界限必须划清楚。

第三，能源问题。四川的能源构成，主要是煤、电、气。其他沼气、地热、风力、太阳能等能源都比较少，有的还正在研究阶段。煤、电、气这三种能源怎么排列法？从当前讲，第一位是煤炭。当然，四川水力发电资源相当丰富，在全世界来讲也是数一数二的。据初步勘察，水电可装机1.5亿瓩〔千瓦〕，但我们现在开发的水电不到300万瓩〔千瓦〕，微乎其微。瑞士的水力资源开发在95%以上。如果四川的水力资源能开发到95%以上，那四川的能源很可能第一位的是电，不是煤。但目前不行，天然气蕴藏量有多少？现在搞不清楚。总之，现在天然气的出气量不多。井打了以后，有天然气也没用它，主要是储量不大。短时间依靠天然气，恐怕也不能是第一位。因此，四川能源的构成，第一位是煤炭，必须狠抓煤炭生产才行。

我省的能源比较紧张，我们要尽一切努力，使情况好一些。但把它作为生产下降的一个重要原因，甚至作为主要原因，是站不住脚的。我们的能源同上海比，谁紧张？差不多吧。上海今年一季度工业生产创历史最高水平，比去年同期增长4%。天津能源紧不紧张？我看和我们也差不多。天津还有个紧张：工业用水紧张。重庆没有这个问题，长江、嘉陵江的水用之不尽。天津今年一季度生产也创历史最高水平，增长4%。广东一无煤，二无气，一季度工业生产增长10%以上。能源紧张怎么办？一个是增产，一个是节约，一个是改燃料天然气为原料天然气。我看煤可以增产，电力也可以多发一些。现在我们的浪费很大。煤矿的瓦斯是能源，现在放空，这跟能源紧张有点不大吻合吧。民用天然气不要停，已经用了民用天然气的照常用。但是要有个时间，要有开关，要有气表。重庆市有的厂根本没有开关，也没有气表。有了气表，一天做三顿饭，五口之家有1.5立方米气就够了。有的工厂职工家里一天用8立方米，上班去了把天然气炉子开起，一直到下班时还在烧。1.5与8之比，浪费好大！把这部分气拿去生产化工产品，产值就可增加。这些浪费不去堵住，又讲能源紧张，对吗？最近省政府发了个文件，限三个月以内装开关，装气表，定时供气。我们要这么办。民用天然气不能再开新户了，工业也不能再开新户了。民用气要一天按三个时间，即早晨、中午和晚上做饭的时候开，其他时间关了。敞开烧的漏洞要堵塞。哪个单位不堵塞，我主张市政府派个工作组去，用经济办法惩罚。天然气是个宝贝，不能再浪费了。天原化工厂的作法是对的，两个10吨锅炉，把烧天然气改成烧煤，一天可节约天然气2万立方米，他们正在改一个20吨的锅炉，改完后，这个厂一天总共可节约天然气5万立方米。要鼓励，我主张天原化工厂原来用多少天然气还给多少，不要因为改锅炉节约了5万立方米就减5万立方米，不能减。排户的话，天原化工厂应排第一，那不然谁改呀。你鞭打快牛，改烧煤成本高，谁改谁吃亏，谁不改谁占便宜，不行。要有个奖励办法，谁改了，原来用多少天然气照常用，不减少。市政府应该研究制订个办法。只要采用这样一个政策，我看大家就愿意把烧气的锅炉改成烧煤了。

我们的天然气现在出气量不多，打好了并没有用的不多，现在钻探天然气的力量也不大。同志们有点埋怨、等待，认为过去说气多是你们，现在说没气也是你们。为什么过去说气少又多了，现在说气多又少了呢？这是狭隘经验，这个不准。很可能这次是准的，上次不准。因此炉子要改，要下决心改。重钢、二钢、112厂轮流用气，你生产半个月，我生产半个月，从现在到1985年这三个单位是不是都这样，一个月只有一半时间有天然气供应。如果是这样，就要下决心改炉子。刘培礼同志讲，重钢改炉子要花5000万元。花5000万元也要想办法改，改了以后照常供气。我主张川维天然气发电很快改为燃煤。总之，凡是用天然气作燃料的，通通把它改过来。当然要有步骤，有个投资问题。我们把这个情况反映到北京去，北京是会考虑的，如果在这里埋怨、等待，就可能因缺气被迫停产。我们要采取积极的办法，制订一些政策，使改锅炉的不吃亏。我讲的意思是，能源紧张不是完全没有办法，但要彻底解决，目前也不可能。因为国家没有投资，我们自己拿不出钱来，但要使紧张程度有所缓和是可能的。搞增产节约，改装锅炉还是有潜力的。

第四，发挥中心城市作用问题。〈……〉这次《人民日报》发的社论，是代表中央、国务院意见的。重庆市是云、贵、川、藏的经济中心。重庆市就要为这四个地区提供科研成果,提供生产技术,提供经营管理的经验;而且要通过多种渠道,把重庆市的经济活动伸展到小城镇,伸展到广大农村,形成一个中心城市周围的云、贵、川、藏灵活的网络式的经济结构。这就是重庆市中心城市的光荣责任和作用。我们要担负起这个责任,就一定要好好学习,千方百计兢兢业业地把工业生产搞上去。我们应该理直气壮,充分发挥重庆市中心城市的作用。我衷心希望,重庆市要在十个中心城市中名列前茅,不要排列到最后几位。也不要因为重庆市是中心城市就要投资,要设备,要基建项目。应当充分发挥重庆市现有工业基础的作用。

二、抓好工业结构、产品结构和组织结构的调整

工业改组必须从中心城市着手,中心城市的工业改组一定要走在前面。重庆市要下很大的功夫,把工业合理地组织起来,把工业改组搞好。调整工业结构,就是要加快轻纺工业的发展,改变重庆市重工业太重,轻工业太轻的现状。调整产品结构,就是要加快人民日用消费品(包括三大件、五大件)及其他社会急需的短缺产品的生产。调整组织结构,就是改组、联合、专业化,按照专业化协作原则改组工业,走经济联合之路。三个调整各有各的工作内容,但是有连带关系。抓好这个调整,可以带动那两个,三个调整可以互相促进。

当前重庆市重点应该抓组织结构的调整。抓住组织结构的调整,会使三个结构调整的发展更加适宜。组织结构的调整是围绕拳头产品和适销对路的产品搞联合。在这方面,重庆钟表公司搞联合经营,搞专业化协作的办法比较好,可以借鉴。重庆市只能有一个钟表公司,不能再有另外的钟表公司。不然,对组织生产不利,对出口不利。其他单位搞钟表生产,也只能跟钟表公司联合。关于摩托车,希望通过这次会议,嘉陵和建设两个厂联合搞摩托车,不能"嘉陵"牌、"重庆"牌摩托车同时搞。有的同志说这叫"竞争",我看这个理解不对。如果"重庆""嘉陵"搞在一起,联合起来组织摩托车公司,更好地发挥军工厂的作用,这样在全国竞争才能站得住脚,可能无敌于中国,也可能无敌于天下。两个厂互相竞争,对重庆的生产不利。〈……〉。总理都直接过问这事,我们应该搞联合。如果联合起来,我看到1985年,重庆市生产100万辆摩托车,问题不大。这不叫"左"(今年12万辆,其中嘉陵10万辆、建设2万辆)。但一定要保证质量,如果质量不好,坚决不能出厂。至于场地和材料问题,嘉陵和建设两个厂腾出生产100万辆的场地是可以办到的。材料,我们有重钢、二钢,四川还有几个钢铁厂嘛。产量到100万辆,影响就大了。嘉陵厂今年生产10万辆摩托车,办大集体,待业青年安置问题,都能解决。希望两个厂在这次会议上最好能达成原则的协议,会后再具体商量。

搞专业化协作,成本又低,质量又高。摩托车可以搞,缝纫机、啤酒也要搞。扩大啤酒生产,无非也是场地和原料问题。场地可以找到,附近有些单位可改成生产啤酒的场址。大麦,除与江津订合同外,还可算算账,能否与涪陵或周围其他专区订合同。重庆的啤酒质量,居全国第四位,在这个中心城市的周围算是最好的,应该大幅度增产。市政府应该下个政令,啤酒厂周围无论哪个厂都不应该再打井了,不然今后大量生产就没有水了。另外,玻璃、皮革、毛纺、麻纺、蚕茧、丝绸等行业,都适合搞联合。

现在有的同志为什么不愿意联合呢?一是认为我的条件优越,不跟你联合;二是"大而全""小而全",联合以后怕受约束。因此,必需〔须〕解决"大而全""小而全"的思想,必须打破地区、行业、所有制以及军工民用的界限。只有这样,联合才搞得起来。当然,我们还要和上海搞联合,这次上海来了不少同志传经送宝,我们要和他们具体谈判。

为了把这件事搞好,全市要有一个统一规划,积极而稳妥地进行,不要一拥而上,看准了一个搞了一个。并要反复地进行研究,以便把专业化搞得更好一些。联合可以由小到大,在条件成熟以后,再把几个联合体组成较大的专业公司。开始搞时

当前政治思想工作的任务是什么？主要是贯彻中央工作会议精神，清理"左"的思想，把生产搞上去。邓副主席在中央工作会议上讲的加强政治工作那几条，都包括在内了。会后，市里的领导同志，部、委、局和工厂的领导同志，除留少数人外，通通要下去，到群众中去，面对面地进行思想政治工作。特别是对青年工人的思想工作，对大集体、对待业青年的思想工作更重要。要抓住好人好事大力宣传，要开展五讲四美活动，要宣传排球队振兴中华的精神，要树立正气。下边对政治思想工作的错误看法很多，我们有的同志认为对农村青年政治思想工作好做，城市青年的政治思想工作难办，这些认识都不对。在对越作战中，农村青年打得英勇，城市青年、干部子弟也很英勇，这是共同的感觉。对越作战是如此，平时也应该是如此。如果不是这样，那是我们的工作问题。现在青年职工的比例大大增加了，要特别加强青年职工的政治思想工作，市团委要好好研究一下。这个问题关系很大，思想一乱，生产搞不好。因此，政治思想工作的机构，不要削弱，要健全，要加强。没有人做怎么行呢？现在有一种看法，好像没有技术吃不开，将来老了以后没得法，这些看法不对。陈云同志讲了，"四化"建设离不开"万金油"干部，我们听了后都很高兴。

加强政治思想工作，当前着重要解决好三个问题：

第一，领导制度问题。凡是不搞领导制度试点的单位，仍然要实行党委领导下的厂长负责制。问题在于，党委不要过多地包揽那些具体行政事务，要让厂长大胆放手工作，支持行政，支持生产。党委本身主要是抓政治思想工作，决定大政方针。前天，海泉同志给我讲，山东省委书记兼副省长的都在省政府做行政工作，做党务工作的省委书记很少。我很赞赏山东这个办法。我们工厂也要这样办。这个制度搞好了，作用很大。

第二，要开好职工代表大会，充分走群众路线。成都轴承厂的职代会开得好。重钢刘培礼同志讲，4月份要开职工代表大会。这次会一定要开好。要搞民主管理，要走群众路线，争取今年的生产不低于去年。有困难不要自己包起，要交给职工讨论。市里有些工厂一个礼拜停电三天，天然气少30%，但一季度生产还超额完成10%，产值和利润都比去年同期增长10%。重钢、空压厂都在节约天然气技术上进行了改革。据说冶金部要在重钢开节能现场会。事实说明，只要我们相信和依靠群众，想办法挖潜力，任何困难都是能够克服的。

第三，要搞按劳计酬。发扬共产主义风格是完全必要的，但还要体现按劳付酬。为什么农村联产到劳后，农民积极性那么高，就是因为实行这个制度同农民的利害关系非常直接。农村如此，工厂也是一样。职工福利、奖金、宿舍等问题很多，要解决这些问题，只讲共产主义风格，只讲革命精神还不够，在加强政治思想工作的同时，领导制度、民主管理、按劳付酬问题，都要很好地加以解决才行。

同志们：从4月份起，我们的工业生产一定要上去。不管是讲调整、讲改革、讲加强政治思想工作，都围绕着一个主要问题，就是要把生产搞上去。生产上不去，我们的工作就全面被动。尤其重庆是个中心城市，责任重大，更应该把生产搞好。

丁长河同志在市工交工作会议上的总结讲话

（1981年4月11日记录稿）

同志们：

由市委、市府召开的工交工作会议，现在就要结束了。这次会上，于汉卿同志传达了省委工业书记会议精神，总结了一季度生产工作，部署了二季度的生产任务；省委第二书记、省长鲁大东同志特地到会作了重要讲话；同志们认真进行了讨论。嘉陵机器厂、市中区、市一轻工局等五个单位还介绍了经验。通过会议，大家总结了一季度工交生产、财政收入下降的经验教训，研究了如何把第二季度生产搞上去的措施，提高了认识，统一了思想，明确了方向，增强了信心，基本上达到了预期的目的。会后，各级党委要加强领导，发动群众，狠抓落实。这里我讲几点意见。

一、振奋精神抓生产，千方百计地完成第二季度和今年的国家计划

我市今年一季度工业生产计划完成不好，既低于去年第四季度，也低于去年同期水平。这是一个值得我们严重注意的情况，决不能等闲视之。一季度生产下降，原因是多方面的，既有客观因素，也有主观原因。从工作上讲，要多从主观上检查。应当承认，能源不足，原材料有缺口，任务不饱满，这都是许多企业面临着的客观困难。但是，对这些困难，究竟采取什么态度和措施，是积极解决还是消极埋怨，领导上的两种态度就会产生两种不同的结果。从市里讲，我们对生产抓得不紧，组织领导不力，要负责任，不能多怪下面。要认真吸取这个教训，继续解决好干部的思想认识问题，振奋精神，齐心协力，鼓足干劲，千方百计地把二季度的工业生产搞上去，保证全面完成今年的国家计划。

当前，首先要抓干部、群众的思想工作。要通过广泛深入的宣传教育和扎实细致的组织工作，使全体职工加强完成今年计划的信心，树立严肃的计划观念和积极态度，对已经定下来的产值、产量、质量、企业实现利润和上交利润的计划，都必须保证完成，决不能再三心二意、动动摇摇了，更不能存在着完成多少算多少的思想。应当看到，今年全市工业生产计划，只比去年实际增长3.4%，这样的增长幅度，是解放30多年来很少有的，再不能说是高指标、瞎指挥了，不然又会偏到另一个片面性方面去。从全市讲，这个计划不仅可以完成，而且必须超过。从财政收入来看，省下达我市全年财政上交计划为10.36亿元，其中市属工业企业上交利润计划为3.4668亿元，这与工业生产计划增长的幅度相比，不完全适应，要完成这个计划确有不少困难，但是，只要我们努力做工作，深入发动群众，尽最大可能把企业潜力挖掘出来，狠抓增产节约，提高产品质量，增加花色品种，降低生产成本，努力提高经济效果，这个计划也不是注定无法完成的。工作还没有做，就把计划斥之为"左"，怎么行呢？在困难面前，不能只是叫苦，知难而退。应该是一面向上级反映，一面算细账，添措施，努力增产节约，才是正确的态度。现在，一季度已经过去了，今年的生产计划和财政收入计划，在有的系统还没有落实到企业和群众中去，这是很危险的。如果再动动摇摇，那今年的计划就可能落空。我们应当看到这个问题的严重性。

还要看到，今年工业生产和财政上交任务完成的好与坏，对贯彻中央在经济上实行进一步的调整、在政治上实现进一步的安定的重大方针，关系极大。如果工业生产上不去，财政收入完不成，怎么能平衡财政，消灭赤字？怎么能稳定物价？怎么能保证市场供应，回笼货币？又怎么能保证职工的集体福利事业和保证职工的奖金收入呢？同时还

要看到,如果今年财政上交计划完不成,明年全市的财政将会更加困难,势必影响城市人民生活的改善,不利于城市维修任务的安排,骨头与肉、生产与生活之间的比例失调还会加深,造成人心不安,上下左右关系紧张,安定团结的局面难以发展,经济问题就引发出思想政治问题来了。我们切不可掉以轻心!总之,生产上去了,财政收入计划完成了,许多问题也就可能得到解决;相反,计划完不成,势必给国家、地方、企业和职工个人都带来麻烦和问题。再从重庆这个中心城市的地位和作用来看,计划完成的好坏对各方面的牵动很大。如果工业生产和财政收入计划完成不好,将影响到全省和全国计划的完成,也将影响到作为一个中心城市的作用的发挥。我们要清醒地看到,在这样一个大变革、大比赛的阶段,重庆的生产上不去,落后了,就会丢掉市场,丢掉原材料基地和投资来源,等于自己降低自己的位置,拆自己的台,别人想帮助也无法说话!

全体职工都要充分认识我们重庆所处的地位和作用,高度自觉地为国分忧,承担困难,勇挑重担,千方百计地保证完成今年的国家计划。我们的责任就是完成今年计划,克服财政困难,这就必须着眼点放在发展生产上,如果生产上不去,经济萎缩,财政困难也解决不了。今年是经济上实行进一步调整的第一年,我们要打好主动仗,抓紧抓早,首先把二季度的工业生产和财政收入搞上去,取得全年的主动权。

重庆干电池厂,今年初也有个别同志认为,工厂每年对国家贡献不小,去年生产增长幅度大,今年再把指标定高一点就是受"左"的影响,从而主张增长幅度以4%为宜。厂党总支针对自满松劲情绪和主张慢一点的思想,组织各级领导和职工学习人民日报元旦社论,特别是通过中央2号文件的传达学习,明确认识到,工厂在政治上与党中央保持一致,就要在贯彻调整方针中勇挑重担,努力增产、增收,为党分忧。同时针对自满松劲和主张慢一点、指标低一点的思想,大讲上轻工的重要性和必要性。反复说明不上,要错过时机;不上,未尽到责任;不上,会失掉市场,对企业发展不利;不上,对今年扩权不利,对职工福利和保证职工收入有影响。这样使各级干部下定上的决心,确定在去年增长27.2%的基础上,今年计划再增长10.5%。厂和车间、科室的领导干部,经常和工人一起顶班劳动,千方百计克服人员、动力、设备、原材料供应不足的困难,一季度工业总产值和利润都超额完成计划,分别比去年同期增长10.3%和5.54%。二季度,这个厂决心更上一层楼,安排工业总产值和利润计划分别比去年同期增长20.91%和23.24%。他们这种精神和作法,值得大家学习。

二、要全面理解和正确执行"调整、改革、整顿、提高"的八字方针。贯彻八字方针,在一个单位如何落实,不能采取一刀切,要求一个样

要把今年二季度和全年工业生产搞上去,靠什么?许多同志在讨论中说得好,最根本的是靠党中央的领导和执行党的政策。从当前来讲,就是要全面理解八字方针,从全市整个工作来讲,要以调整为中心积极贯彻执行好八字方针。从我市一季度工业生产的完成情况也说明了这一点:凡是全面理解和正确执行八字方针的企业,一季度的工业生产就完成得好;凡是片面、消极的理解八字方针的企业,在行动上就贯彻不力,在思想上就不积极向上、朝气蓬勃,而是观望、等待,消极松劲,其结果生产任务就完成得比较差。这个问题,大东同志在9日的报告中讲了,于汉卿同志在动员讲话中也讲了这个问题,小组又作了专题讨论。当前贯彻以调整为中心的八字方针到底还存在些什么问题?应该怎样认识和理解呢?

(一)如何理解调整中的退和进、下和上的关系?有的同志一提到调整,就认为只是退,只有下,调整就只能调低,不能调高,特别在强调清除左的影响的时候,有的把合乎实际要求的指标,合乎群众意愿而又能办到的事也视为"左"而不肯接受,这是对纠"左"的误解。所谓"左"是指不量力而行,但不反对尽力而为,"左"是不顾群众觉悟,不看群众意愿,而不是群众想干的偏不准干,群众能做到的偏不准他们去做。认识不符合客观实际就办不好事情。知道困难,就要小心办事,但不能把困难看得过于严重,裹脚不前。现在不能以反对"高指标",反对"压任务",而对本来经过努力可以完成的生产指标和任务也不愿意接受,或者接下不干。因为这不符合群众意愿和国家要求。中央一再指出,大东同志在报告中也讲了,我们这次调整与六十年代初期那次调整存在着很大的不同,这次是有退有进,有上有下。〈……〉。这次,主要是调整国民经济的比例,保障财政收支平衡,控制货币发行数量,稳定经济。因此,要求基本建设要退够,但也不是什么都不干,连挖革改项目也停下来,生活用房、城市维护也放下,吃水、坐车的事也放下,教育、卫生建设项目也放下,如果这样理解、这样安排就是不正确的了。特别是适销对路的产品不但不能下,而是应当快上,要把适销对路的产品特别是消费品大幅度增长上去。如果不这样来认识问题,不抓住这个基本精神,就没有全面理解八字方针,就不利于我们去积极完成二季度和今年的生产计划。

(二)是不是等调整完了再改革?或者是在不影响调整的情况下,要继续改,改得好会更好地完成调整任务呢?现在有的同志认为,在调整的时候改革就可以不搞了。这种看法是不对的。调整是中心,绝不等于不要改革。中心不等于一切,调整与改革是相互结合、相辅相成的。当前改革为什么要放慢步子,这是为了做到稳步前进,而不是停止不前,更不能走回头路。凡是有利于调整的改革仍要积极进行。从我市的实际情况看,什么是有利于调整的改革呢?企业扩权的十四条、十二条、二十条和省委发展二轻的85号文件,以及市里制定的搞活农村经济、搞活工业生产、搞活商业流通等政策规定基本都是正确的,都要坚持下去。只是有些事先没有预计到的或在执行中出现的片面性问题,要通过调查研究,及时适当的做些修改、补充,使之不断完善,这是必要的,但决不能推倒重来,过去长期搞的什么都"统",以及"吃大锅饭""捧铁饭碗"的制度,非改不可。再思想僵化,一切照旧不行。但是,不量力而行,脱离我们社会实际、经济实力、群众思想水平,想大改大革也不行。

不要乱许愿、乱放炮,有些还处于试行中的东西,不要一个模式,一成不变,只要方向对头,工作过程中的具体细节应该允许有所不同、有所改动。

(三)如何理解加强计划指导与搞好市场调节的关系?现在我们有些同志,对强调集中统一领导,加强计划指导和市场调节的关系认识不清。〈……〉。市场调节不是一时的权宜之计,是我们必须长期遵循的方针。我们前几年生产计划缺口高达20%～30%,有的企业达到50%以上,但是积极坚持市场调节,也超额完成任务了,这些大家都尝到过甜头,感受也很深。今年我们生产缺口很大,有的局高达50%～60%,甚至高达90%以上。如果不搞市场调节,想恢复"四统"不变,按部就班照计划行事,那么今年二季度和全年即使仅仅增长3%的任务,也难以完成。出路就在于我们要集中统一领导,在国家、在计划的指导下,继续把市场调节抓好。

到底怎样抓法?过去不少单位有一些好的经验,包括去年市经委总结的十条措施,可以继续坚持。这十条措施是:(1)走出去,请进来,主动为用户服务;(2)以不厌其大、不厌其小、不厌其繁〔烦〕的精神,千方百计多接任务;(3)搞宣传、登广告、发函件,改变"官工"作风,改善服务态度,争取更多用户订货;(4)用优惠办法搞好老交道、大户头单位的关系,争取他们多订货、长订货;(5)在质量上以优制胜,在价格上以廉制胜,在品种上以新制胜;(6)针对全国同行业产品的情况,充分发挥自己的优势,扩大和占领市场;(7)领导挂帅,组织专门的经济情报机构和队伍,摸准、摸清行情,搞好市场预测;(8)根据市场需要,随时调整产品结构,截长线,补短线;(9)广开展销、自销等各种销售渠道;(10)运用经济规律,采取变通政策,打通经济渠道。

(四)如何理解调整与整顿的关系?全国召开的体制改革座谈会议指出:调整是中心,整顿是基础,现有企业不整顿好,调整和改革就没有可靠的立足点。会议要求把整顿、提高和调整、改革紧密结合起来，向改善经营管理要潜力、要经济效果。从我市的情况看，更需要狠抓企业整顿。现在我们工业生产上有好多指标都低于外地，比如每100元工业产值利润率，重庆12.86元，天津15.52元，沈阳14.08元，青岛12.88元，西安13.37元，成都15.77元，上海22.01元，北京20.18元。每百元固定资产提供的利润，重庆11.89元，天津26.28元，沈阳19.32元，青岛25.70元，西安14.27元，成都14.29元，上海64.80元，北京28.74元。我们的经济指标比别人低，连成都都不如，这怎么行呢？有的同志会说，重庆工业结构不同，重工业重，轻工业轻，条件不一样，可比性不大。那就拿同行业同工种比嘛，手表呢，棉纺呢，建筑呢？可以了解一下，我们的指标还是比别人低。一个重要原因，就是我们企业的管理工作还很差，劳动纪律松弛，浪费大，有些环节甚至无人负责。像这样的企业不狠抓整顿行吗？生产能搞上去吗？增产节约任务能完成吗？我们的调整能搞好吗？不可能。今后我们再不能单靠新建工厂来发展生产了，重要的措施要靠现有企业充分发挥作用。这就迫切要求我们，要抓紧对现有企业的整顿。过去我们抓企业整顿，也的确取得了一些成绩，但那仅仅是恢复性的，真正按照现代化建设进行科学管理的要求来看，我们的企业整顿，还只能说是刚刚开始。

今年企业整顿怎样抓？要求是什么？主要是进一步抓好领导班子的整顿和建设，加强思想政治工作，以提高经济效果为重点，全面整顿和改善经营管理。根据企业的不同情况，整顿的重点也应有所不同。有的企业要先从整顿领导班子入手，进一步把基础工作搞好，克服生产上的混乱状况，刹住歪风邪气。有的企业管理基础较好，要在巩固现有成绩的基础上，着重抓改革，逐步建立新的经营管理制度，搞好科学的、合情合理合法的定包奖一套具体要求和方法，尤其是扩权企业必须在这方面做出显著成绩来。不能继续用"估堆法""甩沱法""抓球法"，要在建立健全和严格责任制上下功夫，要在各尽所能、按劳分配方面，在发扬企业职工社会主义民主，坚持四项基本原则方面做文章。从二季度开始到今年底，在这些方面能有所改进，有所提高。

在调整中如何处理好以上这几个方面的关系，我们都有过正反两方面的经验教训。最大的教训是，在认识和处理两者的关系问题时，一定要避免片面性和绝对化，不要在强调一个方面的时候，无视另一个方面。对八字方针，我们首先要全面理解，才能正确贯彻执行。在执行过程中，每个时期有个侧重，抓改革，不能影响调整。在讲以调整为中心时，并不是说不能改革、整顿，连提高的工作也不搞了。我们应当加强马克思主义哲学的学习，学会辩证地、全面地看问题。毛泽东同志历来倡导用两点论，不要用一点论观察问题、分析问题、指导工作，并告诫我们："不应当片面地强调某一个侧面而否定另一个侧面。"（《关于正确处理人民内部矛盾的问题》第五至六页）。对各种关系要给予恰当的、正确的处理，这样才能自觉地贯彻执行八字方针，保证调整任务的顺利完成。

三、再次宣布，凡行之有效的能促进生产和提高经济效果的经济政策都要坚持执行，不能轻易地大变、乱改

三中全会以来，对束缚经济发展的现行体制办法曾进行了一些初步的改革，从扩大企业自主权入手，在生产、流通、分配领域实行了一些搞活经济的政策。实践证明，对于那些行之有效的能促进生产和提高经济效果的经济政策、经济办法，不但要继续坚持，保持政策的连续性、稳定性，而且要进一步发展，才能充分调动企业和生产者的积极性。现在讲从宏观经济方面加强计划指导和行政干预，绝不是要取消经济的杠杆作用，又回到单纯用行政办法管理经济的老路上去。

前一段时间，由于对调整方针缺乏全面理解，在强调集中统一的时候，对继续把经济搞活，把企业搞活，保护企业应有的权益讲得不够，因而有些同志怕政策变动，担心下放了的权力会被收走，担心企业的留成将会大大减少，担心奖金被取消，从而产生了消极松劲和观望等待情绪。一季度有的地方生产完成得不好，有种种原因，毋庸讳言，与上

面问题有密切关系。事实再次证明,如果在政策上摇摆不定,就谈不上人心安定和经济稳定。因此根据省工业书记会议精神,在这里我们要重申,要公开宣布,已经实行的搞活经济的政策坚持不变。同志们回去也要向群众宣布,要安定人心。要加强群众的社会主义主人翁责任感,调动他们贯彻各尽所能、按劳分配的国家、企业、职工"三兼顾"的积极性。

中央〔1981〕1号文件指出:"现在强调集中统一,并不是什么都要集中,把什么都搞得死死的,回到过去的老路上去。""在加强宏观经济计划指导和行政干预的同时,继续发挥企业和基层单位的积极性、主动性,把该搞活的事情搞活。"同时,中央1号文件提出了搞活经济、搞活企业的七条改革办法。因此,对经济体制的改革,我们要坚定不移,对行之有效的搞活经济的政策要坚持执行下去。主要是以下八条,当然不只是这八条,起码这八条不能变。

一是坚持各尽所能、按劳分配的政策不变。各尽所能、按劳分配,是社会主义的科学思想与科学制度,也是社会主义的经济规律之一。这一政策在整个社会主义阶段都要坚持实行,决不允许曲解和废除。当前突出的是反映在奖金问题上。对这个问题,一方面要严格制止滥发奖金,另一方面要坚持实行正确的奖金制度。怎么算滥怎么算正确,这主要是保证职工在发展生产的基础上,适当增加个人的收入。发放奖金的前提要坚持各尽所能、按劳分配的原则,要对超额劳动奖励,付出多于一般体力、脑力劳动的,取得高于一般水平和效率的就可以奖,多超多奖,少超少奖,不超不奖。现在的问题是,不少单位发放奖金存在严重的平均主义,不问计划完成的好坏和有无超额劳动,到时奖金照发,实际把奖金又变成了附加工资。久而久之奖金就起不了作用。这种作法要坚决改变过来。要把奖金与提高劳动生产率、增加盈利、加强责任制挂起钩来,进一步修改奖励制度,把评奖法改为计奖法。但无论如何不能采取压低生产计划指标、压低劳动定额的办法来取得奖金,以增加个人收入。绝不允许搞歪门邪道,乱摊成本,截留、坐支应上交的利润,或者用生产基金、集体福利基金来发奖金、补贴。也不能为了自己多拿奖金而转嫁给消费者,如随意提价,变相涨价,以劣充好,短斤少两,等等。用非法手段获取奖金,是党纪国法所不允许的。

有条件的企业,可以改综合奖为定包奖,或者实行超定额计件,或者推行计件工资,这些都被实践证明是贯彻按劳分配的好办法,我们要创造条件逐步推广。定包奖要定额准确,分配要瞻前顾后,不能离左邻右舍太远。

发放奖金还要有限度。要从我国的国情出发,超过实际可能、无限制地增加奖金,是不可能的,对国家、对人民都没有好处。如果说"左",过去只注意积累,不注意消费,不考虑人民的生活;脱离实际地片面地只讲思想、觉悟,不准谈福利生活、个人喜好,这就难免脱离大多数群众觉悟。实际上是一种"左"的观点和政策。现在能不能又反过来,只注意消费,分光吃尽,不注意积累,只讲分配,讲福利、发奖金,不看整个国力、财力负担的能力呢?怎么能脱离实际去片面提倡个人收入的"多、大、好、快"呢?这显然是不可能的。因此,要向广大干部、群众进行"三兼顾"和当前利益与长远利益关系的教育。关于发放奖金的问题,要用讲道理、摆事实的方法,交广大群众讨论,切实解决好思想认识问题。决不要因为控制奖金而影响职工社会主义的生产积极性。凡实行计件工资的,就不再发按时计算的年终、双过半奖;而平时无奖金的职工,年终、半年如有奖金来源也可以发年终、半年奖。实行扩权的企业,其奖励基金来源于留成的六、三、一的"一",其奖金可以相当于企业标准工资的2个月,最多不超过3个月,但不能又从工资总额中提取5%来奖励,不能得双份。未扩权的企业、超额完成任务的单位,可以按工资总额的规定比例提取奖励,按人头计不超过2个月工资。单项奖不能乱,不能靠损害一方来加奖金,也不等于人人2个月。

二是按规定给企业的留成不能变。企业利润留成,或者分成,是按照三兼顾的原则制订的政策,同完全"吃大锅饭"比较起来,是很大的进步。尽管企业留成的办法还有待于完善,但是现行的利润留成办法或利润分成办法,以及亏损企业实行亏损包干的办法,微利企业实行微利包干的办法,等等,都要坚持不变。企业有使用、支配企业基金的自主权,任何单位不得平调。企业认购国库券,国家要还本付息,不是平调。企业要按国家政策规定把企业基金使用好,究竟用多少作为生产发展基金、集体福利基金和奖励基金,企业应从实际出发确定合理比例,并提交职工代表大会讨论决定。企业基金重点是用于发展生产,其次是集体福利,再次才是奖励个人,这个指导思想是对的。上级主管部门对企业如何使用好企业基金应该进行指导、监督,但不得随便干预。

三是工业产品的自销政策和比例不变。过去工业只管生产、不问经营销售,产品完全由商业部门统购包销,弊病很多。这两年有了改变,规定了工业有一定的自销产品的权力。按规定给工业一定的自销产品的政策不能变,但自销的比例不要自行扩大。从企业讲,首先要保证完成国家下达的生产计划和供货合同,在这个前提下,对超产的产品、自己组织原材料生产的产品、利废利旧生产的产品、试制的新产品,除国家明确规定的几种产品外,都可以按已有规定和合同自销。

四是实行经济合同制度不能变。工商之间、工农之间、工工之间都要遵守合同,按合同办事。如原料供应,应按规定的数量供应和收购,不能任意减少或中断,工商之间按合同规定生产的品种数量,一定要按合同生产和收购。任意中断经济合同的,要负经济责任。经济法庭和公证处要管理这类案件。今后要有经济立法。这样才能保证合同的严肃性。重庆明月皮鞋厂去年四季度与百货站签订了皮鞋收购合同,由于该厂忽视了合同的严肃性,擅自违约扩大自销产品,而欠交了百货站的皮鞋,经市工商局仲裁,决定给予明月皮鞋厂除在今年一季度补足欠交的10040双皮鞋外,并承担延期交货罚金1722元的处分。三峡电扇联合企业,对今年1月未完成包产合同的6个厂,按所欠交零配件总价的1%,罚款362.98元;对未完成包产合同负有直接责任的有关厂级领导干部、生产技术管理人员罚款111元。这个作法是对的,对维护合同制的严肃性起了积极的作用。

五是坚持发挥优势,平等互利,协商自愿,按劳(贡献)分配,签订合同的经济原则和切实进行统筹规划、防止本位主义片面性再搞失调比例,加强行政干预,大办联营合办的联合企业、公司、总厂的政策不变。工业改组和联合,是加快工业发展的重要途径,改组联合搞得快搞得好的,工业生产发展就快。经济联合既要坚持自愿互利、平等协商,又要服从统筹规划、经济合理的原则。把行政干预与经济手段结合起来。只讲"自由恋爱"和"包办婚姻"都不行,脱离等价交换、平等互利搞强迫结婚拉郎配不行。老是自由,无人撮合介绍也不全行。当前要加强的是行政干预,否则有的企业只顾局部利益不走联合之路,这会坐失良机,贻误调整方针的贯彻执行。去年以来,我市围绕发展"拳头产品"和适销对路产品,实行工业改组、联合,取得了一定成绩。例如钟表、嘉陵牌摩托车、三峡电扇等产品,通过联合、改组,扩大了产量,提高了质量,降低了成本,收到了较好的经济效益,为我市进一步实行工业改组、联合,走出了一条路子。实践证明,实行工业改组、联合,有利于促进工业结构、产品结构和组织结构的调整;有利于改变"大而全""小而全",实行专业化协作生产;有利于发挥各部门、各企业的优势,扬长避短;有利于合理调整工业布局,密切城乡经济联系,广开生产门路;有利于按照经济规律沟通横向联系,所以改组、联合是适应当前我国生产力发展水平、加快工业发展的一条重要途径,是社会化大生产的客观要求和必然趋势。

六是有利于发展生产的减免税收的政策不变。比如,按省政府规定的三种类型协作件实行免税的政策继续执行:(1)采取打歼灭战办法组织有关企业生产的自行车、手表、缝纫机、电视机四种拳头产品;(2)联合经营的企业互相供应配套产品的零部件;(3)按专业化协作原则进行工业改组,建立工业性公司和总厂。对以上这些形式生产的协作件和中间产品(指配套用的中间产品,不包括原材料),凡是订有协作合同,按计划成本或实际成本作价供应给生产最终产品的实行免税。新产品定期免税政策,要坚持不变。集体所有制企业,要坚持执行省委关于发展集体经济的85号文件。

七是坚持党委领导下的厂长负责制不改变。民主评荐监督干部的方法要提倡。

八是坚持加强思想政治工作,解决人民内部矛盾,坚持疏导的方针不变。

四、要自觉地努力做好我们的各项工作,积极发挥重庆市作为一个中心城市的作用

人民日报在"充分发挥中心城市的作用"的社论中指出,进行工业改组,要从中心城市着手,把工业合理地组织起来。大东同志在讲话中,专门讲了发挥重庆这个中心城市作用的问题,并希望我们走在前面,不要落在其他中心城市的后面。因此,要明确我们地位的重要和责任的重大,要积极做好工作,加快工业改组、联合的步伐。要打破条条、块块和所有制之间的界限,围绕发展名牌产品、拳头产品和适销对路产品,把一些没有任务的工厂,划拨给轻工业,或采取联合的形式实行转产,大力发展各种形式的跨部门、跨地区的经济联合,恢复和开辟各种合理的商品生产和流通渠道。在此基础上,进而发挥组织金融信贷、情报预测、科学研究、新技术推广等方面的作用。要把我市的经济活动伸展到小城镇和广大农村,形成一个灵活的经济结构。我们首先要密切联系川东地区,生产出适销对路的、物美价廉的产品,使他们喜欢用重庆的产品,并把川东地区丰富的原材料组织好、使用好。在联系川东地区的基础上,逐步发展到云、贵、藏,逐步占领西南地区的市场。

在工业改组、联合中,要搞好统筹规划,加强计划指导,把经济手段和行政措施结合起来,加快改组、联合的步伐。要充分利用现有基础,发挥各自优势,按合理分工组织起来,把潜力挖出来,迅速形成新的生产能力,全面提高经济效果。而不能动辄就要资金、搞基建、购设备、铺新摊子。要从实际出发,结合不同行业、企业的具体条件和特点,采取多种形式,不搞一刀切和一种模式,要注意经济合理性。围绕发展"拳头产品"和适销对路产品,可以组织公司、总厂,也可以搞经济联合体,或者用合同形式固定协作关系。重点要组织冶金、机械、军工企业与轻纺工业联合、协作;组织加工工业与原料产地的联合;组织生产企业与科研、院校联合、协作;组织工业与商业、外贸、物资部门联合经营等。改组、联合要先内后外、由近及远。先把市内的工业包括区县工业在内的改组、联合搞好,然后向市外延伸和发展。

要加强对改组、联合的组织领导,严格责任制度。市里规划的15种重点产品的改组、联合,要分工领导同志专人抓,落实责任制,限期搞好。各局、各区县也要加强领导,积极做好改组、联合工作。

五、虚心地学习上海的好经验,学习外地的好经验,不断提高我市的工业生产技术水平和经营管理水平

上海是我国的老工业基地,无论是生产水平、技术水平、经营管理水平,以致整个社会水平,在全国都是居于领先的地位。从我市来讲,老老实实地、虚心地学习上海的经验,特别是要努力把上海的生产技术和经营管理的经验学到手。

最近,上海纺织帮促团来我市传经送宝,对口帮助一些企业搞技术改造,帮助提高生产技术水平和经营管理水平,发展新品种,扩大经济效果。20多天来,已初见了成效。我们要抓紧机会,进一步开展学上海的活动。

据有关部门1979年的统计资料,上海工交企业固定资产是重庆的3倍,而总产值却是重庆的8倍多,百元产值利润率比重庆高两倍,差距是多么的大!除了生产技术方面的差距外,更重要的是我们在经营管理方面比上海落后得多。只要我们整顿和改善了经营管理,就能取得较大的经济效果。我市各行业,特别是工交各企业,要下决心,扎扎实实地开展学上海的活动。要制订学习规划,有针对性地、有目的地组织学习。可采取请进来、派出去的办法,对口学习。要派一些真正能看出门道,肯

学肯钻的内行去学,务必讲求实效,取得效果。市里打算在适当的时候,召开一次全市性的学上海的经验交流会,造成声势,并把这个学习活动深入持久地开展下去。

六、认真注意解决好有关安定团结的问题,保证生产顺利进行

政治上的安定,是保证经济调整的前提。各单位要针对影响安定团结的因素,分别不同情况,采取不同措施,积极做好工作,巩固和发展安定团结的政治局面。

1. 要认真贯彻执行中央、国务院关于处理非法刊物、非法组织和有关问题的指示,消除不安定的因素。

2. 要妥善安置好待业人员。主要办法是大力发展集体所有制经济和适当发展个体经济。特别是要大力发展修补服务行业,适应城乡人民生产生活的需要。国外叫发展"第三产业"。西方发达的资本主义国家,第三产业的收入占国民生产总值的一半以上。我们要多开辟一些就业门路,把待业人员安置好。

3. 当前,有少数集体所有制企业任务严重不足,特别是建筑、搬装、饮食行业等有些单位已无钱发工资,有的发生活费都很困难。这个问题不妥善解决,将影响安定。解决办法,一是广开生产门路,不拘原业,可以转行,做到近期有饭吃,长远有方向产品;二是任务比较饱满的企业,要分一部分任务或者扩散一部分零部件给这些企业,让这些企业生存下去;三是大厂和国营企业,不要挤占街道集体企业的任务,不要同集体所有制抢饭吃;四是实行转向或者参加联合经营;等等。总之,要把这个问题解决好。

4. 要把待业的和在业的多余职工组织起来培训,提高政治觉悟和生产技术文化水平。关停企业、任务不足的企业和超员窝工的企业,要把人员抽出来组织学习。即使生产正常的企业,也要组织职工分期分批进行轮训。不要把人都泡在班组、车间,一台机床一个人操作、两个人站在旁边看,消磨时间,容易养成疲疲沓沓的习惯,造成劳动纪律松弛,生产效率不高。学习之后经过考试合格的发文凭。

七、要发扬勤俭节约、艰苦奋斗的优良传统,切实转变领导作风

实现今年增产节约、增收节支的任务,一个关键问题,就是要发扬勤俭节约、艰苦奋斗的优良传统,切实转变领导作风,坚持勤俭办企业的方针,努力增加生产、厉行节约,提高经济效果,使今年的工业生产有一个稳定的协调的增长。

今年以来,节约非生产性开支,反对浪费的工作,开始收到了效果。但是在一些单位,大手大脚、铺张浪费的现象仍然存在,特别是生产建设上的浪费还比较严重。从干部思想和精神状态讲,有的考虑自己坐车子、住房子、安排子女的时候较多,对当前国家面临的财政困难和有的企业(主要是集体所有制的基建、交通企业)的职工没有生产任务或任务严重不足,给生活带来的困难,还不甚关心。有的甚至慷国家之慨,借参观学习之名,游山玩水,挥霍浪费国家资金。严重脱离群众的不正之风,与当前抓增收节支相矛盾,已经引起群众不满。我们一定要严重注意,坚决予以纠正。现在,我们有一些集体企业根本没有任务,有的只发生活费,有的连发生活费都遇到困难,在这样的情况下,我们作领导干部的,就更应该严格要求自己,多为争取财政收支平衡着想。要发扬勤俭节约、艰苦奋斗的优良传统,为党和人民的利益做出自我牺牲,兢兢业业地领导职工群众把生产任务和调整任务搞好。

坚持勤俭办企业的方针,就要充分挖掘潜力,广开生产门路,保证完成今年的增产增收任务。重庆铅笔厂在这方面是作得比较好的,值得各个厂矿企业仿行。去年铅笔厂发动群众每人增产100元,开展节约一支笔、一块木板、一个皮头、一度电、一两油漆等"十个一"的节约活动,领导干部带头身体力行,在1厘钱上争收益,一年就节约了8万余元。全厂700来人,人平节约110余元。经过职工群众的努力,实现利润247万元,上交215万元。今年

一季度,他们又在增产节约活动中,继续开展每人节约一百元和"十个一"的节约活动,取得了新的成绩。该厂的木材利用率已由去年的40%上升到60%,他们还利用边角余料压制成板,并加工了200多件家具出售,现已收入2万余元,使企业实现了增产增收。他们决心在今年上交利润240万元,比去年增长12%以上。类似这样勤俭办厂的企业还有许多。我们应该注意总结推广这方面的经验。有的同志会说"搞市场调节,对用户不请客送礼就做不成生意,办不好事"。红旗纸箱厂的实践说明,这种看法并不正确。他们总结经验教训,不用公款请客、送礼,照样不是也把生意做好了吗?去年该厂产品质量不高,交货不及时,致使一些用户不愿向该厂订货。为争取任务,他们于2月份召开用户座谈会,动用公款1430元请客,违反了财经纪律,受到上级有关部门的检查、批评。他们认真吸取经验教训,发扬勤俭节约精神,加强企业管理,改进工艺,用"淀粉粘合剂"代替矽酸纳粘合,增强了纸箱盒的挺力和防潮等性能,同时改进态度,服务上门,交货及时,配套齐全,受到用户欢迎。不再用公款请客送礼,照样使产品打开了销路,去年完成的产值和利润,分别比前年增长26%和38%。

在工作作风上我们必须加强调查研究,坚决克服拖拉积压、不负责任的官僚主义,努力提高工作效率。这次会议之后,我们一定要按照大东同志讲的,各级经济机关的领导同志,首先是市级机关的领导同志,除留少数处理日常工作外,都应组织起来,到工矿企业中去,到生产的第一线去,和基层的干部、职工一起研究企业的调整情况,制定调整、整顿的方案,解决增收节支和群众生活当中的迫切问题。就领导机关来讲,一定要改变目前存在的拖拉作风,切忌问题来了就压,压不住就推,推不出去就拖,最后不了了之。在这个问题上,我们各级党委,每一个单位,每一个工作人员都要认真做好各自的本职工作,提高工作质量,讲求工作效率。小事情要当天办好,中事情不超三天,大事情最多一周,紧急事情要及时解决。

我们提倡勤俭节约,反对铺张浪费,目的是制止乱花钱,那种不该花的钱,一个也不能花,以便把有限的资金用于解决企业生产和职工生活方面迫切需要解决的问题。特别是职工群众的生活问题,各级领导同志要十分注意和关心。鉴于夏季盛暑即将来临,重庆地区又特别炎热,我们一定要及早注意抓防暑降温工作,做好安全生产。关心职工群众生活。还要继续认真抓落实政策的工作,特别是干部政策、知识分子政策、老工人政策,等等,要认真抓紧落实,不能松劲。

八、加强政治思想工作

要深入学习贯彻中央1、2号文件,认真清理"左"的影响和流毒,端正经济工作的指导思想,划清是非界限,加强思想政治工作,推动工业生产稳步前进。

肃清经济工作中"左"的错误和影响是完全正确的。有人说现在我们经济上是"左",政治上是右。这种看法值得注意。一个人的行动,通常都要受思想支配,所以思想和行动脱节是不可能的。不能说经济上的"左",不是思想政策上的"左"的反映。当然,在学习、贯彻中央1、2号文件、清理"左"的错误影响时,对具体问题还得作具体分析。我们说主导的错误是"左",但在某个问题上碰到了右,也应注意纠正。同时,也不能不加分析地把什么都说成是"左"。关键在于,要用正确的观点纠"左",以是对非,不能以右纠"左",以非对非。你说纠"左",就故意右一点,这种不实事求是本身就是非马列主义的。正确的态度,是从实际出发,实事求是,有"左"纠"左",有右纠右。

例如,关于我市今年的工业生产计划指标问题。有人说现在仍然是高指标,是"左"。究竟是不是高指标?我们要分析一下。今年工业生产计划产值71亿元,比去年实际只增长3.4%。这是30年来计划增长幅度最低的,怎么能说是"左"呢?今年一季度生产和财政收入计划不仅没完成,而且低于去年同期水平,这能说明是高指标吗?轻纺工业,要求增长10%以上,算不算"左"?也不能说是"左"。应当看到,过去经济工作在"左"的思想指导下,搞以钢为纲,工业结构很不合理,轻纺工业总是被挤,人民生活需要的日用消费品生产发展非常缓慢,老百姓手里有钱买不到需要的东西。轻重比例失调,生产与生活不能适应。现在提出尽可能大幅度地增加轻纺工业,增加日用消费品的生产,这不是"左",而恰恰是纠"左"。而且只要原有轻纺工业自身努力增产,加上全市的冶金、机械、军工等行业都认真转变服务方向,积极改变产品结构,尽可能多地转产轻工市场产品,轻纺行业今年增长10%以上是完全可能的。当然,从个别单位来讲,国家下达的指标也可能偏高或偏低,经过算账可以实事求是地作些平衡、调整,但不能一概而论地说今年的计划就是"左"。另一方面,搞经济工作,也不能再像过去那样,搞什么一个月翻身,动不动打滚翻番,增长提高都应当要量力而行,尽力而为。比如,现在能源很紧张,特别是天然气紧张,我们的财力物力也很有限,就不能再提不切实际的口号了。不顾实际可能硬要干违反客观规律的事那才叫"左"。

在政治思想工作上,也不能笼统地讲现在就是右了。对具体问题要作具体分析。比如对资产阶级极端个人主义、无政府主义和社会上出现的歪风邪气、投机倒把,以及有的单位干部不敢抓、不敢管,这样的问题要作具体分析。目前的情况,总的讲,并不是歪风邪气强大得不得了,压住了正气,致使干部不敢抓。他们之所以不抓,有的是是非界限不清,也有的是思想有顾虑,对如何纠正歪风邪气,目前有的领导思想有些急躁,他们不区分问题的性质,动不动就想抓人,就想开除,就要给重处分,这可能是"左"的影响,想用专政手段处理人民内部矛盾,所以当前要提倡做艰苦细致的思想工作,做广泛深入的群众工作,做不厌其烦的说服教育工作。在这一方面,有的厂矿也取得了好的经验。比如重钢党委处理綦江铁矿部分青年集体上访的问题,由于领导同志亲自抓,党委和有关部门做了耐心细致的工作,终于使本来比较尖锐的矛盾钝化了,省委都很重视这个经验,各单位都要研究、学习。再如天府煤矿的×××,出非法刊物,搞竞选活动,对这样的问题,怎么处理。开始,有的同志主张停职检查,交群众批判。后经研究,决定采取先做思想工作的三条措施。现在看,效果比较好(此人已开始上班了)。总之,我们各级领导同志,都要发扬党的优良传统,贯彻执行疏导方针,认真抓好群众的思想教育工作。特别是学习中央1、2号文件,清理"左"的错误影响,是指领导而言的,不要搞到基层和群众当中去了。我们说主要是清理"左"的错误影响,但在实际工作中碰到了右的东西,也要坚决纠正,这才叫坚持了实事求是的原则。也只有这样,才能真正提高思想觉悟,分清是非界限,提高执行调整、安定方针的自觉性。

当前,要继续认真贯彻执行中央1、2、5、7、9号文件精神,按照市委刚刚召开的政治工作会议的要求,进一步做好群众的思想政治工作。各级党政领导同志要研究新情况,解决新问题,针对本系统、本单位的具体问题作具体分析,抓紧解决。要振奋精神抓工作,下定决心当模范,对好的要表扬,差的要批评。市委批转组织部提出的今年"七、一"评比表扬先进支部、模范党员的意见,各级党组织要扎扎实实地把这一工作抓好。要通过评比表扬先进支部、模范党员,来推动当前的生产和工作。要评比,就要比谁调整抓得好,比增产节约,增收节支的成果,比思想政治工作、群众的士气干劲怎样,比安定团结,对人民内部矛盾是不是疏导,对坏人捣乱是不是敢斗。就是下马的单位也要评比,看是不是清醒的健康的下马,物资设备材料和现场保护得好不好,对职工培训抓得怎么样?总之,要通过思想政治工作,通过开展评比先进支部的活动,来推动当前工作,发展安定、团结的局面,保证完成二季度的生产任务和今年的国家计划。

重庆市人民政府关于实施《工业企业归口管理试行办法》的通知

(1981年7月17日)

各区县人民政府,市级有关委、办、局：

市政府决定从1982年起,对在市辖区内的独立核算工业企业(不含社队企业)按行业、按产品实行归口管理。现将《工业企业归口管理试行办法》发给你们。请按本办法的精神,抓紧进行调查研究,认真做好归口管理工作。

重庆市人民政府
1981年7月17日

工业企业归口管理试行办法

一、根据国民经济调整和经济体制改革的要求,当前迫切需要对工业企业实行归口管理。凡在我市辖区内的独立核算工业企业(除社队企业外),均应由市的归口部门(局和公司)按行业、按产品实行归口管理,以利于有计划、有步骤地进行工业调整、改组,推动联合。按照专业化协作和经济合理的原则,组织生产,加快企业技术改造,更好地发挥中心城市作用,提高经济效果。

二、行业和产品的归口分工,原则上按照国家计委颁发的产品归口目录划分。一个企业生产多种产品,由这些产品的归口管理部门分别进行产品归口。市的归口部门,应对全市全行业的调整改组,长远发展和定点布局进行统筹规划。归口企业的产品方向、生产纲领以及合并、转产、扩建、改建、上点、撤点等,涉及市计委主管的产品,需由市归口部门审查后报经市计委批准；涉及市归口部门主管的产品,需报经市归口部门批准,未经上诉机关批准的企业,各级工商行政管理局不予登记,不发开业执照。实行归口管理的企业,其隶属关系,所有制性质和财政、税收解缴关系不变。

三、企业归口管理的内容和方式,应按照各个行业,各种产品的不同特点和当前生产、经营的实际状况而有所区别,不要一刀切。根据我市的具体情况,目前可以大体分为两种类型：

(一)棉纺织、针织、毛麻丝、钟表、缝纫机、造纸、玻璃、陶瓷、皮革、服装鞋帽、日用塑料制品、橡胶制品、医药、广播电视器材、汽车等行业,归口部门对归口企业以下7个方面实行归口管理。

1. 生产计划和技术经济指标

市计委主管的产品计划(包括指令性计划和指导性计划)和技术经济指标,市属企业由市计委下达到市归口部门,再由市归口部门具体分配下达；区县企业由市计委征求市归口部门的意见后下达到区县计委,再由区县计委具体分配下达。

市归口部门主管的产品计划和技术经济指标,市属企业由市归口部门直接下达；区县企业由市归口部门综合平衡后下达到区县主管部门,再由区县主管部门具体分配下达。

其他产品和技术经济指标,由企业或其主管部门根据产品供销情况自行安排。

纺织行业的生产计划和技术经济指标,不论哪一级管理的,均由市归口部门统一平衡分配下达。

生产计划和技术经济指标的调整,必须报请下达计划的机关批准。

2. 产销链接

市工、商部门衔接产销的计划商品和平衡商品,由市归口部门组织全市(包括归口企业)的产销衔接。

3. 物资分配

归口企业的归口产品生产用统配部管原材料、专用原材料、专用设备和配件,由市归口部门统一申请和分配；能源、维修用原材料和维修用通用机电产品,仍按现行分配供应渠道由主管部门或区县进行申请和分配；基本建设和挖、革、改措施需用的材料和设备,按资金渠道进行申请和分配。

4. 基建技改

归口企业的基本建设计划任务和技术改造方案,由企业主管单位初审后送市归口局审查平衡,再由归口部门分别报市计委、经委审批或转报省。基本建设和技措项目批准后,分别由市计委、经委下达到归口局,再由归口局下达到归口企业并抄告其主管单位。

5. 质量标准和新产品试制

归口产品的质量标准,由归口部门管理;归口企业的新产品试制计划,由市归口部门组织编制和上报下达;新产品质量鉴定,由市归口部门会同有关部门进行审查。

6. 技术交流和经济信息情报交流

归口部门要加强对归口企业的技术指导和经济业务指导,组织全行业的技术交流、新技术推广、市场预测预报和经济信息情报交流。

7. 归口企业的生产定员,由市归口部门根据国家有关标准审定。企业生产定员需作较大变动时,应征得市归口部门的同意。

(二)其他行业和产品的归口管理。市归口部门对归口企业先在规划布局、产销衔接、专用原材料专用设备配件的申请分配、质量标准和新产品试制、技术交流和经济信息情报交流等五个方面实行归口管理。其他方面待条件成熟时逐步实行归口管理。

四、归口企业要服从市归口部门在其职权范围内的归口管理,并承担以下任务:

(一)向归口部门报送各种计划和统计报表、资料。

(二)集体企业(社队企业除外),属于第一种类型在七个方面实行归口管理,原上交市二轻局的合作事业基金改交市归口部门,用作归口集体企业的生产发展和技术改造基金;原上交市二轻局的管理费改交市归口部门。

(三)一部分二轻集体企业改向归口部门上交合作事业基金和管理费后,归口部门须将按规定应上交省二轻局的合作事业基金和管理费,如数交给市二轻局,由市二轻局统一交省。

五、归口部门和企业主管部门要加强联系,协同配合。

市归口部门向归口企业布置生产任务、分配原材料和设备、安排新产品试制、下达挖革改措施和基本建设项目投资。确定或改变归口企业的生产方向、生产规模、生产定员以及合并、转产、定点、撤点等,应同企业主管部门充分协商,然后再作决定。市归口部门向归口企业下达各项计划、传达上级指示、部署生产技术工作、组织产销衔接和技术交流、经济信息情报交流等,应邀请企业主管部门参加和抄知企业主管部门、区县。企业主管部门要积极支持市归口部门对企业实行归口管理。

六、各归口部门,应在调查研究、摸清现状的基础上,会同各归口企业及其主管部门,提出行业调整和整顿的规划方案,把调整、整顿和归口管理工作密切结合起来。

七、其他

(一)市归口部门对直属企业和归口企业在生产任务和基建技改安排原材料分配、产品销售、技术经济情报交流等方面必须统筹兼顾,全面安排。

(二)市归口部门可以根据本办法的原则要求,在征求归口企业及其主管部门的意见后,制定归口管理的实施细则,报市计委、经委备案。

(三)产品归口分工尚无明确规定或虽有规定而实际难以实行的,由市计委、经委研究报请市政府决定。

(四)企业归口管理,是一项相当复杂而细致的工作,需要认真做好准备,稳步实施,但又不宜久拖不行,贻误调整。为此,各部门、各企业应抓紧进行调查研究,积极做好归口管理工作,编报1982年的生产、基建技改、物资计划建议意见,即按上述归口管理的办法进行。从1982年起,市下达各项计划指标即按本办法执行。

重庆市人民政府关于批转市经委《关于我市工交企业整顿工作的意见》的通知

(1981年8月20日)

各区县人民政府,市府各部门、市属以上厂矿企业:

市政府同意市经委《关于我市工交企业整顿工作的意见》,现转发你们,望认真贯彻执行。

整顿企业是贯彻党的八字方针的一个重要方面,是当前一项紧迫的任务。党的三中全会以来,我市工交战线在整顿企业方面做了一定的工作,企业管理水平有所提高。但总的看来,不少企业的领导班子还不适应新形势的要求,思想工作和管理工作还较薄弱,因而消耗高、质量低、浪费大、经济效益低。根据国家经委在最近召开的企业整顿座谈会议的精神,当前企业整顿要着重抓好整顿领导班子和建立经济责任制、贯彻按劳分配原则。推行经济责任制,要突出一个"包"字,把经济责任同经济效果和经济利益挂起钩来,充分调动企业和职工的积极性,挖掘企业内部潜力,提高经济效益,实现增产增收。

重庆市人民政府
1981年8月20日

关于我市工交企业整顿工作的意见

一、对前段企业整顿的基本估计

党的三中全会后贯彻八字方针以来,我市工交企业经过领导班子、内部经营管理和规章制度的整顿,企业的领导班子有了加强,生产秩序基本正常,经营管理有所改善,经济效果有所提高。但对企业整顿的成绩不能估计过高。当前存在的主要问题是:在领导班子方面,过去主要是从组织整顿上下了很大功夫,但思想建设和其他方面的问题还有待进一步解决;在职工队伍方面,目前存在思想涣散,纪律松弛,过分强调物质利益,忽视思想政治工作;在经营管理方面,各种责任制仍不够落实,也没有很好地与奖惩考核制度结合,基础工作也不够扎实。各方面的浪费还相当严重。因而,产品质量低,原燃材料消耗高,企业管理乱,生产指挥不灵,经济效果差等问题,都需要通过进一步整顿逐步加以解决。

二、对下一步企业整顿的基本要求

国务院主要领导同志今年一再强调,要突出地抓一下企业整顿。我市工交系统的各级领导同志要把这项工作当成一件大事来抓。基本要求是:在党的六中全会精神的指引下,以生产为中心,以推行经济责任制为突破口,建立和完善企业内部的各种责任制,进一步搞好领导班子和职工队伍的整顿和建设,推动和改善企业的经营管理,挖掘企业内部经济潜力,全面提高经济效果。

1. 在整顿企业中,要把推行和完善各种责任制摆在突出的位置上。

要根据国务院对今年企业整顿工作首先要抓好责任制的要求,把工业企业的各种责任制认真地落实到企业的各个方面去。通过建立和健全责任制、奖惩考核制,使当前一些企业存在的界限不清、责任不明、指挥不灵、偿〔赏〕罚不分的状况以及效果低、浪费大、管理乱等问题逐步加以解决。在一个企业中,要从厂长到班组负责人,从生产行政、政工科室到车间,从生产第一线到后勤部门的各种生产负责制、工作责任制、干部责任制和工人的责任制等明确规定下来。从而把各部门、各车间、各班组和各道工序、各个环节各方面的活动,都用严格的责任制来协调,使职工各司其职,各负其责,在各项责任制的保证下,使企业像一部完整的机器,和谐有力地转动起来。

在建立健全责任制时,要把权、责、利结合起来,把责任制和考核制与奖惩制联系起来,做到责任明确,赏罚分明,不管是谁,若有敷衍塞责,玩忽职守,渎职失职,给企业造成损失的,要分别情节,采取取消奖金、减发工资、行政处分直至法律制裁。改变过去只奖不罚,有利大家得,责任无人负的状况。在企业中形成一个事事讲责任,处处负责任,出了问题有人承担责任,有了损失追究责任的风气。

落实责任制的工作,要加快进行。凡是已经建立了的,要进一步完善,随时检查执行情况；还没有搞的,要在今年三、四季度内,抓紧建立健全经济责任制,做出一定成效。

2. 继续对企业领导班子进行整顿和建设。

两年多来,我市工交企业的领导班子经过初步整顿,提拔充实了一批有专业知识、熟悉业务、年富力强的干部。当前的问题是有些企业的班子不够团结,不适应新形势的要求。因此,领导班子的整顿和建设,不能放松。要按照革命化、年轻化、知识化、专业化的要求,在县团级以上企业单位的领导班子中,要配备优秀的年轻的懂技术业务、熟悉生产管理的干部,要选拔强手当厂长。要用六中全会的精神统一领导班子的思想,加强团结。此外,各系统在今年要把所有企业的领导班子,重新进行一次排队,分析目前班子的现状,对于至今还不齐不力、问题较多的班子,要下决心限期进行调整和加强。

3. 认真抓好职工队伍的整顿和建设。

职工队伍的状况,是直接关系到企业整顿成果能否巩固的关键。现在企业中,无章可循的情况较少,有章不循的情况较多。这主要是大量的新工人进入企业之后,由于思想政治工作和企业管理工作未跟上,一部分人无政府主义思潮未完全克服,组织纪律松弛,主人翁责任感不强。因而,职工队伍的整顿,首先要抓思想和纪律的整顿,加强对青年工人的教育。要结合六中全会文件的学习和"五讲""四美"活动的深入开展,对职工进行遵章守纪、主人翁责任感、革命传统和爱国爱厂的教育。在教育中,要注意抓典型,对好的要大力表彰；对个别一贯违法乱纪、影响很坏的人,也要根据政策及时处理。通过整顿,树立正气,打击歪风邪气,加强劳动纪律,改变职工队伍的精神面貌。

4. 切实整顿企业基础工作。

企业的基础工作不扎实,整顿后的成果就不能巩固。因此,整顿企业要在基础工作上狠下功夫,要把原始纪〔记〕录、计量、统计、检验、图纸、工艺、工装和制品的管理制度完善起来,并过硬地执行起来,为实行定额管理打好基础,为推行计件工资创造条件,扎扎实实地抓好"三基"工作,努力提高生产、技术、管理水平。

5. 建立健全经济责任制,搞好按劳分配。

推行经济责任制是调动职工积极性的一项重要政策。当前要把落实经济责任制作为企业整顿的重点来抓,以此推动企业经营管理的改善和领导班子的整顿、建设。

推行经济责任制主要是抓好两个环节：一是处理好企业和国家的经济关系,用包干的办法解决统得过死和"吃大锅饭"的问题。目前我市工交系统已实行了企业超额利润留成、全额分成,行业和部分小企业的以税代利、自负盈亏,微利和亏损包干等办法,应坚持推行,取得显著的效果。二是处理好企业内部的分配关系,把各级的责任制和按劳分配原则结合起来,使职工的收入与劳动成果直接挂〔钩〕。从上到下要突出一个"包"字,车间、班组、机台、生产线都可以实行任务包干,责任到人。上半年我市工交系统已有54个企业分别试行了小集体超定额优质计件、加岗超定额计件、个人计件和浮动工资等多种形式,有的企业已开始研究制订各级管理干部经济责任制。这些企业经过一段时期的试行,都取得了较明显的经济效果。下半年要在巩固现有试点单位的基础上,有计划、有领导地逐步扩大推行范围,三季度内要有1/3的企业搞起来,凡是有条件的企业在四季度内都要搞起来。推行经济责任制要从实际出发,讲究效果,因厂制宜,不拘形式,不搞"一刀切"。凡是实行计件工资的单位,都要坚持思想领先的原则,做好职工的思想政治工作。认真制订出先进合理的劳动定额,确定好计算单价,要防止为使职工能多拿超额工资而降低定额水平或提高单价;同时也要注意不切实际地随意提高定额或降低单价;不能因实行计件或超定额计件而提高单位产品成本以及单位成本的工资含量。劳动定额要定期修订。

推行计件或实行浮动工资要严格掌握四条原则:①必须摆正国家、集体和个人之间的关系,保证国家多得。反对不顾国家利益,脱离国家监督,搞本位主义的倾向。②实行利润包干或各种形式的计件工资,必须同时考核产量、质量、消耗、安全等指标,把好成本和质量关,保证全面完成国家计划。③超额计件是一种工资制度,计件工资计入成本,已推行计件的扩权企业要核减利润留成比例,扩权和非扩权企业都不得再提取奖励基金。④推行经济责任制要以强有力的政治思想工作做保证,把政治思想教育与物质鼓励结合起来进行。

目前还没有条件实行计件工资的企业,也要整顿和改进奖励制度,把现有的综合奖用好用活,计分计奖,多超多奖,不超不奖,不能搞平均主义,更不能把奖金变成第二附加工资。

6. 在企业整顿中,要把经济核算当成经营管理的基本制度来抓。

我市工交系统近年开展经济核算的企业,约60%左右,但会计核算和成本核算抓得较差。企业中当家不理财,只管干不管算的现象还存在。这就要求我们在企业整顿中必须大力抓好经济核算,注重经济分析,加强经济责任和提高经济效果。国务院要求在今年内要把厂部、车间、班组三级经济核算搞好,加强企业成本管理和财务管理。据此,要求在今年内,以局为系统,所属企业的经济核算面达到80%以上,三级核算要尽快搞起来,从而形成上下左右相联系的经济核算网,逐步建立起一套生产经营全过程的经济核算体系。其次,有基础和条件好的企业,要结合经济责任制的建立,推行成本控制,价值分析的核算方法。

7. 整顿企业要抓民主管理。

民主管理,是增强企业职工主人翁责任感,依靠职工群众办好社会主义企业的一个重要方面。推行党委领导下的职代会制度,是进行民主管理的重要形式。在今年内,所有工业企业,都要按中央国务院24号文件精神,普遍地、有准备地把职代会健全起来。同时,要民主选举基层班组长,凡条件成熟的,经上级批准,可以有准备、有选择地在一些车间试行车间主任的选举。

8. 整顿企业要加强质量管理。

今年以来,有些产品的质量很不稳定,有的还比去年下降。这应当引起各企业领导的重视。因此,在企业整顿中,要把产品质量的问题当成衡量企业整顿好坏的重要标志之一来要求。要认真推行全面质量管理,建立健全质量管理体系。所有的产品都要完成上级下达的质量考核指标。

三、有关整顿企业的几个问题

1. 加强领导,作好安排。

搞好企业整顿,关键在于领导重视。当前有少数企业的负责同志,对抓企业整顿感到"工作多,难安排,标准高,难达到;整顿后,难巩固"。存在着慢慢来的思想。因此,各企业的领导不仅要从思想上加以重视,而且要解决有部门抓的问题。国务院1981年48号文件明确提出"要建立健全负责企业管理的工作机构。充实干部力量"。今年以来,一轻、纺织、机械、二轻等局先后成立了企业管理科,有的局设立了整顿办公室。要求其他工业局,在不增编制的前提下,把企业管理机构建立起来。

2. 企业整顿的标准问题。

国家经委7月下旬召开的企业整顿座谈会,提出了六条奋斗目标。各企业应按此要求,并结合本行业的实际情况,制订本系统整顿企业的具体标准,但必须以这六条标准为依据。只能具体化,不能降低要求,以这六条标准进行检查验收。

按照六条标准,经过认真整顿以后的企业,应该经常保持有一个坚持社会主义道路、懂生产技术、会经营管理的强有力的领导班子;有一支政治思想好、技术业务强的职工队伍;有一套科学完整的经营管理制度,从而达到生产秩序正常化,管理工作系统化,工艺操作规范化,规章制度执行经常化,产品标准化,管理民主化。

3. 处理好调整、改革和整顿的关系。

调整是中心,改革是关键,整顿是基础。对于扩权试点企业今后试点成果的巩固提高,主要是在于企业整顿、改进管理、提高效果。目前要克服在一些企业中出现的"对上只要权,对厂只讲利,对己不讲责"的现象。要按照省委规定的扩权文件和1981年国务院十个部、委、局、行联合发出的181号文已明确的问题,同步地、全面地把试点工作的注意力,始终放在发展生产上,放在内部的整顿上,最后体现在经济效果上。

4. 把企业整顿和学上海结合起来。

在企业的整顿过程中,要把整顿和学上海的活动结合起来。今年学上海重点要放在轻工、纺织和电子仪表三个行业。要结合实际情况,缺什么学什么,什么地方、什么环节和上海有差距,就进行整顿,采取措施,填补不足。要实事求是,有目的地学,不搞形式主义,不生搬硬套。

重庆市经济委员会
1981年8月5日

中共重庆市委、重庆市人民政府关于批转市建委《关于改善城市客运交通的意见》的通知

(1981年11月21日)

各区县委和人民政府,市委、市府各部委办,市级各局党委(党组),市属企事业单位党委:

市委、市政府同意市建委《关于改善城市客运交通的意见》,现转发给你们,望研究执行。

目前,我市客运交通紧张,秩序比较混乱,是影响社会安定,影响生产和工作的一个突出问题,必须引起各级领导部门的重视。当前整顿城市客运交通,要从解决客运高峰入手,加强措施,综合治理。各单位都要顾全大局,通力协作,各部委办局应指定专人负责落实客运交通措施,力争短时期内使我市客运交通有明显的好转。

为了加强对城市管理工作的领导,决定由副市长王秀峰同志分管此项工作。并恢复城市管理办公室,由警备区和市公安、工商、城建、公用、卫生等部门抽调干部参加工作。市城管办公室与市人民政府办公厅四处合署办公。

中共重庆市委
重庆市人民政府
1981年11月21日

关于改善城市客运交通的意见

市委、市政府:

最近以来,城市客运交通紧张,秩序比较混乱,广大人民群众纷纷来信、来访,要求市委、市政府采取紧急措施,尽快解决这一问题。为此,我们会同有关部门进行了研究,现对改善当前客运交通问题提出以下意见:

一、城市公共客运交通部门,要千方百计挖掘潜力,提高运效,搞好客运服务。要大力加强思想政治工作,搞好车辆维修保养,提高车辆完好率,保证高峰出车不少于800辆,出车率不低于93%;要加强车辆运行调度管理,做到均匀发车,准点运行;要严格运行纪律,不准站外停车,不准小门上人,不准乱摆车辆。对借故造成停车、停线者,要追究责任。要改善服务态度,提高服务质量,搞好车辆清洁卫生,做到热情服务,礼貌待人,努力为乘客服务。

二、坚持执行交错上下班时间的规定,调整客运高峰。凡在本市南岸、江北、沙坪坝、九龙坡、大

渡口、市中区的各单位,都要严格执行市政府关于交错上下班时间的规定,以错开客运高峰。目前,首先要把大单位上下班时间按客运线路和地区定死,未经市府批准不得改变,任何单位不得以任何借口不予执行。为了保证这一规定的贯彻执行,建议实行归口监督,由各委、办、局确定一名办公室主任具体负责检查,并定期向市府汇报执行情况。

三、逐步增加公交企业运输力量。目前运力不足,特别是早晚高峰更为突出,应逐步予以解决。建议今年再新购客车30辆,并从各单位抽调部分司机,支援公交企业投入客运。

四、组织社会单位自备车参加高峰客运。为了切实解决高峰乘车难的问题,应将各单位的自备客车组织起来,按自包自运、分段分线包干和参加公交统一运行三种形式,突击早晚高峰运客。各单位要从大局出发,主动承担客运任务。同时,建议采取适当放宽集团购买控制和免交养路费等办法,鼓励需要接送职工上下班的企业、单位购买客车,所需油料,由市财办协助解决。具体方案由市公用局提出,市政府召开会议进行部署。公交公司要主动配合铁路分局搞好短途通勤客车的转运衔接,鼓励群众乘坐火车,以分散高峰客流。

五、继续组织站务执勤,维持站务秩序。对重点地区、重点车站的站务秩序,仍按今年7月划分的责任范围,由所在地区的街道办事处、公安派出所、交通中队和有关机关、企事业单位,抽调人员执勤,实行包干负责制。各区政府要加强对这项工作的领导,抓紧抓好,做出成效。

六、加强交通管理,保证客运畅通。严格执行早上七时后至晚上七时前禁止卡车入城的规定,无入城证的两吨以上卡车,白天不准进入市区。对过去发放的入城证,应进行认真清理,重新审定。城市主干道的车行道和人行道,一律不准乱停车辆、乱堆物品、乱摆摊点和进行其他违章作业。凡未经批准乱停、乱堆、乱占、乱挖、乱建或虽经批准,逾期超出范围的,加倍处以罚款。主干道沿线的生产单位装卸货物,一律改在夜间进行,特殊情况须经城市交通管理部门批准,以防止交通阻塞,保证道路畅通。

七、要深入开展"五讲、四美"活动,加强自觉遵守交通秩序的宣传教育。各机关、企事业、部队、学校、街道和农村公社,都要动员起来,采取一切有效形式,对所属职工群众进行宣传教育。发动群众自觉维护公共交通秩序,支持客运部门的工作,同歪风邪气作斗争。特别要加强对青少年的管理和教育,对极少数不讲道德、不守秩序的人,对爬车、吊车、拦车和上调头车的人,各单位都要进行教育,并辅以必要的行政手段和经济措施。对于围攻、谩骂、侮辱、殴打驾售人员和执勤人员等情节严重者,对煽动停车、停线、破坏客运交通者,要依法从严处理。

八、建立严格的责任制。公用部门要千方百计搞好车辆调度、营运管理,不断提高客运服务质量;公安部门要大力加强城市交通管理,排除路障,搞好站务治安秩序;城建部门要负责搞好道路维修。加强挖掘管理,为客运交通创造条件。工、商、运输等各行各业主动配合,通力协作。公共交通企业,要把责任制落实到基层。要教育职工牢固树立为乘客服务、对乘客负责的思想,全心全意搞好客运,为"四化"多作贡献。

九、加强对客运交通工作的领导。建议尽快恢复市城管办公室,作为市政府的办事机构,在分管书记、市长领导下进行工作。当前,集中力量抓好客运交通。各区政府、市政府有关各部门要有一名领导同志分工抓好城市交通,帮助有关部门及时研究解决存在的问题。

重庆市基本建设委员会
1981年11月16日

重庆市人民政府关于严格控制农村劳动力进城做工的通知

(1982年7月7日)

各区、县人民政府，市府各部门，中央、省属在渝有关单位：

国务院国发〔1981〕181号文件和省人民政府川府发〔1982〕33号文件对严格控制农村劳动力进城做工作了明确规定，指出："这是一件关系到全局的大事，如不注意加强管理，将会影响到国民经济的调整和城镇待业问题的解决。"最近，胡耀邦同志对《安徽清理辞退十万名进城的农村劳动力返乡》一文作的重要批语："大批农村劳动力进入城镇企业和单位，并不都是为生产需要，主要是同干部队伍中存在的不正之风有关……"，进一步指出了问题的实质和解决问题的关键。我们必须坚决贯彻执行。

去年，市府发出重府发〔1981〕54号文《关于加强农村劳动力统一管理认真清退农村劳动力的通知》后，各区县、各主管局和多数单位作了大量的工作，已经清退1.1万多名农村劳动力回乡生产。这对国民经济的调整，安置城镇待业青年都起到了积极作用。但是，私招乱雇农村劳动力的问题没有得到根本解决，今年上半年又有回升趋势。目前全市使用的农村劳动力已达5万多人，其中80%以上未经劳动部门批准，问题是严重的。仅据江北县调查，就有1.2万多名农村劳动力在市内247个单位做工或承包工程。当前我市全民所有制企业人员普遍多余，富余职工约占20%，而又大量计划外用工，不仅造成严重浪费，而且直接影响社会上10万名左右城镇待业人员（含今年新成长的）的安置。如不采取果断措施，认真清退和严格控制农村劳动力进城做工，对于提高企业经济效益，安置城镇待业人员和发展安定团结政治局面都是十分不利的。为此，特作如下通知：

一、坚决清退私招乱用的农村劳动力。各区县、各部门、各单位都必须按照国务院国发〔1981〕181号、省政府川府发〔1982〕33号文件的规定，对使用的农村劳动力进行认真清理。除过去因征用农村土地而安置的农村劳动力外，凡是未经市劳动局批准使用的农村劳动力（包括农村建筑队、运输队，下同）都属于清退的范围。其中，重庆地区以外的农村（包含城镇）劳动力，必须在7月15日以前清退回去；市郊农村劳动力，必须在7月底以前清退回去。少数单位确因工程衔接或其他特殊原因，非延期清退不可的，应报经市劳动局审查批准，到期坚决辞退。

二、加强劳动力的统一管理，实行"一支笔"审批。今后使用农村劳动力一律归口市劳动局统一管理、审批。确因生产需要，必须临时使用少量农村技术工种，应由使用单位报经工程所在地区县劳动局审查，按照先城市后农村的原则进行平衡签署意见，再报市劳动局审批。农村建筑队进城承包工程，应由使用单位向建委申请（区县属单位，报区县计建委；市属以上单位报市建委），由建委签署意见后，再报市劳动局审批（农村运输队进城搞运输，应由市交通局签署意见后，报市劳动局审批）。使用单位持市劳动局批准的计划向调用地区的区、县劳动服务公司办理调配手续，并缴纳工资总额或人工费用3%的调配费。

城镇个体经营的工商户，一律不准雇用农村劳动力。

三、加强对街道建筑队的管理。各区县、街道（镇）和区县劳动服务公司要对所属街道建筑队进行一次认真整顿，对转包的工程和私招乱用的农村劳动力进行一次全面清理，并加强对街道建筑队的管理。各街道建筑队必须根据自身的劳动、技术、设备能力承接工程任务，不准搞转包工程，更不准私招乱用农村劳动力。如发现有转包工程,除没收其全部非法收入外,并视情节轻重,对有关领导及经办人员追究责任,直至吊销执照。

四、严格执行纪律。自本通知下达后,如再有违反者,必须严肃处理。对私招乱用农村劳动力的单位,视其情节轻重,按使用农村劳动力工资总额或人工费用的10%～20%处以罚金;对点头私招的有关负责人按本人月标准工资的5%～15%处以罚金,并停发其使用农村劳动力期间的奖金;对私自进城做工的农民,按进城做工期间总收入的30%处以罚金。罚金由市、区县劳动局负责通知银行扣缴,一律上交财政。对搞不正之风,以私人关系乱用农村劳动力,或从中收受贿赂的少数干部,给予必要的纪律处分,可以并处罚款。对违法承包工程及借用银行账户、开飞票等进行违法活动的单位和个人,各级工商行政管理部门要认真监督检查,并同打击经济领域内严重犯罪活动结合起来,及时进行处理。

五、加强领导。成立重庆市清退农村劳动力领导小组,由马力同志任组长,王秀峰、刘隆华同志任副组长。具体工作由市劳动局牵头,市计委、建委、农委、工商局、人民银行、建设银行、农业银行参加组成联合检查组,定期开会研究,解决清退工作中的问题。各区县也要成立相应的机构开展工作。各主管局、各单位要有一位领导同志亲自来抓,并抽调专人负责清理工作。全市清退工作采取条块结合的办法,区县对辖区内各单位,市主管局对本系统各单位应逐个进行清理。至7月底,全市清退工作要基本告一段落。8月上旬,由各区县、各主管局组织力量对基层单位逐个进行检查验收,建立制度,加强管理,并于8月底前将清退工作书面报告市府。

六、过去有关文件规定,如与本通知精神不符的,一律按本通知执行。

重庆市人民政府
1982年7月7日

关于市、区工业体制改革中有关具体问题的处理意见(草稿)

(1982年7月24日)

根据《关于市、区工业管理体制改革的意见》中有关政策的规定,现将改变企业隶属关系中有关交接事项的处理办法规定如下:

一、财务问题

1. 市属工业企业按行业、按产品进行归口管理,调整隶属关系的,其财政、财务关系应随同转移给主管的公司(总厂)。财务关系转移以企业编报的1981年年度财务会计决算数为准。全民所有制企业1982年应交财政的收入任务按原主管核定下达的计划数划转。为了保证企业挖、革、改项目的正常进行,原主管局应核拨给企业的挖、革、改资金也应同时划转。关于财政收入任务和各项拨款资金的转移,应由原主管局上报市财政局统一办理划转手续。今年企业的盈亏责任制后利润分配形式,一律按原主管局确定的办法执行,不得自行变动。

2. 区属工业企业的隶属关系调整后,其财政、财务关系一律从1983年1月1日起正式转移给主管的公司(总厂)。企业的财务关系以1982年12月31日止企业编报的年度财务会计决算数为准。今年市、区的财政体制和企业的财务体制均不变动,企业的财政收支预算和财务关系不予划转,企业的财务会计制度、财务会计报表、各种上交下拨款项,一律按照各区现行的规定和办法继续执行。但企业的各种财务会计报表,应报送给主管的公司(总厂)一份。

3. 各移交单位的财会机构和人员,要坚守岗位,做好本职工作,一律不得抽调和削弱,以免造成财务会计工作不能正常进行的混乱局面。

对全民和集体所有制的经济事项,应严格区别、划分清楚,分别核算,各计盈亏,不准平调。

各移交单位,不准隐瞒、转移和分散国家和集体的各项财产物资和资金,有关的领导部门亦不得抽调。各移交单位的各种专用基金在提取和使用上,不准任意提高比例,改变资金性质,扩大使用范围。只能节约使用,不准挥霍浪费。历年各项资金的结余,除原已批准安排的各项支出可以继续支付外,原则上应一律予以冻结,以后按照市里的规定进行处理。各种财务簿记报表资料,应加强保管,不得遗失毁损,并按有关规定交入档案管理部门和新的领导单位。

4. 集体所有制的工业企业,应对本单位的全部财产(包括房屋、建筑物、机器设备、各项物资、资金和债权债务等),进行一次认真的清查、核实、登记造册,作为移交的档案材料之一进行移交。七个区工业局及其供销公司集中的集体所有制企业的财产、物资、资金由市二轻局负责督促清理、上报市调整办公室及市财政局处理。

各移交单位的债权债务,应抓紧进行清算,尽力结清,不能结清的部分应随同隶属关系一并转移,并由公司(总厂)负责督促企业严格按照规定完成清算任务。七个区工业主管部门及所属集体所有制企业过去向各级财政部门的各项借款,应在转移财务关系前进行清理归还。

5. 集体所有制企业上交的管理费和合作事业基金,在未办理移交手续以前,应按规定交给原来的主管部门;在办理移交手续以后,应交给主管的公司(总厂)。上交省二轻局的管理费和合作事业基金,仍由市二轻局汇总上交。返回的合作事业基金,仍由二轻局这个渠道返还。

6. 公司(总厂)的人员及业务经费的解决办法,市原有的公司(总厂)一律按原规定的资金来源渠道解决;新组建的公司(总厂)由依托的企业予以解决。按上述两种办法解决后,少数公司(总厂)需要增加少量经费的,可报经市财政局审查同意后,暂予借款解决。

公司(总厂)因经营供销业务,需要一定流动资金的,在报经市财政局、市人民银行同意后,可在所属全民所有制企业中适当集中一部分定额流动资金和向银行商贷业务贷款。

二、房屋问题

1. 凡列入固定资产的房屋,可随着领导体制的移转而移转,应由交接双方持有关文件,向当地房管机关办理房屋产权移转登记,领取房屋管业证。

2. 原属两个以上单位共同购置、新建、扩建的共有房屋,其共有单位应随着领导体制的移转而移转,维持原共有关系契约行为,并办理有关房产的移转手续。

3. 直接承租使用之房屋,领导体制变更后,仍继续享有承租权,凡间接租用单位(个人)之房屋,应与之协商转为直接承租,继续使用。不论原系直接承租、间接承租,均不得因领导体制改变而影响租用单位的使用。

4. 凡借用的房屋,仍维持借用关系,不得因体制变更而变更。

5. 七个区工业局机关办公用房,其产权属于市有公房,单位只有使用权。房屋在区政府大院范围内的,不论原属调整、拨用的,或自筹资金新建的,均由区政府统筹安排使用,产权仍属市有公产;大院以外的机关办公房屋,由市、区房管部门协商安排。

6. 区工业局本身的宿舍,原来属自管的可确定一个单位管理,或交房管部门管理。

7. 在建的房屋应继续施工,不受体制改革的影响。

8. 用集体企业资金购、建的房屋与全民所有制的资金混在一块的,由市二轻局与区协商办理。集体所有制的房屋由集体所有制使用,不得平调。

三、物资供应问题

1. 在企业隶属关系调整后,今年内不改变物资的分配和供应渠道,仍按原来分配和供应方法维持到年底。区计建委、区工业局、区物资站和有关局的供销部门,对归口上收企业的物资分配和供应工作要负责到底,保证生产、建设物资的需要。对于计划分配物资中的缺口,仍由各区计建委和有关局按现行物资分级管理办法申请解决。从1983年起按调整后的隶属关系,由各主管公司(总厂)负责物资分配和供应工作。

2. 1983年有关统配、部管物质的申请分配仍执行指标到工业公司(总厂),实物由物资部门直接供应到厂的办法。

四、人事、劳动工资问题

1. 七个区工业局的行政编制,留区使用。

2. 七个区工业管理部门的干部和各类人员,由市和区协商统一安排,原则上在区设有关公司(总厂),就地安排,不搞大的调进调出。

3. 凡改变隶属关系的企业,必须建制的转移。原属全民所有制企业职工,仍为全民所有制性质;原隶属集体企业职工,仍为集体所有制性质;原属街道工业职工,仍为街道工业性质。一律不得改变所有制性质。交接过程中,原单位应将全部职工的档案、人员名册(包括职工姓名、性别、工种、企业性质、固定职工、临时工)送主管的公司(总厂)审核作为交接凭证,不得将临时工改作固定工、工人改作干部、集体所有制职工改作全民所有制职工。干部和职工以今年6月30日在册人数为准,新调进调出的人员一律不予承认。

4. 原实行的工资制度、奖励办法、粮贴等有关工资待遇问题,一律维持原有的制度、办法。不得改变工资制度,提高工资标准,增加各种津贴、补贴。在交接过程中,原单位应将上级批准的工资总额、核定的奖金总额、职工的工资名册提交主管的公司(总厂)审核,作为交接凭证。

5. 职工的保险待遇,凡是原来经过上级批准实行或者参照执行劳动保险条例的企业职工,仍按原来批准的范围执行,不准扩大,不准提高标准。凡是未经批准执行劳动保险条例的企业职工,暂不执行劳保条例。凡未经批准自行建立的保险条例,一律不予承认。在交接中原单位应将上级批准的文件,本单位实行劳动保险办法,职工劳保卡片,提交主管公司(总厂)审核,作为交接凭证。在交接前已经批准退休、退职的职工,尚未办理子女招收手续的,可将批准退休、退职手续移交给主管的公司(总厂),继续办理子女招收手续。

6. 职工的保护用品、保健食品、保健津贴等劳动保护待遇,一律执行原企业的办法、标准。不得扩大范围,提高标准。更不允许自行新增津贴和防护用品。

7. 有新增职工指标的企业,可将批准文件,增加职工指标移交给主管的公司(总厂),转报市劳动局继续办理招工工作。

8. 为了解决改变企业隶属关系、影响区的待业人员的安置问题,上收企业的自然减员补充、退休补员、新增指标,除按全市规定,适当统筹一部分外,原则上大部分分配所在区招收。

五、文书档案问题

1. 认真做好撤销、分厂、转产单位的档案清理移交工作。在体改中撤销、分厂(一分为几)、转产的单位,要组织力量,认真清理档案,保证齐全完整,集中统一,搞好交接。撤销的区工业局和分厂的企业,其文书档案交区档案馆接管。财会档案在债权债务处理完毕后,永久、长期档案交区档案馆接管;定期档案由区财政局、档案局(馆)商定交接办法。

科学技术档案要分别情况交接:分厂、转产的产品、科研档案,交与接受生产、科研任务的企业保管。设备、基建档案,随产权的转移,转交给接管使用设备、房屋的单位保管。

只改变隶属关系的企业,档案材料仍由本单位保存。

2. 搞好档案业务指导工作的衔接管理。各有关区档案局(馆),应向市的有关工业局、公司(总厂),提供上交企业的档案工作情况,市的公司(总厂)亦应主动同区联系,了解所属企业的档案管理状况,抓好业务指导工作。在企业没有正式交接前,档案业务指导工作仍由区负责,不要停止中断。企业移交后,对企业的档案业务指导,由公司(总厂)负责。

3. 公司(总厂)要建立、健全机关档案室和档案业务指导工作。

4. 要将档案工作列为企业交接工作的一项重要内容,做好档案清理交接,保证档案的齐全完整,有全宗介绍和目录清册,严格移交手续,保障档案和机密的安全。任何单位、部门和个人,不得私自拿取、保存档案。不准随意涂抹、篡改、分散、转让、丢弃、销毁、出售档案。已经鉴定待销毁的档案和不需归档的文件材料,要按照国家的有关规定处理。对主管档案工作的负责人和档案干部,不得调作他用,以利搞好工作。对危害档案安全,造成损失的,要追究责任,严肃处理。

交接企业隶属关系中的有关具体事项,应严格按上述规定办理,不得各自为政,各行其是。如有不够明确的问题,由交接双方直接向市的有关部门联系办理。市的有关主管部门要认真负责做好工作,妥善处理好交接中的问题。

1982 年 7 月 24 日

王谦同志在全市工交工作会议上的讲话

(1982 年 7 月 27 日)

(根据记录整理,未经本人审阅)

同志们:

这次工交工作会议,已经开了四天。但我却没有能够参加,失去一次学习和了解情况的机会,很可惜。这次会议内容较多,有长期规划问题,工业管理体制的改革问题,企业的整顿问题,当前生产和下半年的生产安排问题,等等。现在会议还正在进行,而我明天又要外出,所以想谈谈个人意见,与同志们一道讨论。我的发言,不代表市委。市委集体讨论过的,已经印发给大家了。长期规划,市委讨论过两次,经过这次会议讨论再作修改,而后,市委还要深入讨论一次;改革,年初就开始酝酿,研究方案也已经有两三个月,市委常委正式讨论过四次,昨天大体上定下来了,开始行动。我说"大体",是因为在执行中可能还会有所修改,但方针政策是不会作大的改变的。

下面讲四个问题:

一、关于经济形势问题

今年上半年工业生产形势是好的。虽然四、五两个月出现过一点小小的波动,但总的是稳步上升。上半年总产值完成全年任务 51.7%,比去年同期增长 13.7%。应该说,这是一个比较高的速度,而且上半年每月都保持 13% 左右,所以我说是稳步上升。现在的问题是要好好认识和分析一下这个 13% 左右的速度,才能有利于下半年工业生产的发展,也才有助于我们对 1985 年以前这几年的生产做出妥善安排。

首先,这个 13% 是在去年上半年一个比较低的水平上的增长速度。它既不能代表去年全年的水平,也不能决定今后几年(比如今后三年)按这个速度增长的可能性,甚至也不能作为下半年增长速度的依据。同志们都很清楚,去年工业生产是在 9 月以后逐月上升的,而上半年正处在工业结构开始调整、产品结构大幅度调整的过程中,再加上调整中,我们在强调发展轻纺工业的时候,对重工业特别是机械工业在思想认识上存在某些不自觉的因素,因此去年上半年不能作为一种正常情况来同今年上半年作比较。而去年 9 月以后,由于正确贯彻了产业结构和产品结构的调整方针收到成效外,还由于一场洪灾振奋了大家的精神,取得了大灾之后不仅没有减产,反而比上年有所增长的好成绩。

今年一开始,就是在去年9月之后的认识基础上起步的,再加上今年上半年能源状况也比去年上半年有了更好的条件,所以上半年工业生产发展是比较好的。

其次,由于有去年上半年的情况,我们就要考虑今年下半年能不能保持上半年的速度?能不能稳步地完成全年总产值剩下的49%的任务?能不能在完成全年总产值任务的同时,在经济效益方面较好地前进?要看到,上半年增长速度虽然比较快,但在经济效益上是并不显著的。例如百元产值的利税只增加了0.85元,可比产品总成本比去年同期只下降了0.94%。同全国15个城市比较,1981年26项经济指标我们都是倒数1至5位。甚至落后于成都,1981年100元产值实现的利润,成都为17.45元,重庆是12.19元;每个全民所有制职工为国家创造的利润,成都为1747元,重庆是1140元,相差607元,只此一项同成都相比,就少给国家创造利润数亿元。同志们大概记得,今年初市委和工业界的同志们有过一项君子协定,那就是计划上定降低成本1%,但要达到降低2%的要求。现在半年过去了,可比产品的总成本比去年同期只下降0.94%,离2%还差1.06%哩!

我和同志们同样有个信念,下半年是可以完成剩下的49%的总产值任务的,全年的税利任务也是可以完成的,亏损面和亏损金额是可以比去年有所减少的。但速度不会有上半年的13%左右。问题是经济效益有没有一个明显的进步!即成本能否下降2%?百元产值的利税能否达到全国主要城市的中等水平?回答这个问题,要看我们的工作究竟做得怎么样。这方面工作做好了,就说明我们工业企业的管理工作深下去了;如果还是老样子,就反映出我们的管理工作仍然处于现在这种浮在表面的情况。研究和解决这些问题,我感到不只是考核今年工业生产所需要的,而且也是一个影响到明年和今后几年重庆工业发展极为重要的问题。因此,工业战线的同志们要打破旧的框框,使思想开阔起来,考虑重庆工业的发展走什么样的路子。

这个问题我们有些同志总是不大重视。〈中略〉。我们纺织局能不能想办法把1500吨纱吃掉?如果现在不可以,几年行?我希望我们纺织局能够由出去卖纱到出去买纱,那就有前途了!重庆究竟走什么路子?究竟具备什么特点?胡主席对四川、对重庆的指示都给大家传达了,我感到很有针对性。他不是讲到我们条条框框太多吗?我们的同志应该思想开阔一些,看问题开阔一点,脑子里不是一条线,是几条线,有对比,就好了啊!不要说是和世界比,就是和内地比,和四川省本身比,那就好了,我们就不仅活了,而且前进了。

第三,因此,我感到要把下半年生产中要解决的问题和明年、1985年以前的几年联系起来考虑,即在一个统一的方针政策下来完成今年的生产任务,同时也为今后几年创造和准备条件。

从下半年生产的具体问题来说,如同有的同志分析那样,有原材料问题、能源问题、军工生产军品任务少了和其他一些问题。但是这些问题都是可以解决而且也有条件解决的。比如能源,现在这么大的雨水,四川又是水电的重点,问题不很突出。原材料问题也不大嘛。所以大家说的问题都是可以解决的。但怎么样利用现有基础,在此基础上走什么样的路子,却是一个没有完全解决的问题。我说没有完全解决,更为现实的问题是,我们的同志对三中全会以来的方针、政策还没有在思想上完全统一起来,有的同志框框少了一些,有的同志还被框框束缚着。

胡主席来重庆时,对四川工业提出了轻重工业同时并举的方针,并且指出,轻重工业要互相结合、互相促进,并且具体提出了八个方面都要发展。这些指示非常重要。有人说,大三线建设以后重工业比重大了,成为包袱了。不能认为是包袱,应该认为是财富。〈……〉。我们的责任就是要在中央方针的指导下,从实际出发,研究走出一条重庆工业发展的新路子。要把中央的方针具体化,具体化了,就有自己的特点,也就能够前进。我主张,我们的同志要更多地考虑如何着眼于重庆,充分利用现有基础,并且在利用的同时改造这个基础,在利用和改造中冲出一条出路。外部条件当然要争取，但是不要把外部条件当作主要依靠。不要牢骚满腹，那样只会是一事无成。

因此，贯彻执行中央的方针，在今后几年至少1985年之前，调整改革仍然是中心任务。我们要在调整和改革中充分利用现有基础，在调整和改革中逐步实现国民经济结构的合理化、体制的合理化、企业组织的合理化。而且，这些调整和改革又是在重庆现有基础上的前进，有自己特点的前进。这样，大家都很关心的那个问题——重庆的地位和作用也就解决了。

第四，我们的规划首先要解决1985年以前怎么办的问题，即走一条什么道路的问题。可以预见，1985年以前或者可能更长一点时间内，重庆的生产发展，不是依靠国家有多少新的项目投入基本建设，而是把现有基础利用好，并且决心把它改造好。也就是说要走技术改造和设备更新的道路，达到产量增加，质量提高，品种增加，产品换代，使我们的产品能满足国内外市场的需要。我们技术改造的资金实际上并不少，要集中办成几件事，搞一个就要把它搞成。在这个过程中，轻工、纺织和其他方面需要发展，但同时要充分利用和改造重工业，使重工业能适应技术改造的需要（重工业本身也要进行这种改造），这样才能"并举"，才能相互促进，才叫相互结合。因此，重工业的结构、产品、体制、组织等方面，也必须同时进行调整和改造。只有轻纺工业的调整、改造，是不会走出一条适合重庆现有基础和特点的路子来的。因此，我希望各行各业都要从重庆这个实际出发，考虑问题，采取措施，拧成一股绳，共同走出一条路子来。

二、关于体制改革问题

党中央提出的"八字"方针，核心是调整和改革。调整、改革搞不好，也就没有有效的整顿和提高。因此，"八字"方针是互相关联，互相促进的。而改革又是一个非常复杂的问题，它涉及国民经济管理诸方面的问题，如计划体制问题，生产与流通的关系问题，企业的隶属关系即部门与地区、条条与块块问题，集权与分权问题，劳动制度问题，企业管理的一长制与党委领导关系问题，工人参加管理问题，行政机关设置问题，企业的职权问题，等等，总之十分复杂。我们是社会主义制度，要坚持四项基本原则。资本主义的一套不适用，苏联过去的一套模式我们实行过，连苏联现在也在改，东欧各国的模式也是各有利弊，有好的方面，也有失败的方面。因此我们必须走自己的道路。这条道路，我们正在从理论上和实践中进行探索。在改革过程中，各种意见都有，包括理论方面的不同见解。因此，中央对经济体制改革是十分重视而又十分谨慎的。谨慎是十分必要的，它可以尽可能少走一些弯路。基于这种认识，我感到同志们对改革经济体制中提出各种看法是必要的，也是正常的。在讨论中有这样那样的意见，也不要因为是少数人的意见而感到压抑。因为在理论上、实践上我们都还没有完全弄清的情况下，探索和讨论是完全应该的。甚至多数人统一了思想，少数人有不同看法，思想不通，这也是正常的，因为少数人的意见可能将来实践证明是正确的。但是，多数人认为是可行的，或者别的地方实践已经证明是可行的，我们就可以行动起来，从实践中去充实，从实践中去总结经验教训，也从实践中去修改我们的认识和办法。

执行"八字"方针已经有几年了，在体制改革方面我们也做了若干工作。我们的改革工作是从扩大企业自主权开始的，与此同时，我们也进行了一些企业的联合改组工作，比较有成效的联合有钟表公司、嘉陵摩托车、电扇、缝纫机等。正因为有了这样的经验和基础，所以近几个月来酝酿讨论，下决心在联合改组上迈出比较大的步伐。这次如果能取得基本成功，那就说明重庆市在体制改革方面前进了一步。因为这一次联合改组，不只是把工业企业的主要力量组织起来，而且在领导体制、企业的组织结构、产品结构、技术改造等方面都要走出一条具有重庆特点的路子来。当然，现在的问题首先是按照方案把工业企业组织起来，使组织起来的企业公司真正成为经济实体。各工业局首先要把这方面的工作做好，采取消极的态度是不对的。这样做了以后，随之而来的还有许多新的问题需要我们进一步解决，如计划问题，工业结构和产品结构的继续调整问题，劳动工资问题，工业各局的机构问题，对各个公司的领导体制问题，经委机构的设置问题，区的职权和工作范围问题，干部任免的权限问题，税收、工商关系等政策问题，原材料供应渠道问题，等等，总之，还有许多问题要进一步调查研究，逐步解决，逐步完善，促进生产的发展。但是不管有多少问题需要研究和解决，我们一定要努力，保证使迈开这一步取得基本胜利。这一步还没有迈开，你们不要吹冷风，看一看好不好呀？不要一有什么挫折就说："你看，我说不行嘛！"那是站在旁边说风凉话，不是我们可取的。

我们这次迈开的一步只是市属企业，中央、省属许多企业都没有包括在内，距离〈……〉省委讲的以重庆这个中心城市为中心进行联合改组还很远。我们现在这一步搞好了，也就为下一步综合经济体制改革打下了基础。因此，我们的任务就是要把迈开的这一步走好，努力走的端端正正，不要歪歪扭扭。

三、要努力把第一批四十六个企业整顿好

这个问题于汉卿同志已经讲了很好的意见。现在整顿进入第二阶段，也是最关要紧的一段。这一段最要紧的是企业的管理工作能不能搞上去，管理工作最重要的又是各项基础工作能不能建立起来。基础工作建立不起来，也就谈不上责任制，更谈不到经济责任制。而定员定额又是基础工作中最基础的工作。当然要搞好这些工作有许多困难。在存在平均主义的情况下，要搞定额，思想阻力是很大的，在劳动力很富裕的情况下，搞合理的定员也是阻力很大的。但为了提高管理水平，使经济效益能反映实际情况，这两项工作非做好不可。做不好，就克服不了平均主义，也提不高工人的技术水平。要有一些政策去解决困难问题，如定员后多余劳动力怎么办。最好的办法是搞全员技术培训，应知应会达到一定的标准。不分定员内外，而是轮训。这样，也可能在一两年内经济上看不出显著变化，但我们考核经济效益有了可靠的依据，搞了技术培训，定员也就有了依据，供应也就有了保证。

在企业领导干部的配备上，要重视中年干部。有技术专长的干部要提拔，起用"明白人"。老的同志可以安排其他工作。

四、要学习

胡主席指出，我们的同志墨守成规，照章办事。我理解，他指的是我们的同志思想上不开阔，框框太多。实质上的问题是我们学习不够。所以我们要努力学习。学基础理论，即学马列主义是一个方面，同时也要学一些其他知识。搞一个厂的工作，高深的专业知识学不来，至少要变成内行。管理方面也要学一点理论性的东西。只有学习才能打破保守，只有学习才能变成内行。我们要向有专业知识的同志学习，请他们当老师。五十年代初，第一个五年计划时，有许多同志转到了工业战线，他们响应党中央、毛主席努力学习、又红又专的号召，学习是很好的，现在许多同志已经变成专家、内行，就是从那时开始努力学习的结果。我学习不够，懂得太少，更谈不上有什么专业知识。所以我和同志们共勉，努力学习，变成内行。

中共重庆市委、重庆市人民政府关于加快我市林业建设的决定

(1982年7月29日)

党的三中全会以来,随着保护和发展林业一系列方针政策的贯彻落实,我市林业建设有了显著好转。振兴林业已引起全党重视,千家万户和各行各业植树造林的积极性越来越高,社员在房前屋后栽竹种树已蔚然成风。国家的山林资源得到较好保护,全市近几年新造的25万亩幼林长势良好,特别是在全民义务植树运动的推动下,今年春季植树造林和育苗,比以往任何一年都好。

但是,我市林业基础十分薄弱,森林覆盖率只有10.4%,低于全国、全省水平。目前一些地方毁林开垦仍有发生,乱砍滥伐尚未刹住,集体林木管理不善,植树造林速度较慢,发展不平衡,成活率不高,许多山区、深丘社队的优势还没有发挥出来,我们必须尽快改变这种状况。

为了加快我市林业建设的发展,根据中央发展林业的方针政策和省委、省政府《关于加快我省农村经济发展若干问题的政策规定》,结合我市农村情况,经过市委工作会议讨论,市委、市政府做出如下决定:

一、振兴林业,全党要高度重视

保护和发展林业,是有益当代,造福子孙的大事,是根治水旱灾害,保持水土的治本之策,也是山区深丘致富的必由之路。各级党委和政府要认真解决好对振兴我市林业重要性的认识,把加快林业建设作为一件大事切实抓好,用党的政策充分调动广大干部和群众植树造林的积极性,狠抓"三定"(稳定山林权、划定自留山、确定责任制)落实,经过几年的努力,使我市造林绿化有一个根本好转。市委、市政府要求,在"六五"期间,每年成片造林5万~6万亩,封山育林30万亩,"四旁"植树4000万株(其中义务植树1000万株),到1985年全市宜林荒山和"四旁"基本绿化,森林覆盖率提高到13%。

二、放宽政策,充分调动集体和个体两个积极性

有条件划自留山而没有划的社队,必须按省的政策规定给社员户划定自留山。已经划了自留山的地方,集体还有不便经营的荒山、荒坡、隙地、河滩,可以增划社员的自留山。社员在房前屋后、自留山和生产队指定的其他地方,有权根据生产和生活的需要,决定栽竹种树以及发展经济林木。所种植的林木永远归社员个人所有,允许继承。国家和集体要在种苗供应、技术指导等方面给予积极扶持。

集体成片的荒山、荒坡,可由生产队组织专业队、专业组经营,也可以作为责任山,包给社员户植树,收益分成,社员多得,包定后长期不变。

在社队统一规划并保证粮食总产稳定增长的前提下,对应当退耕还林的陡坡地,可以作为生产队的机动地,包给专业组、专业户植树种草或发展多种经营。作为责任地包给社员户的以及田边地角发展的林木和多种经营,实行谁种谁管谁受益;也可以由集体供给承包户种苗或付给一定报酬,有收益后实行包干上交或按比例分成,社员多得。承包地要保持相对稳定,必需调整时,社员之间要进行协商,付给合理的报酬,避免造成损失。

国家近期无力营造的小片国有荒山,经主管部门同意,可以就近承包给社队造林,签订长期合同,社队可以组织专业队经营,也可包给社员户造林。地权属国家。国家给予种苗和技术扶持的,收益按比例分成,种植者多得。零星分散的小片国有林,也可承包给社队和社员户保护管理,付给合理报酬或收益分成。铁路、公路、河流、干渠两旁和水库周围的造林绿化,按川委发〔1982〕50号文件的有关规定

执行。主管部门应积极支持社队或社员植树管护。

社员的自留山、指定的植树地和承包的责任山，要在一两年内尽快栽上树或其他经济林木，超过两年没植树的，生产队有权征收占地费，也可另作安排。

承包给社队和社员户造林、管护的国有小片荒山、国有林，以及铁路、公路、河流、干渠两旁、水库周围的林木，砍伐必须按主管部门的有关规定执行。

三、完善稳定林业生产责任制

国营林场（所）要依靠社队和群众，采取合作共管、委托代管、雇请护林员、承包给社员户管护等多种形式，实行"五定一奖"的办法，加强对国有山林的保护和管理。各种管理形式都应稳定下来，不断加以完善。

集体成片的林木，要继续实行"四专一包"，办好社队林场。已有收益的林场、专业队，可采取统一经营下的分片承包，责任到人，定规格、定质量、定收益，有奖有赔，收益实行大包干固定上交或按比例分成，在短期内尚无收益的，可承包到户，固定报酬，并允许在不影响主业的前提下，间套豆类等适宜的作物，收入归己。

四、深丘山区的陡坡薄地应逐步退耕还林

在保证粮食总产稳定增长的前提下，深丘山区社队要根据自然资源调查和区划，因地制宜，发挥优势，做出规划，把陡坡地，逐步退耕还林、还牧，或发展适宜的经济林木。当前，必须坚决制止毁林开垦，再有发生不仅要赔偿经济损失，并要追究领导责任。《森林法》颁发以后毁林种粮的，要限期停耕，今年秋收后随即退耕还林，最迟不得超过1983年。对过去毁林种粮的陡坡地，应做出规划，逐步退耕还林，或发展适宜的经济林木。

五、适当增加林业建设投资和粮食扶持

由于林业生产周期长，造林绿化的社会性、公益性强，适当增加林业建设的投资，对发展林业，保持水土，减轻旱涝灾害，是完全必要的。市和区县地方财力每年都应安排部分资金扶持林业生产，再困难也应挤出部分，随着地方财力逐步好转，要增加投资。这笔资金主要用于采种育苗、造林营林、封山育林、抚育管理，以及小农具材和薪炭林的发展。国家对林业建设的投资，各地各有关部门一定要管好用好，讲求效益，不得挪作他用。

全省用于扶持山区、穷队休养生息，调整农业结构，发展生产的粮食补助指标，省委、省政府决定实行到1990年。我市500万斤指标，市有关部门和区县要按省的规定要求，认真进行一次检查，根据生产发展变化情况，适当调整，调整后的这笔粮食补助指标，应主要用于退耕还林、还牧和低产缺粮生产队的减购或定销，并注意对山区以林为主社队的扶持。1981年市政府决定，从今年起到1985年，每年拿出300万斤粮食指标（市和区县各半），主要用于扶持社队集体育苗造林，现决定执行到1990年。1980年市里一次性补助粮食指标310万斤，扶持山区以林为主的社队恢复和发展林业，总的效果较好。但对少数落实不好的，要收回另作安排，用到发展林业生产积极性高，效果好，目前仍有困难的社队。

六、加强林业管理，实行以法治林

林业生产要认真贯彻以营林为基础的方针，改变重造轻管的状况，把封、育、造、管有机地结合起来，采取科学的经营措施，促进林木生长，提高单位面积生长量，增加森林覆盖率。要坚决贯彻《森林法》，对盗砍林木、破坏森林者，严重的必须依法惩处，坚决把乱砍滥伐制止下来，保护树木，人人有责，农村社队要发动群众制订乡规民约，保护国家和集体的山林，维护千家万户的树木以及经济林木等不受侵犯。

市委、市政府过去下发的文件中，凡不符合上述决定的，应以此文件为准。

中共重庆市委、重庆市人民政府关于改革市、区工业管理体制的意见

(1982年8月5日)

一、现行工业管理体制必须改革

解放30多年来,我市工业管理体制,经历了几次变革。1957年以前由市集中管理,区不管工业。1958年"大跃进"期间,实行权力下放,各区分管了部分工业。1962年调整期间,将区属工业上收市管,组建了一批企业公司。"文化大革命"期间,批"条条专政",又将市属工业下放一部分由区管。1978年党的三中全会以来,贯彻调整方针,关、停、并、转了250个工业企业,组建了126个经济联合体,使工业组织结构开始朝着合理化的方向前进了一步。实践证明,工业改组联合,组织专业化协作生产,是加快发展速度,提高经济效益的根本途径。

但是,我市的调整、改组联合工作,进展慢,阻力大,调不动,改不了,联合不起来。主要是小生产者的习惯势力严重;现行工业管理体制不合理,部门、地区分割,多头领导,各自为政,自成体系,"大而全""小而全",不利于组织专业化、社会化生产;机构重复设置,产品重复生产,影响了经济效益的提高和城市作用的发挥。同时,由于市和区没有进行合理分工,都忙于抓工业生产,以致放松和削弱了基层政权建设、城市管理、文教卫生和组织人民经济生活等项工作。因此,进行工业管理体制改革,势在必行。

二、改革工业管理体制的办法

根据省委领导同志的指示和省召开的工业改组联合座谈会议精神,我市要加快工业调整和改组联合的步伐,改变条块分割、多头领导、管理分散的体制,逐步建立起适应社会主义现代化建设的经济管理系统,采取先易后难,由内到外,由下而上,有计划、有步骤地进行改革。在中央和省属企业管理体制未改革以前,先将区属工业企业上收,由市集中统一管理。

1. 改革的范围。将市中区、沙坪坝区、江北区、南岸区、九龙坡区、北碚区、大渡口区的区属全民和集体所有制工业企业全部上收由市管理。其他非工业部门办的工业、民办集体企业、街道工业、社队企业等仍由区管。

巴县、长寿、綦江、江北县和南桐、双桥两个远郊区的工业企业的隶属关系不变,但要进行联合和归口管理。

2. 市属工业按行业、按产品归口管理。对各部门跨行业、交叉管理的企业,按国家计委、国家统计局规定的工业部门分类目录和工业产品目录调整隶属关系。一个工厂生产多种产品的,按主要产品划归一个公司(总厂)管理,有的采取分厂的办法,一分为几,分别划给有关公司(总厂);有的企业需要调整转产的,应划给转产后的归口公司(总厂)管理。

3. 按照专业化协作和经济合理的原则,按产品按行业成立企业公司(总厂)。经过反复讨论研究,市属工业初步组建企业公司(总厂)70个。其中新组建的公司(总厂)30个。

从70个公司(总厂)的类型来看,属于按产品和"一条龙"的49个,占70%;属于按行业组建的18个,占25.7%;按工艺组织的1个,占1.4%;属于服务性的2个,占2.9%。70个公司(总厂)的直属企业有758个,其中上收区属企业383个,调整跨行业的工业企业的隶属关系32个,调整转产的企业42个。

4. 合理调整市和区的分工、局和公司的分工,逐步实行政企分开。各区发挥政府职能作用,市属各工业主管局发挥政府职能部门作用,公司(总厂)

成为经济实体。

按照上述分工,企业公司(总厂)、局和区的职责范围初步划分如下:

企业公司(总厂)的职责:

公司(总厂)是企业化的经济实体,统一领导所属企业的生产经营活动,对国家承担经济责任。在国家现行经济管理体制情况下,公司(总厂)的主要任务是:

(1)贯彻执行党和国家的政策法令,严格履行经济合同,保证完成国家生产建设计划和财政上交任务。

(2)公司(总厂)是独立核算单位。在继续扩大企业自主权的基础上,实行公司和厂两级经济核算,分别计算盈亏。

公司(总厂)所需流动资金,可从所属厂适当集中一部分。对各厂的生产发展基金,公司(总厂)可以统筹安排,有偿使用,不搞平调。

为了有利于组织专业化协作生产,公司(总厂)可制定内部价格,进行结算,合理分配利润。

公司(总厂)在银行开设账户,直接向财政、银行、劳动、外贸、商业、物资等部门进行业务联系。

(3)坚持以计划经济为主,市场调节为辅的方针,在国家计划指导下,充分发挥市场调节作用,努力把经济搞活。

(4)制订中长期发展规划和年度计划,统筹安排新产品开发,行业技术改造和基本建设。年度生产计划应由计委直接下达;季度、月度计划,由公司根据实际情况安排。基建项目按基建程序办;挖、革、改项目,属于自有资金部分由公司安排,按川委发[1979]115号文件执行。

(5)制订科学技术发展计划和职工的培训计划,举办各种形式的政治和科学技术教育,提高职工的政治素质和技术素质。积极推行新技术,新工艺,新产品,新材料。

(6)为工厂开展原材料供应服务、科研技术服务、产品销售服务和职工生活服务,使工厂集中精力搞好生产。

公司所属各厂的主要原材料供应和产品销售,原则上由公司负责。本着方便生产、减少环节和费用的前提下,物资供应合同和产品销售合同,可改由公司统一签订,各厂分别执行。也可以在公司指导下,由各厂自行安排。

(7)按行业、按产品实行归口管理。对所属归口企业和归口产品,负责产供销的平衡和专用设备的申请供应。凡新发展的同类企业和同类产品,应征求归口公司(总厂)的意见,防止盲目发展。

(8)按照专业化协作和经济合理的原则,拆全改专,调整企业的发展方向和产品分工,并发展各种形式的经济联合体,积极推行工工、工农、工商经济联合和跨地区的横向经济联系,并试建行业协会组织。

(9)公司(总厂)实行党委领导下的经理(厂长)负责制。

工业管理局的职责:

工业管理局发挥市政府职能部门的作用,搞好统筹、协调、服务、监督。主要任务是:

(1)协助市有关部门编制本行业的中、长期发展规划和年度计划,专业化协作规划,技术改造规划,人才发展规划。

(2)搞好调查研究,总结交流经验,研究提出发展经济的方针政策和重大决策的建议。

(3)协调、疏通行业内部和外部的经济协作关系。

(4)建立行业的经济、技术情报中心,搞好市场预测,向企业提供信息,指导生产。

(5)监督和帮助企业坚持社会主义方向,端正办工业的指导思想,执行国家政策法令,遵守财经纪律,严格履行经济合同,保证完成国家计划。

区的职责:

区是政权机关,执行《中华人民共和国地方各级人民代表大会和地方各级人民政府组织法》所规定的职权。要集中精力抓好基层政权建设和组织人民经济生活等工作。主要任务是:

(1)抓好基层政权建设、街道工作和居委会的工作。

(2)抓好思想政治工作,搞好精神文明建设,用社会主义和共产主义思想、道德风尚武装群众，占领阵地。

（3）抓好城市建设和城市管理工作。

（4）抓好零售商业和饮食、修补服务行业，组织人民经济生活。抓好郊区农业和副食品生产，保证城市供应。

（5）抓好教育事业。除重点中、小学由市管外，区管其他中小学和幼儿园、托儿所。

（6）抓好卫生事业和计划生育工作。

（7）抓好社会治安，维护社会秩序。

（8）抓好民政优抚工作和社会救济工作。

上述公司（总厂）、局和区的职责划分，仅是初步意见，在实践中摸索总结经验，不断修改充实完善。

三、几个政策性问题的规定

1. 区属工业企业上收后，区的财政体制应作相应的改革，实行收支"两条线"，节余留用，另给适当补助的办法。补助金额大体相当于企业上收前三年的平均收入水平。今年市、区的财政体制不变，仍按原办法执行。

2. 在调整企业隶属关系中，不能混淆全民所有制和集体所有制的界限。对全民企业和集体企业应分户记账，分别核算盈亏，不得平调。企业的债权债务和房地产权应随着企业的隶属关系转移。

3. 在上收和调整企业隶属关系中，人事劳动、工资奖金、劳保、福利待遇等仍按原规定办法执行，不得变动。

4. 集体所有制企业上交的管理费和合作事业基金，应随着隶属关系的改变，由企业直接上交给主管的公司（总厂），集中用于集体企业的生产发展和技术改造，不得平调和移作他用。在现行体制未改变以前，上交省二轻部门的管理费和合作事业基金，仍按原规定执行。

5. 区属工业上收后，区的待业人员的安置，由市和区统筹安排。上收的区属工业企业，仍承担一部分待业人员的安置任务。

6. 区属工业企业上收后，原区属工业管理部门的人员，由市、区协商，统一安排。

7. 为了促进工业改组联合，必须改进企业公司（总厂）、经济联合体的税收办法，应按照川府发〔1982〕87号文件中关于税收问题的有关规定执行。

四、改革的步骤和注意的问题

1. 改革工业管理体制要抓紧进行。在确定方案，做好思想准备和组织准备的基础上，有计划、有步骤地做好上收企业的交接工作。先交企业的领导关系，然后由局、公司（总厂）和区进行有关具体事项的交接工作。

2. 要尽快组建公司（总厂）的领导班子，原有公司（总厂）的领导班子要进一步调整、充实、加强。新组建的公司（总厂），要以骨干厂为依托，尽快把书记、经理、总工程师、总会计师配备起来，由他们负责组成精干的班子；也可以实行一套班子，两块牌子，不另设机构。公司（总厂）所需干部，应从工业管理部门现有干部中抽调，原则上不从厂里抽调人员。

3. 市、司的领导同志和有关主管部门的领导同志，要亲自做好思想工作和组织工作，保证区属工业上收交接工作的顺利进行，防止产生混乱和工作脱节。要做到改革不误生产、促进生产的发展，争取高效益的发展速度，保证全面完成今年的生产建设计划和财政上交计划。

4. 企业隶属关系改变以后，原有的生产协作关系、物资供应和产品销售渠道要继续保持畅通，不经批准不得自行中断。

5. 凡是企业要改变隶属关系的，从7月1日起，所有的人员（包括领导干部）、设备、资金、物资和生产、生活设施等一律冻结，不得抽走、转移和哄抢、私分。

企业的挖革改项目要照常进行，不得停工或抽走资金、设备、材料。

6. 文书、科技档案要妥为保管，确保安全。档案交接，按规定办理。

7. 在工业管理体制改革中，要严格党风党纪，严格财经纪律,不准拉关系、走后门,不准请客送礼、大吃大喝。

市、区各级干部要以身作则,积极做好工业体制改革工作,保证这项任务的圆满完成。要严格按《企业职工奖惩条例》和《职工守则》办事,对遵章守纪,工作成绩显著的,给予表扬奖励;对违法乱纪,工作失职的,要追究责任,严肃处理。

1982年8月5日

附件一:

关于市、区工业体制改革中有关具体问题的处理意见

根据《关于市、区工业管理体制改革的意见》中有关政策的规定,现将改变企业隶属关系中有关交接事项的处理办法规定如下:

一、财务问题

1. 市、区工业企业按行业、按产品进行归口管理,调整隶属关系后,其财政、财务关系一律从1983年1月1日起正式转移给新归属的主管局和公司(总厂)。企业财务关系的转移,以1982年12月31日止企业编报的年度财务会计决算数为准。今年市、区的财政体制和企业的财务体制均不变动;企业的财政收支预算和财务关系不予划转;企业的盈亏责任制和利润分配形式一律按原市、区工业主管局确定的办法执行,不得自行变动,原主管局应核拨给企业的挖、革、改资金,不得中断或抽走;企业的财务会计制度、财务会计报表、各种上交下拨款项,一律继续按照市、区现行的规定和办法执行。但企业的各种财务会计报表随着隶属关系转移,应同时报送给新归属的主管局和公司(总厂)一份。

2. 各移交单位不准隐瞒、转移和分散国家和集体的各项财产、物资和资金,有关的领导部门亦不得抽调。各移交单位的各种专用基金在提取和使用上,不准自行提高比例,改变资金性质,扩大使用范围。要节约使用,不得挥霍浪费。七个区的工业主管部门历年结存的各项资金(包括全民和集体),除原已批准安排的各项支出可以继续支付外,原则上应一律予以冻结,今后按照市里的统一规定进行处理。

3. 各移交单位的债权债务,应抓紧进行清算,尽力结清。不能结清的部分,应随同财务关系的移交一并转移,由公司(总厂)负责督促企业按照规定进行清算。七个区的工业主管部门及其所属企业过去向各级财政部门的各项借款,应在转移财务关系前进行清理归还,不能按期归还的部分,应随同财务关系的移交一并转移,由公司(总厂)负责督促企业分期归还。

4. 在正式办理财务关系移交手续以前,集体所有制的工业企业,应对本单位的全部财产(包括房屋、建筑物、机器设备、各项物资、资金和债权债务等),进行一次认真的清查核实,并登记造册作为移交的档案材料之一进行移交。七个区工业主管部门及其供销公司集中所属集体所有制企业的财产、物资、资金(包括收交的管理费和合作事业基金),由市二轻局负责督促清理,并汇总上报市调整办公室和市财政局研究处理。

集体所有制企业上交的管理费和合作事业基金,在未办理财务移交手续以前,应按规定交给原来的主管部门。上交省二轻局的管理费和合作事业基金,仍由市二轻局汇总上交。返回的合作事业基金,仍由二轻局这个渠道返还。

5. 各移交单位的财会机构和人员,要坚守岗位,做好本职工作,一律不得抽调和削弱,以免造成财务会计工作不能正常进行的混乱局面。各种财务簿记报表资料,应妥善保管,不得遗失毁损,并按有关规定交入档案管理部门和新的领导单位。对全民和集体所有制的经济事项,应严格区别,划分清楚,分别核算,不准平调。

6. 公司(总厂)的人员及业务经费的解决办法:市原有的公司(总厂)一律按原规定的资金来源渠道解决;新组建的公司(总厂)由依托的企业予以解决。按上述两种办法解决后,少数公司(总厂)需要增加少量经费的,可报经市财政局审查同意后,暂予借款解决。

公司（总厂）因经营供销业务，需要一定流动资金的，在报经市财政局、市人民银行审查同意后，可在所属全民所有制企业中适当集中一部分定额流动资金和向银行商贷业务贷款。

二、房屋问题

1. 凡列入固定资产的房屋，可随着领导体制的移转而移转，应由交接双方持有关文件，向当地房管机关办理房屋产权移转登记，领取房屋管业证。

2. 原属两个以上单位共同购置、新建、扩建的共有房屋，其共有单位应随着领导体制的移转而移转，维持原共有关系契约行为，并办理有关房产的移转手续。

3. 直接承租使用之房屋，领导体制变更后，仍继续享有承租权，凡间接租用单位（个人）之房屋，应与之协商转为直接承租，继续使用。不论原系直接承租、间接承租，均不得因领导体制改变而影响租用单位的使用。

4. 凡借用的房屋，仍维持借用关系，不得因体制变更而变更。

5. 七个区工业局机关办公用房，其产权属于市有公房，单位只有使用权。房屋在区政府大院范围内的（不含集体所有制的房屋），不论原属调整、拨用的，或自筹资金新建的，均由区政府统筹安排使用，产权仍属市有公产；大院以外的机关办公房屋，由市、区房管部门协商安排。

6. 区工业局本身的宿舍，原来属自管的可确定一个单位管理，或交房管部门管理。

7. 在建的房屋应继续施工，不受体制改革的影响。

8. 用集体企业资金购、建的房屋与全民所有制的资金混在一块的，由市二轻局与区协商办理。集体所有制的房屋由集体所有制使用，不得平调。

三、物资供应问题

1. 在企业隶属关系调整后，今年内不改变物资的分配和供应渠道，仍按原来分配和供应方法维持到年底。区计建委、区工业局、区物资站和有关局的供销部门，对归口上收企业的物资分配和供应工作要负责到底，保证生产、建设物资的需要。对于计划分配物资中的缺口，仍由各区计建委和有关局按现行物资分级管理办法申请解决。从1983年起按调整后的隶属关系，由各主管公司（总厂）负责物资分配和供应工作。

2. 1983年有关统配、部管物资的申请分配仍执行指标到工业公司（总厂），实物由物资部门直接供应到厂的办法。

四、人事、劳动工资问题

1. 七个区工业局的行政编制，留区使用。

2. 七个区工业管理部门的干部和人员，由市和区协商统一安排，原则上在区设有关公司（总厂），就地安排，不搞大的调进调出。

3. 凡改变隶属关系的企业，必须成建制的转移。原属全民所有制企业职工，仍为全民所有制性质；原属集体企业职工，仍为集体所有制性质；原属街道工业职工，仍为街道工业性质。一律不得改变所有制性质。在交接过程中，原单位应将全部职工的档案、人员名册（包括职工姓名、性别、工种、企业性质、固定职工、临时工）送主管的公司（总厂）审核，作为交接凭证，不得将临时工改作固定工、工人改作干部、集体所有制职工改作全民所有制职工。干部和职工以今年6月30日在册人数为准，新调进调出的人员一律不予承认。

4. 原实行的工资制度、奖励办法、粮贴等有关工资待遇问题，一律维持原有的制度、办法。不得改变工资制度，提高工资标准，增加各种津贴、补贴。在交接过程中，原单位应将上级批准的工资总额、核定的奖金总额、职工的工资名册提交主管的公司（总厂）审核，作为交接凭证。

5. 职工的保险待遇，凡是原来经过上级批准实行或者参照执行劳动保险条例的企业职工，仍按原来批准的范围执行，不准扩大，不准提高标准。凡是未经批准执行劳动保险条例的企业职工，暂不执行劳保条例。凡未经批准自行建立的保险条例，一律不予承认。在交接中原单位应将上级批准的文件,本单位实行劳动保险办法,职工劳保卡片,提交主管公司(总厂)审核,作为交接凭证。在交接前已经批准退休、退职的职工,尚未办理子女招收手续的,可将批准退休、退职手续,移交给主管的公司(总厂),继续办理子女招收手续。

6. 职工的保护用品、保健食品、保健津贴等劳动保护待遇,一律执行原企业的办法、标准。不得扩大范围,提高标准。更不允许自行新增津贴和防护用品。

7. 有新增职工指标的企业,可将批准文件,增加职工指标移交给主管的公司(总厂),转报市劳动局继续办理招工工作。

8. 为了解决改变企业隶属关系、影响区的待业人员的安置问题,上收企业的自然减员补充、退休补员、新增指标,除按全市规定,适当统筹一部分外,原则上大部分分配所在区招收。

五、区工业局机关人员安排问题

市中区、沙坪坝、江北、九龙坡、大渡口、北碚等7个区的工业局机关共有工作人员637人,其中:干部538人,工人99人,局级干部39人。由市和区协商统筹安排。

1. 关于接收分配的范围:

区工业局机关及其附属机构(如供销处、展销门市部)在1982年6月30日为止的在册职工,由市和区协商统一安排。原则上就地安排到在区设立的公司(总厂)范围内工作,各区也可根据需要和职工的实际情况与市协商留一部分职工,由区安排工作。

2. 关于分配的原则、去向和方法:

(1)由市统筹安排的区工业局机关及其附属机构的职工,应根据工作需要和业务对口的原则,并适当照顾职工的实际困难,统筹安排到有关公司(总厂)分配工作。

(2)区工业局机关及其附属机构的干部、工人原则上按照各公司接收企业职工总数的比例安排分配,二轻工业系统的比重应适当大一点,由市委工交部、市经委会同市委组织部、市人事局提出分配方案,征求各有关局和区委意见后,下达执行。

(3)各区工业局的局级干部,由市委工交部、市经委统筹安排;区工业局的其他干部和工人,按照分配方案,在市委组织部、工交部、经委主持下,市级有关局与各区直接进行接交。

3. 关于几个具体问题的处理意见:

(1)全民所有制干部,因工作需要派到集体所有制企业工作的,有的区根据中央有关政策,做出了对这些干部享受全民所有制待遇的一些具体规定,在上级没有新的规定前,各接收公司仍应继续执行。他们现在的工作岗位,在交接过程中,均不得变动。

(2)从基层借用的职工,原则上应回原单位工作。目前因工作需要,仍留在工作岗位上的继续借用。

(3)现有的"以工代干"在接交过程中,一律不得办理提干、转干手续。今后,根据中央有关政策,另行处理。

(4)区工业局的展销门市部,根据今后经营工作的需要和避免资产的散失,应成建制地移交给市级有关公司接收。

(5)区工业局的干部,为了加强基层和锻炼到基层工作,工资关系仍在区工业局的,其工作岗位不予变动,工资关系移交给所在厂的上属公司接收。

(6)已经退休的干部和工人,原是行政经费开支的,仍留在区里。原属管理费开支的,由市统筹安排到就近的市级有关公司或工厂,以利于对其照顾。

六、档案问题

1. 认真做好撤销、分厂、转产单位的档案清理移交工作。在体改中撤销、分厂(一分为几)、转产的单位,要组织力量,认真清理档案,保证齐全完整,集中统一,搞好交接。撤销的区工业局和分厂的企业,其文书档案交区档案馆接管。财会档案,在债权债务处理完毕后,永久、长期档案交区档案馆接管;定期档案由区财政局、档案局(馆)商定交接办法。

科学技术档案要分别情况交接:分厂、转产的产品、科研档案,交与接受生产、科研任务的企业保管。设备、基建档案,随产权的转移,移交给接管使用设备、房屋的单位保管。

只改变隶属关系的企业,档案材料仍由本单位保存。

2. 搞好档案业务指导工作的衔接管理。各有关区档案局(馆),应向市的有关工业局、公司(总厂),提供上交企业的档案工作情况,市的公司(总厂)亦应主动同区联系,了解所属企业的档案管理状况,抓好业务指导工作。在企业没有正式交接前,档案业务指导工作仍由区负责,不要停止、中断。企业移交后,对企业的档案业务指导,由主管局、公司(总厂)负责。

3. 公司(总厂)要建立、健全机关档案室和档案业务指导工作。

4. 要将档案工作列为企业交接工作的一项重要内容,做好档案清理交接,保证档案的齐全完整,有全宗介绍和目录清册,严格移交手续,保障档案和机密的安全。任何单位、部门和个人,不得私自拿取保存档案。不准随意涂抹、篡改、分散、转让、丢弃、销毁、出售档案。处理已经鉴定待销毁的档案和不需归档的文件材料,要按照国家的有关规定办理。对主管档案工作的负责人和档案干部,不得调作他用,以利搞好工作。对危害档案安全,造成损失的,要追究责任,严肃处理。

在交接企业隶属关系中的有关具体事项,应严格按上述规定办理,不得各自为政,各行其是。如有不够明确的问题,由交接双方直接向市的有关主管部门联系办理。市的有关主管部门要认真负责做好工作,妥善处理好交接中的问题。

1982年8月5日

重庆市人民政府关于下达重庆各工业公司(总厂)及所属企业名单的通知

(1982年8月10日)

公司(总厂):

经研究决定,以下各企业(名单附后)自1982年7月1日起,划归你公司(总厂)领导。

一、有关交接中具体问题的处理,请按中共重庆市委、重庆市人民政府渝委发〔1982〕48号文及其附件的规定办理。

二、在交接中,应注意以下几点:

1. 有关财务解交关系,一律从1983年1月1日起,按新的隶属关系划转。

2. 计划、统计、物资分配供应渠道,今年暂不改变(厂的统计报表,应加报新的上级公司一份)。从1983年1月1日起,按新的隶属关系办理。

3. 企业隶属关系改变后,原有生产协作关系、原有的联合协议,未经市经委批准,一律不得中断和改变。

三、企业隶属关系改变后,企业的生产、工作由你公司(总厂)统一管理和指挥。要集中主要力量抓好当前生产和销售,不能因隶属关系的改变影响生产、工作的顺利进行。

附:企业名单一份〈缺〉。

重庆市人民政府
1982年8月10日

重庆市人民政府关于成立各工业公司（总厂）有关问题的通知

（1982年8月24日）

各区县人民政府，市府各部门，各工业公司（总厂）：

根据市委、市人民政府渝委〔1982〕48号文件《关于改革市、区工业管理体制的意见》和重府发〔1982〕158号文件《关于下达重庆各工业公司（总厂）及所属企业名单的通知》，正式成立重庆机床工具工业公司等69个公司（总厂）。现将有关问题通知如下：

（一）各工业公司（总厂）的名称，以这次印发的名单（附后）为准。原有的公司名称，均由"重庆市××工业公司"改为"重庆××工业公司"。

（二）各工业公司（总厂）领导班子的调整、组建和公司（总厂）内部机构设置等，应根据市委组织部和市委工交政治部的具体部署抓紧进行，争取在9月10日前后完成，并正式开展工作。

（三）财政、税务、银行、工商行政管理等部门，应积极协助各工业公司（总厂）办理立户、登记等手续。

（四）各工业公司（总厂）的印章，按照川府发〔1980〕31号文件的规定统一制作后，9月10日开始启用；吊牌的制作，按照川府发〔1980〕32号文件的规定，由各工业公司（总厂）自制。

附：各工业公司（总厂）名单〈缺〉

重庆市人民政府
1982年8月24日

中共重庆市委办公厅关于转发市工业调整领导小组办公室《有关我市工业管理体制改革中几个具体问题的座谈会纪要》的通知

（1982年12月11日）

市级各有关部、委、局，市级各工业公司（总厂）、商业公司（站）、物资供应公司：

市工业调整领导小组办公室《有关我市工业管理体制改革中几个具体问题的座谈会纪要》，已经市委、市政府同意，现转发给你们，请作为市委渝委〔1982〕48号文件的补充规定，一并执行。

中共重庆市委办公厅
重庆市人民政府办公厅
1982年12月11日

有关我市工业管理体制改革中几个具体问题的座谈会纪要

我市工业管理体制改革工作，在省委、省府的领导与关怀下，通过各方面的共同努力，已取得了初步成果。目前上收厂和改变隶属关系的交接工作已基本结束，公司（包括总厂，下同）的领导班子已基本配齐，公司的组织建设和业务建设正在抓紧进行，同时在抓当前生产和明年的生产准备方面取得了一些初步成效。整个改革工作正按照市委渝委〔1982〕48号文件的要求正常地、顺利地进行。

在体制改革过程中，特别是实体性公司组建过程中，出现了一些新的问题，亟待解决；同时，经省委领导最近同意，我市工业管理体制改革后，为了使生产和经营工作能有准备的稳妥的过渡，明年的产供销计划渠道和投资渠道暂不改变。因此，有必要对局和公司的有关职权划分、公司组织建设和业务建设中的有关问题以及其他方面的一些具体问题加以明确，以便有所遵循。为此，我们最近召开了市各工业局、各工业公司和市的有关部、委、局负责同志参加的座谈会，对上述具体问题进行了座谈讨论，现将会议讨论的意见纪要如下：

一、生产计划问题

1. 1983年生产计划的编制和下达，由于省、市对口关系在本年度内不变，省计委下达给市计委的计划由市计委综合平衡后，下达到各工业局。市工业局将省工业局直接下达的计划和市计委下达的计划综合平衡后，下达到各工业公司，抄送市有关部门。各公司要抓紧计划部门建设，尽快适应计划工作要求。

2. 计划指标的完成情况以公司为单位进行考核。在保证完成年度计划的前提下，季度、月度计划由各公司自行安排，下达各厂执行。

3. 计划调查，根据国家计委规定，指令性计划和指导性计划，必须经过有权机关批准，各公司不得自行调整。

二、物资分配与供应问题

物资分配计划总的原则是，哪一级下达的生产计划，由哪一级负责分配物资。部、省分配的物资指标（除直接分配到公司和厂的以外），由各工业局分配到各工业公司；市分配的物资指标，也由市分配到局，再由局下达到公司。物资供应尽可能减少中间环节，直接供应到公司或厂。各局供销部门供应公司或厂的物资，除发生经营费用可以收取必要的费用外，其余不得收取手续费。商供物资按新的隶属关系由商业部门供应到公司或厂。

三、产品销售问题

1. 产品销售本着多渠道、少环节的原则，充分发挥各级各部门的积极性，保持原有渠道，积极开辟新渠道。

2. 工业品生产资料的销售按国务院国发〔1981〕120号文件和省政府川府发〔1981〕193号文件的规定执行；消费品的销售按国务院四种购销形式的规定和要求办理。

3. 凡属公司内部各企业之间可以内调（或内配）的产品、零部件、原料，由公司负责组织安排协调，并可由公司制订内部协作价格进行结算。局系统内的由局组织。

4. 工商、工物、工贸衔接，主要以公司为主，主管局统筹协调，解决不了的，市计委、市经委、市财办协调解决。

5. 按规定能自销的工业品，以公司为主组织销售，局应积极协助；公司集中销售有困难的，工厂可以自销。

四、固定资产投资计划、劳动工资计划和财务成本计划的编制和下达，均由市计委、市财政局和市劳动局直接对各工业公司。上述各项计划的编制和下达，要与各工业主管局共同研究，各工业主管局要积极配合。其中：固定资产投资项目的上报、审批，固定资产投资计划的编报、下达，过去由市各工业局对口省主管局或中央各工业部的，1983年仍按原规定办法办理。

计划编制上报下达工作的其他问题，按市计委重计委综〔1982〕246号文件的规定办理。

五、统计工作问题

从1983年1月1日起，按市统计局发〔1982〕第88号文件办理，各基层企业单位的各种统计报表按调整后的隶属关系报送各公司和工业局，抄送市统计局；各工业公司应汇总所属企业的统计报表，报送工业主管局，抄送市统计局；明年的各种统计报表仍由各工业局汇总各公司的报表报市统计局。

六、财务问题

1. 公司内部各企业之间固定资产调拨，由公司统筹安排。属于全民企业之间的，采取无偿调拨；属于全民企业与集体企业、集体企业与集体企业之间的，均采取有偿调拨。公司之间实行有偿调拨。

2. 固定资产的折旧费，30％上交中央，10％上交市，60％留给公司和厂。大修理基金，局不再管了，由公司和工厂管理。按规定留成的利润留给公司和厂。

3. 公司对完成财务计划负全部责任，各主管局对公司财务计划的执行有检查、监督的责任。各公司采取哪种经济责任制形式,由市财政局与各工业主管局研究确定。厂对公司的经济责任制形式,由公司确定。

4. 公司与厂采取哪种核算形式,应从加速实现企业化公司这个要求出发,由公司根据主客观条件提出方案,经市财政局会同各工业主管局审查确定。

5. 集体企业上缴的管理费和合作事业基金,从1983年1月1日起按新的隶属关系改交公司。其中:不属市二轻局管理的公司,应将按规定交省的部分(指原规定应交合作事业基金和管理费给省二轻局的企业和规定的比例)交市二轻局汇总交省,其余留给公司。属市二轻局管理的公司,仍按原办法不变。

七、资金问题

1. 银行开户问题。凡经过工商行政管理局登记注册,并持有主管局证明的公司,均可在银行开户。一个公司只能在所在地区一个银行开立账户。

2. 按市委渝委〔1982〕48号文件规定,公司所需流动资金可从所属厂适当集中一部分来解决。公司可根据集中的储备材料和销售产品的数量,来决定相应集中的流动资金量。集中资金按核资时国拨流动资金与银行贷款的实际比例向企业抽调。各公司和所属企业总的流动资金占用水平不能超过集中前各厂总的流动资金占用水平。各公司应提出集中流动资金的方案,报市财政局和市人民银行备案。

3. 流动资金贷款,以公司为基本核算单位的,由公司向银行贷款;实行两级核算的,公司和企业都可以向银行贷款。谁贷款,谁编制借款计划。企业借款计划在报送开户行时,应报送公司,由公司统一审查汇总报送公司开户行。

4. 中短期设备贷款,从1983年起,公司与其所属厂均可贷款,但均须由公司统筹安排,与银行具体落实贷款项目。公司和银行共同监督贷款用途。由公司负担保责任。

八、税收问题

1. 除已按省政府〔1980〕231号文件批准免税的零部件或中间产品继续免税外,对联合企业各分厂(非独立核算)相互间按实际成本价格或者计划成本价格供应的产品,用于生产的可不征工商税。

2. 经批准建立的电镀、热处理、铸造、锻造工艺协作中心,其加工收入,两年内免征工商税。

3. 总装厂扩散的产品,承受单位按协作价价交给总厂的,两年内免征工商税。

4. 工业企业进行协作生产,个别协作产品税率在5%以上的,凡是有固定协作关系,与协作厂签订有合同,协作产品价格低于出厂价,需要在税收上照顾的,经省批准可以减按5%的税率征收工商税。

5. 经市、地批准成立的产品联营联合体,联合初期成本高,个别产品或少数配套件按规定纳税有困难,而又需要发展的,可按税收管理体制报经批准后,给予定期减免照顾。

6. 凡有条件的公司,经过市税务局同意,明年可以试行增值税。

九、有关科技、环境保护、标准化和计量工作,从1983年起,由各公司负责编制上报计划和组织实施,各主管局要协助、监督、检查。各综合部门要主动帮助各公司搞好上述工作。

十、干部的任免和管理问题

目前,应尽快把公司的党、政机构和人员配备起来,力争12月底以前配好各公司的党政工作班子。在公司党委组成,机构和人员配起来以后,原由局审批和任免干部的权限,交公司管。

按照市委渝委〔1982〕48号文件要求,改革我市工业管理体制,组建实体性工业公司,其根本目的是组织社会化、专业化大生产,以充分挖掘现有企业潜力,加快我市工业发展速度,提高经济效益。为此,各工业公司在抓好组织建设的同时,必须抓好业务建设,要求各工业公司在今年年底以前,要将公司的组建方案或工作条例、章程,报送主管局和市调办(一式20份),并立即着手编制切实可行的拆全改专规划和技术改造规划,逐步组织实施。当前,特别要抓好明年的生产准备工作,做好各方面的平衡衔接,避免工作脱节。各工业主管局和市的各有关部门要以发展生产,提高经济效益为中心,进一步从各方面支持和帮助公司搞好组织建设和业务建设,搞好生产建设和各方面的衔接协调工作,使我市的工业管理体制改革工作取得更大的成绩。

重庆市工业调整领导小组办公室
1982 年 12 月 8 日

中共重庆市委、重庆市人民政府关于在国营商业、饮食服务业全面推行经营承包责任制的意见

(1983 年 2 月 9 日)

各区县委,区县人民政府,市级各部、委、办、局:

在商业、饮食服务业推行以承包为中心的、国家企业职工三者利益相结合的、职工福利与劳动成果相联系的经营责任制,是流通体制改革的重要内容。这对于克服"大锅饭"和平均主义的弊病,提高服务质量和经济效益,有十分重要的意义。各级商业部门要因地制宜,大胆地积极地全面推行多种形式的承包责任制。

一、企业对国家的承包形式

1. 饮食服务业,要放开手脚,解放思想,逐级实行承包。市、区县饮食服务公司,对财政继续实行"全额利润二八分成"或"定额承包,超额留用"的经营责任制。

2. 副食品是微利行业,各区县副食公司凡是批零分开的,对零售部分实行"全额利润二八分成"(20%上缴财政、80%留企业);对纯批发或批零兼营的实行"定额上缴,超额分成或超额留用"的大包干责任制。

3. 粮食、食品、蔬菜是亏损行业,粮食、食品行业按照省确定的办法执行。市、区蔬菜公司实行"亏损包干,节亏分成"的经营责任制。

4. 经营工业品的零售商业企业,实行"独立核算,国家征税,自负盈亏"的经营责任制。其中,年利润不满 10 万元的小型企业,按手工业企业八级超额累进税率征税;年利润超过 10 万元的企业,按六级累进税率征税。

5. 大、中型独立核算的批发(不含省属二级站)商业企业,可向同级财政承包,实行"基数包干,基数内留成不变,超额部分原则上 60%缴财政,40%留企业"的经营责任制。各局和区县也可以选 1 至 2 个企业搞税利并存的试点。承包形式应多种多样,可以由专业公司、商店承包,也可以以局为单位承包。

6. 原实行以税代利的重庆百货商店等 24 个单位继续实行原办法。对个别执行有困难的,可进行调整。

7. 供销系统、商办工业对财政上缴,继续按现行办法执行。

二、企业内部的承包形式

企业对财政承包后,要完善内部的承包责任制,实行逐级承包,把各项经济指标层层分解,包到科室、车间、门市、班组和个人。

饮食服务业,按照国家所有、集体经营的原则,实行"定额上交,超额自得,盈亏自负"或"毛利率包干,按比例分成,盈亏自负"的集体承包责任制,有的还可以实行"国有性质不变,职工个人承包,定额上交,自负盈亏"的责任制形式。

副食行业,公司对门市实行"定额上交,超额分成或超额留用"的承包责任制。

食品行业的零售门市,先在市中区实行"批零分开,差价调拨,联销计酬"的试点,取得经验后,在全市逐步推广;蔬菜零售企业继续实行"定额管理,全额利润分成"的责任制,以调动零售的经营积极性,解决人民群众的"买肉难""买菜难"。

商业批发企业,对地方产品中的个别长线产

品，经市级商业主管部门批准，可以实行专项经营承包，多销多得。

三、关于若干具体问题的规定

1. 指导思想和原则。承包的目的是为了调动企业和职工的积极性，搞活流通，提高服务质量，提高经济效益。承包责任制，要在保证国家财政收入稳定增长的前提下，谁多收谁可以多得，谁先改好了谁可以先得。承包企业要正确处理国家、企业、职工个人和消费者四个方面的关系，坚持把国家和消费者的利益放在首位。国家和主管企业也要照顾到承包单位和职工个人的利益，通过经营承包，真正做到国家多收、企业多留、职工多得、消费者满意。

2. 关于承包基数。承包基数要先进合理，既保证财政稳收增收，又有利于调动企业和职工的积极性。包干基数按1982年的上缴财政实绩，加适当的增长幅度。各区县、各企业的具体增长比例，由财政和商业主管部门研究确定，并落实到承包单位。企业完成包干任务后，超额部分按规定分成或留用；完不成包干任务，要用留成或其他自筹资金补缴。承包期间，因中央和省、市采取重大措施，如调整价格、工资等，影响承包基数时，承包任务要实事求是的相应调整，但盲目进货、经营不善造成的损失，由企业自负。

3. 关于内部分配问题。承包单位留成利润可按三个项目安排：一是企业发展基金，二是集体福利基金，三是职工分配基金（含浮动工资、奖金）。三者各占多大比重，要从实际出发，分别不同行业、不同情况，由上级主管部门或承包双方认真研究确定。企业对个人的分配，一定要与工资挂钩，实行浮动工资（20%以上）承包责任制的，就不再受计时工资加奖励制度的限制；在职工分配基金的总额内，单位不拉平，个人不封顶，切实做到多劳多得、少劳少得，奖勤罚懒，并注意统筹安排，旺储淡用。

4. 承包责任制的内容。按照责权利相结合的原则，经营承包一般都要实行"两包"：包利润指标，包销售额；"六定"：定经营设施，定资金数额，定经营范围和品种，定人员，定主要原材料供应渠道，定服务质量要求；"四不变"：承包期间隶属关系不变，国家职工性质不变，工龄计算、考核调资、退休退职待遇不变，承包期满仍可回店工作，享受在职职工同等待遇；"五权自主"：有权广开渠道、自组货源，有权确定供应服务方式和营业时间，有权对本单位职工给予行政处分、经济制裁、适当奖励、调整工种，具有上一级业务主管部门拥有的削价处理、财务开支权。

5. 加强经济核算。小型零售企业实行以税代利后，已成为独立核算、自负盈亏的经济实体。凡具备条件的，要划出来成为独立核算的企业，向工商部门更换执照，向银行开户，向税务部门交纳税款。不具备独立核算条件的，可暂由上级公司（总店）的财会部门代为设置专账，代交纳税款，积极创造条件，逐步成为独立核算单位。

6. 承包时间。企业对各级财政的承包，可以是一年，也可以是二年、三年；凡承包两年以上的，事前要确定逐年递增比例。企业对门点的承包，因经验不足，时间不宜过长，原则上不超过一年。

7. 关于合同问题。任何形式的承包，都要与同级财政或主管企业签订承包合同，规定承包内容，明确双方的经济责任，合同一经签订，就具有法律效力，各方面都要严格遵守，不得违反，谁违反谁承担经济责任。

8. 切实加强领导。经营承包，政策性强，牵涉面广，各级领导要继续清除"左"的影响，突破老套套、老框框，加快承包步伐。各级政府和主管部门要有一位领导同志分管，配备一定力量具体抓这项工作。按隶属关系，市属企业，以市为主；区县企业，要在区县政府的领导下进行。市级商业和市、区财政、税务、银行、劳动、物价、工商、城管等综合主管部门，要深入实际，调查研究，解决出现的新问题，及时推广新经验，因势利导，不断完善经营承包责任制。

中共重庆市委
重庆市人民政府
1983年2月9日

中共重庆市委、重庆市人民政府关于改进蔬菜产销工作的意见

(1983年4月4日)

近几年来,在党的十一届三中全会精神的指引下,我市蔬菜产销工作进行了一系列的改革,建立了联产承包责任制,推行产销合同,实行亏损补贴包干和开放农贸市场等,调动了菜农和经营部门的积极性,蔬菜生产、供应有所好转。随着农村以户营为主的联产承包责任制的建立和完善,蔬菜生产发展很快,外来菜也迅速增多,人民生活需求起了变化,对蔬菜供应的要求越来越高。为了更好地适应这一变化的新情况,特提出以下改进意见:

一、进一步改进蔬菜产销管理工作。1980年以来,对蔬菜的管理工作进行了一些改进,效果是好的。为了适应生产和市场变化,要进一步对蔬菜的管理体制进行改革,在保证城市蔬菜供应和菜价基本稳定的前提下,扩大各区县和生产、经营单位的自主权,切实把蔬菜工作搞好。各区县有权根据自己的实际情况,确定生产销售计划、经营方式和各种行之有效的产销办法。市蔬菜公司的主要任务是负责统筹规划,实行业务指导,提供市场信息,组织蔬菜调剂,交流经营管理经验,指导和帮助各区县蔬菜公司把蔬菜供应工作搞好。

二、继续完善蔬菜产销合同制。蔬菜实行产销合同制,是改善城市蔬菜供应,发展蔬菜生产的好办法,要不断总结、完善并加以提高。要维护合同的严肃性,已签订合同的在土菜不要变动,尚未播种的,可以根据市场需要,通过双方协商适当调整。要认真实行菜粮挂钩和交菜与工副业利润返还款挂钩的办法以保证蔬菜的生产和均衡上市。对完成合同好的生产队和社员户,要给以适当奖励;对不按计划种菜,或有菜不完成合同而上农贸市场的应按合同给以惩罚以鼓励生产者生产、交售积极性。要进一步完善产销合同制,根据不同的情况,实行多种合同形式,可以产销一条龙,可以店队、店堂(即集体食堂)、队堂直接挂钩;可以在合同内包购包销,合同外选购代销,也可以实行农商联销或挂牌收购、议购议销等办法。

三、改进蔬菜计划管理工作。蔬菜生产、供应都要有计划,但又不能把计划搞得太死。市里继续管理1980年规定的17个大品种,各区可以根据自己的情况,适当安排,但每个季节都要有三五个坐庄品种,做到品种多样,供应均衡。各区蔬菜上市总量按一斤要求(含集市上市菜),其中计划品种上市量,市中区不得低于六两的供应水平,郊区不得低于五两的供应水平,各区可以根据不同季节、不同地区和市场变化情况灵活掌握,做到既要有计划菜供应市场,又不至于造成大量烂菜损失。

四、放宽蔬菜价格管理权限。在稳定蔬菜计划品种零售价格和保护生产者收益的前提下,搞好价格管理。市里只管17个计划品种的年度收购价格水平,各区要合理掌握季节差价、品质差价和批零差价。零售菜店可以依早晚、上新落令、质量好次,在牌价范围内浮动。计划外品种,开展议购议销,购销价格可以有升有降,但要略低于农贸市场价格。市中区的经营部门执行市物委规定的计划价格水平,实行接货制的,执行当地的收购价。远郊和县的年度价格水平,要按低于近郊区的水平掌握。

五、继续执行亏损指标包干,1983年9区的蔬菜亏损指标包干为983万元,各区均按去年包干指标不变。市对各区实行"包干到区、超亏不补、节亏全留"。包干到区的亏损补贴,区里可参照往年实际情况,分项目下达到公司,作为区考核依据。如有超亏,由各区机动财力解决。节亏部分,主要用于扶持发展蔬菜生产,改善经营设施,职工集体福利和职工奖励,其具体比例,由各区自行确定。近

年来,蔬菜批零差价扩大后,零售单位只要积极经营,加上兼营业务收入,企业是有盈利的,蔬菜公司对零售单位不再补贴亏损。蔬菜公司各经营部门的兼营业务和豆制品生产所得利润实行单列,不上交财政,主要用作改善企业设施和经营条件。

巴县、綦江、长寿、江北四县蔬菜经营亏损补贴,由县财政安排解决。原属永川地区的各县继续按原定办法执行。

六、加强蔬菜基地的保护和建设。要确保城市蔬菜供应,现有的七万亩菜地不能再减少。要认真贯彻省人民政府〔1982〕201号文件精神,切实加强菜地的保护和管理。已划为一类菜地的,任何单位一律不准占用;二、三类菜地也应从严控制,不得任意占用。对确需征用、占用的,无论哪个单位,包括社队企业和农民个人都要按规定上报批准。各社队对蔬菜地的安排,在保证计划品种均衡上市的前提下,可以根据市场需要,主要发展精细品种、加工品种、外调品种和其他副食品生产,但要由区、社统一规划,合理安排,不能栽种果树等多年生作物或挖渔搪改变地貌,影响蔬菜种植。征用菜地必须照章交纳菜地建设费,这笔费用应在用地前一次交足,专款用于菜地基本建设,发展科学种菜和增加蔬菜贮藏加工设施,不得挪作他用。

七、进一步完善蔬菜联产承包责任制。市郊蔬菜社队以户营为主的联产承包责任制已占80%以上,根据社队不同的情况,有的实行"几统一下"的大包干,有的实行"专业承包、包干分配"的办法,不管哪种形式,只要是多数群众的意愿,都应当积极支持,并加以稳定和完善。要根据蔬菜生产的特点,处理好统与分的关系,凡是适合于承包到户的生产项目,都要包下去;凡是群众要求统一办的事,如水利设施的管理使用,病虫害的预测和防治,种苗的繁殖培育,农田建设和农房建设的规划等都要统一进行。以户营为主的产品,归户所有,实行户交户结,农商双方协商一致的,也可以实行户交队结。蔬菜社队要处理好务农和务工社员的关系,继续把工副业利润的适当部分,投入农业生产,对蔬菜进行补贴,使从事各业社员的个人收入大体平衡,保护种菜社员的积极性。

要积极推行干部岗位责任制和技术承包责任制,他们的报酬要和蔬菜生产及合同的完成情况联系起来。

八、推行经营承包责任制,改进蔬菜经营管理工作。各蔬菜经营单位都要推行以承包为中心,国家、集体、个人三者利益相结合,职工福利和劳动成果相联系的经营责任制。批发单位实行定数量,保质量,保供应,斤亏包干,工资浮动,有奖有惩的办法。要进一步完善批发与零售衔接的"批零合同",积极扩大产销直接挂钩的单位,减少中转环节。国营和零售单位要划小核算单位,实行民主管理,独立核算,自负盈亏,工资浮动,全额利润分成的办法。在菜店内部,要继续完善小组、个人定额承包或其他形式的经营责任制。国营批发单位和零售菜店,要积极开展蔬菜经营活动,在认真履行产销合同的前提下,根据市场的需要,组织货源,丰富市场供应。要认真改进服务态度,增加服务项目,延长服务时间,提高服务质量。

九、搞好蔬菜产销工作的基础设施。多年来,我市蔬菜经营的设施简陋,网点不足,贮藏手段落后,已影响到蔬菜的正常供应。为迅速改变这一落后状况,决定一方面今年从市财政拨款100万元,作为新增网点和收购点的建设费用,由市蔬菜公司具体安排,重点用于市中区;同时,对蔬菜零售商店应根据其经营困难情况减免所得税。为了鼓励社队企业扶持蔬菜生产,搞好城市蔬菜供应,社队企业利润返还菜队款和扶持蔬菜生产的部分,在税前支付。

十、加强科技研究和推广工作。为了搞好科学种菜,市财政拨款十万元作为蔬菜的科研和推广费用。这笔费用重点用于市场供应量大的主要品种良种培育,发展淡季品种、破季品种和群众喜爱的品种;推广塑料大棚和地膜覆盖栽培技术,加强蔬菜植保,推广生物防治。科研和蔬菜技术推广部门,要实行技术联产承包责任制,确定科研项目,积极组织落实,尽快在生产上发挥效益。

我市商业企业扩大自主权试点情况汇报

一、商业企业扩权的基本情况

我市商业企业扩大自主权的试点工作，是从1978年11月份开始的，当时试点的企业有六个：市第一商业局重庆百货商店、市饮食服务公司重庆饭店、江北区大石坝工矿贸易商店、市中区冠生园食品公司、市畜产进出口公司漂鬃厂、市粮食工业公司东风面粉厂。通过一年多来的试点，这六个试点企业都比面上企业取得了更好的经济效果，购销业务扩大，企业经营管理加强，费用水平下降，资金周转加快。6个企业1979年实行利润总额481.73万元，完成全年计划的160.81%，比1978年增加65.7%；上交财政377.04万，比1978年增加55.5%，占实现利润总额的78.2%；企业利润留成部分105万元，占实现利润总额的22%。实践证明，扩权试点基本上是成功的，对搞活商业提供了有益的经验。

为了加快扩权试点的步伐，今年3月份，省里决定，全省商业扩权试点企业，由1979年的40个扩大到150个，扩大的重点是地方大型商业零售企业。我市商业扩权试点单位也由1979年的6个扩大到32个，其中市一商业局系统22个，市二商业局系统8个，粮食局系统1个，外贸局系统1个。这32个单位的试点形式分三种：第一种是全额利润留成，包括2个市公司、7个区县三级批发商店、6个零售商店和2个商办工厂，共17个单位；第二种是独立经营、自负盈亏、交所得税，包括3个区县批发商店、1个零兼批商店、3个批兼零商店、7个零售商店，共14个单位；第三种是独立核算、市场调节、国家征税、自负盈亏的1个零售商店（重庆百货商店）。

全额利润留成：1979年我市6个商业企业实行的是全额利润留成加超计划利润留成的办法，今年省里改为全额利润留成的办法，改变后，企业的经济利益原则上不低于1979年按省规定的水平。全额利润留成的比例，原试点企业以1979年实际分成同当年实现的利润，换算成一个比例，作为该企业1980年利润留成的比例；新参加试点的企业，以1979年的利润实绩，比照同行业试点企业的留成办法测定。留成比例由企业测算提出方案，按隶属关系，由主管部门和财政部门共同核定。饮食行业的利润留成比例，按80%提取。

比如市一商业局系统10个实行全额利润分成的企业，经过测算，今年实行利润留成的企业综合留成比例为10.09%。如市百货公司1至9月留成39.4万元，占实现利润的12.04%，市针纺公司留成55万元，占实现利润的8.17%，两路口百货商店留成5.6万元，占实现利润的11.43%。又如二局系统1至9月留成的综合比例为18.62%，其中沙坪坝糖业烟酒公司留成4.23万元，占实现利润的9.65%，重庆饭店占43.7%。

交所得税的办法是：为了保证国家和企业的收入随着企业的利润增加而逐步增长；对试点企业实行六级超额累进征收的办法。全年利润额在5万元以下的，征税65%；超过5万元~10万元部分，征税70%；超过10万元~20万元的部分，征税75%；超过20万元~30万元的部分，征税78%，超过30万元~50万元的部分，征税81%；超过50万元以上的部分，征税84%，这样，全年利润100万元的企业，综合税率为80.25%。

重庆百货商店的办法：也是交所得税，但把工资和福利金从费用中分离出来，在税后开支，即把工资和福利直接同利润挂钩。该店今年核定的税率为70%。这种办法，企业的自治权就更大了。

二、扩大了哪些权

1. 扩大了企业的财权。以往企业利润由国家统收统支,企业没有一点财权。这种办法把企业的经营成果同企业和职工的物质利益分割了,不利于调动企业和职工的积极性。现在企业在完成应征收的所得税额或上交利润后,留成部分完全由企业自己使用。全市扩权单位1至9月份留成399万元。比去年同期的160万元增加了149.4%。企业留成的钱,主要用于扩大和改善企业的经营设施、职工福利和奖励。如重庆百货商店职工住房一直很紧张,他们就用1978、1979年的利润留成,修建一幢5800平方米的职工住房。又如长寿县百货公司今年按测算方案应留成30.42万元,1至9月已实现留成25.6万元,预计全年可达35万以上。对留成使用,他们计划作如下安排:(1)以百31%,即9.2万元用于发展基金,买一栋530平方米的仓库用5万元;盖450平方米简易仓库用2万元;买仓库堆码机2台,用7千元;买两吨半货车1辆,用1.5万元。(2)以52%,即15.2万元用于福利基金,在现营业大楼上加盖一层共500平方米,解决12家职工宿舍用3.6万元;再修建1000平方米宿舍用11万元;改造厕所、修澡堂、老虎灶和购置电扇用6000千元。(3)提取奖金5.1万元,占17%。以上三项共计29.5万元,还有节余,职工皆大欢喜。

2. 扩大了计划制定权。过去,我们的计划管理体制是国家自上而下并以指令性的计划层层下达。企业没有一点权力。现在,企业有权在国家计划的指导下,制定本企业的各项经济指标,试点企业只对上级主管部门负责,并接受其检查和考核。实行任何一种试点办法,无论是全额利润分成还是上交所得税,计划都不是决定一切的指标,多超多得,少超少得。

3. 扩大了业务经营权。在经营环节上,实行厂司、厂店挂钩。凡属地方产品按省下达计划由市公司向工厂衔接收购或选购,零售企业也可以直接向工厂进货。在进货渠道上,改过去单一渠道为多渠道进货,试点单位有权在符合商品流向和经济核算的前提下,实行择优选点进货。

4. 扩大了一定的物价权。过去在物价上也是统得很死,企业没有一点自主权。为了发挥价值规律的作用,在保证消费者、生产者利益的原则下,企业有在一定范围内灵活控制价格的权力。对饮食行业的价格,在执行上级规定的毛利总水平的前提下,具体品种价格由企业自定。属于低档大众化产品,毛利可以低于规定的幅度。属于优质高档产品,毛利可以高于规定的幅度。部分随行就市的品种价格,在不超过规定毛利率的幅度内,由企业自定。经营日用工业品的行业,对新产品的试销价格,由工商双方协商议定。企业从外地采购的三类商品当地没有价格的,试点企业可根据作价原则,提出意见,分别由市、区主管公司批准执行。残损变质商品、冷背滞销商品,试点企业可根据实际情况,自行削价降价处理。三级批发企业对需要扩大推销和处理的商品,可以自行适当扩大内部批零折扣率。

5. 扩大了奖惩权。今年所有的试点企业都要改进奖金提取的办法,试行按人平7元提取同利润挂钩相结合的办法,即把去年的按人平7元提取的奖金额同利润额挂钩,换算成一个奖金利润率,从企业留成中提取,利多多奖,利少少奖。试点企业还有权对严重不负责任,致使企业造成重大损失,或因其他错误行为,造成恶劣影响的干部和职工,视情节轻重,可分别给予警告、记过、减发工资、撤职、开除留用等处分。

6. 扩大了民主管理的权力。试点企业都要建立健全职工代表大会,实行民主管理,企业的经济计划、重大业务措施、福利设施、奖励办法等都要经过职工代表大会讨论,做出决定。企业的经理、中层干部都要逐步由职工代表大会选举产生,副经理由经理推荐,报上级任命。江北区五交化商店今年8月份民主选举了经理,并由经理任命了原业务股长为副经理,职工代表大会还选举了7人组成了商店管理委员会,民主管理工作做得较好。其他试点企业的经理的选举工作,打算放在明年进行。

三、扩权取得的经济效果

今年以来,我们在开展扩权试点方面。主要抓了四项工作：一是加强了对扩权工作的领导。市一、二商业局和有关区县都确定了一位领导干部分管扩权试点工作，并组织了相应的扩权试点班子。市、区县的财政、税务部门也有同志专门管这方面的工作。二是抓了文件的学习，训练干部，发动群众，在明确扩权的目的、意义及作法的基础上，各试点单位订出开展扩权试点工作的规划。三是抓了扩大购销业务的措施，使扩权试点单位在改变企业面貌上取得成效。四是抓了交流经验的工作。市府财办和市第一、二商业局今年都先后召开了扩权试点工作经验交流会。通过各个扩权试点单位的努力，已经取得了较好成绩，各项经济指标都有大幅度的增长，高于面上企业平均增长的幅度。今年1至9月份，购进实现6.2485亿元，比去年同期增长30.95%，而全市商业纯购进只比去年同期增长了18.09%，销售实现6.24亿元，比去年同期增长24%，全市只增长13.8%，上交国家税利总计2265万元，比去年同期增长55.14%，而全市商业上交给国家的税利比去年同期只增长了11.98%，初步显示了扩大企业自主权的优越性。重庆百货商店是1978年11月开始扩权试点工作的，过去这个商店在全国十大商店中总是倒数一二名，多年来，商店的销售额在2000万元上下，利润在100万元左右徘徊，职工说商店患了"贫血症"。1978年扩权以来，他们扩大了业务经营权，广开多种进货渠道；他们实行民主管理，建立了职工代表大会制度，民主选举了商店中层干部和班组长；加强了小组定额管理，灵活使用了奖金，商店面貌发生了较大的变化，1978年销售总额比1977年净增1000万元，1979年又比1978年净增1200万元，1980年1至9月又比去年同期净增1100多万元，今年可望实现6000万元，比扩权试点前增长2倍多。对国家的贡献也越来越大，1978年实现利润194万元，比1977年增长20%，1979年实现利润362万元，比未扩权前增加170万元，今年1至9月实现利润369万元；比去年同期增加41.8%，上交财政317.8万元，大多数经济指标开始跨入全国先进行业。

1. 疏通渠道，生意开始做活了。过去由于统得太多，管得太死，不但渠道阻塞，企业经营缺乏生气，而且官商作风严重。扩大企业自主权后，各试点单位坚持计划调节与市场调节相结合，充分发挥市场调节的作用。在计划安排上，上级只给企业下达参考性计划，主要由企业从国家、企业和个人的经济利益出发，自定商品流转计划和财务计划；在经营环节上尽量减少环节，实行厂司挂钩、厂店挂钩；在进货渠道上，实行以当地批发为主其他地方为辅的多渠道进货，当地批发没有或不能满足需要的商品，三级批发和零售都可以自行加工订货和向市内外、省内外工商企业进货。变单一渠道为多种渠道，企业的生意开始做活做好了。市中区文化用品公司，面对着文化商品因政治运动减少，集团购买力压缩等销售发生变化，经营困难的情况，他们认真调查分析市场需要，狠抓了自组货源工作。今年以来，他们先后派了37人次，到广东、福建、贵州等地组织调剂商品，开辟了向广州一级站进货渠道，恢复了向上海批发部门进货的联系，同上海、广东、福建等地的华侨物资收购站、三级批发建立了进货关系。同时扩大了省内外的厂店挂钩。1至9月自组货源达到850万元，占今年1至9月总进货的66.2%，同时，他们采取上门服务、参加交流会、函购邮寄、多点销售等办法扩大销售，取得了较好的经济效果。1至9月该司销售比去年同期增长35%，利润达到122万元，比去年同期增加58%，纯利率由去年的7.93%提高到9.3%。沙坪坝区百货公司过去进货主供单位主要是区的两个批发部门，扩权后，他们积极与该区工厂挂钩，直接进货，现在已与7个工厂挂钩，并和28个工厂有进货关系，1至8月厂店挂钩进货金额达140万元。重庆百货商店努力扩大进货渠道，广开门路，主要从六个方面扩大了进货渠道：第一，接待全国一、二敌〔级〕站来渝搞调研的同志，请求他们支援；第二，主动向二级站进货；第三，举办外地商品展销会；第四，参加外地商品交流会和调剂会；第五，组织采购人员到省内外直接进货；第六，厂店挂钩进货。去年他们通过这样6种渠道，自组货源2000多万元，占进货总额的60%。今年，他们仍然通过这6种渠道,1至9月自组货源占进货总额的50％以上。

2. 兼顾三者利益,企业有了内在的经济动力。过去企业利润由国家统收统支,把企业的经营成果与企业及职工的物资利益分割了,企业和职工都缺乏经营的积极性。扩大企业自主权后,按照省人民政府85号文件精神,在保证国家、企业和职工收入三兼顾的前提下,确定了企业留成比例或所得税税额、税率。1至9月份,全市扩权试点单位上交国家税利比去年同期增长55.2％,企业利润留成也有很大增加,有的增加一两倍,职工个人的奖金收入也有了增加。做到国家企业、个人皆大欢喜。企业有了内在的经济动力,职工积极性高涨。不少企业在制定预算方案时,大家感到有奔头,有盼头,计划一增再增,企业自定计划都大于国家下达的计划。1至9月份按自订计划检查,销售已完成年计划的80％左右,利润已完成计划的80以上,进度令人满意。市中区群林市场过去21年上交国家利润789万元,国家只给它投资两万元购置了一部汽车,20多年来这个商店没有修过一间宿舍,连厕所也没有。扩权后,企业有了利润留成,他们积极改善职工生产劳动和生活条件,从现有房屋中调整200百多平方米,用100平方米安排服装技术组用于服装研究、设计、制样,用100多平方米安排职工生活区,现在他们已安排了食堂,职工能坐着吃饭了,又买了一个电冰箱、一个锅炉,搞起了食堂餐厅化,搞起了冷饮,开水问题也解决了。同时,他们利用房顶偏角建起了厕所、浴室,还办起了电视室、图书室,安排了女职工休息室。由于生产和生活条件的改善,解除了职工的后顾之忧,职工积极性很高。1至9月份,利润比去年同期增长33.3％,上交国家比去年同期增长23.3％,企业留成比去年同期增长2倍多,职工奖励比去年同期增长20％。重庆东风面粉厂是一个30年的老厂,设备从未进行更新改造,技术设备破烂不堪,生产面貌极为落后。多年来,想进行改造,由于无钱,都办不成。扩权后,他们用利润留成,进行了设备更新,他们除更新了3台磨粉机外,又重点改造了清麦车间的清麦车备,安装了洗麦机2台,打麦机2台,清麦筛3台和相应的配套工程、输送设备、机电设备及除尘设备。使一个十分落后的老厂,在短短的一年时间里发生了显著的变化,基本上达到了我国现有的技术设备水平。

3. 开展经济联合,进一步扩大了购销业务。一些扩权试点单位为了增强企业竞争能力,注意了联合。工商、农商、商商之间的联营形式开始出现。市中区群林市场经营服装有20多年的历史,场内曾出现过"九龙""山城""丽君"等名店和名牌产品。为了发挥服装加工的优势,他们采取了合资办厂、经济上扶持办厂、签订长期订货合同、与市外其他企业联合经销等四种联合形式,现在打"群林"招牌有8个厂,还和21个服装厂有加工关系。与群林签订协议的经销点有十个,大大促进了服装销售,1至9月份,全场服装销售551万元,占全场销售总额的41％,销售服装产品的利润占全场利润总额的51％。

4. 建立健全规章制度,提高了企业经营管理水平。扩大企业自主权后,各试点单位都比较重视企业的经营管理,建立健全了规章制度,提高了管理水平。北碚区副食水产公司从进货、验收、销售、盘点、节约等方面都制订了相应的措施,并自上而下和自下而上地监督执行。他们根据日常活动的重点在门市的特点,狠抓了小组简易核算,把任务指标下到门市部,实行定销售、定利润、定资金周转、定费用率的"四定"制度,坚持月检查、季评比,使小组职工个个关心企业经营,人人当家理财。今年1至9月份与去年同期比较,该店的费用率比计划下降了0.11％,资金周转比计划加快7.62,人平劳效比去年同期增加1861元。有的企业把定额管理与奖励考核条件有效地结合起来,改进了奖励办法,实行指标到组,责任到人,以分计值,以值给奖。即基本奖加超定额奖的办法,其具体做法是,完成定额指标的门市部、柜组人平奖金6元(基本奖),销售超10％人平加奖0.6元,利润超10％加奖0.4元。费用降低10％加奖0.3元,周转加快10％加奖0.2元,出勤率提高10％加奖0.2元,对未完成定额的柜组,要倒扣。这就有力地促进了企业的经近期改革的重点主要是：

（一）改进计划体制

1. 国家对市实行计划单列。市的主要计划，包括工农业生产、固定资产投资、能源供应、主要物资和商品的分配收购调拨、劳动工资、财政信贷、对外贸易、科技和社会事业发展计划等，由国家计委和中央各部单列计划直接下达到市和省。有关计划方面的全国性会议，市作为一个计划单位参加。省管理的计划指标，由省计委统一下达到市计委。

2. 市在保证完成国家和省下达的计划的前提下，统筹安排全市的生产、建设、流通和分配。国家和省分别管的主要物资和商品，在统一计划安排下，实行就地平衡、差额调拨、品种调剂、超产分成。

3. 鉴于1983年的计划已经确定，建议由中央、省和市有关部门进行一次衔接和协调。

4. 改变计划编制程序。除国家和省必须控制的少数指标外，其他的计划指标，市可按上年预计和五年计划的分年数字，提前安排下年计划。

（二）改革企业管理体制

1. 中央各部在渝企业，除铁路、长航、民航、邮电、石油、电力、煤炭、军工和其他极少数关系国计民生的大型骨干企业外，全部下放市管；省属在渝工业、交通、建筑安装、商业、外贸等企业和大专院校、科研机构全部下放市管。中央部属未下放的企业，市要负责组织好能源供应和生产协作。

2. 在确保完成军工生产和科研任务的前提下，军工企业的民品生产，建议以市为主，会同国防工业有关部委进行规划，并纳入国家计划。民品生产的协作配套，按经济合理的原则，由市就地就近组织。军工的富余能力和科技力量，由市统一安排生产、协作和参加科技攻关、技术改造。军工先进技术应用于民用工业，实行有偿转让。

3. 为了做好重庆地区交通运输的统筹协调工作，建议由重庆长航分局、铁路分局、民航等部门与市的有关部门一起，组成重庆市运输管理领导小组，负责统一规划港口、码头、车站、货场、仓库的建设，统筹协调铁路、长航、内河航运、公路、市内运输之间的关系，搞好运力与运量之间的衔接平衡。

（三）改革流通体制

1. 商业体制。省在渝的商业和供销二级站，下放与市公司合并，统一收购和调拨商品，积极开辟新的商品销售市场。三级批发机构，应打破行政区划，按合理的经济流向和经济区划建立。同时大力发展工商、农商联营，组织产销一条龙的经济联合体；本着平等互利的原则，积极发展跨地区的商商联合经营。

2. 物资体制。按照合理流向就地就近组织物资供应。市属企业由市统一供应；对重庆周围地区的县和中央、省属企业所需的计划分配物资，可划转指标，由市供应。市按照经济区域和物资的合理流向建立物资供应网络。大宗物资，尽可能组织企业之间的直达供应和长期定点供应。零星物资，由物资部门设点就地供应。

3. 外贸体制。实行国家对市的外贸计划单列，市各外贸公司与经贸部各总公司直接挂钩，盈亏由各总公司统一核算。国家给省的有关外贸方面的管理权，下放给市，由市直接对外谈判、报价、成交、签约、结汇。同时积极创造条件，开辟重庆到港澳等地的直达航线。

（四）改革财政税收金融体制

1. 加快利改税的步伐。1983年对国营大中型企业全面推行征收所得税、税后利润合理分配的制度，其中有条件的直接实行国家征税、资金付费、盈亏自理的办法；对国营小型工商企业，全部实行国家所有，集体经营，自负盈亏和承包租赁等办法。

2. 1983年，省对市的财政体制，实行定额上交、增收分成。从1984年起采取划分税种的办法，划分中央、省、市的财政收入，实行新的分级财政管理体制。

3. 建议对在渝所有企业（包括军工）均按销售（营业）收入征收一定比例的城市建设税，相应取消城市建设费和各种摊派费用。

4. 建议对市的各个银行，赋予相当于省分行的职权。

家计委主管的计划,由国家计委在全国经济、科技、社会发展计划中对重庆市单列户头;属于国务院其他各委、部、局及各总公司主管的计划,由这些部门在全国的部门、行业计划中对重庆市单列户头。

(2)重庆市经济、科技、社会发展计划,由市计委和市级各主管部门直接上报国家计委和国务院其他各主管部门,同时报送四川省计经委和省级各主管部门;国家计委和国务院其他各主管部门对重庆市视同省一级计划单位,将其计划纳入全国计划统筹安排、综合平衡,单列指标,直接下达到重庆市计委和市级主管部门,同时抄送四川省计经委和省级主管部门。计划指标的调整,亦按同样的程序审批。

(3)全国计划会议和全国性的部门、行业计划会议、工业排产、商业供货、物资订货会议,以及各种有关的经济工作会议和专业会议,重庆市也视同省一级单位参加。

(4)不属于国家计委和各委、部、局及各总公司主管的计划,原则上由重庆市计委和市级主管部门自行安排,其中涉及全省综合平衡的,由省计经委或省级有关部门安排和协调。

(5)国家对重庆市的计划全面单列后,市的各项计划安排和执行情况仍应及时向省计经委及有关部门报告或备案,省计经委和各业务部门亦应继续对市进行指导和帮助。

二、计划单列指标的依据

国家对重庆市单列计划的指标,应根据全国计划综合平衡的要求,结合重庆经济、科技、社会发展和经济体制综合改革试点的需要,进行统筹安排。为了便于从实际出发,比较合理地安排重庆市的计划,有些指标需要划定适当的基数,作为单列计划的基本依据。划定基数的计划指标主要是能源分配调拨、主要物资和商品的分配调拨、固定资产投资、财政和信贷,以及其他有关财力、物力分配的计划指标。单列的基数原则上以1981年至1983年的计划(包括年初下达的正式计划和计划内的追补、调整)平均数划定。在此基础上,对有的基数根据实际情况作必要的调整,主要是:

(1)能源分配调拨。

煤炭和焦炭,实行地区平衡、品种调剂,按计划保证调出调入。调出调入以1983年计划为基数。

电力,在正常情况下,今后分配供应重庆市的用电量和枯水季节用电负荷不低于1983年实际水平,并按照市的经济发展和电源增加情况相应增加市的用电。

天然气,参照1982年计划分配数和实际用量商定:在全省可供分配气源基本稳定的条件下,重庆市年用气量6.5亿立方米(不含四川维尼纶厂),由市包干使用,节约(包括以煤、电换气)全部由市安排。今后如四川天然气产量发生重大变化,可以相应调增调减重庆市的用气包干基数。石油部门在计划供气量之外超产增供气,尽可能地照顾到重庆市的需要。

石油成品,参照1983年计划商定:按重庆市现行计划分配口径,全年分配汽油7万吨、柴油3万吨、煤油1万吨、润滑油1.35万吨。原由省直接分配改由市分配的单位,可按1982年计划分配数划定基数。

(2)预算内地方统筹基本建设投资,参照1981年至1983年计划平均数,商定对重庆市原辖行政区的年投资基数(包括市属和省下放单位)从省计划中划出1500万元。鉴于重庆市从1971年取消计划单列以来,由地方统筹安排的非工业投资下降很大,文教卫生、城市建设、商业服务、地方交通等方面欠账严重,按同口径比较现在从省计划中划出来的地方统筹投资还低于六十年代中期单列计划时的非工业投资水平,建议国家在全国计划综合平衡中考虑到重庆市的实际困难。

(3)鉴于重庆市是一个老工业城市,建议国家今后在单列计划时,对重庆市的设备更新、危房改造和重点节能措施、技术改造项目在资金安排上给予适当的支持。

(4)主要物资分配,原则上以近3年的计划平均数或1983年计划分配数,并适当考虑计划内增拨因素,商定单列的基数和国家资源与省资源的比例。国家资源从省计划中划出来,改由国家计划直接安排,其中属于农业、生产维修等方面正常耗用的物资,以商定划转的基数为依据进行安排;属于按照生产建设任务核算分配的物资,根据国家计划任务来安排。省资源仍继续由省统筹安排,在省资源没有较大变化的情况下,省对市的分配水平要保持基本稳定。

(5)财政、信贷计划单列的基数,按照财政、信贷体制改革试点的方案划定。

以上商定的各项计划基数,均系重庆市原辖行政区的口径,未包括新合并的地区。

三、扩大市的计划决策权和管理权,由市统筹安排生产、建设、流通、分配和社会事业

(1)重庆市市属企业、事业单位(包括下放由市主管的单位)的各项计划,都通过市计委和市的主管部门综合平衡后上报、下达。对于在重庆地区的中央单位的生产建设和事业发展,国家各主管部门制订中长期规划和安排年度计划,应征求重庆市的意见,使全国的部门、行业计划和重庆地区计划更好地协调起来。

(2)国家单列计划下达给重庆市的指标,属于指令性计划部分,市必须坚决执行,如须调整应按程序报经批准;属于指导性计划部分,市在执行中可以根据实际情况进行调整,调整情况应及时报告国家和省有关部门备案。

(3)在遵循全国总体规划要求和保证完成国家计划任务的前提下,按照经济合理的原则和专业化协作的要求,由市决定市属中小型企业的生产方向、产品结构、定点布局、协作配套、改组联合等问题,但要注意和全省其他地区的协调、衔接;经过协商,市可以利用重庆地区的中央企业(包括军工企业)及部属科研机构、大专院校所富余的生产能力、实验研究装备和科技力量,安排地方性的生产协作、产品配套、科技攻关等任务。

(4)在严格控制固定资产投资规模的前提下,原由省审批的小型基本建设项目、市自筹资金建设项目和更新改造项目,在国家单列下达的总投资和规定的使用方向、重点之内,今后由市统筹安排和审批,报告国家计委或经委、省计经委以及有关部门备案。有关建设用地、规划设计、建筑施工等问题,也赋予重庆市相当于省一级的审批权和管理权。

(5)在国家能源政策指导下和能源分配计划内,全市各种能源用户的开、停由市审批,各单位的能源分配供应由市统筹安排,统一调度。

(6)重庆地区的交通运输,由市有关部门与铁路、长航、民航等部门一起,统一规划车站、港口、码头、机场、货场、仓库等建设,统筹协调运力与运量的衔接平衡。重庆地区的养路费上交省30％,70％留市安排使用。

(7)重庆市开展经济体制综合改革试点之后,由于中央、省属单位下放,行政辖区扩大和对外经济联系增多,重钢自炼钢轧材留省统一分配数中,市的分成比例由现在的10％扩大为15％,自炼钢轧材总量超过40万吨的部分由省、市对半分成;重庆特殊钢厂的钢材,在省对国家的全额分成数中,一半留给市使用;重庆回收的废有色金属,计划内留市50％,超收全部留市使用;重庆铝厂的电解铝,按现有产量水平,一半交省统一分配,一半由市使用。为了避免迂回运输,对国家和省管理的物资,凡是重庆需要而有生产的,在统一计划安排下,市可以就地就近优先订货。重庆地区各单位需用的物资,凡有条件的均由市的物资部门统一组织供应,具体办法由国家物资局和市物资局商定。

(8)重庆市的重大科学研究、中间试验、新产品试制项目以及重大科技成果推广应用、引进技术消化等项目,由市计委、科委及有关部门直接上报国家计委、国家科委及有关各部,同时报送省计经委、科委及有关部门,经国家计委、科委及有关部门批准后单列计划直接下达到重庆市。重庆市的科学技术计划,由市计委、科委负责编制下达,报国家计委、科委和省计经委、科委备案。重庆市统筹安排的科技三项费用,由国家单列计划下达到市。

(9)教育部和其他各部直属大专院校和中专毕业生分配给重庆市的指标,由国家计委在全国大中

专毕业生分配计划中单列下达。在重庆地区的省属大、中专院校下放由市主管后,市根据国家计划进行统一招生和分配,其中在省内招生和分配部分,由省、市有关部门共同协商安排。

(10)重庆市的教育、文化、卫生、广播、电视、出版、新闻体育、人口、城市建设、环境保护、人防等各项社会事业发展计划,在国家各部门的计划中单列指标下达,事业经费标准和建设投资水平视同省级事业单位对待。

(11)商业、外贸、财政、税收、信贷、物价、劳动工资等,在计划单列后,亦赋予重庆市相当于省一级的权限,具体权限按这些方面的改革方案执行。

(12)在保证完成国家计划下达的生产建设、商品物资上调、财政上交等任务的前提下,在国家政策、法令允许的范围内,市可以根据全市计划综合平衡的要求,统一协调财政、税收、信贷、物价、工资等经济杠杆,使之更好地为实现计划和提高经济效益服务。

(13)为了保持计划的连续性和稳定性,在国家年度计划下达之前,市可以按照五年计划的分年指标和当年预计(实际)数,对次年计划作预安排。主要是工农业生产和商品流通、外贸出口计划,除国家明确规定控制发展的长线积压产品和限期淘汰的落后产品外,均可按五年计划分年指标和当年预计(实际)对次年计划作预安排。固定资产投资计划,在不超过当年总投资规模的前提下,续建的基本建设和更新改造项目,可以按原批准的计划总投资和建设进度进行预安排;已经国家批准列入了五年计划的新项目,可以进行建设前期工作的预安排。能源和主要物资分配计划,一般可按当年计划水平对次年进行预安排。国家计划正式下达后,再做相应的调整。

四、重庆市要积极承担省安排的各项任务,继续发展与省内的经济联系

(1)重庆市在省内现有的生产协作、产品配套关系,要继续保持和发展,不得随意中断,并根据经济合理的原则,积极发展与省内其他地区的经济、技术联合和协作。如确实需要调整某些产品的协作配套关系,应由省、市有关各方充分协商,其中涉及全国生产定点布局和产供销平衡的调整,应征得国家有关部门同意。

(2)在保证完成国家计划的前提下,重庆市应积极承担省安排的生产建设和商品、物资的中转、代储、代供等任务。

(3)除国家计委和各部主管分配的商品、物资按国家计划执行外,省管的商品、物资以1981年至1983年计划平均数商定重庆市的调入调出基数,一定3年,纳入省的商品、物资分配调拨计划安排下达,省、市有关部门均应保证执行。重庆市调出的其他工业产品,应优先满足省内的需要;重庆工业能够提供而又质价相当的产品,省内各部门、各地区亦应优先选用。

(4)重庆市在建的基本建设和更新改造项目未完工程投资,原由省统筹安排的国家预算投资和银行贷款项目,在单列下达给重庆市统筹安排的国家预算投资和银行贷款中安排;原由省机动财力或省级各部门自有资金安排的项目,仍按原批准的计划和商定的事项由省、市有关部门继续负责,如因特殊情况,由省、市具体协商解决。停缓建项目的遗留问题,仍按原定办法进行处理。

(5)重庆市的科研单位和科技力量,应积极承担省安排的科技攻关、科技协作等项目,大力发展省内的科技联合和协作。

(6)省计划会议和全省性的各种专业会议,重庆市仍应继续作为省的一个地区参加。

五、加强市的计划部门,改进计划工作

重庆市计委应把工作重点逐步转移到中长期规划方面来,加强经济、社会发展战略和计划体制改革的研究,作好经济信息和经济预测工作,完善各类计划和计划指标体系,搞好中长期规划和年度计划的综合平衡,加强计划干部的专业训练,并组建市计委计划经济研究所、经济情报所和计算站三个事业机构。

重庆市国营工业企业利改税试行办法

在我市经济体制综合改革中,对国营企业推行"以税代利"、自负盈亏,这是国家与企业之间分配关系的一项重大改革。这一改革有利于调动企业内部的活力,提高经济效益,保证国家财政收入稳定的增长。

我市自1979年以来,在部分行业和企业中进行了利改税的试点,尽管试点的办法还须进一步完善,但总的效果是好的,无论从理论上看,还是从试点的经验看,"以税代利"的好处主要表现在:第一,利改税后,企业对国家依法纳税,税后利润留给企业,企业有权自行安排使用,真正体现了企业的自主权,有利于调动企业积极性,提高经济效益,搞活经济;第二,利改税后,所有企业不论其原来的隶属关系如何,都要交纳同样的税收,尽同样义务,这样,企业就可以从条条、块块的束缚下,逐渐摆脱出来,有利于解决因利润分配而造成的条块分割的矛盾,并对于加强经济横向联系,推动企业之间的联合改组,起到积极的促进作用;第三,在全面实行利改税的基础上,就可以由过去按企业隶属关系分各级财政收入的办法,逐步过渡为按税种划分各级财政收入的办法,即按税种划分为中央税、地方税,使中央、省和我市财政都有比较稳定的收入来源,并且随着经济的发展,各级财政收入都会稳步增加。

由于我国经济调整尚在进行,目前在行业之间、企业之间盈利水平差别还很大。苦乐不均的现象还比较突出,有待于改革价格体系来解决。为了加快利改税的步伐,适应我市经济体制综合改革的需要,从1983年起先在国营工业企业中,普遍推行以税代利,做到在保证国家收入的前提下,搞活经济,增长利润部分,国家得大头,企业得中头,个人得小头,正确处理好国家和企业,企业和职工的分配关系。改革的办法如下:

一、有盈利的国营大中型工业企业,都按照实现利润征收55%的所得税,交纳所得税后的利润,以1982年为基数,按企业实现利润总额,分别核定利润留成比例和调节税税率,逐级核定到户,一定3年不变。为了促进企业增产增收的积极性,增加企业机动财力,调节税的上交税额,以1982年利润为基数,实行"定比"办法,一定3年不变,基数利润部分按核定的税率征收,增长利润部分减半征收。

在计算企业利润留成比例时,对于原来的留利数额,要按照省人民政府川府发〔1982〕185号文件的规定进行调整。这样调整以后,少数企业确有困难,并且技术改造任务较大的,报经市府批准,在核定比例时可给予适当照顾。

在确定企业调节税的税率和留利水平时,企业的各种专项贷款和单项留利,不应从利润总额中扣除计算;在执行中实际征收所得税和调节税时,可以扣除计算(即税前归还贷款,由企业和国家分担,投资增加利润后,亦由企业和国家分享)。

调节税的税率和企业利润留成比例核定后,除了遇有价格调整和税率变动,影响企业利润较大,经国家专案批准的以外,一律不作调整。

二、有盈利的国营小型工业企业,都按企业实现利润,依照重庆市国营小型工业企业八级超额累进税率征收所得税,并按规定征收固定资金占用费。交税交费后的利润,再实行承包制,由企业自负盈亏,国家不再拨款。考虑到我市的实际情况,固定资金占用费可以保留费种,在三年之内,暂免征收。

国营小型工业企业的确定,暂按固定资产原值500万元以下和年利润50万元以下的标准来划分。有些企业固定资产原值在500万元以上,但年利润在50万元以下的,也可以暂按小型企业办理。

但这部分企业规模并不小,由于主客观原因,目前利润较少,今后情况变化后,应当升级改按大中型企业对待。

固定资产原值在 500 万元以下的小型企业,除因国家新增投资,使企业利润上升,突破了 50 万元,应改按大中型企业对待外,征税办法一定三年不变,企业发生亏损,准许用次年盈利抵补,但抵补期不得超过三年。企业长期不能扭亏转盈的,应当实行关、停、并、转。

三、重庆钟表公司和重庆印制三厂,继续按省、市原来规定试行"以税代利、自负盈亏"办法,并按省府川府发〔1982〕185号文件规定调整企业基金和职工奖金,相应提高所得税税率。"四户小型工业企业"和"一轻、电子仪表两个行业"改按一、二条规定办法征税。

四、南桐矿区、双桥区和四个县的工业企业(包括商管工业,不包括地区下放企业),除电厂仍按省的规定实行"以电养电"办法外,其利润改按比例税率40%征收所得税。区县和企业之间对税后利润的分成办法,由区、县自行研究确定。区县工业企业发生亏损时,40%由区县财政补贴,60%在区县分成资金中抵补。

五、各级工业和农机的供销企业(包括各工业公司所属实行独立核算的供销机构和经营门市部)以及服务性公司的利润,均按比例税率80%征收所得税。

六、新划入市食品饮料工业公司的商管工业和商办工业,除市饮料厂暂按比例税率20%征收所得税外,其余均按一、二条规定办法征税。

七、有亏损的国营工业企业,按公司(总厂)为单位,实行"亏损包干、节亏分成"的办法,超亏部分由公司(总厂)自负;节亏部分,以实行独立核算盈亏的企业计算,在 5 万元以内的全部留给公司(总厂)超过 5 万元以上的部分再实行倒四六分成,上交财政40%,公司(总厂)留用60%。但是,对于因经营管理不善造成亏损的企业,主管部门应当责成企业限期进行整顿。在规定限期内,适当给予亏损补贴,超过期限的,一律不再弥补。

对市、县煤矿、铁矿生产的煤炭、生铁和重庆化工厂生产的硫酸,仍继续实行按销售数量定额补贴的办法。除了生铁和个别煤矿的补贴标准由市作适当调整外,均按 1982 年的补贴标准执行。年终节亏全部留给企业,超亏由企业自负。小铁厂生铁计划外超产发生的亏损,财政不给予补贴。

八、实行利改税后,不再向企业征收流动资金占用费。原来在成本中开支的职工福利基金,继续在成本中列支;职工奖励基金,改在企业留利中开支。在征收所得税时,小型企业可按规定标准扣除职工奖励基金后计算。

九、实行利改税后,企业留用的利润,应分别建立新产品试制基金、生产发展基金、后备基金、职工福利基金和奖励基金,留利资金应大部分用于前三项,小部分用于后两项。

十、实行利改税后,各工业公司或总厂可从企业留利中适当集中一部分资金,用于重点技术改造。集中的比例和数额,最高不得超过20%,并报财政部门备案。

十一、实行利改税后,所有国营工业企业都要进一步加强经济核算,建立和健全企业内部的经济责任制,要把企业各项主要经济指标加以分解,层层落实到职能部门、车间、班组和个人,并与分配挂钩,做到有奖有惩,切实打破平均主义。

附:重庆市国营小型工业企业所得税税率表

重庆市国营小型工业企业所得税税率表（八级超额累进）

级数	所得额级距	税率%	速算扣除数（元）
1	全年所得额在10000元以下的	20	0
2	全年所得额超过10000元至30000元的部分	30	1000
3	全年所得额超过30000元至50000元的部分	40	4000
4	全年所得额超过50000元至100000元的部分	50	9000
5	全年所得额超过100000元至150000元的部分	60	19000
6	全年所得额超过150000元至200000元的部分	70	34000
7	全年所得额超过200000元至400000元的部分	75	44000
8	全年所得额超过400000元的部分	80	64000

重庆市商品流通体制改革的实施方案

在国家体改委和四川省的统一安排下，商业部同四川省商业厅、粮食厅和重庆市体改办、财办、商业一、二局、粮食局、供销社的负责同志，于1983年3月2日至13日共同学习了中共中央、国务院批准四川省委、省人民政府《关于在重庆市进行经济体制综合改革试点的报告》，研究了改革中商业方面的有关问题。大家一致拥护党中央、国务院这一重要决策，认为重庆市商业、粮食、供销工作有一定的基础，对所提出商业流通体制改革的基本要求取得了一致意见。

一、关于计划单列问题

1. 凡是商业部和各总公司所管的各项计划，对重庆市实行单列户头，直接下达重庆市和四川省。对重庆市视同省一级计划单位，参加全国的商业工作会议和各种专业会议。市的商业（包括粮食、供销）各项计划的编制和执行情况的反映，直接上报商业部和各专业总公司，并报省商业、粮食厅和省公司。

2. 由省内平衡和省管的副食品、农副产品原料、工业原料，可根据需要确定重庆市的调入计划或基数。纳入省的商品分配、调拨计划安排下达。超过基数的部分可以采取协商和签订合同的办法。重庆市调出的工业品，按照少环节、开放式批发体制的供应渠道，应优先满足省内的需要。

3. 要继续发展和扩大与省内各地区的经济联系，承担省安排的各项任务，包括商品调拨、物资储存、中转、商业技术协作、师资、技术培训、科研任务等，充分发挥现有商业设施和技术力量的作用。

4. 单列的时间和步骤：

粮食系统的粮油购销、调拨和财务亏赔补贴，应随省市财政划分一道安排，拟从今年起单列。将省下达市的各项计划（包括原永川地区），报商业部予以单列。对于粮食调拨问题，由省粮食厅按重庆经济流向划几个地区负责包干，由重庆直接与专区挂钩调入，调运有困难时，省予以协助，省市共同对中央负责。粮食亏赔和价差补贴，经过算账后，从省粮食厅划出，分别由商业部和地方财政按国家规定解决。省粮食厅在重庆市现有的各项资产,全部转移关系,原摊移交。

商业计划单列问题,分两步走,今年原则上按省下达重庆市(包括原永川地区)各项商业计划报送商业部和各总公司对口衔接。重庆市需要向商业部和总公司请示解决的问题,可直接请示解决。明年单列的计划数或基数,由中央、省、市另定。

5. 从发展看,重庆针纺、百货、五金、交电、化工、石油等需要设立一级站。如何设立,建议商业部考虑。在未设立一级站之前,可根据条件分别研究与各总公司实行联营,包括在重庆储运公司搞物流中心和在南坪修建贸易大厦搞贸易中心。

二、关于下放权力问题

根据改革试点的要求,应赋予重庆市相当于省一级计划单位的决策权和管理权。省商业、粮食厅和各省公司拥有的计划、物价、业务、财务、基建、劳动工资等管理权限,重庆市商业局、粮食局、供销社以及各市公司都应拥有相应的管理权限。

1. 在粮食购销指标包干的前提下,对超购少销的部分粮食由重庆市自行处理,可以加工各种食品,可以运销各地,把市场搞活。粮食系统各公司上交省的利润和分成,以及省各项摊提费用,今后不再上交和下摊。粮油议购议销由独家经营改为多渠道经营,粮食部门经营议购议销所获的利润,全部留给重庆市粮食局,用于粮、油库等各种业务设施。

2. 对中央给省商业19.3%的留成比例全部划给重庆市,由市在商业一、二局之间统筹平衡。对饮食服务、酿造、工矿贸易公司等原上缴省公司的留成部分不再上交,各省公司有摊收下面管理费的,也不再摊收。

3. 市供销社上缴给省的10%利润留成和基层社(包括原永川地区)利润留成上交省的部分不再上交。

三、关于省属企业下放问题

1. 凡在重庆市(包括原永川地区)的所有省属企业,全部下放。上述企业的商品、财务、劳动工资、基建计划等管理权、业务领导权及核算关系全部下放给重庆。下放后,这些企业仍继续承担省分配的收购、调拨、储存、中转任务。

2. 上述企业的各项财产和资金,按账面价值原摊移交,随着企业下放,固定资产折旧基金不再上交有关省公司。对于食品、煤炭、棉花等1983年的计划亏损补贴指标,应由有关省公司按规定如数划给重庆。

3. 关于二级站库存有问题商品的处理问题。〈中略〉。对商品库存的结构要作具体分析,有的可处理,有的目前则不宜处理(如纯棉布),应当积极慎重,按照政策办事。要实事求是,弄清情况,认真核实,区别处理。根据商业部、财政部谁销售、谁处理的原则,经市审批后,可大体比照去年已处理的基数,在两三年内解决。

重庆市要求省在下达今年二级站利润计划时,考虑库存削价处理损失因素。

4. 省属企业下放工作要抓紧进行搞好交接。请省商业、粮食厅出面召集有关单位尽快落实,力争在4月底前办好交接工作。

5. 基建、简易建筑在建工程遗留问题。如上桥中转仓库、沥青仓库、朝天门针纺样品间、朝阳河油库公路改造、交电电视维修中心、蛋库、鱼库、水果库、供销社货栈以及粮食仓库等,由于重庆欠账多,请省厅和各专业公司,向商业部反映,并继续给予支持,同时,市财政也作相应的安排。

四、改革批发机构,建立少环节、开放式的流通体制

当前,国营商业流通体制的主要弊病是批发环节过多,流通不畅,产需脱节,在一定程度上影响了工农业生产的发展,必须进行改革。通过改革,要组成少环节、高效率、反应灵活、开放式的流通体制。

1. 减少环节,调整批发机构。省在渝的二级站下放后,实行专业划细、站司合一,一套机构,一

套核算，两块牌子，重新组建公司、站共33个，较调整前增加四个（见附表名单）。

站、司合一后，将郊区三级批发的计划、业务、财务、人事和党的关系上收，打破行政区划，按商品合理流向重新设立若干专业批发部，直属市公司。二级站、市公司、三级批发"三合一"。根据工业品、副食品、粮食、供销不同行业的实际情况，有的实行批零分开，有的批零兼营，有的批零统管。按照这个原则，粮食系统将近郊六区粮食公司的党和人事关系收归市管，成立重庆市粮油食品供应公司，负责粮油零售和复制品业务。撤销区粮食公司管理机构，将粮站调整为按经济区域设立的中心粮店，成为经济实体。并将远郊区的粮食公司改为区粮食局，对所属基层企业的计划、业务、财务和人事实行统一管理。供销社系统和煤炭、石油行业的批零体制仍维持现状不变。

2. 开拓工业品市场，把重庆产品辐射出去。重庆产品必须提高质量，扩大品种，物美价廉，适销对路，具有竞争能力。价格上做到同一产品与外地同质同价，或略低一些；对基层批发和零售企业，在经营重庆产品上，其利益要略高于市外产品。

广泛开展各种形式的工商联营、商商联营。工商联营一般实行工业计算成本、商业计算费用，缴纳税金后，双方按比例分成，"困难共担，利益均沾"。要面向省内市场，同时开展与省外三级批发的联营，有计划地在省内外建立多种形式的联营点。采用各种有效经济手段，调动经营重庆产品的积极性。

为了发挥国营商业的主导作用，批发企业要充分运用统购统配、计划收购、订购、选购、代销、联营六种购销形式，集中主要精力，经营好主管范围的大、小商品，不断增加花色品种，扩大购销业务，促进生产发展。

3. 加强基层批发，扩大产销直接见面。各级批发企业之间，要改变固定行政供应区域，固定供应对象，固定倒扣作价率，实行各级批发企业都可以跨区县经营，少环节经营和协商作价的办法。各级批发，均可向一级站、二级站和工厂直接进货。除分配的计划商品外，可以直接同工厂协商订货、进货，或代销、联营。可以根据实际情况降低批发起点，撤销按统一批发起点作价的规定。

各级批发必须面向农村，面向零售，提供优质服务。城乡都需要的紧缺商品，仍按城乡分配比例组织供应，不准用行政手段搭配商品，有条件的重要集镇可以下伸批发网点，或与基层社联营，或委托代批发或批零兼营，扩大工业品下乡。

4. 国营零售、基层供销社、城乡新老集体、个体商业，进货渠道不受限制，可以向一、二级批发、工厂进货，跨区销售，走街串院，走村串户。有条件的零售企业，可以适当兼营一部分批发业务，方便小型商店、集体、个体商业进货。

五、放宽政策，把城乡市场搞活

长期以来，商业工作存在的管得过多、统得过死、限制过严、城乡封锁、条块分割的局面，很不适应工农业生产发展和买方市场的要求。根据中央今年一号文件精神，贯彻计划经济为主、市场调节为辅的方针，充分运用经济手段，放宽政策，搞活市场。

1. 国营商业、粮食、供销社对关系国计民生的一、二类农副产品，继续坚持统购、派购和计划收购的政策。在保证国家计划的前提下，对三类农副产品和完成统购、派购后的一、二类农副产品，除棉花、木材、楠竹、麝香外，允许国营、集体、个体商业采取各种方式经营，多渠道运销。废除农副产品外运由归口单位审批的规定，允许基层供销社和贸易货栈出县、出市、出省推销，长途贩运；允许生产者、个体行商、专业户流动购销，长途运销；可以零售，也可以批售。允许农民和社队自行加工、销售。国营商业、粮食和供销社，要积极参与市场调节，开展议购议销。

2. 凡属允许议购议销的商品，其购销价格可以随行就市，有升有降。国营商业经营的议价商品，要略低于集市价格出售，以平抑市场价格。在门点内,同一品种,既有平价又有议价的应该平价议价分开,专柜出售。

3. 三类工业品和完成计划收购后的计划商品,除商业部规定超计划部分,要协商分配的商品外,其他可以进入多渠道流通。在保证市场零售价不能提高的前提下(国家已经放的小商品除外),工商之间、商商之间也可以协商定价成交。

4. 积极筹备成立重庆工业品和农副土特产品交易中心。它的任务是,发挥市场调节作用,开辟新的商品流通渠道,积极为重庆地方工业品打开销路和组织农副产品进城;扩大重庆与外地的物资交流,形成辐射状的商品购销网络;吸引省内外各企业来重庆做生意,可以零售、批发,也可以与我市批发、零售企业联营,还可租赁门市。

市商业储运公司和市信托贸易公司,是服务性质的企业,现有设施差,底子薄,业务受到限制。为了能得到较快发展,建议国家在税利上给予照顾。

5. 为了扩大农产品进城,以工商部门为主,有关方面配合,先对市中区现有 15 个集市贸易市场进行适当调整,合理布局;并在市中区、江北转盘、南坪、杨家坪、沙坪坝新辟禽蛋、水果、蔬菜、粮食、山货、药材、土产、竹木藤器杂品等集市贸易市场,其他区县也应做出规划,建立农副产品交易市场。

6. 在工商之间、商商之间以及对消费者,积极推广商业信用制,实行先货后款和分期付款,对名牌产品,可以实行先款后货的预售办法。

7. 在市中区新华路开辟小商品批发市场,促进小商品生产。

8. 建立重庆商业经济情报研究所,搜集整理全国城乡市场动态,加强统计分析,定期发布市场预测,搞好信息反馈,提出有益建议,为各级经济主管部门和农、工、商企业当好参谋,更好地发挥商业促进生产、引导生产和指导消费的作用。

六、加快供销合作社体制改革的步伐

当前农村经济大发展,农民购买力大幅度提高,需要有强大的合作性质的商业,以适应农村经济结构的变化和农村商品交换规模日益扩大的需要。因此必须进一步搞好供销合作社的体制改革。

1. 进一步健全和完善县联社。实行一身二任,增强"三性",恢复供销合作社合作商业性质,扩大经营范围和服务领域,逐步办成供销、加工、储藏、运输、技术等综合服务中心,县联社应当成为基层供销社的联合经济组织。

2. 积极发展多种形式、多层次的联营。把各种集体企业,农村专业户、重点户、科技示范户、个体户团结在自己周围,开展多种形式的联营,促进农村商品生产的发展,给城市和工矿区提供更多的副食品,使副食品供应有较大好转。

3. 打破城乡封锁、条块分割的局面,疏通流通渠道。要按照经济区域设置基层社及其经营网点,同时允许基层社进城设点经营批发,兼营必要的零售业务,把农副产品经营搞活,把农村商品流通渠道搞通,切实解决由于商品交换规模扩大而出现的买难、卖难问题。

4. 按照合作商业的特点,改革现行的劳动人事制度。今后新增职工主要从农村高中毕业生中招收,实行合同制,亦商亦农,不转户口,不吃商品粮,能进能出;基层社的领导工作人员从职工(包括合同工)中民主选举,实行职务津贴,能上能下;企业管理人员和专业技术人员实行招聘制。今年上半年,在各县选一至二个基层社试点,下半年逐步推开。

七、加快利改税的步伐,抓好企业整顿,大力推行经营承包责任制

在商业、饮食服务业推行利改税和以承包为中心的、国家企业职工三者利益相结合的、职工福利与劳动成果相联系的经营责任制,是流通体制改革的重要内容。这对于克服"大锅饭"和平均主义的弊病,提高服务质量和经济效益,有十分重要的意义。市委、市府今年发了第六号文件,在国营商业、饮食服务业全面推行经营承包责任制。其主要内容是:

1. 企业对国家的责任制形式。

(1)饮食服务业,对财政继续实行"全额利润二八分成"或"定额承包,超额留用"的责任制。

(2)副食品是微利行业,对零售部分实行"全额利润二八分成"(20%上交财政,80%留企业),对纯批发或批零兼营的实行"定额上缴,超额分成或超额留用"的大包干责任制。

(3)粮食、食品、蔬菜等亏损行业,实行"亏损包干,节亏分成"的责任制。

(4)经营工业品的零售企业,年利润不满10万元的小型企业,按手工业企业八级超额累进税率征税;年利润超过10万元的企业,按六级累进税率征税。

(5)大、中型独立核算的批发商业企业,实行"基数包干,基数内留成不变,超额部分原则上60%交财政,40%留企业"的责任制,各局和区县也可以选一至二个企业搞税利并存的试点。

(6)原实行以税代利的重庆百货商店等24个单位继续实行原办法。对个别执行有困难的,可进行调整。

(7)供销系统、商办工业对财政上缴,继续按现行办法执行。

2. 企业内部的承包形式。

企业对财政承包后,要完善内部的承包责任制,实行逐级承包,把各项经济指标层层分解,包到科室、车间、门市、柜组和个人。对饮食服务业,内部实行"定额上交,超额自得,盈亏自负"或"毛利率包干,按比例分成,盈亏自负"的集体承包责任制;有的实行"国有性质不变,职工个人承包,定额上交,自负盈亏"。副食行业对门点实行"定额上交,超额分成或超额留用"。食品行业的零售门市,先在市中区实行"批零分开,差价调拨,联销计酬"的试点。蔬菜零售继续实行"定额管理,全额利润分成"的责任制。商业批发企业,对地方产品中的个别长线产品,经市级商业主管部门批准,可以实行专项经营承包,多销多得。

3. 若干问题的规定。

(1)指导思想。要在保证国家财政收入稳收增收的前提下,正确处理国家、企业、个人、消费者四个方面的关系。坚持把国家和消费者的利益放在首位。

(2)承包基数。按1982年上缴财政实绩,加适当的增长幅度作为基数。

(3)内部分配。留成的利润按企业发展基金、集体福利基金、职工分配基金,三者各占多大比重,分别不同行业决定。企业对个人分配,一定要与工资挂钩,实行浮动工资20%以上的,单位不拉平,个人不封顶,注意统筹安排,旺储淡用。

(4)承包内容。一般实行"二包""六定""四不变""五权自主",即定利润指标、销售额;定经营设施、资金数额、经营范围和品种、人员、原材料供应渠道、服务质量要求;隶属关系、国家职工性质、工龄计算、考核调资、退职退休不变;有权广开渠道自组货源、确定供应服务方式和营业时间,对本单位职工奖惩、削价处理、财务开支。

(5)经济核算。积极创造条件,划小核算单位,实行以税代利。

(6)承包时间。一般是一年,也可以两年、三年。两年以上的,要明确逐年递增比例。

(7)经营承包,一律实行合同制,明确责、权、利。

(8)各级加强领导,不断完善责任制。

商业企业整顿工作,今年主要抓好两条。一是按照"四化"要求,调整和配备好领导班子。二是从推行经营承包责任制入手,进一步完善企业内部各级岗位责任制。通过企业整顿,进一步端正经营方向,提高服务质量,提高经济效益。

1983年3月13日

重庆市对外经济贸易体制改革的实施方案

在国家体改委和四川省的统一安排下,对外经济贸易部魏玉明同志带领工作组,于1983年3月2日至8日,在重庆市,同四川省对外经贸厅和重庆市对外经贸部门,共同学习了中共中央〔1983〕第7号文件批准的《关于在重庆市进行经济体制综合改革试点的报告》,研究了改革中关于对外经济贸易方面的有关问题。大家一致拥护党中央和国务院这一重要决策,认为重庆市的对外经济贸易有一定基础,所提出的对外经济贸易体制改革的基本要求是可行的。现就实施问题,商定了如下意见:

一、关于重庆市享受省一级的对外经贸权问题

总的原则是凡目前四川省享有的对外经济贸易的权限,重庆市都可以享有;以后如需扩大,再报经贸部审批。具体权限是:

1. 享有国家给四川省的对外贸易经营权。凡目前四川省可以直接对外成交的、属于重庆市的产品,今后改由重庆市按有关规定直接对外成交,承担国家出口收汇任务。四川省有关分公司应将客户关系介绍给重庆市公司;向口岸调拨的部分,今后由重庆市与口岸公司直接联系调拨结算,省分公司应积极主动协助搞好联系。市可签发属省一级经贸局签发的进出口许可证。

2. 享有国家给内地省的利用外资和引进技术限额以下项目的审批权。中外合资300万美元,国外贷款、补偿贸易、引进技术、来料加工装配100万美元,国内工贷100万元以下的项目,其供产销市内可以综合平衡解决的,都可以自行审批;供产销需在四川省或全国综合平衡解决的,仍需按规定分别报四川省和经贸部审批。

3. 对外承包工程和劳务合作项目,重庆市可直接对外谈判、报价、投标、签约、结汇。属于国内几家公司参予〔与〕投标的项目,要接受经贸部的协调。

4. 享有省可审批的进口物资权。其中,进口仪器仪表、医疗器械、电子原〔元〕器件单台2万美元、批量20万美元;其他机械设备单台5万美元、批量50万美元以下的,重庆市可自行审批。属于国家控制进口物资仍按规定履行申报手续。

5. 可审批属省批准的执行对外经贸任务的出国团组和人员。

二、关于对外经贸计划实行单列问题

1. 外贸收购、调拨和出口、进口和技术引进、利用外资、对外援助、对外承包工程和劳务合作、对外生产技术合作、对外科技合作、接受联合国和国外援助、援外医疗队等项年度计划和长期计划,都由重庆市编报,由经贸部直接下达。

2. 财务、基本建设、扶持生产的技措、科研、劳动工资等项计划指标,由经贸部和各总公司直接下达重庆市。

3. 1983年计划,尚未下达的,由重庆市着手编报,由经贸部和各总公司审批下达;凡已经下达的计划,按四川省划拨给重庆市的计划执行。

外贸收购计划按省下达的收购总额2.4976亿元(包括茶叶、畜产内销部分,不包括内销部分为2.3317亿元),出口计划按3108万美元,调拨计划按(暂缺)万元,地方进口按500万美元执行。在业务正式移交前,省公司对重庆市的计划出口商品要继续对外成交、发运,不能使业务中断;移交后,对外尚未执行的合同,由市接过来履约,还是委托省公司代理继续履约,由省市公司具体商定。

属于重庆市的技术引进、利用外资、对外援助、对外承包工程和劳务合作、对外生产技术合作项目计划,由市负责执行。

4. 凡属重庆市生产出口商品所需的原材料,按照物资管理范围,编制计划,分别报批。属于国家调拨的物资,由国务院有关部门审批供应;属于四川省管理供应的,由市计委报省计、经委安排;由省经贸厅管理供应的,可直接报省经贸厅安排。今后应同原料供应地建立长期合同关系。

出口商品包装物料,根据重庆市的出口需要,商品流转计划和财务计划,由总公司直接下达。今年川东地区出口商品所需的包装物料计划已安排在重庆市,由市公司按原计划保证供应。今后川东地区包装物料,由省公司编报计划,直供到企业,也可委托重庆市公司代供。

5. 有关统计报表,重庆市单独统计上报经贸部和有关总公司,同时抄省经贸厅和省有关分公司。

6. 中长期计划,其中"六五"计划的控制指标已经下达,重庆市的部分可由省划出来执行。"七五"规划,由重庆市自行编制。

7. 重庆市对外经贸部门作为一个计划单位,参加经贸部和各总公司召开的各种有关会议。

三、有关财务核算和外汇问题

1. 重庆市各外贸分公司的财务,同各专业总公司直接挂钩,盈亏由总公司统一核算。1983年起,市公司的财务计划同省公司分开,单独编报,单独考核。市公司的各项财产和资金,均按1982年末账面余额。由省公司划归市公司管理、使用。库存出口商品的呆滞积压部分的处理,将来由总公司会同省、市分公司协商解决。

2. 今年的基建和简易建筑费,已下达四川省,应优先安排1982年结转的部批准计划之内的续建工程项目,如有剩余额度,再按重庆市收购计划占四川省的比例,由省划拨给重庆市。

3. 出口工贷,核定给四川省的指标3400万元,已大部分使用出去。先可暂按重庆市收购占省的比例划拨一定额度给重庆市,由市审批、周转使用。如经贸部可商有关部门增加指标,再重新拨给重庆市额度,不再划拨省的指标。

1982年底以前已经使用的出口工业品贷款、外汇贷款、中短期设备贷款等,均按谁借谁还的原则执行。

4. 四川省留成外汇,1981年额度按经贸部下达数照规定分配划拨给重庆市。1982年留成外汇,由经贸部直接与重庆市结算。地方外汇的划拨问题,建议省、市计委商定。

5. 1983年起,重庆各外贸公司财务、会计报表直接填报总公司。重庆市经贸局汇总财务报表,在报经贸部同时,抄报省经贸厅。省经贸厅的各项财务、会计报表,应分别编制两套,一套为包括重庆市的全省报表;一套为不包括重庆市的报表,同时报经贸部。

四、直接经营对外贸易业务的问题

1. 扩大自营出口范围问题。原则上同意二、三类商品都可由重庆市自营出口。鉴于目前重庆市还缺乏对外业务经验,同时1983年的出口计划和调拨计划已定,今年不宜再扩大自营范围,应先将四川省现自营的商品接过来,待条件具备后,再分期分批地按调拨到省外其他口岸的商品,但事先要逐项报有关专业总公司核批,并抄报省经贸厅;总公司批件在下达重庆市时,也应抄省。有关专业总公司和四川省有关分公司要积极帮助重庆市创造条件,尽快开展自营业务;重庆市在接自营商品时,要本着实事求是的精神,做好准备,成熟一个,接一个。

2. 从今年广州春季交易会开始,重庆市即以一个单独代表团参加,并尽可能分配交易员名额着手自签成交;重庆市一时不能自营出口的商品,也可派员参加交易团学习和熟悉情况。各总公司举办的各种小型交易会,也要将重庆市有关公司作为独立的单位,吸收参加交易活动。各总公司在组织有关出国考察、推销组时,亦要安排重庆有关公司参加。

3. 出口商品商标。现在共用的出口商品商标仍继续使用,都要重视商品质量,维护国际信誉。

4. 保持和发展同毗邻地区的传统联系。南充、内江、宜宾和涪陵等部分地区,有一部分商品过去经过重庆外调和出口,在省公司统一组织下,有的由各有关地区自办水陆联运直发口岸,有的由产区自设工作组在重庆办理中转,有的由重庆加工拼装、挑选整理后调省外或出口。今后重庆要继续帮助做好有关工作。重庆市可同市外符合自然流向的地区(包括省外)搞出口商品联营、合营、代理、服务等。但在目前核定换汇成本未合理解决前,不宜直接购销。

五、市对外经济贸易业务机构的设置问题

1. 重庆新成立的对外经济贸易局,作为市政府管理对外经济贸易的部门,享有相当于省级经贸厅的权利和义务。属于地方行政编制。

2. 市的外贸分公司的设立,应根据进出口业务发展的需要,本着精简的原则,不必与各专业总公司完全对口。从目前和今后发展看,可将现在的工业品进出口公司划分为化工进出口公司,轻工和工艺品进出口公司,五矿、机械连同机械工业部系统的机械设备合并为五矿机械设备进出口公司(一套机构,三块牌子,分开核算);设立重庆市对外仓储运输公司;保留原有的粮油食品、畜产、茶叶土产、纺织品进出口公司,市包装进出口公司和对外广告公司(一套机构,两块牌子),外贸进口公司。这些公司均享有省分公司的权利和义务。以上公司,统称"中国××××进出口公司重庆分公司",成立中国重庆国际经济技术合作公司,由市办理报批手续。

3. 建议批准成立中国对外贸易促进委员会重庆分会,列入事业编制。

4. 市属各县(包括原永川地区)已有的外贸机构暂维持现状,没有设立的也暂不设立。下一步再研究解决。

5. 重庆市对外经贸业务扩大后,需要适当增加编制,充实外销力量,由市本着实事求是、从严掌握的精神,提出方案,报经贸部审批,并要按照择优录用的原则,把好进人的质量关。

充实必要的外销业务人员,是切需迫要解决的问题。考虑到目前在四川省有关分公司的外销力量也较薄弱,主要还靠市培养解决。现在就可选派一些人员参加省分公司的有关业务工作,学习掌握外销业务;也可以选派一些人到口岸公司学习、培训;必要时,也可由四川省有关分公司派一些业务骨干到市有关公司短期帮助开展工作。此外,还可考虑动员分散在其他行业,过去从事外销的人员(要符合条件)归队。

6. 为适应重庆市对外开放,扩大对外经济贸易需要,建议市政府商有关部门将海关、银行、商检、动植物和卫生检疫等配套机构建立、健全起来。

六、外贸企业下放问题

重庆地区目前共有茶叶、畜产等11个加工企业(包括原永川地区,其中有巴岳茶厂),全部应随同计划单列,由重庆市有关外贸公司经营管理,产权归中央财政所有。

七、外贸运输和仓储问题

1. 重庆市的进出口运输计划、订舱配载、中转、代储、代运等,由市外运公司直接与有关部门衔接办理,并将省属的重庆和永川两个车队划归市外运公司管理。

2. 解决重庆市对外运输的重要出路是打通长江水运。为把长江水运搞活,建议:(1)重庆港口管理要政企分开,平等地为用户服务,划出外贸专用的泊位和库场。(2)加强港口建设,积极发展集装箱运输,当前要大力推行托盘运输。(3)发展同下游地区首先是四川有关地区和湖北省的联运,或建立联营船队。(4)市外运公司参加重庆市运输管理领导小组,参与外贸运量和运力之间的平衡〔衡〕和运输协调。(5)积极创造条件,开辟重庆到港澳、东南亚和日本等地的直达班轮。

3. 要重视开辟重庆到西欧国家的铁路集装箱运输以及重庆到香港的航空运输。

4. 外贸在重庆市现有的和在建的仓库和简易设施7万多平方米,全部划给重庆市外贸使用。由

原外贸部和省外贸局共同投资正在重庆修建的磨盘山仓库,由省继续负责按计划建成。将来如何管理使用,在下一步作长远规划中考虑。

八、方案实施时间

以上方案,除已明确即需接办的事项即可开展工作外,其余都应积极做好准备,具体实施时间,按国家体改委和四川省的统一规定执行。

省、市同志表示,在方案实施中,要充分协商,发扬风格,从大局出发,合理解决遇到的问题。今后要加强联系,互相支持,密切配合,共同促进四川对外经济贸易的发展。大家一致认为,重庆市对外经贸体制的改革仅是开始,经过一段实践,应再研究进一步搞活重庆市对外经济贸易的新方案。希望重庆市成为全国对外经贸体制改革的试验基地,为发展我国的对外经济贸易做出贡献。

重庆市物资流通体制改革的实施意见

中共中央〔1983〕第7号文件批准的《关于在重庆进行经济体制综合改革试点的意见》指出:要"打破地区、部门、城乡的分割状态,在重庆建立商业、物资中心,按经济合理流向组织商品流通,做到货畅其流"。遵照中央文件精神,针对长期以来按行政部门、行政区划分条分级组织供应,造成封闭的供应体系和行行层层设库,物资分散,运输不合理等弊病,提出改革物资流通体制的实施意见如下:

一、以城市为中心合理组织物资流通

1. 市属企事业单位(包括下放由市主管的单位)所需物资,由市统一组织分配和供应。现由中央各部实行物资直供的市属企事业单位,从1984年起改由市统一组织分配和供应。

2. 在城市内部,原则上实行分配指标到局(公司)、实物供应到厂的办法,由市物资部门统一组织供应,实行市物资部门和企事业单位两级设库。

3. 对市属县(区)及其以下企事业单位和农村所需物资,分配指标到县(区),由县(区)物资部门统一组织供应。

4. 中央在渝企事业单位所属物资,原则上采取划转分配指标的办法,由市物资部门就地就近组织实物供应。除中央在渝的军工、铁路、长航、民航、邮电、石油、电力、煤炭以及112厂和四川重型汽车厂等暂不划转外,其他中央各部在渝企事业单位所需物资,可从1984年起划转分配指标,由市物资部门就地就近组织供应。

5. 各企事业单位所需的专用物资,包括由轻工部供应的搪瓷薄板、罐头包装用马口铁皮以及商业、外贸部门带料加工所需的物资等,仍按原渠道分配和供应。

6. 市物资部门在组织供应中,适宜直达供应的大宗物资,尽可能组织企业之间的直达供应和长期定点供应;零星物资由市物资部门的经营网点就地就近供应。

7. 对国家和省管理的物资,凡重庆有需要而又有生产的,在统一计划安排下,市物资部门可以就地就近优先订货。

8. 积极创造条件,发展与周围地区的物资交流,更好地为重庆及其周围地区的经济发展服务。

二、实行灵活供应办法

1. 对需要量大的用户,实行直接计划,按隶属关系申请分配和供应;其他用户,实行间接计划,不再申请分配,由市物资部门的经营网点组织供应。根据各种物资资源和用途的不同情况,实行敞开供应、核实供应、垫支预供、代购赊销、调剂串换、机具租赁等多种办法。

2. 推行物资部门配套承包供应的办法。特别要搞好重点建设项目和重点技改项目的配套承包供应;对生产所需物资的配套承包供应,也要根据资源情况逐步推行。市里现行的物资切块分配办法,不利于组织配套承包供应,应加以改进。

3. 发展物资企业与生产企业之间以及物资企业之间的联合经营,疏通产销渠道,扩大物资流通。

4. 建立物资交易中心,办理常年订货和产品展销,组织各种形式的物资调剂,为生产企业自销产品提供交易场所,并开展物资商情和购销咨询服务。

5. 搞好物资协作,扩大地区之间的物资协作交流。要加强物资协作机构,统一组织大宗物资的协作工作。

6. 发展物资部门的补充加工,除继续搞好零割零锯、套裁供应外,要按照国务院国发〔1979〕235号文件精神,由物资部门统一组织木材按需加工供应成材、半成品和成品,提高木材的综合利用率。市里现有的木材加工企业要进行必要的调整改组。

7. 物资部门组织计划外的短缺物资,其价格高于国家调拨价格的,可以保本经营。

三、加强物资部门建设

1. 随着物资流通体制的改革,物资部门的供应任务将成倍增加,需要进一步加强物资管理机构和经营网点建设。市物资局作为统管全市物资工作的综合部门,要贯彻执行党和国家有关的方针政策,配合市计委统筹全市的物资供需平衡,组织物资订货、供应和调度,并指导市内各部门、各企事业单位的物资工作。各物资专业公司和县(区)物资部门要分期分批调整和增设一批经营网点,积极开展经营业务,在多渠道流通中发挥主渠道作用。

2. 改进物资管理工作。对市属单位的库存物资要进行合理调度使用;对生产企业执行分配调拨计划和供应合同情况要进行监督检查,并配合有关部门加强消耗定额管理、生产资料市场管理和价格管理等工作。

3. 调整供应机构。在市范围内,按合理流向划分市中区、北碚、永川三大片,相应设置三个片的供应机构。将近郊沙坪坝、江北、南岸、九龙坡、大渡口、北碚六个区的物资供应机构上收到市,改为市物资专业公司的直属经营网点。其他县(区)供应机构的隶属关系和供应范围不变。

4. 加强服务工作。物资部门要努力为生产建设服务。对计划指标内的需要,要做到保证供应;对计划指标外的需要,要千方百计组织供应。要实行定点定人,分片包干,定期下厂下乡服务,逐步建立起物资供应档案。对划转分配指标就地就近组织供应的单位,各物资专业公司要有专人负责,专列账户,单独考核,对这部分物资的订货、到货和供应等情况,应定期向有关部门通报。

5. 为适应物资工作发展的需要,必须加强物资队伍的思想政治工作和业务、文化培训,同时要逐步建立电子计算机中心和网络,提高物资经营管理的现代化水平。

重庆市人民银行体制改革的初步意见

为贯彻中央〔1983〕7号文件精神,适应重庆市经济体制综合改革的需要,把银行办成真正的银行,发挥发展经济、革新技术的杠杆作用,经总行和省、市分行共同研究,提出重庆市人民银行体制改革的初步意见如下:

一、关于计划单列问题

1. 市分行的信贷收支计划、现金计划、发行基金、金银配售计划、劳动工资计划、财务收支计划(包括利润留成、费用包干等)、基本建设计划、物资分配计划,均实行单列。计划的上报、调剂、调整均由市分行直接向总行申请办理,并抄报省分行;计划指标下批由总行直接下达市分行,并抄送省分行。省分行上报全省各项计划和总行下批全省计划中要包括市分行数字。

2. 各项计划的执行情况和统计报表,市分行在上报总行的同时,抄报省分行。省分行上报总行的计划执行情况和统计表中,要包括市分行的数字。

3. 1983年各项业务计划指标(包括永川地区划过来的八个县在内)由省分行分配后,作为计划单列指标,年度执行中如需调剂、调整,由市分行直接向总行申请办理。1983年劳动工资计划等,总行尚未分配的,直接下达市分行,抄送省分行。

二、关于权限问题

按照中央〔83〕7号文件批转的《试点报告》,赋予市分行相当于省分行的职权。

1. 实行信贷收支差额包干,多存可以多贷。每年由总行核定市分行年度差额指标及年中最高周转指标。流动资金贷款,在差额包干范围以内,由市分行自行掌握发放。

2. 中短期设备贷款除由总行戴帽下达的项目外,再由总行划给市分行一个切块指标,市分行可在切块指标和地区固定资产投资计划范围内,比照市计委审批投资计划的权限,在审批权限以内的,由市分行自行选择项目发放,不再报批。

3. 根据企业资金周转的状况,对流动资金贷款,在国家统一的标准利率的基础上,市分行可在20%的幅度内上下浮动。

4. 市分行可根据生产和流通的需要,在国家金融政策许可范围内,增办业务项目,试行新的存贷款办法。

5. 总行召开的省一级银行有关会议,均通知市分行参加;发至省一级银行的文件均发至市分行。

6. 赋予市保险公司以省级保险公司的职权。

三、关于支持企业技术改造问题

1. 鉴于我市企业设备陈旧,技术落后,更新改造任务十分繁重,银行要把支持企业的技术改造作为一项重要任务。市分行要参与全市的技术改造规划,帮助算账平衡资金;选择重点项目,组织专家论证,认真进行可行性研究。对于确有社会经济效益的项目,在批准的投资计划以内应当大力支持。为搞好重庆市的试点,总行可以适当给重庆市增加一些贷款指标。对于企业自筹的资金,市分行要通过信托方式,帮助有关部门按行业集中,加以有效地运用。

2. 改进中短期设备贷款,还款期限由现在的二至三年延长为从用款之日起最长不超过七年,并实行差别利率。对经济效益好,能提前投产、归还贷款的项目,在利率上可以予以优惠;对不能按期投产和归还贷款的,要加收过期罚息。

3. 为了支持企业之间采用价拨方式调剂闲置设备,充分发掘生产潜力,重庆市分行可对调入单位发放"设备转移专项贷款",调出单位收到设备价款后,必须存入开户银行作为定期存款,存期长短视设备预期发挥效益的时间确定。

四、关于改革信贷计划管理体制的问题

为了促进各方面关心资金的运用,提高资金使用的效益,拟在重庆市试行资金包干制度,即参照国家加速流动资金周转的要求,结合年度生产和流通的规模,核定一个信贷资金的包干总额,由于全市超额完成加速资金周转指标而相对节约下来的资金,可以按一定比例用于下年度增加发放技术改造的贷款。因全市没有完成加速资金周转指标,而多占用了资金,要按一定比例,扣减下年度设备贷款。

五、关于信贷、结算方面的几项改革

1. 对工商企业扩大推行以流动资金周转为基础管理贷款和实行浮动利率新的贷款办法。企业实行浮动利率后,奖、罚息与企业基金挂钩,促使企业关心抓流动资金周转。

2. 为适应多种形式的商业信用,试办票据承兑和票据贴现业务,保障企业按期收回贷款,严肃

购销合同。

3. 试办全市"票据清算中心",逐步建立本市各区县银行结算网络,加速企业资金周转,使市内各单位的资金往来,一天内可以收妥抵用。

4. 改革流动资金管理体制,着手进行企业流动资金由银行统一管理的改革试点工作。

5. 为克服联行资金"吃大锅饭"的弊端,拟将信贷计划的指标管理改为资金实拨,促使银行精打细算合理使用资金,挖掘资金潜力。

六、关于金融体系问题

重庆市建立一个什么样的金融体系,以适应重庆市经济体制综合改革和发挥经济中心作用的需要,是一个很重要的问题。要花力量研究探讨,制订出改革方案。

中共重庆市委、重庆市人民政府关于贯彻落实中央指示搞好重庆市综合改革试点给中共四川省委、四川省人民政府并党中央、国务院的报告

(1983年3月20日)

省委、省人民政府并报党中央国务院:

根据中共中央、国务院对四川省委、省人民政府《关于在重庆市进行经济体制综合改革试点意见的报告》的批示,3月2日到19日,在国家体改委和四川省委负责同志主持下,召开了贯彻落实中央指示、搞好重庆市综合改革试点的会议。重庆改革得到国务院各部委、省各厅局的有力支持。参加会议的有国务院26个部门、省29个部门以及市有关部门的负责同志共200余人。会议采取中央、省、市三结合的形式,分部门进行了专题讨论。经过调查研究、反复酝酿和协商,共议定二十四个部门改革方案和建议。其中多数在今年就可以实施,有些从明年起实施,少数则要积极创造实施的条件。对于会议取得的这些成果,大家都表示满意。会议中间,薄一波同志来重庆视察工作,转达了党中央、国务院对重庆改革寄予的殷切希望,并对改革中的重大问题讲了许多重要意见。

这次会议是紧密围绕组织好以重庆为中心、走军工生产和民用生产相结合的新路、为开发西南经济服务的经济区这一目标来进行的。这是中央批示中对我们提出来的光荣任务。这样的经济区,是要把条条和块块、城市和乡村结合起来,运用经济手段,发展经济联系,形成以重庆为中心的经济网络。这对我们长期习惯于按行政部门、行政区划组织经济来说,完全是一个除旧创新的工作。本着解放思想、勇敢探索的精神,会议对以下几个主要问题取得了一致的看法,提出了改革的具体措施。

一、关于计划单列和赋予重庆相当于省的经济管理权力的问题

计划单列是组织好以重庆为中心的经济区的必要条件和重要内容。重庆是长江上游的经济中心,在实行开放性政策的条件下,它的经济活动,必然要超越一个省的范围,达到广阔的区域。因此,重庆的计划就不应再是一个省辖市的计划,而应当在国家计划中单列出来,否则,就不利重庆按照经济发展的客观规律和开发西南经济的要求来组织自己的经济活动。根据会议的讨论,计划单列的含义是:第一,把重庆作为一个相当于省一级的计划单位,在国家计划中单列户头;第二,在国家计划中,对所有计划指标,包括经济、科技、社会发展计划指标,都对重庆实行单列;第三,在制定和执行计

划、管理经济上,赋予重庆相当于省的权力。为了实现计划单列,会议商定:(一)从1984年起,在全国工农业生产、交通运输、邮电 固定资产投资、主要商品购销和分配调拨、能源和主要物资分配调拨、外贸进出口、劳动工资、财政信贷、科学技术以及各项社会发展计划中,都对重庆市单列户头。按照统一计划、分级管理的原则,属于国家计委主管的计划,由国家计委单列,属于国务院其他部委主管的计划,由国务院其他部委单列。(二)计划上报、下达的程序是:重庆市的计划由重庆市计委和市级各主管部门直接上报国家计委和国务院各主管部门,同时报送四川省计经委和省级各主管部门;国家计委和国务院各主管部门对重庆市单列计划指标,直接下达到重庆市计委和市级各主管部门,同时抄送四川省计经委和省级各主管部门。计划指标的调整,也按同样程序进行。(三)不属于国家计委和国务院其他部委主管的计划,原则上由重庆市计委和市级主管部门安排,其中涉及全省综合平衡的,由省计经委或省级有关部门安排和协调。省管商品、物资的调出调入,省、市有关部门都要按商定的基数和计划执行。重庆市在省内现有的生产协作、产品配套关系,要继续保持和发展,不得随意中断。如确实需要调整时,应由省、市有关方面充分协商。涉及全国性生产布局和产供销平衡的,应征得国务院有关部门同意。(四)计划单列中,能源的分配调拨、主要物资和商品的分配调拨、固定资产投资、财政和信贷等指标,需要划定基数,以作为今后制定计划的依据。基数的划定,原则上以1981年至1983年省下达给重庆市的计划(包括年初下达后的正式计划和计划内的追补、调整)平均数为准。在此基础上,对有的基数根据实际情况作必要的调整。(五)重庆市财政计划单列后,重庆市的总收入按商定的比例,一部分上交中央,一部分上交省,一部分留市。财政体制改革的方向,是以划分税种确定各级财政收入的体制,我们拟在今年内作好准备,争取在1984年起试行。

二、关于利改税和改革工资奖励制度的问题

重庆综合改革涉及问题很多,首先着重搞好利改税和工资奖励制度的改革,以进一步调动企业和劳动者的积极性。

以税代利是改进国家和企业关系的一项方向性改革。重庆在八十多个企业中试行三年,取得了显著效果,并且有了一定经验。会议商定,重庆市的以税代利的改革,从今年起就全面推开。全市所有盈利的国营大中型企业,都按照实现利润征收55％的所得税。企业交纳所得税后的利润,一部分按国家核定的留利水平留给企业,一部分以调节税的形式上交国家。为了促进企业增产增收的积极性,调节税的交税额,基数部分按核定的税率征收,增长利润部分按定比减半征收,一定三年不变。对技术改造任务大、企业留利水平又很低的少数企业,在核定留利比例时给予适当照顾。盈利的国营小型工业企业,一律按重庆市拟定的"新八级"超额累进税征收所得税,并征收一定比例的固定资金占用费(当前由于企业交纳固定资金占用费尚有困难,确定保留费种,三年内暂不征收。)划分小型工业企业很难找到一个科学的标准。根据重庆市的实际情况,确定暂按固定资产原值在500万元以下和年利润在50万元以下来划分;有些企业固定资产原值在500万元以上,但年利润在50万元以下,也暂按小型工业企业征税。除盈利国营工业企业外,对国营商业企业、饮食服务业、县办企业以及亏损企业,也都议定了利改税办法和亏损包干、节亏分成办法。

在企业与职工关系上,关键是改革工资奖励制度,实现按劳分配,克服平均主义。改革的方向是实行以企业经营好坏和个人贡献大小为转移的浮动工资和职务工资制。会议商定,浮动工资制,包括:企业工资总额与企业经营好坏挂钩,上下浮动;职工收入(包括工资、奖金、津贴等)中的一部分随个人贡献大小,上下浮动,用企业留成中的奖励基

金实行自费浮动升级。都可以在企业中逐步推行。职务工资或职务津贴,可选择几个企业试点。

三、关于探索军工生产和民用生产相结合的新路子的问题

重庆市是我国常规兵器工业的主要基地之一。全市固定资产原值,军工企业占17%;机床,军工企业占31%(其中大型机床占42%,精密机床占38%),工程技术人员,军工企业占23%。重庆只有走军工生产和民用生产相结合的道路,才能把自己的优势发挥出来,也才能从根本上改变军事工业由于单纯生产军品而形成的长期任务不足的局面。近几年来,重庆嘉陵机器厂、望江机器厂等军工厂,为适应国民经济发展轻纺工业、耐用消费品工业和开发能源的需要,与市的一些工厂实行联合和协作,在不断改进军品生产的同时,大力发展民品生产,既改变了企业吃不饱的状态,增加了盈利,又促进了地方企业的改造和国民经济的发展,并使许多地方小企业在与他们协作配套中找到出路。重庆嘉陵、望江等厂的作法为我们探索军工生产和民用生产相结合的新路子提供了重要经验。为了进一步推进这方面的改革,会议商定:(一)所有国防企业,都要根据国民经济发展的需要和自己的实际情况,积极而有远见地确定民品生产的方向。上一些技术先进、对开发西南经济和发展全国经济有重要意义的产品。(二)民品生产任务由部和市共同协商,提出规划,纳入部的年度计划和长期计划,由部下达,原材料、资金等由部负责,能源和地方材料由市组织供应。(三)按专业化和协作的原则组织民品生产。协作配套要以经济合理为原则,尽可能就地就近组织。经济联合体要"荣誉共享,利益均沾"。(四)国防企业的铸锻,热处理、电镀、模具制造等工艺设施。计量、计算和测试手段,要实行开放,参知市组织的工艺协作,开展有偿的社会化服务。(五)要积极承担地方企业的技术改造、新产品开发等任务和国防科技向民用转移的任务。(六)在重庆建立兵器工业部的派出机构——重庆兵器工业管理局,船舶工业总公司的分支机构——重庆船舶工业公司,实行部和市双重领导,统一管理四川兵器和船舶企业的军工生产和民品生产。大家认为,实行上述改革,对于促进军工生产和民用生产相结合是一个进步,但这个问题尚需进一步深入探索。

四、关于老企业技术改造的问题

重庆是个老工业城市,不少企业设备的役龄都在五六十年以上,少数达到八九十年。张之洞买进的外国蒸汽机,现在仍作为轧钢的主要动力机使用。五十年代以来建设的企业的设备,技术也已陈旧。不少工厂的厂房靠支撑维持生产,随时有倒塌之虞。大家一致认为,要发挥重庆经济中心的作用,必须把老企业的技术改造放在重要位置。

老企业的技术改造,当前突出的问题是筹集资金。会议根据各方面的建议,商定以下几条措施:(一)动员企业努力提高经济效益,增加机动财力和还款能力。(二)从1983年起,企业折旧率提高0.5%,1984年再提高1%。(三)上交中央的30%的折旧基金,由市提出改造项目,上报中央有关部门,返还时给以照顾。(四)适当增加银行贷款额度,在现有每年1.5亿元的基础上,再增加5000万~7000万元。中短期设备贷款偿还期限,由现在的3~5年改为最长不超过7年,或从计划投产之日起最长不超过5年。同时实行差别利率,对重点改造项目和经济效益好、有发展前途的项目给以优惠。利改税后,贷款在税前归还,少数自有资金少而又急需改造的企业,应给予照顾。(五)经人民银行同意,企业的折旧基金和其他用于改造的资金,可通过银行信托方式,按行业调剂使用,在统一规划下对所属企业轮流进行改造。保证资金所有权不变,并按银行存款利率实行有偿使用。(六)贷款改造项目由银行聘请专家进行论证,贷与不贷、贷多贷少、还款期限长短,由银行决定并承担责任。今年就选择几个项目试点。(七)积极引进国外的设备、技术,银行在外汇贷款上给以支持和优惠。

进行技术改造,必须严格防止以技术改造为名,行扩建新建之实。重要改造项目都要列入计划,都要经过可行性研究和技术,经济论证,都要经过批准,都要受银行的监督。

五、关于改革外贸体制,打通长江通道,发挥重庆内河外贸港口作用的问题

重庆地处内陆,远离沿海达数千公里,要使重庆繁荣起来,并能促进长江上游地区的发展,重要条件之一,就是要充分利用重庆港口和长江这条横贯我国东西的大动脉,直接开展进出口贸易,把西南三省的农副土特产品和工矿产品销出去,把国外的先进设备、技术引进来,还可采取合资经营、补偿贸易等形式来利用外资。根据中央批示精神,这次会议商定:(一)从1983年广州春季交易会起,重庆作为口岸,单独组织代表团参加广交会,直接开展对外贸易。(二)在总的外贸体制还不能大改的前提下,先赋予重庆市相当于省的外贸权力,从1983年起外贸计划单列,市各外贸分公司直接与经贸部各总公司挂钩,原则上可以自营出口二、三类商品。(三)对外运输,第一步,先与武汉外运公司实行联运和联营(已达成联运协议);第二步,在可行性研究的基础上,再自组船队,开辟重庆到港澳及其他地区的班轮。(四)健全海关、银行、商品检验、动植物和卫生检验等配套机构,积极培训外贸业务人员,为对外贸易的进一步发展创造条件。(五)重庆港务局与长江航运管理局分离,实行独立经营,平等地为所有经营船舶运输的企业服务。领导体制以交通部为主,与重庆市实行双重领导。为适应重庆内外贸易的发展,提高重庆物资进出口能力,重庆港的技术改造和新港区的开辟工作要加紧进行。规划由重庆港务管理局负责,具体建设项目,按基建程序报交通部审批,纳入国家计划。(六)目前长江运力严重不足,大量物资积压,交通部长江航运管理局确定,从今年开始,三年内分别增加运力9.3万吨,12万吨,7.7万吨,使重庆出川的运力由1982年的3.8万吨,增加到1985年的37.3万吨。

同时从今年2月起,恢复重庆到上海和沿海各港的直达船队。并尽量从上海港等地承运到西南的外贸进口物资。

在进一步开发长江航运的同时,必须加强重庆铁路的改造和建设。会议商定:(一)成渝、川黔、襄渝三条铁路的电气化工程要按计划进行,争取提前建成。(二)重庆货站、客站建设列入铁道部建设项目。(三)从1983年4月起,每日给重庆增加出川货车30辆。

六、关于以城市为中心合理组织商品流通,进一步搞活经济的问题

会议商定,商业流通体制按商业部提出的改革方案实行。省属商业、供销二级站下放重庆与市公司合并,同时打破固定行政供应区域、固定供应对象、固定倒扣作价的限制,实行跨地区、跨批发环节的经营和内部协商作价;除商业部规定的少数商品外,各级批发和零售企业都可向任何一个一级站、二级站和工厂直接进货。这样一个改革,对克服城乡分割、地区封锁、流通堵塞将起巨大作用。但对重庆的工业生产也将带来很大压力。重庆工业产品,尤其是日用消费品与沿海城市比,有不少质量低、品种少、价格高,缺乏竞争力。必须通过改革,用极大的努力去提高自己的产品质量,扩大产品品种,降低产品成本,提高产品的竞争能力。同时要广泛组织各种形式的工商联营、商商联营、农商联营,采取多种经济手段,调动商业部门推销重庆产品的积极性,为重庆的工业品开拓市场。物资供应实行以重庆为主的供应体制。除市属企业事业单位(包括下放的企业事业)由市供应外,现由中央各部实行物资直供的市属企业事业单位,从1984年起改由市统一组织供应;中央各部在渝企业事业单位(暂不含军工等八个部门和个别大型骨干企业)所需物资,从1984年起,采取划转指标的办法,由市就近就地组织供应,专用物资仍由中央各部供应,市属县(区)及其以下的企业事业单位和农村所需物资,仍由县(区)物资部门供应。供应方法,大

宗物资直达供应,定点供应;中转物资,在市内原则上分配指标到局,实物供应到厂,尽可能做到物资部门和企业两级设库;零星物资设网点就近就地供应。同时设立物资交易中心,进行市场调节。

除上述几项主要改革措施外,会议还就科学技术、物价管理、城乡建设、统计工作等方面商定若干改革措施和建议,并就冶金、煤炭、电子、化工等部门企业的技术改造和改组联合,以及新基地的开发等交换了意见。

关于实行市管县的问题,这次会议没有讨论。但这是个很重要的问题。现在重庆已经是一个拥有 12 县、近 1400 万人口(其中农业人口 1100 多万)的经济区,农村建设的任务很重。我们拟在会后单独就这个问题进行研究,在指导思想上、组织上、领导方法上采取有力措施,把农村的大好形势进一步发展下去。

现在重庆进行改革的条件已基本成熟。我们拟采取一面行动,一面规划方针。已经确定的改革措施立即付诸实施,同时建议在今年二季度,由国家体改委和国家计委牵头,有关部委参加,协助我们分别对老企业的技术改造、军工生产和民品生产的结合、能源交通重点项目的建设(如毗邻重庆的贵州习水煤田的开发、成渝等三条铁路的电气化改造、火电站的建设、重庆港的改造和新港区的开辟等)三个方面进行规划,制订切实可行的方案,报中央和国务院审批。

重庆市的改革,意义重大,任务艰巨。实现这个任务,离不开中央各部门和省各厅局的领导和支持,离不开全市 1400 万工人、农民、知识分子和各级干部的努力。我们一定遵照党中央、国务院的指示精神,在省委、省政府领导下,集思广益,群策群力,有计划、有领导、有步骤、有秩序地把改革搞好,决不辜负党中央、国务院对我们的期望。

中共重庆市委员会
重庆市人民政府
1983 年 3 月 20 日

四川省人民政府转报关于贯彻落实中央指示搞好重庆市综合改革试点给国务院的报告

(1983 年 3 月 22 日)

国务院:

送上重庆市人民政府《关于贯彻落实中央指示搞好重庆市综合改革试点的报告》,请审阅。

探索军工生产和民用生产相结合的新路子,是中央赋予重庆市经济体制综合改革试点的一项重大任务,也是搞活西南经济,充分发挥大三线建设作用的一项重大决策。我们认为,解决这个问题的方向是改变军民分割、条块分割的现行管理体制,实行在国家计划指导下军民结合、条块结合、统筹规划的管理体制。鉴于这个问题,涉及国务院许多部门,特别是现行军工管理体制,建议国务院指示有关部门,在重庆进行这一改革的试点工作。

为了进一步落实各项改革方案,促进以重庆为中心的经济区的尽快发展,建议在今年二季度,由国家体改委和国家计委牵头,有关部委参加,到重庆制订有关技术改造、军民结合、能源交通重点建设等方面的规划,报国务院审批。

四川省人民政府
1983 年 3 月 22 日

重庆市人民政府财贸办公室负责人关于流通体制改革的发言

(1983年3月28日)

中央和省对重庆市的综合体改很重视,在潘家坪会议上对各部门的具体改革方案进行了认真的研究讨论。现在,我根据中央和省同意的重庆市流通体制改革方案的精神,讲三个问题。

第一个问题,流通体制的改革势在必行

在整个国民经济中,流通是一个十分重要的领域。对生产起着积极的、能动的作用。我国现行的商品流通体制,基本上是五十年代为适应对私改造,以及后来升级过渡,政企合一的需要,逐步演变而来的。这在当时商品供应长期紧张的条件下,依靠行政的力量,进行艰巨的采购分配工作,保障了人民群众的基本生活需要,发挥了重要作用。但是,现在我国的经济状况已经发生了很大的变化,自十一届三中全会以来,由于认真清除经济工作中长期存在的"左"倾错误,坚决贯彻"调整、改革、整顿、提高"的方针,特别是随着农业联产承包责任制的广泛推行,专业户、重点户的大批涌现和多种经营的发展;城市调整了轻、重工业比例,大抓了日用消费品的生产,我国经济已经进入了城乡社会主义商品生产大发展时期,商品流通量不断扩大,市场由卖方市场逐步向买方市场转化。以我市为例,1982年农副产品购进总值,较1978年增长73.6%,工业品增长34.2%。商品生产、交换的迅速发展,就把流通不适应生产和消费的矛盾暴露得十分充分和明显。突出的表现是:在农副产品经营方面,出现了农民卖东西难的问题;在工业品经营方面,部分日用消费品大量积压,农村需要的许多工业品又下不了乡,"卖难、买难"的问题说明商业部门对城乡商品生产、商品交换大发展的新局面估计不足,原有的商业体制不适应新形势和客观的物质条件,即原有的商业网点、储存设备、运输手段等跟不上需要,原有的购、销、调、存的一系列政策也不适应变化了的情况。这种"卖难"的状况,还尖锐地证明流通对生产的反作用,如果流通体制不改革,不疏通和扩大商品流通渠道,使之货畅其流,物尽其用,正在发展的城乡商品经济就可能因流通不畅而窒息。由此可见,改革商品流通体制已成为当前经济改革中的一个关键问题。

第二个问题,改革的内容

商品流通体制的改革,总的目标是:在坚持计划经济为主、市场调节为辅的原则下,建立一个多种经济成分、多条流通渠道、多种经营方式,少环节,开放的商品流通市场,以促进和引导生产的发展,活跃城乡经济,适应群众需要。为了实现这一目标,准备抓好以下六个方面的改革。

1. 扩大企业权限。计划单列后,凡是商业部和各总公司所管的各项计划,对重庆市实行单列户头,直接下达重庆市和四川省。对重庆市视同省一级计划单位,参加全国的商业工作会议和各种专业会议。重庆市的商业、粮食、供销各项计划的编制和执行情况,直接上报商业部和各专业总公司,并报省商业、粮食厅和省公司。赋予重庆市相当于省一级计划单位的决策权和管理权。省商业、粮食厅和各省公司拥有的计划、物价、业务、财务、基建、劳动工资等管理权限,重庆市商业局、粮食局、供销社以及各市公司都应拥有相应的管理权限。

2. 调整商业、粮食机构。

商业机构的调整:省在重庆(包括永川地区)的所有商业企业,全部下放给重庆市。将市中区、江北区、沙坪坝区、大渡口区、九龙坡区、南岸区、北碚区的三级批发企业的计划、业务、财务、人事和党的关系,全部上收,由市级专业公司归口管理。在此基础上,按照"专业划细、站司合一、一套机构、一套核算、两块牌子"的原则,将现有的30个专业公司站,重新组建为34个,并打破行政区划,按商品的合理流向,重新设立若干专业批发部。实行站、司、三级批发"三合一"。

粮食机构的调整:将市中区、江北区、沙坪坝区、大渡口区、九龙坡区、南岸区的粮食公司的党和人事关系收归市管,成立重庆市粮油食品供应公司,负责经营粮油零售和粮油复制品业务。把粮站调整为按经济区域设立的中心粮店,成为经济实体。将北碚区、南桐区、双桥区的粮食公司改名为区粮食局,对所属基层企业的计划、业务、财务和人事关系实行统一管理。

供销社系统和煤炭、石油行业的批零体制仍维持现状不变。

各县商业、粮食、供销社的体制仍按现行办法管理。

3. 改进批发工作。为了把重庆产品辐射出去,重庆产品首先要适销对路,具有竞争能力。价格上要做到同一产品与外地同质同价,或略低一些。对基层批发和零售企业,在经营重庆产品上,其利益略高于市外产品。工商双方要"困难共担,利益均沾",互相支持,开展联营。要积极与省内外三级批发联营,有计划地在省内外建立多种形式的联营点,用经济手段,调动经营重庆产品的积极性。要加强基层批发工作,搞好产销见面。批发必须面向农村,面向零售,提供优质服务。在有条件的重要集镇,要下伸批发网点,或与供销基层社联营,扩大工业品下乡。

4. 放开政策,搞活城乡市场。

工业品购销政策要放开。各级批发企业,要改变固定行政供应区域,固定供应对象、固定倒扣作价率的办法,可以跨区县经营,可以协商作价。除分配的计划商品外,可以直接向工厂协商订货,或代销、联营。国营零售、基层供销社、集体、个体商业,进货渠道不受限制,可以向工厂进货,可以向市内外批发部门进货,可以跨区县销售。有条件的零售企业,还可以适当兼营部分批发业务,以方便小型商店、集体、个体商业进货。三类工业品和完成收购后的计划商品,除商业部规定的超计划协商分配商品外,其他的允许多渠道经营。各级批发企业,都要灵活运用统购统配、计划收购、订购、选购、代购、联营六种购销形式,经营好主管的大、小商品,扩大购销业务,促进生产发展。

农副产品购销政策要调整。对关系国计民生的一、二类农副产品,继续坚持统购、派购和计划收购的政策;对三类农副产品和完成统、派购任务后的一、二类农副产品,除棉花、楠竹、木材、麝香外,允许多渠道运销,允许出县、出市、出省推销,长途贩运;允许生产者、个体行商、流动购销专业户长途运销;可以零售,也可以批售。国营商业,要积极参与市场调节,开展议购议销业务。

价格管理上也要放开,凡属议购议销商品,其价格可以随行就市,有升有降。

市场要搞活。为了把我市建成长江上游的经济中心,要积极筹建重庆工业品和农副土特产品交易市场,吸引省内外工商企业来重庆做生意,可以零售、批发,也可与他们联营,还可租赁门市,积极扩大重庆工业品的销路和组织农副产品进城,形成辐射的购销网络,扩大地区之间的物资交流。各区县要对现有的集市贸易市场进行调整,并在市中区、观音桥、南坪、杨家坪、沙坪坝等地区新辟一批禽蛋、水果、粮食、山货、药材、土产杂品和小商品的专业和综合集市贸易市场,其他区县也要建立类似的集市贸易市场。

5. 抓紧改革农村供销商业体制。农村基层供销社要恢复合作商业性质,一身二任,增强"三性",广泛开展灵活多样的经营方式和服务方式,扩大经营和服务范围,把供销社逐步办成农村供销、加工、储藏、运输、技术等综合服务中心。供销基层社和经营网点,要按经济区域设置,不合理的要调整。供销社可以进城设点经营,可以批发,也可以零售,把农副产品经营搞活。现行的劳动人事制度要改革,按照合作商业的特点,以后新增职工从农村高中毕业生中招收,实行合同制,不转户口,不吃商品粮,亦商亦农。基层社的领导从职工中民主选举,实行职务津贴,能上能下。企业管理人员和专业人员实行招聘制。供销社要充分发挥农村商品流通主渠道作用,开展多种形式的农商联营,把农村集体企业、专业户、重点户团结在自己周围,大力促进农村商品生产的发展。

6.加快利改税的步伐,积极推行以承包为中心的经营责任制。正确处理国家、企业、职工和消费者之间的关系。财政对饮食服务业实行"全额利润二八分成"或"定额承包、超额留用";对副食零售实行"全额利润二八分成",对纯批发和批兼营的副食实行"定额上交,超额分成或留用";对政策性亏损企业实行"亏损包干,节亏留用,超亏不补";对工业品零售企业,年利润不满10万元的,按新的八级超额累进制税率征税,年利润超过10万元的,按六级累进税率征税;大、中型批发企业,实行"基数包干,基数内留成不变,超额部分原则上四六分成",各区县还可以选一至二个企业进行税利并存的试点;原实行以税代利的企业,继续实行原办法,对个别执行有困难的,经市财办批准可以调整。要完善企业内部的承包责任制。实行指标分解,逐级承包,直到柜组和个人。有的实行"国家所有,集体承包",有的实行"集体所有,集体承包"。对个别偏辟〔僻〕网点,适宜于个人经营的,还可以实行所有制不变的个人承包。可以定额承包,可以利润分成,形式可以多种多样,不搞一刀切,在分配上,要贯彻按劳分配原则,使职工福利和劳动成果紧密联系起来,奖勤罚懒。实行经营承包责任制的单位,要加强思想政治工作,正确处理国家、企业、职工和消费者四个方面的利益关系,首先保证国家稳收增收,做到国家得大头,企业得中头,职工得小头。并切实保障消费者利益,严格执行商品供应和物价政策,坚持买卖公平,更好地为人民生活服务,决不能影响国家收入,损害消费者利益。

第三个问题,加快流通体制改革的步伐

1.成立体改办公室,加强领导。流通体制改革,政策性强,任务繁重,涉及面宽,各级商业部门都要有一位领导同志分管这项工作。市财办、市级商业主管局和公司、站,都要成立体改办公室,配备一定的精干力量具体抓。负责流通体制改革方案的贯彻落实,及时研究贯彻落实中的新情况,解决新问题,使改革健康顺利发展。

2.组织学习,培训干部。各商业部门,要组织领导干部、体改办公室成员和广大干部职工,认真学习中央一号、六号、七号、八号文件;市委、市府二号、六号和市府二十二号文件,吃透精神,掌握实质,继续清除"左"的影响,深刻认识流通体制改革的重要性,树立紧迫感,提高自觉性,积极投入改革的洪流,为改革开绿灯,人人争做促进派,不当抵门杠。

3.关于利改税和承包责任制。市、区县各级商业部门一般都要在4月中旬以前完成向同级财政的承包。之后,各级主管部门和企业要把领导精力转移到搞好企业内部承包,要区别不同行业,实行分类指导,有的要一个一个行业、一个一个企业的研究,解决好"二锅饭"问题,以及加强政治思想工作,企业整顿、职工教育、精神文明建设等一系列的问题。使我们的社会主义商业通过经营承包,进一步端正经营方向,提高服务质量,提高经济效益。

4.关于批发机构的改革。首先,省在渝的二级站下放后,要整理好各项计划基数和有关资料,在4月底以前搞好交接工作;其次,上收近郊区三级批发,设立若干专业批发部;第三,打破行政区划,按经济区划和商品的合理流向,提出市批发网点设置规划,并逐步实施;第四,在上半年内,各局和公司、站积极作好同中商部和各专业总公司的计划衔接和工作汇报,把关系接通。

5.关于搞活市场。第一,请市中区牵头,市的商业、供销和工商部门参加,选择适当的地点,把农副产品交易中心搞起来,争取上半年内开张营业;第二,由一商业局牵头,二商业局协助,与有关部门实行联营的办法,积极筹建工业品交易中心,争取年内开张;第三,由市、区工商局牵头,今年内要完成对原有的集市贸易市场的调整工作,对新辟的专业和综合贸易市场,要拟订规划,逐步实施,要求在今年内取得大的突破。

6.关于供销社的体制改革,县供销社改成县联社后,要采取措施,加强"一身二任"和"三性"建设,防止穿新鞋走老路。各县的基层供销社,凡未按经济区域设置的,要进行调整,这一工作要求在明年内完成。对基层社的劳动、人事制度的改革,今年上半年各县要选点进行,在取得经验的基础上,全面推广。

7. 要大力发展集体商业,适当发展个体商业。改变目前集体商业由各国营专业公司归口领导管理的办法,逐步按照"自主经营、自负盈亏、国家征税、不搞统负盈亏"的原则,从实际出发,或按行业、或按地区成立集体商业公司或总店,把集体商业办成一级经济实体。

重庆市人民政府财贸办公室
1983年3月28日

国务院办公厅转发四川省人民政府转报的《关于贯彻落实中央指示搞好重庆市综合改革试点的报告》的通知

(1983年4月4日)

国务院各部委、各直属机构:

国务院原则同意四川省人民政府转报的《关于贯彻落实中央指示搞好重庆市综合改革试点的报告》,现发给你们,并将有关的问题通知如下:

一、报告中由国务院各有关部委和四川省、重庆市共同商定的各项改革方案、办法和建议,各有关部门要协助四川省和重庆市尽快贯彻落实、组织实施,有的要积极创造条件准备实施。

二、报告中提出在今年二季度内,由国务院各有关部委参加,到重庆帮助制订有关技术改造、军民结合、能源交通重点建设等方面的规划问题,各有关部委,尤其是国家计委、国家经委、国防科工委,要事先做好充分准备,包括进行若干调查研究和对某些重点项目进行必要的论证等。

三、关于重庆市拟从1984年起试行以划分税种的办法来确定各级财政收入的问题,请财政部研究并协助重庆市提出具体实施方案。

四、关于探索军工生产和民用生产相结合的新路子问题,首先从搞好规划入手,主要是帮助重庆地区的军工企业确定一批对开发西南经济和发展全国经济有重要意义的产品,作为民品生产的方向。这方面,请国家计委和国防科工委进行准备,提出意见。

中华人民共和国国务院办公厅
1983年4月4日

中共重庆市委关于做好省属在渝企事业单位下放工作给中共四川省委、省人民政府的报告

(1983年4月5日)

省委、省人民政府:

在中央和省的领导下,我市经济体制综合改革试点工作正在有计划、有步骤、有秩序地进行。为了和各项改革工作的进度同步,省属在渝企事业单位下放的工作需要加快步伐。到目前为止,按照中央〔1983〕7号文件精神下放到市的96个省属企事业单位(包括原永川地区的22个省属单位)中,有31个单位已由省、市有关部门协商一致,正在办

理交接事宜，尚有 65 个单位的下放问题还未进行协商或者未能协商一致，以致目前有些改革措施还不能按经济体制综合改革试点所要求的范围来开展工作。国家计委和国务院其他各委、部、局、公司在 6 月份就要研究 1984 年计划安排问题，要求我们按照进行综合改革试点后新的计划口径，与省核对和协商一致，在 5 月份上报重庆市单列计划的基数。包括省属下放单位的计划基数的清理工作必须抓紧在 4 月份完成。因此，请省政府先正式行文调整应下放企业的隶属关系，随后再由省、市有关部门具体协商下放后需要明确的事项和办理交接手续，交接手续尽量从简。

当否，请批示。

中共重庆市委
重庆市人民政府
1983 年 4 月 5 日

附件：

建议下放的省属在渝企事业单位名单

一、已明确下放，在办理交接事宜的单位（共 31 个）：

省交通厅主管的　交通机械厂、省造船厂、重庆翻胎厂、省轮船公司重庆分公司、省汽车运输公司重庆分公司、车渡管理站、中心段管理站、交通监理站、交通港航监理站、重港挖泥船队、重庆材料库、嘉陵江航道护段工程队、内河航运技工校、省公环局公路养护总段。

省建设厅主管的　省八建公司（含联合加工厂）、省九建公司、省二安装公司（含加工厂、机运站）、省土石方公司（含机修厂）、省建设厅第二职工医院。

省商业厅主管的　重庆百货站、重庆针纺站、重庆五金分公司、重庆交电分公司、重庆化工分公司、重庆棉麻站、重庆农资站、重庆土产站、重庆日杂站、重庆废旧物资回收站、重庆糖烟酒站、重庆水产站。

二、尚待明确下放和办理交接事宜的单位（共 65 个）：

省机械局主管的　四川仪表总厂（所属 19 个分厂）、江北机械厂。

省轻工局主管的　造纸研究所、芳香研究所、盐业运销站。

省医药局主管的　重庆制药厂、重庆中药厂、医药站、中药材站。

省卫生厅主管的　中药研究所。

省林业厅主管的　重庆木材综合加工厂。

省水利厅主管的　重庆杆塔厂。

省农业厅主管的　省农机公司重庆分公司。

省蚕丝公司主管的　北碚蚕种场、工农蚕种场。

省劳动局主管的　五一技校（含五一机床厂）。

省外贸局主管的　省外贸运输公司重庆汽车队、省出口商品加工整理综合仓库。

省文化局主管的　重庆出版社、省新华书店重庆发行所、重庆新华书店、重庆外文书店、新华印刷厂、重庆电影发行公司、重庆自然博物馆、重庆川剧学校重庆班。

省高教局主管的　重庆医学院、重医一院、二院、儿科医院、重庆师范学院、四川外语学院、外院附属外语学校、四川美术学院、美院附属美术校。

省属在渝中专　重庆钢铁学校、重庆药剂学校、四川仪表工业学校、重医护士学校。

省总工会主管的　第一工人疗养院、第二工人疗养院、第三工人疗养院、第四工人疗养院。

原永川地区的省属企事业单位：

省商业厅主管的　合川食品厂、四川水产学校（合川）

省化工局主管的　永川化工厂、永川化工研究所。

省供销社主管的　农资经营站、柑桔管理站、废旧日杂管理站、土产管理站。

省建工局主管的　省建九公司。

省劳改局主管的　永川新胜茶场。

省气象局主管的　永川地区气象局。

省邮电局主管的　永川地区邮电局。

省交通局主管的　永川地区运输公司、永川地区车辆监理所。

省公路局主管的　永川地区养路总段。

省农科院主管的　江津果树研究所、永川茶叶研究所。

省林业厅主管的　永川森林病虫站。

省畜牧局主管的　荣昌种猪试验站。

省高教局主管的　省畜牧兽医学院（荣昌）、江津师范专科学校。

省民政局主管的　荣军校。

中共重庆市委办公厅
1983年4月9日

四川省人民政府关于省属在渝企事业、科研机构和学校下放重庆市管理的通知

（1983年4月23日）

重庆市人民政府、省府各部门：

在重庆市进行经济体制综合改革试点，是中共中央、国务院的一项重要决策。搞好这一改革试点，对于发展我省的经济，以及发挥大城市在组织经济方面的作用，统一组织生产和流通，逐步形成以城市为依托的各种规模的各种类型的经济区，都具有十分重要的意义。省级各部门都要积极支持重庆市经济体制综合改革试点的工作。根据中共中央、国务院原则批准我省《关于在重庆市进行经济体制综合改革试点意见的报告》的精神，省人民政府决定，将在渝省属企事业、科研机构、学校，除少数关系全省比较大的单位暂不下放外，其余均下放给重庆市统一管理（名单附后）。现将有关事项通知如下：

一、原担负全省性任务的企事业和科研机构，下放后应继续承担；属于全省性统一平衡分配的商品和物资，要按计划保证完成；原面向全省招生、分配和担负全省培训任务的学校，要按省下达的计划指标执行。

二、财产和任务的处理：

1. 下放企事业单位的财务关系从1983年1月1日起，划归重庆市管理，财产、物资等按省批复的1982年财务决算移交，其超（欠）交利润和应弥补（或超弥补）的企业亏损，由省结算。

2. 1983年收入任务和支出指标，按照省各主管部门分配的全年预算数划转，相应地调整重庆市（含永川地区）1983年财政收入预算。

3. 企事业单位下划后，其债权债务和财务遗留问题，按照有关财务制度规定处理；这些单位购买国库券、上缴中央的基本折旧基金、缴纳能源交通重点建设基金，以及分配人造丝厂等建设资金的任务，也随同一并划转重庆市。

4. 原商业、供销等省主管部门从市集中的利润留成返还后，其留成比例如何确定以及联合投资尚未投产的企业，将来的管理、收益分配等问题，由省有关部门同重庆市商定。

三、在企事业单位下放前，已经省有关部门正式研究确定的建设项目，应继续执行，该给的资金照给，该拨的物资照拨。

四、企业参加有关行业、单位联合所签订的协议、合同，不因企业下放而终止。原产、供、销渠道不变。

五、企事业单位原则上按行业归口下放，交接中有关具体问题，由省、市主管部门协商处理。

六、过去已下放给重庆市的省属企事业单位，劳动人事、计划财务等尚未下放的，也应根据上述原则予以下放。另外，重庆市粮食局（含永川地区）及其所属企业和重庆市食品公司（含永川地区）及其所属企业的粮食、财务管理体制均下放给重庆市。

七、为搞好这次企事业单位的下放,省、市各主管部门要加强领导,确定一名领导干部负责,组织有关人员做好交接工作。要严格遵守中共中央组织部《关于机构改革中各级干部必须遵守的几项规定》(即中组发〔1983〕1号文件),认真做好思想政治工作,做到生产、工作和交接两不误。下放交接工作应抓紧进行,力争在5月上旬完成。

四川省人民政府
1983年4月23日

附件:

省属企事业、科研机构和学校下放名单

省机械工业局:
 四川仪表总厂(含所属十九个分厂)
 江北机械厂
 四川仪表工业学校
省冶金工业局:
 重庆钢铁学校
省轻工业局:
 造纸研究所
 日用化工研究所
省交通厅:
 重庆交通机械厂
 重庆船厂
 重庆翻胎厂
 省汽车运输公司重庆公司
 重庆轮船公司
 重庆中心航管站
 重庆交通监理站
 重庆港航监督站
 重庆公路养护总段
 重庆内河航运技工学校
 省汽车运输公司永川公司
 永川公路养护总段
 永川交通监理所
 合川中心航管站
省林业厅:
 重庆木材综合加工厂
省水电厅:
 重庆杆塔厂
 省水产学校
省煤炭局:
 江北煤矿
省建筑工程总公司:
 第八建筑工程公司
 第九建筑工程公司
 第二工业设备安装公司(不含一、三工程处和技工校)
 土石方公司
 第二职工医院
省卫生厅:
 重庆药剂学校
省医药局:
 重庆中药材公司(站)
 重庆医药公司(站)
 重庆医药采购供应站(含重庆制药厂)
 重庆中药材采购供应站(含重庆中药厂)
 永川医药分公司(含县公司)
 永川中药材分公司(含县公司)
 永川中药厂
省农牧厅:
 省农机公司重庆分公司
省商业厅:
 重庆百货站
 重庆针纺站
 重庆五金分公司
 重庆交电分公司
 重庆化工分公司
 重庆棉麻站
 重庆农资站
 重庆土产站
 重庆日杂站
 重庆物资回收站
 重庆糖烟酒站
 重庆水产站
 重庆石油站

永川煤炭站

永川农资站

永川土产站

永川日杂废旧物资站

永川柑桔站

合川食品厂

省经贸厅：

重庆汽车队

永川汽车队

省文化局：

重庆人民出版社

新华书店重庆发行所

重庆新华书店

重庆外文书店

永川地区新华书店

省劳动人事厅：

五一技校（含校办工厂）

省民政厅：

合川革命残废军人休养所

省化工局：

永川化工厂

交通部关于实施《关于重庆水上运输管理体制的改革方案》给长江航运局、长江航政局的通知

（1983年5月11日）

长江航运局、长江航政局：

根据中共中央〔1983〕7号文件的精神，部工作组去重庆，同四川省、重庆市共同研究制定了《关于重庆水上运输管理体制的改革方案》。经部讨论研究，原则同意长航重庆地区的水运管理体制，按港航分管、政企分工、专业管理的原则，与重庆市经济体制综合改革同步进行。请长江航运局、长江航政局组织在重庆地区的所属有关单位制定具体实施方案。现将有关问题通知如下：

一、长江重庆地区的航运机构按港航分管原则，成立重庆港务管理局，实行交通部与重庆市双重领导，以交通部为主的领导体制。重庆港务局由现在的县团级单位改为地师级单位。港务局的领导干部由部征求重庆市意见后进行配备、任命。在国务院批准的长江航运体制改革方案全面实施之前，重庆港暂由部直接领导。重庆港的港务行政和航政管理的职责划分，维持现状。

二、接国务院国发〔1983〕50号文批转交通部关于长江航运体制改革方案，在长江轮船公司未成立前，按长航体改方案的原则，先行成立长江重庆轮船分公司，成为从事经营船舶运输业务的企业。

三、在长江航务管理局未成立前，重庆港装卸生产与长航船舶运输生产计划的平衡协调工作，按现行长航直属港口办法办理；与地方航运部门的生产计划平衡协调工作，暂由港务局与有关单位直接联系安排。港航分管以后，港口费收由原来按长航内部清算"吞吐量服务费"的办法改为按部〔83〕交河字555号文《关于南通、张家港计收港口费的规定》执行，具体费率水平希长航局和重庆港务局商议提出意见，由部商国家物价局确定。

四、同意重庆市辖区内（从江津九层岩至长寿黄草峡，全程241公里）的航政实行统一管理，由交通部长江航政局重庆分局承担。

五、原则上同意长江干线航道兰家沱至宜宾段由长江航道局管理。由于涉及需增加事业费开支问题，部拟与财政部、四川省联系，求得解决，在未解决前，这段航道管理体制暂维持现状。

六、长江重庆轮船分公司增加运力问题，除今年已安排落实增加的运力外，今后仍应有较大幅度的增长，但应进行深入的经济调查，根据货源增长

的实际情况,编制增加运力的长远规划和近期计划。所需增加的运力应纳入长江航运局(将来的长江轮船公司)的计划,视资金来源和国家财力情况,逐年安排解决。

七、对寸滩码头和朝天门客运中心的建设,应按基建程序办理。港务局要立即组织力量,着手进行建设的前期工作,建设项目的可行性研究和任务书报部审查后,再由部报国家计委,争取早日列入国家计划。

八、方案中提出的几点建议,关于要求调整运价和港口装卸费率问题,部已研究制定了调整方案,并已向国家物价局作了汇报;关于增加船用柴油直拨指标问题和地方航道的维护整治问题,我部也已向国务院及有关部门作了反映。这些均有待上级批示。

重庆市的经济体制综合改革国务院已原则同意,要求各有关部门协助省市尽快贯彻落实,组织实施。为此,部将组织各有关局派人去重庆,与长江航运局、长江航政局派往重庆的同志一起,共同协助在重庆的有关单位,在四川省和重庆市人民政府领导下,制定具体实施方案,报部审批,力争于今年7月1日起按改革方案实行。

在体改方案实施前后,长江航运局应对所属单位加强领导,做好思想政治工作,教育干部职工,遵照中央和国务院指示精神,正确对待这次改革,稳定情绪,站好岗位,抓好安全生产及其他各项工作。

附件:《关于重庆水上运输管理体制的改革方案》。

中华人民共和国交通部
1983年5月11日

立志改革,开拓前进

——廖伯康同志在市经济体制改革讨论会上的讲话

(1983年6月30日)

同志们:

三天的经济体制改革讨论会开得很活跃。大家敞开思想,从理论和实践的结合上,议论了改革中的许多问题,提出了不少很有见地的好意见。特别是蒋一苇、林凌、吴园宏三位经济顾问赶来重庆,参加和指导讨论,并且给我们作了两个学术水平很高的报告,大家反映确实是打开了眼界,提高了认识,对于进一步明确改革的指导思想和方向、原则,帮助很大。讨论会今天就要结束了,根据讨论中提出的问题,我也讲一些粗浅的看法:

一、经济体制改革给我们提出了双重任务

党中央、国务院和省委、省府确定在重庆进行经济体制综合改革试点,经过几个月的实践,改革已经成为我们经济生活、政治生活、社会生活中的现实。在一个大城市进行这样一场涉及各方面的综合改革,人们自然会从不同的角度、不同的水平和各自的利益出发,产生各种各样的认识,这是难免的。现在也是百花齐放,百家争鸣,仁者见仁,智者见智。当然,我们也要通过学习、讨论,使各种不同意见,逐步趋向统一,否则也会影响思想的统一,影响改革的进行。

同时,经济体制改革还涉及许多理论问题、政策问题、体制和制度问题,从经济基础到上层建筑,触及各种矛盾关系,这些都需要认真加以研究。如究竟什么是经济体制?经济体制改革的理论根据是什么?为什么要在中心城市进行经济体制综合改革试点?改革应该遵循的正确的方向、原则和目的是什么?在改革试点中,我们的工业、农业、商业的管理制度,我们的计划体制、财政体制、工资制度、劳动制度、人事制度,我们的城市建设、科技、文

教、政法等各方面的制度到底应当怎么改革？改革的步骤、方法又是什么？这些问题现在都摆在我们的面前，要我们回答。从系统论的观点看，经济体制是一个大系统，大系统内又有许多中系统、小系统，系统之间以各种纵横结构联系着，有着十分复杂的交叉效应。每个方面的改革，都不是孤立的，牵动一个问题和矛盾，又会引出另一些问题和矛盾，这些问题和矛盾也是形成网络，构成体系。这是一盘错综复杂的棋，是一盘很不好下、很难下好，而又必须把它下下去、必须把它下好的棋。

因此，单凭愿望和热情，单凭已有的经验，是不可能把经济体制综合改革搞好的。我们必须下苦功夫学习社会主义的经济理论，学习党的路线、方针、政策，学习经济管理的知识。所以，中央〔1983〕7号文件批准在重庆进行经济体制综合改革试点，这不只是交给了我们一项重大的工作任务，也是给我们提出了一个重大的学习任务。只有认真完成好学习任务，我们才能够完成改革试点的工作任务。法国有一位哲学家曾经说过，从认识的角度来看，人类社会的一切灾难都是由无知造成的。从我们来讲，无知只会导致工作的失误。要想取得改革试点工作的胜利，就必须用理论知识和管理知识、业务知识把自己武装起来。

大家反映，像这样虚实结合的讨论会非常好，希望以后再开。我完全赞成这个意见，请市体改办、市委宣传部、市委政策研究室安排一下，不仅在学术界、理论界要开展这样的讨论，在市级部、委、局和各级领导干部中间，在实际工作者中间，都要开展讨论。今年12月上旬，中国社会科学院工业经济研究所、省社会科学院和重庆社会科学研究所，要联合召开中心城市管理工业的学术讨论会。在这之前，我们市里也要开这样一个学术讨论会。改革总是带着开拓的性质，没有现成的模式可搬，需要探索的问题很多。高尔基说过：路是人走出来的，不举足的人路就没有了。我们要在改革中大胆实践，努力学习，开拓前进。

二、经济体制改革应当遵循的方向和原则是什么？

经过半年改革的实践，深感我们各级领导干部迫切需要搞清楚为什么要改革经济体制？应当沿着什么方向来改革经济体制？这对于我们明确改革的指导思想，坚定改革的态度，在中央和省的领导下搞好重庆综合改革的试点，是非常必要的。

首先要弄清楚什么叫经济体制？经济体制就是生产关系的具体表现形式是如何管理和组织经济的问题。我们原有的经济管理体制，是一种高度集中的、以行政管理为主的体制，在许多方面，是从苏联那里学来的。建国三十多年的实践证明，这种体制有许多弊病，它不完全符合社会主义经济的客观规律，不完全符合社会化大生产的要求，党的十一届三中全会前，我们对经济体制也进行过几次改革，但成效不大。一个重要原因是对经济体制的理论缺乏研究，在若干重大问题上未能突破旧框框的束缚，而且对马列主义经典作家的某些论点和设想作了教条化的理解，因而没有找到改革的正确道路。

马克思、恩格斯奠定的科学社会主义的基本原理，被十月革命后的社会主义实践证明是正确的。但是马、恩在世时，还没有一个国家在事实上进入社会主义。他们曾经设想社会主义在资本主义高度发达的国家取得胜利后，就可以消除商品和货币关系。1875年马克思在《哥达纲领批判》中讲："在一个集体的、以共同占有生产资料为基础的社会里，生产者并不交换自己的产品；耗费在产品上的劳动，在这里也不表现为这些产品的价值"（《哥达纲领批判》第12页）。1878年恩格斯在《反杜林论》中讲："一旦社会占有了生产资料，商品生产就将被消除"（《反杜林论》第279页）。就是说，社会主义经济是不存在商品生产和商品交换的。

十月革命前，列宁在《国家与革命》中也认为社会主义是直接进行产品分配的社会，不存在商品和货币关系。十月革命后，苏联试验过取消商品和货币，这种尝试失败了。列宁及时总结了经验教训，

1921年提出了新经济政策,就是要运用商品货币关系,来促进经济的恢复和发展。可惜列宁过早地去世了,没有能够回答在社会主义改造完成以后,在单一的社会主义经济的情况下,是不是还要有商品生产和商品交换的问题。斯大林长期没有明确回答这个问题,直到晚年他才在《苏联社会主义经济问题》中,承认全民和集体两种公有制之间存在着商品生产和商品交换关系,承认要利用价值规律。但他又认为生产资料不是商品,价值规律在社会主义生产中不起调节作用,还强调要限制商品生产,限制价值规律的作用。这种理论导致苏联长期实行单一的指令性计划,完全排斥市场调节,用高度集中的、以行政命令手段为主的体制来管理经济。斯大林的这种理论和实践,对我们有过很大的影响。我们原有经济体制中那种统得过死和吃大锅饭的弊端,就是受了苏联模式的影响。

党的十一届三中全会以后,对社会主义的经济理论有了重大突破。三中全会公报明确指出:"要按照客观经济规律办事""要重视价值规律的作用""要认真实行按劳分配的原则"。六中全会决议指出:"要大力发展社会主义的商品生产和商品交换"。十二大报告又指出:"正确贯彻计划经济为主、市场调节为辅的原则,是经济体制改革中的一个根本性的问题"。

十一届三中全会以来,在经济理论上的重大突破,使我国经济体制改革进入了一个新的阶段。这主要表现在四个方面:一是在所有制关系方面,开始把搞单一的公有制甚至单一全民所有制,改变为公有制占优势、多种经济形式并存。二是在生产和流通方面,实行计划经济为主、市场调节为辅的原则,冲破了工业生产资料不是商品的禁区,流通渠道由国营商业独家经营,初步改变为国营、集体、个体多种经营,经营方式也有了改变。三是在国家和企业的关系上,初步改变了国家对企业管得过死的状况,使企业开始成为具有一定自主活力的经济单位。四是在经济组织结构方面,开始以中心城市为依托,逐步建立条块结合、城乡结合的、不同类型、不同规模、不同特点的经济区。当然,这几年的改革是在调整中进行的,还是局部的、探索性的,我们还缺乏完整的经验,还需要我们根据历史经验,在理论和实践上进一步探索,以推动经济体制全面而系统地、坚决而有秩序地改革。

六届人大一次会议的《政府工作报告》中指出。全面改革经济体制,要着重解决以下三个方面的问题,即:第一,改革计划体制,加强国家对国民经济的有效管理和指导;第二,按照社会化大生产的要求组织生产和流通,发展统一的社会主义市场;第三,改革财政体制和工资制度、劳动制度。总理在这些方面的论述,为我们的体制改革指明了前进的路子。我们一定要认真学习、领会,结合我们重庆的实际情况,把体改试点搞好。我们体制改革的目的,是要克服妨碍社会生产力发展的原有体制中的弊端和缺陷,逐步形成适合我们国情的新的经济体制,建设具有中国特色的社会主义。我们进行改革的每一步骤和措施,都要有利于完成国家计划规定的各项任务;有利于国民经济的协调发展;有利于各项经济活动取得较高的社会经济效益;有利于兼顾国家、企业、个人三者的利益,确保国家财政收入逐年有合理的增长。只有坚持这样做,才能使我们的经济体制改革顺利地、健康地发展。

中央7号文件指出:"在重庆这样的大城市进行经济体制综合改革的试点,是中共中央、国务院对当前我国正在进行的各项改革工作中的一项重要决策。认真搞好这个改革试点,对于进一步搞活和开发我国西南的经济,探索军工生产和民用生产相结合的新路子,以及如何组织好以大城市为中心的经济区,都具有重要意义。"

为什么中央批准在重庆进行经济体制综合改革试点,是一项"重要决策",具有"重要意义"? 薄一波同志在3月间来重庆时指出:你们的眼睛不能只看到重庆,不要因为重庆雾多就看不出去,要看到西南,看到全国。这就是说,中央是着眼于进一步搞活和开发西南经济,着眼于军民结合,着眼于全国经济体制改革的全局,才决定在重庆搞综合改革试点的。经过试点,要探索和研究怎样建立起符合中国国情的,符合客观经济规律的,符合生产力发展要求的新的经济体制。中央期望我们走出一条依托大城市来组织和管理经济的新路子。所以，我们在指导思想上必须搞清楚，重庆的综合改革试点不是为重庆自己争什么权的问题，重庆改革试点的成功与否，是关系到能不能为全国经济体制改革做出贡献的问题，其意义是远远超出重庆一个城市的问题的。我们一定不能辜负中央和省委对我们的期望，要下定决心，排除万难，把重庆的改革试点工作搞好。

三、怎样清醒地认识重庆综合改革试点的形势？

首先，我们要明确认识，重庆是在非常有利的大好时机和大好形势下，进行综合改革试点的。从三中全会到十二大，已经从理论上和路线、方针、政策上，给我们指明了改革的方向。这场改革在我们国家已经是大势所趋，人心所向，势不可挡。可以说，这样的好时机、好形势，是建国以来所没有过的。同时，经过几年来的拨乱反正和经济调整，我们的国家已经实现了安定团结的局面，国民经济已经扭转了重大比例失调所造成的不稳定状态，逐步走上健康发展的轨道。在这样有利的形势下，在中央和省的领导下，重庆的综合改革试点就可以做到有领导、有方向、有目标、有计划地进行，可以避免大的盲目性，可以避免出现大的波折。我们对试点工作的信心，就是建立在这个大好形势的基础之上的。

中央和省确定在重庆进行综合改革试点，是充分考虑了重庆的经济地位和实际条件的。这些条件主要是：(1)重庆是四川和西南地区最大的中心城市，是全国几大中心城市之一；(2)重庆有比较大的工业基础，工业门类比较齐全；(3)重庆在历史上就是四川和西南货物交流的集散地，现在也有比较大的商流系统；(4)重庆有四川和西南广大农村腹地作依托；(5)重庆是两江汇流、三条铁路干线交会、三条国道八条省道公路辐射的水陆交通枢纽，加上十二条航线的航空线，成为一个立体辐射的交通网络；(6)重庆及其周围有丰富的能源、资源和水源；(7)重庆的科技文教比较发达，有一支人数众多的科技队伍；(8)重庆有很大的潜力可挖(重庆的工业固定资产占全国大城市的第五位，但劳动生产率很低)，特别是军工的潜力更大；(9)重庆的广大干部和群众对改革有迫切的要求。〈……〉我们要充分发挥这些有利条件，来搞好综合改革试点。

另一方面，重庆改革试点也有一些限制因素和困难因素：(1)我们是在没有全面规划的情况下，开始改革试点的。经济体制是一个纵横交错、很复杂的有机体，牵一发而动全身，要改就要有一个总体规划和总体设计蓝图，才能使综合改革真正做到配套成龙，协调同步。现在我们是一缺远见，二缺全面规划，常常是就事论事，见子打子，走一步瞧一步。(2)我们是在全国全省原有体制基本未动的情况下进行改革试点的。前几年进行的改革还是局部性的，整个体制还没有改。我们现实的经济活动是既不能离开条条，又不能离开块块，而改革又要突破条块分割的束缚，难度很大。有的同志讲："下动上不动，谁干谁被动"。要走出一个条、块结合的新路子，要突破现有体制的束缚，打开局面，是很不容易的。(3)国家财力有限，不可能对我们有多的照顾，而重庆自己又是大而穷。国家近期的重点建设项目安排，都不在四川和重庆，国家重点技术改造的资金主要也是投放在东南沿海一带地区。而重庆经济又是欠账太多，冰冻三尺，效益很低，在这种情况下，我们又怎样来搞改革呢？有同志问，搞穷过渡已经证明是不行的，搞穷改革行不行？搞穷试点行不行？我认为，这是两个不同的问题。正因为"穷"所以我们要"改"，要通过改革来出效益，通过改革由穷变富。而这主要是要依靠自己的力量来搞改革，主要依靠自力更生来积累发展资金。当然，我们现在穷也不是绝对的，也不是穷得一无所有。有的同志讲："重庆是穿着裤衩搞试点"，我看穿着裤衩也可以走路嘛，我们就是要走出一条穿着裤衩搞改革的路，这是一条艰苦奋斗的路，是一条自力更生的路，这符合我国多数地区的实际。我们并不为穷唱赞歌，我们搞改革的目的之一就是要甩掉一穷二白的沉重历史包袱，但是我们要为艰苦奋斗唱赞歌,为自力更生唱赞歌。

总之,我们既是在非常有利的大好时机和大好形势下进行改革试点,又是在重重矛盾中进行试点;我们既是在非常光明的前景下进行试点,又是在困难重重的情况下进行试点。重庆的改革试点不可能是在鸟语花香的优美环境中进行,而是要在激烈竞争的动态环境中进行。李思源同志在大会发言中讲:"改革势在必行,又实在难行,实在难行也还是要行。"改,确实有很多困难,但是有光明的前景;不改,困难就更大,而且没有出路。所以,我们坚决拥护中央和省在重庆搞综合改革试点。

既然下定决心搞改革,那就一切牺牲也在所不辞。北宋词人柳永有两句话:"衣带渐宽终不悔,为伊消得人憔悴。"伊者,改革也,经济效益也。不出几身大汗,不掉几斤肉,想轻轻松松、舒舒服服搞改革,是改不出名堂的。搞改革非有拼命三郎的精神不可,非有披荆斩棘、开拓前进的英雄气概不可。

四、经济体制改革的突破口应该放在哪里?

企业是国民经济的基本的生产经营单位,是相对独立的商品生产者。我们的整个国民经济是一个复杂的有机体,它的生命力的强弱,归根到底取决于这个有机体的细胞(也就是企业)本身的强弱。只有这个细胞是有活力的、强盛的,整个国民经济才能活起来。因此,经济体制改革的一个根本性问题,就是要把细胞搞活,把企业搞活。企业应该是我们解决体制改革的出发点和最后落脚点,是积极体制改革的突破口。

既然企业是相对独立的商品生产者,那就应当承认:第一,企业必须有自己的利益;第二,企业必须有自主权。没有这两条,就会把企业搞死,而不可能把企业搞活。为什么要实行利改税?除了保证国家有稳定的财政收入外,就是要切断条条、块块在企业隶属关系上直接的利益联系,有利于企业行使自主权,有利于保证企业自己的利益。在企业创利的分配上,实行国家得大头、企业得中头、职工个人得小头,就是明确地承认了企业有自己的责、权、利。当然,我们讲企业的责、权、利,是在肯定国家对整个国民经济进行集中领导和计划调节这个大前提下面来讲的,社会主义的企业必须在国家法令和政策规定的范围内进行自己的经营活动,必须服从国家的全局利益,必须坚决执行国家计划。这些都是肯定无疑的。

同时,我们各级领导机关和财政、税务、劳动、金融、物价、工商管理等职能部门,都要十分注意维护企业的自主权和企业的正当利益。对企业这个"中头"是大意不得的,它好比是一根扁担挑两头,一头要保证国家得"大头",另一头又要保证职工个人得"小头"。从大、中、小来看,当然"大头"最重要,但是从保证"大头""小头"来看,企业这个"中头"就是主要的支撑点。如果"中头"支持不住,"大头""小头"就都没有搞头;如果把扁担压断了,两头都要滑脱。

如果把企业挤得太厉害了,企业所得无几,或者无所得,技术改造就没法搞,甚至连简单再生产也难以维持,那样明年、后年国家所得的大头也会变小,财政收入也会交小,要想增加文教经费和城建经费,又从哪里来呢?所以,保护企业这个中头绝不是一件小事,而是关系到经济全局的一件大事。

北碚一位厂党委书记找我交换意见,他说:在经济体改中要好好算一下账,对企业到底是从鸡脚杆上刮油好,还是把猪养肥了多吃肉好?这话是有点辩证法的。对企业不能采取缚鸡取卵的政策,要采取放鸡生蛋的政策。我感到现在还不能说这个问题已经解决好了,我们在指导思想上对这个问题必须引起足够的重视。我们的头脑一定要清醒,否则我们会吃苦头的。

同时,还要看到重庆这个老工业城市欠账太大,多年来很少进行技术改造,不少业企连厂房也是危房。欠账大,条件差,积累少,有相当一部分企业是这种状况。前几年曾经提出农村有一个休养生息的问题,现在像重庆这样的老工业城市有没有一个休养生息的问题?这是一个很值得认真研究的政策问题。要给老企业一小段休养生息的时间,使企业恢复活力,企业的腿杆有劲了,才能够加快改革的步伐。

五、衡量经济体制改革成果的主要标志是什么?

衡量经济体制改革成果的主要标志,是积极效益。我市经济效益低,劳动生产率在全国15个大城市中占倒数第一位。我们要坚持抓改革,出效益,而且要边改革边出效益,不能等到一切都改好了,才来出效益。

第一,我们要牢固树立把整个经济工作转到以提高经济效益为中心的轨道上来的指导思想。只讲生产、不讲效益的结果,往往是"生产增长,仓库积压,市场不要""工业报喜,商业报忧,财政报穷"。把全部经济工作转到以提高经济效益为中心的轨道上来,决不能只停留在口号上,而必须成为真正有效的实际行动不论是调整也好,整顿也好,技改也好,体改也好,都必须以提高社会经济效益为目标。我们的各个部门,各个企业单位,都要制定提高经济效益的奋斗目标,提出具体措施,并且一一落实。

第二,整顿企业是提高经济效益的基础工作。要下决心用改革的精神搞整顿;各部门要有专人负责抓整顿,党政主要领导要亲自抓整顿;抓好企业领导班子的整顿是关键,是搞好企业其他整顿工作的前提;各部门要检查修订分批整顿企业的规划,严格坚持标准,加快整顿企业的步伐。

第三,当前要抓紧企业的经济管理,层层落实解决责任制。特别是要抓节约,反浪费,努力降低成本。全市工业只要降低1%的成本,一年就可增收7000万元。抓管理,反浪费,可以很快出效益。

最近,财税两局和市经委联合召开了63家亏损户扭亏增盈的专业会,经过工厂的同志算细账,今年可以再减亏657万元。他们还召开了98家工交大户挖潜增盈的专业会,这98家大户的收入占全市预算内工交企业收入的90%多一点,抓住这98家大户,就抓住了全市财政收入的大头。这98家都来了一位财务科长和一位厂长,经过统一认识,算细账,由厂长签字重新填报的增盈计划,比他们年初报的盈利计划增加了6837万元。现在这98家大户已经积极行动起来。同时,财税、银行、工业管理部门也在为这些工厂增盈所需的技措资金、物资和能源供应,积极创造外部条件。也希望商业、铁路、航运、交通部门,努力为他们打通销售渠道,大家共同努力,争取在改革之年使我市的经济效益有一个明显的提高。

六、要坚持走内涵扩大再生产的路子,切实抓好企业的技术改造

我市要提高工业生产能力,从根本上提高经济效益,只能是主要依靠现有企业通过技术改造,走内涵扩大再生产的路子。抓技术改造,要注意几点:

第一,在指导思想上要把抓技术改造作为一个带有战略性的方针定下来。这是我们搞活重庆全盘经济的主要出路。

第二,技术改造要以产品为龙头,以提高产品质量和开发新产品为中心。不能只是一般地搞填平补齐。适销对路、物美价廉的优质产品,是企业的生命力所在,是企业竞争力强不强的标志,也是提高企业经济效益的根本依托。常州有一百多种名牌产品,这就是他们的力量所在。我们要努力形成重庆的名牌产品和拳头行业。

第三,技改资金主要靠企业提高经济效益,自己积累。同时,也要千方百计争取市外、省外、海外的"三外资金"。用租赁引进设备搞技术改造,也要加以利用。今年6月21日的《经济参考》上有详细介绍,说这个办法投资省、见效快,是"借鸡生蛋,以蛋买鸡",请经济部门仔细研究一下。对中央和省各主管部门,我们市里各部门要多跑点路,主动去汇报,争取安排一些技改项目,来一个"跑部抓厅搞技改"。

第四,技改要同科研紧密结合。创优质产品,开发新产品,都需要科学技术。国务院技术经济中心,已同意在今年10月份邀请全国一批科学技术专家到重庆来,帮助我们论证全市的技术改造规

划。我们要抓紧做好准备工作：(1)现有的一百多项技术改造项目，由各局指定项目负责人，采取专人专题责任制。项目负责人，在7天内上报市经委，再由市经委汇总报市委、市府备查。(2)由项目负责人组织市里的专家进行论证，对技术是否先进、可行，经济是否合理，提出书面报告。在8月底前完成，以便寄给来重庆的专家。(3)从现在起，以两个月为期，以主管局或总公司牵头，制定出行业的技术改造规划，经过本市的专家论证后，也在8月底前寄往北京，分送邀请来重庆的专家。(4)以上工作，由市经委采取专人专责制，严格按照日程要求，检查落实。

工厂抓技术改造一是要把本厂的技术力量组织起来搞新产品研制，搞新技术攻关；二是要在同行业或外单位搞技术协作；三是要把大学和科研单位的成果引进到生产中去。刘西尧同志问：宜昌、宜宾可以到重庆大学去搞科技协作，为什么重庆本地的企业不主动依靠这样一所力量强大的工科大学呢？

请市经委、科委、科协认真研究，能否确定几条：第一，企业要确定一位经理、厂长抓科技工作。设有总工程师的，一定要使他有职、有权，建立、健全总工程师制度。第二，企业要有抓科研的组织机构，要积极创造条件建立厂办科研所，已有的科研所要认真办好。第三，要订出围绕产品搞科研的具体规划。第四，要落实搞科研的技术力量，把脱产的或不脱产的科研队伍组织起来。第五，要开展群众性的技术革新活动。先把这五件事抓好。

七、怎样认识和发挥中心城市的作用？

政府工作报告中讲："以城市为中心，根据经济发展的内在联系，组织各种经济活动，打破地区间、部门间、城乡间的分割"，要"逐步形成行业跨地区的经济区和经济网络"。认真学习这段话，对我们理解中心城市的作用很有帮助。

第一，经济发展的内在联系是指什么？为什么根据经济发展的内在联系组织经济活动，就要强调发挥中心城市的作用？我考虑经济发展的内在联系，主要是指生产、流通、交换、消费过程的有机联系。城市作为交通中心、流通中心、生产中心、科技中心、金融中心、信息中心、文化教育中心，它本身就是经济联系的枢纽。以城市为中心来组织各种经济活动，是最合理的一种形式。

第二，要打破条、块分割，又不能取消条、块，就要找到一个能够把条、块联系起来的结合部，这个结合部就是城市。

第三，要形成跨地区、跨行业的经济区和经济网络，就要依靠城市来发挥它在经济联系上的组织作用和枢纽作用。经济区和经济网络都不是行政区域的概念，而是积极联系的概念。经济活动的纵向联系和横向联系的结合点也是城市。

所以搞经济体制综合改革，就要强调发挥城市的作用，首先是中心城市的作用。重庆要起到经济中心城市的作用，有三个亟需〔须〕解决的问题：

（一）流通网络问题

中心城市必须是流通中心。小生产和自然经济讲男耕女织，自给自足，有点交换活动也不多，中国历史上"重农抑商"的政策，就是小生产的反映。重生产、轻流通的观点，是小生产的观点，不是社会化大生产的观点。这个观点在今天还有反映。为了抓好流通：

第一，要认真研究马克思的商品流通理论。流通处于社会再生产过程的中介地位，流通部门的职能和机制在于把生产部门的产品输送到消费领域，使社会生产和社会需求得到有机的衔接，使社会再生产保持良性循环并不断扩大和加速。流通部门的职能和机制还应当做到比生产部门自己经营流通时的费用更省、速度更快、数量更大，经济效益更好。随着社会化大生产的发展，对流通部门的桥梁和纽带作用提出了更高的要求，迫切需要建立起具有统一网络结构的现代化流通体系。从这个角度上说，流通体制的改革对我们社会生产的发展具有决定性的影响。

所以，我们决不能简单地把流通摆在从属于生产的地位。机构改革不能单纯从数字上看撤销、合并，要从经济工作本身的特点和经济体制改革的客观要求来研究职能机构的设置。市财办和商业部门的工作,只能加强,不能削弱。商业部门在流通领域的任务是很繁重的,商业部门要研究流通领域的特殊规律。如果把工商两家管理机构简单地合并,结果很可能是矛盾没有解决,反而把两家的工作都削弱了。

第二,流通部门在自身的体制改革中,按照什么要求来改?这也是一个指导思想问题。既然流通处于社会再生产过程的中介地位,一头要为市场消费服务,一头要为生产服务,因此,流通体制的改革,就不能只是从流通部门自己赚多少钱出发,必须从社会再生产的全过程出发,从整个社会的经济效益出发,必须有利于市场消费,有利于工农业生产的发展,真正起好桥梁纽带作用。在这中间来取得商业的合理利润。

第三,建立商品流通网络,要做到"四个结合",又灵又快。即:城乡结合、工商结合、条件结合、内外贸结合,使整个流通网络成为具有灵活反映功能的有机体。现在流通体系的最大弱点,就是缺乏灵敏的反馈功能和应变能力。所谓官商作风,就是把生意做死了,搞得很呆板,既不灵便,又不灵通,消费者有意见,生产者也有意见。我看要把生意做活,非常需要在"灵、便、快"三个字上大做文章。灵,就是商情信息要灵通,市场消费的需要是什么?现实的和潜在的需要是什么?商情信息系统能很快掌握起来,反馈给生产部门;便,就是千方百计给消费者提供方便;快,就是销售、周转要快。现在商情信息不灵,消费不便,周转不快的问题很突出。在流通体制改革中要认真解决这个"老大难"问题。在这个问题上有所突破,那就是作了大贡献了。希望在这场改革中能够涌现出一批很能干的无产阶级企业家、商业家来。

(二)交通网络问题

中心城市首先是交通中心,然后才能成为经济中心。马克思说:"缩短流通时间的主要方法是改进交通。……这不会不对利润率发生影响"(《资本论》第三卷85页)。当前我市交通不畅、货物积压,已经成为影响经济发展的突出问题。有些产品有销路,就是运不出去,只能"以运定产""以运限产"。只要提高交通运输能力,重庆的工业生产和社会经济效益都会有相当的提高。

一个是铁路,要对川黔、成渝、渝达几条铁路和车站进行电气化技术改造。上次潘家坪会议陈璞如部长来,铁道部已经订了一个规划,并确定铁道部派工作组来帮助重庆分局搞体改试点。最近铁道部下达了派工作组来的文件,我们要争取早日落实。交通部和长航已经订了规划,到1985年把出川航运能力提高到37万吨,两亿多投资和贷款已作了安排,要争取尽快实现。还要努力争取民用航空港的扩建。

再一个是加强市内公路运输。养路费一年4000多万,三七开分成(省三、市七)已定案。卡车运力是有的,主要是道路不好。要有计划地加强公路建设,特别是交通干线,城建局管的,交通局管的,都要统一规划,加强道路建设。力争用货运卡车来解决好经济区内部的交通网络。现在重庆有21个区县,要做到市区与每个区县都有直达班车。同时,还要研究重庆与周围地区的交通辐射问题,希望交通部门按照重庆这个经济中心城市的要求来作好规划。

(三)城乡结合问题

地市合并后有些议论,有的认为是加重了城市的负担;有的认为是削弱了农业;有的认为,现在重庆有一千万人口的郊区农村,城乡结合起来,可以发挥两个优势。我赞成第三种看法。

城乡究竟如何结合?列宁讲过,在社会主义建设时期,不能只是停留在工农政治联盟上,更重要的是要加强工农经济联盟。按照这个观点,城乡结合主要是加强经济结合,加强城乡商品生产和商品交换,使城乡劳动者在经济上互相支援、互助互利。

过去有一段时间受"左"的影响,一方面片面强调支农,另一方面又把农民的手足捆起来,不让农民搞按劳分配,不让农民搞副业,不让农民发展商品生产,结果农民没有富起来,城市也同样缺少农副食品。三中全会后,推行多种形式的农业经济承包责任制,把过去套在农民头上的"左"的那一套

"紧箍咒"甩掉了,真正实现了按劳分配,又鼓励农民发展商品生产。才几年时间,农民就吃得饱饭了,农副产品也多起来了,农村存款也多了,现在农村的存款可以满足贷款的需要,这是建国30多年来没有过的好形势。

现在农民愁什么?不是愁吃不饱肚皮,而是愁买难、卖难。城乡流通渠道不通畅,有些专业户、重点户的农副产品丰收了,不能及时销售,农民就为这个发愁。市带县要解决这个问题,使城乡互为市场,加强城乡商品流转和商品交换,带动农副业和社队企业的发展。同时要运用城市在技术上、经济上、文化上的优势,使市郊农村在现代化建设中走在一般农村的前列。请市财办和农委把城乡流通问题作为一个专题来研究,也请商业经济顾问吴园宏同志帮助我们订出规划。

八、既要在创新中搞改革,又要在稳定中搞改革

搞改革需要一个相对稳定的环境;而改革就是创新,又必然要突破现状。所以,我们既要在不断创新中搞改革,又要在稳定中搞改革。

大家对去年下半年以来组建公司的问题议论很多。现在对公司采取什么方针?我觉得采取基本稳定、个别调整的方针比较合适。公司才组建不久,是不是千里马,总要让它跑上一段路,试一试身手,才好评论总结。千里马要,百里马也要,不跑的马就不要。白猫黑猫,咬住老鼠就是好猫;金猫银猫,捉不住老鼠也不是好猫。现在要拿出一段时间,让公司都去咬老鼠,老鼠者,经济效益也。公司要用经济效益来证明自己是好猫。对现在的69个公司要有个基本的估计和分析,既不能肯定一切,也不要否定一切。如果现在又匆匆忙忙地对公司来个大动,大上大下弄不好又是一番折腾,这对当前抓经济效益是不利的。对有的确实需要作适当调整的,要在充分调查研究、听取各方面意见的基础上,有领导、有步骤地进行。

在工资问题上,物价问题上,合理不合法,合法不合理的事很多。都应当改,但是不可能一下子都改过来。合乎理想的事情,不一定就是马上办得到的事情;不合理的事情,也不是一下子就能够完全改过来的。我们要掌握好改革和稳定的关系,有秩序、有步骤地把改革推向前进。

九、搞改革也要一切从实际出发

一切从实际出发,实事求是,是我们党的思想路线。陈云同志讲,不唯书,不唯上,要唯实。经济体制改革,矛盾很多,情况复杂,就更要注意实事求是。

第一,不管制定和推行哪一种改革方案,都要结合我们的实际,不能从本本出发。比如搞浮动工资,是合乎理想的。但是,我们整个工资还是低水平,职工都有一个保基本生活的问题,把基本工资拿来浮动,有的工人就讲:"你打破铁饭碗,我总还要有吃饭的碗!"所以你越宣传那个基本工资下不保尾,工人就越不高兴。同时,我们企业管理水平低,各种定额不健全,就很难搞浮动工资。现在看,基本工资不动,奖金逗硬搞全浮动,是可行的一个好办法。当然,也不能搞一刀切,有的单位有条件搞计件工资的,有条件搞浮动工资的,也应当搞。总之,要从本单位的实际出发,即使上级有红头子文件规定的,也要结合本单位的实际,认真加以研究,结合自己的实际去贯彻执行。

第二,从实际出发,还要放下架子,正确估计自己。在经济上自己到底有好高一个水平,要做出实事求是的估计。重庆产品到底是以面向全国为主,还是面向四川、面向西南为主?恐怕还是要面向四川、面向西南的市场,把这个作为主要的方向。如果把四川1亿人口的市场丢掉了,把西南1.5亿人口的市场丢掉了,重庆很多产品就没有立脚〔足〕之地。重庆也有一些远销省外、国外的产品,但为数不多,大量的产品要面向四川、面向西南和西北的一部分地区,为搞活和开发西南经济服务。同时也要努力争取全国和海外的市场。

第三,讲实事求是,就要敢于提出问题。对上对下都不要回避问题。对上面该反映、该汇报的,就要把问题摆出来,向上级汇报清楚。对下面该讲

的也要大胆讲,不要怕这怕那。当然我们要注意方法,态度要好,对上不要顶牛,对下不要乱刮胡子,要讲明道理。

第四,讲实事求是,就要大力加强调查研究。要集思广益,充分走群众路线。前一段时间,我们处于"四面出击"的紧张状况,许多问题的研究与决策都显得有些粗糙,商量不够,研究不够,论证不够。小组讨论中大家提出批评,我们应该接受,注意改进。经济体制改革涉及各方面的权、责、利,没有调查,空口说白话是解决不了任何问题的。

实事求是和大胆创造并不矛盾。讲实事求是,不是要把我们的手足捆起来,而是要把大胆创造建立在科学的基础之上。

十、进一步加强对经济体制改革工作的领导

要加快改革的步伐,就要进一步加强对经济体制改革的领导。怎样加强呢?

第一,我们一定要在省的领导下,积极主动争取省里各部门的支持和省内各专县的帮助。这是一个必须遵守的原则问题,我们各级领导必须保持清醒的头脑,计划单列了,重庆仍然是省辖市,要老老实实当好省辖市。计划单列,不是孤立,更不是独立,这是一个原则问题。我们一定要谦虚谨慎、戒骄戒躁,一定要尊重省的领导,尊重省的各个部门,一定要搞好和周围地区的团结,一定不能有老大思想。我们不能自己孤立自己,如果没有省的领导和支持,没有周围专县的帮助和支持,孤零零一个重庆,还成什么中心呢?那就成了孤岛。如果不同省内1亿人口的市场结合起来,不同西南1.5亿人口的市场结合起来,重庆就无经济中心可言。

无论从组织原则看,从改革试点看,我们都要十分尊重省的领导,争取省里各部门的支持,这是重庆改革试点能不能搞好的一个重要前提。全市各级领导在这个问题上要以身作则,并加强对干部的教育,切实做到不利于团结的话不说,不利于团结的事不做。

第二,加强市的体改工作机构。讨论中不少同志提出,要强化体改工作机构,准备向常委汇报,把市体改办改为市体改委,在它下面成立一个统筹全局的、高效率的办公室。综合体改涉及各方面的问题,要有一个全市性的包括各个方面同志参加的体改委。我们还打算成立一个经济研究中心,作为协调各个经济研究机构的班子。根据经济顾问的建议,现在要充实市社科所里搞经济研究的力量,然后建立一个经济研究所。

第三,抓紧制定经济体制综合改革的三年规划。试点城市总要先走一步,搞不出长远规划,先搞三年规划。请体改办先拿出一个意向性的规划提纲,由各部、委分别拿出三年规划的初步方案,然后再由体改委把它综合起来,请几位顾问指导,组织专家讨论,制定出全市经济体制综合改革的三年规划。

第四,抓好明年计划单列的准备工作。明年的计划单列必须立即动手准备,要把材料和数据搞准确,搞扎实,不要漏掉项目。市级各部门要向国家计委、经委和各主管部主动去汇报,主动去挂钩,一定要把钩挂稳挂牢。同时要向省主管部门去汇报、去挂钩,把省管的计划落实下来。这个工作非常重要,不要中央主管部门的钩没挂上,省里又脱了钩,两头没着,变成梁上君子。请市计委把这个工作组织好。

第五,已经制定的三十几个改革方案,要抓紧实施。许多方案要先搞试点,再在全市推开。重庆是一个大点,我们还要点中有点,才能做到心中有数。

第六,加强体制改革的领导,就要高度重视人才问题。在一切工作的背后,都有一个人才问题。要把培养人才,发现人才,选拔人才,使用人才,作为各级领导干部的重要职责。最近有个局的负责干部写信给我讲:"一切管理者、组织者都不能离开以人为中心这一基本原则"。这是很有见解的。作领导的人自己本事小一点,只要善于使用人才,也可以把工作做好;反之,领导再强你也只有一个脑袋,只用自己一个脑袋的人,再强也是处于弱者的地位,也难以把工作做好。

当前非常需要研究经济的人才和管理人才。选拔人才,不仅要看过去的历史,更重要的是看现在的表现。生产看效益,科研看成果,党政看政绩,每个人都要看咬不咬"老鼠"。如果一年、两年还抓不上去,就要认真研究他还能不能干这个工作。如果他确实做出了成绩,打开了局面,就要论功行赏。

各级领导都要注意抓参谋人才班子。现在急需用人,我们不仅要大胆起用中青干部,有些老同志有丰富的经济管理经验,身体又好的,也可以请出来当参谋、当调研员,协助领导搞好经济体制改革的决策。市里成立经济研究机构,找人才比较困难,就准备突破年龄限制,只要有真才实学的,老中青都要用。

在这次机构调整中,希望各部、委、局组建内部科室时,考虑一个搞研究工作的参谋班子、智囊班子,帮助领导在重大问题上进行论证、决策(不是帮领导写发言稿)。市委研究室、社科所和经济研究中心同部、委、局的研究班子"网络"起来,组成系统。请市委研究室抓一下这个网络,要各部、委、局报名单,要找有真才实学的。然后再召开经济体制改革理论研究规划会,把研究的课题分工落实下去。请研究室、社科所、经济研究中心共同提出一个计划来,由陶维全、罗平、陈世璞三位同志来抓。

最后讲一点,要切实改进工作方法。几位顾问提出来要精兵简政。首先要下决心精简那些一般化的、不解决问题的会议,现在一般化的会议多、解决问题的会议少,要向精简会议要时、要效率、要学习。各级领导泡在会议里面,不深入下去搞调查研究,就不可能真正解决矛盾、转化矛盾。工作会议不要把领导都弄到主席台上排排坐,开会也要讲责任制,那个领导主管的会议,就由他组织调查研究,负责把会开好。

各单位都要实行岗位责任制和分工专责制。不能搞一盆浆〔糨〕糊,责任不分,功过不明。这是机构改革第二阶段要着重解决的一个大问题。讨论中大家提出的几个问题亟须研究解决:局和公司的职责划分和工作关系问题,由市经委为主、市体改办协助研究;党委与党组的工作关系问题,组、宣、监分管统管的问题,由机构改革领导小组和组织部负责研究,拿出方案,送常委讨论。

现在我们也是矛盾成堆、问题成山,工作十分繁重。我想借用马克思在《资本论》第一卷序言中的那段名言,结合改革的实际,换两个字,用来作为结束语:在改革上没有平坦的大道可走,只有不畏劳苦沿着陡峭山路攀登的人,才有希望达到光辉的顶点。

中共重庆市委、重庆市人民政府关于搞好市领导县若干问题的决定(试行)

(1983年7月1日)

经省委、省人民政府决定,中共中央、国务院批准,永川地区与重庆市合并,组成以重庆为中心的城乡结合、工农结合的经济区,实行市领导县的体制。中央这一决定,大大加重了市委、市府领导农村、加快农业现代化步伐的责任和探索社会主义新型城乡关系的重要任务。目前,面临的主要问题是,不少同志对这一重大变化还缺乏深刻的认识,指导思想、领导方法以及上层建筑的变革还赶不上这一变化的需要。这种状况如果不能较快地得到改变,对农业和农村工作的领导就有可能受到削弱,已经活跃起来的农村经济就有可能受到窒息,广大农民和农村干部的积极性就有可能受到挫伤。为此,各级党和政府各个部门、各级领导干部,对市领导县的问题都要作为一件大事来认真进行研究,切实制订具体的贯彻落实方案,并迅速组织实施,保证我市农村的社会主义事业在新的体制下,更加欣欣向荣,蒸蒸日上。

(一)市领导县是行政管理体制的重大变革,也是城乡关系的重大变革。过去城市管工业、地区管农业的体制,割裂了城乡之间、工农之间的内在联系,使城乡互相支援、协调发展受到严重障碍。市领导县的体制则是要以经济发达的城市为中心,以广大农村为基础,使城乡密切结合,充分发挥两方面的优势,互相依存,互相支援,统一领导,全面规划,促进城乡经济、文化事业的共同发展。面对这一重大变革,无论是领导城市工作的同志,或是领导农村工作的同志,都有一个适应的过程,都必须认真学习和领会中央决定的精神,懂得这一改革的重大意义,使指导思想有一个根本性的转变。从孤立地抓工业、孤立地抓农业,转变到工业和农业统一规划、共同发展上来;从单纯地进行物质上相互支援,转变到城乡紧密结合、互为基地、互为市场、大力发展商品交换上来;从城乡互不协调、互相对立,转变到建立新型的社会主义城乡关系上来。

(二)实行市领导县的体制,根本目的之一,在于使农村经济能够得到一个较快的发展。地市合并后,我市经济结构和人口构成都发生了很大变化,农业在国民经济中已经占有举足轻重的地位。全党必须牢固树立以农业为基础的思想,把发展农业放在与发展工业同等重要的地位。各县和有农业的郊区,要以主要精力抓农业,城市要采取切实措施积极支援,力争在三五年内,使我市的农业总产值和在全省占有重要地位的粮食、生猪、蚕茧、柑桔、茶叶、榨菜等大宗产品的产量,以及当前供应不足的鱼、牛奶、禽蛋、蔬菜等副食品,都能达到全省的先进水平,十年内进入全国大中城市的先进行列。

实现上述目标,要进一步解放思想,认真贯彻落实党在农村的各项政策,特别是1983年中央1号文件所规定的政策,切实改变集中过多、管得过死的状况,坚持走农、林、牧、副、渔全面发展,农工商综合经营的道路,大力促进农业从自给半自给经济向较大规模的商品经济转化。发展农业的资金,主要依靠搞活农村经济来解决,同时市也要随着财政状况的好转,逐步增加对农业的投资;还要充实区县财政,使他们有一定的财力从事农村建设。城市工业基础雄厚,交通运输发达,科学技术先进,智力和人才集中,文化教育普及,经济和科技信息灵通,要采取有力措施,建立起沟通城乡的工业、交通、科技、流通、信息、文教等网络系统,使城市的这些优势能在农村物质文明和精神文明建设中发挥重要作用。

(三)工业农业紧密结合、协调发展,是市领导县的核心。现代化大工业是城市经济的主体,县办工业、社队企业和为农业产前产后服务的各种企事业是农村经济的重要力量。实行工农结合,首先就要对城市工业和农村工业进行统筹规划,合理布局,促进城乡工业的全面发展。今后市的大工业主要应发挥自己的优势,逐步向高精尖发展,同时要为农业不断提供各种先进的生产资料,为改造传统农业服务。农村工业要贯彻因地制宜、就地取材和为农业、为工业、为外贸出口、为城乡人民生活服务的方针,积极从事农副产品加工、鲜活产品冷藏保鲜、小型农具制造维修、小型建筑建材、小型煤炭、小型水电、小型肥料、小型饲料、小型食品等工业生产。农副产品加工业过去主要放在城市,实践证明,这种状况不但因远距离运输而造成农产品的不必要的损耗浪费,而且限制了农村劳动力的就业范围和农产品综合利用的效益,同时也影响了农民收入的增加。今后新增加的农产品加工能力,都要尽可能接近原料产地,并且允许农村工业对完成交售任务后的农产品进行加工。现有城市的农产品粗加工也应逐步放给农村工业经营。随着城市工业改组联合的进行和产品向高精尖的发展,必然会有一部分配套产品的低档产品分离出来。城市工业应按专业化协作和联合经营的形式,把这些产品有计划地向农村工业扩散。今后新建的现代化工业,除少数必须放在重庆市区内,应尽可能建在卫星城镇,使之成为带动周围农村工业发展的骨干力量。农村建筑队伍是城乡建筑的重要补充力量,应允许农村建筑队进城,也允许城市建筑队下乡,承担建筑任务。为了实现上述要求,市计委、经委和各个工业部门,都应按城乡拉通的原则进行规划,使大工业、县办工业、社队企业和为农业产前产后服务的各种企事业,都能协调发展。形成一个既密切联系,又各有侧重的城乡结合的工业网络。对农村各类工业,市经委和各工业部门都要负责管理。

(四)用现代化科学技术和先进管理方法进行农村的生产建设,必须提上议事日程。城市科技力量雄厚,人才集中;农村也有一定的科研机构和技术人才,大量的能工巧匠和生产能手则是蕴藏在农民中的重要技术力量。必须把这三方面的力量组织起来,逐步形成一个由市的农业科研中心、县的农技推广中心、公社(乡)的农技服务站(公司)和科普协会,以及农民中的科技示范户组成的农业科研推广体系和农村群众科普网络,在统一规划、合理分工的原则下,协调一致地为发展农业服务。应迅速采取措施,把分散在市级农业科研单位、大专院校和其他部门的农业科技力量组织起来,成立市的农业科研中心。凡大专、中专毕业的农技、农经人员已改行从事其他工作的,要鼓励他们回到为农业服务的岗位上来。有志于到农村工作的,应按政策规定提高他们各方面的待遇。对农村的能工巧匠、生产能手,要开展全面的普查登记工作,把这类人才发掘出来。同时要对他们进行培训提高,经过考核鉴定,可授予他们相应的技术职称,并允许他们受聘从事有偿的技术服务。大专院校、科研单位和科技群团组织,都要采取短期培训、函授教育、定向培训等多种形式为农村培养技术人才。

适应县办工业、社队企业和其他各企事业的发展,市的各个工业部门要有计划地派出技术和管理人员进行对口支援,并允许参加支援的人员取得一定的报酬。退休工程技术人员、老技术工人是一支重要的技术力量,要允许他们受聘去农村从事有偿的技术服务,原单位应积极支持他们的工作。

(五)城乡经济关系本质上是商品交换关系,要实现城乡结合,必须改变城乡流通渠道堵塞的状态,使工业品和农产品的交换畅通无阻。要以城市为中心,逐步建立一个城乡结合的商品流通网络。这个网络主要由国营商业、供销社、城乡集体商业和城乡个体商业组成。国营商业、供销社是主渠道,城乡集体商业、个体商业则是流通的必要补充。国营商业可以下乡设点经营工业品批发业务,兼营必要的零售业务;供销社、社队企业经销部、农工商公司可以进城设点经营农副产品的批发业务,兼营必要的零售业务。城市的集体商业和个体商业可以向商业批发站进货,把工业品贩运到农村销售;也可从农村贩运农副产品到城市销售。农村集体商业和个体商业可以贩运农民完成统派购任务后的产品和非统派购产品进城和出县、出省销售;也可以从商业批发站进货,把工业品贩运到农村销售。实行这样的体制,一方面要放开手脚,搞活流通;另一方面要切实加强市场管理,坚决及时地处理各种违法行为。工商行政管理部门和税收、物价、公安、交通运输部门,都要按照放宽政策的各项规定和城乡的不同情况,制订有关的管理条例,以便有所遵循。

交通运输与商品流通紧密相连,要积极开辟以重庆为中心的同各区县之间的水路、公路和铁路的直达运输以及各区县相互之间的直达运输。允许农村集体和个体购买汽车和小型机动船,从事生产和运输,有条件的还可以办理客运。水运是我市的一大优势,应允许农村集体和个体的机动船、木船在长江、嘉陵江和其他江河航行,有关部门要加强航政管理,保障运输安全。

(六)经济的发展,无论城市和农村都需要灵敏的经济信息和科技信息作指导。当前农村由于实行指导性的生产计划和指令性的收购派购计划相结合的体制,除粮、棉、油及其他少数产品外,绝大多数产品的生产和销售都要受市场供求关系的影响,经济信息对于农业生产的健康发展具有重要的意义。同时由于专业户、重点户的出现和农村社会分工的发展,农民迫切要求掌握科学技术。科技信息的传播,也越来越具有重要地位。为此,我们必须利用城市信息灵通的优势,迅速把城乡的信息网络建立起来,城市要建立由计划、商业、物资、银行、物价、税收、工商管理等部门组成的经济信息中心,并建立专门的机构进行信息的集中、整理、传递和发布工作。县和重要的场镇,也要有类似的信息中心,及时向城市和农村进行信息的反馈和传递。为此,需要相应加强邮电通讯的建设。市科技情报中心要负责向农村发布各种科技情报,提供各种科技资料。

（七）党在农村的工作,必须始终坚持两手抓的方针,一手抓物质文明,一手抓精神文明,使整个农村的物质生活不断改善,思想政治不断进步,文化知识不断提高。城市既具有物质、技术方面的优势,又具有文化方面的优势。实行市领导县后,除大力加强农村思想政治工作外,必须充分发挥城市文化方面的优势,建立城乡结合的文化网络,加强农村的文化建设。我市的新闻、出版、广播、电视、文化、教育、卫生、体育等部门,过去主要都是为城市服务的,现在要切实采取措施,转移到既为城市服务,又为农村服务上来;要大力提倡城市文化下乡,传播精神文明;要帮助农村培养各类文化人才。农村小城镇不但要建成小的经济中心,也应建成政治中心和文化科技中心,使农民有比较集中的文化活动场所。

普及教育是建设物质文明和精神文明的重要前提。这个任务对广大农村是比较艰巨的,然而又是必须完成的。必须下决心增加对农村的智力投资,同时调动各方面的力量,争取较早地实现农村的普及教育。

（八）在大城市周围建设卫星城镇,是城市发展的方向。卫星城镇是经济中心与广大农村联系的桥梁,是联结城乡的经济网络的枢纽,它既是小型的工业中心、贸易中心,也是小型的信息中心和金融中心,对工业的合理分布、工业与农业、城市与乡村的结合,将起重要作用。实行市领导县的体制后,要有计划地、有步骤地把重庆周围有条件的县城建设成卫星城市,把重要乡场建设成小型城镇。卫星城镇的建设要从道路、水电供应、教育文化事业等基础设施入手。市和县都要给以积极的支持。今后的工业建设要大城市与卫星城镇统一布局,严格控制市区的进一步膨胀。

（九）为了把市领导县的体制在组织上落实,市委、市府和市级各部门都要把农村工作纳入议事日程,认真抓好。除市委、市政府确定一位或几位负责同志分管农村工作外,其他同志都应了解农村、关心农村,懂得党在农村的各项方针政策。在市委和市府领导下,要建立专管农村的工作委员会和农业办公室,负责领导和管理全市的农村工作。农委和农办有权召开有关农村工作的会议,包括区县负责干部的会议和市级各部门分管农村工作负责干部的会议;市级各部门下达有关农村的重要政策性文件,要征求农委和农办的意见,关系到农村经济建设的重大措施,如投资和物资的分配、重要建设项目的确定、区县主要领导干部的任免调迁等,要事前同农委、农办协商。要加强市委和市政府专管农业的职能部门。同时,党和政府的综合部门和与农村工作有关的单位,以及工会、共青团、妇联、科协等群众团体,都要设置专管农村工作的机构,由懂行的负责同志分管农村工作,其他负责人,也都要了解农村、关心农村,懂得党在农村的方针政策。

市领导县的体制改革是一个新事物,它涉及面很广,在实行中必然会出现一些新情况、新问题。全市各级党政部门,都要深入实际,不断总结经验,改进工作,努力把这项改革搞好。

1983年7月1日

党的十一届三中全会以来流通体制改革的基本情况

(1983年8月12日)

党的三中全会以来,我市在流通领域认真贯彻"调整、改革、整顿、提高"的方针,进一步解放思想,清除"左"的影响,放宽政策,开始对流通体制进行调整和改革,一个以国营商业为主导,多种经济形式,多种经营方式,多渠道并存和少环节,开发的流通体系开始逐步形成。

一、调整经济结构,大力发展集体商业,适当发展个体商业

1958年以后,特别是"文化大革命"时期,在"左"的思想指导下,对集体商业和个体商业实行"穷过渡""割尾巴",集体商业阵地越来越小,个体商业被砍得所剩无几,市场上形成国营商业独家经营的局面。

1979年以来,市府放宽政策,积极发展集体商业,适当发展个体商业。对集体商业在商品(货源)分配上作必要照顾,允许多渠道进货,允许经营完成国家计划后的一、二类工业品和农副产品,还可以经营三类工、农副产品和批发业务;支持集体商业对农副产品开展议购议销,长途贩运和各种形式的联营,千方百计帮助集体商业扩大业务经营。对经营困难的饮食、服务、蔬菜、煤炭、修补、副食等行业,经批准后,定期减免工商税。对急需资金的企业,银行在贷款上积极支持。对个体商业,市政府规定凡持有城镇正式户口的待业青年和有经营能力的社会闲散人员以及持有当地农村正式户口,有一定生产、经营能力的农村剩余劳动力,都可以从事个体经营。经工商行政管理部门批准的个体户,根据市场和群众需要,可以从事手工业、修理业、交通运输业、房屋修缮业、城乡贩运业、服务业、饮食业和商业等生产、经营活动。可以单个经营,也可以合伙经营;可以零售,也可以批售;还可以在政策许可的范围内进行工、农产品的贩运,不限运输工具,不计长短途。对个体工商户所需的原材料和货源,属国家计划分配部分,与全民、集体一样,纳入计划,合理分配,享受与国营、集体同样的批发价。对个体工商户所需资金,有困难的银行给予贷款支持;对经济活动大的个体户,允许开户。对个体工商户的营业场地,积极创造条件,开辟了一批专业批发市场、集市贸易和摊区;在不影响交通的地段,允许摆摊设点。

通过调整政策,集体企业和个体商业户得以迅速发展,使市场经济结构发生了明显的变化:

1. 商业门点(个体户为摊点),集体和个体1982年比1978年分别增长186%和8.5倍,为全市商业门点的70%,如表:

	合计	国营企业门点		集体企业门点		个体摊点	
1978年	10928个	6249个	57.2%	3614个	33.1%	1065个	9.7%
1982年	29144个	8715个	29.9%	10337个	35.5%	10092个	34.6%

2. 商业从业人员,集体和个体1982年比1978年分别增长93%和9.5倍,共占全市商业人员的42.8%,如表:

	合计	国营企业人数		集体企业门点		个体人数	
1978年	114552人	80910人	70.6%	32577人	28.4%	1065人	1%
1982年	173228人	99036人	57.2%	62976人	36.4%	11216人	6.4%

3. 商品零售额,集体和个体1982年比1978年分别增长2.4倍和17倍多,共占全市社会商品零

售总额的 27.3%,如表:

	合 计	国营企业		集体企业		个体商户	
1978 年	121987 万	80910 万	87.3%	15413 万	12.6%	115 万	0.1%
1982 年	199690 万	145204 万	72.7%	52360 万	26.2%	2126 万	1.1%

其中1982年饮食业零售额,集体和个体占的比重更大些,分别达到37.9%和5.5%。

我国现阶段多种经济并存,是适合生产力发展水平,符合客观经济规律的。发展集体、个体商业不是权宜之计,而是我们党的长期方针。从三中全会以来的情况看,我市集体和个体商业得到发展,在城乡市场形成星罗棋布的商业网点,他们以其经营灵活的特点,营业时间长,花色品种多,服务质量好,受到消费者的欢迎,对于搞好经济,方便消费,活跃市场,缓和买难卖难的矛盾,起到了积极的作用,成为国营商业必要的和有益的补充。

二、扩展商品流通渠道,实行多渠道流通,进一步搞活市场

社会主义统一市场的经济结构是多种经济成分并存,这就决定了商品流通必然是多渠道的。三中全会以来,随着多种经济成分的发展,我市多渠道经商呈现活跃局面。

目前,我市已形成的商品流通渠道,归纳起来主要有九条:(1)国营商业系统,通过其批发和零售环节,以多种购销形式连结着生产和消费,成为城市商业的主要渠道,也是工业品流通的主渠道。(2)国营供销社系统,是农村商业的主要渠道,也是农副产品流通的主渠道。以上两条渠道是国家控制商品流通的支柱,是商品流通领域的主导力量。1982年国营商业和供销系统实现纯销售额20.2051亿元,占全市纯销售总额30.3285亿元的66.6%。(3)归口国营商业管理的集体商业。(4)工业系统,通过推销超计划生产的商品、展销新产品以及自产自销的商品。(5)农业系统主要是社队企业和公社供销经营部推销自产商品、来料加工和销售,以及为国营商业代购代销部分工业品、副食品。(6)街道企业包括劳动服务公司,主要从国营商业进货进行销售或加工后销售。(7)其他企业包括学校、机关、部队办商业,主要为本部门和附近居民服务。(8)城市个体商业户,主要从国营商业或直接与工厂挂钩,组织小商品供应;或进行劳务性加工,满足群众多种需要。(9)农民进城销售农副产品,有的还组织工业品回农村销售。

已经形成比较固定,又有统计资料的八条流通渠道,1982年的状况和经营实绩如表:

	社会商业网点	从业人员	纯销售额(贩业额)	
全市合计	29144 个	173228 人	303285 万元	
(1)国营商业系统	2951	66582	140140 万元	占 46.2%
(2)国营供销系统	2747	19690	61911 万元	20.4%
(3)工业系统	359	3272	33112 万元	10.9%
其中:全民	171	2506	30282 万元	
集体	188	766	2830 万元	
(4)农业部门(集体)	1684	6117	3426 万元	1.1%
(5)街道(集体)	404	2266	665 万元	0.2%
(6)其他(包括国营农场、机关、部队、文卫等)	4779	17485	16256 万元	5.4%
其中:全民	2846	10258	12313 万元	
集体	1933	7227	3943 万元	

续表

	社会商业网点	从业人员	纯销售额（贩业额）	
（7）集体商业（归口）	6128	46600	45649万元	15.1%
（8）个体商户	10092	11216	2126万元	0.7%

为了促进城乡物资交流，解决农副产品进城难的问题，今年7月1日在市中区建设公寓成立了农副土特产品贸易中心，面向全国做生意，为本市农副产品销售开辟了新渠道。同时，大力发展农村集市贸易和城市农副产品市场。1980年以来，全市共修建城镇农副产品市场119个，面积4.46万多平方米，建设摊区市场18个，面积3505平方米。目前，全市城乡农贸市场共有437个，1982年上市农副产品5亿多斤，品种480多个，成交额达2.4亿元，占社会商品零售总额的12.2%。可见，城乡农贸市场，已经成为农副产品流通的一条广泛的、重要的辅助渠道。

疏浚工业品流通渠道，是三中全会以来流通体制改革的一项重要内容。为了把地方工业品辐射出去，许多工商企业纷纷在省内外设立联营门市，如群林市场就先后在省内外建立了50多个联营门市。国务院《关于疏通商品流通渠道，扩大工业品下乡的决定》下达后，全市共下伸批发网点26个，市、县级商业企业还积极与农村基层供销社开展各种形式的联营，商业企业抓住旺季，适时地举办各种展销会、物资交流会，还采取临时出摊、增设网点、出动大蓬〔篷〕车等方式，扩大工业品下乡。全市还开辟了16个工业小商品市场，1983年上半年各类小商品成交额达1460万元，比去年同期增长1倍，占社会商品零售总额的0.88%。

我国市场广阔，情况复杂，人民群众对商品的要求千差万别，日新月异，要搞好商品流通，满足市场需要，光靠国营商业一条渠道是不可能做到的。只有改变封闭的、少渠道、多环节的商品流通体系，建立多渠道、少环节、开放的商品流通市场，才有利于发展商品生产，搞好商品流通，满足人民群众日益增长的物质需要。

三、调整商品购销政策，实行灵活多样的购销形式

三中全会以前，我市生产发展速度不快，所提供的商品不能满足市场需求；商业对工、农业产品的购销形式主要是统购包销。三中全会后，随着党的各项经济政策的落实，工农业生产迅猛发展，为市场提供了丰富的物质基础。原有的统购包销形式，显然已经不能适应需要。

从1980年以来，我市对工业品的购销形式，变比较单一的统购包销为统购统销、计划收购、订购、选购、代购、代销6种形式，计划品种逐步减少。按照商业部和省政府颁布的工业品购销形式分类目录，我市1982年的收购品种中，实行统购统销的商品有11种，实行计划收购的商品有24种，实行订购的商品有58种，以上三类约占1982年收购总值的75%，其余上千种小商品实行选购，收购总值约占25%。最近，又出现了议购和联营联销形式。今年5月，市府决定放开工业三类小商品的价格，对小百货、小五金等10大类500种小商品实行工商协商定价，允许同一市场同一商品出现不同价格。重庆百货站还与重庆铝制品厂成立重庆铝制品工商联合经营部，实行联合经营，统一指挥，利益均沾，风险共担。这种形式，把工商利益紧密连在一起，调动了工商两家的经营积极性。

我市农副产品的购销政策也进一步放宽，对关系国计民生的一、二类重要农副产品继续坚持统购、派购政策，一、二类农副产品的品种也逐年减少，截至1983年初，减至27种；三类农副产品和完成派购统购后的一、二类农副产品，除棉花、木材、楠竹、麝香外，都可以实行多渠道运销；允许基层供销社和货栈出县、出市、出省推销，长途贩运。国营商业、粮食和供销社，要参与市场调节，积极开展议购议销。

购销形式调整后，流通开始搞活。我市经营的蔬菜，实行"大统小放"的经营方针，国家对17个大宗品种计划收购，其余品种全部放开，搞市场调节。1983年上半年，全市蔬菜社会总上市量4.2633亿斤，其中，基地计划菜2.1317亿斤，占总上市量的50%；集市贸易菜1.9571亿斤，占总上市量的45%；市外调入菜1745万斤，占总上市量的4.1%；全市人平每天吃菜1.18斤。国家掌握了大宗品种，既保障了群众吃菜的基本需要，又平抑了市场菜价。菜农直接上市销售，既增加了收入，调动了种菜的积极性，人民群众又随时随地可以买到鲜嫩质高的蔬菜，深受大家欢迎。

四、恢复供销社的合作商业性质，把供销社办成农村经济活动的中心

为了适应三中全会以来我市农村商品生产迅速发展，商品交换规模日益扩大的形势，继续发挥供销社在农村商品流通中的主渠道作用，我市（原重庆市）供销社的体制进行了有计划、有步骤的改革。

逐步恢复供销社的合作商业性质。从1981年开始，各基层供销社进行了清股扩股工作，落实股权62.5224万股，股金178.7367万元。在自愿入股的原则下，到1982年底又新扩股1.7896万股，股金5.4568万元。目前，全市供销系统已有股数68.94万股，股金206万元，占全市基层供销社自有资金的4.88%；入股农户占全市社员户总数的69%，通过清股扩股、发放股息工作，密切了供销社与农民的关系，增加了民办因素，加强了供销社的群众基础。綦江县、长寿县、巴县和江北县，都先后成立了县联社，各基层社都召开了社员代表大会，选举了理事会和监事会，建立健全了民主管理制度，逐步恢复了供销社在组织上的群众性，管理上的民主性，经营上的灵活性。

积极发展农商联营。农商联营是适应农村商品经济发展的新的合作经济形式，是从经济上把供销社同农民的利益紧密联系在一起的有效办法。据统计，今年上半年全市有51个基层社同3555个生产队，社队企业和专业场、园以及21421个专业户、重点户开展了生产、加工、储藏、购销等各种形式的联营，品种有柑桔、海椒、茶叶等45个，并签订农商合同25944份，总值达2348万元，其中，"两户"合同18675份，总值1244万元。把农商联营和各项服务用合同制的形式肯定下来，把一部分分散的经营纳入计划轨道，使农民生产有方向，产品销售有出路。通过这一系列改革，我市供销社正逐步成为农村供销、加工、储藏、运输、技术等综合服务的中心。

五、打破政企不分、条块分割的状况，成立专业公司

三中全会以来，我市商业、粮食部门还对管理体制进行了调整。商办工业针对过去政企不分、市区分割的情况，重新组建了重庆市酿造、糕点、油脂、饲料和粮食工业等专业公司。专业公司的成立，对于搞活流通，满足市场需要，发挥了积极作用。首先，有利于根据市场需要，实行定向生产，增加花色品种，提高产品质量。新渝食品厂和兰香园食品厂上收后，市糕点公司根据市场需要，改变过去小而全的经营方式，合理分工，发挥优势，实行产品定向生产。新渝厂专攻日升桃片、怪味胡豆、鱼皮花生等名特产品，兰香园主要生产大市货。两厂各得其所，各得其利，不仅花色品种和产品质量上去了，也获得良好经济效益。1982年两厂共完成利润36万元，今年上半年就完成利润40万元。其次，有利于集中优势，进行技术改造。特粉，历年来一直是市场紧俏商品。粮食工业公司成立后，为了满足市场需要，集中一定的资金和技术力量，先后把朝天门面粉厂和化龙桥面粉厂改建成特粉专厂，使特粉的月产量由改造前的20万~30万斤达到现在的350万斤，适应了市场的需要。第三，有利于科研成果的推广。酿造公司调味品研究所，研究成功的酱油生产新工艺，使黄豆蛋白利用率达75%~80%，接近全国优良水平。过去，由于市区分割，这项科研成果不能及时变成生产力。专业公司成立后，公司组织力量，大力推广新工艺。使全

市酿造行业的黄豆蛋白利用率由50％提高到60％以上，一年可为国家节约大量黄豆。第四，经济效益显著提高。1978年粮食工业公司成立以前，全市粮食工业利润110万元，成立专业公司管理后，1982年实现利润400万元，为1978年的3.64倍。

六、推行责权利相结合的责任制，调动商业企业的经营积极性

国营商业企业在商品流通领域中起领导作用。推行经营责任制，充分发挥商业企业的积极性，对于整个流通体制的改革具有重要的意义，我市商业企业实行责任制经历了三个阶段。

扩权阶段。按照省政府部署，1978年底我市有6个商业企业（其中2个为商办工业）进行扩权试点，包括扩大财权，实行全额或超额利润分成；企业享有计划制定权、业务经营权、一定的物价权和民主管理的权力。一年试点，收效明显，1979年这6个企业实行销售额（产值）比上年增加65％，实现的利润比上年增加65％。其中上交财政部分比上年增加55％。1979年底我市商业扩权企业增加到32个，其中17个企业实行全额利润留成，14个企业实行自负盈亏，交所得税。重庆百货商店实行省确定的大扩权办法（企业留成30％，职工工资、津贴、奖励、福利等在留成内开支），进一步扩大企业的权限。1980年扩权试点结果，经营效果仍然是显著的：重百商店销售实绩比1979年上升26％，利润实绩增长20.6％；14户自负盈亏企业销售实绩比1979年上升27.8％，利润实绩增长41.2％，其中上交财政部分增长27％。

承包阶段。在总结扩权试点经验的基础上，在零售商业和饮食服务业全面推行经营责任制，这期间市政府1981年和1983年都批转市财办关于推行商业经营责任制的意见，使这项工作趋于完善。在国家与商业企业的关系上，主要实行自负盈亏征所得税，亏损包干、节亏分成或留用、全额利润分成、利润包干、超额分成四种形式；在企业与职工的经济关系上，主要实行经营包干、定额上交、提成浮动工资、全额利润提成，超额利润分成和按奖金利润率计奖五种形式。到今年5月底全市零售商业和饮食服务业90％左右的门点实行了以经营承包为中心的责任制，其中市中区工业品、副食品、饮食服务行业的268个门点全部进行承包，把各项经营指标落实到门市、柜组和职工个人，责任明确，利益直接，方法简便，效果显著。市中区今年上半年经营情况与去年同期比较：工业品行业销售上升16.9％，利润增加41.53％；副食品行业销售增长30.82％，利润增加1.2倍；饮食服务业营业收入上升17.56％，利润增加45.18％。零售商业和饮食服务业是整个商品生产和流通的出水口，只有把零售商业和饮食服务业搞活，生产和流通才能活得更好。〈……〉曾多次强调要放宽政策，搞活商业中、小型企业，特别是小型商业可以实行国家所有、集体经营的办法。我市按照零售商业在流通领域中的重要作用和指示精神，全面推行以承包为中心的经营责任制。事实证明，对零售商业和饮食服务业放宽政策，实行承包、坚持责权利三者结合，其经营效果就好；反之就阻碍了其发展，从而使整个生产和流通都难以活起来。〈……〉。这从反面证明了坚持从实际出发，分别不同行业推行经营责任制，对于克服分配上的平均主义，搞活流通渠道具有重要意义。

从今年6月起，我市按照国务院全面实行利改税的决定，制定了我市国营商业企业利改税的具体方案。目前正在落实之中。

重庆市财贸办公室
1983年8月12日

国家物价局对重庆经济体制综合改革试点中物价改革意见的批复

（1983年10月24日）

重庆市物价局：

你局《关于重庆经济体制综合改革试点中物价改革的意见的请示报告》收悉。基本同意你局物价改革意见，请在市政府统一部署下，经过试点，逐步推进。下面几个问题希望在试点工作安排上予以注意：

一、大中城市、工矿区的大宗蔬菜实行计划管理，不搞议价。国营商业按牌价供应的部分，应占居民消费量的70%以上。对农产品的议购议销也要适当管理。对二类农产品中的有些品种，必要时可规定最高限价、最低限价或浮动价格。

二、国家规定价格的重工业产品，必须严格执行国家定价，计划内生产的、计划外生产的或超产的，都不许搞议价。个别短线产品确实需要加价的，要报国务院批准。重工业品制定临时出厂价格，应当按国务院国发〔1983〕117号文件的规定执行。

三、二类日用消费品中，重要的轻纺工业品、国家高积累的产品、国家实行补贴的商品，不许实行浮动价格。除此以外的轻纺工业品，可选择几类试行浮动价格，开始时范围不宜宽，看准一类搞一类，经过试点，逐步实行。对调拨作价、地区差价、批零差价、季节差价等各类差价的改革，要考虑有利于省内价格的平衡与衔接，并宜先选择几类商品试行。

四、重庆港口作业费率系长江各港统一费率之一，需要全线统一平衡，不宜下放各省、市自管。如有不合适的费率，可建议交通部统一修改。关于长航运价问题已纳入今年运价调整计划。在整个运价方案未定前，川江计划外运输不宜搞加价。

国家物价局
1983年10月24日

国家体改委关于重庆市经济体制综合改革试点文件发布情况的通报

（1983年12月5日）

国务院各有关部委办公厅，各省、市、自治区体改委、体改办：

自中共中央、国务院1983年2月8日批准在重庆市进行经济体制综合改革试点以来，这项工作受到各有关部门的关心和重视。截至10月底，中共中央、国务院和各有关部委就重庆市经济体制综合改革试点工作共发布文件22份，从各方面就改革试点的目的、意见、内容、要求、机构设置和实施方案等作了相应的规定。现将各主要文件的发布情况通报如下：

一、中共中央、国务院批准四川省委、省人民政府《关于在重庆市进行经济体制综合改革试点意见的报告》（中发〔1983〕7号 1983年2月8日）

在文件中，中共中央、国务院指出：在重庆这样的大城市进行经济体制综合改革的试点,是中共中央、国务院对当前我国正在进行的各项改革工作中的一项重要决策。认真搞好这个改革试点,对于进一步搞活和开发我国西南的经济,探索军工生产和民用生产相结合的新路子,以及如何组织好以大城市为中心的经济区,都具有重要意义。

经济体制综合改革是各种经济关系适应生产力进一步发展需要的多方面的调整,必须从实际出发,从经济发展的客观规律出发,充分走群众路线,注意经济效益,找出最佳的改革方案,有领导、有计划、有步骤、有秩序地进行,务必把试点工作搞好。

国务院各有关部门要组织和派出得力干部协同四川省委、省人民政府参加和领导改革试点工作,及时发现和研究、解决试点工作中出现的问题并随时报告中央、国务院。

二、国务院办公厅转发四川省人民政府转报的《关于贯彻落实中央指示搞好重庆市综合改革试点报告》的通知(国办发〔1983〕24号1983年4月4日)

该文件就重庆市综合改革试点中几项重要的工作任务作了规定:(1)报告中由国务院各有关部委和四川省、重庆市共同商定的各项改革方案、办法和建议,各有关部门要协助四川省和重庆市尽快落实,组织实施,有的要积极创造条件准备实施。(2)报告中提出在今年二季度内,由国务院各有关部委参加,到重庆帮助制订有关技术改造、军民结合、能源交通重点建设等方面的规划问题,各有关部委,尤其是国家计委、国家经委、国防科工委,要事先做好充分准备,包括进行若干调查研究和对某些重点项目进行必要的论证等。(3)关于重庆市拟从1984年起试行以划分税种的办法来确定各级财政收入的问题,请财政部研究协助重庆市提出具体实施方案。(4)关于探索军工生产和民用生产相结合的新路子问题,首先从搞好规划入手,主要帮助重庆地区的军工企业,确定一批对开发西南经济和发展全国经济有重要意义的产品,作为民品生产的方向。这方面,请国家计委和国防科工委进行准备,提出意见。

三、国家计划委员会转发四川省计、经委、重庆市计委《关于在全国计划中对重庆市单列户头划转主要指标基数的报告》的通知(计综字〔1983〕1149号1983年8月12日)

文件对重庆市计划单列问题作了明确的规定。要求国务院各部门对各项计划的编制和下达,都应把重庆市的指标单独列出,直接下达到重庆市,并抄送四川省。在计划表式上,先将重庆市单列,然后加到四川省的计划数中,在四川省下列其中。

在国家计划中对重庆市计划实行单列,是重庆市综合改革试点的重要组成部分,请注意总结经验,试点中有关情况和出现问题,请及时告诉我们。

四、财政《部关于对重庆市专项拨款单列户头的通知》(财办字〔1983〕6号1983年3月22日)

文件向国务院各部委、各直属机构发出通知:根据中央〔1983〕7号文件的精神,为了适应重庆市经济体制综合改革后的情况,从1983年起,中央对重庆市的邮政收支在国家预算中单列计划,并相应改进对重庆市的财政体制和分成办法。为此,目前属于中央各部门掌握的专项拨款(如基本建设投资、挖潜改造资金、地方煤矿基建和技术改造资金、新产品试制费、水毁公路补助费、农林水事业费、特大防汛抗旱经费、特大自然灾害救济费、文化教育卫生和计划生育专款,等等),在今后预算执行中分配给四川省的指标时,请分别列明重庆市和四川省除重庆市以外地区两个数字下达,财政部将据此办理预算划转和拨款手续。

五、对外经济贸易部关于执行《关于重庆市经济体制综合改革试点有关对外经济贸易方面的实施方案》的通知(外经贸管体字〔1983〕46号1983年3月28日)

该文件对重庆市享受省一级对外经贸权、计划单列、有关财务核算和外汇、直接经营对外贸易业务、市对外贸易机构设置、外贸企业下放等问题,作了明确的规定。

对外经济贸易部还发了《关于授权重庆市对外贸易局代部签发部分商品进出口许可证的通知》(对外经贸管出字〔1983〕89号1983年6月2日)

六、国家物价局对重庆经济体制综合改革试点中物价改革意见的批复（价字〔1983〕149 号 1983 年 10 月 24 日）

文件指出：除了必须严格执行国家定价的重工业产品和重要的轻纺工业品以外，允许重庆市选择一些轻纺工业品试行浮动价格；在考虑有利于省内价格平衡与衔接的前提下，可以选择几类商品试行调拨作价、地区差价、批零差价、季节差价的改革。

七、中国人民银行、中国银行、中国农业银行分别发布文件，对重庆各分行体制改革的方案作了批复

文件对各重庆分行的机构设置、权限、职责、业务活动范围、计划单列的实施以及和总行的业务领导关系，作了明确的规定。文件在各银行的业务工作上，也提出和规定了改革的措施，如人民银行在贷款发放、浮动利率等方面规定了相应的权限；中国银行在外汇贷款、信托投资、帮助企业引进国外先进技术、加快企业技术改造等方面规定了相应的权限；农业银行在农村信贷、结算管理的改革和信用社管理体制方面规定了相应的改革措施。

八、国务院办公厅关于重庆市人民政府在对外经济活动方面享有省一级权限事（国办函字〔1983〕83 号 1983 年 10 月 21 日）

文件指出：国务院同意重庆市人民政府在开展对外经济活动方面享有相当于省一级的审批权限。

九、城乡建设环境保护部、交通部、邮电部、煤炭部、劳动人事部对重庆市经济体制有关的改革方案，分别发布文件作了批复

各文件对重庆市有关的机构设置、职责范围、计划单列的实施等方面，作了明确的规定。

如，城乡建设环境保护部批准了重庆市建工局关于重庆市建筑业综合改革的报告，支持重庆市建工局在管理体制、建筑材料供应体制、经营方式、经济政策等方面进行改革。又如，劳动人事部批准重庆市在烟厂等四个企业进行工资调整和工资制度改革试点。邮电部、交通部在加快重庆市邮电建设、港口码头建设和增加通讯、航运能力等方面也给予了积极的支持。

十、国防科工委、兵器工业部、船舶工业总公司分别发布文件，从机构改革上对重庆市予以支持

国防科工委批准兵器工业部在重庆成立四川兵器工业管理局，统管在四川的兵器工业，这对于打破内部机构重叠、条块分割、促进军民结合将起重要作用。

近一年来，在党中央、国务院的领导下，四川省、国务院各部委、社会科学院有关研究单位积极参加并支持重庆市经济体制综合改革试点工作，使改革工作进展比较顺利，在今后工作中，经过各方面的共同努力，改革的成效必将充分地显示出来。

国家经济体制改革委员会办公室
1983 年 12 月 5 日

关于重庆市 1984 年经济体制改革的几点意见

（1984 年 1 月 31 日）

（一）

1983 年，我市开始了经济体制综合改革试点。这是"中共中央、国务院对当前我国正在进行的各项改革中的一项重要决策"。在中央和省委的领导下，经过一年的辛勤努力，我市综合改革已经起步，正在逐步展开，主要做了以下几项工作：

1. 国营企业全面推行了利改税的第一步。这一改革给企业带来三个明显的变化：一是企业必须按税法及时向国家交税，明确了企业的经济责任制；二是企业提高经济效益就可以多留利；三是上交税金后的自有资金，企业在国家规定范围内有权

自主运用。这样,就使企业有了压力和动力,积极挖掘内部潜力,提高经济效益。

2. 为1984年实行计划单列作了准备。国家计委已对我市各项计划单列了户头,并赋予我市相当于省一级的计划管理权和决策权。这样,使我市的经济活动直接纳入国家计划进行综合平衡,为发挥中心城市的作用,开辟了广阔的道路。

3. 初步改革了流通管理体制。在省属商业二级站下放到市后,首先实行了站司合并,按专业划细的原则组建了专业公司,减少了批发层次。同时,我市各种形式的工商联合、农商联合、商商联营以及农副产品贸易市场都有了新的发展,初步形成了多元化、多渠道、少环节、开放式的商品流通体制,扩大了商品流通,活跃了城乡市场,加强了对外经济联系。

4. 改进了企业奖励办法,实行了奖金水平同企业上交税利挂钩浮动。同时分别选择了一些单位进行自费浮动升级试点、工资总额金额浮动包干试点和工资调改结合试点。这些办法不仅在一定程度上克服了职工分配中的平均主义,激励了职工的生产积极性,而且对于探索工资制度的改革有着积极的意义。

5. 外贸体制改革有了良好的开端。我市已有了出口商品的谈判、签约、成交、结汇、发运权;300万美元以内的技术引进项目审批权;劳务出口的谈判、成交、签约权;进口商品签约权;等等。这将对发挥重庆作为中国西南地区最大的内河外贸港口的作用,打通西南地区与海外的联系,开发与搞活西南经济起着重要作用。

6. 完成地市合并之后,在打破城乡条块分割,密切城乡和工农关系,促进城乡经济发展等方面已有了一些新的进展。城乡一体的经济管理工作正在加强,城乡流通渠道堵塞的状况有所改变,城乡工业之间的联系有了加强,科学技术下乡,促进了农业的发展。

7. 其他方面的改革也初见了成效。66个省属在渝企事业下放的交接工作已基本完成。军民结合制定了5大类60多个品种的民品生产规划。重庆港口管理体制改革之后,组建了港口管理局,由交通部与我市共管。实现了港航合理分工,加强了港口的统一管理。铁道部和交通部都分别给我市增加了出川物资的运力。我市成立邮电管理局之后,每年300多万的市话收入可以留在市里以话养话。人民银行在部分企业中试行了将过去按定额发放流动资金贷款,改为按周转次数核定贷款,并实行了浮动利率。这些改革的效果都是比较明显的。

8. 全市还召开了两次经济体制改革理论讨论会,对我市经济体制改革的方向、原则以及如何发挥中心城市的作用进行了广泛的探讨,这对提高认识、统一思想、培训干部起到了积极作用。

通过上述一系列改革和工作,有力地推动了经济建设的发展。1983年,全市工农业生产比去年有了较大幅度的增长,经济效益也明显提高,实现了产值、利润、财政收入同步增长,改变了近几年来经济效益不高的停滞状况,呈现出了生机勃勃、令人鼓舞的新景象。

事实说明,我市前一阶段经济体制改革工作的方向是正确的,步骤是积极稳妥的,改革的效果也是好的。但从党中央和国务院赋予我市的光荣使命来说,则还是序幕,整个改革才刚刚起步,要为搞活和开发西南经济服务,要探索一条军民结合的新路子,要为建立以大城市为中心的经济区提供经验,还任重而道远。因此,今年我们必须继续贯彻中央七号文件精神,从我市实际情况出发,充分利用目前的有利条件,遵循客观经济规律,走好群众路线,迈出新的改革步伐,开创我市改革的新局面。

(二)

根据中央关于加快改革步伐的要求。1984年我市经济体制改革试点工作的指导思想是在保证提高经济效益和为国家多作贡献的前提下,发扬积极探索的精神,进一步解放思想,解决好国家与企业之间和企业内部的分配关系,解决两个大锅饭的问题,以放活企业,提高企业素质,充分发挥中心城市统一组织生产与流通的作用,加快我市经济建设的步伐。为此,要着重抓好以下工作：

第一,税制改革工作。

1983年实行了利改税的第一步,取得了较好的经济效益。但未能从根本上解决企业与国家的关系问题。因此要全面改革税制,实行产品税（工业）、营业税（商业）。把利改税推进到第二步,解决好企业与国家的关系。这一改革,不仅会给企业带来新的压力,同时也将切断企业对条、块的财政关系和依附关系,为进一步放活企业创造条件,从而给企业带来更大的活力。因此,在第二步税改方案确定之后。我们将集中力量组织实施。各个企业都要在市统一部署下,认真贯彻落实。

第二,计划体制改革工作。

中央对我市实行计划单列,为我市计划体制改革创造了条件,我们应该充分利用这一条件来搞好综合平衡,搞活经济。鉴于目前全国计划体制尚未进行全面改革,其他改革,如价格体系等改革也未同步配套,因此,目前我市计划体制改革的基本要求是做到"理顺渠道,保证重点,下放权力,统筹兼顾"。

我市各部门要进一步与国务院对口部门紧密挂钩,理顺和疏通各种渠道,使我市的各项计划能够及时纳入国家计划统筹安排；争取国务院各部门对我市的经济体制改革给予更多的具体支持和帮助。

市内的计划管理要认真坚持"大的管住,小的放活"的原则。对固定资产投资中的基本建设项目（包括专项资金项目）和拨款、贷款技改项目,一定要认真管好并严格按照规定程序进行。即必须经过综合平衡、专家论证,建立专人负责的责任制,以确保项目按期建成投产使用,改变目前存在的资金分散、乱留缺口,无人负责,效益不高的状况。至于全民所有制企业（包括非工业企业）,为了提高产品质量、增加品种花色,降低能源和物资消耗、治理"三废"、提高管理效率等,用留成中的生产发展基金进行的技术改造项目,可以由企业决定,只报主管局备案。为了鼓励企业积极进行技术改造,对企业用生产发展基金进行的技改项目的新增利润,要采取优惠的政策。

除了重要产品和某些重点配套产品的生产计划由计委和主管局共同商定,负责调整外,其他产品的生产计划可以由企业参照上级下达的计划,根据市场供求变化和生产能力自行制定和调整,报上级部门备案。此外,由市经委和财办共同商量确定选择个别公司或少数工厂按市场供求情况实行以需定产。物资等部门在原材料供应上要予以充分支持。

统配物资实行计划指标经局分到公司,实物直供到厂,中间环节不再设库；重点基本建设和技术改造项目所需物资,实行由物资部门配套承包供应。

为了使计划与各种经济杠杆更好地协调起来发挥作用,财政、税务、银行、物价、劳动、工商等部门与市计委的工作要更好的协调起来,为此,应采取适当的组织措施和建立有效的办公制度。

从1984年开始,为了促进建筑企业改善经营管理,提高经济效益,保证基建工程项目优质按期地完成合同任务,可选择若干基建项目实行投标、招标,工程贷款也可竣工后一次偿还,并可推行奖优惩劣的差别利率。

第三,流通体制改革工作。

建立"三多一少"的商品流通体系,是发挥中心城市作用的重要条件。因此,我市综合体制改革必须把流通体制改革摆在重要地位。目前,随着商品生产的不断发展,应当进一步开辟多种渠道,搞活城乡商品流通,突破地区封锁,发展横向的经济联系,逐步形成跨地区的流通网络,为工农业商品打开销路,实现以流通促生产。要立足本市,面向全省和西南广大农村,积极开拓市场,进而推向全国,使商品能够远销辐射出去；同时开放解放碑,让外地优质价廉的名牌高档商品进入本地市场,以促进我市地方工业改进产品质量,增强竞争能力。

活跃城乡物资交流,关键在于组织好农副产品进城和工业品下乡,改变当前大通小塞的状况,解决"买难""卖难"的问题。国营商业、供销社要充分发挥主渠道的作用,在完成国家收购计划的同时,积极参与议购议销，办好农副产品和工业品贸易中心和贸易货栈。在市中区和近郊各区，还要扩建和新建一些专业批发市场和综合性市场。城建、交通、卫生等有关部门应大力协助与支持。要运用集体商业和个体商业的力量，依靠多渠道实现货畅其流。

积极发展各种形式的工商联营、农商联营和商商联营，使商业经营形式更加灵活多样，市场更加活跃。这是继国营商业独家经营转变为多家经营之后的又一次突破。特别是工商双方要从全局出发，加强协作，在总结经验的基础上，使各种联营形式不断完善，并有所创新。为了调动大型批发企业的经营积极性，1984年内选择在针织站、纺织站和百货站，试行企业基金与商品销售金额（包括销售金额和地方产品销售数量）挂钩的考核办法，企业在有关政策规定的前提下，按销售计划进度，提取企业留成和发放职工奖金。上述批发企业在外地搞联营经销也可以采用此一办法。

逐步发展跨行业的农工商一条龙的经济协作和联合，是开辟城乡流通渠道的一条新途径。基层供销社要大力引导和扶持农民发展商品生产，为农民提供资金、生产资料和种植技术等，做好生产前后的各种服务工作，并按照谁扶持谁收购的原则，在平等互利的基础上，签订扶持收购合同，双方严格履行合同的权利和义务。食品工业在农村建立原料基地，可以按此原则办理，直接与农业生产单位签订合同，也可以与供销社一道联合进行。

在保持商品零售价基本稳定的前提下，改进物价管理办法。1984年内选择若干种产品试行按批量分档作价，改变按固定对象作价的办法；确定搪瓷、铝制品、铱金笔、服装、塑料凉鞋、电风扇、收音机7个品种试行浮动价格；认真执行现有700多种小商品由工商双方协商定价的办法；对外地产品，要以同类地方产品的价格为基数，按照比质比价、优质优价的原则进行作价。

适当扩大商业企业对残次冷背商品的处理权限，改变过去两三年"泻一次肚子"的状况。重申残损变质商品的削价处理权限，下放给独立核算的企业掌握，不再报批。对质次价高和冷背呆滞的积压商品，要区别情况，进行处理：凡是1983年底以前大宗积压的商品，由商业部门会同财政部门核实库存，抓紧削价处理；从1984年起，凡有冷背呆滞和质次价高的商品，允许大型批发企业（指二级站）暂按全部销售额0.8％左右掌握，自行削价处理。

为鼓励大型批发企业发挥"蓄水池"的作用，拟在纺织、针织和百货站试行存贷分户、差别利率，银行给予适当的优惠照顾。

第四，工业企业的联合改组。

我市1982年上收区属企业，调整部分企业隶属关系，组建专业公司，是为了合理组织生产力，用经济的办法来管理经济，通过组织专业化协作、新产品新技术的开发以及技术改造，走社会化大生产的道路，以挖掘企业的潜力，提高生产水平和经济效益。这一方向是正确的。今年要突出地抓好专业化协作这项工作，充实联合改组的内容，把联合的优势真正发挥出来。

必须重申，已上收和调整的企业的隶属关系目前均不再变动，某些遗留的交接问题，仍照原规定办理完结。保持企业隶属关系的相对稳定，才能顺利有效地进行企业之间的联合。如果老是在改变企业隶属关系上折腾，将会影响联合改组，不利于当前生产。

今后要根据我市经济发展战略，围绕开发与发展我市有优势的名牌产品、拳头产品和重点产品，按专业化协作和经济合理的原则，大力发展企业之间的经济联合。联合应与技术改造与技术进步结合起来。经济联合的形式可以多种多样。可以是生产联合，可以是供销上联合，可以是技术合作，也可以在资金方面合作。企业间发展横向联合，是企业的自主权，企业有权按照自己生产和经营上的需要，寻找有关企业联合。企业在其所属公司和局内部如果没有适当的联合伙伴和固定的任务，可允许其和外公司、外部门的企业进行联合，其主管部门不得干预制止。可以在公司内部进行，也可以越过公司、主管局的范围进行。各有关企业应在平等互利的基础上，经过协商签订联合协议，付诸实施；并可采取制定内部协作价格的办法,解决联合企业的分配问题。联合是为了合理地组织生产,提高效益,这就往往需要拆全改专,对有的企业进行必要的改组,也就需要主管部门和公司加强领导,走好群众路线,制定统一规划和实施步骤,引导企业有条不紊的走上联合的路子。

在改组联合中,要以城市为中心,发展城乡联合,促使城乡经济协调发展。要发挥中心城市的经济优势,在互助互利、协调各方经济利益的基础上,打破地区界限,组织协作与联合。用技术输出、资金输出、商品输出、人才输出去联合周围城市和地区的工业与企业,互相取长补短,促使经济共同繁荣。公司及其所属企业凡与外省联合供销、联合开发原料基地、联合技术攻关、开发新产品等,均不需报批。为了集中力量抓好联合工作,可在主管局的领导下,以公司为单位组织所属各厂进行讨论,分别制订生产、供销、技术、资金等联合方案、步骤,以及经营管理制度等,经局批准后实行。有些大而全的厂,为了有利于专业化协作,对其有富余生产能力的车间应适当放权。在保证完成本厂计划和统一财务管理的前提下,车间有权对外承担协作任务,企业奖金分配和安排技术改造上应从协作收益中从优照顾,以鼓励其积极性。

凡有条件的公司都应积极向企业性公司过渡。企业性公司也应实行多种经营方式。有的公司实行两级核算,由公司统负盈亏;有的公司实行两级核算,分别自负盈亏。有的公司除个别大厂单独计算盈亏外,其余各厂与公司统计盈亏;凡属企业性公司对其所属各厂要逐步改变摊派管理费办法,实行按服务项目合理收取费用。确需保留的行政性公司,亦应改进工作方法,为搞活基层企业创造条件。

经过上述工作之后,再对工业组织结构作适当的、合理的调整,如需要新成立或撤销公司与总厂的,经过有关单位充分酝酿论证之后,属局范围内的,由主管局审批,超出局范围的,由市经委审批,逐步实现企业组织结构的合理化。

第五,小型全民企业实行多种经营方式的试点工作。

为了进一步克服"吃大锅饭"的弊病,确定在一批小型国营工业企业和零售商业中,试行国家所有,自主经营,独立纳税,自负盈亏、民主管理的办法。对这些试点企业的税后收益分配,由其自行决定,但要防止分光吃光,在提留必要的后备基金之后,实行职工个人收入与企业经营成果联系的浮动工资制度,上浮限度不得超过企业基本工资总额的30%。但对职工个人的分配,上不封顶,下不保尾。企业的领导人,采取民主选举或实行招聘的办法,确定任期和给予适当补贴,并自行组阁,由正职指名副职和任免中层干部。也可以聘请有经验的工商界人士,独立负责管理几个厂、店,以期在管理企业的形式上有所突破。

现有的集体所有制工、商企业要改变过去照搬国营企业管理的办法,按照集体经营、民主管理、自负盈亏、按劳分配的原则,真正办成名副其实的集体所有制企业。集体商业要改变过去由国营商业归口管理的办法。可以按行业或按地区成立总店、公司,也可以成立行业协会、自成体系。集体商业划开后国营零售企业也要按照具体情况,调整核算单位、管理层次和网点设置。并在市中区副食行业和饮食服务行业继续推行税后承包经营责任制。集体企业和街道工业,要放手让其自愿进行联合。这种联合不受所有制和地区的限制,主管部门应给予帮助支持,不要干预制止。对于生产经营较好的集体企业,其税后的收益分配,领导干部和职工个人所得可以高于国营企业。所有国营企业筹办的大集体都要在财务上与国营企业划断,并按照集体企业的管理办法,实行独立核算,自主经营。

第六,劳动工资奖励制度的改革工作。

工资制度的改革是个重大问题,既要积极,又要慎重。总的工资制度的改革方案要由国家制定,在国家统一部署下进行。我市在1984年要选择几个不同规模、不同行业的企业实行"分组管理"的工资制度的试点。对企业实行工资总额同上交利税挂钩,浮动包干。企业在不突破工资总额前提下,有权根据国家的有关规定和本单位的生产特点,选择适当的形式进行分配。此外,有条件的企业或工种,应积极推行计件工资制。

企业资金仍实行与上交税利挂钩浮动的办法。企业内部分配应和推行经济责任制紧密结合起来,切实克服平均主义,使资金与职工的劳动成果挂钩,把资金用活,以体现奖勤罚懒。

企业多余的劳动力,除有条件的厂组织扩大生产外,可以组织多种经营服务活动。

目前江北区的集体企业统筹社会保险基金的办法,应积极继续试点,及时总结,为在全市推行社会福利保险制度探索经验。

第七,市领导县的工作。

地市合并,实行市领导县的管理体制,是我市经济体制综合改革的重要组成部分。我们要继续贯彻市委、市府《关于搞好市领导县若干问题的决定》,树立城乡一体的观念,既要搞好城市工作,又要搞好农村工作,促进城乡紧密结合,促进城乡经济大发展。各部门各行业都要围绕这一目标,按照城乡经济活动的内在联系和规律,建立起沟通城乡的工业、交通、科技、邮电、文教卫生等网络。在农村发展"两户"(专业户、重点户)"一联"(经济联合体)的基础上,大力发展商品经济,发展养殖、林牧、加工、商业、服务、运输、建筑等业。为适应农村商品经济的发展,大力疏通城乡商品流通渠道,下伸商业批发网点,加强小集镇建设和农村交通邮电事业,尽快解决经营场地、服务设施、运输工具、市场管理等方面的问题,为农副产品进城,工业品下乡创造方便条件。

加强对城乡工业的计划指导,积极发展乡村和集镇工业。有关工业主管局必须抓好行业规划,对县(区)和乡村工业要统筹安排,合理布局,并要采取扶植、帮带和促进的有力措施。

要充分发挥中心城市的科技优势,提倡县(区)有关部门同科研单位、专业院校建立科技协作关系,在科技成果转让、技术咨询、科技情报、人员培训等方面进行全面合作。

第八,调整管理机构职权的工作。

目前管理机构的改革已经基本完成,应当保持其稳定,以利工作。同时,为了逐步实现政企合理分工,以利于搞活企业,必须对管理机构的职权进行调整。要求各级管理机构都必须认真下放权力和为企业生产经营服务,凡企业自己能管好的事,就放手让企业自己去办,凡企业需要而自己难于办到的就要帮助解决。这也是机构改革的基本出发点。

各业务主管局是政府的职能部门,在目前既是行业的管理局,又是直属企业的主管局。其基本任务应是制定全行业的发展规划、年度计划,抓好基本建设;抓好生产、经营的组织协调工作,并作好统计工作、标准化工作和各项经济法规和国家下达计划贯彻执行的监督检查工作。对企业的日常生产经营活动应尽量少干预。

当前,具有双重任务的管理局的主要任务是:(1)抓好全行业与直属企业的发展规划、汇编年度生产计划,并切实管好直属企业的基建、重点技改项目的建设工作。(2)加强统计工作、定额管理工作、制定产品的技术标准等基础工作。(3)对直属企业进行监督检查,督促企业认真执行财政纪律、劳动工资政策,以及其他各项经济法规;领导科研、组织技术攻关、开发新产品,搞好技术的经济的情报信息工作。(4)组织企业"会诊",帮助落后企业改进管理,推广先进企业的管理经验。(5)搞好企业管理干部、技术干部的培训、考核、选拔、任免工作。

1984年打算选择少数工业集中的区试行将企业办的文化、教育、卫生及其他生活服务事业交给地方政府管理,成立生活服务公司,实行独立核算。使企业内部的生活服务社会化,以利于企业集中精力搞生产经营。

科技、物资、物价、金融、城建交通方面也要从实际出发,同步配套进行改革。

(三)

在全国范围内有领导、有计划、有步骤地进行经济体制改革,是党的十一届三中全会确定的一项重大方针,是实现四个现代化的根本保证。党中央和国务院批准在我市进行经济体制综合改革试点是为了探索城市改革的经验,搞好这个改革试点,我们肩负的责任十分重大,任务既艰巨又光荣,全市广大干部和群众必须坚定不移,兢兢业业地把综合改革抓紧抓好抓出成效。上述工作意见,只是今年全市改革几项主要工作,各部门、各单位要围绕《工作意见》中提出的原则,从自己的实际情况出发,积极主动地进行各方面的改革。经济体制综合改革是各种经济关系适应生产力进一步发展需要的多方面的调整,凡是经济发展需要的,有利于提高经济效益而客观条件又许可的改革措施,都要积极进行,不要等待观望,犹豫不前,错过时机,请各委、办、局、司和各区县照此精神,在依靠群众认真调查研究,充分讨论的基础上,制定出本系统本部门本地区今年的改革具体规划并积极组织实施,把各项改革不断引向深入。

改革是一场破旧创新的革命,必须振奋革命精神,进一步解放思想,积极探索,勇于创新。既要克服那种因循守旧、墨守陈〔成〕规、无所作为的倾向,增加信息,知难而进;克服那种一遇到阻力和困难就消极悲观、抱怨推诿的情绪;也要防止那种不作调查研究,不计经济效益、不顾全局,轻信多变,草率从事的作风。一定要扎扎实实搞好调查研究,按经济规律办事。制定和实施每一项改革方案,都要注意走好群众路线,讲究工作方法,这样才能搞好改革试点,才能在改革中出效益。

经济体制改革,是一项长期性的工作,必须建立健全相应的工作机构或必要的专职负责人员,各委、办、局、司和区县都要抽调得力干部,充实和加强体改班子,并且要有主要领导干部分管这一项工作,各级体改工作机构要摆脱日常事务,多作调查研究,并且注意学习借鉴国内外经济体改的经验,提高思想水平。在整个改革过程中都要不断总结经验,及时掌握新的情况,解决新的问题。

随着经济管理体制的改革,必然要不断破除旧思想、旧习惯和旧的规章制度,在干部和群众中,出现这样和那样的思想反映是难免的。我们必须加强党的政治思想工作,转变思想作风,排除思想障碍,调动各方面的积极性,保证经济体制改革的顺利进行。各级领导干部应该站在改革的前列,带领广大群众,为完成党中央赋予我们的光荣使命而奋斗。

重庆市经济体制改革委员会
1984年1月31日

中共重庆市委、市人民政府关于转发市体改委《关于1984年经济体制改革的几点意见》的通知

(1984年2月10日)

各区县委和人民政府,市级各部、委、办、局,县级以上各单位:

市委、市府同意市体改委《关于重庆市1984年经济体制改革的几点意见》,现印发你们,希结合本系统、本地区、本单位的实际情况,认真研究贯彻实施。

我市进行经济体制综合改革试点,"是中共中央、国务院对当前我国正在进行的各项改革中的一项重要决策"。经过去年一年的努力,各项改革工作已经起步,有了一个良好的开端。今年在保证继续提高经济效益的前提下,要认真注意研究经济政策,运用经济手段来解决国家与企业之间的关系和企业内部的分配关系,探索解决两个大锅饭的问题,以放活企业,发挥中心城市统一组织经济的作用,加快我市经济建设的步伐。

开创新局面,改革是关键,各部门、各单位都要从经济发展需要出发,进一步解放思想,勇于探索,大胆突破。凡是有利于提高经济效益而客观条件

又许可的改革措施,都应积极进行,不要坐等观望,犹豫不前,错过目前的大好时机。

经济体制改革是一项长期性的工作,各单位都要充实和加强体改班子,切实加强领导,注重调查研究,及时掌握新情况、解决新问题、总结新经验,开创各条战线改革的新局面。

中共重庆市委
重庆市人民政府
1984年2月10日

中共重庆市委、重庆市人民政府关于扩大县的经济管理权限的规定

(1984年6月10日)

我市在经济体制综合改革中,实行市地合并,扩大了市领导县的范围。为了搞好市带县的工作,充分发挥县在组织生产、流通中的作用,加速城乡经济发展,现就扩大县的经济管理权限问题,做出如下规定:

一、计划管理方面

县作为一级计划单位,在国家和省市的统一计划指导下,有权统筹安排全县的生产建设、流通和各项社会事业的发展计划。市下达各项指令性计划,要先同县协商;计划下达后,市和县都必须严格执行。对于工业生产计划中,由市统一调拨的产品,市必须相应地安排原材料;其他产品,市的有关部门也应帮助安排好产供销平衡。县除了严格执行市下达的指令性计划外,其他计划,可参照市下达的指导性计划,结合本县实际情况自行安排,报市有关部门备案。

二、固定资产投资方面

全民所有制自筹资金基本建设项目,县在市下达的投资规模控制指标和规定的使用方向内,有权审批和安排住宅建设项目以及投资额在100万元以内的城市建设、商业、文教、工业交通等建设项目。全民所有制单位同集体所有制单位联合办企业,其投资额只计算全民所有制投资部分。集体所有制单位自筹资金基本建设规模和项目,由县自行决定,报市有关部门备案。

县属全民所有制企业技术改造项目、自筹资金项目由县审批;银行贷款项目,金额在50万元以内的,由县审批立项,贷款由市银行平衡安排。

县在审批基本建设和技术改造项目时,对国务院规定当前要控制的26种产品扩大生产能力的项目,不能自行审批,应按规定上报;对建设中和投产后需要市安排原燃材料、生产协作和平衡产销的工业建设项目,应征得市有关部门同意。

三、物资分配方面

县生产建设所需物资,统配部分由市计委分配到县。一般不戴帽下达,由县统筹安排;部管物资由各主管局统一安排。除计划分配的物资外,县有权跨地区进行调剂串换,或自行采购,县的有关部门可与单位签订合同,直达供应,直接结算。

四、经济技术协作方面

县有权跨地区对外进行各种形式的经济技术协作,有权利用县内各种资金跨地区进行投资,也可接受外地的投资,市的有关部门也积极给以支持,不能干预,其中涉及全市经济综合平衡或要求市提供某些条例的协作项目,应征得市有关部门的同意。

五、对外贸易方面

在统一对外、联合对外的前提下,扩大县的外贸权力。县经过市有关部门批准,可以邀请外商或出国考察,可以参与同外商谈判,市有关部门应予以协助,并帮助办理手续。

外贸收购、调拨计划,市管的计划品种,市外贸部门和县都应按市下达的计划执行。超计划部分和计划外品种,县可以自找口岸,委托外贸部门代

理出口,盈亏由县自负。

在利用外资、引进技术方面,不需要市解决外汇和人民配套资金、不要求市平衡产供销的50万美元以内的引进项目由县审批,报市有关部门备案。

六、劳动管理方面

县属全民所有制企事业单位,在保证不降低劳动生产率的前提下,除新增固定工必须报市审批外,其他用工可在市下达的年末职工人数计划指标内由县自行核定;所有自然减员指标,由县统筹安排。县内新成立集体所有制单位由县审批,报市归口部门备案。

七、税收方面

县除了按照重府〔1984〕77号文件,行使税收减免权外,为鼓励利用外地资金,对县办企业与外地合资新办的工业企业,可参照对乡镇企业的办法:除按规定交纳工商税外,其实现的利润,可先归还外地投资和银行设备贷款,再征工商所得税。

八、物价管理方面

县管的生产资料,其价格可按牌价上下浮动。向上浮动超过20%幅度的由县审定。

为保护生产者和消费者的利益,对议购议销产品,县可核定最高限价和最低保护价进行协调控制。蔬菜购销价由县根据实际情况自行决定。

九、管理机构设置方面

市的各个部门不得对县硬性规定上下对口设置管理机构。县的经济管理机构的设置和分工,由县根据自己的情况确定。

十、为了充分发挥各县因地制宜地发展经济的积极性,从1985年起,市对县实行财政、粮食和主要农副产品收购包干的办法。各县和市的有关部门,从现在起,都应积极为"三大包干"的实施拟订办法,作好准备。

十一、各县即可按上述规定执行,南桐矿区、北碚区、双桥区在经济管理权限上视同县,也可按本规定办理。

各县在行使上述权力时,要尊重和保障企业的自主权,以利于搞活企业。市的各有关部门要积极支持各县行使上述权力,市委、市府以及市的各部门,凡过去规定与本规定不符的,均以本规定为准。

国家计委关于重庆市、武汉市、沈阳市、大连市计划单列的通知

(1984年7月18日)

国务院各部委、各直属机构,四川省、湖北省、辽宁省计委,重庆市、武汉市、沈阳市、大连市计委:

1983年2月,中共中央和国务院批准重庆市进行经济体制综合改革试点和计划单列以后,最近又批准了武汉市、沈阳市进行经济体制综合改革试点和计划单列。为了进一步开发和建设大连市,充分发挥其口岸城市的作用,今年4月我委批准大连市计划单列,最近国务院又通知赋予大连市以相当省一级经济管理权限。以上4个城市,重庆市已从制订1984年计划起实行计划单列,武汉市、沈阳市和大连市从制订1985年计划起实行计划单列。现将有关具体事项通知如下:

1. 在核定重庆、武汉、沈阳、大连4个城市主要计划指标基数的基础上,国家计委和国务院各有关部门在下达分省、自治区、直辖市的长期和年度计划中,都应将这4个城市的指标单独列出,直接下达到各市,并抄送4个城市所在的四川、湖北、辽宁3省。在计划表式上,将这4个城市的计划指标先单独安排,然后分别加到有关省的计划数中,在省的名下,列出"其中:××市"的指标。

2. 重庆、武汉、沈阳、大连4个城市的计委和其他部门向国家计委和国务院有关部门报送建议数和计划草案时,应分别抄送所在的四川、湖北和辽宁省计委和有关厅(局)。

3. 国家计委、国务院有关部门召开的省、自治区、直辖市参加的有关计划会议和其他业务会议,应同时邀请上述4个城市参加;发往各省、自治区、直辖市的文件,也应同样加发这四个城市。

4. 国家统计局、国务院有关部门、各省的分地区统计数字中,均应将上述四个城市的数字在各有关省的总数下,以"其中:××市"的形式单独列出。

5. 武汉、沈阳、大连3个城市的各项计划基数,请于7月底以前送给我们,以便转发国务院有关部门,作为制订1985年计划的依据。

中华人民共和国国家计划委员会
1984年7月18日

重庆市人大常委会财政经济、城乡建设、农业工作委员会关于我市部分企业进行经济体制改革、建立经济责任制情况的视察报告

(1984年7月27日)

根据第十四次主任会议的决定,为即将举行的市人大常委会第六次会议审议市府关于我市进行经济体制综合改革、建立经济责任制的报告作准备,本会白兰芳、张海亭、贾昌副主任,李仲直、杨飞、邓创之、龚光文委员以及财政经济、城乡建设、农业三个工作委员会办公室的同志一行,于6月19日至7月4日,先后到重庆特殊钢厂、市养鸡场、群林市场、市一建筑公司、重庆轮船公司、红岩机器厂和巴县、江北区等17个单位进行了视察。在此期间,还访问了青年改革者魏妮娜任厂长的集体经营的青艺汽车门窗配件厂、个体户刘文杰经营的"百丽人"服装摊。视察结束后,又邀请市体改委、经委、计委、财办、财政局、税务局、审计局、工商局、银行等综合部门的同志就全市经济体制综合改革、建立经济责任制发展过程中的情况及当前带有共通性的问题进行了座谈。在半个月的视察中,我们所到之处,高兴地看到:凡是认真贯彻国务院有关政策和我市经济工作会议精神,推行经济责任制的企业,以提高经济效益为中心的指导思想更加明确,生产稳步发展,产值、利润同步增长,经济效益有较大提高。这使我们进一步加深了对总理来重庆视察工作时说的"重庆经济体制综合改革试点是成功的,经济效益是好的"的体会和认识。

这次视察,重点是了解建立企业内部经济责任制的情况。我们所到的单位涉及农、工、商、基建、交通、区县各部门,其中又有国营、城市集体、乡镇企业,以及大、中、小厂的区别。他们推行经济责任制的形式是多种多样的,如企业基金、利润留成和上交利税包干等。各种经济承包责任制的涌现,都显示了强大的生命力。市一建筑公司实行百元产值工资含量包干,栋号全面承包,成本票核算,是经济体制改革的一个突破,适合当前施工企业的管理水平,有利于工人参加管理,有利于企业实行纵横连锁的经济责任制和提高企业素质,有利于全面提高经济效益,是一项成功的改革。六一童鞋厂是集体所有制企业,实行超定额计件工资,推行目标管理制,经营效果可以做到一年早知道,同时对职工加强思想教育,严格劳动纪律,奖惩分明;在销售不景气的情况下,产量、产值及利税同步增长,去年人均奖金370元。并对职工增加了股金分红、年终分红,工厂还扩大福利范围,给职工开展了防盗窃、火灾的保险,从而更好地调动了职工的生产积极性。农工商联合公司所属农场,实行经营承包责任制,由生产型发展为生产经营型;农牧业由队承包发展到户或个人承包,有的发展为家庭农场,其办法是:"全民所有,分户经营,牛舍自建,福利不变,劳酬自理,产品归场"。实行以来,经济效益较好,今年1~5月完成利润332.7万元,比去年同期增长

31.26%。重庆轮船公司经过体制改革,按照"四化"要求调整了领导班子,他们立志改革,确立了"立足四川,联合云贵,发展江运,打通海运"的战略目标,建立健全了经济责任制,实行"定、包、保、协作"等主要指标的考核制度,提高了运力,降低了成本,运输成本由过去的 1000 吨/公里 30～40 元,降到 10 多元,公司从 1983 年体改下放市后,当年盈利 307.7 万元,扭转了长期亏损的局面,今年 1～5 月完成利润 189 万元,为年计划 280 万元的 67.5%。市工业品贸易中心,为了更好地贯彻总理的指示,以中心城市为依托,以国营商业批发为主体,加速商业批发体制改革的步伐,尽快把少渠道、多环节、封闭式、分配型的批发体制改为多渠道、少环节、开放型、贸易型的批发体制,在现有基础上进一步发展了贸易中心,已将重庆针织、纺织、百货、五金、交电、化工、储运七个站,司全部并入贸易中心,使贸易中心既是国营商业批发阵地,又是工业品批发交易市场,更好地实行大量批发与小宗买卖相结合,自营业务与代理业务相结合,这将更好地活跃商品交换,促进商品生产,充分发挥中心城市作用。

以上事实说明:凡是认真实行经济体制改革,推行经济责任制的企业,都有效地取消了"大锅饭",消除了企业中责任不清、奖罚不明的现象,提高了职工的主人翁责任感,进一步贯彻了按劳分配的原则,调动了广大职工的积极性,推动了领导班子建设和企业基础建设。随着国务院《关于进一步扩大国营企业自主权的暂行规定》(以下简称国务院《十条》)的贯彻执行,必将反映了以下几个问题:

1. 希望加快改革步伐,尽快落实国务院《十条》。

有些厂长反映:我市是全国第一个进行经济体制综合改革的试点城市,经济体制改革应加快步伐,希望市里思想更解放一点,步子迈大一点。国务院《十条》把捆在我们厂长身上的绳子解开了,现在就等快点落实。

有些厂长希望领导机关支持企业改革。有一位厂长向公司上报了一份改革意见,经过几位经理、书记传阅,都不表态,一个月以后材料遗失了。又上报一份实行厂长负责制的 14 条改革意见,某经理答复:全市只定了 28 个企业搞厂长责任制试点,你们厂现在还不能实行。

有些厂长、经理反映,工资制度不改革,有才干的人留不住。〈后略〉。

2. 企业"婆婆"太多,又不解决问题。

有些厂长反映,企业的婆婆太多,直的横的、大的小的婆婆,谁都可以向工厂发号施令、伸手要钱,唯独不负任何经济责任。

〈中略〉。

3. 希望领导机关和企业同步改革。

厂长、经理普遍反映,希望上上下下的综合部门和业务主管部门,都要和企业同步进行改革。下改上不改,遇到具体问题往往发生梗阻现象,企业费了九牛二虎之力,市的综合、主管部门一句话,就使厂里前功尽弃了。

厂长们呼吁:放权必须简政,叠床架屋的领导机构不解决,工厂的经济负担不能减轻,工作效率难以提高。有的厂长反映,报上天天宣传"松绑放权",实际上工厂仍然被困得紧紧的。今年 4 月,市经委下文说要把公司办成经济实体,实质上权只放到公司,没有放到工厂,国务院《十条》不能落实。

4. 社会负担太重,企业承受不了。

厂长、经理们普遍反映,现在四面八方都向企业伸手要钱,实在招架不住。

〈中略〉。

5. 希望对一些困难大的老企业采取休养生息政策。

有些厂长、经理认为,我市的一些老企业,欠账多,负担重,困难很大,如不让其休养生息,难以振兴发展。

〈中略〉。

以上这些问题只是一些厂长、经理向我们反映的,我们没有来得及详细核对,也没有来得及仔细研究,希望市府和有关部门认真研究。

我们通过这次视察,对我市实行经济体制综合改革、建立经济责任制以来取得的成绩,增加了实

感,受到了启发,同时,也感觉到有以下几个问题值得引起重视:

1. 要继续清除"左"的影响,进一步解放思想,克服因循守旧的思想,用于改革,大胆实践,加快我市经济体制综合改革的步伐。

2. 要认真全面贯彻国务院《十条》,从实际出发,坚决实行简政放权,权要放给企业,放给纳税人,不能放给那些实际上是行政机构的公司。

3. 要深入实际,调查研究,注意分析新情况、解决新问题。尊重群众的首创精神,善于发现、总结和推广群众实践中的新经验,使我市经济体制综合改变不断增加新的活力。

4. 要进一步加强企业领导班子的建设,按照干部的"四化"要求,挑选那些改革者、明白人、实干家进入企业领导班子,起用新人物,开创新局面。

以上报告,仅供市人大常委会第六次会议审议市人民政府报告时参考。

财政经济工作委员会
城乡建设工作委员会
农业工作委员会
1984年7月27日

国家邮电部关于转发并贯彻计综〔1984〕1466号《关于重庆市、武汉市、沈阳市、大连市计划单列的通知》

(1984年8月3日)

四川省邮电管理局、湖北省邮电管理局、辽宁省邮电管理局、重庆市邮电局、武汉市邮局、武汉市电信局、沈阳市邮局、沈阳市电信局、大连市邮电局:

现将国家计委计综〔1984〕1466号文《关于重庆市、武汉市、沈阳市、大连市计划单列的通知》转发给你们,并就有关问题通知如下:

一、从1985年开始,部对四川、湖北、辽宁三省邮电管理局下达各项计划和公布各项统计资料时,均包括各自所属的重庆市邮电局、武汉市邮局、武汉市电信局、沈阳市邮局、沈阳市电信局、大连市邮电局(以下简称各市局)的数字,并在其项下用其中数的形式,将各市局的各项指标单独列出,如××省邮电管理局其中:××市局。

二、根据需要,以后都可以向各市局直接下达计划和搜集统计资料,但下达的计划应同时抄送各相关省局。

三、四川、湖北、辽宁三省局上报各项计划和统计资料时,均应包括所属市局,并将所属市局单独列出。

四、各市局在向邮电部报送各项计划和统计资料时,应同时报送相关省邮电管理局。

五、请各市局于8月底以前,将1980年至1983年的统计资料汇编,1984年各项计划指标数及上半年各项计划实际完成情况报送我局,作为制订1985年计划的依据。

附件:如文。

邮电部计划局
1984年8月3日

重庆市人民政府关于贯彻执行国务院国发〔1984〕92、96号文件的通知

（1984年10月5日）

各区县人民政府、市政府各有关部门：

国务院《批转商业部关于当前城市商业体制改革若干问题的报告的通知》（国发〔1984〕92号文）和《批转国家体改委、商业部、农牧渔业部关于进一步做好农村商品流通工作的报告的通知》（国发〔1984〕96号文），已转发给你们，请认真贯彻执行。现结合我市实际情况，作如下通知：

一、商业实行政企分开。把商业的经营权交给企业，实行政企分开，是当前城市商业体制改革的方向。根据国务院关于合并组成一套批发公司的要求，我市不再保留原采购供应站的牌子，市公司改称市批发公司。今后，要逐步按专业划细的精神，设置批发公司。各区县商业政企分开的工作，待试点摸索经验后，再逐步推广。

二、加快供销合作社体制改革。供销合作社要在农民入股、经营服务范围、劳动人事制度、按劳分配、价格管理等方面进行突破，核心是变"官办"为"民办"，使供销社在经济上同农民的利益紧密联系起来。各级供销社都要根据自己的实际情况，制定出今明两年社员股金在供销社自有资金中所占比例的增长幅度。同时，要把立足点转到扶持农村商品生产上来。要配合有关部门做好市场信息、物资供应、技术指导、资金扶持和产品推销工作，逐步建立起商品生产服务体系。并在开展多渠道流通中，利用自己的优势，加强对购销活动的引导和调节作用。

三、要把国营商业中的小型企业进一步开放。广泛推行国家所有、集体经营、照章纳税、自负盈亏经营形式；有的可转为集体所有制；有的可租赁给经营者个人经营。

小型零售商业企业的标准：以独立核算的自然门点为单位，年利润在15万元以下的企业（包括市属区县企业），年利润应按1983年决算报表实现利润，调整由于变动产品税税率、营业税税率而减少或增加的利润后的余额为准。

（一）实行国家所有、集体经营、照章纳税、自负盈亏的企业，按国家对待集体企业的政策和办法管理。企业原有财产和资金属国家所有，新增财产和资金归集体所有。企业占用国家的固定资产，提取7%的折旧基金，留归企业使用，维修和更新改造由企业负责。企业占用国家的流动资金，原则上按银行利率向财政部门交纳使用费。奖金可按职工标准工资总额的20%（包括综合奖金和企业基金）列入费用。国家对企业实行新八级超额累进税制。税后留利一般不交纳承包费。少数企业留利过大的，即全年职工人平留利超过500元的部分，实行减半向国家缴纳承包费。

（二）转为集体所有制企业，国家的固定资产按现值计价连同国拨流动资金，实行有偿转让、分期归还。要明确规定偿还年限，还清后即为集体所有。国家对企业实行新八级超额累进税制，税后收入归集体所有。奖金可按标准工资总额的30%列入使用（包括奖金和企业基金）。

（三）租赁给经营者个人经营的企业，占用国家的固定资产不提折旧，由经营者向国家缴纳租金。并负责对固定资产的维修。固定资产维修费和租金列作企业费用。经营者个人按规定缴纳退休统筹保险金。国家对企业实行新八级超额累进税制。奖金可按职工标准工资总额的30%列入费用（包括奖金和企业基金）。其税后收入由经营者个人支配。

（四）对饮食服务业按新八级超额累进税制征税后，超过15%的比例税多缴的部分，由同级财政列作预算支出，拨给主管部门，用于网点建设、技术

改造和重点扶持。奖金按职工标准工资总额的30％列作费用。税后利润留归企业。

理发业、浴池业的提成工资在税前提取，此项规定从1984年1月1日起执行。

以上三种形式经营的企业，均应自负盈亏。不论是亏损企业或在经营过程中发生亏损的，国家不予以弥补。

实行三种形式经营的企业，按新八级超额累进税制征税，收取使用费，承包费，租金和税前列支奖金的执行时间，从划出后发生营业收入之时起执行。对尚未实行上述三种形式经营的小型国营零售商业、饮食服务业仍按国营商业企业的现行有关规定执行。

实行三种形式的企业，经营上要放开搞活，允许一业为主，兼营其他。但未经区县商业行政主管部门批准，不得随意撤并网点，改行其他。

划小核算单位，要与精简机构同步进行，对暂时保留的原管理机构的行政经费开支，在一定时期内，按财税部门核定的比例或数额实行经费下摊，财政不予退库。

（五）实行国家所有、集体经营和转为集体所有制的企业，按税后利润征集能源交通重点建设基金；对租赁给经营者个人经营的企业，暂不征集能源交通重点建设基金；对饮食服务业、副食业和工矿贸易商店，不论实行那种形式经营，都暂不征集能源交通重点建设基金。

四、改进价格管理办法。凡是由各级政府和物价主管部门规定的零售价格和收费标准，必须严格执行；凡是政策允许实行企业协商定价以及议价的商品，可在进价基础上加合理费用和微利。对排选性强的商品实行花色、品种、季节差价，要在保持同类商品价格总水平和比质比价的原则下进行。对于代组织的生产、生活资料，可按实际进货成本加合理的手续费结算。对允许放开经营的农副产品，议购价格实行随行就市，依质论价，不搞限价。饮食业的毛利率，在质价相称、维护消费者利益的前提下，由企业自行确定（即按重府发〔1984〕125号文执行）。

商业体制改革涉及面广，政策性强，必须充分估计到长期习惯势力的影响和可能出现的问题。各级要加强领导，勇于改革，大胆创新。要针对商业分散面广的特点，做好思想政治工作，加强为消费者服务的教育、商业道德的教育。要注意研究改革过程中出现的新情况、新问题，及时加以解决，保证商业改革的健康发展，达到预期的效果。

重庆市人民政府
1984年10月5日

重庆市人民政府关于请求按国务院批准的斯太尔重型汽车生产分工给国家计委的报告

（1984年11月22日）

国家计委：

重庆汽车配件制造厂和重庆红岩弹簧厂从50年代初起，就由国家定点生产汽车配件，已有30多年的历史，产品质量好、数量多，在全国享有盛誉。特别是生产气动元件有一定基础，中汽公司的汽车气动元件研究室就设在重庆汽配厂，有较雄厚的科研开发力量，产品质量在全国处于领先地位。国务院〔1983〕国函133号文件批准的重型汽车技术引进可行性报告中，分工两厂生产全部斯太尔重型汽车气阀、转向杆臂、钢板弹簧是非常恰当的，有助于发挥两厂的生产能力和技术优势。这对促进重庆市汽车工业的发展也是一个极大的支持。

重庆汽车配件厂和重庆红岩弹簧厂已按有关分工，做了大量工作，主要气阀已试制成功，并为投入批量生产作了一定准备。但据最近获悉：又将斯太尔重型汽车气阀、钢板弹簧的分工定点作了改变，由非重型汽车工业联营公司成员厂山东明水汽配厂和山东张店弹簧厂主要生产；而重庆两厂只生产为四川汽车厂装车的部分。如这样安排，将会影响重庆两厂生产能力、技术优势的发挥，也将对重庆市汽车工业的发展带来不利影响。据此，我们建议，斯太尔重型汽车气阀、转向杆臂、钢板弹簧的生产任务仍按照国务院〔1983〕国函133号文件批准的重型汽车技术引进报告中的分工执行，由重庆汽车配件制造厂和重庆红岩弹簧厂承担全部分工配套件生产任务。

以上报告，请与批示。

重庆市人民政府
1984年11月22日

王谦、廖伯康关于重庆工业品贸易中心、嘉陵摩托车联合体、重庆市建一公司一年来发展情形给国务院领导的汇报材料

（1985年4月5日）①

××同志：

去年3月你来重庆视察时所总结肯定的重庆工业品贸易中心、嘉陵摩托车联合体、重庆市建一公司等几个典型，一年来它们在改革中又有了新的进展，经济效益有了新的提高。谨将这些典型单位一年变化的简要汇报材料送上，请审示。

谨致
敬礼

王　谦
廖伯康
1985年4月5日

附件1：

重庆工业品贸易中心不断探索前进

重庆工业品贸易中心冲破了长期按行政隶属关系分配商品的传统体制，适应了商品经济日益发展的需要，显示了强大的生命力。去年3月总理来渝视察工作，曾对重庆工业品贸易中心作了肯定的评价。时隔一年之后，重庆工业品贸易中心经过不断探索，又有了新的发展。

（一）三次变革经济组织形式，由松散的经济联合体变为独立经营的经济实体。重庆工业品贸易中心一成立，就突破了按行政隶属关系、固定地区、固定对象、固定价格分配商品的老体制，坚持地无分南北，人无分公私，自由购销，灵活作价，多方服务。流通体制改革的这个方向受到了普遍的欢迎。但是，贸易中心本身到底采取何种具体组织形式好，一年来又经过了一段探索。

去年1月10日重庆工业品贸易中心刚开业时，系由市针织、纺织、百货、五金、交电、化工和储运等七家专业公司共同筹组建成。这个贸易中心设立的7个商品部，是各专业公司派出的经营机构，分别实行独立核算，受专业公司和贸易中心的双重领导。实践结果证明，这种组织形式在很大程度上受到专业公司的制约，放不开手脚，不能自主扩大经营。有鉴于此，去年6月便将市级七家专业公司并入重庆工业品贸易中心，实现管理一体化。这样，贸易中心各商品部同专业公司之间的矛盾虽然缓和了，但由于一体化后，无形中又变成了新的独家经营，反而走了老路，增加了环节，不但工厂进

---

① 此文标题系编者重新拟定。

场依然受到限制,连其他商业企业进场也受到影响。因此新的变革就势在必行了。去年9月,把七个商品部的人财物全部划归贸易中心,与七家专业公司完全脱钩,使贸易中心成为经济实体,实行独立核算,自负盈亏。自此以后,重庆工业品贸易中心能够自主地按其特有的方式经营,大大增强了吸引力和辐射力,已同全国27个省、市、自治区的400家县级以上商业企业、810多个基层供销社、400家省内外工厂以及1,000多个商贩发生了商品购销关系。

(二)积极创造条件,实行开放经营。重庆工业品贸易中心出现以后,尽管作价办法和经营方式都比较灵活,按理说对本市各家工厂很有吸引力,但这些工厂却始终犹豫观望,迟迟不进场交易。究其原因,主要是贸易中心与专业公司互为竞争对手,如果工厂进入贸易中心势必要冲击专业公司的经营业务。于是专业公司便借口产品属我收购,不愿工厂进入;而工厂也怕得罪专业公司,只好裹足不前,无形中使贸易中心处于半封闭状态,难以实现"地无分南北,人无分公私"的经营原则。针对这个问题,我们在把贸易中心办成经济实体的同时,按照"工厂自销,商业选购"的原则,改革了日用工业品的包销形式。这就有效地解除了工厂的顾虑,迄今已有125家工厂自愿进场做生意,还有几十家工厂正在与贸易中心洽谈业务。现在,重庆工业品贸易中心对买方和卖方都实行门户开放,无论是工业的、还是商业的;是本系统的、还是外系统的;是本地的、还是外地的,都可以进场交易,客商云集,远近悦来,互相竞争,各展所长。1984年以来,这个贸易中心成交额达2.9亿多元(包括自营业务8700万元)。一度不景气的重庆刺绣挑花厂、手帕厂,今年1月进入贸易中心以后,由于及时获得市场信息,拓宽了产品销路而绝处逢生。重庆热水瓶厂、洗衣粉厂和印染厂等工厂的产品,更是供不应求,对搞活生产获益匪浅,显示了贸易中心的优越性。

(三)商品作价和经营方式灵活多样,向客户提供多功能的综合服务。这是搞活贸易中心的核心。重庆工业品贸易中心在商品作价上,已实现了计划价格、浮动价格、协商价格、批量价格和自由价格并存。在经营方式上,开展了订购、选购、经销、代销、联合展销和客户自销等多种方式。与此同时,在供货方法上,实行就地看样、就地开票、就地缴款、就地提运,并代办运输,大大缩短了从进货成交到提货发运所需的时间,方便了客户。最近,这个贸易中心已开设了104个经营窗口,其中租赁场地自销的45个,委托代销的43个,联营展销的16个。今年1月中旬,在举办的迎春交易会上,共接纳了省内外400多家工商企业,三天时间就成交了1038万元,仅成都棉厂成交的板丝呢、印花布就有200多万元。目前,重庆工业品贸易中心正在加紧兴建一座3000多平方米的地下交易厅和一座5000多平方米的招待所,还准备建立信息研究、邮电通讯、银行结算等服务机构,以便为客户提供多功能的综合服务,使贸易中心保持旺盛的生命力。

在这个贸易中心的影响下,现在重庆市已建成各类贸易中心110个,其中,工业消费品贸易中心25个,农副土特产品和粮、油贸易中心74个,物资(工业生产资料)及其他贸易中心11个。初步形成了开放式、少环节、网络型的商品流通新体制。

1985年4月2日

附件2:

嘉陵摩托车联合体一年来的新发展

1984年,嘉陵摩托车联合体完成工业总产值24,367万元,比上年增长1.69倍;完成50CC和70CC两种摩托车17.62万辆,比上年增长76%,为联合前1980年产量2500辆的70倍,实现利润1557万元,比上年增长1.4倍;缴纳税金615万元,比上年增长3.3倍。其中,联合体的龙头厂——嘉陵机器厂完成工业总产值17401万元(其中摩托车产值占90%),比上年增长94%;实现利润1002万元,比上年增长1.8倍;缴纳税金234万元,比上年增长5.9倍。

一年来,这个联合体的新进展是:

（一）进一步发展横向联合，嘉陵牌摩托车生产体系继续扩展，日趋完善

去年，这个联合体又新吸收了重庆缝纫机公司、涪陵柴油机厂、詹家溪摩托车配件制造总厂三个成员，扩充了摩托车的总装、发动机和零部件的生产能力。同时，嘉陵厂与重庆地区的28个乡镇企业和中小型工厂，正在组建"中国嘉陵摩托车配件中心"，这个"中心"实行"定向生产、统筹规划、产品包销、联合经营"，使嘉陵龙头厂生产的摩托车零部件进一步按专业化进行扩散。与嘉陵厂进行专业化协作联合的工厂已由1983年的111个增加到现在的187个（其中重庆市内厂家85个、市外厂家102个），并与重庆大学、重庆交通学院等七所院校建立起科研协作关系。嘉陵牌摩托车生产已形成了以重庆市为依托，联合体为主体，配件中心为骨干，连接194个厂（校）的专业化协作网络，现已形成了年产30万辆、总装50万辆成车的生产能力，重庆市的零部件自给率达86.36%。

同时，联合体还以创造国家优质产品为目标，建立了厂际质量保证体系，把各厂分散的质量管理纳入了统一管理的轨道，并决定从1985年开始，从联合体第二次分成的利润中提留一定比例的共同发展基金，依靠自己的力量加速技术改造。

（二）技贸结合，加快技术引进步伐

去年，总理和薄老批准嘉陵厂从日本引进24万套摩托车主要零部件后，厂里利用技贸结合的有利条件，一面积极组装成车，满足市场需要，去年生产了2.6万辆JH70型摩托车，今年计划生产15万辆；一面组织力量，抓紧全面消化引进的全套技术资料，抓紧国产化试生产。这种新车型今年国产化率约占40%，主要是车架、油箱等机加件。去年底，日本本田公司已派人来嘉陵厂进行了零部件质量鉴定，近期将来厂进行量产试验的鉴定。今年计划生产混装零件车3万辆，1987年达到全部国产化。联合体规划在"七五"期间，嘉陵牌摩托车50CC、70CC—125CC多种排量的系列产品年产达到60万辆的能力。

联合体是在"三不改变"条件下建立起来的松散性组织，由于各主管部门对所属企业放权不够，主管部门对联合体成员厂的行政干预过多，规定过死，致使联合体自身降低成车的目标成本比较困难；联合体内的企业以及联合体与各协作配套企业之间如何做到技术改造和生产能力的同步发展，都有待于在改革中去继续探索。

1985年4月2日

附件3：

重庆第一建筑工程公司在继续改革的道路上

1984年3月，总理到重庆视察，肯定了重庆一建公司推行百元产值工资含量包干和栋号包干的经验。一年来，一建公司继续进行新的探索，在全面推行百元产值工资含量包干中，含量都进成本，实行了奖金发放"双控制"（即奖金发放要受工资总额余额和奖励基金的控制），完善各种形式的经济承包责任制，大力推行经理负责制为内容的"小配套"改革，同时，加强企业的横向联合，取得了产值、利润、税金同步增长，百元产值工资含量明显下降的好成绩。与1983年相比，1984年施工产值增长21.9%，竣工面积增长20.6%，利润增长37.7%，税金增长7.5%，工资含量下降10.7%。

（一）实行奖金发放"双控制"

一建公司在全面推行百元产值工资含量包干中，对工资含量中的奖金部分的发放，实行了受工资总额余额和奖励基金"双控制"的办法，即：产值是提取工资含量的前提，利润是提取奖金的依据，既要有工资总额余额，又要有奖励基金（奖励基金为实现利润的25%），才能提奖；二者缺一，均不能提奖；二者谁少，按少的提奖。这样，百元产值工资含量包干加上有效的"双控制"，就能促使企业既要多完成产值，又要多创利润，克服实行产值工资含量包干后，可能出现的重产值、轻利润，忽视质量、成本，片面追求产值的倾向，把职工收入与企业经营成果更好地结合起来，既可防止不恰当地多发、

乱发奖金,又能够较好地调动企业和职工的生产、经营积极性。

(二)进一步完善各种形式的经济承包责任制

实行奖金发放"双控制"的办法,对企业内部各级各类经济承包责任制提出了更高的要求,同时建立健全内部承包责任制又是广大职工的强烈愿望。一年来,一建公司以栋号工程全面承包为主线,进一步建立健全了从领导到工人,从一线到二、三线的各级各类纵横相联、互相制约、互相促进的责任制体系。整个公司从上到下层层签订了经济承包责任状,明确规定了各级领导干部对企业、对国家应该承担的各种经济责任,立功受奖,失职受罚,把自身的经济责任和企业的经济利益紧密结合起来,既有压力,又有动力,调动了企业管理者的积极性。为了把管理工作落到实处,提高企业管理水平,他们建立健全了职能部门对栋号班子的经营承包责任制,从而改变了生产与管理、核算与施工过程、核算与分配、专业管理与群众管理相脱节的状况,推动了经济承包向新的领域发展。承包的范围从面积小的工程到面积大的工程,从砖混结构到框架结构,从单栋工程到群体、片区工程。特别是在推进技术进步上,企业与技术人员签订了技术攻关责任状(已完成了44项,节约金额达17万元),有力地推动了技术进步,提高了竞争能力。

(三)推行经理负责制,改革用人制度

去年,在落实"小配套"改革中,市建一公司还积极推行了经理负责制,并由经理组阁,任命了副经理、正副总工程师。组阁后的公司一级领导成员,除一名中专毕业外,其余全部是大专以上文化程度,平均年龄由47岁下降为40岁。经理运用企业自主权,对公司、工区、施工队三级行政领导干部实行聘用任期合同制;对一般干部采取择优录用合同制;在用工制度上试行自然减员不招固定工补充,多用临时工,把固定工中不能顶岗的职工(占固定工总数的10.8%)转移到第三产业。从而改变了领导班子和职工队伍的结构,提高了生产指挥系统的业务管理素质,增强了施工队伍的适应能力。

(四)加强企业的横向联系

一建公司在完善小配套改革的同时,积极加强企业的横向联系。他们不仅通过与有关企业开展"补偿贸易"的方式,在一定程度上缓和了建筑材料供应紧张的状况,而且经过一年的酝酿准备,今年一季度与香港两家公司联合成立了《渝远建筑工程设计装饰合作公司》,扩大了业务范围,促进了重庆市建筑行业施工、装修水平的提高。同时,还与机械工业部第三设计院联合组建了三一建设开发公司,为设计、施工单位的联合作了有益的尝试。所有这些横向联系,都增强了市一建公司的适应能力、应变能力和竞争能力,有利于企业向新的目标奋进。

1985年4月2日

附件4:

解开"一条绳",放活"两家人"
——重庆市调整、改革工业公司,增强企业活力的调查

如何理顺工业公司同工厂的关系,是城市经济体制改革中的一件大事。重庆市从去年11月起,有计划、有步骤地对54个工业公司进行了调整和改革。到今年3月底,调整改革工作基本结束,有39家大、中型工厂游离出公司,有53家独立企业新加入了调整、改革后的公司。公司和工厂的关系发生了重大变化,工厂更活了,公司也呈现出一派生机。

一、正视公司弊病,下定决心改革

1982年,重庆市把798个市属全民、集体工厂,按行业、产品、工艺,组建为69个公司(总厂),后调整为54个公司(总厂)。虽然这些公司在一定程度上适应了专业化协作和联合的需要,并取得了一定的实际成绩,但是,在组建公司时主要是用行政命令"梳辫子""装口袋"的办法搞起来的,没有真正体现工厂自主自愿联合的原则;尤其是在这些公司组建起来以后,基本上是沿着老体制的老路子,沿用行政手段去"统""管"所属的工厂,向工厂"一

收权,二收钱(收取管理费等)",热衷于搞"人、财、物、产、供、销、党、政、群"的"九统一"或"六统一""三统一"的集权公司。其趋向是增加了行政层次,加剧了条块分割,既加重了工厂的负担,又把工厂管得更死。工厂反映〔应〕很强烈,认为这是"包办婚姻",是强迫工厂"花钱买了一个不必要的婆婆来管自己"。有许多工厂要求退出公司或对行政性公司进行改革。据此,市里下决心对公司进行调整、改革。

二、实事求是,民主论证,自愿联合,逐个调整

鉴于过去在公司组建工作上存在着要求过急,脱离实际,忽视经济规律的毛病,这次一开始就明确地确定了调整、改革公司的原则是:坚持实事求是,坚持有利于生产力的发展、有利于技术进步、有利于提高经济效益,坚持自愿互利的原则。

调整改革的方法是:1.典型引路;2.自下而上,逐个论利弊、比条件、看发展,让各工厂畅所欲言,经过充分论证,决定公司的调整和存撤;3.按照经济合理的原则,企业可自找"婆婆",亦可退出公司,独立生产经营;4.一切从实际出发,不搞一刀切,不搞一个模式。调整后的公司是多模式的,大体可分为五种:(1)生产经营型。公司是实体、法人,公司实行统一核算,统一纳税;工厂是公司内部的生产单位,如重庆钢铁公司。(2)经营服务型。公司和工厂都是法人,分别独立核算,自负盈亏,各自照章纳税。这种公司占半数以上。(3)混合型。公司里有紧密联合的工厂,也有松散联合的工厂;有单项的经济联合,也有多项的经济联合。(4)服务型。公司内无联合经营的工厂,主要是对工厂搞服务活动。(5)仍为行政性公司。主要是二轻系统的部分公司和专业联社暂为一套机构、两块牌子,公司行使企业经营服务职能,联社行使行政管理职能。以后再实行政企职责分开。

三、调整后的新气象

调整后的公司起了四个变化:一是大多数的公司由政企职责不分的行政机构变成了经济组织;二是公司由纵向管理的一个行政层次变成了发展横向经济联系的一个纽带;三是公司的职能由管束企业变成了服务于企业;四是公司与企业的关系由"婆媳"关系变成了自愿互利、等价交换的伙伴关系。这样,政企职责分明,行政层次减少,已初步显示了其优越性。

1.放活了工厂。调整后的公司变成了经济组织,把原掌握的生产经营权全部还给了工厂,工厂扩权得到落实,成了真正的相对独立的商品生产者,活力大大增强。如重庆柴油机厂,因生产的15匹马力柴油机供不应求,在公司调整前,曾多次写报告要求成立总厂、扩大生产批量,但一直未获批准。这次从公司游离出来后,即以柴油机为龙头产品,与另外三个企业联合成立了总厂,预计柴油机的产量可以每年25%的速度递增。又如,重庆家具公司从去年4月份改革后,公司内各工厂生产大发展,效益大提高,全公司20个企业,累计产值去年比前年增长26.8%,利润增长44%,长期亏损的两家企业亦扭亏为盈。

2.公司从经营服务中找到了出路。调整改革后的公司,在信息提供、人才培训、新产品开发、技术改造和引进、物资供应、产品销售、技术咨询等方面,充分发挥自己的优势,积极为工厂服务,成绩显著,在"山穷水复疑无路"的时刻,出现了"柳暗花明又一村"的景象。如家具公司通过销售服务中心,在省内外建立了15个销售网点,积极为企业销售产品,仅1984年就为各厂销售了价值达1474万元的产品。这个公司的物资供应中心积极为工厂组织计划外物资,做到你(工厂)无我有,你高(价格)我低,你劣(质量)我优,深受工厂欢迎。造纸公司利用渠道多、业务熟的优势,在去年四季度,就帮助各厂签订了今年的销售合同。

3.横向经济联系大发展。由于调整前的公司大多数是行政机构,采用行政手段管理企业,只能在其管辖范围内搞联合协作活动,人为地切断了企业对外的广泛的横向经济联系,既捆死了工厂,又作茧缚住了自己,横向经济发展极为困难。公司调整后,解掉了工厂身上的绳索,撕破了缚住公司的

卖、哄抬物价的行为，保障了正当经营活动。现全市已成立3个律师事务所，有635家企业聘请了法律顾问。各区县都设立了经济法庭和法律顾问处，建立了审计、标准化、计量等经济监督机构，工商、税务、财政、统计、司法、法院、检察院等部门的力量也有了加强。

综观三年改革，虽然取得了重大进展，但是，目前新旧体制正处在交替过程中，新体制还没有占据主导地位。企业作为相对独立的社会主义商品生产经营者应有的自主权还没有完全落实，企业的活力特别是大中型企业的活力还很不够，自我改造、自我发展的能力还比较弱，离实现自负盈亏还有较大的距离，企业对经济参数的调控还不能做出灵敏的反应。社会主义市场体系还很不完备，一些重要生产资料主要还依靠国家调拨，没有进入市场，价格扭曲的状况也远未解决；资金市场还没有真正形成；技术市场和劳务市场还刚刚出现雏形，市场机制还不能很好发挥作用。政府管理经济还没有过渡到以间接管理为主的程度，经济的、法律的手段还很不完善；政府主管部门从部门管理向行业管理的过渡也还刚刚开始，条块分割还很严重，机构改革还有待展开。总之，新旧两种体制并存，新体制正在形成，旧体制还有强大力量，这是当前我市经济体制改革形势的基本特点。我们既要充分肯定改革已经取得的进展和成果，坚定改革的信心；又要充分意识到改革任务还很艰巨，明确进一步改革的方向，坚定不移地把改革推向前进。

二、今年改革的主要任务

"七五"计划时期是改革的关键时期，要争取基本上奠定有中国特色的新型社会主义经济体制的基础。今年是"七五"计划时期的第一年，要为实现这一伟大目标起好步、开好头。根据全国城市经济体制改革工作会议精神，结合重庆的实际，今年要认真贯彻"消化、改善、配套、发展"的方针，继续进行深入系统的改革，进一步理顺各方面的经济关系。对已经出台的改革措施，要存利去弊，加以消化，综合配套，使之完善，扩大改革成果；同时要继续开拓创新，进行新的探索，争取新的突破，为明后年改革迈出较大的步伐作好准备。

总结三年改革的经验，为了搞好今年的改革，在指导思想上要遵循以下原则：

（一）处理好改革同各项工作的关系，坚持把改革放在一切工作的首位。改革是一场广泛、深刻而又持久的大变革，也是经济、社会发展的强大推动力。所有的部门和企业都要把改革放在一切工作的首位，把改革同实现我市经济、社会发展战略，同解决经济生活中的新矛盾、新问题结合起来，以改革来促进各项工作任务的完成。当前已进入新旧体制交替的时期，我们要在促进新体制发挥主导作用的过程中，担负起试点城市应尽的责任。由于新旧体制并存，交互发生作用，这就决定了改革中不可避免地会经常发生矛盾和摩擦，社会经济生活必然会出现某些困难和问题。对这些问题，应该从历史发展的角度，用改革的眼光来看待，要通过坚持改革、深入改革去解决，不能一遇风波就惊惶〔慌〕失措，责备改革，遇到问题就因噎废食，走回头路。各级领导干部都要增强改革的意识、信念和意志，要具有开拓者"敢为天下先"的胆略和勇气，不断提高领导改革的水平，带领广大群众积极投入改革。各部门、各区县都要完善改革的组织领导体系和信息体系，注意搜集和运用全国各地的改革信息，包括组织所属单位订阅我市出版的《体改信息》杂志，藉以指导改革工作，并建立健全改革的工作机构，保证改革的顺利进行。

（二）坚持改革循序渐进和协调配套的原则，走"渐进式"加"小配套"的道路。经济体制改革是一项规模宏大的、艰巨复杂的社会系统工程，旧体制的消亡，新体制的形成，不可能一蹴而就，不能毕其功于一役，而只能是一个较长时期的、分步实现的渐进过程。改革的系统性和复杂性，又决定了每项改革不能单项独进、孤军深入，而必须相互协调、配套进行，防止各种作用的相互抵消和某些"撞车"现象。前三年改革，我们既有这方面的成功经验，也有这方面的反面教训。我们要在中央制定的改革蓝图的指引下，精心指导，周密规划，全力以赴，谨慎从事，提高预见性，力求减少失误，使改革的基本方向合乎发展商品经济的要求。在实践中，要分阶段地进行，每一阶段要突出改革的中心内容，协调配套地进行改革。在工作方法上，每项改革措施的出台，都要坚持调查研究，制定方案；进行试点，总结经验；逐步铺开，扩大成果，做到边实践、边总结经验、边前进。

（三）正确处理微观搞活和宏观控制的关系，把两者有机地结合起来。微观改革同宏观改革是互为条件、相辅相成的，任何时候都不能只强调一个方面，忽视另一个方面。微观经济活动总是在既定的宏观环境下进行的，必须要受到宏观的制约，没有这种制约，微观经济不能搞活而只能搞乱。现在我们面临的一个重要任务，就是要在继续放开搞活微观的同时，相应地实施有效的宏观控制，从政策上、法制上加强对微观经济活动的管理，对企业的经营活动实行必要的检查监督，使企业的行为方向符合国家的宏观目标。另一方面，宏观管理归根到底是为更好地发挥经济活力服务的，宏观管理要建立在微观搞活的基础上，离开了微观搞活，宏观管理就失去了目的。宏观管理不能沿用过去那种行政命令的"一刀切"的办法，要学会运用经济手段和法律手段，增强对经济运行的间接控制能力，改善宏观管理。

今年改革的主要任务是，以逐步实现企业自负盈亏和能在大体上平等的条件下开展竞争为目标，进一步搞活企业，大力发展横向经济联合；以开拓生产资料市场和资金市场为重点，进一步完善和发展社会主义市场；从加快政府部门职能转变入手，加强和改善宏观管理。为此，要抓好以下六项工作：

（一）以大中型企业为重点，进一步增强企业活力

增强企业活力，始终是城市经济体制改革的中心环节。今年，我们要继续从外部和内部两个方面，采取有效措施，配套地深化企业改革。既要为搞活企业输送动力，又要给企业增加压力；同时，逐步完善企业的行为机制，加强企业的自我约束能力。

市级各部门、各区县对贯彻国务院关于扩大企业自主权的一系列政策规定的落实情况，要进行一次认真的检查，制定具体的实施办法，把尚未落实的自主权坚决落实下去。

对全民所有制大中型企业继续实行分类指导。在落实好16户年税利在1000万元以上的大型骨干企业分类指导方案的同时，对年税利在500万元以上的和出口创汇能力较强的企业，也要制定分类指导方案，并付诸实施。对经营管理好、贡献大而留利少的大中型企业，适当减免调节税；有承受能力的企业，可以适应提高企业的设备折旧率，以促进企业的技术改造。

随着改革的深入，企业的生存和发展，将更加取决于企业自身管理水平的高低和经营的好坏。这就要求企业要眼睛向内，深化内部的配套改革。1. 要巩固、完善厂长（经理）负责制。试行厂长（经理）负责制的企业，厂长（经理）对企业的生产指挥、经营管理全权负责，党委保证监督，职工民主管理。厂长（经理）按规定程序，有权任免中层行政干部；副厂级行政干部由厂长（经理）提名，经同级党委讨论，报上级任命。要进一步理顺党、政、工三者的关系，既要明确三者各自的职责范围，又要互相密切配合。试行厂长（经理）负责制的企业，都要实行厂长（经理）任期目标责任制，逐步建立厂长（经理）卸任审计制；有条件的企业还要实行厂长（经理）民主选举制或招聘制。2. 要继续进行企业分配制度改革的探索。逐步完善已在部分企业试行的工资总额同上交税利挂钩，百元产值工资含量包干等办法；还要选择一些企业分别试行工资总额同综合经济效益指数挂钩、同营业收入和上交税利双挂钩以及通过降低物耗适当增加工资的"目标成本分配法"等办法。3. 要坚决改变目前企业内部经济责任制松弛的状况，解决好存在的各种问题，健全和强化以承包为主要内容的各级经济责任制，真正实现责权利结合。4. 加强企业各项基础管理工作和全面质量管理。积极推进18户大型骨干企业管理现代化的试点工作，并在全市工交企业中开展管理

展。继续抓好巴县、永川、合川三个县的经济体制综合改革试点,探索进一步增强县的经济活力的新途径。

(六)搞好城市规划建设管理体制的改革,增强城市综合服务功能

城市规划建设逐步形成统一规划、综合开发、配套发展的新体制。要发挥城市规划在指导城市发展中的重大作用,进一步理顺城市规划与建设计划、城市规划与建筑设计施工、城市规划与土地管理等方面的纵横职责关系,制定设计单位企业化管理的制度和办法,有组织地进行业余设计试点,对重点工程和高层建筑的设计,一律实行招标承包制。要开拓城市建设资金的新渠道,并把建设投资集中起来,统筹安排;加强各类设施的综合开发、配套建设和市容管理,争取在较短时期内改变城市"脏、乱、差、挤"的状况。

深化建筑业体制的改革,进一步理顺委、局、区县之间的关系,加强对建筑队伍、建筑产品的质量、价格和建筑市场的管理。研究制定房租改革的方案,探索住宅商品化的途径。

大力发展第三产业。要在调查研究、摸清情况的基础上,研究制定第三产业的发展规划和优惠政策。继续贯彻全民、集体、个体一齐上的方针,积极发展以商业、旅游业和城市交通为重点的各种服务行业,特别是要逐步合理调整劳务性行业的收费标准和分配制度,以利于社会服务事业的发展,把我市建成一个服务多样、功能齐全的城市。

中共重庆市委办公厅
1986年5月7日

王谦为视察重庆改革情况给国务院总理的报告

(1986年6月2日)

总理:

这次我到昆明参加西南五省区六方经济协调会第三次年会,归途在重庆停了几天,看了几家工厂,请重钢、嘉陵等14个大型企业的厂长、经理开了两天小型座谈会。故人重逢,大家谈了心里话,颇有感触。简要汇报如下:

一、重庆改革的基本动态

自1983年1月中央批准重庆进行经济体制综合改革试点以来,重庆三年改革的成效究竟如何?这次接触到的基层企业的同志一致认为,重庆三年综合改革试点在搞活市场,搞活城市功能,促进中心城市对外开放等方面,确实起到了很好的作用;对城市生产力的解放和经济效益的提高,确实收到了明显的效果。在综合改革前的1982年,重庆的工业总产值88.58亿元,1985年增长到135亿元,比1982年增长52.8%;农业总产值达到40.45亿元。比1982年增长31.2%;财政收入1982年只有11.4亿元,1985年增长到16.6亿元,增长45.6%,净增5.2亿元,为前四年净增之和(7.617万元)的5.8倍;上交中央和省财政1982年只有7.3亿元,1985年已上升到9.8亿元,对国家的贡献更大了。重庆的自营外贸从1983年开始起步,出口创汇连年大幅度增长,1985年该市出口创汇已突破1亿美元,且有连续增长之势。大家一致认为,如果没有三年综合改革试点,重庆经济是不可能取得这样好的成效的。

今年一季度以来,重庆工业生产由于电力供应大幅度减少(一季度全市实际用电量比去年同期减少1.32亿度)、企业流动资金紧缺和职工调资中的思想波动等因素的影响,生产出现"滑坡",一季度全市工业总产值比去年同期下降9.7%。在严重困难面前,市委、市府动员组织40多万大中型企业职工上深夜班,抢用低峰电,加上其他措施,5月份

全市工业总产值比去年同期增长12%,补还1—4月欠账后,1—5月累计只比去年同期下降2%。预计6月份还有较大增长,把欠账还清后,上半年仍可比去年同期略有增长。对下半年的工业生产,基层企业和市里的同志持谨慎的乐观态度。他们预计全年可比去年增长10%左右。这次也到街上去看了一下,重庆市场活跃,猪肉和农产品供应很丰富,物价基本稳定。虽然5月以来受了暴风雨灾害,但经济形势仍然是稳定上升的趋势。

座谈中,大家都认为:这几年重庆改革的路子是走对了的。大家也都希望重庆在改革中能够继续创新。他们特别强调,不能停止不前,更不能走回头路。这种意见是他们一个时期以来从实践的经验教训中有感而发的。因此,他们迫切希望解决两个大问题:一是完善计划单列。特别是电和天然气的能源供应计划单列至今没有落实,重庆的再生产循环不能自主,这个矛盾今年暴露得非常明显。这个问题不解决,重庆经济就难以发展,更难以起飞。大家迫切希望中央的有关部门能督促执行中央〔1983〕7号文件的规定,迅速落实重庆的能源计划单列。二是重庆的经济发展战略问题。重庆工业特别是军工潜力难以发挥出来。大家希望今年下半年能在国家计委、经委、体改委的主持下,专门研究一次重庆经济的发展战略问题,目的是通过条块结合的全面规划,能较快地把重庆经济的巨大潜力发挥出来。

二、企业改革中的曲折和希望

基层企业的同志一致认为,这几年的改革最重要的收获还不在于拿到了多少票子,而是在于按照发展社会主义商品经济的新理论、新体制,我们的企业到底该怎么办,确实摸到了一些经验。大家一致认为,在国家宏观管理下,承认企业是相对独立的商品生产者,坚决实行行政分开,给企业以足够的自主权,给企业以必要的足够留利,坚决实行厂长负责制,才能使企业真正做到自主经营、自我积累、自我改造、自我发展,并在此基础上,扎扎实实地提高经济效益,给国家和社会多作贡献。这是搞活整个城市经济的基础。大家感到去年以来的一段时间,对城市经济体制改革,特别是对厂长负责制和搞活企业中的若干经济政策,说法、做法变化不定,使企业处在一种波动的状态。他们说,"经济政策像月亮,初一、十五不一样"。最近,大家学习了总理在人大的政府工作报告和其他讲话,对继续执行厂长负责制似乎又有信心了。但我从他们的谈话中,仍然感到厂长并未"定心"。有一位厂长给我讲:"我分析,像过去那样批斗大概不会发生,但像最近的那八个月,几个浪潮的冲击还可能有。但坚持改革,决不动摇"我听了很受感动。厂长们认为,当前大企业仍然存在着"自主权太小,留利太少,活动舞台太窄"的问题,国务院已经规定的放权措施,并没有都落实,有些已经放过的权又被收上去了。他们希望上面继续帮助企业解决好三个问题。

一是企业的自主权问题,企业现有的权力还不足以适应企业自主经营的需要。关键是指令计划(包括计委以外的各部、各级加码的指令性计划)要进一步缩小,使企业的自销比例再适当扩大一些。同时,要迅速形成生产资料市场和资金市场,进一步打破条状分割。这次工改后,奖金的控制办法更死了,更缺少弹性,也不利于调动职工的积极性。

二是给大企业的留利不足以适应技术改造的需要。大家认为现在的财税体制,对大企业还没有做到"取之有度,用之有节,养之有术",而是一股劲地尽量向企业多收。他们希望对企业的留利要规定一个"三八线"。他们希望能够允许首先在这个问题上有所突破,提出方案上报中央主管部门审批。

三是大企业活动的舞台太窄。大家认为,商品经济的优越性之一,就在于它能够通过等价交换和联合协作,取天下百家之长,补一己之短,以达到最佳效益和最快的发展。而老体制恰恰是堵住了对内对外的横向联合之路。大家非常拥护国务院关于加强企业自主横向联合的决定,迫切希望条条块块不要再乱加干预,能够全面落实。重钢、112厂等几个大企业还要求给他们以直接的外贸权。重钢品种多,质量好,矿石少,吃不饱。而重庆和西南几省又大量缺钢。他们算了一笔账,只要允许重钢有直接外贸权,每进口10万吨优质澳矿或马(马来西亚)矿,就可以比用国内同样数量的矿多出1万多吨钢材,用这1万多吨钢材出口(重钢产品出口销路很好)即可换回进口10万吨矿所需的外汇,能实现进出口良性循环,更重要的是把重庆和西南的钢铁生产和供应搞活了。大家建议下这样一着棋一试,不会有什么大的风险。

最后,企业的厂长再三建议,不要年终总账才来搞财经大检查,这样事后检查,政策难以掌握,很容易和改革中出台的政策相抵触,伤到企业和职工的积极性。他们建议一年搞一次城市改革大检查,看看中央和国务院发布的改革决定落实得怎么样了,这样不仅可以有力地推进改革,而且可以大振改革之军威。至于财经法令、财经纪律,则可通过加强日常之审计监督,加强经济法制以解决之。

以上反映的主要是企业厂长、经理们的一些意见,他们对改革是满怀希望和抱有很大信心的。当否,仅供参考。

谨致

敬礼!

王 谦

1986年6月2日

附件一:重庆市受灾基本情况

附件二:这次国营企业工资改革又出现新的平均主义、大锅饭〈略〉

重庆市受灾基本情况

5月12日、17日、20日凌晨,重庆市江津、永川、綦江、潼南、巴县、合川、铜梁、璧山、大足、荣昌、长寿、江北县、九龙坡、双桥、南桐、北碚等16个区县相继遭受狂风暴雨和冰雹的袭击,其中:大足、荣昌、永川、江津、綦江、双桥灾情最重。据气象部门测定,最大风力达十二级。最大冰粒重3.5斤,最大降雨量2小时之内达124毫米。这次灾害来势猛,受灾范围广、损失惨重。据荣昌县志记载,这次灾害是300年来最严重的一次。到目前为止,各区县核实的受灾情况是:

一、受灾范围

这次受灾有397个乡(镇),占乡(镇)总数的48.7%;3729个村,占43%;699761户,占26%;2867000人,占26.4%。其中,受重灾102000户,421000多人。

二、伤亡损失惨重

人畜伤亡情况,伤亡人员共计4780人,其中死亡104人(大足45人,荣昌30人,长寿11人),重伤254人,大牲畜伤亡6678头,其中因房屋垮塌事故打死耕牛42头、生猪1781头。

房屋损坏情况,房屋损坏的有140045户,392970间,其中农民房屋倒塌67900多户,112259间。房屋全部倒塌4410户,18299间。

农田损毁情况。农田受灾面积179万多亩,其中被冲毁农田126900多亩。损失小春粮食5万亩,损坏水稻、玉米、红薯和经济作物54万多亩,毁坏各类果树39万多株,林木300多万根,竹子73万多笼。

各种建筑设施损毁情况。水利工程损坏4805处,其中水库10座,塘480口,提灌站213处,主干渠道和堰4102处。损坏公路266处,桥梁61座,各种电线杆24700多根,变压器8台。损毁中小学校390所。乡镇企业损失1547万元。

这次灾害估计直接损失金额达4亿多元,其中农村近3亿元。

1986年5月27日

重庆市经济体制综合改革三年进展情况和今后改革的指导思想

——1986年6月2日在重庆市第十届人民代表大会第四次会议上

重庆市经济体制改革委员会主任 王 竹

各位代表：

现在，我把全市经济体制综合改革三年进展情况和今后改革的指导思想向大会作一汇报。

三年经济体制综合改革的主要进展和成效

1983年2月，党中央、国务院批准我市在实行计划单列、享有省级经济管理权限、省属企业下放到市和地市合并的基础上进行经济体制综合改革的试点工作。三年来，我市在对内搞活经济、对外实行开放这一基本方针的指导下，始终以增强企业活力为中心，以搞活流通为纽带，以发挥经济中心城市的多种功能为目标，围绕这三个层次，对计划、财政、税收、价格、金融、劳动工资等方面的体制进行了程度不同的改革，积极探索以大城市为依托，组织合理的经济网络的新路子。改革是循序展开的，已经从单项、局部的改革发展到综合配套的改革；从微观经济改革发展到宏观经济改革；从经济体制改革发展到科技、教育体制改革，从经济基础改革发展到上层建筑领域改革。经过全市各级干部和广大职工群众的共同努力，重庆的经济体制开始由产品经济模式向着有计划的商品经济模式转换，经济运行机制和经济管理体制正在发生着深刻的变化，突出反映在以下六个方面：

（一）企业已经从行政机关的附属物地位向相对独立的商品生产经营者地位转化。

原有经济体制的主要弊端，就是权力过分集中，把企业管得过死，否认它们作为商品生产经营者应具有的相对独立的经济地位和经济利益，严重束缚了企业和劳动者的积极性，导致整个经济缺少生机、效益低下，技术进步缓慢。因此，我们坚持把搞活企业作为综合改革这场协奏曲中的主旋律，采取"小配套"的方式进行改革，使企业开始改变被动无权的经济地位，逐步增强了内在的动力和活力。

首先，改革国家与企业的分配关系，初步打破了两个"大锅饭"。1983年5月我市率先进行利改税第一步改革，随后在1984年10月实行利改税第二步改革。与此同时，根据行业、部门的特点，把企业的工资总额同企业经营成果挂起钩来，探索工资分配的新形式。建筑企业推行百元产值工资含量包干；在34户工业企业中试行了工资总额同上交税利挂钩浮动；运输企业试行了工资总额同运量挂钩浮动；公交企业试行了营运收入工资含量包干，等等。这些改革开始改变国家与企业之间那种统收统支、企业吃国家"大锅饭"的状况，在企业内部普遍建立以承包为主要内容的各种形式的经济责任制，适当拉开收入差距，逐步解决职工吃企业"大锅饭"的问题。

其次，扩大企业自主权，试行厂长（经理）负责制。1984年5月，国务院《关于进一步扩大国营工业企业自主权的暂行规定》颁布后，市委、市府立即制定了具体实施规定，坚决把权直接扩给了企业。各经济综合部门和企业主管部门，也纷纷向企业放权。为了避免行政性公司同企业争权，从1984年四季度起，我们对54个行政性二级公司，按照"放权于厂，还政于局，归位于企，为厂服务"的原则，进行了调整改革，使他们从一级行政管理层次，变成了企业性的经济组织。同扩大企业自主权相配套，我们改革了企业领导体制，从28户工业企业开始试行厂长（经理）负责制，到现在已经扩大到392

户,占国营工业企业总数的32.3%;在38户市级商业企业中,也有25户实行了经理负责制。我们还逐步推行了厂长(经理)民主选举制或招聘制,发掘和启用了一批人才;推行了厂长(经理)任期目标责任制,以防止企业行为的短期化。

在进行"小配套"改革的同时,从去年起把主要注意力放在搞企业上。对全市实现税利在1000万元以上的16户国营大型骨干企业开始实行分类指导,因厂制宜地帮助他们搞活。同时,对有条件的大中型国营企业,适当划小核算单位,实行分级分权管理,调动了企业内部各个层次的积极性。

通过这些改革,在一定程度上改变了企业的行为机制,企业的眼睛从过去只盯着上面,围绕指令性计划和行政命令转,开始转变到盯着市场转了,企业从单纯生产型开始变为生产经营型和经营开拓型,增强了经营观念、市场观念和利润观念,经济效益有了明显提高。1985年,全员劳动生产率比1982年增长40%,平均每年递增11.9%;全民独立核算工业企业每百元产值的税利率比1982年提高4.26%,平均每年递增1.4%。

(二)所有制结构正向以公有制为主体的、多种所有制形式并存的方向转变。

过去由于受"左"的思想影响,盲目追求"一大二公",形成单一的经济形式,造成市场消费品供应短缺,第三产业萎缩,城镇就业越来越困难,群众生活十分不便。三年来,对所有制结构进行了重大的调整改革,通过引导、支持和鼓励的政策,在保持公有制经济占主导地位的前提下,积极发展集体经济,适当发展个体经济,同时打破所有制界限,互相渗透,融合一体,初步形成多元化所有制结构的新格局,更好地适应生产力发展水平和发展商品经济的要求。1985年与1982年相比,集体所有制职工人数从46.77万人增加到54.44万人;个体劳动者从2.27万人增加到22.22万人。在工业总产值中,集体所有制工业的比重从17.6%上升到20.80%;个体从无到有,占0.16%。在社会商品零售额中,个体商业的比重从1.27%上升到16%。此外,还有中外合资企业7户。实践表明,实行以公有制为主体,多种所有制并存,这是近年来搞活经济的一个重要因素。目前,重庆经济生活出现了前所未有的活跃局面,市面商业店铺林立,货物品种琳琅满目;饮食摊点遍布大街小巷,有的通宵达旦营业,顾客可以随到随吃;出租汽车日夜为顾客服务,比较方便;旅客住宿,除有宾馆、旅店、招待所外,还有个体开办的"家庭旅店"。总之,昔日城市"吃饭难"问题基本得到解决,"住宿难"问题也有很大的缓解。

近年来,跨所有制、跨行业、跨地区的各种经济联营组织纷纷涌现。特别是在城乡出现了一批商工结合、商农结合、农工商结合的新型经济组织。市级商业批发企业同市内工厂联营的销售总额,已占地方工业产品收购总值的20%。市供销社系统与农民一起集资兴办了71个农商联营企业。这种经济联营组织,直接沟通了城乡之间,生产者与经营者之间、农业工业与商业部门之间的关系,更有利于实现流通领域的货畅其流,物尽其用。

在发展多种所有制形式的同时,对公有制经济本身也进行了改革。原来"升级"为国营的供销社逐步由"官办"改为"民办",恢复集体所有制经济的性质和特点。全市国营商业、饮食业、服务业小型企业已放开1111家,占小型企业总数的74.6%,其中,国有集体经营的783家,租赁经营的326家,转为集体的2家。这些小型企业放开经营以后,普遍提高了服务质量和经济效益,国家、企业和职工收入同步增长。市中区放开经营的149户小企业,1985年实现的销售收入比1984年增长29%,实现利润比1984年增长38%,缴纳工商税比1984年增长77.6%,企业留利比1984年增长139%,职工收入也有了增加。

(三)社会主义市场体系正在形成,价值规律对生产和需求的调节作用显著增强。

三年来,社会主义市场进一步放开搞活,价格改革迈进了重要的一步,市场机制在经济生活中开始显示出重要作用。这标志着原有的产品经济模式正在向着有计划的商品经济模式转化。主要表现在:

消费品市场基本形成。在日用工业方面，1984年初，在商业二级站下放，实行站司合并的基础上，首创了全国第一家工业品贸易中心，实行"地不分南北，人不分公私，自由购销，灵活作价"。从根本上冲破了传统的一、二、三级批发层次，使人们对于建立开放式的商品流通体制有了新的认识。总理来渝视察工作，肯定了这个新生事物后，很快在全国推广。1985年，重庆工业品贸易中心的商品聚合量已达10多亿元（包括自营购销1.9亿元），比1984年增加9倍，品种、花色由3.6万余种扩大到10万余种，吸引了768家工、农、商企业进场设立"窗口"，同全国20多个省、市、自治区的3000多家工商企业建立了业务往来关系。现在，全市已有工业品贸易中心25家，以及一批专业批发市场和小商品市场。为了适应商品经济发展的需要，从1984年下半年起改革了工业消费品的购销形式，按照"商业选购，工业自销，提倡联营"的原则，取消了统购包销制度。工商关系放开后，不仅促进工业企业关心产品销售，面向市场组织生产，而且使工厂变成了第一道批发，减少了商品流转环节；同时也促使商业企业按照消费需要，收购和组织适销对路的商品，更好地满足人民生活的需要。这样，真正实现了开放经营。在此基础上，坚持自愿互利的原则，发展工商联营。重庆铝制品厂和重庆搪瓷厂同重庆百货站的联营，重庆的几家电扇厂同重庆交电采购站的联营，就是比较成功的典型。国营批发商业独家经营的局面打破后，针对市属批发企业"一大二粗"（经营规模大，管理粗放），不能适应商品流通和市场竞争的状况，采取"专业划细，核算划小，联利承包，分级管理"的办法，进一步改革了工业品批发体制。仅市一商业局所属6个批发公司就组建了53个专业批发部（分公司），提高了企业的应变能力。在农副产品方面，随着农副产品逐步取消统购、派购制度，我们及时放宽了贩运政策，允许农民进城务工经商，并积极开辟农贸市场。全市现有农贸市场842个，1985年集市成交额9.58亿元，比1982年增长74%，相当于同一时期社会商品零售总额的18.3%。此外，还有贸易货栈26家，农贸中心75家。综观消费品领域，已经从产品分配基本转变成为商品交换了。

生产资料市场有了较大发展。三年来，改变了过去生产资料全部实行计划分配调拨的办法，实行计划分配与市场调节相结合的"双轨制"。从1984年下半年开始，相继建立了综合性的物资供销中心，以及工具、汽车、木材、建筑装饰材料、金属材料五个专业性贸易中心，经营各种生产资料1352种，进入中心展出产品的企业有172家。一年多来，通过生产资料市场成交的总额达3.6亿元。现在，市属企业计划分配的物资只占消费总量的60%，其余40%则由企业通过市场自行采购。

建筑市场已经初步形成。全市城乡全民和集体建筑企业发给证书和执照的有1300家，职工27万多人，其中，乡镇办的企业人数占60%。通过1984年试点，1985年全市实行招标承包的工程已达309项，建筑面积121.68万平方米，占全年新开工程面积的39%，中标价比标底价平均下浮4%，为国家节省投资1297万元，建设工期比市定额工期平均缩短19%。在这309项工程中，全民企业中标90项，建筑面积53.43万平方米；城乡集体企业中标219项，建筑面积68.25万平方米。全市注册登记的勘察设计单位有138个，有全民的、有集体的、也有组织的个人业余勘察设计。通过竞争，提高了勘察设计水平，保证了工程质量，设计周期普遍缩短1/3，设计费用也低于国家规定标准。

科技市场也日趋活跃。由科委、经委、科协、高等院校、工会、研究设计单位、社会团体和民间闲散科技人员7个方面建立了500多个科技咨询服务机构，初步形成了一个纵横交错、多层次的技术网络，并由市科技中心开办了一个常年性的科技交易市场。去年，全市开展了35次大型技术成果交易活动，达成技术转让协议1100多项，成交金额8500多万元。科技市场的开放，加快了科技成果转化为生产力的过程。去年，全市科技成果应用率达81%以上。

发展和完善社会主义市场，核心问题是理顺价格，发挥价值规律的调节作用。我们按照"放调结合、小步前进"的方针,积极稳妥地进行了价格改革。现在,价格体系已由单一的价格形式变为计划价、幅度浮动价、市场议价并存的多种价格形式,价格管理已由高度集中统一定价变为国家、地方、行业、企业的分层次管理定价。特别是1985年初猪肉、蔬菜调整购销政策,放开价格,使价格改革迈出了重要的一步。在这项改革中,我们注意发挥国营商业部门调节供求、平抑物价的主导作用,促进了生产的发展,保证了市场供应和物价稳定。去年猪肉每公斤零售均价为2.30元,比价格放开前只提高0.2元。蔬菜尽管去年遭遇低温、伏旱气候,生产受到影响,城镇居民每天人平吃菜仍然保持400克水平,而且上市蔬菜质量鲜嫩,精细品种增加,可食率提高。去年10月以后,蔬菜上市量增多,价格下浮,市场稳定。

(四)发展横向经济联合,初步形成全方位、多层次的经济网络。

三年来,我市横向经济联合在广度和深度上都有了迅速的发展,有力地冲击着条块分割的旧的经济管理制度,打破了多年来搞封闭式"城堡经济"的沉闷局面,逐步发挥了经济中心城市的枢纽。在实践中,形成了以企业联合为主体的,城乡联合、区域联合、流域联合、一三线结合以及对外经济技术联系的经济网络,并且涌现了一批企业集团和企业群体。

我市企业联合起步较早。1979年至1980年就出现了重庆钟表工业公司、"三峡"电扇联合体、"嘉陵"摩托联合体等联合经济组织。综合改革以来,由于注意了从政策上支持联合,妥善处理联合体内部的利益分配,特别是对行政性工业公司进行改革和彻底放开工商关系以后,老联合体有了新发展,新联合体不断出现。据不完全统计,全市工交系统各种联合体已发展到267个,联合的项目534项,参加联合的企业3000多家。全市商业系统各种类型的联合项目有488个。科研部门、大专院校同生产单位建立的联合体198个。在各种联合体中,以拳头产品为龙头的联合具有很强的生命力。如生产"天府可乐"的重庆饮料厂,现在已同全国26个省、市联合办了78个分厂,生产能力已达到20万吨,成为国内最大的饮料生产联合企业,产品销往全国各地并且打入了国际市场。

军民结合有了新的发展。1980年嘉陵厂以11个成品厂为主体,发展到同全国200多家企业联合生产摩托车,走出了一条军民结合的新路子。三年来,军工企业贯彻"军民结合,以民养军"的方针,同市内外500多家地方企业建立了多种形式的经济技术协作,开发了摩托车、汽车、自行车、光学仪器等7大类,100多种民品,1985年民品产值占军工企业总产值的65%。

地区间的横向经济联合也有了很大发展。前年初,根据中央领导同志的倡议,组成了川、黔、滇、桂、渝四省(区)五方经济协调会议。现在四省(区)五方的经济联合,已从一次性的协作向长期、稳定的方向发展,从单项协作向多方面的联合方向发展,从企业间的联合向行业联合的方向发展,从一般的经济技术协作向开发性的方向发展。去年4月四省(区)五方经济协调会议达成经济技术协作项目2163项,其中已执行的有1006项,占46.51%。去年我市还同武汉、南京、上海成立了长江沿岸中心城市经济协调组织,发展了四城市之间的经济技术协作。这样,我市对西南一片、长江一线的经济联合格局已初步形成。此外,为了使一线和三线各自的优势相互补充、相互结合,我们与广州、深圳、佛山、福州、厦门等沿海开放城市也进行了各种形式和多层次的横向经济联合。

对外经济贸易飞跃发展。1983年4月,我市恢复成为独立对外的通商口岸以后,现已与80多个国家和地区建立了经济贸易往来关系。地方外贸自营出口已由1983年的2683万美元上升到1985年的1.05亿美元,出口商品有14大类,214个品种。劳务出口签约6000多万美元,已派出国的职工1500多人。地方外贸进口三年共达2.58亿美元,仅去年进口订货就有1028亿美元。同时还引进外资7800万美元,利用外资项目45个,引进技术、设备291项,用汇2.1亿美元。

(五)坚持城乡结合,以城市带动周围农村经济的发展。

1983年4月,原永川地区同重庆市合并,实行了市带县的新体制。为了实现市委提出的"城乡大联合,城乡共发展"的方针,发挥各自的优势,并以城市带动农村经济的发展,我市从以下几方面进行了改革:

从搞活"两通"入手,扩大城乡商品交流。近年来,随着农村商品生产的发展和取消农副产品统派购制度,迫切要求向城市农副产品开拓销路,同时满足农民对工业品日益增长的需要。为了解决城乡流通渠道阻塞的问题,我市敞开城门,在城区、工矿区和城镇开辟了150个农贸市场,允许农民从事城乡贩运活动。现在有15万专业运销户常年穿梭于城乡之间,每天把大约100万公斤的农副产品运进城。同时,商业部门组织大批工业品下乡。为了适应城乡物资交流日益扩大的需要,全市设立货运网点289个,开辟客货汽车线路382条,设招呼站1830个,并专门安排夜宿农村的班车442辆,每天早晚接送农民。此外,还有个体运输专业户拥有各种机动车辆6850辆,机动船71艘,非机动船1252只投入运输。目前农村"买难""卖难"的问题基本获得解决。

改革城市科技体制,组织科技下乡服务。市的科技部门把城乡科技工作纳入了统一规划,在各县建立了科技情报网,在14个区县建立了科技开发交流中心,从事科技成果的交流交易活动。改革了科技拨款制度,在17个区县建立了科技发展基金,筹集资金421万元,去年已投放252万元用于95个科技项目,这些项目完成后可新增产值4814万元,新增税利1100多万元。全市还组织科技人员下乡服务8000多人次,服务项目1万多个,并为区县培训专业人才2万多名。

区县的一些传统优势产品开始纳入市的统一规划,推动城乡企业的经济技术协作。城乡企业联合协作项目已有4700多个,年产值5.5亿多元,其中市属企业与区县企业的联合项目有654个,年产值达2.6亿元。通过城乡经济技术协作,带动了乡镇企业的迅速发展。1985年乡镇企业产值达26.8亿元,比1982年增长2.6倍,平均每年递增53%。乡镇企业的崛起,已成为振兴农村经济的重要支柱。

把区县作为宏观管理的第一个层次,扩大区县政府的经济管理权限,增强总揽经济全局的能力。市委、市政府两次做出了扩大区县经济管理权限,加快农村经济发展的决定,使区县享有计划、资金、物资、物价、经济技术协作、外贸和经济管理机构的设置等方面的自主权。并相应改革了市县财政分成体制,对特别困难的潼南县,提前两年将核定的财政补贴全部拨给,让其投资于技改项目,尽快增加经济实力。

市带县的体制加快了城乡结合,促进了农村经济的发展。1985年与1982年比较,县属工业总产值增长34.8%,县农业总产值增长27.1%。

(六)初步改革城市管理经济的方式,开始探索宏观管理的新路子。

城市改革是从搞活微观经济开始的。但是,当城市商品经济日趋繁荣活跃起来以后,宏观管理摆上了议事日程。然而,过去国家对企业的那种直接控制管理为主的办法,已经不能适应变化了的新情况,必须探索一个以间接控制管理为主的办法,逐步建立新的社会主义宏观管理制度。综合改革以来,经济管理部门积极简政放权,开始改变政企不分的状况,逐步转变管理职能。市建筑工程局已从企业主管局改变为建筑行业管理局,由只管15个直属企业、4万多职工的企业主管部门,转变为管理全市1300多个企业、27万多职工的行业管理部门;由直接管理企业的人、财、物和安排施工任务,转变到对全行业进行指导、协调、监督、服务。市机械局也已开始从部门管理转向行业管理。

国家对企业减少了直接控制的范围。全市工业生产计划指令性指标已由101个减少到33个,商品收购指令性指标已由66个减少到28个,外贸收购指令性指标已由149个减少到14个。目前工业生产指令性计划产品只占全市工业总产值的12%。

城市政府开始注意运用经济手段调节经济活

动。市政府成立了财经领导小组,协调有关部门综合运用经济杠杆。特别是1985年银根全面紧缩以后,为了贯彻市委提出的"紧中求活,活中求好"的方针,重视了发挥银行的作用。通过大力开展城乡储蓄,及时抽回不合理的贷款和逾期贷款,扩充了信贷资金的来源。同时,在贷款的发放方面,实行了"区别对待,择优扶持"的原则,并采取灵活调剂资金,发放临时贷款的办法,解决了一些企业的资金困难。今年,我市又被列为全国金融改革五个试点城市之一,金融体制改革的方案已经上报批准,并正在逐步实施。其中有些措施的实施已收到了明显的效果,如通过大力发展资金的横向融通,我们从外地拆借了一些资金,从人民银行总行申请到一笔临时贷款指标,基本上解决了目前资金严重短缺的困难,促进了生产。

运用法律手段管理经济也有了良好的开端。三年来,全市共制定地方性经济行政法规115件,这些法规对于维护正常的经济秩序,保护经济法人的正当权益,起了很好的作用。去年制定的《临时营业税暂行办法》实施以后,有效地限制了倒买倒卖、哄抬物价的行为,保障了正当经营活动。现全市已成立三个律师事务所,有635家企业聘请了法律顾问。各区县都设立了经济法庭和法律顾问处,建立了审计、标准化、计量等经济监督机构,工商、税务、财政、统计、司法、法院、检察院等部门的力量也有了加强。

综观我市三年的经济体制综合改革,成绩是显著的,步骤是稳妥的,发展是健康的。其主要标志是,改革促进了社会生产力的提高。全市经济进入了建国以来发展生机最旺盛的新时期,1985年与1982年比较,社会总产值达到200亿元,增长47%;工农业总产值达到173.93亿元,增长46%;国民收入达到84亿元,增长46%。以上都超过全国同期增长水平。财政收入摆脱了长期徘徊不前的局面,1985年财政收入16.6亿元,比1982年增长45.3%,平均每年增长13.3%。这个增长速度是走在全国前面的。三年共向国家上交26亿元,平均每年递增10.88%,重庆对国家的贡献也更大了。改革使城市的经济中心作用开始发挥出来了,城市的综合服务功能有了提高。第三产业发展迅速,1985年全市商业网点比1982年增加3.3倍,交通运输和邮电通信有了新的发展,城市金融、保险、信息等服务行业正在兴起。体改三年用于城市公用建设的投资达到2.95亿元,平均每年递增29.4%,加快了以道路、桥梁为中心的城市基础设施的建设,加快了旧城改造和新区开放的步伐。改革使城乡人民生活有了明显的提高。1985年全市国营企业职工平均工资1153元,比1982年增长42%,平均每年递增12.4%。1985年城镇居民人均年生活费收入762元,比1982年增长63.5%;农村居民人均年纯收入366元,比1982年增长41.8%。全市物价指数上升的幅度,同全国各大城市比较,是较低的。扣除物价上涨因素,城乡居民收入每年递增10%以上。群众的消费水平随之迅速提高,消费结构发生明显变化,吃的比过去好了,衣着向多样化发展,耐用消费品的销售大幅度增加。1985年城乡居民储蓄存款总额达到18.6亿元,比1982年增长1.4倍。居住条件有了很大改善,改革三年的住宅投资就相当于前30年投资的总和,新建住宅竣工面积2182万平方米,其中农村新建1638万平方米。人民已经从改革中得到实惠。

总的说来,我市三年改革虽然取得了显著进展,但是,目前新旧体制正处在交替过程中,新体制还没有占据主导地位。企业作为相对独立的社会主义商品生产经营者应具有的自主权还没有完全落实,企业的活力特别是大中型企业的活力还很不够,自我积累、自我改造和自我发展的能力还比较弱,距实现自负盈亏还有较大的距离,企业对宏观经济的调控还不能做出灵敏的反应。社会主义市场体系还很不完备,一些重要生产资料主要还依靠国家调拨,没有进入市场;资金市场还没有真正形成;劳务市场还刚刚出现雏形;价格扭曲的状况也远未解决,企业还不能在大体相等的情况下开展竞争;市场管理需要加强,市场机制还不能充分发挥作用。市和区县还要进一步解决,上下之间经济关系尚需进一步理顺,真正实现城乡一体化还有大量工作要做。政府管理经济还没有过渡到以间接管理为主的程度,经济的、法律的手段还很不完善。政府主管部门从部门管理向行业管理的过渡也还刚刚开始,条块分割还很严重,机构改革还有待展开。特别是近一个时期来,出现了某些改革回潮的苗头,这是需要严重注意的。总之,新旧两种体制并存,新体制正在形成,旧体制还有强大力量,这是当前我市经济体制改革形势的基本特点。我们既要充分肯定改革已经取得的进展和成果,坚定改革的信心;又要充分意识到改革任务还很艰巨,明确进一步改革的方向,坚定不移地把改革推向前进。

今后改革的指导思想

各位代表,关于今年的改革任务,肖市长已代表政府向大会作了报告,现在,我仅就今后改革的一些指导思想作一汇报。

(一)坚定不移地把改革放在一切工作的首位。

几年来改革的进展和成效说明,改革是国家繁荣富强和人民富裕幸福的必由之路,是中国的第二次革命。改革就是干社会主义,是让社会主义制度的优越性充分发挥出来。

当前,改革已进入了新旧体制并存,交互发生作用的时期,旧体制已在许多方面被突破,新体制的成分逐步增加,并在经济生活中发挥日益重要的作用,但还未起到主导作用。这种状况势必产生一系列矛盾和问题,如:企业的行为机制难以合理,一方面,企业由于受旧体制的束缚还比较多,活力还不够;另一方面,由于新体制不配套和某些改革措施不完善,企业只负盈不负亏、片面追求短期效益的现象很难避免。宏观控制的难度增大了,一方面旧体制的许多部分已失去效应或者功能大为削弱,另一方面新体制的有关职能又尚未建立和健全,这就形成管理上的某些真空和漏洞,稍有不慎便会出现这样或那样的失控,不法分子也会乘机活动,导致某些混乱现象的滋生、蔓延。原有的利益关系已受到不同程度的触动和调整,而新的利益关系的格局又没有形成,势必会发生一些机会不均等和收入分配不合理的现象,引起人们的不满,等等。这就说明新旧两种体制并存,谁也起不了主导作用的状况不宜拖得过久,否则既妨碍经济的政策运转,也将增加进一步改革的困难。我们必须把改革放在首位,力争在较短的时间内让新体制起主导作用,使经济运行基本上纳入新体制的轨道。把改革放在首位,这不是某个部门和某些人的主观愿望,而是现阶段经济和社会发展的客观要求。市委五届六次全委(扩大)会提出,把改革放在一切工作的首位,是总揽各项工作全局的指导思想。全市所有的部门、区县和企业都要继续认真贯彻这一指导思想,坚定不移地把改革推向前进。

"七五"计划时期是改革的关键时期,要争取基本上奠定有中国特色的新型社会主义经济体制的基础。今年是"七五"计划时期的第一年,要为实现这一伟大目标起好步、开好头。根据全国城市经济体制改革工作会议精神,结合重庆的实际,今年改革要认真贯彻"消化、改善、配套、发展"的方针。对已经出台的改革措施,要加以消化,综合配套,使之完善,扩大改革成果;同时要继续开拓创新,进行新的探索,争取新的突破,为明后年改革迈出较大的步伐作好准备。

(二)坚持发展社会主义商品经济的改革方向。

商品经济的充分发展,是社会经济发展不可逾越的阶段。我们干社会主义,也必须大力发展商品经济。党的十二届三中全会关于经济体制改革的决定,做出了社会主义经济是在公有制基础上的有计划的商品经济的科学论断,这是对马克思主义的社会主义经济理论的发展,它把人们对科学社会主义的理解提高到了一个新水平,对我国的社会主义建设具有深远的历史意义。

社会主义经济是在公有制基础上的有计划的商品经济的科学论断,也为改革奠定了最重要的理论基础,为改革指明了方向。建立起具有中国特色的、充满生机和活力的社会主义经济体制,这是我们改革的基本任务。根据上述理论基础和基本任务来分析和思考,我们改革的目标模式,应当是在遵循商品经济一般规律的基础上,计划和市场实现有机结合的经济体制。在这一目标模式中,计划与市场,既不是"板块式"的关系,更不是互相排斥、互相对立的,而是一个有机的统一整体,计划总是由市场制约着的计划,市场也总是由计划调节着的市场,通过计划与市场的统一,保证经济的均衡发展。目标模式的实现,由于客观条件的限制,无疑是不可能一蹴而就,毕其功于一役的。我们没有现成的道路可循,没有成熟的经验可搬,要想一下子拿出一个完整的方案,是困难的,只能走"渐进式"加"小配套"的道路,只能边实践、边认识、边总结,依靠实践的检验来调整和发展我们的认识和行动。重要的是,我们必须从理论和实践两个方面去努力探索,真正按照发展商品经济的要求来考虑问题,摒弃一切与发展商品经济不相适应的观点、概念、做法、习惯和规章制度,使各方面的改革都适应发展商品经济的要求。中共中央关于"七五"规划的建议提出了"七五"时期经济体制改革的主要内容,一是进一步增强企业特别是全民所有制大中型企业的活力;二是进一步发展社会主义商品市场,逐步完善市场体系;三是国家对企业的管理逐步由直接控制为主转向间接控制为主。今年,国务院又做出了进一步推动横向经济联合的规定,要求大力推进横向经济联合。这些都是适应发展社会主义商品经济的要求的,是当前改革的主要任务,我们要抓住这几个问题,大胆改革,以促进社会主义商品经济的发展。

(三)进一步解放思想,大胆探索。

改革是解放思想,大胆探索的产物。党的十一届三中全会提出的解放思想,实事求是,团结一致向前看的方针,为我们开辟了改革的道路。要进一步推进改革,必须坚持这一方针,进一步解放思想,大胆探索。如果事事都要从传统教科书或经典著作中去找论据,事事要等"红头文件",事事都要看左邻右舍办了没有然后再去干,必然裹足不前,不敢大胆探索,就可能使一些突破性的改革试验夭折在襁褓之中。改革首先要求的就是勇于思考,勇于探索,勇于创新,不断吸收新思想,总结新经验。只有思想解放了,才能正确地估量改革的形势,才能更好地推进改革。

改革是广泛、深刻、持久的社会大变革,也是创新和实验。我们对于各项改革方案的制定,必须慎重从事,反复论证;对于各项改革方案的实施,必须精心指导,以提高预见性,力求减少失误。但是,既然是创新和实验,就难免出现一些新的情况和新的问题,出现一些偏差和失误。尤其是在我们这样一个国情复杂,商品经济还不发达的国家里进行全面的改革,困难和问题就会更多一些。因此,改革是要承担一定风险的。探索的过程可能出现偏差,但探索创造了认识和接近真理的机会,"人的天职在勇于探索真理",正因为这样,我们就应该自觉增强改革的意识、信念和意志,充分认识新旧体制转换的艰巨性和复杂性,对改革中出现这样那样的问题有足够的思想准备,勇敢地进行改革的探索。决不能遇到问题就惊惶〔慌〕失措,甚至因噎废食,放弃改革。

创造一个良好的保护改革、支持改革的社会环境,是保证改革成功的一个重要条件。保护改革,首先是要保护那些已经或正在出现的新的经济体制和新的经济运行机制的因素,防止这些来之不易的成果得而复失。最近新华社《内部参考》刊登了反映我市当前改革中存在走回头路现象的文章,对于文章中反映的那些问题,市委、市政府已采取有力措施,加以解决。但前事不忘,后事之师,那些问题应该引起我们的思考和重视。对改革最大的保护是政策的保护,要制定纠正不正之风的政策界限,把改革过程中由于措施的不配套、不完善而出现的某些工作上的缺点与不正之风严格区分开来。对干部、群众中涌现出来的改革积极分子,要给予关心、爱护和支持,帮助他们不断改正工作中的缺点,提高素质,鼓励他们大胆前进。对那些讽刺、打击甚至诬陷改革积极分子的现象,要给予严肃的批评和处理。改革需要一个比较宽松的经济环境,因此要把改革与经济发展战略紧密结合起来,使改革和建设互相适应、互相促进。为了适应和促进改革,当前在建设方面除了要十分注意保持恰当的增长率和建设规模外,整个经济发展战略都必须更好地转到新的轨道上来,即转到主要靠节约物质消耗和提高劳动生产率,在保持生产适当增长的条件下尽可能多地增加国民收入的轨道上来,转到以提高经济效益为中心的轨道上来。改革还需要一个比较宽松的舆论环境,要形成一个人人支持改革、关心改革、为改革献计献策的环境。对于新旧体制交替时出现的矛盾和摩擦,对于社会经济生活在新形势下出现的某些困难和问题,对于改革探索中出现的某些偏差和失误,应该从历史的角度,用改革的眼光去看待,通过坚持改革,深入改革去解决,不能一遇风波就责备改革,遇到问题就想走回头路。须知不能随生产力和时代的发展而变革体制,本身就是极大的错误。

重庆是中央和国务院确定的第一个进行经济体制综合改革试点的大城市,试点就是投石问路,就是摸索着石头过河,为面上找到一条稳妥的改革道路。党中央、国务院把这光荣的历史重任赋予我们,同时授予我们较大的试点权。我们要敢为天下先,善于集百家之所长为我所用,发挥主观能动性和创造性,充分用好试点权,在促进新体制发挥主导作用的过程中,积极探索,大胆前进,担负应尽的职责。

(四)正确处理微观搞活和宏观控制的关系,把两者有机地结合起来。微观改革同宏观改革是互为条件,相辅相成的,任何时候都不能只强调一个方面,忽视另一个方面。微观经济活动总是在既定的宏观环境下进行的,必须要受到宏观的制约,没有这种制约,微观经济不能搞活而只能搞乱。现在我们面临的一个重要任务,就是要在继续放开搞活微观的同时,相应地实施有效的宏观控制,从政策上、法制上加强对微观经济活动的管理,对企业的经营活动实行必要的检查监督,使企业的行为方向符合国家的宏观目标。另一方面,宏观管理归根到底是为更好地发挥经济活力服务的,宏观管理要建立在微观搞活的基础上,离开了微观搞活,宏观管理就失去了目的。宏观管理不能沿用过去那种行政命令的"一刀切"的办法,要学会运用经济手段和法律手段,增强对经济运行的间接控制能力,改善宏观管理。

在处理好微观搞活与宏观控制的关系的同时,我们还要处理好当前利益和长远利益、局部利益和全局利益的关系。改革应该也能够给广大群众带来看得见的物质利益,这一点已被前几年的实践所证明。但是,不可能、也不应该要求每项改革都给每个社会成员立竿见影地带来明显的经济利益。有许多改革措施,需要经过一定时间的实践,才能发挥出它们的效益。有的改革措施,甚至需要一些地方、部门、企业和群众暂时牺牲某些经济利益,但它们对经济的长远发展和人民生活的持久改善,将发挥重大的作用。我们要自觉地兼顾当前利益和长远利益,并使当前利益服从长远利益。改革必须合理地确定地方、部门的权益,特别要扩大企业的权益,以便更好地调动各方面、各层次的积极性,把经济搞活。但是,只有在坚决遵守和执行国家宏观经济决策,保证整个国民经济协调发展的前提下,地方、部门和企业的权力才能得到正确运用,利益的实现才能得到根本保障,它们积极性的发挥也才不致〔至〕于陷入盲目性。因此,我们要自觉地树立全局观念,决不能用损害全局利益的手段去谋取自身的利益,而只能在有利于增进全局利益的条件下去讲求局部利益。

各位代表:改革是人民群众的伟大事业。正是由于有全市人民在市委、市政府的领导下,团结一致,努力奋斗,我市前一时期的改革才能取得显著的进展。要完成今年和整个"七五"时期的改革任务,仍有赖于全市人民同心同德,不懈努力。只要我们坚持使改革的基本方向适应发展社会主义商品经济的基本要求,充分认识新旧体制转换过程的艰巨性和复杂性,正确处理当前利益和长远利益的关系,少讲空话,多做实事,大胆探索,开拓前进,就一定能取得改革的新的胜利,实现物质文明和精神文明的双丰收。

市十届人大四次会议秘书处
1986年5月31日

重庆市人民政府关于批转市体改委、市财贸办公室《关于巩固完善国营小型商业企业改革的补充意见》的通知

（1986年6月6日）

各区县人民政府、市政府各有关部门：

市政府同意市体改委、市财贸办公室《关于巩固完善国营小型商业企业改革的补充意见》，现转发给你们。请按照执行。

重庆市人民政府
1986年6月6日

《关于巩固完善国营小型商业企业改革的补充意见》

市政府：

根据国务院领导同志关于对小型企业"政策应更宽些"的指示精神，现对重府发〔1986〕15号文件提出如下补充意见：

一、凡是小型零售商业、饮食服务业，不论是否实行了"改、转、租"三种形式的改革。均一律按国家对待集体企业的政策和办法管理，执行集体企业的财务会计制度和征税制度，按集体企业会计报表报送同级财、税部门。企业主管部门和财税部门要加强对小企业的监督检查。

二、实行"国家所有，集体经营，照章纳税，自负盈亏"的企业，其原有财产和资金属国家所有，新增财产和资金归集体所有。奖金不超过标准工资总额的30％的，在费用中列支；超过标准工资总额30％的部分，在企业税后利润中开支。承包费按1985年核定的数额以50％留企业，原则上应作为生产发展基金，其余50％交给商业主管部门或企业主管单位。交了承包费的企业，不再交纳资金使用费。商业主管部门或企业主管单位收缴的承包费，用于统筹网点建设和补助确有困难的企业。

三、转为集体所有制的企业，除执行原有规定外，在规定的偿还期间免收固定资产和流动资金占用费。对于营业用房、仓库和大型设备的价值大、五年以上都难以还清的企业，暂不转为集体所有制。

四、租赁给集体和个人经营的企业，新增资产和税后收入归集体所有。奖金不超过标准工资总额30％的，在费用中列支，超过标准工资总额30％的部分，在企业税后利润中开支。租赁企业应向商业主管部门缴纳租赁费，并在税前列支。由于企业已在税前提取7％的固定资产折旧金，因而租赁费中不再包括固定资产占用费。对于企业提取的固定资产折旧金，主管部门可根据情况适当集中一部分调剂使用，集中的比例原则上不超过50％

五、对饮食服务业中的租赁企业，征税办法有两种：一种是税务部门按八级累进税制征税，其税率超过15％的部分，由财政部门全部返还给商业主管部门；另一种办法是税务部门只征收15％的比例税，再由商业主管部门从按八级累进税计算的差额中，直接向企业适当集中一部分。具体采用哪一种办法，以及主管部门向企业集中的比例，由各区县政府自定。无论是财政返还商业主管部门，或是由商业主管部门直接向企业集中，都必须实行专款专用，接受财政部门监督，只能用于企业网点建设和技术改造。

六、对按"改、转、租"三种形式放开的小企业，重申其企业隶属关系不变，国营职工身份不变。

七、经营油、盐、酱、醋的独立核算、自负盈亏的副食零售企业，利润少，费用高、负担重。为保证人

民生活必需品的供应,避免造成群众生活不便,按照集体企业所得税负担率高于20%的,减按20%计征,不足20%的,按实际征收。

八、对商业小企业的政策,除上述补充规定外,其余政策和改进企业内部经营管理工作以及加强对小企业的领导问题,仍按重府发〔1986〕15号文件执行。

重庆市经济体制改革委员会
重庆市人民政府财贸工作办公室
1986年5月19日

更新观念　深化改革　搞好两个大配套促进新旧经济体制主次换位

——廖伯康同志在重庆市体制改革座谈会上的讲话

（1986年7月9日）

今年是"七五"计划的第一年,也是重庆进行综合体制改革试点的第四个年头。为了完成中央提出在"七五"期间基本上奠定我国新的社会主义经济体制基础的任务,我们要认真地分析当前改革面临的新形势,确定深化改革的指导思想和路子,动员全市干部群众再接再厉,自强不息,坚持改革,推进改革,尽早地实现新旧经济体制主次换位,使经济的运行走上新体制的轨道,为重庆经济的长期稳定协调发展打下坚实的基础。

一、当前重庆的改革进入了一个关键时期

重庆作为全国最早进行体制综合改革试点的大城市,现在改革进展情况如何？下一步怎么办？这是全市广大干部群众十分关心的问题。因此,很有必要对我市前几年的改革工作认真回顾一下,重新认识,总结经验,继续前进。

建国以来我国的社会主义建设取得了很大的成就,但是社会主义制度的优越性还没有充分发挥出来。这除了有历史的、政治的、思想的原因之外,从经济方面来说,就是在经济体制上长期以来形成了一种同社会生产力发展要求不相适应的僵化的计划产品经济模式。旧经济体制的主要弊端是,不承认社会主义经济的商品经济属性,忽视价值规律和市场的作用；国家对企业管得过多,统得过死,使企业成为行政机关的附属物；经济管理中政企不分、条块分割的情况严重；所有制结构单一,忽视多层生产力发展水平的要求；分配中平均主义严重,压抑了企业和劳动者的积极性；等等。这就使本来应该是生机盎然的社会主义经济失去了应有的活力。党的十一届三中全会在决定把党的工作重点转移到经济建设上来的同时,提出要实现社会主义现代化,必须进行经济体制改革,这就拉开了我国改革的序幕。

我国的经济体制改革,首先是从农村这个薄弱环节突破,并取得了巨大的成功。它既为城市改革提供了有益的经验,又向城市改革提出了挑战,有力地推动了城市改革的逐步展开。

回顾重庆经济体制改革的历程,大体上分为两个阶段。早于1979年〈……〉首先在重庆钢铁公司、重庆钟表工业公司和印制三厂等6个单位进行了扩大企业自主权的试点,到1982年试点扩大到100多个企业,主要是实行多种形式的利润留成和盈亏包干制度。这些都是属于局部性实验的探索阶段。1983年经中央批准重庆开展经济体制综合改革的试点,围绕以增强企业活力为中心,以搞活流通为纽带,以发挥城市经济中心作用为目标,对计划、财政、税收、价格、金融、商业、劳动工资等方面都进行了程度不同的改革,标志着我们的改革进入了全面展开的起步阶段。

重庆经过三年多的综合体制改革,全市经济进入了建国以来发展生机最旺盛的新时期,经济实力

大大增强,城市中心的作用日益发挥出来,人民群众生活有了明显的改善。改革无论从深度和广度上讲,都取得了重大的进展,城市经济体制由政企不分、条块分割、管得过多、统得过死的僵化体制,开始转向充满生机活力的新体制,促进了产品经济向社会主义商品经济的过渡。表现在:

——企业已经从行政机关的附属物地位向相对独立的商品生产经营者地位转化。通过解决国家、企业和职工三者的利益分配关系。进一步扩大企业自主权,调整改组行政性工业公司,实行厂长(经理)负责制和各种形式的经济责任制等一系列"小配套"改革,使企业开始改变了被动无权的从属地位,逐步走上了自主经营的轨道,活力增强。

——单一化的所有制结构已经转变为以公有制为主体的、多种所有制并存的多元化结构。近年来扶持发展了集体经济、个体经济以及少数中外合资合作企业,涌现了一批跨所有制、跨部门、跨地区、跨行业的新型经济组织,全民所有制经济本身也进行了一些探索性改革,使城市经济生活出现了前所未有的繁荣活跃局面。

——社会主义商品市场逐步由封闭转向开放,统一的社会主义市场体系正在形成。消费品市场进一步发展扩大。基本上由产品分配转变为商品交换,生产资料市场、技术市场和建筑市场初步形成,资金市场和劳务市场正在开辟。价格改革开始迈出了重要的步子,价值规律对生产、流通和消费的调节作用日渐增强。

——横向经济联合有了新的发展,触动了条块分割的经济管理体制,初步形成以企业联合为主体的、城乡联合、军民联合、区域联合、一三线结合和对外经济技术交流的、多层次的经济网络。据不完全统计,全市已经组织起各种形式的经济联合体,工交系统有267个,商业系统有488个,以及科研生产联合体198个,并涌现出"嘉陵摩托""天府可乐""三峡电扇"等一批企业集体和企业群体。

——政府管理经济的方式开始由直接管理为主向间接管理为主过渡。经济管理部门简政放权。逐步转变了管理职能。国家缩小了指令性计划的范围。减少了对企业的直接控制。开始注意运用经济手段和法律手段调节和管理经济活动。

今年上半年,在新旧体制摩擦加剧和工业生产起伏较大的情况下,我们认真总结了三年综合体改经验,进行消化、完善、配套发展的工作,不仅巩固了已有改革的成果,而且在一些方面还开展了新的改革实验。我们进一步完善企业领导制度,坚决地、不动摇地坚持推行了厂长(经理)负责制。不断总结和改善企业内部分配制度,更好地落实了各种形式的经济责任制。重申放开搞活国营商业小型企业的有关规定,使商业所有制结构的合理配置得到巩固和发展。认真贯彻执行了《国务院进一步推动横向经济联合若干问题的规定》,并制订了补充规定,从政策上促进横向经济联合的发展,涌现出一批新的工商结合、农商结合和农工商结合的经济联合体。在二轻系统推行职工退休劳动保险制度,并且开始进行企业破产办法的试点,促进企业改善经营管理,真正走上自负盈亏的轨道。金融改革开始起步,在市内外专业银行之间以及企业之间,开展了资金横向拆借业务,缓解了资金短缺的紧张状况。加强了对预算外资金的管理和使用,建立了科技、教育、城乡建设和乡镇企业发展基金制度。建管局和机械局加快了职能转变的步伐,逐步加强了行业管理。

综观我市三年多的改革,归纳起来,都是为着建立一个新的经济运行机制和管理方式。我们已经在旧体制的基地上,打开了不少缺口,新体制的因素正在许多领域内成长,并且日益显示出它的强大生命力和优越性。坚冰已经突破,航道已经打开。但是,旧体制还有强大的力量,新体制的基础还比较薄弱,没有占据主导地位。经济的运行从总体上讲还没有进入新的轨道。突出反映在:企业特别是大中型企业仍然受到过多的束缚,自主经营、自负盈亏的问题远还未解决,自我发展的能力很差,企业自我约束机制也还没有形成,行为难以合理。市场体系残缺不全,还很不完备,加之价格仍然严重扭曲,极大地限制了市场机制的导向作用。国家管理经济主要还是采取行政手段,整个经济运行的间接控制很不健全,政企不分的状况依旧严重存在。以致在现实的经济生活中,形成了计划机制与市场机制、计划价格与市场价格、直接管理方式与间接调控手段、纵向的组织机构与横向的经济组织并存和相互矛盾的局面。这既昭示着我市改革的全面起步阶段已经结束,同时也表明我市的改革已面临一个矛盾纷呈的时期。

在新旧体制交替并存的条件下,改革不可避免地会出现种种矛盾和问题。首先,新旧体制交互发生作用。势必经常发生摩擦。去年以来,我市在推行厂长(经理)负责制和国营商业小型企业集体经营、自负盈亏这两项重大改革中,曾一度发生波折,出现一些回潮现象,就是突出的例证。这些问题后经市委、市府采取坚决措施,才保护了改革的成果。其次,由于企业的围观机制一时难以合理,而宏观控制又未及时跟上,管理中会出现这样那样的真空和漏洞,很容易出现宏观失控,也给某些人搞投机倒把、不正之风以可乘之机。同时,由于机会不均等,会造成成员收入不合理的差距,引起人们的不满。再次,由于新的经济运行机制还不能充分发挥作用,"透明度"降低,经济生活中的未知数增多,而当出现一些问题的时候,就往往不得不采取旧的直接管理办法,这样很容易把临时解决问题的措施,变为长久的管理办法、回到老路上去,增加了改革的难度。

实践证明,新旧体制交替并存所带来的矛盾和摩擦,虽然是难以避免的,但时间不宜拖得过长。否则,对深入改革和经济发展都十分不利。应该看到,新旧体制并不是静态并存,而是此消彼长、替代转换的动态过程。其间必然还有一个新体制跃居主导地位,旧体制退居次要地位的阶段。根据我市改革的可观进展,现在正是面临新旧体制主次换位的新阶段。改革如逆水行舟,不进则退,倒退是没有出路的。我们必须不失时机地加快改革步伐。尽可能地缩短新旧体制并存的时间。这就必须尽快实现新旧体制主次换位,也就是说要尽快使目前居于次要地位的新体制取代旧体制而占据主导地位,使整个经济基本上纳入新的运行轨道。我们提出这项任务,不仅是改革形势发展的客观要求,而且也有其现实的可能性。中央关于经济、科技、教育体制改革的三个决定和"七五"计划,已经给我们指明了改革的方向;重庆作为全国第一个综合改革试点的大城市,经过三年多的改革已取得了很大的进展,在许多方面为新体制的成长奠定了基础;广大干部和群众在改革中经受了锻炼,增强了对改革的承受能力,近年来在各条战线又涌现出了一批为建立新体制而锐意改革的先进典型。因此,我们现在完全有条件把新旧体制主次换位作为推进改革的一个基本指导思想。当然,新旧体制主次换位是一项艰巨复杂的社会系统工程,它所产生的矛盾和摩擦将不亚于目前。但马克思曾经说过,"一个社会即使探索到了本身运动的规律,它也不可能跳过或用法令取消自然的发展阶段。但是它能缩短和减轻分娩的痛苦"。既然如此,我们应当义无反顾,知难而进,勇于承受一些难免的"震荡"和"阵痛",争取早日实现新旧体制主次换位。并把它作为全市各项工作的基本指导思想。

二、深化改革,搞好两个大配套,加快新旧体制主次换位的步伐

改革是一项伟大的,全面的社会系统工程。我们要圆满地完成新旧体制主次换位的艰巨任务,关键是要继续深化改革,搞好两个大配套即不但经济体制要配套改革,而且政治、文化体制业要同经济体制同步改革,使之相互适应和相互促进。我们要通过改革,进一步搞活企业。逐步完善市场体系,改进国家管理经济的方式这三个方面的改革,大体上建立起新的经济体制的框架,初步形成把计划与市场,微观放活与宏观控制,集中与分散有机地、适度地结合起来的一整套运行机制和管理方式。真正创造出一个具有中国特色的、充满生机活力的社会主义有计划的商品经济体制。

目前,我市经济体制改革的内容,概括地说,主要是继续围绕搞活企业这个中心环节,从内部和外部创造条件,使企业逐步摆脱行政机关附属物的地位,真正成为相对独立的经济实体;企业不仅能够自主经营,有自我改造、自我发展的能力,而且能名

副其实地做到自负盈亏。

（一）进一步增强企业特别是全民所有制大中型企业的活力。这是城市改革的出发点和归宿点。当前，要以扩大企业自主权为重点，从六个方面进行第二次"小配套"改革：一是继续完善企业领导制度，坚持推行厂长（经理）负责制，强化生产经营指挥系统，广泛推行厂长（经理）任期目标责任制和卸任责任制。二是进一步健全和落实以承包为主要内容的各种经济责任制，加强企业的基础管理工作。三是改革劳动制度和保险制度，逐步推行国营企业劳动合同制、辞退职工暂行规定、待业保险和养老保险暂行规定，在全民所有制企业推行退休金社会统筹。四是继续发展多种所有制形式，改革经营方式。在企业中试行股份制，在部分小型企业包括国营工业小企业中推行租赁承包等经营方式。五是逐步扩大实施企业破产制度的试点。六是对国营大中型企业实行上交税利超收分成的办法。通过上述配套改革，进一步提高企业的消化能力和市场适应能力，完善企业的行为机制。

（二）大力发展横向经济联合。这是搞活企业的重要途径，也是今年改革突出要抓的重点。各部门、各地区要下大决心、花大力气争取今年有大的突破。按照"自愿互利，共同发展"的原则，要积极发展跨地区、跨部门、跨所有制、跨行业的横向经济联合；逐步建立农工商结合、农商结合、工商结合或商商结合的新型商业形式；逐步形成一批不同形式、不同层次的企业群体和企业集团。各级经济管理部门要充分尊重企业的自主权，不得强加干预；要加强领导、协调和服务工作，继续从政策上支持企业间各种联合的发展。通过横向经济联合，充分发挥企业各自的优势，促进产品结构、产业结构、企业结构的调整，打破条块分割旧的经济管理体制，推动社会主义统一市场的形成，更好地发挥城市的经济枢纽作用。

（三）继续开拓和逐步完善社会主义市场体系。没有市场就没有商品经济。市场是微观经济和宏观经济的结合部。增强企业活力，必须要有比较完善的市场体系，使企业通过市场获得所需的各自生产要素，促进资源配置和产业结构的合理化；同样，国家对经济的间接管理，也主要通过市场才能实现。因此，我们要进一步发展扩大商品（包括消费品和生产资料）市场、资金市场、技术市场和劳务市场，并切实加强市场管理。今年重点是要进一步开拓资金拆借市场，发展多种信用方式，建立多种金融组织，开辟多种融资渠道；要开办钢材专营市场，完善和发展各种生产资料交易中心。要在市中区试行经纪人服务活动的管理办法，制止非法交易，保护合法竞争，促进商品经济的发展。与此同时，稳妥地、有步骤地进行价格改革，发挥市场机制的导向作用。

（四）继续改进国家管理经济的方式。经济管理部门要进一步简政放权。凡过去规定下放给企业的经营自主权，不折不扣地认真加以贯彻落实。今年下半年要在全市开展一次落实企业自主的大检查。同时要进一步转变管理职能。今年要继续搞好建管局、机械局实行行业管理的试点。各专业工业局都要逐步由部门管理转向行业管理。要抓好市中区、北碚区以及巴县、合川、长寿、永川等区县综合改革的试点，增强区县总揽经济全局的能力。继续控制消费基金和基建设投资规模，加强预算外资金的管理。逐步改革计划、财政、税收和金融体制，综合运用经济政策和经济杠杆，调节经济活动。

现在我们越来越清楚地意识到，经济改革本身不但需要配套进行，而且还需要在政治、法律、文化等上层建筑领域来一个大的配套改革。马克思认为，经济基础决定上层建筑，而上层建筑又反作用于经济基础。当然，我们讲的上层建筑领域的改革包括政治体制的改革，决不是改变我们整个上层建筑，决不是改变社会主义的政治制度，而是为了改革其中同经济基础不相适应的部分，是为了完善我们的上层建筑和政治制度。事实上，这几年随着经济体制改革的全面展开，已经在政治生活、社会生活、意识形态等领域引起了一系列深刻的变化，开始触及了上层建筑中不适应的某些环节和方面。我们要不失时机地推进这方面的改革，以促进经济体制主次换位。

为了适应新旧体制主次换位的要求,政治领域和文化领域的改革,大体可以从以下方面进行思考和探索:进一步发扬社会主义民主,实现政治民主化的问题;干部制度如何适应经济改革和经济现代化的需要的问题;国家行政机构设置如何合理化、科学化、现代化的问题;如何健全社会主义经济法规体系,运用法律手段管理经济的问题;以及文化(包括新闻、出版、广播、电影、电视和文学艺术等)制度如何更新人们的思想观念、改变人们的思维方式与心理状态,以适应经济改革发展的问题;等等。

实现新旧体制主次换位,不仅是我市各级政府部门和经济部门的任务,而且是各级党委和组织、宣传、团委、工会、纪检、公安、检查〔察〕和法院等部门的任务,全市党政群各个部门,各个地区都要同心协力,相互支持,相互在促进我市经济体制主次换位的共同任务中,做出新的贡献。

三、总结推广经验,不断把改革引向深入

近几年来,我市在改革实践中,不断涌现出大批好的改革典型。这些典型,反映了我们改革的深度和广度,代表着改革的方向。

前三年综合体改期间,工业贸易中心和钟表、眼镜公司的出现,从根本上冲击了按行政层次、行政区划组织、商品流通的旧批发体制;"嘉陵摩托""钟表工业公司""三峡电扇"和"天府可乐"联合体的相继出现,开辟了横向经济联合的途径,市一建筑公司试行"百元产值工资含量包干",为探索企业工资奖金分配办法提供了借鉴;家具工业公司、通用机械工业公司等由行政性公司转为企业性公司,给调整改革行政性工业公司探明了一条路子;等等。随着改革的深入发展,这些老典型仍然在继续前进。

今年以来,我市又涌现了一批新的改革典型,创造出许多新鲜经验,这是十分可喜的现象。参加今天座谈会的企业单位,就是从各个不同的侧面,为探索新旧体制主次换位,初步走出了一条路子。在搞活企业方面,重庆热水瓶厂的领导班子,首先在指导思想上把企业活动转到有计划的商品经济的轨道上来,确立市场观念和效益观念,促进了企业轨道变型〔形〕。这个厂根据社会消费需要,以生产铁壳花色和八磅规格的水瓶为主,面向西南广大农村市场。在当前热水瓶销售不景气和竞争激烈的情况下,生产扶摇直上,产品适销对路。同时,企业内部加强了管理,坚持实行厂长负责制,运用目标成本管理方法,建立以"五定一包"为内容的经济责任制以及其他各项管理制度,迅速提高了经济效益。1985年上缴国家税利比1984年增长2倍,尽管原材料价格上涨,成本费用反而比1984年降低3%。江北机械厂从1985年开始改进浮动工资和奖金的分配办法,把浮动工资、加班工资、生产奖金和生活补贴费等捆在一起使用,具体制订多种形式的分配办法,并严格加以考核,打破平均主义,真正体现了奖勤罚懒、多劳多得的原则,有效地调动了职工的积极性。1985年这个厂的工业产值,比1984年增长43.3%;实现利润比1984年增长80%,曾被机械工业部评为经济效益先进单位。重庆金笔厂坚持由单纯生产型转变为生产经营型,积极面向市场,开发多种新产品,并强化销售工作。他们采取"三定一包"的销售承包办法,提高了销售人员的积极性,现在,该厂全年销售覆盖面在西南地区占到80%以上,并行销北京、新疆、江西、湖南、广西等10多个省市。1985年实现税利比1984年增长40%。在发展商品市场方面,重庆粮油贸易中心坚持服务为主,实行灵活经营,一方面经积极为客户提供信息,穿针引线,搭桥铺路,调节供求;另一方面实行代购代销为主的经营方式,价格随行就市,服务收费低廉,深受客户欢迎。仅1985年他们就与全国19个省市签订了代销合同,签约品种21个,大部分是市场缺销的糯米、黄豆、杂粮和油料,商品成交数量达2亿多公斤。目前,这个贸易中心成为西南地区经营议价粮油的重要批发交易场所。重庆交电深化改革二级批发体制,积极转变经营思想和经营作用,由靠统购包销,独家经营转到服务生产,开拓经营。三年多来,他们坚持与电扇厂实行产销联营。联营的工厂由3家发展

到8家；数量由10多万台扩大到60多万台。联营前工商企业都发生亏损，联营后工商企业都转为盈利，经济效益逐步上升。现在，这个公司又在灯具上，从产品设计、生产投资、一直到产品销售，与工厂实行了比较紧密的工商联合，效果很好。重庆机电设备公司工具供应中心坚持物资企业改革方向，由分配调拨型转向经营服务型，积极主动为用户服务，广辟货源渠道，与市内27家工厂和西南、西北以及中南地区建立了业务往来关系，搞活了工具物资流通。工具销售额在全国十大城市中由第五位上升到第三位仅次于上海、北京在发展横向经济联合方面市棉麻站、巴县白市驿供销社，白市驿乡镇企业公司与黄荆乡镇企业公司共同投资组成羽毛产销联合体打破了所有制界限、部门界限、城乡界限、行业界限，有力地冲击了条块分割的旧体制。这种新型的经济组织，代表了企业今后的发展方向。重庆通用机械工业公司和重庆机床公司牢固地树立以联合求发展的指导思想，采取多种形式与市内外各地形成多层次的经济协作，并坚持为用户服务，为基层工厂服务，通过联合，促进了生产发展，提高了经济效益，搞活了企业。在经济管理部门转变职能与运用经济手段方面，市建管局由直接管理企业转向制订、实施行业发展规划，加强全市建筑工程设计管理和质量管理，建筑市场管理等方面上来，初步改变了政企不分的状况，市工商银行积极发挥职能作用，大力筹集资金，扩大储蓄业务，发展横向资金同时行业拆借业务，通过信贷手段、择优发放贷款、举办票承兑贴现业务以及点贷点付、此贷彼降的方法，引导资金合理流向，加快资金流转。同时，试点实行流动资金贷款按期限长短分别计息的办法，探索运用利率杠杆，促进企业加速资金周转，等等。

任何事物的发展，总是由点到面，由小到大。改革工作同样如此。领导部门的责任，就是要经常深入调查，善于发现典型，并及时加以总结推广，使改革工作不断向纵深方向发展。

为了保证改革的顺利进行，应当造成一个人人关心改革、人人投身改革的环境。全市所有部门、地区和单位对于那些已经或正在出现的新的经济运行机制和管理方式，要给予大力支持和保护。凡是有利于改革的一切措施和办法，都要坚持巩固；即使有不完善的地方也要用改革的办法解决。纠正不正之风，要注意划清政策界限，坚持实事求是，保护改革的积极性。市委、市府在这方面已经发布了12个文件，一定要认真贯彻落实。

各级领导干部要做改革者的后盾，旗帜鲜明地支持立志改革、现身改革的同志。前段时间，不少勇于改革的同志无端遭到各种非难指责，甚至被打击诬陷。所谓"事修而谤兴，德高而毁来"，这是一些单位的一个突出问题，在这种情况下，各级领导干部要保持清醒的头脑，敢于排除阻力，明辨是非，主持公道，支持改革。家具公司党委书记宋占文同志和市经贸委主任况浩文同志，理直气壮地支持遭受诽谤、打击的改革积极分子，为我们做出了榜样。对于那些打击、诬陷改革者的人，一定要严肃处理。否则，是非不清，改革难兴。对于那些积极进行改革，但在工作中有失误、有缺点的同志，首先要肯定他们的改革精神，也要帮助他们克服缺点，总结经验教训，继续把改革搞好。对于那些借改革之机，钻空子、谋私利、违法乱纪的人，也要严肃处理，这实际上也是对改革的支持和保护。

四、更新思想观念，促进新体制的成长

思想观念的更新和理论研究的突破，是社会变革的先导。新理论、新观念对社会变革具有强大的推动作用。党的十二届三中全会《决定》，提出了社会主义经济是"公有制基础上有计划的商品经济"的科学论断，这一理论上的重大突破，为我们建立充满生机和活力的社会主义经济体制指明了方向，开创了以城市改革为重点的全面改革蓬勃发展的新局面。改革是一场广泛的、深刻的社会大变革，它不仅是新旧体制的更替，而且还伴随着新旧观念的交锋。改革进展的程度，往往取决于人们对改革认识的深度。在改革的伟大实践中，人们对改革总须要有一个认识过程，特别是在新旧体制并存，矛盾和摩擦不断发生的情况下，势必会对改革其中的

问题产生不同的认识,议论纷纷,众说纷纭,看法不一。为什么在解决经济生活中某些失控现象的时候,又会沿用旧的一套办法?为什么在实行厂长(经理)负责制和放开搞活国营商业小型企业等一系列重大改革措施上会出现反复?为什么一些勇于改革的积极分子遭受非难?为什么一些改革措施总是步履艰难,要么出不了台,要么出了台也落实不了?尽管原因是多方面的,但是追根溯源,我们不难看出,一个重要原因,就是人们往往用旧观念去看待改革变化了的新情况和新问题,总觉得格格不入,甚至把某些改革视为"离经叛道"之举。这些认识上的变形走样,阻碍着改革的深入发展。因此,要加速新旧体制主次换位,必须首先更新思想观念。

实现新旧体制主次换位的根本目的,是为了更好地发展商品经济。实践已经雄辩地证明,商品经济的充分发展,是社会经济发展不可逾越的阶段,是我国社会主义经济现代化的必由之路。我们要顺应改革的历史潮流,进一步解放思想,树立社会主义商品经济的观念。要树立商品经济观念就必须增强市场观念、竞争观念、效益观念、信息观念、时间观念、人才观念和社会主义民主与法制的观念,等等。要破除不适应社会主义商品经济发展的传统的产品经济意识,根深蒂固的封建残余和小生产观念。只有牢固地树立了商品经济观念,才能增强改革意识,自觉地、坚持不懈地去改革一切不适应有计划商品经济发展的旧体制。目前,在大力推进改革的过程中,应当克服那种因循守旧、安于现状的习惯势力;在扩大企业自主权的过程中,摒弃那种把企业视为行政机关附属物的观念;在推进横向经济联合的过程中,摒弃那种闭关自守、部门所有的观念;在提倡正当的市场竞争中,摒弃那种独家垄断和害怕竞争的地方保护主义思想;在改革企业领导制度,实行厂长负责制的过程中,摒弃那种党委包揽一切的传统观念;在改进工资奖励分配的过程中,摒弃那种小农经济的平均主义思想,在改革劳动制度中,改变那种"终身制"和"铁饭碗"的传统观念;等等。只有破除这些旧的传统观念,新的观念才能迅速建立起来。

更新思想观念,要求思想政治工作和精神文明建设都必须紧密结合新旧体制主次换位的改革要求来进行,更新内容,改进方法,为发展经济体制鸣锣开道,为发展社会主义商品经济铺平道路。我们应当在全市各级领导和广大干部中间,组织学习社会主义有计划的商品经济的理论,学习党的现行的方针、政策,自觉地提高思想认识,要坚持疏导和耐心教育的方针,通过批评和自我批评的方法,克服各种不符合改革要求的错误思想。要坚决贯彻"百花齐放,百家争鸣"的方针,对改革问题上的不同主张和不同理论见解,允许自由展开讨论,决不允许乱戴帽子、乱打棍子。我们相信,广大干部和人民群众在变革客观世界的同时,一定会努力改造自己的主观世界,积极投身到改革的伟大洪流中去。

领导干部更新观念,对推动改革是个至关重要的问题。由于领导者所处的地位不同,其改革意识的强弱,往往对一个单位、一个部门,乃至一个地区的改革工作影响极大。因此,要把改革意识的强弱作为评价领导干部工作的主要标准。各级领导干部必须把改革放在一切工作的首位,做到安排工作要从改革出发,制订政策措施要有利于改革,解决问题要用改革的方法,检查总结工作要用改革的标尺检验。凡是改革意识不强,打不开局面的领导班子,要及时进行调整。同时,各级领导干部要树立领导就是服务的观念,改进工作作风,少讲空话。多办实事,深入基层,调查研究,具体制订各项改革方案,精心组织实施,坚持一抓到底,扎扎实实做出成效来。在此基础上,要善于发现和总结经验,并及时加以推广,不断把改革引向深入,取得新的突破。

今年是执行"七五"计划的第一年。中央提出在"七五"期间体制改革和经济建设的宏伟蓝图,以及中央赋予我们综合改革试点的光荣责任,激励着我们奋勇前进。我们要下最大的决心,全力以赴,精心指导,扎实工作,依靠全市各级领导和广大干部群众的共同努力,在新旧体制主次换位的关键时期,取得新的突破,夺取新的胜利!

重庆市对推进城市改革的建议

廖伯康　萧秧

目前,全国经济体制改革已经由起步阶段发展到了新旧体制相持阶段,并即将进入新旧体制主次换位的关键时期。为了更好地把改革推向深入,实现中央在"七五"计划中提出的改革目标,我们在总结三年多综合改革试点的基础上,对城市改革提出以下看法和建议。

一、当前城市改革面临的问题

党的十一届三中全会以来,我国农村改革已经取得了巨大成功,城市改革也收到了明显成效,新体制的因素在许多领域内成长起来,日益显示出强大的生命力。但是,就城市而言,旧体制的基础还没有从根本上动摇。一是在国民经济中占主导地位的全民所有制经济,仍然采取国有国营的单一所有制形式和经营方式;二是以产品经济理论和自然经济思想为指导的高度集中的计划管理体制,没能得到根本改变,生产要素仍然主要沿袭传统的纵向分配方式,企业在很大程度上仍然是各级行政机构的附属物;三是与原有经济体制配套的政治体制基本没有触动。

目前城市改革的特点,是在旧体制占主导地位下的新旧两种体制、两种运行机制并存。这种并存,不是静态的,而是此消彼长、替代转换的动态过程。在这种情况下,新旧体制之间既出现重叠,又造成空档。重叠部分,矛盾和摩擦十分尖锐;空档之处,经济生活容易出现紊乱,经济工作也容易造成失误。解决这些问题,又往往沿用旧的办法,在客观上起了强化旧体制的作用,使改革成果难以巩固,甚至出现某些走回头路的现象。

从改革的发展过程来说,新旧体制相持阶段虽然是不可逾越的,但不宜拖得过长,否则对新体制的成长和经济建设都十分不利。正如马克思曾经说过的那样:一个社会即使探索到了本身运动的规律,它也不可能跳过或用法令取消自然的发展阶段。但是,它能缩短和减轻"分娩"的痛苦。现在,旧体制的弊端已经清楚,改革的方向和目标也比较明确,关键是要找到一条由此岸到彼岸的正确途径,实现新旧体制主次换位,尽快奠定新经济体制的基础。这是一项艰巨而光荣的历史任务。

二、全面配套改革试点势在必行

中央"七五"计划明确提出,必须在全国进行全面配套改革。只有这样,才能够有效地动摇旧体制的基础。但是,以中国之大,经济关系之复杂,在全国进行全面配套改革,有许多未知因素一时难于弄清。例如,如何协调各项改革措施,做到全面配套?如何实现投资主体转移并有效地控制固定资产投资规模?如何改革分配制度并恰当地控制消费基金的增长?价格改革如何做到既有利于建立市场体系,又不至于引起经济生活太大的震荡?微观搞活与宏观管理如何有机地结合?怎样实现各级政府职能的转变?等等。总之,改革没有现成的模式可以照搬,只能通过理论研究和实际试验去探索。因此,为了减少改革的风险和保证经济的稳定增长,在中央统一出台某些改革措施的同时,还必须进行全面配套改革试点,即进行全面配套改革的模拟试验。

在改革初期,若干个试点城市曾经起过开路先锋的作用;全面改革发展到新旧体制主次换位的关键时期,更需要试点。尽管这种试点对全国而言是有限的全面配套,存在着一定的局限性,但它仍然可以把改革过程中的许多未知数变成已知数,用很小的代价换来对全面改革未来过程的了解与把握。因此,根据中央关于建立有中国特色的社会主义经济体制的设想,提出一个或几个方案,在一个或几个城市提前做一番试验,是全国体制改革科学决策的重要程序之一。只有这样,才能通过比较,加以综合,找出最优方案,加快全国改革的步伐。

三、全面配套改革试点的目标模式及其必要的外部条件

全面配套改革试点的目的,是为促进全国新旧体制主次换位探索道路。它要达到的目标模式是:企业真正成为自主经营、自负盈亏的商品生产者和经营者,发展和完善市场体系,全面发挥中心城市的多功能作用,完备间接管理手段及其组织系统;在搞活企业、发挥市场机制作用的基础上,使整个经济运行进入国家调控市场、市场导向企业的新轨道。

上述目标模式的实现,取决于以下改革任务的完成:

1. 在坚持公有制为主导的前提下,调整所有制结构并探索新的所有制形式和经营方式。

2. 根本改变企业被作为行政机构附属物的状况,企业真正实现自主经营、自负盈亏,具有自我积累、自我改造和自我发展能力。企业的权利和义务得到法律的保障和约束。完善企业领导制度和民主管理制度。

3. 职工个人的劳动数量和质量与企业的经济效益统一起来成为分配的基本尺度,真正贯彻按劳分配原则。

4. 建立完善的市场体系,为搞活企业,实现宏观管理以间接管理为主创造必要的前提;完备间接管理手段,健全间接管理的组织系统,使计划与市场有机结合,调节国民经济运行。

5. 经济中心城市从分割和封闭状态中解放出来,实行对内对外多层次的开放与联合,使之成为国家宏观经济管理的重要层次和协调区域经济活动的枢纽。

6. 上层建筑改革与经济体制改革配套进行。以更新观念、深化改革意识为先导,着重对政治体制进行改革,使之制度化、法律化,适应社会主义商品经济的发展。

全面配套改革试点,不可避免地会成为新旧体制摩擦的焦点。就试点城市外部而言,在纵向关系上,由于试点城市对旧体制的突破,必然会与省和中央的有些部门,产生某些新的互不适应和新的矛盾;在横向关系上,由于各项改革措施提前在试点城市出台,必然会与周围地区在经济运行上产生差异,遇到某些问题和困难。

为了保证试点的顺利进行,我们对理顺纵横关系的设想是:

1. 把试点城市作为全国的"改革试验区"。试点期间,在政治、经济、行政等方面建议由党中央、国务院直接领导;中央各部门和省对试点城市采取新的管理办法,并由有关部门组成试点指导小组,以保证全面配套改革试点的顺利进行。

2. 中央各部门准备出台的改革方案,与试点城市协商后,先在试点城市进行试验。

3. 赋予试点城市与全面配套改革试点相适应的经济调节权、地方立法权、行政管理权以及在经济体制、政治体制等方面改革的试验权。

4. 为适应对外开放的需要,探索内地城市对外开放的新经验,建议赋予试点城市同沿海开放城市同等的权利,扩大利用外资,加快技术引进,增强出口能力。

5. 中央对试点城市的信贷、外汇、工资计划,建议由总额控制改为比例控制。

6. 试点期间,财政体制的变革可考虑采取三种办法:

一是在试点城市实行分税制,建立城市公共财政。这既是对原有财政体制的彻底改造,也是实现政企职责分开,转变政府职能,变直接管理为间接管理的关键。

二是试点城市对中央实行上交财政定额包干或递增包干,内部进行税制改革。

三是不改变现行财政体制,合理调整试点城市的财政收支基数。同时,中央在试点城市设立改革试验后备基金。

7. 试点城市根据全面配套改革试点的目标和国家宏观控制的总要求,运用自主调节经济的权

力,制订各种政策和措施,协调和扩大试点城市与周围地区之间的横向经济交往和联系,积极探索建立区域性市场和经济区的新路子。

四、建议把重庆作为全面配套改革试点城市之一

全面配套改革试点是一项综合性很强的社会系统工程,试点城市必须具备以下条件:

1. 社会、经济各方面的情况与全国基本类似,具有代表性。

2. 经济具有较大的规模和综合性,旧体制的弊端和各种矛盾暴露得比较充分,能够把全国全面改革的主要内容基本容纳在试点之中。

3. 财政收入在全国财政总收入中所占比重不大,即使改革试点发生了大的波折,也不至于对全国经济产生重大影响。

4. 改革基础较好,具有较强的经济和社会承受能力。

我们认为,重庆基本具备全面配套改革试点的条件:

第一,重庆人口多,辖区大,经济、文化发展水平,城乡经济结构,工业内部结构,工农业总产值比例,城乡人口比例等都与全国基本情况相类似,又是西南地区唯一的内河外贸口岸,兼有东部地区和西部地区的一些经济特征,具有代表性。

第二,重庆经济具有相当规模,产业门类比较齐全,旧体制的种种弊端和改革中的各类矛盾,表现得比较充分。在重庆试点,有利于探索全面改革的一般规律。

第三,1985年重庆工农业总产值174亿元,财政收入16.6亿元,分别只占全国的1.46%和0.89%,在重庆进行全面配套改革试点,风险小,潜力大。

第四,三年多的综合改革试点使重庆发生了深刻的变化,工农业生产持续发展,财政收入稳定增长,经济实力不断增强;干部在改革中受到了锻炼,群众的思想心理承受力和适应力得到加强,为全面配套改革试点创造了良好的经济社会条件。

为了承担全面配套改革试点的任务,重庆已经进行了初步的研究和准备。如果中央确定在重庆试点,我们愿意承担改革风险,尽快实现新旧体制主次换位。

1986年8月20日

附:《全面配套改革试点总体规划方案》

《全面配套改革试点总体规划方案》

1986年8月20日

一、全面配套改革试点的目的和目标模式

1. 全面配套改革试点,是全国经济体制改革的模拟试验,其目的是为加速实现新旧体制主次换位探索道路。

2. 全面配套改革试点的目标模式是:企业真正成为自主经营、自负盈亏的商品生产者和经营者,发展和完善市场体系,全面发挥中心城市的多功能作用,完备间接管理手段及其组织系统;在搞活企业,发挥市场机制作用的基础上,使整个经济运行进入国家调控市场、市场导向企业的新轨道,为建立社会主义商品经济体制奠定基础。

3. 实现上述目标模式需要完成的主要任务是:

(1)在坚持公有制为主导的前提下,调整所有制结构并探索新的所有制形式和经营方式。

(2)根本改变企业被作为行政机构附属物的状况,企业真正实现自主经营、自负盈亏,具有自我积累、自我改造和自我发展的能力。企业的权利和义务得到法律的保障和约束。完善企业领导制度和民主管理制度。

(3)职工个人的劳动数量和质量与企业的经济效益统一起来成为分配的基本尺度,真正贯彻按劳分配原则。

(4)建立完善的市场体系,为搞活企业,实现宏观管理以间接管理为主创造必要的前提;完备间接管理手段,健全间接管理的组织系统,使计划与市场有机结合,调节国民经济运行。

八、经济体制改革

(5)把经济中心城市从分割和封闭状态中解放出来,实行对内对外多层次的开放与联合,使之成为国家宏观经济管理的重要层次和协调区域经济活动的枢纽。

(6)上层建筑改革与经济体制改革配套进行。以更新观念、深化改革意识为先导,着重对政治体制进行改革,使之制度化、法律化,适应社会主义商品经济发展。

二、改造微观经济基础,从根本上增强企业活力

4. 明确国家与企业的关系,实行政企职责分开,赋予企业扩大再生产的权力,取消不必要的行政干预和保护。

5. 积极发展多种所有制形式和经营方式,重点改变全民所有制的国有国营单一形式,实现所有权与经营权的适当分离。

(1)对部分全民所有制大中型企业实行资产经营责任制。通过经济契约关系、资产评估、收益分享,明确经营责任,切断企业吃国家"大锅饭"的脐带。

(2)推行各种形式的股份制。

(3)将大部分全民所有制小型企业包、租、转、卖给集体或个体经营,并选择一些中型企业进行承包、租赁经营的试验。

(4)大力发展横向联合,通过产品联合、技术合作、相互持股、合并改组等途径,促使不同类型企业集团的形成和发展。

6. 实施企业破产制度。

7. 中央对试点城市的工资计划由总额控制改为比例控制,试点城市对企业的工资总额控制改为多种形式与经济效益挂钩,企业内部的工资分配自定。同时,对企业的工资增长和个人收入实行税收调节。

8. 改革劳动就业制度,实行多种用工形式。企业有权辞退职工,劳动者有权选择职业。

9. 建立和完善全民、集体、个体劳动者的社会保险保障制度。社会保险保障基金由国家、集体、劳动者个人共同负担。

10. 企业实行厂长(经理)负责制,对不同企业厂长(经理)的产生,分别采取民主选举、公开招聘和国家任命的办法。同时,推行厂长(经理)任期目标责任制和卸任审计制。

三、建立和完善市场体系

11. 以价格改革为中心,建立健全商品、资金、技术、职业、房地产等市场,完善市场体系,鼓励和保护竞争,为企业创造一个既有动力又有压力的外部经济环境。

12. 改造原有流通组织系统,建立批发贸易市场特别是期货市场,形成与全国统一市场相联系的区域性物资交易中心和多元化的批发流通网络;完善商品市场组织,建立农工商、农商、工商、商商结合的各种新的流通组织形式。

13. 除少数重要生产资料建立专营市场外,其他生产资料实行自由交易。

14. 实现生产资料价格由"双轨制"向"单轨制"转化。可选择的方案有:

方案一:暂时保留"双轨制",计划内实行均价,计划外实行市场价,并逐步调高均价,使之缩小同市场价格的差距,最终实现"单轨制"。

方案二:在市内,凡属市计划分配的生产资料,全部投放市场,实行市场价格,价差收益上交市财政作为生产资料价格改革补偿基金,并暂时保留计划分配指标,作为计算对企业进行补偿的依据。对重点产品生产企业和重点建设单位给予购买所需物资的优先权。同时,鼓励和吸引企业把暂时不用的生产资料投放市场。

我们倾向于选择第二方案。这种过渡方法,不仅可以在保证经济活动相对稳定的前提下实现市场关系相对统一,而且其他方面的改革也可以同步配套,迈出大步。

15. 发展地方、集体、行业和区域性的金融组织;建立和完善以同业拆借、期票贴现为主的短期资金市场,以股票、债券为主的长期资金市场;采用多种信用方式,提供广泛信用服务。

16. 发展开放型、多层次的技术市场，鼓励建立各种形式的技术咨询服务组织，推动多种形式的科研与生产的横向联合，加快军工技术向民用企业的转移，实现科技成果商品化。

17. 建立有组织的和自由流动相结合的职业市场，实现劳动者相对稳定和合理流动。扩大和健全劳动服务公司及其他劳动服务机构的功能，充分发挥其组织、管理、培训、介绍社会劳动力的作用。

18. 建立和发展房地产市场。实行房租改革和住房商品化；建立城市土地有偿使用制度，开征城市土地使用费。

四、建立健全间接管理体系

19. 国家通过综合运用经济的、法律的和必要的行政手段，对经济活动实行以间接管理为主，达到国民经济协调发展的目的。

20. 改革计划体制，建立起自觉应用价值规律的、统一性和灵活性相结合的计划体制。

（1）改革计划决策体制，纵向实行分层次决策，下放权力；横向实行统一决策，避免政出多门。建立民主的科学的决策程序和方法。

（2）改革计划管理方式，对企业取消指令性计划，实行指导性计划管理，对少数产品实行国家订货合同制。

（3）改革计划指标和方法，以价值指标为中心，以中长期计划为主体。

（4）改革固定资产投资计划体制，明确划分中央、地方、企业、个人等不同投资主体的投资范围，使之拥有相应的决策权力和投资能力，承担投资责任。同时，通过运用经济调节手段对投资总规模进行间接控制、引导投资方向。

21. 综合运用经济杠杆调节经济运行。

（1）坚持公平赋税的原则，合理设置税种，调整税目税率，减轻企业税负，增强企业自我积累、自我改造、自我发展能力。

（2）依靠国家财力，采取物资吞吐、财政支持、政策调节等手段，有重点、有目的地调节市场物价，引导企业的生产经营活动。

（3）在人民银行控制、协调下，各专业银行和其他金融机构实行企业化经营，存贷挂钩，利率浮动，允许业务交叉，实行存贷自由，通过调节资金供求关系来调节经济活动。

22. 完备经济法规体系，加强地方经济立法和司法，设置经济法院。

23. 以转变政府机构的管理职能和管理方式为中心，改革管理组织系统，建立与间接管理相适应的管理机构。

（1）明确职责，下放权力，精简机构，建立和完善决策系统、执行系统、监督系统、信息系统和咨询系统；加强综合部门，合并专业部门，实现行业管理。

（2）明确区县职责，扩大区县权限，改革区县机构。

（3）完备行政法规体系，加强地方行政立法和司法，设置行政法院。

五、调整和理顺纵横关系

24. 把试点城市作为全国的"改革试验区"，试点期间，在政治、经济、行政等方面由党中央、国务院直接领导；中央各部门和省对试点城市采取新的管理办法，并由有关部门组成试点指导小组，以保证试点的顺利进行。

25. 中央各部门准备出台的改革方案，与试点城市协商后，先在试点城市进行试验，并在各方面积极给予支持。

26. 赋予试点城市与全面配套改革试点相适应的经济调节权、地方立法权、行政管理权以及在经济体制、政治体制等方面改革的试验权。

27. 为适应对外开放的需要，探索内地城市对外开放的经验，赋予试点城市同沿海开放城市同等的权利，增强出口能力，扩大引进国外资金和技术的规模。

28. 中央对试点城市的信贷、外汇、工资计划由总额控制改为比例控制。

29. 试点期间，财政体制的变革可考虑采取三种办法：

(1)在试点城市实行分税制,建立城市公共财政。这既是对原有财政体制的彻底改造,也是实现政企职责分开、转变政府职能、变直接管理为间接管理的关键。

(2)试点城市对中央实行上交财政定额包干或递增包干,内部进行税制改革。

(3)不改变现行财政体制,合理调整试点城市的财政收支基数。同时,中央在试点城市设立改革试验后备基金。

30. 试点城市根据全面改革试点的目标和国家宏观控制的总要求,运用自主调节经济的权力,制定各种政策和措施,协调和扩大试点城市与周围地区之间的横向经济交往和联系,积极探索建立区域性市场和经济区的新路子。

六、同步改革上层建筑

31. 为了保证经济体制改革顺利进行,必须相应对上层建筑进行配套改革,重点是政治体制的改革,目的是为了实现经济民主化、政治民主化、社会民主化。

32. 党政合理分工,科学地划分党委、人大、政府的职责范围;正确处理党委、人大、政府、司法的关系;建立起权力结构内部制约的新机制。

33. 改革人民代表的选举办法,调整代表结构,提高代表的参政能力,建立代表与选民的联系制度,加强选民对代表的监督。真正发挥人大对行政、司法的监督作用。

34. 明确政协在新时期的地位和作用,完善人民政治协商会议制度,切实做到各党派之间的互相监督;同时,要充分发挥工、青、妇等群众团体的作用,促进政治民主。

35. 改变现行党政机关机构臃肿、层次重叠、职责不清、效率不高的局面。除少数大型企业外,企业党的组织关系由所在区县委管理。

36. 改革干部制度,实行分类管理。党委只任免、管理党内干部;国家机关领导干部可由党委建议,人大、政府自主任免和管理;政协的领导干部,通过协商选举产生;厂矿、学校、科研等企事业单位的主要领导干部,采取选举、招聘、任命等多种方式产生,对谁负责由谁任免。废除对企业和企业领导干部划分行政等级的作法。

37. 开展思想领域的立新破旧,树立新的思想观念,适应发展社会主义商品经济的要求,搞好精神文明建设;坚定不移地贯彻"双百"方针,营造畅所欲言的民主气氛,为改革创造良好的政治环境。

38. 按照文化、教育、卫生、体育、新闻、出版、广播、电视等事业的自身规律进行改革。中心城市不仅是生产物质产品的中心,而且是生产精神产品的中心,要把社会效益放在首位,生产出更多更好的精神产品,以适应经济体制的全面改革。

七、全面配套改革试点的实施步骤和组织领导

39. 按照总体设计,分步推进,积极慎重,务求必胜的要求,全面配套改革试点分三步进行:

第一步,1986年四季度,拟定实施方案,衔接纵向关系,作好全面配套改革试点的准备工作,推动改革试点起步。

根据现有条件,立即着手进行搞活企业和建立市场体系方面的改革试验。

(1)继续扩大企业的自主权;在机械行业进行资产经营责任制试验;在轻工等行业开展股份共有制试验;在小型国营工业企业中较大范围地实行租赁和承包经营。

(2)大力发展横向经济协作与联合,巩固和发展嘉陵摩托、天府可乐等企业集团;以大型军工厂、川仪总广、重庆钢铁公司、三峡电扇联合体、两路口百货商场、长江农工商联合体、工业品贸易中心、西南铝加工厂等企业为主体,组建新的企业集团。

(3)扩大试行企业破产制度,建立社会保险保障制度。

(4)全面推行厂长(经理)负责制。

(5)发展钢材专营市场。

(6)发展和完善以同业拆借、期票贴现为主的短期资金市场,建立长期资金市场。

第二步,1987年至1988年,全面实施改革

方案。

(1)继续发展和完善搞活企业的各种改革措施,彻底改造微观经济基础。

(2)改革计划体制,取消对企业的指令性计划,生产要素的分配基本实现市场化。

(3)进一步完善市场体系,生产资料价格实行单轨制;发展多种形式的金融机构,各种金融机构实现企业化,形成以股票、债券为主的长期资金市场;建立有组织的和自由流动相结合的职业市场。

(4)改革财政税收制度。公平赋税,充分发挥财政和税收杠杆的作用;减轻企业负担,使企业具有扩大再生产的能力;城市财政开始向公共财政过渡。

(5)转变政府职能,改革行政机构,实现政企职责分开。

(6)建立法制组织系统,行使地方立法权,颁布新的规则和程序,完备法规体系。

(7)有计划地进行以政治体制改革为重点的上层建筑改革,着重搞好党政合理分工,建立权力机构内部制约机制,进行领导制度、干部制度和思想文化领域的改革。

第三步,1989年至1990年,完善改革措施,巩固新体制。

40.在中央试点指导小组的指导下,市委、市府加强对全面配套改革试点的领导;强化市体制改革委员会,全面负责方案设计、政策研究、工作协调、检查督促。

关于全面配套改革的汇报[①]

罗 平

同志们:

重庆的经济体制综合改革试点已经进行三年半了。今年7月,市委在分析城市改革的形势和面临的任务后,提出了"更新观念,深化改革,全面配套,加快新旧体制主次换位"的号召。接着,又制定了全面配套改革总体设计方案。这之后,我市的城市改革有了新的突破,取得了新的进展。现在,我就全面配套改革的问题,向全委扩大会作一汇报:

一、城市改革的形势和面临的任务

党的十一届三中全会以来,我们的农村改革取得了巨大成功,城市改革也收到了明显成效。回顾重庆城市改革走过的道路,大体上经历了这样三个阶段:

(一)1979年到1982年可以说是我们改革的酝酿和准备阶段。〈……〉,我们在城市进行了扩大企业自主权的试点。当时的扩大企业自主权,虽然主要还限于使企业在完成上缴任务后有自己的一块利润,但已经显示出它对增强企业利润动机,调动企业经营积极性有积极的作用。

(二)1983年2月,中央批准在我市进行综合改革试点后,重庆的城市改革进入了全面改革的起步发展阶段。经过几年的努力,城市的所有制结构开始改变过去那种单一的公有制形式,向着以公有制为主导的、多种所有制形式并存的方向转变。企业从行政机关的附属物地位,开始走上了自主经营的道路,具有了一定的活力。消费品市场、生产资料市场、建筑市场、科技市场、资金市场、职业市场不同程度地有了发展,价值规律对生产和需求的调节作用显著增强。横向经济联系有了迅速发展,开放型、全方位、多层次的经济网络正在形成。城乡之间结束了分割状态,城乡一体化、城乡共发展的

[①] 本文为罗平同志在中共重庆市委五届八次全委(扩大)会议上的发言。

局面已经出现。城市政府机关开始转变职能,正在从直接管理为主向间接管理为主转变。总之,新体制的因素正在许多领域内成长,并且日益显示出她有强大的生命力。城市改革取得了较大的进展,并且为全国提供了有益的经验。

(三)随着城市改革的发展,大体上从去年下半年起,城市改革逐步进入了新旧体制相持的阶段。导致新旧体制相持的基本原因来自两个方面:一方面,新的经济体制的因素正如上面讲的已在国民经济管理体制的许多方面成长,并且要求形成新的企业体制和新的经济运行机制;而另一方面,支撑旧体制的支柱还没有从根本上动摇。这主要是:1. 在国民经济中占主导地位的全民所有制经济,仍然都是采取国有国营的单一所有制形式和经营方式;2. 以产品经济理论和自然经济思想为指导的高度集中的计划管理体制,没能得到根本改变,生产要素在很大程度上仍然主要沿袭传统的纵向分配方式进行分配。3. 与原有经济体制配套的政治体制基本上还没有触动。在这种情况下,我们的企业就不能真正摆脱行政机构附属物的地位,市场体系也就不能完善,国家对经济的管理方式也就不能彻底转变。

总之,目前城市改革形势的特点是:在旧体制占主导地位下的新旧两种体制、两种运行机制的并存。这里说的"相持",不是说新旧体制在力量上处于势均力敌的均衡状态,而是说两种体制暂时处于谁也取代不了谁的胶着状态,而从总体上讲,旧体制仍处于主导地位。这里说的"并存",也不是静态的,而是此消彼长、替代转换的动态过程。在这样一种状态下,旧体制由于已被撕开了许多口子而不能自成体系,新体制也由于尚不完善而不能占据主导地位,这就不可避免地形成新旧体制在经济管理上既有重叠、又有空档的局面。在新旧体制重叠的地方,两种体制产生激烈的摩擦与冲突;在新旧体制都不能覆盖之处,经济生活又出现某种紊乱。而一旦在经济生活中出现某种矛盾和问题时,人们又往往习惯于用旧体制的老办法去解决新问题。这就使一些已有的改革成果难以巩固,一些代表新体制方向的改革措施刚刚出台,就迫于旧体制的强大压力而不得不后退,这也就在客观上起了强化旧体制的作用。总之,在这种新旧体制相持的阶段,矛盾尖锐,问题较多。

城市改革发展到现在这样的阶段,面临如此错综复杂的局面,该怎么办?市委认为,两种体制、两种运行机制的并存虽然是体制改革进程中不可避免的必经阶段,但是,这个阶段不宜拖得过长,拖长了对经济和改革都不利。改革已经发展到必须进行根本性突破的新阶段,也就是必须尽快进入新旧体制主次换位的关键阶段。只有尽快地实现新旧体制主次换位,才能从根本上解决新旧体制并存时期的矛盾和问题;也只有适时地实现新旧体制主次换位,才能完成中央确定的在"七五"或更长一点时间内建立新经济体制基础的伟大任务。而要实现新旧体制主次换位就必须深化改革,原来的那些适应于改革初期的"外围战"性质的改革措施,已经不能完成这样的任务了,而必须采取能够从根本上动摇旧体制基础的"攻坚战"性质的改革措施。同时,要实现新旧体制主次换位,不仅经济体制的改革要配套,而且,经济体制改革、政治体制改革和精神文明建设也要配套进行,就是说,要进行全面配套改革。市委还认为,要深化改革,全面配套,实现新旧体制主次换位,首要的问题还是要更新观念,增强改革意识。我们的干部群众,首先是各级领导同志,如果他们的观念、意识仍然束缚在旧体制的框框之内,改革就会迈不开步,或者改革措施即使出台了,也会贯彻不下去,甚至在执行中"变形"。正是基于上述对城市改革形势的分析和认识,市委领导同志在今年7月的一次改革座谈会上,向全市发出了"更新观念,深化改革,全面配套,加快新旧体制主次换位"的号召。而这也就是市委这个战略性方针提出的背景。

二、全面配套改革的主要内容

为了实现新旧体制主次换位,市委在今年七、8

月间,根据中央对城市改革的历次指示精神。在广泛发动各部门讨论和认真听取理论界意见的基础上,制定了全面配套改革总体规划方案(以下简称《方案》)。

《方案》提出的全面配套改革的目标模式是:"企业真正成为自主经营、自负盈亏的商品生产者和经营者,发展和完善市场体系,全面发挥中心城市的多功能作用,完备间接管理手段及其组织系统;在搞活企业,发挥市场机制作用的基础上,使整个经济运行进入国家调控市场、市场导向企业的新轨道"。

为了实现上述目标模式,《方案》对各个方面的改革任务都作了原则规定。《方案》规定的改革内容,都是围绕动摇原有体制的基础,建立新体制的基本框架设计的。它的内容虽然比较多,但都是围绕真正实现企业的自主经营、自负盈亏,建立和完善市场体系,实现国家对宏观经济的间接管理这三个相互联系的方面展开的。与此同时,还要对同经济体制改革密切相关的政治体制的某些方面、某些环节进行配套改革。

(一)推进企业改革,增强企业活力

企业改革,是建立新的经济体制的基础工作。通过企业改革,增强企业活力,是全面配套改革的出发点和归宿点。

经过这几年的改革,我们的企业已经有了一定的活力。但是,从总体上说,企业,特别是全民所有制企业搞活的问题,还没有从根本上得到解决。突出表现在:企业还没有从条条块块的束缚中彻底解放出来,行政干预仍然较多,经营自主权还没有完全落实,自我积累、自我改造、自我发展的能力很差;所有制形式和经营方式仍然比较单一,全民所有制企业的所有者缺乏具体的代表,国家资产的效益缺乏具体的责任者,所有权与经营权的分离还没有找到有效的形式;企业还没有形成内在的合理的行为机制,仍然只负盈而不负亏,缺乏真正的压力,预算约束软化,行为难以合理。因此,必须继续推进企业改革。企业改革的目标是:使企业真正成为自主经营、自负盈亏的社会主义商品生产者和经营者,具有自我改造和自我发展的能力,成为具有一定权利和义务的法人。

为了实现企业改革目标,《方案》强调要改造微观经济基础,从根本上增强企业的活力,并且提出了一系列改革措施。主要的是:

1. 要进一步明确国家与企业的关系,真正实现政企职责分开,使企业有完全的自主经营权,不仅要使企业有简单再生产的能力和权力,而且要使企业有扩大再生产的能力和权力。

2. 要积极发展多种所有制形式和多种经营方式,重点改变全民所有制的国有国营的单一形式,实现所有权和经营权的适当分离。为此,《方案》提出对部分全民所有制大中型企业实行资产经营责任制;对大部分全民所有制小型企业实行承包、租赁或者转、卖给集体或个体经营;对在横向经济联合中形成的企业群体或企业集团、多种渠道筹集资金建成的企业、国家参股的集体所有制企业等,试行以公有制为主体的各种形式的股份制。通过改革,使企业的所有者从含混的部门、地方政府抽象代表转为责权利统一的具体所有者代表。

3. 要全面推行厂长(经理)负责制。对不同企业厂长(经理)的产生,分别采取民主选举、公开招聘和国家任命的办法,同时推行厂长(经理)任期目标责任制和卸任审计制,以建立起与企业自主经营要求相适应的企业领导体制。

4 改革劳动就业制度,实行多种用工形式,确立企业与职工之间的互相选择的关系。建立企业职工的社会保险保障制度,社会保障基金逐步实现由国家、集体、劳动者个人共同负担。

5. 对企业的工资总额实行多种形式的与企业经济效益挂钩的办法,把企业内部分配的自主权切实地交给企业,同时,对企业的工资增长和个人收入实行税收调节。

6. 在集体企业和全民小企业中逐步试行企业破产制度,为企业真正实现自负盈亏、充分发挥优胜劣汰的竞争机制作用创造条件。

(二)建立和完善市场体系

在商品经济条件下,市场是微观经济活动与宏观经济管理的结合部。增强企业活力,必须有比较完善的市场体系,使企业通过市场获得所需的各种生产要素和培育自己的竞争能力;同样,国家对经济活动的间接管理,也主要通过市场来实现。因此,继续开拓和逐步完善市场体系,是使宏观管理与微观搞活有机结合的中心环节,是全面配套改革的重要任务。

通过这几年的改革,包括农副产品和日用工业品在内的商品购销关系已经基本放开,消费品市场已经基本形成。包括生产资料市场、资金市场、技术市场在内的生产要素市场也已经初步建立。但是,大型商业批发企业的改革还不彻底,新的商业组织还不多,多元化的批发网络还没有形成强大的态势。更重要的是,生产要素市场还没有发育成熟。生产资料特别是重要的原材料,相当一部分还通过计划渠道,采取传统的纵向分配方式进行分配;资金方面才开始出现短期市场,金融组织也还不多,企业要按照商品经济的要求灵活融通资金还相当困难;职业市场才现雏形,还没有真正建立。为了进一步开拓和完善市场体系,《方案》要求:

1. 完善消费品市场。要深化原有批发体制的改革,建立批发贸易市场特别是期货市场,形成与全国统一市场相联系的区域性交易中心和多元化的批发流通网络;要大力发展农工商、农商、工商、商商结合的各种新的商业组织形式。

2. 开拓生产资料市场,改革生产资料的价格和流通体制。对于现在仍由计划分配的生产资料价格,要由"双轨制"逐步走向"单轨制"。作为过渡的办法,在市内,对于计划分配的生产资料,有计划、有步骤地全部投放市场,实行市场价格;其价差收益,按照暂时保留的计划分配指标,对企业进行补偿。对重点产品生产企业和重点建设单位给予购买所需物资的优先权。同时,鼓励和吸引企业把暂时不用的生产资料投放市场。

3. 建立和发展资金市场。要发展地方、集体、行业和区域性的金融组织;建立和完善以同业拆借、期票贴现为主的短期资金市场,以股票、债券为主的长期资金市场;采用多种信用方式,提供广泛的信用服务;专业银行要实行企业化经营,允许业务交叉、鼓励竞争。

4. 发展开放型、多层次的技术市场,鼓励建立各种形式的技术咨询服务组织,推动多种形式的科研与生产的横向联合,加快军工技术向民用转移的步伐,实现科技成果商品化。

5. 逐步建立有组织和自由流动相结合的职业市场,实现劳动者相对稳定和合理流动,使企业可以自由选择劳动者,劳动者也可以自由选择职业,发挥职业市场机制的作用。

6. 建立和发展房地产市场。实行房租改革和住房商品化;建立城市土地有偿使用制度,开征城市土地使用费。

(三)建立健全间接管理系统

同搞活企业和发挥市场机制作用相适应,国家对经济的管理要从直接管理为主转向间接管理为主。通过综合运用经济的、法律的和必要的行政手段,达到国民经济协调发展的目的。国家管理经济方式的转变,在很大程度上决定着搞活企业和市场体系的形成,是全面配套改革的一个重要方面。在这方面,《方案》提出的主要改革任务是:

1. 改革计划体制。改革的目标,是要建立起自觉运用价值规律的、统一性和灵活性相结合的新的计划体制。对计划的决策体制,要纵向实行分层次决策,下放权力;横向实行统一决策,避免政出多门。对计划的管理方式,要逐步取消指令性计划,实行指导性计划管理,对少数产品实行国家订货合同制。对计划指标和方法,实行以价值指标为中心,以中长期计划为主体。对固定资产投资计划,要划分地方、企业的投资范围,使企业在宏观指导下拥有相应的决策权力和投资能力,承担投资责任。

2. 综合运用经济杠杆调节经济运行。要坚持公平赋税的原则,合理设置税种,调整税目、税率,减轻企业负担,增强企业自我改造、自我发展的能力。要依靠国家财力,采取物资吞吐、财政支持,政策调节等手段,有重点、有目的地调节市场物价,引导企业的生产经营活动。要在人民银行控制、协调下,各专业银行和其他金融机构实行企业化经营,存贷挂钩,利率浮动,通过调节资金供求关系来调节经济活动。

3. 政府部门要转变职能。着重抓好三件事:一是政府经济管理部门要实行政企职责分开,所有专业管理部门都要逐步从部门管理转到行业管理,减少对企业的直接干预。二是城市政府要向区县放权,增强区县总揽经济全局的能力。三是要建立健全经济法规体系,学会用法律手段管理经济。在职能转变的基础上,把职能转变与机构改革结合起来,该减的机构减,该合的机构合,该设的机构设,最终达到精简机构,建立起与间接控制要求相适应的管理组织系统的目的。

全面配套改革是一项难度大、涉及面广的复杂的社会系统工程。我们相信,只要遵循"总体设计,配套改革,有主有次,分步实施"的行动方针,积极而又稳妥地推进改革,就一定能够建立起支撑新经济体制的支柱,实现新旧体制主次换位,促进国民经济持续稳定地发展。

三、全面配套改革方案提出后城市改革的新进展

今年7月,市委领导向全市提出"更新观念,深化改革,全面配套,加快新旧体制主次换位"的要求,接着提出全面配套改革方案后,在市委、市政府领导同志亲自部署、督促下,全市各级领导干部对改革的思路、方向、目标任务更加明确,对改革的认识更加深化,改革的意识普遍增强,从而有力地推动了城市改革的发展。市机械、医药、一轻、化工、纺织、建管等局都成立了体制改革领导小组、健全了改革工作班子,加强了对改革的领导。机械局、医药局为了抓好资产经营责任制和股份制的试点,几位局长、书记亲自动手,分工负责,全力以赴,使试点取得了突破性进展。财政局、税务局为了搞好方案的测算日夜加班,保证了试点方案的及时出台。市委组织部、工交部不仅积极了解改革的进展、动态、作法,而且从党政体制、人事制度、干部管理等方面提出相应的改革方案或意见,以适应改革深入发展的要求。九龙坡区为了推进国营商业小企业包、租、转、卖工作,区委、区政府及有关部门的负责同志日夜抓紧研究方案,已制定关于国营商业小企业出卖的50条意见。电台、报社等新闻单位也热情支持改革,及时宣传报道各方面改革的进展情况。总之,很多部门从加快改革进程出发,解放思想,求实创新,使不少改革方案在设计思想和具体作法上都有了新突破和进展。整个城市改革再次呈现出热气腾腾、蓬勃发展的好势头。

这段时间,我市城市改革在以下两个方面取得了新的进展:

(一)在增强企业活力方面,以重新构造微观经济基础为重点的改革,迈出了突破性的一步。

为了改造单一的国有国营的所有制形式和经营方式,探索所有权与经营权适当分离的新路子,发展多种所有制形式,使企业形成合理的内在的行为机制,着重抓了以下改革:

1. 在全民所有制大中型企业中试行了资产经营责任制

资产经营责任制是从财产关系入手,使所有权与经营权适当分离,使经营者的责、权、利有机结合的一种新型的经营方式。资产经营责任制与一般的经营责任制的根本区别在于:(1)它抓住财产关系人格化这一要害,把资产损益同企业职工特别是经营者的利益密切联系起来,实行真奖真罚,从而推动企业预算约束的硬化,切断企业吃国家大锅饭的脐带,促使企业实现真正的自负盈亏。(2)它对资产实行有偿占用,实现投资主体换位,以资产的安全性、增值率和收益大小作为评价经营成败的标准。在这种制度下,不仅可以增强企业投资的自我约束,促使企业行为趋向合理,而且也使企业逐步具有自我积累、自我改造、自我发展的能力。(3)它

以资产评估和投标招标方式来确定资产价格和企业领导人,不仅解决了企业之间不平等占有国家资财的状况,为企业的平等竞争创造条件;而且推动干部制度的改革,造成人才竞争的局面,有利于形成具有强烈事业心和创新精神的企业家队伍。(4)在经营者承担经营风险和责任的情况下,必须保证经营者有充分的自主权,取消不必要的行政干预,有利于政企职责分开,转变政府职能。总的来看,资产经营责任制的推行,将为在公有制条件下搞活企业找到一条新的途径,在企业机制构造上将发生质的转变,为企业进入新体制的轨道打下坚实的基础。资产经营责任制一经提出,就得到广大企业的拥护。我市骨干企业红岩机器厂率先进行试点,不仅振奋了全厂干部、职工的精神,调动了积极性,而且通过招标投标,涌现出一批有志于改革的人才。有的同志开始还担心无人投标,结果该厂仅20天的招标,应标者就多达127人,其中来自全国15个省、市的有32人,他们大多有真才实学,愿为企业贡献自己的才能。江北机械厂是一家国家让利较多的骨干企业,他们开始认为实行这种办法对工厂利益不大。经过反复学习讨论,认识到实行这种制度主要不是国家让利的问题,而是根本改造微观机制,使企业从旧体制下解放出来,发挥更大活力的问题,因而积极申请试点。现在全市已确定23个中型企业陆续开始试行资产经营责任制,待取得经验后再进一步推广。

2. 在全民所有制小型工业企业中试行租赁经营

从1984年起,我市在国营小型商业企业中试行了租赁经营,收到了明显效果。今年开始在集体所有制小型工业企业中开始了租赁经营的试点。7月,市政府颁发了《国营小型工业企业租赁经营的暂行规定》,加快了这项改革的步伐。租赁经营是一种在所有权不变的情况下,对企业资产使用权和经营权进行转让的经营方式的改革。现在试行的租赁经营的特点在于:(1)租赁经营主要在微利和亏损小企业中试行,租赁者的责、权、利主要和企业利润挂钩。(2)允许企业在某些方面有更多的自主权和灵活性。(3)承租者不仅可以是个人,也可以是法人承租、集体承租。对这类企业实行租赁经营,有利于扭转企业亏损局面,不再走那种用行政手段合并企业来解决亏损的"以穷吃富"的老路。小型工业企业租赁经营首先在重庆尼龙塑料制品厂试点。该厂实行租赁经营仅三个多月时间,已经开始扭转亏损。现在,全市有25个主要是全民所有制小型工业企业,即将陆续开始试行租赁经营。

3. 试行各种形式的股份制

社会主义企业实行股份制是对单一的全民所有制形式的改造,是建立新的社会主义公有制形式的一种探索。从一些城市进行股份制试点的情况来看,股份制有这样一些好处:它进一步体现所有权和经营权的分离,有利于政企分开,突破条块分割,真正使企业成为相对独立的经济实体;便于广泛吸收各方面的财力、物力,有利于迅速增加新的生产能力;它实行"投资共筹,风险共担,利益共享"的原则,吸引所有入股者都关心企业的生产经营和效益状况,有利于调动各方的积极性;它还有利于促进横向联合,为形成更加紧密的企业集团打下基础;它还能为企业领导体制的完善和资金市场的形成创造条件,促进商品经济的繁荣。

现在,我市的工业、商业、乡镇企业中已开始形成了多种形式的股份经济。主要的有两种:一是企业内部的股份共有制。如北碚纸板厂(乡镇企业),把乡、村的投资,生产队的劳力、土地资源,其他企业、个人的投资,本企业的积累,职工的带资等分别折合成了公有股、集体股和个人股。这就理顺了财产关系,保障了各方利益,避免了某些非法侵占企业利益的行为,促进了政企分离,增强了职工主人翁责任感,取得很好的经济效益。二是在企业之间,或是在联合体的基础上形成企业股份集团。如刚成立的重庆市包装印刷工贸联合公司,已有市内外110个企业实行资金入股,共入413股,计413万元,形成了一个跨地区、跨部门、跨行业的技、工、贸三位一体的联合企业。正在制定股份企业方案的还有嘉陵摩托集团、三峡电器集团、重庆中药股份共有公司等，它们都将以企业资产入股的方式，形成更紧密的企业股份公司，做到既能保障各方利益，又能发挥优势和潜力，更好地组织社会化的大生产，以适应社会需要和市场竞争。这种股份集团必将显示出更大的优越性。

4. 全面推行厂长（经理）负责制

从1984年7月到今年7月底，我市经批准试行厂长（经理）负责制的企业有460个，占现有企业总数的37%。总的来说，实行厂长（经理）负责制后，企业强化了生产经营管理系统，做到了决策快、指挥灵，明确了党政分工，加强了民主管理，增添了企业活力，提高了经济效益，效果是好的。

现在，我市全面推行厂长（经理）负责制的条件已基本具备。三年多综合体制改革的锻炼，增强了职工对改革企业领导体制的心理承受能力；企业经过全面整顿、整党和调整领导班子，一大批具备"四化"条件的干部走上了领导岗位，全面推行厂长（经理）负责制有了组织基础和人才保证；1/3以上的企业进行了试点，积累了不少经验；中央和国务院关于全民所有制工业企业的"三个条例"已经下达，理顺企业党、政、工三方面的关系就有了明确的法规依据。因此，市委、市政府于9月初召开了全面推行厂长（经理）负责制工作会议，决定全市所有市属、县属全民所有制工业企业，党的关系在重庆的中央、省属企业，以及全民所有制商业企业，都要按照"三个条例"的规定，实行厂长（经理）负责制，集体所有制企业也要参照"三个条例"，积极创造条件，逐步试点推开。

全面推行厂长（经理）负责制，一是要更新观念，统一认识。要破除"企业党委领导一切"的旧观念，确立"企业党委实行思想政治领导"的新观念，破除党委书记是企业"一把手"、厂长是"二把手"的旧观念，确立"企业生产指挥和经营管理以厂长为中心"的新观念。二是要突出厂长在企业中的中心地位和中心作用，强化生产经营管理系统。三是要切实理顺企业党、政、工的关系，确保厂长（经理）负责制的顺利推行。目前，全市企业及企业主管部门正在按照市委、市政府的决定，加紧作全面推行厂长（经理）负责制的准备。可以相信，我市的企业领导体制改革将会迈出较大的步伐。

5. 进行企业破产制度的试点

商品生产必然有盈有亏，优胜劣汰是价值规律的必然结果。对严重亏损，到期不能偿还债务的企业，应按破产制度实行破产，才能保证商品经济秩序的正常进行。过去社会主义企业没有破产淘汰制度，企业只负盈、不负亏，没有危机感，行为难以合理。实行企业破产制度，使企业既负盈、又负亏，是改造微观机制的重要一环。今年四、五月对江北县三户二轻企业和市属洗衣机厂等四户企业试行破产制度试点，宣布破产警告后，对企业震动极大，现已有两家开始复苏。如连续亏损达7年之久的重庆洗衣机厂今年5月28日接到破产警告后，发动职工背水一战，仅3个月，已经扭亏为盈。现在，我们正同市二轻局研究扩大试行范围的方案，争取年内在市二轻系统（包括30多户全民企业）普遍试行。

这段时间，我们配合有关部门，对企业的劳动用工、分配制度、社会保险等进行了配套改革。这些改革对重新构造微观经济基础，都将发挥积极作用。

（二）在完善社会主义市场体系方面，以发展生产要素市场为重点的改革，已经初见成效。

城市的经济体制改革，从某种意义上讲，是经济运行机制的改革。建立和完善社会主义市场体系，是形成新的经济运行机制的中心一环。

在前三年的改革试点中，我们对经济运行机制进行了初步改革，发展了社会主义的商品市场，使市场机制和价值规律在经济运行的某些方面发挥了重要的调节作用。近一个时期，按照加快新旧体制主次换位和使整个经济的运行进入国家调控市场，市场导向企业的新轨道的要求，我们配合有关部门，以建立资金市场和生产资料市场为突破口，拉开了对旧的经济运行机制进行"攻坚战"改造的序幕,并已初见成效。

1. 资金市场有了新的突破。首先是突破了资金按行政层次实行高度集中的纵向管理的旧框框,发展了资金的横向融通,初步形成了多层次、多渠道、多元化的短期资金拆借市场。到目前为止,我市各专业银行之间以及我市银行与市外一些银行之间拆进拆出的资金已达10亿元,市人民银行与市各专业银行之间临时发生的资金调进调出达30亿元。资金的横向融通,弥补了我市企业流动资金的缺口,由我欠人3亿多元转为人欠我1亿多元,有力地支持了生产和流通。其次是突破了金融机构"五龙戏水"的单调格局,开始形成以中央银行为领导,各类专业银行为主体,多种金融机构并存和分工协作的社会主义金融体系。到9月底止,我市除国家银行和去年兴办的两家地方国营金融机构外,新办了8个城市信用合作社,共有股金39万元,吸收存款187万元,发放贷款118万元。还有18家企业与国家银行联办了20个储蓄所,迈出了金融业与产业融合的第一步。农村信用社的改革已经开始试点,合川县、巴县已成立了独立经营的信用股份联合社,同农业银行分开;长寿县、永川县正在积极筹办信用社联社。市包装工业公司等行业建立了行业性的资金互助组织。邮局系统创办了五个城乡邮政代办储蓄所。第三是突破了银行主要只办托收承付的业务范围,发展了多种信用工具和信用方式。市各银行共办理承兑业务288笔7700万元,办理贴现业务214笔4200万元。人民银行办理再贴现业务117笔3095万元。第四是突破了对企业流动资金贷款的利率不分期限长短"一刀切"的旧规定,实行按贷款期限长短分档次计息的办法,开始改变企业在使用国家资金方面吃国家大锅饭的现象。市工商银行今年以来先后在化工、轻工、机械等部门的120个企业实行流动资金贷款按期限长短分档次计息的改革措施,促进企业改善经营管理,加速资金周转。

2. 建立生产资料市场有了新的进展。经市政府批准,今年8月,我市建立了钢材专营市场。建立钢材专营市场,是为了进一步探索改革钢材流通体制的新路子,加强计划外钢材的宏观管理,制止不法经营和非法倒卖活动,维护钢材生产和使用部门的合法利益。这个专营市场9月上旬开业以来,十多天时间,进场成交的钢材已有386吨,价值53.5万元,入场交易的单位有23家,签订了23份交易合同。

今年7月,市机械、一轻、二轻、化工等部门的供销处和兵器工业部、船舶总公司、长航、邮电等中央部门在渝的物资管理处联合组成了重庆工交生产系统物资技术协作供销服务联合体,积极开展物资调剂串换协作。这种由非国家物资部门的物资经营单位,通过发展横向联合组织的行业之间、企业之间的大规模的物资调剂串换,使建立多渠道、开放式的物资流通网络别开生面。8月25日至29日,该联合体召开了首次物资调剂会。有172个单位参加,共调剂串换了生产急缺的各种原材料3080吨,价值400多万元。这种联合,打破了物资流通条块分割、部门分割和封闭的状况,就近就地调剂了物资的余缺,有利于企业发展生产,提高经济效益。

同志们,市委提出加快新旧体制主次换位的要求和全面配套改革总体设计方案的时间虽然不久,但对我市的城市改革已经起了重要的推动作用。最近,国家体改委召开了全国部分改革试点城市工作研讨会。根据这次会议的精神,结合我市改革实际,我们设想,今后一个时期城市改革的主要任务,概括地说就是要作到一个稳定、三个继续探索。就是:保持国民经济的稳定增长,继续探索微观机制的改造、继续探索生产要素市场的形成、继续探索政府管理职能的转变。

实现国民经济的稳定增长,既是我们改革的重要目的,也是我们改革的重要前提。从明年初起,国家要调整钢材的计划价格,这对全市企业是一个重大的考验。为此,市委、市政府领导同志已经决定由市的有关部门联合成立对策研究小组,进行具体的、周密的测算和研究,采取必要的政策措施,使企业承受的压力不致过度。同时,我们的企业,要根据市场条件的变化,调整产品结构,加强管理,降低消耗,提高质量,提高经济效益,增强适应能力,保证经济的稳定发展。

在企业微观机制改造的探索方面,要认真抓好23户大中型企业资产经营责任制的试点,抓好25户工业小企业的租赁经营试点,抓好嘉陵摩托集团、家电联合体、中药行业、工业品贸易中心等股份企业集团的试点。在工业、交通运输业、商业、乡镇企业中大力发展各种形式的股份经济,加快国营商业小企业包、租、转、卖的步伐,争取在所有制的改造,所有权和经营权的适当分离方面,探索出比较成型成套的经验。同时在工商企业中全面推行厂长(经理)负责制,认真贯彻国务院关于劳动制度改革的四个文件,搞好劳动制度的改革。

在探索形成生产要素市场方面,重点是:一、进一步推动金融改革,发展资金市场。大体设想是:1. 在不断发展和完善短期资金市场的同时,尽快把长期资金市场建立起来。重点是把股票、债券规范化,把企业的集资活动引上正轨,为企业的微观机制改造和建立新的社会主义公有制形式创造一个好的资金市场环境。2. 在强化人民银行的领导地位的同时,有组织地继续兴办多种金融机构。重点是大力发展城市信用合作社,深入进行农村信用社的改革,使之独立经营,逐步成为股份制的合作银行;建立股份制的交通银行重庆分行。3. 大力推广商业票据和银行票据,争取在明年取消同城托收承付制度,使金融机构之间、银行与企业之间、企业与企业之间的资金往来以票据为依据。4. 继续理顺利率体系,逐步形成合理的资金价格。根据企业的承受能力,进行专业银行企业化的探索。二、发展生产资料市场。关键是要使重要生产资料的价格由"双轨制"逐步过渡到"单轨制",也就是使计划内外的同种生产资料实行同一的市场价格,让生产资料的流通全部实行市场调节。8月下旬,国家经委、计委、体改委、物资总局召开了全国部分大城市钢材市场座谈会,初步确定明年起在包括我市在内的全国六大城市开放钢材市场。市的有关部门已就我市钢材价格由"双轨"走向"单轨",建立钢材市场问题,提出了初步方案。现正在抓紧论证,争取早日上报实施。三、建立房产市场,实行城市土地有偿使用制度。现在市的有关部门正在抓紧制定租金改革方案、房产管理方案和收取城市土地使用费方案,待组织论证后,争取早日实施。

在继续探索政府管理职能的转变方面,当前要继续抓好市机械局、市建管局从部门管理转到行业管理的试点,并且扩大试点面。继续抓好两区四县的经济体制综合改革试点,明确区县的职责,搞好市和区县的职能分工。在理顺市和区县的关系,综合部门和专业主管部门转变职能的同时,研究制定市的机构改革方案,积极稳妥地进行机构改革,建立起与间接管理为主相适应的经济管理组织体系。

中共中央六中全会决议指出,要坚定不移地进行经济体制改革,坚定不移地进行政治体制改革,坚定不移地加强精神文明建设,并且要求经济体制改革,政治体制改革和加强精神文明建设要结合起来进行,这使我们受到极大的鼓舞,也使我们进一步明确了今后城市改革的方向。我们相信,在六中全会精神的指引下,只要我们继续认真贯彻市委提出的"更新观念,深化改革,全面配套,加快新旧体制主次换位"的号召和总体规划方案的要求,采取"总体设计,配套改革,有主有次,分步实施"的行动方针,扎扎实实地工作,我们的城市改革一定能够取得新的更大的进展,我们的经济建设和各项工作也一定能够在改革的推动下,取得新的胜利!

重庆市人民政府关于批转《重庆市国营商业小企业租赁经营的若干规定（试行）的报告》的通知

（1986年12月25日）

各区县人民政府、市级各有关部门：

市政府同意市财贸工作办公室、市体制改革委员会《关于重庆市国营商业小企业租赁经营的若干规定（试行）的报告》，现批转给你们，请按照执行。并在实践中总结经验，不断完善。

重庆市人民政府
1986年12月25日

关于重庆市国营商业小企业实行租赁经营的若干规定（试行）的报告

市政府：

1984年下半年以来，我市已有1100多户国营商业小企业实行了集体经营和租赁经营。这些小企业放开经营以后，普遍提高了服务质量和经济效益，实现国家、企业和职工收入同步增长。特别是实行租赁经营的370多户，效果尤为显著。

两年多来的实践证明，对国营商业小企业采取租赁制，实现了所有权与经营权的分离，强化了承租者的责、权、利，较好地解决了企业的经营机制。为了在国营商业小企业全面推行租赁制，我们草拟了《重庆市国营商业小企业实行租赁经营的若干规定（试行）》，如无不妥，请批转执行，并请各区县制定实施细则，抓紧落实。

附：重庆市国营商业小企业实行租赁经营的若干规定（试行）

重庆市经济体制改革委员会
重庆市财贸办公室
1986年12月10日

重庆市国营商业小企业实行租赁经营的若干规定（试行）

总则

第一条 租赁经营是社会主义企业的一种新型经营方式，是放开搞活商业企业的重要途径，宜于在国营商业、饮食服务业和商办工业的小企业普遍推行。

第二条 推行租赁经营的直接目的是进一步实行政企分开，彻底改变国营小企业的经营机制；调动经营者和企业职工的积极性；提高经济效益，更好地为人民服务。

租赁办法

第三条 划分小型企业的标准，仍按第二步利改税时制定的标准执行，即：1983年，商业企业的年利润额近郊各区在20万元以下，远郊区和各区县在10万元以下的自然门点；商办工业固定资产在400万元以下，年利润额在40万以下的企业；饮食服务企业视同小型企业对待。现在实行基层公司（总店）核算的门店，具备条件的，也可划小核算单位，实行租赁经营。

第四条 实行租赁经营，可以采取集体租赁、个人租赁、合伙租赁、家庭租赁等多种形式。

第五条 租赁经营一般采取先内后外、公开招标、择优中标的办法。承租人的条件是：熟悉本行业的政策和法规，具有一定经营管理能力，应有一定数额的个人财产或保人作保证。

第六条 企业租赁时，职工一般就店由承租人安排。不愿留店工作的职工，租赁企业在六个月时间内可发给个人基本生活费;超过6个月仍不愿回店的,按自动辞退处理。同时,承租人应与本企业职工签订劳动协议,明确相互之间的关系。

第七条 出租方和承租方应签订租赁合同,其主要内容包括租赁期限(一般为三至四年),租赁费与解缴方式,租赁双方的权利和义务。合同依法成立。即具有法律约束力。

国家与租赁企业的关系

第八条 租赁企业的全民所有制性质不变,职工的全民所有制职工身份不变。

第九条 租赁企业的纳税办法按集体所有制对待,即:统一按八级累进税率征收所得税。其中,饮食服务业,税负超过15%的,按15%征收,不足15%的,按实计征;副食品行业,税负超过20%的,按20%征收,不足20%的按实计征。

第十条 实行集体租赁的企业,可分别不同行业实行提成工资、联销计酬和计税工资等分配制度。其征税及工资进入成本的办法,按市政府的有关文件执行。并应按规定建立公积金、公益金制度。

第十一条 实行个人租赁的企业,在缴纳营业税、所得税之后。其税后留利分配和其他税费的征收,均按国家对待个体经济的政策和办法处理。

第十二条 用税后留利新增的资产,商业、饮食服务业实行集体租赁的归企业集体所有,实行个人租赁的可以全部或大部归个人所有;商办工业企业全部或大部归国家所有。

租赁方的权利和义务

第十三条 租赁方具有以下权利:扩大经营范围和规模,开拓附营业务;安排资产的使用;在许可范围内确定企业内部的分配形式和办法,集体租赁企业的承租人,其个人收入可高于本企业职工人平收入的三倍,高于的部分在税后列支,若经济效益下降,其工资收入亦相应下浮,个人租赁企业,承租人的收入自主确定;合理安排用工,并对职工进行奖惩。

第十四条 租赁方须承担以下义务:认真执行国家有关方针、政策、法规和法令;在租赁期间,未经出租方同意,不得自行转租和转业经营;税前按规定向出租方缴纳租赁费;加强国家资产的管理,并保证其完整;从税后利润总额中,提取一定比例或确定一定数额,建立风险基金,其所有权,按租赁的具体形式,属于集体租赁的企业或个人租赁的承租人;按合同规定,维护职工的劳动权利和利益;建立健全财务账目,接受有关部门监督。

出租方的权利和义务

第十五条 出租方具有以下权利:督促租赁方贯彻执行国家有关政策、法规和法令;纠正租赁方违反政策和合同的行为;按规定向租赁方收取租赁费;保护国家资产的安全;保障职工的正当权益;当租赁方因经营不善,不能按期缴纳租赁费或使国家财产遭受损失时,对租赁者重新审查以至终止合同。

第十六条 出租方须承担以下义务:加强租赁企业的政治思想工作,保证租赁方行使经营自主权;为租赁方提供经营管理方面的指导和服务;搞好退休金的统筹和管理;按规定安排使用好租赁费。

附 则

第十七条 出租方与租赁方自租赁合同签订之日起,即为法律上的甲、乙方关系。

第十八条 出租方与租赁方均不得随意变更或终止合同。由于国家政策、法令和客观环境发生重大变化,确需变更合同时,双方应协商修改,并送有关部门备案,因其他原因需终止或解除合同的,按《经济合同法》的规定办理。如遇合同纠纷,先由上级业务主管部门调解,调解不成,则按《经济合同法》的有关规定办理。

第十九条 集体商业企业可参照本规定(试行)执行。

第二十条 本规定(试行)的解释权属市人民政府财贸工作办公室。

重庆市经济体制综合改革进展情况汇报

(1987年2月20日)

1983年2月,经党中央、国务院批准,我市在实行计划单列、享有省级经济管理权限、省属企业下放到市和地市合并的基础上,开展了经济体制综合改革试点工作。我们根据重庆的实际情况,改革始终围绕以增强企业活力为中心,使企业改革与其他各项改革互相适应,配套进行,逐步理顺各方面的经济关系,充分发挥城市经济中心的作用,探索以大城市为依托,合理组织经济区的路子。经过几年来的全面改革,城市的经济形式、经济结构和经济运行机制都已发生深刻变化,从而有力地促进了全市经济的持续稳定协调发展。1986年与1982年比较:国民生产总值达到117亿元,增长74%;工农业总产值达185.92亿元,增长55.7%;国民收入达到100亿元,增长72%。财政收入摆脱了长期徘徊不前的局面,1986年财政收入为18.4亿元,比1982增长61.1%,对国家的贡献也增大了,4年共向国家上交45.4亿元。改革使城乡人民生活有了明显改善,1986年国营企业职工平均工资为1246元,比1982年增长61.4%;据抽样调查,农村居民人均收入438元,比1982年增长67.4%。

现在,我就几年来重庆综合改革进展情况和体改中的有关问题汇报如下:

四年改革进展情况及其特点

一、坚持把搞活企业作为推进城市改革的中心环节,重点是探索实现所有权与经营权分离的多种经营形式,不断促进企业提高了经济效益。

城市改革是从扩大企业自主权开始的。前几年围绕解决国家与企业、企业与职工之间的经济关系,进行了以扩权、减税、让利为主要内容的企业改革,使企业开始拥有一定的自主财力和自主经营权力。改革的实践证明,完善企业行为机制,实行不同形式的经营承包责任制,是增强企业活力的主要途径。因此,1986年我们在消化、完善已有改革成果的基础上,根据所有权与经营权分开的原则,从多方面探索试点解决全民所有制企业的经营机制,把责权利全面落实到经营者和企业中去。目前我市企业实行的经营形式和所有制形式,大体有以下几种类型:

(1)厂长任期目标经营责任制。重庆市机械局系统从1985年开始,在22户企业中实行厂长任期目标经营责任制,收效很好。这些企业1985年产值比上年增长19%,实现利润比上年增长50%,高于其他机械企业的增长水平。重庆制药三厂从1984年实行厂长任期目标责任制以来,年年迈新步,1984年开发新产品,1985年开拓市场,1986年抓好企业管理,收到了良好成效。这个厂1986年实现利润805万元,比上年增长17.38%,被评为全国医药行业的先进企业。

(2)上交税利超目标分成经营责任制。1986年在全市八户大中型工业企业中,按1985年上交税利实绩,在保证全市财政上交任务增长12.66%的基础上,对超过部分实行倒三七分成。实行结果,有6户企业上交税利1738万元,国家增收3358万元(包括增长基数部分2876万元和超目标部分482万元),企业增加留成1256万元。

(3)资产经营责任制。去年10月开始,我们先后在14户大中型工业企业中试行,从明确财产关系入手,把国有资产的损益同经营者和企业职工的利益紧紧联系起来,强化企业的责、权、利,增强了企业内在的活力。重庆毛纺厂试行资产经营责任制后,重新调整领导班子和内部管理机制,加强成本、质量、技术管理和新产品的开发工作,强化产品销售,迅速提高了经济效益。今年元月份产品质量合格率提高到95%以上,实现利润102万元(其中减少物耗25万元,降低费用28万元,增加生产48万元,以及提高优质品率增利1万元),比去年同期增加利润100万元,创造历史最好水平。

(4)租赁承包经营。早在1984年,我们已在全市1100多户小型国营商业企业中实行了集体承包经营和租赁经营,占总户数的74%,普遍提高了服务质量和经济效益。在此基础上,我们不断深化这一改革:一是在小型商业企业中由集体租赁发展为个人租赁,现有7户个人租赁的企业,一般营业额和利润都比过去增加一倍左右。今年4月市中区国营锦江春食店,采取公开招标的办法,由个体商贩租赁后,经营由亏损转盈,每月除照章纳税外还交付租赁费1500元,资产占用费75元。二是租赁由商业扩展到工业。去年四季度在12户中小型工业企业中试行租赁经营。其中市属10户微利或亏损的企业生产面貌都有改变,预计今年内全都可以扭转亏损,实现利润60万元。重庆农药器械厂建厂25年有23年发生亏损,租赁经营前企业生产基本处于停顿状态。实行租赁经营后,新上任的厂长积极依靠群众,开展了拯救农药厂献计献策的活动,全厂703名职工就有604人提出了改进生产的建议,因而迅速恢复了生产,1月份扭亏为盈,职工多年来第一次拿到了奖金。

(5)股份制经济正在工业、商业、金融和乡镇企业中萌芽。最引人注目的是股份制企业集团的崛起,显示了强大的生命力和竞争力。去年9月成立的生产包装印刷工业联合公司,是由市内外113家全民和集体企业入股集资413万元而组建起来的,这个公司从纸板原料到包装印刷、设计、生产、销售和外贸出口,形成了一个跨地区、跨部门、跨行业、跨所有制的技、工、贸三位一体的联合企业。重庆无线电话分公司是由地方财政、电信局、社会企业单位共同入股集资690万元而筹建起来的,目前正在引进微波电话设备。开业后对缓解城市通讯困难将起一定的作用。

(6)在个别微利或亏损的小型商业企业中试点出售拍卖,转为个人经营。去年11月,九龙坡区李家沱饮食服务公司公开出卖国营合园食店,采取"叫行"的方式,有三名内部职工参加投标竞争,最后以报价17500元者中标,比标底价高出6500元。

改革的实践证明,在坚持公有制占绝对优势的前提下,通过探索多种经营方式和多种所有制形式,实现所有权与经营权分离,使企业建立合理的经营机制,这是增强企业活力的主要途径。在试行这一改革中,我们注意抓了三个环节:一是采用招聘和民意测验等方式,选准选好企业经营者,使经营者承担风险,选拔出一批会经营、懂管理的人才。比如红岩机器厂试行资产经营责任制,实行公开招聘厂长,开始有的同志担心无人投标,实际上在短短的20天之内,前来报名应标的就达127人,其中来自全国15个省市的有32人,他们大多有真才实学,愿为企业贡献自己的才能。二是通过合同和公证等法律形式,使企业对国家的经济责任承包下来,明确经营者的责、权、利,这既可以让企业的责、权、利得到全面落实,又可以激励和鞭策经营者把企业搞好。比如重庆仪表厂通过招标选定的新厂长,上任以后不分节假日,深入车间与工人一起研究生产,并针对厂内的问题,着手整顿劳动纪律,改进生产管理,使该厂生产逐渐有了起色。三是根据地方财政承受能力,在适当减轻企业税赋的基础上,通过搞活企业经营,保证国家逐年增收,实现企业投资主体换位,改过去的税前还贷为税后还贷。从而增强企业的自我约束能力。红岩机器厂原打算向银行贷款1700万元用于更新改造。实行税后还贷后,他们考虑偿还能力,重新算账,最后确定只贷款1400万元。

在实行所有权与经营权分离的过程中,对企业进行了以下配套改革:

(一)坚持推行厂长(经理)负责制,确立了以厂长为中心的地位。去年4月,市委、市府重申凡是推行厂长(经理)负责制的企业,厂长有权任免中层干部;副厂长级干部由厂长提名,经同级党委讨论报上级任命,使厂长的用人权初步得到了保证。下半年在贯彻党中央、国务院关于改革企业领导机制的"三个条例"和"补充通知"中,统一了思想认识,初步理顺了党、政、工三者的关系。现在,全市工业企业推行厂长(经理)负责制已扩大到460户,占企业总数的37%。其中市属工业企业增加到396户,占企业总数的76%。

(二)根据行业与企业的不同特点,不断改进工资奖励分配办法。在坚持企业工资总额与企业经营成果挂钩的原则下,探索工资奖励分配的新形式:

(1)建筑企业推行百元产值工资含量包干;

(2)在全市30户工业企业中试行工资总额同上交税利挂钩浮动;

(3)运输企业试行工资总额同运量挂钩浮动;

(4)煤矿企业试行吨煤工资含量包干;

(5)在全市中小型饮食企业中试行提成工资制度;

(6)在30户小型国营副食店试行联销计酬;

(7)在市中区文化用品公司试点实行工资总额与上缴税利、销售收入双挂钩;

(8)在金刚纱布厂试行联利结构工资;

(9)在重庆电机厂试行目标成本分配制度。

通过改进工资奖励分配办法,调动了企业的经验积极性。全市30户实行工资总额与上交税利挂钩的企业,1986年上交税利比上年增长8.89%,工资总额增长7.2%,职工每月人平增资7元多,与此同时,企业根据职工收入与劳动成果挂钩的原则,自主决定内部职工的工资奖励分配形式,并相应建立以承包为主要内容的多种经济责任制。部分企业还把奖金连同一部分基本工资捆在一起使用,多劳多得,少劳少得,适当拉开差距,平均主义有所克服。

(三)试点实行企业破产制度。去年4、5月份,我们开始在市属洗衣机一厂和江北县三户二轻企业中试点宣布破产警告以后,震动很大,企业领导和职工齐心协力背水一战,现有两户企业复苏过来。重庆洗衣机一厂连续亏损7年之久,5月下旬批准实施破产警告的消息在电台广播以后,流落在云南的职工也闻讯赶回厂内上班。后在上级撮合下,确定由洗衣机二厂实行法人租赁承包经营,定点生产洗衣机产品报需的脱水电机,经过全厂上下群策群力,终于使企业扭亏为盈,去年实现利润31万元。

总的说来,企业搞活的问题还没有从根本上得到解决,扩大给企业的权力没有真正落实,企业负担过重还缺乏自我改造、自我发展的能力,企业自我约束的行为机制还不完善。解决这些问题,关键在于继续深化企业改革。为此,1987年在贯彻落实各项搞活企业政策的同时,继续按照所有权与经营权分离的原则,区别不同企业情况,采取多种形式,在16户工业企业试行资产经营责任制,并且落实工资奖励和领导制度等配套改革措施,在工交建商企业选择20户试行经营责任制;对部分企业,在自愿基础上,试行上交税利超目标分成责任制;在小型工商企业中进一步推行租赁经营和承包经营,在新建扩建企业和有条件的联合企业进行股份制的试点,使之成为新型的股份制企业。继续全面推行厂长(经理)负责制。理顺党、政、工三者关系,明确厂长是企业法人代表,对企业的工作全权负责,处于中心地位,起中心作用。进一步改革工资奖励和劳动制度,把工资奖励分配和用工制度搞活,并从二季度起,实行退休金全市统筹。

二、横向经济联合日益向纵深方向发展,促进了企业组织结构和地区产业结构的合理调整。

去年我市根据国务院《关于进一步推动横向经济联合若干问题的决定》,制定了补充规定和具体实施办法,企业之间横向联合的范围越来越大,联合的形式越来越多。据不完全统计,全市签订经济技术协作项目934项,已经执行693项,比上年提高1.08倍;来渝投资1.1亿元,比去年提高61%,物资协作总金额7.4亿元,比上年提高1.96倍;各种企业联合体发展到376个。通过横向经济联合,全市新增产值8亿多元,新增税利8102万元。目前,横向经济联合出现了一些新的趋势和特点:

一批企业群体化集团陆续出现。今年以来围绕优质名牌产品和骨干企业组成的联合体又有了新的发展。工业企业之间的联合体有重庆"天府可乐"、饮料联合公司、重庆电视工业联合公司、重庆钟表工业集团和机床工具、三峡电扇、啤酒联合体等;军民企业之间的联合体有嘉陵摩托车集团、五洲自行车和重型汽车联合体等;工、商、贸企业之间的联合体有重庆包装印刷工贸联合公司、重庆交电产销联营体等。这些联合企业不仅冲破了条块分割的旧体制,而且促进了企业结构逐步得到合理调整。在国家不投资或者少投资的情况下,使我市重点产品形成大批量生产,收到了显著的经济效益。

城乡对口经济协作走出了一条城乡结合的新路子。1983年4月,原永川地区与重庆合并,实行了市带县的新体制。为了使城乡各自发挥自己的优势,并以城市带动农村经济的发展加速城乡一体化的进程,我们积极扩大城乡商品交流,组织科技下乡服务,推动城乡企业经济技术协作。机械、化工、轻工、商业和外贸等行业,采取扩散零部件、转让技术、投入资金以及建立原材料基地等方式,加强与农村乡镇企业的经济技术协作关系。特别是去年我市农村受灾,在组织区与县对口支援救灾的工作中,逐步由暂时性的支援转向了持久性的经济联合,探索出了一条城乡结合的新路子。对口的区与县共同围绕发展城乡商品经济大做文章,收到了良好效果。通过城乡协作,带动了农村乡镇企业的迅速发展,全市乡镇企业产值达35.7亿元,比上年增长33%。

区域间、城市间的经济联合有了新的发展。去年在昆明第三次西南经济协调会上,西藏申请加入后已扩大到五省六方。长江流域经济协调会,通过单边接触实质性问题,互相达成协议,从而扩大了区域间在商品流通、资金融通、交通运输、资源开发以及邮电通讯等方面的协作。与毗邻地区的经济协作,由我市牵头召开了省内五市、五地经济联系会,逐步建立了长期稳定的协作关系。同西北与沿海地带的经济协作,今年执行合同33项,落实协议16项。随着向经济联合的发展,城市的经济辐射力日益扩大。去年1～9月,我市向外售出工业产品达40亿元(包括重工业产品29亿元,轻工业产品11亿元),占整个工业产品销售总额的45.98%,其中销往省外的约为26亿元,产品有电冰箱、摩托车、自行车、橡胶、涤纶面料等。

三、以开发资金市场为重点,继续发展社会主义市场体系。

去年我市作为全国金融改革试点城市之一,加快了金融改革的步伐。

(一)加强和改善金融的宏观控制,强化中央银行的职能作用。今年市里成立了中国人民银行分行理事会,统筹协调全市资金调度,在"紧中求活"的方针指导下,实行"多存多贷"和"区别对待,择优扶持"的政策,采取发放临时贷款帮助企业清理相互之间的贷款拖欠等一系列措施,基本上满足了发展经济合理的资金需要。

(二)试行多种信用方式和信用工具,建立短期资金拆借市场和票证市场,目前我市与全国14个省、市的43个城市开展了银行同业拆借业务。并分别建立了资金拆借、委托贷款、金融租赁、承兑贴现、合资开发、清理拖欠等协议,全市先后拆进资金近30亿元,有效地弥补了资金缺口,支持了生产和流通。同时开办了票据承兑贴现和再贴现业务,使用了同城保护支票、电汇支票、旅行支票和定额支票,试办发行了债券,初步改变了金融工具比较单一的状况。据不完全统计,全市已发行债券2亿多元,用于生产建设。

(三)打破了国家银行垄断的局面,发展了多种形式的金融组织。除原有两家地方国营金融组织外,去年还发展了14家集体股份制性质的城市信用社,企业与银行联办了33个储蓄所,以及54个城乡邮政储蓄点,并在市包装工业公司、嘉陵集团建立了行业性的资金互助组织。这些新的金融组织已吸收社会闲散资金存款上亿元。农村信用社改革了行、社分工和区域限制,允许相互拆借资金,向乡镇企业发放贷款。合川、巴县、长寿等地的县联社还办成了经济实体,使之自成体系,自计盈亏。

(四)试行贷款按期限长短分档计息的办法。

今年在化工、轻工、机械等120多户企业中试行,效果较好,促进企业加快了资金周转。

开放资金市场,为发展其他市场打开了一个新的局面,消费品市场有了进一步发展。随着取消工业品统购包销和农副产品统派购制度以后,城镇除了粮油和生活用煤继续实行计划供应外,其他消费品基本敞开,自由交易。随着商品交换规模的扩大,贸易中心、贸易货栈、工业品市场农贸集市蓬勃发展。价值规律在消费品领域的调节作用下越来越大。1985年放开肉、菜价格后,去年又对电冰箱、自行车、黑白电视机、收录机、中长纤维、棉布(80支纱以下的)等7种工业品放开了价格,并对盐巴、肥皂、牛奶、毛呢、家具、沱茶、黄豆、糯米等20种商品调整了价格,逐步形成比较符合价值,反映供求关系的价格体系。生产资料市场逐步趋向完善,市场调节范围进一步扩大。全年各个生产企业自销钢材31.5万吨,水泥54.3万吨,木材2.27万立方米,分别比上年增长24%、22.3%和161%。去年9月我市建立了钢材专营市场,为计划外钢材交易提供了合法的场所,吸引了32个企业进场设点,52个单位委托代销,现已成交钢材8000多吨。勘察设计建筑市场十分兴旺。全市招标承包的工程有396项,比去年同期增长1.03倍,中标价比标底下浮2.8%。建设工期比国家定额工期平均缩短7.8%,设计周期普遍缩短了1/3。

四、实行简政放权,加快区县经济改革的步伐。

市政府向企业和区县放权,是转向间接管理为主的一个重要步骤。一方面,从1984年四季度起,我们对54个行政性工业公司,按照放权于厂,还政于局,归位于企,为厂服务的原则,进行了调整改革,大部分公司已经从一级行政管理层次,变成了企业性的经济组织。紧接着又在建管局、机械局试点转变管理职能,从部门管理逐步转向行业管理。另一方面,选择市中区、北碚区和合川、永川、长寿、巴县试点进行综合体制改革,扩大了区县经济管理权限,提高其总揽经济全局的能力。市中区首先改革了街道体制和商业体制。在街道体制上,重点明确街道办事处的职能,区级关业务部门在街道设立财政所、税务分所、工商所、房管所、环卫所、物价所和司法助理员,实行主管局与街道双重领导,街道办事处有权统筹协调各所、员的工作,初步理顺市、区、街道三个管理层次的职责关系,提高了工作效率。在商业体制上,撤销区财办和区一、二商业局。建立了区商业管理委员会,作为区政府的职能部门,由原来管理直属企业逐步过渡到管理社会商业。合川县综合体改试点以来,精简了县级行政机构,改革了县与所属区的财政管理体制和商品流通体制,以及广泛发展城乡经济联合,促进了全县经济欣欣向荣。去年合川县粮食产量创历史最高水平,生猪、柑桔、桑蚕三大农村产业支柱又连续获得丰收,乡镇企业生产持续飞跃发展。

五、坚持对外开放,扩大了对外经济贸易往来。

1983年4月,我市恢复成为独立对外的口岸以后,现已同近100个国家和地区建立了经济贸易往来关系。地方外贸自营出口已由1983年的2683万美元上升到1.5亿美元,增长4.6倍,出口货物达300多种。对外经济技术合作也有很大发展。四年来,共签订利用外资合同66项,吸收外资10196万美元直接利用外资5939万美元,引进技术、设备291项,用汇2.1亿美元。同时,签订劳务出口项目19个,承包工程11个,合同金额为9414万美元。目前我市已在19个国家和地区开设办事处,已派出在国外的职工2055人。在发展对外贸易中,我市长江轮船公司和民生轮船公司还开展了江海联运业务。综合改革以来,由于利用国际市场和国际资源技术,对发展我市经济起到了积极的作用。因此,进一步发挥内地中心城市在对外开放中的作用,这不仅有利于缩短内地与沿海对外开放形成的时间差,而且有利于内地中心城市在开放中带动周围地区的经济发展。我们要求内地中心城市同样享受国家对沿海城市对外开放的优惠政策,包括外汇留成比例,建立对外贸易开发区,等等。

体制改革中几个问题的反映

第一,发挥中心城市在宏观分层次管理中的作用问题。我国是一个商品经济不发达的社会主义大国,幅员辽阔,人口众多,各地区的经济、文化、科技发展很不平衡,国民经济客观上具有多层次性、多样性、复杂性,宏观经济必须实行分层次管理,鉴于中心城市处在组织、协调企业微观经济活动的第一线,是衔接宏观与微观经济的桥梁,在宏观分层次管理中为国家起着助手的作用。因此,国家在把握宏观经济总方向的前提下,应赋予经济中心城市在分层次管理中的决策权,包括经济调节权和地方立法权,允许经济中心城市根据自身特点和区域环境制定某些政策和措施。这样,既利于宏观经济的合理有效控制,又利于搞活微观经济。对城市经济调节权的具体意见是:

(1)银行信贷:由中央核定贷款最高限额(包括城市经济的增长速度和经济横向扩展的范围等因素),在这个信贷额度控制下,城市自己组织信贷资金平衡,允许存贷挂钩,多存多贷,鼓励城市扩大储蓄,用好贷款,充分挖掘社会资金的潜力。

(2)工资基金:现行采取总额控制的办法,切断了工资增长同经济效益提高之间的内在联系,应当改变。建议实行城市财政收入加企业税前还贷与工资总额挂钩浮动的办法,由中央与地方共同确定挂钩系数。这既可防止消费基金膨胀,又能调节工资基金的合理增长。

(3)价格管理:进一步把调价权下放给中心城市,除直辖市外,计划单列的城市也应有相当于省级的调价权。

(4)外汇留成:各地区之间外汇留成比例应当一致,防止出口商品舍近求远,引起混乱,在此基础上,对口岸城市实行用汇与创汇留成挂钩平衡的办法,既能使城市具有抑制用汇需求的机制,又能调动城市创汇的积极性。

(5)税收管理:在保证上缴中央财政任务的前提下,根据地方财政承受能力,城市对企业和行业有权减税、免税,以合理调整产品结构和产业结构。

第二,发挥改革试点城市作用的问题,实践证明,试点是科学地推动全国改革的重要措施和必经步骤,试点可用很小的代价换来对改革全过程的了解与把握,避免不必要的曲折和震荡。在当前新旧体制交替并存的时期,试点尤为重要。因此,要扩大试点城市的权力,发挥试点城市探路的作用。但是,目前我市改革遇到一些实际问题,需要提请中央解决:

一是电力计划单列的问题。我市实行全面计划单列,并享有省级经济管理权力,至今还没有全面落实,特别是电力计划没有单列,仍由西南网局调度,用电往往得不到保障,而且网局直接调度企业用电,经常任意拉闸停电,严重影响我市工农业生产和群众生活的正常进行。我们迫切希望尽快解决电力计划单列问题,建议以原川东电业局为基础,重新组建重庆电业局,人、财、物在水电部单列户头,成为独立核算单位。

二是金融体制改革问题。由于中央各专业银行对发展多种金融组织认识不够一致,突出的是目前农村信用社自成系统、独立经营,受到了农业银行的抵制,致使城市金融改革工作难以顺利进行下去。

1987年2月20日

重庆市人民政府关于批转市体改委等五单位《关于在市级国营商业、供销社企业实行承包经营责任制的意见》的通知

(1987年9月15日)

各区县人民政府、市级有关部门：

市体改委、市财办、市财政局、市税务局、市劳动局，《关于在市级国营商业、供销社企业实行承包经营责任制的意见》，已经市政府第六十八次常务会讨论同意，现印发给你们，请遵照执行。

重庆市人民政府
1987年9月15日

关于在市级国营商业、供销社企业实行承包经营责任制的意见

一、指导思想

按照市委、市政府的部署，以推行多种形式的承包经营责任制为重点，深化大中型商业企业经营机制的改革，理顺国家与企业的关系。在保证国家财政收入稳定增长的基础上，扩大企业留利，增强企业发展后劲，使企业逐步成为具有自我激励和自我约束机制，责权利相统一的经营实体。

二、承包责任制形式

按照"包死基数，确保上交，超收多留，欠〔歉〕收自补"的原则，结合国营商业、供销社会企业的实际，主要采取三种承包经营形式。

1. 基数递增，超额分档分成。即以企业1986年的利润实绩为基数，每年递增5％～10％，一定四年不变。基数加递增的利润部分按现行税率征所得税，超额部分所得税减按30％～50％征收，并免征调节税，这种形式适用于商业盈利大户，即按55％征收所得税并征收调节税的企业。

2. 基数递增，超额全留。即以企业1986年利润实绩为基数，每年递增5％～10％，一定四年不变，基数加递增的利润部分按现行税率征收所得税，超过部分全部留给企业。这种形式适用于享受所得税减半征收的商办工业企业。

3. 基数递增，超额减半征收。即以企业1986年的利润实绩为基数，每年递增5％～10％，一定四年不变。基数加递增的利润部分按八级累进税率征税，超额利润减半征收所得税。这种形式适用于供销社企业、饮食服务企业以及未享受所得税减半征收的商办工业企业（鉴于供销社系统已执行超额利润减半征收的办法，可对部分供销社企业实行超额利润减70％征收所得税）。

另外，对经营性亏损企业，实行两步到位的承包办法。第一步，限期扭亏为盈，盈利的分配办法一年一定。第二步，再按前面的三种办法分别实行。

三、承包利润、上交税利与税前还贷的计算

1. 企业承包利润原则上以1986年的实绩为基数，一般不作调整。在递增幅度的确定上，基数利润偏高的企业，递增比例可小一些，相反，基数偏低的企业，递增比例应大一些，以避免鞭打快牛。

2. 企业当年承包上交税利。以基数利润加上应增长的利润部分，减去经财税部门同意的税前扣减项目，乘以现行所得税率及调节税率计算。

3. 企业税前还贷，按财税部门核定的数额，在承包利润基数中扣减，并视同上交税利进行考核。核定的当年税前还贷额未还足的，差额部分不得增提留利。企业新立项的贷款，逐步转为税后还贷。目前，要根据企业情况区别对待。

4. 凡当年上交税利承包任务未完成的企业，均用企业留利以及自有资金补足。当年不能完全补足的，可转到次年弥补。

5. 承包期间国家出台重大政策，使企业难以承担或获利过多时，应对企业承包利润、上交税利基数以及还贷办法作相应的调整。除此之外，经营风险由企业承担。

四、完善承包责任制的指标考核体系

针对商业企业的特点和所承担的经济责任，承包经营除了主要考核实现利润和上缴税利两项指标外，还应考核以下四个方面的指标。

1. 商品销售指标。承包企业必须搞好主营业务的经营，扩大购销，积极推销地方产品，切实安排好市场，发挥国营商业的主导作用。同时认真执行物价政策，严禁擅自提价或变相涨价，向消费者转嫁负担。

2. 流通费用、原燃材料消耗下降指标。围绕承包经营，加强企业内部基础工作，提高管理水平，商业企业要降低流通费用，商办工业要降低原料、燃料等消耗水平。

3. 商品库存结构指标。为了防止企业经济效益带"水分"，要考核企业资金周转和商品库存结构，规定承包期中有问题商品比重的下降幅度。要从企业留利和经营者的奖励中提取一定的风险保证金（掌握在10%左右为宜）。如企业承包经营期末，有问题商品及削价损失超过承包规定，首先用风险保证金弥补，不足部分由企业留利或自有资金冲补。

4. 资产增值指标。实行承包经营，要分别行业、企业实际，确定企业的经营设施改造，流动资金补充等项指标。企业超收多留部分，原则上全部用于生产经营的发展，以增强企业发展的后劲。

五、结合承包经营，强化经理（厂长）负责制

承包经营期限要与经理任期大体一致。承包经营者是企业的法人代表，对企业的产供销、人财物全面负责。承包经营要逐步引入竞争机制，选择部分企业，采取民主选举、推荐、公开招标招聘的办法，重新确定企业经营者。完成和超额完成承包指标的企业，经理的年收入可以高于职工平均年收入1~3倍（其资金来源，在税后留利中列支），未完成承包指标的，相应扣减经理的浮动工资乃至部分基本工资。企业内部要结合承包，逐步实行干部招聘和职工劳动组合的办法。

六、完善配套改革，搞活内部分配

1. 实行承包经营的企业，要加强内部的承包工作，把企业发展的主要经济指标层层分解落实到部门、车间、门市、班组以及职工个人，并改革工资奖励分配，调动部门和职工的经营积极性，保证各项承包任务的完成。

2. 企业的奖励基金，原则上按原核定的留利中的比例执行，少数有变化的企业，也可由财税部门、劳动部门和企业主管部门适当调整。另外，选择五户企业实行工资总额与企业经济效益挂钩的办法。

3. 企业内部分配要拉开差距。根据承包任务完成情况逗硬执行。要扩大分配中弹性工资的比重，把职工奖金、浮动工资以及15%~30%的基本工资与承包任务挂钩。

4. 要采取有效措施控制企业消费基金的增长。商业企业的消费基金增长不得超过职工劳效的增长。商办工业企业不得超过劳动生产率的增长。严禁挪用生产发展基金去搞福利和奖励。

七、实施步骤

1. 承包工作要抓紧进行。实施步骤，待市政府批准市级商业企业承包经营责任制方案后，9月份先选几个公司进行落实，10月份在市级商业、供销社企业全面进行承包，并由商业主管部门、财税部门与企业签订承包经营合同。

2. 承包计算时间，从1987年算起，原则上定到1990年。

重庆市体改委
重庆市财办
重庆市财政局
重庆市税务局
重庆市劳动局
1987年9月5日

九、其他

重庆市人民政府关于印发《重庆市城市住宅出售试行办法》的通知

（1980年6月5日）

市级有关委、办、局，各区县革委：

市建委关于《重庆市城市住宅出售试行办法》，5月26日经市人民政府第五次办公会议讨论通过，现印发给你们，请研究试行。

城市住宅逐步实行商品化，是一项新的工作，政策性很强，涉及面广，在试行期间要注意总结经验，不断改进和完善。对出售的住宅，要实行按质论价，优质优价，合理计算；修建出售住宅的选址定点，要服从城市建设的总体规划，不能搞"见缝插针"。为解决统建出售住宅的经费来源，今年可从新建的市房中出售5000平方米，作为建房周转资金。

这个办法在试行中，主管部门应加强领导，注意调查研究，及时解决出现的问题。计划、物资、财政、统建、设计、施工等部门，要密切配合，共同努力，把住宅出售工作搞好。

重庆市人民政府
1980年6月5日

重庆市城市住宅出售试行办法

实行住宅商品化是城市住宅建设的发展方向，是加快住宅建设、缓和住房紧张的一项有力措施。做好这项工作，对于加速城市建设，适应"四化"需要有着积极的意义。根据省人民政府川办发〔1980〕21号文件精神，结合我市具体情况，特制定以下试行办法。

一、统建出售住宅的资金、材料、设计和施工

1. 我市出售的城市住宅，由市住宅经营公司按省拨给的部分周转款和收取购房单位的预付款，实行统一修建，按质论价，按实结算，标价出售。购房单位应根据国家批准的基建计划按材料消耗定额将所需三材拨交住宅经营公司；用自筹资金买房的单位，应将国家补助的三材全部交住宅经营公司，不足部分由计划和物资部门按每年住宅建设数量和材料消耗定额予以补足。私人购买的住宅其建房所用的三材由市计划、物资等有关管理渠道负责解决。

2. 住宅的选址定点，应根据城市建设的总体规划和有利生产、方便生活的原则进行合理布局。为了打开局面，很快起步，力争少拆多建。开始修建时，重点应放在近郊区。

3. 住宅的设计，应切实贯彻"经济适用，在可能条件下注意美观"的原则，增大使用面积，降低造价。对有特殊要求购房的单位,也可给予单独设计和修建,按实加收费用。

4. 住宅的施工,由住宅经营公司与建筑公司按国家规定签订合同,实行合同包干制,保证按质、按时竣工。由住宅经营公司验收后进行出售。

5. 出售商品住宅的种类,既售已建成的商品住宅;也可预售即将建成的住宅;还可由购房单位经规划部门批准自行选址定点、定设计,委托住宅经营公司组织发包施工,办理竣工结算,交付使用。

二、出售对象

个人在本市有常住户口,并具备购房能力和要求改善居住条件的均可买房。华侨、民主人士、高级知识分子和退休老干部等购房者,可优先照顾。

凡在我市的机关、团体、企业、事业单位(包括集体所有制),具备购房条件的均可买房。

为了控制市中区人口,鼓励买房者购买郊区住宅,在郊区的单位或个人不得在市中区买房,市中区的单位或个人可在郊区买房。根据城市规划要迁离市中区的单位或个人以及新迁入的单位或个人,原则上不能在市中区买房。

三、出售价格

1. 私人购买住宅的价格,根据优质优价、合理计费的原则,一般按房屋实际造价为基础(即以该栋房屋竣工后的决算加勘察设计、拆迁和征地补偿费以及5%不可预计费用),再加减下列地区类别三个因素(均按房价)进行计算。

(1)第一类:市中心区主要干道和江北观音桥等交通及生活方便的地区加价10%;第二类:市中区次要街道及近郊的主要地区(如杨家坪、沙坪坝、大坪、南坪等)加价5%;第三类:近郊区次要街道及远郊区不另加价。

(2)楼层的增减,平街以下减价5%,如因潮湿和光线太差等问题,可酌情再减2%~5%;平街层和五层不加不减;二至四层加价5%,六层以上每升高一层递减1%。对于五层以下的住宅,顶层减1%,二至四层仍加5%。

(3)朝向的增减,南北向加价2%;东西向减价2%;斜向不加不减。

私人购房价款一次付清,可享受减收房价5%的优待。如一次付清有困难的也可分期付款,具体时间由买房者与住宅经营公司协商解决。

私人购买住宅的有关拆迁还房费由国家每年投资新建住宅经费中给予补贴。私人购买住宅的配套工程费用,按规定由城市维护费解决。

2. 单位购买的住宅价格,除按上述私人购买住宅的价格计算外,加收应摊销的征地、拆迁还房费,按1∶2进行计算,即买1平方米要付2平方米的钱。但市中心区的主要干道应按1∶2.5进行计算论价。

无论单位或个人买房,住宅经营公司均要提取管理费,按房价3%计算;代办工程管理费按5%计算收费。

四、购买房屋手续

1. 购买已建成的商品住宅,应首先向住宅经营公司提出申请,签订购房契约,按规定付清购房费用(单位购房另付三材指标),然后由住宅经营公司点交房屋,购房者凭购房契约到当地房管部门办理有关手续。

2. 预购或代办住宅工程,应向住宅经营公司提出申请,签订合同或契约,领取预购证。新建住宅竣工后,购买者凭"住宅预购证"到实地协商选择住房(也可预选位置),按照规定的价格付清款项后,由住宅经营公司收回"住宅预购证",订立买卖契约。当地房管部门凭成交的契约办理登记有关手续。按规定领取有关证书。

如购房者中途变更购房计划,取消购房协议,可以办理退款,但按预购房价的总额收取2‰手续费。

3. 出售给私人的住宅,房产权属于购房者所有。受到国家法律的保护,任何单位和个人不得侵犯,并可按规定出租、出卖、继承、转让和赠与〔予〕。

无论单位或私人,凡购买出售的新建住宅,地产属国家所有,但三年内可免交房产税和地租。

五、出售住宅后管理和维修

1. 私人购买的住宅,由购房者自行维护管理,如一栋房内有多家购买者,可在当地房管部门指导下,由业主选出3~5人组成管理小组,负责该栋住宅的日常管理和维修事项,费用分摊,室内维修由每户自理。

2. 全民、集体所有制单位购买的住宅,按价纳入本单位固定资产、照规定提取折旧费,自行维修。

3. 出售的新建住宅实行施工单位包修一年的制度,一年内如因施工过程中留下的隐患造成房屋的损坏(非人为的损失),由施工单位负责包修。

六、本办法报请市人民政府批准后试行

重庆市基本建设委员会
1980年5月23日

重庆市规划局关于近郊各区(县)200平方米建筑审批权处理意见给中共重庆市委、市人民政府的报告

(1980年10月22日)

近来,市委、市府领导同志鉴于我市目前乱建、乱占现象十分严重,曾多次指示:近郊各区(县)200平方米建筑审批权,应当收回。统一由市规划局掌握。遵照上述指示精神,就200平方米建筑审批权问题,与部分区(县)城建部门进行了研究,现将情况及处理意见报告如下:

早在1964年,市委为了加强我市城市建设的管理,曾规定实行市和区县两级管理体制,"凡不在城市主干道两旁、广场、空地、港口、码头、车站、制高点、文物保护区、风景区,以及不影响城市交通市容、城市规划的地区,建筑面积不超过200平方米(南桐和三县不超过400平方米)的扩建、新建、改建和维修工程",区县城建管理部门有权审批。1973年,市建委又再次行文,重申市委上诉有关规定。多年的实践证明,上述管理办法对加强城市建设管理起到了积极作用。

一、有利于调动各区(县)政府和城建管理部门建好、管好城市的积极性。以市中区为例,近年来,他们在背街小巷的危房改造、堡坎维修等方面做了很多工作,取得了一定成绩。今年1—9月,他们在批准权限之内,批准的面积共34070平方米,其中:新建、扩建、改建30717平方米,临时房屋3353平方米,堡坎维修358立方米,起到了就地就近改善居住条件,有利生产,方便生活的作用。

二、区城建管理部门有管好建好城市的丰富经验。对辖区内的基本情况熟悉了解,协调和处理好各方面的关系都很有利,解决问题及时有力,能够做到有计划、有步骤地逐步改善城市人民的居住和生活条件。区城建管理部门,可通过所属街道办事处发动城市居民共同管好、建好城市,特别是能够直接运用街道城管员的力量,发挥城建管理方面的耳目作用。做到及时发现和处理违章建筑,仅市中区1—9月,制止了违章建筑91件,拆除违章建筑110件,处理违章罚款31件,金额27742.30元,避免了给国家、集体造成大的经济损失。

三、城市建设,实行分级管理,可以弥补市级城建管理部门力量的不足。按国家规定,50万人以上的城市,应编制城市规划管理人员100人,而我市属百万人口以上的特大城市,城市规划管理部门编制仅60人,老、弱、病不能坚持正常上班和长期借调在外工作的就有13人,除去城市总体规划人员和行政管理干部、工人,仅有13人从事专门的建筑管理工作。仅市中区就有大街小巷约537条,还不算九区四县的建筑管理。我市城市建成区面积达73平方公里,如果不依靠各区(县)城建管理部门的力量,根本无法管好建好城市。根据各大城市

的经验和我市建设实行分级管理的实践证明,这种管理办法,既可以弥补市级城建管理部门力量之不足,又可以使市级城管部门腾出力量,集中管好建好城市主要干道,并结合我市特点研究制定管好建好城市的方针、政策、法令。使市总体规划做到有计划、有步骤地付诸实施。

四、在集中统一政策、法令的原则下,城市建设实行分级管理,可以避免权力过分集中,提高办事效率,缩短建设周期,有效地克服官僚主义。

当前的问题是:由于林彪、"四人帮"的干扰和破坏,加上普遍对城市规划工作的意义、作用和重要性认识不足,党和政府颁布的一系列行之有效的方针、政策、规章制度不能认真得到贯彻执行,因而使得城市建设中的无政府主义得以泛滥,无照施工、乱挖、乱建、乱占相继发展。

为了迅速有效地制止城市建设管理上的无政府状态,除根据最近召开的全国城市规划工作会议通过的《中华人民共和国城市规划法》,拟定出符合我市情况的有关法规外,建议对目前各区(县)200平方米建筑审批权暂不收回,但须如下规定:

一、重申各区(县)200平方米建筑审批权,仅限于不在城市主干道两旁、广场、空地、港口、码头、车站、制高点、文物保护区、风景区以及不影响城市规划、交通、市容的地区,不经批准,不得擅自扩大范围。

二、各区(县)城建管理部门应对200平方米建筑审批权的执行情况进行一次检查,凡不符合上述规定者,正在建设的项目应当立即停工;已经竣工,但对城市规划有严重影响的应当坚决拆除。12月底前各区(县)城建管路部门将检查情况写出报告报规划局,由市规划局综合报市委、市府。

三、今后凡200平方米范围内的一切新建永久性和有碍城市规划实施的建筑物、构筑物,均必须经市规划局与区(县)城建局共同协商研究一致后,区(县)城建部门方可发给施工许可证。

四、市规划局与各区(县)城建管理部门要建立定期的会议联系制度,及时处理有关城市建筑管理方面的重大问题。

以上意见,当否,请批示。

重庆市规划局
1980年10月22日

重庆市人民政府关于报请审批《重庆市违章建筑处理实施细则》给市人大常委会的报告

(1980年12月2日)

市人大常委会:

为了加强城市管理,有效地制止和处理违章建筑,克服城市建设中的无政府主义状况,根据《重庆市违章建筑处理办法》的规定,草拟了违章建筑处理实施细则,并于1980年10月24日市政府办公会讨论通过,特报请审定后颁布执行。

附:《重庆市违章建筑处理实施细则》

重庆市人民政府
1980年12月2日

重庆市违章建筑处理实施细则

为了加速实现四个现代化建设,加强社会主义法制,加强城市建筑管理,有效地制止和处理违章建筑,克服城市建设中的无政府状态。严格地按照城市总体规划建设城市,特根据《重庆市违章建筑处理管理办法》的规定,制定违章建筑处理实施细则。

一、违章建筑范围

第一条 凡属下列情况之一者,都属违章建筑,应予坚决取缔:

1. 未经市规划局或区(县)城建管理部门审查批准,无证施工的新建、扩建、迁建、改建的各项工程;未按建筑许可证的内容擅自改变位置、面积、层数、立面、结构和用途的建筑。

2. 在借用(或租用)土地上擅自修改的永久、半永久性建筑。

3. 期满不拆、自行转让或改变用途的一切临时建筑物和构筑物。

4. 在现有房屋周围、屋顶、阳台等处搭设的一切附属建筑物。

5. 农村社队和社员不按市革委〔1979〕47号文件规定,擅自占用农村土地,修建和扩建的建筑物。

6. 集体或个人在城市擅自占用国家土地修建和扩建的建筑物。

二、违章建筑的处理

第二条 凡没有取得施工许可证的建设项目,任何施工单位不得施工,建设银行和人民银行应拒绝付款,物资部门应停止供应材料,水电部门不供给水电。

第三条 凡正在施工的违章建筑,城建管理部门发出违章通知后,应立即停止施工,等待处理。因停工造成的窝工损失,由施工单位自行负责。工料损失由建设单位自行负责。

第四条 一切违章建筑,规划、城建管理部门得视其情节轻重,分别作如下处理:

1. 在建的违章建筑,对城市规划、市容、交通、环境、卫生、消防安全、市政设施、园林绿化、文物古迹等有一定影响,经规划和城建管理部门通知停工,做出处理决定,在限期内能按照决定办理者,可以免予罚款。但超过限期5~10天以上不办理者,对违章单位处以工程总造价额的5%~10%的罚款;对违章指使人、当事人处以月工资5%~10%的罚款;对施工单位处以施工管理费总收入5%~10%的罚款。

2. 凡违章建筑对城市规划、市容、交通、环境、卫生、消防安全、市政设施、园林绿化、文物古迹等有较大影响,经规划和城建管理部门通知限期拆除后,如违章单位逾期不拆者,由规划、城建管理部门雇工代拆,以料抵工,并处以工程总投资额20%~30%的罚款;对违章指使人、当事人处以月工资10%~20%的罚款;对施工单位处以施工管理费总收入10%~30%的罚款。

3. 对城市规划、市容、交通、环境、卫生、消防安全、市政设施、园林绿化、文物古迹等、有严重影响或造成重大危害的违章建筑,经规划、城建管理部门通知限期拆除后,如违章单位抗拒不拆、还强行施工者,应从严处罚。先由规划、城建管理部门雇工代拆,以料抵工,如所拆材料不足以补偿雇工费用的,由违章单位缴纳补偿金。同时,处以工程总投资额50%~100%的罚款;对违章指使人、当事人处以月工资20%~50%的罚款;对施工单位处以施工管理费总收入50%~100%的罚款。

第五条 各施工单位的临时设施,不论在城市或农村,应在施工期满后,自行拆除,做到工完、料完,现场干净。土地恢复原貌,如数按期予以交还,不准转让、出租、出售或改变用途。否则,按本细则第四条处理。

第六条 被处罚的单位或个人,应主动办理缴款手续,过期不缴款者,规划、城建管理部门得委托人民银行或建设银行在违章单位账户上直接转账扣款。处罚个人的罚款,先由单位负责垫缴,后在工资内扣除,罚款不得在单位报销。没有在银行开户的违章单位和个人,凭规划、城建管理部门的处理通知,限期到指定银行缴纳,过期一天加收滞纳金5%。

第七条 因国家建设需要拆除的违章建筑,不论其违章建筑属全民、集体所有制单位和个人,一律不予补偿。

第八条 凡构成违章建筑不听制止和不执行处理决定者,在违章建筑未处理前,规划、城建管理部门得暂时停办该单位的一切用地和建筑许可证的审批工作，直至违章建筑处理时为止。

第九条 鼓励广大群众积极支持规划、城建管理部门搞好城市建设管理，对成绩显著者应予以表扬和鼓励。

第十条 凡违章情节严重，构成刑事犯罪者，由规划、城建管理部门起诉，提请公安、检察部门追究法律责任。

第十一条 市、区(县)城建管理部门应建立专户收取违章建筑罚款，每年年底集中上缴地方财政。除在处理违章过程中发生的费用外，一律不得以其他名目使用罚款。

三、违章管理工作的职责分工

第十二条 违章建筑处理以规划、城建管理部门为主，公安、银行和街道办事处等部门积极协助配合，努力把社会主义城市建设好、管理好。其具体分工是：

1. 凡在领取施工许可证过程中发生的违章建筑，如移动红线、扩大面积、改变用途等，由发证单位负责处理，其他部门给予支持配合。

2. 临时发生的违章建筑，统一由所在区(县)城建管理部门为主处理。对于有影响或有危害的违章建筑，经市、区(县)规划、城建管理部门一起到现场，共同研究，提出意见，由所在区(县)城建管理部门处理。

3. 凡需强行拆除的违章建筑。市、区(县)规划、城建管理部门应各自上报主管部门，经批准同意后，由区(县)城建管理部门执行，公安派出所、街道办事处、房管部门予以配合。

第十三条 规划、城建管理人员应坚决贯彻执行省、市人民政府颁布的城市管理各项政策法令，努力工作，大胆管理。要自觉遵守纪律，接受群众监督，不徇私情，大公无私，把城市建设好、管理好。

第十四条 本细则自公布之日执行。过去我市公布的有关规定，与本细则有出入者，以本细则为准。

第十五条 本细则公布前形成而尚未处理的违章建筑，应由城市规划、城建管理部门分别不同情况，参照本规定和市革委〔1977〕42号文件规定予以处理。

第十六条 本细则解释权属市基本建设委员会

1980年12月2日

重庆市人民政府关于改进城市建筑管理审批权限的通知

(1980年12月9日)

市中、沙坪坝、江北、南岸、九龙坡、大渡口、北碚区人民政府(革委会)：

为了保证城市建设严格按照城市规划进行，经市府第29次办公会议讨论决定，自1981年1月1日起，近郊各区(市中、沙坪坝、江北、南岸、九龙坡、大渡口区)及北碚区原定200～400平方米的建筑审批权限暂行集中。凡在上述地区的全民、集体所有制单位，建房单栋面积在200～400平方米以内的，先向所在区域建管理部门提出申请，区城建部门根据市、区规划原则，提出初审意见，由市规划局到区研究，及时审批。私人建房和临时建筑的审批，仍按原规定办理。

建筑审批权限的暂行集中，是为了更好地实施总体规划，便于各区城建管理部门集中精力搞好城市建设管理工作。各区城建管理部门和现有人员不应削弱和调离。各区政府(革委会)要继续加强对城建工作的领导，努力把城市建设好、管理好。

重庆市人民政府
1980年12月9日

中共重庆市委组织部关于收集省、市委管理干部的档案材料的通知

（1981年3月13日）

为即将开始的整理干部档案工作做好准备，请你们按照《干部档案工作条例》的规定和要求，尽快地将你处存留的省、市委管理的干部的下列材料于本月底前送给我们：

1. 干部审查材料：经过复查，由党组织最后做出的审查结论（决定）、平反结论（决定）、调查报告、组织批注意见、上级党委批示；作为结论依据的主要证明材料；与结论有关的本人检查材料，本人对结论签署的意见和对有关问题的申诉材料等。

2. 对在"反右派"和"反右倾""四清"运动中受到错误批判处理的干部的改正、平反结论（决定）及有关材料，以及处理其他干部历史上遗留问题所形成的结论（决定）及有关材料。

3. 应归档的干部任免呈报表、干部鉴定、考核材料、奖惩材料、干部履历表、调整工资级别表、确定和晋升技术职称审批表、入党入团材料，以及需要归档的其他材料。

以上材料，请按有关规定，认真地进行清理和鉴别。送材料时，结论、调查报告、决定、批复意见等材料应一式二分〔份〕。

各单位对本部门所管理的干部档案材料亦应着手进行收集，为整理干部档案作好准备。

中国共产党重庆市委员会组织部

1981年3月13日

中共重庆市委组织部关于转发中共四川省委组织部《关于贯彻执行中央组织部〈干部档案工作条例〉几个具体问题的意见》的通知

（1981年3月17日）①

市委各部、委，市府各委、办党组，各区县委组织部，市级各局党委（党组），大型厂矿企业，大专院校党委：

现将省委组织部制订的《关于贯彻执行中央组织部〈干部档案工作条例〉几个具体问题的意见》转发给你们。在执行中有什么问题，请及时告诉我们。

中国共产党重庆市委员会组织部

1981年3月17日

---

① 此文标题系编者重新拟定。

中共四川省委组织部文件

川委组发〔1981〕14号

各市、地、州委组织部,省级各单位党组(党委):

现将我部《关于贯彻执行中央组织部"干部档案工作条例"几个具体问题的意见》发给你们。执行中有什么问题,望及时告诉我们。

中共四川省委组织部
1981年2月27日

关于贯彻执行中央组织部《干部档案工作条例》几个具体问题的意见

一、干部档案的建立

中央管理的干部,每人都要建立正本和副本,由中央组织部保管。为了工作的需要,省委保管一个副本或一份干部履历表。非主要协助管理的单位也可以保存一份干部履历表。

中央各部门党组管理的干部,属于省委监督管理的省委建立副本。非主要协助管理和监督管理的单位,根据工作需要,可保存一份干部履历表和考察材料。

省委管理的干部,每人都建立正本和副本,由省委组织部保管。协助管理的单位可以保存一份干部履历表和考察材料。

二、离休、退休、退职干部档案保管

(一)省级部、委、厅(局)的副部长、副主任、副厅(局)长以上职务,市、地、州委副书记、常务、行署副专员、政府副市长、副州长、人大常委会副主任、政协副主席以上职务(包括顾问)的干部档案,党员干部的由省委组织部保管,民主党派和无党派爱国人士的由省委统战部保管。省委管理的其他干部的档案分别由省级各部、委、厅、(局)和市、地、州委组织、人事部门保管。

(二)中央和省委管理范围以外的干部档案,就地安置的,由原工作单位保管;易地安置的,由接收地区负责管理该干部的组织、人事部门保管。

(三)中央各部门按系统管理干部的单位,离休、退休、退职干部的档案管理问题,按中央有关部门的规定执行。

三、死亡干部的档案保管

(一)省级部、委、厅(局)的部长、主任、厅(局)长,市、地、州委书记、行署专员、政府市长、州长、人大常委会主任、政协主席(包括顾问)的档案,由省委组织部、统战部保管五年后,交省档案馆长期保存。

(二)省委管理的省级部、委、厅(局)的副部长、副主任、副厅(局)长以上职务,市、地、州委副书记、常委、行署副专员、政府副市长、副州长、人大常委会副主任、政协副主席以上职务(包括顾问)的档案,由市、地、州委组织部、统战部和省级各单位的组织、人事部门保管五年后,分别交省档案馆和市、地、州档案馆长期保存。

(三)省委管理的县委书记、副书记、县长、人大常委会主任、政协主席的档案,由县委组织部、统战部保管五年后,交县档案馆长期保存。

(四)抗日战争时期以前(含抗日战争时期)参加工作的老干部的档案,由干部所在单位保管五年后,分别交省档案馆和市、地、州、县档案馆长期保存。

(五)全国和全省著名的科学家、艺术家、教授和有特殊贡献的英雄、模范人物、知名人士的档案(名单另列),由原管理单位保管五年后,属全国著名的,交中央档案馆永久保存;属省著名的,交省档案馆长期保存。

(六)其他干部的档案,除有特殊情况需要长期保存者外,一般由原单位保管十五至二十年后,由本单位党组织批准,自行销毁。

四、出国不归、失踪、逃亡干部的档案保管

出国不归、失踪、逃亡干部的档案由原主管单位保管二十年或三十年后,由单位党组织根据情况决定销毁或延长保管期限。

五、查阅、借用干部档案的规定

（一）查阅干部档案的规定

1. 查阅干部档案手续。属中央管理的，查阅单位事先要写出报告，经省级部、委、厅（局）和市、地、州委领导同志审核签字，加盖公章，送省委组织部转报中央组织部审批。属省委管理的，分别由省级部、委、厅（局）、市、地、州委领导同志和组织、人事部门的领导同志审核签字，加盖公章，送省委组织部审批。并根据查阅用途，确定是否提供和提供什么材料。

2. 查阅档案时要注意爱护档案，严禁拆散、抽换、涂改和圈划。未经批准不得复制、抄录和拍照。

3. 必须遵守保密规定，不得向无关人员泄露档案内容。

4. 经过批准摘抄的档案材料。要逐页进行登记，用后由查阅单位负责销毁。

5. 查阅干部档案的人员应是共产党员，一般以2人为宜。

（二）借用干部档案的规定

1. 干部档案一般不外借，确因工作需要，必须借用时，按查阅干部档案的规定办理报批手续。

2. 借用的干部档案要指定专人保管，无关人员不得翻阅，更不得将档案交干部本人或亲属翻阅。

3. 借出的干部档案，要严格履行登记、清退手续。

4. 借用档案一般不超过1个月。档案保管部门要按期催收。特殊情况需要延期的，要办理续借手续。

重庆市人民政府关于颁发《重庆市园林绿化管理暂行条例》的通知

（1981年3月28日）

各区县人民政府、市府各部门、县级以上厂矿企事业单位：

为了积极搞好城市园林绿化的建设和管理工作，切实贯彻园林绿化为"四化"建设和为人民生活服务的方针，市府于1981年2月25日第36次办公会议讨论通过了《重庆市园林绿化管理暂行条例》，现印发给你们，请遵照执行。

重庆市人民政府
1981年3月28日

重庆市城市园林绿化管理暂行条例

第一章 总则

第一条 城市园林绿化是社会主义现代化城市建设的一个重要组成部分。搞好园林绿化，对调节气候，净化空气，降低噪音，美化城市，改善环境，保护人民身心健康，丰富群众文化生活，保持生态平衡，造福子孙后代，促进旅游事业的发展都有好处。根据中华人民共和国《森林法》《环境保护法》和有关城市园林绿化的政策、法令，特制定本条例。

第二条 城市园林绿化管理范围，包括：(1)公共绿地，即市、区（县）所属公园、动物园、街道广场绿地（包括小游园、花坛、绿带等）；(2)风景区，即风景区（包括风景保护区）内所属土地、森林、防护林、溪河、泉水、湖塘、道路、花草、鸟兽、古迹、建筑等；(3)城市公路、铁路、长江、嘉陵江沿线的林带、树木、草坪等防护绿地；(4)居住区、厂矿、机关、部队、学校和其他企事业单位的专用绿地；(5)为城市绿化提供苗木、花卉的苗圃、果园等生产绿地。

第三条 城市园林绿化的基本任务：贯彻为"四化"建设、为人民生活服务的方针，大搞普遍绿化，讲究园林艺术，搞好经营管理。充分发挥山城优势，因地制宜，绿化大地；先绿后美，绿美结合；种管并举，重点提高，加速实现城市园林化，把山城建设得更加优美。

重庆市人民政府关于将缙云山北温泉风景区列为国家重点风景名胜区给四川省人民政府的请示报告

(1981年9月18日)

省人民政府：

遵照国务院1981年3月17日"批转国家城建总局等部门关于加强风景名胜保护管理工作报告的通知"（即国发〔1981〕38号文），我市园林部门对风景名胜资源即着手进行调查。按照《通知》"第一批申请列为国家重点风景名胜区的名单和范围"的要求，我们对"缙云山——北温泉风景区"进行了现场实地调查，并查阅了历史资料，制了图纸（见附件四），草拟了对《缙云山——北温泉风景区资源的调查与评价》（详附件一）。在此基础上，于7月上旬，邀请了有关大专院校、地质、文物等单位的领导、专家、教授和工程技术人员。对"缙云山——北温泉风景区"的资源和开发前景进行了评价、鉴定，整理了鉴定座谈会议纪要（详附件二）。专家们一致认为，"缙云山——北温泉风景区"具有地理位置的优越性，自然景观的多样性，教学研究的多科性（阅附件三缙云山——北温泉风景区照片），突出特点是：

第一，资源丰富，景观多彩。有高山江河，温泉峡谷，丛林古刹，溪流瀑布，奇葩珍卉；园林清幽，山、水、泉、石、瀑、岩、壑、洞等自然山水景观和人文景观，诗情画意，引人入胜。展示了巴山蜀水幽、秀、险、雄的宏观景象。因此，自古以来北温泉被人们赞誉为"嘉陵江上的明珠"。旅游价值极高，仅北温泉每年即接待中外游客60万人次。

第二，植物种类繁多，森林茂密。据统计缙云山的国有森林面积1.7万多亩，植物种类达190余种。举目四望，林海苍茫，碧如泼黛。"缙云九峰"嘉木繁荫，峻〔俊〕秀挺拔，其间不少名树古木，缙云古刹则在万绿丛中，别具幽趣，是一处绝好的森林公园和植物园，令人赞美。因此，缙云山素有"川东小峨眉"之称。据测定，缙云山气温夏季比市中区低5℃～7℃，是本市理想的避暑胜地。

第三，历史悠久，基础较好，有利条件很多。缙云山、北温泉的建设，如以建古庙开始，已有1500多年历史，如以北温泉1927年创建公园计算，也有50余年。经过多年的建设，缙云山、北温泉已形成一套旅游服务设施，包括内外宾餐厅、旅社、停车场地等。食宿服务设施是：住宿，可日接待300余人；饮食，日接待900余人。只要投放少量资金，就可以进一步提高接待旅客的能力。且交通方便，离市中区仅51公里，可乘汽车、火车直达北碚、北泉，也可乘船溯江而上。风景区周围，商店、银行、邮电、旅社、餐厅、工艺美术服务社、农村集市样样均有，可直接为旅游者服务。

根据以上情况，我们建议将"缙云山——北温泉风景区"列为国家重点风景名胜区。

当否。请审核，并请特报国务院审批。

附件四份：1. 缙云山——北温泉风景区资源的调查与评价。

2. 关于缙云山——北温泉风景区资源评价鉴定座谈会纪要。

3. 缙云山——北温泉风景区照片。

4. 缙云山——北温泉一、二级保护范围图。

重庆市人民政府
1981年9月18日

重庆市人民政府关于重庆"一一二七"烈士墓暨"中美合作所"集中营旧址划定保护范围和建设规划设想给四川省人民政府的报告

（1982年8月7日）

省人民政府：

重庆"中美合作所"集中营，是抗日战争和解放战争时期美蒋反动派囚禁、残害、屠杀共产党人和革命志士的人间魔窟。解放前夕震惊中外的"一一二七"大血案即发生于此。在这里，一大批共产党员和革命志士，同国民党反动派进行了英勇顽强的斗争，用自己的鲜血和生命写下了许多可歌可泣的壮丽诗篇，给我们留下了教育子孙后代的极其珍贵的精神遗产。

1956年，省人民委员会正式公布重庆"一一二七"烈士墓及"中美合作所"集中营旧址为省级第一批文物保护单位。1962年，市人民委员会亦正式公布该旧址为市的重点文物保护单位，设立专门机构"重庆'中美合作所'集中营美蒋罪行展览馆"（下称"展览馆"）进行保护管理，并陆续开放展出。1965年，周总理来重庆时，曾对这个旧址的保护问题作过维持原状，可修复，不扩建，劳改单位要迁出，道路要修通等重要指示。现在，这里已成为对青少年和人民群众进行阶级教育和革命传统教育的生动课堂，也是增进中外交往，交流革命斗争经验的重要场所。近年来，每年观众达50万人次左右，到此参观的外宾、港澳同胞和海外侨胞也越来越多，在国内外都有重大影响，但是，由于"十年内乱"的影响，这里的一大片区域已经遭到严重破坏。到目前为止，挤占进旧址范围的单位和部门已达36个。侵占、蚕食旧址的情况至今仍没有得到制止。特别是烈士墓、白公馆等重点区域，工厂、校舍、商店鳞次栉比，高楼林立，已经面貌〔目〕全非。对此，中央一些领导同志、人大代表、外宾和不少群众，都提出了尖锐的批评意见。为了使这个重要的文物保护单位更好地为教育人民服务，为建设"四化"服务，当前急需采取紧急果断的措施，把这里保护好、管理好、建设好。为此，特根据国务院《文物保护管理暂行条例》和国务院〔1980〕120号、〔1981〕9号文件的精神，及省委的有关指示，提出以下意见。

一、必须划定保护范围

国务院《文物保护管理暂行条例》规定，对于核定公布的文物保护单位，应当"分别由省、自治区、直辖市人民委员会和县、市人民委员会划出必要的保护范围，做出标志说明，并且建立科学的记录档案"。这是文物保护机构据以加强保护管理的立法依据。由于省、市公布这一旧址为文物保护单位时，没有来得及同时划定保护范围和建立专管机构，遗留问题没有及时解决，特别是在"十年内乱"中，更遭到严重破坏，以致造成目前大片地区难以挽回的局面。为制止继续破坏，抢救文物旧址，当务之急，必须首先划定保护范围，完备立法手续，依法加以管理。

鉴于旧址范围广阔，边缘地区早已为一些工厂、学校、生产队使用，已无继续作为重点保护的可能。因此，现拟以烈士被囚的牢房、被害的刑场、掩埋的墓地尸坑等有纪念意义的主要地点，以及美蒋特务办公、训练、居住的主要建筑为基础，按照已开放陈列和将开放陈列的参观区域和参观路线的要求，将旧址的核心部分划为保护区域。主要是：

（一）铁路以东大营门内烈士墓及原阅兵场周围一片，内含烈士墓旁四川外语学院教学大楼、专家大楼区，西南政法学院的一部分宿舍区，汽车发动机厂的一部分宿舍区；

（二）铁路以东杨家山原军统总办公室周围一

片,内含重庆汽车发动机厂部分宿舍区等;

(三)铁路以西从蒋家院子到渣滓洞为止的旧址全部范围;

(四)电台岚垭江竹筠等30位烈士殉难处周围。

此范围总面积约1.95平方公里(原旧址全部面积约3.5平方公里),详见示意图。

对此保护范围的划定,政法、外语两校及汽车发动机厂持有异议,他们要求将其在紧靠烈士墓、展览厅等重点参观区周围的部分使用地区,不划入保护范围,并拟在此继续新建某些项目。如按他们的意见,则将主要参观区域分割为几片,继续建房将难以制止。而烈士墓、展览厅等就会愈加严重地处于高楼大厦的包围之中,旷日持久,保护区就有逐渐被蚕蚀〔食〕掉的危险。因此,经市委常委会讨论决定,仍按前述意见划定保护范围。两校一厂在保护区内的建筑物,只能使用、维修,不得随意加高扩大,改变现状。同时,两校必须按照川委发〔1978〕11号文件规定,严格控制发展规模。确属必需的建房用地,建议另行征地解决。汽车发动机厂的厂区,必须严格控制在其原围墙以内。

此保护范围一经批准,即由市建委牵头,组织规划、文化、园林部门进行实测、划界、立标,建立科学档案,进行保护管理。自保护范围批准之日起,保护区立即实行封闭。在此保护范围内,要保持现状或恢复原状,不能再搞任何与文物保护无关的其他建设工程。

在保护范围边线外侧的视线范围及卫生防护地带内,要保持现在的风貌或恢复原来的风貌,使之和保护区的环境相协调,不准随意新建扩建和改变地形地貌。

二、必须迅速落实保护范围内现有单位的处理问题

保护范围划定后,对于保护区内的现有工厂、学校、商店、农场等单位,必须区别情况,分别落实撤迁、收回和维持现状的具体措施,迅速予以实施。按照国务院《文物保护管理暂行条例》和国务院〔1980〕120号文件有关精神,根据统筹兼顾的原则和保护单位规划建设的要求,对保护范围内现有32个单位和部门,分别提出以下处理意见:

(一)凡在保护范围内铁路以西区域和杨家山区域的单位和部门,除歌乐山林管站和5个生产队外,均应一律迁出。烈士墓区域的商业网点,亦应迁至原大营门20米以外。

松山化工厂(包括松山灯头厂),化工原料仓库,汽车发动机厂的预制场、简易车间、库房,政法学院牛奶场,公安集训队等单位,严重破坏和污染环境,妨碍文物保护,有碍观瞻,应由各上级主管部门负责,制订撤迁方案,落实具体措施,尽快迁出。

市化工局职工大学、沙坪坝区商业职工校、汽车发动机厂技工校、市公安学校和沙坪坝区6个商业网点,应分期分批逐步迁出。

市消防支队农场、武装民警农场、市公安局苗圃等,应按保护建设规划的要求,有步骤地撤销移交。

一切撤迁单位的房屋、土地,应一律交由文化部门和园林部门共同接收,按照文物保护和园林建设的需要,分别情况进行处理,不得自行转作他用。

此外,"文化大革命"以来,重庆警备区、市公安局、市中区公安分局、铁路二局等单位,在保护范围内自行修建的墓地,亦应另行择地迁葬。

(二)在保护范围内,为其他单位使用的重要原建筑物,包括汽车发动机厂使用的原军统政训处、气象台,公安局使用的原美特总办公室,消防农场使用的原美特头子梅乐斯住宅"梅园",应尽快交展览馆复原开放,辟为参观区。

(三)在保护范围烈士墓区域内,两校一厂现有建筑及其使用区,维持现状,使用权不变。但其大门应尽可能移至参观视线以外,并应按照文物保护的要求。对其使用区进行绿化建设,不得再搞任何新建扩建工程。

保护范围内铁路以西的红炉厂、大河沟、烈士墓、小弯、欧家湾五个生产队,以及林管站和特殊钢厂的少量宿舍区,亦维持现状。生产队应严格维持现有面积,不得乱挖乱种,私自侵占保护区土地。

其经营方向,应配合文物园林建设的要求,逐步转到以经营经济林木为主。

凡允许继续留在保护区内的一切单位,均应与文物保护机构"展览馆"签订保护使用合同,按国家文物法令规定,负责作好文物保护区的保护工作。

三、必须立即着手规划和建设"烈士林园"

保护范围划定后,对保护区的规划和建议应同时跟上。我们总的设想是边规划、边撤迁、边建设,争取在5~7年内,把这里建设成以文物保护陈列为主的"重庆磁器口集中营烈士林园"。规划建设总的指导思想,是要把当时的斗争环境,反动派的穷凶极恶,烈士们的高大形象及其留给我们的这笔珍贵的精神文化遗产,充分地展现给观众和子孙后代,使之从中受到教育,吸取力量,实现先烈们建设新中国,完成共产主义大业的宏愿。一切陈列展出,环境配置,园林绿化都要服从这个总的前提。大体规划设想如下:

(一)陈列参观区的范围划分。拟以现存有价值陈列开放的监狱、囚室、烈士墓地、尸坑以及部分反面建筑共23个点为基础。规划为八个参观区,即:1.烈士墓区域,包括烈士墓、展览馆总馆、泥塑厅、狼犬室等;2.白公馆区域,包括黄显声、许晓轩等殉难处;3.渣滓洞区域,包括美特总办公室;4.松林坡区域,包括杨虎城等被害处,罗世文、车跃先墓,以及94人、60人尸坑等;5.红炉厂区域,包括叶挺、廖承志等同志被囚处;6.电台岚垭区域,即江竹筠等30人殉难处;7.杨家山区域,包括杨虎城囚室、军统总办公室、军统"四·一"图书馆、政训处等;8."梅园"区域(梅乐斯住地)。各区域和各参观点之间,拟以四条公路干道和石板路连通,形成交通网络,以利参观。

(二)陈列参观区的建设。监狱、囚室、军统驻地,其建筑及周围环境,均以恢复原貌为主,逐步充实陈列展出内容。烈士墓地、殉难处,应有相应的纪念性设施、说明标志及恰当的绿化,烈士墓区域及电台岚垭区域,拟以大型雕塑为特点,突出宣传烈士们的英勇斗争事迹。已动工的以少年儿童集资名义修建的烈士群雕及烈士狱中诗石刻碑廊,拟三年内完成。泥塑厅大型组雕及江竹筠等殉难亭雕像,力争5年内完成。

(三)园林绿化建设。保护范围内,除八个参观区及五个生产队外的大片土地,应一律交由园林部门进行绿化,配合文物保护的需要,以种植乔木及高灌木为主,适当配以果木、苗圃,使整个园林建设同歌乐山风景林区连成一片。

四、关于组织领导和经费问题

"一一·二七"烈士墓暨"中美合作所"集中营旧址,系省级文物保护单位,其保护范围的划定、单位搬迁和规划建设,涉及面广、任务艰巨、意义重大,必须切实加强领导,才能保证顺利进行。为此,建议在省政府领导下,由我市一名副市长任组长,请省文化局负责同志和我市有关部门参加,组成规划建设领导小组,下设专门工作班子,负责保护范围的具体划定、单位的搬迁和长期规划的制定和实施。

烈士园林的管理,由市文化局所属展览馆和市园林局专设园管处负责。新设园管处机构需编制100至150人,请省列为国家行政编制。

保护区内各撤迁单位的撤迁费,原则上由本单位及其上级主管部门自筹解决。但其中松山化工厂及市公安局集训队所需迁建费用较大,自身无力解决,市财政也有困难,请省补助迁建费300万元。

烈士园林的规划建设,包括文物保护中必要的纪念性建筑和设施,大片土地的园林绿化建设及道路建设,所需费用很大。请省从明年起逐年拨给专款100万元,分期进行建设。

鉴于烈士园林不同于一般公园,没有门票收入,园管处的常年管理费及人员经费,亦请列入省的预算,由省拨专款解决。

以上报告当否,请批示。

重庆市人民政府
1982年8月7日

交通部关于对长江航运体制改革实施办法给长江航运管理局的批复

(1983年12月29日)

长江航运管理局：

你局12月16日来电悉。遵照国务院国发〔1983〕50号《国务院批转交通部关于长江航运体制改革方案的通知》精神，同意你局提出的组建长江航务管理局和成立长江轮船总公司的实施办法，现批复如下：

一、关于组建长江航务管理局

1. 名称：交通部长江航务管理局

2. 性质和任务：长江航务管理局为交通部派出机构，统一负责长江干线的航政、港政、航道整治管理，发展规划，船舶监督检查，船员考试发证，水域防污，海难救助，港航事故处理，公安、通信和运输市场的行政管理工作；协助解决部门间、企业间的相互关系，承担长江水系协商委员会的日常工作；全面领导管理长江干线14个直属港口，协调港航之间的业务联系。

3. 管辖范围：交通部长江航政管理局，长江航道局，长江航运公安局，葛洲坝船闸管理处，长航通信总站，长江船舶设计院，长江航运科研所，重庆、万县、宜昌、枝城、城陵矶、武汉、黄石、九江、安庆、芜湖、南京、镇江、南通、张家港等港务管理局（原长江航运局所属其他港站，在未移交有关省市之前，由航务管理局领导），川江、红光、武汉、安庆港矶厂，南京航标厂，九江钢窗厂，长航电子设备厂，长航总医院，东湖疗养院，万县、宜昌、南京港口医院和长航职防所，长航党校，长航职工大学，重庆河校，南京河校，武汉水运工业学校，长航水运卫生学校，长航七中。

上述单位划归长江航务管理局领导后，除交通部长江航政管理局、长江航道局、长江航运公安局、重庆港口管理局和南通、张家港港务局仍沿用原定名称外，其他单位的名称另定。要注意长江航政体制不要打乱，与地方航政的分工维持现状。

二、关于成立长江轮船总公司

1. 名称：交通部长江轮船总公司

2. 性质和任务：长江轮船总公司是交通部直属的一级独立核算的运输企业。主要承担长江干线上的国家计划大宗客货运输任务，也经营干支和江海直达的物资运输。

3. 管辖范围：原长航局所属的重庆、武汉、芜湖、南京、上海分局分别改组为长江轮船总公司的重庆长江轮船公司、武汉长江轮船公司、芜湖长江轮船公司、南京长江油运公司和上海长江轮船公司，东风、川江、宜昌、青山、江东、金陵、渡口船厂，武汉船舶配件厂，长航电机厂，长航洗舱站，长航基建工程处，汉口中心门诊部，重庆、芜湖、上海航运医院，九江职防院，长航防疫站，船舶保健站。原长航局各分局所属小型修造船厂，航修站、点和分局、修造船厂管理的技校、中小学以及武湖农场，均随原建制划归轮船总公司下属有关公司（船厂）管理。武汉、南京船舶供应站按照业务分工分开后，划归轮船总公司管理。

原长航局参与经营的扬子江轮船股份有限公司、筹建中的枝通煤运联营公司以及交通工业进出口服务公司长江分公司、中国国际旅行社长江分社，挂靠长江轮船总公司。

三、长江航务管理局和长江轮船总公司从1984年1月1日起正式办公

四、关于交通部长江航务管理局和交通部长江轮船总公司的印章准予由你单位就近刻制，启用时报部备案。

其他有关制发印章的事宜均按照部〔1979〕交